제7판

버냉키·프랭크

경제학

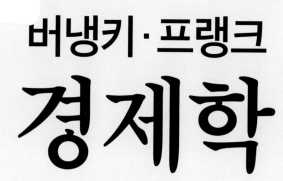

Ben S. Bernanke · Robert H. Frank 공저

곽노선 · 왕규호 공역

박영사

제7판

버냉키 · 프랭크

경제학

Ben S. Bernanke · Robert H. Frank 공저

곽노선 · 왕규호 공역

Mc Graw Hill

박영사

McGraw Hill

Principles of Economics, 7th Edition.

1 2 3 4 5 6 7 8 9 10 PYS 20 20

Original: Principles of Economics, 7th Edition. © 2019
By Robert Frank, Ben Bernanke, Kate Antonovics, Ori Heffetz
ISBN 978-1-259-85206-0

This authorized Korean translation edition is jointly published by McGraw-Hill Education Korea, Ltd. and Pakyoungsa. This edition is authorized for sale in the Republic of Korea.

This book is exclusively distributed by Pakyoungsa.

When ordering this title, please use ISBN 979-11-303-0928-6

Printed in Korea

버냉키·프랭크 경제학 제7판
Principles of Economics, 7th Edition

인쇄일 | 2020년 2월 12일
발행일 | 2020년 2월 28일

공저자 | Ben S. Bernanke · Robert H. Frank
공역자 | 곽노선·왕규호

발행인 | 안종만·안상준
발행처 | (주) 박영사
서울특별시 종로구 새문안로 3길 36, 1601
등록 1959. 3. 11. 제300-1959-1호(倫)
전　화 | 02)733-6771
팩　스 | 02)736-4818
이 메 일 | pys@pybook.co.kr
홈페이지 | www.pybook.co.kr

정 가 42,000 원　　ISBN 979-11-303-0928-6 (93320)

Ben Bernanke and I are delighted that our book will be published in a Korean language edition. We are extremely grateful to Noh-Sun Kwark and Gyu Ho Wang for their invaluable contributions to the success of this project. We were inspired to write Principles of Economics by our conviction that students can achieve much deeper mastery of the economic way of thinking if their instructors focus narrowly on a short list of core economic principles. Now, Korean economics professors will have an opportunity to consider our less-is-more approach. We are confident that those who try it will discover that it really works.

November 28, 2006

Robert H. Frank
Henrietta Johnson Louis Professor of Management and Professor of Economics
Johnson Graduate School of Management
Cornell University

버냉키와 본인의 공저인 경제학 원론의 한국어 번역판이 출판되어 매우 기쁘게 생각합니다. 본서의 번역을 맡아 성공적으로 작업을 끝낸 곽노선 교수와 왕규호 교수에게 깊은 감사를 드립니다. 본서는 경제학 원론을 가르치는 사람이 몇 개의 경제학의 핵심원리에 초점을 두고 집중해서 가르친다면 학생들이 경제학적 사고방식을 보다 깊게 잘 이해할 수 있다는 확신을 갖고 집필되었습니다. 이제 한국의 많은 경제학 전공 교수님들도 본서의 접근 방법인 소수의 핵심원리를 통한 학습 방법을 고려해 볼 기회를 가질 것입니다. 이 방법을 시도해보고 적용한 사람들은 실제로 본서의 방법이 매우 유용하게 작동된다는 것을 알게 될 것임을 본서의 저자들은 확신하는 바입니다.

2006년 11월 28일

로버트 프랭크
헨리에타 존슨 루이스 매니지먼트 및 경제학 석좌 교수
존슨 경영대학원
코넬 대학교

저자 소개

벤 버냉키(Ben S. Bernanke) **교수**는 1975년 하버드 대학교(Harvard University)에서 경제학 학사학위, 1979년 MIT에서 경제학 박사학위를 받았다. 그는 스탠포드 대학교(Stanford University) 경영대학원에서 1979년에서 1985년까지 강의하였으며, 1985년 프린스턴 대학교(Princeton University)로 옮겨 하워드 해리슨-가브리엘 스나이더 벡 석좌교수(Howard Harrison and Gabrielle Snyder Beck Professor of Economics and Public Affairs)가 되었고 경제학과 학과장을 역임하였다. 버냉키 교수는 현재 브루킹스 연구소(Brookings Institutions) 경제학 연구 프로그램의 상임 석좌 펠로우이다.

버냉키 교수는 2006년 2월 1일 연방준비제도 이사회 의장으로 임명되어 2014년 1월 31일까지 중임되었다. 그는 또한 연방공개시장위원회(FOMC) 의장직을 수행하였으며, 2005년 6월에서 2006년 1월까지 대통령 경제자문회의 의장을 역임하였다.

버냉키의 중급 거시교과서인 거시경제학(*Macroeconomics*, 9판, Addison-Wesley, 2017; Andrew Abel 과 공저)은 그 분야에서 베스트셀러이다. 그는 거시경제학, 거시경제학사, 금융 분야에서 50여 권이 넘는 많은 저서를 출판하였다. 그는 대공황의 원인, 경기변동에서의 금융시장과 금융기관의 역할, 통화정책의 경제적 효과의 측정에 관한 많은 연구를 하였다.

버냉키 교수는 구겐하임 펠로우십, 슬로안 펠로우십을 가지고 있으며, 계량경제학회(the Econometrics Society) 펠로우, 미국 예술과학 아카데미(American Academy of Arts and Sciences) 펠로우이다. NBER(National Bureau of Economic Research)의 화폐경제 프로그램 디렉터로 활동하였고 NBER의 경기변동 시점 결정위원회 위원을 역임하였다. 그는 2001-2004년 동안 *American Economic Review*의 편집장을 역임하였고 몽고메리 타운십의 교육위원회 위원으로 활동하였다. 버냉키 교수의 블로그는 www.brookings.edu/blogs/ben-bernanke이다.

로버트 프랭크(Robert H. Frank) **교수**는 1972년 이후 미국의 아이비리그 대학 가운데 하나인 코넬 대학교(Cornell University) 존슨 경영대학원(Johnson Graduate School of Management)에서 H. J. Louis 경제학 석좌교수로 재직하고 있으며, 뉴욕 타임스(*New York Times*)에 "Economic View"라는 칼럼을 정기적으로 기고하고 있다. 프랭크 교수는 영국의 저명한 think-tank인 Demos의 선임 펠로우이기도 하다. 프랭크 교수는 1966년 조지아 공대에서 학사학위를 받았고, 네팔에서 2년 동안 평화 봉사단 자원 봉사자로 수학과 과학을 가르쳤다. 버클리 대학(University of California at Berkeley)에서 1971년에 통계학 석사, 1972년에 경제학 박사학위를 취득하였다. 그는 또한 St. Gallen 대학과 Dalhousie 대학으로부터 명예 박사 학위를 받았다. 코넬 대학교에서 휴직하는 동안 미국 민간항공위원회의 선임 경제학자(1978-90), 행동과학고등연구센터의 펠로우(fellow)(1992-93), 프랑스 파리의 고등사회과학 대학교 교수(2000-01), 뉴욕대 Stern 경영대학원의 Peter and Chalotte Schoenfeld 석좌 방문교수(2009-2009)를 역임하였다. 그의 논문은 *American*

Economic Review, Econometrica, Journal of Political Economy 등 주요 경제학 학술지에 게재되었다.

프랭크 교수는 베스트셀러인 중급 경제학 교과서, *Microeconomics and Behavior*(9판, Irwin/MaGraw-Hill 출판사, 2015)의 저자이다. 프랭크 교수의 연구 주제는 경제적, 사회적 행동에 있어서 경쟁과 협력 관계에 주로 초점이 맞추어져 있다. 이 주제에 대한 프랭크 교수의 저작, *Choosing the Right Pond*(Oxford University 출판사, 1995), *Passions within Reason*(W. W. Norton 출판사, 1988) 및 *What Price the Moral High Ground*(Princeton University 출판사, 2004), *Falling Behind*(University of California Press, 2007), *The Economic Naturalists*(Basic Books, 2007), *The Economic Naturalist's Field Guide*(Basic Books 출판사, 2009), *The Darwin Economy*(Princeton University 출판사, 2001), Success and Luck(Princeton University 출판사, 2016) 등은 24여개 언어로 번역되었다. 필립 쿡(Phillip Cook)과 공저한 저서 The Winner-Take-All Society(The Free Press, 1995)는 비평가들이 선정한 상(Critic's Choice Award)을 받았으며, 뉴욕 타임스의 올해의 주목할 만한 책(Notable Book of the Year)으로 선정되었고, 비즈니스 위크(Business Week)가 선정한 1995년 10대 베스트 저서 리스트에 포함되었다. 저서 Luxury Fever(The Free Press, 1999)도 1999년 Knight-Ridder 베스트 저서 리스트에 포함되었다.

프랭크 교수는 Andrew W. Mellon Professorship(1987-1990), Kenan Enterprise Award(1993) 및 Merrill Scholars Program Outstanding Educator Citship(1991)을 수상하였다. 2004년에는 경제학 사고의 지평을 넓힌 공로로 Leontief Prize를 공동 수상하였고, 코넬대학교 존슨 경영대학원의 Stephen Russel 최우수 강의상을 2004년, 2010년, 2012년에, 2005년에는 Apple 최우수 강의상을 수상하였다. 지난 수십 년 동안 7000명 이상의 학생들이 프랭크 교수의 원론 미시경제학 강의를 듣고 졸업하였다.

역자 소개

곽노선 교수는 서울대학교 경제학과 학사, 석사학위를 취득한 후, 미국 로체스터(Rochester) 대학교에서 경제학 박사학위를 취득하였다. 1995년 9월부터 Texas A&M 대학교에서 조교수로 재직하였고, 2000년 귀국, 동국대학교 경제학과 교수를 거쳐 2003년 이후 현재까지 서강대학교 교수로 재직하고 있다. 한국금융학회『금융연구』수석편집위원장, 사무국장 및 이사,『시장경제연구』편집위원장, 한국국제경제학회 감사, 예금보험공사 상호저축은행 경영자문단장 등을 역임하였고, 현재 한국계량경제학회 *Journal of Economic Theory and Econometrics*(JETEM) 편집위원장, 한국은행 통화정책 자문회의 위원, 한국국제경제학회 이사, 한국경제학회 이사, 한국금융학회 부회장을 맡고 있다.

Journal of International Economics, Journal of Economic Dynamics and Control, Journal of Applied Econometrics, Economics Letters 등 국제저명학술지는 물론 국내외 학술지에 경기변동, 금융, 통화정책, 국제금융, 개방거시경제 등 다양한 주제에 대한 다수의 학술논문 및 저서를 출판하였다.

왕규호 교수는 1984년 2월 서울대학교 경제학과를 졸업하면서 경제학 학사학위를 취득하였고, 같은 해 9월에 미국 스탠포드(Standford) 대학교 경제학과로 유학해 1986년 6월에 스탠포드 대학교에서 경제학 석사학위를 취득하였다. 1986년 겨울부터 1987년 여름까지 석사장교로 군 복무를 마친 후에 다시 스탠포드 대학교로 돌아가서 1991년에 동 대학에서 경제학 박사학위를 취득하였다. 그 이후 스탠포드 대학교에서 경제학 강사, 캐나다 웨스턴 온타리오 대학교에서 조교수를 역임하였고, 1995년 3월에 중앙대학교 경제학과 교수로 귀국하였다. 2001년 9월 이후 현재까지 서강대학교 경제학과 교수로 재직하고 있다. 산업조직학회 이사, 계량경제학회 감사, *Korea Economic Review, International Economic Journal*의 편집위원, 계량경제학보의 미시분야 부편집장, 산업조직연구 공동편집위원장, 계량경제학회, 산업조직학회 사무국장 및 산업조직학회장을 역임하였다.

주요 논문으로는 "Litigation and Pretrial Negotiation under Incomplete information"(공저), *Journal of Law, Economics and Organization*(1994), "Bargaining over a Menu of Wage Contracts", *Review of Economic Studies*(1998), "Regulating the Oligopoly with Unknown Costs", *International Journal of Industrial Organization*(2000) 등이 있다. 이외에 다수의 논문을 저명 학술지에 발표하였다. 저서로는「게임 이론」(공저)(2004, 박영사),「미시경제학」(공저)(2020, 박영사) 등이 있다.

저자 서문

매년 미국의 대학에서 경제학 원론 강의에 수많은 금액이 지출되고 있음에도 불구하고 이러한 투자에 대한 수익은 매우 낮았다. 예를 들어, 많은 연구들에 의하면, 경제학 원론을 수강한 학생들은 수강한 지 몇 개월 후에 간단한 경제 문제에 대하여 질문했을 때, 경제학 원론을 전혀 수강하지 않은 사람들보다 더 나은 답변을 하지 못한다고 한다. 대부분의 학생들이 경제학의 가장 중요한 기본 원리들에 대한 이해 없이 경제학 원론 강의를 듣는 듯하다.

문제는 이러한 강좌들이 거의 항상 학생들에게 너무 많은 것을 가르치려고 한다는 데 있다는 것이 본서의 저자들의 생각이다. 그러한 과정에서 정말로 중요한 아이디어들보다 지엽적인 이슈들에 보다 많은 시간이 할애되어, 모든 것이 모호한 상태로 끝나게 된다. 인간의 뇌는 반복되지 않는 새로운 정보는 무시하는 경향이 있다. 이것이 놀랄만한 것이 아닌 것이 매일 접하는 수많은 정부 가운데 극히 일부만 각자 관심 있는 것과 연관되어 있기 때문이다. 세 번, 네 번 반복되지 않고는 뇌는 잘 반응하지 않는다.

교수들은 강의를 준비하면서 스스로에게 "오늘 내가 얼마나 진도를 나갈 수 있을까?"라고 질문을 한다. 한 시간에 ppt 100장을 넘길 수 있는 첨단 장비로 인해 교수들은 더 많은 정보를 전달할 때 학생들에게 잘 해주고 있다고 느낀다. 이보다는 교수들은 "내 학생들이 얼마나 많이 이해할 수 있을까?"라는 질문을 해야 한다.

가르치는 사람이 이것저것 많은 것을 잡다하게 가르치려고 하지 않는다면, 학생들은 훨씬 더 많이 배울 것이라는 생각에서 본서가 출간되었다. 본서의 기본적인 전제는, 몇 가지의 핵심 원리들만 이해할 수 있으면 경제학의 대부분 이야기를 이해할 수 있으므로, 범위를 좁혀 그러한 핵심 원리들에 대하여 반복하여 초점을 맞춘다면 학생들이 실제로 한 학기 만에도 경제학을 마스터할 수 있다는 것이다.

이전까지의 사용자들이 보여준 열성적인 반응은 이러한 전제가 옳았음을 보여준다. 본서는 구체적인 수학적 도출에 과도하게 의존하지 않고, 친숙한 일상의 내용들로부터 선정된 예들을 통하여 직관적으로 개념들을 제시하고 있다. 본서의 전반적인 내용은 엄선된 일곱 가지의 핵심 원리에 기초하고 있으며, 많은 사례들을 통하여 이러한 원리들을 예시하고 적용해 봄으로써 반복적으로 학습하게 한다. 때때로 학생들 자신이 이러한 원리를 적용해 보도록 관련 질문, 연습 문제 등이 제시되어 있다.

이러한 과정을 통하여 학생들이 "경제적 사유인(economic naturalists)"이 되도록 촉구, 장려하고자 한다. 경제적 사유인이란 현실 세계에서 관찰된 현상들에 기본적인 경제 원리들을 적용하여 이해하고 설명하려는 사람들이다. 예를 들어, 경제적 사유인은 카시트가 자동차에서는 의무지만 비행기에서는 아닌 이유를, 이러한 좌석을 설치하는 한계비용이 자동차에서는 0이지만 비행기에서는 수백 달러나 되기 때문이라고 이해한다. 수십 개의 그러한 예들이 본서에 제시되고 있다. 각각의 사례들은 정상적이고, 호기심 많은 학생들이 그 대답을 배우기를 열망하는 질문을 제기하고 있다. 이러한 예들은 학생들이 여러 경제 현상의 특성을 배움에 있어 핵심 원리를 반추하면서 흥미를 유발할 것이라고 저자들은 생각한다. 경제학을 배우는 것은 언어를 배우는 것과 같다. 두 경우 모두 실제로 말하는 것보다 더 좋은 방법은 없다. 학생들이 경제학에 대해 말하게 될 때 경제적 사유의 예들이 도움이 되리라고 저자들은 생각한다.

본서의 특징

핵심 원리의 강조

앞에서 언급하였듯이, 몇 개의 핵심 원리로 경제학의 대부분을 설명할 수 있다. 몇 개의 핵심 원리에 집중함으로써, 본서로 경제학을 공부한 학생들이 이들 핵심 원리를 깊게 숙지할 수 있도록 한다. 이와 비교해서, 백과사전식으로 모든 것을 나열하는 전통적인 교재의 경우 종종 학생들이 경제학 과목을 듣고도 현실에 적용할 수 있는 지식을 갖추지 못한다.

희소성

1. **희소성의 원리**(Scarcity Principle): 사람들의 필요와 욕구는 무한하지만, 주어진 자원은 유한하다. 따라서 하나를 많이 가지면, 다른 것을 적게 가져야 한다.

비용-편익

2. **비용–편익의 원리**(Cost-Benefit Principle): 개인(기업 혹은 사회)은, 특정 행동을 선택했을 때 발생하는 추가적인 편익이 추가적인 비용보다 작지 않을 경우에 한해서, 그 행동을 선택하여야 한다.

유인

3. **유인의 원리**(Incentive Principle): 개인(기업 혹은 사회)은, 한 행동의 편익이 증가하면 그 행동을 선택할 가능성은 증가하고, 반면에 한 행동의 비용이 증가하면 그 행동을 선택할 가능성은 감소한다. 요약하면, 유인이 중요하다.

비교우위

4. **비교우위의 원리**(Principle of Comparative Advantage): 각 사람(국가)이 자신의 기회비용이 가장 낮은 활동에 특화할 경우, 최선의 결과가 발생한다.

기회비용 체증

5. **기회비용 체증의 원리**(Principle of Increasing Opportunity Cost): 한 재화의 생산을 증가시킬 때, 기회비용이 가장 작은 자원을 우선적으로 사용하고, 그 다음으로 기회비용이 더 높은 자원을 사용한다.

효율성

6. **효율성의 원리**(Efficiency Principle): 시장 균형에서는 개인 차원에서 활용되지 않은 기회는 존재하지 않는다. 그러나 집단적 행동을 통해서 얻을 수 있는 모든 이득을 다 활용하지 못할 수 있다.

균형

7. **균형의 원리**(Equilibrium Principle): 효율성이 증가하면, 경제 전체의 파이가 커져 모든 사람이 더 큰 조각을 가질 수 있기 때문에, 효율성은 매우 중요한 사회적 목표이다.

경제적 사유방식

본서의 궁극적인 목표는 모든 인간 행동을 암묵적 혹은 명시적인 비용과 편익을 비교해 발생한 결과로 보는 경제적 사유인을 양육하는 것이다. 경제적 사유인은 현실의 많은 평범한 현상들을 새로운 관점에서 조명하고, 적극적으로 그것들을 이해하려고 시도하는 사람들이다. 경제적 사유인들이 생각하는 문제들은 예를 들어 다음과 같은 것들이다:

미시경제학

- 왜 극장들은 학생들에게 할인가격을 제공하는가?
- 왜 종종 편의점들은 거리의 모퉁이에 서로 인접해서 위치해 있는가?
- 왜 할인점의 계산대 줄은 거의 길이가 비슷한가?

거시경제학

- 왜 최근 수십 년 동안 컴퓨터에 대한 투자가 크게 증가하였는가?
- 왜 인플레이션율이 높아지고 있다는 뉴스는 주식시장에 해가 되는가?
- 왜 거의 대부분의 나라에서 무료 공교육을 제공하고 있는가?

적극적인 학습의 강조

테니스에서 스매시를 배우는 유일한 방법은 반복해서 연습하는 것이다. 경제학을 공부하는 것도 동일하다. 그러므로 본서에서는 먼저 간단한 예를 통해서 새로운 아이디어를 소개하고, 그 다음으로 이러한 아이디어들이 익숙한 상황에서 실제로 어떻게 작동하는지를 보여주는 응용의 예를 제시한다. 연습문제도 많이 포함되어 있다. 연습문제는 학생들이 이러한 아이디어들을 잘 이해하고 있는지를 테스트하고, 아이디어에 더욱 익숙하게 하려는 목적을 가지고 있다. 각 장 끝에 있는 연습문제들은 학생들이 핵심 원리를 잘 소화하고, 이를 확장하여 적용할 수 있도록 만들어졌다. 이전 판들의 경험에 비추어 이 같은 학습 방식이 학생들이 기본 경제 원리를 주위의 현실 세계에서 뽑아온 경제적 문제에 적용하도록 하는 데 도움이 되었음을 저자들은 확신한다.

Q & A: 본서를 사용하면서 내용에 대한 질의가 있을 경우

미시 부분은 왕규호 교수에게 이메일(ghwang@sogang.ac.kr)로, 거시 부분은 곽노선 교수에게 이메일(kwark@sogang.ac.kr)로 내용을 남겨 주시면 답변해 드립니다.

역자 서문

20여 년 넘게 경제학을 배우고 또한 가르치면서 역자들은 대학에서 주로 각론과 고급 과정을 가르쳐왔다. 그 과정 속에서 언젠가는 경제학을 처음 접하는 독자들에게 경제학이 이렇게 재미있고 현실적인 학문인 것을 보여줄 수 있는 원론 수준의 교과서를 쓰고자 하는 바람이 있었다. 그러나 그 바람을 충족시키기에는 역자들의 능력이 부족하여 미루어오고 있다가, 비록 미국에서 출간된 경제학 원론이기는 하지만 역자들이 평소에 머릿속에만 그리고 있었던 경제학 원론 교육에 가장 적합하다는 판단이 들어 본서를 번역하기로 결정하였다. 이제 거의 반년간의 수고 끝에 본서의 출판을 보게 되어 번역한 역자들 입장에서 부끄럽기는 하지만 나름대로 작은 성취감을 느끼기도 한다.

본서는 경제학의 대가인 미국 연방준비제도 의장인 버냉키와 코넬 대학교의 프랭크 교수가 오랜 강의 경험에서 우러난 경험에 기초해 집필되었다. 가장 큰 특징은 여러 가지 경제학의 이론을 백과사전식으로 나열해서 경제학을 처음 공부하는 학생들 머리에 강제 주입하는 식의 방법은 피하고 있다는 점이다. 반면에 몇 가지 핵심 원리를 이용하여 다양한 경제 현상을 먼저 예를 통해서 전달하고 다음으로 경제학의 이론을 제시하고 있다. 이 같은 방법이 경제학을 처음 공부하는 독자들에게 경제학을 '맛있게' 공부하는 방법이라고 역자들은 확신한다.

본서는 크게 미시경제학과 거시경제학 부분으로 나뉘어 있는데, 미시경제학의 예는 미국과 상황이 다른 우리나라에서도 설명하는 데 큰 어려움은 없다. 그러나 거시경제학의 경우, 원서에서 다루는 대부분의 경제통계 자료 및 이에 대한 설명은 미국 경제에 초점을 두고 있기 때문에, 때때로 한국 경제 현실과 괴리가 있거나 한국의 경제현황을 파악하고 싶은 독자들의 수요를 충족시키지 못하는 한계가 있다. 몇몇 번역서들은 본문의 내용을 그대로 번역하고 부록에 한국 자료들을 제시하여 번역서의 한계점을 개선하려고 하고 있다. 그러나 한국 자료만을 제시하는 방법으로는 한국 경제에 대한 이해를 증진시키기 어렵다는 인식하에서 **본서에서는 한국 자료들을 각 장의 본문에 직접 포함하여 가능한 한국의 예를 제시하는 한편, 원서의 본문 내용을 한국 경제의 현황에 대한 설명으로 대체**하여 한국 경제를 직접 다루려고 시도하였다. 이를 통하여 다소나마 미국 경제 중심의 번역서의 한계를 극복하고 한국 경제 현실에 대한 이해를 증진하도록 노력한 점은 다른 번역서들과 큰 차별화를 이루었다고 감히 말할 수 있다.

본서를 번역하는 데 많은 분들의 도움이 있었다. 번역을 제의한 박영사의 안종만 회장, 안상준 대표, 장규식 팀장, 편집을 담당한 배근하 과장께 감사드린다.

훌륭한 저서의 내용을 충분하게 전달하지 못했다면 그것은 전적으로 역자들의 역량이 부족하기 때문이다. 본서를 교재로 사용하면서 내용에 대한 조언이나 교정과정에서 찾지 못한 오류가 있는 경우 언제든지 역자들에게 알려주시면, 계속 수정해 나갈 것을 약속드리며 역자 서문을 마치려 한다.

2020년 2월

서강대학교 연구실에서

곽노선, 왕규호

e-mail kwark@sogang.ac.kr / ghwang@sogang.ac.kr

요약 목차

저자 소개 vii
역자 소개 ix
저자 서문 xi
본서의 특징 xii
역자 서문 xv

| 제 1 장 | 경제학자처럼 생각하기 ········· 1
| 제 2 장 | 비교우위 ········· 27
| 제 3 장 | 수요와 공급 ········· 55
| 제 4 장 | 탄력성 ········· 95
| 제 5 장 | 수요 ········· 127
| 제 6 장 | 완전경쟁시장의 공급 ········· 157
| 제 7 장 | 효율성, 교환 및 보이지 않는 손 ········· 187
| 제 8 장 | 독점시장, 과점시장, 독점적 경쟁시장 ········· 231
| 제 9 장 | 게임이론과 전략적 행동 ········· 271
| 제 10 장 | 행동 경제학 입문 ········· 301
| 제 11 장 | 외부효과, 사유 재산권 및 환경 ········· 335
| 제 12 장 | 정보 경제학 ········· 377
| 제 13 장 | 노동시장, 빈곤, 소득분배 ········· 407
| 제 14 장 | 공공재와 조세정책 ········· 431
| 제 15 장 | 거시경제학: 경제의 조감도 ········· 459
| 제 16 장 | 경제활동의 측정: GDP, 실업 ········· 481
| 제 17 장 | 물가수준과 인플레이션의 측정 ········· 519
| 제 18 장 | 경제성장, 생산성, 생활수준 ········· 553
| 제 19 장 | 노동시장: 고용, 임금, 실업 ········· 587
| 제 20 장 | 저축과 자본 형성 ········· 621
| 제 21 장 | 화폐, 물가, 중앙은행 ········· 655
| 제 22 장 | 금융시장과 국제적 자본이동 ········· 681
| 제 23 장 | 단기 경기변동: 입문 ········· 711
| 제 24 장 | 단기에서의 총지출과 총생산 ········· 735
| 제 25 장 | 경기안정화정책: 중앙은행의 역할 ········· 779
| 제 26 장 | 총수요, 총공급, 인플레이션 ········· 827
| 제 27 장 | 환율과 개방경제 ········· 873

찾아보기 ········· 913

목 차

제1장 경제학자처럼 생각하기

1.1 • 경제학: 희소성 세계에서 선택의 학문 2
1.2 • 비용－편익의 원리의 적용 4
1.2.1 경제적 잉여 5
1.2.2 기회비용 6
1.2.3 경제 모형의 역할 7
1.3 • 의사 결정시 범하기 쉬운 세 가지 오류 8
오류 1: 비용과 편익을 절대금액이 아닌 비율로 측정하는 오류 8
오류 2: 기회비용을 무시하는 오류 9
오류 3: 한계를 고려하지 않는 오류 11
1.4 • 규범경제학 vs. 실증경제학 16
1.5 • 미시경제학 vs. 거시경제학 17
1.6 • 본서의 학습 방법 17
1.7 • 경제적 사유방식 18
경제적 사유 1.1 왜 컴퓨터 하드웨어 제조업체들은 소프트웨어 가격을 거의 받지 않으면서 $1,000 이상의 가치가 있는 소프트웨어를 포함시켜 컴퓨터를 파는가? 19
경제적 사유 1.2 왜 자동차 회사는 히터가 달려있지 않은 자동차를 만들지 않는가? 20
경제적 사유 1.3 왜 차량 이용 현금인출기에도 점자 표시가 있는가? 21
요 약 22
핵심원리 22
핵심용어 22
복습문제 23
연습문제 23
본문 개념체크 해답 24

제2장 비교우위

2.1 • 교환과 기회비용 28
2.1.1 비교우위의 원리 29
경제적 사유 2.1 4할대 타자들은 다 어디 갔는가? 32
2.1.2 비교우위의 원천 33
경제적 사유 2.2 왜 미국은 TV와 디지털 비디오 시장에서 경쟁력을 상실했는가? 33
2.2 • 비교우위와 생산가능곡선 34
2.2.1 생산가능곡선 34
2.2.2 개인의 생산성이 생산가능곡선의 기울기와 위치에 미치는 영향 37
2.2.3 특화와 교환의 이득 39
2.2.4 여러 명이 존재하는 경제의 생산가능곡선 41
2.3 • 한 경제의 생산가능곡선을 이동시키는 요인 43
2.3.1 왜 어떤 국가들은 특화가 느리게 이루어지는가? 46
2.3.2 특화가 과도하게 이루어질 수 있는가? 46
2.4 • 비교우위와 국제무역 47
경제적 사유 2.3 무역이 두 국가 모두에게 이익이 된다면 왜 자유무역협정에 대해 논란이 많은가? 47
2.4.1 아웃소싱 48
경제적 사유 2.4 공영방송 PBS의 경제부 기자 솔맨(Paul Solman)의 업무가 아웃소싱의 대상인가? 49
요 약 51
핵심원리 52
핵심용어 52
복습문제 52
연습문제 52
본문 개념체크 해답 53

제3장 수요와 공급

3.1 • 무엇을, 어떻게, 누구를 위해 생산하는가? 계획경제 vs. 시장경제 57
3.2 • 시장의 구매자와 판매자 59
3.2.1 수요곡선 60
3.2.2 공급곡선 62
3.3 • 시장균형 64
3.3.1 임대료 규제의 재고찰 68
3.3.2 피자 가격의 규제? 71

3.4 • 균형가격과 균형거래량 변화의 예측과 설명 72
3.4.1 수요곡선의 이동 73
경제적 사유 3.1 연방정부가 공무원의 월급을 대폭 인상하면 왜 워싱턴 지하철역 근처의 아파트 임대료가 지하철역에서 멀리 떨어진 아파트 임대료보다 상대적으로 많이 상승하는가? 75
3.4.2 공급곡선의 이동 77
경제적 사유 3.2 왜 기말 리포트가 1970년대보다 오늘날 더 많은 수정 과정을 거치는가? 80
3.4.3 네 가지 간단한 규칙 81
경제적 사유 3.3 왜 유럽행 비행기 티켓과 같은 재화는 성수기에 가격이 상승하는 반면, 옥수수와 같은 재화는 제철에 가격이 하락하는가? 83
3.5 • 효율성과 균형 84
3.5.1 테이블 위의 현금 84
3.5.2 개인적 현명함 그러나 사회적 어리석음 86
요 약 88
핵심원리 89
핵심용어 89
복습문제 90
연습문제 90
본문 개념체크 해답 91

제3장 부록 수요와 공급의 수학적 접근 93
부록 개념체크 해답 94

제4장 탄력성

4.1 • 수요의 가격탄력성 96
4.1.1 수요의 가격탄력성 정의 97
4.1.2 수요의 가격탄력성 결정요인 98
4.1.3 몇 가지 재화의 수요의 가격탄력성 추정치 100
4.1.4 수요의 가격탄력성의 적용 101
경제적 사유 4.1 담배세가 증가하면 10대들의 흡연율은 감소하는가? 101
경제적 사유 4.2 요트에 부과된 사치세가 왜 실패했는가? 101
4.2 • 그래프를 통한 수요의 가격탄력성 이해 102
4.2.1 선형수요곡선에서 수요의 가격탄력성의 변화 105
4.2.2 두 가지 특별한 경우의 수요의 가격탄력성 106
4.3 • 수요의 가격탄력성과 총지출과의 관계 107
4.4 • 수요의 소득탄력성과 교차탄력성 112
4.5 • 공급의 가격탄력성 113
4.5.1 공급의 가격탄력성 결정요인 116
경제적 사유 4.3 자동차 가격보다 휘발유 가격의 변동 폭이 훨씬 큰 이유는? 118
4.5.2 대체가 불가능한 필수적인 생산요소: 공급의 병목현상 120
요 약 121
핵심용어 122
복습문제 122
연습문제 122
본문 개념체크 해답 124

제4장 부록 평균을 이용한 수요의 가격탄력성 계산 125

제5장 수요

5.1 • 수요의 법칙 128
5.1.1 수요의 원천 129
5.1.2 필요(need) vs. 욕구(want) 130
경제적 사유 5.1 왜 캘리포니아주는 만성적인 물 부족으로 고생하는가? 131
5.2 • 욕구에서 수요로의 전환 131
5.2.1 욕구의 측정: 효용의 개념 131
5.2.2 두 재화 간 고정된 소득의 배분 136
5.2.3 합리적 지출 원리 140
5.2.4 소득효과와 대체효과의 재고찰 141
5.3 • 합리적 지출 원리의 적용 143
5.3.1 가격 변화에 따른 재화 간의 소비 대체 143
경제적 사유 5.2 왜 맨해튼의 부자들은 시애틀의 부자들보다 좁은 집에 사는가? 144
경제적 사유 5.3 왜 1970년대에 4기통 자동차를 샀던 소비자들이 1990년대에는 6기통이나 8기통 자동차를 사는가? 144
경제적 사유 5.4 왜 자동차 엔진이 미국보다 영국에서 더 작은가? 145
5.3.2 소득 차이의 중요성 146
경제적 사유 5.5 왜 소득이 낮은 지역에서 기다리는 줄이 더 긴가? 146
5.4 • 개별 수요곡선과 시장 수요곡선 147
5.4.1 수평 합 147
5.5 • 수요와 소비자 잉여 148
5.5.1 소비자 잉여의 계산 149
요 약 152
핵심용어 153
복습문제 153

연습문제 153
본문 개념체크 해답 154

제6장 완전경쟁시장의 공급

6.1 • 공급: 기회비용의 중요성 158
6.2 • 개별 공급곡선과 시장 공급곡선 160
6.3 • 완전경쟁시장의 이윤 극대화 기업 162
6.3.1 이윤 극대화 162
6.3.2 완전경쟁시장에서 기업이 직면하는 수요곡선 164
6.3.3 단기 생산 164
6.3.4 여러 가지 비용의 개념 166
6.3.5 이윤 극대화 산출량 167
6.3.6 기업의 생산 중단 조건 169
6.3.7 평균 가변비용과 평균 총비용 169
6.3.8 그래프를 이용한 이윤 극대화 문제 해법 170
6.3.9 가격=한계비용: 이윤 극대화 조건 171
6.3.10 공급의 "법칙" 174
6.4 • 공급의 결정 요인 재고찰 175
6.5 • 공급의 적용 177
경제적 사유 6.1 재활용 정도가 시장에서 결정될 때 왜 알루미늄캔이 유리병보다 더 많이 재활용되는가? 177
6.6 • 공급과 생산자 잉여 180
6.6.1 생산자 잉여의 계산 180
요 약 182
핵심용어 183
복습문제 183
연습문제 183
본문 개념체크 해답 185

제7장 효율성, 교환 및 보이지 않는 손

7.1 • 경제적 이윤의 역할 188
7.1.1 세 종류의 이윤 189
7.2 • 보이지 않는 손 192
7.2.1 가격의 두 가지 기능 192
7.2.2 경제적 이윤과 손실에 대한 반응 192
7.2.3 자유로운 진입과 퇴출의 중요성 200
7.3 • 경제적 지대 vs. 경제적 이윤 201
7.4 • 보이지 않는 손의 작동 203
7.4.1 할인점과 고속도로에서 작동하는 보이지 않는 손 203
경제적 사유 7.1 왜 대형 할인점 계산대에 늘어선 줄들의 길이가 거의 비슷한가? 203
7.4.2 보이지 않는 손과 비용 절감의 기술혁신 204
7.5 • 시장균형 vs. 사회적 최적 205
7.5.1 개인적 현명함 그러나 사회적 어리석음 206
경제적 사유 7.2 똑똑한 사람들이 "너무 많이" 증권 애널리스트로 일하고 있는가? 207
7.6 • 시장균형과 효율성 207
7.6.1 효율성이 유일한 목표는 아니다 211
7.6.2 그럼에도 왜 효율성이 최우선 순위의 목표가 되어야 하는가? 212
7.7 • 인위적 가격 제한으로 발생하는 비용 213
7.7.1 가격상한 213
7.7.2 가격보조 216
7.8 • 조세와 효율성 219
7.8.1 판매자에게 부과된 세금을 누가 지불하는가? 219
경제적 사유 7.3 자동차세는 장기적으로 자동차 가격에 어떤 영향을 미치는가? 220
7.8.2 판매자로부터 징수된 세금은 총잉여에 어떻게 영향을 미치는가? 221
7.8.3 조세, 탄력성, 효율성 223
7.8.4 조세, 외부비용, 효율성 225
요 약 226
핵심용어 227
복습문제 228
연습문제 228
본문 개념체크 해답 230

제8장 독점시장, 과점시장, 독점적 경쟁시장

8.1 • 완전경쟁시장 vs. 불완전경쟁시장 232
8.1.1 여러 형태의 불완전경쟁시장 232
8.1.2 완전경쟁기업과 불완전경쟁기업 간의 본질적 차이 234
8.2 • 시장지배력의 다섯 가지 원천 236
8.3 • 규모의 경제와 초기투자비용의 중요성 238
경제적 사유 8.1 왜 인텔이 PC에 사용되는 마이크로프로세서 시장에서 압도적 우위를

점하고 있는가? 241
8.4 • 독점기업의 이윤 극대화 242
8.4.1 독점기업의 한계수입 242
8.4.2 독점기업의 이윤 극대화 조건 245
8.4.3 독점기업도 항상 양의 경제적 이윤을 얻는 것은 아니다 246
8.5 • 왜 독점시장에서는 보이지 않는 손이 작동하지 않는가? 247
8.6 • 가격할인을 이용한 시장 확장 249
8.6.1 가격차별의 정의 250
경제적 사유 8.2 왜 극장이 학생들에게 할인가격을 제공하는가? 250
8.6.2 가격차별이 산출량에 미치는 영향 251
8.6.3 장애물을 이용한 가격차별 254
8.6.4 가격차별은 나쁜 것인가? 257
8.6.5 가격차별의 예 257
경제적 사유 8.3 왜 가전기구 소매상들은 점원들에게 전열기나 냉장고에 흠집을 내라고 지시하기도 하는가? 259
8.7 • 자연독점에 대한 정부 정책 260
8.7.1 국가소유와 경영 260
8.7.2 민간 독점의 국가규제 261
8.7.3 자연독점의 배타적 계약 262
8.7.4 반독점법의 엄격한 적용 262
요 약 264
핵심용어 265
복습문제 265
연습문제 266
본문 개념체크 해답 267

제8장 부록 독점기업의 이윤 극대화 조건의 수학적 접근 269
연습문제 270
부록 개념체크 해답 270

제9장 게임이론과 전략적 행동

9.1 • 게임이론을 이용한 전략적 의사결정 분석 272
9.1.1 게임을 구성하는 세 가지 요소 272
9.1.2 내쉬균형 274
9.2 • 죄수의 딜레마 게임 277
9.2.1 원조 죄수의 딜레마 게임 277
9.2.2 담합의 경제학 278
경제적 사유 9.1 왜 카르텔의 담합은 매우 불안정한가? 278
9.2.3 맞대응 전략과 반복적인 죄수의 딜레마 게임 280
경제적 사유 9.2 담배 생산자들이 직면하고 있는 TV 광고의 딜레마를 의회가 어떻게 해결해 주었는가? 281
경제적 사유 9.3 왜 사람들은 파티에서 목소리를 높이는가? 283
9.3 • 순서가 중요한 게임 283
9.3.1 신빙성 있는 위협과 약속 286
9.3.2 위치 선정이 중요한 경우의 독점적 경쟁 288
경제적 사유 9.4 왜 종종 편의점들이 서로 이웃해서 위치해 있는가? 288
9.4 • 맹약의 문제 290
9.5 • 심리적 유인을 이용한 맹약 문제의 해결방법 292
9.5.1 사람들은 본질적으로 이기적인가? 293
9.5.2 맹약문제의 해결책으로서의 선호 294
요 약 296
핵심용어 296
복습문제 296
연습문제 297
본문 개념체크 해답 300

제10장 행동 경제학 입문

10.1 • 판단의 휴리스틱 또는 어림셈 303
10.1.1 가용성 휴리스틱 303
10.1.2 대표성 휴리스틱 304
10.1.3 평균으로의 회귀 305
경제적 사유 10.1 1976년 올림픽에서 세계 신기록 하나, 국내 신기록 6개를 세운 미국 올림픽 수영선수인 셜리 바바쇼프(Shirley Babashoff)는 왜 스포츠 일러스트레이티드(Sports Illustrated)지의 커버 스토리 제의를 거절했는가? 306
10.1.4 앵커링과 조정 306
10.2 • 문맥 해석의 오류 307
10.2.1 인식의 정신물리학 307
10.2.2 실제 의사결정의 어려움 308
10.3 • 충동 억제의 문제 310
10.4 • 손실 기피와 기득권 편향 313
경제적 사유 10.2 왜 오마마의 의료보험 개혁(오바마 케어)이 실행하기 어렵고, 폐기하기는 더 어려운가? 315
10.5 • 협의의 사익 추구를 넘어서 318

10.5.1 현재-목표모형 318
10.5.2 적응적 합리성 기준 319
10.5.3 공평성 322
10.6 • 상대적 위치에 대한 관심 323
경제적 사유 10.3 왜 잘 나가는 사람들이 때로 세금을 많이 낼 때 겪는 어려움을 과다 평가하는가? 325
10.7 • 정책적 함의 326
10.7.1 충동 억제 문제의 해결책 326
10.7.2 상대적 위치에 대한 관심으로 제정된 법과 규제 328
요 약 331
핵심용어 332
복습문제 332
연습문제 332
본문 개념체크 해답 333

제 11 장 외부효과, 사유 재산권 및 환경

11.1 • 외부비용과 외부편익 336
11.1.1 외부효과가 자원배분에 미치는 영향 336
11.1.2 외부효과가 수요와 공급에 미치는 영향 337
11.2 • 코즈의 정리 340
11.3 • 외부효과의 해결책 345
11.3.1 법과 규제 345
경제적 사유 11.1 표현의 자유를 보장하는 법의 목적은 무엇인가? 347
경제적 사유 11.2 왜 많은 주에서 학생들에게 아동 질병에 대한 예방주사를 맞도록 의무화하는가? 347
11.3.2 외부불경제의 최적양은 0이 아니다. 348
11.3.3 보상적 조세와 보조금 349
경제적 사유 11.3 왜 정부는 언덕 비탈진 면에 나무를 심으면 보조금을 지급하는가? 351
11.4 • 사유 재산권과 공유의 비극 351
11.4.1 가격이 매겨져 있지 않은 자원의 문제 351
11.4.2 사유 재산권의 효과 354
11.4.3 사유 재산권의 설정이 불가능한 경우 356
경제적 사유 11.4 왜 사람들은 공원의 블랙베리를 익기도 전에 너무 일찍 따 가는가? 356
경제적 사유 11.5 왜 밀크쉐이크는 여럿이 같이 먹으면 빨리 없어지는가? 356
11.5 • 위치적 외부효과 358
11.5.1 보상이 상대적 성과에 의존하는 경우 358
경제적 사유 11.6 왜 미식축구 선수들은 근육 강화제를 복용하는가? 359
11.5.2 위치적 군비경쟁과 위치적 군비통제 협약 360
11.5.3 위치적 군비통제 협약으로서의 사회적 규범 361
11.6 • 환경 규제에 있어 가격 유인체계의 이용 364
11.6.1 오염에 대한 과세 364
11.6.2 오염 배출권 경매 366
11.7 • 기후변화와 탄소세 368
요 약 371
핵심용어 372
복습문제 372
연습문제 372
본문 개념체크 해답 375

제 12 장 정보 경제학

12.1 • 중간상은 어떻게 가치를 창출하는가? 378
12.2 • 최적의 정보량 380
12.2.1 비용-편익 분석 381
12.2.2 무임승차 문제 381
경제적 사유 12.1 왜 종종 충분한 지식을 가진 판매사원을 찾기가 어려운가? 382
경제적 사유 12.2 왜 뉴저지주, 램버트빌(Lambertville)의 마지막 서점인 리버게이트 서점(Rivergate Books)이 최근에 결국 폐업했는가? 382
12.2.3 합리적 탐색의 두 가지 가이드라인 383
12.2.4 탐색과정에 내재된 위험 384
12.2.5 탐색비용이 존재할 때 맹약의 문제 385
12.3 • 정보의 비대칭성 387
12.3.1 레몬 모형 388
12.3.2 거래에 있어 신뢰성의 문제 390
경제적 사유 12.3 왜 기업들이 잡지나 신문에 자사 제품을 광고할 때 "TV 광고에서와 같이"라는 문구를 포함시키는가? 392
경제적 사유 12.4 왜 많은 기업들이 대학교 성적을 중요시하는가? 392
경제적 사유 12.5 왜 고객들이 비싼 양복을 입은 변호사를 선호하는가? 393
12.4 • 통계적 차별 394
경제적 사유 12.6 왜 25세 미만의 운전자들은 다른 연령의 운전자보다 자동차 보험료를 더 많이 지불하는가? 395
12.4.1 정치적 담론의 퇴조 397

경제적 사유 12.7 왜 때로 사형제도 폐지론자들은 침묵하는가? 397
경제적 사유 12.8 왜 때로 마약 합법화 옹호론자들은 침묵하는가? 398
12.5 • 보험 400
12.5.1 역선택 400
12.5.2 도덕적 해이 401
요 약 402
핵심용어 403
복습문제 403
연습문제 403
본문 개념체크 해답 405

제 13 장 노동시장, 빈곤, 소득분배

13.1 • 노동의 경제적 가치 408
13.2 • 노동시장의 균형 411
13.2.1 노동의 수요곡선 412
13.2.2 노동의 공급곡선 412
13.2.3 수요곡선과 공급곡선의 이동 413
13.3 • 소득 격차에 대한 설명 414
13.3.1 인적자본 이론 414
13.3.2 노동조합 415
경제적 사유 13.1 노동조합이 있는 기업의 임금이 더 높다면, 노동조합이 없는 기업과의 경쟁에 직면해 노동조합이 있는 기업이 어떻게 생존할 수 있는가? 417
13.3.3 보상적 임금격차 417
경제적 사유 13.2 왜 어떤 광고 카피라이터는 다른 광고 카피라이터보다 더 많은 소득을 버는가? 418
13.3.4 노동시장에서의 차별 418
13.3.5 승자 독식의 시장 420
경제적 사유 13.3 왜 소프라노 플레밍(Rene Fleming)은 자신보다 약간 못한 다른 소프라노보다 수백만 달러 이상을 더 버는가? 421
13.4 • 소득 불평등은 도덕적 문제인가? 422
13.5 • 최저임금제 424
요 약 427
핵심용어 427
복습문제 428
연습문제 428
본문 개념체크 해답 430

제 14 장 공공재와 조세정책

14.1 • 정부에 의한 공공재 공급 432
14.1.1 공공재 vs. 사유재 432
14.1.2 공공재의 비용 조달 434
경제적 사유 14.1 왜 대부분의 결혼한 부부가 공용품 구매시 동일하게 비용을 분담하지 않는가? 437
14.2 • 공공재의 최적 수량 438
14.2.1 공공재의 수요곡선 438
14.2.2 공공재의 사적 공급 441
경제적 사유 14.2 왜 TV 방송사는 명화극장 대신 '카다시안 가족 따라하기' 방영을 더 선호하는가? 442
14.3 • 법과 규제 445
14.3.1 외부효과와 재산권 445
14.3.2 정치에서 비효율성의 원천 446
경제적 사유 14.3 왜 식사비를 나누어 부담하면 총지출은 증가하는가? 446
경제적 사유 14.4 왜 국회의원들이 자주 다른 지역의 지역 이기주의적 정부 지출 프로그램을 지지하는가? 447
14.4 • 무엇에다 세금을 부과해야 하는가? 452
요 약 454
핵심용어 455
복습문제 455
연습문제 456
본문 개념체크 해답 458

제 15 장 거시경제학: 경제의 조감도

15.1 • 주요 거시경제 이슈 461
15.1.1 경제성장과 생활수준 461
15.1.2 생산성 464
15.1.3 경기확장과 경기침체 465
15.1.4 실업 466
15.1.5 인플레이션 468
15.1.6 국가 간 경제적 상호의존성 469
15.2 • 거시경제정책 471
15.2.1 거시경제정책의 종류 471
15.2.2 거시경제정책의 실증적 측면과 규범적 측면 472
15.3 • 집계 473
15.4 • 거시경제학 탐구: (미리) 살펴보기 476

요 약 477
핵심용어 478
복습문제 478
연습문제 478
본문 개념체크 해답 479

제 16 장 경제활동의 측정: GDP, 실업

16.1 • 국내총생산(GDP): 국가의 총생산 측정 483
16.1.1 시장가치 483
16.1.2 최종 재화와 서비스 486
16.1.3 일정 기간 동안 한 국가 내에서의 생산 490
16.2 • GDP의 측정방법 491
16.2.1 GDP 측정의 지출측면 492
16.3 • GDP의 소득측면: 자본소득 및 노동소득 495
16.4 • 명목GDP vs. 실질GDP 498
경제적 사유 16.1 명목GDP와 실질GDP가 서로 반대 방향으로 움직일 수 있는가? 501
16.5 • 실질GDP와 경제적 복지 501
16.5.1 실질GDP는 왜 경제적 복지와 동일하지 않은가 502
경제적 사유 16.2 왜 사람들은 옛날에 비해 일하는 시간이 줄어들었는가? 502
16.5.2 그러나 GDP는 경제적 복지와 관련되어 있다 505
경제적 사유 16.3 왜 저소득국가에서는 고소득국가에 비해 고등학교를 졸업하는 사람이 훨씬 적은가? 507
16.6 • 실업과 실업률 508
16.6.1 실업의 측정 508
16.6.2 실업의 비용 511
16.6.3 실업의 지속기간 511
16.6.4 실업률과 "참" 실업 512
요 약 513
핵심용어 514
복습문제 514
연습문제 515
본문 개념체크 해답 516

제 17 장 물가수준과 인플레이션의 측정

17.1 • 소비자물가지수(CPI)와 인플레이션 521
17.1.1 소비자물가지수 521
17.1.2 인플레이션 524
17.2 • 인플레이션의 조정 525
17.2.1 명목수량의 가격조정 525
17.2.2 구매력을 유지하기 위한 연동화 529
17.3 • CPI는 "참" 인플레이션을 측정하는가? 530
17.4 • CPI와 GDP 디플레이터 533
17.5 • 인플레이션의 비용: 여러분의 생각과 다르다 534
17.5.1 인플레이션의 참 비용 535
17.5.2 초인플레이션 540
17.6 • 인플레이션과 이자율 542
17.6.1 인플레이션과 실질이자율 542
17.6.2 피셔효과 545
요 약 547
핵심용어 547
복습문제 548
연습문제 548
본문 개념체크 해답 550

제 18 장 경제성장, 생산성, 생활수준

18.1 • 괄목할 만한 생활수준의 상승: 과거의 기록 555
18.1.1 왜 경제성장률의 "작은 차이"도 중요한가 558
18.2 • 왜 나라들은 부유해지는가: 평균 노동생산성의 중요한 역할 560
18.3 • 평균 노동생산성의 결정요인 563
18.3.1 인적자본 563
경제적 사유 18.1 왜 서독과 일본은 제2차 세계대전으로 인해 파괴된 경제로부터 성공적으로 회복할 수 있었는가? 564
18.3.2 물적자본 565
18.3.3 토지와 천연자원 568
18.3.4 기술 568
경제적 사유 18.2 왜 미국의 노동생산성은 1990년대 후반에 빠르게 높아졌는가? 569
18.3.5 기업가 정신과 경영 570
경제적 사유 18.3 왜 중세 중국은 경제적으로 정체되었는가? 571
18.3.6 정치적 · 법적 환경 572
18.4 • 경제성장의 비용 574
18.5 • 경제성장의 제고 575

18.5.1 인적자본 증대 정책 575
경제적 사유 18.4 왜 거의 모든 나라들이 공교육을 무료로 제공하는가? 575
18.5.2 저축 및 투자 촉진 정책 576
18.5.3 연구개발 지원 정책 577
18.5.4 법적 · 정치적 제도 577
18.5.5 최빈국들: 특이한 경우인가? 577
18.6 • 성장에 한계가 있는가? 578
요 약 581
핵심용어 581
복습문제 582
연습문제 582
본문 개념체크 해답 584

제19장 노동시장: 고용, 임금, 실업

19.1 • 노동시장의 다섯 가지 중요한 추세 588
19.1.1 실질임금의 추세 588
19.1.2 고용과 실업의 추세 589
19.2 • 노동시장의 수요와 공급 590
19.2.1 임금과 노동수요 591
19.2.2 노동수요곡선의 이동 594
19.2.3 노동공급 597
19.2.4 노동공급곡선의 이동 599
19.3 • 실질임금과 고용의 추세 설명 600
19.3.1 선진국에서의 실질임금 상승 600
19.3.2 1970년대 이후 미국의 고용은 크게 확대되었지만 실질임금 상승은 정체되었다. 601
19.3.3 임금불평등 확대: 글로벌화와 기술변화의 효과 603
19.4 • 실업 609
19.4.1 실업의 종류와 비용 610
19.4.2 완전고용의 장애물 612
요 약 614
핵심용어 615
복습문제 616
연습문제 616
본문 개념체크 해답 617

제20장 저축과 자본 형성

20.1 • 저축과 부 622
20.1.1 저량과 유량 624
20.1.2 자본이득과 자본손실 625
경제적 사유 20.1 주식가격, 주택가격, 가계저축률 626
20.2 • 왜 사람들은 저축하는가? 628
경제적 사유 20.2 중국 가계는 왜 그렇게 많이 저축하는가? 628
20.2.1 저축과 실질이자율 629
20.2.2 저축, 자기통제, 과시효과 632
경제적 사유 20.3 왜 미국 가계는 저축을 적게 하는가? 633
20.3 • 국민저축과 구성요소 634
20.3.1 국민저축의 측정 634
20.3.2 국민저축의 민간부분과 공공부분 636
20.3.3 공공저축과 정부재정 638
20.3.4 낮은 가계저축은 문제인가? 640
20.4 • 투자와 자본형성 641
경제적 사유 20.4 왜 최근 수십 년간 컴퓨터에 대한 투자가 크게 증가하였는가? 644
20.5 • 저축, 투자, 금융시장 645
요 약 650
핵심용어 650
복습문제 651
연습문제 651
본문 개념체크 해답 653

제21장 화폐, 물가, 중앙은행

21.1 • 화폐와 그 용도 656
경제적 사유 21.1 민간화폐: "이타카 시간"에서 비트코인까지: 민간화폐, 공동화폐, 오픈소스 화폐는 무엇인가? 657
21.1.1 화폐의 측정 658
21.2 • 상업은행과 통화창출 660
21.2.1 현금과 예금을 동시에 보유할 경우의 통화공급 664
21.3 • 중앙은행제도 667
21.3.1 한국은행의 역사와 구조 667
21.3.2 공개시장운영을 통한 통화량 조절 667
21.3.3 금융시장 안정화를 위한 중앙은행의

역할: 금융공황(bank panic) 669
경제적 사유 21.2 1930~1933년의 금융공황은 왜 통화량을 감소시켰는가? 670
21.4 • 통화량과 물가 672
21.4.1 유통속도 673
21.4.2 통화량과 인플레이션의 장기적 관계 674
요 약 677
핵심용어 678
복습문제 678
연습문제 678
본문 개념체크 해답 680

제22장 금융시장과 국제적 자본이동

22.1 • 은행시스템과 생산적인 사용처로의 저축의 배분 683
22.1.1 은행시스템 683
경제적 사유 22.1 은행위기 기간에 국가경제에는 어떤 일이 발생하는가? 685
22.1.2 채권과 주식 685
22.2 • 채권시장, 주식시장, 저축의 배분 691
22.2.1 채권시장과 주식시장의 정보 제공 기능 692
22.2.2 위험분담과 분산투자 692
경제적 사유 22.2 왜 미국의 주식시장은 1990년대 급격히 상승했다가 2000년대에 급격히 하락하였는가? 694
22.3 • 국제적 자본이동 695
22.3.1 자본이동과 무역수지 696
22.3.2 국제적 자본이동의 결정요인 698
22.3.3 저축, 투자, 자본유입 700
22.3.4 저축률과 무역적자 702
경제적 사유 22.3 왜 미국의 무역적자는 그렇게 큰가? 703
요 약 705
핵심용어 706
복습문제 706
연습문제 707
본문 개념체크 해답 708

제23장 단기 경기변동: 입문

경제적 사유 23.1 경기변동은 대통령 선거에 영향을 미치는가? 712
23.1 • 경기침체와 경기확장 713
경제적 사유 23.2 2007년의 경기침체는 어떻게 판정되었는가? 716
23.2 • 단기 경기변동에 대한 몇 가지 사실 717
23.3 • 총생산 갭과 경기적 실업 720
23.3.1 잠재총생산과 총생산 갭 720
23.3.2 총생산 갭 722
23.3.3 자연실업률과 경기적 실업 723
경제적 사유 23.3 왜 미국의 자연실업률은 낮아졌는가? 724
23.4 • 오쿤의 법칙 726
경제적 사유 23.4 왜 Fed는 1999년과 2000년에 경제를 진정시키는 정책을 실행하였는가? 727
23.5 • 왜 단기 경기변동이 발생하는가? 개관과 우화 728
23.5.1 앨버트의 아이스크림 가게: 단기 경기변동에 관한 이야기 729
요 약 732
핵심용어 732
복습문제 733
연습문제 733
본문 개념체크 해답 734

제24장 단기에서의 총지출과 총생산

24.1 • 케인즈 모형의 핵심 가정: 기업은 미리 정해진 가격에서 수요를 충족시킨다 738
경제적 사유 24.1 신기술이 메뉴비용을 없앨 수 있을 것인가? 739
24.2 • 계획된 총지출 739
24.2.1 계획된 총지출 vs. 실제 총지출 740
24.2.2 소비지출과 경제 742
경제적 사유 24.2 2000~2002년 미국 주식시장의 침체는 소비지출에 어떤 영향을 미쳤는가? 744
24.2.3 계획된 총지출과 총생산 745
24.3 • 단기 균형총생산 748
24.3.1 단기 균형총생산의 계산: 수치 방법 749
24.3.2 단기 균형총생산의 계산: 그래프를 이용하는 방법 751
24.4 • 계획된 총지출과 총생산 갭 752
경제적 사유 24.3 미국의 2007~2009년 경기침체의 원인은 무엇이었는가? 755
24.4.1 승수 756
24.5 • 계획된 총지출의 안정화: 재정정책의 역할 757

24.5.1 정부구매와 계획된 총지출 758
경제적 사유 24.4 군비지출의 경제에 대한 효과 759
24.5.2 조세, 이전지출, 총지출 761
경제적 사유 24.5 왜 연방정부는 2001년과 2009년에 일시적 조세 감면을 시행했는가? 763
24.6 • 안정화정책 수단으로서의 재정정책: 세 가지 유보사항 764
24.6.1 재정정책과 공급측면 764
24.6.2 재정적자의 문제 765
24.6.3 재정정책의 상대적 경직성 765
요 약 767
핵심용어 768
복습문제 768
연습문제 768
본문 개념체크 해답 770

제24장 부록A 기본 케인즈 모형의 수학적 해법 773
부록 개념체크 해답 775

제24장 부록B 기본 케인즈 모형의 승수 777

제25장 경기안정화정책: 중앙은행의 역할

25.1 • 중앙은행과 이자율: 기본 모형 780
25.1.1 화폐수요 781
25.1.2 화폐수요에 영향을 주는 거시경제 요인 785
25.1.3 화폐수요곡선 786
경제적 사유 25.1 왜 아르헨티나 국민은 미국 국민보다 평균적으로 더 많은 달러를 보유하는가? 788
25.1.4 화폐공급과 화폐시장의 균형 789
25.1.5 중앙은행이 명목이자율을 조절하는 방법 791
25.1.6 통화정책에서 기준금리의 역할 793
25.1.7 중앙은행은 실질이자율을 조절할 수 있는가? 794
25.2 • 중앙은행과 이자율: 추가 분석 796
25.2.1 중앙은행은 통화량을 완전히 통제할 수 있는가? 797
25.2.2 이자율이 항상 같이 움직이는가? 800
25.3 • 통화정책의 경제적 효과 804
25.3.1 계획된 총지출과 실질이자율 805
25.3.2 중앙은행은 경기침체와 싸운다 808
경제적 사유 25.2 2001년 경기침체와 테러공격에 연방준비제도는 어떻게 대처하였는가? 810
25.3.3 중앙은행은 인플레이션과 싸운다 811
경제적 사유 25.3 왜 연방준비제도는 2004년과 2006년 사이에 이자율을 17회 인상하였는가? 812
경제적 사유 25.4 왜 인플레이션이 발생하고 있다는 뉴스는 주식시장에 해가 되는가? 813
경제적 사유 25.5 중앙은행은 자산가격의 변동에 대응해야 하는가? 813
25.3.4 중앙은행의 정책반응함수 815
경제적 사유 25.6 테일러 준칙은 무엇인가? 815
25.4 • 통화정책 결정: 예술인가 과학인가? 818
요 약 819
핵심용어 820
복습문제 820
연습문제 821
본문 개념체크 해답 822

제25장 부록 기본 케인즈 모형에서의 통화정책 825

제26장 총수요, 총공급, 인플레이션

26.1 • 인플레이션, 총지출, 총생산: 총수요곡선 829
26.1.1 인플레이션, 중앙은행, 총수요곡선이 우하향하는 이유 830
26.1.2 총수요곡선이 우하향하는 다른 이유 831
26.1.3 총수요곡선을 이동시키는 요인 831
26.1.4 총수요곡선의 이동 vs. 총수요곡선 상의 이동 835
26.2 • 인플레이션과 총공급 836
26.2.1 인플레이션 관성 837
26.2.2 총생산 갭과 인플레이션 840
26.2.3 총수요-총공급 모형 842
26.2.4 경제의 자기조정 845
26.3 • 인플레이션의 원인 847
26.3.1 과도한 총지출 847
경제적 사유 26.1 1960년대 미국의 인플레이션은 어떻게 시작되었는가? 849
26.3.2 인플레이션 충격 850
경제적 사유 26.2 왜 유가상승은 1970년대 미국의 인플레이션을 높였지만 2000년대에는 그러지 않았는가? 850
26.3.3 잠재총생산에 대한 충격 853
경제적 사유 26.3 왜 미국경제는 1990년대 후반에 빠른 성장과 낮은 인플레이션을 경험할 수 있었는가? 854

26.4 • 인플레이션 조절 856

경제적 사유 26.4 1980년의 인플레이션은 어떻게 진정되었는가? 858

경제적 사유 26.5 인플레이션이 너무 낮은 것은 문제가 되는가? 860

요 약 861

핵심용어 862

복습문제 863

연습문제 863

본문 개념체크 해답 865

제26장 부록 총수요–총공급 모형의 수학적 분석 869

26A.1 • 총수요곡선 869

26A.2 • 총수요곡선의 이동 871

26A.3 • 단기균형 871

26A.4 • 장기균형 872

부록 개념체크 해답 872

제27장 환율과 개방경제

27.1 • 환율 875

27.1.1 명목환율 875

27.1.2 변동환율제 vs. 고정환율제 878

27.1.3 실질환율 879

경제적 사유 27.1 통화강세는 강한 경제를 의미하는가? 881

27.2 • 장기에서의 환율 결정 882

27.2.1 단순한 환율이론: 구매력평가설(PPP) 882

27.2.2 구매력평가설의 한계점 884

27.3 • 단기에서의 환율 결정 887

27.3.1 수요–공급 분석 887

27.3.2 달러수요의 변화 890

27.3.3 달러공급의 변화 891

27.4 • 통화정책과 환율 892

경제적 사유 27.2 왜 미국 달러의 가치는 1980년대 전반에 거의 50% 상승하였고 1990년대 후반에 거의 40% 상승하였는가? 893

27.4.1 통화정책 수단으로서의 환율 894

27.5 • 고정환율 895

27.5.1 환율을 고정시키는 방법 895

27.5.2 투기적 공격 899

27.5.3 통화정책과 고정환율제 900

경제적 사유 27.3 1997~1998년 동아시아 통화위기의 원인과 결과는 무엇인가? 902

경제적 사유 27.4 국제통화기금(International Monetary Fund)은 무엇이며 그 임무는 수 년 동안 어떻게 변화되어 왔는가? 903

경제적 사유 27.5 정책상의 실수가 대공황에 어떻게 기여했는가? 904

27.6 • 환율은 고정시켜야 하는가 변동시켜야 하는가? 905

경제적 사유 27.6 왜 유럽 19개국은 단일통화제를 채택하였는가? 907

요 약 908

핵심용어 909

복습문제 909

연습문제 909

본문 개념체크 해답 911

■ 찾아보기 913

경제학자처럼 생각하기

제 1 장

사람들은 해당 비용과 편익을 제대로 비교하지 못해 자주 나쁜 결정을 내린다.

현재 독자들이 수강하고 있는 경제학 원론의 수강생은 몇 명이나 되는가? 수강생이 20명 정도인 강의도 있고, 35명, 100명 또는 200명인 강의도 있을 것이다. 어떤 학교에서는 2,000여 명의 학생들이 한꺼번에 수강하는 경제학 원론 강의도 있다. 무엇이 최적의 규모인가?

비용이 문제가 되지 않으면 최적 규모는 수강생이 한 명인 강의이다. 수강생이 한 명인 경우를 상상해 보라. 한 학기 내내 학생 한 명과 그 한 명만을 가르치는 교수 한 명으로 이루어진 강의! 모든 강의가 학생의 사전 지식과 능력에 맞게 맞춤식으로 제공되며 학생 또한 적절한 속도로 강의 내용을 공부할 수 있다. 강의 형태도 학생과 교수 사이에 친밀한 교제와 개인적인 신뢰를 쌓아가는 형태가 될 것이다. 그리고 평가도 운으로 찍는 사지선다형이 아닌, 학생이 실제로 배운 것으로 결정될 것이다. 추가적인 논의를 위해 이 같은 일대일 수업 방식에서 학생들이 가장 잘 배운다고 가정하자.

그러면 왜 많은 대학들이 여전히 수백 명의 학생들이 수강하는 원론 강의를 계속해서 개설하고 있는가? 이에 대한 간단한 답은 비용이 든다는 것이다. 강의동도 지어야 하고 교수 월급도 지불해야 하는 대학 행정담당자뿐 아니라 학생들에게도 비용은 중요한 문제이다. 일대일 맞춤형 경제학 원론 강의를 제공하는 데 발생하는 직접 비용만 해도 교수의 월급과 강의실을 포함해 아마도 5만 달러 이상일 것이다. 누군가 이 비

사이즈가 작은 수업이 "더 좋은가?"

용을 지불해야 한다. 사립대학은 비용의 대부분을 현재보다 훨씬 비싼 등록금으로 충당한다. 주립대학에서도 현재보다 비싼 등록금과 높은 세금으로 충당될 것이다. 두 경우 모두 맞춤형 일대일 강의는, 모든 학생들에게는 아니더라도, 대부분의 학생들에게는 감당하기 힘든 부담일 것이다.

수강 인원수가 증가하면 학생 일인당 비용은 감소한다. 예를 들어, 수강 인원이 300명이면 경제학 원론 강의 비용은 학생당 $200 정도일 것이다. 그러나 그 정도 규모의 강의라면 교육 환경의 질은 어느 정도 희생해야 한다. 그러나 일대일 맞춤형 강의와 비교하면 비용 부담은 매우 적어진다.

경제학 원론 강의의 적정 규모를 결정함에 있어 대학 본부는 고전적인 경제적 상충관계(trade-offs)에 당면하게 된다. 강의 규모가 커질수록 교육의 질은 하락하는 나쁜 일이 일어난다. 그러나 비용이 절감되어 학생들이 내야하는 등록금이 적어지는 장점도 동시에 발생한다.

본장에서는 현실에서 관측되는 사람들의 행동을 독자들이 이해하고 설명하는 데 도움이 되는 3가지의 간단한 원리를 소개한다. 이들 원리는 일상생활에서 독자들이 잘못된 의사결정을 내리는 실수를 피하는 데 도움이 된다.

1.1 경제학: 희소성 세계에서 선택의 학문

미국과 같이 부유한 사회에서도 희소성(scarcity)은 삶의 본질적인 문제이다. 어느 누구도 하고 싶은 것을 모두 할 수 있을 만큼 시간, 돈 그리고 에너지를 충분히 가지고 있지 못하다. 아무도 소유하고 싶은 모든 것을 다 가질 수는 없다. **경제학**(economics)은 희소성하에서 사람들이 어떤 선택을 하며, 그 선택이 사회에 미치는 결과를 연구하는 학문이다.

경제학
희소성하에서 사람들이 어떤 선택을 하며, 그 선택이 사회에 미치는 결과를 연구하는 학문

앞에서 본 강의 규모의 예를 보면, 성취동기가 강한 경제학 전공 학생은, 다른 조건이 동일하다면, 수강생 100명인 강의보다 20명인 강의를 듣고자 할 것이다. 물론 다른 조건이 동일하지 않다. 학생들은 소규모 강의의 편익을 즐길 수 있지만 다른 행동에 사용할 수 있는 돈은 그만큼 줄어드는 대가를 지불해야 한다. 학생의 선택은 필연적으로 선택 가능한 여러 행동들 사이의 상대적 중요성의 문제로 귀결된다.

이러한 상충관계가 보편적인 현상이며 매우 중요하다는 것이 경제학의 핵심 원리 가운데 하나이다. 희소성 때문에 상충관계가 불가피하므로 이것을 희소성의 원리라고 부른다. 희소성의 원리는 또한 공짜 점심은 없다는 원리라고 불리기도 한다(공짜 점심은 없다는 원리는 여러분들이 먹는 점심은 누군가 어떤 방식으로든 간에 그 대가를 지불해야 한다는 사실 때문에 그렇게 불린다).

희소성의 원리(Scarcity Principle)(공짜 점심은 없다는 원리)(No-Free-Lunch Principle): 사람들의 필요와 욕구는 무한하지만, 주어진 자원은 유한하다. 따라서 하나를 많이 가지면 다른 것을 적게 가져야 한다.

희소성

상충관계의 기본적인 아이디어는, 선택이란 여러 경쟁 관계에 있는 대안들 사이의 타협이라는 사실이다. 경제학자들은 편익이 비용을 초과할 때에만 행동을 선택해야 한다는 매우 간단한 원리인 비용-편익 분석을 이용해 상충관계를 해결하고자 한다. 편익이 비용을 초과할 때만 행동을 선택해야 하는 것을 비용-편익의 원리라고 부른다. 비용-편익의 원리는 경제학의 핵심 원리 가운데 하나이다.

비용-편익의 원리(Cost-Benefit Principle): 개인(기업 혹은 사회)은, 특정 행동을 선택했을 때 발생하는 추가적인 편익이 추가적인 비용보다 작지 않을 경우에 한해서, 그 행동을 선택해야 한다.

비용-편익

비용-편익의 원리를 염두에 두고 강의 규모의 문제를 생각해보자. 100명 혹은 20명을 수용할 수 있는 두 가지 크기의 강의실만 있다고 가정해보자. 그리고 여러분들이 다니고 있는 대학에서 현재 수강생 100명의 경제학 원론 강의가 개설되어 있다고 가정하자. **질문** 대학 본부는 수강생 규모를 20명으로 줄여야 하는가? **답** 교육의 향상으로 얻는 편익이 추가비용을 초과할 때에 한해서만 줄인다.

매우 단순하게 보이는 이 원칙을 적용하려면 관련된 편익과 비용을 어떤 방식으로든 측정해야 하는데, 이는 현실에서 때로는 매우 힘든 일이다. 그러나 몇 가지 단순화 가정을 한다면 이 원리가 어떻게 적용될 수 있는가를 알 수 있다. 비용 측면에서 강의 규모를 100명에서 20명으로 줄이면 주된 비용은 한 명이 아닌 다섯 명의 교수가 필요하다는 것이다. 또한 대형 강의실 대신 작은 규모의 강의실 다섯 개가 필요한데, 이 또한 다소의 추가적인 비용이 필요하다. 논의를 위해, 강의 규모가 100명일 때와 비교할 때 20명이면 학생당 $1,000의 비용이 더 발생한다고 가정하자. 대학 본부는 대형 강의에서 소규모 강의로 바꾸어야 하는가? 비용-편익의 원리를 적용하면, 대형 강의와 비교해 소규모 강의를 개설함으로써 얻는 편익이 적어도 학생당 $1,000 이상은 되어야 소규모 강의를 개설하는 것이 경제적 의미를 가진다.

비용-편익

독자들(혹은 독자의 가족들)은 소규모 강의를 위해 $1,000를 추가적으로 지불할 용의가 있는가? 독자들과 다른 학생들이 그렇지 않다고 생각하면, 대형 강의를 유지하는 것이 경제적이다. 반면에 추가비용을 지불할 용의가 있다면, 강의 규모를 20명으로 줄이는 것이 경제적으로 타당하다.

독자들은 경제학적 관점에서의 "최선"의 강의 규모는 일반적으로 교육심리학적 관점에서의 "최선"과 같지 않음에 주목하기 바란다. 그 차이는 "최선"에 대한 경제학적 정의는 각기 다른 규모의 강의가 가지는 편익과 비용 모두를 고려하기 때문에 발생한다. 교육심리학자들은 비용 측면을 고려하지 않고, 단지 각기 다른 규모의 강의에서 발생하는 학습의 편익만을 고려한다.

물론 현실에서 소규모 강의에 부여하는 편익의 크기는 사람들마다 다르다. 예를 들어, 고소득의 사람들은 소규모 강의의 편익을 위해 더 많은 돈을 지불하고자 할 것이다. 고소득층 자녀들이 많이 다니는 사립학교가 평균적인 강의 규모는 작은 반면, 등록금이 비싼 것은 이 때문이다.

최적의 강의 규모 문제에 사용된 비용–편익 분석을 적용하면, 미국 대학들에서 평균적인 강의 규모가 증가해 온 사실을 설명할 수 있는 한 가지 이유를 찾을 수 있다. 지난 30년 동안 대학 교수의 월급이 빠른 속도로 상승해 소규모 강의의 비용은 증가했다. 반면에 같은 기간 동안 소규모 강의를 위한 지불용의를 나타내는 가계의 평균소득은 거의 변하지 않았다. 소규모 강의의 비용은 증가한 반면 지불용의는 변하지 않았으므로, 대학들은 과거보다 큰 규모의 강의로 전환하게 된 것이다.

희소성과 그로 인해서 발생하는 상충관계는 비단 돈뿐만 아니라 다른 자원에도 동일하게 적용된다. 주커버그(Mark Zuckergerg)는 지구상에서 가장 부자 가운데 한 사람이다. 그의 재산은 600억 달러 이상인 것으로 추정되고 있다. 이는 하위 40%의 미국인들의 재산을 다 합친 것보다 큰 금액이다. 주커버그는 개인적인 용도 이상의 큰 저택, 차, 휴가 및 그 외의 재화를 살 수 있는 돈을 가지고 있다. 그러나 우리들과 마찬가지로, 주커버그도 하루에 24시간만을 가지고 있으며, 그의 에너지도 한정되어 있다. 그가 추구하는 어떤 행동도, 그것이 사업 확장이든 혹은 집안 단장이든 간에, 다른 곳에 투입할 수 있는 시간과 에너지를 사용하므로, 주커버그도 상충관계의 문제에 당면할 수밖에 없다. 어떤 사람의 계산에 의하면, 걷다가 앞에 떨어진 $100 지폐를 줍기 위해 멈추는 것이 손해일 정도로 주커버그의 시간 가치는 크다고 한다.

1.2 비용 – 편익의 원리의 적용

합리적인 인간
잘 정의된 목표를 가지고 있고, 그 목표를 달성하기 위해 최선을 다하는 사람

희소성하에서 선택의 문제를 공부하는 출발점은 사람들이 **합리적**(rational)이라는 전제이다. 이는 사람들이 잘 정의된 목표를 가지고 있고, 그 목표를 달성하기 위해 최선을 다한다는 의미이다. 비용–편익의 원리는 합리적인 사람들이 어떻게 선택을 하는가를 공부하는 기본적인 분석 도구이다.

강의 규모의 예와 같이, 비용–편익의 원리를 적용함에 있어 현실적인 어려움은 관련된 편익과 비용의 적절한 수치를 얻는 것이다. 매우 드문 경우에 한해 정확하게 화폐로 표시된 수치를 얻을 수 있다. 그러나 관련 자료가 없더라도 비용–편익 분석의 틀은 독자들에게 경제학적 사고 방식을 제시할 수 있다.

이 같은 경우 비용–편익의 원리를 어떻게 적용할 것인가를 알아보기 위해, 다음의 예는, 비용이 매우 애매모호하고, 양적으로 표시되는 어려운 경우, 독자들이 어떤 행동을 선택할 것인지를 질문하고 있다.

비용과 편익의 비교 **예 1.1**

$25짜리 컴퓨터 게임을 $10 싸게 사기 위해 먼 상점까지 걸어가야 하는가?

여러분이 근처의 학교상점에서 $25짜리 컴퓨터 게임을 사려고 할 때, 친구가 여러분에게 시내상점에서 동일한 게임이 $15에 판매되고 있다고 알려주었다고 생각해 보자. 시내상점까지 가기 위해 30분을 걸어야 한다면, 여러분은 컴퓨터 게임을 어디에서 사야 하는가?

비용-편익

비용-편익의 원리에 의하면, 시내에서 사는 편익이 비용을 초과할 때 시내에서 컴퓨터 게임을 사야 한다. 한 행동의 편익은 그 행동을 함으로써 여러분이 얻는 모든 것의 화폐가치이다. 이 예에서, 시내에서 구매할 때 절약할 수 있는 금액이 $10이므로 편익은 정확히 $10이다. 한 행동의 비용은 그 행동을 함으로써 여러분이 포기해야 하는 모든 것의 화폐가치이다. 이 예에서, 시내에서 구매하는 경우 비용은 걷는 시간과 시내까지 다녀와야 하는 불편함에 대해 여러분이 부여하는 화폐가치이다. 그런데 이 화폐가치를 어떻게 측정하는가?

한 가지 방법은 다음과 같은 가상적인 경매를 시행하는 것이다. 어떤 사람이 여러분에게 돈을 주면서 동일한 거리를 걸어야 하는 심부름(아마도 우체국에 가서 편지를 부쳐 달라는 것 같은 심부름)을 부탁하는 상황을 생각해 보자. 만일 그 사람이 $1,000를 주겠다고 하면 여러분은 그 제안을 받아들이겠는가? 받아들인다면, 여러분의 시내 왕복 비용은 $1,000보다 반드시 작을 것이다. 이제 그 사람이 여러분이 거절할 때까지 금액을 줄여가면서 계속해 제안을 한다고 생각해 보자. 예를 들어, 만일 여러분이 $9에는 하겠지만 $8.99에는 못하겠다고 하면, 여러분의 시내 왕복 비용은 $9일 것이다. 그렇다면 절약할 수 있는 금액인 $10(편익)가 다녀오는 비용인 $9보다 크므로 여러분은 시내에서 그 게임을 구입해야 한다.

반대로 시내에 다녀오는 비용이 $10보다 크면, 여러분의 최선의 선택은 학교상점에서 게임을 구입하는 것이다. 이 같은 선택 상황에 직면해 각 사람들은 자신들의 시내 왕복 비용에 따라 각기 다른 결정을 한다. 유일한 정답은 없지만, 이 같은 상황에서 무엇을 선택하겠느냐고 질문하면, 많은 사람들이 시내상점에서 사겠다고 대답한다.

1.2.1 경제적 잉여

예 1.1에서 여러분의 시내 왕복 비용이 $9라고 가정하자. 학교상점에서 구매할 때와 비교하면 시내상점에서 구매할 때 여러분은 그 편익과 비용의 차이인 $1를 **경제적 잉여**(economic surplus)로 얻는다. 의사결정자로서 여러분의 목적은 가능한 한 가장 큰 경제적 잉여를 창출하는 행동을 선택하는 것이다. 이것은 경제적 잉여가 양인 모든 행동을 선택함을 의미하는데, 이는 다름 아닌 **비용-편익의 원리**를 달리 표현한 것이다.

경제적 잉여
어떤 행동을 선택함으로써 발생하는 편익에서 비용을 뺀 것

비용-편익

대형 강의를 선택했다고 여러분이 소규모 강의보다 대형 강의를 더 선호하는 것은 아닌 것과 같이, 최선의 선택이 시내상점에서 컴퓨터 게임을 사는 것이라는 사실이

여러분이 시내까지 다녀오는 것을 즐긴다는 것을 의미하지는 않는다. 그것은 단지 $10 비싸게 사는 것보다 시내에 다녀오는 것이 더 나은 선택임을 의미할 뿐이다. 이 경우에도 여러분은 싸게 살 것인가 또는 가까운 데서 비싸게 사더라도 남는 시간을 활용할 것인가 하는 상충관계의 문제에 당면하고 있는 것이다.

1.2.2 기회비용

여러분이 처한 상황에 따라 **예 1.1**에서 설명한 가상적인 경매의 결과는 다를 것이다. 예를 들어, 시내 왕복을 위해 여러분이 쓸 수 있는 유일한 시간이 내일 치르는 어려운 과목의 시험 준비를 위한 시간 밖에 없다고 생각해 보자. 또는 케이블 TV에서 방영되는 여러분이 좋아하는 영화를 본다거나, 매우 피곤해서 잠시 낮잠을 달게 자려는 경우를 생각해 보자. 이 경우, 시내 왕복을 위해 여러분이 희생해야 하는 것의 가치인 시내 왕복의 **기회비용**(opportunity cost)은 매우 높다. 그러므로 여러분은 시내까지 가서 사지 않을 가능성이 매우 클 것이다.

기회비용
그 행동을 선택함으로써 포기해야 하는 최선의 행동의 화폐가치

엄밀하게 말하면, 한 행동의 기회비용은 그 행동을 하기 위해 포기해야 하는 모든 것의 가치를 의미한다. 예를 들어, 영화를 보려면 $10의 티켓을 사야할 뿐 아니라 영화를 보지 않았다면 $20를 벌 수 있는 아르바이트 자리를 포기해야 한다면 영화를 보는 기회비용은 $30이다.

이 같은 정의에 따르면 명시적 비용뿐 아니라 암묵적 비용도 기회비용에 포함된다. 본서에서는 달리 언급이 없으면 기회비용은 명시적 비용뿐 아니라 암묵적 비용도 포함하는 것을 의미한다. 다른 설명이 없는 한, 본서에서는 기회비용을 이 같은 의미로 사용한다. 그러나 일부 경제학자들은 기회비용을 암묵적 비용만을 의미하는 것으로 사용한다는 점을 독자들은 유의하기 바란다. 이들 경제학자들은 앞의 예에서 영화의 기회비용에 티켓 값인 $10를 포함시키지 않는다. 그러나 모든 경제학자들은 아르바이트를 하지 않는 것의 기회비용이 $20라는 것에는 동의한다.

앞의 예에서, 케이블 TV 영화 한 시간 시청이 시내 방문 대신 사용하고자 하는 가장 가치 있는 것이라면, 시내 왕복의 기회비용은 여러분이 케이블 TV 영화 1시간 시청하는 데 부여하는 화폐가치이다. 즉, 영화의 결말을 놓치지 않기 위해 여러분이 지불할 용의가 있는 최대금액이 바로 시내 왕복의 기회비용이다. 시내 왕복의 기회비용은 시내에 다녀오지 않았다면 여러분이 선택할 수 있었던 모든 대안의 가치를 다 합친 것이 아니라, 시내에 다녀오지 않았다면 여러분이 선택했을 대안, 즉 여러분이 가장 최선이라고 생각하는 대안의 가치를 의미함을 독자들은 주의하기 바란다.

본서를 읽어가면서 독자들은 다음과 같은 **개념체크**들을 계속적으로 접하게 될 것이다. 잠시 멈추고 개념체크의 답을 생각해보는 것이 독자들이 경제학의 핵심 개념을 확실하게 이해하는 데 큰 도움이 될 것이다. 개념체크를 푸는 것이 크게 어렵지 않으므로(개념체크를 푸는 것이 재미있다고 하는 학생들도 많다), **비용–편익의 원리**에 의하면 독자들이 시간을 할애해서 개념체크를 풀어 볼 가치가 있다.

비용–편익

✔ 개념체크 1.1

학교 근처가 아닌 시내상점에서 컴퓨터 게임을 구입하면 여러분들은 \$10를 절약할 수 있다. 그런데 시내 왕복 비용이 이제는 \$9가 아니고 \$12이다. 학교 근처가 아닌 시내에서 컴퓨터 게임을 구입할 때 경제적 잉여는 얼마나 감소하는가?

1.2.3 경제 모형의 역할

경제학자들은 이상적으로 합리적인 개인이 선택 가능한 여러 대안들 가운데 어떤 선택을 하는가를 설명하는 추상적인 모형으로 비용-편익의 원리를 사용한다("추상적인 모형"이란 어떤 상황의 필수적인 요소만을 추려내어 그 상황을 논리적으로 분석할 수 있도록 단순화시켜 기술한 것을 의미한다). 기후 변화 같은 매우 복잡한 현상의 컴퓨터 모형은 많은 세부 사항은 무시하고, 작용하는 주요한 힘들만을 고려해야 하므로 추상적인 모형의 한 예이다.

현실에서 사람들이 시내 왕복을 할 것인가를 결정하기에 앞서 머릿속으로 가상적인 경매를 실시하지는 않는다는 이유로, 때로는 경제학 비전공자들이 경제학자가 사용하는 비용-편익의 모형을 매우 심하게 비판하기도 한다. 그러나 이 같은 비판은 추상적인 모형이 어떻게 인간의 행동을 설명하고 예측하는 데 도움을 주는지를 잘못 이해하고 있음을 보여주는 것이다. 경제학자들도 사람들이 간단한 결정을 할 때 머릿속으로 가상적인 경매를 실시하지 않음을 잘 알고 있다. 비용-편익의 원리가 진정으로 말하고자 하는 것은 합리적 결정은 명시적이든 암묵적이든 간에 비용과 편익의 크기에 근거해 이루어지는 결정이라는 것이다.

왜 넘어지지 않는지 잘 모르면서도 많은 사람들이 자전거를 타듯이, 의식적으로 비용과 편익을 계산하지 않고도 많은 경우 대부분의 사람들은 분별 있는 선택을 한다. 물리 법칙을 의식하지 않지만 관련 물리 법칙에 따라 자전거를 타듯이, 사람들은 시행착오를 통해 점진적으로 각 상황에서 어떤 선택이 가장 좋은 결과를 낳는지를 배운다.

그렇지만 물리학을 알면 자전거 타는 법을 배우기가 용이하듯이, 비용-편익의 원리를 잘 배우면 더 나은 의사결정을 하는 데 도움이 된다. 예를 들어, 한 젊은 경제학자가 자신의 큰 아들에게 자전거 타는 법을 가르칠 때, 전통적인 방법에 따라 옆에서 따라가면서 아들을 잡고 밀어주면서 아들이 잘 타기를 기대한다. 몇 시간 동안 계속 시도해 팔 다리가 아파질 때가 되면, 그 아들은 마침내 자전거 타는 법을 터득하게 된다. 1년 후에, 어떤 사람이 자전거를 타는 요령은 자전거가 기우는 방향으로 손잡이를 약간 틀어주는 것임을 알려주었다. 당연히 그 경제학자는 둘째 아들에게 이 같은 요령을 알려 주었고, 둘째 아들은 바로 자전거 타는 법을 배우게 되었다. 약간의 물리학 지식이 자전거 타는 것을 배우는 데 도움이 되듯이, 약간의 경제학적 지식도 사람들이 보다 나은 선택을 하는 데 도움이 된다.

요약 비용–편익 분석

희소성은 경제 활동의 가장 기본적인 사실이다. 희소성 때문에 한 재화를 더 많이 갖고자 하면 다른 재화를 그만큼 덜 가져야 한다(희소성의 원리). 비용-편익의 원리에 따르면 개인(기업 혹은 사회)은, 특정 행동을 선택했을 때 발생하는 추가적인 편익이 추가적인 비용보다 작지 않을 경우에 한해서, 그 행동을 선택해야 한다. 어떤 행동을 선택함으로써 발생하는 편익에서 비용을 뺀 것을 그 행동의 경제적 잉여라고 부른다. 그러므로 비용-편익의 원리에 의하면 추가적인 경제적 잉여를 창출하는 행동만을 선택해야 한다.

1.3 의사 결정시 범하기 쉬운 세 가지 오류[1]

합리적인 사람들은 대부분 명시적이고 엄밀한 계산은 아니더라도 직관적이고 어림하는 방식으로 비용–편익의 원리를 적용한다. 합리적인 사람들은 비용과 편익을 비교하는 경향이 있으므로, 경제학자들은 합리적인 사람들이 선택할 가능성이 높은 행동을 예측할 수 있다. 예를 들어, 앞의 예에서 보았듯이, 부유층 자녀들은 그렇지 않은 자녀들보다 소규모 강의를 제공하는 대학에 다닐 가능성이 더 높다(소규모 강의의 비용은 모든 가정에게 동일하나, 지불할 용의가 있는 금액으로 측정되는 소규모 강의의 편익은 부유층 가정에게 더 큰 경향이 있다).

그러나 여러 연구들은 사람들이 비용–편익의 원리를 잘못 적용하는 상황들이 있음을 보여준다. 이 같은 상황에서 비용–편익의 원리는 사람들의 행동을 정확하게 예측하지는 못하지만, 잘못된 의사결정을 피하기 위한 구체적인 방법이 무엇인지를 보여준다는 점에서 유용하다.

■ 오류 1: 비용과 편익을 절대금액이 아닌 비율로 측정하는 오류

다음의 예는 자신들이 선택하고자 행동의 비용과 편익을 잘 계산할 수 있다고 여겨지는 사람들조차 때로는 비용과 편익을 정확하게 측정하지 못함을 보여준다.

예 1.2 비용과 편익의 비교

$2,020 하는 노트북 컴퓨터를 사는데 $10 절약하기 위해 시내까지 나가야 하는가?

여러분이 근처의 학교상점에서 $2,020짜리 노트북 컴퓨터를 사려고 할 때, 친구가 여러분에게 시내상점에서 동일한 노트북 컴퓨터가 $2,010에 판매되고 있다고 알려주었다고 생각해 보자. 시내

1 본절의 예들은 캐너만(Daniel Kahneman)과 고인이 된 트벌스키(Amos Tversky)의 선구적인 연구에 기인한 것들이다. 캐너만은 심리학의 통찰력을 경제학에 접합시킨 공로로 2002년에 스미스(Vernon Smith)와 공동으로 노벨 경제학상을 수상했다. 이들 연구 결과에 대해서는 2011년 출간된 캐너만의 저서, *Thinking Fast and Slow*를 참고하기 바란다.

상점까지 가기 위해 30분을 걸어야 한다면, 여러분은 노트북 컴퓨터를 어디에서 사야 하는가?

노트북 컴퓨터가 가벼워서 쉽게 들고 다닐 수 있다고 가정하면, 컴퓨터 게임과 비교해 노트북 컴퓨터 가격이 매우 비싸다는 것을 제외하면 이 예는 **예 1.1**과 완전하게 동일하다. 전과 동일하게 시내에서 구입할 때의 편익은 여러분들이 절약할 수 있는 금액, 즉 $10이다. 시내 왕복도 동일하므로 시내 왕복 비용도 **예 1.1**과 같다. 그러므로 여러분이 완벽하게 합리적이라면, 두 경우에 동일한 결정을 내려야 한다. 그러나 실제로 사람들에게 두 상황에서 어떤 선택을 하겠냐고 질문하면, 압도적으로 대다수의 사람들이 컴퓨터 게임의 경우에는 시내까지 가겠지만 노트북 컴퓨터의 경우에는 학교상점에서 구매하겠다고 대답한다. 왜 다른 선택을 하는지 물어보면, 대다수의 사람들은 "컴퓨터 게임의 경우 40%를 절약할 수 있어 시내까지 나갈 가치가 있지만, 노트북 컴퓨터의 경우 $2,020에서 단지 $10 절약하는 것이므로 시내까지 나갈 가치가 없다"라고 대답한다.

이것은 잘못된 논리의 적용이다. 시내 왕복에서 발생하는 편익은 원래 가격에서 여러분이 절약할 수 있는 비율이 아니라, 절약할 수 있는 절대금액이다. 시내에서 노트북 컴퓨터를 구매할 때의 편익은 컴퓨터 게임의 경우와 동일하게 $10이고, 시내 왕복 비용도 두 경우 모두 동일하므로, 시내 왕복의 경제적 잉여도 동일하다. 이것은 의사결정을 합리적으로 하는 사람들은 두 경우에서 동일한 결정을 해야 함을 의미한다. 그러나 앞에서 보았듯이, 많은 사람들이 서로 다른 선택을 한다.

의사 결정시 앞에서 설명한 잘못된 논리 적용은 사람들이 흔히 저지르기 쉬운 여러 오류 가운데 하나일 뿐이다. 차후의 논의에서 추가적으로 두 가지 오류를 더 알아본다. 어떤 경우에는 사람들은 당연히 고려해야 할 비용이나 편익을 무시하는 반면, 다른 경우에는 전혀 관계없는 비용과 편익에 의해 영향을 받는다.

✔ 개념체크 1.2

$2,000짜리 도쿄행 항공 티켓에서 $100를 절약하는 것과 $200짜리 시카고행 항공 티켓에서 $90를 절약하는 것 가운데 어떤 것이 더 가치가 있는가?

■ 오류 2: 기회비용을 무시하는 오류

코난 도일(Arthur Conan Doyle)의 소설에 등장하는 전설적인 탐정인 셜록 홈스(Sherlock Holmes)는 대부분의 사람들이 간과하는 사소한 것들을 놓치지 않았기에 성공적인 탐정이 될 수 있었다. 은성호 사건(Silver Blaze)에서 홈스는 비싼 경주마가 마구간에서 도난당한 사건을 조사해달라는 의뢰를 받았다. 이 사건을 담당한 런던 경찰청 형사가 홈스에게 추가 조사가 필요한 특이 사항이 있냐고 물을 때 홈스는 "그렇다"라고 대답하면서, "밤에 개의 행동이 이상했다"라고 말했다. 잘 이해가 되지 않은 형사

기회비용은 밤에 짖지 않는 개와 같다.

는 "개가 밤에 아무런 행동도 하지 않았다"라고 대꾸했다. 홈스가 간파했듯이, 그것이 바로 문제의 핵심이었다. 은성호가 도난당할 때 경비견이 짖지 않았다는 것은 바로 경비견이 그 도둑을 알고 있다는 뜻이었다. 결국 이 단서는 사건을 해결하는 데 결정적인 역할을 했다.

사람들이 개가 짖지 않았다는 사실을 눈치 채지 못한 것처럼, 우리들 대부분도 발생하지 않은 행동이 가지는 암묵적 가치를 간과하는 경향이 있다. 앞에서 설명했듯이, 현명하게 의사결정하려면 포기한 기회의 가치를 적절하게 고려해야 한다.

앞에서 강조했듯이 한 행동의 기회비용은 그 행동을 선택하기 위해 포기해야 하는 최선의 대안이 가지는 가치이다. 시내에서 컴퓨터 게임을 구입함으로써 영화의 마지막 부분 한 시간을 볼 수 없다면, 영화의 결말을 보는 데 여러분이 부여하는 가치가 바로 시내 왕복의 기회비용이다. 많은 사람들이 이와 같이 포기해야 하는 기회의 가치를 고려하지 않기 때문에 잘못된 의사결정을 한다. 경제학자들은 기회비용을 간과하는 실수를 범하지 않기 위해 "시내까지 나가야 하는가?"라는 질문을 "시내까지 나가야 하는가 혹은 영화를 끝까지 봐야 하는가?"라는 질문으로 바꾸어 표현한다.

예 1.3 암묵적 비용

봄 방학 때 칸쿤(Cancun)에 가기 위해 항공 마일리지 무료쿠폰을 사용해야 하는가?

© Gerad Davis/Contact Pres/Images/Picture Quest

무료항공권을 이용하면 칸쿤까지의 비행이 "공짜"인가?

봄 방학을 한 주 남기고 여러분은 아직도 아이오와 대학 친구들과 칸쿤에 갈지를 결정하지 못하고 있다. 시더 래피즈(Cedar Rapids)-칸쿤의 왕복 항공 티켓은 $500이다. 그러나 여러분은 이번 여행에 사용할 수 있는 항공 마일리지 무료쿠폰을 가지고 있다. 해변 휴양도시에서 방학 한 주를 보내는 데 들어가는 다른 비용은 정확하게 $1,000이다. 칸쿤에서 휴가를 즐기기 위해 여러분이 지불할 용의가 있는 최대 금액은 $1,350이다. $1,350가 바로 여러분이 휴가로부터 얻는 편익이다. 칸쿤행 항공 티켓 외에 여러분은 항공 마일리지 무료쿠폰을 봄 방학이 끝난 후 형 결혼식에 참석하기 위해 보스턴행 항공 티켓을 구매하는 데에만 사용할 수 있다(항공 마일리지 무료쿠폰의 유효 기간이 곧 종료된다). 시더 래피즈-보스턴 왕복 항공 요금이 $400라면 여러분은 칸쿤에서 봄 방학을 보내기 위해 항공 마일리지 무료쿠폰을 사용해야 하는가?

비용-편익

비용–편익의 원리에 의하면 편익이 비용을 초과할 때 여러분은 칸쿤을 선택해야 한다. 항공 마일리지 무료쿠폰만 없다면, 이 문제를 해결하는 방법은 간단하게 해변에서 한 주를 보낼 때 얻는 편익과 그에 수반되는 비용을 비교하면 된다. 항공 요금과 기타 비용의 합이 $1,500이므로 비용이 편익보다 $150가 많다. 그러므로 여러분은 칸쿤을 선택해서는 안 된다.

항공 마일리지 무료쿠폰을 사용할 수 있으면 어떠한가? 무료쿠폰을 이용하면 항공 요금이 공짜이므로, 여행을 함으로써 여러분이 $350의 경제적 잉여를 얻을 수 있는 것처럼 보인다. 그러나 무료쿠폰을 봄 휴가 때 사용하면, 여러분은 보스턴행 항공티켓을 구매하는 데 $400를 지불해야 한다. 그러므로 칸쿤으로 가기 위해 무료쿠폰을 사용하는 기회비용은 실상 $400인 것이다. 무료쿠폰을 사용하면, 휴가 비용인 $1,400가 편익을 $50 초과하기 때문에 여러분은 손해를 보는 것이다. 이와 유사한 상황에서 스스로에게 "항공 마일리지 무료쿠폰을 이번 여행에 사용해야 하나, 아니면 남겨 두었다가 다음 여행에 사용해야 하나?"라는 질문을 한다면 여러분은 보다 분별 있는 의사 결정을 할 가능성이 높아진다.

기회비용의 개념을 사용함에 있어 가장 중요한 점은 한 행동을 선택함으로써 포기해야 것이 무엇인가를 정확하게 인식하는 데 있다는 사실은 아무리 강조해도 지나치지 않다. **예 1.3**의 내용을 약간 바꾼 다음 개념체크는 이 점을 명확하게 보여준다.

✔ 개념체크 1.3

여러분이 가지고 있는 항공 마일리지 무료쿠폰의 유효기간이 일주일 후면 만료되어 칸쿤에 가는 것 이외에는 사용할 수 없는 점을 제외하고는 **예 1.3**과 동일하다. 이 경우 여러분은 무료쿠폰을 사용해야만 하는가?

■ 오류 3: 한계를 고려하지 않는 오류

어떤 행동을 선택할 때, 그 행동을 선택함으로써 발생하는 비용과 편익만을 고려해야 한다. 이따금 사람들은 고려하지 말아야 할 비용에 영향을 받기도 하고, 때로는 잘못된 비용과 편익을 비교하기도 한다. 한 행동을 선택할 것인가를 결정하는 데 영향을 미치는 비용은 그 행동을 선택하지 않음으로써 회피할 수 있는 비용이다. 마찬가지로 고려해야 하는 편익도 그 행동을 선택하지 않을 경우 발생하지 않는 편익이다. 그러나 실제로 많은 사람들이 그 행동의 선택 여부와 무관한 비용 또는 편익에 영향을 받는 경우가 있다. 즉, 현실에서 많은 사람들은 의사결정시 **매몰비용**(sunk cost)에 의해 영향을 받는다. 매몰비용이란 선택 여부와 관계없이 회수할 수 없는 비용을 의미한다. 예를 들어, 타인에게 이전과 환불이 불가능한 항공 티켓에 사용된 돈은 매몰비용이다.

매몰비용
의사결정시 회수할 수 없는 비용

다음의 예는 매몰비용은 행동의 선택 여부와 무관한 비용이므로 그 행동을 선택할지를 결정할 때 고려해서는 안 되는 비용임을 보여준다.

매몰비용 예 1.4

무제한 먹을 수 있는 뷔페식당에서 얼마나 먹어야 하는가?

필라델피아에 위치한 한 인도 음식점은 $10에 무제한 먹을 수 있는 점심 뷔페를 제공하고 있다. 소비자들은 입구에서 $10만 지불하면 원하는 만큼 여러 번 음식을 가져다 먹을 수 있다. 하루는 음식점 주인이 소비자들에 대한 서비스로 무작위로 뽑은 20명의 손님에게 점심 값을 받지 않겠다고 말했다. 나머지 소비자들은 평소의 가격을 지불한다. 모든 손님이 합리적이라면 이 두 그룹의 소비자들이 먹는 음식의 평균적인 양에 차이가 있는가?

한 접시를 먹고 난 후 각 그룹의 손님들은 한 접시 더 먹을 것인지를 결정해야 한다. 합리적인 손님은 편익이 비용을 초과하면 더 먹을 것이고 그렇지 않으면 더 먹지 않을 것이다. 두 번째 접시를 먹을 것인지를 결정하는 시점에서 점심 값으로 지불한 $10는 매몰비용이다. 이미 지불한 $10를 다시 돌려받을 수는 없다. 그러므로 두 그룹의 손님 모두에게 추가적인 한 접시의 비용은 동일하게 0이다. 그리고 점심을 무료로 제공받는 손님들은 무작위로 결정되는 것이므로, 그들의 식욕이나 소득이 다른 손님들과 다를 것이라고 생각할 아무런 이유가 없다. 한 접시를 더 먹음으로써 얻는 편익은 평균적으로 두 그룹 모두에게 동일할 것이다. 추가적인 한 접시의 편익과 비용이 동일하므로, 두 그룹의 소비자 모두 평균적으로 동일한 양의 음식을 먹을 것이다.

그러나 심리학자들과 경제학자들의 실험 결과는 두 그룹의 음식 소비량이 같지 않음을 보여준다.[2] 특히 점심 값을 지불하는 손님들이 무작위로 뽑힌 손님들보다 훨씬 많이 먹는 경향이 있다. 점심 값을 지불하는 손님들은 본전을 뽑으려고 작정한 듯하다. 그들의 암묵적인 목표는 그들이 먹는 음식 한 입당 평균비용을 극소화하려는 것처럼 보인다. 평균비용 극소화가 특별히 현명한 목적이라고 보기는 힘들다. 평균비용 극소화는 연비를 높이기 위해 특별히 갈 곳은 없지만 밤에 고속도로를 운전하는 사람을 떠오르게 한다. 역설적인 것은 본전을 뽑겠다고 작정한 사람들은 일반적으로 과식을 한 후 후회한다는 것이다.

예 1.4에서 비용–편익의 원리가 예측한 결과가 나타나지 않았다고 해서, 사람들이 무엇을 해야 하는가에 대해 비용–편익의 원리가 가지는 유용성이 떨어지는 것은 아니다. 매몰비용이 여러분의 결정에 영향을 미친다면, 행동을 바꿈으로써 여러분은 더 좋은 결과를 얻을 수 있다.

무시해야 할 비용과 편익을 고려하는 실수뿐 아니라 사람들은 때로 비용과 편익에 대한 잘못된 척도를 사용하기도 한다. 이 같은 실수는 종종 한 행동을 할지 말지 대신 어느 정도로 할 것인지를 결정할 때 발생한다. 이런 경우, "내가 현재 선택한 수준보다 더 높여야 하는가?" 하는 질문을 반복함으로써 비용–편익의 원리를 적용할 수 있다.

이 질문에 대답하려면, 초점은 항상 추가적인(additional) 행동 한 단위의 편익과 비용에 맞추어져야 한다. 이 점을 강조하기 위해 경제학자들은 추가적인 행동 한 단위에서 발생하는 비용을 그 행동의 **한계비용**(marginal cost)이라고 부른다. 마찬가지로 추가적인 행동 한 단위에서 발생하는 편익이 그 행동의 **한계편익**(marginal benefit)이다.

한계비용
추가적인 행동 한 단위를 시행할 때 발생하는 비용의 증가분

한계편익
추가적인 행동 한 단위를 시행할 때 발생하는 편익의 증가분

한 행동의 적절한 수준을 찾는 문제에서 비용–편익의 원리는 한계편익이 한계비용을 초과하는 한 그 수준을 계속해서 증가시켜야 한다는 것이다. 그러나 다음의 예는 때로 사람들이 이 원리를 제대로 적용하지 못함을 보여준다.

---

2 예를 들어, 세일러(Richard Thaler), "Toward a Positive Theory of Consumer Choice," *Journal of Economic Behavior and Organization* 1, no. 1(1980)을 참조하라.

한계비용과 한계편익

예 1.5

스페이스 X사는 우주선 발사를 1년에 네 번에서 다섯 번으로 늘려야 하는가?

스페이스 X사의 회계사들은 대형 우주선 발사 프로그램의 편익이 현재 연간 240억 달러(1회 발사당 60억 달러)이고, 비용은 현재 연간 200억 달러(1회 발사당 50억 달러)라고 추산하고 있다. 이 같은 추정치에 근거해 이들은 우주선 발사 프로그램의 확장을 권고했다. 스페이스 X사의 대표이사인 머스크(Elon Musk)는 이들의 조언에 따라야 하는가?

이 프로그램 확장이 경제적으로 의미 있는지 알려면, 발사를 한 번 더 늘렸을 때의 한계비용과 한계편익을 비교해야 한다. 회계사들의 추정치는 단지 우리에게 총비용과 총편익을 발사 횟수로 나눈 값인 **평균비용**(average cost)과 **평균편익**(average benefit)만을 알려줄 뿐이다. 이제까지 발사된 전체 우주선에 대해 일회 발사당 평균비용과 평균편익은 프로그램을 확장할 것인지를 결정하는 데 도움이 되지 않는다. 물론 이제까지 발사된 우주선의 평균비용은 추가적으로 한 번 더 발사할 때의 비용과 같을 수도 있다. 그러나 그 비용은 추가적 발사의 한계비용보다 높을 수도 있고 낮을 수도 있다. 평균편익과 한계편익에 대해서도 동일하다.

평균비용
행동을 n 단위를 시행할 때 발생하는 총비용을 n으로 나눈 것

평균편익
행동을 n 단위를 시행할 때 발생하는 총편익을 n으로 나눈 것

논의를 위해 추가 발사의 한계편익이 실제로 1회 발사당 평균편익인 60억 달러라고 가정하자. 스페이스 X사는 우주선 발사를 한 번 더 늘려야 하는가? 다섯 번째 우주선 발사 비용이 60억 달러를 초과한다면 발사해서는 안 된다. 1회 발사의 평균비용이 50억 달러라는 사실은 다섯 번째 우주선 발사의 한계비용이 얼마인가에 대해서는 아무런 정보를 제공해 주지 못한다.

예를 들어, 우주선 발사 횟수와 총비용과의 관계가 **표 1.1**과 같다고 가정하자. 네 번 발사되었을 때 1회 발사의 평균비용(제 3열)은 200억 달러/4=50억 달러로, 회계사의 계산과 같다. 그러나 제 2열에서 보듯이 다섯 번째 우주선을 발사하는 비용은 200억 달러에서 320억 달러로 증가하므로, 다섯 번째 발사의 한계비용은 120억 달러이다. 추가 발사의 편익이 60억 달러라면 발사 횟수를 넷에서 다섯으로 늘리는 것은 경제적으로 전혀 의미를 갖지 못한다.

표 1.1 발사횟수에 따른 총비용의 변화

발사횟수	총비용(억 달러)	평균비용(억 달러/발사)
0	0	0
1	30	30
2	70	35
3	120	40
4	200	50
5	320	64

다음의 예는 이 경우에 비용–편익의 원리를 어떻게 적용하는 것이 올바른 것인가를 보여준다.

예 1.6 한계비용과 한계편익

스페이스 X사는 우주선을 몇 번 발사해야 하는가?

스페이스 X사는 우주선을 몇 번 발사해야 할지를 결정해야 한다. 각 발사의 편익은 60억 달러로 추정되고 있고, 총비용은 **표 1.1**에서처럼 발사 횟수에 따라 변한다. 스페이스 X사는 우주선을 몇 번 발사해야 하는가?

스페이스 X사는 한계편익이 한계비용을 초과하는 한 계속해서 우주선을 발사해야 한다. 이 예에서, 한계편익은 발사 횟수와 관계없이 매회 60억 달러로 일정하다. 스페이스 X사는 1회 발사의 한계비용이 60억 달러를 초과하지 않는 한 계속해서 우주선을 발사해야 한다.

표 1.1 제 2열의 총비용에 한계비용의 정의를 적용하면 **표 1.2**의 제 3열과 같은 한계비용을 얻는다(한계비용은 발사 횟수를 한 번씩 늘릴 때 발생하는 총비용의 변화이므로, 한계비용을 해당 총비용을 나타내는 행 중간에 기록한다). 예를 들어, 발사 횟수를 한 번에서 두 번으로 늘릴 때의 한계비용은 2회 발사의 총비용인 70억 달러와 1회 발사의 총비용인 30억 달러의 차이인 40억 달러이다.

표 1.2의 제 3열에 기록된 한계비용과 매회의 한계편익인 60억 달러를 비교함으로써 알 수 있듯이, 첫 세 번의 발사는 비용-편익의 테스트를 통과하지만, 네 번째와 다섯 번째 발사는 그렇지 못하다. 그러므로 스페이스 X사는 우주선을 세 번만 발사해야 한다.

표 1.2 발사횟수에 따른 한계비용의 변화

발사횟수	총비용(억 달러)	한계비용(억 달러/발사)
0	0	
		30
1	30	
		40
2	70	
		50
3	120	
		80
4	200	
		120
5	320	

✔ 개념체크 1.4

매회 한계편익이 60억 달러가 아닌 90억 달러였다면, 스페이스 X사는 우주선을 몇 번 발사했어야 하는가?

비용-편익의 원리는 한 행동을 더 할 것인지 말 것인지를 결정 시 유일한 관련 비용과 편익은 고려하고 있는 행동 한 단위를 증가시켰을 때 발생하는 한계비용과 한계편익임을 강조하고 있다. 그러나 여러 상황에서 사람들은 행동의 평균비용과 평균편익을 비교하는 경향이 크다. **예 1.5**가 명백하게 보여주듯이, 현재 수준에서 평균편익이 평균비용을 훨씬 상회한다고 하더라도 우주선 발사를 한 번 더 늘리는 행동은 정당화될 수 없다.

✔ 개념체크 1.5

농구팀에서 가장 잘하는 선수가 그 팀의 모든 슛을 다 쏴야 하는가?

한 프로 농구팀에 새로운 보조코치가 부임했다. 보조코치는 한 선수가 다른 선수보다 슛 성공률이 매우 높음을 알게 되었다. 이 정보에 근거해 보조코치는 감독에게 스타플레이어 선수가 모든 슛을 다 던지도록 하는 것이 좋겠다는 제안을 했다. 이렇게 하면 팀이 더 많은 점수를 얻어 더 많은 게임을 이길 수 있으리라고 보조코치는 생각했다. 이 같은 제안을 듣고, 감독은 보조코치의 무능함을 깨닫고 그를 해고했다. 이 보조코치의 생각은 무엇이 잘못되었는가?

요약 의사 결정시 범하기 쉬운 세 가지 오류

1. **비용과 편익을 비율로 측정하는 오류:** 많은 사람들이 비용이나 편익의 변화가 원래 금액대비 작은 비율이면 중요하지 않은 것으로 취급한다. 비용과 편익을 측정할 때 비율이 아닌 절대적 크기를 사용해야 한다.
2. **암묵적 비용을 무시하는 오류:** 한 행동에 비용-편익 분석을 적용할 때, 그 행동을 선택하기 위해 포기해야 하는 대안의 암묵적 가치를 포함한 모든 비용을 고려해야 한다. 어떤 자원(예를 들어, 항공 마일리지 쿠폰)은, 비록 여러분이 그것을 "공짜로" 얻었다 할지라도 최선의 대안이 매우 높은 가치를 지니면, 암묵적 비용이 매우 높다고 할 수 있다. 동일한 자원이라도 다른 용도로 가치 있게 사용될 수 없다면, 암묵적 비용은 매우 낮을 수 있다.
3. **한계를 고려하지 않는 오류:** 한 행동의 선택 시 그 행동을 선택함으로써 발생하는 비용과 편익만 고려해야 한다. 한 행동을 선택할 때 매몰비용을 무시하는 것이 중요하다. 매몰비용이란 그 행동을 선택하지 않는다 하더라도 회수할 수 없는 비용을 의미한다. 음악회 표가 $100라고 하더라도 이미 그 표를 구입했고 타인에게 팔 수 없다면, $100는 매몰비용이며, 따라 음악회에 갈 것인지 말 것인지를 결정하는 데 영향을 미쳐서는 안 된다. 또한 평균비용과 평균편익을 한계비용 및 한계편익과 혼동해서는 안 된다. 사람들이 때로 한 행동의 총비용과 총편익에 대한 정보를 가지고 있는 경우가 있다. 이 정보로부터 그 행동의 평균비용과 평균편익을 쉽게 계산할 수 있다. 흔한 실수 가운데 한 가지는 평균편익이 평균비용을 초과하면, 그 행동의 수준을 증가시켜야 한다고 결론짓는 것이다. 비용-편익의 원리에 의하면 한계편익이 한계비용을 초과할 때 한해 그 행동의 수준을 증가시켜야 한다.

비용-편익

의사결정에 있어 한계비용, 한계편익과 기회비용 같은 비용과 편익은 매우 중요한 반면, 평균비용, 평균편익과 매몰비용과 같은 비용과 편익은 아무런 관련이 없다. 이 결론은 비용–편익의 원리에 암묵적으로 들어 있다(한 행동은 그 행동을 선택했을 때의 추가적 편익이 추가적 비용을 초과했을 경우에 한해 선택해야 한다).

1.4 규범경제학 vs. 실증경제학

앞 절에서 살펴본 예들은 사람들이 때로는 비합리적인 선택을 함을 보여준다. 이 같은 예를 설명하는 목적은 사람들이 일반적으로 비합리적인 선택을 한다는 것을 보여주고자 하는 것이 아니다. 그 반대로, 대부분의 사람들은 많은 경우 특히 그 결정이 매우 중요하거나 익숙하면, 현명하게 선택한다. 그러므로 합리적 선택에 대한 경제학자들의 관심은 더 나은 의사결정을 위한 유용한 조언뿐 아니라 사람들의 행동을 예측하고 설명하는 기초를 제공하기도 한다. 앞에서 비용–편익의 원리를 이용해 대학 교수의 월급 상승이 어떻게 대형 강의로 이어지는지를 설명했다. 실제로 다른 모든 영역에 있어서도 이 같은 논리를 적용하는 것이 앞으로 사람들의 행동을 설명하는 데 도움이 되는 것을 보게 될 것이다.

규범경제학적 원리
사람들이 어떻게 행동해야 하는가에 대한 지침을 제공하는 원리

실증경제학적 원리
사람들이 어떻게 행동할 것인가를 설명하고 예측하는 원리

비용–편익의 원리는 사람들이 어떻게 행동해야 하는가에 대한 지침을 제공하는 **규범경제학적 원리**(normative economic principle)의 한 예이다. 예를 들어, 비용–편익의 원리에 의하면, 미래에 대한 결정을 할 때 매몰비용은 무시해야 한다. 그러나 의사결정의 여러 가지 오류에 대한 설명에서 보았듯이, 항상 비용–편익의 원리가 사람들이 실제로 어떻게 행동하는가를 설명하는 **실증경제학적 원리**(positive economic principle)는 아니다. 앞에서 보았듯이, 비용–편익의 원리를 실제로 실행에 옮기는 것은 쉽지 않다. 또한 사람들은 때로 이 원리의 처방대로 행동하지 않는 경우가 있다.

그럼에도 저자들이 강조하고 싶은 것은 관련 비용과 편익을 정확하게 알 수 있으면, 대부분 사람들이 어떻게 행동할 것인지를 예측할 수 있다는 점이다. 한 행동의 편익이 증가하면, 일반적으로 사람들이 그 행동을 선택할 가능성이 증가한다고 예측하는 것이 합리적이다. 반대로, 한 행동의 비용이 상승하면, 가장 안전한 예측은 사람들이 그 행동을 선택할 가능성이 줄어든다는 것이다. 이 점은 매우 중요하므로 **유인의 원리**라고 부르기로 한다.

유인

유인의 원리(Incentive Principle): 한 행동의 편익이 증가하면 그 행동을 선택할 가능성은 증가하고, 반면에 한 행동의 비용이 증가하면 그 행동을 선택할 가능성은 감소한다. 즉, 유인이 중요하다.

유인의 원리는 실증경제학적 원리이다. 유인의 원리는 관련 비용과 편익을 알면 사람들의 행동을 예측하는 데 도움이 된다는 점을 강조한다. 그러나 사람들이 모든 경우에서 합리적으로 행동하리라고 주장하는 것은 아니다. 예를 들어, 난방용 기름 가격

이 가파르게 상승하면, 비용－편익의 원리를 원용해 사람들에게 집안 온도를 낮추어야 한다고 말할 수도 있고, 유인의 원리를 원용해 많은 경우 집안의 평균 온도가 내려갈 것이라고 예측할 수도 있다.

1.5 미시경제학 vs. 거시경제학

경제학 관례에 따라 저자들은 **미시경제학**(microeconomics)을 개별 경제주체의 선택과 특정 시장에서 집단의 행동을 연구하는 분야를 지칭하는 것으로 사용한다. 반면에 **거시경제학**(macroeconomics)은 국가 경제의 성과와 그 성과를 향상시키기 위해 정부가 사용하는 정책들을 연구하는 분야이다. 거시경제학은 실업률, 전반적인 물가수준, 국민총생산 등의 결정 요인을 이해하고자 노력한다.

미시경제학
희소성하에서 개별 경제주체의 선택과 그 선택이 시장 가격과 거래량에 미치는 영향을 연구하는 분야

거시경제학
국가 경제의 성과와 그 성과를 향상시키기 위해 정부가 사용하는 정책들을 연구하는 분야

본장의 초점은 개별 경제주체가 직면하는 문제에—그것이 개인적, 가계의, 기업의 의사결정 문제이든, 정부의 정책적 의사결정 문제이든, 혹은 어떤 다른 형태의 의사결정 문제이든 관계없이—맞추어져 있다. 더 나아가, 개별 시장의 구매자 전체 혹은 판매자 전체와 같은 집단의 경제학적 모형을 고려한다. 그 이후에 계속해서 보다 폭넓은 경제적 이슈와 측정에 관심을 기울인다.

본장의 초점은 인간의 필요와 욕구는 무한하지만 이를 충족시킬 자원은 유한하다는 사실에 기인한다. 그러므로 경제적 문제에 대한 명확한 사고는 필연적으로 한 재화를 더 소유하면 다른 재화는 덜 소유해야 한다는 상충관계를 항상 염두에 두어야 한다. 한 나라의 경제와 사회는 상충관계에 직면한 사람들이 하는 선택에 의해 상당한 영향을 받는다.

1.6 본서의 학습 방법

각 강좌마다 수강생 수를 결정하는 것은 경제학 원론 강의를 개설함에 있어 고려해야 하는 여러 중요한 선택의 문제 가운데 하나이다. 희소성의 원리가 동일하게 적용되는 또 다른 선택의 문제는 여러 주제 가운데 어떤 주제를 수업계획서에 포함시킬 것인가 하는 것이다. 경제학 원론 강의에서 다룰 수 있는 주제와 이슈는 헤아릴 수 없을 만큼 많지만, 모든 주제를 다룰 만큼의 시간적 여유는 없다. 세상에 공짜 점심은 없다. 한 주제를 다루면 불가피하게 다른 주제를 생략해야 한다.

희소성

모든 교과서의 저자들은 필연적으로 선택의 문제에 직면한다. 이제까지 경제학 분야에서 다루어진 모든 주제를 망라하려면, 교과서의 분량이 여러분 대학 도서관의 전체 바닥을 다 채우고도 남을 것이다. 대부분의 기존 경제학 원론 교과서가 지나치게 많은 주제를 포괄하고 있다는 것이 저자들의 확고한 생각이다. 저자들이 경제학 공부에 매력을 느끼게 된 이유 가운데 한 가지는 상대적으로 간단한 몇 개의 핵심 원리를 사용해 우리 주위의 현실 세계에서 관측할 수 있는 수많은 행동과 사건을 설명할 수 있다는 것이

었다. 그래서 저자들의 경제학 원론 교과서 집필 전략은 많은 아이디어를 피상적인 수준에서 다루기보다는, 소수의 핵심 아이디어에 집중하고 각기 다른 여러 상황에서 각 핵심 아이디어를 반복하는 것이다. 이 방식을 통해 여러분은 짧은 한 강좌를 통해 핵심 아이디어를 여러분의 것으로 만들 수 있을 것이다. 소수의 핵심 아이디어를 습득하는 편익은 다른 여러 가지 덜 중요한 아이디어를 무시하는 비용보다 훨씬 크다.

이제까지 우리는 희소성의 원리, 비용–편익의 원리, 유인의 원리라는 세 가지 핵심 아이디어를 접했다. 이 핵심 아이디어들이 본서를 통해 되풀이되어 나타날 때마다, 독자들은 이 핵심 아이디어에 주목하기 바란다. 그리고 새로운 핵심 아이디어가 나타나면, 곧바로 명시적으로 서술함으로써 그 아이디어를 강조한다.

본서의 집필에 있어 두 번째 중요한 요소는 적극적인 학습의 중요성에 대한 저자들의 신념이다. 말하기와 글쓰기를 통해 스페인어를 배우는 것과 같이, 실제 게임을 통해 테니스를 배우는 것 같이, 경제학도 실습을 통해 배울 수 있다. 여러 저자들이나 강사들이 경제학을 강의할 때 그저 수동적으로 읽고 듣는 방식보다는, 저자들은 본서의 독자들이 경제학을 공부하는 방법을 배우기를 원하므로, 독자들이 적극적으로 참여하도록 모든 노력을 기울일 것이다.

예를 들어, 한 개념에 대해 단순히 언급하는 대신, 저자들은 먼저 그 개념이 구체적인 예에서 어떻게 작용하는지를 보여줌으로써 그 개념을 알고자 하는 동기를 부여하고자 한다. 예가 제시된 다음에는, 독자 스스로 풀어볼 개념체크와 그 아이디어가 실생활에 어떻게 관련되어 있는지를 보여주는 응용문제가 뒤따를 것이다. 해답을 보기 전에 먼저 개념체크를 풀어 보도록 노력하기 바란다(본문 개념체크의 해답은 각 장 끝에 있다).

독자들은 비판의식을 가지고 응용문제들을 생각하기 바란다. 응용문제들이 어떻게 요점을 예시하고 있는지를 이해하고 있는가? 응용문제들은 현재의 주제에 대해 새로운 통찰력을 제공하는가? 각 장 끝에 있는 연습문제들도 꼭 풀어보기 바라고, 완전하게 이해하고 있지 못한 점들에 대한 연습문제들은 특히 신경을 더 쓰기 바란다. 또한 배운 경제 원리들을 주변의 현실 세계에 적용하려고 노력하기 바란다(아래에서 경제적 사유방식에 대해 논할 때 이 점에 대해 좀 더 이야기 할 것이다). 마지막으로, 흥미롭다고 생각되는 아이디어나 예를 만나게 되면, 그에 대해 친구들에게 이야기하기 바란다. 놀랍게도 단지 친구에게 설명하는 것만으로도 핵심이 되는 원리를 이해하고 기억하는 데 매우 큰 도움이 된다. 독자들이 같은 학습 과정에 더욱 적극적으로 참여할수록 학습 효과는 더 커질 것이다.

1.7 경제적 사유방식

비용–편익의 원리를 이미 경험했으면, 독자들은 경제학에서 배운 통찰력을 이용해서 일상생활에서 관찰되는 사실들의 의미를 이해할 수 있는 **“경제적 사유인”**(economic naturalist)의 위치에 있다. 생물학을 공부한 사람들은, 생물학을 공부하지 않았더라면 깨달을 수 없는 자연의 미세한 부분들을 관찰할 수 있고 또한 경이감을 가질 수 있다. 예를 들어, 4월 초에 숲 속을 산책하면 초보자들은 단지 나무만을 볼 뿐이지만, 생물학 전공 학생은 여러 종류의 나무를 관찰할 수도 있고, 왜 어떤 나무는 잎이 나오기 시작하는데 다른 나무들은 아직도 동면중인지를 알 수 있다. 마찬가지로 초보자는 어떤 동물의 종들에서는 수컷이 암컷보다 크다는 것만을 알지만, 생물학 전공 학생은 수컷이 여러 명의 암컷과 짝짓기를 하는 종인 경우에만 수컷이 암컷보다 큰 패턴이 있다는 것을 알게 된다. 이런 종들에서는 덩치가 커야 암컷을 차지하기 위한 수컷끼리의 경쟁에서 이기는 데 도움이 되므로, 자연 선택에 의해 큰 수컷들이 살아남는다. 이와는 반대로 하나의 암컷과만 짝짓기를 하는 종들에 있어서는 암컷을 차지하기 위한 경쟁이 작으므로 수컷의 크기는 암컷의 크기와 거의 비슷하다.

이와 유사하게 사람들은 몇 개의 간단한 경제적 원리를 배움으로써 인간들의 일상생활의 여러 세부적인 면을 새로운 관점에서 볼 수 있다. 경제학에 입문하지 못한 사람들은 종종 이 같은 세부적인 면을 깨닫지 못하나, 경제적 사유인은 그것들을 관측할 뿐 아니라 적극적으로 이해하려고 노력한다. 경제적 사유인이 자신에게 제기할 수 있는 몇 가지 질문의 예를 살펴보자.

경제적 사유 1.1

왜 컴퓨터 하드웨어 제조업체들은 소프트웨어 가격을 거의 받지 않으면서 $1,000 이상의 가치가 있는 소프트웨어를 포함시켜 컴퓨터를 파는가?

소프트웨어 산업은 소비자들이 제품 간의 호환성을 매우 중요하게 생각한다는 점에서 다른 산업들과 구별된다. 예를 들어, 여러분이 학교 동료들과 같이 하나의 프로젝트를 수행할 때, 모두가 동일한 워드프로세서 프로그램을 사용하면 작업이 한결 수월할 것이다. 마찬가지로, 자신의 세금 소프트웨어와 자신의 회계사의 세금 소프트웨어가 동일하면 세금 신고시 회사 중역은 훨씬 편하게 세금 계산을 할 수 있을 것이다.

이것은 한 소프트웨어를 소유하고 사용함으로써 발생하는 편익은 동일한 제품을 사용하는 사람들의 수에 비례해서 증가한다는 것을 의미한다. 이 같은 특성 때문에 많은 사람들이 사용하는 프로그램의 생산자는 훨씬 유리한 위치를 차지하게 되고 때로는 신제품이 시장에 출시되는 것을 어렵게 만들기도 한다.

이 같은 특성을 인식해 인튜이트사는 개인의 재무관리 소프트웨어인 퀴큰(Quicken)이라는 프로그램을 컴퓨터 제조업체들에게 무료로 제공했다. 컴퓨터 제조업체들 입장에서도 새로운 프로그램을 포함시키면 소비자들이 더 좋아하므로 기꺼이 이 프로그램을 자신들의 컴퓨터에 포함시켰다. 퀴큰은 빠른 시간 내에 개인 재무관리 프로그램의 표준으로 자리 잡았다. 마치 펌프질하기 위해 처음에는 물을 부어야 하는 것처럼, 인튜이트 회사는 프로그램을 무료로 배포함으로써 퀴큰의 업그레이드 버전과 관련 소프트웨어의 고급 사용자 버전에 대한 엄청난 수요를 창출했다. 그리해, 인튜이트사의 개인 세금 작성 소프트웨어인 터보택스는 세금 작성 프로그램의 표준으로 자리 잡게 되었다.

이 같은 성공에 고무되어 다른 소프트웨어 개발자들도 대세에 동참하게 되었다. 대부분의 컴퓨터 하드웨어는 여러 가지 무료 소프트웨어가 포함되어 팔린다. 몇몇 소프트웨어 개발자는 심지어 컴퓨터 제조업체들에게 돈까지 지불하면서 자신의 프로그램을 하드웨어에 포함시켜 달라고 한다는 소문도 있다.

경제적 사유 1.1은 한 제품의 편익이 그 제품을 사용하는 소비자의 숫자에 의존하는 경우를 잘 보여준다. 다음의 예가 보여주듯이, 한 제품의 비용 또한 그 제품을 소유하고 있는 사람의 숫자에 의존할 수 있다.

경제적 사유 1.2

왜 자동차 회사는 히터가 달려있지 않은 자동차를 만들지 않는가?

미국에서 팔리는 모든 자동차에는 히터가 달려있다. 그러나 모든 차에 내비게이션이 달려 있지는 않다. 왜 이런 차이가 발생하는가?

여러분은 아마도 모든 사람들이 히터는 필요하지만, 내비게이션은 없이도 운전할 수 있기 때문이라고 대답할 수 있다. 그러나 하와이나 남캘리포니아 같은 지역에서는 히터가 거의 소용없다. 더욱이 1950년대에까지 생산된 모든 차에 히터가 달려 있었던 것은 아니다(한 젊은 경제적 사유인이 자신의 첫 번째 차인 1955년 폰티액을 사도록 만든 광고는 이 차에 라디오, 히터, 그리고 측면에 흰 줄이 들어간 타이어가 달려 있다고 자랑하고 있다).

히터를 제작하는 데 추가 비용이 발생하고 또한 히터가 모든 지역에서 도움이 되는 것은 아니지만, 그 비용은 그리 크지 않으며 또한 거의 대부분의 지역에서 히터는 적어도 며칠 동안은 유용하다. 사람들의 소득이 증가하면서, 자동차 회사들은 사람들이 히터가 없는 차를 주문하는 양이 점점 줄어드는 것을 발견했다. 어떤 시점에 이르러서는, 히터를 단 차와 히터를 달지 않은 차를 구별해 만드는 비용이 너무 커져 차라리 모든 차에 히터를 다는 것이 훨씬 저렴하게 되었다. 돈을 절약할 수 있다면 몇몇 소비자들은 히터 없는 차를 주문할 것이다. 그러나 자동차 회사 입장에서는 이 같은 소수 소비자의 요구를 충족시키는 것은 더 이상 경제적이지 못하다.

오늘날 특정 자동차의 내비게이션이 기본 사양인 것도 유사한 이유로 설명할 수 있다. 예를 들어, 2018년도 BMW 750i를 구매하는 소비자들은 본인이 원하든 원치 않든 간에 상관없이 내비게이션이 차에 장착되어 있다. $75,000를 상회하는 이 차를 구매하는 대부분 소비자들의 소득 수준은 매우 높다. 따라서 이들 가운데 절대 다수는 내비게이션이 선택 사양이었더라도 내비게이션을 선택했었을 것이다. 동일한 사양을 가진 차를 만듦으로써 비용의 절감이 가능했기 때문에 내비게이션을 원치 않는 소수의 소비자를 위해 따로 차를 만들었다면 BMW 가격은 더욱 비싸졌을 것이다.

최저가의 차를 구매하는 소비자의 소득은 평균적으로 BMW 750i를 구매하는 소비자보다 훨씬 낮다. 따라서 이들 대부분은 내비게이션보다 다른 용도로 훨씬 더 요긴하게 자신의 돈을 사용하고자 할 것이다. 이 같은 사실은 왜 저가의 차들이 아직도 내비게이션을 선택 사양으로 제공하고 있는가를 설명해 준다. 그러나 소득이 증가할수록 모든 새 차에는 내비게이션이 장착될 것이다.

앞의 예에서 얻을 수 있는 통찰력은 다음과 같은 엉뚱한 질문에 대한 답을 제시해 준다.

경제적 사유 1.3

왜 차량 이용 현금인출기에도 점자 표시가 있는가?

엘리베이터나 보행자용 현금인출기 자판에 있는 점자 표시로 인해서 맹인들도 여러 일상적인 생활에 더 많이 참여할 수 있다. 맹인들도 일반 사람들이 하는 많은 일들을 할 수 있지만 차를 운전하지는 못한다. 그런데 왜 현금인출기 제작업체는 차량 이용 현금인출기에도 점자 표시를 하는가?

이 수수께끼 같은 질문에 대한 대답은 일단 자판 주형이 만들어지면, 점자 표시가 있는 버튼을 만드는 비용이 점자 표시가 없이 매끈한 버튼을 만드는 비용과 차이가 없다는 것이다. 두 모형 모두를 만들려면 별도의 주형과 재고 관리가 필요하다. 차량 이용 현금인출기를 사용하는 소비자들이 점자 표시가 있는 버튼을 사용하는 것이 힘들다면, 별도의 비용을 들여야 할 것이다. 그러나 점자 표시가 정상적인 사람에게 아무런 문제가 되지 않으므로, 최선의 그리고 최저 비용의 해답은 점자 표시가 있는 하나의 자판만을 생산하는 것이다.

왜 차량 이용 현금인출기에도 점자가 표시되어 있는가?

앞의 예는 아래의 숙제에 대해 코넬 대학교의 학생인 빌 티오야(Bill Tjoa)가 제시한 사례이다.

✔ 개념체크 1.6

500단어 내외로 비용-편익 분석을 이용해 여러분 주위에서 발견할 수 있는 특정 유형의 사건이나 행동을 설명해 보라.

경제학을 공부함에 있어 아마도 **개념체크 1.6**과 같은 형태의 다양한 숙제를 시도해 보는 것보다 더 좋은 방법은 없다. 이 같은 시도를 해 본 학생들은 거의 예외 없이 평생 동안 경제적 사유인이 될 것이다. 그들이 습득한 경제적 개념의 숙달 정도는 시간이 지남에 따라 감소하지 않는다. 오히려 더 강해질 것이다. 저자들은 할 수 있는 가장 강한 어조로 독자들에게 이 같은 투자를 할 것을 권유한다.

요 약 — Summary

- 경제학은 희소성하에서 사람들이 어떤 선택을 하며, 그 선택이 사회에 미치는 결과를 연구하는 학문이다. 인간 행동에 대한 경제 분석은 사람들이 합리적이라는 — 잘 정의된 목표를 가지고 있고, 그 목표를 달성하기 위해 최선을 다한다 — 가정에서 출발한다. 사람들은 자신의 목표를 달성함에 있어 일반적으로 상충관계에 직면한다: 인간이 소유한 자원이 유한하므로, 한 재화를 많이 가진다는 것은 다른 재화를 적게 가짐을 의미한다.
- 본장의 초점은 여러 다양한 대안이 존재할 때 합리적인 사람이 어떤 선택을 하는가에 맞추어져 있다. 의사결정을 분석하는 기본적인 틀은 비용-편익 분석이다. 비용-편익의 원리는 특정 행동을 선택했을 때 발생하는 추가적인 편익이 추가적인 비용보다 작지 않을 경우에 한해서, 그 행동을 선택해야 한다고 말한다. 한 행동의 편익은 그 행동을 하기 위해 지불할 용의가 있는 최대 금액으로 정의된다. 한 행동의 비용은 그 행동을 하기 위해 포기해야 하는 최선의 행동의 화폐가치로 정의된다.
- 비용-편익의 분석틀을 사용함에 있어, 사람들이 항상 합리적으로 선택한다고 가정할 필요는 없다. 실제로 일상생활에서 실수하기 쉬운 세 가지 의사결정의 오류가 제시되었다: 비율이 작으면 무시하는 오류, 기회비용을 무시하는 오류, 한계를 고려하지 않는 오류 — 예를 들어, 매몰비용을 무시하지 않거나 평균과 한계의 차이를 혼동하는 오류.
- 한 행동을 할 것인지 말 것인지가 아닌, 어느 정도로 할 것인지 하는 질문이 자주 발생한다. 이 같은 경우, 합리적인 사람은 그 행동의 한계편익(추가적인 행동 한 단위에서 발생하는 편익)이 한계비용(추가적인 행동 한 단위에서 발생하는 비용)을 초과할 때에 추가적으로 한 단위를 증가해야 한다.
- 미시경제학은 개별 경제주체의 선택과 특정 시장에서 집단의 행동을 연구하는 분야이며, 거시경제학은 국가 경제의 성과와 그 성과를 향상시키기 위해 정부가 사용하는 정책들을 연구하는 분야이다.

핵심원리 — Core Principles

희소성 — **희소성의 원리(공짜 점심은 없다는 원리):** 사람들의 필요와 욕구는 무한하지만 주어진 자원은 유한하다. 따라서 하나를 많이 가지면 다른 것을 적게 가져야 한다.

비용-편익 — **비용-편익의 원리:** 개인(기업 혹은 사회)은, 특정 행동을 선택했을 때 발생하는 추가적인 편익이 추가적인 비용보다 작지 않을 경우에 한해서, 그 행동을 선택해야 한다.

유인 — **유인의 원리:** 한 행동의 편익이 증가하면 그 행동을 선택할 가능성은 증가하고, 반면에 한 행동의 비용이 증가하면 그 행동을 선택할 가능성은 감소한다.

핵심용어 — Key Terms

거시경제학(17)
경제적 잉여(5)
경제학(2)
규범경제학적 원리(16)
기회비용(6)
매몰비용(11)
미시경제학(17)
실증경제학적 원리(16)
평균비용(13)
평균편익(13)
한계비용(12)
한계편익(12)
합리적인 인간(4)

복습문제 Review Questions

1. 테니스 팀의 한 친구가 "개인 레슨이 그룹 레슨보다 확실히 더 낫다"고 말한다. 이 친구가 말하고자 하는 것에 대해 독자들의 생각을 말해보라. 그리고 비용–편익의 원리를 이용해 개인 레슨이 항상 모든 사람에게 최선의 선택은 아닐 수 있음을 설명하라.

2. 참 또는 거짓: 새 가전제품을 사는데 $30를 절약하기 위해 시내에 다녀올지를 결정하는 것은 전체 가격에서 $30가 차지하는 비율에 의존한다. 설명하라.

3. 왜 영화를 볼 것인지를 결정하고자 하는 사람이 아르바이트를 하지 않음으로써 포기해야 하는 $20보다 영화 티켓값 $10에 더 신경을 쓰는가?

4. 많은 사람들이 항공 마일리지 무료쿠폰을 사용하면 비행기 여행이 공짜라고 생각한다. 왜 이런 사람들은 불필요한 여행 결정을 할 가능성이 큰가를 설명하라.

5. 이번 학기에 여러분이 학교에 지불한 환불불가의 등록금은 매몰비용인가? 학기 시작 후 두 달 안에 학교를 그만두는 학생들에게 학교가 등록금 전액을 환불한다면 여러분의 대답은 어떻게 달라지는가?

연습문제 Problems

1. 데이트하기 전에 세차를 위해 여러분이 지불할 용의가 있는 최대 금액은 $6이다. 여러분이 다른 사람의 차를 세차해주는 데 받아야 할 최소한의 금액은 $3.5이다. 오늘 저녁 여러분은 데이트 약속이 있는데 차가 더럽다고 가정하자. 세차를 함으로써 여러분이 얻는 경제적 잉여는 얼마인가?

2. 여름에 추가 소득을 올리기 위해 여러분은 토마토를 재배해서 시장에서 파운드당 30센트에 팔 수 있다. 복합비료를 밭에 뿌리면 토마토 산출량이 아래 표와 같이 증가한다. 복합비료 가격이 파운드당 50센트이고 여러분은 가능한 한 많은 소득을 올리고자 한다. 복합비료를 몇 파운드 사용해야 하는가?

복합비료의 양(파운드)	토마토의 양(파운드)
0	100
1	120
2	125
3	128
4	130
5	131
6	131.5

3.* 여러분과 여러분의 친구 조는 동일한 선호를 가지고 있다. 오후 2시에 여러분은 동네 예매소를 통해 시라큐즈에서 야간 게임으로 열리는 $30짜리 야구 게임 티켓을 사고자 한다. 조도 같은 게임을 보고자 한다. 그러나 조는 예매소에 갈 수 없어서 현장에서 티켓을 사려고 한다. 현장에서 티켓을 구매하면 예매소를 통하지 않으므로 예매소 몫을 지불하지 않아도 된다. 현장 구매 가격은 $25이다(많은 사람들이 좋은 자리를 확보하기 위해 비싼 가격을 지불하고 예매소를 통해 티켓을 구입한다). 오후 4시에 예기치 않은 눈보라가 불기 시작해 시라큐즈로 차를 운전하고 가는 것이 눈보라가 불기 이전보다는 더 힘들게 되었다(그래도 좋은 자리의 티켓을 살 수 있다고 가정한다). 여러분과 조 모두 합리적이라면 한 사람이 다른 사람보다 야구 게임을 보러갈 가능성이 더 높은가?

4. 톰은 버섯을 재배하는 농부이다. 그는 남은 돈을 투자해 버섯을 더 재배하고자 한다. 첫 해에 버섯은 무게가 두 배로 자란다. 자란 후에는 수확해 파운드당 고정된 가격에 팔 수 있다. 친구인 딕이 톰에게 1년 후에 갚을 것을 약속하고 $200를 빌리고자 한다. 빌려주는 돈의 기회비용을 회수할 수 있으려면 톰은 얼마를 이자로 받아야 하는가? 간략하게 설명하라.

*표시된 문제는 다소 어려운 문제임.

5. 여러분은 물리시험에서 마지막 몇 초를 1번 문제에 사용하면 추가로 4점, 2번 문제에 사용하면 추가로 10점을 더 얻을 수 있다고 가정하자. 각각의 문제에 대해 여러분은 48점과 12점을 얻었고, 두 문제에 사용한 시간은 동일했다. 여러분이 이 시험을 다시 치른다면 두 문제 사이에 시간을 어떻게 배분해야 하는가?

6. 마르다와 새라는 동일한 선호를 가지고 있고 소득도 같다. 연극을 보려고 극장에 도착했을 때, 마르다는 미리 사두었던 $10짜리 티켓을 잃어버린 것을 알게 되었다. 새라도 극장에 도착해 동일한 연극 티켓을 사려고 하는데 지갑에 있던 $10짜리 지폐가 없어진 것을 알게 되었다. 마르다와 새라 모두 합리적이고 연극 티켓을 다시 살만한 돈을 가지고 있다면, 한 사람이 다른 사람보다 연극을 관람할 가능성이 더 높은가?

7. 여러분이 사는 도시의 시민들은 쓰레기 청소비용으로 매주 $6를 지불해야 한다. 쓰레기봉투는 얼마든지 버릴 수 있다. 현행 제도에서 가계는 평균적으로 매주 쓰레기봉투 3개를 버린다. 이제 시청에서 "태그"제도를 도입하고자 한다. 수거하는 모든 쓰레기봉투에 태그를 붙여야 한다. 태그 하나당 $2이며 다시 사용할 수 없다. 여러분은 태그 제도의 도입이 시의 쓰레기 수거량에 어떤 영향을 미친다고 생각하는가? 간략하게 설명하라.

8. 스미스는 두 자녀를 위해 매주 6개들이 콜라 팩을 구입해 냉장고에 넣어 둔다. 그런데 매번 첫 날 여섯 캔 모두가 없어진다. 존스 역시 매주 두 자녀를 위해 6개들이 콜라 팩을 구입한다. 그러나 스미스와는 달리, 존스는 아이들이 각자 세 캔 이상 마시지 못하게 금하고 있다. 존스의 아이들이 콜라 한 캔을 마실지를 결정할 때마다 비용−편익 분석을 이용한다면 왜 스미스의 집보다 존스의 집에 콜라가 더 오래 남아 있는지를 설명하라.

9.* 미국 내 장거리 통화시, 새로운 요금제도는 첫 2분 동안에는 분당 30센트, 그 이후에는 분당 2센트를 부과한다. 톰이 현재 사용하고 있는 요금제도는 분당 10센트이다. 톰의 통화 시간은 최소 7분 이상이다. 톰이 묵고 있는 기숙사가 기존의 요금제도에서 새로운 요금제도로 변경하면 톰의 평균 통화시간은 어떻게 변하는가?

10.* A대학의 식권제도는 학기당 $500를 내면 학생들은 원하는 만큼 먹을 수 있다. 학생들은 평균적으로 학기당 250파운드의 음식을 먹는다. B대학은 학생들에게 학기당 250파운드의 음식을 먹을 수 있는 식권 묶음을 $500에 판매하는 식권 제도를 운영하고 있다. 학생들이 250파운드를 초과해서 먹으면 파운드당 $2를 지불해야 한다. 덜 먹으면 파운드당 $2를 돌려받는다. 학생들이 합리적이라면, 어떤 대학에서 평균 음식 소비량이 더 많을 것인가? 간략하게 설명하라.

본문 개념체크 해답 — Answers to Concept Checks

1.1 시내에서 컴퓨터 게임을 구입하는 경우의 편익은 동일하게 $10이다. 그러나 이 경우 비용은 $12이므로 시내에서 컴퓨터 게임을 구입할 때 경제적 잉여는 $10−$12=−$2이다. 따라서 학교상점에서 구입할 때보다 $2 감소한다.

1.2 시카고행 티켓의 경우가 절약하는 비율은 훨씬 크지만 $100를 절약하는 것이 $90 절약하는 것보다 $10만큼 더 낫다.

1.3 쿠폰을 다른 용도로 사용할 수 없으므로 칸쿤으로 가기 위한 쿠폰 사용은 기회비용이 0이다. 이 여행의 경제적 잉여는 $1,350−$1,000=$350 > 0이므로 쿠폰을 사용해 칸쿤으로 여행을 가야 한다.

1.4 네 번째 발사의 한계편익은 90억 달러이며, 이는 한계비용인 80억 달러를 초과한다. 따라서 네 번째 우주선을 발사해야 한다. 그러나 다섯 번째 발사의 경우 한계비용(120억 달러)이 한계편익(90억 달러)보다 크므로 다섯 번째 우주선을 발사해서는 안 된다.

1.5 스타플레이어가 슛을 한 번 더 던지면 다른 선수들은 한 번 덜 던져야 한다. 스타플레이어의 평균 슛 성공률이 다

른 선수들보다 높다는 사실은 다음 슛을 성공시킬 확률(스타플레이어가 슛을 한 번 더 던질 경우의 한계편익)이 다른 선수가 슛을 던져 성공할 확률보다 높은 것을 의미하지는 않는다. 스타플레이어가 팀의 모든 슛을 던진다면, 다른 팀은 전적으로 그 선수만을 수비하고자 할 것이다. 그럴 경우 다른 선수가 슛을 던지는 것이 당연히 더 나은 선택이다.

비교우위

제 2 장

과일은 항상 낮은 곳부터 먼저 딸 것!

네팔 시골지역에서 평화 봉사단의 자원 봉사자로 일하는 동안 한 젊은 경제적 사유인은 근처 부탄의 시골 히말라야 마을 출신인 버카만(Birkhaman)이라는 이름의 요리사를 고용했다. 버카만은 공식적인 교육은 전혀 받은 바가 없으나 여러 가지 재주가 많았다. 그는 자신의 주요 임무인 음식 준비와 주방 관리를 훌륭하게 수행했다. 그러나 그는 또 다른 재주도 가지고 있었다. 지붕을 엮거나, 염소를 잡거나, 신발 수선도 잘 했다. 버카만은 숙련된 양철공이자 목수이기도 했으며, 바느질도 잘하고, 고장난 알람시계도 잘 고치며, 또한 벽에 페인트칠도 잘 했다. 더욱이 그는 민간요법에도 능통했다.

네팔에서는 숙련되지 못한 마을 사람들도 대부분의 미국 사람들이라면 다른 사람을 고용해 시켰을 다양한 일들을 잘 수행한다. 그런 네팔에서도 버카만이 할 수 있는 일의 범위는 매우 다양한 것이었다. 숙련도와 고용에 있어 두 나라 사이에 왜 이 같은 차이가 발생하는가?

어떤 사람들은 네팔 사람들이 너무 가난해서 다른 사람을 고용해서 이 같은 일을 시킬 수 없기 때문이라고 대답할 수도 있다. 네팔은 국민소득이 미국의 백 분의 일도 되지 않는 가난한 국가이다. 그러므로 다른 서비스를 구매하는 데 사용할 수 있는 여윳돈을 가지고 있는 네팔 국민은 거의 없다. 가난하기 때문이라는 설명이 일견 그럴듯해 보이지만 실상은 정반대이다. 네팔 사람들은 가난하기 때문에 모든 일을 스스로 하는

Courtesy of Robert H. Frank

가난해서 모든 일을 스스로 하는가 혹은 모든 일을 스스로 하기 때문에 가난한가?

것이 아니다. 반대로 모든 일을 스스로 하기 때문에 네팔 사람들이 가난한 것이다.

한 사람이 모든 종류의 일을 다 수행하는 체제의 대안 체제는 각 사람들은 특정 재화나 용역에 특화(specialize)하고, 필요한 것들은 상호 거래를 통해 충족시키는 체제이다. 특화와 교환에 바탕을 둔 경제체제는 특화가 덜 이루어진 체제와 비교해 볼 때 일반적으로 생산성이 훨씬 높다. 본장에서는 왜 그런지에 대한 이유를 알아본다. 그 이유를 찾는 과정에서 먼저 사람들이 왜 각자 필요로 하는 음식, 차, 옷, 보호 장비와 같은 것들을 스스로 만들지 않고 다른 사람들과 교환을 통해 얻는지를 알아본다.

본장에서 알 수 있듯이, 특화가 발생하면 생산성이 증가하는 이유는 경제학자들이 비교우위라고 부르는 것이 존재하기 때문이다. 간단히 말해, 한 사람이 특정 재화 또는 서비스, 예를 들어, 머리 손질에 있어 다른 사람과 비교해 다른 재화나 서비스를 생산하는 것보다 상대적으로(relatively) 더 효율적으로 잘하면, 그 사람은 머리 손질에 비교우위를 가지고 있다고 말한다. 각자가 자신이 비교우위를 갖는 쪽에 특화할 때, 모든 재화와 서비스를 더 많이 생산할 수 있다.

본장에서는 한 경제가 생산할 수 있는 재화와 서비스의 조합을 그래프로 표시한 생산가능곡선이라는 개념을 소개한다. 이 개념을 통해 가장 단순한 형태의 경제에서도 특화를 통해 어떻게 생산능력이 향상되는지 알아본다.

2.1 교환과 기회비용

희소성

희소성의 원리(제 1장 참조)는 한 행동에 더 많은 시간을 사용할 때의 기회비용은 다른 행동에 쏟을 수 있는 시간이 적어진다는 것을 의미한다. 다음의 예는 희소성의 원리를 이용해 각 사람이 다른 사람과 비교해서 자신이 가장 잘하는 행동에 집중할 때 모든 사람이 더 나아질 수 있음을 보여준다.

예 2.1 희소성의 원리

저메일(Joe Jamail)은 자신의 유언장을 스스로 작성해야 하는가?

법조계에서 "배상법의 황제"로 잘 알려진 저메일은 미국 역사에 있어서 가장 유명한 법정 변호사이다. 포브스가 선정한 미국 400대 부자에 올라 있기도 한 그는 순자산만 $15억이 넘는 미국의 최고 부자 가운데 한 사람이다. 저메일은 자신의 시간을 주로 거액 소송에 할애하고 있지만 다른 다양한 종류의 법률 서비스도 잘 수행할 수 있는 능력을 가지고 있다. 예를 들어, 그는 다른 변호사들보다 유언장을 두 배는 빠르게, 두 시간이면 작성할 수 있다고 가정하자. 그렇다면 저메일은 자신의 유언장을 스스로 작성해야 하는가?

소송대행인으로서의 재능 때문에 저메일은 1년에 수백만 달러의 수입을 올리고 있다. 이것은 저메일이 자신의 유언장을 작성하는 데 사용하는 시간의 기회비용이 시간당 수천 달러임을 의미한다. 재산법 전문 변호사들은 대개 그보다 훨씬 적게 번다. 저메일은 아마도 $800 이하의 가격으로 자신의 유언장을 작성해 주는 재산법 전문 변호사를 고용하는 데 큰 어려움이 없을 것이다. 그러므로 저메인 자신이 다른 변호사들보다 훨씬 빨리 유언장을 작성할 수 있는 능력을 가졌다 하더라도, 자신의 유언장을 스스로 작성하는 것은 그에게 이익이 되지 않는다.

예 2.1에서 경제학자들은 저메일이 자신의 유언장 작성에 **절대우위**(absolute advantage)를 가지고 있지만, 소송 일에 **비교우위**(comparative advantage)를 가지고 있다고 말한다. 저메일은 재산법 전문 변호사보다 훨씬 빠르게 유언장을 작성할 수 있으므로 자신의 유언장 작성에 절대우위를 가지고 있다. 그렇다 하더라도, 재산법 전문 변호사는 유언장 작성의 기회비용이 저메일보다 낮으므로 유언장 작성에서 비교우위를 가진다.

절대우위
한 사람이 어떤 일을 다른 사람보다 더 빨리 수행할 수 있으면, 다른 사람과 비교해 그 사람은 그 일에 대해 절대우위를 가진다.

비교우위
어떤 일을 수행함에 있어 한 사람의 기회비용이 다른 사람의 기회비용보다 낮으면, 다른 사람과 비교해 그 사람은 그 일에 대해 비교우위를 가진다.

이 예는 저메일이 한 시간을 자신의 유언장을 작성하는 데 사용하든지 또는 소송 준비를 위해 사용하든지 상관없이 동일한 행복감을 느낀다는 암묵적 가정을 하고 있다. 그러나 그가 소송 준비에 싫증을 느껴 재산법에 대한 자신의 지식을 다시 한 번 새롭게 하는 데 즐거움을 느낀다고 가정해보자. 그러면 자신의 유언장을 스스로 작성하는 것이 현명한 일이다. 그러나 그가 자신의 유언장 작성에 특별한 만족감을 느끼지 못한다면 재산법 변호사를 고용하는 것이 그에게 훨씬 유리하다. 재산법 변호사도 이득을 얻을 것이다. 이득이 되지 않는다면 재산법 변호사는 그 가격에 유언장 작성 서비스를 제공하려 하지 않았을 것이다.

2.1.1 비교우위의 원리

현대 경제학의 가장 중요한 통찰력 가운데 하나는 두 사람(두 국가)이 여러 가지 일을 함에 있어 각기 기회비용이 다르면, 상호 거래를 통해 사용 가능한 재화와 서비스의 양을 항상 증가시킬 수 있다는 것이다. 다음의 예는 이 통찰력이 성립하는 원리를 설명하고 있다.

비교우위 — 예 2.2

메리는 자신의 웹페이지를 스스로 업데이트해야 하는가?

메리는 전문 자전거 수리공이고 폴라는 웹 디자이너이다. 두 사람이 살고 있는 작은 마을을 생각해 보자. 각자가 두 가지 일을 하는 데 필요한 시간이 **표 2.1**에 나타나 있다. 만일 둘 다 두 가지 일을 동일하게 재미있게(또는 재미없게) 생각한다고 하면, 메리는 폴라보다 웹 페이지를 더 빨리 업데이트할 수 있기 때문에 자신의 웹페이지를 스스로 업데이트해야 하는가?

표 2.1의 수치는 두 가지 일 모두에서 메리가 폴라와 비교해 절대우위를 가지고 있음을 보여준다. 자전거 수리공이기는 하지만 메리는 웹페이지 한 장을 업데이트하는 데 20분 걸리는 반

면에, 폴라는 프로그래머이기는 하지만 30분이 걸린다. 자전거 수리에는 메리는 폴라와 비교해 더 큰 우위를 가지고 있다. 자전거 한 대를 수리하는 데 매리는 10분밖에 안 걸리지만 폴라는 30분이 걸린다.

표 2.1 **메리와 폴라의 생산성**

	웹페이지 1장 업데이트 시간	자전거 1대 수리시간
메리	20분	10분
폴라	30분	30분

그러나 폴라보다 우수한 웹 디자이너라는 사실이 메리가 스스로 자신의 웹페이지를 업데이트해야 함을 의미하지는 않는다. 자신의 유언장을 작성하기보다는 법정 소송을 수행하는 변호사와 마찬가지로, 폴라는 메리와 비교해 웹 업데이트에 비교우위를 가진다. 폴라는 웹 업데이트에 관해 메리보다 상대적으로 생산성이 더 높다. 마찬가지로 메리는 자전거 수리에 폴라와 비교해 비교우위를 갖고 있다(어떤 일을 수행함에 있어 한 사람의 기회비용이 다른 사람의 기회비용보다 낮으면 다른 사람과 비교해 그 사람은 그 일에 대해 비교우위를 가짐을 기억하라).

웹페이지 한 장을 업데이트하는 폴라의 기회비용은 얼마인가? 폴라에게 웹페이지 한 장 업데이트 시간은 자전거 한 대를 수리하는 시간과 동일한 30분이다. 따라서 웹페이지 한 장을 업데이트하는 폴라의 기회비용은 자전거 한 대를 수리하는 것이다. 달리 말하면, 웹페이지 한 장을 업데이트하는 데 시간을 사용함으로써 폴라는 자전거 한 대를 수리할 수 있는 기회를 포기한 것이다. 반면에 메리는 웹페이지 한 장을 업데이트하는 시간이면 자전거 두 대를 수리할 수 있다. 그러므로 메리의 경우 웹페이지 한 장을 업데이트하는 기회비용은 자전거 두 대를 수리하는 것이다. 자전거 수리 대수로 표시한 메리의 웹페이지 업데이트 기회비용은 폴라의 기회비용보다 두 배 크다. 그러므로 폴라는 웹페이지 업데이트에 비교우위를 갖는다.

표 2.2에 요약된 기회비용의 비교를 통해 알 수 있는 흥미롭고도 중요한 사실은 메리와 폴라가 각각 두 가지 일 모두를 할 때 얻을 수 있는 자전거 수리 대수와 웹페이지 수는, 둘이 각각 비교우위를 가진 일에 특화할 때 얻는 것보다 항상 적다는 것이다. 예를 들어, 마을 사람들이 웹페이지를 하루 16장씩 업데이트하고자 한다고 가정하자. 메리가 자신이 일하는 시간인 8시간 가운데 각각 웹페이지 업데이트와 자전거 수리에 4시간씩 사용하면 웹페이지 12장을 업데이트할 수 있고 자전거 24대를 수리할 수 있다. 나머지 4장을 업데이트하려면 폴라는 웹페이지 업데이트에 2시간을 사용해야 하므로 나머지 6시간을 자전거 수리에 사용할 수 있다. 폴라는 자전거 한 대 수리에 30분이 걸리므로 12대의 자전거를 수리할 수 있다. 메리와 폴라가 각자 두 가지 일 모두를 수행하면 총 웹페이지 16장을 업데이트하고 자전거 36대를 수리할 수 있다.

표 2.2 메리와 폴라의 기회비용

	웹페이지 1장 업데이트의 기회비용	자전거 1대 수리의 기회비용
메리	자전거 2대 수리	웹페이지 0.5장 업데이트
폴라	자전거 1대 수리	웹페이지1장 업데이트

이제 두 명이 각각 자신이 비교우위를 가진 일에 특화하면 어떤 일이 일어나는지를 알아보자. 폴라는 웹페이지 16장을 업데이트할 수 있고, 메리는 자전거 48대를 수리할 수 있다. 특화를 통해 자전거 12대를 추가적으로 수리할 수 있다.

한 재화를 다른 재화로 표시한 기회비용을 계산할 때 생산성에 관한 정보가 주어지는 형태에 대해 독자들은 특별히 주의해야 한다. **예 2.2**에서는 두 사람이 각각의 일을 수행하는 데 필요한 시간에 대한 정보가 주어졌다. 반대로 두 사람이 각각에 대해 한 시간 동안 수행할 수 있는 양이 주어질 수도 있다. 다음의 개념체크를 통해 필요한 정보가 두 번째 방식으로 주어질 경우 어떻게 문제를 해결하는지를 알아보자.

✔ 개념체크 2.1

멕은 자신의 웹페이지를 스스로 업데이트해야 하는가?

멕이 자전거 수리공이고, 팻이 웹 디자이너인 작은 마을을 생각해 보자. 각각의 일에 대한 두 사람의 생산성이 다음과 같이 주어졌다. 만일 둘 다 두 가지 일을 동일하게 재미있게(또는 재미없게) 생각한다고 하면, 멕이 팻보다 프로그램을 더 빨리 작성한다는 사실이 멕이 자신의 웹페이지를 스스로 업데이트해야 함을 의미하는가?

	웹페이지 업데이트의 생산성	자전거 수리의 생산성
팻	시간당 웹페이지 2장 업데이트	시간당 1대 수리
멕	시간당 웹페이지 3장 업데이트	시간당 3대 수리

앞의 예가 예시하는 원리는 매우 중요한 원리이므로 본서의 핵심원리 가운데 하나로 기술한다.

비교우위

비교우위의 원리(Principle of Comparative Advantage): 각 사람(국가)이 다른 사람과 비교해 자신의 기회비용이 가장 낮은 일에 특화할 때 최선의 결과가 얻어진다.

비교우위에 기초한 특화로부터 발생하는 이득은 시장을 통한 교환의 합리적 근거가 된다. 특화로부터의 이득은 왜 사람들이 자신의 시간의 10%는 차를 생산하는 데, 5%는 식량을 재배하는 데, 25%는 집을 짓는 데, 0.0001%는 뇌수술을 하는 데 사용하고 있지 않음을 설명해 준다. 자급자족하는 것보다 각자 상대적으로 가장 생산성이 높은 일에 특화함으로써 훨씬 더 많은 것을 생산할 수 있다.

이 같은 통찰력을 가지고 요리사인 버카만의 경우로 돌아가 보자. 버카만은 다양한 재능을 가졌지만 의대에서 교육받은 사람보다 의사로서 더 훌륭한 것은 아니며, 모든 시간을 수리하는 데 사용하는 사람보다 수선공으로서 더 뛰어난 것은 아니다. 버카만과 같은 재능을 타고난 많은 사람들이 모이게 되면, 개별적으로 생산할 때보다 각자 한두 가지 일에 특화함으로써 보다 많은 재화와 서비스를 생산 소비할 수 있다. 필요에 의해 모든 일을 스스로 하는 사람들이 많다는 것은 감탄할 만한 일이지만, 그것이 경제적 번영으로 이어지는 길은 아니다.

특화와 그로 인한 효과는 경제적 사유가 필요한 많은 경우를 제공한다. 다음의 예는 스포츠 세계에 적용되는 예이다.

경제적 사유 2.1

4할대 타자들은 다 어디 갔는가?

반세기보다 이전에 테드 윌리엄스가 4할대를 친 후 왜 메이저리그에 더 이상 4할대 타자가 나타나지 않는가?

야구에서 타율이 4할인 타자는 열 번의 타석 가운데 적어도 네 번은 안타를 치는 선수이다. 프로야구에서 흔한 것은 아니지만 4할대 타자들이 심심치 않게 등장하곤 했다. 예를 들어, 20세기 초반만 보더라도 위 윌리 킬러(Wee Willie Keeler)라는 이름으로 잘 알려진 선수의 타율은 4할 3푼 2리인데, 이는 그가 타석에 들어설 때 43% 이상 안타를 쳤음을 의미한다. 그러나 1941년 보스턴 레드 삭스의 테드 윌리엄스(Ted Williams)가 마지막으로 4할 6리의 타율을 기록한 이후로 이제까지 메이저 리그에 단 한 명도 4할대의 타자가 나타난 적이 없다. 왜 그런가?

몇몇 야구광들은 4할대 타자가 사라졌다는 것이 현재의 야구선수들이 과거의 야구선수들보다 못하다는 것을 의미한다고 주장한다. 그러나 이 주장은 꼼꼼히 살펴보면 설득력이 약하다. 예를 들어, 기록을 살펴보면 현재의 야구선수들이 위 윌리 킬러가 활약하던 시대의 야구선수와 비교해볼 때 덩치도 더 크고, 더 강하고, 더 빠르다는 것을 알 수 있다(위 윌리 킬러도 키는 5피트 4인치(약 160cm)보다 약간 큰 정도이고 몸무게도 140파운드(약 63kg) 정도였다).

저명한 야구 역사가인 제임스(Bill James)는 메이저 리그 선수들의 질이 하락한 것이 아니라 상승되었기 때문에 4할대 타자가 사라졌다고 주장한다. 특히 피칭과 외야 수비가 향상되어 4할대 타율이 더욱 힘들게 되었다.

왜 야구 경기의 질이 향상되었는가? 영양 섭취, 훈련, 도구 등이 향상된 것을 포함하는 여러 가지 이유가 있을 수 있으나 특화 또한 중요한 역할을 담당했다.[1] 과거에는 투수 한 명이 한 게임을 다 던져야 했다. 오늘날 투수들은 게임 초반을 책임지는 선발 투수, 게임 중반에 2~3이닝을 책임지는 중간 계투, 그리고 마지막을 책임지는 마무리 투수로 세분화되어 있다. 각각의 역할에 따라 각기 다른 기술과 전략이 필요하다. 또한 투수들은 왼손 타자 또는 오른손 타자를 상대하는가에 따라 특화되어 있고, 삼진 아웃 또는 내야 땅볼로 아웃을 잡는가에 따라 특화되어 있다. 수비도 마찬가지로 한 선수가 여러 포지션을 소화하는 경우는 거의 없다. 대부분의 선수들이 하나의 포지션에 특화하고 있다. 어떤 선수는 수비에만 특화하는 경우도 있다(팀 타격에

1 진화생물학자의 관점에서 특화와 4할대 타자의 몰락에 대한 흥미로운 논의를 보고 싶으면 Stephen Jay Gould의 *Full House*(New York: Three Rivers Press, 1996), 제 3부를 참고하기 바란다.

도움이 되지 않음에도 불구하고). 이 같은 수비 전문 선수들은 팀이 이기고 있을 때 승리를 지키기 위해 게임 후반에 투입된다. 선수 관리와 코치 역할에 있어서도 특화가 상당한 정도로 이루어졌다. 구원 투수들에게는 자신들만을 담당하는 전담 코치가 있다. 통계 전문가는 컴퓨터를 이용해 상대방 타자의 약점을 분석한다. 이 같은 특화의 증가로 인해 오늘날에는 최약체의 팀이라도 수비야구는 매우 잘하는 결과를 낳았다. 만만한 상대가 없으므로 전 시즌을 통해 4할대 타율을 유지하는 것은 이제 거의 불가능한 일이 되었다.

2.1.2 비교우위의 원천

개인 차원에서 비교우위는 선천적 재능의 결과인 것처럼 보이는 경우가 많다. 예를 들어, 어떤 사람들은 컴퓨터 프로그래밍에 선천적 재능을 가진 것처럼 보이고, 어떤 사람들은 자전거 수리에 특별한 솜씨를 가진 것처럼 보인다. 그러나 비교우위는 교육, 훈련 또는 경험의 결과인 경우가 더 많다. 그러므로 사람들은 대개 부엌 디자인은 실내장식의 훈련을 받은 사람에게, 계약서 작성은 법을 공부한 사람에게, 그리고 물리학 강의는 그 분야에서 학위를 가지고 있는 사람에게 맡긴다.

국가 차원에서 비교우위는 자연자원의 차이나 사회 또는 문화의 차이에서 발생할 수 있다. 세계적으로 유명한 연구중심 대학이 많은 미국은 컴퓨터 하드웨어와 소프트웨어를 설계하는 데 비교우위를 가지고 있다. 세계에서 1인당 가장 많은 농장과 숲을 가진 캐나다는 농산물 생산에 비교우위를 가지고 있다. 지형과 기후 때문에 콜로라도는 스키 산업에 특화하고 있는 반면에, 하와이는 해양 휴양 산업에 특화하고 있다.

비경제적인 것처럼 보이는 요인도 비교우위를 창출할 수 있다. 예를 들어, 영어가 세계 공용어로 등장하면서 영어권 국가들은 비영어권 국가들에 비해 책, 영화, 팝음악에 있어 비교우위를 가진다. 한 국가의 제도들 또한 특정 분야에 있어 그 나라가 비교우위를 가질 가능성에 영향을 준다. 예를 들어, 기업 활동을 장려하는 문화는 새로운 제품 생산에 비교우위를 갖도록 하는 반면에, 꼼꼼함과 장인 정신을 중요시하는 문화는 기존 제품의 품질을 향상시킨 제품을 생산하는 데 비교우위를 갖도록 한다.

경제적 사유 2.2

왜 미국은 TV와 디지털 비디오 시장에서 경쟁력을 상실했는가?

왜 미국은 TV와 다른 전자 제품의 경쟁력을 상실했는가?

TV와 디지털 비디오 제품이 미국에서 최초로 개발되어 생산되었음에도 불구하고 오늘날 이들 제품의 세계 생산에서 미국이 차지하는 비중은 미미하다. 초창기에 이들 제품에서 미국이 잘 나간 것은 탁월한 고등교육시스템에 기반을 둔 기술개발에 미국이 비교우위를 가진다는 것으로 일부 설명될 수 있다. 또 다른 요인은 군사목적을 위해 막대한 전자부품 개발비용과 기업활동을 적극적으로 장려하는 문화였다. 이들 제품 생산 초기에는 제품 디자인이 매우 빠른 속도로 진화하므로, 생산시설과 제품을 디자인한 사람이 가깝게 위치하는 것이 유리하기 때문에 미국은 개발 초기의 이점을 향유했다. 초기의 생산기술은 미국의 매우 풍부한 숙련된 노동력에 크게 의존했다. 그러나 시간이 흐름에 따라 제품 디자인에 큰 변화가 없고 복잡한 제조공정의 많은 부분이 자동화되었다. 이 두 가지 변화로 인해서 제품 생산은 상대적으로 덜 숙련된 노동력에 의존하게 되었다. 바로 이 시점에서 미국과 같이 고임금국가에 위치한 공장들은 해외 저임금국가에 위치한 공장들과 비교해 경쟁력을 상실하게 되었다.

요약 교환과 기회비용

거래 당사자들이 서로 다른 제품 또는 서비스 생산에 각각 비교우위를 가지면 교환을 통한 이득이 가능하다. 웹페이지를 예로 들면, 어떤 사람이 웹페이지 생산의 기회비용이 거래 상대방의 기회비용과 비교해 더 낮으면 그 사람은 웹페이지 생산에 비교우위를 가지고 있다. 각 사람이 다른 사람과 비교해 자신의 기회비용이 가장 낮은 재화나 서비스 생산에 특화할 때 최대의 생산이 이루어진다(비교우위의 원리). 한 거래 당사자가 다른 사람보다 모든 활동에 있어서 절대우위를 가진다고 하더라도 비교우위가 존재하면 특화를 통한 이득을 얻을 수 있다.

2.2 비교우위와 생산가능곡선

비교우위에 의해 특화가 발생하면 각 개인들이 모든 것을 조금씩 생산할 때보다 더 많은 것을 생산할 수 있다. 본절에서는 한 경제가 생산할 수 있는 재화와 서비스의 다양한 조합을 나타내는 그래프를 소개함으로써 특화로 인한 이점에 대해 추가적인 통찰력을 얻고자 한다.

2.2.1 생산가능곡선

커피와 잣, 두 개의 재화만 생산되는 가상 경제를 생각해 보자. 이 경제는 자그마한 섬으로 이루어져 있어 "생산"은 나무에서 자란 커피 열매를 따거나, 나무에서 떨어진 잣을 줍는 것을 뜻한다. 사람들이 커피를 따는 데 많은 시간을 보낼수록 잣을 따는 데 사용할 수 있는 시간은 줄어든다. 그러므로 사람들이 커피를 좀 더 많이 마시려면 잣의 소비는 그만큼 줄어야 한다.

두 가지 생산 활동에 대한 각 사람의 생산성이 얼마인지를 알면 하루 동안 사람들이 딸 수 있는 다양한 커피와 잣의 조합을 찾을 수 있다. 이 조합을 다 모아 놓은 것이 **생산가능곡선**(Production Possibility Curve)이다.

생산가능곡선
한 재화의 생산량이 주어졌을 때, 최대한 생산할 수 있는 다른 재화의 양을 나타내는 그래프

논의를 간단히 하기 위해 한 명으로 구성된 경제를 생각하자. 이 사람은 두 가지 생산 활동에 자신의 시간을 할당할 수 있다.

생산가능곡선

예 2.3

수잔 혼자 존재하는 경제의 생산가능곡선은 어떻게 생겼는가?

수잔 혼자 존재하는 경제를 생각해 보자. 수잔은 자신의 시간을 커피와 잣 생산에 사용할 수 있다. 수잔은 잣보다는 커피를 따는 데 손재주가 있다. 수잔은 시간당 잣은 2파운드, 커피는 4파운드 딸 수 있다. 하루에 총 6시간 일하면, 잣의 생산량이 주어졌을 때 수잔이 딸 수 있는 최대한의 커피 생산량을 나타내는 수잔의 생산가능곡선을 그려라.

그림 2.1의 세로축과 가로축은 각각 수잔이 하루에 생산할 수 있는 커피와 잣의 양을 나타낸다. 수잔이 시간 전부를 한 쪽에 사용했을 경우를 먼저 살펴보자. 먼저 수잔이 6시간 모두를 커피 따는 데 사용한다고 하자. 시간당 4파운드의 커피를 딸 수 있으므로 하루에 24파운드의 커피를 생산할 수 있다. 물론 잣의 생산량은 0이다. 이 경우 생산된 잣과 커피의 조합은 **그림 2.1**에 *A*점으로 표시되어 있다. *A*점은 수잔의 생산가능곡선의 수직절편이다.

이번에는 수잔이 모든 시간을 잣을 따는 데 사용한다고 하자. 시간당 2파운드의 잣을 딸 수 있으므로 하루에 12파운드의 잣을 생산할 수 있다. 커피의 생산량은 0이다. 이 경우 생산된 잣과 커피의 조합은 **그림 2.1**에 *D*점으로 표시되어 있다. *D*점은 수잔의 생산가능곡선의 수평절편이다. 각 재화의 생산량은 수잔이 사용하는 시간에 정확하게 비례하므로, 생산가능곡선에 있는 다른 점들은 *A*점과 *D*점을 잇는 직선 위에 위치한다.

예를 들어, 수잔이 4시간은 커피 생산에, 2시간은 잣 생산에 사용한다고 하자. 그러면 커피는 4시간×4파운드=16파운드, 잣은 2시간×2파운드=4파운드를 생산한다. 이 조합은 **그림 2.1**에 *B*점으로 표시되어 있다. 만일 수잔이 2시간은 커피 생산에, 4시간은 잣 생산에 사용한다면, 커피는 8파운드, 잣도 8파운드를 생산한다. 이 조합은 **그림 2.1**에 *C*점으로 표시되어 있다.

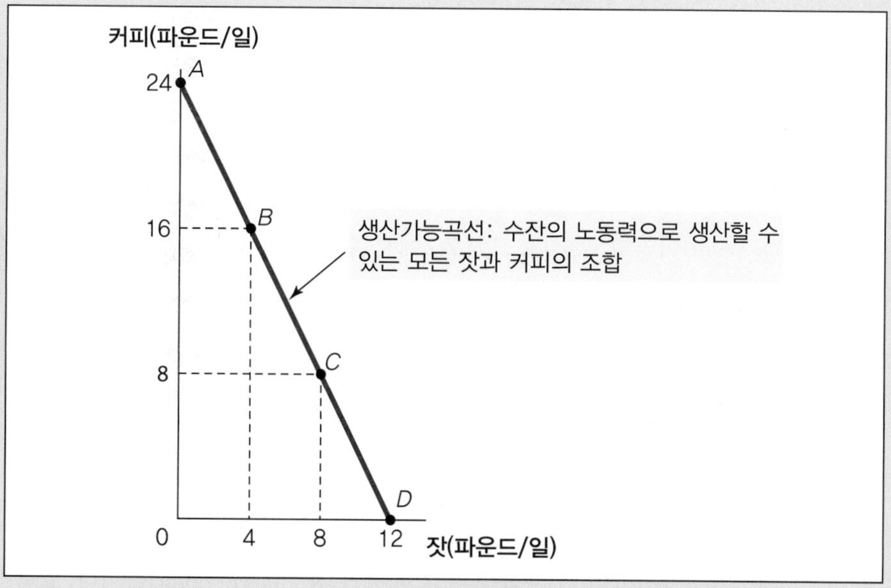

그림 2.1

수잔의 생산가능곡선
생산량이 시간에 정확하게 비례하므로, 생산가능곡선은 직선이 된다.

수잔의 생산가능곡선이 직선이므로 기울기는 일정하다. 수잔의 생산가능곡선의 기울기의 절대값은 수직절편을 수평절편으로 나눈 비율이다: (커피 24파운드)/(잣 12파운드)=(커피 2파운드)/(잣 1파운드). 이 비율은 잣 1파운드를 더 생산하기 위한 수잔의 기회비용이 커피 2파운드라는 것을 의미한다.

수잔의 잣 생산의 기회비용($OC_{잣}$)은 다음과 같이 간단한 공식으로 나타낼 수 있다:

$$OC_{잣}=\frac{\text{커피 생산의 손실}}{\text{잣 생산의 이득}} \tag{2.1}$$

여기서 "커피 생산의 손실"은 포기해야 하는 커피 생산량을, "잣 생산의 이득"은 늘어나는 잣 생산량을 각각 의미한다. 같은 방법으로, 수잔의 커피 생산의 기회비용도 다음과 같이 나타낼 수 있다:

$$OC_{커피}=\frac{\text{잣 생산의 손실}}{\text{커피 생산의 이득}} \tag{2.2}$$

잣 1파운드를 더 생산하기 위한 수잔의 기회비용이 커피 2파운드라는 것은 커피 1파운드를 더 생산하기 위한 수잔의 기회비용이 잣 1/2파운드라는 것과 동일한 말이다.

희소성

그림 2.1의 생산가능곡선이 우하향하는 것은 자원이 유한하므로 한 재화를 더 많이 가지면 다른 재화는 덜 가질 수밖에 없다는 **희소성의 원리**(제 1장 참조)를 보여준다. 원하면 수잔은 커피 1파운드를 더 생산할 수 있다. 그러나 이것은 잣 1/2파운드를 포기할 때에만 가능하다. 수잔이 이 경제에 존재하는 유일한 사람이라면, 한 재화를 생산할 때의 수잔의 기회비용이 실질적으로 그 재화의 가격이 된다. 따라서 커피 1파운드를 얻기 위해 수잔이 지불해야 하는 가격은 잣 1/2파운드이다. 또는 잣 1파운드를 얻기 위해 수잔이 지불해야 하는 가격은 커피 2파운드이다.

달성 가능한 점
현재 가지고 있는 자원으로 생산할 수 있는 재화와 서비스의 조합

달성 불가능한 점
현재 가지고 있는 자원으로 생산할 수 없는 재화와 서비스의 조합

비효율적인 점
현재의 자원으로 한 재화의 생산을 줄이지 않고도 다른 재화의 생산을 늘릴 수 있는 재화와 서비스의 조합

효율적인 점
현재의 자원으로 한 재화의 생산을 줄이지 않고는 다른 재화의 생산을 늘릴 수 없는 재화와 서비스의 조합

생산가능곡선상에 또는 내부에 위치하는 점은 현재 가지고 있는 자원으로 생산할 수 있다는 의미에서 **달성 가능한 점**(attainable point)이라고 부른다. 예를 들어, **그림 2.2**에서 *A*, *B*, *C*, *D*, *E*점들은 모두 달성 가능한 점이다. 생산가능곡선 밖에 위치하는 점은 현재 가지고 있는 자원으로 생산할 수 없다는 의미에서 **달성 불가능한 점**(unattainable point)이라고 부른다. **그림 2.2**에서 수잔은 하루에 커피 16파운드와 잣 8파운드를 동시에 생산할 수 없으므로 *F*점은 달성 불가능한 점이다. 생산가능곡선 내부에 있는 점들은, 현재의 자원으로 한 재화의 생산을 줄이지 않고도 다른 재화의 생산을 늘릴 수 있다는 의미에서 **비효율적인 점**(inefficient point)이라고 부른다. 예를 들어, *E*점에서 수잔은 하루에 커피 8파운드와 잣 4파운드만을 생산하고 있다. 수잔은 잣의 생산을 줄이지 않고도 커피의 생산을 8파운드 더 늘릴 수 있다(*E*점에서 *B*점으로 이동). 아니면 커피 생산은 그대로 두고 잣의 생산을 4파운드 더 늘릴 수 있다(*E*점에서 *C*점으로 이동). 생산가능곡선상에 있는 점들은 **효율적인 점**(efficient point)들이다. 효율적인

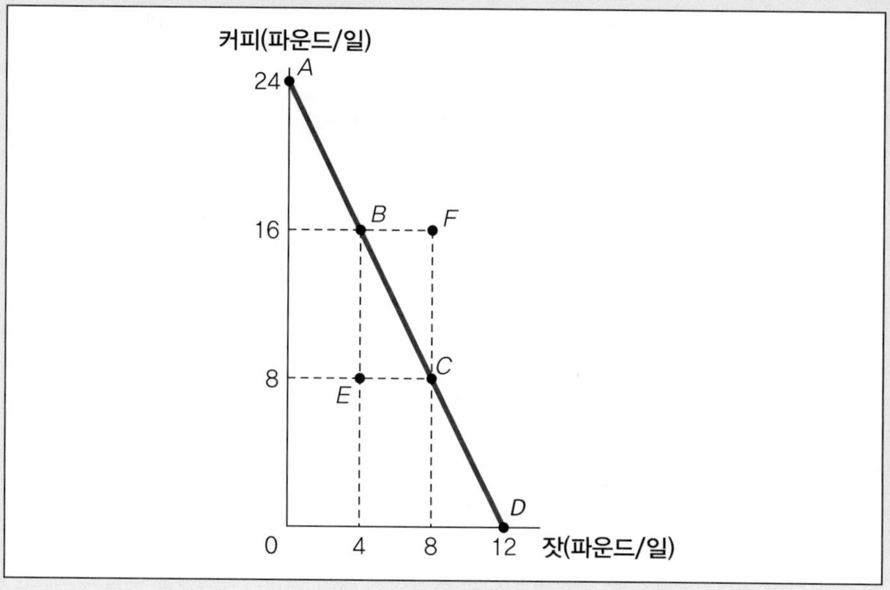

그림 2.2

수잔의 생산가능곡선의 달성 가능한 점과 효율적인 점

생산가능곡선상에 또는 내부에 위치하는 점(*A*, *B*, *C*, *D*, *E* 점)은 달성 가능한 점이라고 부른다. 생산가능곡선 밖에 위치하는 점(예를 들어, *F*점)은 달성 불가능하다. 생산가능곡선상에 있는 점들은 효율적, 내부에 있는 점은 비효율적이라고 부른다.

점에서는 한 재화의 생산을 줄이지 않고는 다른 재화의 생산을 늘릴 수 없다.

✔ 개념체크 2.2

그림 2.2에 그려진 생산가능곡선에 대해 다음의 점들이 달성 가능한지 혹은 효율적인지를 판단하라.

a. 커피 20파운드, 잣 4파운드
b. 커피 12파운드, 잣 6파운드
c. 커피 4파운드, 잣 8파운드

2.2.2 개인의 생산성이 생산가능곡선의 기울기와 위치에 미치는 영향

생산가능곡선의 기울기와 위치가 개인의 생산성에 어떻게 의존하는지를 알기 위해 수잔의 생산가능곡선과 수잔보다 커피 생산은 뒤떨어지지만 잣 생산은 뛰어난 톰의 생산가능곡선을 비교해 보자.

생산성의 변화 — 예 2.4

생산성의 변화가 잣 생산의 기회비용에 어떻게 영향을 미치는가?

톰은 키가 작고 시력은 예리해 나무 밑에 떨어진 잣을 수확하는 데 아주 적절한 능력을 가지고 있다. 그는 시간당 잣은 4파운드, 커피는 2파운드를 생산할 수 있다. 톰만 존재하는 경제의 생산가능곡선을 구하라.

그림 2.3

톰의 생산가능곡선
잣 1파운드 생산의 톰의 기회비용은 커피 1/2파운드이다.

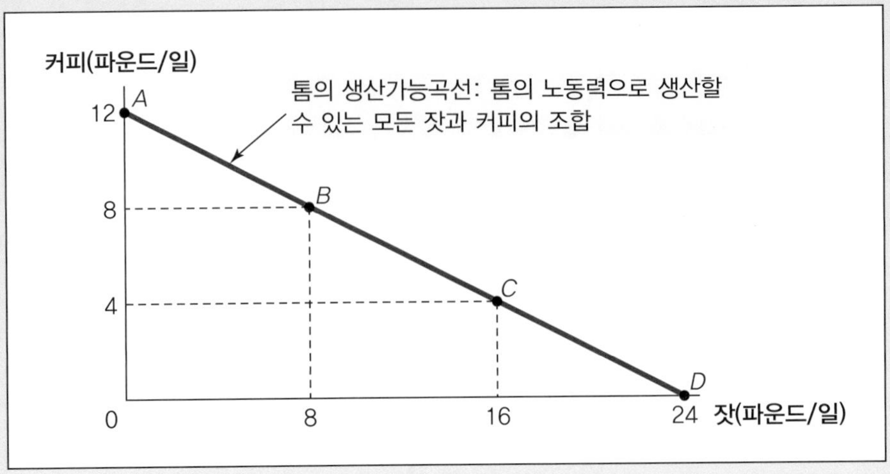

수잔의 생산가능곡선을 구했던 방법과 동일하게 톰의 생산가능곡선을 구할 수 있다. 톰이 6시간 모두를 커피 따는 데 사용한다면 6시간×2파운드=12파운드의 커피와 0파운드의 잣을 생산할 수 있다. 이러한 톰의 생산가능곡선의 수직절편은 **그림 2.3**에 *A*점으로 표시되어 있다. 이번에는 모든 시간을 잣을 따는 데 사용한다면 6시간×4파운드=24파운드의 잣과 0파운드의 커피를 생산할 수 있다. 수평절편은 **그림 2.3**에 *D*점으로 표시되어 있다. 각 재화의 생산량은 톰이 사용하는 시간에 정확하게 비례하므로, 생산가능곡선에 있는 다른 점들은 두 끝점을 잇는 직선 위에 위치한다.

예를 들어, 톰이 4시간은 커피, 2시간은 잣 생산에 할당한다면 4시간×2파운드=8파운드의 커피와 2시간×4파운드=8파운드의 잣을 생산할 수 있다. 이 조합은 **그림 2.3**에 *B*점으로 표시되

그림 2.4

두 생산가능곡선의 비교
톰은 수잔과 비교해 커피의 생산성이 낮지만, 잣의 생산성은 높다.

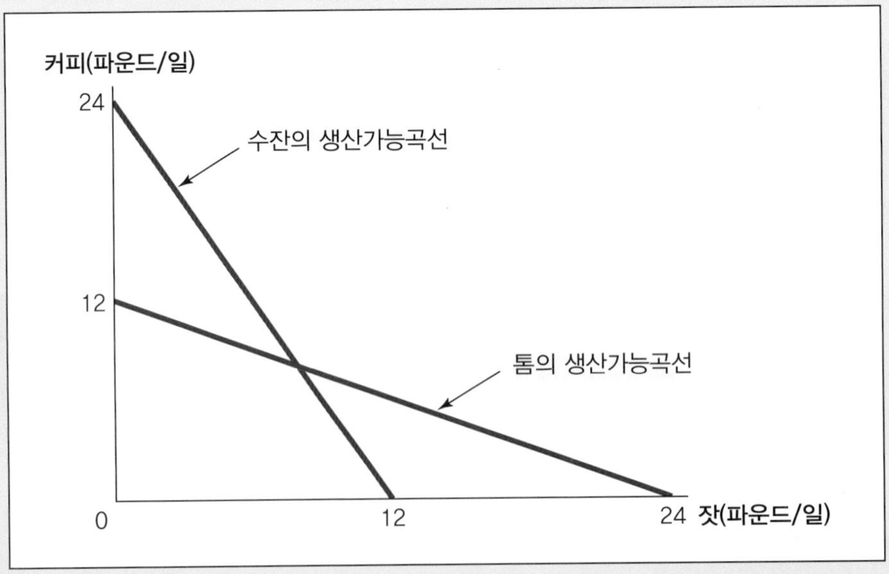

어 있다. 톰이 2시간은 커피, 4시간은 잣 생산에 할애한다면 4파운드의 커피와 16파운드의 잣을 생산할 수 있다. 이 조합은 **그림 2.3**에 *C*점으로 표시되어 있다.

톰의 생산가능곡선과 수잔의 생산가능곡선이 어떻게 다른가? **그림 2.4**에서 보듯이 톰은 커피 생산에 있어서 수잔보다 못하므로 톰의 생산가능곡선의 수직절편은 수잔의 수직절편보다 원점에 더 가까이 위치하고 있다. 같은 이유로 수잔은 잣 생산에 있어서 톰보다 못하므로 수잔의 생산가능곡선의 수평절편은 톰의 수평절편보다 원점에 더 가까이 위치하고 있다. 톰의 경우 잣 1파운드 추가 생산의 기회비용은 커피 1/2파운드인데, 이는 수잔의 기회비용의 1/4이다. 기회비용의 차이는 생산가능곡선의 기울기의 차이로 나타난다: 톰의 생산가능곡선의 기울기의 절대값은 1/2이고, 수잔의 경우에는 2이다.

이 예에서 톰은 수잔과 비교해 잣 생산에 절대우위와 비교우위 모두를 갖고 있다. 수잔은 톰과 비교해서 커피 생산에 절대우위와 비교우위 모두를 갖고 있다.

비교우위의 원리는 두 명(국가) 이상의 생산성을 비교할 때에만 의미를 가지는 상대적 개념임에 독자들은 주의하기 바란다. 다음의 개념체크를 통해 비교우위가 상대적 개념임을 좀 더 구체적으로 알아보자.

✔ 개념체크 2.3

수잔은 시간당 커피는 2파운드, 잣은 4파운드를 생산할 수 있다. 톰은 시간당 커피는 1파운드, 잣은 1파운드를 생산할 수 있다. 잣 1파운드 생산시 수잔의 기회비용은 얼마인가? 잣 1파운드 생산시 톰의 기회비용은 얼마인가? 수잔은 어떤 재화에 비교우위를 갖는가?

2.2.3 특화와 교환의 이득

앞에서 기회비용의 차이에서 발생하는 비교우위는 모든 사람에게 이득이 될 수 있음을 보았다(**예 2.1**과 **예 2.2**를 보라). 다음의 예는 생산가능곡선을 통해서도 동일한 결과를 설명할 수 있음을 보여준다.

특화 예 2.5

특화가 이루어지지 못하면 얼마나 손해인가?

예 2.4에서 톰과 수잔 모두 커피와 잣의 생산량이 동일하도록 시간을 할당했다고 가정하자. 톰과 수잔은 각각 두 재화를 얼마나 소비할 수 있는가? 각자가 비교우위를 지닌 재화에 특화해 생산했다면 두 사람은 두 재화를 각각 얼마나 소비할 수 있었겠는가?

톰은 시간당 잣을 커피의 두 배만큼 생산할 수 있으므로, 동일한 양의 커피와 잣을 생산하려면 잣 생산에 할당한 시간의 두 배만큼을 커피 생산에 사용해야 한다. 톰은 하루에 6시간 일하

그림 2.5

특화가 없을 때의 생산

톰과 수잔 모두 커피와 잣의 생산량이 동일하도록 시간을 할애했다면, 두 사람은 합쳐서 하루에 커피 16파운드, 잣 16파운드를 소비할 수 있다.

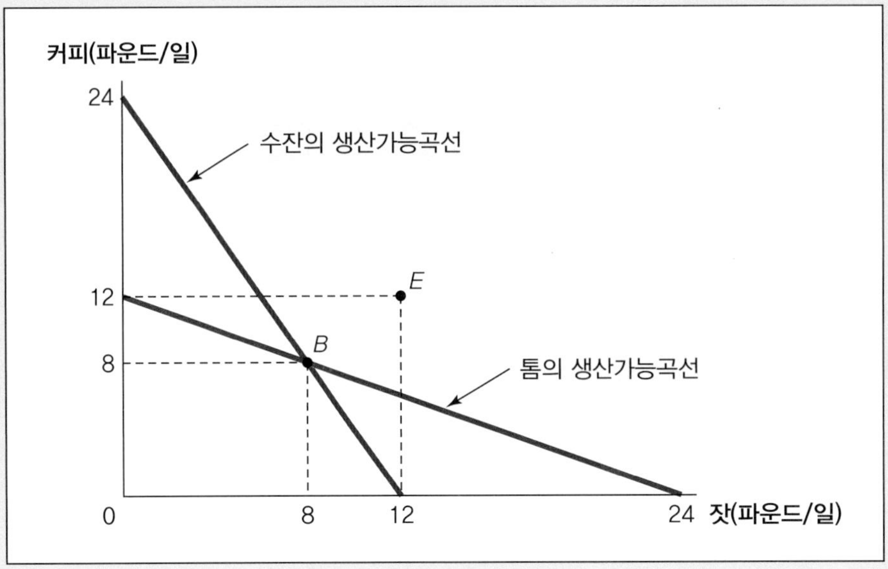

므로 잣 생산에 2시간, 커피 생산에 4시간을 사용한다. 그러면 톰은 하루에 커피와 잣 모두 8파운드씩 생산한다. 반면에 수잔은 시간당 커피를 잣의 두 배만큼 생산할 수 있으므로, 동일한 양의 커피와 잣을 생산하려면 커피 생산에 할당한 시간의 두 배만큼을 잣 생산에 사용해야 한다. 수잔은 역시 하루에 6시간 일하므로 커피 생산에 2시간, 잣 생산에 4시간을 사용한다. 그러면 수잔은 톰과 동일하게 하루에 커피와 잣 모두 8파운드씩 생산한다(**그림 2.5**를 보라). 반대로 두 사람이 각각 비교우위를 가진 재화에 특화했다면, 하루에 잣과 커피 각각 24파운드씩 생산할 수 있었다.

둘이 서로 커피와 잣을 교환하면 특화 없이는 달성할 수 없는 두 재화의 조합을 각자 소비할 수 있다. 예를 들면, 수잔이 톰과 커피 12파운드와 잣 12파운드를 교환하면 따로따로 생산했을 때보다 각자 두 재화 모두 하루에 4파운드씩 더 소비할 수 있다. **그림 2.5**에서 각 재화 12파운드씩을 나타내는 *E*점은 각 사람의 생산가능곡선 밖에 위치한다. 그러나 특화와 교환을 통해 달성 가능한 점이다.

다음의 예는 기회비용의 차이가 증가하면 특화를 통한 이득 또한 커짐을 보여준다.

✔ 개념체크 2.4

기회비용의 차이가 특화를 통한 이득에 어떤 영향을 미치는가?

수잔은 시간당 커피는 5파운드, 잣은 1파운드를 생산할 수 있다. 톰은 시간당 커피는 1파운드, 잣은 5파운드를 생산할 수 있다. 두 사람 모두 하루에 6시간 일하고 동일한 양의 커피와 잣을 소비하고자 한다면, 따로따로 생산할 때와 비교해 특화할 때 소비량이 얼마나 증가하는가?

거래 당사자 간의 기회비용의 차이가 증가할수록 특화와 교환의 이득 또한 증가하지만 기회비용의 차이만으로 선진국과 후진국 사이에 존재하는 생활수준의 커다란 차이를 설명하기에는 부족하다. 예를 들어, 2016년 기준으로 선진국 상위 20개 국가의 1인당 평균소득은 $54,000 이상인 반면에 후진국 하위 20개 국가의 1인당 평균소득은 $600보다 작다.[2] 이 같은 소득격차를 설명함에 있어 특화의 역할에 대해서는 차후에 더 언급하기로 하고 먼저 경제 전체의 생산가능곡선을 그리는 방법과 특화 이외에 다른 요인들이 어떻게 시간이 지남에 따라 생산가능곡선을 바깥쪽으로 이동시키는지 알아본다.

2.2.4 여러 명이 존재하는 경제의 생산가능곡선

대부분의 현실 경제는 수백만 명으로 구성되어 있지만 이 정도 규모를 가진 경제의 생산가능곡선을 만드는 과정은 1인 경제의 경우와 다를 바 없다. 커피와 잣만 존재하는 경제를 생각해 보자. 커피 생산량은 세로축에, 잣 생산량은 가로축에 표시한다. 이 경제의 생산가능곡선의 수직절편은 모든 사람이 커피를 생산하는 데 모든 시간을 사용할 때 생산할 수 있는 커피의 양이다. 그러므로 **그림 2.6**에 그려진 가상적인 경제에서 생산 가능한 최대의 커피 양은 10만 파운드(예시를 목적으로 임의로 선택한 숫자임)이

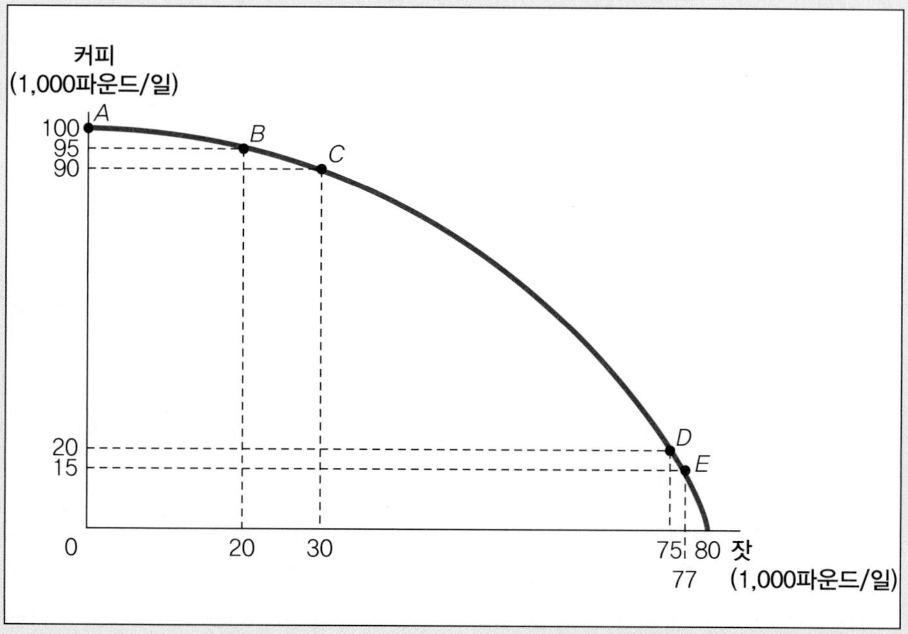

그림 2.6

수많은 사람이 존재하는 경제의 생산가능곡선

수백만 명이 존재하는 경제의 생산가능곡선은 대개 바깥쪽으로 휘는 활 모양의 형태, 즉 원점에 대해 오목한 형태를 가진다.

2 IMF 기준 20개 고소득 국가: 호주, 오스트리아, 벨기에, 캐나다, 덴마크, 핀란드, 독일, 아이슬란드, 아일랜드, 일본, 룩셈부르크, 네덜란드, 노르웨이, 카타르, 산마리노, 싱가폴, 스웨덴, 스위스, 영국, 미국.
IMF 기준 20개 저소득 국가: 아프가니스탄, 버키나 파소, 부룬디, 중앙아프리카 공화국, 코모로스, 콩고 공화국, 기니, 기니-비사우, 리베리아, 마다가스카르, 말라위, 모잠비크, 네팔, 니제르, 르완다, 시에라리온, 남수단, 감비아, 토고, 우간다.(출처: IMF World Economic Outlook Database, 2017년 4월)

다. 생산가능곡선의 수평절편은 모든 사람들이 잣을 생산하는 데 모든 시간을 사용할 때 생산할 수 있는 잣의 양으로, 이 가상적인 경제에서는 8만 파운드(예시를 목적으로 임의로 선택한 숫자임)이다. 그러나 한 명만 있는 경제를 고려한 이전의 예와는 달리 **그림 2.6**에 나타난 생산가능곡선은 직선이 아니라 원점에 대해 오목한 곡선이다.

생산가능곡선의 형태에 대해서는 아래에서 좀 더 자세히 언급한다. 먼저 그 이전에 원점에 대해 오목한 생산가능곡선은 잣의 생산량이 늘어날수록 그 기회비용이 증가함을 의미함에 주의하기 바란다. 예를 들어, 커피만을 생산하고 있는 *A*점에서 *B*점으로 이동하면 커피 5,000파운드를 포기함으로써 잣 2만 파운드를 얻을 수 있다. 예를 들어, *B*점에서 *C*점으로 옮겨감으로써 잣의 생산량을 더 늘리면 이 경제는 동일하게 커피 5,000파운드를 포기하지만, 이번에는 잣 1만 파운드만을 더 생산할 수 있다. 이 같이 기회비용이 증가하는 형태는 생산가능곡선 전 영역을 통해 지속된다. 예를 들어, *D*점에서 *E*점으로 옮겨가면 이 경제는 여전히 커피 5,000파운드를 포기하지만, 잣은 단지 2,000파운드만을 더 생산할 수 있다. 기회비용이 증가하는 형태는 커피에도 동일하게 적용된다. 그러므로 더 많은 커피를 생산할수록, 커피 1파운드를 추가적으로 생산할 때의 기회비용—포기해야 하는 잣의 양으로 표시된—또한 증가한다.

여러 명이 존재하는 경제의 생산가능곡선은 왜 원점에 대해 오목한 형태를 가지는가? 그 대답은 어떤 자원은 잣 생산에 더 적절한 반면에, 다른 자원은 커피 생산에 더 적절하다는 사실에 있다. 한 경제가 처음에는 커피만 생산하고 있다가 이제 잣을 좀 생산하려고 한다. 그러면 사람들을 어떻게 배분해야 하는가? **예 2.5**의 수잔과 톰을 기억해 보자. 톰은 잣 생산에, 수잔은 커피 생산에 각각 비교우위를 가지고 있었다. 두 사람 모두 지금 커피만을 생산하고 있는데, 그 중 한 사람으로 하여금 잣을 생산하도록 한다면 누구를 시키겠는가? 톰이 더 나은 선택일 것이다. 그 이유는 톰이 커피 대신 잣을 생산함으로써 감소하는 커피의 양은 수잔이 잣을 생산할 때의 절반밖에 안되며, 또한 톰이 생산하는 잣의 생산량은 수잔의 두 배이기 때문이다.

이 원리는 수많은 사람이 존재하는 경제에서도 동일하게 적용된다. 다만 사람들 사이의 기회비용의 차이가 앞에서 살펴본 2인 경제(**예 2.5**)보다 더 다양할 뿐이다. 더 많은 사람들을 커피 생산에서 잣 생산으로 배분할수록, 조만간 수잔과 같은 커피 생산의 전문가를 잣 생산에 투입해야 한다. 궁극적으로는 잣 생산의 기회비용이 수잔보다 더 높은 사람들조차 잣 생산에 투입해야 한다.

그림 2.6에 그려진 생산가능곡선의 모양은 각 자원의 기회비용이 다르면 항상 기회비용이 낮은 자원을 먼저 활용해야 한다는 일반적인 원리를 보여주고 있다. 가장 쉽게 접근할 수 있는 과일을 먼저 따는 과일 수확자의 규칙에 빗대어, 이 원리를 **낮게 달린 과일의 원리** 또는 **기회비용 체증의 원리**라고 부르기로 한다.

기회비용 체증

기회비용 체증의 원리(Principle of Increasing Opportunity Cost)(낮게 달린 과일의 원리)(Low-Hanging-Fruit Principle): 한 재화의 생산을 늘릴 때 기회비용이 낮은 자원을 먼저 사용하고, 기회비용이 높은 자원은 나중에 사용해야 한다.

낮게 달린 과일의 원리에 대한 설명

왜 과일을 수확하는 사람은 낮게 달려 있는 과일을 먼저 따야 하는가? 이 규칙은 여러 가지 이유에서 합리적이다. 먼저 낮게 달려 있는 과일은 쉽게(그래서 싸게) 딸 수 있다. 그러므로 고정된 양의 과일을 수확하고자 한다면, 높은 가지에 달려 있어서 접근하기가 힘든 과일보다는 낮게 달려 있는 과일을 먼저 땀으로써 쉽게 원하는 양을 채울 수 있다. 그러나 설사 나무의 모든 과일을 다 딸 계획이라 하더라도 먼저 딴 과일을 더 빨리 팔아서 수입을 올릴 수 있으므로 낮은 가지에 달려 있는 과일을 먼저 따는 것이 유리하다.

과일을 수확하는 사람이 하는 일은 비효율성에 시달리고 있는 기업을 개혁하기 위해 고용된 새로운 사장이 직면하고 있는 일과 유사하다. 사장의 시간과 집중력은 제한되어 있으므로, 먼저 고치기 쉽고 고침으로써 성과에 가장 크게 기여할 수 있는 문제에—낮게 달린 과일—우선적으로 집중하는 것이 현명한 일이다. 그 이후에 사장은 회사를 좋은 회사에서 뛰어난 회사로 변화시키기에 필요한 다른 작은 개선점들에 대해 신경을 쓸 수 있다.

다시 말하면 낮게 달린 과일의 원리가 전달하는 메시지는 항상 가장 유리한 기회를 먼저 활용하라는 것이다.

요약 | 비교우위와 생산가능곡선

두 재화를 생산하는 경제에서 생산가능곡선은 한 재화의 양이 주어졌을 때 최대로 생산할 수 있는 다른 재화의 양을 나타낸다. 생산가능곡선상에 또는 내부에 존재하는 점은 달성 가능하고, 생산가능곡선상에 존재하는 점은 효율적이다. 생산가능곡선의 기울기는 가로축에 표시한 재화를 한 단위 더 생산할 때의 기회비용을 나타낸다. 기회비용 체증의 원리, 혹은 낮게 달린 과일의 원리는 생산가능곡선을 따라 오른쪽으로 이동할 때 기울기가 더욱 가파르게 됨을 의미한다. 개인 간의 기회비용의 차이가 클수록 생산가능곡선은 원점에 대해 더욱 많이 휘어진 오목한 형태를 가지며, 원점에 대해 더 오목할수록 특화를 통한 잠재적 이득의 크기는 더욱 커진다.

2.3 한 경제의 생산가능곡선을 이동시키는 요인

그 이름이 의미하듯이 생산가능곡선은 한 경제가 선택할 수 있는 생산 가능성을 요약해서 표시한다. 매 순간마다 모든 경제는 생산가능곡선상의 상충관계에 직면하고 있다. 잣을 더 많이 생산해 소비할 수 있는 유일한 길은 커피의 생산과 소비를 줄이는 것이다. 그러나 장기적으로 종종 모든 재화의 생산을 늘리는 것이 가능하기도 하다. 경제성장이 바로 이 경우이다. **그림 2.7**에서 보듯이 경제성장이란 생산가능곡선이 바깥

그림 2.7

경제 성장: 한 경제의 생산가능곡선이 바깥쪽으로 이동함 생산 요소의 증가(노동이나 자본) 혹은 지식과 기술 진보는 생산가능곡선을 바깥쪽으로 이동시킨다. 이것들이 경제 성장의 주된 동력이다.

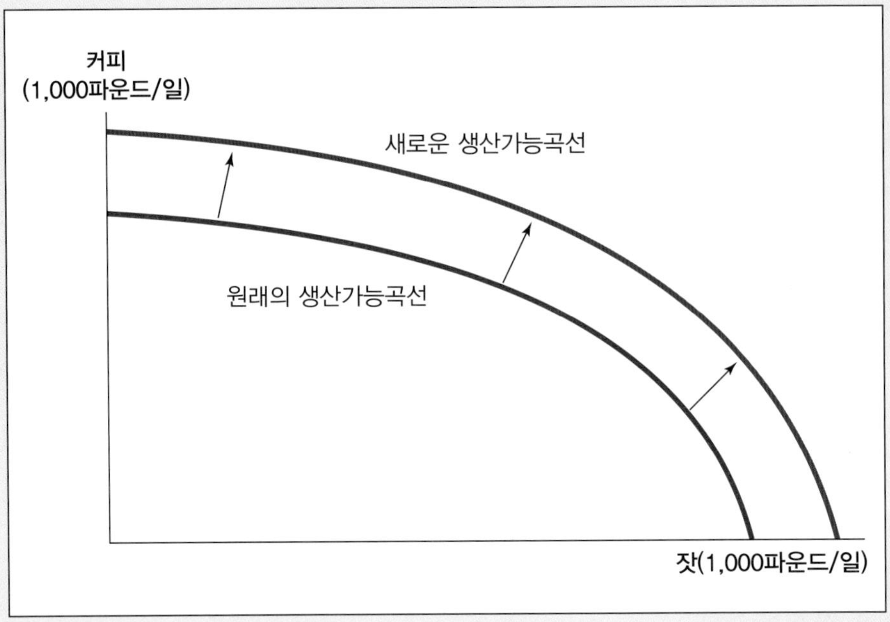

쪽으로 이동하는 것을 의미한다. 사용 가능한 생산요소의 양이 증가하거나 기존 자원을 보다 생산적으로 이용할 수 있는 지식과 기술이 진보하면, 생산가능곡선은 바깥쪽으로 이동한다.

한 경제가 사용할 수 있는 생산자원의 양을 증가시키는 요인은 무엇인가? 한 요인은 새로운 공장과 장비에 대한 투자이다. 근로자들이 더 많고 더 좋은 장비를 가지고 일하면 생산성이 종종 급속도로 증가한다. 투자는 선진국과 후진국 사이의 생활수준의 차이를 발생시키는 중요한 요인임에 분명하다. 한 연구에 의하면 미국의 근로자 1인당 자본 투자액은 네팔보다 30배 더 많다.[3]

이토록 커다란 1인당 자본의 차이는 한 순간 일어나지 않는다. 그것은 저축률과 투자율의 차이가 수십 년, 심지어는 수백 년에 걸쳐 누적된 결과이다. 시간이 지남에 따라 투자율의 작은 차이가 근로자가 사용할 수 있는 매우 큰 자본량의 차이로 이어진다. 이 같은 차이는 자기 강화적이다(self-reinforcing). 높은 저축률과 투자율은 소득을 증가시키고, 늘어난 소득은 다시 더 많은 자원을 저축과 투자로 이어지게 한다. 그러므로 시간이 지남에 따라 특화로 인한 초기의 아주 작은 생산성의 차이가 매우 큰 소득격차로 이어진다.

인구증가 역시 한 경제의 생산가능곡선을 바깥쪽으로 이동시키므로 자주 경제성장의 중요한 원인으로 거론된다. 그러나 인구증가는 먹여 살려야 할 사람의 증가를 의미하기도 하므로 그 자체가 생활수준의 향상을 가져오지는 않는다. 오히려 현재의 인구밀도가 사용 가능한 토지, 물, 기타 희소자원에 비해 지나치게 높으면, 인구증가는

3 Alan Heston & Lawrence Summers, "The Penn World Table(Mark 5): An Expanded Set of International Comparisons, 1950~1988," *Quarterly Journal of Economics*, May 1991, pp. 327~68.

생활수준의 감소를 가져온다.

아마도 가장 중요한 경제성장의 원천은 지식과 기술의 진보이다. 경제학자들이 오랫동안 인식해 온 것처럼 지식과 기술진보는 특화의 심화를 통해 더 높은 생산으로 이어진다. 기술진보는 종종 자연적으로 발생하기도 하나, 보다 많은 경우 직접, 간접적으로 교육수준의 증대에 따른 결과이기도 하다.

앞에서 개인 간의 기회비용의 차이가 특화를 통해 3배의 이득으로 이어지는 것을 2인 경제의 예를 통해 살펴보았다(**개념체크 2.4**). 특화를 통한 현실 세계의 이득은 이 예의 경우보다 훨씬 큰 경우가 많다. 한 가지 이유는 특화는 개인 간에 이미 존재하는 숙련도의 차이를 통한 이득을 실현시킬 뿐 아니라 연습과 경험을 통해 숙련도를 더욱 심화시키기도 하기 때문이다. 더욱이 특화를 통해 사람들을 여러 가지 작업에 배치할 때 발생하는 전환 및 시작비용의 많은 부분을 절약할 수 있다. 이 같은 이득은 사람들뿐만 아니라 그들이 사용하는 도구와 장비에도 적용된다. 작업을 간단히 여러 단계로 나누어 각 단계를 각기 다른 장비를 이용해서 작업하면, 개별 근로자의 생산성은 크게 증가한다.

아주 간단한 경우라도 여러 요인들이 합쳐져 생산성을 수백 배, 심지어는 수천 배 증가시킬 수 있다. 오늘날 경제학의 아버지로 기억되는 스코틀랜드의 경제학자 아담 스미스(Adam Smith)는 노동의 분업과 특화를 통해 엄청난 이득이 가능할 수 있음을 인식한 최초의 사람이었다. 18세기 스코틀랜드의 한 핀 공장의 작업에 대해 아담 스미스가 저술한 것을 살펴보자.

> 한 사람은 철사를 잡아 뽑고, 다른 사람은 펴고, 세 번째 사람은 자르고, 네 번째 사람은 뾰족하게 만들고, 다섯 번째 사람은 핀 머리가 들어가게 위쪽을 갈고; 핀 머리를 만드는 것은 두세 가지 별도의 작업을 요한다. 나는 단지 열 명이 이 같은 방식으로 작업하는 작은 공장을 보았다. 그들은 최선을 다할 때 하루에 12파운드의 핀을 만들어 내었다. 중간 크기의 핀 4,000개 이상이 모여야 1파운드가 된다. 그러므로 이 열 명은 하루에 4만 8,000개 이상의 핀을 만들어 낼 수 있다. 따라서 한 사람이 4만 8,000개 핀 생산의 1/10씩 담당한 것으로 생각하면 각 사람은 하루에 4,800개 핀을 만든 셈이 된다. 만일 이들이 개별적으로 작업했고, 또한 핀 만드는 작업에 대한 별도의 훈련을 받지 않았다면 각각은 하루에 20개는 고사하고 한 개도 만들기 힘들었을 것이다.[4]

특화로부터 발생하는 생산성의 증가는 대부분 매우 크다. 이 같은 이득이 단일 요인으로는 왜 특화와 교환에 의존하지 않는 경제가 이제는 찾아보기 어렵게 되었는지를 설명하는 가장 중요한 요인이다.

4 Adam Smith, *The Wealth of Nations*. New York: Everyman's Library, Book 1, 1910.

2.3.1 왜 어떤 국가들은 특화가 느리게 이루어지는가?

여러분은 스스로에게 "특화가 그렇게 대단한 것이라면 네팔과 같은 빈국의 국민들도 바로 특화를 하면 되지 않는가?"라는 질문을 할 것이다. 그렇다면 여러분은 이제까지의 내용을 잘 이해하고 있는 것이다. 아담 스미스는 수년 동안 똑같은 질문에 대한 답을 찾고자 노력했다. 마침내 그가 찾은 설명은 인구 밀도가 특화를 위한 중요한 사전 조건이라는 것이다. 천성적인 경제적 사유인이었던 스미스는 스코틀랜드의 시골 산악지대보다는 18세기 영국의 대도시에서 작업이 훨씬 더 특화되었음을 발견했다:

> 스코틀랜드 산악지역과 같이 불모의 지역에 여기저기 흩어져 있는 고립된 가구나 작은 마을에서 모든 농부는 자신의 가족을 위해 도축도 하고, 빵도 굽고, 양조도 해야 한다. 마을의 목수는 단순한 목수가 아니다. 수레바퀴, 쟁기, 짐수레, 마차 만드는 일뿐 아니라 가구, 캐비닛 만드는 일 심지어는 목각사의 일까지도 수행한다.[5]

반면에 스미스 당시의 영국과 스코틀랜드 대도시에서는 각각의 작업이 각기 다른 전문가들에 의해 수행되었다. 스코틀랜드 산악지대에 사는 사람들도 할 수만 있었다면 특화를 했을 것이다. 그러나 그들이 참여하는 시장이 너무 협소할 뿐만 아니라 여기저기 떨어져 있었다. 물론 높은 인구 밀도 그 자체가 특화를 통해 고속 경제성장이 이루어지는 것을 보장하지는 않는다. 그러나 현대적인 운송기술과 전자통신기술이 도래하기 전까지 낮은 인구밀도는 특화를 통한 이득 창출에 분명한 저해요인이었다.

네팔은 지구상 국가 가운데 가장 외지며 고립된 국가 가운데 하나이다. 1960년대 중반까지 네팔의 평균 인구 밀도는 1평방 마일당 30명이 채 되지 않았다(뉴저지주는 1평방 마일당 1,000명이 넘는다). 더욱이 바위가 많은 네팔의 지형은 특화를 저해하는 또 다른 요인이 되었다. 위험한 히말라야 산길을 몇 시간, 심지어는 며칠 동안 걸어야 가장 인접한 마을에 갈 수 있는 상황에서 다른 마을 사람들과 재화와 서비스를 교환하는 것은 매우 힘든 일이었다. 다른 어떤 요인들보다도 이같이 극심하게 고립되어 있는 상황은 네팔이 오랫동안 폭넓은 특화로 인한 혜택을 누리지 못하고 있는 가장 중요한 이유이다.

인구 밀도가 특화 정도에 영향을 미치는 유일한 요인은 결코 아니다. 예를 들어, 특화는 다른 사람들과 자유롭게 거래하는 것을 제한하는 법과 관습에 의해 심각하게 방해 받을 수 있다. 북한이나 구동독의 공산주의 정부는 교환을 엄격하게 제한했는데, 이것은 이들 국가가 정부가 교환을 장려한 대한민국이나 구서독보다 특화가 덜 이루어진 이유를 설명하는 데 도움이 된다.

2.3.2 특화가 과도하게 이루어질 수 있는가?

특화에는 비용이 수반되기 때문에 특화에 의한 생산성 향상은 더욱 많은 특화가

5 Adam Smith, *The Wealth of Nations*. New York: Everyman's Library, Book 1, 1910.

이루어지는 것이 그렇지 않은 것보다 항상 더 좋다는 것을 의미하지는 않는다. 예를 들어, 대부분 사람들은 자신이 하는 일에 있어서 다양성을 즐긴다. 그러나 일이 더욱 세분되어 특화되면 제일 먼저 없어지는 것이 다양성이다.

마르크스(Karl Marx)의 주된 주장 가운데 하나는 특화가 근로자들에게 심리적 희생을 강요한다는 것이다. 그래서 마르크스는 다음과 같이 적고 있다.

> 생산발전에 필요한 모든 수단들이 근로자를 온전한 사람이 되지 못하도록 만들어 버렸으며 근로자를 기계의 부속물로 전락시켜 자신의 일에서 느끼던 여러 매력적인 것들을 다 파괴해 일을 증오에 찬 고역으로 만들어 버렸다.[6]

채플린(Charlie Chaplin)이 출연한 1936년 영화, 모던 타임스는 반복적인 공장작업의 심리적 비용을 극명하게 보여준다. 채플린이 조립공으로 하루 종일 하는 일은 조립라인에서 자신의 앞으로 지나가는 너트를 두 개의 볼트에 조이는 것이다. 결국 그는 어느 순간 미친 듯이 공장에서 비틀거리며 걸어 나와 손에 스패너를 들고 너트 모양의 모든 돌기란 돌기를 조이기 시작한다.

특화로 인해 얻는 추가적인 재화들은 비싼 대가를 치러야만 얻을 수 있는 것인가? 적어도 특화가 지나칠 정도로 진행될 가능성에 대해서는 인식해야 한다. 그러나 특화가 작업을 경직되게 분화시켜 꼭 정신을 마비시킬 정도로 반복적인 일을 수반하지는 않는다. 중요한 것은 특화의 실패가 치러야 하는 비용이 있다는 인식을 갖는 것이다. 특화하지 않는 사람들은 낮은 임금을 수용해야 할 것이며, 매우 긴 시간 노동해야 한다.

요약하면, 상당한 정도의 노력을 비교우위를 가진 일에 쏟을 때 사람들은 최단 시간에 삶에 필요한 금전적 필요를 충족시킬 수 있고 또한 더 많은 자유 시간을 자신들이 하고 싶은 일에 사용할 수 있다.

2.4 비교우위와 국제무역

한 경제 내에서 각 개인들이 특화해 다른 사람들과 재화와 서비스를 교환하는 논리는 국가들이 특화해 국가 간에 무역을 하는 데에도 동일하게 적용된다. 개인과 마찬가지로, 한 국가가 다른 국가보다 절대적으로 생산성이 높다고 하더라도 국가 간에 교환을 통해 이득을 얻을 수 있다.

경제적 사유 2.3

무역이 두 국가 모두에게 이익이 된다면 왜 자유무역협정에 대해 논란이 많은가?

1996년 대통령 선거에 있어 주된 이슈 가운데 하나가 미국과 남북의 인접국 사이에 무역장벽을 획기적으로 낮추는 조약인 북미 자유무역 협정(North America Free Trade Agreement,

6 Karl Marx, *Das Kapital*, New York, NY: Modern Library, 1906, 708, 709.

자유무역이 그토록 좋다면 왜 그렇게 많은 사람이 반대하는가?

NAFTA)에 대한 클린턴 대통령의 지지였다. 이 조약은 미국에서 수백만의 실업자를 양산할 것이라고 주장하며 독자 후보로 출마했던 페로(Ross Perot)로부터 매우 심한 반대를 야기했다. 교환이 그렇게 이익이 된다면 이에 반대하는 사람이 있는 이유는 무엇인가?

그 대답은 국제무역의 장벽을 감소시키면 각 나라에서 생산되는 재화와 서비스의 총가치는 증가하지만 모든 사람이 다 혜택을 받은 것은 아니라는 데 있다. NAFTA와 관련된 한 가지 특별한 우려는 이 조약으로 인해 멕시코가 미숙련 노동력을 사용해 생산하는 재화에 대한 비교우위를 활용할 것이라는 것이었다. 그런 재화의 가격이 하락해 미국 소비자들은 혜택을 보지만, 많은 미국인들은 멕시코의 근로자 때문에 미국의 미숙련 근로자들이 직장을 잃지 않을까 두려워했다.

결국 NAFTA는 미국 노동조합의 집요한 반대에도 불구하고 의회에서 통과되었다. 그러나 특정 산업에서 다소의 손실이 발생했지만 상당히 많은 미국의 미숙련 근로자들이 직장을 잃었음을 보여주는 연구결과는 이제까지 찾아볼 수 없다.

2.4.1 아웃소싱

아웃소싱
원래는 기업 내부가 아닌 외부의 하청업자가 재화나 서비스를 생산하도록 하는 것이었으나, 이제는 필요한 서비스를 값싼 해외 노동력을 이용해 생산하는 것으로 의미가 확장된 용어

최근 몇 년 동안 뉴스에 빈번하게 등장한 이슈가 미국 서비스 업종의 **아웃소싱**이었다. 이 용어는 기업 내부가 아닌 외부의 하청업자가 재화나 서비스를 생산하도록 하는 것을 의미하는 것이었으나, 점차 상대적으로 비싼 미국의 서비스 부문 근로자를 해외의 더 싼 서비스 근로자로 대체하는 것으로 그 의미가 확대되었다.

한 예가 의료기록에 대한 사본을 작성하는 일이다. 정확한 기록을 보존하기 위해 환자를 검진한 후 많은 의사들이 사본 작성을 위해 치료기록을 구술한다. 과거에는 종종 사본이 의사들의 비서에 의해 급하게 작성되었다. 그러나 비서들은 처리해야 하는 다른 일들이 많아 집중하기 어려웠다. 비서들은 전화도 받고, 리셉셔니스트 역할도 수행하고, 연락도 담당하는 등 여러 가지 업무를 수행했다. 보험 분쟁과 의료사고에 대한 소송이 1980~1990년대에 더욱 빈번하게 발생하자, 의료기록상의 오류가 의사들에게 매우 치명적인 것이 되었다. 이 때문에 많은 의사들이 전일제로 근무하는 헌신적인 전문가에 의한 사본 작성 서비스를 제공하는 독립 회사로 눈을 돌리게 되었다.

이들 회사들은 동일한 지역에서 개업하고 있는 의사들에게 서비스를 제공했다. 그러나 사본 서비스를 제공하는 많은 기업들이 아직도 미국에 위치하고 있지만, 실제 일의 많은 부분이 미국 밖에서 시행되고 있다. 예를 들어, 북캘리포니아 주에 본사가 있는 에이트 크로싱스(Eight Crossings)란 회사는 의사들의 목소리를 담은 구술 파일을 인터넷에 올릴 수 있도록 해 사본 작성을 위해 그 파일을 인도에서 일하는 사람에게 송신한다. 최종 작성된 서류는 다시 전자파일 형태로 의사에게 송신되어 의사가 편집하거나 심지어 온라인으로 사인을 하기도 한다. 당연히 의사들이 얻는 이득은 인도의 임금이 미국보다 훨씬 저렴하므로 미국 내에서 제공되는 서비스에 비해 사용 요금이 매우 저렴하다는 것이다.

중국, 한국, 인도네시아, 인도, 그리고 그 외의 지역에서 숙련도가 매우 높은 전문직종 종사자들은 미국의 동일 직종 종사자와 비교해 볼 때 상당히 낮은 소득을 얻고 있

다. 따라서 기업들은 해외 공급자로부터 저가의 재화뿐 아니라 전문적인 서비스도 수입해야 하는 매우 강한 경쟁 압력에 직면하고 있다.

마이크로소프트의 최고경영자 게이츠(Bill Gates)는 1999년 인터뷰에서 다음과 같이 말했다.

> 여러분은 기업의 경영자로서 당신의 핵심역량(core competence)이 무엇인가를 열심히 찾아야 할 필요가 있습니다. 핵심역량과 직접적으로 관계가 없는 영역을 다시 한 번 찾아보기 바랍니다. 그리고 웹 기술을 이용해 그 작업을 분사시킬 수 없는지를 고려해보기 바랍니다. 다른 회사가 이 같은 일을 하도록 하고, 정보통신 기술을 이용해 사람들과 좀 더 밀접하게 작업하기 바랍니다—이제는 피고용인이 아닌 여러분의 파트너가 그 일을 수행하고 있습니다. 웹 작업 환경 속에 피고용인들은 웹이 제공하는 자유를 최대한도 누릴 수 있습니다.[7]

경제적인 측면에서 저임금의 해외 근로자로부터 서비스를 아웃소싱하는 것은 저임금의 해외 근로자가 제조하는 재화를 수입하는 것과 매우 유사하다. 두 경우 모두 비용 절감의 혜택이 미국 소비자에게 돌아간다. 두 경우 모두 미국 내의 직장이 적어도 일시적으로는 위협받을 수 있다. 미국 제조업 근로자들이 만드는 제품을 보다 저렴한 비용으로 생산할 수 있는 나라에서 수입하면 그들의 직장이 위협받는다. 같은 이유로, 다른 나라의 저임금 근로자들이 동일한 서비스를 제공할 수 있으면 미국의 서비스 산업 근로자들의 직장이 위협받는다.

경제적 사유 2.4

공영방송 PBS의 경제부 기자 솔맨(Paul Solman)의 업무가 아웃소싱의 대상인가?

솔맨과 그의 동료 코롬보키스(Lee Koromvokis)는 PBS 저녁뉴스에서 방송되는 경제 현안에 대한 심층 분석 비디오를 제작한다. 그의 업무가 언젠가는 하이데라바드(Hyderabad) 출신의 저임금 기자에게 아웃소싱 될 가능성이 있는가?

경제학자인 레비(Frank Levy)와 머네인(Richard Murnane)은 자신들의 저서인 *The New Division of Labor*에서 아웃소싱의 대상이 될 가능성이 높은 직업의 특성을 찾기 위한 시도를 하고 있다.[8] 그들의 견해에 의하면 컴퓨터화(computerization)하기 쉬운 직업은 아웃소싱의 대상이 되기 쉽다는 것이다. 어떤 작업을 컴퓨터화하는 것은 그 작업을 간단한 규칙으로 운영할 수 있는 여러 개의 단위로 쪼갠다는 것을 의미한다. 예를 들어, 현금인출기는 과거에 은행 창구 직원이 수행하던 많은 일을 대신할 수 있다. 그 이유는 이 같은 일들을 쉽게 기계가 대답할 수 있는 일련의 간단한 질문으로 나눌 수 있기 때문이다. 같은 이유로, 점점 더 많은 비행기와 호텔 예약을 받는 일을 하는 해외 콜센터의 근로자들은 기본적으로 컴퓨터 프로그램과 매우 유사한 간단한 문서를 따라 일하면 된다.

---

7 Gates, Bill, *Business @The Speed of Thought: Using a Digital Nervous System*. New York, NY: Warner Books, 1999년 3월.

8 Franky Levy and Richard Murnane, *The New Division of Labor: How Computers Are Creating the Next Job Market* (Princeton, NJ: Princeton University Press, 2004)

그러므로 규칙에 의존하기 어려운 직업일수록 아웃소싱하기 어렵다. 아웃소싱으로부터 가장 안전한 직업은 레비와 머네인이 "얼굴을 맞대는(face-to-face)" 직업이라고 기술하고 있는 직업이다. 규칙에 의거한 대부분의 직업과 달리 얼굴을 맞대는 직업은 다른 사람들과의 복잡한 커뮤니케이션을 포함하고 있다. 솔맨의 경제 기사 작성은 이 같은 커뮤니케이션을 매우 필요로 한다.

PBS와의 인터뷰에서 솔맨은 레비에게 "복잡한 커뮤니케이션"이 무엇을 의미하는가를 물었다. 레비는 다음과 같이 대답했다.

> "내가 빌(bill)이라고 말했다고 가정하자. 당신이 그 말을 들었다. 그 뜻이 무엇인가? 내가 현금지폐(a piece of currency)를 말하고 있는가? 내가 법안(a piece of legislation), 혹은 오리의 부리를 말하고 있는가? 이 질문에 대해 당신이 대답할 수 있는 유일한 길은 대화의 전체 내용에 대해 생각하는 것이다. 그러나 이 같은 일을 소프트웨어로 프로그램을 짜는 일은 매우 복잡한 작업일 것이다."[9]

레비와 머네인은 여러 가지 이유에서 사람이 실제로 그 장소에 물리적으로 있어야 하는 직업을 아웃소싱하기 힘든 두 번째 범주의 직업으로 기술하고 있다. 예를 들어, 중국이나 인도에 있는 어떤 사람이 시카고 외곽에 있는 다른 사람의 집을 증축하거나, 애틀랜타에서 다른 사람의 쉐비 콜벳의 고장난 개스킷을 고치거나, LA에서 다른 사람의 충치 치료를 하는 것은 매우 힘들다.

이러한 두 가지 면에서 솔맨의 업무는 당분간 아웃소싱의 우려로부터 안전해 보인다. 그의 업무가 얼굴을 맞대는 복잡한 커뮤니케이션을 필요로 하고, 그의 인터뷰 대부분이 단지 미국에서 이루어지기 때문에 하이데라바드 출신의 기자가 그를 대신하는 것을 보기는 힘들 것이다.

물론 어떤 직업이 상대적으로 안전하다는 사실이 영원히 보호받을 수 있음을 의미하지는 않는다. 예를 들어, 대부분의 치과의사들은 자신들의 업무가 아웃소싱과 상관없다고 생각할지 모르지만, 다양한 치과 치료를 받아야 하는 사람이 뉴델리에서 치료를 받으면 항공료와 2주간 인도에서 휴가를 보낼 수 있는 비용을 충당할 만큼 절약할 수 있다.

현재 미국의 경제 활동 인구는 1억 6,000만 명이 넘는다. 매년 약 20% 정도가 실직을 하고, 그와 유사한 비율로 사람들이 새로운 직장을 얻는다. 살다보면 사람들은 여러 번 직장을 구하게 된다. 장기적으로 최선의 안정성을 보장받는 방법은 새로운 환경에 쉽게 적응하는 능력을 키우는 것이다. 좋은 교육을 받는다고 실직하지 말란 법은 없다. 그러나 좋은 교육을 통해 사람들은 단순한 규칙만을 시행하는 것 이상을 요구하는 여러 가지 업무에 대해 비교우위를 키울 수 있다.

9 http://www.pbs.org/newshour/bb/economy/ki;u-dec04/jobs_8-16.html.

요약 **비교우위와 국제무역**

개인과 마찬가지로 한 국가가 다른 국가보다 절대적으로 생산성이 높다고 하더라도 국가 간에 교환을 통해 이득을 얻을 수 있다. 국내 기회비용과 국제 기회비용의 차이가 클수록 다른 나라와의 교역을 통해 더 큰 이득을 얻을 수 있다. 그러나 교환의 증대가 모든 사람에게 다 이득이 된다는 것을 보장하지는 않는다. 특히 저임금 국가와의 무역 장벽이 낮아지면, 고임금 국가의 미숙련 근로자들은 단기에 있어서는 손해를 볼 수도 있다.

요 약

Summary

- 한 사람이 다른 사람보다 더 많은 재화를 생산할 수 있으면 그 사람은 다른 사람과 비교해 그 재화 생산에 절대우위를 가진다. 한 사람이 다른 사람보다 한 재화를 생산하는 데 상대적으로 더 효율적이면, 즉 그 사람의 기회비용이 다른 사람의 기회비용보다 낮으면 그 사람은 다른 사람과 비교해 그 재화 생산에 대해 비교우위를 가진다. 비교우위에 근거한 특화는 교환의 기초가 된다. 모든 사람들이 자신이 상대적으로 가장 효율적인 일에 특화하면, 경제적 파이는 극대화되어 모든 사람에게 가장 큰 조각의 파이를 나누어 줄 수 있다.
- 개인 차원에서 비교우위는 재능이나 능력의 차이 또는 교육, 훈련, 경험의 차이에서 발생한다. 국가 차원에서 비교우위의 원천은 이 같은 선천적 혹은 학습된 차이뿐 아니라 언어, 문화, 제도, 기후, 자연자원 등 많은 다른 요인을 포함하고 있다.
- 생산가능곡선은 한 경제가 자원을 효율적으로 사용할 때 생산가능한 재화와 서비스의 조합을 쉽게 요약해서 보여준다. 커피와 잣만 생산하는 단순한 경제에서 생산가능곡선은 잣 생산량(가로축에 표시)이 주어졌을 때, 생산가능한 최대한의 커피 생산량(세로축에 표시)을 보여준다. 생산가능곡선 상의 한 점에서의 기울기의 절대값은 그 점에서 커피 양으로 표시된 잣 생산의 기회비용을 나타낸다.
- 한 재화를 많이 가지면 다른 재화는 덜 가질 수밖에 없는 희소성의 원리 때문에 모든 생산가능곡선은 우하향한다. 각 재화 생산에 있어 사람들의 기회비용이 다르면 생산가능곡선을 따라 오른쪽으로 이동할 때 기울기는 가팔라진다. 이 같은 기울기의 변화는 한 재화의 생산을 늘릴 때 그 재화를 생산하는 데 상대적으로 효율적인 자원을 먼저 사용하고, 그 다음으로 덜 효율적인 자원을 나중에 사용해야 한다는 기회비용 체증의 원리(혹은 낮게 달린 과일의 원리)를 보여준다.
- 시간이 지남에 따라 한 경제의 생산가능곡선을 바깥쪽으로 이동시키는 요인은 새로운 공장과 장비에 대한 투자, 인구 증가 그리고 지식과 기술의 진보 등이다.
- 한 경제 내에서 개인들이 특화해 다른 사람들과 재화와 서비스를 교환하는 논리적 근거는 국가들이 특화해 국가 간에 무역을 하는 데에도 동일하게 적용된다. 개인과 국가 모두, 한 쪽이 다른 쪽보다 모든 재화에 있어서 절대적으로 생산성이 높다고 하더라도, 교환을 통해 양자 모두 이득을 얻을 수 있다. 개인과 국가 모두 양자 간의 기회비용의 차이가 클수록 교환의 이득은 더 커진다.

핵심원리 Core Principles

비교우위

비교우위의 원리: 각 사람(국가)이 다른 사람과 비교해 자신의 기회비용이 가장 낮은 일에 특화할 때 최선의 결과가 얻어진다.

기회비용 체증

기회비용 체증의 원리(낮게 달린 과일의 원리): 한 재화의 생산을 늘릴 경우 기회비용이 낮은 자원을 먼저 사용하고, 기회비용이 높은 자원은 나중에 사용해야 한다.

핵심용어 Key Terms

달성 가능한 점(36)
달성 불가능한 점(36)
비교우위(29)
비효율적인 점(36)
생산가능곡선(34)
아웃소싱(48)
절대우위(29)
효율적인 점(36)

복습문제 Review Questions

1. 특정 재화나 서비스 생산에 비교우위를 가지고 있다는 것이 무슨 의미인지를 설명하라. 특정 재화나 서비스 생산에 절대우위를 가지고 있다는 것은 무슨 의미인가?

2. 미국이 영화, 책, 팝 음악의 주요 수출국이 되는 데 어떤 요인들이 기여했는가?

3. 특화하지 않기 때문에 사람들이 가난하다고 말하는 것이 가난하기 때문에 사람들이 모든 일을 혼자 한다고 말하는 것보다 왜 더 이치에 맞는 말인가?

4. 근로시간의 감소는 한 경제의 생산가능곡선에 어떤 영향을 미치는가?

5. 노동생산성을 향상시키는 기술혁신은 한 경제의 생산가능곡선에 어떤 영향을 미치는가?

연습문제 Problems

1. 테드는 차 1대 광택 내는 데 20분, 세차하는 데 60분 걸린다. 톰은 차 1대 광택 내는 데 15분, 세차하는 데 30분 걸린다. 차 한 대를 세차하는 각 사람의 기회비용은 얼마인가? 누가 세차에 비교우위를 가지고 있는가?

2. 테드는 하루에 차 4대 광택을 내거나 차 12대를 세차할 수 있다. 톰은 하루에 차 3대 광택을 내거나 차 6대를 세차할 수 있다. 각 사람의 세차의 기회비용은 얼마인가? 누가 차 광택에 비교우위를 가지는가?

3. 낸시와 빌은 모두 자동차 정비사이다. 낸시는 클러치를 교환하는 데 4시간, 브레이크를 교환하는 데 2시간 걸린다. 빌은 클러치를 교환하는 데 6시간, 브레이크를 교환하는 데 2시간 걸린다. 누가 각각의 작업에 대해 절대우위를 가지고 있는지 설명하라. 각 작업에 대해 누가 비교우위를 가지고 있는가?

4. 헬렌만 존재하는 1인 경제를 생각하자. 헬렌은 자신의 시간을 바느질하거나 빵 굽는 데 사용할 수 있다. 헬렌은 시간당 옷은 4벌 바느질할 수 있고, 빵은 8덩어리를 구울 수 있다.
   a. 하루에 8시간 일할 때 헬렌의 생산가능곡선을 그려라.

b. 아래의 점은 효율적인가? 어떤 점들이 달성 가능한가?
옷 28벌, 빵 16덩어리
옷 16벌, 빵 32덩어리
옷 18벌, 빵 24덩어리

5. 4번 문제에서 재봉틀이 생겨 헬렌이 시간당 옷 4벌이 아닌 8벌을 바느질할 수 있게 되었다고 가정하자.
a. 헬렌의 생산가능곡선이 어떻게 이동하는지를 설명하라.
b. 이제 아래의 점은 효율적인가? 어떤 점들이 달성 가능한가?
옷 18벌, 빵 48덩어리
옷 24벌, 빵 16덩어리
c. 다음의 문장이 의미하는 바를 설명하라. 한 재화의 생산성이 증가하면 다른 재화들의 생산과 소비를 늘릴 수 있다.

6. 수잔은 시간당 커피는 4파운드, 잣은 2파운드를 생산할 수 있다. 톰은 시간당 커피는 2파운드, 잣은 4파운드를 생산할 수 있다. 각각은 하루에 6시간 일한다.
a. 두 사람이 하루에 생산할 수 있는 최대한의 커피와 잣의 양은 얼마인가?
b. 수잔과 톰이 현재 모든 시간을 잣을 생산하는 데 사용하고 있다. 그런데 두 사람이 하루에 커피 8파운드를 생산한다면, 누가 커피를 생산해야 하는가? 이때 잣은 얼마만큼 생산할 수 있는가?
c. 수잔과 톰이 합쳐서 하루에 잣 26파운드와 커피 20파운드를 생산할 수 있는가? 그렇다면 각각 잣과 커피를 얼마만큼 생산해야 하는가?
d. (잣 12파운드, 커피 30파운드)가 달성 가능한가? 효율적인가?
e. 세로축에 커피, 가로축에 잣을 표시한 그래프에 a부터 d까지를 표시하라.

7 *6번 문제의 2인 경제를 생각하자.
a. 수잔과 톰 모두 국제시장에서 커피 1파운드에 2달러, 잣도 1파운드에 2달러에 사거나 팔 수 있다. 각 사람이 자신이 비교우위를 가진 재화에 특화하면, 두 사람은 자신들이 생산한 재화를 팔아 얼마를 벌 수 있는가?
b. 위의 가격에서 수잔과 톰이 국제시장에서 살 수 있는 최대한의 커피 양은 얼마인가? 최대한의 잣 양은 얼마인가? 두 사람이 하루에 커피 8파운드와 잣 40파운드를 소비할 수 있는가?
c. 국제시장에서 위의 가격으로 사고 팔 수 있을 때, 하나의 그래프 위에 두 사람이 소비 가능한 두 재화의 모든 조합을 그려라.

본문 개념체크 해답 — Answers to Concept Checks

2.1

	웹페이지 업데이트의 생산성	자전거 수리의 생산성
팻	시간당 웹페이지 2장 업데이트	시간당 1대 수리
멕	시간당 웹페이지 3장 업데이트	시간당 3대 수리

표에 나타난 숫자는 멕이 팻과 비교해 두 작업 모두 절대우위를 가지고 있음을 보여준다. 멕은 시간당 웹페이지 3장을 업데이트할 수 있지만 팻은 시간당 단지 2장만을 업데이트할 수 있다. 자전거 수리에 있어 팻과 비교해 멕이 가지는 절대우위는 더욱 크다—시간당 멕은 3대, 팻은 1대.

그러나 **예 2.2**에서와 같이 멕이 팻보다 뛰어난 웹 디자이너라는 사실이 멕이 자신의 웹페이지를 스스로 업데이트해야 함을 의미하지는 않는다. 웹페이지 1장을 업데이트하는 멕의 기회비용은 자전거 1대를 수리하는 것이다. 반면에 팻은 웹페이지 1장을 업데이트하기 위해 자전거 1/2대만 포기하면 된다. 팻은 멕과 비교해 웹페이지 업데이트에 비교우위를, 멕은 팻과 비교해 자전거 수리에 비교우위를 가지고 있다.

2.2 다음 그림에서 *A*점(잣 4파운드, 커피 20파운드)은 달성 불가능하다. *B*점(잣 6파운드, 커피 12파운드)은 달성 가능하고 효율적이다. *C*점(잣 8파운드, 커피 4파운드)은 달성 가능하지만 비효율적이다.

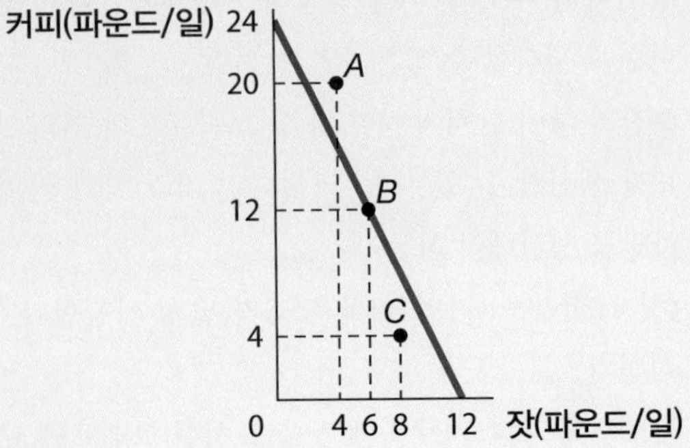

2.3 수잔과 톰의 잣 생산의 기회비용은 각각 커피 1/2파운드와 커피 1파운드이다. 그러므로 톰은 커피 생산에, 수잔은 잣 생산에 비교우위를 가진다.

2.4 톰은 시간당 잣을 커피보다 5배 많이 생산할 수 있으므로, 잣과 커피를 동일하게 생산하려면 잣 생산 1시간당 커피 생산에 5시간을 사용해야 한다. 6시간 일하므로 동일한 양을 생산하려면 톰은 5시간은 커피 생산에, 1시간은 잣 생산에 사용해야 한다. 6시간을 이같이 사용하면 톰은 잣과 커피 모두 5파운드씩 생산한다. 같은 방법으로 잣과 커피를 동일하게 생산하려면 수잔은 5시간은 잣 생산에, 1시간은 커피 생산에 사용해야 한다. 6시간을 이같이 사용하면 수잔도 잣과 커피 모두 5파운드씩 생산한다. 따라서 두 사람은 합쳐서 하루에 잣과 커피를 각각 10파운드씩 생산한다. 그러나 특화를 하면 두 사람은 합쳐 하루에 두 재화 각각 30파운드를 생산, 소비할 수 있다.

수요와 공급

제 3 장

초과수요가 있으면 가격은 오르기 마련이다.

뉴욕시의 식료품점, 레스토랑, 또는 가정집에서 즉시 요리할 수 있는 음식의 양은 그 지역의 천만 거주자가 기껏해야 일주일 정도 먹을 수 있는 분량이다. 대부분의 거주자들이 적절한 영양섭취와 다양한 식생활을 누리고 있지만, 그 지역에서는 식품이 거의 생산되지 않기 때문에 뉴욕시에 양식을 공급하려면 매일 수백만 파운드의 음식과 음료가 각 지역으로 운반되어야 한다.

좋아하는 동네 시장에서 식료품을 구입하거나 좋아하는 이탈리아 레스토랑에서 식사를 하는 뉴요커들은, 매일매일 뉴요커들을 먹이는 데 필요한 사람과 자원이 놀랄 정도로 잘 조정되고 있는 것에 대해 거의 신경을 쓰지 않는다. 그러나 이 조정은 거의 기적에 가까운 것이다. 뉴욕시에 대한 물자공급은 매일매일 일정 양의 음식을 주어진 목적지에 배달하는 것과 같이 단순한 일이라 하더라도, 이 일을 실행하는 것은 적어도 잘 훈련된 작은 규모의 군대를 필요로 하는 매우 인상적인 작전과 같다.

그러나 음식 공급의 전 과정은 군사작전보다 훨씬 복잡하다. 예를 들어, 음식 공급 시스템은 까다로운 뉴요커들의 입맛을 맞추기에 충분한 양 뿐 아니라 종류도 적절하게 배달되도록 보장해야 한다. 꿩고기가 너무 많아도 안 되고, 훈제 뱀장어가 모자라서도 안 된다; 베이컨이 너무 많아도 안 되고, 계란이 모자라서도 안 된다; 철갑상어 알이 너무 많아도 안 되고, 참치 통조림이 모자라서도 안 된다. 이 같은 결정이 모든 종류의 음식과 음료에 대해 이루어져야 한다: 적당한 양의 스위스 치즈, 프로볼론 치즈, 고르곤졸라 치즈, 페타 치즈가 있어야 한다.

이 정도의 과정도 미국의 가장 큰 도시에 매일매일 음식을 제공하는 데 필요한 의사결정과 행동이 얼마나 복잡한지를 기술하는 데는 아직 빙산의 일각에 불과하다. 각 종류의 음식을 어디서 생산할 것이며, 어떻게 그리고 누가 생산할 것인가를 결정해야 한다. 뉴욕시에 있는 수많은 레스토랑과 식료품 가게에 각 종류의 음식을 얼마나 배달할 것인지 누군가 결정해야 한다. 배달을 큰 트럭으로 할지 작은 트럭으로 할지 결정해야 하며, 또한 트럭이 정확한 장소에서 정확한 시간에 준비가 되도록 조정해야 하고 휘발유와 자격증을 가진 운전사도 확보해야 한다.

이 같은 집단적 노력이 이루어지려면 수많은 사람들이 어떤 역할을 수행해야 할지 결정해야 한다. 몇몇 사람들은—적절한 수의 사람들은—나무를 운반하는 트럭이 아닌 음식을 운반하는 트럭을 운전해야 한다. 다른 사람들은 집을 짓는 목수가 아닌 트럭을 수리하는 자동차 정비사가 되어야 한다. 또 다른 사람들은 건축가나 벽돌장이가 아닌 농부가 되어야 한다. 또 다른 사람들은 배관공이나 전기기사가 아닌 대규모 레스토랑의 요리사가 되거나 맥도날드에서 햄버거를 굽는 일을 해야 한다.

뉴욕시에 음식을 공급하는 일이 상상을 초월할 만큼의 다양하고 복잡한 과정임에도 불구하고, 이 일은 놀랄 만큼 순조롭게 진행되고 있다. 물론 가끔씩 식료품점에 양지머리가 떨어질 때도 있고, 식당의 손님이 때로는 마지막 남은 오리구이를 다른 손님이 막 주문했다는 말을 듣기도 한다. 그러나 이런 일들이 기억에 남기는 하지만, 매우 드물게 일어나는 일이다. 대부분의 영역에서, 미국의 다른 도시에서와 같이, 뉴욕시의 음식공급 시스템은 매우 잘 작동하므로 많은 사람들이 그 작동 방식에 대해 거의 신경을 쓰지 않는다.

왜 뉴욕시의 음식 공급 시스템은 임대아파트 시장보다 훨씬 더 잘 작동하는가?

그러나 뉴욕시의 임대아파트 시장에서는 완전히 다른 상황이 벌어지고 있다. 한 조사에 의하면, 뉴욕시의 인구는 오랫동안 주택 공급보다 빠르게 증가했다(초호화 아파트 건축 붐은 예외).[1] 그 결과 미국에서 인구밀도가 가장 높은 이 도시는 만성적인 아파트 부족 현상을 겪어왔다. 그러나 역설적이게도 이 같은 아파트 부족 현상 가운데 임대아파트 건물은 계속해서 허물어지고 있다; 남겨진 빈 터에는 이웃 동네 사람들이 화단을 가꾸고 있다!

뉴욕시에는 임대아파트의 부족현상이 계속해서 증대하고 있고, 또한 집주인과 임차인 사이의 만성적인 긴장관계가 유지되고 있다. 아주 전형적인 예를 들면, 맨해튼 동남부 지역의 건물 맨 위층에 사는 한 사진작가는 8년 동안 집주인과 법정서류만 해도 수천 장이 넘는 소송을 벌였다. "우리가 문에 초인종을 설치하면, 주인은 그 초인종을 뽑아 버렸고, 그래서 우리

1 추가적인 정보는 www.citylab.com/equity/2017/05/is-housing-catcdhing-ups/528246/

도 집주인의 초인종에 연결된 전선을 뽑아버렸다"라고 회상했다.[2]

집주인도 그 집을 새로 고치려는 자신의 노력을 방해했다고 그 사진작가를 고소했다. 집주인에 의하면, 임차인이 임대료를 지불하지 않을 구실을 만들기 위해 아파트가 아주 안 좋은 상태로 있는 것을 더 선호했다고 한다.

같은 도시가 매우 대조적인 두 가지 모습을 보이고 있다: 음식산업에서는 다양한 종류의 재화와 서비스가 제공되고 있고, 사람들은(적어도 적절한 소득을 버는 사람들은) 그들이 제공 받을 수 있는 것과 선택할 수 있는 것에 어느 정도 만족하고 있다. 반면에 임대아파트 시장에서는 만성적인 부족 현상과 그로 인한 고질적인 불만이 집주인과 임차인 모두에게 팽배해 있다. 무엇 때문에 이런 차이가 발생하는가?

간략하게 대답하자면, 뉴욕시가 아파트를 배분함에 있어 매우 복잡한 행정적인 임대료 규제제도를 시행하고 있는 반면에, 음식의 배분은 수요와 공급에 의한 시장 기능에 맡겨두고 있기 때문이다. 직관적으로는 반대일 수 있으나, 이론과 경험 측면 모두에서 외견상 무질서하고 무계획한 것처럼 보이는 시장 기능이 경제적 자원을 배분함에 있어(예를 들어, 정부기관이 선의를 가지고 있다고 하더라도), 정부기관보다는 훨씬 우월한 기능을 수행하고 있음을 보여준다.

본장에서는 시장이, 그 일의 복잡함에도 불구하고 놀랄 만큼 효율적으로, 음식, 아파트, 그리고 그 외의 재화와 서비스를 어떻게 배분하는가 하는 문제를 살펴본다. 물론 시장도 완전하지는 않다. 시장이 지닌 장점을 강조하는 것은 일반 사람들이 시장이 가진 놀랄만한 장점을 과소평가하는 것에 대해 어느 정도 반박하고자 하는 의도도 있다. 그러나 본장의 논의를 통해 대부분 시장이 잘 작동하는 이유와 관료주의적 규칙이나 규제가 복잡한 경제 문제를 해결하는 데 잘 작동하지 않는 이유를 알게 될 것이다.

독자들이 시장의 작동원리를 이해하도록 하는 것이 본서의 주된 목적이다. 본장에서는 간략한 서론과 개관만을 제공한다. 본서를 읽어 가면서 시장의 경제적 역할에 대해 더 자세하게 기술할 것이며, 시장이 가지는 장점뿐만 아니라 문제점에 대해서도 논의한다.

3.1 무엇을, 어떻게, 누구를 위해 생산하는가? 계획경제 vs. 시장경제

어떤 방식으로 조직되어 있다 하더라도, 모든 도시, 주, 또는 국가는 기본적인 경제적 문제에 대한 대답을 제공해야 하는 의무에서 예외가 될 수는 없다. 예를 들어, 사람들이 가지고 있는 제한된 시간과 그 밖의 자원들 가운데 아파트를 짓는데 얼마를 사용할 것이며, 음식과 그 외의 다른 재화와 서비스를 생산하는데 얼마를 사용할 것인

2 John Tierney, "The Rentocracy: At the Intersection of Supply and Demand," *New York Times Magazine*, 5월 4일, 1997년, p. 39.

가? 각 재화를 생산하는데 어떤 생산기술을 사용해야 하는가? 각각의 생산 활동에 누구를 배정해야 하는가? 그리고 생산된 재화와 서비스는 사람들 사이에 어떻게 분배되어야 하는가?

기록이 남아 있는 수많은 국가들은 이와 같은 문제들을 본질적으로 두 가지 가운데 하나의 방식으로 해결했다. 첫 번째는 전체를 대표해서 한 개인이나 소수의 사람들이 중앙집권적으로 경제적 결정을 내리는 방식이다. 예를 들어, 역사상의 많은 농경국가에서 가족, 혹은 소규모 집단의 사람들은 자신들이 생산한 재화와 서비스만을 소비했고, 한 명의 가장이나 족장이 생산과 분배에 관한 모든 중요한 결정을 내렸다. 이보다 훨씬 큰 규모로는 구소련(그 외의 다른 사회주의 국가들)의 경제조직 역시 중앙집권적인 형태를 취했다. 소위 말하는 사회주의 계획경제에서는 중앙의 관료조직이 국가의 농장과 공장들이 달성해야 하는 생산목표를 설정하고, 이 목표를 어떻게 달성할 것인가 하는 전체 계획(누가 무엇을 생산할 것인가에 대한 매우 세부적인 지시사항을 포함해)을 세우며, 생산된 재화와 서비스의 분배, 사용처에 대한 가이드라인을 설정했다.

소규모이든 대규모이든 간에 중앙집권적 경제조직은 오늘날 눈에 띄게 찾아보기 힘들다. 제 2장에서 설명한 이유 때문에, 특화를 통해, 즉 각 사람이 특화된 작업에 집중하도록 함으로써 생활수준을 현저하게 향상시킬 수 있음을 깨닫고 나면, 한 사람이 자신에게 필요한 모든 일을 다 수행하는 방식은 오래 가지 못한다. 1980년대 소련과 그 위성국가들의 몰락과 함께, 지구상에 사회주의 국가는 세 개만 남게 되었다: 쿠바, 북한, 그리고 중국. 쿠바와 북한은 거의 더 이상 지탱할 수 없는 상태에 도달한 것처럼 보인다. 오늘날 중국은 중앙에서 생산과 분배를 통제하고자 하는 시도를 거의 포기하기에 이르렀다. 이제 남아 있는 중앙집권적 통제와 배분의 대표적인 예는, 이제는 점점 찾아보기 힘든 뉴욕시의 임대료 규제와 같은 프로그램을 시행하는 관료적 행정기관에서나 찾아볼 수 있다.

21세기 초반인 현재, 대부분의 국가들은 생산과 분배의 결정이 시장에서 거래하는 개인들에게 맡겨지는 두 번째 형태의 경제체제를 가지고 있다. 소위 자본주의 또는 자유 시장경제에서는 어떤 직업을 선택할 것인가, 어떤 상품을 생산할 것인가 또는 구매할 것인가를 사람들 스스로 결정한다.

실상 오늘날 원형 그대로의 **순수 시장경제체제**(pure free market economies)는 존재하지 않는다. 현대 산업 국가들은 재화와 서비스가 시장과, 규제 그리고 그 밖의 다른 형태의 집단적 통제에 의해 배분되는 "혼합 경제체제"(mixed economies)를 가지고 있다. 하지만 대체적으로 사람들이 자유롭게 사업을 시작하거나 휴업할 수도 있고 타인에게 값을 받고 양도할 수도 있으므로, 혼합 경제체제를 자유 시장경제라고 부르는 것이 과히 틀린 말은 아니다. 넓게 보면, 재화와 서비스의 분배는 대부분 노동시장에서 버는 소득에서 발생하는 구매력을 지닌 개인들의 선호에 의해 결정된다.

시장이 생산과 분배를 훨씬 효율적으로 수행한다는 간단한 이유 때문에 여러 나라에서 시장이 점차 중앙집권적 통제를 대체해 나가고 있다. 대중매체나 일반적인 통념은 경제학자들이 중요한 이슈에 대해 의견을 달리하고 있다고 주장한다(마치 누군가가 "이 세상의 모든 경제학자들을 한 쪽 끝과 다른 쪽 끝이 이어지도록 나란히 세워도 그들은 결코 결론에 도달하지 못할 것이다"라고 빈정대는 것처럼). 그러나 사실 경제학자들 사이에는 다양한 이슈에 대해 압도적인 동의가 이루어지고 있다. 특히 절대 다수의 경제학자들은 시장이 경제의 희소한 자원을 배분하는 수단으로 매우 효율적임을 받아들이고 있다. 예를 들어, 최근의 한 조사에 의하면 미국 경제학자들의 90% 이상이 현재 뉴욕시에서 시행되고 있는 것 같은 임대료 규제는 득보다 실이 더 크다고 믿고 있는 것으로 나타났다. 중소득층 또는 저소득층 가정도 임대아파트에 살 수 있도록 하겠다는 임대료 규제의 공식적인 목표가 매우 훌륭하다는 사실만으로 임대료 규제가 뉴욕 아파트 시장을 엉망으로 만드는 것을 방지하지 못한다. 왜 그런가를 알기 위해, 시장에서 재화와 서비스가 어떻게 배분되는가 하는 것과, 시장을 통하지 않은 재화와 서비스의 배분이 종종 왜 예상된 결과를 낳지 못하는가 하는 이유를 탐구해야 한다.

3.2 시장의 구매자와 판매자

구매자와 판매자 사이의 상호작용을 통해 시장에서 거래되는 여러 가지 재화와 서비스의 가격과 거래량이 어떻게 결정되는가를 살펴보기 위해 몇 가지 간단한 개념과 정의로부터 논의를 시작한다. 먼저 **시장**(market)의 정의부터 시작하자: 한 재화의 시장은 그 재화를 사고 싶은 구매자(buyers)와 팔고 싶은 판매자(sellers)로 이루어진다. 예를 들어, 특정 지역의 특정한 날의 피자 시장은 그 시간, 그 장소에서 잠재적으로 피자를 사거나 팔고자 하는 사람들(또는 기업 등의 다른 경제 주체들)의 집합이다.

시장
한 재화의 시장은 그 재화를 사고 싶은 구매자와 팔고 싶은 판매자로 이루어진다.

피자 시장의 판매자는 피자를 실제로 팔고 있거나, 혹은 적절한 상황이 되면 피자를 팔고자 하는 개인이나 기업으로 구성되어 있다. 마찬가지로, 피자 시장의 구매자도 피자를 사거나, 살 수도 있는 개인들로 구성되어 있다.

대부분의 지역에서 먹을 만한 피자—또는 생활에 필요한 다른 음식-가격은 $10 안쪽이다. 피자의 시장가격은 어떻게 결정되는가? 피자뿐 아니라 일상생활에서 거래되는 수많은 다른 재화들을 보면, "왜 어떤 재화는 싼 반면에 다른 재화는 비싼가?"라는 질문을 하게 된다. 아리스토텔레스는 이 질문에 대답하지 못했고, 플라톤, 코페르니쿠스, 그리고 뉴턴도 마찬가지였다. 생각해 보면 인류 역사 거의 대부분의 기간 동안 지구상에 나타났던 지적능력과 창의력이 뛰어났던 많은 사람들도 이 간단한 질문에 대한 약간의 해답도 가지고 있지 못했다는 점은 정말 놀랍다. 1776년에 저술한 **국부론**(*The Wealth of Nations*)을 통해 경제학을 태동시킨 스코틀랜드의 도덕철학자였던 아담 스미스조차도 이 문제에 대해 많은 혼동을 했다.

스미스와 그 이후의 초창기 경제학자들은(마르크스를 포함해서) 재화의 시장가격은 생산비용에 의해 결정된다고 생각했다. 비용이 가격에 영향을 미치는 것은 사실이나, 비용만으로는 모네(Claude Monet)의 그림이 르노와르(Pierre-Auguste Renoir)의 그림보다 엄청나게 비싼 가격으로 팔리는 것을 설명하지 못한다.

제본스(Stanley Jevons)와 다른 19세기 경제학자들은 사람들이 재화와 서비스를 소비함으로써 창출되는 가치에 초점을 맞춤으로써 가격 결정을 설명하고자 했다. 높은 가치를 부여하는 재화를 얻기 위해 사람들이 많은 돈을 지불할 용의가 있다는 설명은 그럴 듯하다. 그러나 지불용의 역시 완벽한 설명은 아니다. 예를 들어, 사막에 있는 사람에게 물을 빼앗으면 그는 수 시간 내에 죽을 것이다. 그러나 물은 갤런당 1페니가 채 안 되는 가격에 팔린다. 반면에 사람들은 금 없이도 잘 살 수 있다. 그러나 금은 온스당 $400 이상의 가격으로 팔린다.

생산비용? 사용자의 가치? 어떤 것이 가격을 결정하는가? 오늘날의 경제학자들에게는 너무도 당연해 보이겠지만, 해답은 둘 다 중요하다는 것이다. 19세기 후반 영국의 경제학자였던 마샬(Alfred Marshall)은 자신의 저술을 통해 비용과 가치의 상호작용이 재화의 가격과 거래량을 결정하는 것을 명확하게 보인 최초의 경제학자 가운데 한 명이다. 앞으로 본장에서는 마샬의 통찰력을 학습하고, 그 통찰력을 실제 문제에 적용하는 연습을 한다. 그 첫 번째 단계로 마샬의 선구자적 분석의 두 가지 중요한 요소인 수요곡선과 공급곡선을 소개한다.

3.2.1 수요곡선

수요곡선
각각의 가격에서 사람들이 사고 싶어하는 재화의 양(수요량)을 보여주는 스케줄 또는 그래프

피자 시장에서 피자의 **수요곡선**(demand curve)은 각각의 가격에서 사람들이 사고 싶어하는 피자 조각의 양을 보여주는 간단한 스케줄 또는 그래프이다. 관례에 따라 경제학자들은 가격을 세로축에, 수량을 가로축에 놓는다.

수요곡선의 본질적인 성질은 가격에 대해 우하향한다(downward-sloping)는 것이다. 예를 들어, 피자의 수요곡선은 피자 가격이 떨어지면 사람들이 더 많은 피자 조각을 사고 싶어 함을 보여준다. 그러므로 특정한 날에 시카고에서 하루 동안의 피자에 대한 수요곡선은 **그림 3.1**과 같다(경제학자들은 수요와 공급"곡선"이라고 부르나, 예에서는 흔히 직선으로 그린다).

대체효과
한 재화의 가격이 변할 때, 구매자들이 대체 관계에 있는 재화로 바꾸거나(가격이 비싸지면), 대체 관계에 있는 재화에서 그 재화로 바꿈으로써(가격이 싸지면) 발생하는 수요량의 변화

소득효과
한 재화의 가격 변화로 인해 구매력이 바뀜으로써 발생하는 수요량의 변화

그림 3.1의 수요곡선은 피자 가격이 싸면 — 예를 들어, 한 조각에 $2 — 구매자들이 하루에 1만 6,000조각을 사고 싶어 하지만, $3이면 단지 1만 2,000조각, $4이면 8,000조각만을 사고 싶어 함을 보여준다. 다른 재화와 마찬가지로 피자의 수요곡선은 여러 가지 이유 때문에 우하향한다. 이들 이유 가운데 한 가지는 가격의 변화에 대한 개별 구매자의 반응과 관련이 있다. 피자가 이전보다 비싸지면, 구매자는 치킨 샌드위치, 햄버거, 또는 다른 피자 대용 음식으로 대체할 수 있다. 이것을 가격 변화의 **대체효과**(substitution effect)라고 부른다. 또한 가격이 상승하면 구매력이 감소하므로 수요량이 감소한다: 피자 가격이 상승하면, 구매자는 가격이 낮았을 때 살 수 있었던 양을 더 이상 구매할 수 없다. 이것을 가격 변화의 **소득효과**(income effect)라고 부른다.

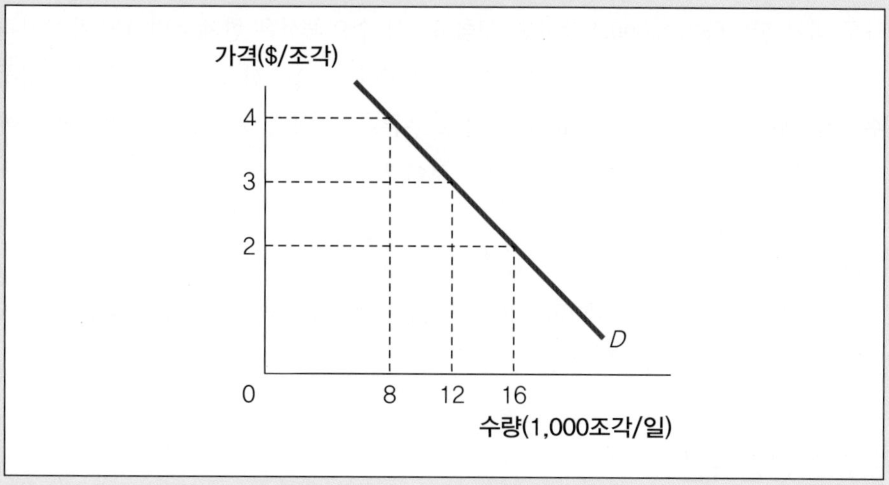

그림 3.1

하루 동안 시카고의 피자에 대한 수요곡선

모든 재화의 수요곡선은 우하향한다.

수요곡선이 우하향하는 또 다른 이유는 구매자에 따라 재화를 얻기 위해 지불할 용의가 있는 금액이 다르기 때문이다. 비용–편익의 원리에 의하면 구매자는 재화로부터 얻는 편익이 비용을 초과할 때에 한해 그 재화를 구매한다. 편익은 그 재화를 얻기 위해 구매자가 지불할 용의가 있는 최대 금액으로, 이를 **구매자의 유보가격**(buyer's reservation price)이라고 부른다. 그 재화를 얻기 위한 비용은 사기 위해 지불해야 하는 금액, 즉 그 재화의 시장가격이다. 거의 대부분의 시장에서 구매자에 따라 유보가격이 다르다. 그러므로 한 재화의 가격이 상승하면 비용–편익의 원리에 의해 오르기 이전보다 적은 수의 구매자만이 그 재화를 구입할 것이다.

비용–편익

구매자의 유보가격
한 재화를 얻기 위해 구매자가 지불할 용의가 있는 최대 금액

즉, 한 재화의 수요곡선이 우하향한다는 사실은 구매자들이 구매하는 수량이 증가할 때, 한계구매자의 유보가격이 하락한다는 사실을 반영하고 있다. 여기서 한계구매자는 현재 팔리고 있는 재화의 마지막 한 단위를 구입하는 구매자를 의미한다. 예를 들어, **그림 3.1**에서 현재 구매자들이 하루에 피자 1만 2,000조각을 사고 있다면, 1만 2,000번째 조각을 구매하는 구매자의 유보가격은 $3이어야 한다(누군가가 $3보다 많이 지불할 용의가 있었더라면, $3에서 수요량이 1만 2,000조각보다 많았어야 할 것이다). 같은 이유로, 판매량이 하루에 1만 6,000조각이면, 한계구매자의 유보가격은 단지 $2이어야만 한다.

한 재화의 수요곡선은 각각의 가격에서 구매자들이 구매하고 싶은 양을 보여주는 스케줄로 정의하는데, 이를 수요곡선의 **수평적 해석**(horizontal interpretation)이라고 부른다. 수평적 해석으로 수요곡선을 보면, 세로축에 표시된 가격에 대해 가로축에 표시된 해당 수요량을 읽어 낼 수 있다. **그림 3.1**의 수요곡선에서 가격이 조각당 $4이면 피자의 수요량은 하루 8,000조각이다. 수평적 해석은 수요곡선을 옆에서 보는 것으로, 수량을 가격의 함수로 보는 것이다.

수요곡선은 다음과 같이 다른 방식으로도 해석될 수 있다. 이번에는 가로축에 표

시된 수량에 대해 세로축에 표시된 해당 한계구매자의 유보가격을 읽어 낼 수 있다. 하루 피자 판매량이 8,000조각이면, **그림 3.1**의 수요곡선은 한계소비자의 유보가격이 조각당 $4임을 말해 주고 있다. 이 같은 방식으로 수요곡선을 보는 것을 수요곡선의 **수직적 해석**(vertical interpretation)이라고 부른다. 수직적 해석은 수요곡선을 밑에서 보는 것으로, 가격을 수량의 함수로 보는 것이다.

✔ 개념체크 3.1

그림 3.1에서 하루 피자 판매량이 1만 조각이면 한계구매자의 유보가격은 얼마인가? 피자 가격이 조각당 $2.5면 수요량은 얼마인가?

3.2.2 공급곡선

공급곡선
각각의 가격에서 사람들이 팔고 싶어 하는 재화의 양(공급량)을 보여주는 스케줄 또는 그래프

피자 시장에서 피자의 **공급곡선**(supply curve)은 각각의 가격에서 피자를 만드는 사람들이 팔고자 하는 피자 조각의 양을 보여주는 간단한 스케줄 또는 그래프이다. 피자의 공급곡선은 어떤 모양인가? 이 질문에 대한 대답은 피자 판매자들이 받은 가격이 피자를 공급하는 기회비용을 초과하는 한, 피자 조각을 더 팔려고 할 것이라는 논리적인 가정에서 찾을 수 있다. 피자를 팔아서 얻을 수 있는 수입이 다른 곳에 시간과 돈을 투자해 얻을 수 있는 금액보다 작다면 사람들은 피자를 공급하지 않을 것이며, 크다면 피자를 공급하려 할 것이다.

구매자마다 피자를 얻기 위해 지불할 용의가 있는 금액이 다르듯이, 판매자도 피자 공급의 기회비용이 각각 다르다. 교육을 많이 받지 못하고 일에 대한 경험도 적은 사람들은 피자 공급의 기회비용이 상대적으로 낮을 것이다(이런 사람들에게는 고소득을 얻을 수 있는 다른 대안이 많지 않다). 어떤 사람들은 피자 공급의 기회비용이 중간 정도의 크기를 가질 것이고, 록 스타나 프로 운동선수들과 같은 사람들은 기회비용이 엄청나게 높을 것이다. 부분적으로는 사람들마다 기회비용이 다르기 때문에, 피자의 공급곡선은 가격에 대해 **우상향한다**(upward-sloping). 공급곡선의 한 예로서, **그림 3.2**에는 어느 하루 시카고의 가상적인 피자의 공급곡선이 그려져 있다.

기회비용 체증

공급곡선이 우상향한다는 사실은 제 2장에서 살펴본 **기회비용 체증의 원리**의 결과로 볼 수 있다. 이 원리는 피자 생산을 늘릴 때, 피자 생산의 기회비용이 가장 낮은 사람부터 피자를 공급해야 하고, 그 다음으로 기회비용이 낮은 사람 순으로 피자 공급이 이루어져야 함을 의미한다.

수요곡선과 마찬가지로 공급곡선도 수평적 해석과 수직적 해석이 모두 가능하다. 수평적 해석은 세로축에 표시된 가격에 대해 가로축에 표시된 해당 공급량을 읽어 내는 것이다. 예를 들어, **그림 3.2**의 공급곡선에서 가격이 조각당 $2이면 피자의 공급량은 하루 8,000조각이다. 수평적 해석은 공급곡선을 옆에서 보는 것으로, 수량을 가격의 함수로 보는 것이다.

수직적 해석은 가로축에 표시된 수량에 대해 세로축에 표시된 한계비용을 읽어

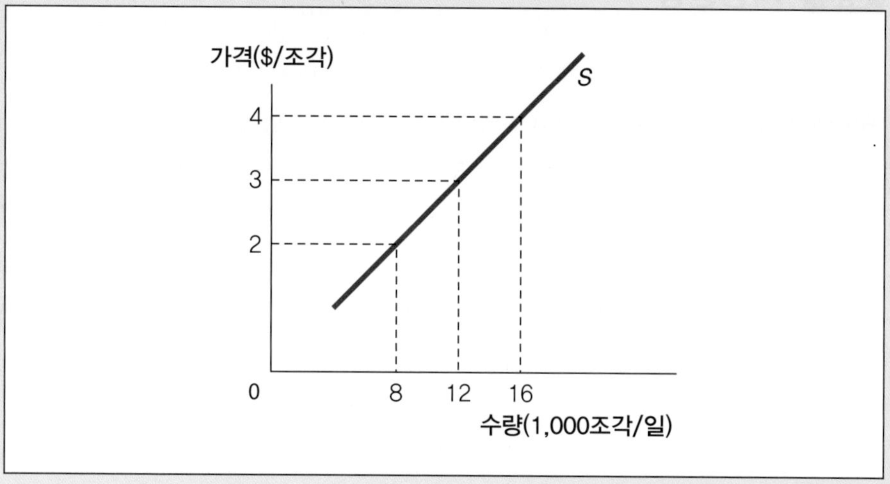

그림 3.2

하루 동안 시카고의 피자에 대한 공급곡선
가격이 비쌀수록 판매자들이 많이 팔고자 한다.

내는 것이다. 하루 피자 판매량이 1만 2,000조각이면, **그림 3.2**의 공급곡선은 한계판매자의 기회비용이 조각당 $3임을 말해 주고 있다. 다시 말하면 공급곡선은 1만 2,000번째 피자 조각을 생산하는 데 드는 한계비용이 $3임을 보여준다(누군가 1만 2,000번째 피자 조각을 $3보다 싸게 생산할 수 있다면 팔려고 했을 것이고, 그러면 조각당 가격이 $3일 경우 공급량이 1만 2,000조각이 아니다).

같은 방법으로, 피자 공급량이 하루 1만 6,000조각이면 한 조각 더 생산하는 데 드는 한계비용이 $4이어야 한다. 재화 한 단위를 더 팔 때 **판매자의 유보가격**(seller's reservation price)은 그 한 단위를 더 생산하는 데 드는 한계비용이다. 유보가격은 판매자가 한 단위를 더 만들어 팔 때 손해 보지 않도록 만들어 주는 최소한도의 금액이다. 수직적 해석은 공급곡선을 밑에서 보는 것으로, 가격을 수량의 함수로 보는 것이다.

판매자의 유보가격
판매자가 한 단위를 더 만들어 팔 때 손해 보지 않도록 만들어 주는 최소한도의 금액으로, 일반적으로 한계비용과 크기가 같다.

✔ 개념체크 3.2

그림 3.2에서 하루에 피자 1만 조각이 팔리면 한계비용은 얼마인가? 가격이 $3.50이면 공급량은 얼마인가?

요약 수요곡선과 공급곡선

한 재화의 시장은 그 재화의 실제적 또는 잠재적 구매자와 판매자로 이루어진다. 주어진 가격에서 수요곡선은 구매자들이 사고자 하는 양을, 공급곡선은 판매자들이 팔고자 하는 양을 나타낸다. 가격이 비싸지면 판매자들은 더 많이 팔고자 하며(공급곡선은 우상향함), 구매자들은 더 적게 사고자 한다(수요곡선은 우하향함).

3.3 시장균형

균형
한 시스템이 더 이상 변하지 않는 상태에 도달하면 그 시스템은 균형 상태에 있다.

균형(equilibrium)은 자연과학뿐 아니라 사회과학에서도 사용되는 개념으로, 경제학에 있어 매우 중요한 개념이다. 일반적으로, 한 시스템에 작용하는 모든 힘이 상호 상쇄되어 더 이상 변하지 않는 상태에 도달하면, 그 시스템은 균형 상태에 있다. 물리학을 예로 들면, 공중에서 스프링에 공이 달려 있을 때, 스프링이 충분히 늘어나서 공을 위로 끌어당기는 스프링의 힘과 공을 아래로 끌어당기는 중력이 정확하게 서로 상쇄될 때 공은 균형 상태에 있다고 말한다. 경제학에서는, 시장 참여자 누구도 자신의 행동을 바꿀 이유가 없어 생산량이나 가격이 변하지 않는 상태에 있으면, 시장이 균형 상태에 있다고 말한다.

스프링에 달려있는 공의 최종 위치를 알고자 하면, 중력과 스프링의 장력이 서로 상쇄되는 시스템의 균형 상태를 찾아야 한다. 마찬가지로, 한 재화가 거래되는 가격인 **균형가격**(equilibrium price)과 거래량인 **균형거래량**(equilibrium quantity)을 알고 싶으면, 그 시장의 균형을 찾아야 한다. 시장균형을 찾는 기본적인 도구가 바로 그 재화의 수요곡선과 공급곡선이다. 앞으로 설명하겠지만, 균형가격과 균형거래량은 수요곡선과 공급곡선이 만나는 점에서의 가격과 거래량이다. 앞에서 살펴본 가상적인 시카고 피자 시장의 수요곡선과 공급곡선은, **그림 3.3**에서 보다시피, 균형가격은 조각당 $3이고, 균형거래량은 하루 1만 2,000조각이다.

균형가격과 균형거래량
수요와 공급이 일치하는 가격과 거래량

독자들은 균형가격인 조각당 $3에서 구매자와 판매자 모두 다음과 같은 의미에서 "만족하고 있음"에 주목하기 바란다: 그 가격에서 구매자는 정확하게 사고자 하는 양(하루 1만 2,000조각)을 구매하고 있고, 판매자도 팔고 싶어 하는 양(하루 1만 2,000조각)을 팔고 있다. 이 같은 의미에서 모두가 만족하고 있으므로, 구매자나 판매자 그 누구도 자신의 행동을 바꿀 유인이 없다.

시장균형
주어진 시장가격에서 구매자와 판매자 모두 원하는 양을 거래할 수 있는 상태

독자들은 **시장균형**(market equilibrium)의 정의에서 "만족한다"는 의미를 제한적으로 사용하고 있음에 유의하기 바란다. 이것은 판매자가 균형가격보다 더 높은 가격을 받기를 원하지 않는다는 뜻이 아니다. 그 의미는 판매자들이 그 가격에서 팔기를 원하는 만큼을 정확하게 팔 수 있다는 것이다. 마찬가지로, 시장균형에서 구매자들이 만족하고 있다는 것이 균형가격보다 더 싸게 사기를 원하지 않는다는 뜻이 아니다. 그 의미는 구매자들이 그 가격에서 사기를 원하는 만큼을 정확하게 살 수 있다는 것이다.

시카고 피자 시장에서 피자 가격이 $3가 아니면, 구매자 혹은 판매자는 의도한 대로 사거나 팔 수 없다. 예를 들어, **그림 3.4**에서 피자 가격이 조각당 $4라고 가정하자. 이 가격에서 구매자들은 단지 하루에 8,000조각만을 사고자 하나, 판매자들은 1만 6,000조각을 팔고자 한다. 누구도 다른 사람에게 그 뜻에 반해 강제로 피자를 사도록 할 수 없으므로, 구매자들은 자신들이 원하는 대로 단지 8,000조각만을 구매한다. 그러므로 가격이 균형가격보다 높으면 판매자는 원하는 만큼 팔 수 없다. 이 예에서 피자 가격이 조각당 $4이면 하루 8,000조각의 **초과공급**(excess supply)이 발생한다.

초과공급
가격이 균형가격보다 높아서 공급량이 수요량을 초과할 때, 공급량에서 수요량을 뺀 크기

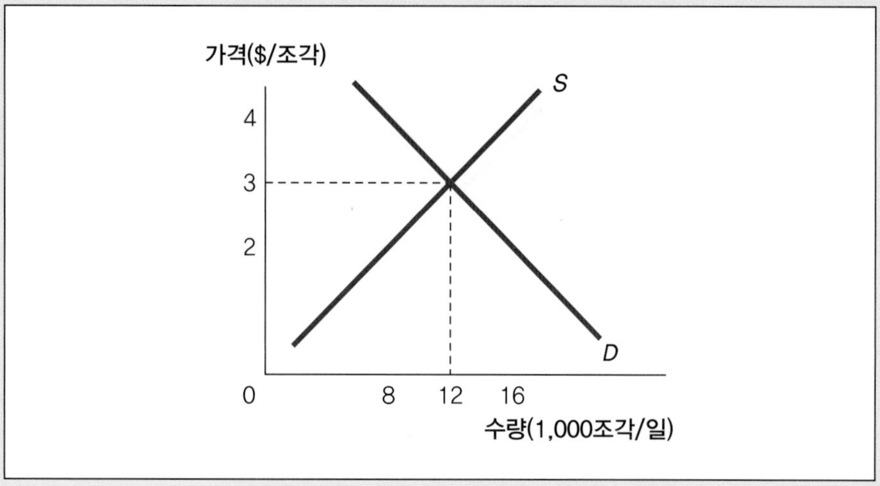

그림 3.3

시카고 피자 시장의 균형가격과 균형거래량

균형가격과 균형거래량은 수요와 공급이 일치하는 가격과 거래량이다.

반대로 예를 들어, 피자 가격이 균형가격보다 낮아 조각당 $2라고 가정하자. **그림 3.5**에서 보듯이, 이 가격에서 구매자들은 하루 1만 6,000조각을 사고자 하는 반면에, 판매자들은 단지 8,000조각만을 팔고자 한다. 판매자들은 자신들의 뜻에 반해 강제적으로 피자를 팔아야 할 필요는 없으므로, 이번에는 구매자가 의도한 만큼을 살 수 없다. 이 예에서 피자 가격이 조각당 $2이면 하루 8,000조각의 **초과수요**(excess demand)가 발생한다.

초과수요
가격이 균형가격보다 낮아서 수요량이 공급량을 초과할 때, 수요량에서 공급량을 뺀 크기

시장이 가지는 독특한 특징은 가격과 거래량이 자동적으로 균형으로 돌아가려고 하는 경향이 존재한다는 것이다. 이 특징은 유인의 원리에 의한 자연스러운 결과이다. 조정이 일어나는 방식은 초과공급과 초과수요의 정의에 암묵적으로 포함되어 있다. 예를 들어, 앞의 가상적인 시장에서 가격이 조각당 $4여서, **그림 3.4**처럼 초과공급이 존

유인

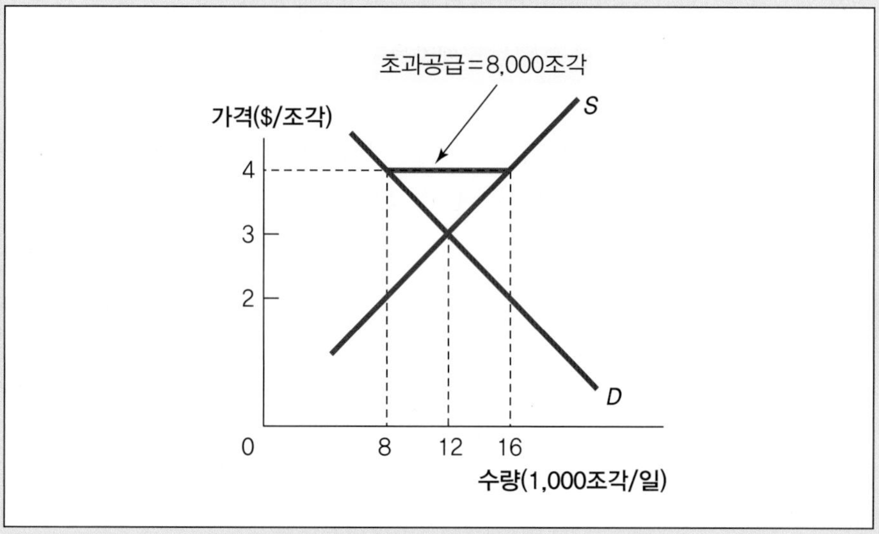

그림 3.4

초과공급

가격이 균형가격보다 높으면 공급량이 수요량을 초과하는 만큼의 초과공급이 존재한다.

그림 3.5

초과수요
가격이 균형가격보다 낮으면 수요량이 공급량을 초과하는 만큼의 초과수요가 존재한다.

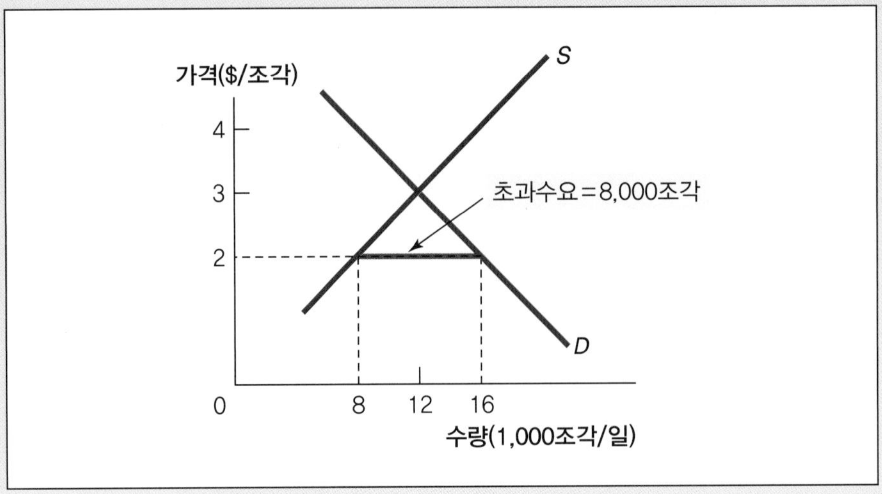

재한다고 가정하자. 판매자들은 구매자들이 사고 싶은 양보다 더 많이 팔고 싶어 하므로, 할 수 있는 모든 수단을 동원해서 판매를 늘리고자 하는 유인을 가진다. 가장 쉽게 할 수 있는 것이 가격을 약간 할인해 주는 것이다. 한 판매자가 가격을 $4에서 $3.99로 낮추면, 그는 다른 판매자들에게는 $4를 지불해야 하는 다른 많은 구매자를 끌어들일 수 있다. 다른 판매자들도 감소한 수입을 복구하기 위해 가격을 낮출 유인을 가지고 있다. 그러나 모든 판매자가 가격을 $3.95로 낮춘다고 하더라도 여전히 상당한 정도의 초과공급이 존재한다. 그러므로 판매자들은 계속해 가격을 낮추고자 하는 유인을 가진다. 가격을 낮추고자 하는 압력은 가격이 조각당 $3로 낮아질 때까지 계속해 존재한다.

반대로 가격이 균형가격보다 낮은 조각당 $2에서 시작해보자. 이번에는 구매자들이 원하는 만큼 살 수 없다. $2의 가격에 원하는 만큼 살 수 없는 구매자는 약간 더 높은 가격을 제시함으로써, 그렇지 않았더라면 다른 구매자들에게 팔렸을 피자를 더 살 수 있다. 판매자들도 원하는 만큼을 살 수 없는 구매자들이 존재하는 한 가격을 올리고자 한다.

요점은 초과공급이나 초과수요가 존재하면 가격은 항상 균형가격으로 돌아가려는 경향이 존재한다는 것이다. 가격이 균형가격에 도달하면, 구매자와 판매자들은 모두 자신들이 원하는 양을 살 수 있거나 팔 수 있다는 의미에서 만족하게 된다.

예 3.1 시장균형

수요곡선과 공급곡선상에 위치하는 몇 개의 점이 **표 3.1**에 제시되어 있다. 이 시장의 수요곡선과 공급곡선을 그리고, 균형가격과 균형거래량을 구하라.

표 3.1 피자의 수요곡선과 공급곡선상의 점들

피자의 수요		피자의 공급	
가격 ($/조각)	수요량 (1000조각/일)	가격 ($/조각)	공급량 (1000조각/일)
1	8	1	2
2	6	2	4
2.5	5	2.5	5
3	4	3	6
4	2	4	8

표 3.1에 있는 점들이 **그림 3.6**에 표시되어 있고, 각 점들을 연결해 이 시장의 수요곡선과 공급곡선이 그려져 있다. 두 곡선이 교차하는 점을 찾아보면, 균형가격은 조각당 $2.5, 균형거래량은 하루 5,000조각임을 알 수 있다.

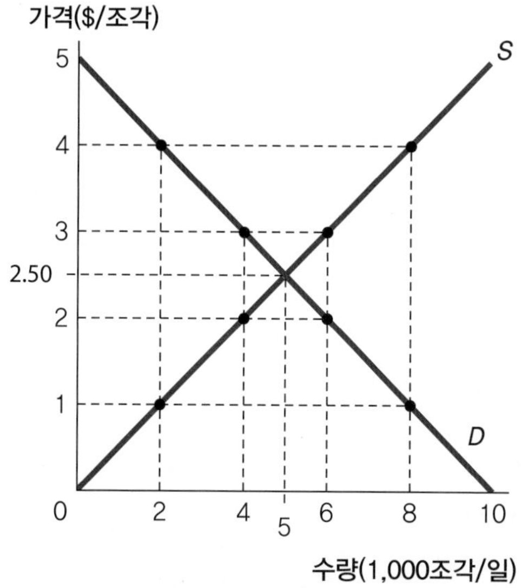

그림 3.6

수요곡선과 공급곡선의 그래프를 통해 균형가격과 균형거래량을 찾는 방법

수요곡선과 공급곡선의 그래프를 그리려면 위의 표에서 주어진 점들을 표시하고, 이 점들을 직선으로 이으면 된다. 균형가격과 균형거래량은 수요곡선과 공급곡선의 교차점에서 발생한다.

시장균형이 반드시 모든 시장 참여자에게 이상적인 결과를 보장해 주는 것은 아니다. 앞의 예를 보면, 시장 참여자들은 조각당 $2.5에 그들이 사거나 파는 양에 만족한다. 그러나 가난한 구매자는, 더 높은 가치를 부여하고 있는 다른 것을 포기하지 않고는, 이 가격에 피자 한 조각을 더 살 수 없음을 의미할 수도 있다.

소득수준이 매우 낮은 소비자는 종종 기초 생필품을 구매하는 데 어려움을 겪으므로, 모든 국가에서 정부가 극빈자의 부담을 덜어주는 정책을 시행하고 있다. 그러나 수요와 공급의 법칙은 법에 의해 결코 무력화되지 않는다. 다음 절에서 법으로 시장이 균형가격과 균형거래량에 이르지 못하도록 하는 시도는 자주 득보다는 실이 큼을 살펴본다.

3.3.1 임대료 규제의 재고찰

앞에서 언급한 뉴욕시의 임대아파트 시장을 다시 한 번 살펴보자. 방 하나 있는 아파트의 수요곡선과 공급곡선이 **그림 3.7**과 같다고 가정하자. 아무런 규제가 없다면, 이 시장은 월 임대료 $1,600에 200만 채의 아파트가 임대될 것이다. 균형임대료에서 더 많이 또는 더 적게 임대를 주거나 임대받기를 원치 않으므로 집주인이나 임차인 모두 만족한다.

물론 이 상태에서 모든 것이 좋다는 뜻은 아니다. 예를 들어, 많은 잠재적 임차인이 월 임대료 $1,600를 지불할 능력이 없어 집 없이 지내야 한다(또는 좀 더 싼 곳을 찾아 도시를 떠나야 한다). 입법자들이 순수하게 좋은 동기에서 집주인들이 월 임대료를 $800 이상으로 책정할 수 없도록 하는 법을 만들었다고 가정하자. 입법 목적은 임대료가 너무 비싸서 집 없이 살아야만 하는 사람이 없도록 하자는 것이다.

그러나 **그림 3.8**을 보면 월 임대료가 $800로 묶여 있으면, 집주인들은 100만 채의 아파트만 공급하고자 한다. 이 수량은 균형임대료인 $1,600에서의 공급량과 비교하면 100만 채가 모자라는 양이다. 월 임대료가 $800로 규제가 되면 임차인들은 300만 채의 아파트를 임대하고자 한다(예를 들어, 월 임대료 $1,600를 내고 뉴욕시에 사느니 뉴저지주에 살기로 했던 사람들이 월 임대료가 $800면 뉴욕시에 살고자 한다). 그러므로 월

그림 3.7

임대료 규제가 없는 임대아파트 시장

수요곡선과 공급곡선을 보면 균형 월 임대료는 1,600달러이고, 이 가격에서 200만 채의 아파트가 임대된다.

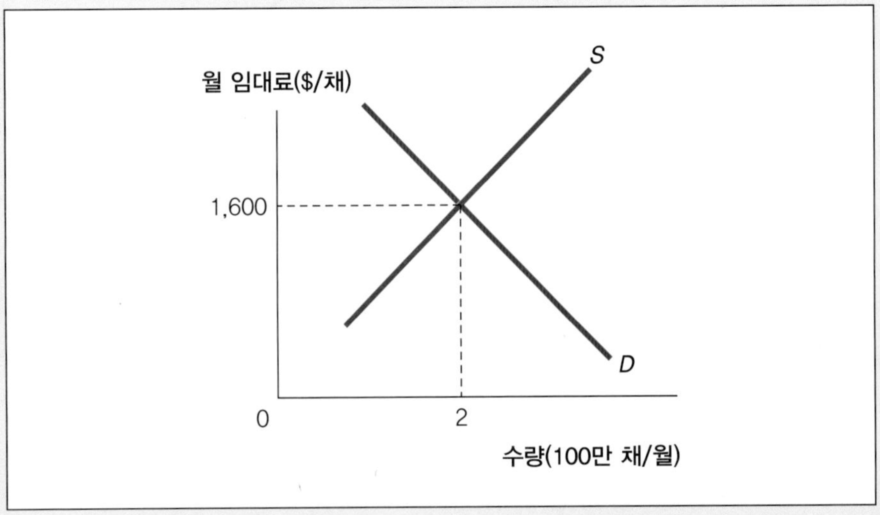

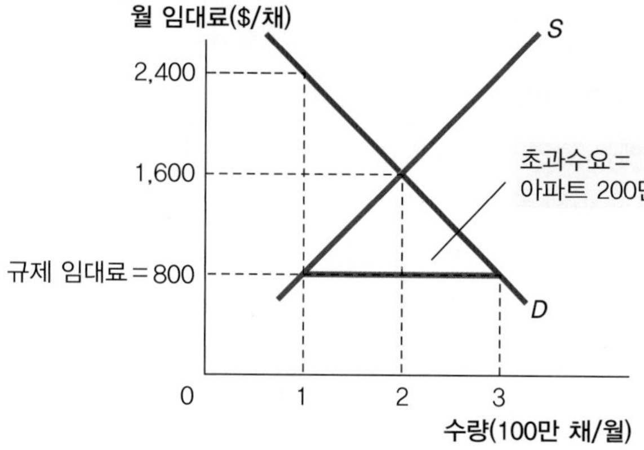

그림 3.8

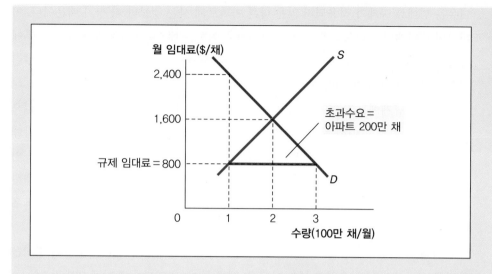

임대료 규제가 있는 임대아파트 시장
규제에 의해 임대료가 균형가격으로 상승하지 못하면 임대아파트 시장에 초과수요가 존재한다.

임대료가 $800를 넘지 못하게 규제가 되면 200만 채의 아파트에 대한 초과수요가 존재한다. 달리 말하면, 임대료 규제로 200만 채의 아파트에 대한 부족 현상이 나타난다. 더욱이 실제로 임대할 수 있는 아파트의 수는 균형거래량과 비교해 100만 채 감소한다.

임대아파트 시장에 규제가 전혀 없으면 초과수요 때문에 임대료는 빠르게 인상될 것이다. 그러나 법에 의해 월 임대료는 $800 이상을 넘을 수 없다. 그러나 초과수요의 부작용은 다른 방식으로 나타난다. 예를 들어, 자신들이 소유하고 있는 임대아파트의 유지 보수 관리에 돈을 적게 써도 된다는 것을 집주인은 곧 깨닫게 될 것이다. 결국 임대하고자 빈 아파트의 문을 두드리는 사람들이 많으면, 집주인이 여러 가지로 임차인에게 해 주어야 할 것을 하지 않아도 된다. 임대료가 시장 균형가격보다 낮게 설정되면, 집주인은 물새는 파이프, 벗겨진 페인트, 고장 난 난방장치, 그 외에 다른 문제들에 대해 적절한 조치를—실제로는 아무런 조치—취하지 않을 것이다.

임대아파트 물량이 감소하고, 기존 아파트 관리가 잘 안 되는 것만이 문제의 전부는 아니다. 임대아파트 공급량이 100만 채 밖에 안 되므로, **그림 3.8**에서 보듯이, 월 임대료로 $2,400까지 지불할 용의가 있는 임차인들이 존재한다. 유인의 원리에 의하면, 이 같은 가격상승의 압력은 합법적 또는 비합법적인 방법을 통해 나타난다. 예를 들면, 뉴욕시의 경우 "임대아파트를 찾아 주는 비용" 또는 "집 열쇠 보증금" 등이 수천 달러에 이르고 있다. 자신들의 임대아파트를 시장 균형가격으로 책정할 수 없는 집주인들도 임대아파트를 시장가치에 근접한 가격으로 팔 수 있는 소유용 아파트나 공동 아파트로 전환하기도 한다.

유인

임대아파트 집주인들이 실질 임대료를 높이지 못한다고 하더라도 심각한 자원배분의 문제가 발생한다. 예를 들어, 방을 구하기 쉽지 않기 때문에, 아파트를 공동으로 사용하는 사람들끼리 성격이 잘 안 맞아 말다툼을 하더라도 계속해 같이 살아야 한다. 또한 미망인은 자녀들이 다 자라 출가한 후에도 계속해 방이 7개인 아파트에서 사는 이유는 임대료 규제가 적용되지 않은 다른 아파트에 사는 것보다 더 싸기 때문이다. 이 미망인이 현재의 아파트를 훨씬 높은 가치를 부여하는 대가족에게 양도한다면, 모두에게 좋은 일일 것이다. 그러나 현재의 임대료 규제하에서 이 미망인은 그렇게 할 아무런 경제적 유인을 갖지 않는다.

임대료 규제에는 눈에 보이지 않는 또 다른 비용이 수반된다. 임대료 규제가 없으면 집주인은 경제적 손해를 감소하지 않고는 잠재적 임차인을 인종, 종교, 성별, 장애 여부, 혹은 국적에 근거해서 차별할 수 없다. 특정 그룹에 속한 사람들에게 아파트 임대를 거절하면 자신의 아파트에 대한 수요가 감소하므로, 임대료를 낮게 해서 임대할 수밖에 없다. 그러나 임대료가 균형가격보다 낮게 고정되어 있으면, 아파트에 대한 초과수요가 존재해 집주인은 경제적 손실 없이도 임차인을 차별할 수 있다.

임대료 규제가 가난한 사람들을 도우려는 목적에서 정부가 수요와 공급의 법칙을 무력화 시키고자 하는 유일한 예는 아니다. 예를 들어, 1970년대 후반에 연방정부는 높은 휘발유 가격 때문에 저소득층 운전자가 감당할 수 없는 어려움을 겪을 것을 우려해서 휘발유 가격을 균형가격 이하로 고정시키려고 한 적이 있다. 임대아파트 시장에서의 규제와 마찬가지로, 휘발유 시장에서 나타난 가격통제의 의도하지 않은 결과 때문에 가난한 사람을 도우려고 했던 정책은 매우 비싼 대가를 치러야 했다. 예를 들어, 휘발유가 부족해 차들이 길게 줄을 늘어서야 하므로 비싼 시간의 낭비를 가져왔고, 또한 오랜 시간 동안 차들이 공회전을 해 휘발유의 낭비도 가져왔다.

임대료 규제나 이와 유사한 정책에 반대하는 경제학자들은 가난한 사람들에 대한 배려가 전혀 없는 사람들인가? 이 같은 주장이 때로는 경제학을 전혀 모르는 사람들이나 정부 규제로 인해 이득을 보는 사람들에 의해 제기되곤 하지만, 이 같은 주장은 전혀 정당성을 가지지 못한다. 경제학자들은 가난한 사람들에게 아파트나 다른 재화를 지나치게 낮은 가격으로 제공하는 것보다 더 효과적인 방법으로 가난한 사람들을 도울 수 있다고 생각한다.

한 가지 확실한 방법은 가난한 사람들에게 별도의 소득을 제공하고 그들로 해금 스스로 그 돈을 어떻게 쓸 것인가를 결정하도록 하는 것이다. 물론 가난한 사람들에게 별도의 구매력을 이전하는 데는 현실적인 어려움이 있다. 무엇보다도, 스스로 부양할 능력이 있는 사람들의 근로의욕을 감소시키지 않으면서 정말로 필요로 한 사람에게 돈이 돌아가도록 하는 것이 가장 어려운 일이다. 예를 들어, 정부가 일하는 저소득층 근로자의 임금에 보조금을 지급하거나, 민간부문에서 직업을 찾기 힘든 사람들에게 공공근로를 제공하는 것이 가격통제에 따른 낭비를 가져오는 것보다 낫다.

가격을 균형가격 아래로 고정시키는 규제는 시장에 무리한 영향을 미친다. 다음의 개념체크를 통해 독자들에게 가격이 균형가격보다 높게 고정시키면 어떤 일이 일어나는가를 생각해 보기 바란다.

✔ 개념체크 3.3

임대아파트 시장의 수요곡선과 공급곡선이 다음과 같다. 월 임대료를 $1,200 이상 받지 못하도록 하는 법의 효과는 무엇인가?

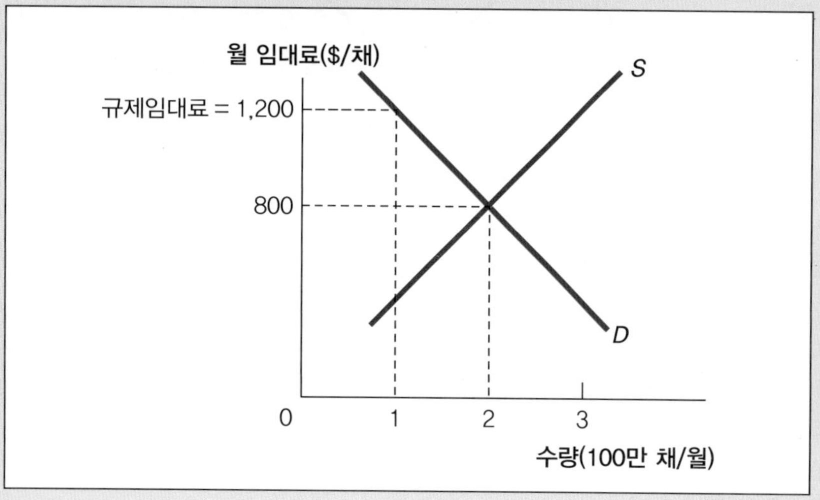

3.3.2 피자 가격의 규제?

가난한 사람들을 배려하기 위해 뉴욕시가 피자 가격을 규제할 때 어떤 일이 나타날 것인가를 상상해 보면, 임대료 규제가 적용되는 임대아파트 시장과 규제가 없는 음식 시장 사이에 차이가 나는 원인을 더 분명하게 알 수 있다. 예를 들어, **그림 3.9**의 피자의 수요곡선과 공급곡선에, 뉴욕시가 조각당 $2의 **가격상한**(price ceiling)을 적용해 피자 가격이 조각당 $2를 넘지 못하게 했다고 가정해 보자. 조각당 $2이면 구매자들은 하루에 1만 6,000조각을 사고자 한다. 그러나 판매자들은 단지 하루에 8,000조각만을 팔고자 한다.

가격상한
법에 의해 정해져 받을 수 있는 최대 가격

피자 가격이 조각당 $2이면, 뉴욕시의 모든 피자 레스토랑에는 피자를 사고자 하지만 살 수 없는 구매자들의 줄이 길게 늘어서게 될 것이다. 피자를 사지 못한 구매자들은 점원에게 거칠게 행동할 것이고, 점원들도 구매자들에게 똑같이 행동할 것이다. 레스토랑 매니저의 친구들은 특별 대접을 받을 것이다. 상도에 어긋난 상술도 나타날 것이다(예를 들어, 조각당 $2의 피자를 반드시 한 컵에 $5 하는 콜라와 같이 파는 것과 같은 상술). 피자에 들어가는 재료도 나빠질 것이며, 피자가 거래되는 암시장에 대한 여러 가지 소문도 돌 것이다. 그 외의 여러 가지 일들이 발생할 것이다.

피자를 살 수 없다는 생각은 어리석은 것이지만, 똑같은 상황이 균형가격보다 낮게 가격이 규제되는 시장에서는 다반사로 일어난다. 예를 들어, 사회주의 정부가 몰락하기 전, 사회주의 국가에서는 정치적 배경이 있는 사람들은 생필품에 대한 최우선권을 갖지만, 일반 사람들은 생필품을 사기 위해 길게 줄을 서야 하는 것이 당연한 일로 여겨졌다.

그림 3.9

피자 시장의 가격 규제
균형가격보다 낮게 가격상한이 설정되면 피자의 초과수요가 발생한다.

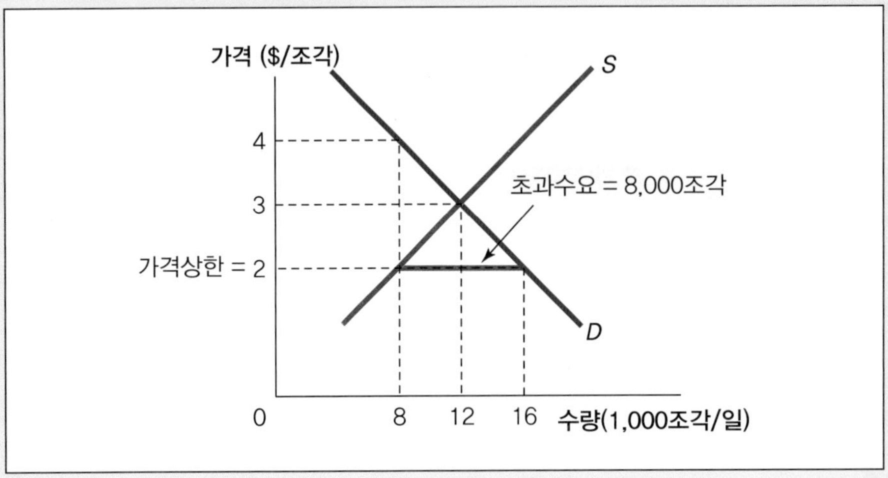

요약 시장균형

시장가격에서 모든 구매자와 판매자가 자신들이 수량에 만족하는 상황인 시장균형은 수요곡선과 공급곡선이 교차하는 점에서 발생한다. 이때의 가격과 수량을 각각 균형가격과 균형거래량이라고 부른다.

규제에 의해 방해받지 않는 한, 가격과 수량은 구매자와 판매자의 행동에 의해 균형으로 돌아간다. 가격이 초기에 너무 높아 초과공급이 존재하면, 팔고자 하나 팔지 못한 판매자들이 더 팔기 위해 가격을 인하한다. 가격이 초기에 너무 낮아 초과수요가 존재하면, 구매자들 사이의 경쟁으로 인해 가격은 상승한다. 이 같은 과정은 균형에 도달할 때까지 계속된다.

3.4 균형가격과 균형거래량 변화의 예측과 설명

수요량의 변화
가격의 변화에 따른 수요곡선상의 이동

수요의 변화
수요곡선 자체의 이동

수요곡선과 공급곡선에 영향을 미치는 요인들이 어떻게 변하는가를 알면, 가격과 거래량이 어떻게 변할지를 예측할 수 있다. 그러나 시장 상황의 변화를 기술함에 있어서 용어상의 중요한 차이를 잘 구별해야 한다. 예를 들어, 보기에 매우 유사한 표현인 **수요량의 변화**(change in quantity demanded)와 **수요의 변화**(change in demand)의 차이를 잘 구별해야 한다. "수요량의 변화"를 말할 때는 가격이 변함에 따라 사람들이 사고자 하는 수량의 변화를 의미한다. 예를 들어, **그림 3.10(a)**는 참치 가격의 하락에 따른 수요량의 증가를 보여준다. 가격이 통조림당 $2에서 $1로 하락하면, 하루 참치 통조림 수요량이 8,000개에서 1만개로 증가한다. 반면에 "수요의 증가"를 말할 때는 수요곡선 자체가 이동함을 의미한다. 예를 들어, **그림 3.10(b)**는 모든 가격에서 수요량이 이전보다 증가한 수요의 증가를 보여준다. 요약하면, "수요량의 변화"는 수요곡선상의 이동

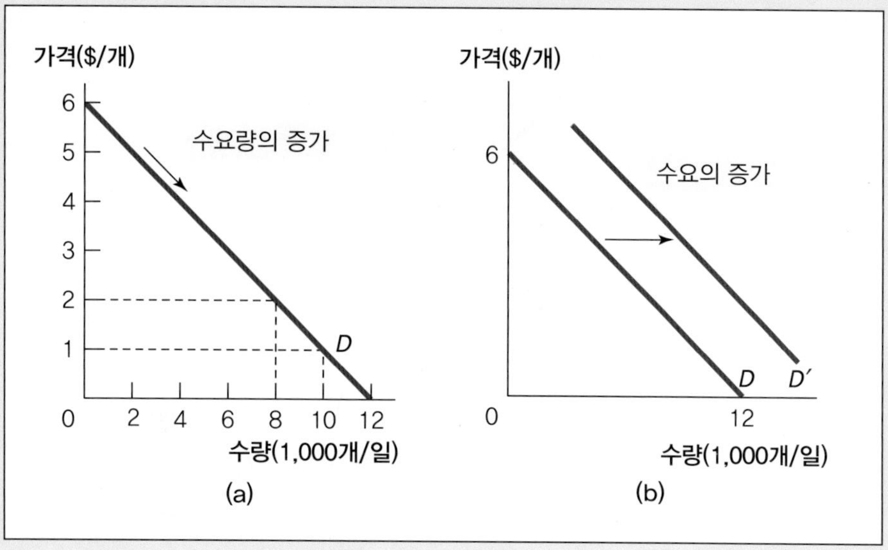

그림 3.10

수요량의 변화 vs. 수요의 변화
수요량의 증가는 가격이 하락함에 따라 수요곡선을 따라 아래로 이동함을 의미한다(a). 수요의 증가는 수요곡선 자체가 바깥쪽으로 이동함을 의미한다(b).

을, "수요의 변화"는 수요곡선 자체의 이동을 의미한다.

이러한 용어상의 구별이 공급에도 동일하게 적용된다. **공급량의 변화**(change in quantity supplied)는 공급곡선상의 이동을, **공급의 변화**(change in supply)는 공급곡선 자체의 이동을 의미한다.

공급량의 변화
가격 변화에 따른 공급곡선상의 이동

공급의 변화
공급곡선 자체의 이동

마샬의 수요와 공급모형은 경제학의 가장 유용한 분석 도구이다. 수요곡선과 공급곡선의 위치를 결정하는 요인들을 이해하면, 우리 주위의 세상에서 발생하는 많은 흥미로운 현상들을 이해할 수 있다.

3.4.1 수요곡선의 이동

수요와 공급 모형을 통해 가격과 거래량의 변화를 예측하는 방법을 몇 가지 예를 통해 알아보자. 첫 번째 예는 시장 외부에서 발생한 사건으로 인해서 수요곡선이 이동하는 것을 보여준다.

보완재 예 3.2

테니스 코트 사용료가 하락하면 테니스공의 균형가격과 균형거래량은 어떻게 변하는가?

테니스공의 원래 수요곡선과 공급곡선이 **그림 3.11**에 *D*와 *S*로 표시되어 있다. 원래의 균형가격과 균형거래량은 각각 개당 $1와 월 4,000만 개이다. 테니스 코트와 테니스공은 경제학자들이 **보완재**(complements)라고 부르는 재화로, 각각 사용할 때보다 결합해서 사용할 때 더 큰 가치가 있다. 예를 들어, 테니스공은 테니스 게임을 할 수 있는 코트가 없으면 거의 가치가 없다(테니스 코트가 없어도 테니스공은 다소의 가치를 가질 수 있다. 예를 들어, 부모가 배팅 연습을 하

보완재
한 재화의 가격 상승(하락)이 다른 재화의 수요를 왼쪽(오른쪽)으로 이동시키면, 두 재화는 소비에 있어서 보완재이다.

그림 3.11

테니스 코트 사용료의 하락이 테니스공 시장에 미치는 효과 보완재의 가격이 하락하면, 수요곡선은 오른쪽으로 이동해 균형가격과 균형거래량은 모두 증가한다.

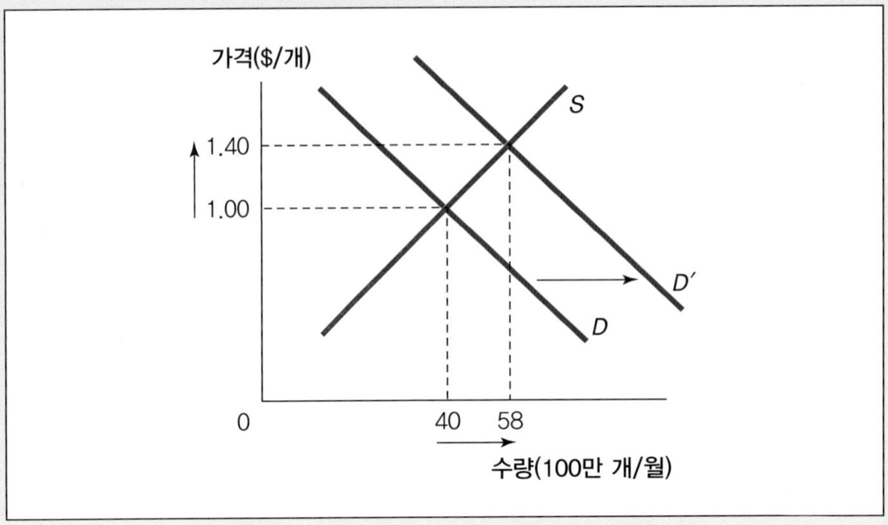

는 자녀에게 야구공 대신 던져 줄 수 있다). 테니스 코트 사용료가 떨어지면, 사람들은 테니스를 더 많이 치게 될 것이며 따라서 테니스공의 수요도 증가한다. 그러므로 테니스 코트 사용료의 하락은 테니스공의 수요곡선을 오른쪽으로 *D*에서 *D′*으로 이동시킨다(수요곡선이 "오른쪽으로 이동(rightward shift)"하는 것을 "위쪽으로 이동(upward shift)"한다고 표현하기도 한다. 이 같은 구분은 각각 수요곡선의 수평적 해석과 수직적 해석에 대응하는 것이다).

그림 3.11에서 보듯이 수요곡선이 이동하면, 새로운 균형가격은 개당 $1.4로 원래의 균형가격보다 높고, 균형거래량도 월 5,800만 개로 원래의 균형거래량보다 많다.

예 3.3

대체재

인터넷 접속 비용이 하락하면 속달 우편서비스의 균형가격과 균형거래량은 어떻게 변하는가?

속달 우편서비스의 원래 수요곡선과 공급곡선이 **그림 3.12**에 *D*와 *S*로 표시되어 있다. 원래의 균형가격과 균형거래량은 각각 *P*와 *Q*로 표시되어 있다. 이메일과 속달 우편서비스는 경제학자들이 **대체재**(substitutes)라고 부르는 재화로, 많은 경우 사람들에게 유사한 서비스를 제공한다(일반 사람들도 이 두 재화를 대체재라고 부른다. 경제학자들이 항상 중요한 개념을 일상용어로 표현하지 않는 것은 아니다). 두 재화나 서비스가 대체재이면, 한 재화의 가격 하락은 다른 재화의 수요곡선을 왼쪽으로 이동시킨다(수요곡선이 "왼쪽으로 이동(leftward shift)"하는 것을 "아래쪽으로 이동(downward shift)"한다고 표현하기도 한다). **그림 3.12**를 보면 인터넷 접속 비용이 하락해 속달 우편서비스에 대한 수요곡선이 *D*에서 *D′*으로 이동했다.

대체재
한 재화의 가격 상승(하락)이 다른 재화의 수요곡선을 오른쪽(왼쪽)으로 이동시키면, 두 재화는 소비에 있어서 대체재이다.

그림 3.12에서 보듯이, 새로운 균형가격 *P′*과 새로운 균형거래량 *Q′* 모두 원래의 균형가격과 균형거래량인 *P*와 *Q*보다 하락한다. 인터넷 접속 비용의 하락이 페덱스(Federal express)나

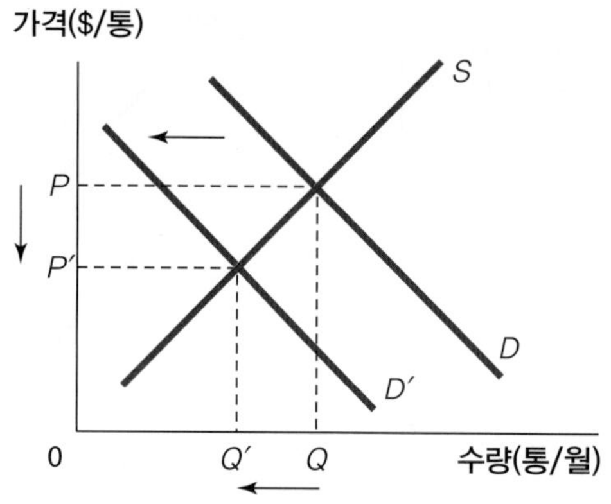

그림 3.12

인터넷 접속 비용의 하락이 속달 우편서비스 시장에 미치는 효과

대체재의 가격이 하락하면, 수요곡선은 왼쪽으로 이동하고 균형가격과 균형거래량은 하락한다.

UPS(Universal Parcel Service)가 사업을 그만둘 만큼 피해를 끼치지는 않겠지만, 이들 기업에 손해를 끼친다는 것은 확실하다.

요약하면, 경제학자들은 한 재화의 가격이 상승할 때 다른 재화의 수요곡선이 오른쪽으로 이동하면, 두 재화를 대체재라고 정의한다. 반면에 한 재화의 가격이 상승할 때 다른 재화의 수요곡선이 왼쪽으로 이동하면, 두 재화는 보완재이다.

대체재와 보완재의 개념을 확실하게 이해하면 독자들은 다음의 개념체크와 같은 문제들에 대해 잘 대답할 수 있을 것이다.

✔ 개념체크 3.4

항공료가 하락하면 도시 간 왕복 버스 요금과 휴양지 호텔 가격에 어떤 영향을 미치는가?

대체재나 보완재의 가격이 변할 때뿐만 아니라, 한 재화나 서비스를 얻기 위해 구매자들이 지불할 용의가 있는 금액에 영향을 주는 다른 요인들이 변하면, 수요곡선은 이동한다. 이 가운데 가장 중요한 요인 가운데 하나가 바로 소득이다.

경제적 사유 3.1

연방정부가 공무원의 월급을 대폭 인상하면 왜 워싱턴 지하철역 근처의 아파트 임대료가 지하철역에서 멀리 떨어진 아파트 임대료보다 상대적으로 많이 상승하는가?

연방정부 공무원 비율이 매우 높은 워싱턴 D.C 시민들에게, 지하철역에서 한 블록 떨어진 아파트에서 사는 것이 20블록 떨어진 아파트에서 사는 것보다 여러모로 편리하다. 편리한 곳에 위치한 아파트의 임대료는 상대적으로 비싸다. 지하철역 근처 아파트에 대한 원래의 수요곡선

누가 가장 위치가 편리한 곳에 있는 아파트에 사는가?

그림 3.13

연방 정부의 월급 상승이 워싱턴 D.C의 편리한 곳에 위치한 아파트 임대료에 미치는 효과

소득이 증가하면 정상재의 수요곡선은 오른쪽으로 이동해, 균형가격과 균형거래량은 모두 증가한다.

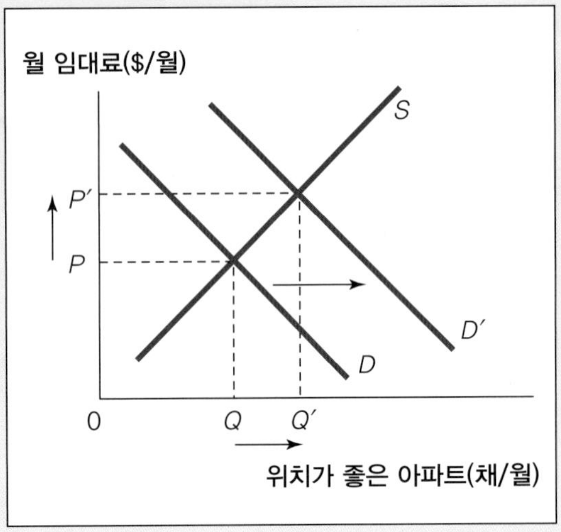

과 공급곡선이 **그림 3.13**에 그려져 있다. 연방정부가 월급을 인상하면, 덜 편리한 곳에 위치한 아파트에 살던 몇몇 공무원은 더 편리한 곳에 위치한 아파트로 옮기기 위해 늘어난 소득의 일부를 지불할 용의가 있고, 지불할 능력도 가지게 된다. 따라서 월급 상승은 **그림 3.13**에 *D*′으로 표시된 것 같이, 편리한 곳에 위치한 아파트 수요곡선을 오른쪽으로 이동시킨다. 그 결과, 새로운 균형가격과 균형거래량은 원래의 균형가격과 균형거래량보다 증가한다.

유인

고정되어 있는 것처럼 보이는 편리한 곳에 위치한 아파트의 숫자가 어떻게 늘어날 수 있는가 하는 질문이 자연스럽게 제기될 수 있다. 그러나 유인의 원리는, 사람들이 원하는 것을 더 공급함으로써 돈을 더 벌 수 있는 기회가 주어졌을 때 판매자들이 사용하는 기발한 방법을 결코 과소평가하지 말 것을 우리에게 일깨워 준다. 예를 들어, 임대료가 충분히 상승하면 어떤 집주인은 창고를 거주용으로 개조할 것이다. 또는 차를 가지고 있어 지하철역 근처에 사는 것에 큰 가치를 부여하지 않는 사람들은 자신의 아파트를 팔고자 할 것이며, 그로 인해서 간절하게 임대를 원하는 사람을 위한 물량이 시장에 나올 수 있다(이러한 공급 측면에서의 변화는 공급곡선의 이동이 아닌 공급량의 이동임에 주의하기 바란다).

소득이 증가할 때, 대부분의 재화에 대한 수요곡선은 편리한 곳에 위치한 아파트와 같이 이동한다. 이와 같이 소득이 증가할 때 수요가 증가하는 재화를 경제학자들은 **정상재**(normal goods)라고 부른다.

정상재
소득이 증가(감소)할 때, 수요곡선이 오른쪽(왼쪽)으로 이동하는 재화

그러나 모든 재화가 다 정상재인 것은 아니다. 어떤 재화는 소득이 증가할 때 수요가 감소하는 경우도 있다. 이 같은 재화를 **열등재**(inferior goods)(역자 주: 하급재라고 부르기도 함)라고 부른다.

열등재(하급재)
소득이 증가(감소)할 때, 수요곡선이 왼쪽(오른쪽)으로 이동하는 재화

소득이 증가했음에도 불구하고 무엇 때문에 구매자들은 어떤 재화를 덜 사고자 하는가? 일반적으로, 이 같은 현상은 가격은 약간 비싸지만 더 나은 대체재가 존재하

는 경우에 발생한다. 안전하지 못하고 위치가 불편한 아파트가 이러한 예이다. 대부분의 사람들은 여유가 있으면 이런 동네를 떠나고자 할 것이므로, 소득이 증가하면 이 같은 아파트에 대한 수요곡선은 왼쪽으로 이동한다.

✔ 개념체크 3.5

연방정부 공무원의 월급이 대폭 인상되면 워싱턴 지하철역에서 멀리 떨어진 아파트 임대료에 어떤 영향을 미치는가?

기름기가 많이 포함된 간 소고기(ground beef)는 열등재의 또 다른 예이다. 건강상의 이유로 대부분의 사람들은 기름기가 덜 포함된 높은 등급의 소고기를 선호한다. 일반적으로, 금전적 여유가 없는 사람들은 기름기가 많은 고기를 산다. 금전적 여유가 없던 사람들도 소득이 증가하면 대개는 빠르게 기름기가 적은 등급의 고기로 전환한다.

선호 또는 기호는 한 재화가 비용–편익 테스트의 통과 여부를 결정짓는 또 다른 중요한 요인이다. 스필버그(Steven Spielberg)의 영화, **쥬라기 공원**은 이제까지 잠재되어 있었던 공룡 장난감에 대한 아이들의 강렬한 선호를 불러 일으켰다. 이 영화가 처음 개봉되자 공룡 장난감에 대한 수요곡선이 오른쪽으로 큰 폭으로 이동했다. 동시에 공룡 장난감을 충분히 얻을 수 없었던 아이들은 말이나 다른 동물 모양의 장난감 디자인에 흥미를 잃게 되어, 이 같은 장난감의 수요곡선은 왼쪽으로 큰 폭으로 이동했다.

비용–편익

미래에 대한 예상(expectation) 또한 수요곡선을 이동시키는 매우 중요한 요인이다. 예를 들어, 애플 매킨토시 컴퓨터를 사용하는 사람들에게, 다음 달에 값이 싼 모델이나 훨씬 업그레이드된 모델이 출시된다는 믿을 만한 소문이 들리면, 현재 모델에 대한 수요곡선은 아마도 왼쪽으로 이동할 것이다.

3.4.2 공급곡선의 이동

앞의 예들은 수요곡선의 이동을 보여주는 예들이었다. 다음으로 공급곡선이 이동할 때 어떤 일이 일어나는가를 알아보자. 공급곡선은 생산비용에 근거하고 있으므로, 생산비용에 영향을 주는 모든 것이 공급곡선을 이동시키며, 그에 따라 새로운 균형가격과 균형거래량이 얻어진다.

기회비용 체증 예 3.4

스케이트보드 만드는 데 사용되는 섬유유리(fiberglass) 가격이 상승하면 스케이트보드의 균형가격과 균형거래량에 어떤 영향을 미치는가?

스케이트보드의 원래 수요곡선과 공급곡선이 **그림 3.14**에 *D*와 *S*로 표시되어 있고, 원래의 균형가격은 개당 $60, 균형거래량은 월 1,000개이다. 섬유유리는 스케이트보드 생산에 사용되는 생산요소로, 섬유유리 가격의 상승은 스케이트보드 생산의 한계비용을 증가시킨다. 이때 공급곡선

그림 3.14

섬유유리 가격 상승이 스케이트보드 시장에 미치는 효과
생산요소 가격이 상승하면 공급곡선은 왼쪽으로 이동해 균형가격은 상승하고, 균형거래량은 하락한다.

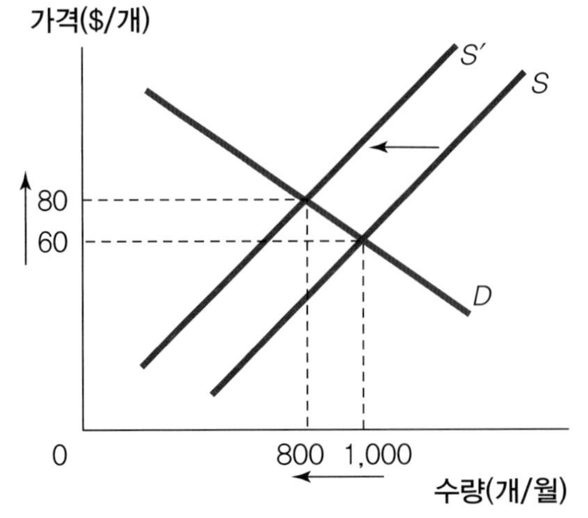

은 어떻게 이동하겠는가?

기회비용 체증

스케이트보드 가격이 낮으면, 스케이트보드를 생산하는 한계비용이 낮은 판매자들만 이윤을 얻으면서 생산할 수 있는 반면에, 가격이 오르면 한계비용이 높은 판매자도 시장에 들어와 이윤을 얻을 수 있으므로(기회비용 체증의 원리), 공급곡선은 우상향한다. 그러므로 스케이트보드를 만드는 생산요소 가운데 하나의 가격이 상승하면, 주어진 가격에서 이윤을 얻으면서 생산할 수 있는 잠재적 판매자의 수는 감소하게 된다. 따라서 스케이트보드의 공급곡선은 왼쪽으로 이동한다. 공급곡선이 "왼쪽으로 이동"하는 것을 "위쪽으로 이동"한다고 표현하기도 한다. 첫 번째 표현은 공급곡선의 수평적 해석에 해당하고, 두 번째 표현은 수직적 해석에 해당한다. 두 표현 모두 동일한 이동을 의미한다. 새로운 공급곡선(섬유유리 가격이 상승한 후의 공급곡선)은 **그림 3.14**에 S'으로 표시되어 있다.

섬유유리 가격의 상승이 스케이트보드의 수요곡선에 어떤 영향을 미치는가? 수요곡선은 각각의 가격에서 구매자들이 사고 싶은 양을 말해준다. 자신의 유보가격이 스케이트보드의 시장가격을 초과하는 구매자들만이 스케이트보드를 구입한다. 스케이트보드를 샀을 때 얻는 편익인 구매자의 유보가격이 섬유유리의 가격에 의존하지는 않는다. 따라서 수요곡선은 이동하지 않는다.

그림 3.14는 공급곡선이 왼쪽으로 이동하고 수요곡선은 이동하지 않을 때 어떤 일이 일어나는가를 보여준다. **그림 3.14**에서 새로운 균형가격은 개당 $80로 원래의 균형가격보다 높아졌고, 새로운 거래량은 월 800개로 원래의 균형거래량보다 감소했다. 스케이트보드에 $80 이상의 가치를 부여하지 않는 구매자들은 다른 곳에 자신의 소득을 사용하고자 한다.

다음의 예에서 보듯이, 생산의 한계비용이 감소하면 균형가격과 균형거래량에 미치는 영향은 앞의 예와 반대로 나타난다.

한계비용의 하락 예 3.5

목수의 임금이 하락하면 신규 주택의 균형가격과 균형거래량에 어떤 영향을 미치는가?

신규 주택의 원래 수요곡선과 공급곡선이 **그림 3.15**에 *D*와 *S*로 표시되어 있고, 원래의 균형가격은 채당 12만 달러, 균형거래량은 월 40채이다. 목수의 임금이 하락하면 신규 주택 건설의 한계비용이 감소한다. 그러므로 주어진 주택 가격에서 이전보다 이익을 남기면서 신규 주택을 건설할 수 있는 판매자의 수가 증가한다. **그림 3.15**에서 공급곡선이 *S*에서 *S′*으로 오른쪽으로 이동한다(공급곡선이 "오른쪽으로 이동"하는 것을 "아래쪽으로 이동"한다고 표현하기도 한다).

목수 임금의 감소는 주택 수요곡선에 영향을 미치는가? 수요곡선은 각각의 가격에서 구매자들이 사고 싶은 양을 말해준다. 목수의 수입이 이전보다 감소했으므로 주택을 사기 위해 지불할 용의가 있는 금액이 감소할 수 있다. 그렇다면 수요곡선은 왼쪽으로 이동한다. 그러나 목수들의 수는 전체 주택 구매자들 가운데 무시할 만한 비율이므로, 이로 인한 수요곡선의 이동은 무시해도 될 정도로 적다고 가정해도 큰 문제는 안 된다. 그러므로 목수의 임금 하락은 주택의 공급곡선을 현저하게 오른쪽으로 이동시키지만, 수요곡선에는 눈에 띄는 영향을 미치지 않는다.

그림 3.15를 보면, 새로운 균형가격은 채당 9만 달러로 원래의 균형가격보다 낮고, 균형거래량은 월 50채로 원래의 균형거래량보다 많다.

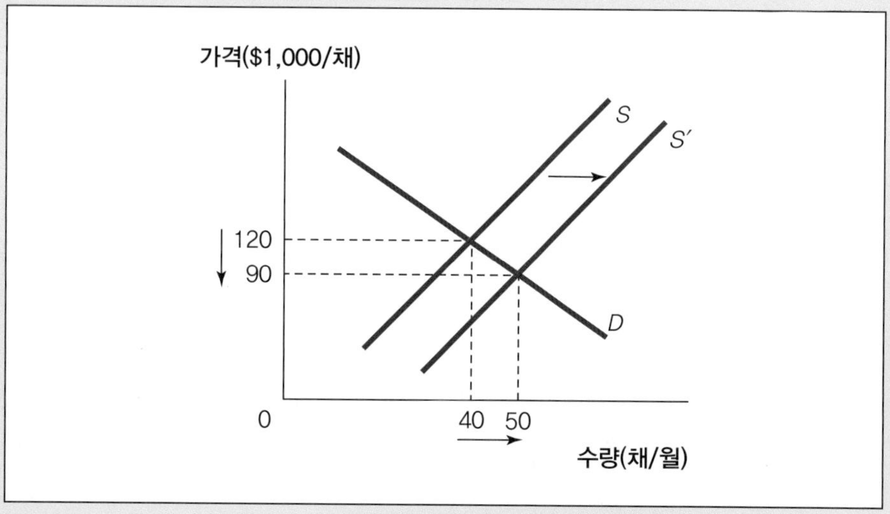

그림 3.15

목수의 임금 하락이 신규 주택 시장의 균형에 미치는 효과

생산요소 가격이 하락하면 공급곡선은 오른쪽으로 이동해 균형가격은 하락하고, 균형거래량은 증가한다.

예 3.4와 **예 3.5**에서는 특정 재화를 만드는 생산요소 가격의 변화가–스케이트보드에서 섬유유리, 신규 주택에서 목수의 노동–시장균형에 미치는 영향을 살펴보았다.

다음의 예가 보여주듯이, 기술이 변하면 공급곡선도 이동한다.

경제적 사유 3.2

왜 기말보고서가 1970년대보다 오늘날 더 많은 수정 과정을 거치는가?

왜 기말 리포트가 1970년대보다 오늘날 더 많은 수정 과정을 거치는가?

워드프로세서가 보편화되기 이전의 학생들은 전체 내용을 처음부터 다시 타이프하지 않고서는 사소한 것도 수정하기가 거의 불가능했다. 워드프로세서가 보급되기 시작하면서 상황은 급반전되었다. 전체 내용을 다시 타이프 칠 필요 없이, 필요한 부분만을 수정할 수 있게 되었다.

그림 3.16에는 워드프로세서가 보편화되기 이전의 리포트 수정에 대한 수요곡선과 공급곡선이 *D*와 *S*로, 오늘날의 공급곡선은 *S′*으로 표시되어 있다. **그림 3.16**에서 보듯이, 워드프로세서가 보편화된 결과 한 번 수정당 균형가격은 현저하게 하락했고, 균형 수정횟수는 증가했다.

그림 3.16

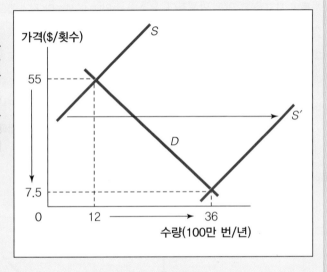

기술 변화가 기말 리포트 수정 시장에 미치는 효과 새로운 기술로 인해 생산의 한계비용이 감소하면, 공급곡선은 오른쪽으로 이동하고 그로 인해 균형가격은 하락하고 균형거래량은 상승한다.

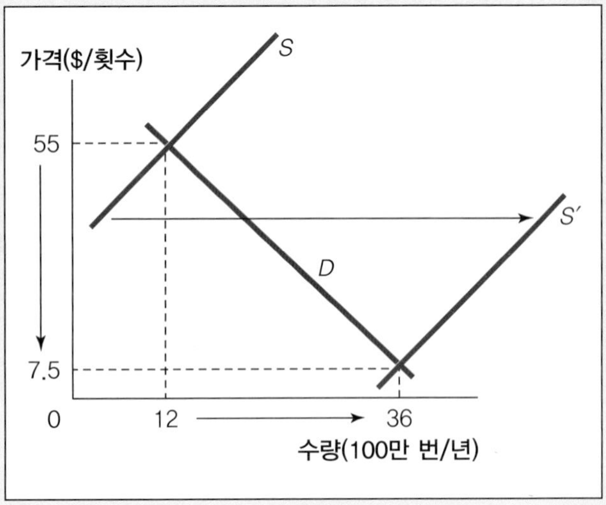

경제적 사유 3.2는 암묵적으로 학생들이 시장에서 타이핑 서비스를 구매하는 것으로 가정했다. 그러나 실제로는 많은 학생들이 자신의 기말 리포트는 스스로 타이프를 친다. 그렇다고 달라지는 것이 있는가? 학생들이 스스로 타이프를 쳐서 기말 리포트를 수정하면, 돈이 실제로 건네지지 않는다 하더라도 학생들은 가격을 지불하고 있는 것이다. 즉, 학생들은 수정 작업을 시행하기 위해 필요한 시간에 대한 기회비용을 지불하고 있는 것이다. 기술 발전으로 인해서 수정의 한계비용이 급격하게 감소했으므로, 대부분의 학생들이 자신의 기말 리포트를 스스로 타이프 친다고 하더라도, 기말 리포트의 수정횟수가 많이 늘어날 것이라고 예상할 수 있다.

생산요소 가격과 기술의 변화는 공급곡선을 이동시키는 가장 중요한 두 가지 요인이다. 날씨도 농산물의 또 다른 중요한 요인이다. 날씨가 좋으면 농산물의 공급곡선은 오른쪽으로 이동하고, 날씨가 나쁘면 왼쪽으로 이동한다(날씨는 교통에 영향을 미쳐 농산품 이외의 제품의 공급곡선에 영향을 미치기도 한다). 미래 가격의 변화에 대한 예상 또한 현재의 공급곡선을 이동시킨다. 현재의 가뭄으로 인해 수확량이 떨어질 것이라고 예상하면 장래에 높은 가격으로 팔 수 있다는 희망으로 판매자들이 현재의 공급을 줄인다. 시장의 판매자 수의 변화도 공급곡선을 이동시킨다.

3.4.3 네 가지 간단한 규칙

수요곡선과 공급곡선이 정상적인 기울기를 가지면(우하향하는 수요곡선과 우상향하는 공급곡선), 앞의 예들은 수요곡선이나 공급곡선의 이동이 균형가격과 균형거래량에 어떻게 영향을 미치는가에 대한 네 가지 간단한 규칙을 예시하고 있다. 이 규칙은 **그림 3.17**에 요약되어 있다.

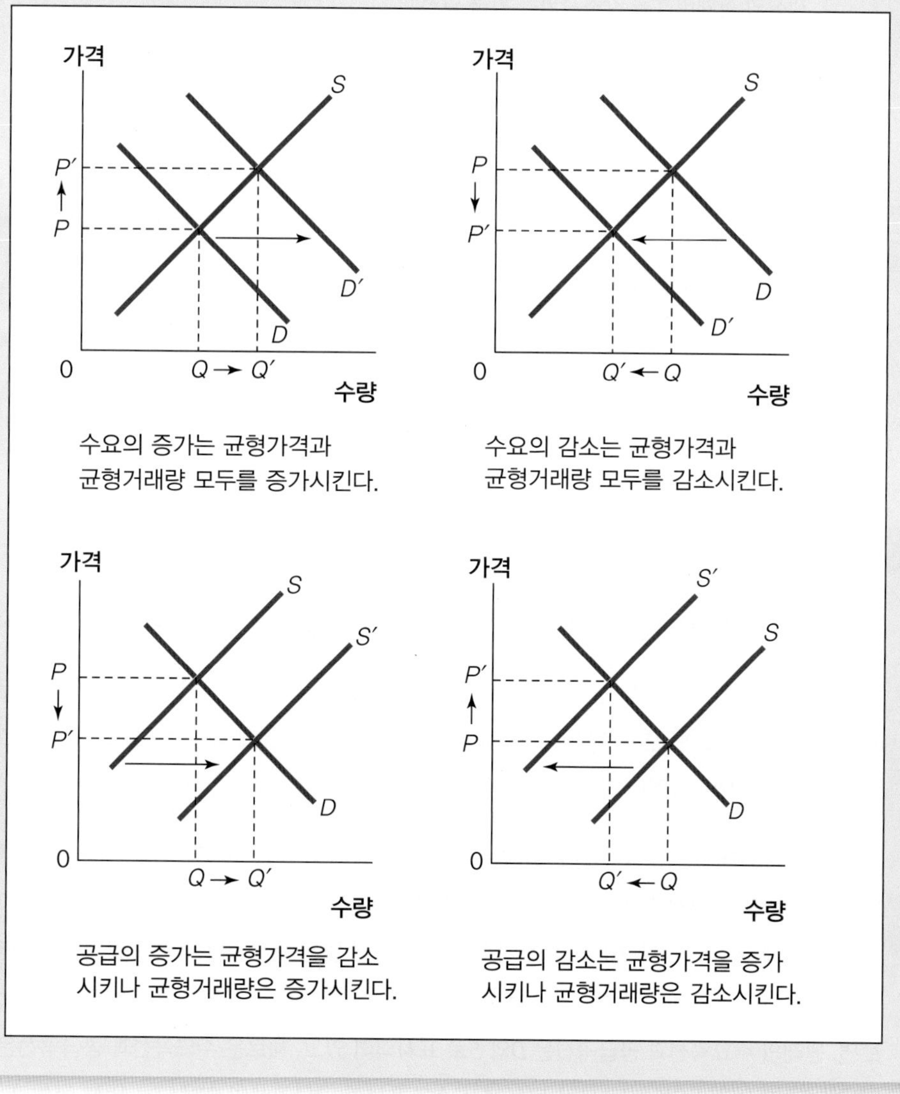

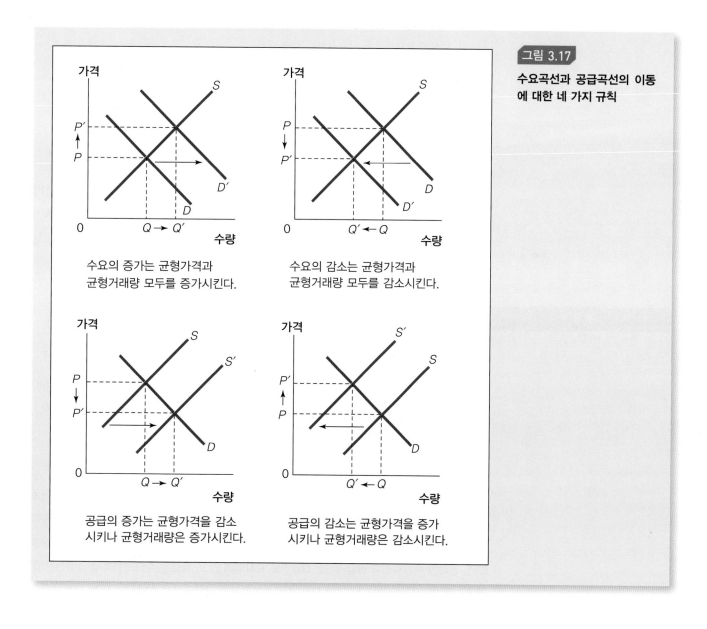

그림 3.17
수요곡선과 공급곡선의 이동에 대한 네 가지 규칙

요약 수요곡선과 공급곡선을 이동시키는 요인

- **수요를 증가시키는(수요곡선을 오른쪽 또는 위쪽으로 이동시키는) 요인**
  1. 보완재 가격의 하락
  2. 대체재 가격의 상승
  3. 소득의 증가(정상재)
  4. 구매자들의 재화에 대한 선호 증가
  5. 잠재적 구매자의 증가
  6. 장래에 가격이 오를 것이라는 예상

  이 요인들이 반대 방향으로 움직이면, 수요곡선은 왼쪽(아래쪽)으로 이동한다.

- **공급을 증가시키는(공급곡선을 오른쪽 또는 아래쪽으로 이동시키는) 요인**
  1. 재화 생산에 사용되는 재료의 가격, 임금 등과 같은 생산요소 가격의 하락
  2. 생산의 한계비용을 감소시키는 기술 발전
  3. 양호한 날씨(특히 농산물)
  4. 판매자 수의 증가
  5. 장래에 가격이 떨어질 것이라는 예상

  이 요인들이 반대 방향으로 움직이면, 공급곡선은 왼쪽(위쪽)으로 이동한다.

정상적인 기울기를 가진 모든 수요곡선과 공급곡선은, 이동 폭이 얼마든 간에 **그림 3.17**에 요약된 이동 방향에 관한 결과는 항상 성립한다. 그러나 다음의 예가 보여주듯이, 수요곡선과 공급곡선이 동시에 이동하면 균형가격과 균형거래량의 변화는 상대적인 이동 폭에 의존한다.

예 3.6 수요와 공급의 동시 이동

수요곡선과 공급곡선이 동시에 이동할 때 균형가격과 균형거래량에 어떤 영향을 미치는가?

다음과 같은 두 가지 사건이 동시에 발생하면, 콘칩 시장의 균형가격과 균형거래량에 어떤 영향을 미치겠는가?: (1) 한 연구결과에서 콘칩을 튀기는 기름이 인체에 해로운 것으로 판명되었다. (2) 옥수수 수확장비 가격이 하락했다.

기름이 인체에 해롭다는 연구 결과는, 콘칩이 건강에 유익할 것이라고 생각하고 콘칩을 샀던 많은 사람들이 콘칩 대신 다른 음식으로 전환할 것이므로, 콘칩의 수요곡선은 왼쪽으로 이동한다. 반면에 옥수수 수확장비 가격의 하락으로 인해 더 많은 농부들이 이익을 남기면서 시장에 참여할 수 있기 때문에, 콘칩의 공급곡선은 오른쪽으로 이동한다. **그림 3.18(a)**와 **그림 3.18(b)**를 보면, 원래의 수요곡선과 공급곡선은 D와 S로 표시되어 있고, 새로운 수요곡선과 공급곡선은 D'과 S'으로 표시되어 있다. 두 그림 모두에서 수요곡선과 공급곡선의 이동으로 인해 균형가격은 하락했다.

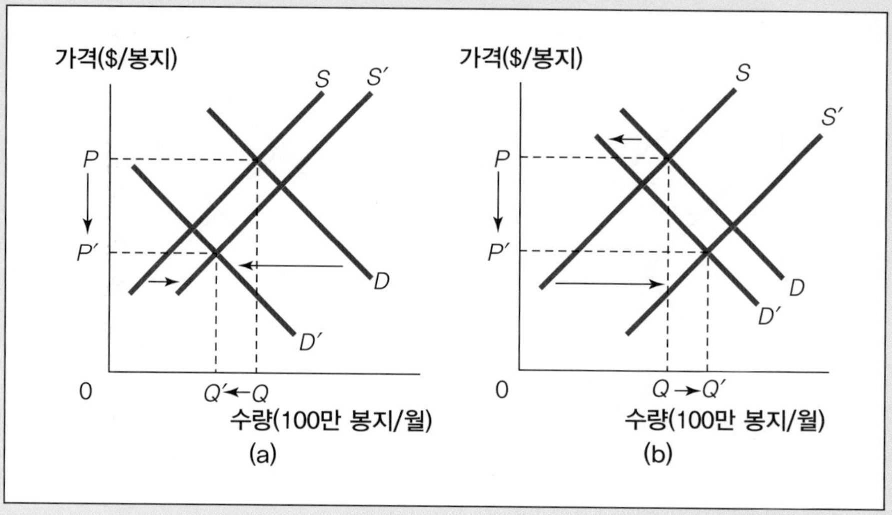

그림 3.18

수요와 공급곡선이 동시에 이동할 때의 효과

수요곡선은 왼쪽으로, 공급곡선은 오른쪽으로 이동할 때, 균형가격은 하락한다. 그러나 균형거래량은 감소할 수도 있고(a), 증가할 수도 있다(b).

그러나 두 곡선의 상대적인 이동 폭을 모르고서는 균형거래량에 미치는 영향은 알 수 없음을 독자들은 유의하기 바란다. 두 곡선의 이동을 개별적으로 살펴보면, 수요곡선의 이동은 균형거래량을 감소시킨다. 그러나 공급곡선의 이동은 균형거래량을 증가시킨다. 그러므로 두 이동의 순효과는 어느 효과가 더 큰가에 의존한다. **그림 3.18(a)**는 수요곡선의 이동이 공급곡선의 이동을 압도해 균형거래량이 감소한다. 반면에 **그림 3.18(b)**는 공급곡선의 이동이 수요곡선의 이동을 압도해 균형거래량은 증가한다.

다음의 개념체크는 **예 3.6**을 약간 변형한 문제로 독자들 스스로 생각해 보기 바란다.

✔ 개념체크 3.6

다음과 같은 두 가지 사건이 동시에 발생하면, 콘칩 시장의 균형가격과 균형거래량에 어떤 영향을 미치겠는가?: (1) 한 연구결과에 의하면 콘칩에 포함되어 있는 비타민이 암과 심장 질환에 예방 효과가 있음이 판명되었다. (2) 메뚜기 떼가 옥수수 수확량의 일부를 갉아 먹었다.

경제적 사유 3.3

왜 유럽행 비행기 티켓과 같은 재화는 성수기에 가격이 상승하는 반면, 옥수수와 같은 재화는 제철에 가격이 하락하는가?

계절에 따라 비행기 티켓 요금이 변동하는 주된 요인은 계절에 따른 수요의 변화이다. **그림 3.19(a)**에서 보듯이, 유럽행 비행기 티켓 가격은, 여름이 성수기이기 때문에 여름에 가격이 가장 비싸다. **그림 3.19(a)**에서 *W*와 *S*는 각각 겨울과 여름을 의미한다. 반면에 계절에 따른 옥

그림 3.19

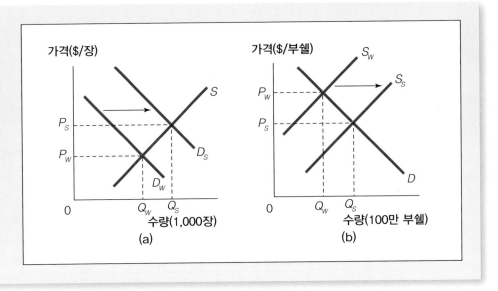

비행기 티켓과 옥수수의 계절에 따른 가격 변동

수요 증가로 소비량이 증가하면 가격은 성수기 때 가장 높다(a). 공급 증가로 소비량이 증가하면 가격은 성수기 때 가장 낮다(b).

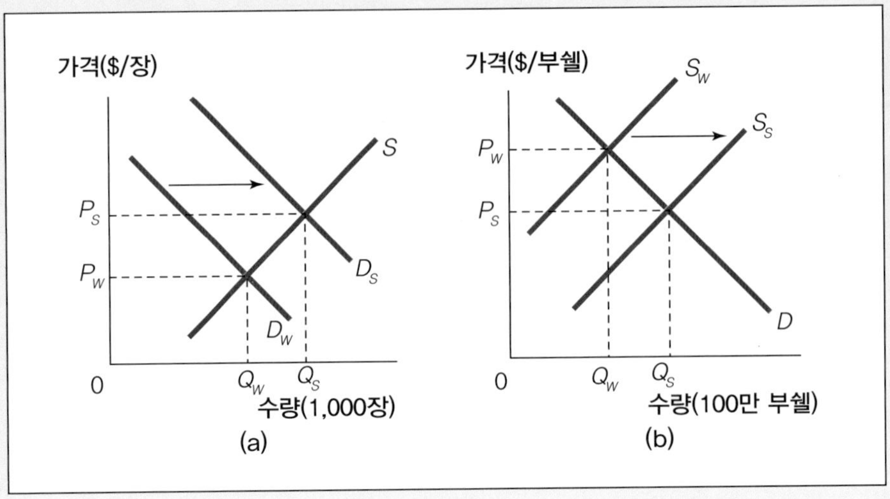

왜 어떤 재화는 성수기에 가격이 떨어지고, 어떤 재화는 가격이 올라가는가?

수수 가격의 변동은 주로 계절에 따른 공급의 변화에 기인한다. **그림 3.19(b)**에서 보듯이, 여름에 옥수수 공급이 가장 증대하므로 여름에 가격이 가장 싸다.

3.5 효율성과 균형

시장은 자원배분을 매우 효율적으로 하는 시스템이다. 한 재화의 시장이 균형 상태에 있으면, 균형가격은 잠재적 구매자들이 그 재화에 부여하는 가치에 대한 중요한 정보를 잠재적 판매자에게 전달한다. 동시에 균형가격은 잠재적 판매자들의 기회비용에 대한 중요한 정보를 잠재적 구매자에게 전달한다. 이같이 신속한 양방향의 정보 전달이, 비록 전 과정을 감독하는 사람이 아무도 없다 하더라도, 뉴욕시에 음식과 음료를 공급하는 것과 같은 매우 복잡한 작업을 시장이 잘 조정할 수 있는 이유이다.

그러나 시장 균형가격과 균형거래량이 경제적 잉여를 극대화하는 의미에서 사회적으로 최적인가? 다시 말하면, 규제가 없는 시장의 균형이 항상 시장 참여자들이 얻는 총편익과 총비용의 차이를 극대화하는가? 앞으로 살펴보겠지만, 그 대답은 "그럴 수도 있고 아닐 수도 있다"는 것이다: 임대료가 규제되는 뉴욕시의 임대아파트 시장과 같이, 균형 상태에 있지 못한 시장에서는 경제적 잉여를 증가시킬 수 있는 거래 기회가 항상 존재한다. 그러나 곧 살펴보겠지만, 수요곡선과 공급곡선이 생산과 소비에 관련된 편익과 비용을 완전하게 반영하고 있으면, 시장이 균형 상태에 있을 때 최대한의 경제적 잉여가 창출된다.

3.5.1 테이블 위의 현금

경제학에서는 모든 거래가 자발적임을 가정하고 있다. 이것은 구매자의 유보가격이 판매자의 유보가격보다 작으면 거래가 이루어질 수 없음을 의미한다. 구매자의 유보가격이 판매자의 유보가격보다 크고 거래가 이루어졌다면, 구매자와 판매자 모두 경제적 잉여를 얻는다. 거래를 통한 **구매자 잉여**(buyer's surplus)(역자 주: 소비자 잉여(consumer's surplus)라고도 부름)는 구매자의 유보가격과 실제로 지불한 가격과의 차이를 의미한다. 거래를 통한 **판매자 잉여**(seller's surplus)(역자 주: 생산자 잉여(producer's surplus)라고도 부름)는 판매자가 받은 가격과 판매자의 유보가격과의 차이를 의미한다. 거래를 통한 **총잉여**(total surplus)는 구매자 잉여와 판매자 잉여의 합이며, 또한 구매자의 유보가격과 판매자의 유보가격과의 차이와 일치한다.

구매자 잉여
구매자의 유보가격에서 실제로 지불한 가격을 뺀 것

판매자 잉여
판매자가 받은 가격에서 유보가격을 뺀 것

총잉여
구매자의 유보가격과 판매자의 유보가격과의 차이

피자 한 조각의 유보가격이 $4인 소비자와 유보가격이 $2인 판매자가 있다고 가정하자. 구매자가 판매자로부터 $3에 피자 한 조각을 구매했다면, 창출된 총잉여는 $4−$2=$2이고, 이 가운데 $4−$3=$1가 구매자 잉여, $3−$2=$1가 판매자 잉여이다.

가격이 균형에 도달하는 것을 막는 규제는 상호 이익이 되는 거래가 이루어지는 것을 불필요하게 저해하고, 그로 인해 총잉여가 감소한다. 가격규제가 피자 시장에 미치는 영향을 다시 한 번 살펴보자. **그림 3.20**의 수요곡선에 $2의 가격상한이 부과되면, 하루에 단지 피자 8,000조각만 판매된다. 수요곡선과 공급곡선의 수직적 해석에 의하면, 이 수량에서 구매자는 피자 한 조각을 더 얻기 위해 $4를 지불할 용의가 있고, 판매자는 $2만 받으며 피자 한 조각을 더 공급할 용의가 있다. 한 단위 더 생산되어 판매되면, 그 차이인 $2만큼의 추가적인 경제적 잉여가 발생한다. 앞에서 살펴보았듯이, 피자 한 조각이 $3에 거래되면 구매자와 소비자는 각각 $1의 경제적 잉여를 얻는다.

시장이 균형 상태에 있지 않으면, 이와 같이 상호 이익이 되는 거래가 항상 존재한다. 상호 이익이 되는 거래가 완전하게 실현되지 않을 경우, 경제학자들은 **테이블 위의 현금**(cash on the table)이라는 은유적 표현을 사용한다. 시장가격이 균형가격보다 낮으면, 판매자의 유보가격(한계비용)이 항상 구매자의 유보가격보다 낮으므로 테이블 위

테이블 위의 현금
실현되지 않은 교환을 통한 이득을 의미하는 경제학의 은유적 표현

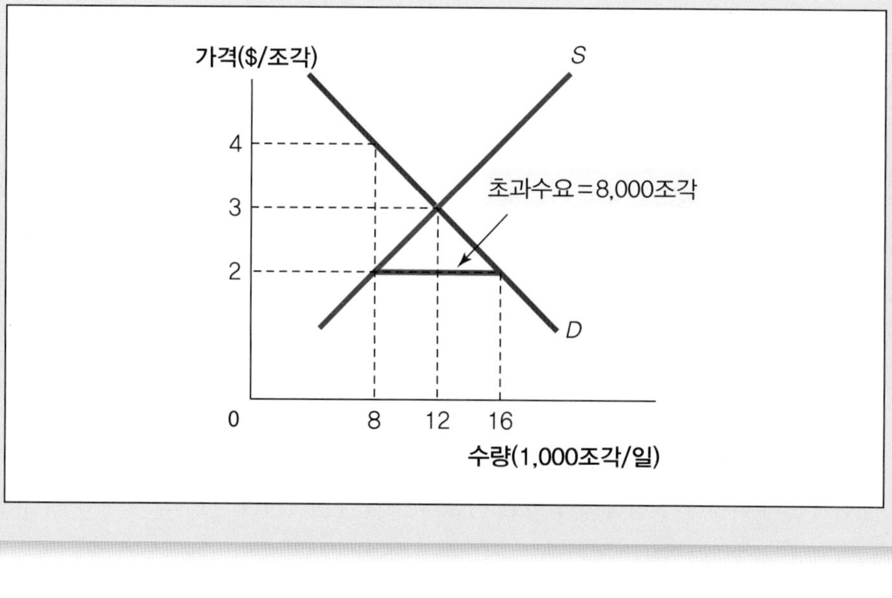

그림 3.20
피자 시장의 가격 규제
균형가격 이하로 가격상한이 부과되면 초과수요가 존재한다.

의 현금이 존재한다. 구매자가 조각당 $2 이상을 지불하지 못하도록 하는 법이 존재하지 않는 한, 레스토랑 주인들은 재빠르게 가격을 올리고 균형가격인 조각당 $3에 이르기까지 생산을 증가시킬 것이다. 조각당 $3에서 구매자들은 그들이 하루에 사고 싶은 양인 피자 1만 2,000조각을 정확하게 구매할 수 있다. 상호 이익이 되는 모든 거래가 다 실현되었으므로, 더 이상 테이블 위의 현금은 존재하지 않는다.

유인

유인의 원리를 생각하면, 시장에 참여하는 구매자와 판매자가 테이블 위의 현금을 찾아내는 데 놀라운 능력을 가지고 있다는 것은 놀랄만한 일이 아니다. 그것은 마치 실현되지 않은 기회가 뇌의 후각 중추에 신경화학적 폭발을 야기하는 이국적인 향취를 발산하는 것과 같다. 테이블 위의 현금을 잡아채 주머니에 넣고자 하는 욕구로 인해, 뉴욕시의 수많은 음식 시장의 판매자들이 소비자의 욕구를 충족시키려고 부지런히 노력하는 것이다. 이들이 임대료가 규제된 뉴욕시의 임대아파트 시장에 참여하고 있는 판매자들보다 훨씬 더 성공적이라는 것은 명백하다. 시장에도 결함이 존재하지만, 이제까지 고안된 어떤 중앙집권적 자원배분 메커니즘보다 시장은 훨씬 더 빠른 속도로 재빨리 움직인다.

3.5.2 개인적 현명함 그러나 사회적 어리석음

비용-편익

사회적 최적 산출량
생산과 소비에서 발생하는 총잉여를 극대화하는 산출량

한 재화의 **사회적 최적 산출량**(socially optimal quantity)은 생산과 소비에서 발생하는 총잉여를 극대화하는 수량이다. 비용-편익의 원리에 의하면, 한계편익이 한계비용을 초과하는 한 생산을 증가시켜야 한다. 사회적 최적 산출량은 한계비용과 한계편익이 일치하는 수량이다.

(경제적) 효율성
경제 내의 모든 재화와 서비스가 각각의 사회적 최적 산출량에서 생산, 소비될 때 효율성이 달성된다.

생산량이 사회적 최적 산출량보다 작으면, 생산량이 증가할 때 총잉여는 증가한다. 같은 이유로, 생산량이 사회적 최적 산출량을 초과하면, 생산량이 감소할 때 총잉여는 증가한다. 경제 내의 모든 재화와 서비스가 각각의 사회적 최적 산출량에서 생산되고 소비될 때, **경제적 효율성**(economic efficiency), 또는 간단하게 **효율성**(efficiency)이 달성된다고 말한다.

효율성은 매우 중요한 사회적 목표이다. 효율성 달성에 실패했다는 것은 창출될 수 있는 최대한의 경제적 잉여가 창출되고 있지 못함을 의미한다. 효율성이 증가하면 경제 전체의 파이가 커져 모든 사람이 더 큰 조각의 파이를 가질 수 있다. 효율성의 중요성은 앞으로 계속해서 반복되는 주제이므로, 이를 핵심 원리의 하나로 기술한다.

효율성

효율성의 원리(Efficiency Principle): 효율성이 증가하면 경제 전체의 파이가 커져 모든 사람이 더 큰 조각의 파이를 가질 수 있기 때문에, 효율성은 매우 중요한 사회적 목표이다.

시장의 균형거래량이 효율적인가? 다시 말하면, 균형거래량은 시장에 참여하는 사람이 얻는 총잉여를 극대화하는가? 시장이 균형 상태에 있으면, 추가적 한 단위를 생산하는데 판매자가 지불해야 하는 비용과 추가적 한 단위를 가짐으로써 구매자가 얻는 편익이 동일하다고 말할 수 있다. 모든 생산비용을 판매자가 부담하고 모든 편익을 구매자가 가지고 가면, 시장 균형거래량에서 한계비용과 한계편익은 일치한다. 이것은 균형거래량이 총잉여를 극대화하고 있음을 의미한다.

그러나 때로 어떤 재화는 그 재화의 판매자가 아닌 다른 사람이 비용을 부담하는 경우가 발생한다. 예를 들어, 한 재화의 생산에 상당한 정도의 환경오염이 수반되면 이 같은 일이 발생할 수 있다. 추가적으로 한 단위가 더 생산될 때 발생하는 추가적인 환경오염은 판매자 이외의 사람들에게 피해를 입힌다. 이런 재화의 경우 시장균형에서 생산된 최종 단위로부터 구매자가 얻는 편익은, 앞에서와 동일하게, 판매자가 최종 단위를 생산하는 데 지불해야 하는 비용과 일치한다. 그러나 그 재화를 생산할 때 다른 사람들이 오염에 따른 비용을 지불해야 하므로, 판매자의 **사적 한계비용**(private marginal cost)과 다른 사람들이 부담하는 오염에 의한 한계비용을 합친 **사회적 한계비용**(social marginal cost)은 최종 단위에서 창출되는 편익보다 크다. 그러므로 이 경우 균형거래량은 사회적 최적 산출량을 초과한다. 따라서 생산량이 줄어들면 총잉여는 증가한다. 그러나 판매자와 구매자 모두 자신의 행동을 바꿀 유인을 갖지 않는다.

또 다른 가능성은 한 재화를 구매하는 구매자 이외에 다른 사람들이 그 재화로부터 상당한 크기의 편익을 얻는 경우이다. 예를 들어, 누군가 홍역에 대한 예방주사를 맞으면, 맞은 사람은 물론이고 다른 사람들이 홍역에 걸릴 가능성을 감소시킨다. 사회 전체적 관점에서 보면 예방주사의 한계비용이 한계편익과 같아질 때까지 예방주사를 맞도록 해야 한다. 예방주사의 한계편익은 예방주사를 맞은 사람이 얻는 편익뿐 아니라 다른 사람에게 제공하는 편익까지도 더해야 한다. 그러나 개인들은 자신이 얻는 한계편익이 예방주사 가격을 초과하는 경우에 한해 예방주사를 맞는다. 이 경우 예방주사의 시장 균형거래량은 총잉여를 극대화하는 수량보다는 작을 것이다. 그러나 역시 개인들은 자신의 행동을 바꿀 유인을 갖지 않는다.

앞에서 설명한 상황들은 "개인적으로는 현명하나, 사회적으로는 어리석다"(smart for one but dumb for all)라고 부를 수 있는 행동의 예를 보여준다. 이 같은 경우 각 개인은 합리적으로 행동한다. 개인들은 자신들이 달성할 수 있는 최선의 목표를 추구한다. 그러나 사회 전체적 관점에서는 실현되지 않은 이득을 얻을 수 있는 기회가 존재한다. 실현될 수 있는 이득이 있음에도 불구하고, 이득이 실현되지 못하는 이유는 각 사람들이 개별적으로 행동해서는 이 같은 기회를 활용할 수 없기 때문이다. 이후의 장에서 사람들이 어떻게 집단적으로 이 같은 기회들을 활용하는가를 살펴본다. 이상의 논의를 핵심 원리 가운데 하나로 **균형의 원리 또는 테이블 위의 현금은 없다는 원리**라고 부르도록 한다.

균형의 원리(Equilibrium Principle)(테이블 위에 현금은 없다는 원리)(No-Cash-on-the-Table Principle): 시장균형에서는 개인 차원에서 활용되지 않은 기회는 존재하지 않는다. 그러나 집단적 행동을 통해 얻을 수 있는 모든 이득을 다 활용하지 못할 수 있다.

균형

요약 효율성과 균형

한 재화의 수요곡선과 공급곡선이 생산과 소비에 관련된 모든 편익과 비용을 반영하고 있으면, 시장이 균형 상태에 있을 때 최대한의 총잉여가 창출된다. 그러나 구매자들 이외의 다른 사람들이 편익을 얻거나 판매자들 이외의 다른 사람들이 비용을 부담하면, 시장균형은 최대한의 총잉여를 창출하지 못할 수 있다.

요 약 Summary

- 우하향하는 수요곡선은 각각의 가격에서 구매자들이 사고 싶은 양을 보여준다. 우상향하는 공급곡선은 각각의 가격에서 판매자들이 팔고 싶은 양을 보여준다.
- 마샬의 수요와 공급 모형은 생산비용이나 구매자가 부여하는 가치(지불할 용의가 있는 금액으로 표시된)만으로 왜 어떤 재화는 싸고, 다른 재화는 비싼 이유를 설명하기에 충분치 못함을 알려 준다. 가격 차이를 설명하려면 비용과 지불할 용의가 있는 금액 간의 상호작용을 고려해야 한다. 본장에서 살펴보았듯이 각 재화의 수요곡선과 공급곡선이 다르므로 재화 간의 가격 차이가 발생한다.
- 시장균형은 수요량과 공급량이 일치하는 시장가격에서 발생한다. 균형가격-균형거래량 조합은 수요곡선과 공급곡선이 교차하는 점이다. 균형에서 시장가격은 최종 단위에 구매자가 부여하는 가치와 판매자가 생산하기 위해 지불해야 하는 비용을 측정한다.
- 한 재화의 가격이 균형가격보다 높으면 초과공급이 존재한다. 초과공급이 발생하면 판매자들은 가격을 낮추고자 하며, 가격은 균형가격에 이를 때까지 계속해서 하락한다. 가격이 균형가격보다 낮으면 초과수요가 존재한다. 초과수요가 발생하면 구매자들은 더 높은 가격을 제시하고자 하며, 가격은 균형가격에 이를 때까지 계속해서 상승한다. 시장이 가지고 있는 놀랄만한 특징은, 사람들이 시장가격이 보내는 신호에 대해 자신의 이익을 극대화하는 방식으로 반응한다는 사실에 근거해, 수많은 구매자와 판매자의 행동을 훌륭하게 조정한다는 것이다. 규제 때문에 완전한 가격 조정이 불가능한 시장을 제외하면, 초과수요나 초과공급이 존재한다고 하더라도 그 크기는 그리 크지 않고 일시적이다.
- 수요와 공급 모형은 경제학의 가장 주된 분석 도구이다. 수요곡선이나 공급곡선의 이동에 근거해 균형가격과 균형거래량의 변화를 예측할 수 있다. 다음의 네 가지 규칙은 모든 우하향하는 수요곡선과 우상향하는 공급곡선에 대해 성립한다:
  - 수요가 증가하면 균형가격과 균형거래량은 모두 증가한다.
  - 수요가 감소하면 균형가격과 균형거래량은 모두 감소한다.
  - 공급이 증가하면 균형가격은 하락하고 균형거래량은 증가한다.
  - 공급이 감소하면 균형가격은 상승하고 균형거래량은 감소한다.
- 소득, 기호, 인구, 예상, 보완재와 대체재의 가격 등이 수요곡선을 이동시키는 주요한 요인이다. 공급곡선은 기술, 생산요소의 가격, 예상, 판매자의 수, 그리고 농산물은 특히 날씨가 공급곡선을 이동시키는 주요한 요인이다.
- 자원배분에 있어 시장이 갖는 효율성이 재화와 서비스가 여러 사람들 사이에 어떻게 분배되는가 하는 사회적 우려를 제거하지는 못한다. 예를 들어, 많은 사람들이 기초적인 생필품도 살만한 소득도 없다는 사실에 사람들이 한탄하기도 한다. 가난한 사람들의 후생에 대한 염려로 인해 정부가 시장의 결과를 바꾸고자 여러 가지 방식으로 간섭하기도 한다. 때로는 이 같은 정부의 간섭이 가격을 균형가격 아래로 고정시키는 형태로 나타나기도 한다. 이 같은 규제는 거의

모든 경우 예외 없이 의도하지 않은 나쁜 결과를 야기한다. 예를 들어, 임대료 규제와 같은 프로그램은 심각한 주택 부족, 암시장, 그리고 집주인과 임차인 사이의 관계 악화를 야기한다.

- 가난한 사람이 소득이 너무 작은 것이 문제라면, 최선의 해법은 그들의 소득을 바로 증대시킬 수 있는 방법을 찾는 것이다. 수요와 공급의 법칙은 법에 의해 무력화 되지 않는다. 그러나 법 제정을 통해 수요곡선과 공급곡선의 모양과 위치를 결정하는 요인을 변경할 수 있다.
- 한 재화의 수요곡선과 공급곡선이 생산과 소비에 관련된 모든 편익과 비용을 반영하고 있으면, 시장균형에서 총잉여를 극대화하는 수량이 생산되고 소비된다. 그러나 구매자들 이외의 다른 사람들이 편익을 얻거나(한 사람이 홍역 예방주사를 맞으면, 그 이웃 사람들도 편익을 얻는 경우와 같이), 판매자들 이외의 다른 사람들이 비용을 부담하면(생산에 오염이 수반되는 경우와 같이), 이 같은 결론은 성립하지 않는다. 이 경우 시장균형은 총잉여를 극대화하지 못한다.

핵심원리 Core Principles

효율성

효율성의 원리: 효율성이 증가하면, 경제 전체의 파이가 커져 모든 사람이 보다 큰 조각의 파이를 가질 수 있기 때문에, 효율성은 매우 중요한 사회적 목표이다.

균형

균형의 원리(테이블 위의 현금은 없다는 원리): 시장균형에서는 개인 차원에서 활용되지 않은 기회는 존재하지 않는다. 그러나 집단적 행동을 통해 얻을 수 있는 모든 이득을 다 활용하지 못할 수 있다.

핵심용어 Key Terms

가격상한(71)
경제적 효율성(86)
공급곡선(62)
공급량의 변화(73)
공급의 변화(73)
구매자 잉여(85)
구매자의 유보가격(61)
균형(64)
균형가격(64)
균형거래량(64)
대체재(74)
대체효과(60)
보완재(73)
사회적 최적 산출량(86)
소득효과(60)
수요곡선(60)
수요량의 변화(72)
수요의 변화(72)
시장(59)
시장균형(64)
열등재(하급재)(76)
정상재(76)
초과공급(64)
초과수요(65)
총잉여(85)
테이블 위의 현금(85)
판매자 잉여(85)
판매자의 유보가격(63)
효율성(86)

복습문제 Review Questions

1. 수요곡선의 수평적 해석과 수직적 해석의 차이를 설명하라.

2. 한 재화의 생산비용을 아는 것만으로 왜 그 재화의 시장가격을 예측하는데 충분하지 않는가?

3. 최근에 정부의 한 공무원이 휘발유 가격 상승으로부터 가난한 사람들을 보호하기 위해 휘발유 가격을 규제하자고 제안했다. 이 같은 제안이 효과적인지에 대해 어떤 일들을 관측할 수 있겠는가?

4. "수요의 변화"와 "수요량의 변화"를 구별하라.

5. 여러분이 관측한 "개인적으로는 현명하나, 사회적으로는 어리석은" 행동의 예를 제시해 보라.

연습문제 Problems

1. 다음의 사항이 미국 시장의 옥수수 공급곡선에 어떤 영향을 미치는가?
   a. 더 나은 새로운 윤작 기술이 개발되었다.
   b. 비료 가격이 하락했다.
   c. 정부가 농부들에게 세금을 감면해 주었다.
   d. 회오리바람이 아이오와주를 휩쓸고 지나갔다.

2. 다음의 사항이 해당 시장에서의 수요곡선을 어떻게 이동시키는가?
   a. 애디론댁(Adirondack) 산맥에서 휴가를 보내고자 하는 사람들의 소득이 증가했다(애디론댁의 휴가 시장).
   b. 사람들이 페퍼로니 소비가 심장 질환과 관련되어 있다는 연구를 알게 되었다(피자 시장).
   c. 가솔린차 시장의 소비자들이 전기차의 가격이 인상되었음을 알게 되었다.
   d. 전기차 시장의 소비자들이 전기차 가격이 인상되었음을 알게 되었다.

3. 애리조나주의 한 학생이 투산(Tucson)시 외곽의 사막에서 UFO를 보았다고 주장하고 있다. 이 학생의 주장이 투산 지역의 망원경의 공급(공급량이 아님)에 어떤 영향을 미치는가?

4. 다음의 재화들이 보완재인지 대체재인지 또는 양쪽 모두인지 설명하라.
   a. 세탁기와 빨래 건조기
   b. 테니스 라켓과 테니스공
   c. 생일 케익과 생일 양초
   d. 천 기저귀와 종이 기저귀

5. 출생률의 증가는 토지의 균형가격에 어떤 영향을 미치는가?

6. 닭 사육비용이 증가하면 쇠고기의 균형가격과 균형거래량에 어떤 영향을 미치는가?

7. 자동차 책임 보험료 수준을 증가시키는 새로운 법률이 제정되면 새 차의 균형가격과 균형거래량에 어떤 영향을 미치는가?

8. 다음 각각의 사건이 오렌지의 균형가격과 균형거래량에 어떤 영향을 미치는가?
   a. 오렌지 주스가 심장 질환의 위험을 낮춘다는 연구결과가 알려졌다.
   b. 자몽 가격이 폭락했다.
   c. 오렌지 따는 일꾼들의 임금이 상승했다.
   d. 날씨가 아주 좋아, 기대 이상의 풍작이 예상된다.

9. 네브래스카주에서 광우병이 발견되었다는 소식과, 동일한 먹이를 주어도 몸무게가 더 많이 나가는 신종 병아리 품종이 개발되었다는 소식에 대한 기사가 뉴욕 타임스 최근호에 실렸다. 이 같은 사건이 미국 닭 시장의 균형가격과 균형거래량에 어떤 영향을 미치는가?

10. 25년 전에 두부는 대도시의 아시아 사람들이 주로 사는 지역에 위치한 소규모 기업만이 생산했다. 오늘날 두부는

고단백질 식품으로 인기를 끌고 있으며, 미국 전역의 대형 할인점에서 구할 수 있다. 동시에 두부 생산 기술도 발전해 현대적인 음식 가공 기술을 이용한 대규모 공장에서 두부가 생산되고 있다. 25년 전과 오늘날의 두부 시장을 나타내는 수요곡선과 공급곡선을 각각 그려라. 주어진 정보에 기초해, 수요와 공급 모형을 이용하면 당시와 현재의 두부 판매량 변화에 대해 어떤 예측을 할 수 있겠는가? 두부 가격에 대한 예측은 어떠한가?

본문 개념체크 해답 Answers to Concept Checks

3.1 수량이 하루 1만 조각이면, 한계구매자의 유보가격은 $3.5이다. 조각당 가격이 $2.5이면 수요량은 하루 1만 4,000조각이다.

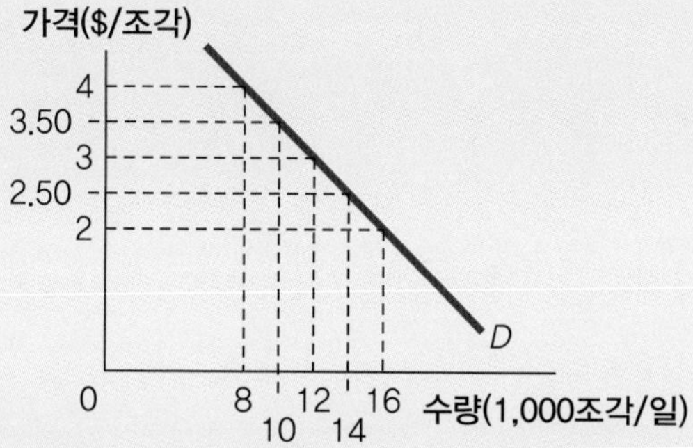

3.2 수량이 하루 1만 조각이면, 한계비용은 $2.5이다. 조각당 가격이 $3.5이면 공급량은 하루 1만 4,000조각이다.

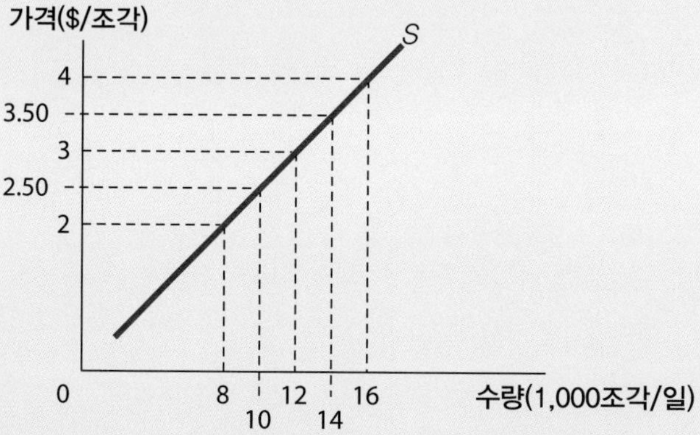

3.3 법으로 정한 월 임대료 상한이 균형가격보다 크므로, 시장에서 결정되는 임대료에 아무런 영향을 미치지 못한다. 균형임대료는 여전히 월 $800이다.

3.4 비행기 여행과 도시 사이의 버스 여행은 대체재이다. 그러므로 항공료 인하는 버스 여행의 수요곡선을 왼쪽으로 이동시켜, 균형 버스 요금과 버스 여행 횟수 모두 감소한다. 비행기 여행과 휴양지 호텔 이용은 보완재이다. 그러므로 항공료 인하는 휴양지 호텔의 수요곡선을 오른쪽으로 이동시켜, 균형 호텔 요금과 호텔 방 이용은 모두 증가한다.

3.5 워싱턴 지하철역에서 멀리 떨어진 곳에 위치한 아파트는 열등재이다. 연방 공무원의 월급이 증가하면, 이 같은 아파트의 수요곡선은 왼쪽으로 이동하므로 균형임대료는 하락한다.

3.6 비타민 효과의 발견은 콘칩의 수요곡선을 오른쪽으로 이동시키는 반면에, 메뚜기 떼로 인한 수확량의 감소는 콘칩의 공급곡선을 왼쪽으로 이동시킨다. 그 결과 균형가격은 상승한다. 그러나 수요와 공급곡선의 상대적인 이동 폭에 따라, 균형거래량은 증가할 수도 있고(위 그림), 감소할 수도 있다(아래 그림).

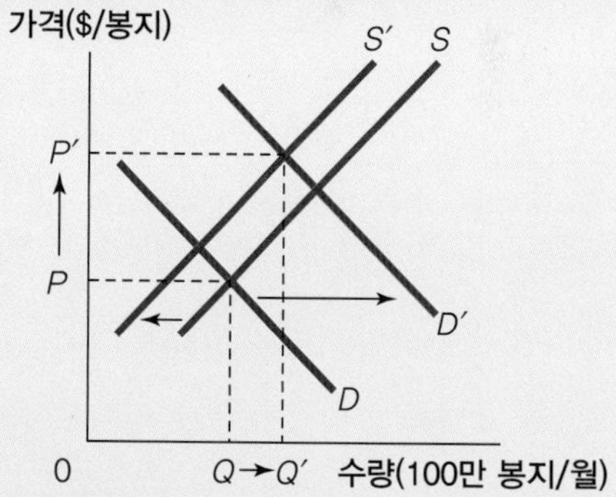

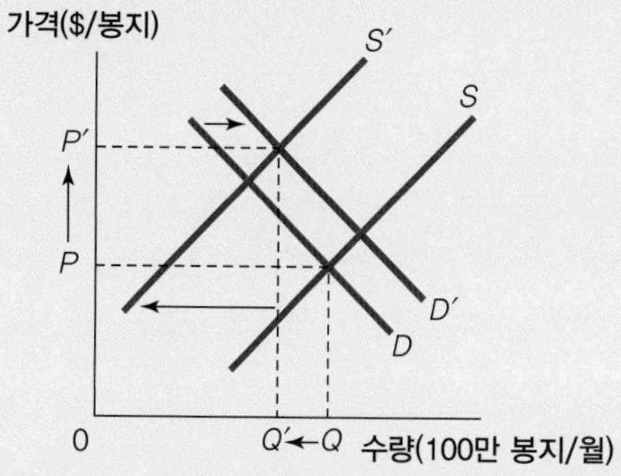

수요와 공급의 수학적 접근

제 3 장 부록

본장에서는 수요와 공급 모형을 그림을 통해 분석했다. 그림을 통한 분석은 수요곡선이나 공급곡선의 이동을 시각적으로 보여줌으로써 균형가격과 균형거래량에 미치는 효과를 쉽게 알 수 있는 장점이 있다.

수요와 공급 모형은 또한 쉽게 수학적으로 표시할 수 있다. 부록에서는 수요와 공급 모형에 대한 수학적 접근 방식을 제시한다. 수학적 방식의 장점은 균형가격과 균형거래량을 매우 쉽게 계산할 수 있다는 것이다.

예를 들어, **그림 3A.1**의 수요곡선과 공급곡선을 생각해 보자. P는 가격, Q는 수량을 의미한다. 수요곡선과 공급곡선을 나타내는 방정식은 무엇인가?

직선인 수요곡선의 방정식은 일반적으로 $P=a+bQ^d$(수직적 해석)로 표시된다. P는 가격(세로축), Q^d는 수요량(가로축), a는 수요곡선의 수직절편, b는 기울기이다. **그림 3A.1**의 수요곡선은 수직절편은 16이고 기울기는 −2이므로, 수요곡선의 방정식은 다음과 같다:

$$P=16-2Q^d. \tag{3A.1}$$

같은 방법으로, 직선인 공급곡선의 방정식은 일반적으로 $P=a+bQ^s$(수직적 해석)로 표시된다. P는 가격, Q^s는 공급량, a는 공급곡선의 수직절편, b는 기울기이다. **그림 3A.1**의 공급곡선은 수직절편은 4이고 기울기 또한 4이므로, 공급곡선의 방정식은 다

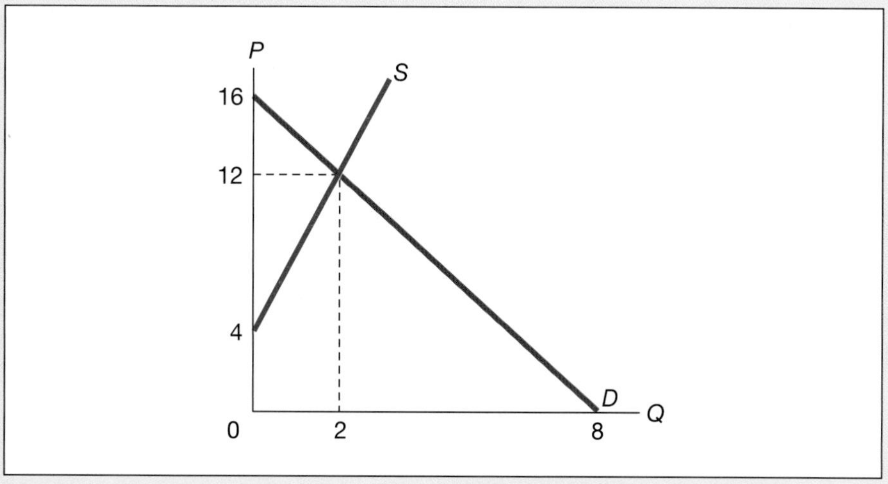

그림 3A.1
수요곡선과 공급곡선

음과 같다:

$$P=4+4Q^s. \tag{3A.2}$$

한 시장의 수요곡선과 공급곡선의 방정식을 알고 있으면, 균형가격과 균형거래량을 쉽게 구할 수 있다. 다음의 예는 연립 방정식을 풀어서 균형가격과 균형거래량을 구하는 방법을 보여준다.

예 3A.1 연립방정식 풀기

수요곡선과 공급곡선의 식이 각각 $P=16\text{-}2Q^d$와 $P=4+4Q^s$일 때, 이 시장의 균형가격과 균형거래량을 구하라.

균형에서는 $Q^d=Q^s$가 성립한다. $Q^d=Q^s=Q^*$로 표시하면 (3A.1)식과 (3A.2)식의 우변이 같아야 한다:

$$4+4Q^*=16-2Q^*. \tag{3A.3}$$

이 방정식을 풀면 균형거래량 $Q^*=2$를 얻는다. $Q^*=2$를 수요 또는 공급 방정식에 대입하면 균형가격 $P^*=12$를 얻는다.

수요곡선과 공급곡선이 **그림 3A.1**과 같으면, 단지 눈으로 보아도 균형가격과 균형거래량을 쉽게 찾을 수 있다(그래서 그림을 이용한 것이 균형을 시각적으로 보여주는 데 도움이 된다고 말한다). 다음의 예가 보여주듯이, 수학적 접근 방식의 장점은 균형가격과 균형거래량을 찾기 위해 수요곡선과 공급곡선을 정확하게 그려야 하는 수고를 하지 않아도 된다는 점이다.

✔ 개념체크 3A.1

수요곡선과 공급곡선의 방정식이 각각 $P=8-2Q^d$와 $P=2Q^s$일 때, 이 시장의 균형가격과 균형거래량을 구하라.

부록 개념체크 해답 Answers to Concept Checks

3A.1 균형거래량을 Q^*로 표시하자. 균형가격과 균형거래량은 수요곡선과 공급곡선 모두 위에 있어야 하므로, 수요와 공급 방정식의 우변이 같아야 한다:

$$2Q^*=8-2Q^*.$$

이 방정식을 풀면 균형거래량 $Q^*=2$를 얻는다. $Q^*=2$를 수요 또는 공급 방정식에 대입하면 균형가격은 $P^*=4$이다.

탄력성

제 4 장

불법 의약품에 대한 수요가 비탄력적이면, 불법 의약품 판매상을 더 많이 체포할수록 불법 의약품에 대한 지출은 증가한다.

많은 불법 마약 사용자들이 마약 구매 자금을 얻기 위해 범죄를 저지른다. 마약과 범죄의 연관성 때문에 불법 마약의 밀수를 막기 위해 더 많은 노력이 필요하다. 그러나 그러한 노력으로 인해 여러분이 소유하고 있는 아이폰이나 노트북 컴퓨터가 도난당할 가능성이 감소하는가? 불법 마약 공급을 감소시키려는 노력이 성공한다면, 그 효과는 시장에서 마약 가격의 상승으로 나타날 것이다(수요와 공급 모형으로부터 공급곡선이 왼쪽으로 이동하면 가격은 상승한다는 것을 독자들은 이미 알고 있다). 수요곡선이 우하향하면 마약 사용자들은 마약을 적게 사용할 것이다. 그러나 마약 사용자들이 저지르는 범죄의 양은 그들이 사용하는 마약의 양이 아니라 마약을 구매하기 위해 지불하는 **총지출 금액**에 의존한다. 불법 마약의 수요곡선이 가지고 있는 독특한 특징 때문에, 가격 상승은 마약에 대한 총지출을 감소시킬 수도 있고 증가시킬 수도 있다.

예를 들어, 국경 감시대의 감시 횟수를 늘리면 **그림 4.1**에서 보듯이, 불법 마약의 공급곡선은 왼쪽으로 이동한다. 그 결과 마약의 균형거래량은 하루 5만 온스에서 4만 온스로 감소하고, 균형가격은 온스당 $50에서 $80로 증가한다. 마약에 대한 총 지출은 하루 250만 달러(5만 온스×$50)에서 하루 320만 달러(4만 온스×$80)로 증가한다. 이 경우, 마약의 공급을 차단하려는 노력이 오히려 여러분이 가지고 있는 노트북 컴퓨터

그림 4.1

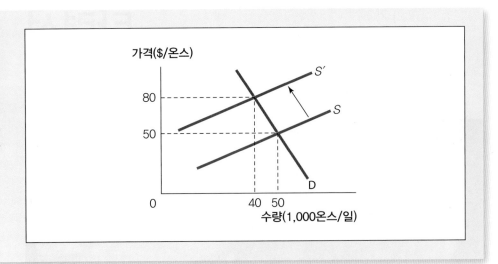

국경 감시대의 감시 증가가 불법 마약 시장에 미치는 영향
추가적인 감시 증가는 공급곡선을 왼쪽으로 이동시켜 균형거래량은 감소한다. 그러나 마약에 대한 총지출은 증가할 수도 있다.

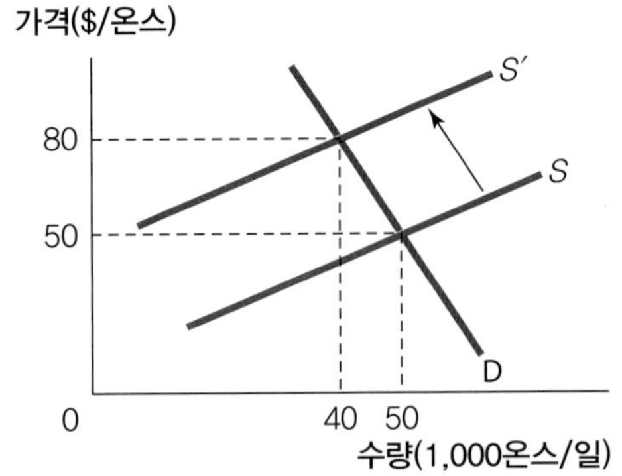

불법 마약의 공급을 줄이면 마약 관련 범죄가 늘어날 수 있는가?

가 도난당할 가능성을 증가시킨다.

불법 마약의 유통을 차단함으로써 얻는 다른 편익이 그로 인해 발생하는 범죄의 증가에 따른 비용보다 클 수 있다. 그러나 법 집행기관은 이 같은 정책이 마약과 관련된 범죄를 오히려 증가시킬 수 있다는 것을 알 필요가 있다.

본장에서는 수요량과 공급량이 가격, 소득 및 그 외의 변수들의 변화에 어느 정도로 민감하게 반응하는가를 재는 척도인 탄력성의 개념을 소개한다. 3장의 분석을 통해 수요곡선과 공급곡선의 이동을 알면 균형가격과 균형거래량이 어떻게 변하는지 예측할 수 있다. 가격탄력성의 이해를 통해 이러한 변화의 효과에 대해 더 정확하게 말할 수 있다. 앞에서 살펴본 불법 마약의 예에서 공급의 감소는 총지출의 증가를 가져왔다. 다른 경우 공급의 감소는 총지출의 감소를 가져오기도 한다. 왜 이런 차이가 발생하는가? 이 같은 패턴을 설명하는 개념이 바로 수요의 가격탄력성이다. 본장에서는 어떤 재화는 수요의 가격탄력성이 왜 다른 재화에 비해 높은지, 그리고 가격이 변할 때 수요의 가격탄력성이 총지출의 변화에 어떤 영향을 미치는지에 대해 살펴본다. 또한 공급의 가격탄력성과 재화마다 공급의 가격탄력성이 다른 이유에 대해서도 알아본다.

4.1 수요의 가격탄력성

재화나 서비스의 가격이 상승하면 수요량은 감소한다. 그러나 가격 변화가 총지출에 미치는 영향을 알려면 수요량이 얼마나 감소하는가를 알아야 한다. 소금과 같은 재화는 수요량이 가격 변화에 대해 매우 둔감하다. 소금 가격이 두 배로 오른다거나 절반으로 떨어진다고 해도 대부분의 사람의 소금 소비량은 거의 변하지 않는다. 그러나 어떤 재화는 수요량이 가격 변화에 매우 민감하다. 예를 들어, 1990년대에 요트에 사치세가 부과되었을 때 요트 구매량은 급감했다.(**경제적 사유 4.2** 참조)

4.1.1 수요의 가격탄력성 정의

한 재화의 **수요의 가격탄력성**(price elasticity of demand)은 수요량이 가격 변화에 대해 어떻게 반응하는가를 재는 척도이다. 한 재화의 수요의 가격탄력성은 가격 1% 변화에 따른 수요량의 변화율을 표시한 것으로 정의된다. 예를 들어, 쇠고기 값이 1% 하락했는데 수요량은 2% 증가했다면, 쇠고기 수요의 가격탄력성은 −2이다.

수요의 가격탄력성
가격 1% 변화에 따른 수요량의 변화율

앞의 정의는 가격 1% 변화에 따른 수요량의 변화율을 지칭하지만, 가격의 변화분이 상대적으로 작다면 가격 변화가 1% 아니더라도 그 정의를 적용할 수 있다. 이 경우, 수요의 가격탄력성은 수요량의 변화율을 가격의 변화율로 나누어 계산한다. 그러므로 돼지고기 가격이 2% 하락할 때, 돼지고기 수요량이 6% 증가하면, 돼지고기 수요의 가격탄력성은 다음과 같다:

$$\frac{\text{수요량의 변화율}}{\text{가격의 변화율}} = \frac{6\%}{-2\%} = -3 \qquad (4.1)$$

엄밀하게 말하면, 가격과 수요량은 반대 방향으로 변하므로, 수요의 가격탄력성은 항상 (−)(또는 0)이다. 그러므로 편의상 (−) 부호를 떼어내고 절대값을 취한 것을 수요의 가격탄력성이라고 부른다. 한 재화의 수요의 가격탄력성이 1보다 크면 그 재화의 수요는 **탄력적**(elastic), 1보다 작으면 **비탄력적**(inelastic)이라고 부른다. 수요의 가격탄력성이 1이면 수요가 **단위 탄력적**(unit elastic)이라고 부른다(**그림 4.2** 참조).

탄력적 수요
수요의 가격탄력성이 1보다 큰 경우

비탄력적 수요
수요의 가격탄력성이 1보다 작은 경우

단위 탄력적 수요
수요의 가격탄력성이 1인 경우

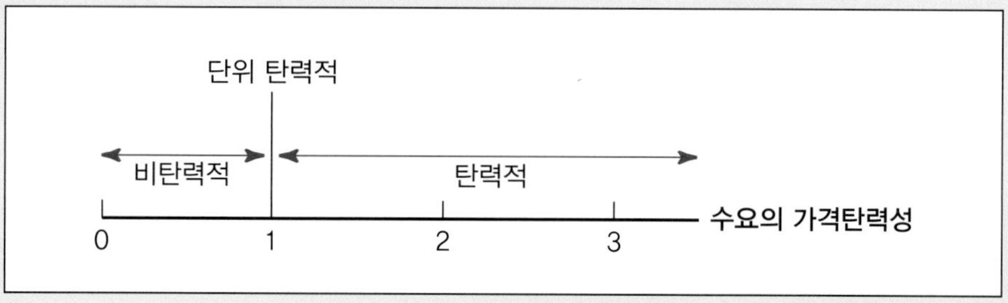

그림 4.2

탄력적 수요와 비탄력적 수요
수요의 가격탄력성이 1이면 단위 탄력적, 1보다 크면 탄력적, 1보다 작으면 비탄력적이라고 부른다.

수요의 가격탄력성 — 예 4.1

피자 수요의 가격탄력성은 얼마인가?

피자 가격이 조각당 \$1일 때 구매자들은 하루 400조각을 사고자 하고, 가격이 \$0.97로 하락하면 하루 404조각을 사고자 한다. 원래의 가격에서 피자 수요의 가격탄력성은 얼마인가? 피자의 수요는 탄력적인가?

가격이 3% 하락했는데 수요량은 1% 증가했다. 그러므로 피자 수요의 가격탄력성은

(1%)/(3%)=1/3이며, 따라서 원래의 가격에서 수요는 비탄력적이다.

✔ 개념체크 4.1

스키 시즌패스 수요의 가격탄력성은 얼마인가?

스키 시즌패스의 가격이 $400일 때 구매자들이 연간 1만 장의 패스를, 가격이 $380로 하락하면 연간 1만 2,000장의 패스를 사고자 한다. 원래의 가격에서 스키 시즌패스 수요의 가격탄력성은 얼마인가? 스키 시즌패스의 수요는 탄력적인가?

4.1.2 수요의 가격탄력성 결정요인

비용-편익

한 재화나 서비스 수요의 가격탄력성을 결정하는 요인은 무엇인가? 이 질문에 대답하려면 합리적인 소비자는 특정 재화를 구입하기에 앞서 그 재화의 구매가 **비용-편익**의 원리를 충족하는지를 확인한다는 것을 독자들은 기억하기 바란다. 예를 들어, 여러분이 단지 한 단위만을 사고자 하는 재화(기숙사의 냉장고와 같은 재화)를 생각해 보자. 현재 가격에서 여러분은 그 재화를 구매한다고 가정하고, 가격이 현재보다 10% 증가한다고 생각해 보자. 이 같은 가격의 증가로 인해 여러분의 구매 결정이 바뀌는가? 이에 대한 대답은 다음과 같은 요인에 의존한다.

대체재의 존재 가능성

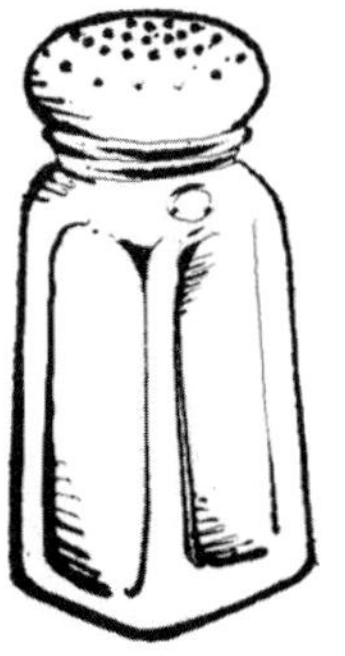

소금 가격이 두 배가 되면 소비가 얼마나 줄겠는가?

여러분이 구매하고 싶은 재화의 가격이 많이 상승하면, 여러분은 스스로에게 "값은 싸면서 이 재화와 동일한 기능을 가진 다른 재화는 없을까?"라는 질문을 할 것이다. 만일 그 대답이 "그렇다"라면, 여러분은 대체재를 구매함으로써 비싼 가격을 지불하지 않아도 된다. 그러나 그 대답이 "아니다"라면, 할 수 없이 그 재화를 비싼 가격에라도 구매할 것이다.

이 같은 관측은 유사한 대체재가 존재하는 재화의 수요의 가격탄력성이 높음을 암시한다. 예를 들어, 소금은 유사한 대체재가 존재하지 않는다. 이 같은 사실은 소금 수요의 가격탄력성이 매우 낮은 이유 가운데 하나이다. 그러나 소금의 수요가 가격 변화에 대해 매우 비탄력적이지만, 그렇다고 **특정 소금 브랜드**에 대한 수요 역시 매우 비탄력적이라고 말할 수는 없다. 소금 판매자들은 자신의 브랜드가 다른 소금에 비해 매우 특별하다고 주장하나, 소비자들은 한 소금 브랜드를 다른 소금 브랜드의 거의 완벽한 대체재라고 생각한다. 그러므로 모톤(Morton) 브랜드가 소금 가격을 많이 올리면 사람들은 다른 브랜드의 소금으로 구매를 전환할 것이다.

광견병 백신은 실질적인 대체재가 존재하지 않는 재화이다. 백신을 맞지 않은 사람이 광견병에 걸린 동물에 물렸다면 확실히 고통스러운 죽음을 당할 것이다. 그러므로 이 같은 상황에 있는 대부분의 사람들은 백신을 안 맞고 지내기보다는 감당할 수 있는 한 어떤 가격이라도 지불하고자 할 것이다.

소득에서 차지하는 비중

열쇠고리 가격이 갑자기 두 배로 올랐을 때 여러분이 구매하는 열쇠고리 숫자에 어떤 영향을 미치겠는가? 여러분이 대부분의 다른 사람과 비슷하다면 거의 영향이 없을 것이다. 생각해 보라—수년에 걸쳐 고작 하나 정도 구매하는 25센트짜리 열쇠고리 가격이 두 배로 되었다고 해서 크게 걱정할 것이 없다. 반면에 여러분이 구매할 생각이 있는 새 차의 가격이 두 배가 되었다고 하면, 여러분은 아마도 중고차나 보다 작은 사이즈의 차와 같은 대체재를 생각해 볼 것이다. 아니면 현재 타고 다니는 차를 좀 더 사용하고자 할 것이다. 한 재화가 소득에서 차지하는 비중이 클수록 그 재화의 가격이 올랐을 때 대체재를 찾고자 하는 유인이 클 것이다. 그러므로 소득에서 차지하는 비중이 큰 재화는 일반적으로 수요의 가격탄력성이 크다.

시간

가전제품은 다양한 모델이 출시되며 어떤 모델은 다른 모델에 비해 더 에너지 효율적이다. 일반적으로 에너지 효율이 높을수록 가격은 비싸다. 여러분이 새 에어컨을 구매하고자 하는데 갑자기 전기 요금이 가파르게 상승하면 여러분은 원래 생각한 모델보다 에너지 효율적인 모델을 사고자 할 것이다. 만약 여러분이 전기 요금이 상승할 것을 모르고 이미 특정 모델을 구매했다고 가정하자. 그렇다고 이미 산 모델을 버리고 더 효율적인 모델로 대체하는 것이 여러분에게 유리하지는 않을 것이다. 오히려 새로운 모델로 교체하기 전에, 여러분은 그 모델이 낡아지게 될 때까지나 또는 이사할 때까지 기다릴 것이다.

이 예가 보여 주듯이 한 재화를 다른 재화로 대체하는 데는 시간이 걸린다. 어떤 경우에는 가격이 상승하면 바로 대체할 수 있지만, 많은 경우 대체하는 데 몇 년 심지어는 몇십 년이 걸릴 수도 있다. 이 같은 이유로, 한 재화의 수요의 가격탄력성은 단기보다 장기에서 더욱 크다.

요약 수요의 가격탄력성에 영향을 미치는 요인

대체재가 존재할 때, 소득에서 차지하는 비중이 클 때, 소비자들이 가격 변화에 적응할 수 있는 시간이 길 때, 한 재화나 서비스의 수요의 가격탄력성은 크다.

4.1.3 몇 가지 재화의 수요의 가격탄력성 추정치

표 4.1에서 보듯이 재화에 따라 수요의 가격탄력성은 매우 다르다. **표 4.1**의 재화 가운데 대중교통이 3.5로 가장 높고, 식품이 0.1로 가장 낮다. 이러한 차이는 부분적으로 앞에서 설명한 요인들로 설명할 수 있다. 예를 들어, 완두콩의 가격탄력성은 커피보다 9배 이상 높은데, 이는 완두콩이 커피보다 더 많은 대체재가 있다는 사실을 반영한다.

또한 식품은 가격탄력성이 낮은 반면에, 완두콩의 가격탄력성은 크다. 완두콩과 비교해 식품은 가계 지출의 큰 부분을 차지하고 있으며 또한 대체재도 거의 없다.

표 4.1 여러 재화의 가격탄력성 추정치

재화 또는 서비스	가격탄력성
식품	0.1
커피	0.3
잡지 및 신문	0.3
주택	0.6
담배	0.6
의복	0.6
의료서비스	0.8
휘발유	0.9
자동차	1.1
맥주	1.2
가구	1.3
외식	1.6
가정용 전기	1.9
보트 또는 여가용 항공기	2.4
완두콩	2.8
대중교통	3.5

출처: K. Elzinga, "The Beer Industry," in *The Structure of American Industry*, ed Walter Adams(New York: Macmillan, 1977); Ronald Fisher, *State and Local Public Finance*(Chicago: Irwin, 1996); H. S. Houthakker & Lester Taylor, *Consumer Demand in the United States: Analysis and Projections*, 2nd ed. (Cambridge, MA: Harvard University Press, 1970); Ashan Mansur and John Whalley, "Numerical Specification of Applied General Equilibrium Model: Estimation, Calibration, and Data," in *Applied General Equilibrium Analysis*, eds. Hertbert Scarf and John Shoven (New York Cambridge University Press, 1984); Joachim Moller, "Income and Price Elasticities in Different Sectors of the Economy—An Analysis of Structural Change for Genrman, the U.K., and U.S.A."(University of Regenburg, 1988); L. Taylor, "The Demand for Electricity: A Survey," *Bell Journal of Economics*(Spring 1975); and Henri Theil, Chiang-Fan Chung, and James Seale, "Advances in Econometrics," Supplement I, 1989, *Internaltional Evidence on Consumption Patters*(Greenwich, CT:JAI Press, 1989).

4.1.4 수요의 가격탄력성의 적용

수요의 가격탄력성 결정요인에 대한 이해는 소비자 행동을 이해하는 데 뿐만 아니라 효과적인 공공정책을 입안하는 데도 필수적이다. 예를 들어, 세금이 10대들의 흡연에 어떤 영향을 미치는지를 알아보자.

경제적 사유 4.1

담배세가 증가하면 10대들의 흡연율은 감소하는가?

담배회사가 고용한 컨설턴트들은 의회에서 10대들의 흡연을 줄이기 위한 담배세 인상에 대해 반대하는 증언을 했다. 컨설턴트들은 10대들 흡연의 가장 중요한 이유는 친구들이 담배를 피기 때문이라고 증언했다. 그러므로 그들은 담배세 인상이 큰 영향을 미치지는 않을 것이라고 결론지었다. 컨설턴트들의 증언은 경제학적으로 옳은가?

담배 가격이 오르면 10대의 흡연율이 감소하는가?

같은 또래들의 영향이 10대들의 흡연에 가장 중요한 요인이라는 컨설턴트들의 주장은 맞다. 그러나 그렇다고 담배세 인상이 청소년 흡연율에 거의 영향을 미치지 않는다는 것을 의미하지는 않는다. 대부분의 10대들은 재량으로 사용할 수 있는 돈이 거의 없으므로, 평균적인 10대 흡연자들에게 담배는 그들의 예산 가운데 큰 부분을 차지한다. 그러므로 담배 수요의 가격탄력성은 작지 않을 것이다. 담배세가 인상되면 적어도 일부 10대 흡연자들은 담배 가격을 감당할 수 없게 된다. 그리고 비싼 담배를 필 수 있는 10대 흡연자의 경우도 일부는 비싼 값을 주고 담배를 피우느니, 다른 재화에 돈을 쓰고자 할 것이다.

담배세가 적어도 일부 10대 흡연자들에게 영향을 미치는 한 컨설턴트들의 주장은 설득력을 잃는다. 담배세의 인상이 직접적인 담배 가격의 인상을 통해 소수의 10대들만이라도 담배를 끊도록 만든다면, 또래들에게 역할 모델을 하는 담배를 피우는 10대들의 숫자를 줄여 간접적으로 다른 10대들의 흡연을 줄일 수 있다. 간접적인 효과로 인해서 담배를 끊은 10대들은 다른 10대들이 담배를 끊는 데 영향을 미친다. 이 같은 효과는 계속된다. 그러므로 담배세 인상의 직접적인 효과가 크지 않다고 하더라도 간접적인 효과를 포함한 누적적인 효과는 매우 클 수 있다. 또래들의 압력이 10대 흡연의 가장 중요한 요인이라는 단순한 사실이, 담배세 인상이 10대들의 흡연에 큰 영향을 미치지 못한다는 것을 의미하지는 않는다.

경제적 사유 4.2

요트에 부과된 사치세가 왜 실패했는가?

1990년 의회는 $100,000 이상의 요트에 사치세를 부과함과 동시에 그 외에 몇몇 사치재(luxurious goods)에도 비슷한 세금을 부과했다. 사치세가 부과되기 이전에 양원 합동 조세위원회는 이번 세금 부과로 인해 1991년에 $31,000,000 이상의 조세수입을 거둘 수 있을 것이라고 추정했다. 그러나 실상 조세수입은 잘반도 되지 않는 $16,600,000에 불과했다.[1] 수년 후

1 다른 견해에 대해서는 Dennis Zimmerman, "The Effect of the Luxury Excise Tax on the Sale of Luxury

왜 요트에 부과된 사치세가 철저하게 실패로 끝났는가?

양원 합동 경제위원회는 요트에 세금을 부과함으로써 보트 산업에서 7,600개의 일자리가 없어졌다고 추정했다. 줄어든 소득세와 늘어난 실업 수당을 고려하면, 사치세 부과로 인해 미국 정부는 1991년에 실제적으로 원래의 예측치보다 거의 $39,000,000가 적은 $7,600,000의 재정 적자를 보았다. 무엇이 잘못 되었는가?

1990년도에 제정된 법은 미국 밖에서 생산된 요트에 대해서는 사치세를 부과하지 않았다. 의회가 간과한 것은 외국산 요트가 미국산 요트의 거의 완벽한 대체재라는 사실이었다. 당연히 세금 때문에 국내산 요트의 가격이 상승했으므로 요트 구매자들은 외국산 모델을 구매했다. 수요의 가격탄력성이 높은 재화에 세금이 부과되면 소비 대체가 크게 발생하지만, 조세수입은 거의 증가하지 않는다. 의회가 경제 분석을 제대로 했다면, 이런 조세를 부과해 얻을 것이 없을 것이라는 점을 예측할 수 있었을 것이다. 뉴잉글랜드 지역의 조선 회사에서 해고된 실업자들의 분노에 찬 저항에 직면해 의회는 1993년에 사치세를 폐지했다.

4.2 그래프를 통한 수요의 가격탄력성 이해

가격 변화가 작으면 수요의 가격탄력성은 수요량의 변화율을 가격의 변화율로 나눈 것이다. 이 공식을 이용하면 수요곡선에 대한 최소한의 정보를 사용해 수요의 가격탄력성을 표현하는 간단한 식을 얻을 수 있다.

그림 4.3에서 현재 가격을 P, 현재 가격에서 수요량을 Q로 표시하자. ΔP는 작은

그림 4.3

그래프를 통한 수요의 가격탄력성 이해

선형 수요곡선 상의 한 점에서의 가격탄력성은 그 점에서의 가격을 수량으로 나눈 비율에 수요곡선의 기울기의 절대값의 역수를 곱한 값이다.

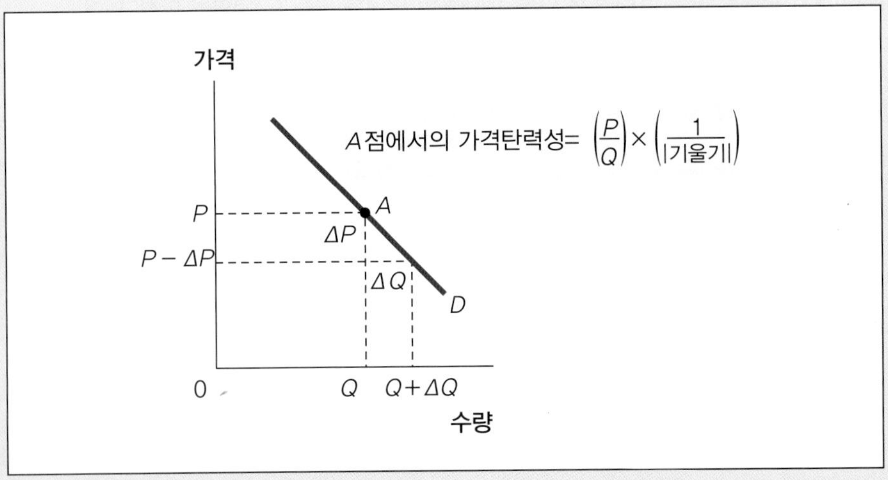

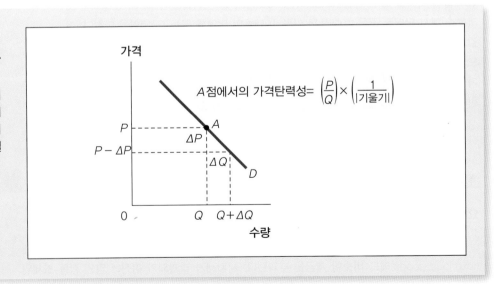

Boats," Congressional Research Service, 1992년 2월 10일 참조.

가격의 변화를, ΔQ는 가격 변화에 따른 수요량의 변화를 나타낸다. $\Delta P/P$는 P가 ΔP만큼 변했을 때 가격의 변화율을 나타낸다; 마찬가지로, $\Delta Q/Q$는 가격 변화에 따른 수요량의 변화율을 의미한다. 수요의 가격탄력성은 다음과 같은 공식으로 표시할 수 있다:

$$\text{수요의 가격탄력성} = \varepsilon = \left| \frac{\Delta Q/Q}{\Delta P/P} \right| \quad (4.2)$$

예를 들어, 원래의 가격 100에서 수요량이 20개였는데 가격이 105로 상승했을 때 수요량은 15개로 줄었다고 가정하자. 수요량 변화의 (−) 부호를 무시하면 $\Delta Q/Q=5/20$이고 $\Delta P/P=5/100$이다. 그러므로 수요의 가격탄력성은 $\varepsilon = \frac{5/20}{5/100} = 5$이다.

수요의 가격탄력성 공식이 가지고 있는 편리한 점은 그래프를 이용한 간단한 해석이 가능하다는 것이다. **그림 4.3**의 수요곡선상의 한 점 A에서 가격탄력성을 계산하려면 먼저 (4.2)식의 오른쪽을 $\varepsilon = |(P/Q) \times (\Delta Q/\Delta P)|$로 표시하자. 수요곡선의 기울기가 $\Delta P/\Delta Q$(수직적 해석)이므로 $\Delta Q/\Delta P$는 기울기의 역수이다: $\Delta Q/\Delta P = 1/\text{기울기}$. 그러므로 A점에서의 수요의 가격탄력성을 ε_A로 표시하면, ε_A는 다음과 같은 간단한 공식으로 표시할 수 있다:

$$\varepsilon_A = \frac{P}{Q} \times \frac{1}{|\text{기울기}|} \quad (4.3)$$

그래프를 이용한 수요의 가격탄력성 공식이 얼마나 편리한지를 알아보기 위해 **그림 4.4**의 수요곡선의 A점에서 가격탄력성을 계산해보자. 수요곡선의 기울기는 수직절편과 수평절편의 비율이다: $20/5=4$. 그러므로 $1/|\text{기울기}| = 1/4$이다(실제로 기울기는 −4이다. 그러나 가격의 수요탄력성은 절대값을 취해 계산하므로 (−) 부호는 무시하기로 한다).

A점에서 $P/Q=8/3$이므로, A점에서 가격탄력성은 $(P/Q) \times (1/|\text{기울기}|) = (8/3) \times$

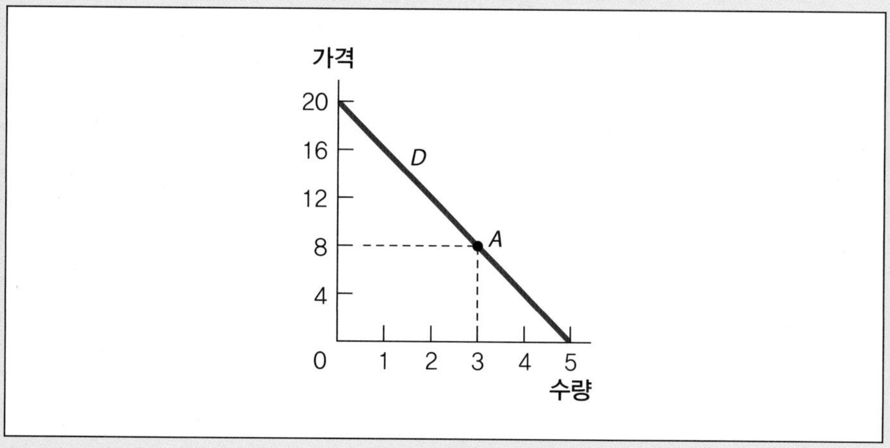

그림 4.4

그래프를 이용한 수요의 가격탄력성 계산

A점에서 수요의 가격탄력성은 $(P/Q) \times (1/|\text{기울기}|) = (8/3) \times (1/4) = 2/3$이다.

(1/4) = 2/3이다. 이것은 가격이 8에서 3% 하락하면 수량은 2% 증가함을 의미한다.

✔ 개념체크 4.2

그림 4.4의 수요곡선에서 P=4이면 수요의 가격탄력성은 얼마인가?

예 4.2 가격탄력성과 기울기와의 관계

그림 4.5의 두 개의 수요곡선 D_1과 D_2에 대해, P = 4에서 수요의 가격탄력성을 계산하라. P = 1이면 D_2의 가격탄력성은 얼마인가?

그림 4.5

수요의 가격탄력성과 수요곡선의 기울기

가격과 수요량이 동일하면, 완만한 수요곡선의 가격탄력성이 가파른 수요곡선의 가격탄력성보다 더 크다.

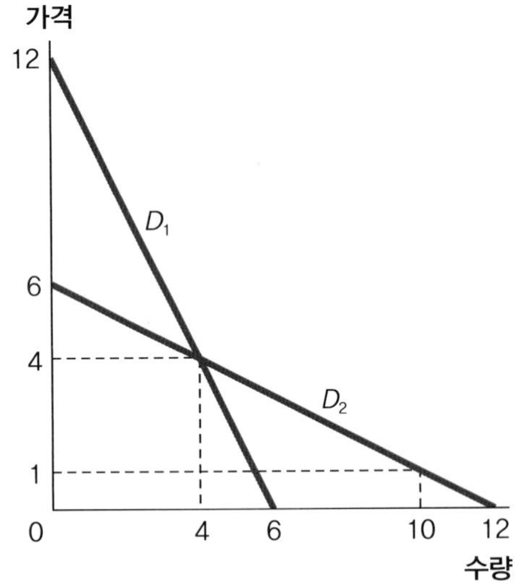

수요의 가격탄력성 공식인 $\varepsilon = \frac{P}{Q} \times \frac{1}{|기울기|}$을 이용해 쉽게 계산할 수 있다. D_1의 기울기는 수직절편과 수평절편의 비율이다: 12/6=2. 그러므로 1/|기울기|=1/2이다. 같은 방법으로 D_2의 기울기도 수직절편과 수평절편의 비율이다: 6/12=1/2. 그러므로 1/|기울기|=2이다. 두 수요곡선 모두 P=4일 때 Q=4이므로 P/Q=1이다. 따라서 P=4일 때 D_1과 D_2의 수요의 가격탄력성은 각각 1×(1/2)=1/2과 1×2=2이다. P=1일 때 수요곡선이 D_2이면 Q=10이다. 그러므로 P/Q=1/10이다. 따라서 P=1일 때 D_2의 가격탄력성은 (1/10)×2=1/5이다.

예 4.2는 두 수요곡선이 한 점에서 만날 때, 그 점에서 수요의 가격탄력성은 수요곡선이 가파를수록 작아진다는 것을 보여준다. 그러나 이 결과가 한 수요곡선이 다른 수요곡선보다 더 가파르다고 모든 점에서 수요의 가격탄력성이 작다는 것을 보여주는 것은 아니라는 데 주의하기 바란다. $P=1$일 때 D_2의 수요의 가격탄력성은 1/5이었는데, 이는 $P=4$일 때 더 가파른 수요곡선인의 D_1의 수요의 가격탄력성의 절반보다도 작다.

4.2.1 선형수요곡선에서 수요의 가격탄력성의 변화

수요의 가격탄력성 공식에서 분명하게 알 수 있듯이 선형수요곡선(linear demand curve)은 위치에 따라 수요의 가격탄력성이 각기 다른 값을 가진다. 선형수요곡선의 기울기는 상수이므로 1/기울기 또한 상수이다. 그러나 수요곡선을 따라 아래로 내려 갈 때, 가격–수량의 비율인 P/Q는 감소한다. 그러므로 선형수요곡선은 수요곡선을 따라 아래로 내려 갈 때 수요의 가격탄력성은 감소한다.

수요의 가격탄력성은 수요량의 변화율을 가격의 변화율로 나눈 비율이므로 이 같은 성질이 성립함을 알 수 있다. 동일한 크기의 작은 가격 변화에 대한 가격 변화율($\Delta P/P$)은 가격이 높은 영역인 수요곡선의 위 부분에서 작은 반면에, 가격이 낮은 영역인 수요곡선의 아래 부분에서는 크다. 마찬가지로 동일한 크기의 작은 수량 변화에 대한 수량 변화율($\Delta Q/Q$)은 수량이 작은 영역인 수요곡선의 위 부분에서 큰 반면에, 수량이 큰 영역인 수요곡선의 아래 부분에서는 발생하면 작다.

그래프를 이용해 수요의 가격탄력성을 살펴보면, 선형수요곡선의 중점에서 수요의 가격탄력성은 1이 됨을 쉽게 알 수 있다. 예를 들어, **그림 4.6**의 수요곡선에서 A점의 수요의 가격탄력성을 살펴보자. A점에서 $P/Q=6/3=2$이다. 이 수요곡선의 기울기는 수직절편/수평절편이므로, $12/6=2$이다. 그러므로 $1/\text{기울기}=1/2$이다(기울기의 (−) 부호는 무시했다). 이 값들을 수요의 가격탄력성 공식에 대입하면, $\varepsilon_A=\frac{P}{Q}\times\frac{1}{\text{기울기}}=$

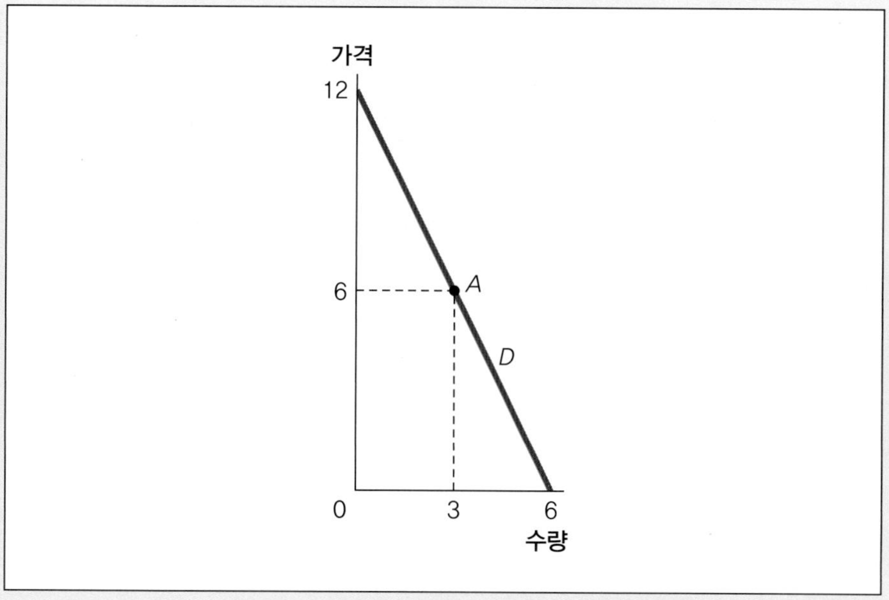

그림 4.6

선형수요곡선의 중점에서 수요의 가격탄력성

모든 선형수요곡선의 중점에서 수요의 가격탄력성은 항상 1이다.

그림 4.7

선형수요곡선의 탄력적, 비탄력적, 단위 탄력적인 영역
모든 선형수요곡선에서 중점은 단위 탄력적이고, 중점보다 위쪽은 탄력적, 아래쪽은 비탄력적이다.

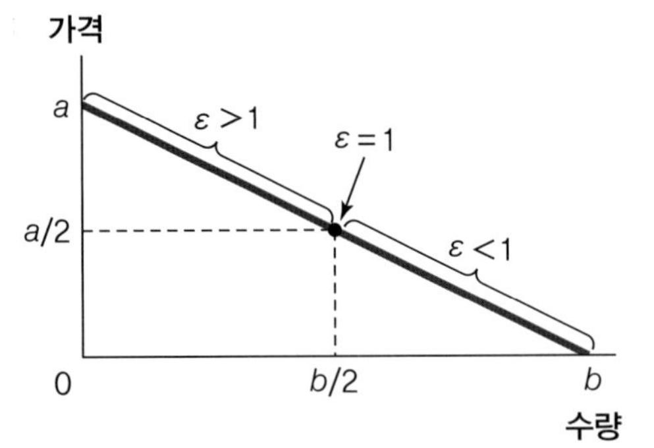

2 × (1/2) = 1이 된다.[2]

이 결과는 **그림 4.6**의 수요곡선뿐 아니라 모든 선형수요곡선에 대해서도 성립한다. 수요의 가격탄력성 공식을 보면 선형수요곡선을 따라 아래로 이동할 때 P/Q가 감소하므로, 중점보다 아래의 점에서 수요의 가격탄력성은 1보다 작다. 같은 이유로 중점보다 위의 점에서는 수요의 가격탄력성이 1보다 크다. **그림 4.7**은 선형수요곡선에서 탄력적, 비탄력적, 단위 탄력적인 영역을 표시하고 있다.

4.2.2 두 가지 특별한 경우의 수요의 가격탄력성

수요곡선을 따라 아래로 이동할 때 수요의 가격탄력성이 하락하는 일반적인 결과가 성립하지 않는 두 가지 예외적인 경우가 존재한다. 첫 번째는 **그림 4.8(a)**의 수평인 수요곡선으로, 기울기가 0이므로 기울기의 역수는 무한대이다. 따라서 수평인 수요곡선은 모든 점에서 수요의 가격탄력성은 항상 무한대이다. 이 때문에 수평인 수요곡선을 **완전 탄력적**(perfectly elastic)이라고 부른다.

완전 탄력적 수요곡선
수요의 가격탄력성이 무한대인 수요곡선

완전 비탄력적 수요곡선
수요의 가격탄력성이 0인 수요곡선

두 번째로 **그림 4.8(b)**의 수직인 수요곡선으로 기울기는 무한대이다. 따라서 기울기의 역수는 0이다. 그러므로 수직인 수요곡선은 모든 점에서 수요의 가격탄력성은 0이다. 이 때문에 수직인 수요곡선을 **완전 비탄력적**(perfectly inelastic)이라고 부른다.

---

2 중점에서 P는 정확하게 수직절편의 절반, Q는 수평절편의 절반임에 주의하기 바란다. 수직절편/수평절편이 선형수요곡선의 기울기이므로, (P/Q)는 수요곡선의 기울기의 절대값과 일치한다. 그러므로 (1/|기울기|)는 (Q/P)이다. 따라서 모든 선형수요곡선의 중점에서 $(P/Q) \times (1/|\text{기울기}|) = (P/Q) \times (Q/P)$는 항상 1이 된다.

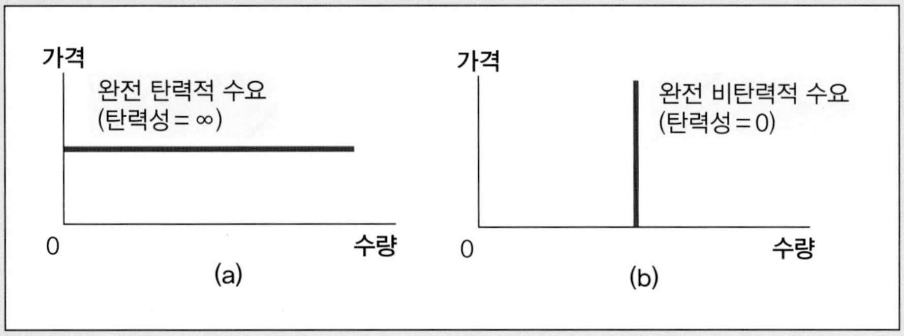

그림 4.8

완전 탄력적인 수요곡선과 완전 비탄력적인 수요곡선

수평인 수요곡선(a)은 모든 점에서 완전 탄력적 또는 무한 탄력적(infinitely elastic)이다. 가격이 약간이라도 상승하면 소비자들은 그 재화를 전혀 소비하지 않고, 모두 다른 대체재로 전환한다. 수직인 수요곡선(b)은 모든 점에서 완전 비탄력적이다. 소비자는 가격이 아무리 상승해도 다른 대체재로 전혀 전환하지 않거나 혹은 전환할 수 없다.

요약 수요의 가격탄력성 계산

한 재화의 수요의 가격탄력성은 가격 1% 변화에 따른 수요량의 변화율이다. 수학적으로 수요곡선상의 한 점에서 수요의 가격탄력성은 (P/Q)x(1/|기울기|)이다. 여기서 P와 Q는 각각 가격과 수요량이고, (1/|기울기|)는 그 점에서 수요곡선의 기울기의 절대값의 역수이다. 수요의 가격탄력성이 1보다 크면 수요곡선은 가격에 대해 탄력적이다; 1보다 작으면 비탄력적이다; 1이면 단위 탄력적이다.

4.3 수요의 가격탄력성과 총지출과의 관계

재화나 서비스의 판매자들은 종종 "가격을 낮춰 많이 팔 때와 가격을 높여 적게 팔 때 가운데 어떤 경우에 소비자들이 지갑을 더 많이 열 것인가?"라는 질문에 대한 답을 알고 싶어 한다. 이 질문에 대한 대답은 전적으로 수요의 가격탄력성에 달려 있다. 그 이유를 알아보기 위해 먼저 한 재화의 가격이 변할 때 그 재화에 대한 총지출이 어떻게 변하는가를 살펴보자.

한 재화에 대한 총지출은 판매된 양에 가격을 곱한 것이다. 한 재화의 수요곡선은 각 가격에서 얼마나 팔리는지를 알려준다. 그러므로 수요곡선의 정보를 이용해 가격이 변할 때 총지출이 어떻게 변하는지를 알 수 있다.

그림 4.9(a)의 수요곡선에서 영화 가격이 $2이면 영화 팬들이 영화를 보는 데 얼마나 지출하는가를 계산해 보자. 수요곡선에 따르면 영화 가격이 $2일 때 500장의 티켓이 팔린다. 그러므로 총지출은 $1,000이다. 영화 가격이 $4이면 **그림 4.9(b)**에서 보듯이 400장의 티켓이 팔린다. 그러므로 총지출은 $1,600이다.

그림 4.9

영화에 대한 수요곡선
영화 가격이 $2에서 $4로 상승하면 총지출은 증가한다.

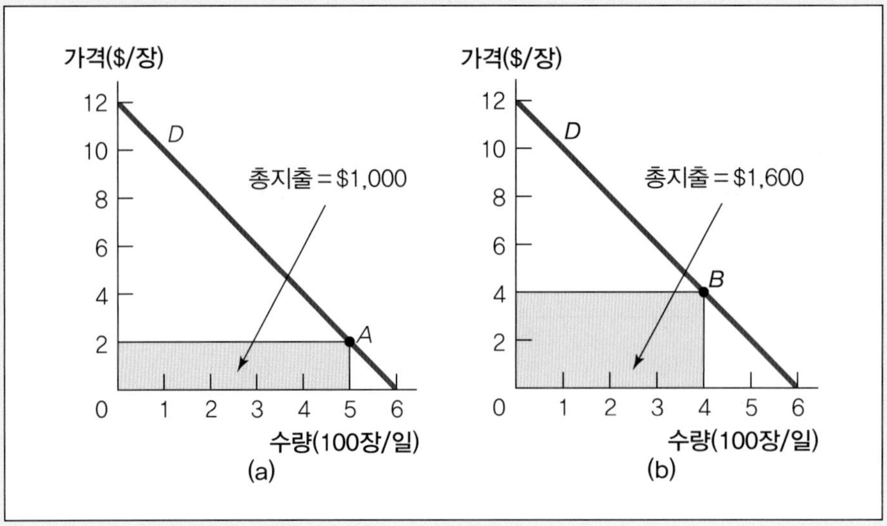

한 재화에 대해 소비자들의 하루 총지출은 판매자들의 총수입과 동일하다. 즉 **총지출**(total expenditure)과 **총수입**(total revenue)은 같은 동전의 양면과 같다:

> **총지출 = 총수입:** 소비자가 한 재화를 소비해 지출하는 총금액($P \times Q$)으로, 총지출은 판매자가 받는 총수입과 일치한다.

재화의 가격이 상승하면 판매자가 받는 총수입은 항상 늘어나는 것처럼 보인다. 앞의 경우 총지출이 증가했지만 항상 그런 것은 아니다. 수요의 법칙은 한 재화의 가격이 올라가면 소비자들은 이전보다 적게 구매한다는 것을 알려 준다. 그러므로 총수입을 결정하는 두 요인인 가격과 수량은 항상 반대 방향으로 변한다. 가격이 오르면 수요량은 감소하므로 가격 × 수량은 증가할 수도, 감소할 수도 있다.

예를 들어, **그림 4.10**의 수요곡선(**그림 4.9**에 그려진 수요곡선과 동일한 수요곡선임)을 보면 가격이 $8(a)에서 $10(b)로 상승하면 총지출은 감소한다. 가격이 $8일 때 소비자들은 하루 $1,600를 지출하나, 가격이 $10로 상승하면 $1,000만을 지출한다.

그림 4.9와 **그림 4.10**에 나타난 일반적인 규칙은, 가격이 상승할 때 가격상승률이 수요량 감소율보다 더 크면 총수입은 증가한다는 것이다. $2에서 $4로 상승한 경우와 $8에서 $10로 상승한 경우 모두 절대적인 변화분은 $2로 동일하다. 그러나 %로 표시된 변화율은 크게 차이가 난다. $2에서 $4로 상승하면 가격은 100% 상승한다. 그러나 $8에서 $10로 상승하면 가격은 25%만 상승한다. 절대적인 수요량의 변화분도 두 경우 모두 동일하지만 변화율로 보면 차이가 크다. 두 경우 모두 판매되는 영화 티켓이 100장 줄어든다. 그러나 첫 번째 경우 단지 20%에 불과하나(**그림 4.9**에서 500에서 400으로 감소하는 경우), 두 번째 경우 50%에 해당한다(**그림 4.10**에서 200에서 100으로 감소하는 경우). 두 번째 경우 50% 감소하는 수요량의 변화율이 25% 상승하는 가격의

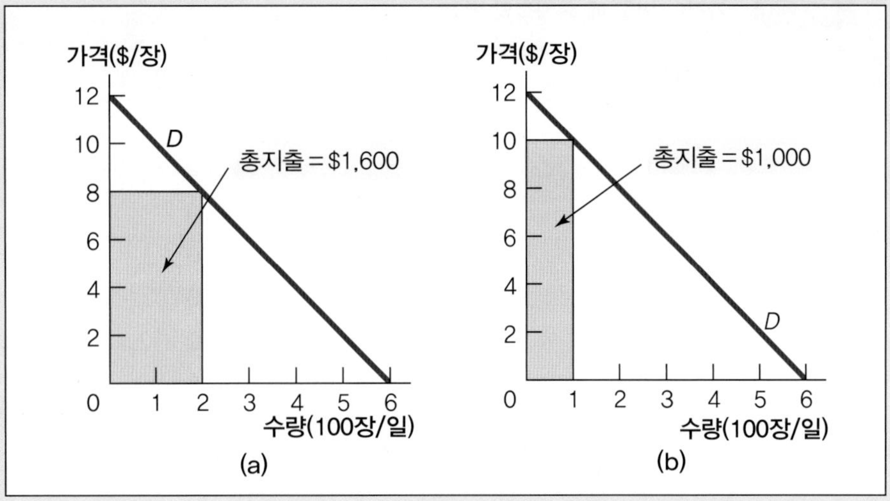

그림 4.10

영화에 대한 수요곡선

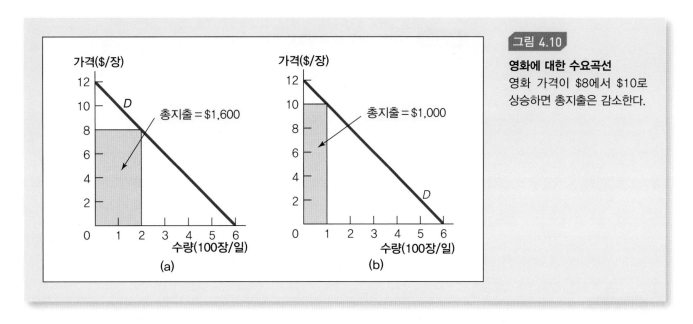

영화 가격이 $8에서 $10로 상승하면 총지출은 감소한다.

변화율을 압도한다. 첫 번째에는 반대의 경우가 성립한다: 100% 상승하는 가격의 변화율($2에서 $4 상승함)이 20% 감소하는 수요량의 변화율(5에서 4로 감소함)을 압도한다.

다음의 예는 총지출과 가격 간의 관계에 대한 추가적인 통찰력을 제공한다.

수요의 가격탄력성과 총지출 예 4.3

그림 4.11의 수요곡선에서 영화 가격이 변할 때 총지출이 어떻게 변하는가를 나타내는 그래프를 그려라.

가격 변화에 따른 총지출의 변화를 그래프로 그리려면 먼저 수요곡선상에 있는 몇 개의 점에 대해 총지출을 계산하고, 그 결과를 **표 4.2**와 같이 표를 만들어 기록한다. 다음으로 **그림 4.12**

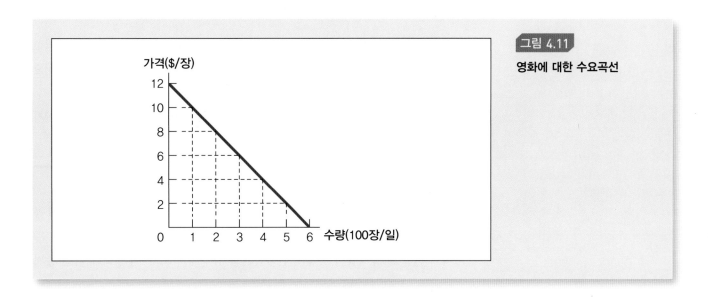

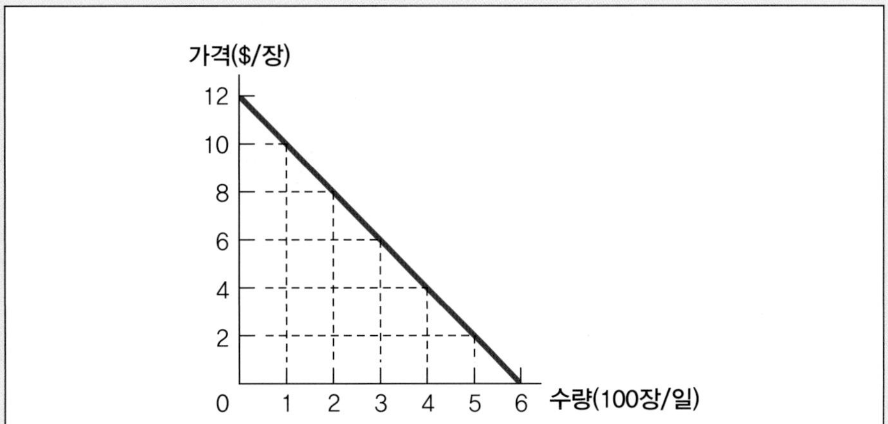

그림 4.11

영화에 대한 수요곡선

표 4.2 **가격이 변할 때 총지출의 변화**

가격($/장)	총지출($/일)
12	0
10	1,000
8	1,600
6	1,800
4	1,600
2	1,000
0	0

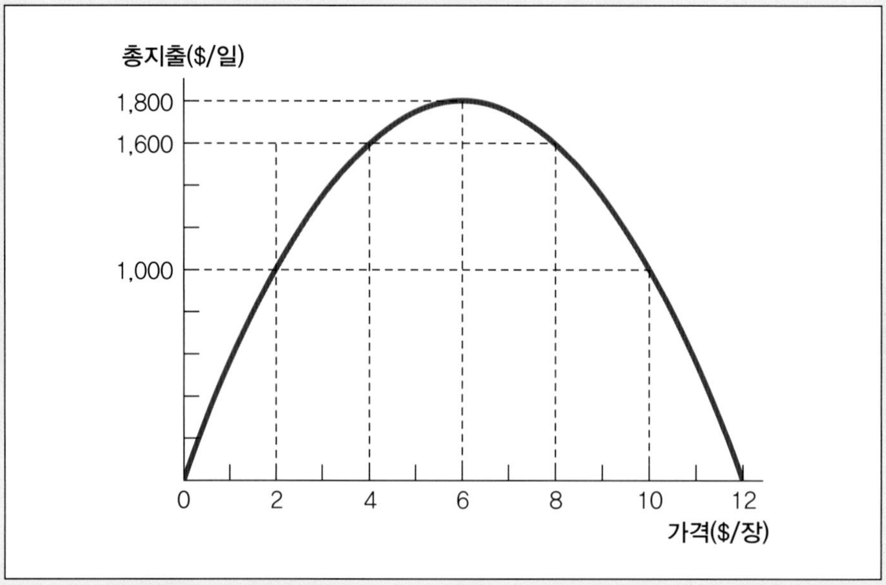

그림 4.12

가격이 변할 때 총지출의 변화
선형수요곡선은 가격이 수요곡선의 중점일 때 총지출은 극대화된다.

와 같이, 각 가격에 대응하는 총지출을 그래프에 표시한다. 마지막으로, 각 점들을 연결해 곡선 형태를 그린다(더 정확하게 그리려면, **표 4.2**에 표시된 것보다 더 많은 점에 대해 가격과 총지출을 계산한다).

그림 4.12에서 가격이 $0에서 $6로 상승하면 총지출은 증가한다. 그러나 가격이 $6에서 $12로 상승하면 총지출은 감소한다. 총지출은 가격이 $6일 때 하루 $1,800로 극대화된다.

예 4.3에서 관측된 결과는 일반적으로 성립한다. 선형수요곡선은 가격이 수요곡선의 중점일 때 총지출은 극대화된다.

가격이 변할 때 총지출이 어떻게 변하는지를 염두에 두고, 가격 변화에 따른 총지출 변화가 수요의 가격탄력성에 어떻게 의존하는가를 알아보자. 예를 들어, 록 밴드의 매니저가 여름 주말 콘서트 가격을 $20로 결정하면 5000장의 티켓이 팔린다는 것을 알고 있다고 가정하자. 수요의 가격탄력성이 3일 때 가격을 10% 인상하면 총수입은 올라갈 것인가 또는 내려갈 것인가?

현재 가격에서 주당 총수입은 $20×5,000장=$100,000이다. 수요의 가격탄력성이 3이라는 것은 가격이 10% 상승하면 수요량은 30% 감소함을 의미하므로 티켓 판매량은 주당 3,500장으로 감소할 것이다. 그러므로 주당 총수입은 $22×3,500장=$77,000로 이전보다 많이 감소한다.

만일 매니저가 가격을 $20에서 $18로 10% 인하했다면 총수입은 어떻게 되었을까? 수요의 가격탄력성이 3이므로, 수요량은 주당 5,000장에서 30% 증가해서 6,500장의 티켓이 팔렸을 것이다. 그러므로 주당 총수입은 $18×6,500장=$117,000가 되어, 이전보다 훨씬 많이 증가했을 것이다.

이 예는 수요가 탄력적일 때 가격 변화가 총지출 변화에 미치는 영향에 대해 다음과 같은 중요한 규칙을 예시해 준다.

규칙 1: 수요의 가격탄력성이 1보다 크면, 가격 변화와 총지출의 변화는 반대 방향으로 움직인다.

이 결과가 성립하는 직관적인 이유를 살펴보자. 총지출은 가격과 수량을 곱한 것이다. 수요가 탄력적이면, 수량의 변화율이 가격의 변화율보다 크므로 수량의 변화율이 가격의 변화율을 압도한다.

다음으로 수요가 비탄력적일 때 가격 변화에 따라 총지출이 어떻게 변하는가를 살펴보자. 앞에서 살펴 본 록 밴드의 예에서 수요의 가격탄력성이 3이 아니라 0.5인 경우를 살펴보자. 가격이 10% 상승하면 총수입은 어떻게 변하는가? 이번에는 수요량이 5%만 감소해 주당 4,750장이 되므로, 주당 총수입은 $22×4,750장=$104,500가 되어 이전보다 $4,500 증가한다.

반대로 가격을 10% 인하하면($20에서 $18로) 수요의 가격탄력성이 0.5이므로, 수요량은 5% 증가해 주당 5,250장의 티켓이 팔린다. 따라서 주당 총수입은 $18×5,250장=$94,500가 되어 이전보다 감소한다.

이 예는 수요가 비탄력적이면, 가격 변화에 따른 총지출의 변화가 수요가 탄력적인 경우와 정반대임을 보여준다.

규칙 2: 수요의 가격탄력성이 1보다 작으면, 가격 변화와 총지출의 변화는 같은 방향으로 움직인다.

이 결과가 성립하는 직관적인 이유는 자명하다. 수요가 비탄력적인 재화는 수량의 변화율이 가격의 변화율보다 작다. 그러므로 가격의 변화율이 수량의 변화율을 압도한다.

그림 4.13

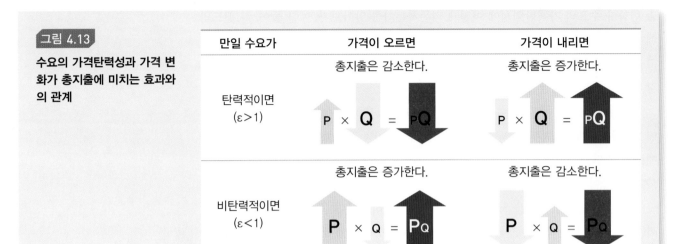

수요의 가격탄력성과 가격 변화가 총지출에 미치는 효과와의 관계

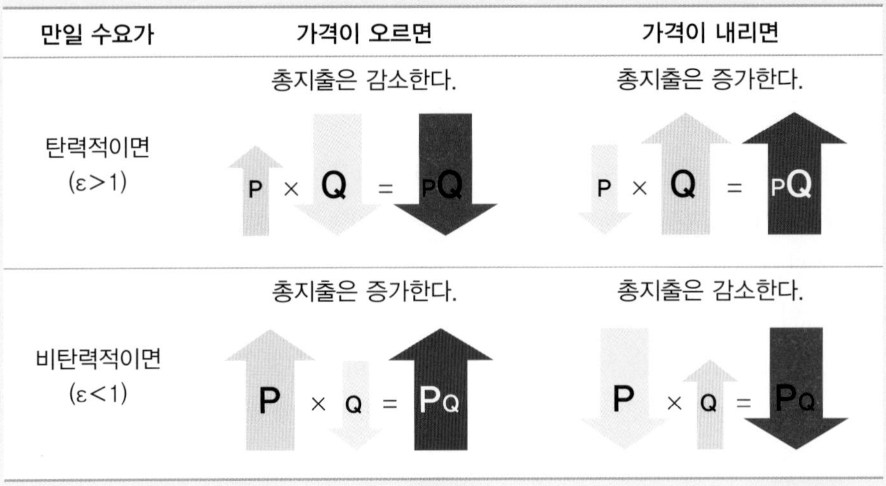

수요의 가격탄력성과 가격 변화에 따른 총지출 변화 간의 관계가 **표 4.3**에 요약되어 있다. 여기서 ε은 수요의 가격탄력성이다.

본장에서 처음 살펴본 불법 마약의 예에서 마약 가격의 상승이 마약에 대한 총지출 증가로 이어졌다. 이것은 마약에 대한 수요가 비탄력적이기 때문이다. 만일 마약에 대한 수요가 탄력적이었다면, 공급의 감소는 마약에 대한 총지출 감소로 이어졌을 것이다.

4.4 수요의 소득탄력성과 교차탄력성

수요의 교차탄력성
다른 재화의 가격 1% 변화에 따른 한 재화의 수요량 변화율

수요의 소득탄력성
소득 1% 변화에 따른 한 재화의 수요량 변화율

수요의 탄력성은 비단 자신의 가격에 대해서 뿐만 아니라 대체재나 보완재의 가격과 또는 소득에 대해서도 정의될 수 있다. 예를 들어, 캐슈(cashew) 가격에 대한 땅콩 수요의 탄력성은–캐슈 가격에 대한 땅콩 **수요의 교차탄력성**(cross–price elasticity of demand)–캐슈 가격 1% 변화에 따른 땅콩 수요량의 변화율을 의미한다. 땅콩 **수요의 소득탄력성**(income elasticity of demand)은 소득 1% 변화에 따른 땅콩 수요량의 변화율을 의미한다.

수요의 가격탄력성과 달리 교차탄력성이나 소득탄력성은 부호가 양일 수도 있고 음일 수도 있다. 그러므로 이들 탄력성의 부호를 아는 것이 중요하다. 예를 들어, 열등재는 수요의 소득탄력성이 음의 부호를 가지는 반면에, 정상재는 수요의 소득탄력성이 양의 부호를 가진다. 땅콩과 캐슈의 예와 같이 두 재화의 수요의 교차탄력성이 (+)이면 두 재화는 대체재이다. 반대로 (–)이면 두 재화는 보완재이다. 예를 들어, 테니스 코트 사용료에 대한 테니스 라켓 수요의 교차탄력성은 0보다 작다.

✔ 개념체크 4.3

소득이 10% 증가할 때 사립대학을 선택하는 학생들의 숫자가 5% 증가하면 사립대학의 수요의 소득탄력성은 얼마인가?

요약 수요의 교차탄력성과 소득탄력성

한 재화의 다른 재화 가격에 대한 수요의 탄력성인 교차탄력성이 (+)이면 두 재화는 대체재이다; 교차탄력성이 (–)이면 두 재화는 보완재이다. 수요의 소득탄력성이 정상재는 (+)이고, 열등재는 (–)이다.

4.5 공급의 가격탄력성

구매자 측면에서 수요의 가격탄력성은 수요량이 가격 변화에 얼마나 민감하게 반응하는지를 측정한다. 판매자 측면에서 동일한 척도가 **공급의 가격탄력성**(price elasticity of supply)이다. 공급의 가격탄력성은 가격 1% 변화에 대한 공급량의 변화율을 의미한다. 예를 들어, 땅콩 가격이 1% 상승할 때 공급량이 2% 증가하면 땅콩 공급의 가격탄력성은 2이다.

공급의 가격탄력성
가격의 1% 변화에 대한 공급량의 변화율

공급곡선상의 한 점에서 공급의 가격탄력성 공식은 수요의 가격탄력성 공식과 동일하다:

$$\text{공급의 가격탄력성} = \frac{\Delta Q / Q}{\Delta P / P} \tag{4.4}$$

여기서 P와 Q는 각각 그 점에서의 가격과 공급량을 의미하고, ΔP는 가격의 변화분, ΔQ는 공급량의 변화분을 의미한다.

수요의 가격탄력성과 동일하게 (4.4)식은 $(P/Q) \times (\Delta Q / \Delta P)$로 표시할 수 있다. $\Delta Q / \Delta P$는 공급곡선의 기울기의 역수(수직적 해석)이므로 (4.4)식의 우변은 수요의 가격탄력성과 동일하게 $(P/Q) \times (1/\text{기울기})$가 된다. 공급곡선은 우상향하고 가격과 공급량은 모두 양수이므로, 모든 점에서 공급의 가격탄력성은 양수이다.

그림 4.14의 공급곡선을 살펴보자. 이 공급곡선의 기울기는 2이므로 기울기의 역수는 1/2이다. (4.4)식을 이용하면 A점에서 공급의 가격탄력성은 $(8/2) \times (1/2) = 2$이다. B점에서 공급의 가격탄력성은 $(10/3) \times (1/2) = 5/3$로 A점에서보다 약간 작다.

✔ 개념체크 4.4

그림 4.14의 공급곡선에서 $P = 6$일 때 공급의 가격탄력성을 구하라.

그림 4.14

수량이 증가할 때 공급의 가격탄력성이 감소하는 공급곡선
이 공급곡선은 모든 점에서 (1/기울기)는 일정하다. 그러나 Q가 증가할 때 P/Q는 감소한다. 따라서 수량이 증가할 때 공급의 가격탄력성=(P/Q)x(1/기울기)는 감소한다.

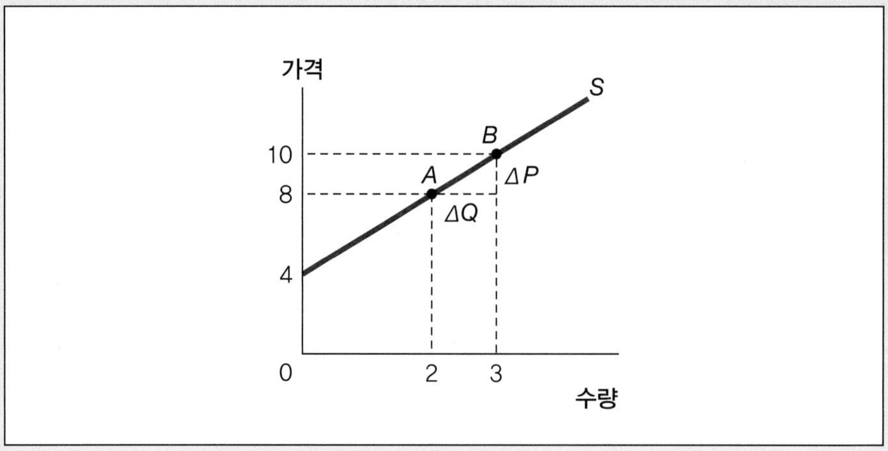

그림 4.15

공급의 가격탄력성이 항상 일정한 공급곡선
공급의 가격탄력성은 (P/Q)x(1/기울기)이므로 A점에서는 (4/12)x(12/4)=1로, B점에서의 공급의 가격탄력성과 일치한다. 원점을 지나는 선형공급곡선은 모든 점에서 공급의 가격탄력성이 항상 1이다.

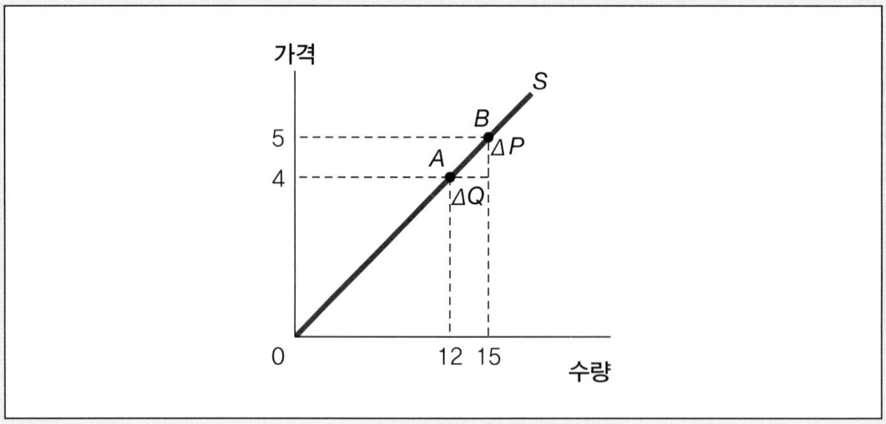

모든 공급곡선이 수량이 증가할 때 공급의 가격탄력성이 감소하는 것은 아니다. 예를 들어, **그림 4.15**의 공급곡선을 생각해 보자. 공급곡선상의 모든 점에서 P/Q는 일정하고, 또한 기울기 역시 상수이다. 그러므로 공급곡선상의 모든 점에서 공급의 가격탄력성은 동일하다. 예를 들어, A점에서 공급의 가격탄력성은 $(P/Q)\times$(1/기울기)$=(4/12)\times(12/4)=1$이다. 마찬가지로 B점에서의 공급의 가격탄력성도 $(5/15)\times(12/4)=1$이다.

원점을 지나는 선형공급곡선(linear supply curve)은 모든 점에서 공급의 가격탄력성이 항상 1이다. 그 이유는 원점을 지나는 선형공급곡선은 공급곡선을 따라 이동할 때 가격과 수량은 항상 동일한 비율로 변하기 때문이다.

수요 측면에서 두 가지 극단적인 경우가 완전 탄력적 수요곡선과 완전 비탄력적 수요곡선이었다. 다음의 두 가지 예가 보여주듯이, 공급 측면에서도 동일한 두 가지 극단적인 경우가 존재한다.

완전 비탄력적 공급곡선

예 4.4

맨해튼 토지 공급의 가격탄력성은 얼마인가?

맨해튼의 토지도 알루미늄, 옥수수, 자동차 등 다른 재화와 동일하게 시장에서 거래된다. 맨해튼 토지에 대한 수요곡선은 우하향한다. 그러나 실질적으로 토지 공급은 고정되어 있다. 가격이 아무리 높거나 낮다 하더라도 사용할 수 있는 토지의 양은 고정되어 있다. 그러므로 공급곡선은 수직선의 형태를 띠며, 모든 가격에서 공급의 가격탄력성은 0이다. **그림 4.16**과 같이 공급곡선이 수직이면, **완전 비탄력적**(perfect inelastic)이라고 부른다.

완전 비탄력적 공급곡선
공급의 가격탄력성이 0인 공급곡선

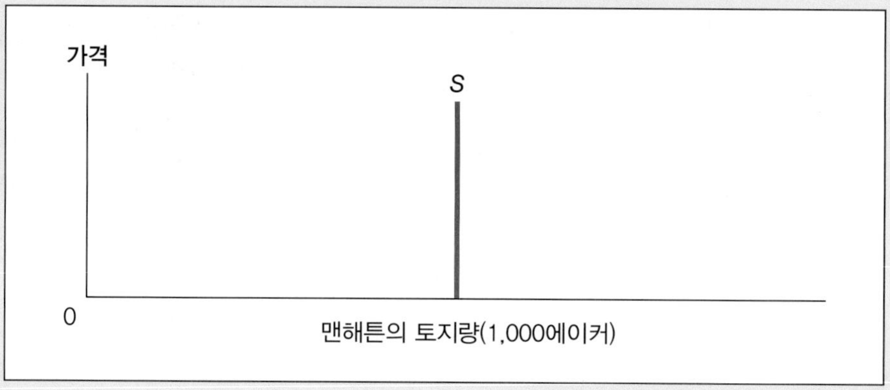

그림 4.16

완전 비탄력적 공급곡선
수직인 공급곡선은 모든 점에서 공급의 가격탄력성은 0이다.

완전 탄력적 공급곡선

예 4.5

레모네이드 공급의 가격탄력성은 얼마인가?

시장에 팔기 위해 레모네이드 한 잔을 만드는데 필요한 재료와 재료의 시장가격이 다음과 같다:

종이컵	2.0센트
레몬	3.8센트
설탕	2.0센트
물	0.2센트
얼음	1.0센트
노동(시간당 임금이 $6인 노동력 30초)	5.0센트

레모네이드 몇 잔을 만들던 간에 재료의 비율은 항상 동일하고, 모든 재료는 주어진 가격에서 얼마든지 살 수 있다. 레모네이드의 공급곡선을 그리고 가격탄력성을 계산하라.

레모네이드 몇 잔을 만들던 간에 상관없이 한 잔을 만드는 데 정확히 14센트의 비용이 들어가므로, 레모네이드 생산의 한계비용은 항상 14센트로 일정하다. 공급곡선 상의 모든 점은 한계

그림 4.17

완전 탄력적 공급곡선
공급곡선이 수평이면 모든 점에서 공급의 가격탄력성은 무한대이다.

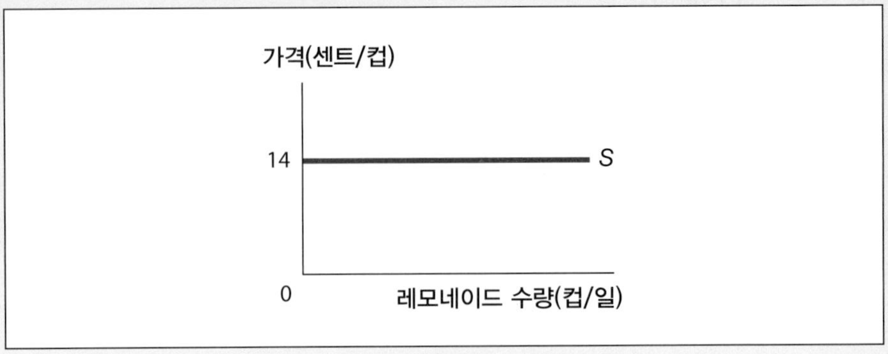

비용과 동일해야 하므로(제 3장 참조), 레모네이드의 공급곡선은 우상향하지 않고, 14센트에서 수평인 직선이 된다(**그림 4.17**). 레모네이드 공급곡선의 가격탄력성은 무한대이다.

레모네이드의 예처럼 한 재화의 생산시 생산요소의 사용 비율이 항상 일정하고, 생산요소를 주어진 가격에서 얼마든지 살 수 있으면, 한 단위를 더 생산할 때의 한계비용은 항상 일정하다. 그러므로 이 같은 재화의 공급곡선은 수평인 직선이다. 공급곡선이 수평이면, **완전 탄력적**(perfectly elastic)이라고 부른다.

완전 탄력적 공급곡선
공급의 가격탄력성이 무한대인 공급곡선

4.5.1 공급의 가격탄력성 결정요인

앞의 두 예는 한 재화나 서비스 공급의 가격탄력성을 결정하는 요인이 무엇인가를 보여준다. 레모네이드는 생산과정이 본질적으로 음식조리법과 같다. 모든 재료를 두 배로 늘리면 생산도 두 배가 된다. 모든 재료의 가격이 고정되어 있으면 한계비용은 일정하게 되고 따라 공급곡선도 수평이 된다.

맨해튼 토지는 정반대의 경우이다. 맨해튼 토지를 생산하는 데 필요한 생산요소가 무엇인지 잘 알고 있지만 어떤 대가를 치루더라도 그 생산요소를 더 얻을 수 없다.

한 재화의 공급곡선이 얼마나 탄력적인가를 예측하는 중요한 요소는 그 재화의 생산을 늘릴 때 필요한 추가적인 생산요소를 어떤 조건으로 얻을 수 있는가 하는 것이다. 일반적으로 생산요소를 쉽게 얻을 수 있으면 공급곡선의 가격탄력성은 높아진다. 다음과 같은 요인들은 생산자들이 얼마나 쉽게 추가적인 생산요소를 얻을 수 있는지를 결정한다.

생산요소의 유연성

다른 재화의 생산에 사용되는 생산요소를 한 재화의 생산에 쉽게 사용할 수 있으면, 현재 다른 재화 생산에 사용되고 있는 생산요소를 그 재화의 생산으로 쉽게 전환할 수 있다. 이 경우 공급은 가격 변화에 대해 상대적으로 탄력적이다. 레모네이드 생산에 있어 최소한의 기술만 있는 노동력으로 충분하면, 레모네이드를 공급함으로써 이윤을 얻을 수 있는 기회가 있다면 많은 근로자가 쉽게 다른 일에서 레모네이드 생산으로 전환할 수 있다. 반면에 뇌수술은 잘 훈련된 전문 인력이 필요하므로, 가격이 많이 상승해도 장기가 아니면 공급은 많이 늘지 않는다.

생산요소의 이동성

생산요소를 한 장소에서 다른 장소로 쉽게 이동시킬 수 있으면, 한 시장에서 가격이 상승할 때 그 시장의 판매자는 다른 시장의 생산요소를 이용해 쉽게 생산을 늘릴 수 있다. 예를 들어, 수많은 농부들이 씨 뿌리는 계절에 북쪽으로 쉽게 이동할 수 있으므로 농산물 공급은 가격 변화에 대해 더욱 탄력적이 된다. 마찬가지로, 엔터테이너들이 쉽게 여기저기 다닐 수 있으므로 엔터테인먼트의 공급은 더욱 탄력적이 된다. 서커스단, 라운지 가수, 코미디언, 댄서 등은 대부분의 시간을 집을 떠나서 보낸다.

새로운 도로가 건설되거나, 통신망이 향상되거나, 생산요소를 한 장소에서 다른 장소로 용이하게 이동시키는 기술이 개발되면, 많은 재화의 공급의 가격탄력성은 증가한다.

대체 생산요소의 생산능력

다이아몬드 완제품을 생산하려면 다이아몬드 원석, 숙련된 노동, 그리고 정교한 절삭과 가공장비가 필요하다. 시간이 지나면 필요한 기술을 지닌 노동력은 증가할 수 있고, 다이아몬드 가공에 필요한 특수 장비 또한 늘어날 수 있다. 그러나 맨해튼 토지가 고정되어 있는 것처럼 땅 속 깊숙이 매장되어 있는 다이아몬드 원석의 양은 아마도 고정되어 있을 것이다. 그러나 맨해튼 토지와는 달리 가격이 상승하면 광부들은 더욱 열심히 다이아몬드 원석을 찾기 위해 노력할 것이다. 그러나 여전히 다이아몬드 원석을 늘리는 것이 어려우므로, 다이아몬드의 공급은 여전히 비탄력적이다.

그러나 진짜 다이아몬드 원석과 구별이 거의 불가능한 인조 다이아몬드 원석을 생산할 수 있는 날이 머지 않았다. 매우 숙련된 보석상도 속아 넘어갈 만큼 감쪽같은 인조 다이아몬드가 이미 존재한다. 천연 다이아몬드 원석을 대체할 만한 완벽한 인조 다이아몬드 원석이 개발되면 다이아몬드 공급의 가격탄력성(또는 다이아몬드와 모양과 느낌이 비슷한 보석 공급의 가격탄력성)은 증가할 것이다.

시간

생산자가 한 생산활동에서 다른 생산활동으로 전환하는 데는 시간이 필요하다. 또한 새로운 장비를 만들거나 공장을 짓는데, 그리고 숙달된 근로자를 양성하는데 또한 시간이 필요하다. 그러므로 대부분의 재화는 단기보다 장기에서 공급의 가격탄력성이 더 높다. 단기에서 생산자들이 기존의 장비와 숙련된 노동력을 갑작스레 늘리는 것이 불가능하므로 생산을 확장하는 것은 일정 한계를 넘기 힘들다. 그러나 매니저가 부족하면 MBA(Master of Business Administration)(역자 주: 경영학 석사) 학위를 가진 새로운 매니저를 2년이면 양성할 수 있다. 또는 법률 지식을 가진 사람이 필요하면 3년이면 새로운 변호사를 양성할 수 있다. 장기에서 기업은 항상 새로운 장비를 구매할 수 있고, 새 공장을 건설할 수 있고, 숙련된 노동력도 추가로 고용할 수 있다.

레모네이드 예에서 공급곡선이 완전 탄력적이었던 동일한 상황이 많은 재화의 경우 장기에서 성립한다. 한 재화를 모방할 수 있고(그 재화 생산에 필요한 모든 디자인과 그 외의 기술적 정보를 모든 기업이 얻을 수 있다는 의미에서), 생산에 필요한 생산요소가 거의 고정된 비율로 사용되며, 주어진 시장가격에서 생산요소를 얼마든지 살 수 있으면, 그 재화의 장기 공급곡선은 수평인 직선이 된다. 그러나 많은 재화가 이 같은 조건을 충족시키지 못하므로 장기에서도 공급곡선은 우상향한다.

경제적 사유 4.3

자동차 가격보다 휘발유 가격의 변동 폭이 훨씬 큰 이유는?

미국의 자동차 가격은 보통 1년에 한 번 정도 자동차 회사가 약간의 가격 인상을 공표하는 때에 바뀐다. 반면에 휘발유 가격은 매일매일 큰 폭으로 변한다. 예를 들어, **그림 4.18**과 같이, 캘리포니아의 가장 큰 두 대도시에서 최근 1년 동안 가장 비쌀 때의 휘발유 가격은 가장 쌌을 때보다 3배 이상 비쌌다. 이 같은 가격 변동 폭의 차이가 매우 큰 이유는 무엇인가?

그림 4.18

캘리포니아주 두 지역에서 휘발유 가격의 변화

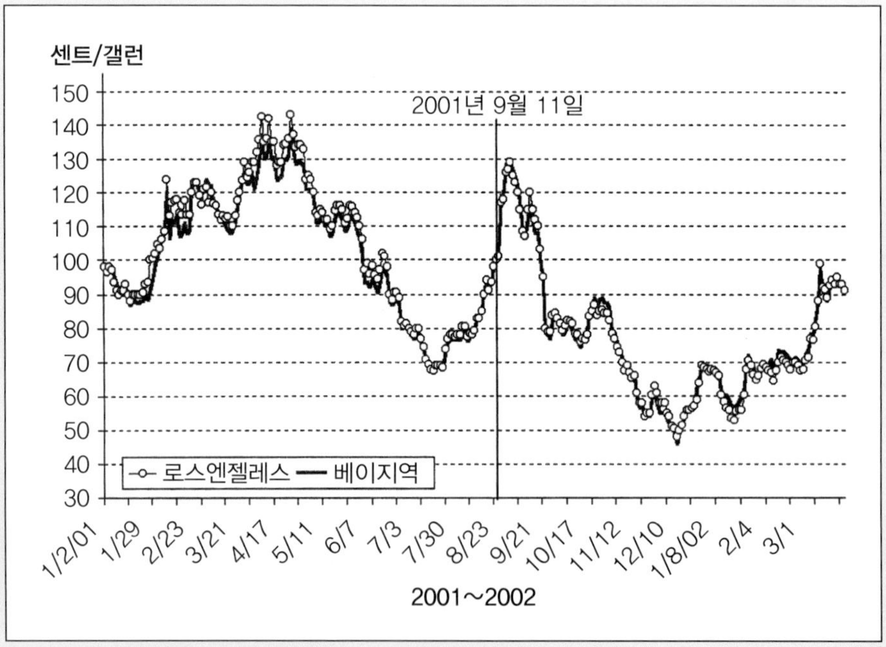

출처: Oil Price Information Servie(http://www.opisnet.com).

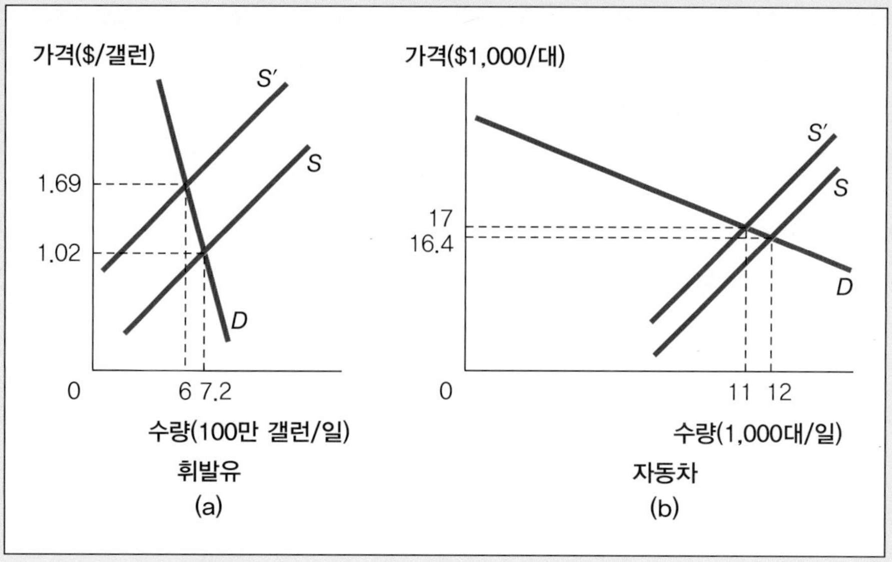

그림 4.19

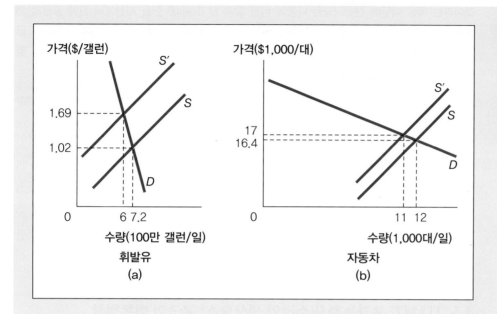

휘발유 가격이 자동차 가격보다 변동 폭이 큰 이유
휘발유 시장(a)은 자동차 시장(b)보다 공급의 변동 폭이 크고 또한 단기에서 수요와 공급의 가격탄력성이 모두 작으므로, 휘발유 가격이 자동차 가격보다 변동 폭이 크다.

가격 변동 폭에 관해 휘발유 시장은 적어도 두 가지 중요한 특성에서 자동차 시장과 구별된다. 하나는 휘발유의 단기 수요의 가격탄력성이 자동차에 비해 매우 작다는 것이다. 다른 하나는 휘발유 시장에서 공급곡선의 이동이 자동차 시장과 비교해 훨씬 크고 빈번하다는 것이다(**그림 4.19** 참조).

왜 두 시장은 이 두 가지 점에서 다른가? 먼저 수요의 가격탄력성의 차이를 생각해보자. 사람들이 필요로 하는 휘발유 양은 사람들이 소유하는 자동차의 종류와 운전 거리에 크게 의존한다. 단기에서 자동차의 종류와 통근패턴은 거의 고정되어 있으므로, 휘발유 가격이 매우 갑작스럽게 변하더라도 수요량은 그리 많이 변하지 않는다. 반면에 자동차 가격에 갑작스러운 큰 변화가 있으면 사람들은 자동차 구매를 연기하거나 앞당긴다.

왜 휘발유 가격은 자동차 가격보다 변동 폭이 훨씬 큰가?

자동차 시장보다 휘발유 시장에서 공급의 변화가 훨씬 크고 또한 빈번한 이유를 알려면 두 시장에서 판매자들이 사용하는 생산요소의 상대적 안정성을 살펴보면 된다. 자동차 생산에 사용되는 대부분의 생산요소를–철강, 유리, 플라스틱, 전자 부품, 노동 등등–자동차 회사는 쉽게 구할 수 있다. 반면에 휘발유 시장의 가장 중요한 생산요소인 원유는 그 생산이 매우 심각하고 예기치 않은 공급 중단 가능성에 노출되어 있다.

이 같은 현상의 부분적인 이유는 세계 원유 공급의 상당량을 장악하고 있는 석유 수출국기구인 OPEC(Organization of Petroleum Exporting Countries)이 과거에 여러 번 미국에 대한 원유 수출량을 대규모로 줄였기 때문이기도 하다. 그러나 OPEC의 공식적인 행동이 없었던 경우에도 원유 시장에서 대규모 공급 감소가 일어나곤 한다. 예를 들어, 중동의 주요 산유국에 정치적 불안정성이 발생하는 것을 산유국들이 두려워 할 때마다 원유의 공급량은 대폭 줄어들었다.

그림 4.18을 보면 2001년 9월 11일 미국의 세계 무역센터와 국방성이 테러리스트의 공격을 받은 직후 휘발유 가격이 급격하게 상승했음을 알 수 있다. 많은 사람들이 이번 공격의 목적이 이슬람국가와 서방국가 사이에 대규모 전쟁을 불러일으키는 것이라고 믿었으므로 곧 원유 공급이 중단될 것이라는 두려움은 지극히 합리적인 것이었다. 2011년 초반 여러 아랍국가에서 발생한 정치적 소요 때문에 원유 공급이 중단될 위험이 커지면서 원유 가격은 또 한 번 급격하게 상승했다. 비록 전쟁은 일어나지 않았지만 이 같은 위험만으로도 일시적으로나마 원유 공급이 감소할 수 있다. 전쟁 가능성에 대한 전망으로 원유 공급이 감소되어 미래에 유가가 상승할

것이라는 예상 때문에 산유국들은(나중에 비싼 값에 팔기 위해) 현물 시장에서 원유 공급의 일부를 감축했다. 그러나 전쟁에 대한 두려움이 사라지면서 휘발유 공급곡선은 원래의 위치로 급속하게 회복되었다. 수요의 가격탄력성이 매우 낮은 것만으로도 상당한 크기의 가격 변동이 발생할 수 있다.

가격 변동 폭이 큰 것은 수요곡선의 변동이 심하고 공급곡선이 매우 비탄력적인 시장에서 흔히 나타나는 현상이다. 이 같은 시장 가운데 하나가 규제가 풀린 2000년 여름 캘리포니아의 전력 도매시장이었다. 단기의 발전용량은 실질적으로 고정되어 있었다. 냉방 수요가 전력 수요의 큰 부분을 차지하는데, 유독 더운 날씨로 인해 전력의 수요곡선은 크게 오른쪽으로 이동했다. 한때 전력의 도매가격은 지난 해 여름 가장 비쌌을 때보다 4배 이상 상승했다.

4.5.2 대체가 불가능한 필수적인 생산요소: 공급의 병목현상

프로농구 팬들은 매우 열성적인 집단이다. 이들은 직접 표를 사거나 간접적으로 TV 광고에 나오는 스포츠 용품을 구매함으로써 1년에 수십억 달러를 스포츠에 사용한다. 그러나 이 돈은 모든 팀에게 공평하게 분배되지 않는다. 상표권 사용 수입을 포함한 모든 수입은 승률이 높은 팀에게 더 많이 분배된다. 분배 피라미드 꼭대기에는 NBA(National Basketball Association) 우승팀이 자리 잡고 있다.

NBA 우승팀을 만든 작업을 생각해 보자. 어떤 것들이 필요한가? 특출한 선수, 유능하고 헌신적인 감독과 코치, 트레이너, 의사, 농구장, 연습 장비, 원정 게임시 이동 수단, 마케팅 전담팀 등과 같은 것들이 필요할 것이다. 이 가운데 어떤 것은 시장에서 적절한 가격에 구입할 수 있으나, 그렇지 못한 것들도 있다. 이 가운데 가장 중요한 요소인 매우 특출한 선수들은 그 공급이 매우 제한적이다. 이는 특출한 선수라는 정의 자체가 필연적으로 상대적일 수밖에 없기 때문이다. 특출한 선수란 대부분의 다른 선수들보다 뛰어난 선수이다.

NBA 우승팀은 엄청난 돈을 벌 수 있으므로, 가장 특출한 선수에 대한 치열한 연봉 경쟁은 놀랄만한 일이 아니다. 팀의 우승 확률을 획기적으로 높일 수 있는 선수들이 많이 있다면 골든 스테이트 워리어즈(Golden State Warriors)가 커리(Stenphen Curry)에게 3,400만 달러 이상을 연봉으로 지불하지는 않을 것이다. 그러나 이 같은 선수의 공급은 극히 제한되어 있다. 매년 NBA 우승을 갈망하는 팀들은 많다. 그러나 이들 팀이 아무리 많은 돈을 지불할 용의가 있다 하더라도 한 팀만 성공할 뿐이다. 장기에 있어서도 NBA 우승팀의 공급은 가격에 대해 완전 비탄력적이다.

스포츠에서의 우승이 필수적인 생산요소를 만드는 것이 불가능하기 때문에 공급의 가격탄력성이 제한받는 유일한 재화는 아니다. 예를 들어, 영화 산업에서 로버트 다우니 주니어(Robert Downey Jr.)가 출연하는 영화의 공급이 완전 비탄력적인 것은 아니지만 그가 매년 출연할 수 있는 영화는 그리 많지 않다. 그가 출연하는 영화가 계속해서 엄청난 흥행 수입을 올리므로 20명 이상의 영화 제작자들이 영화 출연을 위해 그와 계약을 맺고자 한다. 그러나 그가 이 모든 영화에 다 출연할 수 없으므로 편당 로버트 다우니 주니어의 출연료는 5,000만 달러에 육박한다.

장기에서는 대체가 불가능한 필수적인 생산요소가 생산의 병목(bottleneck)으로 작용한다. 이 같은 생산요소를 만들어 낼 수 있다면 대부분의 재화와 서비스 공급의 가격탄력성은 장기에서는 매우 높을 것이다.

요 약 Summary

- 수요의 가격탄력성은 구매자들이 가격 변화에 얼마나 민감하게 반응하는지를 측정하는 척도이다. 수요의 가격탄력성은 가격 1% 변화에 따른 수요량의 변화율로 정의된다. 한 재화의 수요는 가격탄력성이 1보다 크면 탄력적, 1보다 작으면 비탄력적, 1이면 단위 탄력적이라고 부른다.

- 소금과 같이 소득에서 차지하는 비중이 낮고, 다른 비슷한 대체재가 존재하지 않는 재화의 수요의 가격탄력성은 낮다. 특정 회사, 특정 모델의 새 자동차와 같이 소득에서 차지하는 비중이 크고, 다른 비슷한 대체재가 많이 존재하는 재화의 수요의 가격탄력성은 높다. 사람들이 가격 변화에 적응하는데 시간이 걸리므로, 수요의 가격탄력성은 단기보다 장기에서 더 높다.

- 수요곡선의 한 점에서 가격탄력성을 계산하는 공식은 $\varepsilon = \left| \frac{\Delta Q/Q}{\Delta P/P} \right|$이다. 여기서 P와 Q는 각각 그 점에서의 가격과 수요량을, ΔP와 ΔQ는 각각 가격의 변화분과 수요량의 변화분을 의미한다. 선형수요곡선은 $\varepsilon = (P/Q) \times (1/|\text{기울기}|)$로 표시할 수 있다. 이 공식에 따르면 선형수요곡선은 수요곡선을 따라 아래로 이동할 때 수요의 가격탄력성은 하락한다.

- 가격이 감소할 때 한 재화에 대한 총지출은 수요가 탄력적이면 증가하고, 비탄력적이면 감소한다. 가격이 상승할 때 한 재화에 대한 총지출은 수요가 탄력적이면 감소하고, 비탄력적이면 증가한다. 한 재화에 대한 총지출은 수요의 가격탄력성이 1일 경우 극대화된다.

- 수요의 소득탄력성과 다른 재화의 가격에 대한 탄력성도 같은 방법으로 정의된다. 각각의 경우 탄력성은 소득이나 다른 재화 가격 1% 변화에 따른 수요량의 변화율을 의미한다.

- 공급의 가격탄력성은 가격 1% 변화에 따른 공급량의 변화율로 정의된다. 공급곡선상의 한 점에서 공급의 가격탄력성 공식은 $\frac{\Delta Q/Q}{\Delta P/P}$이다. 여기서 P와 Q는 각각 그 점에서의 가격과 공급량을, ΔP와 ΔQ는 각각 가격의 변화분과 공급량의 변화분을 의미한다. 이 공식은 $\varepsilon = (P/Q) \times (1/\text{기울기})$로도 나타낼 수 있다. 여기서 1/(기울기)는 공급곡선의 기울기의 역수이다.

- 한 재화의 공급의 가격탄력성은 그 재화를 생산함에 있어 추가적인 생산요소를 얼마나 쉽게 얻을 수 있는가에 의존한다. 일반적으로 쉽게 생산요소를 얻을 수 있으면 공급의 가격탄력성은 높다. 다른 재화의 생산에 사용되는 생산요소를 그 재화의 생산에 쉽게 사용할 수 있으면, 생산요소를 쉽게 이동할 수 있으면, 또는 기존 생산요소를 대신할 수 있는 새로운 생산요소를 개발할 수 있으면, 재화의 생산을 쉽게 늘릴 수 있다. 수요의 가격탄력성과 마찬가지로 공급의 가격탄력성도 단기보다 장기에서 더 크다.

핵심용어 Key Terms

공급의 가격탄력성(113)
단위 탄력적 수요(97)
비탄력적 수요(97)
수요의 가격탄력성(97)
수요의 교차탄력성(112)
수요의 소득탄력성(112)
완전 비탄력적 공급(115)
완전 비탄력적 수요(106)
완전 탄력적 공급(116)
완전 탄력적 수요(106)
총수입(108)
총지출(108)
탄력적 수요(97)

복습문제 Review Questions

1. 왜 한 재화의 수요의 가격탄력성이 그 재화가 소득에서 차지하는 비중에 의존하는가?

2. 왜 선형수요곡선은 수요곡선을 따라 가격이 하락할 때 수요의 가격탄력성이 하락하는가?

3. 어떤 조건하에서 한 재화의 가격 상승이 총지출의 감소로 이어지는가?

4. 왜 경제학자들은 수요의 가격탄력성 부호에는 신경을 쓰지 않으면서 교차탄력성의 부호에는 각별히 주의를 기울이는가?

5. 왜 공급의 가격탄력성은 단기보다 장기에서 더 큰가?

연습문제 Problems

1. 쉐비(Chevy)와 같은 특정 브랜드의 차에 대한 수요가 차 전체에 대한 수요보다 가격에 대해 더 탄력적인가 또는 덜 탄력적인가? 설명하라.

2. 회사의 고위 간부, 중간 간부, 학생들 가운데 어떤 집단이 전문경영인 연합(Association of Business Professionals)의 회원권에 대한 수요의 가격탄력성이 가장 작을 것인가?

3. 수요곡선이 다음과 같을 때 *A*, *B*, *C*, *D*, 그리고 *E*점에서 수요의 가격탄력성을 계산하라.

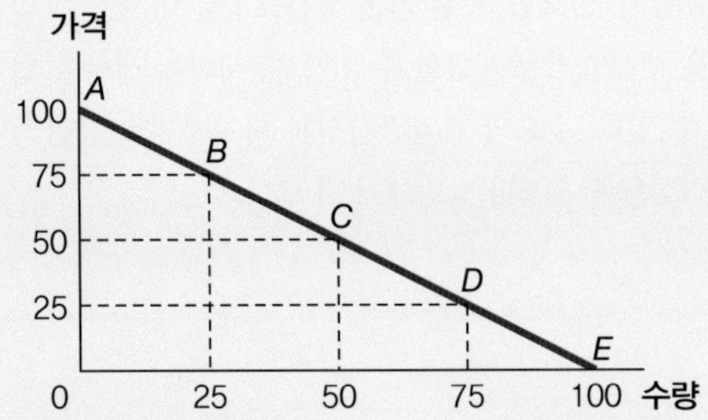

4. 여러분이 삼촌의 다락방을 뒤져서 포커하는 개(Dogs Playing Poker)라는 그림의 원본을 발견했다고 가정하자. 여러분은 삼촌 창고에 그 그림을 전시하기로 결정했다. 이 작품을 구경하고자 하는 수요곡선이 아래 그림과 같다. 총수입을 극대화하려면 여러분은 어떤 가격을 책정하겠는가? 그래프 상에 수요가 탄력적인 영역과 비탄력적인 영역을 표시하라.

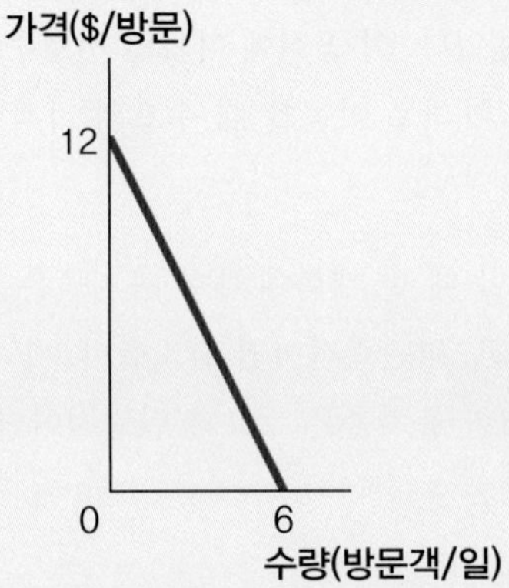

5. 다음의 표는 어떤 지역에서 하루에 각 가격별로 베이글 몇 팩이 팔리는지를 보여준다.

베이글 가격($/팩)	하루 베이글 팩 판매수량(개)
6	0
5	3,000
4	6,000
3	9,000
2	12,000
1	15,000
0	18,000

a. 베이글의 수요곡선 그래프를 그려라.

b. 베이글 가격이 팩당 $4일 때 수요의 가격탄력성을 계산하라.

c. 베이글 가게가 가격을 팩당 $4에서 $5로 올리면 총수입은 어떻게 변하는가?

d. 베이글 가격이 팩당 $1일 때 수요의 가격탄력성을 계산하라.

e. 베이글 가게가 가격을 팩당 $1에서 $2로 올리면 총수입은 어떻게 변하는가?

6.* 수요곡선이 그림과 같으면 A점에서 가격이 1% 증가하면 총지출은 어떻게 변하겠는가?

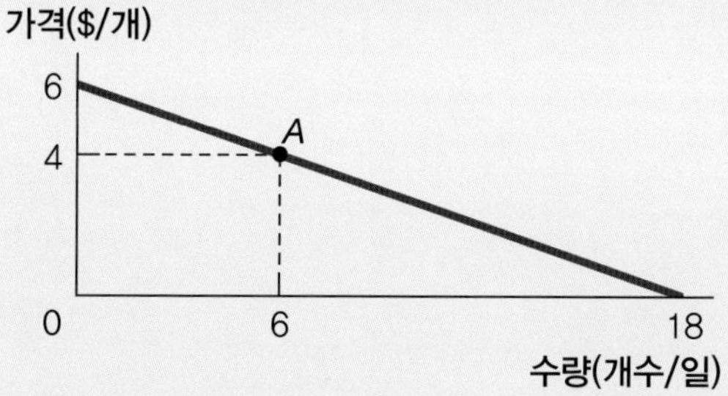

7.* 에너지 절약을 유도하기 위해, 정부가 모든 에어컨이 전기 사용을 이전보다 더 효율적이도록 하는 규제를 만들었다고 가정하자. 규제가 시행된 후, 정부 관료는 이전보다 사람들이 전기를 더 많이 사용하고 있다는 사실을 알고는 매우 놀랐다. 가격탄력성을 이용해 왜 전기 사용이 늘어났는가를 설명하라.

8. 우유 가격이 2% 상승하면 초콜릿 시럽의 수요량이 4% 감소한다. 초콜릿 시럽의 우유 가격에 대한 수요의 교차탄력성은 얼마인가? 두 재화는 대체재인가 또는 보완재인가?

9. 공급곡선이 그림과 같을 때 A와 B점의 공급의 가격탄력성은 각각 얼마인가?

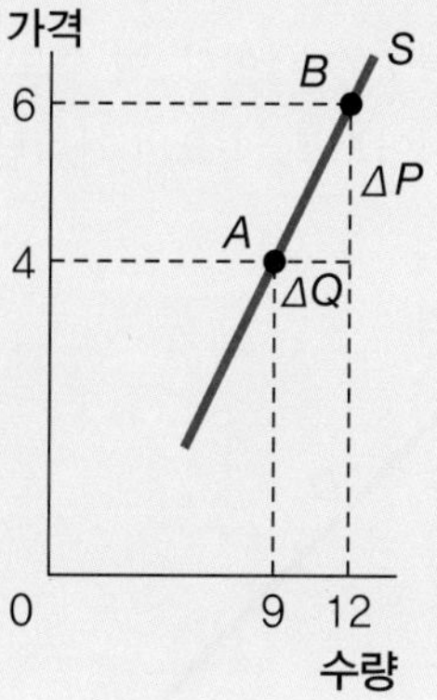

10. 바스마티 쌀(basmati rice, 낟알이 길고 향내가 나는 쌀)의 공급탄력성에 대해 옳은 것은?

a. 농부들이 일단 파종을 하면 바스마티 쌀의 생산량을 변경시키기 어려우므로 단기보다 장기의 탄력성이 크다.

b. 소비자들이 다른 종류의 쌀이나 주식도 선택할 수 있으므로 탄력성이 크다.

c. 재배에 비숙련 노동만 있으면 되므로 단기나 장기 모두 탄력성이 크다.

d. 바스마티 쌀 생산에 필요한 투입물들을 쉽게 생산할 수 있어 장기와 단기 모두 탄력성이 크다.

11. 시장에 팔기 위해 피자 한 조각을 만드는데 필요한 재료와 재료의 시장가격이 다음과 같다:

종이접시	2센트
밀가루	8센트
토마토소스	20센트
치즈	30센트
노동(시간당 임금 $12짜리 노동력 3분)	60센트

피자 몇 조각을 만들든 간에 재료의 비율은 항상 일정하고, 모든 재료는 주어진 가격에서 얼마든지 살 수 있다. 피자의 공급곡선을 그리고 가격탄력성을 계산하라.

본문 개념체크 해답 Answers to Concept Checks

4.1 스키패스 가격이 5% 감소할 때 수요량은 20% 증가했다. 그러므로 스키패스의 수요의 가격탄력성은 (20%)/(5%)=4이다. 따라서 처음 가격인 $400에서 스키패스 수요는 탄력적이다.

4.2 그림의 *A*점에서 *P*/*Q*=1이다. 이 수요곡선의 기울기의 절대값은 20/5=4이므로, 수요의 가격탄력성은 1×1/|기울기|=1/4이다.

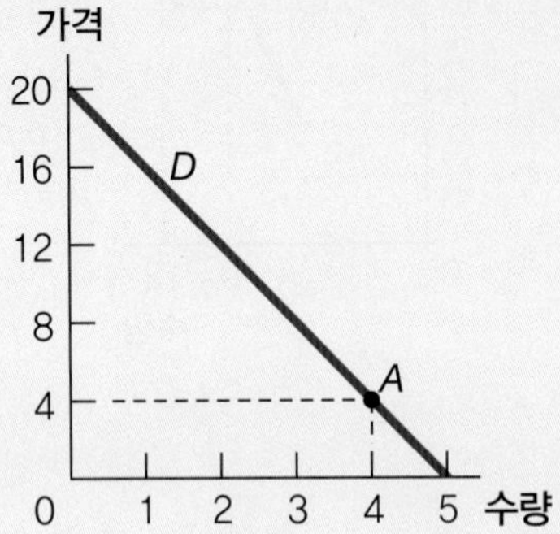

4.3 수요의 소득탄력성은 소득 1% 변화에 따른 수요량의 변화율이므로 5%/10%=1/2이다.

4.4 그림에서 *P*=6일 때 *Q*=1이고, 기울기는 2이다. 그러므로 공급의 가격탄력성은 6×(1/2)=3이다.

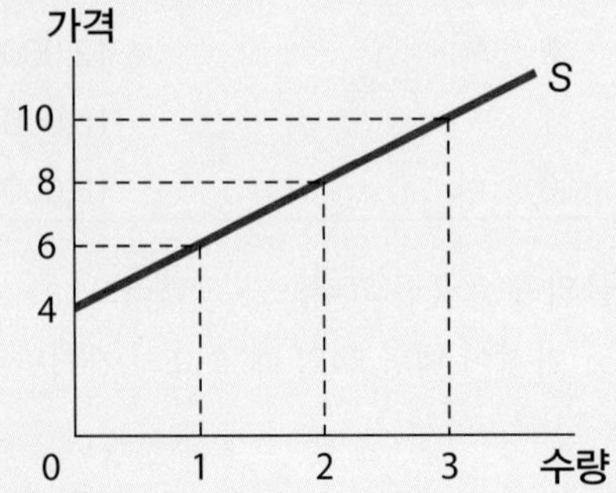

평균을 이용한 수요의 가격탄력성 계산

제 4 장 부록

여러분이 다음과 같은 경제학의 매우 표준적인 문제에 당면했다고 가정하자: 가격이 3일 때 수요량은 6이고, 가격이 4일 때 수요량은 4이다. 이 재화의 수요의 가격탄력성은 얼마인가?

$\varepsilon=\left|\frac{\Delta Q/Q}{\Delta P/P}\right|$를 이용해 이 질문에 대해 답해보자. **그림 4A.1**에서, 먼저 주어진 두 개의 가격-수량의 조합을 표시하고, 두 점을 직선으로 이어서 수요곡선을 그렸다. 이 그래프로부터 $\Delta P=1$, $\Delta Q=2$이다. 그러나 P와 Q 값은 어떤 값을 사용해야 하는가? $P=4$와 $Q=6$(A점)을 사용하면, 가격탄력성은 2이다. 그러나 $P=3$, $Q=6$(B점)을 사용하면, 가격탄력성은 1이 된다. 그러므로 A점과 B점 가운데 어떤 점을 사용하는가에 따라 가격탄력성의 크기는 달라진다. 두 대답 모두 틀린 대답은 아니다. 차이가 나는 이유는 선형수요곡선은 각 점마다 가격탄력성의 크기가 다르기 때문이다.

엄밀하게 말하면, 처음부터 질문(이 재화의 수요의 가격탄력성이 얼마인가?)이 정확하지 않다. 하나의 정답을 얻으려고 했다면, 질문이 "A점에서의 가격탄력성은 얼마인가?" 또는 "B점에서의 가격탄력성은 얼마인가?"라고 주어져야 한다. 이 같은 애매한 질문에 대답하기 위해 경제학자들은 평균을 이용한 탄력성 계산법(midpoint formula)이라는 관례를 개발했다. 두 점을 각각 (Q_A, P_A), (Q_B, P_B)로 표시하면, 이 계산법에 의하면 가격탄력성을 다음과 같이 계산한다:

$$\varepsilon=\left|\frac{\Delta Q/[(Q_A+Q_B)/2]}{\Delta P/[(P_A+P_B)/2]}\right| \tag{4A.1}$$

평균을 이용한 공식은 두 값의 평균을 사용함으로써 어떤 가격-수량 조합을 이용해야 하는가의 문제를 피해간다. 이 공식은 다음과 같이 쓸 수 있다:

$$\varepsilon=\left|\frac{\Delta Q/(Q_A+Q_B)}{\Delta P/(P_A+P_B)}\right| \tag{4A.2}$$

그림 4A.1에 나타난 두 점은 평균을 이용한 가격탄력성이 $\varepsilon=[2/(4+6)]/[1/(4+3)]=1.4$가 되어, A점과 B점에서 계산된 가격탄력성 값의 중간에 있다.

그림 4A.1

수요곡선상의 두 점이 주어졌을 때 가격탄력성의 계산

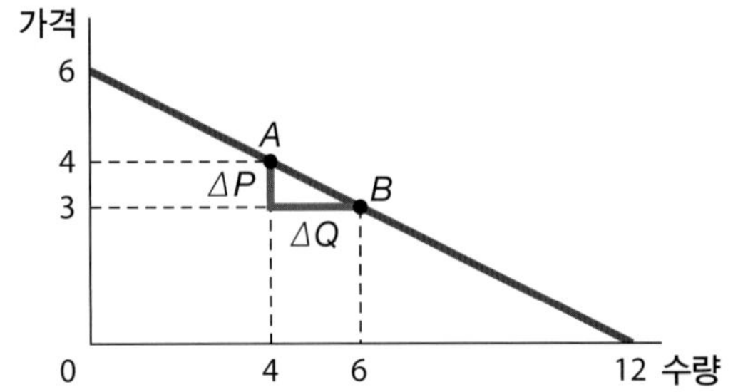

본서에서는 앞으로 평균을 이용한 공식은 사용하지 않는다. 이후로는 탄력성에 관한 모든 질문은 본장에서 설명한 **점 탄력성**(point elasticity)이라고 불리는 방식을 이용한다.

제 5 장 수요

소득이 변하면서 프리미엄급 와인에 대한 수요는 증가한 반면에, 일반 와인에 대한 수요는 감소했다.

동부에 위치한 한 대학의 북쪽 경계에 있는 강이 넓어지면서 멋진 호수를 이루고 있다. 그 대학 졸업생들은 그 곳을 인기 있는 추억의 장소로 기억하고 있다. 그러나 시간이 지나 호수 바닥에 토사가 쌓이기 시작하면서 1980년 후반에는 카누를 타는 것조차 불가능하게 되었다. 한 부유한 동문이 호수 복원을 위한 자금을 지원해 중장비가 동원되어 수 개월간 진흙을 제거한 후, 마침내 호수 바닥에 있던 토사가 모두 제거되었다.

이 일을 기념하기 위해 그 대학은 기념행사를 개최했다. 밴드가 음악을 연주하고, 총장이 연설하고, 합창단이 노래하며, 저명한 외빈들은 비용을 기부한 사람의 관대함에 큰 박수를 보냈다. 수백 명의 교수와 학생들도 축제에 참여했다. 동네 아이스크림 상점 주인들은 자신의 제품을 판촉하기 위한 좋은 기회라고 생각해 호숫가에 임시 판매대를 세워 "공짜 아이스크림"이라는 간판을 걸어 놓았다.

입소문이 나면서 곧 많은 사람들이 바닐라 아몬드 아이스크림, 헤이즐넛 아이스크림, 퍼지 크림 등을 맛보기 위해 길게 줄을 서서 기다렸다. 아이스크림은 많이 있었고 공짜였기 때문에 모든 사람들은 아이스크림을 얻을 수 있었다 — 적어도 겉보기에는 그랬다. 그러나 실상 그날 아이스크림을 원했던 많은 사람들이 아이스크림을 전혀 먹을 수 없었다. 그 이유는 줄을 길게 서 기다리는 것이 매우 비싼 대가를 치루는 것임을 알았기 때문이다.

한 재화나 서비스가 희소하면 그것을 사용하고자 경쟁하는 사람들 사이에 어떤 방식을 통해든 간에 분배가 이루어져야 한다. 대부분의 시장에서는 가격이 이 기능을 수행한다. 그러나 아이스크림을 무료로 배분하는 판매대는 기다리는 시간이 배분의 기능을 효과적으로 수행한다. 줄을 서 기다려야 하는 것은 돈을 지불하는 것 못지 않게 비용을 지불하는 것이다.

이 예는 수요곡선이 대개 수요량과 가격과의 관계를 나타내는 것이라고 생각되지만, 실제로는 보다 일반적인 관계를 나타내는 것임을 잘 보여주고 있다. 즉, 수요곡선은 수요량과 그 재화를 얻기 위해 지불해야 하는 금전적인 비용뿐 아니라 비금전적인 비용까지도 포함하는 모든 비용과의 관계를 나타낸다.

본장의 목표는 제 3장에서 살펴본 시장의 수요측면을 더욱 자세하게 분석하는 것이다. 제 3장에서는 독자들에게 단순히 가격이 오르면 수요량이 감소하는 사실을 직관적으로 그럴듯한 주장으로 받아들일 것을 요청했다. 본장에서는 수요의 법칙이라고 불리는 이 관계가 사람들이 유한한 소득을 합리적으로 사용한다는 가정에서 나오는 간단한 결과임을 학습한다. 이 과정에서 수요의 법칙을 설명하는 요인으로 소득효과와 대체효과의 두 가지 역할을 보다 명확하게 배운다. 또한 개별 구매자의 수요곡선을 수평으로 합침으로써 시장수요를 얻는 방법을 소개한다. 마지막으로, 수요곡선을 이용해 구매자들이 시장에 참여함으로써 얻는 편익을 측정하는 방법을 설명한다.

5.1 수요의 법칙

공짜 아이스크림의 예를 염두에 두면 수요의 법칙을 다음과 같이 쓸 수 있다:

수요의 법칙: 사람들은 자신이 하고자 하는 일의 비용이 증가하면 그 일을 적게 하고자 한다.

비용-편익

이 같이 표현하면 수요의 법칙은 한 행동의 편익이 비용을 초과할 때만 그 행동을 선택해야 한다는 **비용-편익의 원리**로부터 바로 도출되는 결과라는 것을 알 수 있다. 독자들은 한 행동의 편익을 그 행동을 하기 위해 지불할 용의가 있는 최대 금액—즉, 그 행동의 유보가격—으로 측정함을 기억하기 바란다. 한 행동의 비용이 증가하면 비용이 유보가격을 초과할 가능성이 증가하고, 따라 그 행동을 선택할 가능성은 감소한다.

수요의 법칙은 CD, 매니큐어, 의료 서비스, 산성이 포함되어 있지 않은 비뿐만 아니라, BMW, 값싼 열쇠고리, 그리고 "공짜" 아이스크림에도 동일하게 적용된다. 요점은 "비용"이란 그 행동을 하기 위해 포기해야 하는 모든 것을—금전적인 것과 비금전적인 것, 암묵적인 것과 명시적인 것—합친 것이다.

5.1.1 수요의 원천

비욘세(Beyonce)의 새 앨범을 얻기 위해 여러분은 얼마를 지불할 용의가 있는가? 이에 대한 대답은 여러분이 그들의 음악에 대해 어떻게 느끼고 있는가에 달려있을 것이다. 비욘세의 골수팬들에게는 그녀의 새 앨범을 사는 것은 너무도 당연할 것이다; 그들은 매우 비싼 가격도 지불하려고 할 것이다. 그러나 비욘세의 음악을 좋아하지 않는 사람들은 어떤 가격이더라도 별로 사고 싶지 않을 것이다.

욕구("선호"(preference) 또는 "기호"(taste)라고도 부름)는 한 재화에 대한 소비자의 유보가격을 결정하는 중요한 요인이다. 그러면 "욕구는 어디에서 오는가?"라는 질문이 생긴다. 선호의 많은 부분은—더운 날에 물에 대한 기호나 밤에 잠자기 편한 곳에 대한 선호 같은—대개 생물학적인 원천에서 발생한다. 그러나 선호의 많은 다른 부분은 문화에 의해 형성되기도 한다. 심지어는 기본적인 욕구 또한 사회적으로 만들어지기도 한다. 예를 들어, 인도 남부지역에서 자란 사람들은 매운 카레 요리를 좋아하는 반면에, 프랑스에서 자란 사람들은 일반적으로 향이 강하지 않은 요리를 더 선호한다.

어떤 것에 대한 선호는 오랫동안 변하지 않는 반면에, 다른 것에 대한 선호는 매우 급격히 변하기도 한다. 1912년 봄에 타이타닉호가 침몰한 이후 그에 대한 책은 계속해서 출간되었지만, 카메론(James Cameron) 감독의 블록버스터 영화가 나오고 나서야 이 책들이 많이 팔리기 시작했다. 1998년 봄에는 뉴욕 타임스 선정 베스트셀러 15권 가운데 5권이 타이타닉호 또는 영화에 출연한 배우들 가운데 한 명에 관한 것이었다. 그러나 1999년에는 이들 가운데 어떤 책도, 그리고 타이타닉호에 관한 다른 어떤 책도 베스트셀러가 되지 못했다. 그러나 아직도 타이타닉호 영화에 대한 반향이 시장에 남아 있다. 예를 들어, 영화가 나온 이후 해양 유람선 여행에 대한 수요가 크게 증가했고, 여러 방송국에서 유람선을 배경으로 하는 드라마를 방영했다.

또래에 의한 영향 역시 사회적인 요인이 수요에 영향을 미치는 또 다른 예이다. 종종 또래에 의한 영향이 단일 요인으로서는 수요를 결정하는 가장 중요한 요인이 되는 경우도 있다. 예를 들어, 한 청년이 불법 마약을 살 것인가를 예측하고자 할 때 그의 소득이 얼마인가를 아는 것은 큰 도움이 안 된다. 불법 마약의 대체재인 위스키나 그 밖의 합법적인 대체재의 가격을 아는 것도 큰 도움이 안 된다. 이런 요인들이 구매 결정에 영향을 미치기는 하지만 예측에는 크게 도움이 되지 않는다. 그러나 그 청년의 가장 친한 친구들 대부분이 상습 마약 복용자라면, 그도 역시 마약을 사용할 가능성이 매우 높다.

사회적 요인이 수요를 형성하는 또 다른 중요한 방식은, 여러 브랜드의 재화나 상표가 있으면 사람들은 상대적으로 그 가운데 가장 좋은 것으로 여겨지는 것을 소비하려는 공통적인 욕구가 있다는 것이다. 예를 들어, 도밍고(Placido Domingo)는 목소리가 좋기보다는 생존하는 세계 최고의—또는 적어도 세계 최고라고 알려져 있어—테너라고 여겨지기 때문에 많은 사람들이 그의 노래를 듣고자 한다.

면접할 때 입을 옷에 얼마나 지출할 것인가 하는 결정을 생각해보자. 면접관이 항상 강조하듯이 직장을 얻기 위한 면접에서 첫 인상을 좋게 하는 것이 매우 중요하다. 이것은 적어도 잘 보이도록 하는 옷을 입으라는 의미이다. 그러나 잘 보인다는 것은 상대적인 개념이다. 여러분을 제외한 모든 사람이 $200짜리 옷을 입고 나타나면, 여러분의 $300짜리 옷은 멋있게 보일 것이다. 그러나 모든 사람이 $1,000짜리 옷을 입고 나타나면, $300짜리 옷을 입은 여러분은 그리 멋있게 보이지 않을 것이다. 면접 때 입을 옷에 여러분이 지출하고자 하는 금액은 여러분과 비슷한 상황에 있는 다른 사람들이 얼마를 지출하는가에 의존한다.

5.1.2 필요(need) vs. 욕구(want)

일상 용어에서 사람들은 필요(need)로 하는 재화나 서비스와 단지 원하기(want)만 하는 재화와 서비스를 구별해 사용한다. 예를 들어, 어떤 사람이 유타주에서 스키 휴가를 원한다고 말한다. 그러나 그가 정말 필요로 하는 것은 일상생활에서 벗어날 수 있는 며칠 동안의 휴가이다; 또는 어떤 사람이 경치 좋은 집을 원한다고 하지만, 실제로 그 사람이 필요로 하는 것은 여러 가지 것으로부터 벗어날 수 있는 안식처이다. 마찬가지로 생존을 위해 단백질이 필요하기 때문에 영양 상태가 안 좋은 사람은 단백질이 더 필요하다고 말할 수 있다. 그러나 덜 비싼 단백질을 포함하고 있는 음식을 소비해도 건강을 회복할 수 있기 때문에 어떤 사람이 — 심지어는 영양 상태가 안 좋은 사람이 — 최고급 쇠고기 안심을 더 많이 필요로 한다고 말하는 것은 이상한 일이다.

경제학자들은 사람들이 생존에 필요한 최소한도의 소비수준을 — 건강 유지를 위해 필요한 의식주 수준 — 향유하고 있으면, 필요가 아닌 욕구의 측면에서만 이야기해도 된다는 점을 강조하기를 좋아한다. 용어상의 차이를 구별하게 되면 사람들의 선택의 본질에 대해 보다 명확하게 생각하는 데 도움이 된다.

예를 들어, "캘리포니아 주민들은 필요한 만큼의 물을 가지고 있지 못하다"라고 말하는 사람들은 물 부족에 대해 "캘리포니아 주민들은 물 값이 쌀 때 원하는 만큼의 물을 가지고 있지 못하다"라고 말하는 사람과 매우 다른 생각을 하고 있다. 첫 번째 사람은 사람들이 잔디에 물을 주는 것을 금하는 규제나 혹은 시에라네바다(Sierra Nevada) 산맥에서 추가적으로 물을 끌어오는 프로젝트에 초점을 맞추고 있을 가능성이 높다. 두 번째 사람은 인위적으로 매우 낮게 규제되고 있는 캘리포니아의 물 값에 대해 초점을 맞추고 있을 가능성이 더 높다. 첫 번째 경우의 해결책은 종종 실행하기에 매우 비용이 크고 어렵지만, 두 번째 경우의 해결책으로 물 값을 올리는 것은 간단하며 매우 효과적이다.

경제적 사유 5.1

왜 캘리포니아주는 만성적인 물 부족으로 고생하는가?

어떤 사람은 캘리포니아가 상대적으로 적은 강수량으로 많은 인구의 필요를 충족시켜야 하기 때문이라고 대답할 수 있다. 그러나 뉴멕시코주와 같은 다른 주들은 강수량이 더 적지만 캘리포니아와 같은 물 부족 현상은 겪지 않는다. 캘리포니아의 문제는 주정부가 아주 낮은 가격으로 물을 공급하기 때문에 강수량이 적은 주로서는 이해하기 힘들 정도로 캘리포니아 주민들이 물을 많이 사용한다는 것이다. 예를 들어, 남캐롤라이나주 같이 강수량이 풍부한 지역에서나 적합한 벼농사는 캘리포니아의 경우 광대한 관개시설을 필요로 한다. 캘리포니아 농부들은 물을 매우 싸게 살 수 있으므로 매년 봄 센트럴 밸리(Central Valley)에 수십만 에이커의 땅에 벼농사를 지으면서 물을 쏟아 붓고 있다. 쌀 1톤을 생산하려면 물 2,000톤이 필요하다. 그러나 다른 곡식은 그 반만 있어도 경작할 수 있다. 캘리포니아 물 값이 좀 더 비싸면 농부들은 다른 곡식을 경작할 것이다.

마찬가지로 싼 물 값으로 인해 로스앤젤레스와 샌디에고 주민들은 동부나 중서부에나 흔히 볼 수 있는 물을 많이 필요로 하는 잔디와 관목들을 심고 있다. 반면에 물 값이 매우 높은 뉴멕시코주 산타페와 같은 도시의 거주자들은 물을 거의 줄 필요가 없는 그 지방의 식물들을 키우고 있다.

왜 농부들은 캘리포니아와 같이 건조한 주에서 물이 많이 필요한 벼와 같은 작물을 재배하는가?

5.2 욕구에서 수요로의 전환

자원은 유한하지만 좋은 것에 대한 인간의 욕심은 끝이 없다는 것은 삶의 단순한 진리이다. 은행에 무한대의 예금 잔고를 가지고 있다 하더라도 원하는 것을 다 하려면 시간과 에너지가 부족하다. 사람들이 해야 할 것은 제한된 자원을 가지고 최대한도로 욕구를 충족시키도록 사용하는 것이다. 이 때문에 다음과 같은 실질적인 문제가 발생한다: 선택할 수 있는 여러 재화와 서비스에 소득을 어떻게 배분할 것인가? 이 질문에 대답하려면 사람들이 구매하는 재화와 서비스는 그 자체가 목적이 아니라, 욕구 충족을 위한 수단임을 인식하는 데에서 시작하는 것이 도움이 된다.

5.2.1 욕구의 측정: 효용의 개념

경제학자들은 사람들이 소비로부터 얻은 만족을 나타내기 위해 **효용**(utility)이라는 개념을 사용한다. 경제학자들은 사람들이 만족을 극대화하기 위해 소득을 배분한다고 가정하는데, 이를 **효용 극대화**(utility maximization)라고 부른다.

초기의 경제학자들은 각기 다른 행동으로부터 나오는 효용을 언젠가는 정확하게 측정할 수 있을 것이라고 생각했다. 예를 들어, 19세기 영국 경제학자인 벤담(Jeremy Bentham)은 각기 다른 소비로부터 발생하는 효용의 양을 측정하는 데 사용되는 기구인 "효용미터"(utilometer)에 대해 기술하고 있다. 벤담의 시대에는 그런 기구가 존재하

그림 5.1

전자 장치를 사용해 효용을 측정할 수 있는가?
과학자들은 좌뇌의 높은 전기적 행동 수준이 더 높은 만족도와 관련되어 있음을 발견했다.

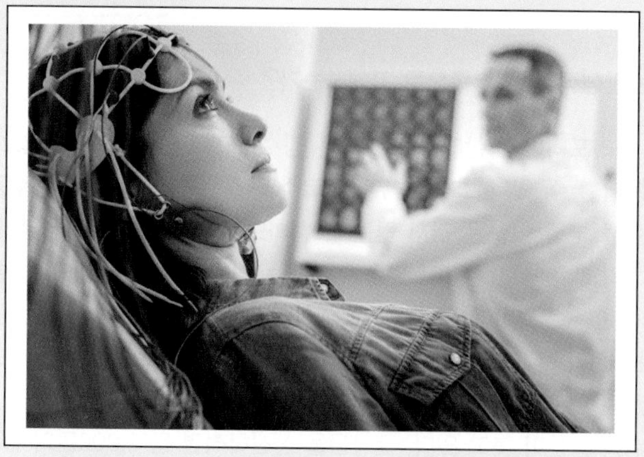

지 않았지만 오늘날의 신경심리학자들은 엄밀하지는 않더라도 만족을 측정하는 도구를 가지고 있다.

예를 들어, **그림 5.1**은 뇌로부터 발산되는 전기파의 강도를 측정하는 도구에 연결되어 있는 피실험자를 보여주고 있다. 위스콘신 대학의 심리학자인 데이비슨(Richard Davison) 교수와 그의 동료들은 왼쪽 전액골 앞에 있는 피질에서 발산하는 뇌파가 상대적으로 많은 피실험자들이 오른쪽에서 발산하는 뇌파가 상대적으로 많은 피실험자들보다 더 행복한 경향이 있다(여러 가지 다양한 척도로 평가해 본 결과)고 기록하고 있다.

사진 속의 장치같은 것이 미래에 존재한다는 것을 알았다면 벤담은 매우 흥분했을 것이다. 온도계가 화씨나 섭씨로 온도를 측정하듯이, 그의 이상적인 효용미터는 유틸(util)이라는 단위로 효용을 측정한다. 효용미터는 각 행동에 — 영화 감상, 치즈버거 먹기, 등등 — 수치로 표시된 효용의 크기를 부여한다. 불행하게도 사진 속의 매우 복잡한 장치조차도 정밀한 측정과는 거리가 멀다.

벤담의 지적 작업에 관한 한 효용미터가 실제로 존재하지 않아도 아무런 문제가 없다. 그러한 기계 없이도 벤담은 계속해 소비자를 소비로부터 얻는 효용을 극대화하는 존재라고 생각했다. 앞으로 보겠지만 벤담의 "효용 극대화 모형"은 합리적인 소비자가 소득을 어떻게 사용해야 하는가에 대한 중요한 통찰력을 제공한다.

이 모형이 어떻게 작용하는가를 알기 위해 공짜 아이스크림을 주는 판매대 맨 앞줄에 도착한 소비자가 직면하는 매우 간단한 문제로부터 시작해보자. 이 소비자를 새라(Sarah)라고 부르도록 하자. 새라는 아이스크림 콘 몇 개를 요구해야 하는가? **표 5.1**은 새라가 한 시간 동안 먹는 아이스크림 콘의 개수와 시간당 유틸로 표시된, 그로부터 새라가 얻는 총효용 간의 관계를 보여주고 있다. **표 5.1**의 값들은 시간당 콘 개수와 시간당 유틸로 표시되어 있음에 유의하기 바란다. 왜 "시간당"인가? 명시적인 시간의 길이가 없으면 주어진 양이 많은지 적은지를 판단할 수 없다. 평생 소비하는 아이스크림

표 5.1 **아이스크림 소비시 새라의 총효용**

아이스크림 콘 수량(콘/시간)	총효용(유틸/시간)
0	0
1	50
2	90
3	120
4	140
5	150
6	140

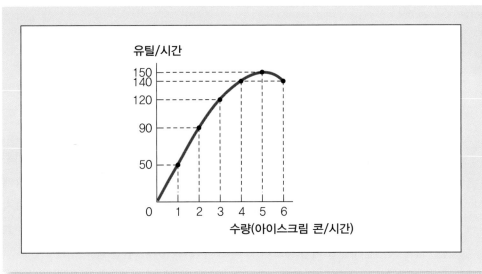

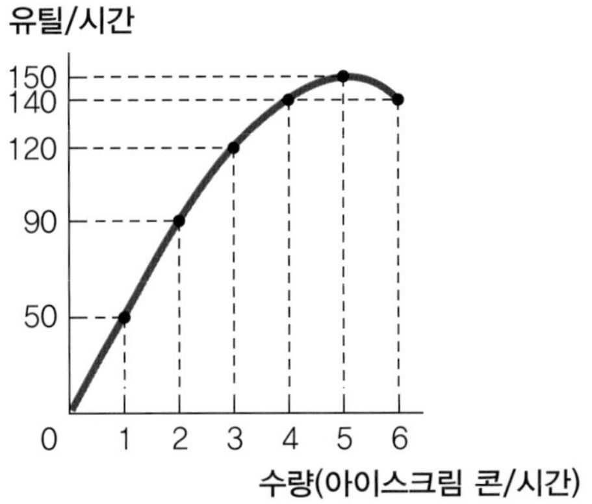

그림 5.2

아이스크림의 소비로부터 새라가 얻는 총효용

대부분의 재화는 소비가 증가하면 효용은 증가한다. 그러나 증가하는 속도는 감소한다.

이 콘 5개이면 대단한 양은 아니다. 그러나 한 시간에 5개면 대부분의 사람들이 먹는 양보다 많을 것이다.

표 5.1을 보면 새라의 총효용은 다섯 번째 콘까지는 증가한다. 한 시간에 아이스크림 콘 다섯 개를 먹는 것이 네 개보다 낫고, 네 개는 세 개보다 낫고, 이 관계는 계속해서 성립한다. 그러나 시간당 다섯 개를 넘어 아이스크림을 더 먹으면 새라는 오히려 만족감을 덜 느낀다. 그러므로 여섯 번째 콘을 먹으면 그녀의 효용은 시간당 150유틸에서 시간당 140유틸로 감소한다.

표 5.1의 효용에 관한 정보를 **그림 5.2**와 같이 그래프로 표시할 수 있다. 이 그래프를 보면 콘 다섯 개까지는 새라가 시간당 더 많은 콘을 먹을수록 그녀가 얻는 효용이 증가한다. 시간당 다섯 개의 콘을 소비할 때 새라의 만족도는 150유틸을 얻음으로써 최대값에 도달한다. 이 점에 도달하면, 새라는 비록 공짜이긴 하지만 여섯 번째 콘을 먹을 이유가 없다. 먹으면 오히려 효용이 감소한다.

표 5.2 아이스크림 소비시 새라의 총효용과 한계효용

아이스크림 콘 수량 (콘/시간)	총효용 (유틸/시간)	한계효용 (유틸/콘)
0	0	
		50
1	50	
		40
2	90	
		30
3	120	
		20
4	140	
		10
5	150	
		−10
6	140	

$$\text{한계효용} = \frac{\text{효용의 변화분}}{\text{소비의 변화분}} = \frac{90\text{유틸} - 50\text{유틸}}{2\text{콘} - 1\text{콘}} = 40\text{유틸/콘}$$

표 5.1과 **그림 5.2**는 효용과 소비 사이에 존재하는 또 다른 중요한 관계를 보여준다—아이스크림 콘 한 개를 더 소비할 때 추가적으로 얻는 효용은 총소비가 증가함에 따라 감소한다. 시간당 콘 한 개를 소비할 때 얻는 효용인 50유틸은 하나도 소비하지 않을 때의 효용인 0유틸보다 매우 크다. 그러나 시간당 콘 다섯 개를 소비할 때 얻는 효용은 시간당 콘 네 개를 소비할 때보다 그리 크지 않다(10유틸만큼 큼).

한계효용
소비가 한 단위를 증가시켰을 때 발생하는 총효용의 증가분

한계효용(marginal utility)은 소비가 한 단위 변했을 때 발생하는 총효용의 변화량을 의미한다. **표 5.2**를 보면 새라의 아이스크림 콘 소비의 변화에 따른 한계효용이 제 3열에 표시되어 있다. 예를 들어, 제 3열 두 번째 숫자는 새라가 콘의 소비를 시간당 하나에서 둘로 늘렸을 때 발생하는 효용의 증가분(유틸/콘으로 측정함)을 보여준다. 제 3열에 표시된 한계효용은 행들 중간에 위치하고 있다. 이렇게 함으로써 해당 한계효용이 한 소비량에서 다음 소비량으로 변할 때 발생하는 것을 보다 잘 보여준다. 그러므로 콘 한 개에서 두 개로 이동할 때의 한계효용은 40유틸/콘임을 알 수 있다.

한계효용이 소비를 한 단위 변화시킬 때 발생하는 총효용의 변화분이므로, 한계효용을 그래프로 나타낼 때 특정한 한계효용의 크기를 해당하는 두 소비량의 중간에 표시한다. **그림 5.3**을 보면 한계효용 40유틸/콘이 시간당 콘 한 개와 두 개 사이에 그려져 있다. 다른 한계효용도 동일하다(이 예에서 한계효용의 그래프는 우하향한다. 그러나 항상 우하향하는 것은 아니다).

한계효용 체감의 법칙
소비가 일정 수준을 넘어서 증가할 때 한계효용이 감소하는 경향

소비가 일정 수준을 넘어서 증가할 때 한계효용이 감소하는 경향을 **한계효용 체감의 법칙**(law of diminishing marginal utility)이라고 부른다. 한계효용 체감의 법칙은

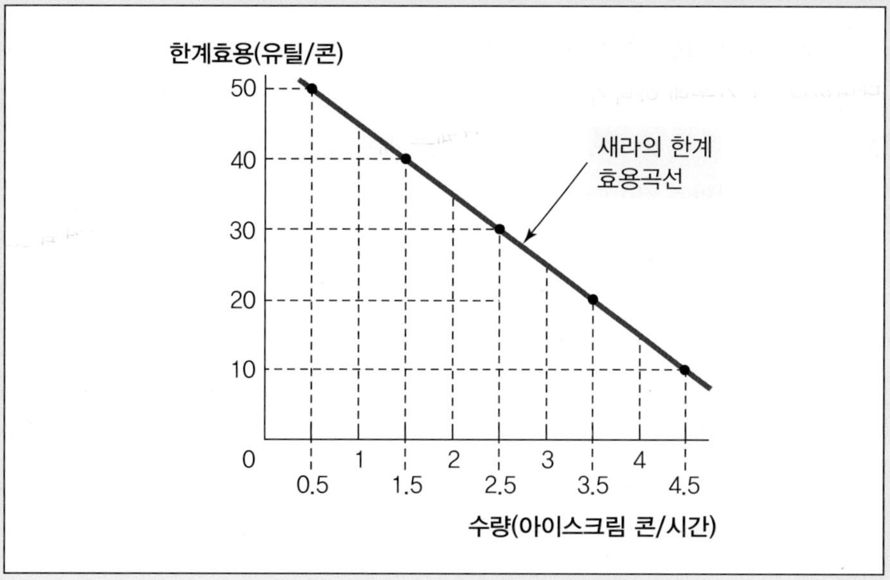

그림 5.3

한계효용 체감

새라가 아이스크림콘을 더 많이 소비할수록 한계효용은 작아진다. 새라의 아이스크림 소비는 한계효용 체감의 법칙을 충족한다.

새라의 아이스크림 소비뿐 아니라 대부분의 소비자가 소비하는 대부분의 재화에 대해서도 성립한다. 사람들은 땅콩이나 초콜릿 하나 또는 페라리 스포츠카 한 대를 얻게 되면 없을 때보다는 행복하다. 만일 초콜릿이나 페라리를 두 배로 얻는다면 더욱 행복할 것이다. 그러나 두 배만큼 행복하지는 않다. 이 같은 패턴을 법칙이라고 부르지만 예외는 있다. 어떤 소비 행동은 **한계효용 체증**(increasing marginal utility)을 보여주는 경우도 있다. 예를 들어, 익숙하지 않은 노래를 처음 들으면 귀에 거슬릴 수 있다. 그러나 여러 번 들을수록 점점 귀에 익숙해진다. 그리고 오래지 않아 사람들은 그 노래를 좋아하게 되고, 심지어는 샤워하면서 그 노래를 부르기도 한다. 이런 예외에도 불구하고 한계효용 체감의 법칙은 많은 재화에서 효용과 소비 간의 관계를 잘 보여준다. 별도의 언급이 없으면 본서에서 논의하는 모든 재화는 한계효용 체감의 법칙이 성립함을 가정한다.

다시 아이스크림의 예로 돌아가서 줄 맨 앞에 서게 되었을 때 새라는 어떻게 할 것인가? 줄 맨 앞에 서게 되면 이제까지 기다린 시간의 기회비용은 이미 매몰비용이므로 아이스크림 콘 몇 개를 주문할 것인가를 결정하는 데는 아무런 관계가 없다. 아이스크림은 무료이므로 아이스크림 하나 더 주문하는 비용은 0이다. 비용–편익의 원리에 의해 새라는 한계편익(여기서는 추가적인 아이스크림 콘으로부터 얻는 한계효용)이 0보다 작지 않는 한 계속해 아이스크림을 주문해야 한다. **표 5.2**에서 보듯이 한계효용은 다섯 번째 콘까지는 양수이나 그 이후에는 음수로 변한다. 그러므로 앞에서 보았듯이, 새라는 콘 다섯 개를 주문해야 한다.

비용–편익

5.2.2 두 재화 간 고정된 소득의 배분

대부분의 사람들은 새라가 직면했던 문제보다는 훨씬 복잡한 구매 결정의 문제에 당면한다. 그 가운데 하나가 사람들은 대개 하나의 재화가 아닌 여러 개의 재화에 대한 결정을 해야 한다는 것이다. 또 다른 문제는 재화 한 단위를 추가적으로 소비할 때 그 비용이 0이 아니라는 것이다.

더 복잡한 문제를 어떻게 해결할 것인가를 알아보기 위해, 새라가 고정된 소득을 각각의 가격이 0보다 큰 두 재화 사이에 배분해야 하는 문제에 당면해 있다고 가정해 보자. 그녀는 모든 소득을 한 재화에만 사용해야 하는가 아니면 두 재화에 나누어서 사용해야 하는가? 한계효용 체감의 법칙은 모든 소득을 한 재화에만 사용하는 것은 좋은 방법이 아님을 암시하고 있다. 이미 많이 소비하고 있는 재화에 더 추가적으로 더 돈을 사용하는 것보다(이미 한계효용이 상대적으로 낮은 상태임) 아직까지 소비하고 있지 않아 한계효용이 상대적으로 높은 다른 재화에 그 돈을 사용하는 것이 더욱 나을 것이다.

경제학자들이 효용 극대화를 위한 소득 배분 문제를 어떻게 해결하는지를 다음의 예를 통해 알아보자.

예 5.1 **합리적 지출 원리(I)**

새라가 초콜릿 아이스크림과 바닐라 아이스크림의 소비로부터 얻는 효용을 극대화하고 있는가?

초콜릿 아이스크림과 바닐라 아이스크림 가격은 개당 각각 $2와 $1이다. 새라가 1년에 아이스크림에 사용할 수 있는 돈은 $400이고, 각각의 아이스크림으로부터 얻는 한계효용은 **그림 5.4**에서 보듯이 소비량에 따라 변한다. 현재 1년에 바닐라 200개, 초콜릿 100개를 소비하고 있으면 새라는 자신의 효용을 극대화하고 있는가?

1년에 바닐라 아이스크림 200개, 초콜릿 아이스크림 100개를 소비하면, 새라는 각각의 아이스크림에 각각 $200씩 지불하고 있어 아이스크림에 대한 총지출은 그녀의 예산인 $400와 일치한다. 소득을 현재와 같이 사용함으로써 새라는 얻을 수 있는 최대한의 효용을 얻고 있는가? **그림 5.4(b)**를 보면 초콜릿 아이스크림의 한계효용은 16유틸/개이다. 초콜릿 아이스크림의 가격이 $2/개이므로, 달러당으로 환산하면 현재 초콜릿 아이스크림의 소비는 (16유틸/개)÷($2/개)=8유틸/$의 효용을 주고 있다. 같은 방법으로 **그림 5.4(a)**를 보면 바닐라 아이스크림의 한계효용은 12유틸/개이다. 바닐라 아이스크림의 가격은 $1/개이므로 달러당으로 환산하면, 현재 바닐라 아이스크림 소비는 (12유틸/개)÷($1/개)=12유틸/$의 효용을 주고 있다. 다시 말하면, 현재의 소비 수준에서 달러당 바닐라 아이스크림의 한계효용이 초콜릿 아이스크림의 한계효용보다 높다. 이것은 새라가 현재 효용 극대화를 못하고 있음을 의미한다.

왜 그런지 알아보자. 새라가 초콜릿 아이스크림에 2달러를 덜 쓰면(즉, 이전보다 초콜릿 아

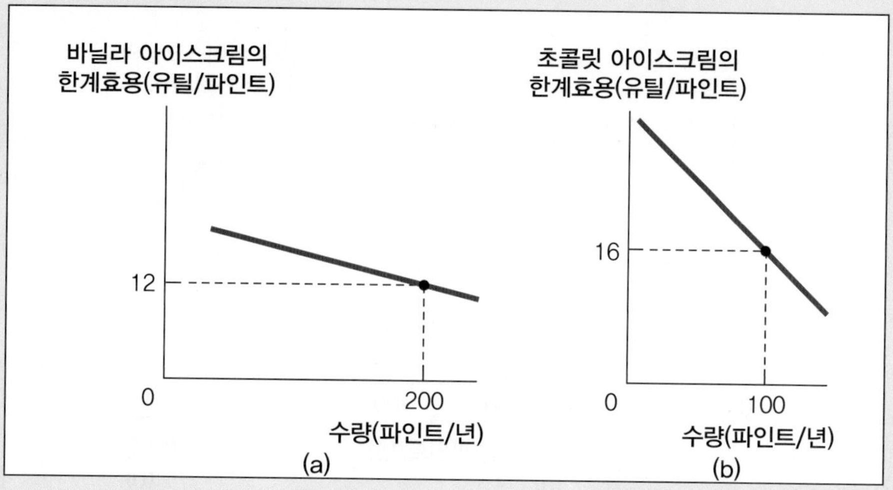

그림 5.4

두 종류의 아이스크림에 대한 새라의 한계효용곡선(I)
새라의 현재 아이스크림 소비량에서 초콜릿 아이스크림의 한계효용이 바닐라 아이스크림의 한계효용보다 25% 더 높다. 그러나 초콜릿 아이스크림 가격은 바닐라 아이스크림 가격보다 두 배 비싸다.

이스크림 1개를 덜 사면) 16유틸의 효용이 감소한다.[1] 그러나 $2로 그녀는 바닐라 아이스크림 2개를 더 살 수 있어, 효용은 24유틸 증가한다.[2] 이렇게 함으로써 새라는 효용을 8유틸만큼 더 증가시킬 수 있다. 새라는 현재 바닐라 아이스크림에 너무 적게, 초콜릿 아이스크림에 너무 많이 사용하고 있다.

다음의 예를 통해 새라가 초콜릿 아이스크림에 $100를 덜 쓰고, 그 대신 바닐라 아이스크림에 $100를 더 사용하면 어떻게 되는가를 알아보자.

합리적 지출 원리(II)

예 5.2

새라가 초콜릿 아이스크림과 바닐라 아이스크림의 소비로부터 얻는 효용을 극대화하고 있는가?

새라가 초콜릿 아이스크림과 바닐라 아이스크림에 사용할 수 있는 돈은 **예 5.1**과 동일하다. 각각의 아이스크림으로부터 얻는 한계효용은 **그림 5.5**에서 보듯이 소비량에 따라 변한다. 그리고 그녀는 현재 바닐라 아이스크림 300개, 초콜릿 아이스크림 50개를 소비하고 있다. 새라는 효용을 극대화하고 있는가?

먼저 초콜릿 아이스크림에 너무 많이, 바닐라 아이스크림에 너무 적게 돈을 사용하고 있었던 **예 5.1**에 비추어 볼 때 새라가 이와 같이 자신의 소비를 재조정한 것은 현명한 일이다. 초콜릿 아이스크림에 $100를 덜 사용함으로써 초콜릿 아이스크림의 한계효용은 16유틸/개에서 24유

1 실제의 효용 감소분은 16유틸보다 약간 더 크다. 왜냐하면 새라가 초콜릿 아이스크림의 소비를 줄이면, 한계효용이 다소 증가하기 때문이다.
2 실제의 효용 증가분은 24유틸보다 약간 더 작다. 왜냐하면 새라가 바닐라 아이스크림의 소비를 늘리면, 한계효용이 다소 감소하기 때문이다.

그림 5.5

두 종류의 아이스크림에 대한 새라의 한계효용곡선(II)
새라가 바닐라 아이스크림의 소비를 늘리면(a), 바닐라 아이스크림의 한계효용은 감소한다. 반대로 새라가 초콜릿 아이스크림의 소비를 줄이면(b), 초콜릿 아이스크림의 한계효용은 증가한다.

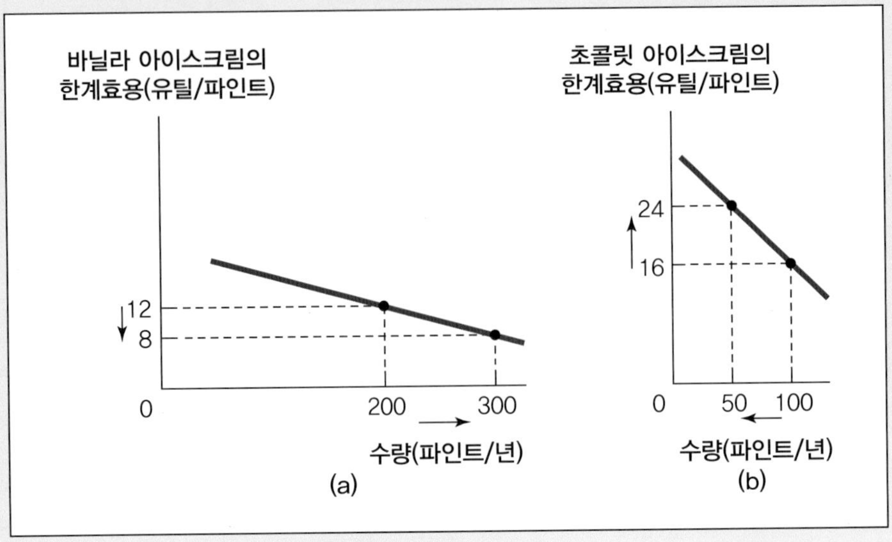

틸/개로 증가했다(**그림 5.5(b)** 참조). 같은 이유로 바닐라 아이스크림에 지출을 $100 늘림으로써 바닐라 아이스크림의 한계효용은 12유틸/개에서 8유틸/개로 감소했다(**그림 5.5(a)** 참조). 이 같은 변화는 한계효용 체감의 법칙이 작용한 결과이다.

초콜릿 아이스크림의 가격은 여전히 $2/개이므로 현재의 소비에서 달러당으로 환산하면 초콜릿 아이스크림 소비는 (24유틸/개)÷($2/개)=12유틸/달러의 효용을, 바닐라 아이스크림 소비는 (8유틸/개)÷($1/개)=8유틸/$의 효용을 주고 있다. 그러므로 현재의 소비에서, 달러당 한계효용은 초콜릿 아이스크림이 바닐라 아이스크림보다 높다 — **예 5.1**과는 정반대의 일이 일어나고 있다.

새라는 **예 5.1**의 상황을 개선하기 위해 너무 큰 조정을 했다. 예를 들어, **예 5.2**의 소비 수준(연간 300개의 바닐라 아이스크림과 50개의 초콜릿 아이스크림)에서 바닐라 아이스크림 2개를 덜 사고(새라의 효용은 16유틸 감소한다) 그 돈으로 초콜릿 아이스크림 1개를 더 사면(새라의 효용은 24개 증가한다), 새라의 총효용은 8유틸 증가한다. 그러므로 현재의 소비 역시 효용을 극대화시키지 못하고 있다. 이번에는 초콜릿 아이스크림에 너무 적게, 바닐라 아이스크림에 너무 많이 사용하고 있다.

✔ 개념체크 5.1

예 5.2에서 살펴본 두 아이스크림의 소비가 정확히 새라의 예산과 일치함을 보여라.

재화의 최적 조합
구매 가능한 재화의 조합 가운데 가장 큰 효용을 주는 조합

새라에게 두 아이스크림의 **최적 조합**(optimal combination)은 무엇인가? 달리 말하면, 새라가 살 수 있는 모든 바닐라 아이스크림과 초콜릿 아이스크림의 조합 가운데 가장 큰 효용을 주는 조합은 무엇인가? 다음의 예는 최적 조합이 충족해야 할 조건을

예시해 주고 있다.

합리적 지출 원리(III) 예 5.3

새라가 초콜릿 아이스크림과 바닐라 아이스크림의 소비로부터 얻는 효용을 극대화하고 있는가?

아이스크림 가격과 새라의 예산은 **예 5.1, 예 5.2**와 동일하다. 각각의 아이스크림으로부터 얻는 한계효용은 **그림 5.6**에서 보듯이 소비량에 따라 변한다. 그리고 그녀는 현재 바닐라 아이스크림 250개, 초콜릿 아이스크림 75개를 소비하고 있다. 새라는 효용을 극대화하고 있는가?

바닐라 아이스크림 250개와 초콜릿 아이스크림 75개를 소비하려면 비용이 새라의 예산인 $400가 됨은 쉽게 보일 수 있다. 현재의 소비에서 초콜릿 아이스크림의 한계효용은 20유틸/개이고(**그림 5.6(b)** 참조) 가격은 $2/개이므로, 현재의 소비에서 달러당으로 환산하면 초콜릿 아이스크림 소비는 (20유틸/개)÷($2/개)=10유틸/$의 효용을 준다. 현재의 소비에서 바닐라 아이스크림의 한계효용은 10유틸/개이다(**그림 5.6(a)** 참조). 달러당으로 환산하면 바닐라 아이스크림 소비는 (10유틸/개)÷($1/개)=10유틸/$의 효용을 주고 있다. 그러므로 현재의 소비수준에서 두 아이스크림에 대해 달러당 한계효용이 일치한다. 따라서 새라가 초콜릿 아이스크림의 지출을 줄이고 바닐라 아이스크림의 지출을 늘려도(그 반대의 경우도) 그녀가 얻을 수 있는 총효용은 변화가 없다. 예를 들어, 새라가 바닐라 아이스크림 2개를 더 사고(효용은 20유틸 증가함) 초콜릿 아이스크림 1개를 줄이면(효용은 20유틸 감소함) 총지출과 총효용은 변하지 않는다. 각 재화의 달러당 한계효용이 동일하면 새라는 지출을 재조정함으로써 효용을 더 증가시킬 수 없다. 그러므로 1년에 바닐라 아이스크림 250개와 초콜릿 아이스크림 75개를 소비하는 것이 최적 조합이다.

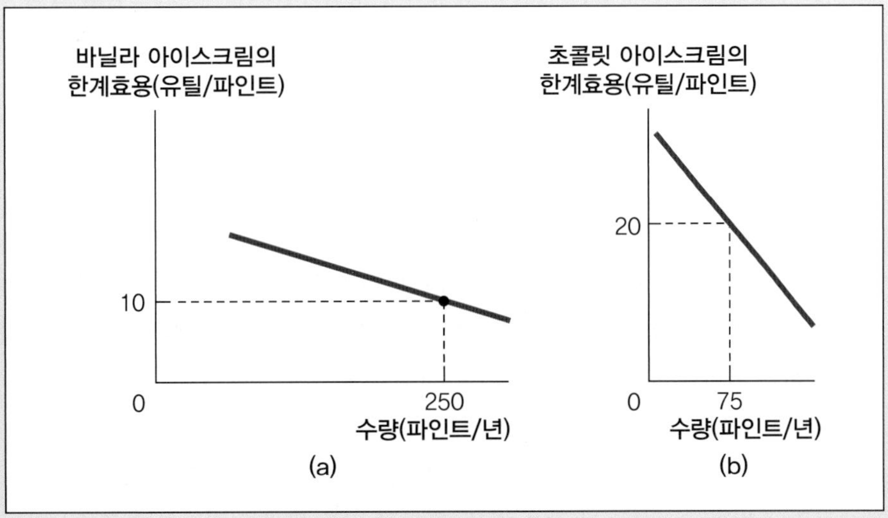

그림 5.6
두 종류의 아이스크림에 대한 새라의 한계효용곡선(III)
현재의 소비수준에서 두 종류의 아이스크림에 대한 새라의 한계효용은 동일하다.

희소성

요약 욕구에서 수요로의 전환

희소성의 원리에 의해 사람들은 욕구를 최대한 충족할 수 있도록 소득을 여러 재화 사이에 배분해야 한다. 재화의 최적 조합은 가장 높은 효용을 주는 구매 가능한 재화의 조합을 의미한다. 합리적 지출 원리에 의하면 완전하게 나눌 수 있는 재화의 최적 조합은 달러당 한계효용이 모든 재화에 대해 동일한 재화의 조합이다. 이 조건이 충족되지 않으면 소비자는 달러당 한계효용이 낮은 재화에 대한 지출을 줄이고, 높은 재화에 대한 지출을 늘림으로써 효용을 증가시킬 수 있다.

5.2.3 합리적 지출 원리

앞의 예들은 고정된 소득을 여러 재화 사이에 배분하는 문제를 풀기 위한 **합리적 지출 원리**(rational spending rule)를 보여준다. 효용을 극대화하는 최적 조합은 다음의 조건을 충족시켜야 한다;

합리적 지출 원리: 효용을 극대화하려면 각 재화의 달러당 한계효용이 동일하도록 소득이 각 재화에 배분되어야 한다.

합리적 지출 원리는 다음과 같은 간단한 공식으로 표시할 수 있다. 초콜릿 아이스크림의 한계효용(유틸/개로 측정함)과 가격을 각각 MU_C와 P_C로 표시하면, MU_C/P_C는 유틸/$로 측정한 초콜릿 아이스크림 소비에 지출되는 달러당 한계효용을 의미한다. 마찬가지로 바닐라 아이스크림의 한계효용과 가격을 각각 MU_V와 P_V로 표시하면, MU_V/P_V는 바닐라 아이스크림 소비에 지출되는 달러당 한계효용을 의미한다. 합리적 지출 원리를 나타내는 다음과 같은 간단한 방정식이 성립하면, 각 아이스크림의 달러당 한계효용이 일치하고 따라서 총효용이 극대화된다:

$$\frac{MU_C}{P_C}=\frac{MU_V}{P_V}$$

합리적 지출 원리는 여러 개의 재화가 있는 경우에도 쉽게 일반화할 수 있다. 가장 일반적인 형태로 표시하면 모든 재화에 대해 한계효용을 가격으로 나눈 비율이 동일해야 한다. 한 재화의 비율이 다른 재화보다 높으면 비율이 높은 재화의 소비를 늘리고, 낮은 재화의 소비를 줄임으로써 소비자는 효용을 증가시킬 수 있다.

엄밀하게 말하면, 합리적 지출 원리는, 우유나 휘발유 같이 완벽하게 나눌 수 있는 재화에 대해 성립한다. 버스 승차나 TV세트와 같이 다른 많은 재화들은 단지 정수의 배수로만 소비할 수 있다. 이 같은 경우, 합리적 지출 원리를 정확하게 충족시키는 것이 불가능할 수 있다. 예를 들어, TV세트를 하나 구매할 때 TV세트 구매에 지출되는 달러당 한계효용이 다른 재화의 달러당 한계효용보다 높을 수 있다. 그러나 한 세트를 더 구입하면 그 비율이 다른 재화보다 낮아질 수 있다. 이 경우 최선의 선택은 달러당 한계효용이 가장 높은 재화에 추가적인 소득을 배분하는 것이다.

본서에서는 합리적 지출 원리를 경제학의 핵심원리 가운데 하나로 분류하지 않았다. 핵심원리의 목록에 이 원리를 포함시키지 않은 이유는 이 원리가 중요하지 않아서가 아니라, 이 원리가 **비용-편익의 원리**로부터 바로 도출되기 때문이다. 핵심원리의 목록은 가능한 한 짧을수록 바람직하다.

비용-편익

5.2.4 소득효과와 대체효과의 재고찰

제 3장에서 소비자가 구매하고 싶은 재화의 양은 그 재화의 가격, 대체재와 보완재의 가격, 그리고 소득에 의존함을 보았다. 또한 한 재화의 가격이 변하면 수요량이 두 가지 이유 때문에 변함을 보았다: 대체효과와 소득효과. 대체효과는 한 재화의 가격이 상승하면 그 재화의 대체재가 상대적으로 싸게 되기 때문에, 소비자들이 그 재화 대신 대체재를 소비하는 것을 의미한다.

소득효과는 한 재화의 가격 변화로 인해 소비자의 구매력이 실질적으로 감소하거나 증가하는 것을 의미한다. 예를 들어, 앞의 예에서 한 종류의 아이스크림 가격이 변할 때의 효과를 살펴보자. 원래 가격에서(초콜릿 아이스크림 $2/개, 바닐라 아이스크림 $1/개) 새라는 1년 예산인 $400로 초콜릿 아이스크림은 최대한 200개, 바닐라 아이스크림은 최대한 400개 구매할 수 있다. 만일 바닐라 아이스크림 가격이 $2/개로 증가하면 새라가 살 수 있는 최대한의 바닐라 아이스크림 양은(400개에서 200개로) 감소한다. 또한 바닐라 아이스크림의 구매량이 고정되었을 때 구매할 수 있는 초콜릿 아이스크림의 양도 감소한다. 예를 들어, 바닐라 아이스크림의 가격이 $1/개이면 새라는 초콜릿 아이스크림 150개와 바닐라 아이스크림 100개를 살 수 있었다. 그러나 바닐라 아이스크림의 가격이 $2/개로 상승하면 그녀는 초콜릿 아이스크림 100개와 바닐라 아이스크림 100개만을 살 수 있다. 제 3장에서 보았듯이 실질소득의 하락은 정상재의 수요곡선을 왼쪽으로 이동시킨다.

합리적 지출 원리는 한 재화의 가격이 변할 때 다른 재화의 수요가 왜 변하는가를 이해하는 데 도움이 된다. 합리적 지출 원리는 (한계효용/가격) 비율이 모든 재화에 대해 동일해야 함을 요구한다. 그러므로 한 재화의 가격이 올라가면 그 재화의 새로운 (한계효용/가격) 비율은 다른 재화와 비교해 감소한다. 그러면 소비자는 가격이 오른 재화에 소득을 덜 지출하고, 다른 재화에 더 많이 지출해 총효용을 증가시킬 수 있다.

가격하락에 따른 수요 변화 — 예 5.4

초콜릿 아이스크림 가격이 하락하면 새라는 어떻게 대응해야 하는가?

새라의 예산은 여전히 1년에 $400이고, 초콜릿 아이스크림의 가격은 $2/개, 바닐라 아이스크림의 가격은 $1/개이다. 아이스크림으로부터 얻는 한계효용은 **그림 5.7**에서 보듯이 소비량에 따라 변한다. 그녀는 현재의 가격에서 최적의 조합인 매년 바닐라 아이스크림 250개, 초콜릿 아이스

그림 5.7

두 종류의 아이스크림에 대한 새라의 한계효용곡선(IV)

현재의 소비수준에서 두 종류의 아이스크림에 대한 새라의 한계효용은 동일하다. 초콜릿 아이스크림의 가격이 하락하면 바닐라 아이스크림에 비해 초콜릿 아이스크림의 달러당 한계효용이 더 커진다. 이를 조정하기 위해 새라는 초콜릿 아이스크림의 소비를 늘리고 바닐라 아이스크림의 소비를 줄인다.

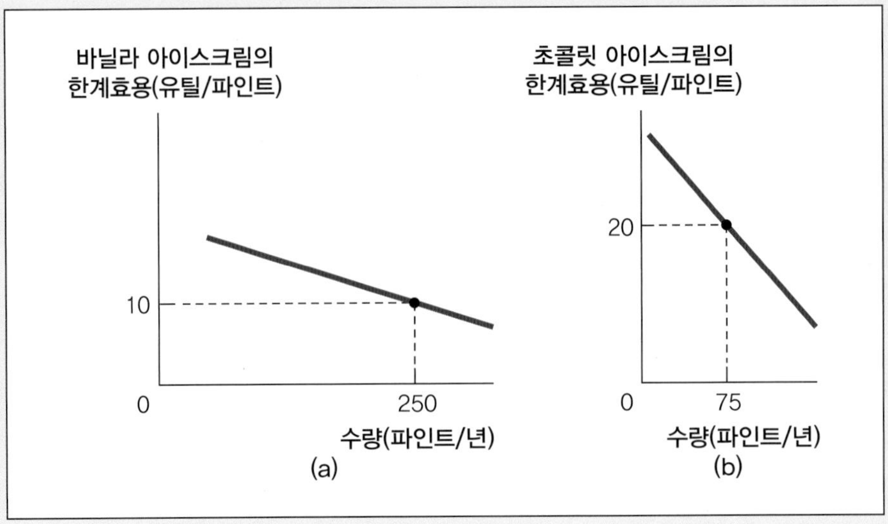

크림 75개를 소비하고 있다(**예** 5.3을 보라). 만일 초콜릿 아이스크림의 가격이 $1/개로 하락하면 새라는 두 종류의 아이스크림 사이에 지출을 어떻게 재배분해야 하는가?

그림 5.7에 나타난 수량은 원래의 가격에서 최적 조합이므로 합리적 지출 원리의 조건을 충족한다:

$$\frac{M_C}{P_C}=\frac{20\text{유틸/개}}{\$2/\text{개}}=10\text{유틸/\$}=\frac{M_V}{P_V}=\frac{10\text{유틸/개}}{\$1/\text{개}}$$

초콜릿 아이스크림의 가격이 $1/개로 하락하면 초콜릿 아이스크림의 달러당 한계효용이 갑자기 두 배로 증가하므로, 원래의 수량은 합리적 지출 원리의 조건을 더 이상 충족하지 않는다:

$$\frac{M_C}{P_C}=\frac{20\text{유틸/개}}{\$1/\text{개}}=20\text{유틸/\$} > \frac{M_V}{P_V}=\frac{10\text{유틸/개}}{\$1/\text{개}}=10\text{유틸/\$}$$

이 불균형을 조정하기 위해 새라는 초콜릿 아이스크림과 비교해 상대적으로 바닐라 아이스크림의 달러당 한계효용을 증가시키는 방식으로 두 아이스크림에 대한 지출을 조정해야 한다. **그림** 5.7에서 보듯이, 초콜릿 아이스크림의 소비를 늘리고 바닐라 아이스크림의 소비를 줄일 때 효용 극대화를 위해 필요한 조정이 이루어진다.

✔ 개념체크 5.2

존은 자신의 소득 전부를 음식과 주거지에 모두 사용하고 있다. 음식의 가격은 $5/파운드이고 주거지의 가격은 $10/평방야드이다. 현재의 소비에서 두 재화의 한계효용은 각각 20유틸/파운드와 30유틸/평방야드이다. 존은 자신의 효용을 극대화하고 있는가? 만일 그렇지 않다면 존은 소득을 어떻게 재배분해야 하는가?

제 1장에서 사람들이 평균과 한계의 차이를 구별하지 못함으로써 때로 잘못된 결정을 내리는 것을 보았다. 다음의 예는 사람들이 경제학자의 효용 극대화 모형을 적용하고 있음에도 불구하고 이 같은 오류가 발생함을 보여준다.

한계효용 vs. 평균효용 예 5.5

에릭은 사과를 좀 더 소비해야 하는가?

에릭은 매주 사과의 소비로부터 1000유틸의 총효용을, 오렌지의 소비로부터 400유틸의 총효용을 얻고 있다. 사과와 오렌지의 가격은 각각 개당 \$2와 \$1이고, 에릭은 매주 사과와 오렌지 각각 50개를 소비하고 있다. 참 또는 거짓: "에릭은 사과를 더 소비하고, 오렌지를 덜 소비해야 한다."라는 주장은 참인가 또는 거짓인가?

에릭은 매주 사과에 \$100, 오렌지에 \$50를 지출하고 있다. 따라서 에릭은 사과로부터 평균적으로 (1000유틸/주)÷(\$100/주)=10유틸/\$를, 오렌지로부터는 평균적으로 (400유틸/주)÷(\$50/주)=8유틸/\$를 얻고 있다. 많은 사람들은 에릭의 \$당 평균효용이 사과의 경우가 오렌지와 비교해 더 크므로 에릭은 사과의 소비를 더 늘려야 한다고 대답할 수 있다. 그러나 각 재화의 \$당 평균효용을 아는 것만으로는 현재의 소비가 최적인가를 판단할 수 없다. 현재의 소비가 최적인가를 판단하려면, 각 재화의 \$당 한계효용을 비교해야 한다. 주어진 정보로는 한계효용을 계산할 수 없다.

5.3 합리적 지출 원리의 적용

수요의 법칙과 합리적 지출 원리를 이해함으로써 얻는 이득은 가상적인 예를 풀 수 있다는 것이 아니라 이 같은 추상적인 개념을 이용해 현실 세계를 이해할 수 있다는 것이다. 독자들의 경제적 사유를 심화시키기 위해 다음의 예들을 차례로 살펴보도록 하자.

5.3.1 가격 변화에 따른 재화 간의 소비 대체

첫 번째 예는 재화 간의 소비 대체에 초점을 맞추고 있다. 일반적으로 한 재화나 서비스 가격이 상승하면 합리적인 소비자는 상대적으로 저렴해진 대체재로 전환한다. 새 차를 살 수 없으면 중고차를 사거나 버스 혹은 지하철로 통근할 수 있는 아파트를 임대한다. 프랑스 요리가 너무 비싸면 중국 음식점을 찾거나 이전보다 자주 집에서 요리를 한다. 미식축구 입장료가 상승하면 TV로 관전하거나 책을 읽는다. 책을 살 수 없으면 도서관에서 대출하거나 인터넷에서 관련 자료를 다운로드 받는다. 일단 여러분이 재화 간의 대체가 발생하는 것을 인식하기 시작하면 여러분 주위에 매일같이 이와 같은 예가 넘쳐 나고 있음에 놀랄 것이다.

경제적 사유 5.2

왜 맨해튼의 부자들은 시애틀의 부자들보다 좁은 집에 사는가?

마이크로소프트의 공동 창업자인 빌 게이츠는 워싱턴주 시애틀(Seattle)에 있는 4만 5,000평방피트의 집에 산다. 그가 사는 집은 1만 평방피트 이상의 넓은 집에 사는 부자들이 많은 시애틀의 기준으로 보아도 매우 큰 집이다. 반면에 비슷한 부를 가진 맨해튼에 사는 부자는 5,000평방피트 이상의 집에 사는 경우가 드물다. 이 같은 차이는 왜 발생하는가?

얼마나 넓은 집을 살 것인가를 결정하는 사람들에게 맨해튼과 시애틀 간의 가장 분명한 차이는 집값이 매우 다르다는 것이다. 시애틀과 비교해 맨해튼은 토지 자체가 수배 비싸고, 건축비용 또한 비싸다. 많은 뉴욕커들이 4만 5,000평방피트의 맨션을 건축할 수 있는 경제적 여유가 있을 수도 있지만, 맨해튼 집값이 워낙 비싸 그들은 그보다는 작은 집에 살기로 결정하고 그 대신 절약한 돈을, 예를 들어, 동부 롱아일랜드의 사치스러운 여름 별장에 사용한다. 뉴요커들은 또한 미국 다른 도시의 부자들에 비해 외식을 많이 하고 연극, 영화관에도 자주 간다.

재화들 사이의 대체가 발생한다는 것을 실생활에서 생생하게 보여준 예가 1970년대 후반 중동의 석유 공급의 감소로 인해 휘발유 및 다른 기름 가격이 가파르게 상승했을 때이다. 여러 가지 방법으로 — 때로는 상식적인 방법으로, 때로는 매우 기발한 방법으로 — 소비자들은 연료사용을 절약하기 위해 행동을 변화시켰다. 사람들은 카풀(car-pool)을 이용했고; 대중 교통수단을 이용했고; 6기통 이상의 차에서 4기통차로 바꾸어 차를 구입했고; 직장 가까운 곳으로 이사도 했고; 여행을 자제했고; 집안의 자동 온도 조절장치의 온도를 낮추었고; 단열재, 방한용 보조 창문 및 태양열 히터도 설치했고; 에너지 효율이 높은 가전 기구를 구매했다. 많은 사람들은 겨울 난방비를 피하기 위해 심지어 남쪽으로 이사를 가기도 했다.

경제적 사유 5.3

왜 1970년대에 4기통 자동차를 샀던 소비자들이 1990년대에는 6기통이나 8기통 자동차를 사는가?

1973년에 휘발유 가격은 갤런당 38센트였다. 그 다음해 석유 공급의 대폭적인 감소로 인해 휘발유 가격은 갤런당 54센트까지 상승했다. 1979년의 석유 공급 감소로 1980년에는 휘발유 가격이 갤런당 $1.19까지 치솟았다. 휘발유 가격이 이처럼 가파르게 상승하면서 이제까지 대부분의 사람들이 운전하던 6기통이나 8기통 자동차에 비해 연비가 훨씬 뛰어난 4기통 자동차에 대한 수요가 크게 증가했다. 그러나 1980년 이후 연료 공급이 안정되면서 휘발유 가격은 천천히 증가했고 1999년에는 갤런당 $1.40에 이르렀다. 그러나 지속적인 휘발유 가격 상승에도 불구하고 기통 수가 작은 자동차로의 전환은 계속되지 못했다. 1980년대 후반까지 6기통 또는 8기통 차의 판매 비율은 또 다시 증가하기 시작했다. 왜 이 같은 반전이 발생했는가?

이 같은 패턴을 설명하는 중요한 열쇠는 휘발유의 **실질가격**(real price)의 변화에 주목하는 것이다. 사람들이 몇 기통 엔진의 차를 살 것인가를 결정할 때 중요한 것은 휘발유의 **명목가격**(nominal price)이 아닌 다른 재화와 비교한 휘발유의 상대가격이다. 휘발유 갤런당 $1.4를 지출할 것인가 하는 문제에 당면한 소비자에게 중요한 질문은 그 돈으로 구매할 수 있는 다른 재화로부터 얼마의 효용을 얻을 수 있는가 하는 것이다. 1981년 이후로 비록 달러로 표시한 휘발유의 명목가격은 지속적으로 서서히 증가했지만, 다른 재화의 가격과 비교하면 휘발유 가격은 상대적으로 급속하게 하락한 셈이었다. 실질 구매력 기준으로, 1999년 가격은 실제로 1973년 가격보다 약간 낮았다(즉, 1999년에 $1.4로 살 수 있는 재화와 서비스의 양은 1973년에 38센트로 살 수 있는 양보다 작다). 엔진이 작은 차로 전환하는 경향이 반전된 것은 바로 휘발유의 실질가격이 하락했기 때문이다.

실질가격
다른 재화의 평균적인 가격과 비교한 재화의 상대적인 가격

명목가격
달러로 표시한 재화의 절대가격

휘발유 실질가격의 하락은 1999년대에 SUV(sports utility vehicle)에 대한 수요가 폭발적으로 늘어난 이유를 설명하고 있다. 미국에서 SUV의 판매량은 1990년대에 75만 대에서 2001년에는 거의 400만 대로 증가했다. 이들 가운데 어떤 것은 — 예를 들어, 포드 익스커션(Ford Excursion) — 무게만 7,500파운드가 넘고(혼다 시빅(Honda Civic)보다 3배 무거움), 연비는 시내에서 갤런당 10마일이 채 되지 않는다. 이 같은 차들이 1970년대에 시판되었다면 크게 실패했을 것이다. 그러나 연료비 부담이 낮아진 2001년에는 가장 많이 팔린 차종이 되었다.

2004년에 휘발유의 실질가격이 다시 가파르게 상승하기 시작해 2008년 여름에 몇몇 지역에서는 갤런당 거의 $5에 이르렀다. 예상대로 자동차 구매 패턴이 거의 즉각적으로 바뀌기 시작했다. 불과 몇 달 전까지만 해도 수요가 매우 높았던 대형 SUV 수요가 크게 감소해 대폭 할인되어 팔리기 시작했다. 토요타 프리우스(Toyota Prius)와 같이 연료 효율이 높은 하이브리드 차를 사기 위한 줄이 길게 늘어서게 되면서 소비자들은 거의 할인을 받지 못할 뿐 아니라 종종 희망 소비자 가격보다 높은 가격을 지불하기도 했다.

가격이 소비 결정에 미치는 영향을 보여주는 또 다른 예를 살펴보자.

경제적 사유 5.4

왜 자동차 엔진이 미국보다 영국에서 더 작은가?

BMW 5-시리즈 가운데 가장 인기 있는 모델이 영국의 경우 516i인 반면에, 미국의 경우에는 530i이다. 516i의 엔진은 530i의 엔진보다 거의 50% 가까이 작다. 왜 이 같은 차이가 발생하는가?

두 나라 모두 BMW는 소득 수준이 비슷한 전문직에 종사하는 사람들이 좋아하는 모델이다. 따라서 구매력의 차이로는 두 모델의 차이를 설명하기 힘들다. 그 차이는 영국이 휘발유에 중과세하기 때문에 발생한다. 세금을 포함하면 영국의 가솔린 가격은 미국 가솔린 가격의 2배보다

휘발유 가격에 따라 사람들이 사는 자동차 크기가 달라지는가?

높다. 이 같은 차이 때문에 영국 소비자는 엔진의 크기가 작고 연비가 좋은 모델을 선택한다.

5.3.2 소득 차이의 중요성

부자와 가난한 사람과의 가장 큰 차이는 부자의 소득이 훨씬 크다는 것이다. 왜 부자들이 가난한 사람들보다 일반적으로 더 큰 집을 사는지를 설명하기 위해 부자들이 가난한 사람들보다 집에 대해 더 큰 애착을 느낀다고 가정할 필요는 없다. 더 간단한 설명은, 다른 모든 재화와 마찬가지로, 집을 소유함으로써 얻는 총효용은 집 크기가 클수록 증가한다는 것이다.

다음의 예가 보여주듯이 소득은 집과 다른 재화의 수요뿐 아니라 서비스의 질에 대한 수요에도 영향을 미친다.

경제적 사유 5.5

왜 소득이 낮은 지역에서 기다리는 줄이 더 긴가?

최근에 판촉 활동의 일환으로 배스킨-라빈스는 두 군데 상점에서 아이스크림을 무료로 제공했다. 한 곳은 소득수준이 높은 지역에, 다른 하나는 소득수준이 낮은 지역에 있었다. 왜 공짜 아이스크림을 먹기 위해 기다리는 줄이 소득수준이 낮은 지역이 더 긴가?

두 지역의 거주자들은 모두 공짜 아이스크림을 먹기 위해 줄을 설 것인지 아니면 다른 상점에 가서 기다리지 않고 돈을 지불하고 사먹을 것인지를 결정해야 한다. 만일 소득이 높은 사람들이 다른 사람들보다 줄 서기를 피하기 위해 더 높은 금액을 지불할 용의가 있다는 받아들일 만한 가정을 한다면, 소득수준이 높은 지역의 줄이 더 짧을 것이라고 예측할 수 있다.

왜 소득이 낮은 지역에서 줄이 더 긴가?

이와 비슷한 이유로 소득수준이 높은 지역에 있는 식품점의 줄이 더 짧다. 식품점에서 줄을 짧게 하려면 더 많은 직원을 고용해야 하는데 이는 높은 가격으로 이어진다. 고소득 소비자들은 다른 사람들보다 줄 서기를 하지 않고 구입하기 위해 더 높은 금액을 지불할 용의가 있을 가능성이 더 높다.

요약 합리적 지출 원리

합리적 지출 원리의 적용은 개인 간, 지역 간, 그리고 시간에 따른 소비 패턴을 설명함에 있어 소득의 역할과 재화 간의 대체의 중요성을 잘 보여준다. 합리적 지출 원리는 또한 명목가격이 아닌 실질가격과 소득이 중요함을 잘 보여준다. 대체재의 실질가격이 하락하거나 또는 보완재의 실질가격이 상승하면 한 재화의 수요는 감소한다.

5.4 개별 수요곡선과 시장 수요곡선

한 재화에 대한 각 개인의 개별 수요곡선을 알면 이를 이용해 그 재화에 대한 시장 수요곡선(market demand curve)을 어떻게 찾을 수 있는가? 개별 수요곡선을 다 더하면 될 것이다. 그런데 더하는 과정에 주의해야 할 것이 있다.

5.4.1 수평 합

참치 캔 시장에 스미스와 존스, 두 명의 구매자만 존재한다고 가정하자. 두 사람의 개별 수요곡선은 **그림 5.8(a)**와 **그림 5.8(b)**와 같다. 참치 캔에 대한 시장 수요곡선을 그리려면 각각의 가격에 대해 두 사람의 수요량을 더하면 된다. 예를 들어, 캔당 가격이 40센트이면 스미스의 수요량은 주당 6개**(a)**, 존스의 수요량은 주당 2개**(b)**이다. 그러므로 캔당 가격이 40센트일 때, 시장 수요량은 8개이다**(c)**.

✔ 개념체크 5.3

영화 시장에 두 명의 소비자가 존재하는데, 각각의 수요곡선은 아래와 같다. 시장 수요곡선을 그려라.

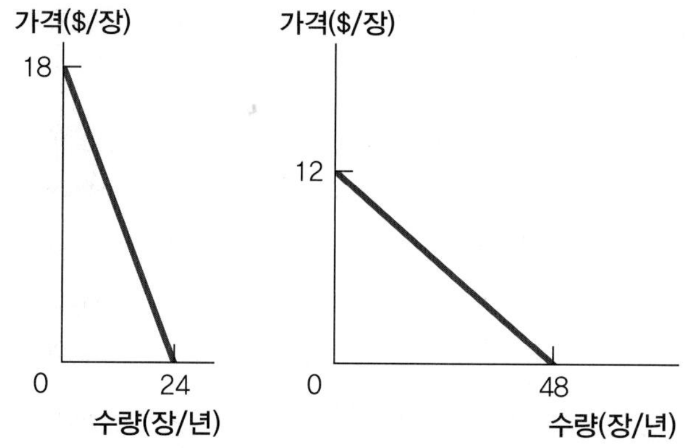

개별 수요곡선을 합산해서 시장 수요곡선을 얻는 과정을 **수평 합**(horizontal addition)이라고 부르는데, 이는 개별 수요곡선의 가로축으로 측정된 수량을 합치는 것을 강조하기 위함이다.

그림 5.9는 시장에 존재하는 1,000명의 소비자가 모두 동일한 개별 수요곡선**(a)**을 가지는 특별한 경우를 보여준다. 시장 수요곡선**(b)**을 얻으려면 개별 수요곡선상의 수량에 1,000을 곱하면 된다.

그림 5.8

참치 캔의 개별 수요곡선과 시장 수요곡선
시장 수요곡선의 각 가격에서 수요량(c)은 그 가격에서 개별 수요량, (a)와 (b)를 더한 것이다.

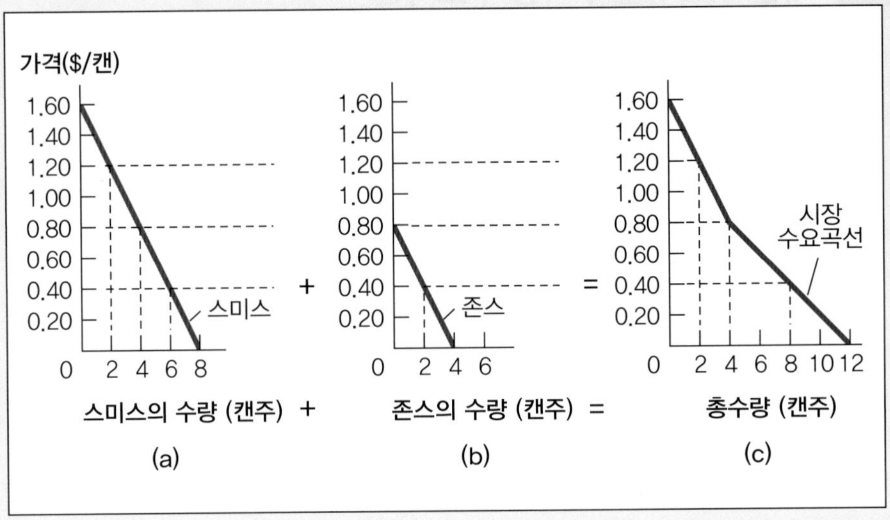

그림 5.9

모든 소비자가 동일한 수요곡선을 갖는 경우 개별 수요곡선과 시장 수요곡선
모든 소비자의 개별 수요곡선이 동일하면 시장 수요곡선(a)은 개별 수요곡선상의 수량(b)에 소비자 수를 곱해 얻어진다.

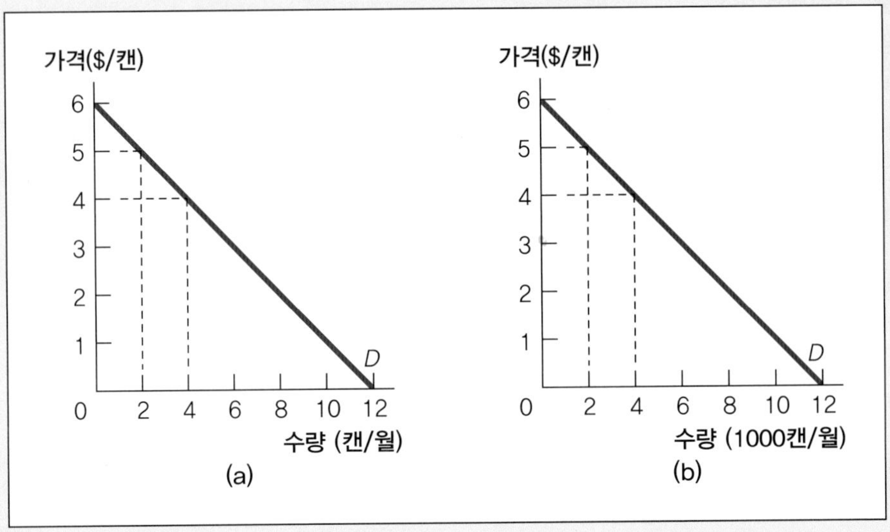

5.5 수요와 소비자 잉여

제 1장에서 경제적 잉여라는 개념을 소개했다. 구매자의 경제적 잉여는 지불할 용의가 있는 최대한의 금액(유보가격)과 실제로 지불하는 금액과의 차이를 의미한다. 구매자의 경제적 잉여를 때로는 **소비자 잉여**(consumer surplus)라고도 부른다.

소비자 잉여
소비자의 유보가격과 실제로 지불하는 가격과의 차이

소비자 잉여라는 용어는 거래로부터 한 소비자가 얻는 잉여를, 때로는 시장에 참여하는 모든 소비자가 얻는 경제적 잉여의 합을 지칭하기도 한다.

5.5.1 소비자 잉여의 계산

비용–편익 분석 시 시장에 참여하는 모든 소비자가 얻는 소비자 잉여의 합을 측정하는 것이 중요하다. 예를 들어, 산악 마을과 항구 도시를 연결하는 도로는 산악 마을에 새로운 어시장을 창출한다; 도로 건설 결정 시 새로운 어시장에 참여하는 소비자들이 얻는 이득도 도로 건설의 편익 가운데 하나로 계산해야 할 것이다.

경제학자들이 실제로 소비자 잉여를 어떻게 계산하는지를 알기 위해 매일 최대한 재화 한 단위만을 구매하는 11명의 잠재적인 소비자가 존재하는 가상적인 시장을 생각해 보자. 첫 번째 잠재적 소비자의 유보가격은 $11이다; 두 번째 잠재적 소비자의 유보가격은 $10이다; 세 번째 잠재적 소비자의 유보가격은 $9이다, 등등; 열한 번째 잠재적 소비자의 유보 가격은 $1이다. 이 시장의 수요곡선은 **그림 5.10**에서 보듯이 계단 형태의 모양으로 그려진다. 이 곡선은 전통적인 아날로그 수요곡선(역자 주: 수량이 연속적으로 변한다는 의미임)에 대한 디지털 버전의 수요곡선(역자 주: 수량이 불연속적으로 점프가 일어난다는 의미임)으로 생각할 수 있다(가로축에 그려진 수량의 단위가 아주 작으면 이 디지털 버전의 수요곡선은 아날로그 수요곡선처럼 그려질 것이다).

수요곡선이 **그림 5.10**과 같을 때 시장가격이 개당 $6라고 가정해 보자. 이 경우, 소비자들이 얻는 소비자 잉여는 얼마가 될 것인가? 개당 가격이 $6이면 하루에 6개가 팔릴 것이다. 여섯 번째 단위를 사는 소비자는 자신의 유보가격이 시장가격인 $6와 동일하므로 아무런 소비자 잉여를 얻지 못한다. 예를 들어, 첫 번째 단위를 사는 소비자는 $11까지 지불할 용의가 있으나 실제로는 $6를 지불하므로, 이 소비자가 얻는 소비자 잉여는 정확하게 $5이다. 두 번째 단위를 사는 소비자는 $10까지 지불할 용의가 있으나 실제로는 $6를 지불하므로, 이 소비자가 얻는 소비자 잉여는 $4이다. 세 번째 단

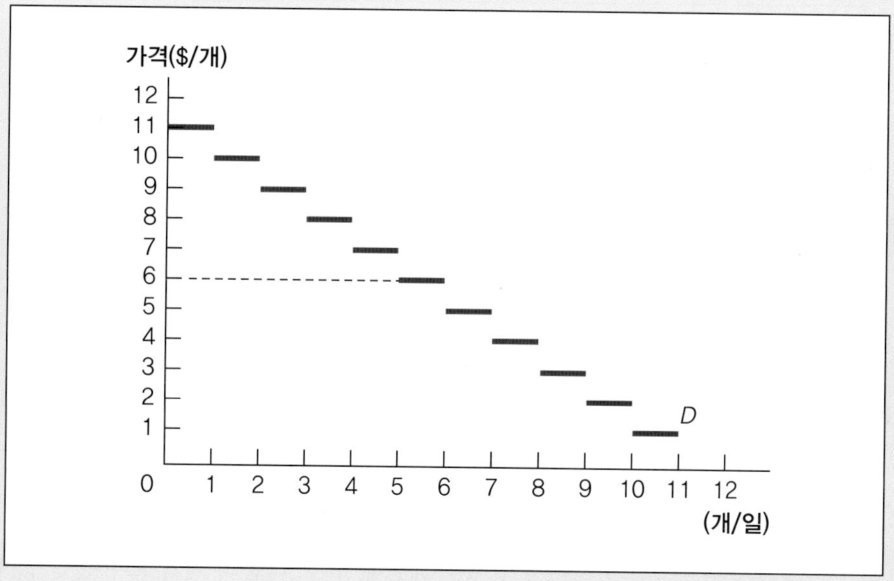

그림 5.10

디지털 버전의 수요곡선
재화가 정수의 배수로만 팔리면 수요곡선은 계단 형태의 모양을 가진다.

그림 5.11

소비자 잉여

소비자 잉여(음영 표시된 부분)는 구매자들이 지불할 용의가 있는 금액과 실제로 지불하는 금액 간 차이의 누적 합이다.

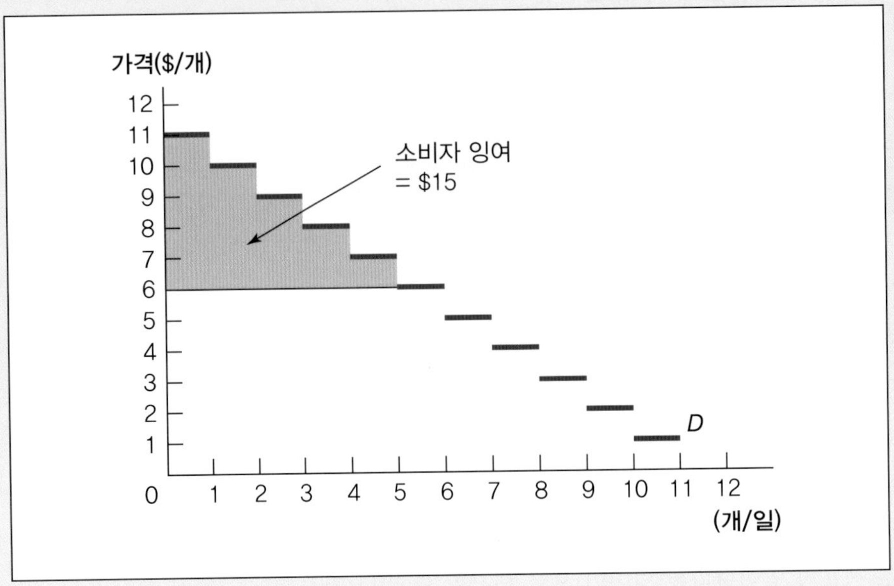

위를 사는 소비자의 경제적 잉여는 $3, 네 번째 단위를 사는 소비자의 경제적 잉여는 $2, 그리고 다섯 번째 단위를 사는 소비자의 경제적 잉여는 $1이다.

모든 소비자가 얻는 경제적 잉여를 다 더하면 소비자 잉여는 하루 $15이다. 이 소비자 잉여의 크기는 **그림 5.11**에서 음영 표시된 영역의 넓이와 같다.

✔ **개념체크 5.4**

모든 소비자의 유보가격이 앞의 예보다 $2 더 높은 경우의 수요곡선이 아래와 같을 때, 시장가격이 $6인 경우 소비자 잉여를 계산하라.

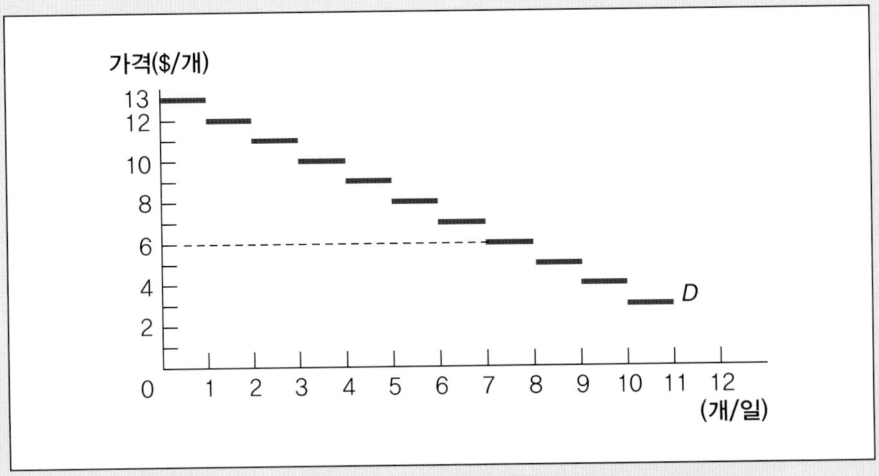

이제 선형수요곡선의 소비자 잉여를 계산해 보자. 다음의 예가 보여주듯이 이 계산은 디지털 버전의 수요곡선에 적용된 방법을 확장해 적용하면 된다.

우유 시장의 소비자들이 시장에 참여함으로써 얻는 편익은 얼마인가? 예 5.6

우유 시장의 수요곡선과 공급곡선이 그림 5.12와 같다. 균형가격은 갤런당 $2, 균형거래량은 하루 4,000갤런이다. 소비자 잉여는 얼마인가?

그림 5.11과 같이 **그림 5.12**에서도 마지막 단위를 사는 소비자는 소비자 잉여를 하나도 얻지 못한다. 하루 4,000갤런까지의 모든 우유에 대해 각 소비자는 **그림 5.12**에서와 같이 소비자 잉여를 얻는다. 이 같은 소비자들의 소비자 잉여는 그들이 지불할 용의가 있는 최대 금액(수요곡선에 표시됨(수직적 해석))과 실제로 지불하는 금액 간 차이의 누적 합이다. 그러므로 시장에서 소비자들이 얻는 소비자 잉여는 **그림 5.13**에 그려진 것 같이 수요곡선과 시장가격 사이에 음영 표시된 삼각형의 넓이이다. 이 삼각형은 직각 삼각형이고 높이는 h=$1/갤런, 밑변은 b=4,000갤런/하루이다. 삼각형의 넓이 공식은 (1/2)bh이므로, 이 시장의 소비자 잉여는 다음과 같다;

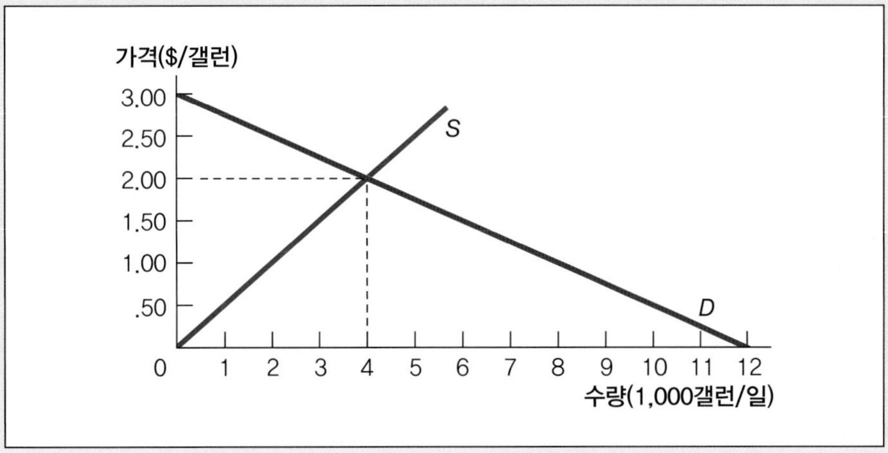

그림 5.12

우유 시장의 수요곡선과 공급곡선

균형가격은 갤런당 $2, 균형거래량은 하루 4,000갤런이다.

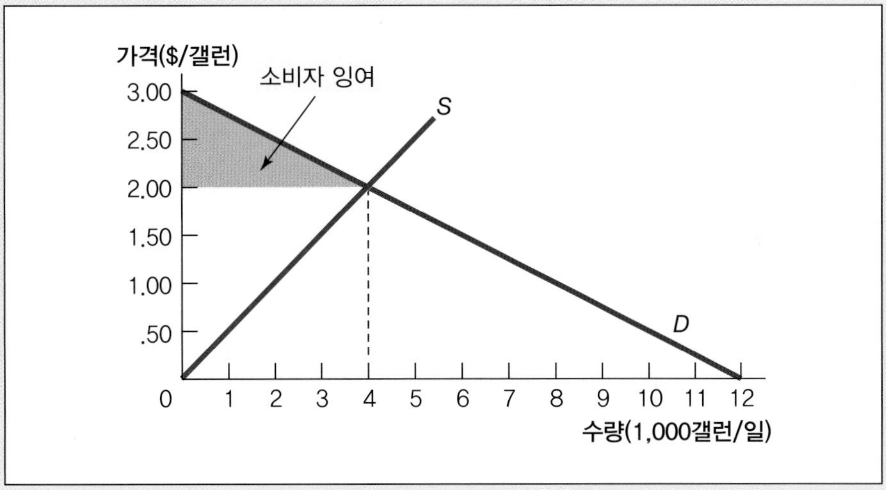

그림 5.13

우유 시장의 소비자 잉여

소비자 잉여는 음영 표시된 삼각형의 넓이이다($2,000/일).

$$(1/2) \times (4{,}000\text{갤런/일}) \times (\$1/\text{갤런}) = \$2{,}000/\text{일}$$

소비자 잉여의 의미를 이해하는 한 가지 유용한 방법은 우유 시장에 참여할 권리를 얻기 위해 소비자들이 지불할 용의가 있는 가장 높은 금액이 얼마인가를 묻는 것이다. 그 대답은 바로 $2,000/일이다. 이 금액은 정확하게 소비자 전체가 얻는 총편익이 소비자 전체가 지불하는 총비용을 초과하는 금액이다.

제 3장에서 설명했듯이 한 재화의 수요곡선은 수평과 수직 두 방향으로 해석될 수 있다. 수평적 해석은 각 가격에 대해 소비자들이 구매하고 싶은 양을 알려 준다. 수직적 해석은 각 수량에 대해 그 수량을 얻기 위해 소비자들이 지불할 용의가 있는 최대 금액을 알려준다. 소비자 잉여를 계산하려면 수요곡선의 수직적 해석을 이용한다. 수요곡선상의 각 점에서 수요곡선의 높이는 한계소비자의 유보가격을 의미한다. 소비자 잉여는 유보가격과 시장가격 간 차이의 누적 합이다. 그 크기는 수요곡선 아래와 시장가격 위로 둘러싸인 영역의 면적이다.

요 약 Summary

- 합리적인 소비자는 소득을 여러 재화 사이에 각 재화의 달러당 한계효용이 같아지도록 배분한다. 합리적 지출 원리는 사람들은 자신이 하고자 하는 일의 비용이 증가하면 그 일을 적게 하고자 하는 수요의 법칙을 낳는다. 여기서 "비용"이란 그 행동을 하기 위해 포기해야 하는 금전적인 것과 비금전적인 것을—명시적인 것과 암묵적인 것—더한 것이다.
- 한 재화 대신 다른 재화로 대체할 수 있다는 사실은 수요의 법칙 이면에 존재하는 중요한 요인이다. 실질적으로 모든 재화와 서비스에 대해 대체재가 존재하므로 경제학자들은 필요 대신에 욕구의 측면에서 이야기하기를 선호한다. 사람들은 선택의 문제에 당면하고 있다. 사람들의 수요를 필요라고 기술하는 것은 잘못된 것이다. 왜냐하면 그것은 사람들이 다른 선택의 여지가 없는 것을 의미할 수 있기 때문이다.
- 정상재에서 소득효과는 수요곡선이 우하향하는 두 번째 중요한 이유이다. 정상재의 가격이 하락하면, 대체재에 비해 상대적 가격이 하락할 뿐 아니라 소비자들은 더 많은 구매력을 가지게 되어, 수요량이 증가한다.
- 수요곡선은 각각의 가격에서 사람들이 구매하고자 하는 양을 나타내는 스케줄이다. 수요곡선은 개인의 개별적인 가격과 수량과의 관계를 나타내기도 하지만, 시장 전체의 가격과 수량과의 관계를 나타내기도 한다. 가로축의 한 수량에서 수요곡선의 높이는 그 재화를 한 단위 더 얻었을 때 소비자들이 얻는 편익의 크기를 표시한다. 이 같은 이유로, 때로는 수요곡선이 시장의 편익측면을 요약하고 있다고 말한다.
- 소비자 잉여는 시장가격에서 재화를 구매함으로써 소비자들이 얻는 편익의 크기를 뜻한다. 소비자 잉여의 크기는 수요곡선과 시장가격으로 둘러싸인 영역의 면적이다.

핵심용어 Key Terms

명목가격(145)
수요의 법칙(128)
소비자 잉여(148)
실질가격(145)
재화의 최적 조합(138)
한계효용(134)
한계효용 체감의 법칙(134)
합리적 지출 원리(140)

복습문제 Review Questions

1. 왜 경제학자들은 수요를 "필요"가 아닌 "욕구"에서 발생하는 것이라고 말하기를 더 좋아하는가?

2. 심리학자들이 효용을 정확하게 측정할 수 없음에도 불구하고 경제학자들은 왜 효용의 개념이 유용하다고 생각하는가?

3. 왜 한계효용 체감의 법칙 때문에 사람들은 소득을 여러 재화로 분산해 지출하는가?

4. 한 재화나 서비스의 화폐 가격이 0이라 하더라도 경제학적인 관점에서 진정으로 "공짜"가 아닌 이유를 설명하라.

5. 여러분이 소비해 본 재화 가운데 한계효용이 체증하는 재화의 예를 제시하라.

연습문제 Problems

1. 어떤 재화나 서비스를 구매하고자 하는 소비자는 자신의 유보가격과 시장가격을 비교해 결정한다. 소비자의 유보가격은 무엇을 측정하는가? 시장가격은 무엇을 측정하는가?

2. 다음의 요인 가운데 어떤 것이 한 재화나 서비스에 대한 소비자의 유보가격에 영향을 주는가?: 사회적 요인, 그 재화의 가격, 그 재화의 생산비용

3. 얼마든지 먹을 수 있는 뷔페에서 점심 식사를 하고 있다. 여러분이 합리적이라면 여러분이 먹는 마지막 음식 한 입의 한계효용이 얼마이어야 하는가?

4. 현재 마르다에게 오렌지의 한계효용은 온스당 75유틸이고, 커피의 한계효용은 온스당 50유틸이다. 오렌지 가격은 온스당 25센트이고 커피 가격은 온스당 20센트라면, 마르다는 현재 효용을 극대화하고 있는가? 그렇다면 왜 그런지 설명하라. 그렇지 않다면 마르다가 어떻게 지출을 재조정해야 하는지 설명하라.

5. 토비에게 땅콩의 한계효용은 온스당 100유틸이고, 캐슈의 한계효용은 온스당 200유틸이다. 땅콩 가격은 온스당 10센트이고 캐슈 가격은 온스당 25센트라면, 토비는 현재 효용을 극대화하고 있는가? 그렇다면 왜 그런지 설명하라. 그렇지 않다면 토비가 어떻게 지출을 재조정해야 하는지 설명하라.

6. 슈는 피자의 소비로부터 매주 총 20유틸의 효용을 얻고 있고, 요거트 소비로부터 매주 총 40유틸의 효용을 얻고 있다. 피자 가격은 조각당 $1 요거트 가격은 컵당 $1이고, 그녀는 현재 매주 피자 10조각과 요구르트 20컵을 소비하고 있다. 참 또는 거짓: 슈는 현재 최적의 피자와 요거트 조합을 소비하고 있다.

7. 톰은 일주일에 $24를 피자와 비디오를 빌리는 데 사용한다. 피자 가격은 조각당 $6이고, 비디오 임대료는 편당 $3이다. 피자 소비와 비디오 임대는 정수의 배수로만 가능하다.

a. 톰이 한 주간 구매할 수 있는 피자와 비디오 편수의 조합을 구하라.

b.* 톰이 피자와 비디오로부터 얻는 총효용은 각각의 소비로 얻는 효용의 합이다. 피자와 비디오로부터 얻는 효용이 다음의 표와 같다. 톰은 매주 피자 몇 조각과 영화 몇 편을 소비하는가?

피자/주	피자의 총효용	비디오 임대/주	비디오 임대의 총효용
0	0	0	0
1	20	1	40
2	36	2	46
3	48	3	50
4	58	4	54
5	66	5	56
6	72	6	57
7	76	7	57
8	78	8	57

8. 앤은 프린스턴(Princeton)에 살면서 기차를 이용해 매일 뉴욕으로 출퇴근한다(한 달에 20번 왕복함). 왕복 기차 요금이 $10에서 $20로 상승하면 그녀는 가격이 오르기 전과 동일한 횟수만큼을 소비하지만, 외식비용은 이전보다 $200 덜 쓴다. 앤이 선택하는 기차 왕복 횟수가 가격에 대해 전혀 반응하지 않는 사실이 앤이 합리적인 소비자가 아님을 의미하는가?

9.* 놀이동산 티켓 시장에 수요곡선이 다음과 같은 두 명의 소비자가 존재한다.

a. 시장 수요곡선을 그려라.

b. 놀이동산 티켓이 장당 $12일 때 소비자 잉여를 계산하라.

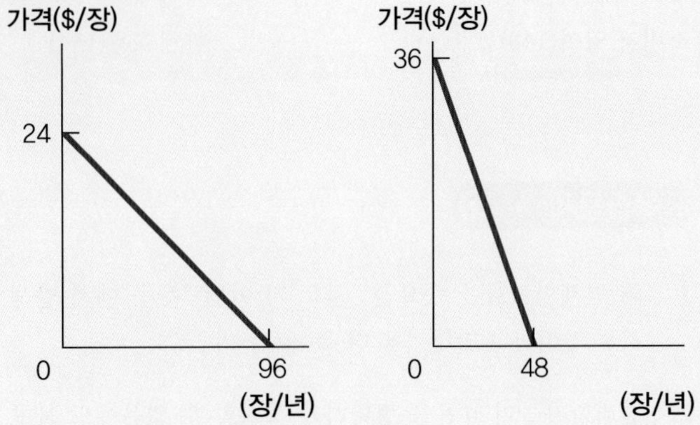

10. 수요곡선이 아래와 같고, 현재 휘발유 가격이 갤런당 $2일 때 소비자 잉여를 계산하라.

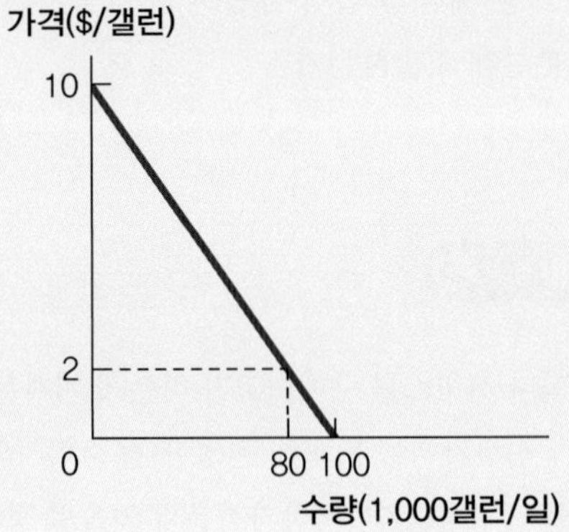

본문 개념체크 해답 Answers to Concept Checks

5.1 1년에 바닐라 아이스크림 300개($300)와 초콜릿 아이스크림 50개($100)를 소비하는 데 $400가 필요한데, 이는 새라의 예산과 일치한다.

5.2 합리적 지출 원리에 의하면$(MU_F/P_F)=(MU_S/P_S)$가 성립해야 한다. 여기서 MU_F와 PF는 각각 음식의 한계효용과 가격이고, MU_S 와 P_S 는 각각 주거지의 한계효용과 가격이다. 현재의 소비에서 $(MU_F/P_F)=4$유틸/$, $(MU_S/P_S)=3$유틸/$이므로 존은 음식에 대한 지출을 늘리고 주거지에 대한 지출을 줄여야 한다.

5.3 두 개별 수요곡선 (a)와 (b)를 수평으로 더하면 (c)와 같은 시장 수요곡선을 얻는다:

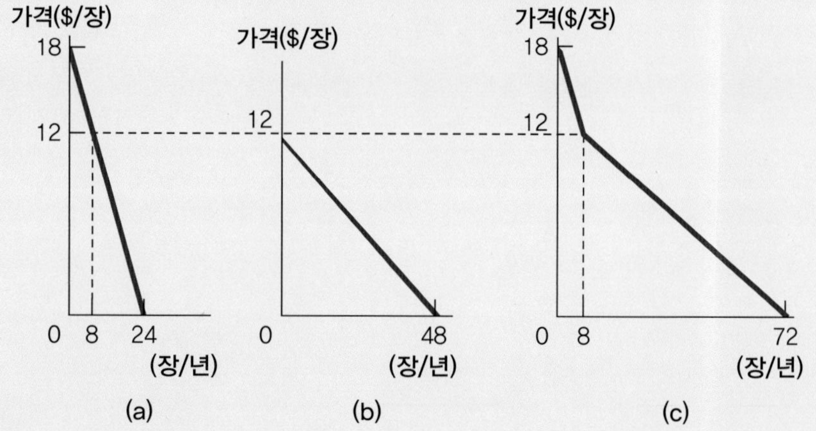

5.4 소비자 잉여는 새롭게 음영 표시된 부분으로 하루 $28이다.

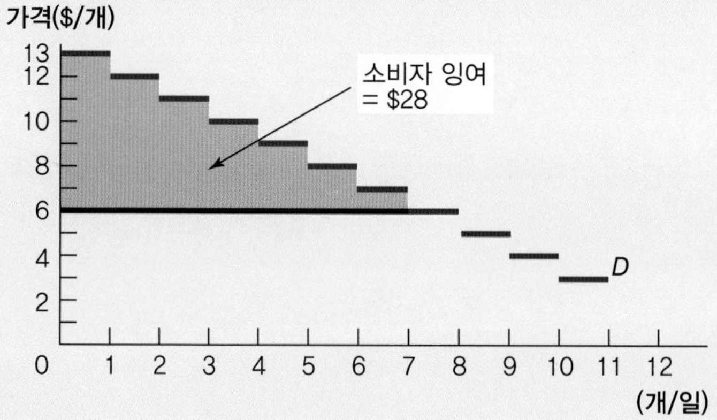

완전경쟁시장의 공급

제 6 장

완전경쟁시장의 장기균형에서는 양의 이윤을 얻을 수 있는 기회가 더 이상 남아있지 않다.

1970년대에 조립시간이 50시간 이상인 차들을 오늘날 조립하려면 8시간도 채 걸리지 않는다. 다른 제조업 분야에서도 이와 비슷한 생산성의 증가가 일어났다. 그러나 많은 서비스 산업에서는 생산성 증가가 있다 하더라도, 매우 느리게 일어났다. 예를 들어, 런던 필하모니 오케스트라가 베토벤의 교향곡 5번을 연주하는 데 필요한 연주자의 수는 1850년에 연주했던 연주자의 수보다 적지 않다. 이발사가 머리를 깎는 데에도 이전과 동일하게 약 30분 정도 소요된다.

제조업 분야의 노동 생산성이 눈부시게 증가한 점에 비추어볼 때 이 분야의 실질 임금이 지난 세기 동안 5배 이상 증가했다는 것은 결코 놀랄 만한 일이 아니다. 그러나 왜 서비스 부문의 실질임금도 동일한 정도로 올랐는가? 이발사나 음악가가 20세기 초반보다 생산성이 증가하지 않았음에도, 왜 현재 그들은 과거보다 5배 정도의 임금을 받는가?

그 대답은 특정 직업을 갖는 기회비용은 다른 직업을 선택했다면 벌 수 있었던 최대 금액이라는 것에서 찾을 수 있다. 이발사나 혹은 음악가가 된 대부분의 사람들은 제조업 분야의 직장을 대신 선택할 수도 있었다. 서비스 산업의 근로자가 다른 직장에서 벌 수 있었던 만큼을 임금으로 받지 못하면 그들 가운데 많은 사람이 우선적으로 서비스 산업에서 일을 하려고 하지 않았을 것이다.

왜 이발사들이 1900년대보다 5배 더 빨리 머리를 깎지 못하면서도, 오늘날 수입은 5배 더 많은가?

제조업의 임금과 서비스업의 임금과의 관계는 시장에서 재화나 서비스가 제공되는 가격과 그것을 생산하는 데 필요한 자원의 기회비용 간의 밀접한 연관성을 잘 보여준다.

제 5장에서 수요곡선이 각 가격에서 구매자들이 사고 싶은 양을 보여주는 스케줄인 것을 살펴보았다. 본장에서는 각 가격에서 판매자들이 팔고 싶은 양을 보여주는 스케줄인 공급곡선에 영향을 미치는 요인에 대해 알아본다.

시장의 수요측면과 공급측면이 여러 면에서 다르지만 많은 부분이 피상적인 차이에 불과하다. 구매자와 판매자의 행위는 한 가지 중요한 의미에서 본질적으로 동일하다. 두 그룹 모두 본질적으로 동일한 문제에 당면하고 있다 — 그 문제는 구매자의 경우 "한 단위를 더 사야 하는가?"이고, 판매자의 경우, "한 단위를 더 팔아야 하는가?"이다. 더욱이 구매자와 판매자 모두 이 질문에 대답하기 위해 동일한 기준을 사용한다. 합리적인 소비자는 편익이 비용을 초과할 때에만 한 단위를 더 구매한다; 합리적인 판매자는 만드는 비용이 팔아서 얻는 수입보다 작을 때 한 단위를 더 판다(비용–편익의 원리).

비용-편익

6.1 공급: 기회비용의 중요성

여러분은 음료수 캔 보증금을 미리 지불한 후 나중에 빈 캔을 가져오면 환불해주는 주에 사는가? 그렇다면 여러분은 아마도 꼭 보증금을 환불해가는 사람과 환불기회를 그냥 흘려보내 자신이 사용한 캔을 다른 사람이 재활용하도록 하는 사람도 본 적이 있을 것이다. 사용된 용기를 재활용하는 것도 일종의 생산 활동이고, 그 생산도 다른 재화나 서비스 생산에 적용되는 동일한 논리에 따른다. 재활용에 대한 다음의 예들은 한 재화나 서비스의 공급곡선은 그것을 생산할 것인지 말 것인지를 결정하는 개인의 선택에 그 뿌리를 두고 있음을 잘 보여준다.

예 6.1 기회비용과 공급

해리는 음료수 캔을 재활용하는 데 얼마의 시간을 사용해야 하는가?

해리는 시간당 임금이 $6인 접시 닦는 일과 음료수 캔을 수집, 환불받기 위해 재활용하는 일에 시간을 어떻게 배분할 것인지를 결정하고자 한다. 음료수 캔 재활용으로부터 버는 돈은 캔당 보증금과 수집된 캔의 개수에 의존한다. 수입 측면에서 해리는 이 두 가지 일에 무차별하다. 그가 수집할 수 있는 캔의 개수는, 다음의 표에서 보듯이, 하루 몇 시간 수집하는가에 의존한다. 캔당 보증금이 2센트이면 해리는 캔 재활용에 몇 시간을 할애해야 하는가?

수집시간(시간/일)	찾은 캔의 개수	추가적으로 찾은 캔의 개수
0	0	
		600
1	600	
		400
2	1,000	
		300
3	1,300	
		200
4	1,500	
		100
5	1,600	

음료수 캔을 수집하기 위해 추가적으로 한 시간을 소비할 때마다 해리는 접시를 닦음으로써 벌 수 있는 $6를 손해 본다. 즉, $6가 해리의 음료수 캔 탐색의 시간당 기회비용이다. 캔 수집에 한 시간을 더 사용할 때 해리가 얻는 편익은 추가적으로 찾을 수 있는 캔의 숫자(표의 제 3열에 표시되어 있음)에 캔당 보증금을 곱한 값이다. 캔당 2센트를 환불받을 수 있으므로 캔 수집에 첫 한 시간을 사용하면 해리는 600×$0.02=$12를 벌 수 있는데, 이는 접시 닦을 때 버는 것보다 $6나 더 많다.

비용-편익

비용–편익의 원리에 의하면 해리는 매일 첫 한 시간을 접시 닦는 일보다 캔 수집에 사용해야 한다. 한 시간을 더 캔 수집에 사용하면 400개의 캔을 더 수집할 수 있으므로 400×$0.02=$8를 더 벌 수 있다. 이 또한 비용-편익의 테스트를 충족시킨다. 한 시간을 더 캔 수집에 사용하면 300개의 캔을 더 수집할 수 있으므로, 300×$0.02=$6를 더 벌 수 있다. 이것은 접시 닦을 때 버는 돈과 같으므로 해리는 세 번째 한 시간을 접시 닦는 일에 사용하는 것과 캔 수집에 사용하는 것이 무차별하다. 논의의 편의상 해리는 세 번째 한 시간을 캔 수집에 사용한다고 가정하자. 그러면 해리는 하루에 세 시간을 재활용 캔을 수집하는 데 사용할 것이다.

해리가 적어도 하루에 한 시간을 음료수 캔 재활용에 사용하도록 하는 최저의 보증금 수준은 얼마인가? 첫 한 시간에 600개의 캔을 수집할 수 있으므로, 보증금이 1센트면 해리가 재활용해 버는 금액은 기회비용인 $6와 동일하다. 보다 일반적으로 보증금을 p, 한 시간 더 사용해 추가적으로 수집할 수 있는 캔의 숫자를 ΔQ로 표시하면, 한 시간 더 캔 수집을 할 때 해리가 얻는 소득은 $p \cdot \Delta Q$이다. 그러므로 해리가 재활용에 한 시간 더 사용하려면 다음의 식이 충족되어야 한다:

$$p \cdot \Delta Q = \$6 \tag{6.1}$$

해리가 재활용에 2시간을 사용하려면 보증금은 최소한 얼마가 되어야 하는가? 두 번째 한 시간을 사용해 ΔQ=400개의 캔을 수집할 수 있으므로, 최소한의 보증금은 $p \times 400 = \$6$가 되어야 한다. 이를 p에 대해 풀면 p=1.5센트를 얻는다.

✔ 개념체크 6.1

예 6.1에서 해리가 재활용에 3시간, 4시간, 5시간을 사용하도록 하는 각각의 최소한의 보증금을 구하라.

그림 6.1

캔 재활용 서비스의 개별 공급곡선

보증금이 증가하면 다른 일을 포기하고 더 많은 시간을 음료수 캔을 수집하는 데 사용하는 것이 더 유리하다.

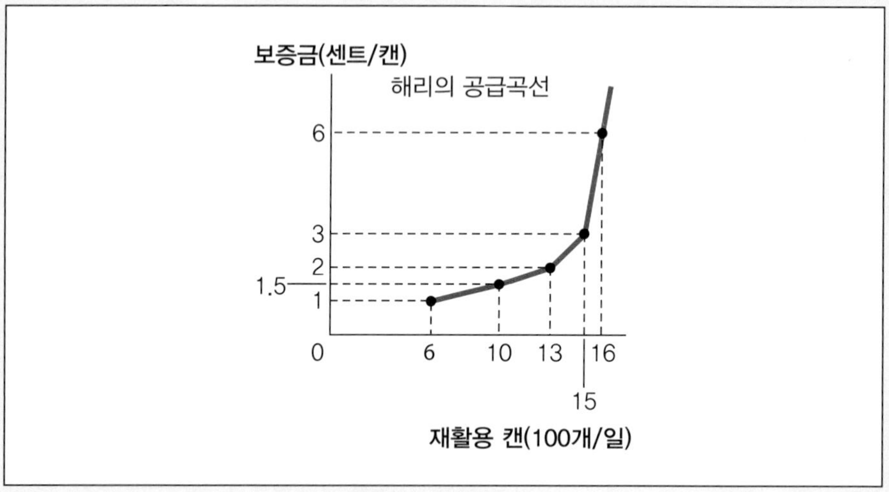

음료수 캔을 수집함으로써 해리는 실제적으로 캔 재활용 서비스를 제공하는 공급자가 된다. **개념체크 6.1**에서 3시간, 4시간, 5시간을 재활용에 사용하도록 하는 최소한의 보증금, 즉 유보가격이 각각 2센트, 3센트, 그리고 6센트임을 보았다. 이들 유보가격을 계산했으면 해리의 캔 재활용 서비스 공급곡선을 그릴 수 있다. 보증금을 세로축에, 재활용 캔의 개수를 가로축에 놓고 공급곡선을 그리면 **그림 6.1**과 같다. 재활용 캔 서비스에 대한 해리의 개별 공급곡선은 각각의 보증금 수준에서 재활용하고자 하는 캔의 숫자를 보여준다.

제 3장에서 보았듯이 **그림 6.1에** 그려진 공급곡선은 우상향한다. 예외는 있지만 대부분 재화의 판매자는 낮은 가격보다 높은 가격에서 더 많은 양을 팔고자 한다.

6.2 개별 공급곡선과 시장 공급곡선

개별 공급곡선과 시장 공급곡선과의 관계는 개별 수요곡선과 시장 수요곡선과의 관계와 유사하다. 주어진 가격에서 시장 수요곡선상의 수량은 그 가격에서 시장에 참여하는 모든 구매자들의 수요량을 더한 것이다. 마찬가지로 주어진 가격에서 시장 공급곡선상의 수량은 그 가격에서 시장에 참여하는 모든 판매자들의 공급량을 더한 것이다.

예를 들어, 캔 재활용 서비스의 공급은 해리와 그의 일란성 쌍둥이인 배리에 의해서만 가능하다고 가정하자. 배리의 공급곡선은 해리의 공급곡선과 동일하다. 시장 공급곡선을 그리려면 먼저 **그림 6.2(a)**와 **그림 6.2(b)**와 같이 개별 공급곡선을 나란히 그

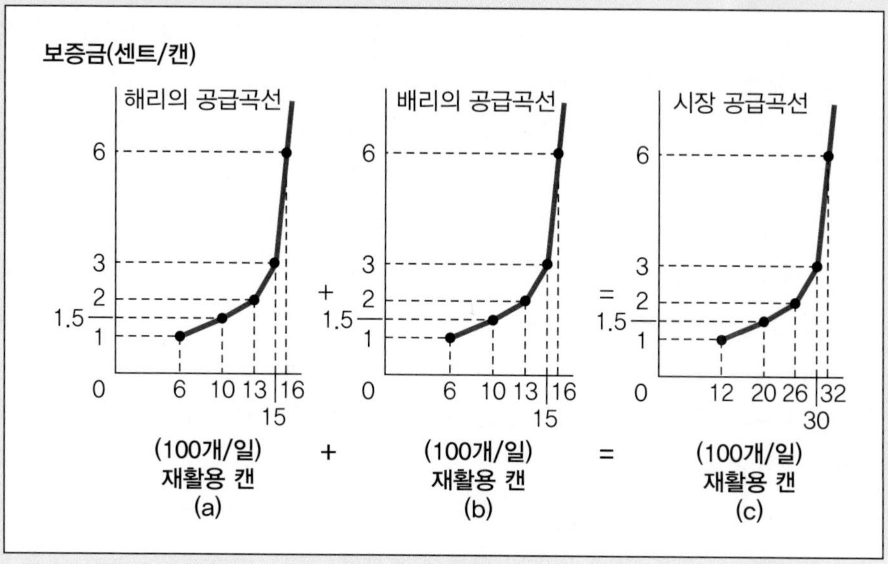

그림 6.2

재활용 서비스의 시장 공급곡선

개별 공급곡선 (a)와 (b)로부터 시장 공급곡선 (c)를 얻으려면 개별 공급곡선을 수평으로 더하면 된다.

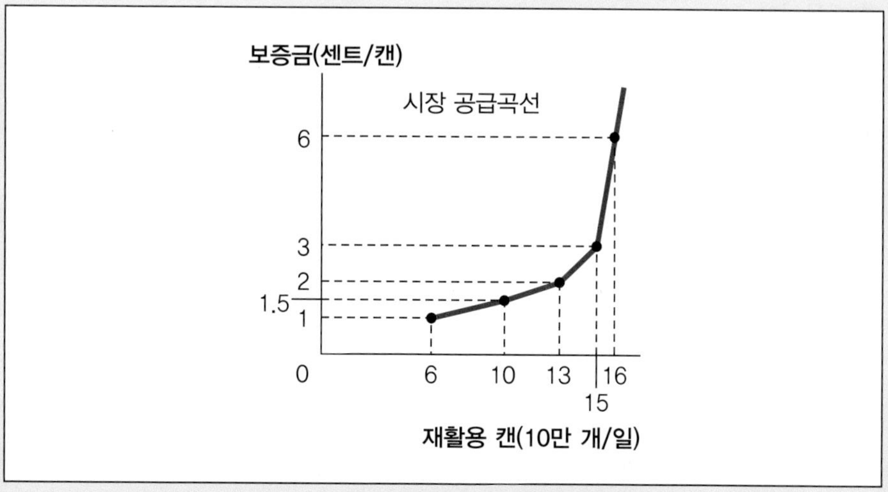

그림 6.3

1,000명의 동일한 판매자가 있는 경우의 시장 공급곡선

1,000명의 동일한 판매자가 있는 시장의 공급곡선은 개별 공급곡선상의 수량에 판매자의 숫자를 곱해서 얻어진다.

린다. 그리고 주어진 가격에서 공급하고자 하는 개별 공급량을 더해 시장 공급량을 계산한다. 보증금이 캔당 3센트이면 해리와 배리 모두 하루에 1,500개의 캔을 재활용하고자 하므로, 시장 공급량은 하루 3,000개이다. 다른 가격에 대해서도 같은 방법으로 시장 공급량을 계산하면, **그림 6.2(c)**의 시장 공급곡선을 얻는다. 이것은 제 5장에서 개별 수요곡선을 수평으로 더해 시장 수요곡선을 얻은 것과 동일한 과정이다.

만일 해리와 동일한 개별 공급곡선을 가진 판매자가 여럿 있으면 시장 공급곡선은 개별 공급곡선상의 수량에 판매자의 수를 곱해서 얻을 수 있다. 해리와 동일한 개별 공급곡선을 가진 판매자가 1,000명 있는 시장 공급곡선이 **그림 6.3**에 그려져 있다.

왜 개별 공급곡선은 우상향하는 경향이 있는가? 한 가지 대답은 기회비용 체증의

기회비용 체증

원리, 즉 낮게 달린 과일의 원리에서 찾을 수 있다. 재활용 서비스 공급자는 우선적으로 가장 쉽게 찾을 수 있는 캔을–예를 들어, 쉽게 접근할 수 있는 곳, 잘 보이는 곳에 있는 캔–수집해야 한다. 보증금이 올라가면, 이제까지 찾아보지 않았던 곳까지도 찾기 위해 추가적인 시간을 할애함으로써 더 많은 돈을 벌 수 있다.

기회비용 체증

모든 개별 공급곡선이 우상향하면 시장 공급곡선도 우상향한다. 그러나 시장 공급곡선이 우상향하는 또 다른 중요한 이유가 존재한다: 일반적으로 개별 공급자들은 재화를 공급하는 데 발생하는 기회비용의 크기가 다르다(기회비용 체증의 원리는 각각의 개별 공급자뿐 아니라, 공급자들 간에도 적용된다). 그러므로 다른 직장에서 좋은 고용 기회를 얻지 못하는 사람들은 보증금이 낮아도 재활용 서비스를 제공하려고 할 것이지만, 더 좋은 옵션을 가지고 있는 사람들은 보증금이 매우 높을 경우에 한해 재활용에 참여할 것이다.

요약하면 우상향하는 공급곡선은 판매자들이 생산을 늘릴 때 비용이 빠르게 증가하는 사실을 반영하고 있다. 비용이 빠르게 증가하는 이유는 부분적으로는 개별 판매자가 자신의 가장 유리한 기회를 먼저 사용하기 때문이기도 하지만, 또한 판매자들 사이에도 기회비용의 차이가 존재하기 때문에 기회비용이 낮은 판매자들이 먼저 생산하기 때문이다.

6.3 완전경쟁시장의 이윤 극대화 기업

공급곡선의 본질을 더 잘 이해하려면 먼저 재화를 공급하는 조직의 목표와 그 조직이 운영되는 경제적 환경에 대한 이야기가 선행되어야 한다. 거의 모든 경제에서 재화와 서비스는 각각 다른 동기를 가진 다양한 조직에 의해 생산된다. 적십자사가 피를 공급하는 것은 그 운영자와 기증자가 어려움에 있는 사람을 돕는 것을 목적으로 하기 때문이다; 지방정부가 도로에 움푹 팬 구멍을 보수하는 이유는 시장이 그것을 공약으로 제시해 당선되었기 때문이다; 가수들이 노래하는 것은 대중의 주목을 받고자 하기 때문이다; 세차 서비스를 제공하는 근로자들은 집세를 내기에 충분한 돈을 벌기 위해 일을 한다.

6.3.1 이윤 극대화

이윤
재화의 판매로부터 얻은 수입에서 생산에 필요한 명시적 혹은 암묵적인 모든 비용을 뺀 것

이윤 극대화 기업
이윤을 극대화하는 것이 기업의 주목표인 기업

완전경쟁시장
개별 기업이 재화의 시장가격에 아무런 영향력을 행사할 수 없는 시장

다양한 동기에도 불구하고 시장에 판매 목적으로 제공되는 대부분의 재화와 서비스는 **이윤**(profit) 추구를 목적으로 하는 민간 기업에 의해 생산된다. 기업의 이윤은 판매를 통해 벌어들인 총수입에서 생산에 필요한 비용을 뺀 것이다.

이윤 극대화 기업(profit–maximizing firm)은 이윤을 극대화하는 것이 기업의 주목표인 기업이다. 수요와 공급 모형에서 경제학자들이 사용하는 공급곡선은 **완전경쟁시장**(perfectly competitive market)에서 이윤 극대화 기업에 의해 재화가 생산된다는 가

정에 근거하고 있다. 완전경쟁시장이란 개별 기업이 자신들의 재화의 시장가격에 대해 아무런 영향력을 가지지 못하는 시장을 의미한다. 시장가격에 아무런 영향력을 행사하지 못하므로, 완전경쟁시장의 기업을 **가격수용자**(price taker)라고 부른다.

가격수용자
자신의 재화 가격에 아무런 영향력을 행사하지 못하는 기업

완전경쟁시장은 다음의 네 가지 특성을 충족하는 시장이다:

1. 모든 기업이 동일한 표준화된 재화를 판매한다. 이 조건이 현실에서 문자 그대로 충족되기는 힘들지만 많은 시장에서 근사적으로는 성립한다. 콘크리트 빌딩 벽돌 시장이나 특정 종류의 사과 시장 등은 이 조건을 충족한다고 볼 수 있다. 이 조건은 더 싼 값에 구매할 수 있으면 구매자들이 언제든지 판매자를 바꿀 수 있음을 의미한다.

2. 시장에 다수의 구매자와 판매자가 존재하고, 각각은 시장 전체 거래량의 극히 작은 부분만을 소비하거나 판매한다. 이 조건은 개별 구매자나 판매자가 시장가격에 영향을 미칠 수 없는 가격수용자로 행동함을 의미한다. 예를 들어, 한 농부가 이전보다 밀을 적게 경작하겠다고 결정하더라도 밀의 시장가격에는 영향을 미치지 못한다. 마찬가지로 한 소비자가 이제는 채식주의자가 되겠다고 결심했다 하더라도 쇠고기 가격에 영향을 미치지 못한다.

3. 생산자원의 이동이 가능하다. 이 조건은 잠재적 판매자가 이 시장에서 이윤을 얻을 수 있는 기회를 발견하면, 시장 진입에 필요한 노동, 자본, 그 외의 다른 생산요소를 획득할 수 있음을 의미한다. 또한 판매자가 이 시장에서 얻는 이윤에 만족하지 못하면 언제든지 시장에서 퇴출해 자신의 생산요소를 다른 곳에 사용할 수 있음을 의미한다.

4. 구매자와 판매자가 완전한 정보를 가지고 있다. 이 조건은 구매자와 판매자 모두 시장에서 어떤 기회가 있는가를 잘 알고 있음을 의미한다. 이 조건이 충족되지 않으면 구매자는 더 낮은 가격으로 파는 판매자를 찾지 못할 수도 있고, 판매자도 최대한의 이익을 얻는 시장에 자신의 생산요소를 투입할 수 있는 수단을 가지고 있지 못할 수도 있다.

밀 시장은 근사적으로나마 완전경쟁시장의 조건을 충족하고 있다. PC 운영체계 시장은 이런 조건들을 충족하고 있지 않다. 80% 이상의 PC 운영체계가 마이크로소프트(Microsoft, MS)사 제품을 사용하고 있어, 이 회사는 자신의 파는 제품 가격에 상당한 정도의 영향력을 행사할 수 있다. 예를 들어, MS사가 윈도우 최신 버전의 가격을 20% 올리면, 몇몇 소비자는 매킨토시나 리눅스 운영체계로 전환하거나 혹은 운영체계의 업그레이드를 연기할 수도 있다; 그러나 많은, 아마도 거의 대부분의 소비자는 그래도 계속해 MS사의 윈도우를 구매하고자 할 것이다.

반면에 밀을 경작하는 한 농부가 현재의 시장가격에서 부셸당 몇 센트만 올려도 그는 자신이 경작한 밀을 전혀 팔지 못할 것이다. 그리고 그 농부는 시장가격에서 원하는 만큼의 밀을 팔 수 있으므로 시장가격보다 낮게 가격을 책정할 유인은 없다.

6.3.2 완전경쟁시장에서 기업이 직면하는 수요곡선

완전경쟁시장의 개별 기업이 당면하고 있는 자신의 제품에 대한 수요곡선은 어떤 형태인가? 개별 기업은 현재의 시장가격에서 원하는 만큼 팔 수 있으므로 자신의 제품에 대한 수요곡선은 시장가격에서 완전 탄력적이 된다. **그림 6.4(a)**는 시장 수요곡선과 공급곡선이 만나서 시장가격이 결정됨을 보여준다. **그림 6.4(b)**는 개별 기업이 당면하고 있는 수요곡선이 시장가격에서 수평선이 됨을 보여준다.

불완전경쟁기업
자신의 제품 가격에 영향력을 행사할 수 있는 능력을 지닌 기업

수요와 공급 모형의 많은 결론은 **불완전경쟁기업**(imperfectly competitive firm)에 대해서도 성립한다. 불완전경쟁기업이란 MS사와 같이 자신의 제품 가격에 영향력을 행사할 수 있는 능력을 지닌 기업을 의미한다. 그러나 어떤 결론들은 성립하지 않는다. 불완전경쟁기업 행동에 대해서는 제 8장에서 자세히 살펴본다.

완전경쟁시장의 기업은 자신의 제품 가격에 대한 영향력이 전혀 없으므로 가격을 어떻게 설정할 것인가에 대한 걱정은 하지 않아도 된다. 앞에서 보았듯이 완전경쟁시장의 균형가격은 시장 수요곡선과 공급곡선이 만나는 곳에서 결정된다. 완전경쟁시장의 기업이 해야 할 일은 주어진 가격에서 가장 큰 이윤을 얻도록 산출량을 결정하는 것이다. 독자들은 완전경쟁시장의 산출량 결정 과정에서 특정 비용이 다른 비용보다 더 중요한 역할을 함을 알게 될 것이다.

6.3.3 단기 생산

공급곡선을 더 잘 이해하려면 완전경쟁시장의 기업이 당면하고 있는 산출량 결정

그림 6.4

완전경쟁시장의 기업이 직면하고 있는 수요곡선

시장 수요곡선과 공급곡선이 만나는 점에서 시장가격이 결정된다(a). 개별 기업이 당면하고 있는 수요곡선은 시장가격에서 수평선이 된다(b).

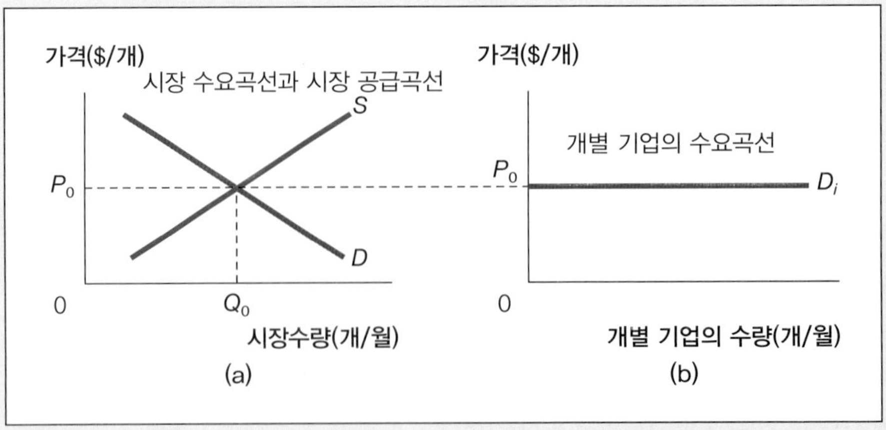

문제를 살펴보아야 한다. 유리병을 만드는 작은 기업을 살펴보자. 설명을 간단히 하기 위해 병의 원료가 되는 규사는 근처의 사막에서 무료로 얼마든지 얻을 수 있다고 가정한다. 이 기업이 지불해야 하는 비용은 근로자들에게 지불하는 임금과 유리병 제작에 필요한 장비 임대료이다. 이 기업이 유리병을 생산하려면 근로자와 장비, 두 가지 **생산요소**(factor of production)가 필요하다. 더 복잡한 예에서는 생산요소에 토지, 건물, 경영능력 등이 포함될 수 있지만, 여기서는 간단하게 노동과 자본만을 고려한다.

생산요소
재화와 서비스 생산에 사용되는 투입물

단기(short run)는 적어도 한 생산요소의 투입량을 변화시킬 수 없는 기간을 의미한다. 유리병을 제작하는 기업은 짧게 통보만 하면 근로자의 수를 쉽게 변화시킬 수 있는 반면에, 유리병 제작 장비의 생산용량은 상당 기간이 지나야 변화가 가능하다고 가정한다. 이 경우, 이 기업에게 유리병 제작 장비의 생산용량을 변경할 수 없는 기간이 단기에 해당된다. 반면에 **장기**(long run)는 모든 생산요소의 투입량을 변화시킬 수 있을 만큼 충분한 기간을 의미한다.

단기
적어도 한 생산요소의 투입량을 변화시킬 수 없는 기간

장기
모든 생산요소의 투입량을 변화시킬 수 있는 기간

표 6.1은 하루 동안에 투입되는 노동 투입량에 따라 유리병 산출량이 어떻게 변하는가를 보여준다. **표 6.1**에 나타난 노동 투입량과 산출량 간의 관계는 생산요소와 산출량 간에 흔히 성립하는 패턴을 보여주고 있다.노동 한 단위를 더 투입할 때마다 산출량은 증가한다. 그러나 일정 수준을 넘어서면 노동 한 단위를 더 투입할 때 추가적으로 증가하는 산출량은 감소하기 시작한다. 예를 들어, **표 6.1**의 오른쪽 열을 보면 노동 투입량이 세 단위부터 산출량 증가분은 감소하기 시작한다. 경제학자들은 이 같은 현상을 **수확체감의 법칙**(law of diminishing returns)(역자 주: **한계생산성 체감의 법칙**(law of diminishing marginal productivity)이라고 부르기도 함)이라고 부른다. 수확체감의 법칙은 적어도 하나의 생산요소가 고정되어 있는 상황에서 나타나는 현상을 의미한다.

수확체감의 법칙: 고정요소가 있을 때, 생산량이 증가할수록 가변요소의 투입량은 이전보다 더욱 많이 증가한다.

표 6.1 유리병 생산시 고용량과 산출량과의 관계

고용자 수(명/일)	산출량(개/일)
0	0
1	80
2	200
3	260
4	300
5	330
6	350
7	362

고정요소
단기에서 투입량을 변화시킬 수 없는 생산요소

가변요소
단기에서 투입량을 변화시킬 수 있는 생산요소

이 예에서 **고정요소**(fixed factor)는 유리병 제작 장비이고 **가변요소**(variable factor)는 노동이다. 유리병 생산의 예에서 수확체감의 법칙은 노동 투입을 한 단위씩 증가시킬 때 유리병 산출량의 증가분은 궁극적으로 감소함을 의미한다(엄밀히 말하면, 이 법칙은 궁극적(eventually) 수확체감의 법칙이라고 부르는 것이 정확하다. 왜냐하면 처음에는 가변요소의 투입량이 증가할 때 산출량의 증가분이 증가할 수도 있기 때문이다(역자 주: 가변요소의 투입량이 증가할 때 산출량의 증가분이 증가하는 것을 **수확체증의 법칙**(law of increasing returns)이라고 부른다).

대개 가변요소의 추가적 투입으로 얻어지는 산출량의 증가분은 여러 형태의 혼잡 때문에 궁극적으로는 감소한다. 예를 들어, 세 명의 비서와 PC 한 대가 있는 사무실은 한 번에 한 사람만 PC를 사용할 수 있기 때문에 비서가 한 명 있는 경우보다 시간당 타이프 양이 세 배 많을 것으로 기대하기 힘들다.

6.3.4 여러 가지 비용의 개념

고정비용
고정요소를 고용하는 데 들어가는 비용

표 6.1의 유리병 제조 기업의 장비 임대료가 하루 $40라고 가정하자. 이 임대료는 유리병 생산 여부와 상관없이 지불해야 한다. 이 금액은 **고정비용**(fixed cost)(유리병 산출량과 관계없다는 의미에서)이며, 동시에 임대 기간 동안에는 매몰비용이기도 하다. **표 6.2**의 첫 두 열은 **표 6.1**의 노동 투입량과 산출량과의 관계를 다시 쓴 것이고, 이 기업의 고정비용은 제 3열에 표시되어 있다.

가변비용
가변요소를 고용하는 데 들어가는 비용

총비용
고정비용과 가변비용의 합

한계비용
총비용의 변화분을 산출량 변화분으로 나눈 값

고정비용과 달리 근로자에게 지불하는 금액은 유리병 산출량에 따라 변하므로 **가변비용**(variable cost, VC)이라고 부른다. 예를 들어, 하루에 유리병 200개를 생산하면 **표 6.2**의 제 4열에서 가변비용이 하루 $24임을 알 수 있다. 제 5열에서는 고정비용과 가변비용을 합친 **총비용**(total cost, TC)이 기록되어 있다. 마지막으로 제 6열에는 산출량 변화에 따른 총비용의 변화를 의미하는 **한계비용**(marginal cost, MC)이 나타나 있다. 한계비용은 총비용의 변화분을 산출량의 변화분으로 나눈 것으로 정의한다. 예를

표 6.2 유리병 생산의 고정비용, 가변비용, 총비용, 한계비용

고용자 수 (명/일)	산출량 (개/일)	고정비용 ($/일)	가변비용 ($/일)	총비용 ($/일)	한계비용 ($/개)
0	0	40	0	40	
					0.15
1	80	40	12	52	
					0.10
2	200	40	24	64	
					0.20
3	260	40	36	76	
					0.30
4	300	40	48	88	
					0.40
5	330	40	60	100	
					0.60
6	350	40	72	112	
					1.00
7	362	40	84	124	

들어, 이 기업이 생산을 하루 80병에서 200병으로 늘리면 총비용은 $12 상승한다. 그러므로 한계비용은 $12÷120병=$0.1/병이 된다. 한계비용이 산출량 변화에 따른 총비용의 변화임을 강조하기 위해, 한계비용을 해당하는 두 행 사이에 기록했다.

6.3.5 이윤 극대화 산출량

다음의 **예**와 **개념체크**를 통해 기업의 유리병 생산량 결정이 유리병 가격, 임금 그리고 자본비용에 의존함을 알아보자. 물론 논의의 출발점은 기업의 목표는 이윤 극대화라는 것이다. 이윤은 총수입에서 총비용을 뺀 것으로 정의된다:

$$\text{이윤}=\text{총수입}-\text{총비용}=\text{총수입}-\text{가변비용}-\text{고정비용} \quad (6.2)$$

시장균형 예 6.2

유리병 가격이 병당 35센트이면 표 6.2에 표시된 기업은 하루 유리병을 몇 개 생산해야 하는가?

비용–편익

이 질문에 대답하려면 **비용–편익의 원리**를 "이 기업이 산출량을 늘려야 하는가?"라는 질문에 적용해보면 된다. 기업의 목표가 이윤 극대화라면 이 질문에 대한 대답은 한계편익이 한계비용을 초과하는 한 산출량을 늘려야 한다는 것이다. 완전경쟁시장에서 기업은 개당 $0.35에 원하는 만큼 팔 수 있으므로 유리병 하나를 더 팔았을 때의 한계편익은 $0.35이다. 한계편익을 **표 6.2**의 제 6열에 표시된 한계비용과 비교해보면 산출량이 하루 300개(하루 4명의 근로자를 고용)에 도달할 때까지 생산을 늘려야 한다. 다섯 번째 근로자를 고용해 이 산출량보다 더 많이 생산하면 한계비용($0.4/병)이 한계편익($0.35/병)을 초과한다.

비용–편익의 원리를 적용해 찾아낸 산출량이 이윤을 극대화하는 산출량임을 확인하기 위해 이윤을 직접 계산해보자. **표 6.3**의 제 3열은 하루 생산량에 개당 $0.35를 곱해 얻어진 총수

표 6.3 산출량, 총수입, 총비용, 이윤

고용자 수 (명/일)	산출량 (개/일)	총수입 ($/일)	총비용 ($/일)	이윤 ($/일)
0	0	0	40	−40
1	80	28	52	−24
2	200	70	64	6
3	260	91	76	15
4	300	105	88	17
5	330	115.50	100	15.50
6	350	122.50	112	10.50
7	362	126.70	124	2.70

입을 기록하고 있다. 예를 들어, 제 3열의 제 3행을 보면 총수입은 200개×$0.35=$70이다. 제 5열을 보면 총수입(제 3열)과 총비용(제 4열)의 차이인 이윤이 기록되어 있다. 제 5열을 보면 **비용–편익의 원리**를 적용해 계산된 하루 300개의 병을 생산할 때 이윤이 $17로 극대화됨을 알 수 있다.

다음의 **개념체크 6.2**는 재화의 가격이 상승하면 이윤 극대화 산출량도 증가함을 보여준다.

✔ 개념체크 6.2

예 6.2에서 유리병 값이 개당 62센트일 때 이윤 극대화 산출량을 찾아라.

개념체크 6.3은 임금이 하락해 한계비용이 하락하면 이윤 극대화 산출량이 증가함을 보여준다.

✔ 개념체크 6.3

예 6.2에서 유리병 값이 35센트인데 임금이 하루 $6로 하락할 때 이윤 극대화 산출량을 찾아라.

예 6.2에서 기업의 고정비용이 하루 $40가 아니라 $45라고 가정하자. 그러면 기업의 이윤 극대화 산출량이 바뀌는가? 그 대답은 "전혀 바뀌지 않는다"이다. 고정비용이 하루 $45라면 **표 6.3**의 제 5열에 나타난 숫자가 이전보다 $5 더 작아질 것이다. 그러나 이윤 극대화 수량은 변함없이 하루 300개이다.

이윤 극대화 산출량이 고정비용의 크기에 의존하지 않는 것은 이 예에서만 특별하게 성립하는 성질은 아니다. 이것은 한계편익이 한계비용을 초과하는 경우에 한해 생산을 증가시킬 것을 요구하는 비용–편익의 원리로부터 간단하게 도출할 수 있는 일반적인 결과이다. 산출량 증가의 한계편익(이 경우는 유리병의 시장가격)이나 한계비용 모두 고정비용에 영향을 받지 않는다.

비용-편익

수확체감의 법칙이 작용하면(즉, 고정요소가 있으면), 산출량이 일정 수준을 넘어서면 산출량이 증가할 때 한계비용은 증가한다. 이 같은 상황에서 기업의 최선의 선택은 한계비용이 시장가격보다 낮으면 생산량을 증가시키는 것이다.

예 6.2에서 기업의 고정비용이 하루 $57를 넘어서면 얼마를 생산하든 상관없이 기업은 손해를 입는다. 그러나 고정비용을 지불해야 하는 한 계속해서 하루 300개를 생산하는 것이 최선의 선택이다. 손해를 봐야 할 상황이면 손해를 크게 보는 것보다 작게 보는 것이 더 낫다. 그러나 이 같은 상황이 계속되면 장비의 임대 기간이 종료된 후 이 기업은 시장에서 퇴출하고자 할 것이다.

6.3.6 기업의 생산 중단 조건

주어진 시장가격에서 원하는 만큼을 팔 수 있는 기업은 단기에서 가격과 한계비용이 일치하는 산출량을 생산, 판매하는 것이 최선이다. 그러나 이 결과에 예외가 되는 경우가 있다. 예를 들어, 시장가격이 너무 낮아 얼마를 생산하든 간에 상관없이 항상 총수입이 가변비용보다 작은 경우를 생각해 보자. 이 경우 기업은 일시적으로 생산을 중단해야 한다(shutdown). 생산을 중단하면 기업은 고정비용만큼 손해를 본다. 그러나 생산하면 더 큰 손해를 입는다.

이 경우를 좀 더 자세히 알아보기 위해, 시장가격과 산출량을 각각 P와 Q로 표시하면, $P \times Q$가 기업의 총수입이다. 가변비용을 VC로 표시하면, 단기에서 기업이 생산을 중단할 조건은 모든 Q에 대해 $P \times Q$가 VC보다 작아야 한다는 것이다:

단기의 생산 중단 조건(I): 모든 Q에 대해 $P \times Q < VC$ (6.3)

✔ 개념체크 6.4

예 6.2에서 유리병의 시장가격이 개당 35센트가 아닌 10센트라고 가정하자. **표 6.3**과 같이 각 산출량에서 이윤을 계산하라. 단기에서 기업의 최선의 선택은 생산을 중단하는 것임을 보여라.

6.3.7 평균 가변비용과 평균 총비용

얼마를 생산하든 간에 기업이 가변비용도 회수할 수 없다고 가정하자—즉, 모든 Q에 대해 $P \times Q < VC$이다. 양변을 Q로 나누면 모든 Q에 대해 $P < VC/Q$가 성립해야 한다. VC/Q은 가변비용을 산출량으로 나눈 것으로, **평균 가변비용**(average variable cost, AVC)이라고 부른다. 기업이 생산을 중단할 조건은 다음과 같이 다시 쓸 수 있다: 시장가격이 평균 가변비용의 최소값보다 작으면, 단기에서 생산을 중단한다.

평균 가변비용
가변비용을 산출량으로 나눈 값

단기의 생산 중단 조건(II): $P < AVC$의 최소값 (6.4)

다음 절에서 보다시피 두 번째 단기의 생산 중단 조건을 이용하면 기업이 생산을 계속해야 할지를 한 눈에 판단할 수 있다.

기업의 이윤을 평가하는 데 관련된 비용의 개념이 총비용(TC)을 산출량(Q)으로 나눈 **평균 총비용**(average total cost, ATC)이다: $ATC = TC/Q$. 기업의 이윤은 총수입($P \times Q$)에서 총비용을 뺀 것이다. 총비용은 평균 총비용에 산출량을 곱한 것($TC = ATC \times Q$)이므로 기업의 이윤은 $P \times Q - ATC \times Q = (P - ATC) \times Q$이다. 총수입($P \times Q$)이 총비용($ATC \times Q$)을 초과하는 기업을 **이윤창출기업**(profitable firm)이라고 부른다. 그러므로 기업이 양의 이윤을 얻을 조건은 적절한 산출량 수준에서 시장가격(P)이 평균 총비용(ATC)을 초과하는 것이다.

평균 총비용
총비용을 산출량으로 나눈 값

이윤창출기업
총수입이 총비용을 초과하는 기업

모든 비용의 종류를 기억하는 것이 번거로울 수 있다. 그러나 다음 절에서 보듯이,

여러 가지 비용의 개념을 이용하면 이윤 극대화 문제를 그래프를 통해 간단하게 살펴볼 수 있다.

6.3.8 그래프를 이용한 이윤 극대화 문제 해법

앞에서 살펴본 유리병 제조 기업의 평균 가변비용과 평균 총비용이 **표 6.4**의 제 4열과 제 6열에 표시되어 있다. **표 6.4**의 숫자를 이용해 **그림 6.5**와 같이 이 기업의 평균 총비용, 평균 가변비용 그리고 한계비용의 그래프를 그릴 수 있다(한계비용은 인접한 두 산출량의 변화분에 대한 총비용의 변화분이므로 **표 6.4**에서 한계비용을 인접한 두 산출량 사이에 기록했다).

독자들은 **그림 6.5**에 나타난 비용곡선들의 여러 가지 특성에 주목하기 바란다. 예를 들어, 한계비용곡선(*MC*)의 우상향하는 부분은 앞에서 논의한 수확체감의 법칙이 성립하는 영역이다. 그러므로 기업이 하루 두 명 이상의 근로자(하루 산출량 200개)를 고용하면 추가적인 근로자에 대해 산출량의 증가분은 감소한다. 이것은 이 영역에서 유리병 한 단위를 추가적으로 생산할 때 발생하는 비용인 한계비용이 증가함을 의미한다.

한계비용의 정의상 한계비용곡선(*MC*)은 반드시 평균 가변비용곡선(*AVC*)과 평균 총비용곡선(*ATC*)의 최저점을 지나야 한다. 왜 그런지를 다음의 예를 통해 알아보자. 초등학교 3학년 한 반에 새로 한 학생이 전학 왔을 때, 전학 오기 전과 후에 이 반 학생들의 몸무게 평균이 어떻게 바뀌는지를 알아보자. 전학 온 학생(한계)의 몸무게가 전학 오기 전 반의 평균 몸무게보다 가볍다면, 이 학생을 포함하는 전학 후의 평균 몸무

표 6.4 유리병 생산의 평균 가변비용과 평균 총비용

고용자 수 (명/일)	산출량 (개/일)	가변비용 ($/일)	평균가변비용 ($/개)	총비용 ($/일)	평균 총비용 ($/개)	한계비용 ($/개)
0	0	0		40		
						0.15
1	80	12	0.15	52	0.65	
						0.10
2	200	24	0.12	64	0.32	
						0.20
3	260	36	0.138	76	0.292	
						0.30
4	300	48	0.16	88	0.293	
						0.40
5	330	60	0.182	100	0.303	
						0.60
6	350	72	0.206	112	0.32	
						1.00
7	362	84	0.232	124	0.343	

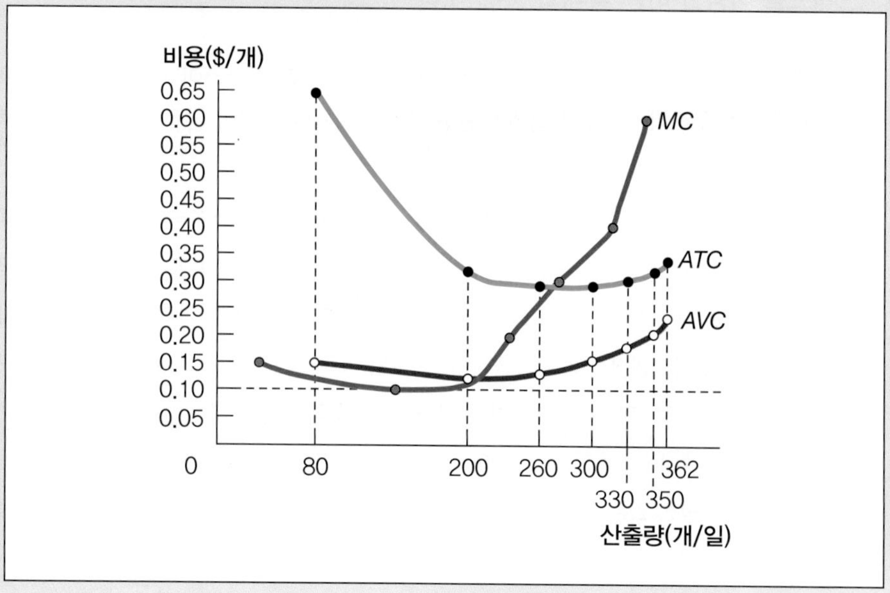

그림 6.5

유리병 제조기업의 한계비용곡선(*MC*), 평균 가변비용곡선(*AVC*), 평균 총비용곡선(*ATC*) 한계비용곡선(*MC*)은 평균 가변비용곡선(*AVC*)과 평균 총비용곡선(*ATC*)의 최저점을 지난다. 한계비용이 증가하는 영역은 수확체감의 법칙이 성립하는 영역이다.

게는 전학 전의 평균 몸무게보다 가벼울 것이다. 반대로 전학 온 학생의 몸무게가 전학 오기 전 반의 평균 몸무게보다 무겁다면, 이 학생을 포함하는 전학 후의 평균 몸무게는 전학 전의 평균 몸무게보다 무거울 것이다. 정확히 같은 이유로 한계비용이 평균 총비용이나 평균 가변비용보다 작으면(전학 전), 한 단위를 더 생산한 후의 평균 총비용이나 평균 가변비용(전학 후)은 감소할 것이고, 반대의 경우에는 증가할 것이다. 이 때문에 한계비용곡선(*MC*)은 반드시 평균 총비용곡선(*ATC*)과 평균 가변비용곡선(*AVC*)의 최저점을 지나야 한다.

그림 6.5의 평균 가변비용곡선(*AVC*)을 보면 **개념체크 6.4**의 질문에 훨씬 쉽게 대답할 수 있다. **개념체크 6.4**의 질문은 유리병 가격이 병당 $0.1일 때 기업이 생산을 중단해야 하는지를 묻는 것이었다. **그림 6.5**를 보면 가격이 평균 가변비용곡선(*AVC*)의 최저점보다 아래에 있으므로 기업이 어떤 산출량 수준에서도 가변비용을 회수하는 것이 불가능함을 알 수 있다. 그러므로 기업은 생산을 중단해야 한다.

6.3.9 가격 = 한계비용: 이윤 극대화 조건

이제까지 유리병 생산 기업은 자연수의 근로자만 고용할 수 있다고 암묵적으로 가정했다. 이 같은 가정하에서 이윤 극대화 산출량은 한계비용이 가격보다 다소 낮은 산출량이었다(한 명을 더 고용하면 한계비용이 가격을 초과한다). 다음의 예는 산출량과 고용이 연속적으로 변할 수 있으면 이윤 극대화 조건은 가격 = 한계비용임을 보여준다.

예 6.3 그래프를 이용한 이윤 극대화 문제 해법

유리병 생산 기업의 여러 비용곡선이 그림 6.6과 같으면, 유리병 가격이 개당 $0.2일 때 이윤 극대화 산출량을 구하라. 이 때 기업의 이윤은 얼마인가? 이 기업이 단기에서 생산을 계속하는 최소한의 가격은 얼마인가?

비용-편익

비용-편익의 원리에 의하면 이 기업은 가격이 한계비용을 초과하는 한 생산을 증가시켜야 한다. **그림 6.6**을 보면 기업이 260개를 생산할 때 가격과 한계비용이 일치한다. 개당 가격이 $0.2일 때 260개의 산출량이 이윤을 극대화하는 것을 확인하려면 먼저 이 기업이 260개보다 작게, 예를 들어, 200개를 생산한다고 가정하자. 유리병 한 개를 더 생산할 때의 한계편익은 가격과 동일하므로 $0.2이다. **그림 6.6**을 보면 유리병 한 개를 더 생산할 때의 한계비용은 $0.1이다. 그러므로 201번째 유리병을 $0.1에 생산해서 $0.2에 팔면, 기업은 이윤을 하루에 $0.1 더 증가시킬 수 있다. 같은 방법으로, 가격과 한계비용이 일치하는 산출량보다 낮은 모든 산출량에서 기업은 생산을 늘려서 이윤을 증가시킬 수 있다.

반대로 기업이 현재 하루 260개보다 더 많이, 예를 들어, 300개를 생산하고 있다고 가정하자. **그림 6.6**을 보면 산출량이 300개에서 한계비용은 개당 $0.3이다. 이 기업이 산출량을 한 병 줄이면 비용을 $0.3 절약할 수 있는 반면에, 수입은 $0.2 감소한다. 그러므로 이윤은 하루에 $0.1 증가한다. 260개를 초과하는 모든 산출량에 대해 같은 논리가 성립한다. 따라서 이 기업이 현재 가격이 한계비용보다 작은 산출량을 생산하고 있으면, 생산을 감소시켜 이윤을 증가시킬 수 있다.

이 기업이 260개보다 적게 생산했으면 생산을 늘려서 이윤을 증가시킬 수 있고, 반대로 260개보다 많게 생산했으면 생산을 줄여서 이윤을 증가시킬 수 있는 결과가 성립함을 보았다. 그러므로 개당 가격이 $0.2일 경우, 이 기업은 가격과 한계비용이 정확하게 일치하는 260개를

그림 6.6

가격 = 한계비용: 완전경쟁시장에서 기업의 이윤 극대화 산출량 결정 조건

가격이 한계비용보다 높으면, 생산을 늘려서 이윤을 증가시킬 수 있다. 가격이 한계비용보다 낮으면, 생산을 줄여서 이윤을 증가시킬 수 있다.

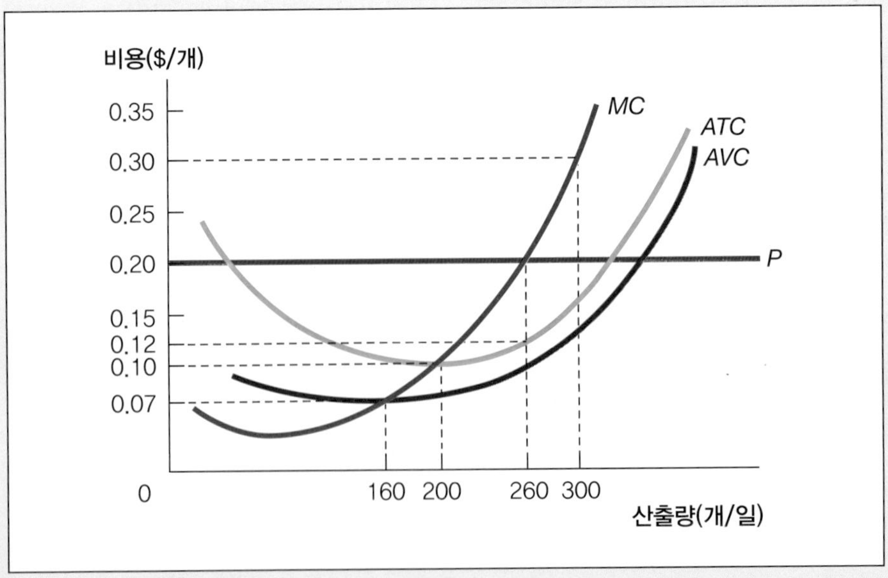

생산함으로써 이윤 극대화를 달성하고 있음을 알 수 있다.

이윤 극대화 산출량에서 기업의 총수입은 $P \times Q$=($0.2/개)x260개=$52이다. **그림 6.6**을 보면 산출량이 260개일 때 평균 총비용은 $0.12/개이므로 총비용은 $ATC \times Q$=($0.12/개)×260개=$31.2이다. 기업의 이윤은 총수입–총비용이므로 이 기업은 $20.8의 이윤을 얻고 있다. **그림 6.6**을 보면 평균 가변비용곡선(*AVC*)의 최소값은 $0.07이다. 그러므로 가격이 7센트 아래로 떨어지면 이 기업은 단기에서 생산을 중단한다.

이윤 극대화 산출량을 그래프를 이용해 찾을 때 또 다른 장점은 기업의 이윤을 그래프를 이용해 계산할 수 있다는 것이다. 앞의 예에서, 기업의 하루 이익은 가격에서 평균 총비용을 뺀 것에 산출량을 곱한 것이다: ($0.2/개−$0.12/개)×260개=$20.8는 **그림 6.7**에서 음영으로 표시한 사각형의 면적이다.

모든 기업이 **그림 6.7**과 같이 양의 이윤을 얻는 것은 아니다. 예를 들어, 유리병의 개당 가격이 20센트가 아닌 8센트라고 가정해보자. 이 가격은 여전히 평균 가변비용곡선(*AVC*)의 최소값(7센트/개)보다 높으므로 이 기업은 단기에서 가격과 한계비용이 일치하는 산출량인 180개를 생산한다. 그러나 가격이 평균 총비용보다 낮으므로 이 기업은 손실, 즉 음의 이윤을 얻는다. 이윤은 $(P-ATC) \times Q$=($0.008/개−$0.1/개)×180개=−$3.6이며, 이는 **그림 6.8**에서 음영 표시된 사각형의 면적에 (−)를 붙인 값과 같다.

제 7장에서 기업들이 이윤이나 손실에 반응해 생산자원을 어떻게 이동시키는가를 살펴본다. 그러나 이 같은 기업의 움직임은 장기에서 발생하므로 본장에서는 단기 산출량 결정에 초점을 맞추기로 한다.

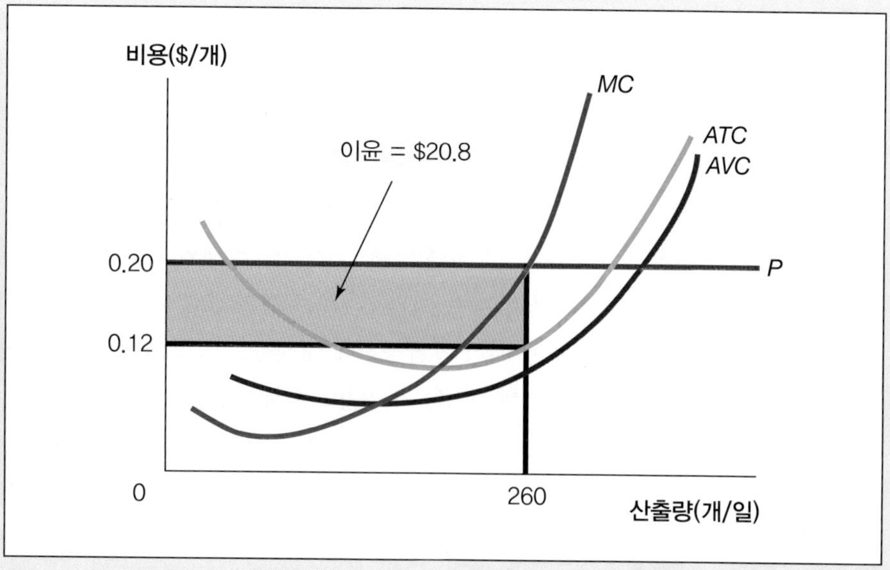

그림 6.7

그래프를 이용한 이윤 계산
이윤은 $(P-ATC) \times Q$이고, 이는 음영으로 표시된 사각형의 면적과 같다.

그림 6.8

음의 이윤

이윤 극대화 산출량에서 가격이 평균 총비용(*ATC*)보다 낮으면 기업은 음영으로 표시한 사각형의 면적만큼의 손실, 즉 음의 이윤을 얻는다.

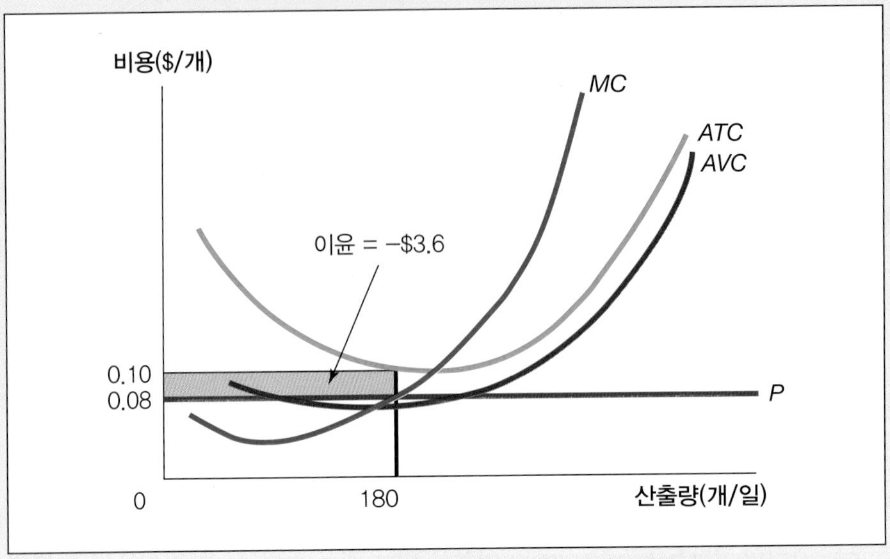

6.3.10 공급의 "법칙"

수요의 법칙은 가격이 상승하면 수요량이 감소함을 의미한다. 이에 상응하는 공급의 법칙이 있다면 그것은 가격이 상승하면 공급량이 증가한다는 것일 것이다. 그러한 법칙이 존재하는가? 공급곡선은 본질적으로 한계비용곡선임을 알고 있다. 그리고 수확체감의 법칙에 의해 단기에서 한계비용곡선은 우상향한다. 그러므로 단기에서는 앞에서 언급한 공급의 법칙이 성립한다.

그러나 장기에서는 수확체감의 법칙이 적용되지 않는다(수확체감의 법칙은 고정요소가 존재할 때에만 성립함을 기억하라). 기업들이 장기에서는 모든 생산요소의 투입량을 변화시킬 수 있기 때문에, 종종 모든 생산요소를 두 배로 증가시키면 생산을 두 배로 늘릴 수 있다. 이 경우, 총비용은 산출량에 정확하게 비례하고, 장기에서 한계비용곡선은 우상향하는 것이 아니라 수평이 된다. 그러므로 현재로서는 공급의 "법칙"이라는 것이 단기에서는 성립하지만, 장기에서는 반드시 성립하리라는 보장은 없다. 그러나 **단기와 장기 모두, 완전경쟁시장에서 기업의 공급곡선은 한계비용곡선이다.**[1]

주어진 가격에서 시장 공급곡선상의 수량은 그 가격에서 개별 기업들의 공급량을 다 합친 것이다. 그러므로 가격과 한계비용과의 관계는 개별 공급곡선뿐 아니라 개별 공급곡선의 수평 합으로 얻어지는 시장 공급곡선에 대해서도 성립한다. 즉, **시장 공급곡선상의 모든 가격–수량 조합에 대해 가격은 각 기업의 한계비용과 일치한다.**

이 같은 이유에서 수요곡선이 시장의 편익측면을 표시한다고 말하는 것과 같이, 공급곡선이 시장의 비용측면을 표시한다고 말한다. 시장 수요곡선상의 모든 점에서 가격은 소비자들이 그 재화 한 단위를 더 얻기 위해 지불할 용의가 있는 금액을 의미한

---

1 이 결론은 가격이 한계비용과 일치하는 산출량에서 총수입이 가변비용보다 작지 않다는 전제하에서 성립한다.

다. 그러므로 가격은 그 재화 한 단위를 더 얻을 때 소비자들이 얻는 한계편익의 크기를 의미한다. 마찬가지로 시장 공급곡선상의 모든 점에서 가격은 생산 한 단위를 늘릴 때 기업이 지불해야 하는 한계비용을 의미한다.

요약 완전경쟁시장의 기업의 공급곡선

완전경쟁시장의 기업은 자신이 생산하는 재화에 대해 수평인 수요곡선에 당면하고 있다. 이는 주어진 시장가격에서 원하는 산출량을 얼마든지 팔 수 있음을 의미한다. 단기에서 기업의 목표는 이윤을 극대화하는 산출량을 선택하는 것이다. 이윤 극대화 산출량은, 가격이 평균 가변비용보다 작지 않다는 조건하에서, 가격과 한계비용이 일치하는 산출량이다. 완전경쟁시장에서 기업의 공급곡선은 한계비용곡선 중에서 평균 가변비용곡선 위쪽에 위치하는 부분이다. 이윤 극대화 산출량에서 기업의 이윤은 가격과 평균 총비용의 차이에 산출량을 곱한 것이다.

6.4 공급의 결정 요인 재고찰

어떤 요인들에 의해 공급이 변화하는가("공급의 변화"는 공급곡선 자체의 이동을, 공급곡선을 따라 공급량이 변하는 것은 "공급량의 변화"임을 기억하기 바란다)? 한 단위 더 생산함으로써 얻는 한계편익이 한계비용과 비교해 크면, 기업은 생산을 늘릴 것이다. 완전경쟁시장에서 한계편익은 판매자가 영향력을 행사할 수 없는 시장가격이므로 공급에 영향을 미치는 요인은 비용 측면에서 찾을 수 있다. 아래의 설명들은 여러 요인 가운데 특히 다음과 같은 요인들이 비용-편익 분석의 테스트를 충족시키는데 영향을 미친다.

기술

아마도 생산비용의 가장 중요한 결정 요인은 기술(technology)일 것이다. 기술진보가 발생하면 추가적인 산출량을 생산하는 비용이 하락한다. 기술진보는 개별 공급곡선을 오른쪽(아래쪽)으로 이동시킨다. 그러므로 시장 공급곡선도 오른쪽으로 이동한다. 시간이 지나면서 더 정교한 장비의 도입으로 인해 시간당 생산할 수 있는 재화의 양이 비약적으로 늘어났다. 이 같은 기술 진보는 시장 공급곡선을 오른쪽으로 이동시킨다.

그러나 기술의 변화가 생산비용을 얼마나 감소시키는지를 어떻게 알 수 있는가? 새로운 장비가 너무 비싸 그 장비를 사용한 생산자의 비용이 오히려 이전보다 더 올라갈 수도 있지 않은가? 그렇다면 합리적인 생산자는 새로운 장비를 사용하지 않을 것이다. 합리적인 생산자는 생산비용을 절감하는 기술 변화만을 받아들여 사용할 것이다.

생산요소 가격

기술진보가 일반적으로(항상 그런 것은 아니지만) 공급곡선을 점진적으로 이동시키는 반면에, 중요한 생산요소 가격의 변화는 말 그대로 하룻밤 사이에 공급곡선을 큰 폭으로 이동시킬 수 있다. 예를 들어, 제 4장에서 논의했듯이 휘발유 생산의 가장 중요한 생산요소인 원유의 가격은 그 변동 폭이 매우 크다. 이로 인한 공급곡선의 이동 때문에 휘발유 가격이 큰 폭으로 출렁이는 경우가 많다.

마찬가지로 임금이 상승하면 노동을 사용하는 모든 생산의 한계비용이 상승해 공급곡선이 왼쪽(위쪽)으로 이동한다. 이자율이 하락하면 자본 장비의 기회비용이 하락해 공급곡선은 오른쪽으로 이동한다.

공급자의 수

인구가 증가하면 시장 수요곡선이 오른쪽으로 이동하듯이, 개별 공급자 수가 증가하면 시장 공급곡선도 오른쪽으로 이동한다. 예를 들어, 기존에 재활용 서비스를 제공하는 사람이 새로 진입하는 사람보다 더 높은 비율로 줄거나 시장에서 퇴출하면 재활용 서비스의 시장 공급곡선은 왼쪽으로 이동한다. 반대로 실업률이 상승하면 더 많은 사람들이 재활용 서비스에 참여하므로(재활용 서비스에 사용하는 시간의 기회비용이 감소함) 시장 공급곡선은 오른쪽으로 이동한다.

예상

미래 가격에 대한 예상에 따라 판매자들은 현재의 시장에서 얼마를 생산할 것인지를 결정한다. 예를 들어, 서비스의 공급자가 자동차에 사용되는 알루미늄의 수요가 증가해 현재보다 미래에 알루미늄 가격이 높아질 것이라고 예상한다고 가정하자. 그러면 재활용 서비스 공급자는 현재의 낮은 가격에서는 알루미늄의 공급을 보류했다가 미래에 높은 가격으로 더 많이 팔고자 할 것이다. 반대로 재활용 서비스 공급자가 내년의 알루미늄 가격이 올해보다 낮을 것이라고 예상하면, 올해 더 많은 알루미늄을 판매하고자 할 것이다.

다른 재화 가격의 변화

기술진보를 제외하면 아마도 공급에 영향을 미치는 가장 중요한 요인은 판매자가 생산할 수 있는 다른 재화와 서비스 가격의 변화일 것이다. 예를 들어, 귀금속 채굴자들은 비용 대비 편익이 가장 큰 귀금속을 탐색하고자 할 것이다. 은의 가격이 상승하면 많은 사람들이 금 찾는 것을 포기하고 은을 찾아 헤맬 것이다. 반대로 백금의 가격이 하락하면 백금을 탐사해왔던 많은 채굴자들은 금으로 관심을 옮길 것이다.

요약 **공급의 결정 요인**

재화의 공급곡선을 이동시키는 요인들은 기술 진보, 생산요소 가격의 변화, 공급자 수의 변화, 미래 가격에 대한 예상, 그리고 생산자가 생산할 수 있는 다른 재화와 서비스 가격의 변화 등이다.

6.5 공급의 적용

새로운 음료수 캔의 생산이든 기존 캔의 재활용이든 간에 또는 전혀 다른 활동이든 상관없이 완전경쟁시장(또는 판매자가 주어진 가격에 얼마든지 팔 수 있는 상황)에서는 동일한 논리가 공급 결정에 적용된다: 한계비용이 가격과 일치할 때까지 생산을 늘린다. 이 논리는 재활용하려는 노력이 왜 어떤 재화가 다른 재화보다 더 치열한지를 이해하는 데 도움이 된다.

경제적 사유 6.1

재활용 정도가 시장에서 결정될 때 왜 알루미늄캔이 유리병보다 더 많이 재활용되는가?

알루미늄캔과 유리병 모두 재활용 서비스를 제공하는 사람은 한계비용이 각각의 보증금과 일치할 때까지 캔 또는 병을 수집한다. 재활용 정도가 시장에 의해 결정될 때 캔이나 병의 보증금 가격은 기업이 캔이나 병으로 무엇을 만들 수 있는가(또는 그 안에 포함되어 있는 재료)에 근거해 결정된다. 알루미늄캔은 쉽게 값이 매우 비싼 알루미늄 고철로 공정 처리할 수 있어 이윤을 추구하는 기업들이 높은 보증금을 책정한다. 반면에, 유리병을 만드는 유리는 새 유리를 만드는데 필요한 원재료 값이 매우 싸므로 재판매 가치가 매우 낮다. 이 같은 차이 때문에 이윤을 추구하는 기업은 알루미늄캔보다 유리병의 보증금을 낮게 책정한다.

알루미늄캔의 보증금이 높기 때문에 많은 사람들이 알루미늄캔을 찾으러 다니는 반면에, 유리병 보증금은 낮기 때문에 많은 사람들이 환불받으려 하지 않는다. 재활용 정도가 전적으로 시장에 의해 결정된다면 알루미늄캔은 바로 재활용되는 반면에 유리병의 재활용은 시간이 오래 걸린다. 재활용에 대한 법이 없는 주에서 이 같은 현상이 실제로 관측되고 있다(재활용에 대한 법이 어떻게 작용하는가에 대해서는 잠시 후에 살펴본다). 이 같은 현상은 음료수 용기 재활용 서비스의 공급곡선이 우상향한다는 사실에서 바로 도출되는 결과이다.

음료수병에 보증금제도가 없는 주에서 왜 알루미늄캔이 유리병보다 재활용이 더 잘 되는가?

가치 있는 자원을 다시 확보할 수 있는 것은 자원의 재활용이 가지고 있는 두 가지 중요한 이점 가운데 단지 한 가지에 불과하다. 두 번째 이점은 폐기물이 여기저기 방치되는 것을 방지함으로써 모든 사람에게 보다 쾌적한 환경을 조성할 수 있다는 것이다. 다음의 예가 보여주듯이, 두 번째 이점에서 발생하는 편익은 유리병을 재활용하는데 들어가는 비용을 초과하고도 남는다.

예 6.4 사회적 최적의 유리병 수거량

사회적으로 최적인 유리병 재활용 규모는 얼마인가?

버몬트주, 벌링톤(Burlington)시에 사는 6만 명의 시민들은 주변 환경을 깨끗하게 하기 위해 시민 전체적으로 유리병당 6센트를 지불할 용의가 있다. 이 지역의 유리병 재활용 서비스에 대한 시장 공급곡선이 **그림 6.9**와 같으면 사회적으로 최적인 유리병 재활용 규모는 얼마인가?

벌링톤시 시민들은 시정부가 유리병을 치우기 위한 재원 마련을 위해 세금을 징수하도록 허용했다고 가정하자. 유리병 한 개가 치워질 때마다 시민들이 6센트를 지불할 용의가 있으므로 시정부는 유리병 한 개를 재활용할 때마다 6센트를 지불해야 한다. 재활용을 통한 경제적 잉여를 극대화하려면 한계비용이 한계편익인 6센트가 되는 양을 재활용해야 한다. **그림 6.9**의 시장 공급곡선을 보면 최적의 규모가 하루 1만 6,000개임을 알 수 있다. 정부가 병당 6센트를 지불하면 하루에 1만 6,000개의 유리병이 재활용될 것이다.

그림 6.9
버몬트주, 벌링톤시의 유리병 재활용 서비스의 시장 공급곡선

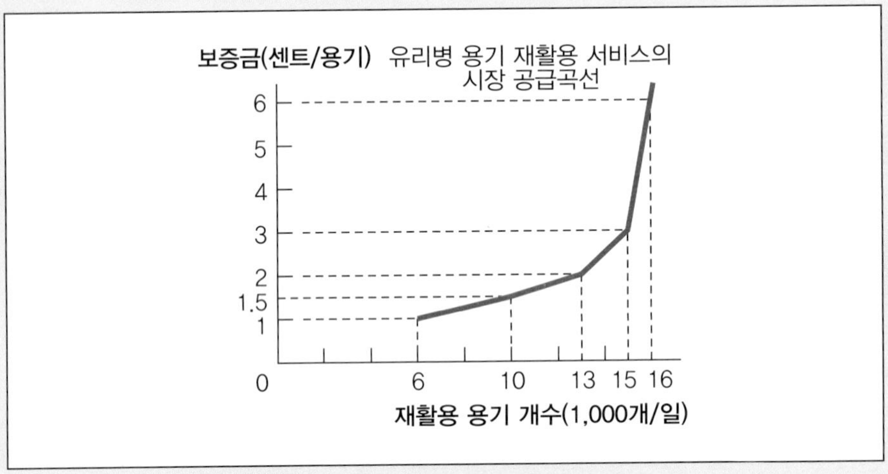

앞의 예에서 하루 1만 6,000개의 유리병이 환경 보호를 위해 재활용될 것이지만 남는 것이 있을 수 있다. 몇몇 병들은 외진 곳에 버려지기도 하고, 6센트의 낮은 보증금 때문에 사람들은 버려진 모든 유리병을 다 재활용하지 않는다.

그러면 왜 더 높은 보증금을 제시해 버려지는 모든 유리병을 재활용하지 않는가? 그 답은 1만 6,001번째 유리병을 재활용하는 데 발생하는 한계비용이 한계편익을 초과하기 때문이다. 한계편익과 한계비용이 일치하는 수준까지 버려지는 유리병을 재활용할 때 총잉여는 가장 커진다. 하루 1만 6,000개가 정확히 한계편익과 한계비용이 일치하는 수량이다. 이보다 더 많은 양을 재활용하는 것은 실제로는 낭비인 셈이다.

사회적으로 최적인 쓰레기양이 0보다 크다고 경제학자들이 말하는 것을 처음 듣는 사람들은 많이 당혹해한다. 이런 사람들의 마음 속에는 최적의 쓰레기양은 정확하게 0이어야 한다는 생각이 깊게 자리 잡고 있다. 그러나 이 같은 입장은 희소성의 원리를 완전히 무시하는 것이다. 쓰레기를 청소함으로써 얻는 편익이 있지만 비용도 존재한다. 더 많은 쓰레기를 치우는 데 자원을 더 사용한다는 것은 다른 유용한 것에 자원을 덜 사용해야 한다는 것이다. 자신의 집의 최적 먼지양이 0이라고 주장하는 사람은 아무도 없다(누군가 이렇게 주장한다면 그 사람에게 당신은 집을 비운 사이에 쌓인 먼지를 제거하기 위해 하루 종일 집에만 머물고 있어야 하는지 질문해 보라). 집에 있는 모든 먼지를 제거하는 것이 비용 대비 이익이 되지 않는다면, 환경을 위해 모든 유리병을 제거하는 것 역시 비용 대비 이익이 되지 않는다. 정확하게 동일한 논리가 두 경우 모두에 적용된다.

희소성

하루 1만 6,000개 유리병을 재활용하는 것이 최적의 양이라면 각 개인의 지출 결정에 맡겨둘 때 최적의 양만큼 재활용이 일어날 것인가? 불행하게도 그렇지 못하다. 문제는 유리병을 치우기 위해 개인적으로 비용을 지불하는 사람은 스스로 전체 비용을 다 부담하나 자신이 얻는 편익은 전체 편익의 극히 작은 부분이다. 앞의 예에서 유리병 한 개가 재활용될 때 6만 명의 시민이 얻은 총편익은 6센트이므로 일인당으로 환산하면 6/60,000 = 0.0001센트이다! 누군가가 다른 사람에게 6센트를 지불해 유리병 하나를 재활용하도록 했으면 그 사람은 자신이 받은 편익보다 6만 배 더 많은 비용을 지불한 셈이다.

쓰레기가 전혀 없는 것이 사회적 최적인가?

이 예에서 유인의 문제는 제 3장에서 살펴본 전염병 예방을 위해 예방주사를 맞을 것인지를 결정해야 하는 사람이 직면하고 있는 문제와 동일하다. 문제는 개인이 예방주사를 맞기 위한 비용을 전액 부담하는 반면에, 그로 인한 편익은 여러 사람이 나누어 갖기 때문에 예방주사를 맞을 유인이 너무 약하다는 것이다. 한 사람이 예방주사를 맞았을 때 얻는 추가적인 편익의 중요한 부분은 다른 사람이 병에 걸릴 가능성이 감소한다는 것이다.

유리병 재활용의 경우는 시장에 의존할 때 사회 전체적으로 최적의 결과가 나오지 않는 예이다. 재활용하지 않고 아무 생각 없이 유리병을 여기저기 던지는 사람들조차 그들의 행동이 초래하는 환경 악화에 대해서는 불쾌하게 생각한다. 이 같은 이유 때문에 사람들이 유리병에 대해 적절한 보증금을 강제로 책정하는 법을 지지한다.

쓰레기를 버리는 예는 제 3장에서 살펴본 균형의 원리를 잘 보여준다. 쓰레기를 버리는 사람들은 환경에 대한 관심이 없어서가 아니라 사적 유인으로 볼 때 쓰레기를 버리는 것이 유리하기 때문에 쓰레기를 버린다. 재활용은 어느 정도의 노력을 필요로 한다. 그러나 개인적인 차원에서의 재활용 노력은 환경 개선에 눈에 띌만한 영향을 미치지 못한다. 여러 주에서 제정한 음료수 용기 보증금을 강제하는 법은 개인의 이익을 사회 전체적 이익과 조화를 맞추도록 만드는 간단한 방법이다. 이 같은 법이 제정된 주에서는 음료수 용기 쓰레기의 대부분이 글자 그대로 하룻밤 사이에 사라져 버렸다.

균형

✔ 개념체크 6.5

유리병 재활용 서비스의 시장 공급곡선이 아래의 그림과 같고, 6만 명의 시민은 각자 유리병 한 개를 치우는 데 0.00005센트를 지불할 용의가 있다. 이 때 시정부는 유리병 개당 보증금을 얼마로 설정해야 하는가? 그리고 하루에 유리병 몇 개가 재활용되는가?

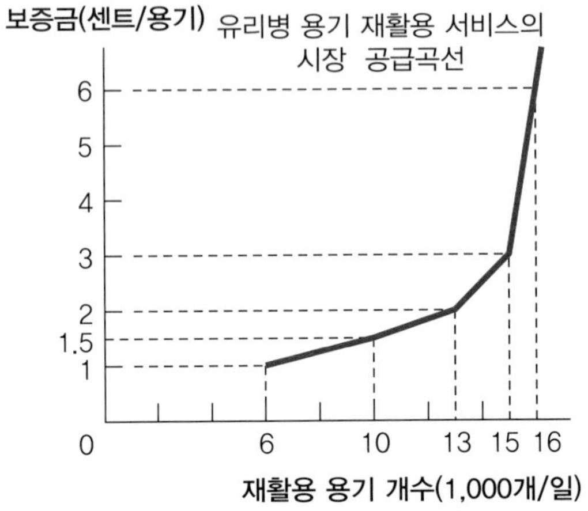

6.6 공급과 생산자 잉여

생산자 잉여
생산자가 재화를 판매할 때 실제로 받는 가격에서 유보가격을 뺀 것

소비자가 얻는 경제적 잉여를 소비자 잉여라고 부른 것 같이, 생산자가 얻는 경제적 잉여를 **생산자 잉여**(producer surplus)라고 부른다. 생산자 잉여는 생산자가 재화를 판매할 때 실제로 받은 가격과 재화를 판매할 용의가 있는 최소한의 가격(일반적으로 한계비용이라고 불리는 유보가격) 간의 차이를 의미한다.

소비자 잉여와 동일하게 생산자 잉여는 한 개인 생산자가 얻는 경제적 잉여 또는 한 시장의 또는 여러 시장의 모든 생산자가 얻는 경제적 잉여의 합을 지칭하기도 한다.

6.6.1 생산자 잉여의 계산

제 5장에서 한 시장의 소비자 잉여는 수요곡선 아래와 시장가격 위로 둘러싸인 영역의 면적임을 보았다. 한 시장의 생산자 잉여도 비슷한 방법으로 계산된다. 다음의 예는 생산자 잉여가 공급곡선 위와 시장가격 아래로 둘러싸인 영역의 면적임을 보여준다.

생산자 잉여 측정

예 6.5

우유 시장에 참여한 생산자들이 얻는 생산자 잉여는 얼마인가?

우유 시장의 수요곡선과 공급곡선이 **그림 6.10**과 같다. 시장 균형가격은 갤런당 \$2, 균형거래량은 하루 4,000갤런이다. 이 시장에서 생산자 잉여는 얼마인가?

그림 6.10에서 4,000갤런까지 생산자는 시장가격인 갤런당 \$2와 공급곡선으로 표시된 유보가격 간의 차이만큼의 생산자 잉여를 얻고 있다. 생산자들이 얻는 생산자 잉여는 **그림 6.11**에서 공급곡선 위쪽과 시장가격 아래쪽에 음영 표시되어 있는 삼각형의 면적이다. 이 삼각형의 면적은 높이가 \$2/갤런, 밑변이 4,000갤런이므로, 생산자 잉여는 다음과 같다:

$$(1/2)\times(4{,}000\text{갤런})\times(\$2/\text{갤런})=\$4{,}000$$

이 예에서 생산자 잉여는 우유 시장에 계속적으로 참여할 권리를 얻기 위해 판매자 전체가

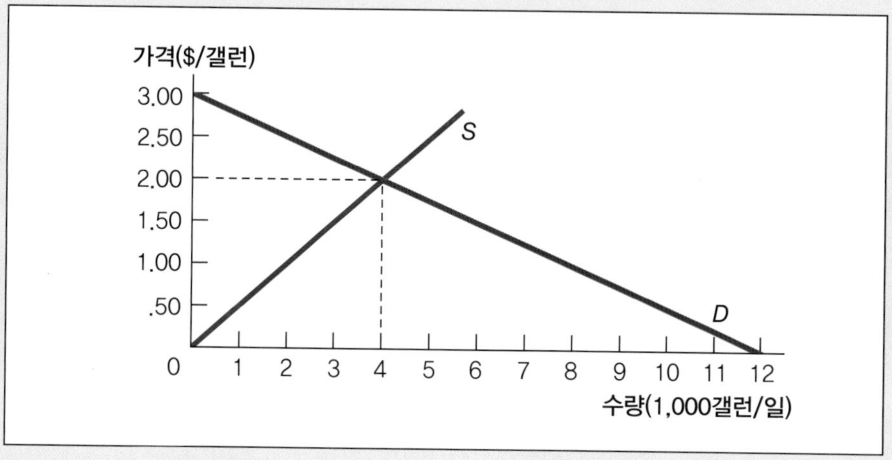

그림 6.10

우유 시장의 수요곡선과 공급곡선

균형가격은 갤런당 \$2, 균형거래량은 하루 4,000갤런이다.

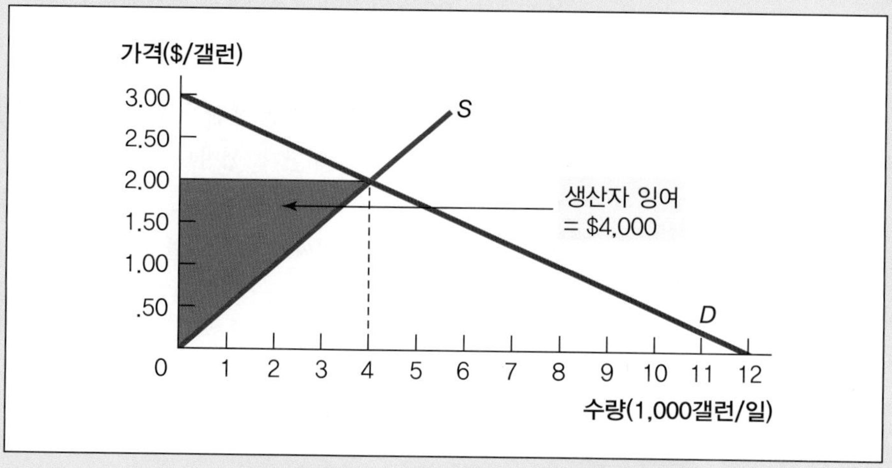

그림 6.11

우유 시장의 생산자 잉여

생산자 잉여는 음영으로 표시된 삼각형의 면적과 같다(\$4,000/일).

지불할 용의가 있는 금액으로 생각할 수 있다. 그 크기는 $4,000인데 이 금액은 생산자들의 전체 편익이 전체 비용을 초과하는 크기이다.

제 3장에서 설명했듯이 한 재화의 공급곡선은 수평과 수직 두 방향으로 해석될 수 있다. 수평적 해석은 각 가격에 대해 생산자들이 판매하고 싶은 양을 알려 준다. 수직적 해석은 각 수량에 대해 그 수량을 생산하기 위해 생산자들이 받아야 할 최소한의 금액을 알려준다. 생산자 잉여를 계산하려면 공급곡선의 수직적 해석을 이용한다. 공급곡선상의 각 점에서 공급곡선의 높이는 그 재화의 한계생산자의 유보가격을 의미한다. 생산자 잉여는 시장가격과 유보가격 간 차이의 누적 합이다. 그 크기는 공급곡선 위쪽과 시장가격 아래로 둘러싸인 영역의 면적이다.

요 약 Summary

- 한 재화나 서비스의 공급곡선은 각각의 가격에서 생산자들이 팔고 싶은 양을 보여주는 스케줄이다. 시장에서 판매되는 재화와 서비스의 가격은 생산을 위해 필요한 자원의 기회비용에 의존한다.
- 완전경쟁시장에서 기업이 당면하는 수요곡선은 시장 수요곡선과 시장 공급곡선이 만나는 가격에서 완전 탄력적인 수평선이다.
- 적어도 단기에서는 기회비용 체증의 원리 때문에 공급곡선은 우상향한다. 일반적으로 합리적인 생산자는 가장 유리한 기회를 먼저 활용하고, 덜 유리한 기회는 그 다음으로 활용한다. 이 같은 경향을 강화시키는 것이 수확체감의 법칙이다. 수확체감의 법칙은 고정요소가 있으면, 생산이 증가할수록 산출량 한 단위를 추가적으로 생산하는 데 필요한 가변요소의 양이 증가함을 의미한다.
- 완전경쟁시장에서–보다 일반적으로 개별 생산자가 주어진 가격에서 얼마든지 원하는 만큼을 팔 수 있는 시장에서–생산자가 할 수 있는 최선의 선택은 가격이 평균가변비용보다 작지 않은 한, 가격과 한계비용이 일치하는 산출량을 선택하는 것이다. 개별 생산자의 공급곡선은 한계비용곡선 중에서 평균 가변비용곡선 위쪽에 위치하는 부분이다. 이런 이유로 공급곡선이 시장의 비용측면을 표시한다고 말한다(수요곡선은 시장의 편익측면을 표시한다).
- 공급의 변화는 공급곡선 자체의 이동을, 공급량의 변화는 공급곡선을 따라 발생하는 변화이다. 한 재화의 공급곡선을 이동시키는 요인은 기술 진보, 생산요소 가격의 변화, 공급자의 수 변화, 미래 가격 변화에 대한 예상, 그리고 생산자가 생산할 수 있는 다른 재화 가격의 변화 등이다. 완전경쟁시장에서 기업은 가격이 한계비용과 일치하는 산출량을 생산한다.
- 생산자 잉여는 시장에서 개별 생산자 혹은 생산자 전체가 얻는 경제적 잉여를 의미한다. 생산자 잉여는 시장가격과 유보 가격 간 차이의 누적 합이다. 그 크기는 공급곡선 위쪽과 시장가격 아래로 둘러싸인 영역의 면적이다.

핵심용어 Key Terms

가격수용자(163)
가변비용(166)
가변요소(166)
고정비용(166)
고정요소(166)
단기(165)
불완전경쟁기업(164)
생산요소(165)
생산자 잉여(180)
수확체감의 법칙(165)
완전경쟁시장(162)
이윤(162)
이윤 극대화 기업(162)
이윤창출기업(169)
장기(165)
총비용(166)
평균 가변비용(169)
평균 총비용(169)
한계비용(166)

복습문제 Review Questions

1. 기회비용 체증의 원리에 근거해 왜 공급곡선이 우상향하는지를 설명하라.

2. 참 또는 거짓: 완전경쟁시장의 기업은 항상 가격과 한계비용이 일치하는 산출량을 생산한다.

3. 경제학자들은 종종 혼잡 때문에 수확체감의 법칙이 성립한다는 점을 강조한다. 이를 염두에 두고, 물, 노동력, 종자, 비료, 햇빛, 그 외의 다른 모든 생산요소가 무한함에도 불구하고, 화분 하나에서 생산되는 식량으로 지구 전체 인구를 먹여 살리는 것이 왜 불가능한지를 설명하라.

4. 다음 두 달 동안의 아이스크림 생산에 있어 공장 건물과 기계를 움직이는 근로자 사이에 어떤 것이 고정요소에 가깝다고 생각하는가?

5. 생산자 잉여를 측정하는 데 공급곡선의 수직적 해석을 이용하는 이유는 무엇인가?

연습문제 Problems

1. 조는 자신의 시간을 결혼식 사진을 찍는 일과 화석 수집하는 일에 배분하려고 한다. 결혼식 사진은 시간당 $27를 임금으로 받는다. 화석 수집에서 버는 소득은 화석 가격과 찾은 화석의 숫자에 의존한다. 수입 측면에서 조는 이 두 가지 일에 무차별하다. 그녀가 수집할 수 있는 화석의 숫자는 다음의 표에서 보듯이 하루 동안 몇 시간 수집하는가에 의존한다.

수집시간(시간/일)	수집된 화석의 수(개/일)
1	5
2	9
3	12
4	14
5	15

a. 앞의 표를 이용해 조가 화석 채취에 각 시간을 할애하는 최소한의 화석 가격을 구하라.
b. 세로축에 가격, 가로축에 수량을 표시하고 문항 (a)에서의 가격과 수량의 조합을 그래프로 그려라. 이 곡선의 이름은 무엇인가?

2. 완전경쟁시장에 두 개의 기업만 존재하고, 두 기업의 공급곡선은 $P=2Q_1$과 $P=2+Q_2$이다. 여기서 Q_1과 Q_2는 각각 기업 1과 2의 산출량이다. 시장 공급곡선을 구하라(힌트: 먼저 두 기업의 개별 공급곡선을 나란히 그리고, 두 공급곡선을 수평으로 합하라).

3. 가격수용자인 한 기업이 에어컨을 생산하고 있다. 새 에어컨의 대당 가격은 $120이다. 총비용에 대한 정보는 다음 표와 같다.

에어컨 생산량(대/일)	총비용($/일)
1	100
2	150
3	220
4	310
5	405
6	510
7	650
8	800

이윤을 극대화하려면 이 기업은 하루에 몇 대의 에어컨을 생산해야 하는가?

4. 한 피자 생산자의 한계비용곡선(*MC*), 평균 가변비용곡선(*AVC*), 평균 총비용곡선(*ATC*)이 아래와 같다. 피자 가격이 조각당 $2.5이면 이윤 극대화 산출량은 얼마이며 생산자가 얻는 이윤은 얼마인가?

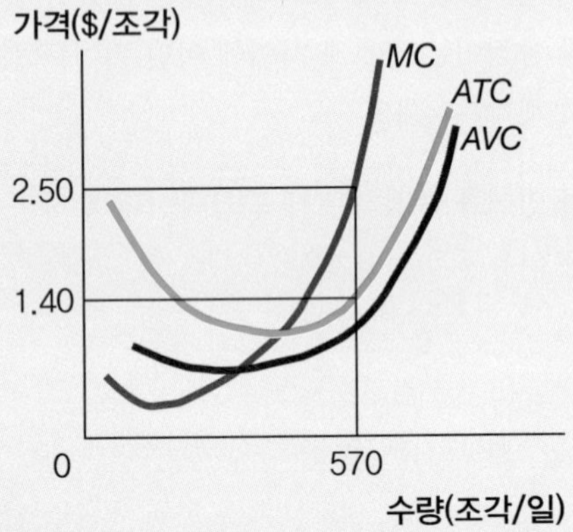

5.* 한 피자 생산자의 한계비용곡선(*MC*), 평균 가변비용곡선(*AVC*), 평균 총비용곡선(*ATC*)이 아래와 같다. 피자 가격이 조각당 $0.5이면 이윤 극대화 산출량은 얼마이며 생산자가 얻는 이윤은 얼마인가?

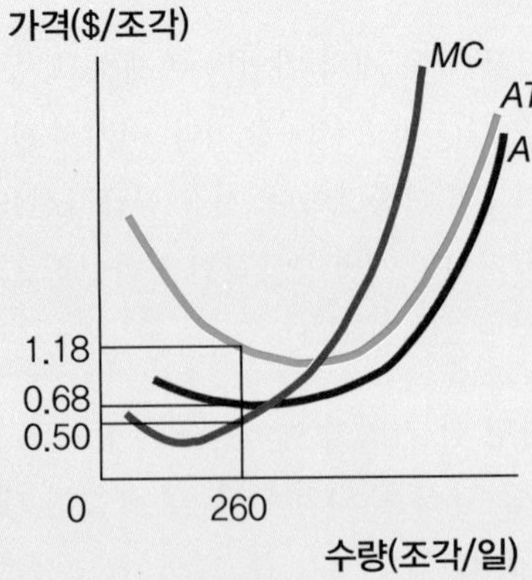

6.* 한 피자 생산자의 한계비용곡선(*MC*), 평균 가변비용곡선(*AVC*), 평균 총비용곡선(*ATC*)이 아래와 같다(5번 문제와 동일함). 피자 가격이 조각당 $1.18이면 이윤 극대화 산출량은 얼마이며 생산자가 얻는 이윤은 얼마인가?

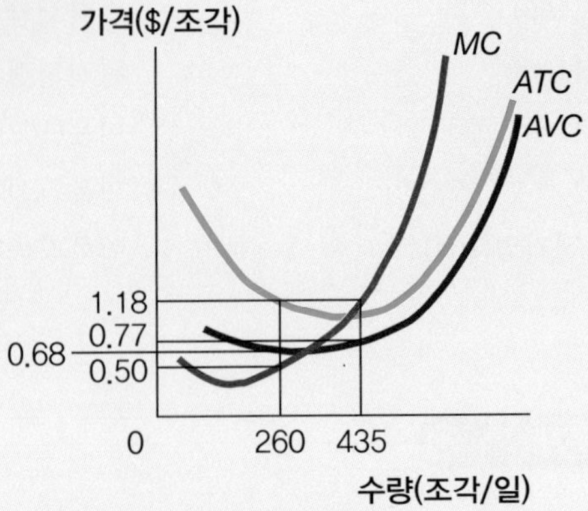

7. 한 회사가 배트 한 개당 10달러에 판매한다. 이 회사의 유일한 생산요소는 선반기계 기술자와 선반기계가 있는 작은 건물뿐이다. 하루에 이 회사가 생산할 수 있는 배트 숫자는 다음의 표와 같이 고용하는 근로 시간에 의존한다.

근로시간(시/일)	배트 생산량(개/일)
0	0
1	5
2	10
4	15
7	20
11	25
16	30
22	35

a. 임금이 시간당 $15이고 선반기계와 건물에 대한 고정비용이 하루 $60라면, 이윤을 극대화하는 배트의 산출량은 얼마인가?

b. 정부가 하루에 $10의 세금을 부과하면 이 회사의 이윤을 극대화하는 배트의 산출량은 얼마인가(힌트: 세금 부과를 고정비용이 $10 증가한 것으로 생각하라)?

c. 정부가 배트당 $2의 세금을 부과하면 이 회사의 이윤을 극대화하는 배트의 산출량은 얼마인가(힌트: 세금 부과를 한계비용이 $2 증가한 것으로 생각하라)?

d. 왜 두 세금이 산출량에 미치는 효과가 다른가?

8.* 피자의 수요곡선과 공급곡선이 다음과 같을 때 생산자 잉여를 계산하라.

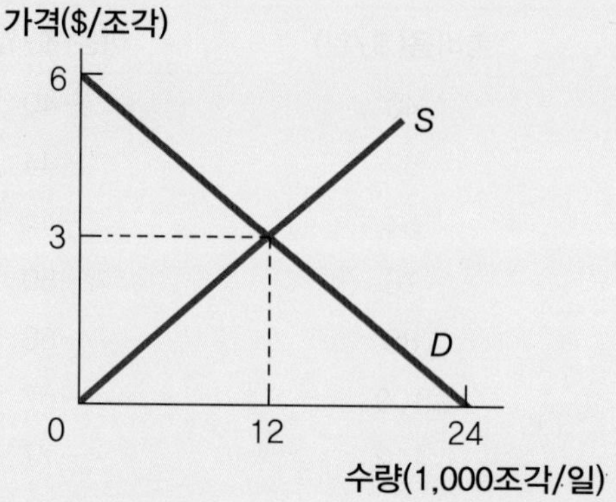

본문 개념체크 해답 — Answers to Concept Checks

6.1 해리가 세 번째 한 시간 동안 300개의 캔을 수집하므로 두 번째 한 시간에 대한 유보가격은 $p \times 300 = \$6$를 풀면 $p =$ 2센트를 얻는다. 추가 한 시간에 대한 유보가격도 동일하게 계산된다.

네 번째 한 시간: $p \times 200 = \$6$를 풀면 $p = 3$센트이다.
다섯 번째 한 시간: $p \times 100 = \$6$를 풀면 $p = 6$센트이다.

6.2 개당 가격이 62센트면 이 기업은 계속해서 생산을 확장해 6번째 근로자까지 고용한다(350병 생산).

6.3 관련 비용들이 다음의 표에 제시되어 있다. 가변비용과 한계비용은 **예 6.2**와 같이 인접한 두 행 사이에 기록되어 있다. 이 기업은 6명의 근로자를 고용해 하루 350병을 생산해야 한다.

고용자 수(명/일)	산출량(개/일)	고정비용($/일)	가변비용($/일)	총비용($/일)	한계비용($/개)
0	0	40	0	40	
					0.075
1	80	40	6	46	
					0.05
2	200	40	12	52	
					0.10
3	260	40	18	58	
					0.167
4	300	40	24	64	
					0.20
5	330	40	30	70	
					0.30
6	350	40	36	76	
					0.50
7	362	40	42	82	

6.4 아무도 고용하지 않을 경우 손실이 가장 작으므로 단기에서 기업은 생산을 중단해야 한다.

고용자 수(명/일)	산출량(개/일)	총수입($/일)	총비용($/일)	이윤($/일)
0	0	0	40	−40
1	80	8	52	−44
2	200	20	64	−44
3	260	26	76	−50
4	300	30	88	−58
5	330	33	100	−67
6	350	35	112	−77
7	362	36.20	124	−87.80

6.5 6만 시민이 유리병 하나를 치우는 데 각각 0.00005센트를 지불할 용의가 있으므로, 유리병 하나를 치우는 데서 얻는 시 전체의 한계편익은 60,000×0.000005센트=3센트이다. 그러므로 시정부는 보증금을 개당 3센트로 정해야 하며, 공급곡선으로부터 하루 1만 5,000개의 병이 이 가격에서 재활용될 것이다.

효율성, 교환 및 보이지 않는 손

제 7 장

연비가 높은 자동차를 먼저 생산한 기업들은 높은 가격을 책정할 수 있었다. 그러나 다른 기업들도 연비가 높은 차를 만들면서 가격은 점차 하락했다.

1970년대에 뉴욕주 이타카(Ithaca)시에는 외국요리 전문점이 그리 많지 않았다: 일본 음식점 한 곳, 그리스 음식점 두 곳, 이탈리아 음식점 네 곳, 그리고 중국 음식점 세 곳만이 있었다. 40년이 지난 지금 이타카시의 인구는 거의 변하지 않았는데 스리랑카 음식점 한 곳, 인도 음식점 두 곳, 스페인 음식점 한 곳, 타이 음식점 다섯 곳, 한국 음식점 두 곳, 베트남 음식점 두 곳, 멕시코 음식점 네 곳, 그리스 음식점 세 곳, 이탈리아 음식점 일곱 곳, 일본 음식점 두 곳, 이티오피아 음식점 한 곳, 터키 음식점 한 곳 그리고 중국 음식점은 아홉 곳이 장사를 하고 있다. 그러나 이타카시의 다른 재화와 서비스 시장에서는 오히려 선택의 폭이 감소한 경우도 있다. 예를 들어, 1972년에는 7개 회사가 전화응답 서비스를 제공했는데, 오늘날에는 한 회사만 서비스를 제공하고 있다.

장기간 소비자나 생산자가 바뀌지 않는 시장은 매우 드물다. 새로운 시장이 생기

왜 대부분의 미국 도시에서 1972년보다 시계 수리점은 줄어들고 문신 새기는 곳은 늘어나는가?

기도 하고 기존의 시장은 없어지기도 한다. 이타카시에는 이전보다 보디 피어싱(body piercing) 가게는 늘어난 반면에 시계 수리점은 감소했다; 마케팅 컨설턴트는 증가한 반면에 도시간 운행 버스회사는 줄었다; 스테인리스나 검은 색의 가전제품은 늘어난 반면에 아보카도나 카퍼톤(coppertone) 자외선 방지 로션은 감소했다.

이 같은 변화를 가져오는 동력은 기업의 이윤 추구이다. 기업들은 이윤을 획득할 기회가 많은 산업과 지역으로 이동하는 반면에, 이윤의 가능성이 적은 산업과 지역에서는 이탈한다. 역저 **국부론**(*The Wealth of Nations*)에서 아마도 가장 많이 인용되는 구절에서 아담 스미스는 다음과 같이 기록했다;

> 우리가 저녁 식사를 할 수 있는 것은 푸줏간 주인이나 양조장 주인 혹은 빵 굽는 사람의 자비심 덕분이 아니라, 그들의 사적 이익에 대한 관심 때문이다. 우리들은 그들의 인류애가 아닌 그들의 자기 사랑에 대해, 그리고 우리의 필요가 아닌 그들에게 유리한 것에 대해 말하고 있다.[1]

스미스는 계속해서 "기업가들은 '자신의 이익'에만 관심이 있지만 보이지 않는 손에 의해 전혀 그들이 의도하지 않았던 목적을 달성한다."라고 주장했다. 스미스가 간파했듯이, 사익(self-interest)이 경제 활동의 최우선적인 동인이기는 하지만 그 결과는 사회 전체의 이익에 매우 잘 부합하는 재화와 서비스의 분배이다. 생산자가 한 제품만을 "너무 많이" 생산하거나 다른 재화를 "충분하지 못하게" 생산하면 기업가들은 즉각적으로 이윤을 창출할 수 있는 기회를 깨닫게 되어 필요한 조치를 바로 취하게 된다. 보이지 않는 손은 항상 생산자가 각 재화의 가격을 그 생산비용에 근접하도록 압박하고, 또한 가능한 모든 방법으로 비용을 절약하도록 한다. 간단히 말하면, 보이지 않는 손은 **유인의 원리**에 의해 좋은 일이 일어나도록 유도한다.

유인

본장의 목표는 보이지 않는 손이 작동하는 원리에 대해 보다 깊은 통찰력을 얻는 것이다. "이윤"이란 정확하게 무엇인가? 어떻게 이윤을 측정하며 어떻게 사적인 이윤추구가 사회적 목적을 달성하는 데 기여하는가? 또한 경쟁으로 인해 가격이 생산비용까지 낮아진다면 어떻게 수많은 기업가들이 그토록 부자가 될 수 있는가? 또한 본장에서는 일상생활의 의사결정이나 혹은 정부의 정책결정 차원에서 스미스의 이론을 잘못 이해해 비싼 대가를 치룬 사례도 함께 논의한다.

7.1 경제적 이윤의 역할

기업의 행동을 설명하는 경제이론은 기업의 목표가 이윤 극대화라는 가정에 근거하고 있다. 그러므로 출발부터 이윤이 무엇인가에 대해 명확히 하는 것이 바람직하다.

1 Smith, Adams, *The Wealth of Nations*. New York, NY: Everyman's Library, Book 1, 1910.

7.1.1 세 종류의 이윤

경제학자들이 이해하는 이윤은 회계사들이 말하는 이윤과는 다르다. 이 차이를 이해하는 것이 보이지 않는 손의 작동 원리를 이해하는 데 매우 중요하다. 회계사들은 한 기업의 이윤을 그 해에 벌어들인 수입에서 그 해에 생산요소와 그 외의 비품 구입에 실제로 지불한 비용인 **명시적 비용**(explicit costs)을 뺀 금액으로 정의한다. 이것을 **회계적 이윤**(accounting profit)이라고 부른다.

명시적 비용
기업이 생산요소나 그 외의 비품 구입에 실제로 지불한 금액

회계적 이윤
기업의 총수입에서 명시적 비용을 뺀 금액

회계적 이윤 = 총수입 − 명시적 비용

회계적 이윤은 일상생활에서 가장 흔하게 접하는 이윤의 개념이다. 예를 들어, 기업 언론 발표나 연말 보고서는 회계적 이윤에 대한 자료를 제공한다.[2]

반면에 경제학자들은 기업의 총수입에서 명시적 비용뿐만 아니라 기업의 주인이 제공하는 모든 자원의 기회비용인 **암묵적 비용**(implicit costs)까지 뺀 금액을 이윤으로 정의한다. 이렇게 정의된 이윤을 **경제적 이윤**(economic profit) 또는 **초과이윤**(excess profit)이라고 부른다.

암묵적 비용
기업의 주인이 제공하는 모든 자원의 기회비용

경제적 이윤(초과이윤)
기업의 총수입에서 명시적 비용과 암묵적 비용 모두를 뺀 금액

경제적 이윤 = 총수입 − 명시적 비용 − 암묵적 비용

회계적 이윤과 경제적 이윤의 차이를 알아보기 위해 1년 총수입이 $400,000인 기업이 직원 인건비로 연간 $250,000를 명시적 비용으로 지불하는 경우를 생각해보자. 이 기업의 주인은 총가치가 $1,000,000에 이르는 기계와 다른 자본장비를 제공하고 있다. 이 경우 이 기업의 연간 회계적 이윤은 총수입인 $400,000에서 명시적 비용인 $250,000를 뺀 $150,000이다.

이 기업의 경제적 이윤을 계산하려면 먼저 주인이 제공한 자원의 기회비용을 계산해야 한다. 현재 저축성 예금 금리가 10%라고 가정하자. 주인이 기계와 다른 자본장비에 $1,000,000를 투자하지 않았더라면 그 돈을 저축성 예금에 집어넣어 연간 $100,000의 이자를 벌 수 있었을 것이다. 그러므로 암묵적 비용은 연간 $100,000가 된다. 따라서 이 기업의 연간 경제적 이윤은 $400,000−$250,000−$100,000 = $50,000이다.

이 기업의 경제적 이윤은 회계적 이윤보다 정확하게 기업의 암묵적 비용만큼 작다 − 이 경우 암묵적 비용은 주인이 사업에 제공하는 자원의 기회비용인 $100,000이다. 회계적 이윤에서 경제적 이윤을 뺀 금액을 **정상이윤**(normal profit)이라고 부른다. 정상이윤은 주인이 제공하는 자원의 기회비용을 의미한다.

정상이윤
기업의 주인이 제공하는 자원의 기회비용으로, 회계적 이윤에서 경제적 이윤을 뺀 금액과 동일하다.

그림 7.1은 회계적 이윤과 경제적 이윤 간의 차이를 잘 보여준다. (a)는 기업의 총수입을, (b)와 (c)는 총수입이 여러 비용과 이윤으로 어떻게 나누어지는지를 보여준다. 다음의 예는 회계적 이윤과 경제적 이윤을 구별하는 것이 왜 그토록 중요한지를 보여준다.

2 편의상 자본의 감가상각(depreciation) 비용은 무시하기로 한다. 기업이 소유한 건물과 기계도 시간이 지남에 따라 마모되므로 정부는 기업들이 매년 그 가치의 일부분을 비용으로 처리하도록 허용한다. 예를 들어, 한 기업이 수명이 10년인 $1,000짜리의 기계를 사용하면 이 기업은 매년 $100만큼을 비용으로 처리할 수 있다.

그림 7.1

회계적 이윤과 경제적 이윤 간의 차이

회계적 이윤(b)은 총수입에서 명시적 비용을 뺀 금액이다. 정상이윤(c)은 기업의 주인이 제공하는 모든 자원의 기회비용을 의미한다. 경제적 이윤(c)은 총수입에서 명시적 비용뿐 아니라 암묵적 비용도 뺀 금액이다(회계적 이윤에서 정상이윤을 뺀 것).

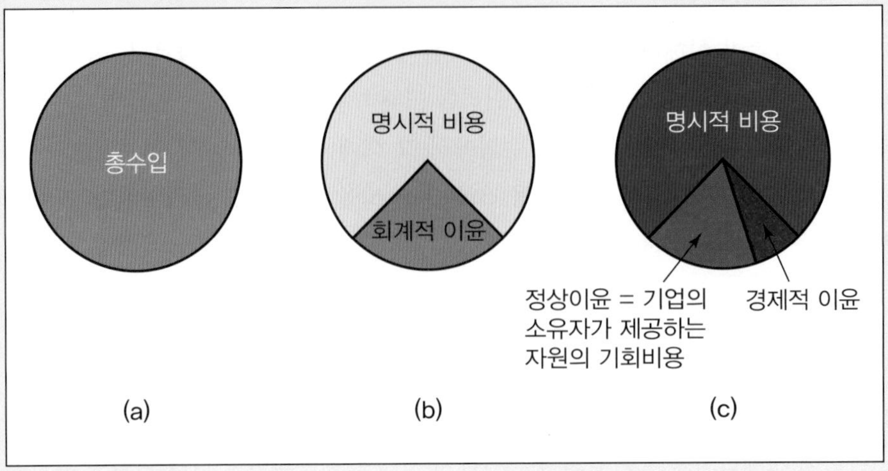

예 7.1 회계적 이윤 vs. 경제적 이윤(I)

펏지 버핏(Pudge Buffet)은 계속해서 농사를 지어야 하는가?

펏지 버핏은 네브래스카주 링컨시 근처에서 옥수수를 재배하는 농부이다. 그는 토지와 장비 임대료 기타 비용으로 연간 $10,000를 지불한다. 스스로 제공하는 생산요소는 자신의 노동뿐이다. 그는 연봉 $11,000를 받고 소매점의 매니저로 일할 수 있는 고용 기회가 있는데, 이 일을 농사짓는 일과 동일한 정도로 매력적이라고 생각한다. 금전적인 것을 제외하면 펏지는 농사일과 매니저일 사이에 무차별하다. 옥수수는 부쉘당 고정된 가격에 국제시장에서 팔린다. 국제시장은 규모가 매우 커 한 농부의 생산량이 바뀐다고 하더라도 가격에 아무런 영향을 미치지 못한다. 펏지는 옥수수 농사로 연간 $22,000의 수입을 올린다. 그의 회계적 이윤은 얼마인가? 경제적 이윤은 얼마인가? 정상이윤은 얼마인가? 펏지는 계속해서 농사일을 해야 하는가?

표 7.1에서 보듯이 펏지의 회계적 이윤은 연간 총수입인 $22,000에서 연간 토지 및 장비 임대료와 기타 경비인 $10,000를 제외한 연간 $12,000이다. 경제적 이윤은 회계적 이윤에서 자신의 노동에 대한 기회비용만큼을 더 뺀 금액이다. 그가 매니저로 일하면 연간 $11,000를 벌 수 있으므로, 노동의 기회비용은 연간 $11,000이다. 그러므로 경제적 이윤은 연간 $1,000이다.

펏지의 정상이윤은 자신이 제공하는 노동의 기회비용인 $11,000이다. 펏지는 두 가지 일

표 7.1 **예 7.1의 수입, 비용, 이윤의 요약**

총수입 ($/년)	명시적 비용 ($/년)	암묵적 비용 ($/년)	회계상 이윤 (=총수입−명시적 비용) ($/년)	경제적 이윤 (=총수입−명시적 비용 −암묵적 비용)($/년)	정상 이윤 (=암묵적 비용) ($/년)
22,000	10,000	11,000	12,000	1,000	11,000

모두를 동일하게 선호하므로, 농부 일을 하면 매니저 일을 하는 것보다 $1,000를 더 번다.

✔ 개념체크 7.1

펏지의 연간 총수입이 $22,000가 아니라 $20,000라면 경제적 이윤은 얼마인가? 그는 계속해서 농사일을 해야 하는가?

수입이 $22,000에서 $20,000로 준다면 펏지의 경제적 이윤은 연간 −$1,000이다. 경제적 이윤이 음일 경우 이를 **경제적 손실**(economic loss)이라고 부른다. 경제적 손실이 계속될 것이라고 생각되면 펏지의 최선의 선택은 농사를 포기하고 매니저로 일하는 것이다.

경제적 손실
경제적 이윤이 음이 되는 경우

여러분은 펏지가 그동안 충분한 돈을 저축해 토지와 장비를 임대하지 않고 구입했다면, 그의 최선의 선택은 계속해서 농부로 남는 것이라고 생각할 수 있다. 그러나 다음의 예가 보여주듯이 이 같은 생각은 회계적 이윤과 경제적 이윤의 차이를 정확하게 인식하지 못하는 데서 발생하는 잘못된 생각이다.

회계적 이윤 vs. 경제적 이윤(II)

예 7.2

토지를 임대하지 않고 소유하고 있으면 상황이 달라지는가?

개념체크 7.1에서 펏지가 그동안 임대해 농사를 지었던 땅의 주인인 워렌(Warren) 삼촌이 사망해 그 땅을 펏지가 상속받았다고 가정해보자. 그 땅을 다른 사람에게 연간 $6,000에 임대를 줄 수 있으면, 펏지는 계속해서 농사일을 해야 하는가?

표 7.2에서 보듯이 펏지가 자신의 땅에서 계속해서 농사를 지으면 회계적 이윤은 연간 $16,000로 **개념체크 7.1**보다 $6,000 증가한다. 그러나 더 이상 삼촌에게 연간 $6,000를 명시적으로 토지 임대료로 지불하지 않아도 되지만 자신의 토지에 대한 기회비용인 $6,000를 암묵적 비용으로 회계적 이윤에서 공제해야 한다. 따라서 펏지의 경제적 이윤은 이전과 동일하게 연간 −$1,000이다. 농장을 소유, 운영하는 것의 정상이윤은 자신이 제공하는 토지와 노동의 기회비용이므로 연간 $17,000이다. 그러나 펏지가 버는 회계적 이윤은 연간 $16,000밖에 안되므로 그는 여전히 농사를 포기하고 매니저 일을 하는 것이 더 유리하다.

표 7.2 예 7.2의 수입, 비용, 이윤의 요약

총수입 ($/년)	명시적 비용 ($/년)	암묵적 비용 ($/년)	회계상 이윤 (=총수입−명시적 비용) ($/년)	경제적 이윤 (=총수입−명시적 비용 −암묵적 비용)($/년)	정상 이윤 (=암묵적 비용) ($/년)
20,000	4,000	17,000	16,000	−1,000	17,000

펏지는 토지를 상속받음으로써 이전에 임대할 때보다 더 부자가 되었다. 그러나 그가 계속해서 농부로 남을 것인가라는 문제에 대한 대답은 그가 토지를 임대하든 소유하든 간에 상관없다. 펏지는 농사짓는 일이 가장 큰 경제적 이윤을 제공할 때만이 농사를 계속해야 한다.

요약 경제적 이윤의 역할

기업의 회계적 이윤은 총수입에서 명시적 비용을 뺀 금액이다. 경제적 이윤은 총수입에서 명시적 비용뿐 아니라 암묵적 비용까지를 포함하는 모든 비용을 뺀 금액이다. 정상이윤은 기업의 주인이 제공하는 자원의 기회비용을 의미한다. 기업의 회계적 이윤이 그 기업의 주인이 제공하는 자원의 기회비용과 일치하면 그 기업의 경제적 이윤은 0이다. 한 기업이 장기적으로 생존하려면 경제적 이윤이 음이어서는 안 된다.

7.2 보이지 않는 손

7.2.1 가격의 두 가지 기능

가격의 할당기능
희소한 자원이 그 자원을 사용하겠다는 사람들 가운데 가장 높은 가치를 부여하는 사람에게 돌아가도록 하는 기능

가격의 배분기능
자원을 효율성이 낮은 시장에서 효율성이 높은 시장으로 이전하는 기능

보이지 않는 손 이론
사적 이익을 추구하는 소비자와 생산자들의 행동이 종종 가장 효율적인 자원배분을 낳는다는 아담 스미스의 이론

시장경제체제에서 시장가격은 두 가지의 매우 중요한 기능을 수행한다. 첫 번째는 **가격의 할당기능**(rationing function of price)으로, 희소한 자원을 사용하겠다는 사람들 가운데 가장 높은 가치를 부여하는 사람에게 그 자원이 돌아가도록 하는 기능이다. 세 명이 경매에 나온 골동품 시계를 원하면, 골동품 시계는 가장 높은 금액을 입찰한 사람에게 돌아간다. 두 번째는 **가격의 배분기능**(allocative function of price)으로, 자원이 경제의 각 부분에 돌아가도록 하는 기능이다. 가격이 생산비용을 충당할 수 없는 시장에서는 자원이 사용되지 않는다. 가격이 생산비용을 초과하는 시장에서만 사용된다.

가격의 할당기능과 배분기능은 아담 스미스의 그 유명한 시장의 **보이지 않는 손**(invisible hand) **이론**의 근본을 이루고 있다. 스미스는 시장제도가 개별 소비자와 생산자의 사익이 사회의 가장 커다란 선(善)을 이루도록 유도한다고 생각했다. 아담 스미스는 '경제적 이윤이라는 당근과 경제적 손실이라는 채찍이 모든 시장에서 현재의 생산이 효율적으로 배분될 뿐 아니라, 자원이 가장 효율적인 재화와 서비스의 조합을 생산하도록 시장 간에 배분되는 것을 보장해 주는 유일한 힘'이라고 주장했다.

7.2.2 경제적 이윤과 손실에 대한 반응

보이지 않는 손이 어떻게 작동하는가를 알기 위해 먼저 기업이 경제적 이윤과 손실에 어떻게 반응하는가를 알아보자. 기업이 장기에서도 계속적으로 생존하려면 기업은 명시적 비용과 암묵적 비용을 포함한 모든 비용을 충당할 수 있어야 한다. 기업의 정상이윤은 생산 활동을 하는 것에 대한 기회비용이다. 그러므로 정상이윤만을 얻

는 기업의 주인은 그 기업에 자신이 소유한 자원을 투자해 그 기회비용만을 벌고 있을 뿐이다. 반면에 기업의 주인이 양의 경제적 이윤을 얻고 있으면, 투자한 자원의 기회비용보다 더 많은 것을 벌고 있다: 그 기업의 주인은 정상이윤보다 더 많이 벌고 있는 것이다.

당연히 모든 사람은 정상이윤보다 더 많이 벌기를 원한다. 정상이윤보다 적게 벌기를 원하는 사람은 없다. 그 결과 양의 경제적 이윤을 벌고 있는 시장에는 더 많은 자원이 투자되는 반면에, 경제적 손실을 입고 있는 시장은 점차 자원을 다른 곳으로 잃게 된다.

이런 일이 어떻게 발생하는가를 알아보기 위해 수요곡선과 공급곡선이 **그림 7.2(a)**인 옥수수 시장이 어떻게 작동하는가를 알아보자. **그림 7.2(b)**에 대표적인 기업의 한계비용곡선(*MC*)과 평균 총비용곡선(*ATC*)이 그려져 있다. **그림 7.2(a)**를 보면 수요곡선과 공급곡선이 만나는 균형가격은 부셸당 $2이다. 한계비용곡선과 평균 총비용곡선이 **그림 7.2(b)**와 같으면, 대표적인 기업은 이윤을 극대화하기 위해 가격과 한계비용이 일치하는 수량인 연간 13만 부셸의 옥수수를 생산한다.

독자들은 제 6장에서 평균 총비용은 총비용을 산출량으로 나눈 값으로 정의했음을 기억하기 바란다. 가격과 평균 총비용 간의 차이는 옥수수 부셸당 얻는 경제적 이윤의 평균값이다. 연간 13만 부셸을 생산하므로, 이 대표적인 기업은 경제적 이윤으로 연간 $104,000를 얻는다.

옥수수 시장에서 양의 경제적 이윤의 존재는 이 시장의 생산자들이 옥수수 농사의 기회비용보다 더 많은 것을 벌고 있음을 의미한다. 편의상 옥수수 시장에 진입하기 위해 필요한 토지, 노동, 장비 등등의 생산요소들을 모두 고정된 가격에 구입할 수 있고, 누구나 원하면 이 시장에 진입할 수 있다고 가정하자. 요점은 가격이 시장 진입에

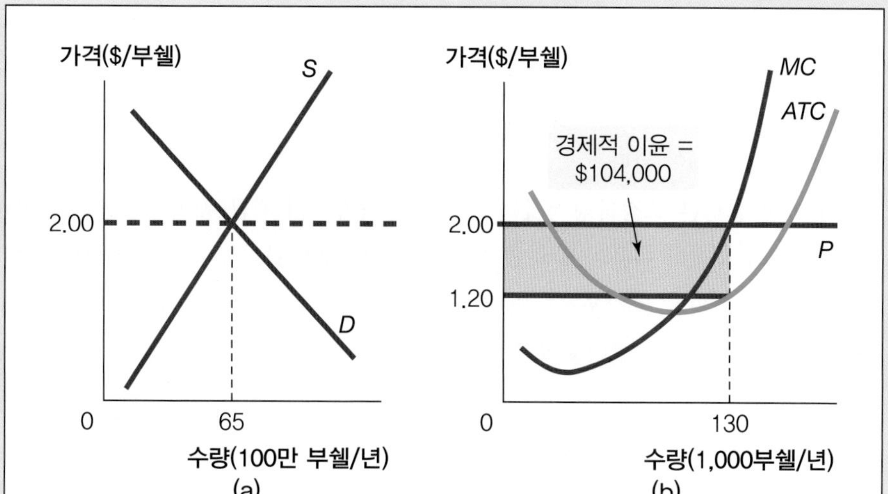

그림 7.2

단기에서 옥수수 시장의 경제적 이윤

균형가격은 부셸당 $2이고 (a), 대표적인 기업은 연간 $104,000의 경제적 이윤을 얻고 있다(b).

그림 7.3

진입이 가격과 경제적 이윤에 미치는 효과

원래의 균형가격인 부쉘당 $2에서 기존의 농부들은 양의 경제적 이윤을 얻고 있으므로 새로운 농부들이 시장에 진입한다. 진입이 이루어지면, 공급곡선은 오른쪽으로 이동하고((a)에서 공급곡선이 *S*에서 *S*′으로 이동), 균형가격이 하락해 경제적 이윤은 감소한다(b).

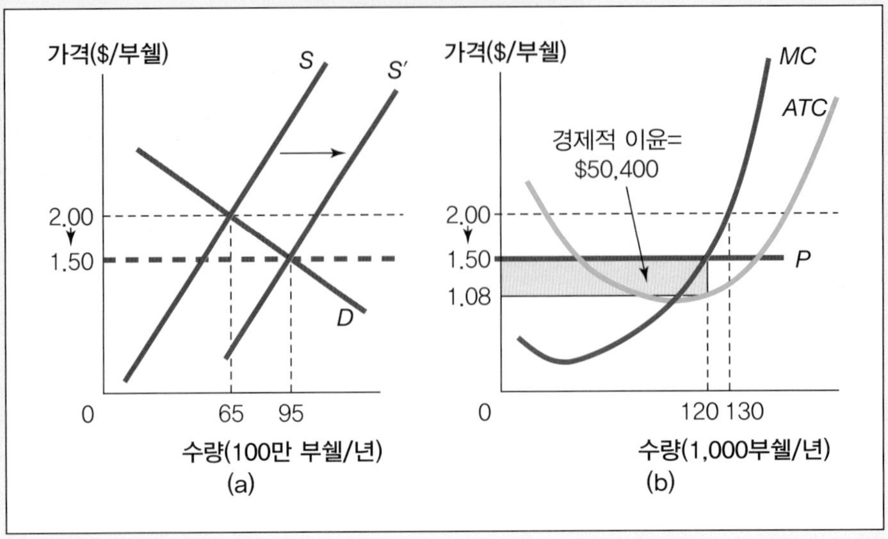

필요한 자원의 기회비용을 초과하고 있으므로 다른 생산자들도 이 시장에 진입하기를 원한다는 점이다. 다른 생산자들이 진입해 기존의 물량에 그들의 옥수수 생산을 더하게 되면, **그림 7.3(a)**에서 보다시피 공급곡선이 오른쪽으로 이동해 시장의 균형가격은 하락하게 된다. 새로운 균형가격인 부쉘당 $1.5에서 대표적인 기업은 이전보다 훨씬 적은 연간 $50,400을 경제적 이윤으로 얻고 있다.(**그림 7.3(b)** 참조).

편의상 모든 농부가 동일한 표준화된 농업 기술을 사용한다고 가정하자. 그러면 모든 농부의 평균 총비용곡선은 동일하다. 가격이 평균 총비용곡선의 최저점으로 떨어질 때까지 진입은 계속될 것이다. 가격이 평균 총비용의 최소값보다 크면 경제적 이윤이 양이므로, 진입이 계속 발생해 가격은 더욱 떨어진다. 독자들은 제 6장에서 보았듯이 단기 한계비용곡선은 평균 총비용곡선의 최저점을 지나감을 기억할 것이다. 이것은 가격이 평균 총비용곡선의 최저점에 이르게 되면, 이윤 극대화 조건이 가격과 한계비용이 일치하는 것이므로 가격＝한계비용＝평균 총비용이 성립함을 의미한다. 가격＝한계비용＝평균 총비용이 성립하면 대표적인 기업의 경제적 이윤은 **그림 7.4(b)**에서 보듯이 정확하게 0이 된다.

앞에서 살펴본 조정과정에서는 초기의 균형가격이 평균 총비용곡선의 최저점보다 높아 양의 경제적 이윤이 발생했다. 반대로 **그림 7.5(a)**와 같이 옥수수 시장 수요곡선이 각 기업의 평균 총비용곡선의 최저점 아래에서 단기 공급곡선과 교차한다고 가정하자. 가격이 평균 가변비용의 최소값보다 높은 한,[3] 농부들은 **그림 7.5(b)**에서 보듯이 가격과 한계비용이 일치하는 수량인 연간 7만 부쉘을 공급한다. 그러나 이 수량에서 농부의 평균 총비용은 부쉘당 $1.05로 가격보다 부쉘당 $0.3 더 높다. **그림 7.5(b)**에서 알 수 있듯이 농부들은 연간 $21,000의 경제적 손실을 입는다. **그림 7.5**의 수요곡선

---

3 이 조건은 제 6장에서 설명한 기업이 계속해서 생산을 할 조건이다.

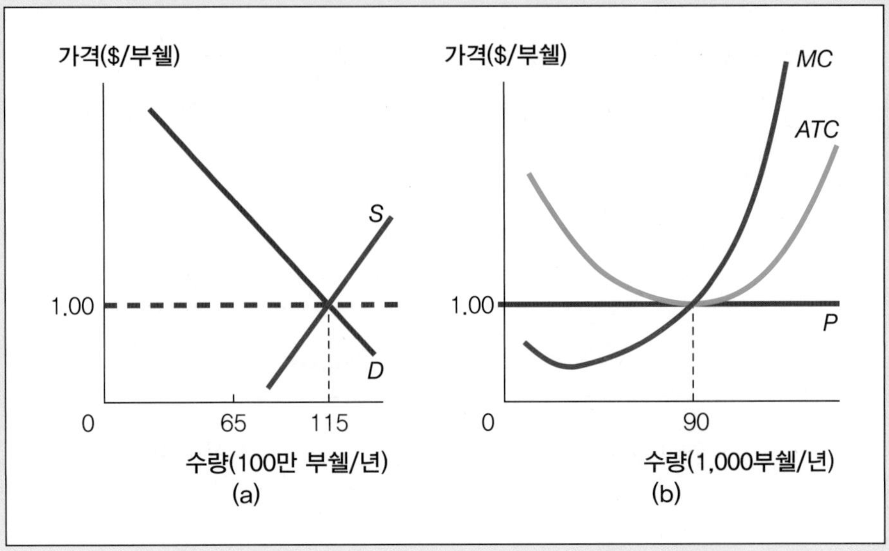

그림 7.4

더 이상의 진입이 발생하지 않을 때의 시장균형

가격이 평균 총비용의 최소값까지 떨어지면 진입은 더 이상 발생하지 않는다. 이 점에서 모든 기업은 정상 이윤만을 얻게 된다. 달리 말하면, 경제적 이윤은 0이 된다.

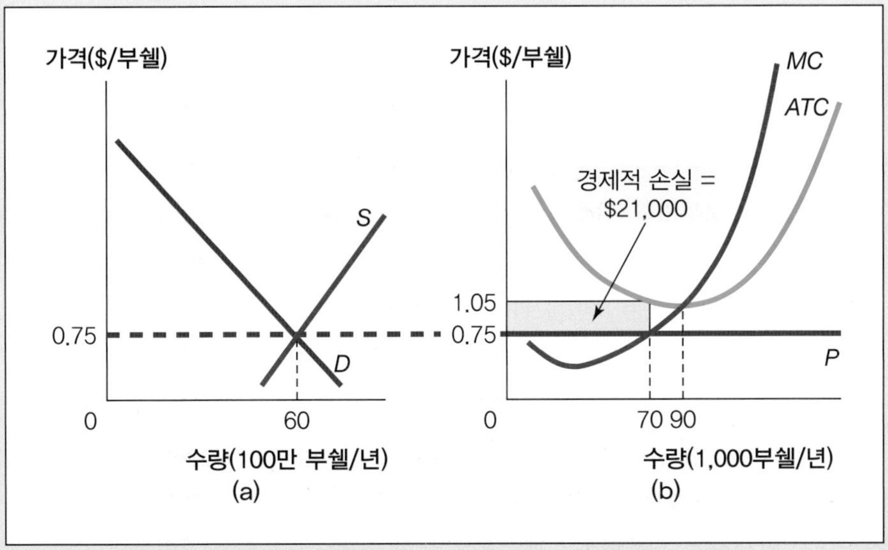

그림 7.5

단기에서 옥수수 시장의 경제적 손실

가격이 평균 총비용의 최소값보다 낮으면(a), 농부들은 경제적 손실을 입는다(b).

으로 인해 가격이 낮아 경제적 손실이 계속되면 농부들은 더 나은 수익을 얻을 수 있는 다른 생산 활동을 위해 농업을 포기하기 시작할 것이다. 이것은 옥수수의 공급곡선이 왼쪽으로 이동해 가격이 상승하고 경제적 손실은 감소함을 의미한다. 옥수수 농사로부터 퇴출은 더 이상 퇴출할 유인이 없도록 가격이 부쉘당 $1로 상승할 때까지 계속될 것이다. 그러므로 **그림 7.6**에서와 같이 시장은 가격이 부쉘당 $1인 안정적인 균형 상태로 회복될 것이다.

모든 농부들이 표준화된 동일한 옥수수 생산 기술을 사용하고 필요한 생산요소를 항상 고정된 가격에서 살 수 있다는 가정하에서, 장기에서 옥수수 가격은 부쉘당 $1

그림 7.6

더 이상의 퇴출이 발생하지 않을 때의 시장균형

가격이 평균 총비용의 최소값까지 상승하면 퇴출은 더 이상 발생하지 않는다. 이 점에서 모든 기업은 정상 이윤만을 얻게 된다. 달리 말하면 경제적 이윤은 0이 된다.

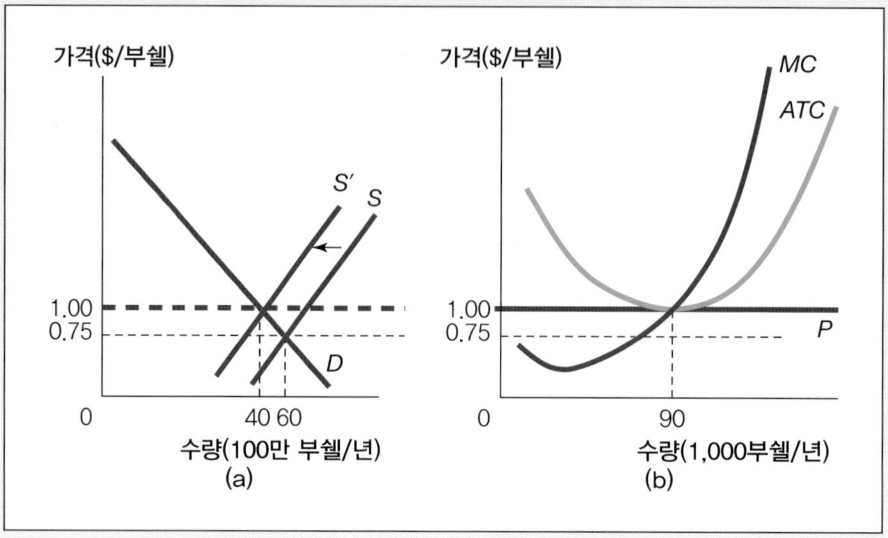

(평균 총비용의 최소값)보다 높은 상태로 지속할 수 없다. 가격이 이보다 높아지면 진입이 발생해 가격은 부쉘당 $1로 낮아질 것이다. 또한 장기에서 옥수수 가격은 부쉘당 $1보다 낮은 상태로 지속할 수 없다. 가격이 이보다 낮아지면 퇴출이 발생해 가격은 부쉘당 $1로 상승할 것이다.

기업들이 언제나 시장에 자유롭게 진입하거나 퇴출할 수 있으면 장기에서 생산을 하는 기업들은 모두 0의 경제적 이윤을 얻는다. 기업들의 목표는 0의 이윤을 얻고자 하는 것이 아니다. 경제적 이윤이 0이라는 것은 진입과 퇴출로 인해 가격이 조정되는 결과이다. 균형의 원리 또는 테이블 위에 현금은 없다는 원리에 의하면(제 3장 참조), 이득을 볼 수 있는 기회가 있으면 사람들은 항상 재빨리 이 기회를 이용하려 할 것이라고 예측할 수 있다.

균형

앞에서 설명한 옥수수 시장의 장기 공급곡선은 어떤 형태인가? 이 질문은 "옥수수 한 부쉘을 생산하는 장기 한계비용이 얼마인가"라는 질문과 동일하다. 일반적으로 장기에서 발생하는 조정과정은 표준화된 생산기술을 사용하는 기업들의 진입과 퇴출뿐 아니라 자본과 다른 고정요소의 결합을 더 나은 방향으로 바꾸는 것까지도 포함한다. 두 번째 가능성까지를 고려하면 분석이 매우 복잡해지지만 기본적인 결론은 달라지지 않으므로, 모든 기업은 단기와 동일한 고정요소의 결합을 사용한다고 가정한다. 이 같은 가정하에서 장기의 조정과정은 단지 표준화된 동일한 생산기술을 사용하는 기업들의 진입과 퇴출만을 포함한다.

언제든지 진입과 퇴출이 가능하다는 사실은 장기에서는 부쉘당 $1의 비용으로 옥수수 생산을 늘리거나 줄일 수 있음을 의미한다. 이 사실은 또한 옥수수의 장기 공급곡선이 평균 총비용의 최소값인 부쉘당 $1의 가격에서 수평인 직선이 됨을 의미한다. 장기 한계비용(*LMC*)이 부쉘당 $1로 일정하므로 장기 평균비용(*LAC*)도 **그림 7.7(a)**와

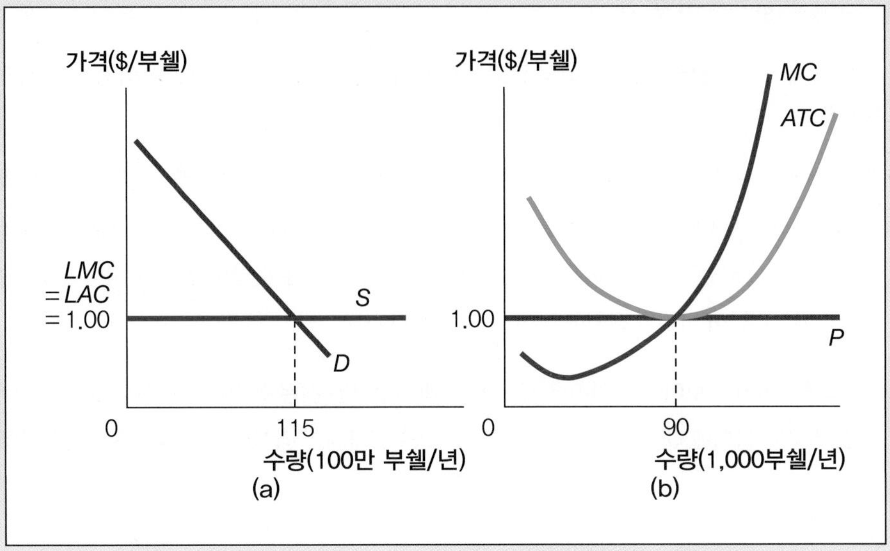

그림 7.7

장기 평균비용이 일정한 경우 옥수수 시장의 장기 균형
모든 생산자의 평균 총비용곡선이 일정하면, 평균 총비용의 최소값과 동일한 가격에서의 수요량만큼 생산된다(a). 이 가격에서 경제적 이윤은 0이 된다(b).

같이 부쉘당 $1로 일정하다. **그림 7.7(b)**는 대표적인 농부의 한계비용곡선과 평균 총비용곡선을 보여 주고 있다. 부쉘당 $1에서 옥수수 시장은 장기 균형 상태에 있다. 대표적인 기업은 가격과 한계비용이 일치하는 수량인 연간 9만 부쉘의 옥수수를 생산한다. 비용이 평균 총비용과 일치하므로 경제적 이윤은 0이다.

이 같은 사실 때문에 보이지 않는 손이 가지고 있는 두 가지의 매력적인 특성에 관심을 가질 필요가 있다. 첫째, 시장에서 발생하는 결과가 장기에서 효율적이라는 것이다. 예를 들어, 옥수수 시장이 장기 균형 상태에 있으면 거래되는 옥수수의 마지막 한 단위에 소비자가 부여하는 가치는 장기 한계비용과 동일하게 부쉘당 $1이다. 그러므로 자원을 재배분해 다른 사람에게 손해를 끼치지 않고 어떤 사람을 더 낫게 만들어 줄 수 없다. 예를 들어, 농부들이 생산을 더 늘리면 추가적으로 발생하는 비용이 추가적으로 얻는 편익을 초과한다; 생산을 줄이면 비용의 절약분이 편익의 감소분보다 더 크다. 장기 균형의 두 번째 장점은 소비자가 지불하는 가격이 생산자가 부담해야 하는 비용이라는 점에서 시장의 결과는 공평하다고 말할 수 있다는 것이다. 이 비용은 기업의 주인이 제공하는 자원의 기회비용인 정상이윤을 포함하고 있다.

저자들은 아담 스미스의 보이지 않는 손에 의한 시장을 통한 자원배분이 모든 면에서 최적임을 의미하는 것이 아니라는 점을 강조하고자 한다. 보이지 않는 손은 시장이 제 3장에서 설명한 제한적인 의미에서 효율적이라는 것을 의미한다. 그러므로 현재의 자원배분이 시장균형에서의 자원배분과 다르면, 보이지 않는 손은 자원을 재배분함으로써 다른 사람에게 손해를 끼치지 않고 어떤 사람들을 더 낫게 해 줄 수 있음을 의미한다.

다음의 예를 통해 아담 스미스의 보이지 않는 손이 현실에서 어떻게 작동하는가에 대한 추가적인 통찰력을 얻을 수 있다.

예 7.3 장기 균형으로의 조정

도시에 헤어 스타일리스트는 "너무 많고", 필라테스 강사는 "너무 적으면" 어떤 일이 일어나는가?

그림 7.8에서 보다시피 헤어컷 시장과 필라테스 시장의 초기 균형에서 헤어 스타일리스트와 필라테스 강사 모두 0의 경제적 이윤을 얻고 있다. 이제 유행이 바뀌어 긴 머리와 건강한 몸매에 대한 관심이 증대되었다고 가정하자. 두 시장 모두 장기 한계비용이 일정하면, 각 시장에서 균형가격과 균형거래량이 단기와 장기에서 어떻게 바뀌겠는가?

그림 7.9에서 보다시피 긴 머리로 선호가 바뀌었다는 것은 헤어컷에 대한 수요곡선이 왼쪽으로, 건강한 몸매에 대한 관심이 증가했다는 것은 필라테스 강좌에 대한 수요곡선이 오른쪽으

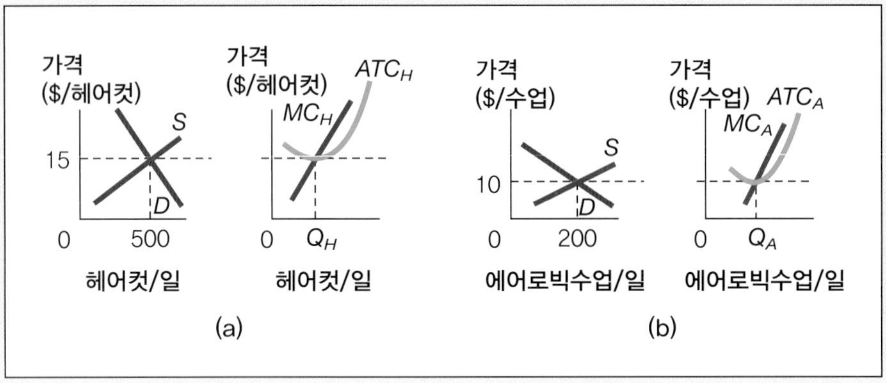

그림 7.8

헤어컷 시장(a)과 필라테스 시장(b)의 초기 균형

MC_H와 ATC_H는 대표적인 헤어 스타일리스트의 한계비용곡선과 평균 총비용곡선을, MC_A와 ATC_A는 대표적인 에어로빅 강사의 한계비용곡선과 평균 총비용곡선을 나타낸다. 두 시장 모두 장기 균형 상태에 있고, 각 시장의 생산자는 0의 경제적 이윤을 얻고 있다.

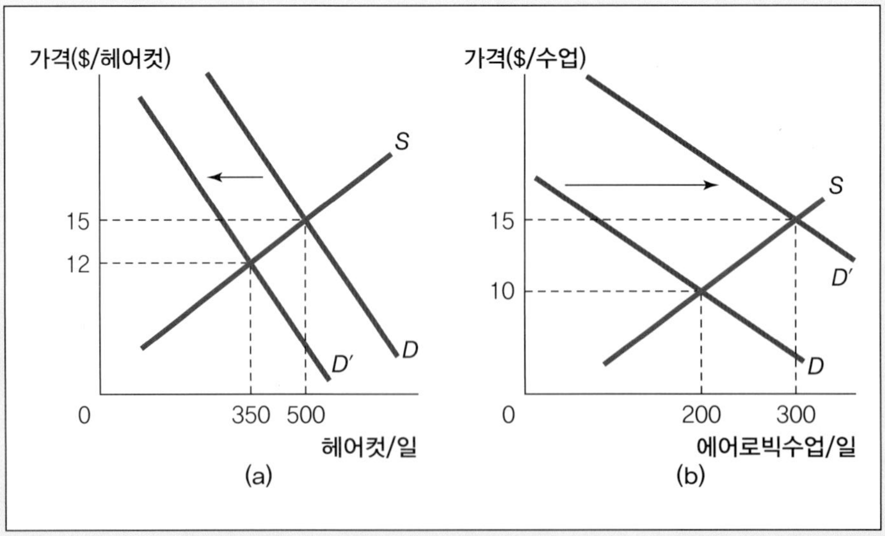

그림 7.9

두 시장에서 수요곡선의 이동에 따른 단기 효과

헤어컷에 대한 수요 감소로 단기에서 가격이 $15에서 $12로 감소한다(a). 반면에 필라테스 강좌에 대한 수요 증가로 단기에서 가격이 $10에서 $15로 증가한다(b).

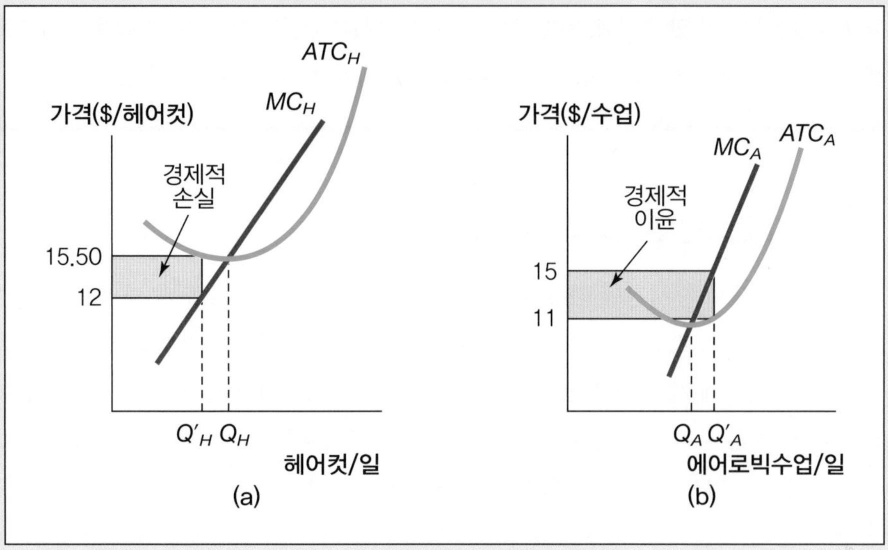

그림 7.10

단기에서 경제적 이윤과 손실
수요곡선의 이동으로 헤어 스타일리스트는 경제적 손실을 입는 반면에(a), 필라테스 강사는 양의 경제적 이윤을 얻는다(b).

로 이동했음을 의미한다. 수요곡선이 이동한 결과 새로운 단기 균형가격은 변한다. 예시를 위해 새로운 단기 균형가격이 헤어컷은 $12, 필라테스 강좌는 $15라고 가정하자.

초기 균형에서 두 시장의 생산자 모두 0의 경제적 이윤을 얻고 있었기 때문에 **그림 7.10**에서 보다시피 헤어 스타일리스트는 경제적 손실을, 필라테스 강사는 양의 경제적 이윤을 얻을 것이다.

단기 시장균형에서 헤어 스타일리스트는 경제적 손실을 입고 있으므로 몇몇 헤어 스타일리스트는 더 나은 기회를 찾아 현재의 시장을 떠날 것이다. 그 결과 헤어컷의 단기 공급곡선은 왼쪽으로 이동해 가격이 상승한다. 헤어 스타일리스트의 퇴출은 헤어컷 가격이 헤어컷 서비스를 제공하는 장기에서의 기회비용인 $15로 상승할 때까지 계속될 것이다.

동일한 이유로 필라테스 강좌의 단기 균형가격이 상승함에 따라 양의 경제적 잉여가 발생하므로 외부에서 이 시장으로 진입이 일어난다. 따라서 단기 공급곡선이 오른쪽으로 이동한다. 새로운 필라테스 강사의 진입은 가격이 필라테스 강좌를 제공하는 한계비용인 $10로 하락할 때까지 계속될 것이다. 모든 조정이 끝나면 이전보다 헤어컷 횟수는 감소하나 필라테스 강좌 수는 증가한다. 그러나 두 시장에서 장기의 한계비용이 일정하다고 가정했으므로 두 재화의 가격은 모두 초기의 수준과 동일하다.

시장을 떠난 헤어 스타일리스트가 반드시 업종을 바꾸어 필라테스 강사로 시장에 진입하지는 않는다. 헤어 스타일리스트가 선택할 수 있는 직업의 종류에 비추어 이 같은 변신 가능성은 낮다. 자원의 이동은 일반적으로 여러 가지 간접적인 단계를 거친다. 과거에 헤어 스타일리스트가 비서가 되기도 하고, 과거에 우체국 직원이 필라테스 강사가 되기도 한다.

독자들은 보이지 않는 손 이론이 이 같은 조정 과정이 얼마나 걸리는가에 대해서는 아무런 이야기도 하고 있지 않음에 유의하기 바란다. 특정 시장, 특히 노동시장에서는 필요한 조정이 수개월 혹은 수년 걸릴 수도 있다. 그러나 수요곡선과 공급곡선이 안정적이면 시장은 궁극적으로 균형가격과 균형거래량으로 돌아갈 것이다. 새로운 균형가격과 균형거래량은 이전과 다름없이 효율적이다. 마지막 한 단위에 부여하는 소비자의 가치가 생산의 한계비용과 같을 것이므로 다른 사람에게 손해가 되지 않으면서 어떤 사람을 더 낫게 하는 거래의 가능성은 존재하지 않는다.

7.2.3 자유로운 진입과 퇴출의 중요성

기업이 새로운 시장에 자유로이 진입하거나 기존 시장으로부터 자유로이 퇴출하지 못하면 가격의 배분기능은 작동하지 않는다. 기존 기업들이 막대한 경제적 이윤을 얻고 있는 시장에 새로운 기업이 진입할 수 없으면 시간이 지나도 경제적 이윤은 0으로 떨어지지 않고 가격도 한계비용으로 수렴하지 않는다.

진입장벽
기업들이 시장에 진입하지 못하도록 하는 모든 요인

기업의 진입을 저지하는 요인을 **진입장벽**(entry barrier)이라고 부른다. 출판 시장을 예로 들면 책을 출판하는 출판사는 정부로부터 그 책의 저작권을 보호받는다. 저작권 보호법은 다른 출판사가 저작권 보호를 받는 저작물을 출판, 판매하지 못하도록 금하고 있다. 이러한 장벽 때문에 잘 팔리는 책은 오랫동안 가격이 생산비용보다 높게 유지될 수 있어 해당 출판사에게 커다란 경제적 이익을 안겨준다(저작권이 이익까지 보장해 주는 것은 아니다. 많은 신간 서적 출간 시, 출판사가 손해를 보는 경우가 많다).

진입장벽은 법적인 요인뿐 아니라 다른 현실적인 제약에서도 발생할 수 있다. 예를 들어, 몇몇 경제학자들은 제품의 호환성에 대한 압도적 우위가 컴퓨터 소프트웨어 시장에 진입장벽으로 작용한다고 주장한다. 90% 이상의 데스크톱 컴퓨터에 마이크로소프트의 윈도우가 내장되어 생산되므로 경쟁 기업은 사용자들이 친구나 동료와 파일을 교환할 수 없는 다른 운영체계를 판매하는 데 어려움이 있다. 다른 무엇보다 이 사실이 마이크로소프트가 오랜 기간 동안 얻어온 커다란 이윤을 잘 설명한다.

진입의 자유 못지않게 퇴출의 자유 또한 중요하다. 항공 산업이 연방정부의 규제를 받았던 시절에는 비록 손해를 보더라도 항공사들은 특정 노선에 항공 서비스를 제공해야 했다. 기업들이 일단 시장에 진입한 후 퇴출하는 것이 어렵거나 불가능하다는 것을 알면 새로운 시장에 진입하기를 꺼려 할 것이다. 그러므로 **퇴출장벽**(exit barrier)은 바로 진입장벽이 된다. 어느 정도 자유로운 진입과 퇴출이 보장되지 않으면 아담 스미스의 보이지 않는 손이 잘 작동하리라고 기대할 수 없다.

여러 가지를 고려해 볼 때 기업들은 대부분의 미국 시장에 상당한 정도로 자유롭게 진입할 수 있다. 자유로운 진입이 완전경쟁시장의 중요한 특징 가운데 하나이므로 별도의 언급이 없으면 자유로운 진입이 항상 가능하다고 가정한다.

요약 보이지 않는 손 이론

시장경제에서 가격의 배분기능과 할당기능은 자원이 가장 유용한 곳에 사용되도록 한다. 가격은 각 재화가 얼마나 생산되는가에 영향을 미친다(배분기능). 기업은 가격이 충분히 높아 양의 경제적 이윤이 발생하는 시장에 진입하고, 가격이 낮아 경제적 손실이 발생하는 시장에서는 퇴출한다. 가격은 또한 생산된 재화가 가장 높은 가치를 부여하는 소비자에게 돌아가도록 한다(할당기능).

양의 경제적 이윤을 얻는 시장에서는 새로운 기업들이 진입해 시장 공급곡선은 오른쪽으로 이동한다. 경제적 손실이 발생하는 시장에서는 기업들의 퇴출이 발생해 시장 공급곡선은 왼쪽으로 이동한다. 두 경우 모두 공급곡선은 경제적 이윤이 0이 될 때까지 이동한다. 장기 균형에서는 마지막 한 단위에 소비자가 부여하는 가치는 생산의 한계비용과 일치한다. 그러므로 모든 사람에게 이익이 되는 거래의 가능성은 존재하지 않는다.

7.3 경제적 지대 vs. 경제적 이윤

제품 간의 호환성 때문에 경쟁 기업이 마이크로소프트사가 지배하고 있는 여러 소프트웨어 시장에서 효과적으로 경쟁할 수 없어 마이크로소프트의 공동 창업자인 빌 게이츠는 지구상에서 가장 큰 부를 축적할 수 있었다. 그러나 다른 많은 사람들이 특별히 눈에 띄는 진입장벽이 없는 시장에서 많은 부를 쌓아 왔다. 시장의 힘에 의해 경제적 이윤이 0으로 가까워진다면 어떻게 이 같은 일이 가능한가?

이 질문에 대한 대답은 경제적 이윤과 **경제적 지대**(economic rent)를 구별하는 데 달려 있다. 많은 사람들이 지대는 땅을 가진 지주나 기숙사의 냉장고를 공급하는 사람에게 지불하는 금액으로 이해하고 있다. 그러나 경제적 지대는 매우 다른 의미를 가진다. 경제적 지대는 생산요소에 지불되는 금액 가운데 그 생산요소의 주인의 유보가격을 초과해 지불되는 부분을 의미한다. 예를 들어, 에이커당 토지 주인의 유보가격이 연간 $100라고 가정하자. 즉, 이 주인은 연간 임대료로 $100 이상을 받을 수 있으면 누구에게나 이 토지를 임대해 줄 용의가 있다. 그러나 그보다 낮은 금액으로는 그 땅을 그대로 놀리고자 한다. 한 농부가 이 주인에게 연간 $100가 아닌 $1,000를 지불하면 이 금액 가운데 경제적 지대는 연간 $900이다.

경제적 지대
생산요소에 지불되는 금액 가운데 그 생산요소의 주인의 유보가격을 초과해서 지불되는 금액

경제적 이윤 역시 한 사람이 받은 금액(기업의 경우 총수입)에서 생산 활동을 계속하는데 발생하는 그 사람의 유보가격(명시적, 암묵적 비용을 포함한 모든 비용의 합)을 뺀 금액이라는 점에서 경제적 지대와 유사하다. 그러나 경쟁은 경제적 이윤이 0이 되도록 하는 반면에 쉽게 재생산될 수 없는 생산요소의 경제적 지대에 대해서는 아무런 영향을 미치지 못한다. 예를 들어, 토지 임대료가 그 토지 주인의 유보가격을 훨씬 상회한다고 하더라도 1~2년 내에는 새로운 토지가 시장에서 거래되어 경쟁으로 인해 경제적 지대를 감소시키거나 0이 되도록 하지 못한다. 즉, 현재 있는 땅만 사용할 수 있는 것이

다. 다음의 예는 토지뿐 아니라 사람에게도 경제적 지대가 귀속될 수 있음을 보여준다.

예 7.4 경제적 지대

특출한 요리사는 얼마만큼의 경제적 지대를 누리고 있는가?

한 도시에 100개의 레스토랑이 있는데 그 가운데 99곳이 평범한 요리사를 연봉 3만 달러에 고용하고 있다. 이들 요리사들은 다른 곳에서 일을 해도 현재 받는 연봉 정도만을 벌 수 있다. 그러나 100번째 레스토랑은 매우 특출한 요리사를 고용하고 있다. 요리사의 명성이 자자하므로 손님들은 이 요리사의 음식에 대해 다른 요리사의 음식보다 50%를 더 지불할 용의가 있다. 일반 요리사를 고용한 99곳 레스토랑은 연간 30만 달러의 수입을 올리고 있는데, 이는 정확하게 정상이윤을 버는 수입이다. 특출한 요리사가 요식업이 아닌 다른 산업에서 일할 때의 기회비용이 일반 요리사들과 동일하다면 균형에서 이 특출한 요리사는 얼마를 받는가? 그가 받은 금액 가운데 얼마가 경제적 지대인가? 이 요리사를 고용하는 레스토랑의 경제적 이윤은 얼마인가?

손님들이 이 요리사의 음식에 대해 50%를 더 지불할 용의가 있으므로 이 요리사를 고용한 레스토랑은 연간 30만 달러가 아닌 45만 달러의 수입을 올릴 수 있다. 장기에서는 레스토랑 간의 경쟁으로 인해 이 요리사의 연봉은 다른 일반 요리사들이 받은 3만 달러에, 순수하게 이 요리사 때문에 레스토랑이 추가적으로 벌어들이는 15만 달러를 더한 연간 18만 달러가 될 것이다. 특출한 요리사의 유보가격은 요식업이 아닌 다른 산업에 고용되었을 때 벌 수 있는 금액이므로 일반 요리사와 동일하게 가정에 의해 3만 달러이다. 그러므로 이 요리사가 얻고 있는 경제적 지대는 15만 달러이다. 이 요리사를 고용하는 레스토랑은 경쟁에 의해 추가적인 수입을 이 요리사에게 연봉으로 다 지불하므로 경제적 이윤은 0이다.

특출한 요리사가 요식업 외에서 벌 수 있는 기회비용은 일반 요리사와 다를 바 없음에도 불구하고 왜 이 요리사는 일반 요리사와 비교해 이토록 더 많은 급여를 받는가? 예를 들어, 이 요리사를 고용하고 있는 레스토랑이 단지 6만 달러를 지급한다고 가정하자. 6만 달러는 일반 요리사 연봉의 두 배에 해당되는 금액이므로 레스토랑 주인과 요리사 모두 후한 연봉이라고 생각한다. 이 요리사를 고용한 레스토랑은 다른 레스토랑에 비해 15만 달러의 수입을 더 올리고 있으나 이 요리사에게 추가적으로 3만 달러 더 지불하고 있으므로, 연간 12만 달러의 경제적 이윤을 누리고 있다.

그러나 양의 경제적 이윤이 존재하므로 다른 레스토랑에서 이 특출한 요리사를 고용하기 위해 더 높은 연봉을 제시할 수 있다. 예를 들어, 경쟁 레스토랑이 연봉 7만 달러에 이 요리사를 고용하면 이 요리사의 연봉은 1만 달러가 증가하고 경쟁 레스토랑의 이윤은 이전에는 0이었지만 이제는 연간 11만 달러가 된다. 레스토랑이 양의 경제적 이윤을 누리는 유일한 이유가 이 특출한 요리사 때문이므로 이 요리사를 고용하기 위한 경쟁은 양의 경제적 이윤이 존재하는 한 계속될 것이다. 다른 레스토랑은 연봉 8만 달러, 다른 레스토랑은 연봉 9만 달러, 등등 이 같은 경쟁이 계속될 것이다. 이 요리사로 인한 경제적 이윤이 사라질 때에 비로소 균형에 도달한다. 그러므로 **예 7.4**에서 보다시피 균형에서 이 요리사의 연봉은 18만 달러까지 올라간다.

연봉이 18만 달러에 이르기까지 경쟁이 계속되는 것은 이 요리사가 다른 사람들이 모방하지 못하는 특출한 재능을 가지고 있다고 가정하고 있기 때문이다. 만일 이 요리사의 능력이, 예를 들어, 프랑스의 요리 학원에서 훈련 받은 결과라면 다른 요리사들이 유사한 훈련을 받게 되면 점차 이 요리사가 가지고 있는 특별한 위치는 점차 사라질 것이다.

요약 경제적 지대 VS. 경제적 이윤

경제적 지대는 생산요소에 지불되는 금액 가운데 그 생산요소 주인의 유보가격을 초과해서 지불되는 금액이다. 경쟁에 의해 0이 되는 경제적 이윤과 달리 경제적 지대는, 특히 쉽게 모방할 수 없는 특출한 재능을 지닌 경우, 오랜 기간 동안 유지될 수 있다.

7.4 보이지 않는 손의 작동

보이지 않는 손이 실제로 어떻게 작동하는가에 대한 직관적 이해를 돕기 위해 다양한 여러 상황에서 보이지 않는 손이 어떻게 작동하는가를 살펴보자. 각각의 상황에서 키 아이디어는 사적 이익을 얻을 수 있는 기회는 오랫동안 활용되지 않은 채로 남아있지 않다는 것이다. 무엇보다도 이 아이디어가 "경제학자처럼 생각하기"라고 불리는 경제적 사유 방식의 본질을 가장 잘 요약하고 있다.

7.4.1 할인점과 고속도로에서 작동하는 보이지 않는 손

다음의 예는 균형의 원리가 현금으로 경제적 이윤을 얻을 수 있는 경우뿐만 아니라 더 나은 결과를 얻을 수 있는 다른 모든 경우에도 적용될 수 있음을 예시해 주고 있다.

균형

경제적 사유 7.1

왜 대형 할인점 계산대에 늘어선 줄들의 길이가 거의 비슷한가?

대형 할인점에 쇼핑을 갈 때 주의 깊게 살펴보면 모든 계산대에 늘어선 줄의 길이가 거의 비슷한 것을 알 수 있을 것이다. 여러분이 쇼핑 카트를 끌고 줄을 서려고 하는데 유독 한 줄이 다른 줄보다 짧다는 것을 발견했다고 가정하자. 어떤 줄을 선택하겠는가? 물론 답은 짧은 줄일 것이다; 모든 사람이 똑같이 짧은 줄을 원하므로 어떤 줄이 오랫동안 계속해서 짧은 상태인 경우는 거의 없다.

왜 대형 할인점에서 다른 줄보다 유독 길이가 짧은 줄을 찾아보기 힘든가?

✔ 개념체크 7.2

균형

균형의 원리를 이용해 차선이 여럿인 고속도로가 혼잡한 경우, 왜 모든 차선에서 달리는 차의 속도가 비슷한지를 설명하라.

7.4.2 보이지 않는 손과 비용 절감의 기술혁신

경제학자들이 완전경쟁시장을 언급할 때에는 개별 생산자가 전체 생산량에서 차지하는 비중이 매우 작아 시장가격에 영향력을 행사하지 못하는 상황을 염두에 두고 있다. 제 6장에서 설명했듯이 시장가격에 영향력을 행사하지 못하는 기업을 가격수용자라고 부른다: 가격수용자는 시장가격을 주어진 것으로 받아들이고 가격과 한계비용이 일치하는 수량을 생산한다.

완전경쟁시장의 이 같은 특성 때문에 기업들의 역할이 매우 소극적이라는 인상을 가질 수 있다. 그러나 대부분의 기업에 있어서 그렇지 않다. 다음의 예는 자신의 제품가격에 영향력을 행사할 수 없는 기업들이 비용을 절감하는 기술혁신을 이루고자 하는 매우 강한 유인을 가짐을 보여준다.

예 7.5 비용 절감의 기술혁신이 경제적 이윤에 미치는 영향

비용 절감의 기술혁신은 단기의 경제적 이윤에 어떤 영향을 미치는가? 장기에서는 어떠한가?

40개의 해운 회사들이 중동에서 미국까지 석유를 운송하는 대형 유조선을 운영하고 있다. 한 번 운행에 정상이윤을 포함해 50만 달러의 비용이 소요된다. 이들 회사 가운데 한 회사의 엔지니어가 더 효율적인 프로펠러 엔진을 고안해 한 번 운행에 2만 달러의 연료비용을 절약할 수 있게 되었다. 이 같은 기술혁신이 이 기업의 회계적 이윤과 경제적 이윤에 어떤 영향을 미치겠는가? 이 효과가 장기에도 계속 유지되는가?

단기에서 한 기업의 비용 절감은 해양 운송 서비스 가격에 아무런 영향을 미치지 못한다. 더 효율적인 프로펠러 엔진을 개발한 기업은 운행당 2만 달러의 경제적 이윤을 더 얻는다(총수입은 변하지 않았는데 비용이 이전보다 2만 달러 절약되었기 때문이다). 그러나 다른 기업들도 새로운 엔진에 대해 알게 되면 이 엔진을 이용하기 시작할 것이므로, 이들 기업의 개별 공급곡선은 오른쪽으로 이동한다(이전보다 한계비용이 운행당 2만 달러 감소한다). 개별 공급곡선의 이동은 시장 공급곡선을 오른쪽으로 이동시키고, 따라서 해양 운송 서비스의 시장가격은 하락하고 기술혁신을 처음 개발한 기업의 경제적 이윤은 감소한다. 모든 기업이 새롭게 개발된 이전보다 효율적인 엔진을 사용하기 시작하면 장기 공급곡선은 이전보다 운행당 2만 달러만큼 아래로 이동할 것이며, 모든 기업들은 다시 정상이윤만을 얻게 된다. 이 시점에 이르면 효율적인 프로펠러 엔진을 이용하지 않는 기업들은 운행당 2만 달러의 경제적 손실을 입는다.

경제적 이윤을 얻기 위해 비용을 절감하는 기술혁신을 하려는 유인은 경제에서 가장 강력한 힘 가운데 하나이다. 보이지 않는 손의 관점에서 기술혁신이 바람직한 이유는 기업들 간의 경쟁으로 인해 장기적으로는 그 혜택이 소비자에게로 돌아가기 때문이다.

7.5 시장균형 vs. 사회적 최적

균형의 원리 혹은 테이블 위에 현금은 없다는 원리는 시장이 균형에 도달하면 더 이상의 이득을 얻을 수 있는 기회가 개인들에게 없다는 것이다. 이 원리는 사람들이 소유하는 자원의 시장가격이 궁극적으로 그 자원이 갖는 경제적 가치를 반영한다는 것을 의미한다(이후의 장에서 보겠지만 공해상의 물고기같이 누구의 소유도 아닌 재화에 대해서는 성립하지 않는다).

균형

균형의 원리는 때로 이익을 얻을 수 있는 기회가 전혀 없다는 것으로 잘못 이해되기도 한다. 예를 들어, 다음은 점심을 먹으러 가던 중 길에서 $100짜리 지폐처럼 보이는 것이 떨어져 있는 것을 발견한 두 경제학자에 대한 이야기이다. 젊은 경제학자가 그 지폐를 집으려 하는데 나이든 동료 경제학자가 젊은 경제학자를 말리면서 "그게 $100짜리 지폐일 리가 없어."라고 말했다. 그러자 젊은 경제학자는 "왜 그럴 리가 없지?"라고 반문하니 나이든 경제학자는 "만일 그것이 진짜 $100짜리 지폐라면 누군가가 벌써 집어 갔지 지금까지 남아있을 리가 없어."라고 대답했다.

균형의 원리는 이익을 얻을 수 있는 기회가 전혀 없다는 것이 아니라 시장이 균형 상태에 도달하면 이익을 얻을 수 있는 기회가 다 소진되었다는 것을 의미한다. 때로는 $100 지폐가 길에 떨어져 있을 수도 있다. 그러면 처음 본 사람이 주워 예기치 않은 이득을 얻는다. 마찬가지로 기업의 수익에 대한 전망이 밝아지면 누군가 그 기회를 처음으로 포착한 사람이 있을 것이고, 그 사람은 그 회사 주식을 대량으로 매입해 큰 돈을

균형

벌 수 있다.

균형의 원리는 중요한 원리이다. 균형의 원리에 따르면 큰 돈을 벌 수 있는 방법은 단지 세 가지뿐이라는 것을 일깨워 준다: 특별히 열심히 일할 것; 다른 사람들이 갖지 못한 특출한 기술이나 재능을 갖거나 훈련을 받을 것; 아니면 단순히 다른 사람보다 운이 좋을 것. 길을 가다 현금이 떨어져 있는 것을 발견한 사람은 운이 좋은 사람이듯이 자신이 투자한 종목이 평균 이상으로 실적이 좋은 투자자도 동일하게 운이 좋은 사람이다. 어떤 투자자들은 열심히 노력하거나 아니면 비상한 재능을 소유해 주식을 통해 큰 돈을 벌기도 한다. 예를 들어, 자신이 선택한 자산구성이 지난 40년 동안 주식 시장 평균보다 거의 세 배 이상으로 그 가치가 증가한 전설적인 투자자인 버핏(Warren Buffet)은 오랜 시간을 기업들의 연간 보고서를 분석하는 데 사용했고 그 차이를 구별해내는 특출한 안목을 가졌다. 수많은 투자자들이 열심히 노력하지만 시장의 평균보다 더 잘하지는 못한다.

그러나 시장이 균형 상태에 있다는 것은 개인들에게 더 이상의 이득을 얻을 수 있는 기회가 없음을 의미한다. 그러나 시장균형에서의 자원배분이 사회 전체적 관점에서 반드시 최선이라는 것을 의미하지는 않는다.

7.5.1 개인적 현명함 그러나 사회적 어리석음

각 개인의 사익 추구가 사회 전체의 이익을 촉진한다는 것이 아담 스미스가 가졌던 심오한 통찰력의 본질이다. 그러나 그를 추종한 몇몇 근대 경제학자들과 달리 아담 스미스는 이 결과가 항상 성립한다는 환상에 사로잡혀 있지는 않았다. 예를 들어, 보이지 않는 손에 의해 "의도하지 않았던 선(善)을 증진시키는" 기업가에 대해 스미스가 상술한 부분을 살펴보자:

> 사회적 선이 기업가들이 전혀 의도한 바가 아니라는 것이 사회에 항상 더 나쁘게 작용하는 것은 아니다. 기업가들은 사익을 추구함으로써, 실제로 사회적 선을 촉진하고자 의도한 경우보다 종종 더 효율적으로 사회적 선을 촉진시킨다.[4]

스미스가 잘 인식했듯이 개인들의 사익 추구가 때로는 사회적 이익과 일치하지는 않는다. 제 3장에서 경제적 이익이 충돌하는 경우로 환경을 오염시키는 행동을 예로 들면서 이 같은 상황에서 개인의 행동을 개인적으로는 현명한 것이지만, 사회적으로는 어리석은 것(smart for one, but dumb for all)이라고 불렀다. 다음의 예는 수익을 예측하는 데 많은 투자를 하는 것이 개인적으로는 현명한 행위지만 사회적으로는 어리석은 행위가 될 수 있음을 보여준다.

---

4 Smith, Adams, *The Wealth of Nations. New York*, NY: Everyman's Library, Book 1, 1910.

경제적 사유 7.2

똑똑한 사람들이 "너무 많이" 증권 애널리스트로 일하고 있는가?

증권 애널리스트들은 복잡한 수학적 모형을 이용해 기업들의 수익을 예측한다. 더 많은 애널리스트들이 이 같은 모형 개발에 더 많은 것을 투자할수록 모형은 더욱 정교해진다. 그러므로 예측력이 뛰어난 모형을 개발한 애널리스트는 가격이 오를 것이라고 예상되는 주식을 구매함으로써 다른 애널리스트들보다 예기치 않은 더 많은 이익을 얻게 된다. 그러나 가격이 새로운 정보에 반응하는 속도를 고려하면 두 번째로 빠른 예측모형의 결과조차 너무 늦은 것이 되어서 큰 도움이 되지 못한다. 그러므로 개별 애널리스트들은 가장 빠른 예측치를 얻고자 하는 희망으로 자신들의 예측모형에 더 많은 돈을 투자할 유인을 지닌다. 이 같은 유인이 주가 예측모형 개발에 사회적으로 최적의 투자를 유발하는가?

일정 수준을 넘어가면 예측 속도가 빨라진다고 해서 사회 전체적으로는 크게 도움이 되지 않는다. 왜냐하면 주가가 적정 수준으로 몇 시간 늦게 움직여 간다고 하더라도 사회적으로 크게 손해될 것은 없기 때문이다. 모든 애널리스트들이 예측모형에 덜 투자한다고 하더라도 누군가의 모형이 승리하는 예측을 제공할 것이고, 세밀한 모형을 개발하는데 사용될 자원을 더 가치 있는 데 사용할 수 있다. 그러나 한 애널리스트가 다른 애널리스트보다 덜 투자한다면 그 애널리스트는 틀림없이 패자가 될 것이다.

앞에서와 같은 상황에서는 투자한 사람이 얻는 편익이 사회 전체적 편익보다 컸기 때문에 보이지 않는 손이 제대로 작동하지 않았다. 이후의 장에서 이 같은 특성을 갖는 다양한 투자의 문제를 논의할 것이다. 일반적으로 보이지 않는 손의 효력은 시장에서 선택된 행동이 그 행동을 선택한 개인에게 주는 편익과 비용이 사회에 끼치는 편익과 비용에 얼마나 일치하는가에 달려있다. 이 같은 예외에도 불구하고 완전경쟁시장에서 작용하는 몇몇의 가장 강력한 힘은 사회의 이익을 증진시킨다.

7.6 시장균형과 효율성

시장은 대부분의 사람들이 공평하다고 생각하는 소득분배가 이루어지는 것을 보장하지는 않는다. 또한 시장이 깨끗한 공기, 막히지 않는 고속도로 혹은 동네 치안 등을 보장하지도 않는다.

거의 모든 성공적인 사회에서도 적어도 몇몇 경우에 한해서는 시장 뿐 아니라 적극적인 정치적 조정이 동반되어야 한다. 시장이 어떤 기능을 잘 수행할 수 있는지를 잘 이해하고 또한 시장이 그 기능을 수행하도록 하면 여러 목표들을 더 효과적으로 달성할 수 있다. 그러나 시장이 모든 문제를 다 해결할 수 있는 것은 아니라는 것을 알게 되면, 비판론자들은 시장이 어떤 문제도 해결할 수 없다고 결론짓는다. 이 같은 잘못된 인식은 시장이 가장 잘 할 수 있는 일조차도 시장에 맡기려고 하지 않기 때문에 위험하다.

본절에서는 왜 많은 일들이 시장에 맡겨두었을 때 가장 잘 수행되는지와 어떤 조건하에서 규제가 없는 시장이 총잉여를 극대화하는가를 알아본다. 또한 시장에 간섭하려는 시도가 왜 종종 의도하지 않은 바람직하지 않은 결과를 초래하는지 알아본다.

제 3장에서 보았듯이 시장이 수없이 많은 재화와 서비스의 생산을 잘 조정한다는 사실만으로도 시장 기능에 놀라는 충분한 이유가 된다. 그러나 경제학자들은 더욱 강한 주장을 제기한다—즉, 시장이 이같이 많은 재화를 생산할 뿐 아니라 가장 효율적으로 생산한다는 것이다.

(파레토)효율성
다른 사람에게 손해를 끼치지 않으면서 어떤 사람들을 이전보다 더 낫게 만드는 거래가 불가능하면 (파레토) 효율적이라고 부른다.

경제학자들이 사용하는 **효율적**(efficient)이라는 용어는 매우 엄밀하게 정의된 의미를 가진다. 시장균형이 효율적이라고 말할 때 그 의미는 정확하게 다음과 같다: **균형가격과 균형거래량 이외의 가격과 수량이 결정되면 다른 사람에게 손해를 끼치지 않고 적어도 어떤 사람들을 이전보다 더 낫게 할 수 있는 거래를 항상 찾을 수 있다.** 효율성은 그 개념을 도입한 19세기 이탈리아 경제학자인 파레토(Vilfredo Pareto)의 이름을 따서 **파레토 효율성**(Pareto efficiency)이라고 부르기도 한다.

왜 이 같은 의미에서 시장균형이 효율적인가? 그 대답은 시장이 균형 상태에 있지 않으면, 다른 사람들에게 손해가 되지 않으면서 어떤 사람들에게 이익이 되는 거래를 항상 찾을 수 있기 때문이라는 것이다. 예를 들어, 우유의 수요곡선과 공급곡선이 **그림 7.11**과 같고 현재의 가격이 갤런당 $1라고 가정하자. 이 가격에서 생산자들은 단지 하루에 2,000갤런만을 팔고자 한다. 이 수량에서 한계소비자는 추가적인 우유 1갤런에 $2의 가치(한계편익)를 부여하고 있다. 이 가격은 수요곡선상에서 수요량이 하루 2,000갤런에 해당하는 가격으로, 한계소비자가 우유 1갤런을 추가적으로 얻기 위해 지불할 용의가 있는 금액이다(수요곡선의 수직적 해석 참고). 우유 1갤런을 추가적으로 생산하기 위한 비용은 단지 $1이다. 이 가격은 공급곡선상에서 공급량이 하루 2,000갤런에 해당하는 가격으로, 우유 1갤런을 더 생산하는 한계비용과 일치한다(공급곡선의 수직적 해석 참고).

더욱이 시장가격이 갤런당 $1이면 하루 2,000갤런의 초과수요가 존재하므로 많은 소비자들이 현재의 가격에서 원하는 만큼의 우유를 살 수 없어 좌절하고 있다. **그림 7.12**와 같이 생산자가 우유 1갤런을 추가적으로 한계소비자에게 $1.25에 판다고 가정

그림 7.11

시장가격이 균형가격보다 낮은 시장

현재 이 시장에서 우유는 갤런당 $1에 팔리고 있다. 현재 가격은 균형가격인 갤런당 $1.5보다 $0.5 낮다.

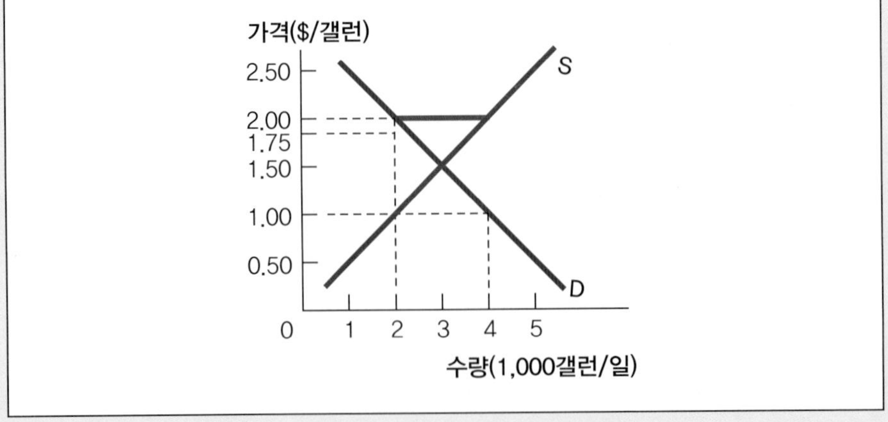

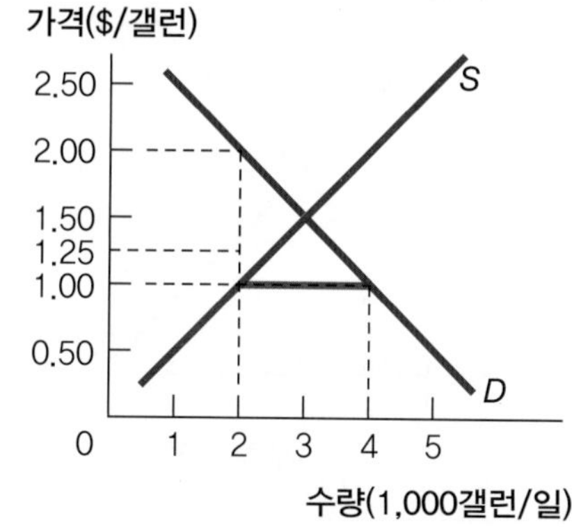

그림 7.12

초과수요가 어떻게 총잉여를 증가시키는 기회를 창출하는가?

갤런당 $1의 시장가격에서 한계소비자는 우유 1갤런을 추가적으로 얻기 위해 $2를 지불할 용의가 있다. 반면에 생산자가 우유 1갤런을 추가적으로 생산하기 위한 비용은 $1이다. 한계소비자가 $1.25를 생산자에게 지불하고 우유 1갤런을 추가적으로 소비하면, 소비자는 $0.75의 소비자 잉여를, 생산자는 $0.25의 생산자 잉여를 각각 얻는다.

해보자. 우유 1갤런을 추가적으로 생산하는 비용이 $1이므로 생산자는 이전보다 $0.25의 생산자 잉여를 추가적으로 얻는다. 또한 한계소비자는 추가적으로 얻는 우유 1갤런에 $2의 가치를 부여하고 있으므로 이전보다 $0.75의 소비자 잉여를 얻는다. 두 사람이 얻는 경제적 잉여를 합치면 이 거래를 통해 추가적으로 $1의 경제적 잉여가 새로 창출된다!

거래 당사자인 소비자와 생산자를 제외한 다른 소비자와 생산자는 이 거래를 통해 아무런 해를 받지 않는다. 그러므로 우유가 갤런당 $1로 거래되는 것은 효율적이지 않다. 다음의 개념체크는 갤런당 $1인 시장가격이 유독 특별한 것은 아님을 보여준다. 우유의 시장가격이 갤런당 $1.5(균형가격) 미만이면, 어떤 가격에서 팔린다 하더라도 위에서와 유사한 거래를 찾을 수 있다. 그러므로 갤런당 $1.5보다 낮게 우유가 거래되는 것은 효율적이지 않다.

✔ 개념체크 7.3

그림 7.11에서 우유가 원래 갤런당 $0.5에 팔리고 있다고 가정하자. 다른 사람들에게는 해를 끼치지 않고 거래 당사자인 소비자와 생산자에게 추가적인 경제적 잉여를 주는 거래를 찾아 설명하라.

시장가격이 균형가격보다 높아도 마찬가지로 다른 사람들에게는 해를 끼치지 않고 거래 당사자인 소비자와 생산자에게 추가적인 경제적 잉여를 주는 거래를 항상 찾을 수 있다. 예를 들어, **그림 7.13**의 우유의 수요곡선과 공급곡선에서 현재의 가격이 갤런당 $2라고 가정하자. 이 가격에서 하루 2,000갤런의 초과공급이 존재한다(**그림**

그림 7.13

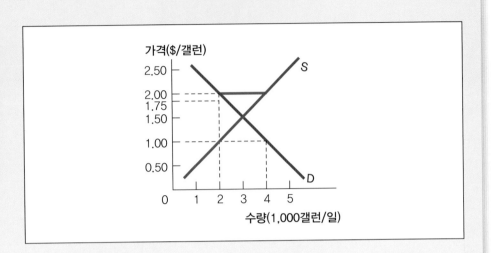

초과공급이 어떻게 총잉여를 증가시키는 기회를 창출하는가?

갤런당 $2의 가격에서 생산자는 $1의 한계비용으로 우유를 1갤런을 추가적으로 생산할 수 있다. 이는 소비자가 지불할 용의가 있는 금액보다 $1 적은 금액이다. 소비자가 생산자에게 $1.75를 지불하고 우유 1갤런을 추가적으로 소비하면, 소비자는 $0.25의 소비자 잉여를, 생산자는 $0.75의 생산자 잉여를 얻는다.

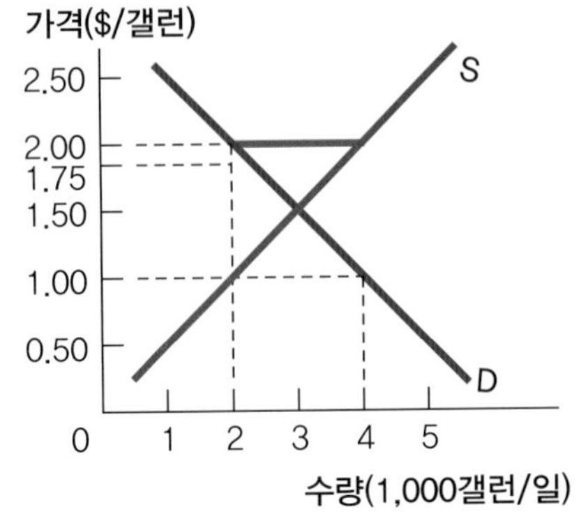

7.13 참조). **그림 7.13**과 같이 한계생산자가 추가적으로 우유 1갤런을 한계소비자에게 $1.75에 판다고 가정해보자. 한계소비자는 추가적으로 얻는 우유 1갤런에 $2의 가치를 부여하고 있으므로 이전보다 $0.25의 소비자 잉여를 얻는다. 마찬가지로 생산자 역시 갤런당 $1 이상만 받으면 우유 1갤런을 추가적으로 생산하고자 하므로(하루 2,000갤런 생산시 한계비용이 $1임) 생산자 역시 이전보다 $0.75의 생산자 잉여를 추가적으로 얻는다. 그러므로 시장가격이 갤런당 $1였을 때와 동일하게, 새로운 거래는 거래 당사자 이외의 다른 소비자나 생산자에게 해를 주지 않으면서 $1의 추가적인 경제적 잉여가 새롭게 창출된다. 우유가 갤런당 $1.5(균형가격)를 초과하는 어떤 가격에서 팔린다 하더라도 추가적인 경제적 잉여를 창출하는 거래를 항상 찾을 수 있다. 그러므로 갤런당 $1.5를 초과하는 가격으로 우유가 거래되는 것은 효율적일 수 없다.

수요곡선과 공급곡선의 수직적 해석을 이용하면 균형가격에서의 거래만이 유일하게 효율적이라는 사실이 명확해진다. 가격이 균형가격보다 높거나 낮으면 거래량은 항상 균형거래량보다 작다. 가격이 균형가격보다 낮으면 거래량은 생산자가 팔고자 하는 양이다. 가격이 균형가격보다 높으면 거래량은 소비자가 사고자 하는 양이다. 두 경우 모두 한계소비자가 추가적 한 단위에 부여하는 가치를 나타내는 수요곡선의 높이가 생산자가 추가적 한 단위를 생산하는 한계비용을 나타내는 공급곡선의 높이보다 높다.

균형가격만이 유일하게 추가적인 경제적 잉여를 창출하는 거래가 존재하지 않는 가격이다. 달리 말하면, 균형가격에서 가장 큰 총잉여가 창출된다. 이 같은 구체적인 의미에서 규제가 없는 시장은 재화와 서비스를 효율적으로 생산하고 분배한다.

그러나 시장균형이 이 같은 의미에서 항상 효율적이라는 주장은 실제로는 다소 과장된 것이다. 소비자와 생산자가 완전한 정보를 가지고 있고, 시장이 완전경쟁적이며, 수요곡선과 공급곡선이 다른 일정한 제약조건을 충족하면, 이 같은 주장이 사실이다. 예를 들어, 수평으로 합쳐서 시장 공급곡선을 이루는 개별 공급곡선이 생산에 관련된 모든 비용을 다 포함하고 있지 않으면 시장균형은 효율적이지 않다. 그러므로 제 3장에서 보았듯이 생산할 때 오염이 동시에 발생해 다른 사람에게 해를 끼치면, 생산을 늘릴 때의 실제 비용은 시장 공급곡선으로 표시된 것보다 크다. 그러면 균형거래량은 효율적인 수준보다 커지고, 균형가격은 효율적인 수준보다 낮아진다.

마찬가지로 수평으로 합쳐서 시장 수요곡선을 이루는 개별 수요곡선이 소비와 관련된 모든 편익을 다 포함하고 있지 않으면 시장균형은 효율적이지 않다. 예를 들어, 한 사람이 관상용 나무에 지불할 용의가 있는 금액은 자신이 그로부터 얻는 편익에 따라 결정되는 것이지, 그로 인해서 이웃에게 돌아가는 편익까지를 고려해 결정되는 것은 아니다. 그러므로 관상용 나무에 대한 시장 수요곡선은 이웃에게 돌아가는 편익을 과소평가한다. 그러면 균형거래량은 효율적인 수준보다 작아지고, 균형가격은 효율적인 수준보다 낮아진다.

시장의 불완전성에 대해서는 이후의 여러 장에서 좀 더 자세하게 논의한다. 여기에서는 시장 수요곡선이 모든 관련 편익을 포함하고 있고, 시장 공급곡선도 모든 관련 비용을 포함하고 있는 완전경쟁시장의 경우로 관심을 한정하기로 한다. 이 경우, 앞에서 설명한 엄밀하게 정의된 의미에서 시장균형은 항상 효율적이다.

7.6.1 효율성이 유일한 목표는 아니다

시장균형에서 총잉여가 극대화된다는 사실은 확실히 매우 매력적인 성질이다. 그러나 "효율적"이라는 것이 "좋다"(good)는 것과 동의어는 아님을 염두에 두기 바란다. 예를 들어, 우유 시장이 균형 상태에 있어서 갤런당 균형가격인 $1.5에 거래될 때, 그 가격에서 많은 가난한 가정들이 자녀들의 우유를 사지 못할 수 있다. 심지어 다른 가정들은 자녀들이 잘만한 장소조차 구하지 못할 수도 있다.

효율성은 소비자와 생산자가 이미 가지고 있는 속성에—소득, 기호, 능력, 지식, 등등—근거하고 있는 개념이다. 개인별 비용-편익의 테스트를 통해 이 같은 속성들이 경제 내에서 생산되는 각 재화에 대한 수요곡선과 공급곡선을 만들어 낸다. 소득분배의 불평등 같은 것이 주된 관심이라면 시장이 항상 사람들이 좋아하는 결과를 낳는 것은 아니라는 사실에 크게 놀랄 필요는 없다.

예를 들어, 대부분의 사람들은 모든 사람이 자신의 가족을 적절하게 부양할 만큼의 소득을 얻을 수 있으면, 이 세상이 좀 더 나은 세상이 될 것이라는 데 동의할 것이다. 우유 시장의 균형이 효율적이라는 주장은, 모든 사람들의 소득을 주어진 것으로 받아들일 때, 시장균형에서의 우유 배분이 다른 사람들에게 손해를 끼치지 않고는 어떤 사람들을 더 낫게 만들어 줄 수 없다는 것을 의미한다.

이 점에 대해 시장경제에 비판적인 사람들은 "그래서 어쨌다는 말이냐(So what?)"라고 반문한다. 다른 사람에게 비용을 부담시키는 것이, 그렇지 않았다면 최소한의 것도 충족되지 못한 사람들을 도울 수 있다면, 정당화될 수 있을 것이다. 예를 들어, 대부분의 사람들은 집 없는 사람이 얼어 죽는 것보다 자신들의 세금으로 집 없는 사람에게 쉴 곳을 마련해 주는 기금을 충당하는 것을 더 선호할 것이다. 이 같은 논리로 미국의 정책담당자들은 1970년대 기름 가격의 급속한 상승을 막기 위해 가정용 난방유에 가격통제를 부과했다. 만일 가격통제에 대한 대안이 아무런 조치도 취하지 않는 것이었다면, 사회 정의라는 측면에서는 가격통제가 정당화될 수도 있었을 것이라는 데 사람들 대부분은 동의할 것이다.

그러나 경제학자들이 사용하는 시장의 효율성이라는 개념에서 보면 더 나은 대안이 될 수 있는 다른 정책이 있음이 명백하다. 기름 가격통제로 인해 시장이 균형에 도달하지 못하게 되었고, 이로 인해서 앞에서 본 것과 같이, 다른 사람에게 손해를 끼치지 않고도 어떤 사람들에게 이득이 되는 거래가 실현되지 못하게 되었다.

7.6.2 그럼에도 왜 효율성이 최우선 순위의 목표가 되어야 하는가?

효율성이 중요한 것은 그 자체가 바람직한 목적이기 때문이 아니라 사람들이 추구하는 여러 목표를 가능한 한 최대한도로 달성하도록 해주기 때문이다. 시장이 균형 상태에 있지 못하면 항상 추가적인 경제적 잉여를 창출할 수 있는 여지가 있다. 추가적인 경제적 잉여를 얻는다는 것은 사람들이 원하는 것을 위해 필요한 더 많은 자원을 얻을 수 있음을 의미한다. 시장이 균형 상태에 있지 않으면 낭비가 있게 마련이고 낭비는 항상 나쁜 일이다.

요약 시장균형과 효율성

시장이 균형 상태에 있으면 개별 소비자나 기업에게 추가적인 이득을 얻을 수 있는 기회가 존재하지 않는다. 테이블 위에 현금이 없다는 원리는 시장이 어떻게 균형 상태로 돌아가는가를 잘 설명한다. 그러나 시장이 균형 상태에 있다고 하더라도 그 때의 자원배분이 항상 사회적으로 최적인 것은 아니다. 거래에 참여하고 있는 개인들에게 귀속되는 편익 또는 비용이 사회 전체의 편익 또는 비용과 다르면 시장균형은 사회적 최적이 아니다.

다른 사람에게 손해를 끼치지 않고는 어떤 사람들에게 이익이 되도록 하는 자원의 재배분이 불가능하다는 의미에서 균형 상태에 있는 시장은 (파레토)효율적이다.

가격이 균형가격보다 높거나 혹은 낮아 시장이 균형 상태에 있지 않으면 거래량은 항상 균형거래량보다 작다. 실제 거래량이 균형거래량보다 작으면 추가적인 한 단위를 더 교환함으로써 소비자와 생산자 모두에게 이익이 되는 거래가 항상 존재한다.

균형가격에서 거래가 이루어질 때 시장에서 창출될 수 있는 총잉여는 극대화된다. 그러나 이 같은 의미에서 균형이 "효율적"이라는 것이 "좋은 것"을 의미하는 것은 아니다. 모든 시장이 균형 상태에 있을 수 있으나 많은 사람들이 기본적인 재화와 서비스를 구매할 만큼의 소득을 얻지 못하고 있을 수 있다. 그럼에도 시장이 균형 상태에 도달하도록 하는 것이 중요한 것은 총잉여가 극대화될 때 모든 목표를 더 잘 추구하는 것이 가능하기 때문이다.

7.7 인위적 가격 제한으로 발생하는 비용

7.7.1 가격상한

1979년에 중동의 원유 공급이 갑작스럽게 줄어들면서 가정용 난방유의 가격이 두 배 이상으로 상승했다. 이 같은 가격 상승으로 인해 북부의 여러 주에 사는 가난한 가정이 겪어야 하는 어려움에 대한 우려로 인해 정부는 가정용 난방유의 가격상한을 설정했다. 가격상한이 설정되면 생산자는 정해진 가격 이상으로 높게 가격을 책정할 수 없다. 다음의 예는 가정용 난방유에 가격상한을 설정하는 것이 의도는 좋았지만, 왜 나쁜 아이디어였는지를 보여준다.

난방유의 가격상한 — 예 7.6

가정용 난방유의 가격상한으로 인한 총잉여 감소분은 얼마인가?

가정용 난방유의 수요곡선과 공급곡선이 **그림 7.14**와 같다. **그림 7.14**를 보면 균형가격은 갤런당 $1.4이다. 그런데 이 가격에서는 많은 빈곤한 가정들이 충분한 만큼 난방을 할 수 없다고 가정하자. 이 같은 빈곤한 가정에 대한 배려로, 가정용 난방유의 가격이 갤런당 $1를 넘지 못하는 법안이 통과되었다. 이 정책으로 인해 사회가 손해 보는 총잉여의 감소분은 얼마인가?

먼저 가격상한이 없을 때의 총잉여를 계산해보자. 규제가 없으면 하루 갤런당 $1.4에 3,000

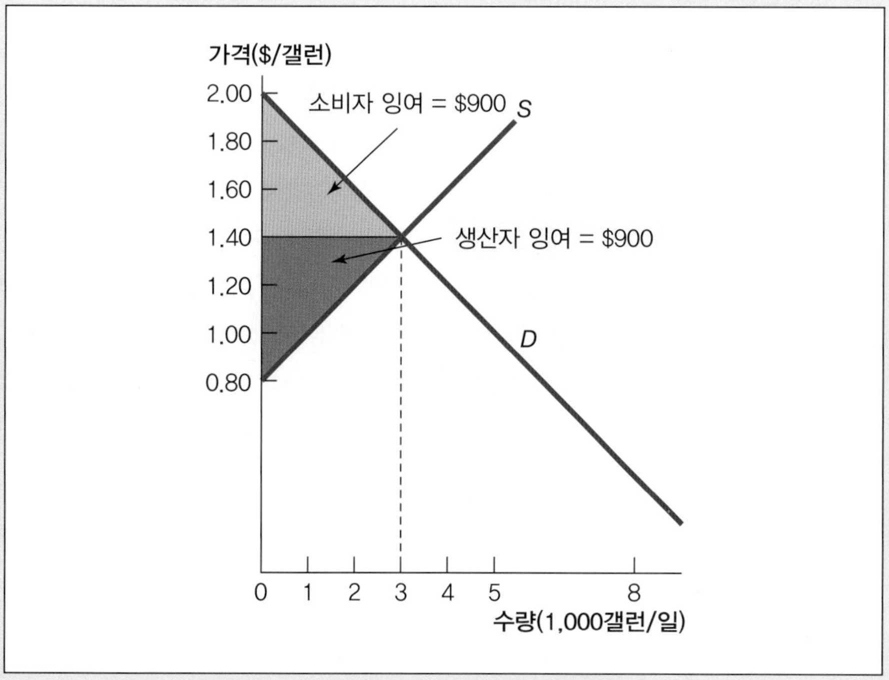

그림 7.14

가정용 난방유 시장에 규제가 없을 경우의 총잉여
수요곡선과 공급곡선이 옆에 그려진 것과 같을 때, 균형가격은 갤런당 $1.40이고, 균형거래량은 하루 3,000갤런이다. 소비자 잉여는 청색으로 표시된 위쪽의 삼각형 면적이다($900/일). 생산자 잉여는 녹색으로 표시된 아래쪽의 삼각형의 면적이다($900/일).

그림 7.15

가격상한으로 인한 총잉여 감소분

가정용 난방유 거래량을 하루 1,000갤런으로 제한함으로써 가격상한은 $800/일(빗금 친 삼각형의 면적)의 총잉여를 감소시킨다.

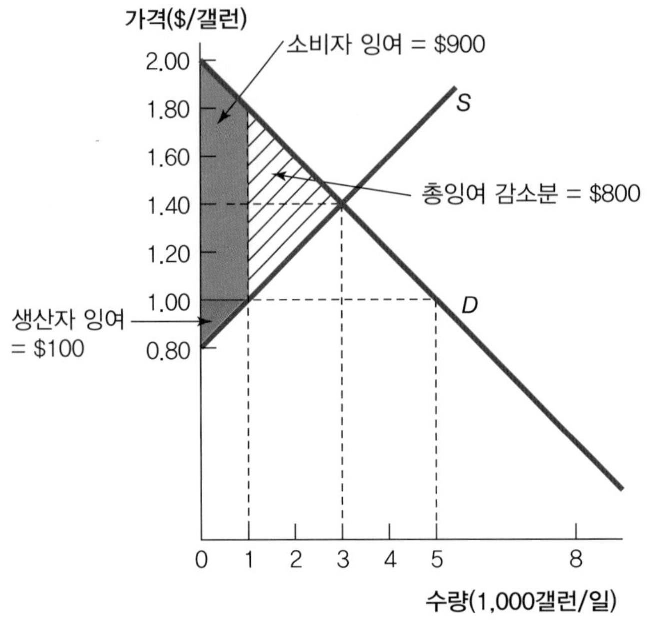

갤런이 거래될 것이다. **그림 7.14**를 보면 소비자가 얻은 소비자 잉여는 청색으로 표시된 위쪽 삼각형의 면적이다. 높이가 $0.6/갤런이고 밑변이 3,000갤런이므로, 면적은(1/2)×3,000갤런×($0.6/갤런)=$900이다. 생산자가 얻은 생산자 잉여는 녹색으로 표시된 아래쪽의 삼각형의 면적이다. 이 삼각형의 면적 역시 $900이므로, 소비자와 생산자가 얻는 총잉여는 $1,800이다.

이제 가격상한이 적용되어 가격이 갤런당 $1를 넘을 수 없으면, 거래량은 하루 1,000갤런이며 총잉여의 감소분은 **그림 7.15**의 빗금친 삼각형의 면적과 같다. 이 삼각형의 높이는 $0.8/갤런, 밑변은 2,000갤런이므로, 면적은 (1/2)×2,000갤런×($0.8/갤런)=$800이다. 생산자 잉여는 $900에서 **그림 7.15**에 녹색으로 표시된 아래쪽 삼각형의 넓이만큼으로 감소되었다. 이 삼각형 면적이 (1/2)×1,000갤런×($0.2/갤런)=$100이므로 생산자 잉여의 감소분은 $800이다. 총잉여의 감소분은 생산자 잉여의 감소분과 동일한데, 그 이유는 가격상한이 있는 경우 소비자 잉여의 크기는 가격상한이 없는 경우와 동일하기 때문이다. 가격상한이 있는 경우 소비자 잉여는 청색으로 표시된 사다리꼴의 면적인데, 이 면적이 전과 동일하게 $900이다. 가격상한으로 인해 가정용 난방유 시장이 균형에 도달하지 못함으로써, 소비자 잉여의 감소는 없지만 생산자 잉여가 800달러만큼 감소하는 낭비를 초래한다!

✔ 개념체크 7.4

예 7.6에서 가격상한이 갤런당 $1가 아닌 $1.2이면 총잉여 감소분은 얼마인가?

여러 가지 이유에서 **그림 7.15**의 총잉여의 감소분은 가격을 균형가격 이하로 제한하려는 시도가 가져오는 낭비에 대한 보수적인 추정치이다. 그 이유 가운데 첫 번째는 위에서 총잉여의 감소분을 계산함에 있어 시장에서 거래되는 하루 1,000갤런의 난방유가 난방유의 가치를 가장 높게 부여하는 소비자에게−그림을 보면 유보가격이 갤런당 $1.8 이상인 소비자−돌아간다고 가정하고 있다는 것이다. 그러나 유보 가격이 갤런당 $1 이상인 모든 소비자가 가격상한인 갤런당 $1에 난방유를 구매하고자 하므로 대부분의 난방유는 실제로는 아마도 유보가격이 갤런당 $1.8 이하인 소비자에게 팔려갈 가능성이 높다. 예를 들어, 유보가격이 갤런당 $1.5인 소비자가 유보가격이 갤런당 $1.9인 소비자보다 조금 먼저 와서 줄을 서서 난방유를 구매했다고 하자. 만일 각 소비자들이 20갤런 탱크를 채우고자 하고 또한 유보가격이 갤런당 $1.5인 소비자가 그날 팔 수 있는 모든 양의 난방유를 사들였다면, 유보가격이 갤런당 $1.9인 소비자가 난방유를 구매했을 때보다 경제적 잉여가 $8 감소한 셈이다.

그림 7.15의 총잉여의 감소분이 가격상한으로 인해 발생하는 실제 낭비를 과소 계산하는 두 번째 이유는 물량 부족이 발생하면 소비자들이 재화를 구매할 확률을 높이기 위해 취하는 행동에 비용이 발생하기 때문이다. 예를 들어, 가정용 난방유 판매자가 아침 6시부터 난방유를 팔기 시작하면 많은 소비자들이 몇 시간 전부터 와서 줄을 서 기다릴 것이다. 그러나 모든 사람들이 다 일찍 와서 줄을 서면 누구도 이전보다 더 많은 난방유를 얻을 수 없다. 가격상한이 총잉여를 감소시키지만 그 옹호자들은 적어도 소득이 낮은 가정 일부라도 낮은 가격에 난방유를 얻을 수 있으므로 가격상한이 정당한 것이라고 주장할 수 있다. 그러나 동일한 목표를 달성함에 있어 비용을 덜 지불하는 방법을 — 즉, 가난한 가정에게 난방유를 살 수 있는 소득을 이전함으로써 — 통해서도 달성할 수 있었을 것이다.

정치적 파워를 거의 갖지 못한 빈곤층이 그들의 집을 따뜻하게 할 수 있는 소득이전을 받을 수 있다는 희망을 가질 수 있을까라는 의문을 제기할 수 있다. **만일 소득이전보다 더 큰 비용을 지불해야 하는 가격상한이 그 대안이라면** 이 질문에 대한 대답은 "그렇다"일 것이다. 가격상한이 실행됨으로써 가정용 난방유 판매자들은 하루 $800의 생산자 잉여를 손해보고 있다. 그러므로 판매자들은 가격상한을 대신할 수 있으면 하루 $800보다 작은 금액에 한해 세금을 더 낼 용의가 있다. 추가적인 조세수입은 가격상한보다 빈곤층에 훨씬 더 혜택이 돌아가는 소득이전을 충당할 수 있는 기금으로 사용될 수 있다.

이 점이 매우 중요하고 또한 유권자나 정책입안자들이 자주 오해를 하고 있으므로, 이 점을 달리 표현함으로써 그 중요성을 강조하고자 한다. 시장에서 창출되는

그림 7.16

파이가 클수록 모든 사람이 더 큰 몫을 가질 수 있다. 총잉여를 줄이는 모든 정책은 모든 사람을 더 낫도록 만들 수 있는 기회를 놓치고 있는 것이다.

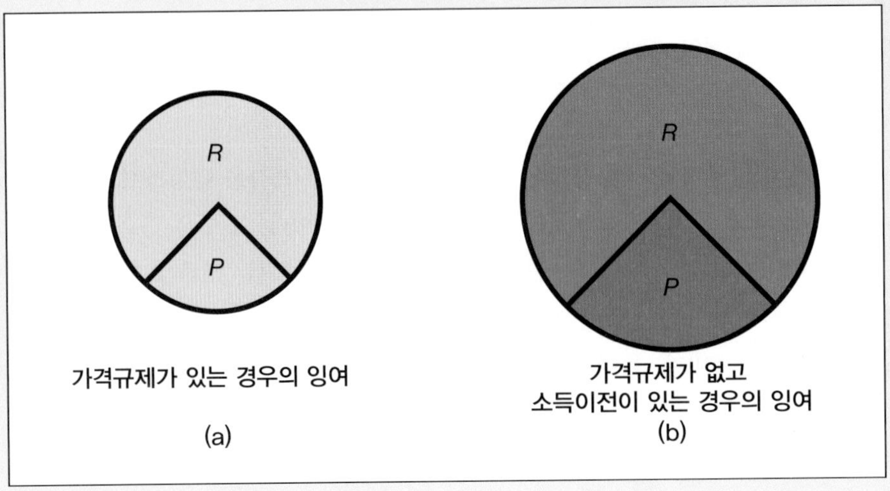

총잉여를 시장에 참여하는 여러 사람이 나누어 가질 수 있는 파이라고 생각해보자. **그림 7.16(a)**는 정부가 갤런당 $1의 가격상한을 부여했을 때 창출되는 총잉여인 하루 $1,000를 표시하고 있다. 이 파이가 부자들의 몫인 *R*과 빈곤층의 몫인 *P*, 두 부분으로 분배되어 있다. **그림 7.16(b)**는 가정용 난방유 시장이 균형 상태에 있을 때 창출되는 총잉여인 하루 $1,800를 표시하고 있다. 이 파이도 왼쪽 그림과 똑같은 비율로 부자들과 빈곤층에 분배되어 있다.

여기서 주목해야 할 점은 다음과 같은 것이다: 오른쪽의 파이가 더 크므로 부자와 빈곤층 모두 규제가 없는 난방유 시장에 참여하는 사람들이 가격상한이 있는 경우와 비교해 더 큰 몫을 얻을 수 있다는 것이다. 가정용 난방유의 가격에 어설프게 간섭하는 것보다 빈곤층에 소득이전을 하는 것이 모든 사람의 이익에 부합하는 정책이다.

7.7.2 가격보조

때로 필수적인 재화와 서비스에 대한 가격보조(price subsidy)를 통해 정부가 저소득층을 도우려는 시도를 한다. 예를 들어, 프랑스와 러시아는 여러 번 빵 가격에 보조금을 지불함으로써 이 같은 정책을 시행했다. 그러나 다음의 예가 보여주듯이 가격상한과 마찬가지로 가격보조 역시 총잉여를 감소시킨다.

예 7.7 보조금이 경제적 잉여에 미치는 영향

가격보조로 인한 빵 시장의 총잉여 감소분은 얼마인가?

작은 섬으로 이루어진 한 나라가 국민을 위해 덩어리당 $2의 국제가격으로 빵을 수입한다. 빵에 대한 국내 수요곡선이 **그림 7.17**과 같다. 정부가 덩어리당 $1의 보조금을 지급할 때 총잉여 감소분은 얼마인가?

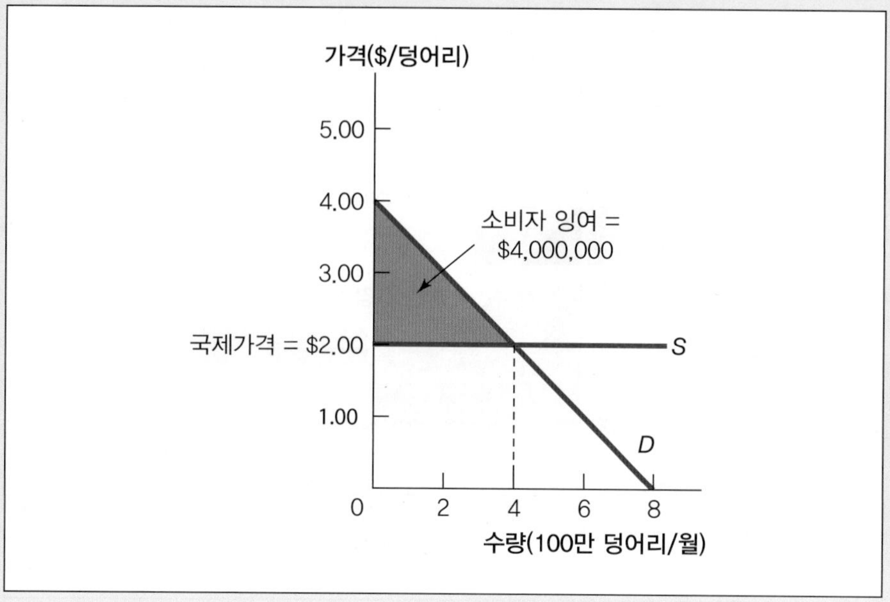

그림 7.17

가격보조가 없을 때 빵 시장의 총잉여

수요곡선이 옆에 그려진 것과 같을 때 소비자 잉여(청색으로 칠해진 삼각형의 면적)는 $4,000,000이다. 국내에서 빵이 생산되지 않기 때문에 총잉여는 소비자 잉여와 일치한다.

보조금이 없으면 시장의 균형가격은 국제가격인 덩어리당 $2이고 균형거래량은 월 400만 덩어리이다. **그림 7.17**의 청색 삼각형의 면적은 국내시장에서 소비자들이 얻는 소비자 잉여를 의미한다. 이 삼각형의 높이가 $2/덩어리이고 밑변이 400만 덩어리이므로 면적은 (1/2)×400만 덩어리×($2/덩어리)=$4,000,000이다. 이 나라는 국제가격인 $2/덩어리에서 얼마든지 빵을 수입할 수 있으므로 공급곡선은 완전 탄력적이다. 빵 한 덩어리당 한계비용이 정확하게 소비자가 지불하는 가격과 동일하므로 생산자 잉여는 0이다. 그러므로 소비자 잉여와 생산자 잉여를 합친 총잉여는 소비자 잉여와 동일하게 $4,000,000이다.

이제 정부가 국제가격인 덩어리당 $2에 사서 국내시장에 $1에 되팔아 덩어리당 $1의 보조금을 지불하는 프로그램을 시행한다고 가정해보자. 새로운 가격에서 소비자는 월 400만 덩어리가 아닌 600만 덩어리를 소비한다. 소비자 잉여는 **그림 7.18**의 청색으로 칠한, 더 큰 삼각형의 면적인 (1/2)×600만 덩어리x($3/덩어리)=$9,000,000가 되어 이전보다 $5,000,000만큼 크다. 그러나 문제는 보조금이 공짜가 아니라는 것이다. 보조금 충당비용인 ($1/덩어리)×600만 덩어리=$6,000,000를 납세자들이 부담해야 한다. 그러므로 소비자 잉여는 이전보다 증가했지만 보조금 지급 프로그램의 순효과는 실제적으로 총잉여를 $1,000,000를 감소시키는 것이다.

보조금을 지급할 때 왜 총잉여가 $1,000,000 감소하는지를 다른 방법을 통해 알아보려면 한계소비자의 유보가격이 한계비용과 일치하는 400만 덩어리에서 총잉여가 극대화된다는 사실을 깨달으면 된다. 보조금 지급 때문에 추가적으로 200만 덩어리가 더 소비된다. 덩어리당 한계비용인 $2는 소비자들의 유보가격보다 높다(소비가 400만 덩어리를 초과하면, 수요곡선의

그림 7.18

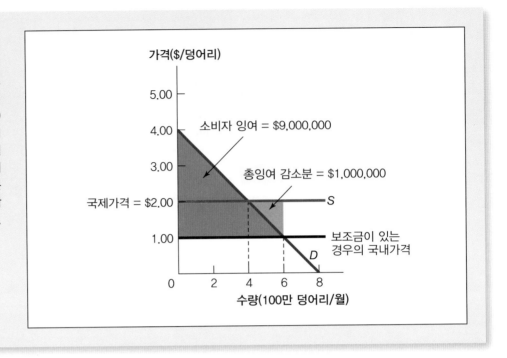

가격보조로 인한 총잉여의 감소
한계비용이 덩어리당 $20이므로, 한계소비자의 유보가격이 한계비용과 일치하는 400만 덩어리에서 총잉여가 극대화된다. 가격보조로 인한 월 200만 덩어리의 소비 증가 때문에 발생하는 총잉여 감소분은 회색으로 칠한 작은 삼각형의 면적인 $1,000,000이다.

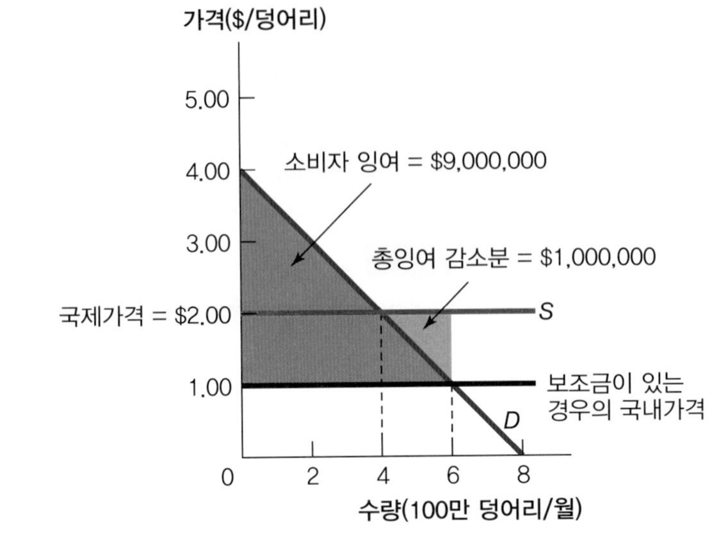

높이는 $2보다 낮다). 월 소비가 400만 덩어리에서 600만 덩어리로 증가하면서 한계비용과 소비자들의 유보가치 사이의 차이의 누적 합은 **그림 7.18**의 회색으로 칠한 작은 삼각형의 면적인 $1,000,000이다.

가격보조로 인한 총잉여의 감소는 순수한 낭비에 불과하다. 시장의 참여자 관점에서 보면 이 같은 낭비는 누군가가 그들의 은행 계좌에서 매달 $1,000,000를 인출해 큰 화롯불에 태워버리는 것과 다를 바가 없다.

✔ 개념체크 7.5

예 7.7에서 가격 보조금이 덩어리당 $1가 아닌 $0.5이면 총잉여 감소분은 얼마인가?

빵에 보조금을 지급하는 것과 비교해 볼 때 더 나은 정책은 저소득층에게 소득을 이전해 그 돈으로 시장에서 빵을 사도록 하는 것이다. 납세자들이 저소득층에 소득이전하기를 꺼려한다고 불평하는 보조금 옹호론자들에게 소득이전보다 훨씬 비용이 큰 보조금정책을 왜 사람들이 용인할 것이라고 생각하는지 설명해 줄 것을 요구해야 한다. 납세자들이 보조금정책을 지지한다면 저소득층으로의 소득이전정책은 더욱 열렬히 지지해야 하는 것이 더 논리적이다.

이것은 저소득층이 빵 보조금의 편익을 전혀 향유해서는 절대 안 된다고 말하는 것은 아니다. 저소득층은 더 낮은 가격에 빵을 구매하고 보조금을 위한 기금은 중상류층 가정이 납부하는 세금으로 충당되므로 계층 간에 어느 정도 균형을 맞출 수 있다. 그러나 요점은 동일한 비용으로 저소득층을 훨씬 더 잘 도울 수 있다는 것이다. 저소득층의 문제는 소득이 너무 작다는 것이다. 간단하면서도 최선의 해법은 그들이 균형가격 이하로 재화를 구매할 수 있도록 가격을 낮추는 것이 아니라, 그들에게 추가적으로 소득을 이전하는 것이다.

7.8 조세와 효율성

7.8.1 판매자에게 부과된 세금을 누가 지불하는가?

모든 정치인들은 새로운 세금을 제안하는 것을 싫어한다. 그러나 추가적인 수입이 필요할 때, 대부분의 정치인들은 소비자에게 부과하는 것보다 생산자에게 부과하는 세금을 더 선호한다. 왜 그런지 설명할 것을 요청하면, 많은 정치인들은 기업이 더 쉽게 추가적인 세금을 지불할 수 있는 여유가 있기 때문이라고 응답한다. 그러나 생산자로부터 징수하는 조세의 부담이 반드시 생산자들에게만 부과되는 것은 아니다. 예를 들어, **그림 7.19**의 아보카도 시장에 파운드당 $1씩의 세금을 아보카도를 생산하는 농부들로부터 징수한다고 가정하자.

이 시장에서 초기 균형가격과 균형거래량은 각각 파운드당 $3와 월 300만 파운드이다. 농부들의 관점에서 보면, 파운드당 $1의 세금이 부과된 것은 아보카도 생산의 한계비용이 파운드당 $1 상승한 것과 본질적으로 동일하다. 그러므로 세금이 부과되면 공급곡선은 파운드당 $1만큼 위로 이동한다.

그림 7.19에서 보듯이, 새로운 균형가격(세금 포함)은 파운드당 $3.5이고, 균형거래량은 월 250만 파운드이다. 생산자가 받은 가격은 소비자가 지불하는 가격에서 세금 $1를 뺀 것으로 파운드당 $2.5이다. 세금이 전적으로 아보카도를 생산하는 생산자로부터 징수된다고 하더라도, 결과적으로 소비자와 생산자가 나누어 세금을 부담하는 것

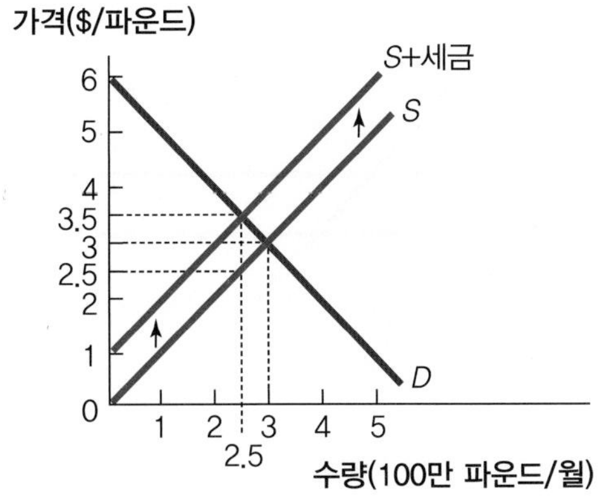

그림 7.19

세금이 아보카도의 균형가격과 거래량에 미치는 영향
세금이 없으면 균형가격인 파운드당 $3에 월 300만 파운드의 아보카도가 거래된다. 파운드당 $1씩 생산자로부터 세금을 징수하면, 소비자는 결국 파운드당 $3.5(세금 포함)를 지불하게 되고, 생산자는 파운드당 $2.5(세금 제외)만을 받는다. 균형거래량은 월 300만 파운드에서 250 파운드로 감소한다.

이다. 소비자는 이전보다 파운드당 $0.5를 더 지불하고, 생산자는 이전보다 파운드당 $0.5를 덜 받는다.

앞의 예에서와 같이 항상 소비자와 생산자가 같은 비율로 세금을 부담하는 것은 아니다. 다음의 예가 보여주듯이, 생산자에게 부과된 세금을 전적으로 소비자가 부담하는 경우도 있다.

경제적 사유 7.3

자동차세는 장기적으로 자동차 가격에 어떤 영향을 미치는가?

충분한 시간이 주어지면 차 생산에 필요한 생산요소들을 고정된 시장가격에서 얼마든지 구매할 수 있다고 가정하자. 자동차 생산에 필요한 생산요소의 비용이 대당 $20,000일 경우, 대당 $100의 세금이 자동차 생산기업에게 부과되면 장기에서 자동차 가격에 어떤 영향을 미치겠는가?

자동차 생산에 필요한 모든 생산요소가 고정된 가격에서 얼마든지 구매할 수 있다는 사실은 차 생산의 한계비용이 장기에서 일정함을 의미한다. 달리 말하면, 장기의 자동차 공급곡선은 대당 $20,000에서 수평인 직선이다. 대당 $100의 세금이 부과되면, 실질적으로 한계비용을 대당 $100씩 증가시키는 효과와 동일하다. 그러므로 공급곡선은 정확하게 $100만큼 위로 이동한다. 차의 수요곡선이 **그림 7.20**에 그려진 것과 같으면, 조세의 효과는 균형가격을 정확하게 $100 상승시켜, 대당 $20,100가 된다. 균형거래량은 월 200만 대에서 190만 대로 하락한다.

그림 7.20에 그려진 장기 공급곡선은 극단적이 경우이지만(가격탄력성이 무한대이다), 아주 비현실적인 것은 아니다. 제 4장에서 탄력성을 설명할 때 생산에 필수적인 생산요소 가운데 많은 부분을 고정된 가격으로 구매할 수 있으면, 장기 공급곡선은 점차 수평에 가깝게 됨을 보았다. 엄밀한 것은 아니지만 근사적으로는, 한 경제 내의 많은 재화, 아니 대부분의 재화와 서비스

그림 7.20

공급곡선이 완전 탄력적일 경우 생산자에게 부과된 세금의 효과

공급곡선이 완전 탄력적이면, 생산자에게 부과된 세금 전액을 소비자가 부담한다.

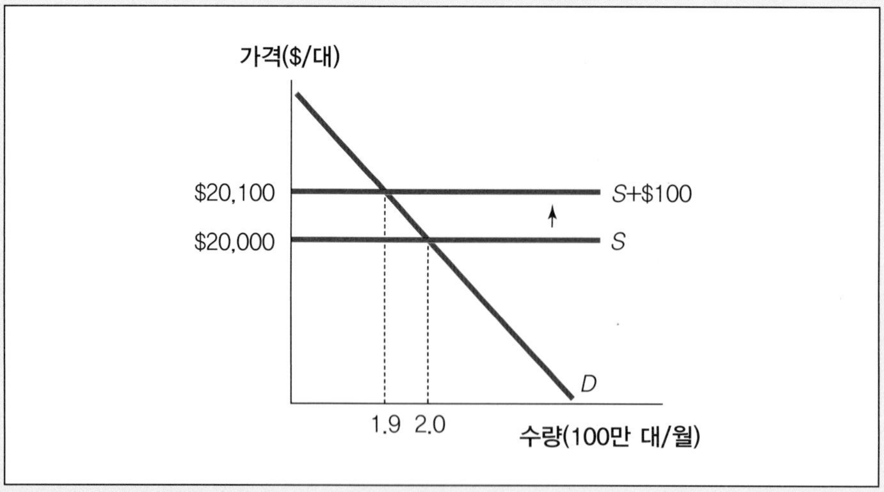

의 장기 공급곡선이 수평이라고 생각할 수 있다.

공급곡선이 완전 탄력적인 재화의 경우, 모든 세금의 부담은 소비자에게로 귀속된다. 즉 균형가격의 증가분은 정확하게 부과된 세금의 크기와 동일하다. 경험적으로 보면, 기업이 소비자보다 세금을 낼 수 있는 여유가 있어 기업에 세금을 부담시킨다는 정치적 관행은 매우 역설적이다.

7.8.2 판매자로부터 징수된 세금은 총잉여에 어떻게 영향을 미치는가?

수요곡선이 관련된 모든 편익을 반영하고, 공급곡선이 관련된 모든 비용을 반영하면, 완전경쟁시장은 재화와 서비스를 효율적으로 배분함을 앞에서 살펴보았다. 완전경쟁시장에서 생산자에게 세금이 부과되면 새로운 시장균형은 여전히 효율적인가? **그림 7.21**에 다시 그린 아보카도 시장을 다시 한 번 살펴보자. 세금이 없으면, 파운드당 $3의 균형가격에서 월 300만 파운드가 거래되고, 총잉여는 월 $9,000,000이다(음영 처리된 삼각형의 면적).

아보카도 생산자인 농부들로부터 파운드당 $1의 세금을 징수하면, 새로운 균형가격은 파운드당 $3.5(이 가운데 농부들은 세금을 제외한 $2.5를 받는다.)이고, 균형거래량은 월 250만 파운드이다(**그림 7.22** 참조). 아보카도 시장에서 소비자와 생산자가 얻는 총잉여는 **그림 7.22**에서 음영 처리된 삼각형의 면적으로 월 $6,250,000이다. 이는 이전보다 월 $2,750,000만큼 작다. 소비자 잉여와 생산자 잉여의 감소분이 매우 큰 손실인 것처럼 보인다. 그러나 이는 월 $2,500,000에 해당하는 조세수입(파운드당 $1에 거래량 250만 파운드를 곱한 수치)을 고려한 것이 아니기 때문에 오해의 소지가 있을 수 있다. 정부가 제공하는 여러 서비스 비용을 조달하기 위해 더 이상의 세금을 징수할 필요가 없으면, 아보카도 시장에서 징수되는 $2,500,000의 조세수입은 다른 세

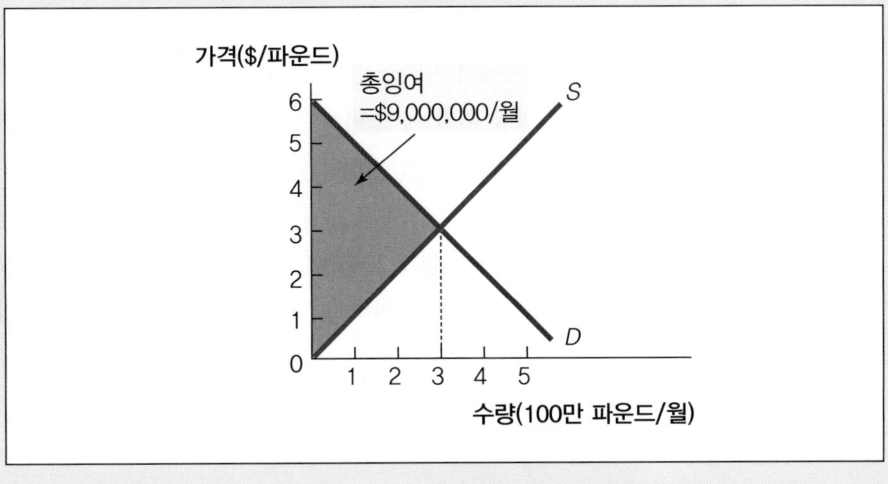

그림 7.21

세금이 없는 경우의 아보카도 시장

세금이 없는 경우, 아보카도 시장의 총잉여는 음영 처리된 삼각형의 면적인 900만 달러/월이다.

그림 7.22

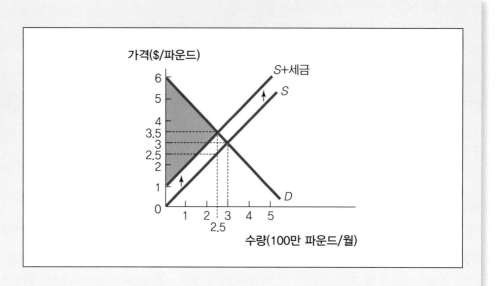

파운드당 $1의 세금이 아보카도시장에 미치는 영향

파운드당 $1의 세금이 부과되면, 공급곡선이 $1만큼 위로 이동한다. 소비자 잉여와 생산자 잉여의 합은 음영 처리된 삼각형의 면적과 동일하며, 월 625만 달러로 줄어든다.

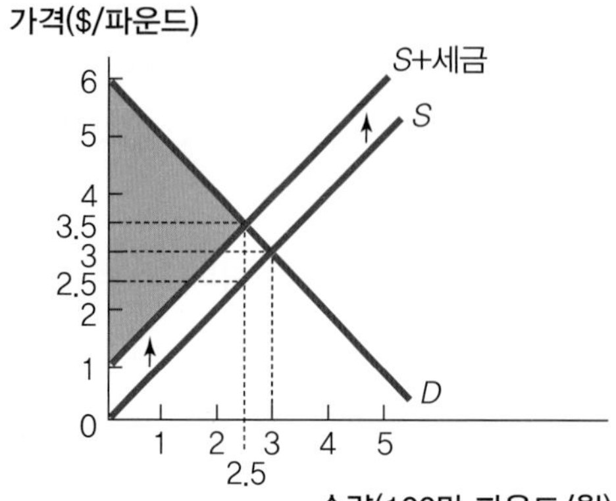

금을 그만큼 징수할 필요성을 감소시킨다. 그러므로 소비자와 생산자가 세금으로 인해 월 2,750,000에 해당하는 총잉여의 손해를 보지만, 그들이 지불해야 하는 다른 세금 $2,500,000을 감소시킨다. 이를 고려하면, 총잉여의 감소분은 단지 $250,000이다.

그림으로 보면, 세금 부과로 인한 총잉여의 순감소분은 **그림 7.23**에서 음영 처리된 작은 삼각형의 면적이다. 총잉여의 순감소분을 종종 조세로 인한 **경제적 순손실**(dead weight loss)이라고 부른다.(역자 주: dead weight loss를 때로는 자중(自重) 손실, 사중(死重) 손실이라고 부르기도 한다.)

경제적 순손실
특정 정책으로 인해 발생하는 총잉여의 순감소분

설사 작다고 하더라도, 경제적 순손실은 사람들이 피하고자 하는 것이며, 위의 예에서 보듯이 한 시장에 세금이 부과되면 반드시 경제적 순손실이 발생한다. 연방준비제도(Federal Reserve Board, Fed)의 의장이었던 그린스팬(Allan Greenspan)은 "모든 종류의 세금은 경제 성장을 지체시킨다. 단지 정도의 차이만 있을 뿐이다."라고 말했다.[5]

세금은 생산과 소비의 효율적인 결정을 이끄는 비용-편익의 기준을 왜곡시킴으로써 총잉여를 감소시킨다. 앞의 예에서, 비용-편익의 원리에 의하면 마지막 한 단위의 한계편익(소비자들이 마지막 한 단위를 더 소비하기 위해 지불할 용의가 있는 최대금액)과 마지막 한 단위 생산의 한계비용이 일치하는 수준까지 아보카도의 생산을 증가시켜야 한다. 세금 부과 이전에는 이 조건이 충족되었다. 그러나 세금 부과 후에는 이 조건이 충족되지 않는다. 예를 들어, **그림 7.23**을 보면 아보카도 생산량이 월 250만 파운드일 경우, 추가적 한 단위에 소비자가 부여하고 있는 가치는 $3.5인 반면에, 세금을 제외할 때 한계비용은 $2.5이다.(세금을 포함하면, 한계비용은 파운드당 $3.5이다. 그러나 아보카도 시장에서 징수되는 세금 자체는 다른 곳에서 징수해야 할 세금의 양을 그만큼 줄이는 것이므로 전체적으로 볼 때 사회적 손실은 아니다.)

5 *The Wall Street Journal*, 1997년 3월 26일자, p. A1.

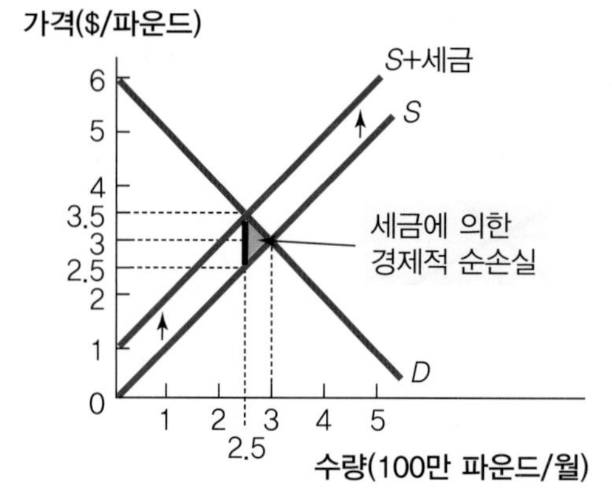

그림 7.23

세금 때문에 발생하는 경제적 순손실

아보카도 시장에서 파운드당 $1의 세금으로 인해 발생하는 경제적 순손실은 음영 처리된 작은 삼각형의 면적으로 월 25만 달러이다.

아보카도에 부과된 세금이 반드시 "나쁜 것"(bad)인가?(경제학자들이 세금과 같은 정책이 "나쁘다"고 말할 때는, 그로 인해 총잉여가 감소함을 의미하는 것이다). 이 질문에 대답하려면, 먼저 아보카도에 세금을 부과하는 대신에 사용할 수 있는 최선의 정책적 대안이 무엇인가를 찾아야 한다. 사람들은 아마도 "어디에도 세금을 매기지 말라!"라고 대답하고자 하는 충동을 느낄 수도 있다. 그러나 잠시만 생각해 보면, 이것은 결코 최선의 대안이 아님을 알 수 있다. 전혀 세금을 징수하지 않는 국가는 도로 관리, 화재 예방, 국방과 같은 최소한도의 공공 서비스도 제공할 수 없다. 최소한의 국방 능력이 없는 국가는 장기적으로 독립적인 지위를 유지할 수 없다.(왜 정부가 공공 서비스를 제공하도록 하는가에 대한 논의는 제 14장에서 자세하게 다루기로 한다). 여러 가지를 고려하면, 아보카도에 세금을 부과하는 것이 매우 중요한 공공 서비스 없이 사는 것을 피할 수 있는 최선의 방법이라면, 아보카도 시장에서 발생하는 경제적 순손실은 그리 큰 대가는 아닐 것이다.

그러므로 실질적인 문제는 아보카도 말고 세금을 더 잘 부과할 수 있는 다른 재화가 있는가 하는 것이다. 한 행동에 세금이 부과될 때의 문제점은, 세금이 없는 경우 시장의 유인에 의해 사람들이 그 행동을 최적 수준으로 수행하지만(즉 총잉여를 극대화하는 수준), 세금이 부과되면 사람들이 최적 수준과 비교해 지나치게 혹은 모자라게 행동한다는 것이다. 경제학자들이 오랫동안 인식해 왔듯이, 이 같은 관측은 균형거래량이 생산비용의 변화에 민감하지 않은 재화에 세금이 부과될 경우 경제적 순손실이 더 적어짐을 시사하고 있다.

7.8.3 조세, 탄력성, 효율성

정부가 소금에 파운드당 50센트의 세금을 부과한다고 가정하자. 이 세금은 사람

그림 7.24

수요의 가격탄력성과 세금으로 인한 경제적 순손실
균형점에서 (b)에 그려진 수요곡선의 가격탄력성이 (a)보다 낮다. (b)에서 경제적 순손실을 나타내는 삼각형의 면적은 하루 $1.5로, (a)에서 경제적 순손실을 나타내는 삼각형의 면적인 하루 $2.5보다 작다.

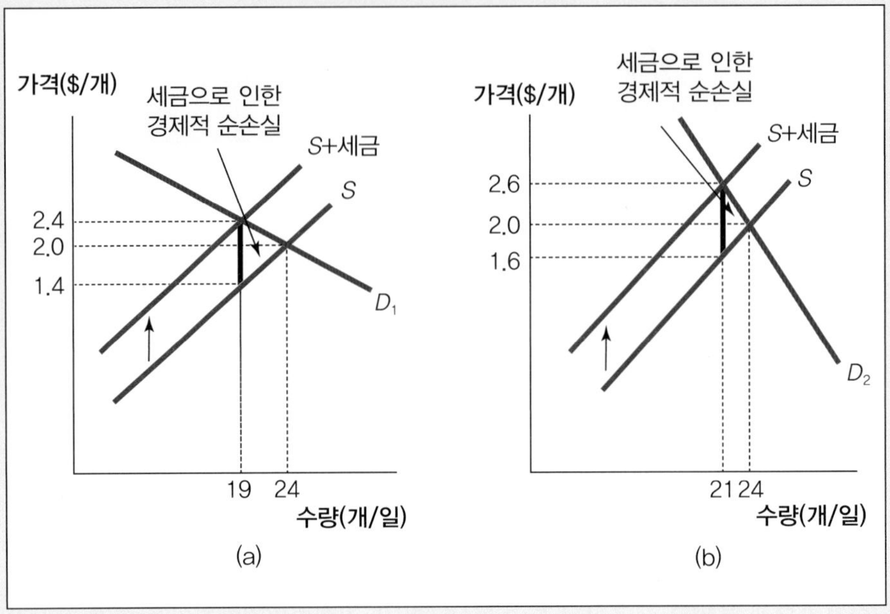

들이 소비하는 소금의 양에 어떤 영향을 미치겠는가? 제 4장에서 탄력성을 설명할 때, 소금은 대체재가 거의 없고 가계 소득에서 차지하는 비중이 매우 작으므로, 소금 수요의 가격탄력성은 매우 낮음을 보았다. 소금에 세금을 부과할 때, 소금 소비량이 거의 줄지 않을 것이므로 세금으로 인한 경제적 순손실은 상대적으로 매우 작을 것이다. 일반적으로, 단위당 세금이 부과될 때 발생하는 경제적 순손실은 수요의 가격탄력성이 낮을수록 작게 된다.

그림 7.24는 수요의 가격탄력성이 낮을수록 세금으로 인한 경제적 순손실이 작음을 예시하고 있다. **그림 7.24**의 **(a)**와 **(b)**를 보면 원래의 수요곡선과 공급곡선에서 균형가격은 개당 $2, 균형거래량은 하루 24개로 동일하다. 단위당 $1의 세금이 부과되면, **그림 7.24(a)**의 경제적 순손실은 음영 처리된 삼각형의 면적으로 하루 $2.5이다. **그림 7.24(a)**에 그려진 수요곡선 D_1보다 **그림 7.24(b)**에 그려진 D_2의 경우가 균형점에서 수요의 가격탄력성이 낮다(P/Q는 동일하지만, 기울기의 역수의 절대값은 **(b)**쪽이 작다). **그림 7.24(b)**의 경우, 단위당 $1의 세금이 부과되면, 경제적 순손실은 음영 처리한 삼각형의 면적으로 하루 $1.5이다.

공급의 가격탄력성이 낮을수록 세금으로 인한 균형거래량의 감소폭은 작아진다. 예를 들어, **그림 7.25**를 보면 양쪽 모두 원래의 수요곡선과 공급곡선에서 균형가격은 개당 $2, 균형거래량은 하루 72개로 동일하다. 단위당 $1의 세금이 부과되면, **그림 7.25(a)**의 경제적 순손실은 음영 처리된 삼각형의 면적으로 하루 $7.5달러이다. **그림 7.25(a)**에 그려진 공급곡선 S_1보다 **그림 7.25(b)**에 그려진 S_2의 경우가 균형점에서 공급의 가격탄력성이 낮다(P/Q는 동일하지만, 기울기의 역수가 **(b)**쪽이 작다). **그림 7.25(b)**의 경우, 단위당 $1의 세금이 부과되면, 경제적 순손실은 음영 처리한 삼각형의

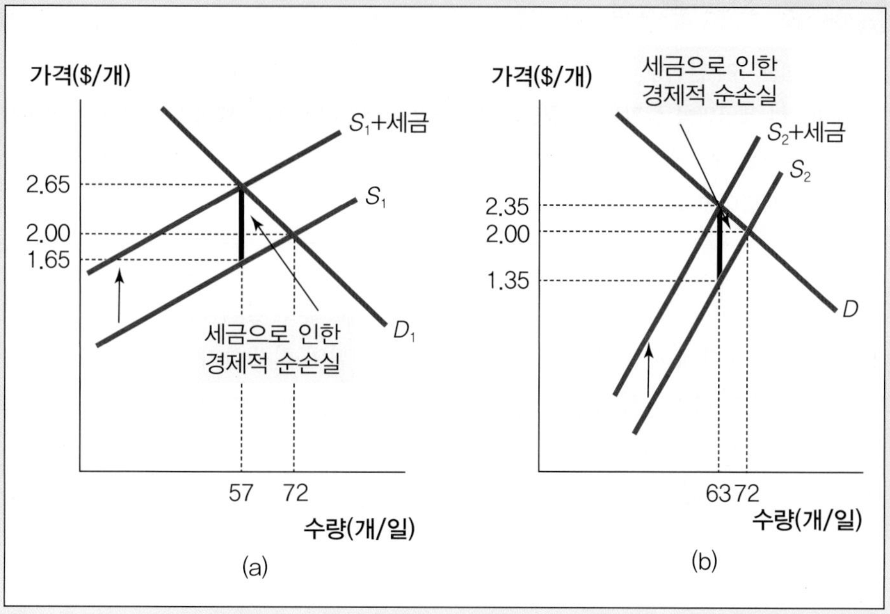

그림 7.25

공급의 가격탄력성과 세금으로 인한 경제적 순손실

균형점에서 (b)에 그려진 공급곡선의 가격탄력성이 (a)보다 낮다. (b)에서 경제적 순손실을 나타내는 삼각형의 면적은 하루 $4.5로, (a)에서 경제적 순손실을 나타내는 삼각형의 면적인 하루 $7.5보다 작다.

면적으로 하루 $4.5이다. 공급곡선이 완전 비탄력적이면 세금으로 인한 경제적 순손실은 0이다. 이런 이유 때문에 많은 경제학자들이 계속해서 19세기의 경제학자인 조지(Henry George)가 주장한 세금을 선호한다. 조지는 노동과 재화에 부과된 모든 세금은 폐지하고, 토지에 대한 단일세로 대체해야 한다고 제안했다. 헨리 조지는 토지 공급이 거의 완전 비탄력적이므로 이 같은 토지세가 심각한 경제적 순손실을 초래하지 않는다고 주장했다.

7.8.4 조세, 외부비용, 효율성

효율성의 관점에서 보면, 토지세를 부과하는 것보다는 사람들이 지나치게 추구하는 경향이 있는 행동에 세금을 부과하는 것이 더욱 매력적이다. 한 가지 예로 환경오염을 야기하는 행동을 이미 언급한 바 있다; 다른 것들은 이후의 장에서 다루기로 한다. 토지세가 총잉여를 감소시키지 않지만, 오염에 세금을 부과하면 총잉여가 증가한다. 다른 사람에게 해가 되는 행동에 세금을 부과하면 일석이조(kill two birds with one stone)의 효과를 얻을 수 있다: 유용한 공공 서비스를 제공할 재원을 마련할 수 있는 동시에 사람들이 타인에게 해가 되는 행동을 자제하도록 하는 유인을 제공한다. 조세는 항상 그리고 어디에서나 효율성을 저해한다는 생각은 조금만 더 생각해보면 항상 옳은 것은 아니다.

요약 조세와 효율성

생산자에 단위당 세금을 부과하는 것이 균형가격과 균형거래량에 미치는 효과는 한계비용이 세금만큼 증가할 때 균형가격과 균형거래량에 미치는 효과와 동일하다. 생산자에게 부과된 세금은 일반적으로 소비자와 생산자가 나누어 부담한다. 공급곡선이 완전 탄력적인 재화이면 소비자가 모든 부담을 진다.

수요곡선과 공급곡선이 그 재화의 소비와 생산에 관련된 모든 편익과 비용을 반영하고 있는 재화에 세금이 부과되면 경제적 순손실이 발생한다. 그러나 세금도, 만일 가치 있는 공공 서비스를 제공하는 재원으로 사용된다면, 정당화될 수 있다. 일반적으로 세금에 의한 경제적 순손실은 수요나 공급의 가격탄력성이 낮을수록 작다. 타인에게 해를 끼치는 행동에 세금을 부과하면, 공공 서비스 제공을 위한 재원 마련 뿐 아니라 총잉여의 증가가 발생할 수도 있다.

요 약 Summary

- 회계적 이윤은 기업의 총수입에서 명시적 비용을 뺀 것이다. 경제적 이윤이 총수입에서 명시적 비용과 암묵적 비용의 합을 뺀 것이라는 점에서, 회계적 이윤은 경제적 이윤과 다르다. 정상 이윤은 회계적 이윤과 경제적 이윤 간의 차이이다. 정상 이윤은 기업의 주인이 제공하는 생산요소의 기회비용이다.

- 경제적 이윤의 추구는 시장경제에서 자원을 배분하는 보이지 않는 손이다. 양의 경제적 이윤을 얻고 있는 시장으로 자원이 몰리고, 경제적 손실을 보고 있는 시장에서는 자원이 빠져 나간다. 새로운 기업이 양의 경제적 이윤을 얻고 있는 시장에 진입하면, 그 시장의 공급곡선은 오른쪽으로 이동해 가격이 하락한다. 경제적 이윤이 사라질 때까지 가격은 하락한다. 반대로 경제적 손실이 발생하는 시장에서는 퇴출이 발생해, 시장의 공급곡선이 왼쪽으로 이동하므로 가격은 상승한다. 경제적 손실이 사라질 때까지 가격은 상승한다. 장기에서는 시장의 힘에 의해 경제적 이윤과 손실 모두 0이 된다.

- 경제적 지대는 생산요소에 지불되는 금액 가운데 그 생산요소의 주인의 유보가격을 초과해서 지불되는 부분을 의미한다. 연간 10만 달러를 받으면 경기에 뛸 용의가 있는 프로 농구선수가 1,500만 달러를 연봉으로 받으면, 그는 연간 1,490만 달러를 경제적 지대로 받고 있는 셈이다. 보이지 않는 손으로 인해서 장기에서는 경제적 이윤이 0이 되지만, 예를 들어, 커리(Stephen Curry)와 같은 선수의 플레이는 복제하는 것이 불가능하므로 경제적 지대는 오랫동안 지속될 수 있다. 기업의 성과를 높이는 특출한 재능을 가진 사람들은 그로 인해 발생하는 금전적 이득을 경제적 지대로 얻는다.

- 한 개인이 투자로부터 얻는 편익은 사회 전체가 얻는 편익과 다를 수 있다. 이와 같이 개인의 편익과 사회적 편익이 일치하지 않으면, 개인적으로는 현명하나 사회적으로는 어리석인 행동이 나올 수 있다. 이 같은 예외에도 불구하고 보이지 않는 손은 많은 경우 매우 잘 작동한다. 시장제도가 사회적 선에 가장 크게 기여하는 것 가운데 한 가지는 비용을 절감하는 혁신을 하도록 기업에 압력을 행사하는 것이다. 기업들 간의 경쟁으로 인해 비용 절감 혁신의 혜택은 장기에서는 모두 소비자에게로 돌아간다.

- 수요곡선과 공급곡선이 그 재화의 소비와 생산에 관련된 모든 편익과 비용을 반영하고 있으면, 시장균형은 효율적이

다. 이런 시장이 균형 상태에 있지 않다면 다른 사람에게 손해를 끼치지 않고 어떤 사람들을 더 낫게 하는 거래를 항상 찾을 수 있다.

- 시장 수요곡선과 공급곡선이 그 재화나 서비스의 소비와 생산에서 발생하는 사회적 편익과 비용을 반영하면, 경제적 이윤을 추구하고자 하는 유인으로 인해 한 시장 내의 생산량이 개별 소비자들 사이에 효율적으로 배분될 뿐 아니라, 시장들 간에 자원 이동이 가장 효율적으로 이루어진다. 시장균형에서의 자원배분이 아니면, 다른 사람에게 손해를 끼치지 않으면서 어떤 사람들을 더 낫게 해주는 자원의 재분배가 가능하다.

- 균형의 원리는 누군가 가치 있는 자원을 소유하고 있으면, 그 자원의 시장가격은 그 자원의 경제적 가치를 완전하게 반영하고 있다는 것을 의미한다. 이 원리가 뜻하고 있는 것은 이익을 얻을 수 있는 기회가 결코 없다는 것이 아니라, 시장이 균형 상태에 있으면 그런 기회가 존재하지 않는다는 것이다.

- 총잉여는 시장 참여자들이 시장을 통한 거래에 참여함으로써 얻는 이득의 합으로, 소비자 잉여와 생산자 잉여를 더한 것이다. 시장균형이 갖는 매력적인 성질은 시장이 균형 상태에 있을 경우 총잉여가 극대화된다는 것이다.

- 효율성이 사회 정의와 동일시되어서는 안 된다. 사람들이 소득분배가 공평하지 못하다고 믿으면, 주어진 소득분배에 기초해 수요곡선과 공급곡선이 교차해 얻어지는 시장균형이 비록 효율적이라고 해도 사람들이 좋아하지 않을 것이다.

- 그렇다고 하더라도 효율성은 사람들이 다른 목표를 가능한 한 완전하게 달성하는 데 도움이 되므로 효율성을 추구해야 한다. 시장이 균형 상태에 있지 않으면 경제적 파이는 더 커질 수 있는 여지가 있다. 파이가 커지면 모든 사람들이 더 큰 몫을 가질 수 있다.

- 가격상한, 가격보조금, 선착순에 의한 배분 등과 같이 시장이 균형에 이르지 못하도록 하는 규제나 정책은 종종 저소득층에게 혜택을 준다는 이유로 옹호되기도 한다. 그러나 이 같은 정책은 총잉여를 감소시키므로 부자와 가난한 사람 모두를 더 낫게 하는 정책적 대안을 항상 찾을 수 있다. 저소득층의 문제는 소득이 너무 작다는 것이다. 저소득층이 구매하는 재화의 가격을 통제하는 것보다 저소득층에게 소득을 이전하고 가격은 균형에 돌아가도록 허용하는 정책이 훨씬 더 낫다. 저소득층이 소득이전을 받을 만큼 정치적 파워를 가지지 못한다고 불평하는 사람들은 저소득층이 소득이전보다 훨씬 더 비싼 대가를 치러야 하는 규제를 부과할 수 있는 힘을 가졌는지를 설명해야 한다.

- 비판론자들은 종종 세금이 경제를 비효율적으로 만든다고 불평한다. 수요곡선과 공급곡선이 그 재화의 소비와 생산과 관련된 모든 편익과 비용을 반영하고 있으면, 세금의 부과는 총잉여를 감소시킨다. 그러나 이 시장의 경제적 순손실은 정부가 세금으로 재원을 마련해 공공 서비스를 제공함으로써 얻어지는 경제적 잉여에 의해 상쇄될 수 있다. 최선의 조세는 환경오염을 발생시키는 행동과 같이 사람들이 지나치게 추구하는 행동에 부과하는 것이다. 이 같은 세금은 총잉여를 감소시키지 않고, 경우에 따라서는 증가시키기도 한다.

핵심용어 Key Terms

가격의 배분기능(192)	경제적 지대(201)	진입장벽(200)
가격의 할당기능(192)	명시적 비용(189)	회계적 이윤(189)
경제적 손실(191)	보이지 않는 손 이론(192)	(파레토) 효율성(208)
경제적 순손실(222)	암묵적 비용(189)	
경제적 이윤(초과이윤)(189)	정상이윤(189)	

복습문제 Review Questions

1. 연간 1,000만 달러를 버는 기업의 주인이 어떻게 자신이 버는 경제적 이윤은 0이라고 신빙성 있게 주장할 수 있는가?

2. 1960년대보다 오늘날 라디오 대수는 증가했는데 왜 미국의 많은 도시에서 라디오 수리점의 숫자는 감소했는가?

3. 왜 시장의 힘에 의해 경제적 이윤은 0이 되나 경제적 지대는 0이 되지 않는가?

4. 왜 경제학자들은 공공정책의 중요한 목표로서 효율성을 강조하는가?

5. 여러분이 상원의원으로서 근로자의 경제적 잉여를 연 1억 달러 증가시키는 반면에, 은퇴한 사람의 경제적 잉여를 연 100만 달러 감소시키는 정책에 투표를 하고자 한다. 여러분은 모든 사람이 더 나은 결과를 얻을 수 있도록 하기 위해 이 정책과 더불어 어떤 추가적 조치를 취해야 하는가?

6. 세금 부과로 인해 시장 참여자들이 부담하는 총잉여 감소분은 왜 세금으로 인한 경제적 순손실을 과대평가하는가?

연습문제 Problems

1. 참 또는 거짓: 다음의 문장이 참인지 거짓인지를 설명하라.
   a. "테이블 위에 현금은 없다"는 경제학의 금언은 활용되지 않은 이익을 얻을 수 있는 기회가 결코 존재하지 않는다는 것을 의미한다.
   b. 완전경쟁시장에서 시장이 장기 균형 상태에 있을 때 기업들의 회계적 이윤은 0이다.
   c. 비용 절감의 혁신을 개발한 기업은 단기에서 양의 경제적 이윤을 얻는다.

2. 존은 대학가에서 연수입이 $5,000인 카페를 소유, 운영하고 있다. 연간 비용은 다음과 같다.

임금	$2,000
음식과 음료	500
전기	100
건물 임대료	500
자동차 임대료	150
설비투자의 이자비용	1,000

   a. 존의 회계적 이윤을 계산하라.
   b. 존은 알루미늄캔을 재활용하면 연간 $1,000를 벌 수 있다. 그러나 그는 카페를 운영하는 것을 더 선호한다. 존은 재활용하는 것보다 카페를 운영할 수 있으면 연간 $275를 포기할 용의가 있다. 카페 운영에서 존은 양의 경제적 이윤을 얻고 있는가? 존은 계속해서 카페를 운영해야 하는가? 설명하라.
   c. 카페의 수입과 비용은 그대로이다. 그런데 재활용으로부터 얻을 수 있는 수입이 연간 $1,100로 상승했다. 그래도 카페 운영에서 존은 양의 경제적 이윤을 얻고 있는가? 설명하라.
   d. 존이 기계 구입비용인 연간 이자비용 $1,000를 지불하는 대신 자신의 돈을 투자해서 기계를 샀다고 가정하자. 문항 a와 b에 대한 대답이 어떻게 바뀌는가?
   e. 존이 알루미늄 캔을 재활용해 연간 $1,000를 벌 수 있고 카페를 운영하는 것과 재활용하는 것을 똑같이 선호한다면, 정상이윤을 벌기 위해 카페 수입이 얼마나 더 증가해야 하는가?

3. 한 도시에 200개의 광고회사가 있는데 그 가운데 199개는 연봉 $100,000의 평범한 디자이너를 고용하고 있다. 디자이너에게 연봉을 지불하고 나면 199개의 광고회사들은 정상이윤으로 연간 $500,000를 번다. 그러나 200번째 회사는 특출한 재능이 있는 디자이너인 제이콥을 고용하고 있다. 이 회사는 제이콥 덕분에 연간 $1,000,000의 수입을 올리고 있다.
   a. 제이콥은 얼마를 버는가? 그의 연봉 가운데 경제적 지대는 얼마인가?

b. 왜 제이콥을 고용하고 있는 회사는 양의 경제적 이윤을 얻지 못하는가?

4. 면화재배지역에 거주하는 빈곤한 미숙련 근로자들은 연봉 $6,000의 공장 근로자 혹은 면화 소작농 사이에 선택을 해야 한다. 농부 한 명은 120에이커를 연간 임대료 $10,000를 지불하고 경작할 수 있다. 이렇게 농사를 지으면 연간 $20,000 가치의 면화가 생산된다. 근로비용을 제외한 생산 및 마케팅 비용은 연간 $4,000이다. 한 정치가가 "일하는 사람이 우선권이 있다"라는 슬로건을 앞세우며, 자신이 그가 당선되면 비료, 관개 수리시설 및 마케팅을 지원해서 추가적 비용 없이 현재보다 면화의 생산을 3배로 늘리겠다는 공약을 했다.

a. 이 정책으로 인해 면화의 시장가격이 영향을 받지 않고 또한 면화재배 산업에 새로운 직업이 창출되지 않는다면, 이 정책이 단기에서 면화 소작농의 소득에 어떤 영향을 미치겠는가? 장기에서는 어떠한가?

b. 이 정책에 의한 혜택이 장기적으로 누구에게 돌아가는가? 이 사람들이 받는 연간 혜택은 얼마인가?

5. 한 도시의 중고 DVD에 대한 1주 동안의 수요곡선과 공급곡선이 다음과 같다. 다음을 계산하라.

a. 소비자 잉여

b. 생산자 잉여

c. DVD를 사거나 팔기 위해 생산자와 소비자 전체가 지불할 용의가 있는 최대 금액

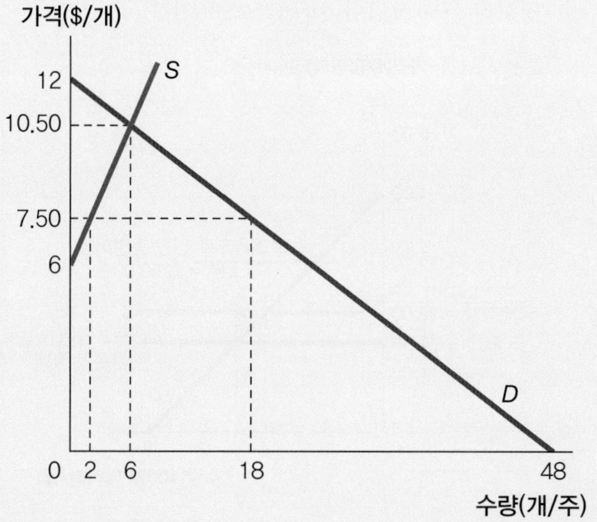

6. 5번 문제에서 고등학교 학생들이 힘을 합쳐 DVD 생산자들이 지나치게 높은 가격으로 십대들로부터 폭리를 취하고 있다고 지방정부를 설득해 중고 DVD에 $7.5의 가격상한이 부과되었다고 가정하자.

a. 이 정책으로 인한 초과수요를 계산하라.

b. 가격상한으로 인해서 발생하는 경제적 손실을 계산하라.

7* 작은 섬나라의 정부가 난방용 기름을 갤런당 $2의 가격으로 수입해 국민들에게 갤런당 $1에 판매하고 있다. 이 나라의 난방유 수요곡선은 $P=6-Q$이다. P는 갤런당 달러로 표시한 가격이고, Q는 수요량으로 연간 100만 갤런으로 측정한다. 정부의 이 같은 정책으로 인한 경제적 손실은 얼마인가?

8* 7번 문제에서 이 나라의 100만 가구가 난방유에 대해 동일한 수요곡선을 가지고 있다.

a. 각 가구의 개별 수요곡선을 구하라.

b. 각 가구의 소득에 다른 변화가 없다고 가정하고 난방유 가격이 갤런당 $1에서 $2로 상승하면, 각 가구의 소비자 잉여의 감소분은 얼마인가?

c. 난방유 가격을 보조해 주지 않음으로써 절약할 수 있는 돈으로 정부는 각 가정의 세금을 얼마나 깎아줄 수 있는가?

d. 정부가 난방유 보조 정책을 포기하고 대신에 세금을 깎아 주었을 때 각 가구는 얼마나 더 나아지는가?

9. 한 재화의 수요곡선은 $P=8-Q$, 공급곡선은 $P=2+Q$이다. 수량은 1,000개, 가격은 달러로 측정한다.

a. 시장에서 창출되는 총잉여를 구하라.

b. 단위당 $2의 세금을 생산자로부터 징수하고자 한다. 세금 부과의 결과 생산자와 소비자의 총잉여 감소분은 얼마인가?

c. 정부의 조세수입은 얼마인가? 이 시장의 조세수입이 다른 시장에서 생산자와 소비자가 납부해야 하는 세금을 그만큼 줄여준다면, 세금 때문에 발생하는 경제적 순손실은 얼마인가?

본문 개념체크 해답 Answers to Concept Checks

7.1 아래의 표에서 보듯이 펏지의 회계적 이윤은 연간 수입인 $20,000에서 토지, 장비, 기타 용품에 대한 연간 비용인 $10,000를 뺀 연간 $10,000이다. 매니저로 일하면 연간 $10,000를 벌 수 있으므로 회계적 이윤에서 자신의 노동에 대한 기회비용을 빼면 경제적 이윤은 연간 −$1,000이다. 이전과 같이 그의 정상이윤은 자신의 노동에 대한 기회비용인 연간 $11,000이다. 회계사는 펏지가 연간 $10,000의 이윤을 벌고 있다고 말하겠지만 이 금액은 펏지의 정상 이윤보다 작다. 그러므로 경제학자는 펏지가 연간 $1,000의 경제적 손실을 입고 있다고 말한다. 펏지가 두 일에 대해 무차별하므로, 농사를 짓지 않고 매니저 일을 하는 것이 연간 $1,000만큼 더 낫다.

총수입 ($/년)	명시적 비용 ($/년)	암묵적 비용 ($/년)	회계상 이윤 (=총수입−명시적 비용) ($/년)	경제적 이윤 (=총수입−명시적 비용−암묵적 비용) ($/년)	정상이윤 (=암묵적 비용) ($/년)
20,000	10,000	11,000	10,000	−1,000	11,000

7.2 고속도로의 각 차선에서 차들이 달리는 속도가 다르면 천천히 달리는 차선에 있는 운전자는 빨리 달리는 차선으로 옮김으로써 시간을 절약할 수 있다. 각 차선의 운전 속도가 동일해질 때까지 운전자들이 차선을 이동할 것이다.

7.3 갤런당 가격이 50센트이면 하루 4,000갤런의 초과수요가 존재한다. 생산자가 한계비용인 갤런당 50센트를 지불하고 우유 1갤런을 추가적으로 생산해서 유보가격이 갤런당 $2.5로 가장 높은 소비자에게 $1.5에 팔았다고 가정하자. 이 경우 소비자와 생산자 모두 $1의 추가적인 경제적 잉여를 얻는다. 거래에 참여하지 않는 그 외의 다른 소비자나 생산자는 손해 보지 않는다.

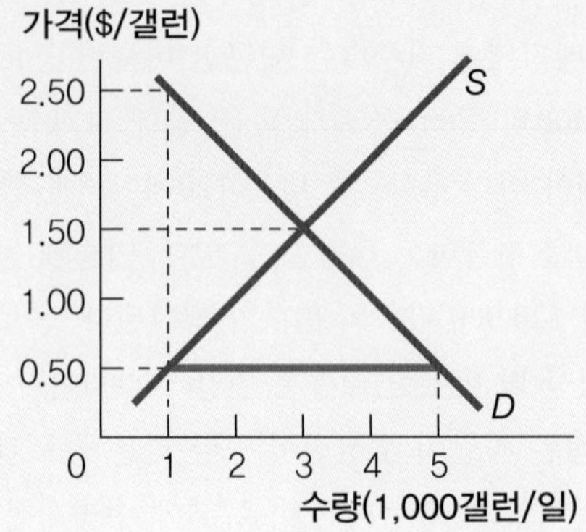

7.4 아래의 그림에서 보듯이 새로운 총잉여의 감소분은 하루 $200이다.

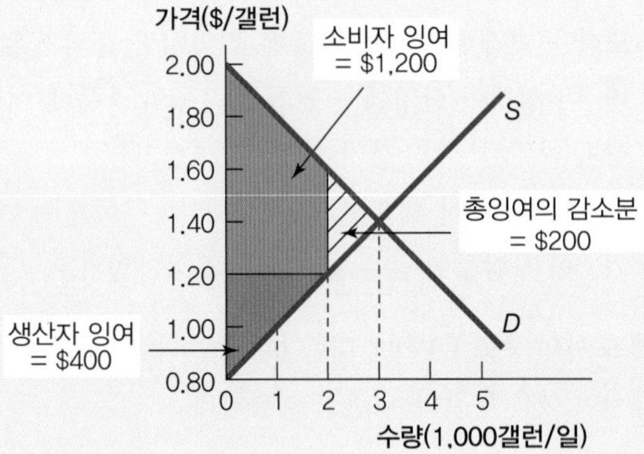

7.5 덩어리당 $0.5의 보조금이 지급되면 새로운 국내가격은 덩어리당 $1.5이다. 새로운 총잉여의 감소분은 아래 그림에서 음영 처리된 작은 삼각형의 면적으로 (1/2)×100만 덩어리×($0.5/덩어리)=$250,000이다.

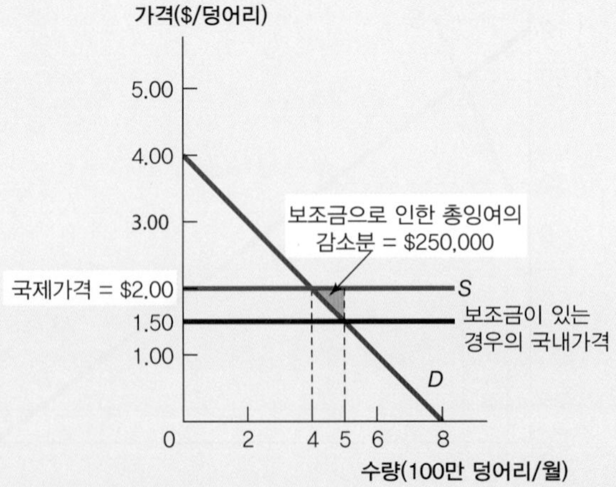

제 8 장

독점시장, 과점시장, 독점적 경쟁시장

독점기업은 거의 항상 할인쿠폰을 보낼 용의가 있거나 싸게 사기 위해 다른 불편함을 감수할 용의가 있는 소비들에게는 할인 가격을 적용한다.

수 년 전에 전국의 어린 학생들이 매직이라는 게임에 몰두한 적이 있었다. 매직게임을 하려면 그 게임의 제작자로부터만 구할 수 있는 매직카드 한 벌이 필요하다. 일반 상점에서 $1~2에 살 수 있는 일반카드와 달리 매직카드 한 벌은 $10 이상에 팔린다. 매직카드 제작비용은 일반카드와 다르지 않으므로 매직카드를 만드는 생산자는 엄청난 경제적 이윤을 얻는다.

완전경쟁시장에서 기업들은 이 같은 경제적 이윤을 테이블 위의 현금이라고 생각한다. 매직카드 시장이 완전경쟁시장이었다면 매직카드를 약간 낮은 가격에 더 많이 팔고자 하므로 궁극적으로 일반카드와 마찬가지로 생산비용에 해당하는 가격으로 팔았을 것이다. 그러나 매직카드가 시장에서 수년 동안 팔렸으나 이 같은 일은 일어나지 않았다. 그 이유는 매직카드는 저작권 보호를 받고 있기 때문이었다. 이 게임을 만든 사람은 정부가 부여한 매직카드 독점판매권을 가지고 있다.

저작권을 가지고 있는 기업은 적어도 어느 정도 자신의 제품 가격에 영향력을 행사할 수 있는 능력을 가진 **불완전경쟁기업**(imperfectly competitive firm) 혹은 **가격설정자**

불완전경쟁기업(가격설정자)
자신의 제품 가격 결정에 어느 정도 영향력을 행사할 수 있는 기업

생산비용에는 차이가 없는데 왜 매직카드는 일반 카드보다 10배 이상 비싸게 팔리는가?

(price setter)의 한 예이다. 반면에 완전경쟁기업은 자신의 제품 가격에 아무런 영향력을 행사할 수 없는 가격수용자이다.

본장에서는 불완전경쟁기업이 존재하는 시장이 완전경쟁시장과 어떻게 다른 방식으로 작동하는지를 알아본다. 가장 두드러진 차이는 불완전경쟁기업은 적절한 상황하에서 생산비용 이상으로 가격을 설정할 수 있는 능력을 가지고 있다는 것이다. 그러나 매직카드 생산자가 자신이 원하는 가격을 마음대로 설정할 수 있다면 왜 한 벌에 $100, $1,000가 아닌 $10만 책정했는가? 본장에서는 아무리 이 회사가 혼자 매직카드를 팔 수 있다고 하더라도 가격을 임의대로 결정할 수는 없음을 알게 된다. 또한 불완전경쟁기업이 장기에서도 저작권과 같은 정부의 보호 없이도 어떻게 양의 경제적 이윤을 얻을 수 있는지 살펴본다. 그리고 불완전경쟁기업이 존재하면 왜 아담 스미스의 보이지 않는 손이 잘 작동하지 않는지도 살펴본다.

8.1 완전경쟁시장 vs. 불완전경쟁시장

완전경쟁시장은 가장 이상적인 시장이다; 현실에서 접하는 실제 시장은 완전경쟁시장과 여러 측면에서 차이가 있다. 경제학 교과서는 불완전경쟁시장을 대개 다음과 같이 세 종류로 구별한다. 다소의 자의성은 있지만 이 같은 분류는 현실 시장을 분석하는 데 매우 유용하다.

8.1.1 여러 형태의 불완전경쟁시장

순수 독점시장

순수 독점시장
유사한 대체재가 존재하지 않는 제품을 한 기업만이 생산하는 시장 구조

완전경쟁시장과 가장 멀리 떨어져 있는 시장은 한 기업이 유일한 생산자인 **순수 독점시장**(pure monopoly)이다. 매직카드의 생산자는 여러 전력 판매사와 같이 순수 독점기업(pure monopolist)이다. 마이애미 주민들은 플로리다 전력회사로부터 전기를 구매하지 않으면 전기 없이 살아야 한다. 완전경쟁시장과 독점의 두 극단 사이에 다양한 형태의 불완전경쟁시장이 존재한다. 여기서는 다음의 두 가지 불완전경쟁시장을 살펴본다: 독점적 경쟁시장과 과점시장.

독점적 경쟁시장

독점적 경쟁시장
많은 기업이 비슷하지만 어느 정도 차별화된 제품을 생산하는 시장 구조

독자들은 제 6장에서 완전경쟁시장의 공급곡선을 설명할 때 완전경쟁시장에서는 많은 기업들이 완전 대체재인 제품들을 생산한다는 것을 기억할 것이다. 이와는 반대로 **독점적 경쟁시장**(monopolistic competition)은 많은 기업들이 유사하지만 대체성이 완전하지 않은 제품들을 생산하는 시장을 의미한다. 여러 기업들의 제품은 많은 면에서 매우 유사하다. 그러나 이들 제품은 어떤 소비자들 눈에는 서로 차별되는 특성을 지

닌다. 독점적 경쟁시장은 진입과 퇴출에 심각한 장벽이 존재하지 않는다는 점에서 완전경쟁시장과 공통점을 가지고 있다.

각 지역의 주유소들이 독점적 경쟁시장의 한 예이다. 여러 주유소에서 팔리는 휘발유는 화학적으로 거의 동일하다. 그러나 주유소의 위치는 많은 소비자에게 매우 중요한 특성이다. 편의점 또한 독점적 경쟁시장의 또 다른 예이다. 한 편의점에서 취급하는 대부분의 제품을 다른 편의점도 동일하게 취급하지만 각 편의점의 제품 리스트는 완벽하게 동일하지 않다. 예를 들어, 어떤 편의점은 핸드폰의 심카드와 복권을 판매하지만 다른 편의점은 영화가 들어있는 플래쉬 드라이브를 판매한다. 주유소와 비교해 편의점의 위치는 더 중요한 차별화된 특성이다.

완전경쟁기업이 조금이라도 현재의 시장가격보다 높게 가격을 책정하면 그 기업은 전혀 제품을 팔 수 없다. 그러나 독점적 경쟁시장에서는 상황이 다르다. 독점적 경쟁기업은 경쟁기업의 제품과 완전한 대체재를 생산하는 것이 아니므로 경쟁기업보다 약간 높게 가격을 책정하더라도 모든 소비자를 다 빼앗기지는 않는다.

그렇다고 독점적 경쟁기업들이 장기에서 양의 경제적 이윤을 얻는 것은 아니다. 새로운 기업들이 자유롭게 진입할 수 있으므로 이 점에서 독점적 경쟁시장은 완전경쟁시장과 본질적으로 동일하다. 기존의 독점적 경쟁기업들이 현재의 가격에서 양의 경제적 이윤을 얻고 있으면 새로운 기업은 이 시장에 진입할 유인을 가진다. 많은 기업들이 제한된 소비자 풀을 놓고 경쟁하므로 가격 하락의 압력이 발생한다.[1] 양의 경제적 이윤이 존재하는 한 진입이 계속해 발생하고 따라서 가격은 더욱 하락한다. 반대로 독점적 경쟁기업들이 경제적 손실을 입고 있으면 몇몇 기업은 시장에서 퇴출하기 시작할 것이다. 계속적으로 경제적 손실을 입는 한 퇴출이 계속되고 가격은 상승한다. 그러므로 장기 균형에서 독점적 경쟁시장의 기업들은 완전경쟁시장의 기업들과 본질적으로 동일하다: 모든 기업이 0의 경제적 이윤을 얻는다.

독점적 경쟁기업들이 단기에서 자신들의 제품 가격을 변화시킬 수 있는 능력을 갖지만, 가격은 이들 기업이 직면하는 가장 중요한 전략적 결정은 아니다. 훨씬 더 중요한 문제는 자신들의 제품을 경쟁기업의 제품과 어떻게 차별화시키는가 하는 것이다. 제품을 가능한 한 경쟁 제품과 유사하게 만들 것인가? 또는 가능하면 전혀 다르게 만들 것인가? 아니면 중간쯤 어딘가에 맞추어 만들 것인가? 이 질문에 대한 대답은 기업들의 전략적 의사 결정을 설명하는 제 9장에서 살펴본다.

과점시장

완전경쟁시장과 순수 독점시장 사이에 소수의 대기업이 생산하는 **과점시장**(oligopoly)이 위치한다. 곧 살펴보겠지만 대규모 생산에서 발생하는 비용상의 우위는

과점시장
소수의 대규모 기업이 비슷하거나 혹은 완전한 대체재를 생산하는 시장 구조

1 Edward Chamberlin, *The Theory of Monopolistic Competition* (Cambridge, MA: Harvard University Press, 1판 1933, 8판 1962), Joan Robinson, *The Economics of Imperfect Competition* (London: Macmillan, 1판 1933, 2판 1969) 참조.

순수 독점시장의 중요한 이유 가운데 하나이다. 과점시장은 소규모 기업이 효과적으로 경쟁할 수 없는 비용상의 우위 때문에 나타나기도 한다.

때로 과점기업들은 차별화되지 않은 제품을 판매한다. 예를 들어, 이동통신 서비스 시장의 경우 AT&T, 버라이존(Verizon), 그리고 스프린트(Sprint)가 제공하는 서비스는 본질적으로 동일하다. 시멘트 사업은 본질적으로 차별화되지 않은 제품을 판매하는 과점시장의 또 다른 예이다. 과점시장에서 기업들의 가장 중요한 전략적 결정은 제품의 차별되는 특성을 개발하는 것보다는 가격 결정과 광고를 어떻게 할 것인가가 될 가능성이 높다. 과점시장에서 기업들의 의사 결정도 제 9장에서 보다 자세하게 설명하기로 한다.

자동차 시장이나 담배 시장과 같은 경우 과점기업들은 제품의 차이가 소비자 수요에 중요한 영향을 미친다는 의미에서 독점기업보다는 독점적 경쟁기업에 더 가깝다. 예를 들어, 오랫동안 포드 자동차를 구매해온 소비자들은 쉐비 자동차를 살 생각조차 하지 않을 것이며, 카멜을 피우던 흡연자들은 거의 말보로로 바꾸지 않을 것이다. 차별화되지 않은 제품을 생산하는 과점기업과 마찬가지로 제품의 차별성이 중요한 과점시장에서도 가격 결정과 광고는 매우 중요한 전략적 결정이다. 그러나 제품의 특성 결정도 중요한 전략적 결정 사항이다.

대규모 생산에서 발생하는 비용상의 우위가 과점시장에서 매우 중요하므로 진입과 퇴출로 인해 경제적 이윤이 0으로 떨어진다고 단정할 수 없다. 예를 들어, 현재 경제적 이윤을 얻고 있는 두 기업이 생산하고 있는 과점시장을 생각해 보자. 새로운 기업이 진입할 것인가? 가능은 하지만 기존의 두 기업이 누리고 있는 비용상의 우위를 누릴 정도의 규모로 제 3의 기업이 진입하면, 기업들의 생산용량이 시장 전체의 수요를 초과해 가격이 매우 낮아지므로 모든 기업이 경제적 손실을 볼 수 있다. 그러나 과점기업들이 항상 양의 경제적 이윤을 얻으리라는 보장은 없다.

다음 절에서 보겠지만 완전경쟁기업과 구별되는 불완전경쟁기업의 특징은 세 시장 구조 모두에서 동일하다. 그러므로 본 장 전체에서 **독점기업**(monopolist)이라는 용어를 세 종류 모두의 불완전경쟁기업을 지칭하는 것으로 사용하기로 한다. 제 9장에서는 과점기업과 독점적 경쟁기업이 직면하는 전략적 의사결정을 더 자세하게 살펴본다.

8.1.2 완전경쟁기업과 불완전경쟁기업 간의 본질적 차이

경제학 고급과목에서 교수들은 일반적으로 여러 형태의 불완전경쟁기업 행동의 미묘한 차이를 설명하는 데 많은 시간을 할애한다. 그러나 본서에서는 완전경쟁기업과 구별되는, 모든 불완전경쟁기업에 공통적인, 한 가지 특징에 초점을 맞춘다—**완전경쟁기업은 완전 탄력적인 수요곡선을 가지고 있는 반면에, 불완전경쟁기업은 우하향하는 수요곡선을 가지고 있다.**

완전경쟁시장에서는 수요곡선과 공급곡선이 교차하는 점에서 시장 균형가격이 결정된다. 이 가격에서 완전경쟁기업은 원하는 만큼을 팔 수 있다. 완전경쟁기업은 시장

가격보다 높게 책정하면 전혀 팔 수 없으므로 시장가격보다 높게 책정할 유인이 없다. 또한 시장가격에서 원하는 만큼 팔 수 있으므로 시장가격보다 낮게 책정할 유인도 없다. 그러므로 제6장에서 보았듯이 완전경쟁기업의 수요곡선은 시장가격에서 수평선이 된다.

스테이트가와 메도우가가 만나는 곳에 있는 수노코 주유소가 휘발유 가격을 갤런당 3센트 올리면, 손님들이 다 다른 곳에서 주유하는가?

반면에 불완전경쟁기업인 동네 주유소가 경쟁기업보다 갤런당 몇 페니 더 비싸게 가격을 책정하면 일부 소비자들은 다른 주유소로 옮길 것이다. 그러나 다른 소비자들은 아마도 가장 편리한 곳에 위치한 주유소에서 휘발유를 넣기 위해 약간 더 비싼 가격을 지불할 용의가 있으므로 계속해 그 주유소를 찾을 것이다. 그러므로 불완전경쟁기업이 직면하는 수요곡선은 우하향한다. **그림 8.1**은 완전경쟁기업과 불완전경쟁기업이 직면하는 수요곡선의 차이를 요약해서 보여준다.

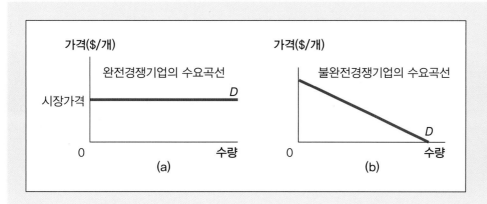

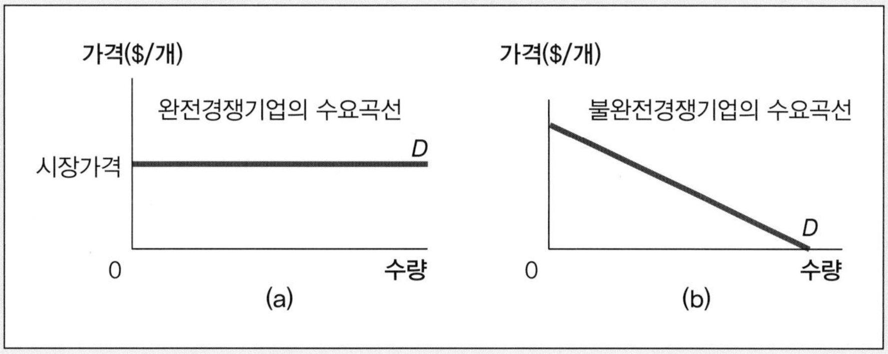

그림 8.1

완전경쟁기업과 불완전경쟁기업의 수요곡선

완전경쟁기업의 수요곡선은 시장가격에서 완전 탄력적인 수평선이다.(a)
불완전경쟁기업의 수요곡선은 우하향한다.(b)

요약 **완전경쟁과 불완전경쟁**

독점적 경쟁시장은 소규모의 많은 기업들이 비슷한 제품들을 생산하지만 적어도 몇몇 소비자에게는 완전한 대체재가 아닌 제품을 생산하는 시장 구조이다. 독점적 경쟁시장은 자유로운 진입과 퇴출로 인해 경제적 이윤이 장기에서 0이 된다는 점에서 완전경쟁시장과 동일하다.

과점시장은 소수의 대규모 기업이 전체 시장의 수요량을 생산하는 시장 구조이다. 대규모 생산에서 기인하는 비용상의 우위가 매우 중요한 역할을 한다. 과점기업은 표준화된 동일한 재화 혹은 차별화된 재화를 생산한다.

형태는 다르지만 불완전경쟁기업이 당면하는 시장수요곡선은 우하향한다. 반면에 완전경쟁기업의 수요곡선은 현재의 가격에서 수평이다.

8.2 시장지배력의 다섯 가지 원천

시장지배력
판매량 전체를 잃지 않고도 가격을 올릴 수 있는 기업의 능력

우하향하는 수요곡선을 가진 기업들은 **시장지배력**(market power)을 가진다고 말한다. 시장지배력이란 가격을 결정할 수 있는 능력을 의미한다. 시장지배력을 가진 기업이 원하는 가격으로 원하는 양만큼을 팔 수 있다는 것은 잘못된 생각이다. 시장지배력을 가진 기업이라도 그렇게 할 수는 없다. 시장지배력을 가진 기업이 할 수 있는 것은 수요곡선상의 가격-수량 조합만을 선택할 수 있을 뿐이다. 가격을 올리고자 하면 수량을 줄여야 한다.

왜 어떤 기업은 시장지배력을 가지고 있고 어떤 기업은 가지고 있지 못한가? 시장지배력을 가지고 있으면 가격을 생산비용보다 높게 책정할 수 있으므로 시장지배력은 경쟁을 제한하는 요인으로부터 발생한다. 현실에서는 다음과 같은 다섯 가지 요인이 시장지배력의 원천이다: 핵심 생산요소의 배타적 지배, 특허와 저작권, 정부의 인허가권 또는 프랜차이즈, 규모의 경제, 그리고 네트워크 외부성.

핵심 생산요소의 배타적 지배

한 기업이 핵심 생산요소를 지배할 수 있으면 그 기업은 시장지배력을 가질 수 있다. 예를 들어, 사람들이 미국에서 가장 높은 건물에 사무실을 얻기 위해 어느 정도 프리미엄을 지불할 용의가 있으므로, 가장 높은 건물인 원 월드 트레이드 센터(One World Trade Center)의 주인은 시장지배력을 가질 수 있다.

특허와 저작권

특허권(patents)은 새로운 제품의 발명자 혹은 개발자에게 그 제품을 일정 기간 동안 혼자 생산, 판매할 수 있는 배타적 권리를 제공한다. 특허권으로 인해 일정 기간 동안 경쟁이 없으므로 특허권 소유자는 개발비용을 회수하기 위해 높은 가격을 책정할 수 있다. 예를 들어, 제약회사가 신약 개발에 수백만 달러를 투자하는 것은 심각한 질병에 대한 새로운 치료약을 개발하기 위함이다. 제약회사가 개발한 신약은 정부의 특허에 의해 일정 기간 동안—미국의 경우 20년—경쟁으로부터 보호를 받는다. 특허 기간 동안에는 특허권을 가진 사람만이 합법적으로 신약을 팔 수 있다. 이 같은 법적 보호하에서 특허권 소유자는 개발비용을 회수하기 위해 한계비용보다 높게 가격을 책정한다. 마찬가지로 저작권(copyright)도 영화, 소프트웨어, 음악, 저서와 기타 출판물의 저자들을 경쟁으로부터 보호한다.

정부의 인허가권 또는 프랜차이즈

요세미티 휴양서비스 회사는 미국 정부로부터 요세미티(Yosemite) 국립공원의 통나무집과 휴양시설 운영에 대한 배타적 권리를 부여받았다. 이 같은 독점권(franchise)

을 정부가 부여하는 목적 가운데 하나는 가능한 최대로 이 지역을 야생 상태 그대로 보존하기 위함이다. 실제로 요세미티 휴양서비스 회사가 운영하는 숙박시설과 통나무집은 요세미티 경관과 매우 잘 어울린다. 여러 회사들이 여행객을 잡기 위해 경쟁하는 지역과는 달리 요세미티 국립공원에서는 경관을 해치는 번쩍이는 네온사인을 찾아볼 수 없다.

규모의 경제와 자연독점

기업이 모든 생산요소를 두 배로 늘릴 때 산출량은 어떻게 변하겠는가? 산출량도 정확히 두 배 증가하면 이 기업의 생산기술은 **규모에 대한 보수 불변**(constant returns to scale)이라고 말한다. 산출량이 두 배보다 더 늘어나면 생산기술은 **규모에 대한 보수 체증**(increasing returns to scale) 혹은 **규모의 경제**(economies of scale)가 있다고 말한다. 생산에 규모의 경제가 작용하면 산출량이 증가할 때 평균비용은 감소한다. 예를 들어, 발전설비의 경우 대형 발전기를 사용하면 단위당 생산비용, 즉 평균비용은 줄어든다. 규모의 경제가 작용하는 제품을 여러 기업이 나누어 생산하면 평균비용이 매우 높아지므로 한 개의 기업 혹은 소수의 기업에 의해 생산이 이루어지는 경향이 강하다. 규모의 경제에 의해 독점이 되는 경우를 **자연독점**(natural monopoly)이라고 부른다.

규모에 대한 보수 불변
모든 생산요소를 같은 비율로 증가시킬 때, 산출량도 동일한 비율로 증가하는 경우

규모에 대한 보수 체증(규모의 경제)
모든 생산요소를 같은 비율로 증가시킬 때, 산출량이 그 비율보다 많이 증가하는 경우

자연독점
규모의 경제 때문에 발생하는 독점

네트워크 외부성

대부분의 사람들은 다른 사람들이 어떤 회사의 치석 제거실을 사용하는지에는 관심을 갖지 않지만, 많은 사람들이 그 재화를 사용하면 할수록 그 재화의 이용자에게 더 큰 편익을 제공하는 재화들이 많이 있다. 예를 들어, 가정용 비디오를 보면, VHS방식이 Beta방식을 이길 수 있었던 이유는 화질이 더 선명해서가 아니다. 비디오 기술에 있어서 가장 중요한 요인인 화질에 관한 한 전문가들은 Beta방식이 VHS방식보다 더 뛰어나다고 평가한다. 그럼에도 불구하고 VHS방식이 승리한 이유는 VHS방식이 한 시간 이상을 녹화할 수 없었던 초기 Beta방식보다 판매에서 약간의 우위를 점했기 때문이다. 이후에 Beta방식이 이 같은 약점을 보완했지만 이미 VHS방식의 우위를 뒤집기에는 역부족이었다. VHS방식을 소유한 소비자 비율이 일정 비율을 넘어서면서 VHS방식을 선택하는 것은 필수적이 되었다. 임대 비디오의 다양성과 가용성, 고장시 수리점 접근성, 친구들과 테이프를 교환하는 것 등등에 있어 Beta방식이 VHS방식을 따라올 수 없게 되었다. 그러나 VHS방식의 승리도 일시적이었다. 곧바로 DVD 또는 DVR이 비디오플레이어를 거의 전부 대체했다.

이와 유사한 네트워크 외부성(network externality)은 현재 PC의 90% 이상에 탑재되고 있는 마이크로소프트의 윈도우가 운영체계에서 지배적 위치를 점하게 된 이유를 설명할 수 있다. 마이크로소프트가 초기 판매에서 다소 우월했으므로 소프트웨어 개발자들은 윈도우 포맷으로 소프트웨어를 개발할 강력한 유인을 가지게 되었다. 그 결과 윈

도우에서 돌아가는 소프트웨어의 종류는 다른 경쟁 운영체제보다 훨씬 많고 다양하다. 워드프로세서나 스프레드 쉬트와 같은 범용성 소프트웨어는 다양한 운영체계에서 돌아가나, 특수한 전문가용 소프트웨어나 게임들은 최우선적으로 혹은 윈도우용으로만 개발된다. 많은 애플 매킨토시 사용자들은 매킨토시 운영체계가 윈도우보다 더 우월하다고 믿지만 소프트웨어의 다양성과 다른 사람과 파일의 호환성 때문에 많은 사람들은 윈도우를 선택한다. 그러나 최근에 매킨토시가 다시 살아난 것에서 보듯이 네트워크 외부성에 기인한 우월적 지위는 영구적인 것은 아니다.

시장지배력의 여러 원천 가운데 가장 중요하고 그 효과가 지속적인 것이 규모의 경제와 네트워크 외부성이다. 경제적 이윤을 추구하기 위해 기업들은 배타적 생산요소를 대체할 수 있는 생산요소를 찾는다. 가장 높은 빌딩을 지어 임대함으로써 충분한 이익을 얻을 수 있으면 부동산 개발업자들은 뉴욕의 원 월드 트레이드 센터보다 더 높은 건물을 지을 것이다. 마찬가지로 기업들은 제품 디자인을 약간 변형함으로써 특허권 침해에 대한 시비를 피한다. 특허권 보호는 모든 경우 일시적일 뿐이다. 정부가 매년 부여하는 독점권의 수는 매우 적다. 그러나 규모의 경제는, 비록 극복하지 못할 것은 아니지만, 그 여파가 크고 효과가 지속적이다.

확고하게 확보된 네트워크 외부성은 규모의 경제와 마찬가지로 자연독점의 지속적인 원천이 될 수 있다. 네트워크 외부성이 소비자에게 매우 중요한 가치를 지닐 경우 사용자가 늘어날수록 제품의 품질 또한 향상된다. 따라서 생산량이 늘어날수록 주어진 품질 수준을 더 저렴한 비용으로 생산할 수 있다고 말할 수 있다. 그러므로 네트워크 외부성도 생산에 있어서 다른 형태의 규모의 경제라고 볼 수 있다. 본서에서는 네트워크 외부성을 규모의 경제의 한 형태로 간주한다.

요약 **시장지배력의 다섯 가지 원천**

시장 전체를 잃지 않으면서 가격을 올릴 수 있는 기업의 능력은 핵심 생산요소의 배타적 지배, 특허와 저작권, 정부의 인허가권 또는 프랜차이즈, 규모의 경제, 그리고 네트워크 외부성에서 발생한다. 이 가운데 가장 중요하고 그 효과가 지속적인 것이 규모의 경제와 네트워크 외부성이다.

8.3 규모의 경제와 초기투자비용의 중요성

완전경쟁기업의 공급곡선을 설명한 제 6장에서 보았듯이 가변비용은 산출량 수준에 따라 변하는 비용인 반면에 고정비용은 산출량과 무관한 비용이다. 엄밀하게 말하면 장기에서는 모든 생산요소가 가변요소이므로 고정비용은 존재하지 않는다. 그러나 실제적으로 **초기투자비용**(start-up cost)이 한 제품의 전체 생산 주기에 걸쳐 매우 큰 경우가 있다. 예를 들어, 소프트웨어 생산에 발생하는 비용의 대부분은 초기투자비용으로, 소프트웨어 개발 및 테스트를 위해 일회성으로 발생하는 비용이다. 이 작업이 끝나면 소프트웨어 복제품을 하나 더 만드는 한계비용은 매우 저렴하다. 초기투자비용이 매우 크지만 가변비용은 매우 작은 소프트웨어와 같은 제품은 규모의 경제가 매우 크게 작용한다. 정의상 고정비용은 산출량이 증가할 때 변하지 않으므로, 산출량이 증가할 때 평균비용은 매우 급하게 감소한다.

예를 들어 한 제품의 총비용이 $TC=F+M\times Q$와 같은 경우를 살펴보자. F는 고정비용, M은 한계비용(편의상 일정하다고 가정한다), 그리고 Q는 산출량이다. 비용함수가 이 같은 경우 가변비용은 $M\times Q$로 한계비용과 수량을 곱한 것이다. 평균 총비용 $ATC(=TC/Q)$는 $(F/Q)+M$이다. Q가 증가하면 고정비용이 더 많은 산출량으로 분산되므로 평균 총비용은 계속해 감소한다.

그림 8.2는 총비용곡선이 $TC=F+MQ$이고 평균 총비용곡선이 $ATC=(F/Q)+M$인 총비용곡선(a)과 평균 총비용곡선(b)을 보여주고 있다. **그림 8.2(b)**는 산출량이 증가하면 평균 총비용이 감소함을 보여준다. 평균 총비용이 항상 한계비용보다 크지만, 산출량이 늘어날 때 두 비용의 차이는 점점 작아진다. 산출량이 매우 크면 평균 총비용은 한계비용(M)과 매우 비슷하다. 산출량이 매우 크면 고정비용이 분산되므로 평균 고정비용은 무시할 만큼 작아진다.

예 8.1과 **예 8.2**는 규모의 경제의 크기가 고정비용이 한계비용과 비교해 얼마나 큰가에 달려있음을 보여준다.

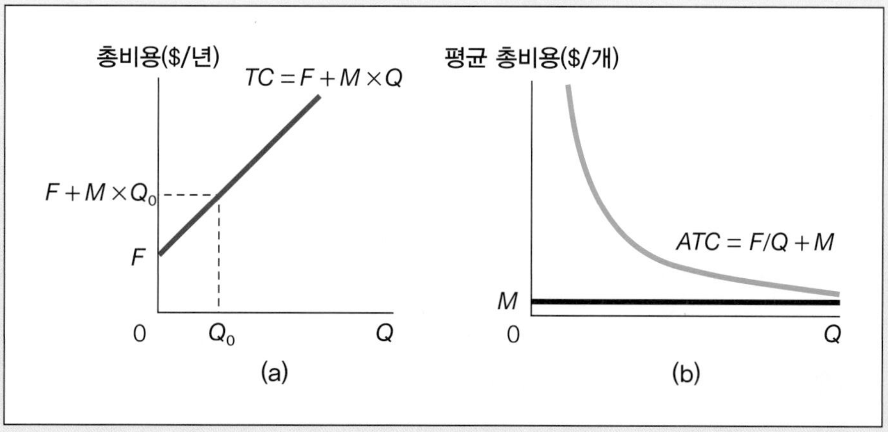

그림 8.2

규모의 경제가 있을 때 총비용곡선과 평균 총비용 곡선
총비용곡선이 $TC=F+M\times Q$일 때 총비용은 산출량이 증가할 때 일정한 크기로 증가하지만(a), 평균 총비용은 감소한다(b). 평균 총비용은 항상 한계비용보다 크나, 산출량이 증가하면 그 차이는 감소한다.

규모의 경제-초기 투자비용이 작은 경우 　예 8.1

비디오 게임 제작사인 닌텐도와 소니의 각각 게임당 고정비용은 $200,000, 한계비용은 $0.8이다. 닌텐도가 연간 100만 대, 소니는 연간 120만 대를 생산하면, 소니의 평균 총비용은 닌텐도와 비교해 얼마나 더 낮은가?

표 8.1 두 컴퓨터 게임 생산자의 비용(I)

	닌텐도	플레이스테이션
연간 산출량	1,000,000	1,200,000
고정비용	$200,000	$200,000
가변비용	$800,000	$960,000
총비용	$1,000,000	$1,160,000
평균 총비용	$1.00	$0.97

표 8.1은 두 기업의 여러 비용에 대한 자료를 요약해서 보여준다. 마지막 행을 보면 소니는 닌텐도보다 평균 총비용에서 단지 3센트의 우위만을 가지고 있다. 고정비용이 전체 생산비용에서 차지하는 부분이 크지 않으므로 닌텐도가 소니보다 20% 덜 생산하고 있음에도 비용상의 열위는 그리 크지 않다.

그러나 고정비용이 한계비용보다 매우 크면 상황은 크게 달라진다.

예 8.2 규모의 경제-초기 투자비용이 큰 경우

비디오 게임 제작사인 닌텐도와 소니의 각각 게임당 고정비용은 1,000만 달러, 한계비용은 $0.2이다. 닌텐도가 연간 100만 대, 소니는 연간 120만 대를 생산하면, 소니의 평균 총비용은 닌텐도와 비교해 얼마나 더 낮은가?

표 8.2는 두 기업의 여러 비용에 대한 자료를 요약해 보여준다. 마지막 행을 보면 소니는 닌텐도보다 평균총비용에서 $1.67의 우위를 가지고 있어 **예 8.1**보다 비용상의 우위가 매우 크다.

두 기업이 생산하는 비디오 게임이 본질적으로 동일하다면 소니는 더 낮은 가격을 책정하더라도 비용을 충당할 수 있으므로 닌텐도 고객을 빼앗아올 수 있다. 시장이 점점 소니 쪽으로 쏠릴수록 비용상의 우위는 자기 강화적(self-reinforcing)이 된다. **표 8.3**은 50만 대의 수요가

표 8.2 두 컴퓨터 게임 생산자의 비용(II)

	닌텐도	플레이스테이션
연간 산출량	1,000,000	1,200,000
고정비용	$10,000,000	$10,000,000
가변비용	$200,000	$240,000
총비용	$10,200,000	$10,240,000
평균 총비용	$10.20	$8.53

표 8.3 두 컴퓨터 게임 생산자의 비용(Ⅲ)

	닌텐도	플레이스테이션
연간 산출량	500,000	1,700,000
고정비용	$10,000,000	$10,000,000
가변비용	$100,000	$340,000
총비용	$10,100,00	$10,340,000
평균 총비용	$20.20	$6.08

닌텐도에서 소니로 이동하면 닌텐도의 평균 총비용은 $20.20로 증가하는 반면에, 소니의 평균 총비용은 $6.08로 감소함을 보여주고 있다. 이 같은 비용상의 열위를 가진 기업이 장기에서 생존할 수 없다는 사실은 왜 비디오 게임시장에 현재 소수의 기업만 존재하는가를 설명해준다.

✔ 개념체크 8.1

소니가 연간 200만 대, 닌텐도는 연간 20만 대를 생산하면, 소니의 평균 총비용은 닌텐도와 비교해 얼마나 더 낮은가?

최근 수십 년간 세계적으로 중요한 경제적 추세는 기술 개발비용이 큰 재화와 서비스가 차지하고 있는 가치의 비중이 점차 증가하고 있다는 것이다. 예를 들어, 1984년에 컴퓨터 생산비용의 80%는 하드웨어가 차지했다(한계비용이 상대적으로 높음); 나머지 20%는 소프트웨어 비용이었다. 그러나 1990대에 이르러서는 그 비중이 역전되었다. 점점 더 많은 일반 제조업 제품에 포함되고 있는 컴퓨터 소프트웨어는 고정비용이 산업의 총비용 가운데 85%를 차지한다.

경제적 사유 8.1

왜 인텔이 PC에 사용되는 마이크로프로세서 시장에서 압도적 우위를 점하고 있는가?

인텔 코어 i7과 같은 첨단 마이크로프로세서 생산을 위한 고정투자비용은 수십억 달러를 상회한다. 그러나 칩의 디자인이 끝나고 설비공장이 지어지면, 칩 생산의 한계비용은 단지 몇 센트에 불과하다. 이 같은 비용구조는 현재 인텔이 마이크로프로세서 시장에서 80% 이상을 점유하고 있는 사실을 설명하고 있다.

고정비용이 점점 더 중요해짐에 따라 각 기업이 시장 전체 생산의 극히 작은 부분만 차지하는 수많은 기업이 존재하는 완전경쟁시장의 특성은 점점 찾아보기 힘들게 된다. 이 이유 때문에 시장지배력을 가진 기업의 행동이 완전경쟁기업과 어떻게 다른가에 대한 명확한 이해를 해야 한다.

요약 규모의 경제와 초기투자비용의 중요성

연구 개발, 디자인, 엔지니어링, 그 외의 고정비용이 시장에 제품을 성공적으로 출시하기 위해 필요한 비용 가운데 점점 더 큰 비중을 차지하고 있다. 고정비용이 매우 큰 제품은 한계비용이 평균 총비용보다 현저하게 작고, 산출량이 증가할 때 평균 총비용은 매우 가파르게 감소한다. 이 같은 비용 구조가 왜 많은 산업에서 한 개의 기업 혹은 소수의 기업이 생산을 담당하고 있는가를 설명한다.

8.4 독점기업의 이윤 극대화

기업이 가격수용자이든 혹은 가격설정자이든 관계없이 경제학자들은 기업의 기본적인 목표가 이윤을 극대화하는 것이라고 가정한다. 두 경우 모두 기업들은 편익이 비용을 초과하는 한 생산량을 증가시킨다. 한계비용을 계산하는 방법은 독점기업이나 완전경쟁기업이나 동일하다.

그러나 한계수입 측면에서 독점기업의 행동은 완전경쟁기업과 차이가 난다. 완전경쟁기업과 독점기업 모두 산출량이 증가할 때의 한계편익은 산출량 한 단위를 더 팔 때 기업이 얻는 총수입의 증가분이다. 두 경우 모두 한계편익을 기업의 **한계수입**(marginal revenue)이라고 부른다. 완전경쟁기업의 한계수입은 시장가격이다. 시장가격이 개당 $6이면 한 단위를 추가적으로 팔 때 발생하는 한계수입은 정확하게 $6이다.

한계수입
산출량 한 단위를 변화시킬 때 발생하는 총수입의 변화분

8.4.1 독점기업의 한계수입

독점기업의 한계수입은 시장가격이 아니다. 독점기업의 한계수입은 시장가격보다 낮다. 아래의 설명이 잘 보여주듯이 그 이유는 완전경쟁기업은 시장가격에서 얼마든지 원하는 양을 팔 수 있지만, 독점기업이 추가적으로 산출량 한 단위를 더 팔려고 하면 가격을 낮추어야만 하기 때문이다—마지막 한 단위뿐 아니라 이제까지 팔고 있는 모든 단위에 대해 가격을 낮추어야 한다.

예를 들어, **그림 8.3**의 수요곡선을 가진 독점기업이 현재 개당 $6에 2개를 팔고 있다. 한 단위를 더 팔 경우의 한계수입은 얼마인가? 개당 $6에 주당 2개를 팔면 독점기업의 총수입은 ($6/개)×2개=$12가 된다. 주당 3개를 팔면 총수입은 주당 $15이다. 그 차이인 주당 $3가 세 번째 단위를 팔았을 때의 한계수입이다. 한계수입의 크기는 원래의 가격인 $6뿐 아니라 새로운 가격인 $5보다 낮음에 주의하기 바란다.

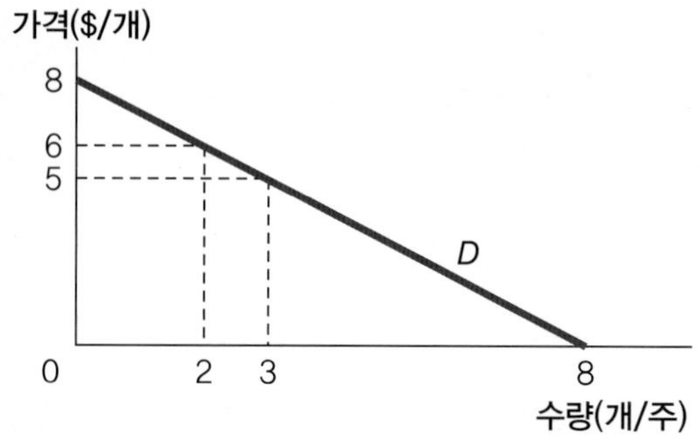

그림 8.3

산출량 한 단위를 더 팔 때 독점기업이 얻는 편익

독점기업은 개당 $6에 주당 2개를 팔아서 주당 $12의 총수입을 얻고 있다. 이 독점기업이 개당 $5에 3개를 팔면, 주당 $15의 수입을 얻을 수 있다. 이 경우 세 번째 단위를 판매함으로써 얻는 편익, 즉 한계수입은 $15−$12=$3로 시장가격인 $5보다 작다.

✔ 개념체크 8.2

그림 8.3의 독점기업이 산출량을 3개에서 4개로, 4개에서 5개로 증가시켰을 때 각각의 한계수입을 계산하라.

수요곡선이 **그림 8.3**과 같을 때 독점기업이 산출량을 2개에서 3개, 3개에서 4개, 4개에서 5개로 늘릴 경우 한계수입은 각각 $3, $1, −$1이다. 이 결과를 표로 나타내면 **표 8.4**와 같다.

표 8.4에서 한계수입은 해당되는 두 수량 사이에 표시하고 있다. 예를 들어, 독점기업이 산출량을 2개에서 3개로 늘리면 한계수입은 $3이다. 엄밀하게 말하면 이 한계수입은 각각의 수량이 아닌, 수량의 변화분에 대응하는 값이므로 2와 3 사이에 표시되어 있다. 마찬가지로, 산출량이 3개에서 4개로 증가하면 한계수입이 $1이므로, 한계수입을 3과 4 사이에 표시했다. 다른 수량에 대해서도 동일하다.

한계수입을 산출량의 함수로 그래프를 그리기 위해 산출량이 2개에서 3개로 증가할 때의 한계수입인 $3를 2와 3의 중간 값인 2.5에 대응하게 표시했다. 같은 방법으로 산출량이 3개에서 4개로 증가할 때의 한계수입인 $1를 3.5에, 산출량이 4개에서 5개로

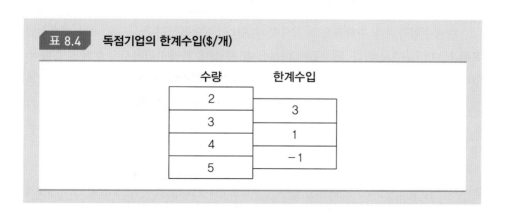

표 8.4 **독점기업의 한계수입($/개)**

수량	한계수입
2	
	3
3	
	1
4	
	−1
5	

그림 8.4

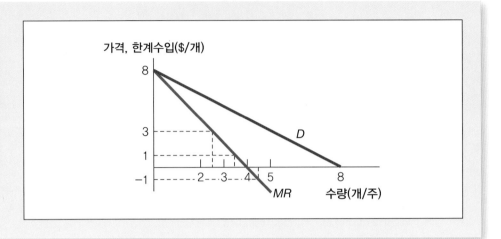

그래프로 표시한 한계수입곡선 산출량 한 단위를 추가적으로 팔려면 독점기업은 마지막 한 단위뿐 아니라 기존의 모든 단위에 대해 가격을 낮추어야 한다. 그러므로 한 단위를 추가적으로 판매할 때의 한계수입은 시장가격보다 낮다.

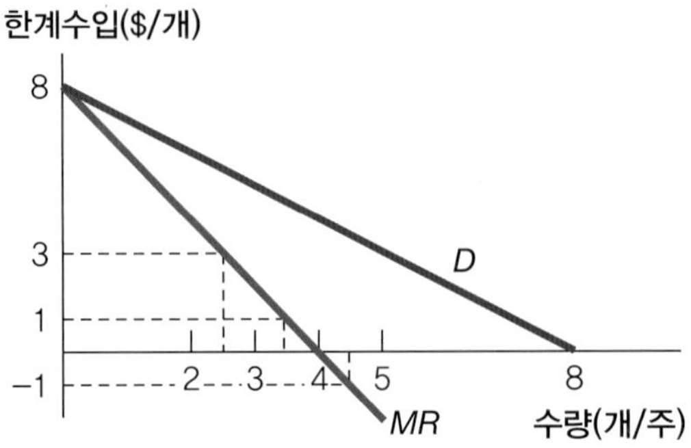

그림 8.5

선형수요곡선의 한계수입곡선 수요곡선이 그림과 같이 직선이면 한계수입곡선은 수요곡선과 동일한 수직절편을 가진다. 그러나 수평절편은 정확하게 수요곡선의 절반이다.

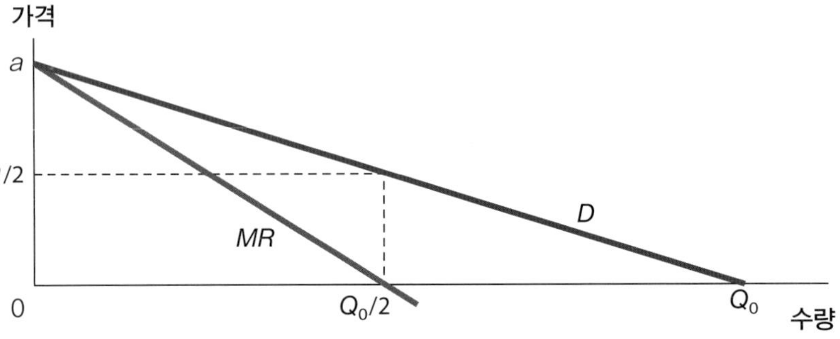

증가할 때의 한계수입인 −$1를 4.5에 대응하게 표시했다. 이렇게 얻은 한계수입곡선(*MR*)은 **그림 8.4**와 같다.

일반적으로 **그림 8.5**와 같이 수직절편이 a, 수평절편이 Q_0인 선형수요곡선을 가지는 독점기업을 생각해보자. 이 독점기업의 한계수입곡선은 수직절편은 a이고, 수요곡선보다 두 배로 가파른 기울기를 가진다. 그러므로 한계수입곡선의 수평절편은 **그림 8.5**에서 보듯이 Q_0가 아닌 $Q_0/2$이다.

한계수입곡선을 수학적으로 표시할 수 있다. 수요곡선이 $P=a-bQ$이면 한계수입곡선은 $MR=a-2bQ$이다. 독자들이 미분을 할 줄 알면 한계수입곡선을 쉽게 도출할 수 있다.[2] 미분을 모른다고 하더라도 몇 개의 수치를 집어넣은 예를 계산해보면 위의 결과를 쉽게 증명할 수 있을 것이다. 독자들은 먼저 수요곡선의 식을 그림으로 그리고, 다음으로 수요곡선에 해당하는 한계수입곡선의 그래프를 만들어보라. 그래프로부터 한계수입곡선에 해당하는 식을 도출해 보기 바란다.

2 미적분학을 들은 학생들은 한계수입이 총수입을 산출량에 대해 미분한 것이라는 것을 알 것이다. 수요곡선이 $P=a-bQ$이면, 총수입은 $TR=aQ-bQ^2$이므로 $MR=dTR/dQ=a-2bQ$이다.

8.4.2 독점기업의 이윤 극대화 조건

독점기업의 한계수입곡선을 도출했으면, 이제는 독점기업이 이윤을 극대화하는 산출량을 어떻게 결정하는지를 알아보자. 완전경쟁기업과 동일하게, **비용－편익의 원리**에 의하면 독점기업은 편익이 비용을 초과하는 한 산출량을 증가시켜야 한다. 현재의 산출량 수준에서 생산을 증가시켰을 때의 편익은 바로 그 산출량에서의 한계수입이다. 산출량 증가의 비용은 바로 그 산출량에서의 한계비용이다. 한계수입이 한계비용을 초과하는 한 독점기업은 산출량을 늘려야 한다. 반대로 한계수입이 한계비용보다 작으면 독점기업은 산출량을 줄여야 한다. 그러므로 **이윤은 한계수입과 한계비용이 일치하는 산출량 수준에서 극대화된다.**

비용–편익

독점기업의 이윤 극대화 조건을 앞에서와 같이 표시하면 완전경쟁기업의 이윤 극대화 조건은 독점기업의 이윤 극대화 조건의 특별한 경우임을 알 수 있다. 완전경쟁기업은 산출량을 한 단위 늘릴 때마다 한계수입은 시장가격과 완전하게 동일하다(왜냐하면 완전경쟁기업은 기존의 모든 단위에 대해 가격을 낮추지 않고도 한 단위를 더 팔 수 있기 때문이다). 그러므로 완전경쟁기업이 시장가격과 한계비용을 일치시키는 것은 바로 한계수입과 한계비용을 일치시키는 것과 동일하다.

한계수입 — 예 8.3

독점기업의 이윤 극대화 산출량은 얼마인가?

수요곡선과 한계비용곡선이 **그림 8.6**과 같은 독점기업을 생각해보자. 현재 독점기업이 주당 12개를 생산하고 있다면 독점기업은 생산을 늘려야 하는가 혹은 줄여야 하는가? 이윤 극대화 산출량은 얼마인가?

그림 8.7에 독점기업의 수요곡선으로부터 도출된 한계수입곡선이 그려져 있다. 한계수입곡선은 수요곡선과 동일한 수직절편을 가지며, 수평절편은 절반이다. 12개에서 한계수입은 0이므

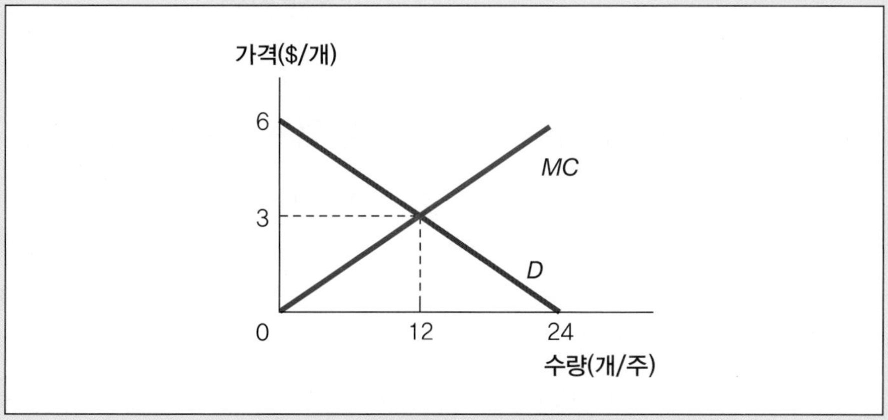

그림 8.6

독점기업의 수요곡선과 한계비용곡선

현재 산출량 수준인 주당 12개에서 시장가격과 한계비용이 일치하고 있다. 독점기업의 가격은 항상 한계수입보다 크므로, 한계수입은 한계비용보다 작다. 그러므로 독점기업은 산출량을 줄여야 한다.

그림 8.7

독점기업의 이윤 극대화 산출량

독점기업은 매주 한계수입과 한계비용이 일치하는 8개를 판매함으로써 이윤을 극대화한다. 이윤 극대화 가격은 개당 $4로 이는 수요곡선상에서 이윤 극대화 산출량에 대응되는 가격이다.

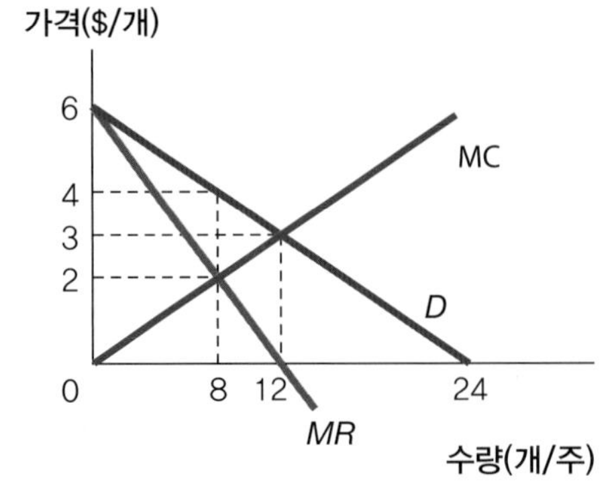

로 한계비용인 $3보다 작다. 그러므로 독점기업은 한계수입이 한계비용과 일치하는 수준인 8개까지 줄임으로써 이윤을 증가시킬 수 있다. 이윤 극대화 산출량에서 독점기업은 수요곡선상의 8개에 해당하는 가격인 개당 $4를 가격으로 책정한다.

✔ 개념체크 8.3

수요곡선과 한계비용곡선이 다음과 같을 때 독점기업의 이윤 극대화 산출량과 가격을 구하라.

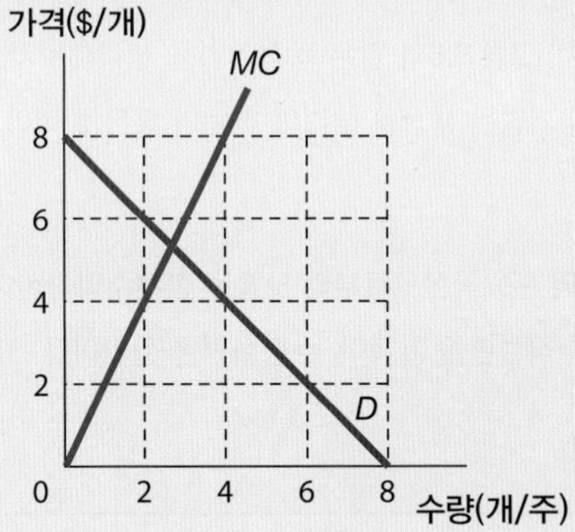

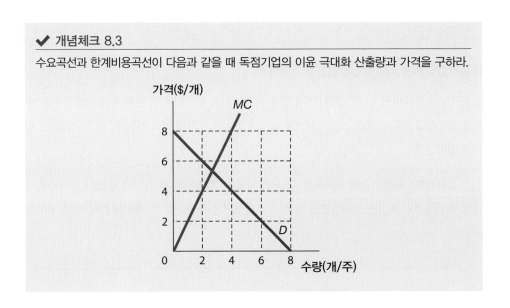

8.4.3 독점기업도 항상 양의 경제적 이윤을 얻는 것은 아니다

독점기업의 이윤 극대화 가격이 항상 한계비용보다 크다는 사실이 독점기업이 양의 경제적 이윤을 얻고 있다는 것을 보장하지는 않는다. 예를 들어, 장거리 전화서비스 독점기업의 수요곡선, 한계수입곡선, 한계비용곡선 및 평균 총비용곡선이 **그림 8.8(a)** 인 경우를 살펴보자. 독점기업은 분당 $0.1에 하루 2,000만 분을 팔아 이윤을 극대화하고 있다. 이 수량에서 한계수입과 한계비용은 일치하지만 가격은 평균 총비용(*ATC*)인 분당 $0.12보다 분당 $0.02 낮다. 그러므로 독점기업은 분당 $0.02의 경제적 손실을 보

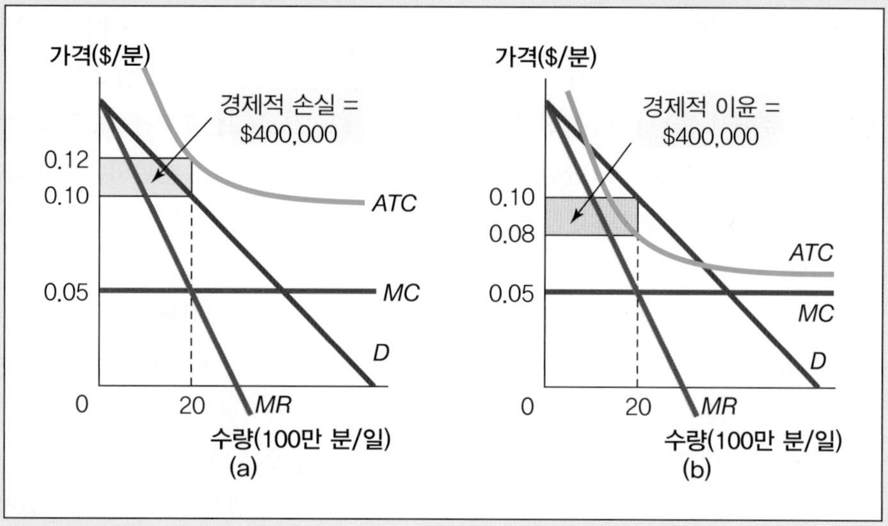

그림 8.8

독점기업도 경제적 손실을 볼 수 있다.
(a)에서 독점기업은 분당 $0.1에 하루 2,000만 분을 팔아서 이윤을 극대화하고 있으나, 하루 $400,000의 경제적 손실을 보고 있다. (b)의 경우 이윤 극대화 가격이 평균 총비용보다 크므로 독점기업은 양의 경제적 이윤을 얻고 있다.

고 있다. 따라서 총손실은 ($0.02/분) × (2,000만 분) = $400,000이다.

그림 8.8(a)의 독점기업은 이윤 극대화 가격이 평균 총비용보다 낮기 때문에 경제적 손실을 보고 있다. 그러나 이윤 극대화 가격이 평균 총비용보다 높으면 독점기업은 물론 양의 경제적 이윤을 얻는다. 예를 들어, **그림 8.8(b)**의 독점기업을 생각해보자. 이 독점기업의 수요곡선, 한계수입곡선, 한계비용곡선은 **그림 8.8(a)**와 동일하다. 그러나 **(b)**의 고정비용이 **(a)**보다 작으므로 평균 총비용곡선이 모든 산출량 수준에서 **(a)**의 평균 총비용곡선보다 낮다. 이윤 극대화 가격인 분당 $0.1에서 **(b)**의 독점기업은 분당 $0.02, 하루 총 $400,000의 경제적 이윤을 얻고 있다.

요약 독점기업의 이윤 극대화 조건

완전경쟁기업과 독점기업 모두 한계수입과 한계비용이 일치하는 산출량을 선택할 때 이윤이 극대화된다. 그러나 완전경쟁기업의 한계수입은 시장가격과 일치하는 반면에 독점기업의 한계수입은 항상 시장가격보다 낮다. 독점기업은 이윤 극대화 가격이 평균 총비용보다 높을 때에 한해 양의 경제적 이윤을 얻는다.

8.5 왜 독점시장에서는 보이지 않는 손이 작동하지 않는가?

제 7장에서 완전경쟁시장의 균형을 설명할 때 사익을 추구하는 소비자와 생산자의 행동이 사회 전체의 이익과 일치하는 조건을 살펴보았다. 불완전경쟁기업의 경우에도 동일한 결론이 성립하는가를 알아보자.

예 8.3의 독점기업을 살펴보자. 독점기업의 이윤 극대화 산출량이 사회적 관점에서 효율적인가? 주어진 수량에서 수요곡선상의 가격은 추가적으로 한 단위를 얻기 위해 소비자가 지불할 용의가 있는 금액을 나타낸다. 독점기업이 주당 8개를 생산하고 있으면, 한 단위 더 생산할 때 사회 전체의 한계편익은 $4달러이다(**그림 8.7** 참조). 이 산출량 수준에서 한 단위 더 생산하는 한계비용은 $2이므로(**그림 8.7** 참조), 독점기업이 이윤 극대화 산출량보다 한 단위를 더 생산하면 사회 전체가 얻는 순편익은 $2이다. 이러한 경제적 잉여가 실현되지 않기 때문에 이윤을 극대화하는 독점은 사회적으로 비효율적이다.

독자들은 비효율성이 존재한다는 것은 경제적 파이가 극대화되고 있지 않다는 의미임을 기억할 것이다. 그렇다면 왜 독점기업은 산출량을 증가시키지 않는가? 기존의 모든 단위에 대한 가격은 고정시키고 추가적인 단위의 가격만 낮출 수 있으면 독점기업도 생산을 늘리고자 할 것이다. 그러나 현실적으로 이 같은 일은 불가능하다.

예 8.3의 독점기업을 다시 한 번 살펴보자. 독점기업이 생산하는 시장의 사회적 최적 산출량은 얼마인가? 모든 산출량 수준에서 추가적인 한 단위 생산을 위해 사회가 지불하는 금액은 독점기업이 지불하는 금액과 동일하다. 즉, 그 크기는 독점기업의 한계비용곡선이다. 사회(독점기업이 아닌)가 얻은 한계편익은 추가적인 한 단위를 얻기 위해 소비자들이 지불할 용의가 있는 금액으로 이는 다름 아닌 수요곡선의 높이이다. 효율성을 달성하려면 독점기업은 사회가 얻는 한계편익이 한계비용과 일치하는 수준까지 산출량을 늘려야 한다. 이 예에서는 주당 12개를 생산해야 한다. 그러므로 효율성은 시장 수요곡선과 독점기업의 한계비용곡선이 교차하는 산출량 수준에서 달성된다.

독점기업은 한계수입이 가격보다 낮으므로 경제적 순손실이 발생한다. **예 8.3**의 독점기업의 경제적 순손실의 크기는 **그림 8.10**에서 엷은 청색 삼각형의 면적과 동일한 (1/2)×($2/개)×4개=$4이다. 이 금액은 독점기업이 너무 적게 생산하기 때문에 발생하는 총잉여의 감소분이다.

독점기업의 한계비용이 한계수입과 일치할 때 이윤이 극대화된다. 독점기업의 한계수입은 항상 가격보다 낮으므로 독점기업의 이윤 극대화 산출량은 항상 사회적

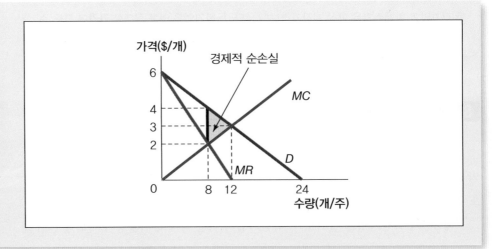

그림 8.9

독점 때문에 발생하는 경제적 순손실

독점기업의 이윤 극대화 산출량(8개)이 사회적 최적 산출량(12개)보다 작기 때문에 총잉여의 감소가 발생한다. 경제적 순손실의 크기는 엷은 청색 삼각형의 면적으로 $4이다.

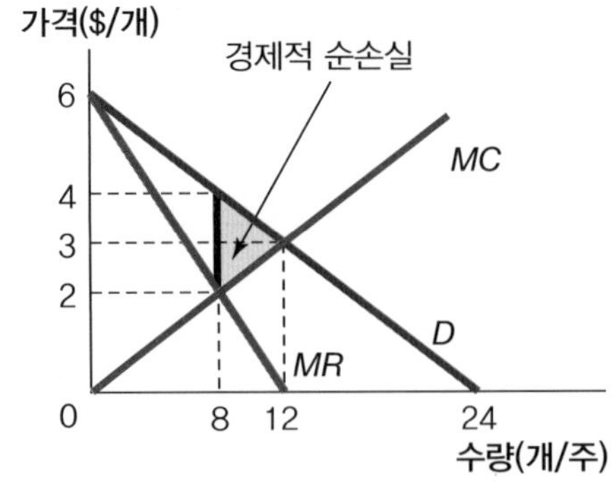

최적 산출량보다 작다. 반면에 완전경쟁시장은 이윤 극대화가 한계비용이 시장가격과 일치할 때 이루어지는데, 이는 바로 효율성 조건과 동일하다. 이 차이가 왜 보이지 않는 손이 완전경쟁시장과 달리 독점시장에서는 잘 작동하지 않는지를 설명해 준다.

완전경쟁시장이 효율적인 반면에 독점시장이 효율적이지 못하면, 왜 독점을 법으로 금지하지 않는가? 실제로 미국의 입법자들은 반독점법(antitrust laws)을 통해 독점을 제한하려고 노력해 왔다. 그러나 반독점법의 열렬한 지지자들조차도 독점의 대안들 역시 그 나름의 문제점을 가지고 있기 때문에 법을 통한 접근 방식의 효용성이 제한적이라는 것을 인식하고 있다.

예를 들어, 한 기업을 제외한 다른 어떤 기업도 매우 가치가 높은 제품을 생산하지 못하도록 하는 특허권 때문에 독점이 발생했다고 가정해보자. 특허권이 없는 것이 사회적으로 도움이 될 것인가? 특허에 의한 보호를 제공하지 않으면 혁신에 대한 유인이 감소할 것이므로 아마도 도움이 되지 않을 것이다. 실제로 모든 선진국은 여러 형태의 특허권을 보장하고 있다. 특허권을 통해 기업은 연구 개발비용을 충당할 수 있다. 특허권이 없었다면 많은 신제품들이 개발되지 않았을 것이다.

혹은 시장이 규모의 경제로 인해 한 기업이 모든 것을 생산하는 것이 가장 비용이 적은 자연독점인 경우를 생각해보자. 평균비용이 매우 높은 다수의 소규모 기업들이 이 시장에서 생산을 하도록 하는 것이 사회적으로 도움이 되는가? 이 같이 하는 것은 한 형태의 비효율성을 단지 다른 형태로 바꾸는 것에 불과하다.

요약하면 우리가 사는 이 세상은 완전하지 않다. 독점은 사회적으로 비효율적이므로 말할 것도 없이 나쁜 것이다. 그러나 독점의 대안 또한 완전하지 않다.

요약 **왜 독점시장에서는 보이지 않는 손이 작동하지 않는가?**

독점기업은 한계수입과 한계비용이 일치하는 산출량을 선택해 이윤을 극대화한다. 이윤 극대화 가격이 한계수입보다 높으므로 한계비용보다 높다. 따라서 추가적인 한 단위의 사회적 편익(시장가격)이 추가적 한 단위의 비용(한계비용)보다 크다. 그러므로 이윤을 극대화하는 독점기업이 생산하는 시장의 산출량은 사회적 최적 산출량보다 작다.

8.6 가격할인을 이용한 시장 확장

독점이 비효율적인 원인은 산출량을 증가시켰을 때 독점기업이 얻는 편익이 사회 전체가 얻는 편익보다 작기 때문이다. 독점기업의 관점에서 보면 판매량을 늘리기 위해 기존의 모든 판매량 가격을 낮추어야 하는 것은 손해이다. 그러나 소비자 관점에서 보면 가격 하락은 이득이다—하락된 가격만큼 돈을 절약할 수 있다. 이 같은 독점기업과 소비자 간의 긴장 관계는 경제적 파이가 최대한으로 실현되지 않는 다른 모든 상황

효율성

에서 존재하는 긴장 관계와 유사하다. 효율성의 원리는 경제적 파이가 커지면 모든 사람들이 더 큰 조각을 얻을 수 있음을 말한다. 독점이 비효율적이라는 말은 다른 사람에게 손해를 주지 않고 어떤 사람들을 더 낫게 만들 수 있는 조치를 취할 수 있음을 의미한다. 사람들이 자신들의 사익에 관심이 있으면 왜 이 같은 조치를 취하지 않는가? 예를 들어, 왜 앞의 예에서의 독점기업은 8개를 개당 $4에 팔아서 소비자들이 일단 사고 난 후, 가격에 더 민감한 소비자들에게 가격을 할인해 팔지 않는가?

8.6.1 가격차별의 정의

가격차별
똑같은 재화나 서비스에 대해 각기 다른 소비자들에게 각기 다른 가격을 책정하는 행위

때로 독점기업은 정확하게 이 같은 행위를 한다. 똑같은 재화나 서비스에 대해 각기 다른 소비자들에게 각기 다른 가격을 책정하는 행위를 **가격차별**(price discrimination)이라고 부른다. 노인이나 청소년의 극장 요금할인, 초할인 항공료, 할인쿠폰 등이 가격차별의 예이다.

가격차별은 어떤 시장에서는 효과적으로 작동하는 반면에 다른 시장에서는 잘 작동하지 않는다. 소비자들은 결코 멍청하지 않다; 독점기업이 정기적으로 액면가격 $8짜리를 50% 할인 판매하면 $8를 주고 사려고 하는 소비자들은 아마도 다음 번 가격할인을 염두에 둘 것이며, 따라서 싸게 사기 위해 구매를 미룰 것이다. 그러나 어떤 시장에서는 소비자들이 다른 소비자가 지불한 가격을 모를 수도 있고, 자신들이 지불하는 가격과 다른 소비자가 지불하는 가격을 비교하는 수고를 굳이 하지 않으려고 할 수도 있다. 반대로 독점기업이 어떤 소비자 집단에게 허용된 할인가격으로 다른 소비자 집단이 사지 못하도록 할 수도 있다. 이 경우 독점기업은 효과적으로 가격차별을 할 수 있다.

경제적 사유 8.2

왜 극장이 학생들에게 할인가격을 제공하는가?

기업이 가격을 할인하는 것은 가격할인이 없었으면 사지 않을 소비자를 대상으로 하는 것이다. 저소득층의 사람들은 일반적으로 고소득층의 사람들보다 영화에 대한 유보가격이 낮다. 학생들은 일반적으로 직장이 있는 성인들에 비해 소득이 낮으므로 극장 주인들은 성인에 비해 학생요금을 낮게 책정함으로써 학생들의 관객 수를 늘릴 수 있다. 학생 할인요금은 학생 관객 수를 증가시킬 수 있는 매우 현실적인 방법이다. 또한 학생들에게 할인요금을 적용한다고 하더라도 다른 사람들이 할인된 가격에 사 또 다른 사람에게 더 높은 가격으로 파는 위험은 전혀 없다.

왜 많은 극장에서 학생들에게 가격을 할인해주는가?

8.6.2 가격차별이 산출량에 미치는 영향

다음의 예들을 통해 독점기업이 가격차별을 할 수 있으면 이윤 극대화 산출량이 어떻게 변하는지를 살펴본다. 먼저 독점기업이 모든 소비자에게 동일한 가격을 책정해야 하는 경우를 살펴보자.

단일 가격 예 8.4

칼라는 기말 보고서 몇 편을 교정해 주어야 하는가?

칼라는 대학생의 기말 보고서를 교정해 주는 일을 함으로써 추가적인 소득을 올리고 있다. 매주 그녀가 보고서를 교정해 줄 수 있는 학생의 수는 8명인데, 이들 학생의 유보가격은 아래 표와 같다. 칼라는 이윤을 극대화하고자 한다. 기말 보고서 한 편을 교정하는 기회비용은 $29이고 모든 학생들에게 단일 가격을 책정해야 한다면, 그녀는 기말 보고서 몇 편을 교정해야 하는가? 그녀가 버는 경제적 이윤은 얼마인가? 회계적 이윤은 얼마인가?

학생	유보가격($)
A	40
B	38
C	36
D	34
E	32
F	30
G	28
H	26

표 8.5는 각 산출량 수준에서 칼라의 총수입과 한계수입을 보여준다. 총수입을 계산하려면 각각의 유보가격에 그 유보가격보다 낮지 않은 유보가격을 가진 학생들의 숫자를 곱하면 된다. 예를 들어, 주당 4편을 교정본다면(학생 *A*, *B*, *C*, *D*), 칼라는 *D*학생의 유보가격인 $34보다 높게 가격을 책정할 수 없다. 그러므로 네 명 학생의 기말 보고서를 교정본다면, 그녀의 총수입은 주당 4×$34=$136이다. 한계수입이 그녀의 기회비용을 초과하는 한 칼라는 교정 편수를 계속해서 늘려야 한다. 교정 편수를 하나 더 늘렸을 때 발생하는 총수입의 변화분인 한계수입은 **표 8.5**의 마지막 열에 표시되어 있다.

칼라가 매주 2편을 교정하고 있다면 3편째 교정시 한계수입은 $32이다. 한계수입이 그녀의 기회비용인 $29를 초과하므로 그녀는 세 번째 기말 보고서를 교정해야 한다. 그러나 4편째 교정시 한계수입은 단지 $28에 불과하므로 그녀는 세 번째 기말 보고서에서 멈추어야 한다. 기말 보고서 3편을 교정하면 그녀의 기회비용은 3×$29=$87이므로 경제적 이윤은 $108−$87=$21이다. 명시적 비용은 없으므로 회계적 이윤은 $108이다.

표 8.5 **편집서비스의 총수입과 한계수입**

학생	유보가격($)	총수입 ($/주)	한계수입 ($/편)
			40
A	40	40	
			36
B	38	76	
			32
C	36	108	
			28
D	34	136	
			24
E	32	160	
			20
F	30	180	
			16
G	28	196	
			12
H	26	208	

예 8.5 사회적 최적

칼라가 교정해야 할 사회적 최적 기말 보고서 숫자는 얼마인가?

칼라의 편당 기회비용은 여전히 $29이고 매주 8편을 교정볼 수 있다고 가정한다. 8명 학생의 유보가격은 다음의 표에 나타나 있다. 칼라가 교정해야 할 사회적 최적 기말 보고서 숫자는 얼마인가? 칼라가 모든 학생들에게 단일 가격을 책정해야 한다면, 사회적 최적 기말 보고서 숫자만큼을 교정할 때 그녀의 경제적 이윤과 회계적 이윤은 각각 얼마인가?

학생	유보가격($)
A	40
B	38
C	36
D	34
E	32
F	30
G	28
H	26

*A*부터 *F*학생까지 지불할 용의가 있는 금액이 칼라의 기회비용보다 크므로 이들 학생들의 기말 보고서를 교정하는 것이 사회적으로 최적이다. 그러나 *G*와 *H*학생은 칼라가 제공하는 서비스에 대해 $29를 지불할 용의가 없다. 그러므로 사회적 최적 기말 보고서 숫자는 6편이다. 6편을 교정하려면, 칼라는 편당 $30 이상을 책정하면 안 된다. 그녀의 총수입은 주당 6×$30=$180이므로 총기회비용인 주당 6×$29=$174보다 약간 많다. 그녀의 경제적 이윤은 $6이고 회계적 이윤은 총수입과 동일하게 $180이다.

가격차별

예 8.6

가격차별을 할 수 있으면 칼라는 기말보고서 몇 편을 교정해야 하는가?

칼라가 인간의 본성에 대해 매우 잘 알고 있다고 가정하자. 학생들과 잠시 대화해보면 그녀는 이 학생의 유보가격이 얼마인지를 알 수 있다. 그녀의 잠재적 고객들의 유보가격이 다음의 표에 주어져 있다. 앞의 예에서와 시장은 동일하나 칼라가 학생들마다 그들의 유보가격을 책정할 수 있으면 몇 편의 기말 보고서를 교정해야 하는가? 이 경우 경제적 이윤과 회계적 이윤은 각각 얼마인가?

학생	유보가격($)
A	40
B	38
C	36
D	34
E	32
F	30
G	28
H	26

칼라는 각 학생들에게 정확하게 유보가격을 책정할 수 있다. *G*와 *H*학생의 유보가격은 $9보다 낮으므로 칼라는 이 두 학생의 기말 보고서는 교정보지 않는다. 칼라의 총수입은 $40+$38+$36+$34+$32+$30=$210이다. 회계적 이윤은 총수입과 동일하게 $210이다. 그녀의 총기회비용은 6×$29=$174이므로 경제적 이윤은 주당 $210−$174=$36로 모든 학생들에게 동일한 가격을 책정해야 할 때보다 $30만큼 많다.

각각의 소비자들에게 그들의 유보가격을 책정할 수 있는 독점기업을 **완전 가격차별 독점기업**(perfectly discriminating monopolist)이라고 부른다. 칼라가 소비자들을 완전하게 가격차별을 할 수 있으면 그녀의 이윤 극대화 산출량은 사회적 최적 산출량인 주당 6편과 정확하게 일치한다. 완전 가격차별 독점기업의 경우 비효율성은 발생하지 않

완전 가격차별 독점기업 각각의 소비자들에게 그들의 유보가격을 책정할 수 있는 독점기업

는다. 한계비용 이상의 가격을 지불할 용의가 있는 모든 소비자들에게 소비할 기회가 주어진다.

완전 가격차별 독점기업은 총잉여를 극대화하지만 완전 가격차별 독점기업과 거래하는 소비자들은 좋아할 이유가 전혀 없다. 완전 가격차별 시 소비자 잉여는 0이다. 이 경우 총잉여와 생산자 잉여가 일치한다.

물론 현실에서 어떤 기업도 모든 소비자의 유보가격을 완전하게 알 수 없기 때문에 완전한 가격차별이 발생하는 경우는 거의 없다. 실제로 몇몇 기업이 이 같은 정보를 가지고 있다고 하더라도 소비자별로 다른 가격을 책정하는 데에는 현실적인 어려움이 발생한다. 예를 들어, 많은 시장에서 기업들은 소비자들이 낮은 가격에 사서 높은 가격으로 다른 소비자에게 재판매하는 것을 막을 수 없으므로 사업의 일부를 잃어버리기도 한다. 이 같은 어려움에도 불구하고 가격차별은 폭넓게 사용되고 있다. 그러나 적어도 몇몇 소비자들은 자신의 유보가격보다 낮은 가격을 지불하는 가격차별인 **불완전가격차별**(imperfect price discrimination)이 더 일반적이다.

8.6.3 장애물을 이용한 가격차별

이윤 극대화 기업의 목표는 각 소비자들에게 그들이 지불할 용의가 있는 최대 금액을 가격으로 책정하는 것이다. 기업들이 이 목표를 달성하는 데 두 가지 어려움이 존재한다. 첫째, 기업들은 각 소비자들이 정확하게 얼마를 지불할 용의가 있는지를 알지 못한다. 둘째, 높은 가격을 지불할 용의가 있는 소비자가 낮은 가격에 사지 못하도록 하는 수단이 필요하다. 이 두 가지는 매우 풀기 어려운 문제이므로 어떤 기업도 이 어려움을 완전하게 해결하리라고 기대하지는 않는다.

기업들이 이 두 가지 문제에 대해 불완전하나마 해법으로 흔히 사용하는 방법이 가격할인을 받으려면 소비자들이 일정한 장애물을 통과하도록 하는 것이다. 이 방법을 **장애물을 이용한 가격차별**(hurdle method of price discrimination)이라고 부른다. 예를 들어, 기업이 제품을 액면가격으로 팔고 후에 할인쿠폰을 우편으로 보내는 수고를 한 소비자들에게만 일정 금액을 환불해 줄 수 있다.

장애물을 이용한 가격차별
일정한 장애물을 통과한 소비자들에게만 가격할인을 해주어 가격차별을 하는 것

유보가격이 낮은 소비자들이 그렇지 않은 소비자보다 장애물을 더 기꺼이 넘으려 한다면 장애물을 이용한 가격차별은 기업의 두 가지 문제 모두를 해결할 수 있다. 장애물을 넘을 것인가 하는 결정은 비용-편익 테스트를 통과해야 하므로 가격차별의 여지가 존재한다. 앞에서 보았듯이 저소득층의 소비자가 다른 소비자들보다 유보가격이 낮을 가능성이 높다(적어도 정상재의 경우). 시간의 기회비용이 낮으므로 이들은 다른 소비자보다 시간을 들여 할인쿠폰을 우편으로 보내는 수고를 할 가능성이 높다. 그러므로 할인쿠폰은 유보가격이 낮아서 할인쿠폰이 없다면 제품을 구입하지 않을 소비자들을 대상으로 하는 것이다.

비용-편익

완전한 장애물(perfect hurdle)은 장애물을 넘는 소비자들에게 아무런 비용을 부담시키지 않으면서, 소비자들을 그들의 유보가격에 따라 완전하게 분리해 내는 장애물

완전한 장애물
장애물을 넘는 소비자들에게 아무런 비용을 부담시키지 않으면서, 장애물 수준보다 유보가격이 높은 소비자들과 낮은 소비자들을 완전하게 분리해 내는 장애물

이다. 완전한 장애물이 있으면 그 장애물을 넘는 소비자들 가운데 가장 높은 유보가격은 그 장애물을 넘지 않기로 결정한 소비자들의 가장 낮은 유보가격보다 낮다. 현실적으로 완벽한 장애물은 존재하지 않는다. 어떤 소비자는 유보가격이 높음에도 불구하고 항상 장애물을 넘는다. 또한 장애물로 인해 유보가격이 낮은 일부 소비자들은 배제되기도 한다. 그렇지만 흔히 사용되는 많은 장애물들은 유보가격이 낮은 소비자들에게 가격할인이 돌아가도록 하는 일을 놀랄만하게 잘 수행한다. 다음의 예들에서 편의상 기업들은 완전한 장애물을 사용한다고 가정한다.

완전한 장애물 예 8.7

완전한 장애물을 사용한다면 칼라는 교정비를 얼마로 책정해야 하는가?

앞에서와 동일하게 칼라는 매주 8편의 기말 보고서를 교정할 수 있고 학생들의 유보가격은 다음의 표와 같다. 이번에는 칼라가 우편으로 보내오면 할인을 해 주는 할인쿠폰을 학생들에게 제공할 수 있다. 유보가격이 $36 이상 되는 학생들은 할인쿠폰을 우편으로 보내는 수고를 하지 않는 반면에 $36보다 낮은 학생들은 할인을 받기 위해 할인쿠폰을 우편으로 보내는 수고를 기꺼이 하고자 한다. 칼라의 편당 기회비용이 여전히 $29이면 액면가격은 얼마로 책정해야 하며, 할인쿠폰을 보내오면 얼마를 할인해주어야 하는가? 그녀의 경제적 이윤은 할인쿠폰을 사용하지 않을 경우보다 더 큰가 혹은 작은가?

학생	유보가격($)
A	40
B	38
C	36
D	34
E	32
F	30
G	28
H	26

할인쿠폰을 이용해 칼라는 학생들을 두 그룹으로 나누어 각기 다른 가격을 책정할 수 있다. 첫 번째 그룹은 유보가격이 $36 이상인 *A*, *B*, *C* 학생들로 이들은 할인쿠폰을 우편으로 보내는 수고는 하지 않는다. 두 번째 그룹은 *D*부터 *H*까지의 학생들로, 유보가격이 낮으므로 할인쿠폰을 사용하고자 한다.

각각의 그룹 내에서 칼라는 일반 독점기업처럼 모든 학생들에게 단일 가격을 책정해야 한다. 그러므로 각 그룹 내에서 한계비용이 한계수입을 초과하는 한 칼라는 교정 편수를 늘려야 한다. 두 그룹에 관련된 자료가 **표 8.6**에 표시되어 있다.

액면가격이 적용되는 그룹의 한계수입을 나타내는 열을 보면, 한계수입이 $29를 초과하므

표 8.6 완벽한 장애물이 있는 경우의 가격차별

학생	한계수입 ($/편)	총수입 ($/주)	한계수입 ($/편)
	액면가격		
			40
A	40	40	
			36
B	38	76	
			32
C	36	108	
	할인가격		
			34
D	34	34	
			30
E	32	64	
			26
F	30	90	
			22
G	28	112	
			18
H	26	130	

로 칼라는 세 학생 모두(*A*, *B*, *C*)의 기말 보고서를 교정해야 한다. 이 그룹의 이윤 극대화 가격은 *A*, *B*, *C* 학생 모두가 칼라의 교정 서비스를 받은 가장 높은 가격인 $36이다. 할인가격이 적용되는 그룹의 경우 첫 두 학생인 *D*와 *E*의 경우에만 한계수입이 $29를 초과한다. 그러므로 이 그룹의 이윤 극대화 가격은 *D*와 *E*학생이 칼라의 교정 서비스를 받는 가장 높은 가격은 $32이다(할인가격이 $32라는 것은 액면가격 $36에서 할인쿠폰을 보낸 학생들은 $4를 환불받는다는 의미이다).

할인쿠폰이 없을 때와 비교하면 할인쿠폰을 사용할 때 칼라는 매주 5명 학생의 기말 보고서를 교정본다. 칼라가 두 그룹으로부터 받는 총수입은 주당 3×$36+2×$32=$172이다. 그녀의 총기회비용은 주당 5×$29=$145이므로 경제적 이윤은 주당 $172−$145=$27로 할인쿠폰을 사용하지 않는 경우에 비해 주당 $6 증가한다.

✔ 개념체크 8.4

예 8.7에서 만일 유보가격이 $34보다 낮은 학생들만 할인쿠폰을 사용한다면 칼라는 각 그룹별로 교정비를 얼마로 책정해야 하는가?

8.6.4 가격차별은 나쁜 것인가?

사람들이 차별은 안 좋은 것이라고 조건반사적으로 생각하므로 가격차별이 공공의 이익에 반하는 것이라고 결론내리기 쉽다. 그러나 **예 8.7**에서 보듯이 학생들과 칼라 모두 장애물을 이용한 가격차별을 통해 이득을 얻고 있다. 이를 보이기 위해 칼라가 할인쿠폰을 이용할 때(**예 8.7**) 칼라의 경제적 이윤 및 학생들의 소비자 잉여를 모든 학생들에게 단일 가격을 책정할 때(**예 8. 4**)의 경제적 이윤 및 소비자 잉여와 비교해 보자.

칼라가 단일 가격을 책정하면 그녀는 단지 *A*, *B*, *C* 세 학생의 기말 보고서를 편당 $36의 가격에 교정을 본다. 할인쿠폰을 사용하면 *A*, *B*, *C* 학생은 동일한 가격($36)에 서비스를 받고 있고, 추가적으로 *E*와 *F* 학생은 낮은 가격인 $32에 서비스를 받고 있으므로 장애물을 이용해 가격차별을 하는 경우 총잉여가 더 크다는 것을 눈으로 바로 확인할 수 있다.

이를 확인하기 위해 정확한 총잉여를 계산해보자. 칼라로부터 교정 서비스를 받는 학생들의 소비자 잉여는 유보가격에서 교정가격을 뺀 금액이다. *A*학생의 소비자 잉여는 단일 가격과 할인가격 모두 $40−36=$4이다; *B*학생의 소비자 잉여는 $38−$36=$2이다; *C*학생의 소비자 잉여는 $36−$36=$0이다; 그러므로 액면가격이 적용되는 그룹의 소비자 잉여는 $4+$2=$6로 이는 단일 가격이 적용되는 **예 8.4**와 동일하다. 그러나 할인가격이 적용되는 그룹에서 추가적인 소비자 잉여가 창출된다. 구체적으로 *D*학생의 유보가격이 $34로 할인가격인 $32보다 $2 높으므로 $2의 소비자 잉여를 얻는다. 그러므로 장애물을 이용해 가격차별을 하면, 소비자 잉여는 $6+$2=$8로 단일 가격보다 $2 더 많다.

칼라의 생산자 잉여 또한 장애물을 이용해 가격차별을 하면 증가한다. 교정하는 매 기말 보고서당, 생산자 잉여는 교정가격에서 그녀의 기회비용($29)을 뺀 금액이다. 단일 가격시 생산자 잉여는 3×($36−$29)=$21이다. 할인쿠폰을 제공하면 *A*, *B*, *C* 학생으로부터 얻은 생산자 잉여는 동일하고, 추가적으로 *D*와 *E* 학생으로부터 2×($32−$29)=$6를 더 얻는다. 그러므로 가격차별을 하면 생산자 잉여는 $21+$6=$27달러이다. 소비자 잉여와 생산자 잉여를 합치면 $35로 단일 가격과 비교하면 $8만큼 증가한다.

그러나 할인쿠폰을 사용해도 유보가격이 $30로 칼라의 기회비용인 $29보다 높지만 칼라는 *F* 학생의 기말 보고서를 교정보지 않기 때문에 최종 결과는 효율적이지 않다. 그러나 장애물을 이용한 가격차별이 완전하게 효율적이지는 않아도 단일 가격보다 훨씬 효율적이다.

8.6.5 가격차별의 예

장애물을 이용한 가격차별의 원리를 이해했으면 주위에서 찾아볼 수 있는 예를 살펴보자. 예를 들어, 여러분이 다음번에 식료품점, 철물점, 가전 제품점 등을 방문할 때 얼마나 많은 다양한 제품이 현금할인을 포함한 판촉행사를 하고 있는가를 눈여겨보기 바란다. 일시적인 가격할인 역시 장애물을 이용한 가격차별의 한 예이다. 상점들은 대부분의 시간 동안 제품을 "정가"에 판매하다가 정기적으로 대폭 할인해 판매한다. 이 경우 언제, 어디서 할인 행사를 하는지를 찾는 수고와 할인기간 동안 그 상점을 방문해야 하는 수고가 장애물이다. 가격에 민감한 소비자들(유보가격이 낮은 소비자들)이 꼼꼼하게 광고를 챙겨서 할인기간에만 구매할 가능성이 높기 때문에 이 방식이 효과가 있다.

또 다른 예를 들자면, 출판사들은 새 책을 먼저 $20에서 $30 사이의 가격으로 하드커버로 출판하고, 1년쯤 지난 후에 $5에서 $15 사이의 가격으로 페이퍼백으로 출판한다. 이 경우 1년을 기다리는 것과 약간 품질이 나빠지는 것을 감수하는 것이 장애물이다. 가격에 매우 민감한 소비자들은 기다렸다가 페이퍼백으로 구매하나, 유보가격이 높은 사람은 하드커버를 빨리 사고 싶어 한다.

자동차 회사를 예로 들면, 자동차 회사는 일반적으로 다양한 장식과 액세서리를 장착한 여러 가지 자동차 모델을 제공한다. GM의 캐딜락 생산비용이 실제로는 쉐비 생산비용보다 약 $2,000 정도 더 비싸지만 캐딜락의 판매가격은 쉐비보다 $10,000에서 $15,000 더 비싸다. 유보가격이 낮은 소비자는 쉐비를, 유보가격이 높은 소비자는 캐딜락을 선택할 가능성이 높다.

항공 회사들은 다른 기업들과 비교할 수 없을 정도로 장애물을 이용한 가격차별을 완벽하게 시행한다. 초할인 가격은 정규 이코노미 가격의 절반이 채 안 된다. 이 할인 혜택을 받으려면 여행자들은 항공권을 7일에서 21일 전에 미리 구입해야 하고 반드시 토요일 숙박을 포함시켜야 한다. 휴가 여행을 가는 사람들은 이 조건을 쉽게 충족시킬 수 있으나 마지막 순간에 스케줄이 바뀌거나 거의 토요일 숙박을 하지 않는 사업상 여행자는 이 조건을 충족하기 어렵다. 당연히 사업상 여행자의 유보가격이 휴가 여행자보다 매우 높을 것이다.

많은 기업들이 하나가 아닌 여러 장애물을 사용해 소비자들이 어려운 장애물을 통과하면 추가적인 할인 혜택을 주기도 한다. 예를 들어, 영화 제작자들은 그들의 영화를 먼저 개봉관에 비싼 가격으로 제공하고, 몇 개월 후에 주위의 영화관에 약간 낮은 가격으로 제공한다. 다음으로 케이블 방송에서 유료로 제공하고, 그 다음으로는 비디오로, 그리고 마지막으로 공중파 방송에서 방영하도록 허용한다. 각각의 장애물을 넘으려면 더 오래 기다려야 한다. 그리고 공중파 방송에서 시청하려면 품질이 떨어진다. 이 같은 장애물은 영화 관객들을 그들의 유보가격에 따라 매우 효과적으로 분리시킨다.

독자들은 단일 가격을 책정하면 산출량 증가에 따른 독점기업의 편익이 사회 전체의 편익보다 작기 때문에 독점의 비효율성이 발생함을 기억하기 바란다. 장애물을 이용한 가격차별은 독점기업이 가격에 매우 민감한 소비자들에게만 가격할인을 할 수 있는 실질적인 수단을 제공하므로 비효율성을 감소시킨다. 일반적으로 독점기업이 장애물을 이용해 시장을 더 많이 세분할수록 비효율성은 감소한다. 그러나 장애물이 완전하지 않으므로 다소의 효율성 감소는 불가피하다.

경제적 사유 8.3

왜 가전기구 소매상들은 점원들에게 전열기나 냉장고에 흠집을 내라고 지시하기도 하는가?

시어즈의 "흠집 난 제품 할인세일"(Scratch 'n' Dent Sale)은 소매상들이 품질의 차이를 이용해 유보가격에 따라 소비자들을 어떻게 분리하는지를 보여주는 또 다른 예이다. 많은 시어즈 상점들은 매년 약간의 흠집이 있는 가전제품을 주차장에 전시해 놓고 매우 많이 할인된 가격으로 판매한다. 가격에 크게 신경을 쓰지 않는 소비자들은 이 할인 행사에 달려갈 가능성이 별로 없다. 그러나 유보가격이 낮은 소비자들은 첫 번째로 줄을 서기 위해 아침 일찍 일어난다. 이 할인 판매행사가 매우 성공적이어서 심지어 소매상들이 일부러 몇몇 제품에는 흠집을 내기도 한다.

왜 이윤을 극대화하는 가전제품 소매상이 일부러 제품에 흠집을 내는가?

요약 가격할인을 이용한 시장 확장

가격차별은 독점기업이 본질적으로 동일한 재화나 서비스에 대해 각 소비자마다 서로 다른 가격을 책정하는 것이다. 흔히 가격차별을 하는 방법은 장애물을 이용하는 것이다. 장애물을 이용한 가격차별은, 할인쿠폰을 우편으로 보내는 것 같이, 장애물을 넘은 소비자들에게 가격할인을 해 주는 것이다. 유보가격이 높은 소비자보다 낮은 소비자가 쉽게 넘을 수 있는 장애물이 효과적인 장애물이다. 이 같은 장애물을 이용해서 독점기업은 생산을 늘릴 수 있으므로 단일 가격 책정으로 인한 독점의 비효율성을 줄일 수 있다.

8.7 자연독점에 대한 정부 정책

독점은 산출량 감소의 비효율성뿐 아니라 소비자의 희생으로 경제적 이윤을 얻기 때문에 문제가 된다. 많은 사람들이 선택의 여지 없이 재화나 서비스의 유일한 제공자로부터 구매해야 한다는 사실에 불편함을 느낀다. 이 같은 이유로, 많은 나라에서 유권자들이 정부에게 자연독점을 통제할 수 있는 정책을 사용할 권리를 부여하고 있다.

이 같은 목적을 달성할 수 있는 여러 가지 방법이 있다. 정부가 직접 소유권을 가지고 자연독점을 통제하거나, 자연독점기업이 책정하는 가격을 규제할 수도 있다. 어떤 경우에는 정부가 여러 민간 기업으로부터 자연독점 서비스를 생산할 수 있는 권리에 대한 경쟁 입찰을 받기도 한다. 또 다른 경우에는 정부가 자연독점을 해체해 보다 작은 기업으로 만들어 서로 경쟁시키기도 한다. 그러나 많은 정책들은 그 나름의 문제점을 낳는다. 각각의 경우, 현실적인 문제는 비용 대비 가장 큰 잉여를 창출하는 해법을 찾는 것이다. 자연독점은 비효율적이고 공정하지 않을 수도 있다. 그러나 앞에서 언급했듯이, 자연독점에 대한 대안 역시 완전하지 않다.

8.7.1 국가소유와 경영

자연독점은 독점기업의 이윤 극대화 가격이 한계비용보다 크기 때문에 비효율적이다. 그런 자연독점이 가격을 한계비용으로 책정하기를 원해도 그렇게 할 수 없는 것은, 한계비용으로 책정하면 계속해 사업을 할 수 없기 때문이다. 자연독점을 규정짓는 특징은 생산에 규모의 경제가 있다는 것이다. 규모의 경제가 있으면 한계비용은 항상 평균 총비용보다 작다. 가격을 한계비용으로 책정하면 평균 총비용을 충당할 수 없으므로 경제적 손실이 발생한다.

한 지역의 케이블 방송회사를 생각해보자. 한 지역에 케이블 방송을 위한 케이블망이 다 깔리고 나면, 가입자 한 명을 늘리는 한계비용은 매우 낮다. 효율성을 달성하려면 모든 가입자들은 한계비용을 가격으로 지불해야 한다. 그러나 이렇게 가격을 책정하면 케이블 방송회사는 망 건설의 고정비용을 회수할 수 없다. 동일한 문제가 케이블 방송회사뿐 아니라 다른 모든 자연독점에 똑같이 적용된다. 자연독점기업들이 가격을 한계비용으로 책정하고 싶어도(물론 한계수입과 한계비용이 일치하도록 가격을 책정하면 더 큰 이윤을 얻을 수 있으므로 가격을 한계비용으로 책정하지 않는다), 경제적 손실을 감당하지 않고는 가격을 한계비용으로 책정할 수 없다.

효율성과 공정성 문제를 해결하는 한 가지 방법은 정부가 그 산업을 소유해 가격을 한계비용으로 책정하고, 발생하는 손실을 일반 조세수입으로 충당하는 것이다. 이 같이 가격을 한계비용으로 책정하는 접근 방식은, 세계적으로 전기요금을 책정하는 표준이 된 프랑스의 국가소유 전력산업에서 매우 좋은 결과를 낳았다.

그러나 국가소유와 효율적인 경영이 항상 달성되는 것은 아니다. 국가소유의 자연독점은 자유롭게 가격을 한계비용으로 책정할 수 있다. 반면에 민간 자연독점은 그럴 수 없다. 그러나 유인의 원리에 의해 민간 자연독점이 국가소유의 자연독점보다 비용을 절약하고자 하는 더 큰 유인을 가진다는 점에 주의할 필요가 있다. 민간 독점기업이 생산비용 $1를 절약할 수 있는 방법을 찾아내면 이윤은 $1 증가한다. 그러나 국가소유의 자연독점을 운영하는 경영자가 생산비용 $1를 절약하면, 정부는 대개 그 독점기업의 예산을 $1 줄인다. 도로 교통국을 최초로 방문했을 때를 생각해 보라. 도로 교통국이 효율적으로 운영되는 조직이라는 생각이 드는가?

유인

가격을 한계비용으로 책정함으로써 발생하는 효율성의 이득이 비용을 절감하려는 유인이 약화되어 발생하는 비효율을 압도하는지 여부는 실증적으로 결정될 문제이다.

8.7.2 민간 독점의 국가규제

미국이 독점이윤을 억제하는 데 가장 많이 사용하는 방법은 정부가 직접 소유하는 대신 자연독점을 규제하는 것이다. 예를 들어, 대부분의 주에서 전기, 가스, 통신, 그리고 케이블 방송에 대해 이 같은 방식을 사용하고 있다. 이 경우 대표적인 규제방식이 **비용가산규제**(cost-plus regulation)이다: 정부 규제기관이 독점기업의 명시적 비용에 대한 자료를 수집해, 독점기업이 이 명시적 비용에 투자금액에 대한 정상 이윤을 더해 가격을 결정하도록 하는 규제방식이다.

비용가산규제
피규제 기업이 명시적 비용에 기업의 주인이 제공하는 자원의 기회비용을 더해서 가격을 책정하도록 하는 규제 방식

일견 합리적으로 보이나 비용가산규제 또한 여러 가지 문제점을 가지고 있다. 첫째, 기업의 지출 가운데 어떤 부분을 비용가산규제가 허용하는 비용의 범위에 포함시킬 것인가에 대해 규제기관과 피규제 기업 간에 분쟁이 있을 때 발생하는 행정 비용이 매우 클 수 있다. 이 질문에 대한 대답은 이론적으로도 제시하기 힘들다. 시내 전화 서비스는 비용가산규제를 받으나 그 외의 서비스는 규제를 받지 않는 AT&T와 같은 기업을 생각해보자. 최고경영자로부터 말단직원까지 많은 AT&T 직원들은 규제받은 서비스와 규제받지 않는 서비스 생산 모두에 참여할 것이다. 이들의 연봉을 두 서비스 간에 어떻게 배분할 것인가? 이 기업은 선택의 여지가 없는 시내 전화서비스 시장의 포획된 소비자(captured customers)로부터 더 많은 수입을 얻어낼 수 있기 때문에, 연봉 가운데 보다 많은 부분을 규제받는 서비스에 포함시켜야 한다고 주장할 강한 유인을 갖는다.

비용가산규제의 두 번째 문제는, 비용을 절약할 때 규제기관이 가격을 인하하려고 하기 때문에, 기업이 비용을 절약하는 혁신을 위해 노력할 유인이 약하다는 것이다. 민간 기업은 이번 기의 비용을 절약하면 이윤이 증가하기 때문에 국가소유의 독점보다 비용 절감의 유인이 크다. 기업이 비용 절약분을 영구히 이윤으로 얻을 수 있으면 비용 절감의 유인은 더 커진다. 더욱이 규제기관이 비용에 일정 비율을 더해 가격을 결정하면, 피규제 독점기업은 실제로 비용을 절감하기보다 오히려 비용을 증가시키려는 유인을 가진다. 터무니없는 일이기는 하지만 화장실에 금도금한 수도꼭지를 설치함으로써 독점기업은 오히려 더 큰 이윤을 얻을 수도 있다.

마지막으로 비용가산규제는 자연독점이 가지고 있는 본질적인 문제를 해결하지 못한다: 손해 보지 않고 가격을 한계비용으로 책정할 수 없다. 이 모든 것이 매우 심각한 문제들이지만, 많은 나라의 정부들은 계속해 비용가산규제를 유지하고 있다.

8.7.3 자연독점의 배타적 계약

자연독점의 문제를 다루는 가장 바람직한 방법 가운데 하나가 정부가 민간 기업으로부터 자연독점시장에 대한 입찰을 받는 것이다. 정부가 원하는 서비스에 — 케이블 방송, 소방 서비스, 쓰레기 수거 — 대해 자세하게 규정하고, 민간 기업은 이들 서비스를 얼마를 받고 제공할 것인가를 입찰한다. 가장 낮게 입찰한 기업이 정부와 배타적 계약을 맺는다.

이 같은 계약하에서 비용을 절약할 유인은 일반 기업들이 가지는 유인과 동일하다. 기업들 간의 입찰 경쟁으로 인해 독점이윤의 공정성에 대한 우려도 발생하지 않는다. 정부가 입찰에서 승리한 기업에게 현금보조를 제공하면, 배타적 계약을 통해 독점기업이 가격을 한계비용으로 책정하도록 할 수 있다.

배타적 계약은 시의 소방 서비스와 쓰레기 수거 분야에서 좋은 결과를 낳았다. 민간 기업과 계약을 통해 이 같은 서비스를 제공하도록 한 지역은 시영 소방위생국을 통해 동일한 서비스를 제공하는 이웃 지역과 비교해 절반의 비용만으로 충분한 경우도 있다.

그러나 이 같이 바람직한 특징에도 불구하고 배타적 계약도 나름대로의 문제점이 있다. 특히 제공되는 서비스가 매우 복잡하거나 막대한 규모의 초기투자가 필요할 때 더욱 그러하다. 이 같은 경우, 계약 내용이 매우 구체적이고 복잡해 기업을 직접 규제하는 경우와 크게 다르지 않을 수 있다. 막대한 초기투자가 필요하면 — 예를 들어, 발전, 송전 및 배전 — 새로운 기업이 계약을 따낸다면 기존 기업의 자산을 어떻게 이전할 것인가 하는 문제에 직면한다. 새로운 기업은 당연히 기존 기업의 자산을 가능한 싸게 인수하고자 할 것이며, 계약이 종료된 기업은 공정한 가격을 요구할 것이다. 이 경우 공정한 가격이 무엇인가?

소방 서비스와 쓰레기 수거는 단순한 서비스이므로 이 같은 서비스를 계약하는 비용이 그리 크지 않다. 그러나 다른 경우 계약 체결 비용이 배타적 계약을 통해 얻을 수 있는 비용의 절약분보다 클 수 있다.

8.7.4 반독점법의 엄격한 적용

19세기는 그 때까지 경험해보지 못한 막대한 부가 민간에게 축적된 시기였다. 당시 일반 사람들은 소위 당대의 악덕 자본가(robber barons)들에 — 카네기(Carnegie), 록펠러(Rockefeller), 멜론(Mellon), 등등 — 대해 매우 좋지 않은 감정을 가지고 있었다. 1890년도에 미국 의회는 “주 간의(interstate) 거래나 상업의 어떤 부분도 독점화하거나

(monopolize), 독점화하려고 시도하는(attempt to monopolize)" 모든 음모를 불법으로 규정하는 셔만법(Sherman Act)을 제정했다. 그리고 1914년에는 "현저하게 경쟁을 침해하거나 혹은 독점을 창출할 가능성이 있는 경우"(substantially lessen competition or create a monopoly), 한 기업이 경쟁기업의 주식 취득하는 것을 금지하는 것을 목적으로 하는 클레이튼법(Clayton Act)을 제정했다.

반독점법은 공동행위(cartel)나 담합을 통해 가격을 경쟁가격 이상으로 올리기 위한 기업 간의 제휴를 예방하고자 노력해 왔다. 그러나 반독점법이 오히려 해가 되는 경우도 있었다. 예를 들어, 연방 반독점국(Antitrust Division) 관리들은 IBM이 컴퓨터 산업에서 부당하게 우월적 지위를 획득해 왔다는 신념하에 IBM을 분할하기 위해 10년 이상 노력했다. 이 같은 생각은, IBM이 PC의 도래와 그로 인한 이윤 창출을 예견하는 데 실패함으로써, 우스꽝스러울 정도로 잘못된 생각으로 판명되었다. 대기업을 분할하고, 같은 산업의 기업 간의 합병을 저지함으로써 반독점법은 경쟁을 촉진했으나, 또한 기업들이 규모의 경제를 달성하는 데 저해 요인이 되기도 했다.

마지막 가능성은 자연독점의 문제를 전적으로 무시하는 것이다: 독점기업이 산출량과 가격을 마음대로 선택하도록 허용하는 것이다. 이 같은 정책에 대해 당연히 제기되는 반론은 자연독점 문제의 출발점, 즉 자연독점이 효율적이지도 못하고 공정하지도 못하다는 바로 두 가지 문제점이다. 그러나 장애물을 이용한 가격차별이 비효율성을 감소시켰듯이, 이러한 정책은 소비자들을 부당하게 이용한다는 우려 또한 약화시킬 수 있다.

자연독점기업이 얻는 경제적 이윤의 원천을 먼저 살펴보자. 자연독점은 규모의 경제를 가지고 있으므로 산출량이 증가하면 평균 총비용은 감소한다. 효율성이 달성되려면 가격이 한계비용으로 책정되어야 한다. 그러나 자연독점의 한계비용은 평균 총비용보다 낮으므로 경제적 손실을 감소하지 않고서는 모든 소비자들에게 한계비용을 가격으로 책정할 수 없다.

가격할인의 폭이 크고 다양하게 사용되고 있다는 것은 자연독점이 얻는 경제적 이윤이 일반적으로 가격할인을 받는 소비자들의 주머니에서 나오는 것이 아니라는 점을 시사하고 있다. 할인된 가격이 독점기업의 한계비용보다 높다고 하더라도 많은 경우 평균 총비용보다는 낮다. 그러므로 독점기업의 경제적 이윤은 액면가격을 지불하는 소비자로부터 나온다. 대부분 이 같은 소비자들은 장애물을 통과해 할인된 가격을 지불할 수 있는 옵션을 가지고 있다. 그러므로 이들 소비자가 독점기업의 이윤에 기여하는 것은 전적으로 자발적인 것은 아니더라도 적어도 강압적인 것은 아니다.

독점기업이 얻는 경제적 이윤에 대해서는 이 정도로 논의를 마친다. 독점이윤이 어떻게 사용되는가? 누가 이윤을 가지고 가는가? 많은 경우, 약 35%에 해당하는 큰 몫이 법인세를 통해 연방정부로 귀속된다. 나머지는 주주들에게 배분되는데, 주주들 가운데는 부자도 있고 그렇지 않은 사람도 있다. 주주들이 받은 이윤에 대해서도 주정부나 심지어 지방정부가 세금을 부과한다. 궁극적으로 2/3 이상의 독점기업의 경제적 이윤이 연방정부, 주정부 혹은 지방정부가 제공하는 서비스 비용을 충당하는 데 사용된다.

독점기업이 얻는 경제적 이윤의 원천(액면가격을 지불하는 소비자)과 이 이윤의 사용처(대부분 공공 서비스 제공에 사용됨)를 보면, 독점이윤이 상당한 정도로 사회적 불의가 된다는 주장에 의구심이 들게 된다. 그럼에도 불구하고, 장애물을 이용한 가격차별이 독점가격 설정으로 발생하는 효율성과 공정성의 문제를 완전하게 해결하지 못한다. 궁극적으로 불완전한 대안들 가운데 선택의 문제가 남는다. **비용-편익의 원리**가 강조하듯이, 편익에서 비용을 뺀 차이가 가장 큰 것이 최선의 선택이다. 그러나 어떤

비용-편익

요약 자연독점에 대한 정부정책

자연독점은 가격을 한계비용보다 높게 책정하므로, 사회적 관점에서 볼 때 너무 적은 양을 생산한다(효율성의 문제). 자연독점은 또한 소비자의 희생으로 경제적 이윤을 얻는다(공정성의 문제). 효율성과 공정성의 문제를 해결하는 방식으로는 국가가 소유하고 경영하는 방법, 국가가 규제하는 방법, 배타적 계약을 맺는 방법 및 반독점법을 엄격하게 적용하는 방법 등이 있다. 각각의 방법도 그 나름대로의 문제점을 갖고 있다.

요 약 Summary

- 본장의 주제는 가격 결정에 영향력을 행사할 수 있는 불완전경쟁기업의 행동과 성과에 관한 것이다. 경제학자들은 불완전경쟁기업을 다음과 같이 세 가지로 분류한다: 시장에서 유일한 생산자인 순수 독점기업; 소수의 기업이 생산하는 과점기업; 그리고 많은 기업들이 비슷하지만 차별화된 재화를 생산하는 독점적 경쟁기업.

- 경제학 고급과목은 이들 세 종류의 기업들의 행동의 차이를 자세하게 다룬다. 그러나 본장에서는 완전경쟁기업과 구별되는 모든 불완전경쟁기업의 공통적인 한 가지 특징에 초점을 맞춘다. 완전경쟁기업의 수요곡선은 완전 탄력적이지만 불완전경쟁기업의 수요곡선은 우하향한다. 편의상 본장에서는 독점기업이라는 용어를 세 종류 모두의 불완전경쟁기업을 지칭하는 것으로 사용하기로 한다.

- 한계수입이 가격과 일치하는 완전경쟁시장과 달리 독점의 한계수입은 항상 가격보다 작다. 이 차이는 더 많이 팔려면 독점기업은 마지막 단위뿐 아니라 기존의 모든 단위에 대해서도 가격을 낮추어야 하기 때문에 발생한다. 선형수요곡선의 한계수입곡선은 수직절편이 수요곡선과 동일하고, 수평절편은 수요곡선의 절반이다.

- 독점기업은 제품 가격을 책정할 수 있는 능력을 뜻하는 시장지배력을 가진다고 말한다. 시장지배력은 핵심 생산요소의 배타적 지배, 특허와 저작권, 정부의 인허가권 또는 프랜차이즈, 규모의 경제 및 네트워크 외부성에서 발생한다. 이 가운데 가장 중요하고 지속적인 효과를 지니는 것은 규모의 경제와 네트워크 외부성이다.

- 새로운 제품을 시장에 내놓기 위해 연구개발비용, 공정설치비용 및 디자인비용과 같은 고정비용이 전체 비용에서 차지하는 부분이 점차 증가하고 있다. 고정비용이 큰 제품은 한계비용이 평균비용과 비교해서 현저하게 낮다. 따라서 산출량이 증가할 때 평균 총비용은 급격하게 감소한다. 이 같은

비용구조는 왜 많은 산업에서 한 개 또는 소수의 기업만이 생산하는지를 설명해준다.

- 완전경쟁기업은 가격과 한계비용이 일치하는 산출량을 생산함으로써 이윤을 극대화한다. 반면에 독점기업은 시장가격보다 낮은 한계수입과 한계비용을 일치시킴으로써 이윤을 극대화한다. 그 결과는 독점기업에게는 최선이지만 사회적 최적 산출량보다는 적게 생산된다. 이윤 극대화 산출량 수준에서 추가적 한 단위로부터 사회가 얻는 편익(시장가격)은 그 비용(독점기업의 한계비용)보다 크다. 독점기업의 한계비용곡선과 수요곡선이 교차하는 사회적 최적 산출량에서 추가적인 한 단위의 편익과 비용이 일치한다.
- 독점기업이 가격에 민감한 소비자들에게 가격할인을 제공할 수 있으면 독점기업과 소비자 모두 더 나아진다. 모든 소비자에게 그들의 유보가격을 책정하는 완전 가격차별 독점기업은 매우 극단적인 예이다. 완전 가격차별 독점기업은 유보가격이 한계비용보다 큰 모든 소비자에게 판매하므로 효율적이다.
- 자연독점 때문에 발생하는 효율성과 공정성의 우려를 낮추기 위해 정부가 사용하는 여러 정책들은 국가가 소유하고 경영하는 방법, 국가가 규제하는 방법, 배타적 계약을 맺는 방법 및 반독점법을 엄격하게 적용하는 방법 등이 있다. 각각의 방법은 장점뿐 아니라 단점도 가지고 있다. 어떤 경우에는 여러 방식을 혼합해 사용하는 것이 자연독점에게 자율권을 주는 것보다 더 나은 결과를 낳을 수 있다. 그러나 다른 경우에는 전혀 간섭하지 않는 것이 최선의 선택일 수 있다.

핵심용어 Key Terms

가격설정자(231)
가격차별(250)
과점시장(233)
규모에 대한 보수 불변(237)
규모에 대한 보수 체증(237)
규모의 경제(237)
독점적 경쟁시장(232)
불완전경쟁기업(231)
비용가산규제(261)
순수 독점시장(232)
시장지배력(236)
완전 가격차별 독점기업(253)
완전한 장애물(254)
자연독점(237)
장애물을 이용한 가격차별(254)
한계수입(242)

복습문제 Review Questions

1. 세 종류의 불완전경쟁기업이 공통적으로 가지는 중요한 특징은 무엇인가?

2. 참 또는 거짓: 시장지배력을 가진 기업은 원하는 가격에서 원하는 수량을 항상 팔 수 있다.

3. 왜 대부분의 선진국은 특허나 저작권을 가진 사람이 높은 가격을 책정함에도 불구하고 특허와 저작권을 보호하는가?

4. 왜 완전경쟁기업은 한계수입이 가격과 일치하나 독점기업은 한계수입이 가격보다 낮은가?

5. 참 또는 거짓: 자연독점기업은 한계비용보다 높은 가격을 책정하므로 반드시 양의 경제적 이윤을 얻는다.

연습문제 Problems

1. 다음 문장들의 참, 거짓을 판정하고 그 이유를 설명하라.

a. 완전경쟁시장의 시장 수요곡선은 수평이다. 그러나 독점의 수요곡선은 우하향한다.

b. 완전경쟁기업은 자신들의 제품 가격에 대해 영향력을 행사할 수 없다.

c. 자연독점은 산출량이 증가하면 평균 총비용은 감소한다.

2. 두 자동차 회사인 삽(Saab)과 볼보(Volvo)는 각각 고정비용이 10억 달러, 한계비용이 $10,000이다. 삽이 연간 5만 대, 볼보가 20만 대를 생산할 때 각 회사의 평균 총비용을 계산하라. 평균 총비용에 근거해 상대적으로 어떤 회사의 시장 점유율이 더 커질 것이라고 생각하는가?

3. 단일 가격을 책정하는 이윤 극대화 독점기업의 행동 중 옳은 것은?

a. 너무 적은 양을 판매함으로써 초과수요를 발생시킨다.

b. 한계수입이 증가하기 시작하는 산출량 수준을 선택한다.

c. 항상 한계비용보다 높게 가격을 책정한다.

d. 한계수입을 극대화한다.

e. 위의 모든 문장이 거짓이다.

4. 독점기업이 완전 가격차별을 하면 어떤 일이 발생하는가?

a. 수요곡선이 한계수입곡선이다.

b. 한계비용곡선이 한계수입곡선이다.

c. 모든 소비자가 다른 가격을 지불한다.

d. 어떤 산출량 수준에서 한계수입이 음이 된다.

e. 이윤 극대화 결과는 비효율적이다.

5. 자연독점이 책정해야 하는 효율적인 가격은 무엇인가? 왜 효율적인 가격을 책정하는 자연독점은 항상 경제적 손실을 입는가?

6. 왜 가격차별과 동일한 제품이 약간씩 차별화된 여러 종류가 존재하는 것이 서로 연관성이 있는지 설명하라. 각자가 경험한 예를 제시하라.

7. 동네에서 어린아이 사진을 전문적으로 찍는 독점 사진관이 있다. 사진관을 운영하고 있는 조지에게 하루 평균 8명의 손님이 찾아오는데, 이들의 유보가격은 다음 표와 같다. 사진 한 장당 비용은 $12이다.

소비자	유보가격($)
1	50
2	46
3	42
4	38
5	34
6	30
7	26
8	22

a. 단일 가격을 책정한다면 조지는 얼마로 책정하는가? 이 가격에서 조지는 하루에 사진을 몇 장 찍는가? 경제적 이윤은 얼마인가?

b. 문항 a에서 소비자 잉여는 얼마인가?

c. 사회적으로 최적인 사진의 숫자는 얼마인가?

d. 조지가 매우 노련한 사업가라 각 소비자의 유보가격을 잘 알고 있다고 하자. 각 소비자에게 원하는 가격을 책정할 수 있으면 하루 몇 장의 사진을 찍는가? 경제적 이윤은 얼마인가?

e. 문항 d에서 소비자 잉여는 얼마인가?

8. 7번 문제에서

a. 조지가 두 개의 가격을 책정할 수 있다고 가정하자. 조지는 유보가격이 $30를 초과하는 소비자들은 쿠폰을 사용하는 수고를 하지 않는 반면에, $30 이하의 소비자들은 쿠폰을 사용한다는 것을 알고 있다. 조지는 액면가격으로 얼마를 책정하는가? 할인가격으로 얼마를 책정하는가? 각 가격에서 조지는 몇 장의 사진을 찍는가?

b. 문항 a에서 조지의 경제적 이윤은 얼마인가? 소비자 잉여는 얼마인가?

9. 세레나는 마을에서 특허권을 가지고 있는 향수를 독점적으로 팔고 있다. 향수의 수요곡선과 한계비용곡선은 다음과 같다.

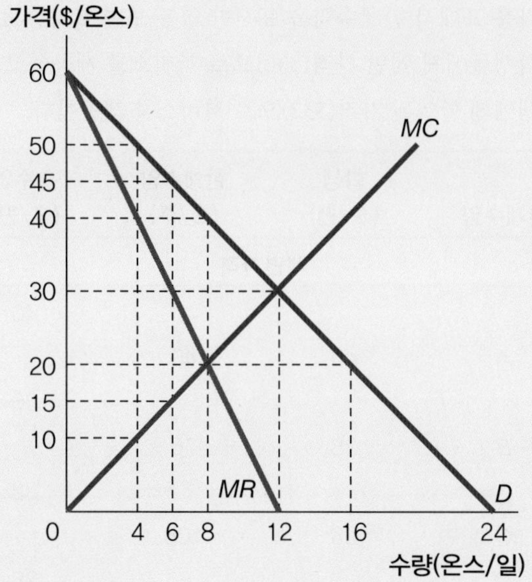

a. 세레나가 독점이윤을 극대화하는 단일 가격을 책정할 때 소비자 잉여는 사회적 최적 산출량과 가격에서의 소비자 잉여와 비교해 얼마나 감소하는가?

b. 세레나가 완전 가격차별 독점기업이면 총잉여는 얼마인가?

10. 베스는 거리에서 레모네이드를 팔고 있다. 레모네이드 한 컵을 만드는데 20센트의 비용이 든다; 고정비용은 없다. 베스의 가판대를 지나가는 10명의 유보가격은 다음의 표와 같다. 베스는 유보가격의 분포는 알고 있다(즉 베스는 한 사람은 $1, 다른 사람은 $0.9, 등등을 지불할 용의가 있다는 것은 안다). 그러나 개별 소비자의 유보가격은 알지 못한다.

사람	유보가격($)
A	1.00
B	0.90
C	0.80
D	0.70
E	0.60
F	0.50
G	0.40
H	0.30
I	0.20
J	0.10

a. 레모네이드 판매의 한계수입을 계산하라(베스가 한 컵만을 팔고자 할 때 책정하는 가격이 무엇인가를 먼저 생각하고 총수입을 계산하라. 다음으로 두 컵을 팔고자 할 때 책정하는 가격을 생각하라. 계속해서 세 컵, 네 컵 등에 대해 생각하라).

b. 이윤 극대화 가격은 얼마인가?

c. 이윤 극대화 가격에서 베스의 경제적 이윤과 소비자 잉여를 계산하라.

d. 베스가 총잉여를 극대화하려면 어떤 가격을 책정하는가?

e. 베스가 소비자 각각의 유보가격을 다 안다고 가정하자. 이윤을 극대화하려면 베스는 각 소비자에게 어떤 가격을 책정하는가? 이때의 경제적 이윤을 문항 d에서 계산한 총잉여와 비교하라.

본문 개념체크 해답 *Answers to Concept Checks*

8.1 관련 비용에 대한 자료가 아래의 표에 나타나 있다. 표를 보면 플레이스테이션은 평균 총비용에서 $50.2-$5.2= $45의 우위를 가지고 있다.

	닌텐도	플레이스테이션
연간 산출량	200,000	2,000,000
고정비용	$10,000,000	$10,000,000
가변비용	$40,000	$400,000
총비용	$10,040,000	$10,400,400
평균 총비용	$50.20	$5.20

8.2 독점기업이 주당 산출량을 3단위에서 4단위로 증가시키면, 총수입은 $15에서 $16로 증가한다. 그러므로 4번째 단위의 한계수입은 $1이다. 이 독점기업이 주당 산출량을 4단위에서 5단위로 증가시키면, 총수입은 $16에서 $15로 감소한다. 그러므로 5번째 단위의 한계수입은 −$1이다.

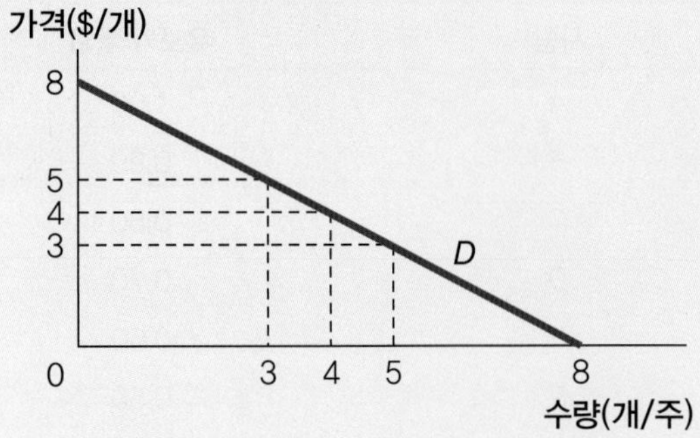

8.3 이윤 극대화 가격은 개당 $6, 수량은 2개이다.

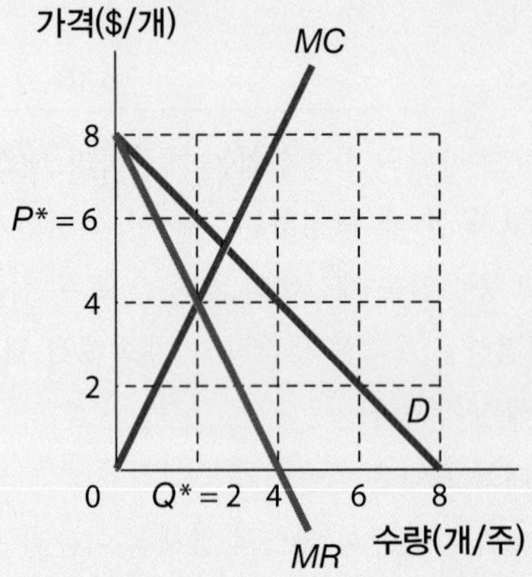

8.4 다음 표에서 한계수입을 표시한 열을 보면 칼라는 *A*, *B*, *C* 학생들에게 액면 가격($36)으로 서비스를 제공하고, *E* 학생에게 할인된 가격($32)으로 서비스를 제공한다.

한계수입	학생 ($/편)	한계수입 ($/주)	총수입 ($/편)
	액면가격		
			40
A	40	40	
			36
B	38	76	
			32
C	36	108	
			28
D	34	136	
	할인가격		
			32
E	32	32	
			28
F	30	60	
			24
G	28	84	
			20
H	26	104	

독점기업의 이윤 극대화 조건의 수학적 접근

제 8 장 부록

선택이 최선의 선택인지는 주어진 상황에 의존한다.

제8장의 본문에서는 그림을 통해 독점기업의 이윤 극대화 조건을 분석했다. 부록에서는 독점기업의 이윤 극대화 조건을 수학적으로 푸는 방법을 알아보도록 한다. 수학적 접근의 이점은 이윤 극대화 가격과 수량을 쉽게 계산할 수 있다는 것이다.

이윤 극대화 수량과 가격

예 8A.1

수요곡선이 $P=15-2Q$이고 한계비용곡선은 $MC=Q$이다. 여기서 P는 달러로 표시한 개당 가격이고, Q는 주당 산출량이다. 독점기업의 이윤 극대화 가격과 수량을 구하라.

먼저 수요곡선으로부터 한계수입곡선을 구하도록 하자. 선형수요곡선의 한계수입곡선은 수요곡선과 수직절편은 동일하고, 기울기는 두 배이다. 그러므로 한계수입곡선은 $MR=15-4Q$이다. Q^*를 이윤 극대화 산출량이라고 하면 $MR=MC$를 풀면 다음과 같다:

$$15-4Q^*=Q^*$$

이를 Q^*에 대해 풀면 $Q^*=3$을 얻는다. $Q^*=3$을 수요곡선에 대입하면, 이윤 극대화 가격 $P^*=15-2Q^*=15-6=9$를 얻는다. 그러므로 이윤 극대화 가격은 개당 \$9이고, 수량은 주당 3개이다.

✔ 개념체크 8A.1

수요곡선이 $P=12-Q$이고 한계비용곡선은 $MC=2Q$이다. 여기서 P는 달러로 표시한 개당 가격이고, Q는 주당 산출량이다. 독점기업의 이윤 극대화 가격과 수량을 구하라.

연습문제 Problems

1. 한 대학 내의 영화관은 지역 독점으로 토요일 저녁 성인의 영화 관람에 대한 수요곡선은 $P=12-2Q$이다. 여기서 P는 달러로 표시한 영화 티켓 가격이고, Q는 100단위로 표시한 수량이다. 일요일 오후 어린이의 수요곡선은 $P=8-3Q$, 성인의 수요곡선은 $P=4-4Q$이다. 토요일 저녁과 일요일 오후 모두, 손님 한 명당 한계비용은 $2이다.
   a. 각각의 경우(3가지 경우)의 한계수입곡선을 구하라.
   b. 영화관이 이윤을 극대화하려면, 각각의 시장에서 가격을 얼마로 책정하는가?

2. 여러분이 한 비디오 게임시장의 독점기업이라고 가정하자. 수요곡선은 $P=80-Q/2$이고, 한계비용곡선은 $MC=Q$이다. 고정비용은 $400이다.
   a. 수요곡선과 한계비용곡선을 그려라.
   b. 한계수입곡선을 도출하고, 그래프를 그려라.
   c. 이윤 극대화 가격과 수량을 계산하고, 그래프 위에 표시하라.
   d. 여러분이 얻는 경제적 이윤은 얼마인가?
   e. 소비자 잉여는 얼마인가?

부록 개념체크 해답 Answers to Concept Checks

8A.1 수요곡선이 $P=12-Q$이므로 한계수입곡선은 $MR=12-12Q$이다. $MR=MC$이어야 하므로, $12-2Q=2Q$를 풀면 $Q=3$을 얻는다. $Q=3$을 수요곡선에 대입하면, 이윤 극대화 가격은 $P=12-3=\$9$이다.

게임이론과 전략적 행동

제 9 장

한 상점의 간판이 얼마나 소비자의 눈길을 끄는가 하는 것은 다른 상점들의 간판의 크기와 밝기에 달려있다. 이 때문에 때로 시각적 공해가 발생한다.

1997년 크리스마스 이브 저녁 파티에서 배우 드니로(Robert Deniro)가 가수인 토니 베넷(Tony Bennet)을 잠시 옆으로 끌어당기면서, "토니, 네가 출연해 주었으면 하는 영화가 하나 있어."라고 말했다. 드니로는, 자신이 범죄 가족의 문제가 많은 가장으로 출연해 정신치료사인 크리스털(Billy Crystal)의 조언을 구하는 이야기로, 1999년 워너브라더스가 제작해 히트한 코미디 영화인 *Analyze This*라는 영화에 대해 말하고 있는 중이었다. 영화 대본에는 범죄 조직의 두목과 그의 치료사 모두 베넷의 열렬한 팬으로 나온다.

베넷은 1년 가까이 이 영화에 대해 아무런 연락을 받지 못했다. 그런데 그의 아들이자 재산 관리인인 대니 베넷(Danny Bennet)이 워너브라더스로부터 영화의 마지막 장면에 "Got the World on a String"이라는 노래를 토니 베넷이 불러주면 $15,000를 주겠다는 제안을 받았다. 대니는 이날의 대화를 다음과 같이 묘사했다. "워너브라더스 측에서 치명적인 실수를 저질렀다. 그들은 이미 영화 촬영을 다 끝냈다고 말했다. 그래서 나는 '잠깐만. 지금 영화 촬영은 다 끝나고, 토니가 마지막 장면에서 노래하는 것만 남았는데, 겨우 $15,000만 주겠다는 말인가?'"[1] 결국 워너브라더스는 토니 베넷이 노래

1 Geraldine Fabrikant, "Talking Money with Tony Bennet,"에서 인용함. *The New York Times*, 5월 2일, 1999년, Money & Business, p.1.

부르는 댓가로 20만 달러를 지급했다.

실생활에서뿐 아니라 사업의 협상에 있어서도 타이밍이 가장 중요할 수 있다. 워너브라더스의 고위층이 문제를 꼼꼼하게 잘 생각했다면, 베넷과 영화 촬영 전에 협상을 했어야 했다. 촬영 전에는 베넷도 너무 높은 가격을 부르면 대본 자체가 수정될 수 있음을 알았을 것이다. 적절한 시점을 놓침으로써 영화 제작사는 베넷이 부르는 가격을 지불하는 것 이외의 다른 선택의 여지는 없게 되었다.

많은 행동이 그 행동으로부터 얻는 보수(payoff)가 그 행동 자체뿐 아니라 언제 그 행동을 선택했으며, 그 행동이 다른 사람들이 선택한 행동과 어떤 관계가 있는가에 의존한다. 이전의 장들에서는 경제적 의사결정자들이 실질적으로 고정된 환경에서 의사결정을 했다. 본장에서는 사람들이 자신들의 행동이 다른 사람에게 미치는 영향을 고려해야 하는 상황에 초점을 맞추고 있다. 예를 들어, 불완전경쟁기업들은 가격을 인하하거나 혹은 광고 예산을 증가시키고자 할 때, 경쟁 기업의 반응을 고려하고자 할 것이다. 이와 같은 **상호의존성**(interdependency)은 경제생활 혹은 사회생활에 있어 예외라기보다는 일상적인 일이다. 사람들이 살아가는 세상을 좀 더 잘 이해하려면 이 같은 상호의존성을 염두에 두어야 한다.

제 8장은 주로 순수 독점에 대해 논의했다. 본장에서는 게임이론(theory of games)의 간단한 몇 가지 원리를 이용해 전략적 상호의존성이 매우 중요한 두 가지 형태의 불완전경쟁기업인 과점 기업과 독점적 경쟁기업들의 행동을 살펴보고자 한다. 또한 동일한 원리를 이용해 어떻게 일상적인 사회적 상호작용에서 발생하는 다양하고 흥미로운 질문에 대한 대답을 제공할 수 있는가를 알아본다.

9.1 게임이론을 이용한 전략적 의사결정 분석

체스, 테니스, 혹은 여타 게임에서 한 결정으로부터 발생하는 보수는 다른 경기자가 어떻게 반응하는가에 의존한다. 그러므로 어떤 선택을 할 것인가를 결정할 때, 다른 경기자들의 반응, 그 반응에 대한 여러분의 반응, 여러분의 반응에 대한 다른 경기자의 또 다른 반응 등을 염두에 두어야 한다. 각 사람들이 얻는 보수가 다른 사람들의 선택에 의존하는 상황을 분석하기 위해 경제학자들과 다른 행동 과학자들은 게임이론이라는 분야를 개발해 발전시켰다.

9.1.1 게임을 구성하는 세 가지 요소

게임의 기본 3요소
경기자들, 각 경기자들이 선택할 수 있는 전략들의 집합, 모든 선택 가능한 전략들의 조합에 대해 각 경기자들이 얻는 보수

모든 게임은 **세 가지 기본 요소**(three basic elements)로 구성된다; 경기자들(the players), 경기자들이 선택 가능한 행동(전략(strategy)이라고 부름)들의 집합, 그리고 선택 가능한 전략들의 조합에 대해 각 경기자들이 얻는 보수(payoff). 다음의 예들은 이 같은 요소들이 어떻게 게임을 구성해 사람들의 행동을 분석하는가를 잘 보여준다.

광고비 지출 결정

예 9.1

유나이티드 항공은 광고비를 더 지출해야 하는가?

유나이티드 항공과 아메리카 항공이 시카고 – 세인트루이스 노선을 취항하는 두 개의 항공회사라고 가정하자. 각 회사는 현재 이 노선에서 편당 $6,000의 경제적 이윤을 얻고 있다. 유나이티드 항공이 광고비 지출을 편당 $1,000 늘리고 아메리카 항공은 현행대로 유지하면, 유나이티드 항공의 이윤은 편당 $8,000로 증가하고, 아메리카 항공의 이윤은 $2,000로 감소한다. 두 항공사 모두 광고비로 $1,000를 더 지출하면, 두 항공사 모두 각각 $5,500의 이윤을 얻는다. 각 항공사들이 얻는 보수는 대칭이다. 따라서 유나이티드 항공이 현재의 광고비 지출을 유지하고, 아메리카 항공이 광고비 지출을 편당 $1,000 늘리면, 유나이티드 항공의 이윤은 $2,000로 감소하고, 아메리카 항공의 이윤은 $8,000로 증가한다. 각 항공사가 얻은 보수는 두 기업 사이의 공통 지식(common knowledge)이다. 즉, 각 기업은 가능한 모든 선택의 조합에 대해 두 기업의 보수가 얼마인지를 알고 있다. 각각의 항공사가 독립적으로 광고비를 인상할 것인지 현행대로 유지할 것인지를 선택해야 한다면, 유나이티드 항공은 무엇을 선택해야 하는가?

이 상황을 게임이라고 생각해보자. 이 경우 게임을 구성하는 세 가지 요소는 무엇인가? 경기자들은 두 항공사이고, 각 항공사는 광고비를 편당 $1,000로 올리든가 혹은 현행대로 유지하든가 하는 두 가지 전략 가운데 하나를 선택해야 한다. 각 항공사의 보수는 선택 가능한 네 가지 전략들의 조합에 대응하는 경제적 이윤이다. 이 게임을 요약해 표시하는 한 가지 방법이 **보수행렬**(payoff matrix)을 이용해, 경기자들, 경기자들의 전략 및 보수를 표시하는 것이다(**표 9.1** 참조).

보수행렬
가능한 모든 전략들의 조합에 대하여 각 경기자들이 얻는 보수를 표로 표시한 것

표 9.1과 같은 보수행렬에서 유나이티드 항공은 어떤 전략을 선택해야 하는가? 전략적 사고

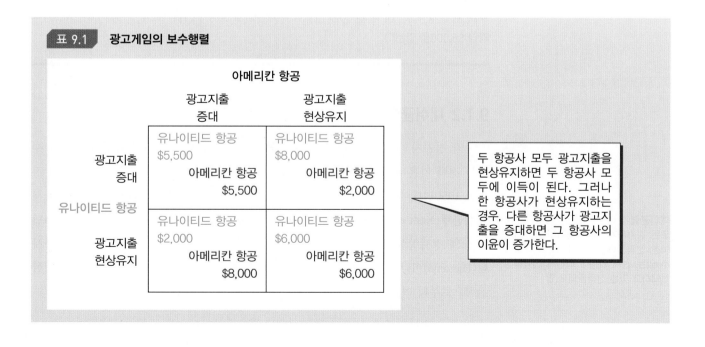

표 9.1 광고게임의 보수행렬

		아메리칸 항공	
		광고지출 증대	광고지출 현상유지
유나이티드 항공	광고지출 증대	유나이티드 항공 $5,500 아메리칸 항공 $5,500	유나이티드 항공 $8,000 아메리칸 항공 $2,000
	광고지출 현상유지	유나이티드 항공 $2,000 아메리칸 항공 $8,000	유나이티드 항공 $6,000 아메리칸 항공 $6,000

두 항공사 모두 광고지출을 현상유지하면 두 항공사 모두에 이득이 된다. 그러나 한 항공사가 현상유지하는 경우, 다른 항공사가 광고지출을 증대하면 그 항공사의 이윤이 증가한다.

의 본질은 다른 경기자의 입장에서 현재의 상황을 보는 것이다. 아메리카 항공이 광고비를 올릴 것이라고 유나이티드 항공이 생각한다고 가정해보자(**표 9.1**의 왼쪽 열). 이 경우, 유나이티드 항공의 최선의 선택은 아메리카 항공과 동일한 전략을 선택하는 것이다(**표 9.1**의 위쪽 행). 아메리카 항공이 왼쪽 열을 선택할 때 왜 위쪽 행을 선택하는 것이 유나이티드 항공의 최선의 선택인가? **표 9.1**의 왼쪽–위 셀(cell)을 보면 유나이티드 항공의 이윤은 $5,500로, 광고비를 현행대로 유지할 때(왼쪽–아래 셀)의 $2,000와 비교하면 더 크다.

다음으로 아메리카 항공이 현행대로 광고비를 유지한다고 유나이티드 항공이 생각한다고 가정해보자(즉, **표 9.1**에서 아메리카 항공이 오른쪽 열을 선택한다고 유나이티드 항공이 생각한다). 이 경우, 광고비를 늘릴 때(오른쪽–위 셀) 얻는 $8,000가 광고비를 현행대로 유지할 때(오른쪽–아래 셀)의 $6,000보다 크므로, 광고비를 증가시키는 것이 유나이티드 항공에게 더 유리한 전략이다. 이 특수한 게임에서 아메리카 항공이 어떤 전략을 선택하든 간에, 유나이티드 항공은 광고비 지출을 늘림으로써 더 큰 경제적 이윤을 얻을 수 있다. 게임이 완전하게 대칭이므로, 동일한 결론이 아메리카 항공에 대해서도 성립한다: 유나이티드 항공이 어떤 전략을 선택하든 간에, 아메리카 항공은 광고비 지출을 늘림으로써 더 큰 경제적 이윤을 얻을 수 있다.

우월전략
다른 경기자들이 어떤 전략들을 선택하든지 상관없이, 한 경기자에게 자신의 다른 전략과 비교해 항상 더 높은 보수를 주는 전략

열등전략
한 경기자가 우월전략을 가질 때 나머지 전략들

다른 경기자들이 어떤 전략들을 선택하든지 상관없이, 한 경기자가 자신의 다른 전략과 비교해 항상 더 높은 보수를 주는 전략을 가지고 있으면, 그 경기자는 **우월전략**(dominant strategy)을 가진다고 말한다. 모든 게임이 다 우월전략을 가지는 것은 아니다. 그러나 위의 게임에서 두 항공사 모두 광고비를 증가시키는 전략이 우월전략이다. 두 항공사 모두, 현재대로 광고비를 유지하는 전략은 **열등전략**(dominated strategy)이다 — 다른 경기자들이 어떤 전략들을 선택하든지 상관없이, 한 경기자가 자신의 다른 전략과 비교해 항상 더 낮은 보수를 주는 전략.

위의 게임에서 각 항공사들이 우월전략을 선택함에도, 그로 인한 보수는 두 항공사가 현행대로 광고비 지출을 유지하는 경우보다 낮음에 유의하기 바란다. 유나이티드 항공과 아메리카 항공 모두 광고비 지출을 늘리면, 각각은 $5,500만을 얻는다. 반면에 둘 다 현행대로 유지하면 각각 $6,000를 얻는다.

9.1.2 내쉬균형

내쉬균형
모든 경기자가, 다른 경기자들이 선택한 전략들에 대해 자신이 선택할 수 있는 전략 가운데 최선의 전략을 선택하고 있는 전략들의 조합

각 경기자의 전략이, 다른 경기자들이 선택한 전략들에 대해 자신이 선택할 수 있는 전략 가운데 최선일 때, 게임이 균형 상태에 있다고 말한다. 이 같은 균형의 정의를 1950년대에 균형의 개념을 개발한 수학자인 존 내쉬(John Nash)의 이름을 따서 **내쉬균형**(Nash equilibrium)이라고 부른다. 내쉬는 게임이론에 공헌한 기여로 1994년에 노벨 경제학상을 공동 수상했다(역자 주: 다른 공동 수상자는 젤튼(Selten)과 하사니(Harsanyi)이다). 게임이 내쉬균형 상태에 있으면, 모든 경기자들이 자신들이 선택한 전략으로부터 이탈할 유인을 갖지 않는다.

예 9.1과 같이, 모든 경기자들이 우월전략을 가지고 있으면, 모든 경기자들이 우월전략을 선택하는 것이 내쉬균형이다. 그러나 모든 경기자들이 우월전략을 가지고 있지 않더라도, 내쉬균형을 찾을 수 있다. 예를 들어, **예 9.1**의 광고 게임을 다음과 같이 변형한 게임을 생각해보자.

내쉬균형

예 9.2

아메리칸 항공은 광고비 지출을 늘려야 하는가?

예 9.1과 같이 유나이티드 항공과 아메리카 항공이 시카고–세인트루이스 노선을 취항하는 두 개의 항공회사라고 가정하자. 광고비 지출에 대한 보수행렬은 **표 9.2**와 같다. 유나이티드 항공은 우월전략을 가지고 있는가? 아메리카 항공은 어떠한가? 경쟁 기업이 직면하고 있는 유인의 문제를 잘 알고 있는 상태에서 각 기업이 최선의 전략을 선택할 때, 어떤 결과가 발생하는가?

이 경우 유나이티드 항공의 선택과 무관하게, 아메리카 항공은 광고비를 증가하는 것이 항상 더 유리하다. 그러므로 광고비 지출을 늘리는 것이 아메리카 항공의 우월전략이다. 그러나 유나이티드 항공은 우월전략이 없다. 아메리카 항공이 광고비를 늘리면, 현상유지를 하는 것이 유나이티드 항공에게 더 유리하다. 그러나 아메리카 항공이 현상유지를 선택하면, 유나이티드 항공은 광고비 지출을 늘리는 것이 더 나은 전략이다. 그러나 유나이티드 항공이 우월전략을 가지고 있지 않더라도, 유인의 원리를 이용하면 이 게임에서 어떤 결과가 나올지를 예측할 수 있다. 유나이티드 항공이 이 게임의 보수행렬을 알고 있다고 가정하고 있으므로(보수행렬이 공통 지식임), 유나이티드 항공은 아메리카 항공이 광고비 지출을 늘릴 것임을 예측할 수 있다(광고비 지출을 늘리는 것이 아메리카 항공의 우월전략이다). 그러므로 아메리카 항공이 광고비 지출을 늘릴 것이라고 예측하면, 유나이티드 항공은 현행대로 유지하는 것이 최선의 전략이다. 각 항공사

유인

표 9.2 **한 경기자가 우월전략을 갖지 못한 경우의 내쉬균형**

유나이티드 항공 \ 아메리칸 항공	광고지출 증대	광고지출 현상유지
광고지출 증대	유나이티드 항공 $3,000 아메리칸 항공 $4,000	유나이티드 항공 $8,000 아메리칸 항공 $3,000
광고지출 현상유지	유나이티드 항공 $4,000 아메리칸 항공 $5,000	유나이티드 항공 $5,000 아메리칸 항공 $2,000

이 경우 유나이티드 항공은 우월전략을 가지고 있지 못하다. 그러나 아메리칸 항공의 경우 광고지출을 증대시키는 것이 우월전략이다. 아메리칸 항공이 왼쪽 열을 선택할 것이라고 예측하므로, 유나이티드 항공은 광고지출을 현상유지하는 것이 최선의 전략이다. 내쉬균형은 왼쪽–아래 조합에서 이루어진다.

가 직면하고 있는 유인들을 고려해 두 항공사 모두 최선의 전략을 사용하고 있으므로, 이 게임은 보수행렬의 왼쪽–아래 셀의 결과가 나타난다: 아메리카 항공은 광고비 지출을 늘리고, 유나이티드 항공은 현재대로 유지한다.

표 9.2의 왼쪽–아래 셀에 해당하는 전략 조합은 내쉬균형의 정의를 충족한다. 유나이티드 항공이 왼쪽–아래 셀에서 이탈해 광고비 지출을 늘리면, 보수는 $4,000에서 $3,000로 감소한다. 그러므로 유나이티드 항공은 왼쪽–아래 셀에서 이탈할 유인이 없다. 마찬가지로, 아메리카 항공이 왼쪽–아래 셀에서 이탈해 광고비 지출을 현행대로 유지하면, 보수는 $5,000에서 $2,000로 감소한다. 그러므로 아메리카 항공도 왼쪽–아래 셀에서 이탈할 유인이 없다. 그러므로 **표 9.2**의 왼쪽–아래 셀은, 다른 경기자들이 선택한 전략들에 대해 모든 경기자들이 최선의 전략을 선택하고 있으므로 내쉬균형이 된다.

✔ 개념체크 9.1

보수행렬이 아래와 같으면 유나이티드 항공과 아메리카 항공은 각각 어떤 전략을 선택하는가?

		아메리칸 항공: 광고지출 증대	아메리칸 항공: 광고지출 현상유지
유나이티드 항공	광고지출 증대	유나이티드 항공 $3,000 아메리칸 항공 $8,000	유나이티드 항공 $4,000 아메리칸 항공 $5,000
유나이티드 항공	광고지출 현상유지	유나이티드 항공 $8,000 아메리칸 항공 $4,000	유나이티드 항공 $5,000 아메리칸 항공 $2,000

요약 게임이론을 이용한 전략적 의사결정 분석

게임의 세 가지 요소는 경기자들, 경기자들이 선택 가능한 전략들의 집합, 그리고 선택 가능한 전략들의 조합에 대해 각 경기자들이 얻는 보수이다. 어떤 게임에서는 경기자가, 다른 경기자들이 어떤 전략들을 선택하든지 상관없이, 자신의 다른 전략과 비교해 항상 더 높은 보수를 주는 전략인 우월전략을 가질 수 있다.

모든 경기자가, 다른 경기자들이 선택한 전략들에 대해, 자신이 가지고 있는 전략 가운데 가장 높은 보수를 주는 전략을 선택하면, 게임이 균형 상태에 있다. 이 같은 성질을 가지는 전략들의 조합을 내쉬균형이라고 부른다.

9.2 죄수의 딜레마 게임

예 9.1의 게임은 **죄수의 딜레마 게임**(prisoners' dilemma game)이라고 불리는 매우 중요한 종류의 게임에 속한다. 죄수의 딜레마 게임은 각 경기자들이 우월전략을 선택하지만, 어떤 경기자들도 원하지 않는 결과가 발생한다.

죄수의 딜레마 게임
각 경기자들이 우월전략을 가지고 있으나, 모든 경기자가 우월전략을 선택할 때 얻는 보수가 열등전략을 선택할 때 얻는 보수보다 낮은 게임

9.2.1 원조 죄수의 딜레마 게임

다음의 예는 죄수의 딜레마 게임이라는 이름이 왜 붙여지게 되었는가를 설명해 준다.

죄수들은 자백하여야 하는가? 예 9.3

호래스와 재스퍼, 두 죄인이 그동안 그들이 저지른 여러 범죄로 인해 현재 각기 다른 방에 수감되어 있다. 그러나 검사는 이들이 교도소에 단지 1년 동안만 수감할 수 있는 작은 범죄에 대한 증거만을 확보하고 있다. 각 죄인들은, 다른 사람이 묵비권을 행사할 때 자신의 죄를 자백하면, 자백한 사람은 즉시 석방하지만 다른 사람은 교도소에서 20년간 복역할 것이라는 이야기를 들었다. 둘 다 자백하면, 각각 중간 정도인 5년을 복역한다(보수행렬은 **표 9.3**과 같다). 두 죄인은 서로 의사소통을 할 수 없다. 각 죄인들에게 우월전략이 존재하는가? 존재하면 어떤 전략이 우월전략인가?

이 게임에서 각 죄수의 우월전략은 자백하는 것이다. 재스퍼가 어떤 전략을 선택하든 간에 상관없이, 호래스는 자백을 선택함으로써 복역 기간이 짧아진다. 재스퍼가 자백하면, 호래스는 20년(오른쪽-위 셀) 대신 5년(왼쪽-위 셀)을 복역한다. 재스퍼가 묵비권을 행사하면, 호래스는 1년(오른쪽-아래 셀) 복역하는 대신 즉시 석방된다(오른쪽-위 셀). 게임이 완벽하게 대칭이므로, 호래스가 어떤 선택을 하든 간에 상관없이 재스퍼도 항상 자백을 하는 것이 더 유리하다. 이 게임의 문제는 각 사람이 우월전략인 자백을 선택하면, 둘 다 묵비권을 행사할 때보다 더 상황이 나빠진다는 점이다. 둘 다 묵비권을 행사하면 1년(오른쪽-아래 셀)만 복역하지만, 둘 다 자백하면, 각각은 5년(왼쪽-위 셀)을 복역한다. 이 같은 이유로 이 게임의 이름이 죄수의 딜레마 게임이다.

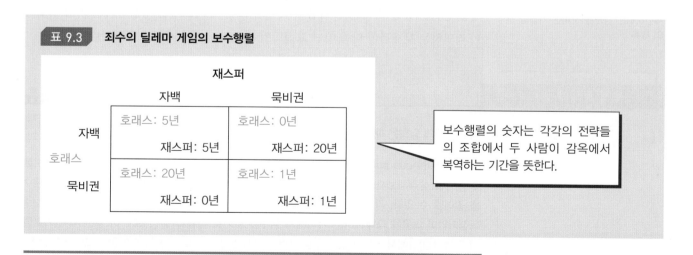

표 9.3 죄수의 딜레마 게임의 보수행렬

		재스퍼	
		자백	묵비권
호래스	자백	호래스: 5년 재스퍼: 5년	호래스: 0년 재스퍼: 20년
	묵비권	호래스: 20년 재스퍼: 0년	호래스: 1년 재스퍼: 1년

보수행렬의 숫자는 각각의 전략들의 조합에서 두 사람이 감옥에서 복역하는 기간을 뜻한다.

✔ 개념체크 9.2

GM과 크라이슬러가 새로운 공정에 투자를 할 것인가를 결정해야 한다. 아래의 게임 1과 2는 이들이 선택하는 전략에 따라 이윤을 얼마를 얻는가를 보여주는 보수행렬이다. 어떤 게임이 죄수의 딜레마 게임인가?

게임 1

GM \ 크라이슬러	투자하지 않음	투자함
투자하지 않음	GM: 10 / 크라이슬러: 10	GM: 4 / 크라이슬러: 12
투자함	GM: 12 / 크라이슬러: 4	GM: 5 / 크라이슬러: 5

게임 2

GM \ 크라이슬러	투자하지 않음	투자함
투자하지 않음	GM: 4 / 크라이슬러: 12	GM: 5 / 크라이슬러: 5
투자함	GM: 10 / 크라이슬러: 10	GM: 12 / 크라이슬러: 4

죄수의 딜레마 게임은 인간을 연구하는 모든 행동 과학에 있어 가장 중요한 은유들(metaphors) 가운데 하나이다. 수많은 사회적, 경제적 상호작용이 죄수의 딜레마 게임과 같은 보수 형태를 가진다. 어떤 경우에는 앞의 예와 같이 두 사람 사이에 이 같은 상호작용이 발생한다; 다른 경우에는 보다 많은 사람들이 관련된다. 후자의 게임을 다자간 죄수의 딜레마 게임(multiplayer prisoners' game)이라고 부른다. 그러나 관련된 사람의 숫자와 상관없이 공통점은 개인들의 사적 이익과 이보다 큰 집단 전체의 이익 사이에 충돌이 발생한다는 것이다.

9.2.2 담합의 경제학

카르텔
경제적 이윤을 얻기 위해 산출량을 제한하려는 음모를 꾸미는 기업들 간의 제휴

카르텔(cartel)은 경제적 이윤을 얻기 위해 산출량을 제한하려는 음모를 꾸미는 기업들 간의 제휴를 의미한다. 다음의 예에서 보듯이, 카르텔을 형성하려는 과점 기업들이 직면하는 문제점이 다름 아닌 고전적인 죄수의 딜레마 게임과 동일하다.

경제적 사유 9.1

왜 카르텔의 담합은 매우 불안정한가?

아쿠아 퓨어(Aqua pure)사와 마운틴 스프링(Mountain spring)사, 두 과점 기업이 생산하는 생수 시장을 생각해보자. 각 회사는 자신들의 땅에 위치한 광천 샘물에서 아무런 비용 없이 생수를 길어낼 수 있다. 각 기업은 자신들의 생수를 공급한다. 서로 경쟁하는 대신, 두 기업은 순수 독점기업이 이윤을 극대화하는 가격에서 생수를 팔기로 담합을 결정했다. 이 같은 약속(카르텔이 만들어짐)하에서, 각 기업은 독점 가격의 수요량 절반씩을 생산해 판매한다(**그림 9.1 참조**).

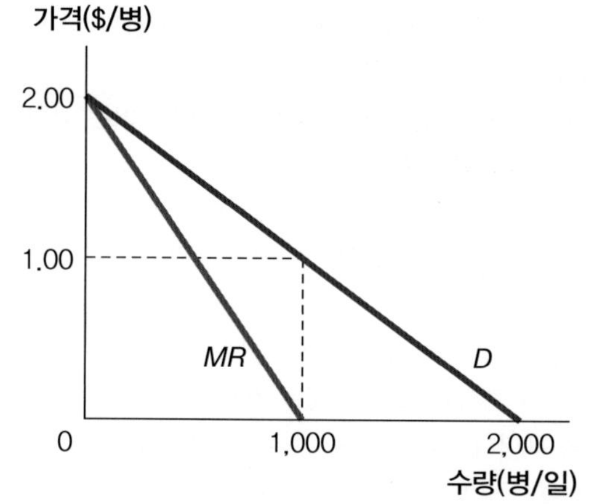

그림 9.1

생수의 시장 수요 곡선
수요 곡선이 그림과 같으면, 한계비용이 0인 독점 기업은 한계수입이 0이 되는 수량인 하루 1,000병을 생산해 병당 $1에 판매한다.

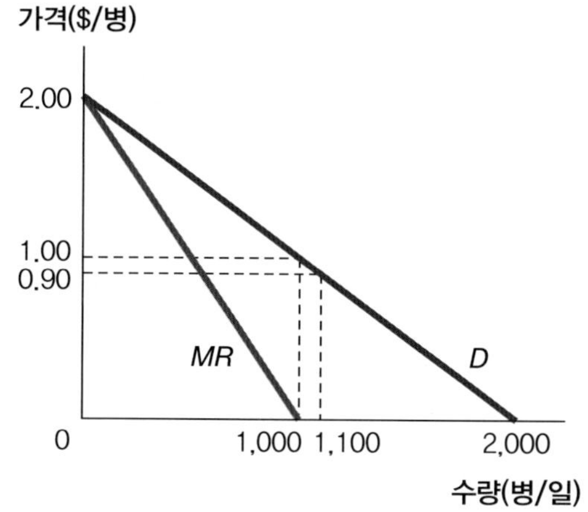

그림 9.2

카르텔 약속을 위반하고자 하는 유혹
병당 가격을 $1에서 $0.9로 낮춤으로써 아쿠아 퓨어사는 독점 수량인 하루 1,000병의 1/2 대신, $0.9에서 시장 전체 수요량인 하루 1,100병을 생산, 판매할 수 있다.

그러나 이 약속은 법적인 구속력이 없다. 그러므로 각 기업은 약속된 가격보다 낮은 가격을 책정할 수 있다. 한 기업이 다른 기업보다 낮은 가격으로 팔면, 그 가격에서 시장 전체 수요량을 공급할 수 있다. 왜 이 같은 약속이 붕괴될 가능성이 높은가?

생수의 한계비용이 0이므로 수요곡선이 **그림 9.1**과 같으면 독점 수량은 한계수입과 한계비용이 일치하는 하루 1,000병이다. 이 수량에서 독점 가격은 병당 $1이다. 두 기업이 약속을 준수하면, 각각은 시장 수요량의 반인 하루 500병을 병당 $1에 판매해 하루 $500의 경제적 이윤을 얻는다.

만일 아쿠아 퓨어사가 가격을 병당 $0.9로 낮추었다고 가정해보자. 마운틴 스프링사보다 낮은 가격에 팔기 때문에, 아쿠아 퓨어사는 **그림 9.2**와 같이 시장 전체의 수요량인 하루 1,100병을 생산한다. 아쿠아 퓨어사의 경제적 이윤은 하루 $500에서 $0.9×1,100병/하루=$990/하루로, 이전보다 거의 두 배로 증가한다. 이 때 마운틴 스프링사의 경제적 이윤은 하루 $500에

왜 기업들의 담합 약속은 지켜지기 어려운가?

서 $0로 줄어든다. 자신이 얻던 경제적 이윤이 사라지는 것을 그냥 보고만 있지 않는 마운틴 스프링사가 아쿠아 퓨어사의 가격만큼 낮추어, 잃어버린 50%의 시장을 회복할 것이다. 그러나 두 기업 모두 병당 $0.9를 책정해 하루 550병씩 판매하면, 경제적 이윤은 $0.9×550병/하루 = $495/하루로, 이전보다 하루 $5 감소한다.

두 기업이 카르텔 약속을 지킬 것인가 혹은 말 것인가 하는 상황을 두 기업이 병당 $1 혹은 $0.9, 두 전략 가운데 하나를 선택하는 게임으로 생각해보자. 각 기업의 보수는 각 전략으로부터 얻는 경제적 이윤이다. 이 게임의 보수행렬은 **표 9.4**와 같다. 각 기업의 우월전략은 낮은 가격을 책정하는 것이다. 그러나 이 전략을 선택하면, 각 기업은 둘 다 높은 가격을 선택했을 때보다 낮은 이윤을 얻는다.

이 게임은 두 기업이 병당 $0.9를 책정하는 데서 끝나지 않는다. 각 기업들은 가격을 조금만 더 낮추면, 시정 전체를 차지해 훨씬 더 많은 경제적 이윤을 얻을 수 있음을 알고 있다. 매번 한 기업이 가격을 낮출 때마다 경쟁 기업도 동일하게 가격을 낮춘다. 이 과정은 가격이 한계비용까지 — 이 예에서는 0 — 낮아질 때까지 계속된다.

표 9.4 카르텔 약속시 보수행렬

		마운틴 스프링	
		병당 $1	병당 $0.9
아쿠아퓨어	병당 $1	아쿠아퓨어: $500 마운틴 스프링: $500	아쿠아퓨어: $0 마운틴 스프링: $990
	병당 $0.9	아쿠아퓨어: $990 마운틴 스프링: $0	아쿠아퓨어: $495 마운틴 스프링: $495

각 기업의 우월전략은 담합 가격인 병당 $1보다 10센트 낮은 $0.9를 책정하는 것이다. 그러므로 카르텔이 붕괴 된다.

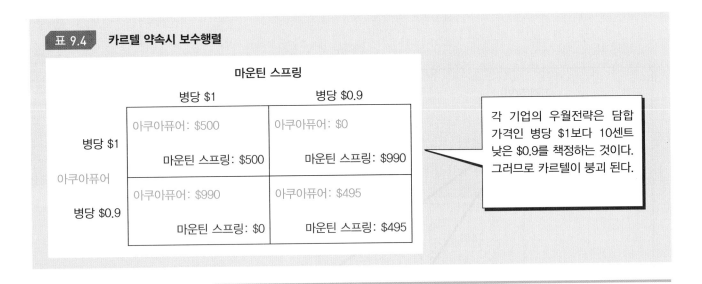

카르텔은 참여 기업이 죄수의 딜레마 게임에 내재해 있는 유인과 동일한 유인을 갖는다. 이 같은 이유는 왜 카르텔이 역사적으로 매우 불안정했는가를 설명해 준다. 일반적으로 카르텔은 두 개의 기업이 아닌 여러 기업이 참여하기 때문에 가격을 낮춘 기업에 대해 보복을 하는 것이 실제적으로 매우 어렵다. 예를 들어, 석유 생산을 제한하기 위해 1970년대에 만들어진 석유 수출국 기구인 OPEC(Organization of Petroleum Exporting Countries)은 회원국이 밤을 틈타 역외로 석유 생산을 비밀리에 빼돌리는 것을 예방할 수 있는 실질적인 수단을 가지고 있지 못하다.

9.2.3 맞대응 전략과 반복적인 죄수의 딜레마 게임

죄수의 딜레마 게임에서 모든 경기자들이 협력하면, 모두가 약속을 위반했을 때보다 더 높은 보수를 얻는다. 그러므로 죄수의 딜레마 게임에 직면하고 있는 사람들은 상호 협력을 유지할 수 있는 유인을 창출할 방법을 찾고자 한다. 이들이 필요로 하는 것은 이탈자를 처벌할 수 있는 방법이다. 경기자들이 다른 경기자들과 단 한 번만 게임을 하면, 이탈자를 처벌하는 것이 매우 힘들다. 그러나 게임을 반복하면 새로운 가능성이 나타난다.

반복적인 죄수의 딜레마 게임(repeated prisoners' dilemma game)은 동일한 경기자들이 죄수의 딜레마 게임을 한 번이 아닌, 여러 번 반복하는 게임이다. 1960년대에 시행된 실험을 통해 이탈을 억제하는 데 매우 효과적인 간단한 전략이 발견되었다. 이 전략은 **맞대응 전략**(tit-for-tat strategy)이라고 불리는 것으로 다음과 같이 작동한다: 첫 게임에서 먼저 협조를 선택한다. 그 이후에는, 바로 이전 게임에서 상대방의 선택과 동일하게 선택한다. 그러므로 상대방이 첫 번째 게임에서 이탈하면, 그 다음 게임에서 이탈을 선택한다. 상대방이 협조하면, 그 다음 게임에서 협조를 선택한다.

반복적인 죄수의 딜레마 게임
동일한 경기자들이 표준적인 죄수의 딜레마 게임을 한 번이 아닌, 여러 번 반복하는 게임

맞대응 전략
반복적인 죄수의 딜레마 게임에서, 먼저 첫 게임에서 협조를 선택하고, 그 이후에는, 바로 이전 게임에서 상대방의 선택과 동일하게 선택하는 전략

정교한 컴퓨터 시뮬레이션에 근거해 미시간 대학의 정치학자 액셀로드(Robert Axelrod)는 맞대응 전략이, 맞대응 전략에 대응하기 위해 고안된 여러 가지 기발한 대응전략들에 대해서도 매우 효과적인 전략임을 보였다. 맞대응 전략이 성공하려면, 경기자들이 지난 게임에서 다른 경기자들이 어떤 선택을 했는가를 기억할 수 있어야 한다. 또한 경기자들이 장래에 얻을 수 있는 이익이 매우 커야 한다. 왜냐하면 경기자들이 이탈을 못하도록 저지하는 것이 바로 보복에 대한 두려움이기 때문이다.

기업들은 동일한 시장에서 다른 기업들과 반복해 상호작용을 하므로, 맞대응 전략을 이용해 가격을 상승시키는 담합이 폭넓게 이루어질 수 있는 것처럼 보인다. 그러나 앞에서 보았듯이, 카르텔의 약속은 성공적이기 힘들다. 한 가지 어려움은 맞대응 전략이 효율적이려면 두 명의 경쟁자만 있어야 한다는 점이다. 완전경쟁시장이나 독점적 경쟁시장은 일반적으로 많은 기업들이 존재하고, 과점 시장도 종종 여러 기업이 존재한다. 세 개 이상의 기업이 존재하고, 한 기업이 현재 이탈하면, 협력한 기업들은 이후에 어떻게 이탈 기업을 선별적으로 처벌할 것인가? 가격을 낮춤으로써 처벌할 것인가? 가격을 낮추면 이탈 기업뿐 아니라 모든 기업이 손해를 본다. 시장에 단지 두 개의 기업만 있어도 이들 기업들은 다른 기업들이 시장에 진입할 수 있다는 것을 알고 있다. 그러므로 카르텔에 참여할 여지가 있는 기업들은 서로에게뿐 아니라, 자신들과 경쟁할 가능성이 있는 기업 전체에 대해 신경을 써야 한다. 각 기업들이 이 같은 일을 실행하는 것이 불가능하다고 생각하면, 적어도 단기에서나마 경제적 이윤을 더 얻을 수 있다는 희망을 갖고 이탈하게 된다. 맞대응 전략을 실행함에 있어 발생하는 현실적인 문제로 인해, 카르텔의 약속은 오랫동안 유지하는 것이 쉽지 않다.

경제적 사유 9.2

담배 생산자들이 직면하고 있는 TV 광고의 딜레마를 의회가 어떻게 해결해 주었는가?

1970년 의회는 1971년 1월 1일 이후에 TV에서 담배 광고하는 것을 금지하는 법안을 통과시

표 9.5 죄수의 딜레마 게임과 동일한 담배광고 게임

		필립 모리스	
		TV 광고함	TV 광고하지 않음
RJR	TV 광고함	RJR: 1,000만 달러 필립 모리스: 1,000만 달러	RJR: 3,500만 달러 필립 모리스: 500만 달러
	TV 광고하지 않음	RJR: 500만 달러 필립 모리스: 3,500만 달러	RJR: 2,000만 달러 필립 모리스: 2,000만 달러

많은 산업에서 광고의 주된 효과는 브랜드 간의 소비자 이동이다. 이 같은 산업에서 우월전략은 광고를 많이 하는 것이다(왼쪽-위 조합). 그러나 기업 전체적으로는 광고를 하지 않는 것(오른쪽-아래 조합)이 더 큰 이윤을 얻는다.

의회가 TV에서 담배 광고를 못하게 했는데, 왜 담배회사들은 쌍수를 들고 환영했는가?

켰다. 담배를 피우는 미국인들의 숫자가 지속적으로 감소하는 것에서 알 수 있듯이, 이 법은 국민들을 건강의 위험으로부터 보호하려는 표면상의 목적을 잘 달성한 듯이 보인다. 그러나 이 법은 의도하지 않은 효과를 낳았다. 그것은 적어도 단기에서 담배회사들이 경제적 이윤이 증가한 것이다. 법이 통과되기 바로 전 해에 담배회사들은 3억 달러 이상의 광고비를 지출했는데, 이 금액은 법이 시행된 이후에 지출한 광고비보다 6,000만 달러 이상 많은 금액이다. 1971년에 발생한 광고비 절감의 많은 부분이 그해 말 담배회사의 높은 이윤에 반영되었다. 그러나 TV 광고를 금지함으로써 담배회사들이 더 많은 이윤을 얻을 수 있었다면, 왜 담배회사들은 스스로 광고비 지출을 삭감하지 않았는가?

불완전경쟁기업이 자신의 제품을 광고하면, 수요곡선은 두 가지 이유 때문에 오른쪽으로 이동한다. 첫째로 그 제품을 전에 전혀 사용해보지 않은 소비자들이 그 제품에 대해 알게 되고, 그 가운데 몇몇 소비자들이 그 제품을 구매할 수 있다. 둘째로 다른 제품을 사용하던 소비자들이 이 제품으로 전환할 수 있다. 첫 번째 효과는 시장 전체의 매출을 증가시킨다. 그러나 두 번째 효과는 기존의 판매를 브랜드별로 재분배할 따름이다.

광고가 담배 시장에서 두 가지 효과 모두를 가져오지만, 주된 효과는 브랜드의 전환 효과이다. 그러므로 광고에 대한 결정은 죄수의 딜레마 게임과 동일하다. **표 9.5**는 두 담배회사가 각각 광고를 할지 말지에 따라 얻는 보수행렬을 보여준다. 두 기업 모두 TV 광고를 하면(왼쪽-위 셀), 두 기업은 각각 연간 1,000만 달러의 이윤을 얻는데, 이는 두 기업 모두 광고를 하지 않을 경우(오른쪽-아래 셀) 각각 얻는 이윤인 2,000만 달러에 비해 작다. 그러므로 두 기업 모두 광고를 하지 않는 것이 서로에게 이익이다.

그러나 각 기업이 강한 유인의 문제에 직면하고 있음에 주의하기 바란다. 필립 모리스가 광고를 하지 않으면, RJR은 광고를 할 때 얻는 이윤(3,500만 달러)이 광고하지 않을 때의 이윤(2,000만 달러)보다 더 크다. 필립 모리스가 광고를 하면, RJR은 광고를 할 때 얻는 이윤(1,100만 달러)이 광고하지 않을 때의 이윤(500만 달러)보다 역시 더 크다. 그러므로 광고를 하는 것이 RJR의 우월전략이다. 게임이 대칭이므로 필립 모리스의 우월전략 역시 광고를 하는 것이다. 그러므로 각 기업이 사익의 입장에서 합리적으로 행동할 때, 두 기업은 서로 자제했을 때보다 더 적은 이익을 얻는다. 의회가 TV 광고를 금지함으로써 담배회사들은 스스로는 달성할 수 없었던 것을 할 수 있게 되었다.

다음의 예가 명확하게 보여주듯이, 죄수의 딜레마 게임을 이해하면 경제적 영역뿐 아니라 다른 생활의 영역에서도 인간 행동을 이해하는 데 큰 도움이 된다.

경제적 사유 9.3

왜 사람들은 파티에서 목소리를 높이는가?

폐쇄된 공간에서 많은 사람들이 모이게 되면, 주위의 소음 수준이 급격히 증가한다. 이 같은 모임이 끝난 후 사람들이 자주 목이 아프거나 목소리가 쉬었다고 불평하곤 한다. 모든 사람들이 평소의 목소리로 말을 했으면, 전체적인 소음 수준은 낮았을 것이고, 사람들이 모두 다 잘 들을 수 있었을 것이다. 그런데 왜 사람들이 목소리를 높이는가?

문제는 개인의 유인과 집단의 유인이 다르다는 것이다. 모든 사람들이 평소의 목소리로 말한다고 가정해보자. 아무도 소리치지 않는다고 하더라도 사람들이 많으므로, 대화 상대방은 다른 사람의 말을 알아듣기가 힘들다. 개인의 관점에서 볼 때 자연스러운 해법은 목소리를 높이는 것이다. 모든 사람들이 목소리 높여 말하면, 주위의 소음 수준은 더 올라가서 모든 사람들이 이전보다 더 알아듣기 힘들게 된다.

왜 사람들이 파티장에서 큰 소리로 이야기하는가?

다른 사람들이 무엇을 하든 간에 상관없이, 각 개인들은 목소리를 높이는 것이 유리하다. 그러므로 목소리를 높이는 것이 모든 사람의 우월전략이다. 그러나 모든 사람들이 우월전략을 선택하면, 그 결과는 모든 사람들이 정상적인 목소리로 계속해 말하는 것보다 더 나쁘게 된다(더 알아듣기 힘들게 된다). 목소리를 높이는 것이 낭비이지만, 개인의 입장에서는 최선의 선택이다. 다른 사람들이 목소리를 높일 때 한 사람이 작게 말하면, 그 사람의 목소리는 들리지 않을 것이다. 성대가 부은 채 집으로 돌아가고 싶은 사람은 아무도 없다. 그러나 사람들은 자신의 목소리가 전혀 들리지 않는 것보다 성대가 붓는 것을 더 선호한다.

요약 죄수의 딜레마 게임

죄수의 딜레마 게임은 각 경기자들이 우월전략을 갖고 있으나, 모든 경기자들이 우월전략을 선택할 때의 보수가 열등전략을 선택할 때보다 작은 게임이다. 죄수의 딜레마 게임과 같은 유인의 문제들은, 예를 들어, 과도한 광고비 지출과 카르텔의 불안정성과 같은 경제적 영역뿐 아니라 일상생활의 다양한 행동을 설명하는 데 도움이 된다. 맞대응 전략은 반복적인 2인 죄수의 딜레마 게임에서 협력을 유지할 수 있으나, 다자간 반복적인 죄수의 딜레마 게임에서는 효과적이지 못하다.

9.3 순서가 중요한 게임

이제까지 살펴본 게임들은 경기자들이 전략을 동시에 선택한다고 가정했고, 누가 먼저 선택을 하는지가 특별하게 중요하지 않았다. 예를 들어, 죄수의 딜레마 게임에서 사익을 추구하는 경기자들은 상대방이 선택하는 전략을 미리 알았다고 하더라도, 자신들의 우월전략을 선택한다. 그러나 본장의 맨 처음에 살펴보았던 워너브라더스사와 베넷 간의 협상과 같이, 어떤 상황에서는 순서가 매우 중요하다.

두 경기자가 동시에 전략을 선택할 때에는 어떤 결과가 나올지 예측할 수 없지만, 한 경기자가 다른 경기자보다 먼저 선택을 하면 결과를 예측할 수 있는 게임의 예를 살펴보자.

예 9.4 순서의 중요성

닷지는 하이브리드(hybrid) 바이퍼를 생산해야 하는가?

닷지 바이퍼와 쉐비 콜벳은 한정된 스포츠카 매니아 층을 대상으로 경쟁한다. 각 기업은 다른 기업들이 하이브리드 모델을 출시할 것인가를 고려하고 있다는 것을 알고 있다. 두 기업 모두 하이브리드 모델을 출시하면, 각각은 6,000만 달러를 이윤으로 얻는다. 두 기업 모두 출시하지 않으면, 각각은 이윤으로 5,000만 달러를 얻는다. 쉐비가 출시하고 닷지가 출시하지 않으면, 쉐비는 8,000만 달러, 닷지는 7,000만 달러의 이윤을 얻는다. 반대로 닷지가 출시하고, 쉐비가 출시하지 않으면, 닷지가 8,000만 달러, 쉐비가 7,000만 달러의 이윤을 얻는다. 이 게임에서 각 기업들은 우월전략을 가지는가? 이 게임에서 닷지가 먼저 선택을 하고, 닷지의 선택을 본 후에 쉐비가 선택을 하면 어떤 결과가 나오겠는가?

두 기업이 동시에 선택을 할 때 보수행렬은 **표 9.6**과 같다.

표 9.6 차별화의 이점

		닷지 바이퍼	
		하이브리드 모델 제공	하이브리드 모델 제공하지 않음
쉐비 콜벳	하이브리드 모델 제공	쉐비: 6,000만 달러 닷지: 6,000만 달러	쉐비: 8,000만 달러 닷지: 7,000만 달러
	하이브리드 모델 제공하지 않음	쉐비: 7,000만 달러 닷지: 8,000만 달러	쉐비: 5,000만 달러 닷지: 5,000만 달러

두 기업이 서로 다른 모델을 출시할 때 더 높은 이윤을 얻는다(오른쪽–위 조합, 왼쪽–아래 조합). 소비자들은 하이브리드가 아닌 모델(오른쪽–아래 조합)보다 하이브리드 모델(왼쪽–위 조합)을 더 선호한다.

표 9.6의 이윤이 발생하는 이유는 소비자들이 일반적으로 하이브리드 스포츠카를 좋아하지만(그러므로 둘 다 하이브리드 모델을 출시하지 않을 때보다 출시할 때의 이윤이 더 크다), 두 기업 모두 동일한 모델의 차를 출시하면 서로 치열하게 경쟁을 해야 한다(그러므로 각자가 서로 다른 모델을 출시할 때보다 동일한 모형을 출시할 때의 이윤이 더 작다).

표 9.6의 보수행렬을 보면 어떤 기업도 우월전략을 가지고 있지 않다. 닷지의 입장에서 최선의 결과는 닷지가 하이브리드 바이퍼를 출시하고, 쉐비는 하이브리드 콜벳을 출시하지 않는 것(왼쪽-아래 셀)이다. 쉐비의 입장에서 최선의 결과는 쉐비가 하이브리드 콜벳을 출시하고, 닷지는 하이브리드 바이퍼를 출시하지 않는 것(오른쪽-위 셀)이다. 두 경우 모두, 각각의 기업이 자신의 선택을 바꿀 유인을 가지고 있지 않으므로, 왼쪽-아래 셀과 오른쪽-위 셀 모두 이 게임의 내쉬균형이다. 그러므로 오른쪽-위 셀에서 쉐비는 자신의 선택을 바꾸려고 하지 않는다(이 셀이 쉐비 입장에서는 최선의 결과이다). 또한 닷지도 선택을 바꿀 이유가 없다(하이브리드 모델로 선택을 바꾸면, 이윤이 7,000만 달러에서 6,000만 달러로 감소한다). 왼쪽-아래 셀도 마찬가지다. 그러므로 더 이상의 정보가 없으면 어떤 내쉬균형이 선택될지 예측할 수 없다.

그러나 한 기업이 다른 기업보다 먼저 선택을 하면, 어떤 전략을 선택할 것인가가 분명해진다. 순서가 중요한 게임은 **의사결정 트리**(decision tree) 혹은 **게임 트리**(game tree)가 보수행렬보다 보수를 표시하는 더욱 유용한 방법이다. 게임 트리는 각 경기자의 선택을 물리적인 순서대로 표시하고, 가능한 모든 조합의 선택에 대해 각 경기자들의 보수를 표시한다.

게임 트리(의사결정 트리)
게임을 각 경기자의 선택을 물리적인 순서대로 표시하고, 가능한 모든 조합의 선택에 대해 각 경기자들의 보수를 트리 형태로 표시하는 방법

예 9.4의 게임에서 닷지가 먼저 선택하는 것을 게임 트리로 표시하면 **그림 9.3**과 같다. *A*에서 닷지가 하이브리드 차를 출시할지 말지를 선택함으로써 게임이 시작된다. 닷지가 출시를 선택하면, 쉐비는 *B*에서 선택해야 한다. 닷지가 출시하지 않기로 결정하면, 쉐비는 *C*에서 선택해야 한다. 각 경우에서 쉐비가 선택을 하면, 게임은 종료된다.

이 게임을 전략적으로 생각하려면, 닷지가 쉐비 입장에서 닷지의 선택에 대해 쉐비가 어떻게 대응할 것인가를 생각해보는 것이 중요하다. 일반적으로 닷지는 쉐비가 자신의 이익에 충실

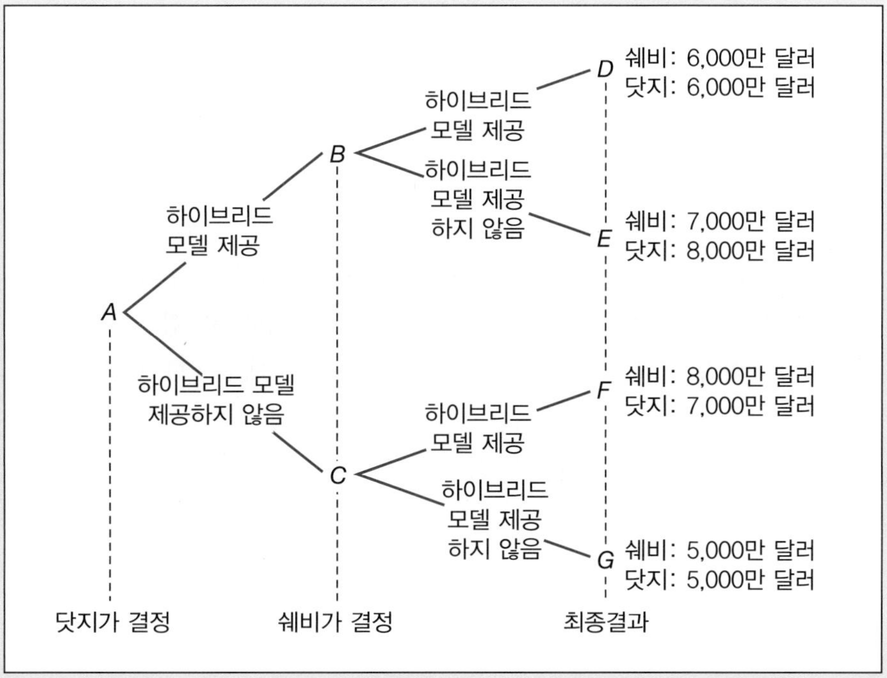

그림 9.3

예 9.4의 게임에서 닷지가 먼저 선택하는 경우의 게임 트리
이 게임트리는 예 9.4의 게임에서 각 기업의 선택을 순서대로 표시하고, 모든 선택이 끝난 후에 최종적으로 보수를 표시한다.

하게 행동할 것이라고 생각할 것이다. 즉, 쉐비는 선택 가능한 대안들 가운데 가장 높은 이윤을 주는 대안을 선택할 것이다. 자신이 하이브리드 차를 출시하면 *B*에서 쉐비의 최선의 선택은 출시하지 않는 것임을 닷지는 안다(*E*에서 쉐비의 보수가 *D*에서보다 1,000만 달러 더 많다). 자신이 하이브리드 차를 출시 안하면, *C*에서 쉐비의 최선의 선택은 출시하는 것임을 닷지는 또한 알고 있다(*F*에서 쉐비의 보수가 *G*에서보다 3,000만 달러 더 많다). 그러므로 닷지는 자신이 하이브리드 차를 출시하면 게임이 *E*에서 끝나서 8,000만 달러를, 하이브리드 차를 출시하지 않으면 게임이 *F*에서 끝나 7,000만 달러를 얻을 것임을 알 수 있다. 따라서 닷지가 먼저 선택을 하는 게임에서 닷지의 최선의 선택은 하이브리드 차를 출시하는 것이고, 이를 보고 쉐비는 하이브리드 차를 출시하지 않는다.

9.3.1 신빙성 있는 위협과 약속

신빙성 있는 위협
실행 시점이 다가왔을 때, 실제로 실행에 옮기는 것이 위협을 한 사람의 이익에 부합하는 위협

유인

닷지가 무엇을 선택하든 간에, 쉐비는 왜 무조건 하이브리드 차를 출시하겠다고 위협함으로써 닷지의 하이브리드 차 출시를 막지 못했는가?문제는 이 같은 위협이 신빙성이 없다는 것이다. 게임이론의 용어를 사용하면, **신빙성 있는 위협**(credible threat)은 실제로 그 위협의 실행 시점이 이르렀을 때, 그 위협을 실행하는 것이 위협을 한 사람의 이익에 합당한 위협을 의미한다. 유인의 원리에 의하면 실제로 실행할 시점에서 위협을 실행할 유인이 없다는 것을 알면, 사람들은 그 위협의 실행 가능성에 대해 매우 회의적일 것이다. 이 예에서 닷지가 하이브리드 차를 이미 출시했으면, 하이브리드 차를 출시하겠다는 위협이 쉐비의 이익에 부합하지 않음을 닷지는 알고 있다. 일단 닷지가 하이브리드 차를 출시하고 나면, 쉐비의 최선의 선택은 하이브리드 차를 출시하지 않는 것이다.

신빙성 있는 위협이라는 개념은 영화 *Analyze This*에서 워너브라더스와 베넷 간의 출연료 협상에서도 잘 드러나 있다. 일단 영화 대부분의 촬영이 끝난 시점에서 다른 가수가 노래하는 것으로 영화를 편집하는데 매우 비용이 많이 들므로, 영화사 관계자들은 베넷이 요구한 금액을 신빙성 있게 거부하겠다고 위협할 수 없다는 것을 깨달았다. 반면에 영화 촬영 시작 전에는 이 같은 위협이신빙성을 가졌을 것이다.

신빙성 있는 약속
실행 시점이 다가왔을 때, 실제로 실행에 옮기는 것이 약속을 한 사람의 이익에 부합하는 약속

어떤 게임에서 신빙성 있는 위협을 하는 것이 불가능한 것처럼, 다른 게임에서는 **신빙성 있는 약속**(credible promise)을 하는 것이 불가능할 때도 있다. 신빙성 있는 약속이란 실행 시점에서 약속을 실행하는 것이 약속한 사람의 이익에 부합하는 약속을 의미한다. 다음의 예는 두 경기자 모두 신빙성 있는 약속을 할 수 없기 때문에 손해 보는 경우를 보여준다.

신빙성 있는 약속

예 9.5

기업의 주인이 먼 곳에 사무실을 새로 열어야 하는가?

번창하는 기업의 주인이 멀리 떨어져 있는 도시에 사무실을 열고자 한다. 이 사무실을 운영할 매니저를 고용하기 위해 주급으로 $1,000를 지불하고자 한다. 주급 $1,000는 매니저들이 다른 곳에서 벌 수 있는 금액에 $500의 프리미엄을 더한 금액이다. 이 금액을 지불하고도 주인은 매주 $1,000의 경제적 이윤을 얻을 수 있다. 주인은 먼 곳 사무실의 매니저를 감독할 수 없다는 점을 우려하고 있다. 매니저가 사무실을 부정직하게 운영하면, 그는 집으로 $1,500를 가지고 갈 수 있다. 반면에 주인은 매주 $500의 경제적 손실을 입는다. 모든 매니저들이 자신의 이익에 충실해 수입을 극대화하는 사람들이라는 것을 주인이 안다면, 주인은 새로운 사무실을 열겠는가?

이 게임의 게임 트리는 **그림 9.4**와 같다. *A*에서 매니저 후보자들이 정직하게 사무실을 운영할 것을 약속하면, 게임은 *B*로 진행된다. *B*에서 주인은 새 사무실을 열 것인가를 결정한다. 열면 게임은 *C*로 진행되고, *C*에서 매니저는 정직하게 운영할 것인가를 결정한다. 매니저의 목표가 가능한 한 많은 돈을 벌고자 하는 것이면, 정직하게 운영하는 것(*C*에서 위쪽 가지)보다 부정직하게 운영하면(*C*에서 아래쪽 가지) $500를 더 벌기 때문에, 매니저는 부정직하게 사무실을 운영할 것이다.

그러므로 주인이 새 사무실을 열면 그는 $500의 경제적 손실을 입는다. 주인이 사무실을 열지 않으면(B에서 아래쪽 가지), 경제적 이윤은 $0이다. $0가 −$500보다 나으므로 주인은 먼 곳에 새 사무실을 열지 않을 것이다. 그러므로 매니저가 신빙성 있는 약속을 할 수 없기 때문에 지불해야 하는 비용은 매니저가 받는 프리미엄 500달러와 주인이 버는 경제적 이윤 $1,000를 합친 $1,500이다.

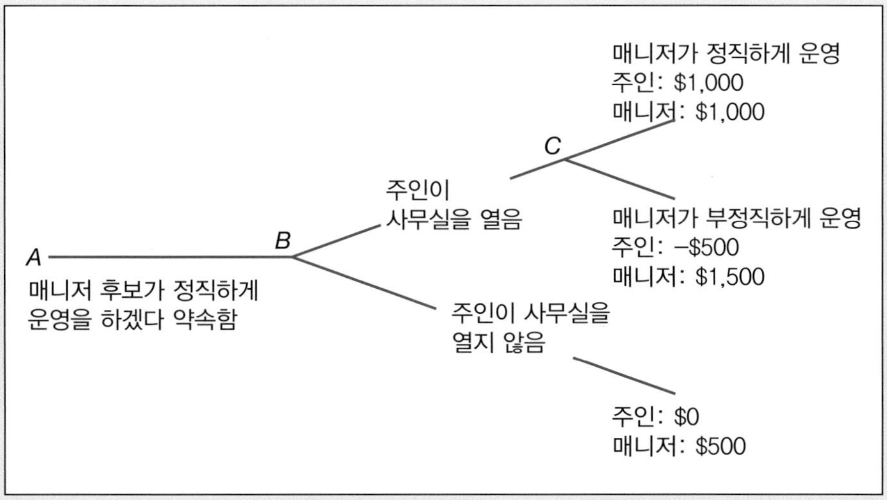

그림 9.4

먼 곳에 새 사무실 열 것인가 하는 게임의 게임 트리
최선의 결과는 *B*에서 주인이 새 사무실을 열고, *C*에서 매니저가 정직하게 사무실을 운영하는 것이다. 그러나 매니저가 자신의 이익을 추구하고, 주인이 이 사실을 알면, 이 결과는 균형이 되지 못한다.

✔ 개념체크 9.3

스미스와 존스는 A에서 스미스가 먼저 선택을 하는 아래와 같은 게임을 하고 있다. A에서 스미스가 위 또는 아래를 선택하면, 존스는 스미스의 선택을 보고, B 또는 C에서 위 또는 아래를 선택한다. 각 선택에 대한 보수가 아래의 게임 트리와 같을 때, 이 게임의 균형에서 발생하는 결과는 무엇인가? 스미스가 먼저 선택하기 전에, 존스가 자신의 순서에서 위 또는 아래를 선택하겠다는 신빙성 있는 약속을 할 수 있다면, 존스는 어떤 선택을 하겠는가?

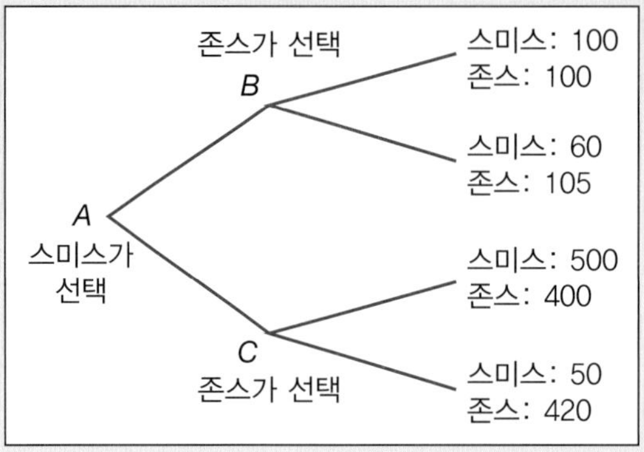

9.3.2 위치 선정이 중요한 경우의 독점적 경쟁

순서가 중요한 여러 게임에서 먼저 선택하는 경기자가 전략적 우위를 점하는 경우가 있다. 예를 들어, 하이브리드 차를 만든 게임인 **예 9.4**에서도 먼저 선택을 하는 쪽이 유리했다. 그 이유는 두 기업이 서로 다른 모델을 선택하는 것이 모두에게 유리하다는 사실을 먼저 선택을 하는 쪽이 이용할 수 있었기 때문이다. 그러나 먼저 선택을 하는 것이 항상 유리한 것은 아니다. **경제적 사유 9.4**가 보여주듯이, 제품들을 차별화하는 특징이 시간적인 것이나 혹은 공간적 위치일 경우, 뒤에 움직이는 기업이 더 큰 이윤을 얻을 수 있다.

경제적 사유 9.4

왜 종종 편의점들이 서로 이웃해서 위치해 있는가?

여러 도시에서 편의점들이 한 곳에 밀집되어 있어, 밀집된 곳을 지나면 한동안 멀리 갈 때까지 편의점을 찾아보기 힘든 경우가 흔하다. 편의점들이 좀 더 흩어져 있으면 모든 소비자들이 보다 가까운 편의점을 찾을 수 있어서 더 좋을 터인데, 왜 편의점들은 이 같이 한 곳에 밀집해 있는가?

그림 9.5에서 A에 위치한 편의점이 A에서 동쪽으로 1마일 떨어진 고속도로까지의 도로에 균일하게 위치한 동일한 아파트에 사는 1,200명의 소비자들에게 가장 가까운 편의점이었다고 가정하자.[2] 고속도로 동쪽에 사는 소비자들은 고속도로를 건널 수 없기 때문에 다른 곳에서 쇼

2 "균일하게 분포되어 있다"는 것은 A와 고속도로 사이의 도로에 위치한 한 구간에 사는 소비자의 수는 정

핑을 한다. *A*에 위치한 편의점 서쪽에 위치한 소비자들은 *A* 또는 *A*보다 더 서쪽에 위치한 편의점 가운데 더 가까운 쪽에서 쇼핑을 한다. 이 경우 왜 *A*와 고속도로 사이에 새로운 편의점을 개업하고자 하는 기업이 이윤 극대화하기 위해 *C*와 같이 중간 위치가 아닌 *B*에 새로운 편의점을 개업하려고 하는가?

*C*에 위치한 편의점은 *A*와 고속도로 사이의 도로에 위치한 소비자들이 가장 가까운 편의점으로 가기 위한 이동거리를 최소화한다. 편의점이 *C*에 위치하면, 어떤 소비자도 가장 가까운 편의점에 가기 위해 1/3마일 이상을 이동하지 않는다. *D*(*A*와 *C*의 중간점)와 고속도로 사이에 위치한 800명의 소비자들은 *C*에서 쇼핑을 하고, *A*와 *D*에 위치한 400명의 소비자들은 *A*에서 쇼핑을 한다.

왜 소매상들은 밀집해 있는가?

*C*가 소비자의 관점에서 가장 바람직한 위치임에도 불구하고, 편의점 주인의 입장에서는 가장 매력적인 장소는 아니다. 그 이유는 편의점 주인의 이윤이 소비자들이 자신의 편의점에 오기까지의 이동 거리가 아니라 자신의 편의점에서 쇼핑하는 소비자의 숫자에 달려있기 때문이다. 소비자들이 자신의 집에서 가장 가까운 곳에 위치한 편의점에서 쇼핑하므로, 편의점 주인의 입장에서는 *A*에 바로 인접한 코너인 *B*에 편의점을 개업하는 것이 최선의 선택이다. *B*에 개업하면, *A*와 고속도로 사이의 거의 모든 1,200명의 소비자가 *B*에 위치한 편의점에서 쇼핑을 한다. 이러한 이유 때문에 편의점이나, 주유소, 그 외에 지리적 위치가 제품 차별화에 있어 가장 중요한 요인이 되는 여러 독점적 경쟁 기업들이 밀집해서 위치하고 있다.

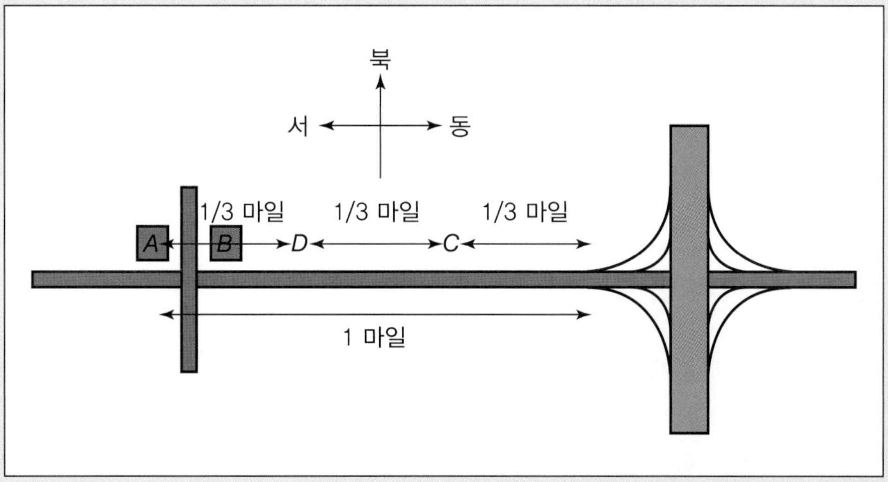

그림 9.5

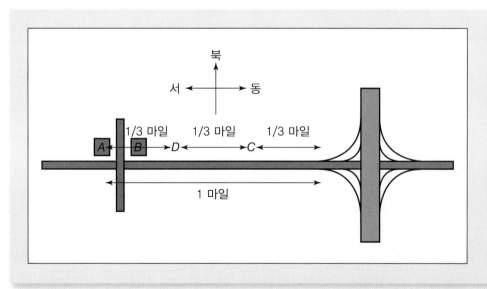

독점적 경쟁 기업들이 한 곳에 밀집해서 위치하고 있는 이유

편의점이 *B*가 아닌 *C* 혹은 *D*에 위치하고 있으면, 소비자 전체가 이동해야 하는 거리가 짧아진다. 그러나 *B*에 위치하면, 편의점은 가장 많은 소비자를 유치할 수 있다.

경제학자 호텔링(Harold Hotelling)은 **경제적 사유 9.4**에서 제기된 질문에 대한 답을 찾는 데 도움이 되는 통찰력을 제시했다.[3] 호텔링은 이 통찰력을 이용해 해변에서 두 핫도그 판매상이 왜 해변 양 끝의 중간에 서로 이웃해 위치하는가에 대한 설명을 제시했다.

확하게 그 구간의 길이에 비례한다는 의미이다. 예를 들어, 1마일의 1/10 구간에 위치한 소비자의 숫자는 1,200 × (1/10) = 120명이다.

3 Harold Hotelling, "Stability and Competition," *Economic Journal* 39, no.1(1929), pp. 41–57.

많은 과점 기업 혹은 독점적 경쟁 기업들에게 제품 차별화의 주된 요인이 물리적 장소가 아닌 시간인 경우가 있다. 여러 항공사의 뉴욕–로스앤젤레스 노선 출발 시간은 시간이 제품 차별화의 주된 요인이 되는 예이다. 여러 지역별 상영관들의 영화 상영 시간 역시 또 다른 예이다. 이 같은 경우, '제품'들이 몰려있는 경우를 자주 본다. 뉴욕–로스앤젤레스 노선은 유나이티드 항공과 아메리카 항공 모두 오후 정시마다 출발한다. 여러 지역별 상영관의 경우도 12개의 상영관에서 첫 저녁 상영이 오후 7시 15분에 시작한다.

또 다른 예는 가장 중요한 차별화 요인을 추상적인 "제품 공간"(product space)에서 그 제품의 위치라는 표현을 사용한다. 예를 들어, 청량음료는 단 맛이 나는 정도 또는 탄산가스 포함 정도에 따라 여러 제품을 구별할 수 있다. 여기서도 코카콜라와 펩시콜라와 같이 경쟁 제품들은 서로 매우 가깝게 위치하는 경우가 흔하다. 이런 경우, 자신의 고전적인 논문에서 호텔링이 설명한 이유와 유사한 이유 때문에 제품들이 한 곳에 몰려있는 경우가 발생한다.

요약 순서가 중요한 게임

많은 게임에서 게임의 결과가 각 경기자들의 선택이 이루어지는 순서에 의존한다. 이 같은 게임은 보수행렬보다는 게임 트리를 이용하는 것이 보수를 가장 잘 표시할 수 있다. 어떤 경우에는 기존의 제품과 매우 차별화된 제품을 제공하는 것이 나중에 선택하는 경기자의 최선의 선택이 된다. 다른 경우에는 기존 제품과 매우 유사한 제품을 제공하는 것이 나중에 선택하는 경기자의 최선의 선택이 될 수 있다.

9.4 맹약의 문제

죄수의 딜레마 게임, 카르텔 게임, 사무실 개소게임 뿐 아니라 **개념체크 9.3**과 같은 게임에서 경기자들은 **맹약의 문제**(commitment problem)에 — 경기자들이 신빙성 있는 위협이나 약속을 할 수 없기 때문에 바람직한 결과를 달성하기 어려운 상황에서 발생하는 문제 — 직면한다. 원조 죄수의 딜레마 게임(**예 9.3** 참조)에서 두 경기자들이 모두 묵비권을 행사하기로 신빙성 있는 약속을 할 수 있으면, 두 사람 모두 더 짧게 복역을 할 수 있다. 이것이 바로 동료에게 불리한 증거를 제시하는 조직원은 죽는다는 지하세계의 규칙인 오메르타(Omerta)의 논리이다. 유사한 논리로 적대국들 간에 군사비 지출을 줄이는 강제력 있는 조약을 체결하는 군축 협약을 설명할 수 있다.

맹약의 문제
경기자들이 신빙성 있는 위협이나 약속을 할 수 없기 때문에 바람직한 결과를 달성하기 어려운 상황에서 발생하는 문제

사무실 개소게임(**예 9.5**)의 맹약의 문제는 매니저 후보자가 고용되면 정직하게 사무실을 운영하겠다고 맹약할 수 있는 방법을 찾을 수 있으면 해결된다. 매니저 후보자는 **맹약의 수단**(commitment device)이 — 매니저 후보자에게 정직하게 운영하겠다는 약속을 지키도록 하는 유인을 제공하는 수단 — 필요하다.

맹약의 수단
신빙성 없는 위협이나 약속을 신빙성 있게 만드는 유인을 제공하는 수단

사업하는 사람들은 직장에서의 맹약의 문제를 잘 인식하고 있으며, 이를 해결하기 위해 다양한 맹약의 수단을 사용하고 있다. 예를 들어, 레스토랑 주인이 직면하고 있는 문제를 생각해보자. 레스토랑 주인은 소비자들이 즐겁게 식사를 하고 다음에 또 오도록 웨이터가 좋은 서비스를 제공하기를 원한다. 웨이터가 제공하는 좋은 서비스가 레스토랑 주인에게는 가치 있는 서비스이므로, 웨이터에게 별도의 금액을 지불할 용의가 있다. 웨이터의 입장에서도 별도의 금액을 받고 좋은 서비스를 제공할 용의가 있다. 문제는 레스토랑 주인이 웨이터가 정말로 좋은 서비스를 제공하고 있는가를 항상 감독할 수 없다는 것이다. 레스토랑 주인은 별도의 금액을 지불했음에도, 감독이 소홀할 때 웨이터가 농땡이 치는 것을 우려하고 있다. 이 문제를 해결할 방법을 찾지 못하는 한, 레스토랑 주인은 별도의 금액을 지불하지 않으며, 따라서 웨이터도 좋은 서비스를 제공하지 않기 때문에, 레스토랑 주인과 손님들은 손해를 입는다. 모두에게 좋은 결과는 웨이터 스스로가 좋은 서비스를 제공할 수 있는 맹약의 수단을 찾는 것이다.

많은 나라의 레스토랑 경영자들은 손님들에게 식사 후에 팁을 남기도록 장려함으로써 이 맹약의 문제를 해결하도록 노력해 왔다. 이 해법의 장점은 손님들이 항상 웨이터의 서비스를 감독할 수 있는 좋은 위치에 있다는 것이다. 미래에도 좋은 서비스를 약속받을 수 있기 때문에 손님들은 기꺼이 좋은 서비스에 대해 후한 팁으로 보상하고자 한다. 그리고 웨이터들도 팁이 서비스의 품질에 의존한다는 것을 알기 때문에 좋은 서비스를 제공할 강력한 유인을 가진다.

앞에서 설명한 다양한 맹약의 수단들은–지하세계의 오메르타, 군축 협약, 웨이터 팁–해당 의사 결정자가 당면하는 유인을 바꾸기 때문에 잘 작동한다. 그러나 다음의 예는 원하는 방향으로 유인을 바꾸는 것이 항상 가능한 것은 아니라는 점을 예시하고 있다.

유인의 변화 　　　예 9.6

여행 중에 고속도로에서 식사를 하고 난 후 실베스터는 팁을 남길 것인가?

실베스터는 집에서 500마일 떨어진 81번 고속도로에 위치한 레스토랑에서 $100짜리 스테이크 식사를 막 마쳤다. 웨이터의 서비스는 좋았다. 실베스터가 자신의 이익에 충실하다면, 그는 팁을 남기겠는가?

일단 웨이터가 좋은 서비스를 제공하고 나면, 손님이 팁을 놓지 않았다고 하더라도 그 서비스를 회수해 갈 수 있는 방법은 없다. 동네 손님들을 대상으로 하는 레스토랑에서 팁을 놓지 않는 것은 큰 문제가 아니다. 왜냐하면 팁을 놓지 않은 손님이 다음에 올 때 웨이터는 좋은 서비스를 제공하지 않으면 되기 때문이다. 그러나 외지의 손님에게 웨이터는 이 같은 방법을 사용할 수 없다. 일단 좋은 서비스를 받은 후에, 실베스터는 식사 값으로 $100를 낼지 $115를 낼지를 결정해야 한다. 실베스터가 자신의 이익만을 생각하는 사람이면, 그는 $100만 낼 것이다.

다른 지역의 레스토랑에서 팁을 주면 서비스의 질이 달라지는가?

✔ 개념체크 9.4

한 여행객이 고속도로에 위치한 레스토랑에서 식사를 하고 있다. 그와 그의 시중을 드는 웨이터 모두 합리적이고 자신의 이익에 충실한 사람이다. 웨이터가 먼저 좋은 서비스를 제공할지 그저 그런 서비스를 제공할지를 결정한다. 그 다음에 손님은 관례적인 팁을 놓을지 전혀 팁을 놓지 않을지를 결정한다. 각각의 선택에 대한 보수가 아래의 게임 트리에 나타나 있다. 좋은 서비스를 받았을 때 관례적인 팁을 놓을 것을 웨이터가 볼 수 있도록 맹약할 수 있는 권리를 얻기 위해 손님은 최대한 얼마를 지불할 용의가 있는가?

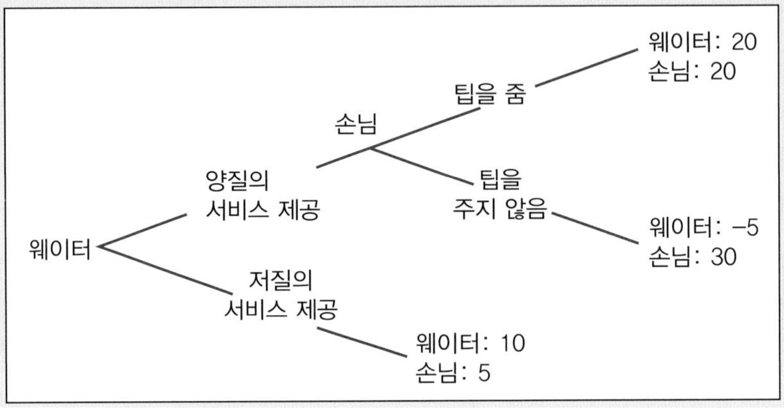

9.5 심리적 유인을 이용한 맹약 문제의 해결방법

이제까지 살펴본 모든 게임에서 경기자들은 오직 자신들에게 가장 좋은 결과를 얻는 것에만 관심이 있다고 가정했다. 그러므로 각 경기자의 목표는 가장 많은 금전적 보수, 가장 짧게 복역하는 것, 혹은 자신의 목소리가 가장 잘 들리는 것 등이었다. 그러나 대부분의 게임에서 역설적으로 경기자들은 최선의 결과를 얻지 못한다. 때로 경기자들이 직면하는 물질적 유인을 바꿈으로써 보다 나은 결과를 얻을 수도 있지만, 항상 그런 것은 아니다.

해당 물질적 유인을 바꿀 수 없으면, 때로 당사자들의 심리적 유인을 바꿈으로써 맹약의 문제를 해결할 수 있다. 다음의 예는 좁은 의미에서 사익을 추구하는 사회보다는 도덕이 성숙한 사회에서 — 다른 사람에게 피해를 주면 죄책감을 느끼거나, 거래 상대방과 공감을 공유하거나, 사람들이 정당하게 대우받지 못하면 분노를 느끼는 사회 — 맹약의 문제가 덜 일어남을 보여준다.

예 9.7 도덕의 효과

도덕적인 사회에서 기업의 주인은 먼 곳에 사무실을 열어야 하는가?

번창하는 기업의 주인이 멀리 떨어져 있는 도시에 사무실을 개소하는 문제를 다시 한 번 살펴보

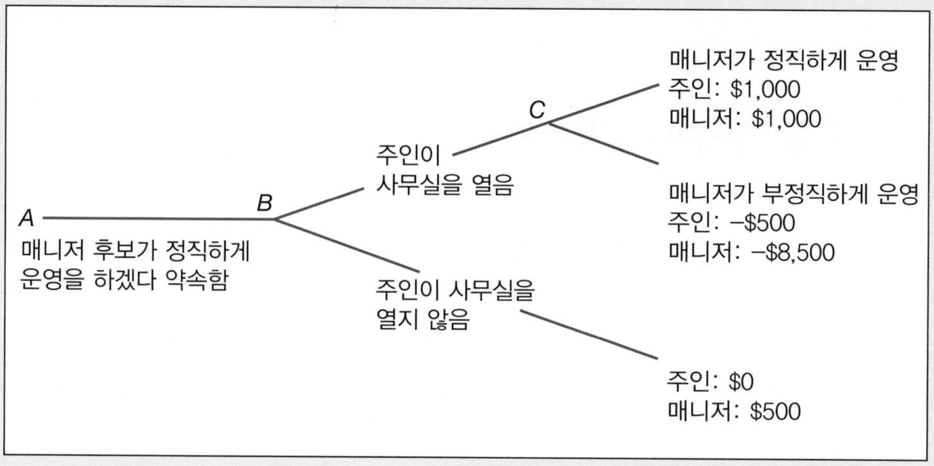

그림 9.6

매니저가 정직할 때 사무실 개소 게임

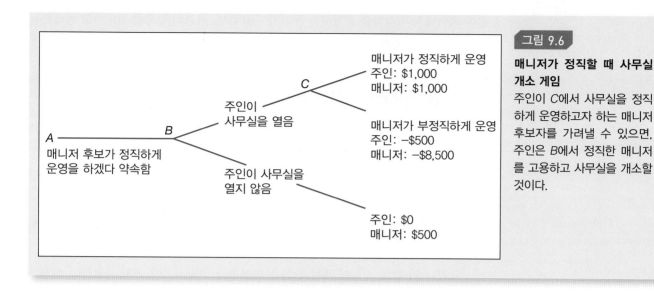

주인이 *C*에서 사무실을 정직하게 운영하고자 하는 매니저 후보자를 가려낼 수 있으면, 주인은 *B*에서 정직한 매니저를 고용하고 사무실을 개소할 것이다.

자(**예 9.5**). 이 주인이 사는 사회는 모든 사람들이 정직하게 행동하도록 학습되어진 사회라고 가정하자. 주인은 사무실을 개소해야 하는가?

예를 들어, 매니저 후보자가 주인의 돈을 횡령하면 죄책감을 느낀다고 가정하자. 대부분의 사람들은 죄의식에 금전적 가치를 부여하는 것을 꺼려한다. 그러나 논의의 편의를 위해, 죄책감이 매우 고통스러워 매니저는 죄책감을 없애기 위해 $10,000를 지불할 용의가 있다. 이 가정하에서, 매니저가 부정직하게 사무실을 운영할 때 얻는 보수는 $1,500가 아니라, $1,500−$10,000 = −$8,500이다. **그림 9.6**은 이 경우의 새로운 게임 트리를 보여준다.

이 경우 *C*에서 매니저의 최선의 선택이 정직하게 사무실을 운영하는 것임을 알기 때문에 *B*에서 주인의 최선의 선택은 사무실을 여는 것이다. 역설적으로 이 예의 정직한 매니저는 **예 9.5**에서 다른 곳에서 받는 금액만을 버는 사익에 충실한 매니저보다 더 많은 돈을 벌게 된다.

9.5.1 사람들은 본질적으로 이기적인가?

예 9.7이 보여주듯이, 사람들이 사익에 충실하다는 가정은 전략적 상황에서 선택을 결정하는 모든 종류의 동기를 다 포함하지는 않는다. 예를 들어, 타 지역 레스토랑에서 마지막으로 식사한 때를 생각해보라. 팁을 놓았는가? 팁을 놓았다면 여러분들의 행동은 지극히 정상적인 것이다. 어떤 연구에 따르면 외지 사람들이 주로 찾는 레스토랑의 팁 비율과 동네 사람들이 주로 찾는 레스토랑의 팁 비율이 거의 동일했다.

사람들이 좁은 의미에서 사익을 추구한다는 가정에 근거한 예측과 매우 다른 결과가 발생하는 경우가 많이 있다. 정당한 대우를 받지 못한 사람들은 종종 매우 큰 비용을 치르더라도 꼭 복수를 하고자 한다. 일상생활에서 사람들은 이윤을 얻지만 조건이 "공정하지 않다"고 생각되는 거래는 박차고 일어서는 경우가 있다. 이런 경우나 그 외에 수없이 많은 경우 사람들은 자신의 이익만을 추구하는 것이 아닌 것처럼 보인다.

좁은 의미에서의 사익을 초월하는 동기가 중요하면, 인간의 행동을 설명하고 예측하는 데 있어 이 같은 요인을 고려해야 한다.

9.5.2 맹약문제의 해결책으로서의 선호

경제학자들은 선호를 목적 그 자체로 생각하는 경향이 있다. 선호를 주어진 것으로 생각하고, 경제학자들은 어떤 행동이 주어진 선호에 비추어 최선인가를 계산한다. 인간 행동 연구에 있어 이 같은 접근 방법을 다른 사회과학자, 게임이론가, 군사전략가, 철학자 등이 사용하고 있다. 일반적인 경우 다양한 재화의 현재와 미래의 소비, 여가 추구 등에 대해 순수하게 사익을 추구하는 선호를 가정한다. 공정성, 죄의식, 명예, 호의 등에 대한 관심은 아무런 역할을 하지 못한다.

그러나 이 같은 것들에 대한 관심은 명백하게 전략적 상황에서 사람들의 선택에 영향을 미친다. 거래 상대방에 대한 호의는, 비록 물질적인 유인으로 보면 속이는 것이 더 유리하지만, 사람들을 더욱 신뢰하게 만든다. 정의감 때문에 사람들은, 비록 앙갚음을 하더라도 원래의 상해를 되돌릴 수 없지만, 앙갚음하기 위해 발생하는 비용을 치르기도 한다.

당연히 선호가 행동을 결정하는 데 영향을 미친다. 그러나 선호만으로 맹약의 문제가 해결되지는 않는다. 맹약의 문제의 해법은 사람들이 특정한 선호를 가져야 할 뿐 아니라, 다른 사람들이 그 사람의 선호를 가려낼 수 있는 변별력을 가져야 함을 필요로 한다. 기업의 주인이 신뢰할만한 매니저를 구별해 낼 수 없으면, 정직한 매니저는 신뢰에 근거해 보수가 결정되는 직업을 얻을 수 없다. 약탈자가 보복하는 특성을 지닌 잠재적 희생자를 구별해 낼 수 없으면, 보복하는 특성을 지닌 사람이 희생자가 될 가능성이 높다.

신뢰가 필요한 사업을 같이 하고자 하는 사람들 가운데 믿을만한 상대방을 찾아낼 수 있는가? 사람이 완벽하게 사람들의 인격을 판단할 수 있으면, 항상 부정직한 사람들을 솎아 낼 수 있다. 사람들이 때로 부정직한 사람들의 희생물이 되는 것을 보면, 완벽하게 신뢰할 수 있게 인격을 판단하는 것은 불가능하거나, 매우 큰 비용을 필요로 한다.

거래 상대방을 선택하는 데 주의하는 것은 맹약의 문제를 해결하는(혹은 회피하는) 데 있어 매우 중요한 요소이다. 왜냐하면 정직하고 또한 정직하다고 인식되는 것이 유리하다면, 단지 정직하게 보이는 것이 더 큰 이득이 있기 때문이다. 신뢰할 만하게 보이는 거짓말쟁이는, 정직하지만 자신이 없고 긴장을 잘하며 시선을 마주치는 것을 어려워하는 정직한 사람보다 더 나은 기회를 가진다. 실제로 이 같은 거짓말쟁이는 정직한 사람과 동일한 기회를 가지나, 이 기회를 최대한도로 활용하기 때문에 정직한 사람보다 더 많은 것을 얻는다.

사람들이 다른 사람의 인격을 정확하게 판단할 수 있는가 하는 문제는 경험적인 것이다. 실험을 통한 연구에 의하면, 실험에 참가한 사람들은 낯선 사람을 잠깐만 만나도 죄수의 딜레마 게임에서 누가 협조를 할 것이며, 누가 배반을 할 것인가를 능숙하게 예측했다. 예를 들어, 단지 26%만 배반을 선택한 한 실험에서, 배반을 정확하게 예측한 비율은 56%가 넘었다. 보다 잘 아는 사람에 대한 예측은 아마도 이보다 더 정확할 것이다.

여러분은 붐비는 음악회에서 잃어버린 $1,000를 봉투에 넣어 여러분에게 돌려보낸 사람을 아는가? 만일 그렇다면 사람들의 특성이 맹약의 문제를 해결하는 데 도움이 된다는 주장을 받아들인 것이다. 정직한 사람들이 다른 정직한 사람들을 구별해 낼 수 있고, 이들과 선별적으로 거래할 수 있으면, 정직한 사람들은 경쟁적인 상황에서도 번영할 수 있다.

요약 맹약의 문제와 심리적 유인

신빙성 있는 위협이나 약속을 할 수 없어 바람직한 결과를 얻을 수 없을 때 맹약의 문제가 발생한다. 맹약의 문제는 때로 신빙성 있는 위협이나 약속을 할 수 있도록 하는 맹약의 수단을 이용해 해결될 수 있다.

게임이론을 적용함에 있어 대부분 경기자들이 좁은 의미에서 사익에만 관심이 있다고 가정한다. 그러나 현실에서 많은 선택이 — 예를 들어, 외지 식당에서도 팁을 주는 것 — 이 가정에 부합하지 않는다.

사람들이 매우 복잡한 다양한 동기에 의해 영향을 받기 때문에 행동을 예측하는 것이 더욱 어렵다. 그러나 이 같은 사실이 유인의 문제를 해결할 수 있는 새로운 방법을 제시한다.

사람들의 물질적 유인을 바꾸는 것이 현실적으로 불가능할 때 심리적 유인은 때로 맹약의 수단으로 작용할 수 있다. 예를 들어, 사람들이 신뢰할 만한 거래 상대방을 찾아낼 수 있고 그들과 선별적으로 거래할 수 있으면, 신뢰의 결핍에서 발생하는 맹약의 문제를 해결할 수 있다.

요 약 Summary

- 경제학자들은 게임이론을 이용해 한 사람이 특정 행동으로부터 얻는 보수가 다른 사람의 행동에도 의존하는 상황을 분석한다. 게임은 세 가지 기본 요소로 구성된다: 경기자들, 각 경기자들이 선택할 수 있는 전략들의 집합, 모든 선택 가능한 전략들의 조합에 대해 각 경기자들이 얻는 보수. 보수행렬은 경기자들이 동시에 전략을 선택하는 게임을 가장 잘 표시하는 방법이다. 순서가 중요한 게임은 게임 트리를 이용하면 게임을 보다 잘 표시할 수 있다.
- 우월전략은 다른 경기자들이 어떤 전략들을 선택하든지 상관없이 경기자에게 자신의 다른 전략과 비교해 항상 더 높은 보수를 주는 전략이다. 죄수의 딜레마 게임과 같이 몇몇 게임은 각 경기자들은 우월전략을 가진다. 이 같은 게임에서 각 경기자들이 우월전략을 선택하는 것이 내쉬균형이다. 모든 게임에서 모든 경기자들이 우월전략을 가지는 것은 아니다.
- 어떤 게임에서는 내쉬균형의 결과가 경기자 전체의 입장에서 보면 바람직하지 않을 수 있다. 죄수의 딜레마 게임은 이 같은 특징을 가지고 있다. 죄수의 딜레마 게임에서 자백하는 것이 각 죄수의 우월전략이지만, 둘 다 묵비권을 행사하는 경우보다 둘 다 자백할 때 복역 기간이 더 길다. 이 게임의 유인 구조는 과다한 광고비 지출, 군비 경쟁, 신뢰를 필요로 하는 상호작용의 잠재적 이득을 실현시키지 못하는 것 등과 같은 사회적 딜레마를 설명하는 데 도움이 된다.
- 사람들이 특정한 방법으로 행동하겠다는 구속력 있는 맹약을 할 수 있으면 종종 이 같은 딜레마를 해결할 수 있다. 군축 협약에 포함되어 있는 것 같은 맹약은 경기자들이 직면하고 있는 물질적 유인을 바꿈으로써 달성된다. 다른 맹약은 물질적 보수를 뛰어넘는 심리적 유인에 의존함으로써 달성되기도 한다. 죄의식, 호의, 정의감 등과 같은 도덕적 감정은, 사적 이익을 추구하는 경기자들이 달성할 수 없는, 보다 나은 결과를 낳는다. 이 같은 맹약이 작동하려면, 잠재적인 거래 당사자들이 연관된 도덕적 감정을 구별해 낼 수 있어야 한다.

핵심용어 Key Terms

게임의 기본 3요소(272)	의사결정 트리(285)	신빙성 있는 약속(286)
맹약의 수단(290)	내쉬균형(274)	죄수의 딜레마 게임(277)
열등전략(274)	보수행렬(273)	맹약의 문제(290)
게임 트리(285)	우월전략(274)	신빙성 있는 위협(286)
반복되는 죄수의 딜레마 게임(281)	맞대응 전략(281)	카르텔(278)

복습문제 Review Questions

1. 게임의 세 가지 요소는 무엇인가?

2. 동일한 사람과 죄수의 딜레마 게임을 한 번이 아닌 무한 번 계속한다면 경기자들이 배반을 선택할 유인이 어떻게 달라지는가?

3. 왜 군비 경쟁이 죄수의 딜레마 게임의 예가 되는지 설명하라.

4. 왜 워너브라더스가 *Analyze This*라는 영화를 거의 다 찍고 나서 베넷과 영화의 마지막 장면에서 노래하는 것을 협상하는 실수를 저질렀는가?

5. GM이 폰티악 세단의 문손잡이를 제작할 작은 기업을 고용하고자 한다. 문손잡이를 제작하려면 다른 용도로는 사용할 수 없는 자본 장비에 대한 막대한 투자가 선행되어

야 한다. 왜 이 작은 기업의 최고경영자는 문손잡이 가격을 고정시켜 놓는 장기 계약을 체결하지 않고서는 이 사업을 맡기를 거절하는가?

6. 고속도로에 위치한 레스토랑에서 사익을 추구하는 손님과 웨이터가 직면하는 맹약의 문제를 설명하라. 이 같은 레스토랑에서 팁을 놓음으로써 좋은 서비스를 받을 수 있으면, 사람들이 항상 이기적이라고 생각할 수 있는가?

연습문제 *Problems*

1. 동전 맞추기 게임(matching pennies)이라고 부르는 다음과 같은 게임을 생각해보자. 각각은 손에 동전을 앞면 혹은 뒷면이 앞에 오게 상대방 몰래 안보이게 감춘다(각자는 자신이 선택한 동전의 면을 알 수 있다). 셋을 세면 동시에 두 사람이 자신의 동전을 보여준다. 동전의 면이 일치하면 여러분이 동전 두 개를 가진다. 서로 어긋나면 친구가 동전 두 개를 가진다.

a. 이 게임의 경기자는 누구인가? 각 경기자의 전략은 무엇인가? 이 게임의 보수행렬을 구하라.

b. 우월전략이 존재하는가? 존재하면 무엇인가?

c. 균형이 존재하는가? 존재하면 무엇인가?

2. 다음과 같은 게임을 생각하자. 해리가 25센트 동전 4개를 가지고 있다. 해리는 샐리에게 1개부터 4개까지 동전을 제안할 수 있다. 샐리가 이 제안을 받아들이면 샐리는 해리가 제안한 동전을 갖고, 해리는 나머지 동전을 갖는다. 샐리가 해리의 제안을 거부하면 둘 다 아무것도 얻지 못한다. 이들은 이 게임을 단 한 번만 하며 각자는 자신이 얻는 금액에만 관심이 있다.

a. 이 게임의 경기자는 누구인가? 각 경기자의 전략은 무엇인가? 이 게임의 게임 트리를 그려라.

b. 각각의 목표에 비추어볼 때, 각 경기자의 최선의 선택은 무엇인가?

3. 블랙카더와 볼드릭은 중세 어두운 감옥에서 각자의 방에 수감되어 있는 합리적이고 사익을 추구하는 범죄자들이다. 이들은 다음의 보수행렬과 같은 죄수의 딜레마 게임 상황에 직면해 있다.

		블랙카더: 자백	블랙카더: 묵비권
볼드릭	자백	볼드릭: 5년 블랙카더: 5년	볼드릭: 0년 블랙카더: 20년
볼드릭	묵비권	볼드릭: 20년 블랙카더: 0년	볼드릭: 1년 블랙카더: 1년

블랙카더는 자신의 형량을 1년 낮출 때마다 $1,000를 지불할 용의가 있다고 가정하자. 타락한 간수장이 블랙카더에게 볼드릭의 선택을 미리 알려줄 수 있다고 말했다. 이 정보가 블랙카더에게 어느 정도의 가치를 가지는가?

4. 경제학 기말고사를 준비하면서 샘은 단지 두 가지만을 우려하고 있다: 학점과 시험공부 시간. 학점에 따라 샘이 얻는 점수는 다음과 같다; 높은 학점이면 20, 평균 학점이면 5, 낮은 학점이면 0. 공부 시간에 따른 비용은 다음과 같다; 많이 공부하면 10, 적게 공부하면 6. 샘이 많이 공부하고 다른 학생들이 적게 공부하면, 샘은 높은 학점을, 다른 학생들은 낮은 학점을 얻는다. 다른 학생들이 많이 공부하고 샘이 적게 공부하면, 다른 학생들은 높은 학점을, 샘은 낮은 학점을 얻는다. 마지막으로 모든 학생이 동일한 시간 동안 공부하면 모두 평균 학점을 얻는다. 다른 학생들의 학점과 공부 시간에 대한 선호는 샘과 동일하다.

a. 현재의 상황을 보수행렬을 이용해 샘과 다른 학생들 사이에 공부를 많이 할 것인가 혹은 적게 할 것인가 하는 두 개의 전략이 존재하는 죄수의 딜레마 게임으로 표시

하라.

b. 이 게임의 균형은 무엇인가? 각 학생들의 입장에서 최선의 결과는 무엇인가?

5. 뉴펀들랜드의 수산업은 어업회사들이 쿼터 협정의 제약을 받음에도 불구하고 남획 때문에 최근에 급속하게 사양길을 걷고 있다. 모든 어업회사가 쿼터 협정을 지켰더라면 수입은 매우 높은 수준을 유지할 수 있었을 것이다.

a. 현재의 상황을 두 명의 경기자인 기업 *A*와 *B*가 쿼터를 지킬 것인가 혹은 지키지 않을 것인가 하는 두 개의 전략을 가지는 죄수의 딜레마 게임으로 표시하라. 보수는 다음과 같다. 두 기업 모두 쿼터를 지키면 각각 $100를 얻는다. 둘 다 지키지 않으면 $0를 얻는다. 한 쪽이 지키고, 다른 쪽이 지키지 않으면, 지킨 쪽은 –$50, 안 지키는 쪽은 $150를 얻는다. 쿼터 협정을 효과적으로 집행할 수 있는 수단이 없으면 왜 남획이 불가피한지를 설명하라.

b. 죄수의 딜레마 게임의 예가 되는 환경 문제를 제시하라.

c. 잠재적으로 죄수의 딜레마 게임과 같은 상황에서 협조를 선택하고자 하는 경기자가 딜레마로부터 벗어날 수 있는 한 가지 방법은 잠재적 상대방의 인격에 대해 믿을만한지 판단을 하는 것이다. 환경 악화를 포함한 여러 상황에서 이 같은 해법이 왜 가능하지 않은지를 설명하라.

6. 두 항공기 제작사가 새로운 제품인 150인승 제트 여객기 생산을 고려하고 있다. 두 회사 모두 이 시장에 진입해 새 항공기를 제작할 것인가를 결정해야 한다. 보수행렬은 다음 표와 같다(보수의 단위는 100만 달러이다).

보수행렬은 시장 수요가 단지 한 회사만이 성공할 수 있음을 의미한다. 두 기업이 모두 진입하면 모두 손실을 입는다.

a. 이 게임의 균형 두 개를 찾아라.

b. 보조금의 효과를 고려해보자. 유럽 연합이 유럽 회사인 에어버스가 시장에 진입하면 2,500만 달러를 지원하기로 결정했다. 이 보조금이 포함되도록 보수행렬을 수정하라. 새로운 보수행렬의 균형은 무엇인가?

		에어버스: 생산	에어버스: 생산하지 않음
보잉	생산	보잉: –5 에어버스: –5	보잉: 100 에어버스: 0
	생산하지 않음	보잉: 0 에어버스: 100	보잉: 0 에어버스: 0

c. 보조금이 있기 전과 후의 균형을 비교하라. 보조금이 가지는 질적인 효과는 무엇인가?

7. 어린 아이인 질과 잭 모두는 언덕에서 아래로 물을 운반할 수 있는 통 2개를 가지고 있다. 각자는 한 번만 언덕 아래로 내려갈 수 있고, 물 한 통은 $5에 팔 수 있다. 물통을 운반하려면 비용이 발생한다. 질과 잭 모두 첫 번째 물통을 언덕 아래로 운반하는 데 $2, 두 번째 통을 운반하는 데 추가적으로 $3의 비용이 발생한다.

a. 물의 시장가격에 비추어볼 때, 각각은 몇 통의 물을 언덕 아래로 운반하겠는가?

b. 질과 잭의 부모들은 질과 잭이 협동성이 부족하다고 걱정한다. 부모들이 물을 팔아 얻는 수입을 둘이 똑같이 나누도록 한다고 가정하자. 비용은 각자 부담한다. 각자가 자신의 이익을 추구할 때, 질과 잭이 각각 물 몇 통씩을 운반할 것인가에 대한 보수행렬을 찾아라. 균형은 무엇인가?

8. 번창하는 기업의 주인이 먼 곳에 새로운 사무소를 열고자 한다. 이 사무소를 정직하게 운영할 매니저를 고용할 수 있으면, 그 매니저에게 주급으로 $2,000를 지불할 용의가 있다. 주급 $2,000는 매니저가 다른 곳에서 벌 수 있는 금액에 $1,000의 프리미엄을 더한 금액이다. 이 금액을 지불하고도 주인은 매주 $800의 경제적 이윤을 얻을 수 있다. 주인은 먼 곳 사무실의 매니저를 감독할 수 없다는 점을 우려하고 있다. 매니저는 사무실을 부정직하게 운영해 주인의 돈을 횡령할 수 있다. 매니저가 사무실을 부정직하게 운영하면 $3,100를 얻는다. 반면에 주인은 매주 $600

의 경제적 손실을 입는다.

a. 모든 매니저들이 자신의 이익에 충실해 수입을 극대화하는 사람들이라는 것을 주인이 안다면, 주인은 새 사무실을 열겠는가?

b. 주인이 매니저 후보자가 매우 종교적으로 헌신적인 사람으로 부정직한 행동을 미워하며, 만일 부정직한 행동을 하면 죄의식을 씻기 위해 $15,000를 지불할 용의가 있는 사람이라는 것을 안다고 가정하자. 이 경우 이 주인은 새 사무실을 열겠는가?

9. 두 명의 경기자 *A*와 *B*, 영화 티켓 혹은 야구장 티켓을 사는 두 가지 전략이 존재하는 데이트 게임을 생각하자. 각 경기자의 보수는 다음의 보수행렬과 같다. *A*와 *B* 모두 동일한 티켓을 살 경우 가장 높은 보수를 얻는다.

		B 영화	*B* 야구
A	영화	A : 2, B : 3	A : 0, B : 0
A	야구	A : 1, B : 1	A : 3, B : 2

*A*와 *B*는 각자 별도로 그리고 동시에 티켓을 구입한다. 각 경기자는 보수행렬을 잘 알고 있다. 그러나 상대방이 무엇을 선택하는지 모르는 상황에서 자신의 전략을 선택해야 한다. 각 경기자들은 상대방이 합리적이고 사익을 추구한다는 것을 안다.

a. 각 경기자에게 우월전략이 존재하는가?

b. 균형은 몇 개 존재하는가?(힌트: 주어진 전략의 조합이 내쉬균형인지를 알려면 각 경기자들이 전략을 바꿈으로써 더 큰 보수를 얻을 수 있는가를 체크하라.)

c. 이 게임이 죄수의 딜레마 게임과 동일한가? 설명하라.

d. *A*가 먼저 티켓을 구입하고 *B*는 *A*의 선택을 보고 선택한다. 균형은 무엇인가?

e. *B*가 먼저 선택을 하는 것 이외에 상황이 문항 d와 동일하면 균형은 무엇인가?

10. 여러분이 현재 만원인 학교 주차장에서 차를 세우기 위해 다른 사람이 차를 뺄 때까지 자신의 차에 앉아서 기다리고 있다고 가정하자. 어떤 사람이 차를 뺀 순간 주차장에 막 도착한 사람이 여러분보다 빨리 잽싸게 빈자리에 주차했다. 이 운전자는 이 자리에 주차하기 위해 $10를 지불할 용의가 있고, 여러분과 논쟁하는 것을 피하기 위해 $30를 지불할 용의가 있다(즉, 주차의 편익이 $10이고 논쟁하는 비용이 $30이다). 동시에 이 운전자도 여러분이 논쟁을 피하기 위해 $30를, 주차하기 위해 $10를 지불할 용의가 있다는 것을 정확하게 눈치 챘다고 가정하자.

a. 현재의 상황을 이 운전자가 먼저 이 자리를 차지할 것인지 말 것인지를 결정하고, 다음으로 여러분이 논쟁할 것인지 혹은 말 것인지를 결정하는 2단계로 구성된 게임 트리로 표시하라. 여러분이 논쟁을 선택하면 게임의 규칙은 이 운전자는 여러분에게 자리를 양보해야 한다. 게임 트리의 매 끝마다 이 운전자와 여러분의 보수를 표시하라.

b. 균형은 무엇인가?

c. 논쟁을 선택하지 않으면 여러분이 매우 큰 심리적 비용(예를 들어, $25)을 지불해야 하는 것을 이 운전자에게 신빙성 있게 전달할 수 있으면, 그로부터 여러분이 얻는 이득은 얼마인가?

본문 개념체크 해답 Answers to Concept Checks

9.1 아메리카 항공이 어떤 선택을 하든 유나이티드 항공은 광고비 지출을 그대로 유지하는 것이 항상 더 유리하다. 유나이티드 항공이 어떤 선택을 하든 아메리카 항공은 광고비 지출을 늘리는 것이 항상 더 유리하다. 그러므로 각각의 항공사는 자신의 우월전략을 선택한다: 아메리카 항공은 광고비 지출을 늘리고, 유나이티드 항공은 현재대로 유지한다.

9.2 게임 1에서 크라이슬러가 어떤 선택을 하든 GM은 투자를 하는 것이 항상 더 유리하다. GM이 어떤 선택을 하든 크라이슬러도 투자를 하는 것이 항상 더 유리하다. 그러므로 각각은 우월전략을 가진다. 그러나 우월전략을 모두 선택하면, 둘 다 투자하지 않을 때보다 결과가 나빠진다. 그러므로 게임 1은 죄수의 딜레마 게임의 구조를 가진다. 게임 2에서 크라이슬러가 어떤 선택을 하든 GM은 투자를 하는 것이 항상 더 유리하다. 그러나 GM이 어떤 선택을 하든 크라이슬러는 투자를 안 하는 것이 항상 더 유리하다. 그러므로 각각은 우월전략을 가진다. 모두 우월전략을 선택하면 둘 다 열등전략을 선택했을 때보다 각각 5만큼의 보수를 더 얻어 10의 보수를 얻는다. 그러므로 게임 1은 죄수의 딜레마 게임의 구조를 가지지 않는다.

아메리칸 항공

유나이티드 항공	광고지출 증대	광고지출 현상유지
광고지출 증대	유나이티드 항공 $3,000 아메리칸 항공 $8,000	유나이티드 항공 $4,000 아메리칸 항공 $5,000
광고지출 현상유지	유나이티드 항공 $8,000 아메리칸 항공 $4,000	유나이티드 항공 $5,000 아메리칸 항공 $2,000

9.3 스미스는 존스가 *B*와 *C* 모두에서 자신의 보수를 극대화하는 아래쪽을 선택할 것임을 알고 있다. *B*와 *C*에서 존스가 모두 아래쪽을 선택하면, 스미스는 *B*에서 60, *C*에서는 50을 얻으므로 스미스는 *A*에서 위쪽을 선택한다. 그러므로 이 게임의 균형은 *A*에서 스미스가 위쪽, 존스는 *B*에서 아래쪽을 선택하는 것이다. 균형에서 스미스는 60, 존스는 105를 얻는다.

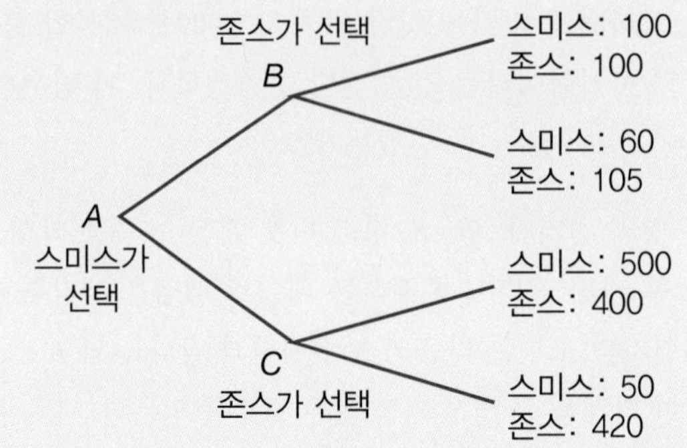

스미스가 어떤 선택을 하든 존스가 항상 위쪽을 선택하는 신빙성 있는 약속을 할 수 있으면 모두에게 이익이다. 스미스는 *A*에서 아래쪽을, 존스는 *C*에서 위쪽을 선택하면 스미스는 500, 존스는 400을 얻는다.

9.4 팁을 줄 것이라는 신빙성 있는 약속을 못하면, 좋은 서비스를 제공하더라도 손님이 팁을 주지 않을 것이므로 웨이터는 그저 그런 서비스를 제공하는 것이 더 유리하다. 그러므로 균형은 웨이터가 그저 그런 서비스를 제공하는 것이다. 팁을 줄 것이라는 신빙성 있는 약속을 할 수 있으면 손님은 20을 얻으므로(신빙성 있는 약속을 하지 못할 때보다 15만큼 더 많다), 손님은 신빙성 있는 약속을 할 수 있는 권리를 얻기 위해 15만큼 지불할 용의가 있다.

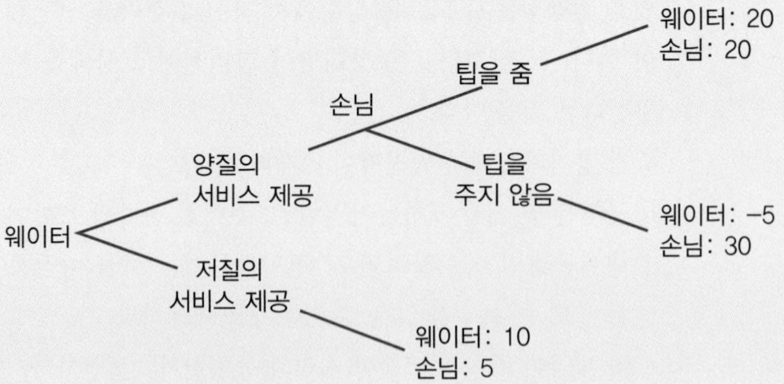

행동 경제학 입문

제 10 장

1980년대까지 전통적 경제모형은 거의 예외 없이 경제주체들은 사익에 충실하고, 충분한 정보를 가지고 있으며, 잘 훈련되어 최적화 문제를 풀 수 있는 충분한 인지 능력을 가지고 있다고 가정해왔다. 이런 사람들을 **호모 이코노미쿠스**(homo economicus)라고 불러왔다.

호모 이코노미쿠스
전통적 경제모형에서 가정하고 있는 사익에 충실하고, 정확한 정보를 가지고 있으며, 고도로 훈련된, 인지적 능력이 뛰어난 인간

그 이후 경제학과 심리학의 이론과 실증 분석의 발전은 이 같은 핵심 가정들에 대해 의문을 제기했다. 그 의문은 크게 세 가지 범주로 나뉜다: (1) 사람들은 자주 최선의 결과를 주는 선택을 찾지 못하는 체계적인 인지 오류를 범한다. (2) 설사 최선의 선택을 찾아도 그를 시행하는 의지가 부족할 수 있다. (3) 사람들은 때로 사익과 일치하지 않은 목표를 추구한다. 본장에서는 이 같은 이슈들을 차례로 살펴본다.

1978년도 노벨 경제학상 수상자인 사이몬(Herbert Simon) 교수는 사람들이 경제

학의 표준적인 합리적 선택모형에서 가정하고 있는 것처럼 그렇게 합리적으로 행동할 능력이 없음을 경제학에 각인시킨 최초의 인물이다. 인공지능 분야의 선구자였던 사이몬은 컴퓨터에게 문제에 대해 논리적 사고를 하도록 가르치는 과정에서 이 같은 사실을 접하게 되었다. 그는 퍼즐 문제에 당면한 사람들이 깔끔하게 문제의 해결책에 도달하는 것이 아니라는 것을 발견했다. 사람들은 체계적인 방식이 아닌 마구잡이로 관련 사실이나 정보를 찾고, 어느 수준을 넘어서면 그 행동을 멈춘다. 최종 결론은 때로 일관성이 없으며 명백하게 오류인 경우도 자주 있다. 그러나 대부분의 경우 사람들은, 완전하지는 않지만, 그 정도면 괜찮은 해법을 찾아낸다. 사이먼의 용어를 빌면 사람들은 **최적화 추구자**(maximizer)가 아니라 **일정성과 추구자**(satisficer)이다. 사람들은 충분히 괜찮은 해답들을 발견했다고 느끼면 멈춘다.

일정성과 추구
최적의 결과를 얻으려면 과도한 자원을 사용해야 하므로 일정 수준 이상의 결과를 추구하는 의사결정 전략

이후의 경제학자들은 사이몬을 뒤이어 불확실성하에서 의사 결정에 대한 정교한 모형을 개발했다. 정보 획득에 비용이 들고 인지적 처리 능력이 제한적이면 전통적인 경제학 모형에서 상정하고 있는 완전한 정보를 가지고 하는 선택이 합리적이 아닐 수도 있다. 역설적으로, 완전한 정보를 갖고자 하는 것이 비합리적이다. 정보 획득에 비용이 들면, 추가 정보를 얻어 더 나은 결정을 함으로써 얻어지는 편익이 추가 비용을 초과할 수 있다. 전통적 경제모형에 전혀 이의를 제기하지 않는 불확실성하에서의 의사결정에 관한 문헌들은 이 같은 생각을 뒷받침한다(좀 더 자세한 것은 12장 참조).

반면에 사이먼의 생각을 추종하면서 전통적 경제모형에 덜 우호적인 연구들이 이루어졌다. 경제학자인 세일러(Richard Thaler)와 인지 심리학자인 캐너만(Daniel Kahneman)과 트벌스키(Amos Tversky)의 영향을 강하게 받은 이들 연구는 외견상 매우 간단한 문제에서도 사람들은 자주 합리적 선택의 원리대로 행동하지 않음을 보여준다. 예를 들어, 합리적 선택모형의 가장 기본이 되는 전제 가운데 하나가 부(wealth)의 **완전 대체 가능성**(fungibility)이다. 완전 대체 가능성은 특정 항목에 할당된 금액이 아닌 전체 금액이 구매력을 결정한다는 것을 의미한다. 그러나 트벌스키와 캐너만은 그 반대의 현상을 실험을 통해 명확하게 보여주었다.[1] 그들은 한 그룹의 사람들에게 이미 $10의 티켓을 구매했는데, 극장에 도착해보니 그 티켓을 분실했다는 것을 깨달은 상황을 상상해보라고 했다. 그리고 다른 그룹의 사람들에는 공연 전에 티켓을 사려고 극장에 도착했는데 지갑을 보니 $10를 분실한 상황을 상상해보라고 했다. 그리고 두 그룹의 사람들 모두에게 원래 계획대로 공연을 보고자 티켓을 다시 하겠냐고 물었다. 합리적 선택 모형에서는 두 그룹의 의사결정이 동일해야 한다. $10 티켓을 잃어버린 것은 $10 지폐를 잃어버린 것과 동일하다. 그러나 반복적으로 실험을 해 보니 티켓을 잃어버린 그룹의 대부분이 공연을 보지 않겠다고 대답한 반면에, $10를 잃어버린 그룹의 절대 다수인 88%는 다시 티켓을 구매하겠다고 대답했다.

완전 대체 가능성
돈과 같이 특정 용도 뿐 아니라 여러 용도로 사용될 수 있는 성질

세일러는 이 같은 현상을 설명하는 **심적 회계**(mental accounting) 이론을 개발했

1 Amos Tversky and Daniel Kahneman, "Judgement Under Uncertainty: Heuristics and Biases," *Science* 185(1974), pp. 1124–1131.

다.[2] 그의 이론은 사람들이 음식, 주거, 오락, 일반비 등의 '심적 회계 항목'별로 지출을 시행한다는 것에 주목함으로써 출발한다. 티켓을 분실한 사람들은 마치 자신들의 심적 오락계정에서 이미 $10를 지불한 것처럼 행동한다. 반면에 $10 지폐를 분실한 사람들은 $10를 일반비 계정에서 지출한 것처럼 행동한다. 전자의 사람들은 공연 관람의 비용이 $10가 아닌 $20라고 생각하는 반면에 후자의 사람들은 여전히 $10라고 생각한다. 합리적 선택 모형은 후자의 결정이 옳은 것이라고 여긴다. 실제로 대부분의 사람들은 $10 지폐 대신 티켓을 분실한 것이 공연을 보지 않을 적절한 이유는 아니라는데 동의한다.

여러 학자들과 공동 연구를 통해 세일러, 캐너만, 트벌스키는 **판단 및 의사결정의 휴리스틱**(heuristic), 또는 **경험법칙(어림셈)**(rule of thumb)에서 기인한, 합리적 선택모형과는 일관성 있게 다른 다양한 형태들을 찾아냈다. 이제 이들이 찾아낸 휴리스틱의 몇 가지를 알아본다.

판단 및 의사결정의 휴리스틱
계산비용을 줄이는 어림셈

10.1 판단의 휴리스틱 또는 어림셈

10.1.1 가용성 휴리스틱

사람들은 특정 사건 또는 일련의 사건들의 발생 빈도를 간단히 기억으로부터 관련된 예를 통해 추정한다.[3] 관련된 예를 쉽게 기억할수록 그 사건의 발생 가능성이 높다고 판단한다. 이 같은 어림셈을 **가용성 휴리스틱**(availability heuristic)이라고 부른다. 빈번하게 발생한 예들이 일반적으로 쉽게 기억할 수 있으므로, 전반적으로 이는 매우 효과적인 전략이다. 그러나 빈도가 기억의 용이성을 결정하는 유일한 요인은 아니다. 예를 들어, 사람들에게 매년 뉴욕 주에서 살인건수가 자살 건수보다 많은지를 물어보면, 대부분 아주 확실하게 그렇다고 대답한다. 그러나 결과는 그 반대이다. 살인 건수가 기억에 더 잘 남은 것은 빈번해서가 아니라 눈길을 끄는 사건이기 때문이다.

가용성 휴리스틱
쉽게 기억할 수 있는 예로부터 특정 사건의 발생 빈도를 예측하는 어림셈

가용성 휴리스틱 — 예 10.1

영어에서 "r"로 시작하는 단어와 세 번째에 "r"이 들어가는 단어 가운데 어떤 것이 더 많은가?

가용성 휴리스틱을 이용해 대부분의 사람들은 각 범주에 속한 예를 기억해 답변한다. 대부분의 사람들이 "r"로 시작하는 단어를 용이하게 기억하므로 가용성 휴리스틱에 의해 전자가 더 많다고 대답한다. 그러나 실제로는 후자의 단어가 훨씬 더 많다. 빈도가 기억의 용이성을 결정하는 유일한 요인이 아니기 때문에 이 예에서 가용성 휴리스틱이 작동하지 않는다. 사람들은 의미,

---

2 Richard Thaler, "Mental Accounting and Consumer Choice."Marketing Science 4, no, 3(summer 1985), pp. 199–214.

3 Amos Tversky and Daniel Kaheman, "The framing of Decisions and the Psychology of Choice," *Science* 211(1981), pp. 453–458,

소리, 이미지, 첫 글자 등 다양한 방법으로 단어를 기억한다. 그러나 세 번째 글자로 단어를 기억하는 사람은 거의 없다. 그러므로 세 번째에 "r"이 들어간 단어를 기억하는 것이 더 어렵다.

10.1.2 대표성 휴리스틱

대표성 휴리스틱
어떤 것이 특정 범주에 속할 가능성을 그 범주에 속한 전형적인 구성원의 특성을 얼마나 공유하고 있는가로 판단하는 어림셈

또 다른 휴리스틱은 어떤 것이 특정 범주에 속할 가능성이 그 범주에 속한 구성원 자격의 **대표성**(representativeness)의 특성을 얼마나 공유하고 있는가에 직접적으로 연관되어 있다고 생각하는 것이다.[4] 예를 들어, 전형적으로 도서관 사서들은 내성적인 사람으로, 반면에 세일즈맨은 사교적인 사람으로 여겨지므로, 대표성 휴리스틱은 조용한 사람은 세일즈맨이라기보다 사서일 가능성이 높다고 여긴다. 그러나 이 같은 사고방식은 관련 가능성에 영향을 주는 다른 요인들을 고려하지 않으면 틀릴 수 있다. 통념대로 사서의 90%는 조용한 성격인 반면에, 세일즈맨은 20%만 조용한 성격이라고 가정하자. 그러면 조용한 사람이 세일즈맨보다는 사서일 가능성이 높다는 것이 안전한 결론인가? 꼭 그렇지는 않다.

예를 들어, 보수적으로 인구 구성이 사서 10명당 세일즈맨은 90명이라고 가정하자(실제 비율은 1,000:1도 넘는다). 이 비율대로라면 18명의 조용한 세일즈맨당 9명의 조용한 사서가 있어야 한다. 이 경우, 조용한 사람이 세일즈맨일 확률은 사서일 확률의 두 배이다.[5]

예 10.2 대표성 휴리스틱

작은 도시에서 유나이트와 노스 아메리칸 두 회사가 택배 서비스를 제공하고 있다. 전체 밴 가운데 유나이트는 80%, 노스 아메리칸은 20%를 운행한다. 어느 비 내리고 어두운 저녁에 보행자가 차에 치어 숨졌다. 사고의 유일한 목격자는 사고 밴이 노스 아메리칸 소속이라고 증언했다. 법은 해당 회사가 가해자일 확률이 최소 1/2 이상일 경우 해당 회사가 피해 배상의 책임이 있다고 규정하고 있다. 법원이 고용한 독립 조사단은 비 내리고 어두운 저녁에 증인이 사고 밴의 소유 회사를 구별할 수 있는 정확도는 60%임을 알아냈다. 노스 아메리카 소속 밴이 사고를 낼 확률은 얼마인가?

100대의 밴 가운데 80대는 유나이트, 20대는 노스 아메리카 소속이다. 유나이트 소유 80대의 밴 가운데 증인은 32대(80대의 40%)를 노스 아메리카 소속으로 잘못 인식한다. 증인은 또 20대의 노스 아메리카 소속 밴 가운데 12대(20대의 60%)를 정확하게 인식한다. 따라서 증인이

4 Daniel Kahneman and Amos Tversky, "Subjective Probability: A Judgement of Representativeness" *Cognitive Psychology* 3, no 3(1972), pp. 430–454.

5 역자주: 혹시 이 같은 결론이 잘 이해가 되지 않는 독자를 위해 추가 설명을 한다. 조건부 확률을 이해하면 이 결론이 이해가 쉽다. 사서를 L, 세일즈맨을 M, 조용한 성격을 S로 표시하자. 위의 조건은 $P(L)=0.1, P(M)=0.9$, $P(S|L)=0.9$, $P(S|M)=0.2$라는 의미이다. 따라서 $P(S)=P(L)\ P(S|L)+P(M)\ P(S|M)=0.27$이다. 이는 전체 인구에서 조용한 사람들의 비율은 27%이라는 의미이다. 조용한 사람일 경우 L일 확률은 $P(L|S)=P(L\&S)/P(S)=P(L)\ P(S|L)/P(S)=(0.1\times0.9)/0.27=1/3$이다. 같은 방법으로 계산하면 $P(M|S)=2/3$이다. 따라서 조용한 사람이 27명이면 이 가운데 사서는 9명, 세일즈맨은 18명이 되어야 한다.

노스 아메리카 소속이라고 생각할 수 있는 밴의 숫자는 44대이고, 실제로 이 가운데 12대만이 노스 아메리카 소속이므로, 해당 차량이 노스 아메리카 소속일 확률은 12/44=3/11으로 1/2보다 작다. 따라서 노스 아메리카는 배상의 책임이 없다.

✔ 개념체크 10.1

어두운 뒷골목에서 스미스를 치어 다치게 한 택시가 녹색이라고 한 목격자가 증언했다. 조사 결과 그린택시 회사 변호사는 어두운 뒷 골목에서 목격자가 택시의 색깔을 정확하게 판별할 확률이 80%임을 발견했다. 이 도시에는 그린택시 회사와 블루택시 회사, 두 회사가 영업을 하고 있다. 그린택시 회사의 자동차 비율은 15%, 블루택시 회사의 자동차 비율은 85%이다. 법은 그린택시 회사가 가해자일 확률이 최소 1/2 이상일 경우 그린택사 회사가 스미스에게 피해 배상의 책임이 있다고 규정하고 있다. 그린택시 회사는 배상 책임이 있는가?

10.1.3 평균으로의 회귀

평균으로의 회귀
예외적인 사건이 발생한 후에 통상적인 사건이 발생할 가능성이 높은 현상

또 다른 흔한 실수는 통계학에서 **평균으로의 회귀**(regression to the mean)라고 불리는 것이다. 이것은 어떤 것을 처음으로 측정한 결과가 평균과 많이 다를 때, 두 번째로 측정할 때 그 값이 평균에 가까워지는 경향을 의미한다. 예를 들어, 1부터 100까지 숫자를 쓴 100개의 공이든 항아리에서 공을 하나 꺼냈는데 85번 공이였다고 가정하자. 만일 여러분이 동일한 항아리에서 공을 하나 더 꺼낼 때 그 숫자가 85보다 작으면 놀랄 것인가? 항아리에는 85보다 작은 숫자의 공이 84개 있고, 큰 숫자의 공은 15개뿐이다. 따라서 아마도 두 번째 공의 숫자가 85보다 작을 가능성이 매우 높다. 사람들이 이 같은 사실을 고려하지 않을 때 오류가 자주 발생한다.

예를 들어, 여러분이 상사로서 부하들이 잘할 때 칭찬하고 격려하는 입장과 잘못할 때 야단치고 비판적인 입장 가운데 어떤 입장을 취할지를 결정한다고 가정해보자. 결정을 위해 여러분은 아주 못하는 부하들에 대해서는 비판적인 입장을, 아주 잘하는 부하들에게는 격려하는 입장을 취하는 실험을 한다. 이 실험 결과에 근거해 여러분은 비판적 입장이 더 잘 작동한다고 결정했다. 왜 이 같은 추론이 잘못될 여지가 있는가?

여러분이 한 부하를 칭찬한다면 그것은 아마도 그 부하가 평소보다 훨씬 더 좋은 성과를 낸 이후일 가능성이 높다. 반대로 한 부하를 야단친다면 그것은 그 부하가 평소보다 훨씬 못한 성과를 낸 이후일 가능성이 높다. 칭찬 또는 질타의 직접적인 효과를 제외하면, 양쪽 모두 이후의 성과는 평소의 성과와 유사할 가능성이 높다. 이로 인해 여러분은 칭찬하면 성과가 나빠지고, 질책하면 성과가 좋아진다는 잘못된 결론에 도달할 수 있다. 독립적으로 시행된 실험 결과는 이 같은 결론이 잘못된 것임을 시사한다. 칭찬하는 스타일이 질타하는 스타일보다 최선의 결과를 가져올 가능성이 높다.

경제적 사유 10.1

1976년 올림픽에서 세계 신기록 하나, 국내 신기록 6개를 세운 미국 올림픽 수영선수인 셜리 바바쇼프(Shirley Babashoff)는 왜 스포츠 일러스트레이티드(Sports Illustrated)지의 커버 스토리 제의를 거절했는가?

바바쇼프와 같이 스포츠 종목에서 탁월한 성과를 내면 주요 잡지의 커버 스토리 제의는 흔히 있는 일이다. 많은 운동선수들이 스포츠 일러스트레이티드에 커버 스토리로 등장하면 그 이후의 달에는 성과가 낮다는 스포츠 일러스트레이티드의 징크스를 믿고 있다. 그러나 이 같은 인식은 통계적 착시현상이다. 심리학자 길로비치(Tom Gilovich)의 지적처럼, 평균으로의 회귀 효과가 스포츠 일러스트레이트의 징크스에 대한 믿음의 이유가 되는지 알기 위해 아주 복잡한 통계적 지식이 필요하지 않다. 각기 다른 시점에서 특정 운동선수의 성과는 완전하지는 않지만 상호 연관성이 있다. 그러므로 평균으로의 회귀에 의하면, 예외적인 좋은 성과 뒤에는 평균적으로 그저 그런 성과가 뒤따르기 마련이다. 운동선수들은 기량이 최고일 때, 즉 주목을 받을만 할 때에 스포츠 일러스트레이티드의 커버 스토리 모델이 된다. 커버 스토리로 나오기 전의 아주 뛰어난 성과는 그 이후에는 그보다 못한 성과로 이어질 가능성이 높다. 이 징크스를 믿는 사람들의 오류는 그들이 잘못 보는 것이 아니라, 보는 것을 잘못 해석하기 때문이다. 많은 운동선수들이 스포츠 일러스트레이티드의 커버 스토리로 나온 후에 성과가 떨어진다고 생각하는 것은 이 같은 현상을 평균으로의 회귀로 보아야 할 것을 징크스로 보는 실수를 하고 있는 것이다.[6]

✔ 개념체크 10.2

뉴욕시 근교에서 갑작스런 강도 범죄의 증가 이후 경찰 총수는 더 많은 경찰을 보내 그 지역을 순찰하도록 했다. 그 다음 달에 강도 범죄는 현저하게 감소했다. 이 사실이 순찰을 늘린 것이 효과적이었음을 의미하는가?

10.1.4 앵커링과 조정[7]

앵커링 및 조정
어떤 것을 추정하고자 할 때, 일단 앵커라고 부르는 임시의 초기 값부터 시작해서 새로운 정보에 비추어 조정해 가는 것.

또 다른 판단의 휴리스틱이 앵커링과 조정의 어림셈이다. 이는 사람들이 어떤 것을 추정할 때, 일단 **앵커**(anchor)라고 부르는 임시의 초기 값부터 시작해 새로운 정보에 비추어 조정해 가는 것을 의미한다. 앵커 및 조정에서 관찰되는 흔한 오류가 초기 값인 앵커의 적절성에 의문의 여지가 크다는 것과 조정의 폭 또한 충분하지 않다는 것이다.

예를 들어, 신장 195cm의 교수가 학생들에게 자신의 키를 추정해보라고 했다고 가정하자. 학생들은 아마도 미국 평균남자의 신장인 178cm를 앵커로 잡고, 보기에 교수가 평균보다 얼마나 크게 보이는가에 따라 높이를 조정한다. 그러나 대개는 그 조정 폭이 매우 작다. 대부분의 경우 교수 신장 추정치의 평균이 실제 키보다 5~8cm 정도 낮다.

6 Thomas Gilovich, *How We Know What isn't So: The Fallity of Human Reason In Everyday Life*(New York: Free Press, 1991)

7 역자주: 앵커링을 정박효과라고 번역하기도 한다.

미국 학생들에게 유엔에 가입한 아프리카 국가의 비율이 얼마인지를 추정해보라는 실험은 이 같은 오류를 보다 생생하게 보여주는 예이다. 대부분의 학생들은 전혀 감을 잡지 못한다. 이 질문을 듣기 바로 전에 두 그룹에 속한 학생들에게 이 질문과 아무런 관계가 없는, 1부터 100까지 적혀있는 원판을 돌려보게 했다. 첫 번째 그룹에게는 65가 나오도록 원판을 조작했고, 두 번째 그룹에게는 10이 나오도록 원판을 조작했다. 두 그룹의 학생들 모두 원판을 돌려 나온 숫자가 아프리카 국가의 유엔 가입 비율과는 아무런 관계가 없음을 잘 알고 있다. 그럼에도 65로 고정된 원판을 돌린 그룹의 평균 추정치는 45%인 반면에, 10으로 고정된 원판을 돌린 그룹의 평균 추정치는 단지 25%에 불과했다.[8]

요약 판단의 휴리스틱과 어림셈

가용성 휴리스틱에 의하면 사람들은 관련된 예를 얼마나 용이하게 기억하는가에 따라 특정 사건의 발생 빈도를 추정한다. 그러나 발생 빈도와 용의성의 관계가 완전하지 않기 때문에 오류가 발생한다.

대표성 휴리스틱은 어떤 것이 특정 범주에 속할 가능성을 그 범주에 속한 전형적인 구성원의 특성을 얼마나 공유하고 있는가로 판단하는 어림셈이다. 그러나 다른 요소들 또한 관련된 확률에 영향을 미치므로 오류가 발생한다.

예외적인 사건이 발생한 후에 통상적인 사건이 발생할 가능성이 높은 현상을 의미하는 평균으로의 회귀는 또한 오류의 또 다른 요인이다.

앵커링 및 조정은 어떤 것을 추정하고자 할 때, 일단 앵커라고 부르는 임시의 초기 값부터 시작해 새로운 정보에 비추어 조정한다는 것이다.

사람들이 사용하는 앵커의 적절성에 대한 의문의 여지가 매우 클 수 있다. 그로 인해서 조정이 충분하게 이루어지지 못한다.

10.2 문맥 해석의 오류

판단 오류의 또 다른 경우가 문맥 해석의 오류이다.

10.2.1 인식의 정신물리학

심리학자들이 오래 전부터 인지해 왔듯이, 사람들의 상황에 대한 인식은 거의 항상 국지적인 환경의 맥락에 의해 크게 영향을 받는다. 조부모를 방문하기 위해 10살짜리 딸과 함께 운전하고 있는 한 부부를 생각해보자. 딸이 "다 와 가요?"라고 물었을 때

8 Amos Tversky and Daniel Kahneman, "Judgement Under Uncertainty: Heuristics and Biases, *Science* 185(1974), pp. 1124–1131.

목적지에서 10마일 떨어져 있다고 하자. 120마일 여행길에서 10마일 남았으면 그 부모는 거의 다 왔다고 딸을 달랠 것이다. 그러나 12마일 거리에서 10마일 남았으면 대답은 다음과 같이 달랐을 것이다; "딸아, 아직도 갈 길이 멀단다." 같은 맥락에서 1920년에 운전 속도가 시속 60마일에 이르면 매우 빠르게 여겨졌을 것이다. 그러나 오늘날에는 6초 안에 시속 60마일에 이르지 못하면, 많은 운전자들은 그 차가 느리다고 생각할 것이다.

베버-페흐너 법칙
모든 자극에서 사람들이 인지하는 변화의 크기는 원 자극 대비 비율로 측정된 변화의 크기에 의존한다는 이론

이 같은 종류의 모든 상황 인식은 명시적 또는 암묵적 기준점에 의존한다. 정신물리학의 **베버-페흐너의 법칙**(Weber–Fechner law)이라는 이론에 의하면, 모든 자극에서 사람들이 인지하는 변화의 크기는 원 자극 대비 비율로 측정된 변화의 크기에 의존한다. 어떤 맥락에서는 비율로 그 중요성을 판단하는 것이 아무런 문제가 되지 않는다. 그러나 다른 맥락에서는 잘못된 결과에 이르게 될 수 있다. 예를 들어, 여러분들은 $20 전등을 사는데 $10를 절약하기 위해 시내로 갈 용의가 있는가? 이 질문에 접한 대부분의 학생들은 50%의 절약이 매우 큰 수치라는 이유로 기꺼이 가겠다고 대답한다. 그러나 같은 학생들에게 $4,000 TV를 사는데 $10 절약하러 시내로 갈 용의가 있냐고 물으면, 거의 대부분이 절약 비율이 너무 작아 가지 않겠다고 대답한다. 정답은 없지만, 합리적인 사람이라면 두 질문에 대답이 동일해야 한다. 두 경우 모두 편익은 $10이다. 따라서 시내까지 가는 귀찮음의 비용이 $10보다 크면 두 경우 모두 대답은 '아니요'이어야 한다. 그 비용이 $10 미만이면 시내로 가는 것이 합리적이다.[9]

10.2.2 실제 의사결정의 어려움

뷔리당의 당나귀(Buridan's ass)라는 우화에 두 개의 건초더미 사이 정중앙에 서 있는 굶주린 당나귀 이야기가 나온다. 양쪽 건초 모두 동일하게 맛있어 어느 쪽으로 갈지 결정을 못한 당나귀는 결국 굶어 죽는다. 사람이 굶주려 죽을 만큼 결정하기 힘든 상황을 상상하기는 어렵지만, 많은 사람들이 거의 동일하게 좋은 두 개의 대안 가운데 선택을 강요받으면 매우 당혹함을 느낀다. 두 개의 대안이 동일하게 좋으면, 어느 쪽을 선택해도 상관없다. 그러나 이 같은 상황에서 사람들이 느끼는 당혹감으로 인해 전통적 경제모형의 예측과는 다른 선택이 이루어진다.

여러분이 **그림 10.1**에 있는 *A*와 *B*, 하숙집 가운데 하나를 선택해야 하는 문제에 직면해 있다고 가정하자. *A*는 학교에서 가까우나, 월세가 비싸다. 반면에 *B*의 월세는 훨씬 싸나 학교에서 멀다. 거리-월세 조합을 적절하게 조정하면, 특정 사람에게 무차별한 *A*와 *B*를 찾을 수 있다. 그러나 흥미로운 사실은 무차별하다고 해서 이 사람이 쉽게 선택한다는 것은 아니라는 것이다. 반대로 많은 사람들이 어떤 것을 고를까 고민한다.

이제 많은 피실험자를 모집하고, 거리-월세 조합을 적절하게 조정해 피실험자의 반은 *A*, 나머지 반은 *B*를 선택하는 상황에서 다음과 같은 실험을 생각해보자. 이들에게

9 이와 유사한 예를 더 보려면 Richard Thaler, "Toward a Positive Theory of Consumer Choice," *Journal of Economic Behavior and Organization* 1(1980), pp. 33–60을 보라.

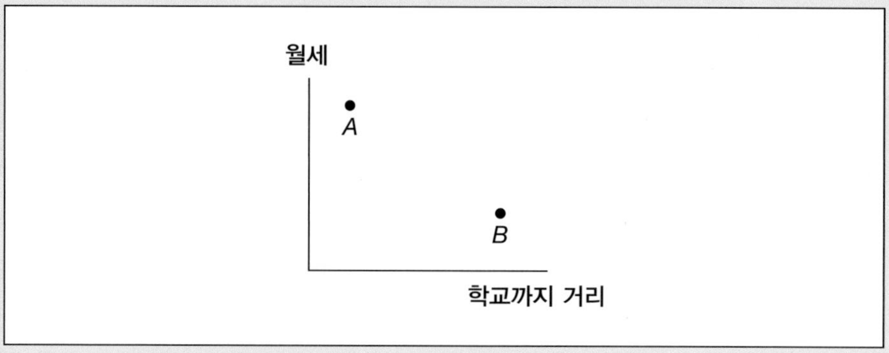

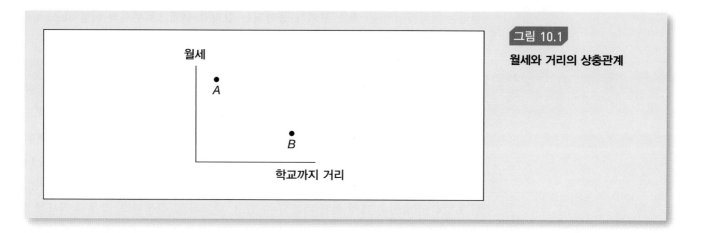

그림 10.1
월세와 거리의 상충관계

기존의 *A*와 *B*에 **그림 10.2**와 같이 새로운 대안인 *C*를 추가해 선택하라고 하면 여러분은 어떤 일이 일어날 것이라고 생각하는가? 전통적 경제모형에 따르면 *C*는 *B*와 비교해 거리, 월세 모두에서 열등한 대안이다. 따라서 의사결정에 전혀 상관없는 대안이다. 실제로 아무도 *C*를 선택하지 않았다.

그러나 *C*의 존재는 관측된 *A*와 *B* 선택 패턴에 중요한 영향을 미쳤다. 이번에는 훨씬 많은 사람이 *B*를, 훨씬 적은 사람이 *A*를 선택했다.[10] 당연한 설명은 피실험자들이 쉽게 *C*보다는 *B*가 더 나은 대안임을 인식했고, 이 같은 후광효과 때문에 고민했던 *A*와 *B* 사이의 선택에서 더 많은 사람들이 이전보다 *B*를 선택했다는 것이다.

경험 많은 판매원들은 비교하기 힘든 대안들 사이에서 선택에 어려움을 겪는 손님들을 상대하는데 이 같은 패턴을 잘 이용한다. 구매 유도를 위해 손님들에게 원래의 대안들보다 모든 면에서 열등한 새로운 대안을 보여준다.

앞의 예들이 잘 보여주듯이, 인지 능력의 오류로 인해 사람들은 전통적인 합리적 선택모형의 예측과 다른 선택을 한다.

사람들이 자신들의 인지적 오류를 인식하면, 장래에 이 같은 오류를 회피하고자

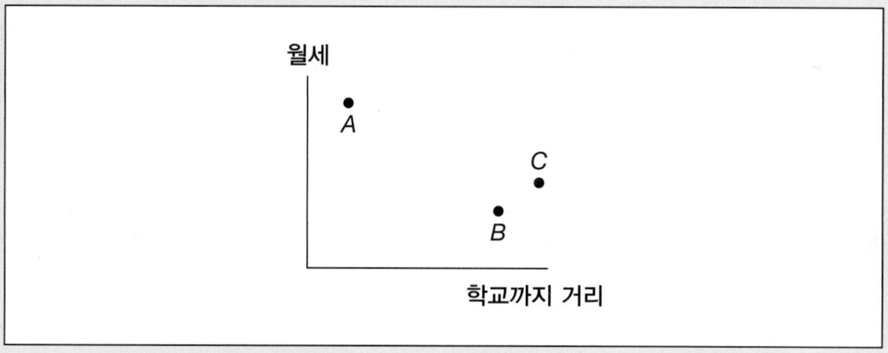

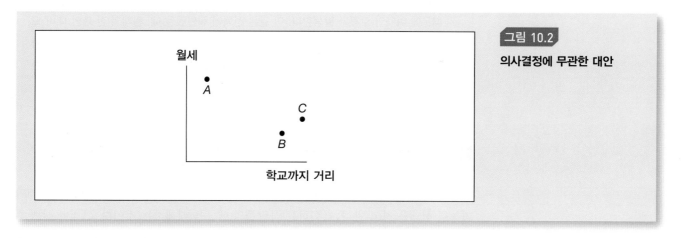

그림 10.2
의사결정에 무관한 대안

10 Amos Tversky and Itamar Simonson, "Context–Dependent Preferences," *Management Science* 39, no. 10(October 1993), pp. 1179–1189.

한다는 의미에서 이들 예를 '**후회가 동반되는 합리적 선택으로부터의 이탈**'(departure from rational choice with regret)이라고 부르도록 한다.

전통적 경제모형의 지지자들은 지속적인 인지 오류를 고려해 기존 모형을 수정하는데 거부감이 있는 것처럼 보인다. 예를 들어, 어떤 사람들은 경쟁적인 상황에서 오류에 동반되는 값비싼 대가 때문에 오류의 빈도가 줄 것이므로, 이 같은 오류를 무시해도 된다고 주장한다. 그러나 사람들이 지속적으로 인지 오류를 범한다는 사실이 전반적으로 휴리스틱에 의존하는 것이 적절하지 못함을 의미하지는 않는다. 중요한 질문은 다른 전략을 따름으로써 평균보다 나은 결과를 얻을 수 있는지 여부이다. 가용성 휴리스틱과 같은 어림셈은 대개 쉽게 적용할 수 있고, 비교적 잘 작동한다. 잘못된 의사결정에 따른 대가는, 적용하기 쉬운 판단과 의사결정의 규칙이 지닌 장점과 대비해 판단해야 한다.

결론적으로, 지속적인 인지 오류가 광범위하게 존재한다는 것은 명백한 사실이다. 평균적으로 휴리스틱에 의존한 의사결정이 손해 보는 전략이라는 명백한 증거가 없다면, 개인행동을 설명하는 기술적(descriptive) 모형에 명시적으로 인지 오류를 고려한 방법론의 개선이 필요하다. 인지 오류가 발생할 가능성이 높은 상황에 대한 인식이 높아질수록 사람들은 이 같은 실수를 덜 할 것이다.

요약 **문맥 해석의 오류**

사람들의 거의 모든 의사결정은 명시적 또는 암묵적 기준점에 의존한다. 베버-페흐너 법칙에 의하면 모든 자극에서 사람들이 인지하는 변화의 크기는 원 자극 대비 비율로 측정된 변화의 크기에 의존한다. 이 같은 인식 때문에, 예를 들면 사람들은 $20짜리 물건을 사는 데 $10를 절약하려 시내까지 갈 용의가 있으나, $1,000 컴퓨터를 사려면 $10 때문에 시내까지 가려고 하지 않는다. $20짜리 물건에서 시내 방문의 편익이 그 비용을 초과하면, 컴퓨터에 대해서도 동일하게 편익이 비용을 초과해야 한다.

사람들이 비교하기 매우 어려운 특성을 가진 두 대안 사이의 선택에 어려움을 느끼기 때문에 여타의 오류가 발생한다. 이 같은 선택에 직면했을 때, 원래의 한 대안 대비 모든 면에서 열등한 제 3의 대안은 사람들의 선택이 원래의 그 대안으로 쏠리게 하는 효과가 있다. 전통적 경제모형에 의하면 열등한 대안의 추가는 원래의 대안 사이의 선택에 아무런 영향을 미쳐서는 안 된다.

10.3 충동 억제의 문제

전통적 경제모형의 또 다른 문제점은, 처음부터 수반되는 결과를 완벽하게 예측 가능한 선택을 하고 난 후 후회하는 사람들의 행동을 배제하는 것이다. 그러나 선택 후 후회하는 경우는 매우 흔하다. 아침에 일어날 때 '어제 술을 덜 마셨어야 했는데'라고 후회하는 사람은 많아도, 어제 더 마셨어야 했다고 후회하는 사람들은 거의 없다.

아무런 제약이 없으면 선택했을 행동인데, 일부러 그 행동을 하지 않기 위해 사람들이 자주 큰 비용과 불편함을 지불하는 것은 기존 경제모형에서 설명하기 힘든 현상이다. 예를 들어, 왜 어떤 사람들은 하루 1,500칼로리만 제공하는 다이어트 프로그램에 수천 달러를 지불하면서 가입하는지 기존 경제모형은 설명하기 힘들다. 전통적 경제모형에 기반을 둔 후생 분석은 어떤 것이 사람들의 후생을 증가시키는가에 대한 사람들의 개별 판단을 존중하고, 또한 존중해야 한다. 이 같은 모형에서 사람들이 어떻게 충분한 정보를 가진 사람들이 자유의지로 선택한 위험이 잘못된 선택이라고 결론짓는지가 명확하지 않다. 나쁜 결과가 나왔다고 그 선택 자체가 잘못되었다고 단정하기 어렵다. 예를 들어, 길 건너다 차에 치어 죽는다고 길을 건너는 것 자체가 잘못되었다고 결론지을 수 없다.

전통적 경제모형은 에이즈를 유발하는 무방비적 성관계를 갖는 사람들을 비판하는 것도 비슷하게 문제가 있다고 시사한다. 당사자가 그 위험을 알고 있고, 그럼에도 자유의지로 위험을 무시했다면, 전통적 경제모형은 그 사람은 단지 운이 없었다는 것 이상으로 말하기 어렵다.

그러나 설득력 있는 심리학적 여러 증거들은 후회가 불운 이상의 것일 수 있으며, 사람들이 스스로의 행동에 제약을 가하는 것이 현명할 수 있으며, 또한 충분한 정보를 가진 사람들이 자유롭다면 선택하는 위험이 그들의 입장에서는 최적이 아닐 수 있음을 시사한다. 특히 다기간 선택 행동에 대한 증거들이 많이 있다.

합리적 선택모형에 의하면 시간 차이가 일정한 두 보상 가운데 선택은, 그 선택이 언제 이루어져도 동일하도록 사람들이 미래의 비용과 편익을 할인한다고 말한다. 예를 들어, 다음의 A와 B를 살펴보자.

A: 내일 $100 vs. 내일부터 일주일 후 $110

B: 52주 후 $100 vs. 53주 후 $110

두 선택 모두 일주일의 시차가 있다. 전통적 경제모형에 따라 미래의 편익이 할인되면, A와 B 모두에서 사람들의 선택은 동일할 것이다.[11]

두 경우 모두 더 큰 보상이 일주일 후에 주어진다. 따라서 할인율과 무관하게 현재가치의 크기 순서는 A와 B 모두 동일하다. 그러나 사람들이 실제로 이 같은 선택에 직면하면, 두 상황에서 선택이 다른 매우 강한 경향을 보인다. 대부분이 A에서는 $100, B에서는 $110를 선택한다.

허스타인(Richard Herstein), 에인슬리(George Ainslie), 로웬스타인(George Lowenstein), 오도노휴(Td O'Donoghue) 및 다른 연구자들의 다기간 선택에 대한 많은 실험은 전통적 경제모형에서 가정한 것보다 미래의 비용과 편익이 더욱 가파르게 하락

11 이를 지수적 할인(exponential discounting)이라고 부른다.

함을 보여준다.[12] 그 결과 가운데 하나가 이 같은 선호의 역전이 자주 발생한다는 것이다. 고전적인 선호 역전은 두 대안 가운데, 먼 미래에 실현되면 보상이 크지만 더 늦게 실현되는 대안을 선택하나, 가까운 미래에 실현되면 보상이 작지만 빨리 실현되는 대안을 선택함을 보여준다. 따라서 편익이 일 년 뒤에 실현되는 B의 두 대안 중에서 사람들이 더 크지만, 더 늦게 실현되는 대안을 선택한다. 반대로 A에서는 작지만 더 빨리 실현되는 대안을 선택한다.

그러면 왜 어떤 사람들이 하루 1,500칼로리만 제공하는 다이어트 프로그램에 수천 달러를 지불하면서 가입하는가? 이들이 미래의 비용과 편익을 과도하게 할인한다면 그 대답은 명확하다. 이들은 정말로 적게 먹기를 원한다. 그러나 눈앞의 음식 유혹을 이길 수 없어 먹게 된다. 다이어트 프로그램은 음식을 적게 제공함으로써 이 문제를 해결한다.

과도하게 미래의 비용과 편익을 할인하는 경향 때문에 다양한 형태의 충동 억제 문제가 발생하고, 문제 해결을 위한 방법들이 고안된다. 과식의 유혹을 예견하고, 사람들은 자주 손에 닿는 단 것, 소금기 있는 견과류 및 군것질거리의 양을 줄이고자 한다. 지름신이 강림할 것을 예상하고, 사람들은 월급에서 바로 공제하는 연금저축에 가입한다. 흥미진진한 추리 소설을 중간에 그만두기 어려움을 예상하고, 많은 사람들이 중요한 미팅이 있기 전 날 저녁에 이 같은 소설을 시작하지 않는 것이 좋다는 것을 안다. 금연 시도자는 비흡연자들과의 교제를 선호하고, 공공장소에서의 흡연을 제한하는 법안을 다른 사람들보다 더 지지한다. 알코올 중독 치료를 받은 사람은 칵테일 라운지 방문을 자제한다.

이 같은 자기통제의 방법들이 효과적이지만 완전하지 않다. 많은 사람들이 계속해서 과식, 과음, 과소비, 너무 늦게 잠든 것, TV 과시청 등과 같은 후회를 토로한다. 전통적 경제모형은 이 같은 후회를 신 포도(sour grapes)로 간주해 무시할 것을 권고한다. 그러나 행동 경제학의 증거는 이 같은 후회가 자주 일회성이 아님을 보여준다. 각각의 경우 사람들은 더 좋은 대안이 있음에도 열등한 대안을 선택한 후 나중에 후회한다. 지속적인 인지 오류에서 발생하는 행동처럼, 충동 억제의 문제에서 발생하는 행동들도 역시 '후회가 동반되는 합리적 선택으로부터의 이탈'로 부를 수 있다.

과도한 할인 때문에 발생하는 어려움에 비추어 볼 때, 사람들의 이 같은 동기부여가 보편적인 것은 매우 이해하기 어렵다. 판단의 휴리스틱에 의존함에 따라 발생하는 인지 오류와 같이, 때로 나쁜 결과로 이어진다고 해서, 그런 행동의 경향이 적절하지 못함을 의미하지는 않음을 강조할 필요가 있다. 미래의 일을 과도하게 할인하므로 사람들은 눈앞의 결과에 주의를 기울인다. 현재의 보상에 큰 비중을 두는 동기부여와 미래의 보상에 상대적으로 큰 비중을 두는 동기 부여 가운데 선택을 해야 한다면, 왜 진화론적 요인이 전자를 더 선호하는지 쉽게 상상할 수 있다. 경쟁적이고 불확실성이 큰

12 심리학자들에 의하면, 사람들이 미래의 비용과 편익을 지수형이 아닌 쌍곡선형으로 할인을 하는 경향이 있다.

상황에서 생존에 즉각적인 위협은 수없이 많고, 그래서 에너지를 이 같은 위협을 피하는데 사용함이 더 큰 유익임은 설득력이 있다.

명확한 증거들이 과도한 할인이 실제로 있으며, 보편적이라는 사실을 보여준다. 이 같은 동기 부여의 유불리 여부와 관계없이, 우리의 목적이 현실에서 사람들의 행동을 잘 예측하는 것이라면, 이 같은 특징을 명시적으로 고려해야 한다는 주장이 설득력을 가진다.

최근 경제학의 중요한 발전에서 사람들의 선호에 대한 전통적 가정에 대한 수정이 이루어지고 있다. 다음 절에서 우리는 세 가지의 중요한 변화 – 이익과 손실을 포함하는 대안을 사람들이 평가함에 비대칭성을 도입하는 것, 좁은 의미로 사람들이 이기적이라는 가정 완화 및 상대적 위치에 대한 관심 –을 살펴본다.

요약 충동 억제의 문제

전통적 경제모형은 사람들이 수반되는 결과가 완전하게 예측 가능한 행동을 선택한 후 후회하는 가능성을 배제한다. 그러나 이 같은 후회는 흔히 볼 수 있다.

심리학의 여러 증거들은 후회가 지속적이며, 열등한 보상이 당장에 선택 가능하면, 더 큰, 더 나은 보상을 기다리는 것이 어려움을 설득력 있게 보여준다. 전통적 경제모형은 사람들이 하루 칼로리 섭취를 제한하는 다이어트 프로그램에 비싼 돈을 주고 가입하는지 설명하기 어렵다.

그러나 사람들이 미래의 비용과 편익을 과도하게 할인하면, 눈앞의 음식 유혹을 이기기 힘들다는 것을 안다. 충동 억제의 문제를 명시적으로 고려하지 않고는 현실에서 사람들의 행동을 설명하기 어렵다.

10.4 손실 기피와 기득권 편향

전통적 경제모형은 \$1를 얻을 때 효용의 증가분은 \$1를 잃을 때의 효용의 감소분과 (거의) 동일하다고 가정한다. 그러나 사람들의 실제 행동은 자주 손실이 이익을 압도함을 시사한다.

이 같은 경향은 사람들이 이미 가지고 있는 물건에 부여하는 가치와 그 물건을 사기 위해 지불할 용의가 있는 가치의 차이를 알아본 실험에서 두드러진다. 44명이 참여한 한 실험에서 임의로 뽑힌 22명에게 머그잔을 주고, 가지든지 팔든지 원하는 선택을 하도록 했다. 나머지 22명에게는 머그잔을 주지 않았다. 모든 참여자들은 자신이 받은 머그잔 또는 다른 사람이 받은 머그잔을 면밀하게 관찰할 수 있는 기회가 주어졌다. 그리고 머그잔을 받은 참여자는 팔고 싶은 가격을, 받지 못한 참여자는 사고 싶은 가격을 적도록 했다. 그리고 팔려는 머그잔 수와 사려는 머그잔 수가 같아지는 가격을 찾았다. 이 실험을 여러 번 반복했는데, 균형가격은 \$4.25~\$4.75 사이였다.

연구자들은 참여자 44명 가운데 머그잔에 높은 가치를 부여하는 22명을 '머그잔 애호자', 낮은 가치를 부여한 22명을 '머그잔 혐오자'라는 용어를 붙였다. 머그잔이 44명 중 22명에게 평균적으로 임의로 분배되었으므로, 머그잔 애호자와 머그잔 혐오자가 반반씩 머그잔을 받았을 것이다. 그러므로 전통적 경제모형은 평균적으로 약 11개의 머그잔이 균형가격에서 거래가 되었을 것이라고 예측한다. 그러나 실제로 거래된 머그잔의 수는 평균적으로 2개 좀 넘은 정도였다.

당연한 설명은 머그잔을 받은 사람들이, 소유했다는 이유만으로 머그잔에 훨씬 높은 가치를 부여했다는 것이다. 머그잔 소유자의 제출한 가격의 중간값은 $5.25로, 사겠다는 사람들의 중간값보다 두 배 이상 컸다.[13]

손실 기피
크기가 동일할 때 손실로 인한 고통을 이익으로 인한 만족보다 더 크게 느끼는 경향

이 같은 가치 부여의 비대칭성을 **손실 기피**(loss aversion)라고 부른다. 적당한 가격의 물건을 대상으로 한 다른 실험들도 소유자가 부여한 가치가 비소유자가 부여한 가치보다 평균적으로 약 두 배 정도임을 보여준다.

해당 물건이 중요할수록 손실 기피 경향이 더욱 커진다는 실험 결과도 있다. 세일러는 실험에서 한 그룹의 참여자들에게 1/1,000의 확률로 걸릴 수 있는 불치의 병에 노출된 상황을 상상해보도록 했다.[14] 그리고 살 수 있는 치료제를 얻기 위해 얼마나 지불할 용의가 있는지를 질문했다. 중간값은 약 $2,000였다. 두 번째 그룹의 참여자들에게는 얼마를 받으면 치료제가 없는 동일한 병에 노출되는 위험을 감수하겠는지를 물었다. 중간값은 앞의 금액의 250배가 넘는 거의 $500,000였다.

독자들은 두 경우 모두 참여자들에게 죽을 확률을 1/1,000 줄이는 것의 가치를 물은 것이라는 것에 주목하기 바란다. 사람들이 이익과 손실을 대칭적으로 간주한다면 두 질문의 대답은 거의 비슷했을 것이다. 그러나 전자의 경우 사람들에게 생존의 전망의 증가(이익)를 구매할 것인가를 물은 반면에, 후자의 경우는 이미 누리고 있는 건강의 편익의 포기(손실)를 팔 것인가를 물은 것이다. 사람들은 이익과 손실을 대칭적으로 여기지 않았다. 또한 해당 대상이 더욱 중요할수록 손실 기피의 경향은 더욱 두드러지게 보인다.

기득권 편향
손실 기피로부터 발생하는 변화에 대한 저항

모든 정책의 변화는 승자와 패자를 낳으므로, 손실 기피는 중요한 정책적 함의를 가진다. 정책 변화로 인한 이익이 손실을 초과하면, 모두에게 유리하도록 승자가 패자에게 보상하는 것이 현실적으로 가능할 수도 있다. 그러나 관련 당사자가 많으면 이 같은 보상은 현실적으로 어렵다. 이런 경우 비록 정책 변화로 인한 이익이 손실을 초과하더라도 패자들의 저항이 승자들의 지지를 압도할 수 있다. 그러므로 손실 기피는 공공정책 영역에 있어 소위 **기득권 편향**(status quo bias)의 중요한 원인이다. 정책 변화 실행의 어려움을 **정치학의 철칙**(iron law of politics)이라고 우화적으로 표현한다. 승자의 목소리보다 항상 패자의 목소리가 더 크다!

비용-편익

기득권 편향이 나쁜 것인가? 비용–편익의 원리 적용에 대한 최선의 자세가 손실에

13 Daniel Kanehmen, Jack L. Knetsch, and Richard H. Thaler. "Anomalies: The Endowment Effect, Loss Aversion, and Status Quo Bias," *The Journal of Economic Perspectives*, 5(1), pp. 193–206, Winter 1991.

14 Michael Lewis, "The Economist Who Realized How Craxy We Are." *Bloomberg View*, May 29, 2015.

사람들이 부여하는 과장된 가치를 액면 그대로 수용하는 것인지 의심해볼 여지가 있다. 즉, 현실에서 볼 수 있는 변화에 대한 폭넓은 저항이 변화로 인한 손실이 이익보다 큰 것을 의미하는 경우도 있을 수 있다.

그러나 이 같은 해석이 손실에 대한 사람들의 초기 평가가 바뀐 환경에 놀랄 만큼 잘 적응하는 사람들의 적응력을 고려하지 못한 것이라는 반대 증거도 있다. 예를 들어, 많은 사람들이 하반신마비 상태로 사느니 차라리 죽는 것이 더 낫다고 말한다. 그리고 많은 하반신마비 환자들이 현실에 적응하는 과정에서 큰 고통을 느낀다. 그러나 심리학자들은 하반신마비 환자들이 자신들의 생각보다 훨씬 빨리 그리고 완벽하게 적응하는 것을 보고 놀란다. 한 연구에 의하면, 하반신마비 환자의 사고 후 행복 수준은 사고 전보다 현저하게 낮다. 그러나 통제 그룹과 비교해 통계적으로 유의하게 다르지는 않다.[15] 마찬가지로 가지고 있는 것을 포기하는 것도 처음에는 매우 고통스럽지만 시간이 지나면 없이 사는 삶에 익숙해진다.

그러므로 기득권 편향에 대항하는 조치가 사회 전체의 이익에 부합한다고 믿을만한 합리적인 근거가 있다. 행동 경제학자들은 이런 조치가 무엇인지를 탐구해왔다. 기득권 편향을 약화시키는 하나의 효과적인 방법이 여러 다른 대안들을 사람들에게 소개하는 방식을 심도 있게 살펴보는 것이다. 예를 들어, 정책담당자가 사람들이 좀 더 저축을 많이 하기 바란다고 가정하자. 연구자들에 의하면, 월급에서 자동적으로 일정 금액을 강제 저축하도록 하는 것이 효과적이고 상대적으로 덜 고통스러운 방법이다. 역사적으로 대부분의 고용주들은 피고용주가 강제 자동저축에 참여하도록 했다. 그러나 연구자들은 몇 개의 표본 기업을 대상으로 피고용주가 원하면 탈퇴해도 되는(opt-out) 선택권을 부여하도록 설득했다. 저축 참여가 기본 옵션(status quo)이 되면서, 참여율이 급속도로 증가했다. 어떤 회사에서는 신입사업의 참여율이 50%에서 86%로 증가했다.[16] 다른 실험들도 보험이나 장기 기증의 영역 등 다양한 영역에서 기본 옵션이 사람들의 행동을 바꾸는 힘이 있음을 보여준다.

경제적 사유 10.2

왜 오마마의 의료보험 개혁(오바마 케어)이 실행하기 어렵고, 폐기하기는 더 어려운가?

미국은 다른 선진국과 비교해서 보편적 의료보험제도 확립이 더디게 이루어져 왔다. 전통적 경제모형과 행동 경제학 모형의 도움이 없이는 이 같은 역사를 이해하기 어렵다.

의료산업에 대한 거의 모든 경제 분석은 사적 보험이 의료서비스 제공의 지속 가능한 사업이 아니라는 점에서 출발한다. 심각한 질병은 치료에 비용이 많이 들기 때문에 대부분의 보험가입자들이 대부분의 기간 동안 건강해야 보험이 유지된다.

제12장에서 자세하게 설명하겠지만, 본질적인 문제는 보험회사가 때로 비싼 치료가 필요

15 Philip Brinkman, Dan Coates, and Ronnie Janoff–Bulman “Lottery Winners and Accident Victims: Is Happiness Relative,? Journal of Personality and Social Psychology 36, no.8(1978), pp. 917–927.

16 Brigite C, Madrian and Dennis F. Shea, “The Power of Suggestion: Inertia in 402(k) Participation and Savigns Behavior,” *Quarterly Journal of Econoimcs*, 116, no 4(2001), pp. 1147–1187.

한 심각한 상황에 있는 사람들을 판별할 수 있는가라는 것이다. 이들에게 보통 사람들의 보험료를 책정한 보험을 파는 회사는 아마도 파산할 것이며, 이익이 나는 건강한 사람들은 더 낮은 보험료를 제시하는 경쟁 회사에게 뺏긴다(정부가 보험회사에게 이미 집이 화재가 난 사람들에게 적절한 보험료의 보험을 팔도록 강제하는 상황을 떠올리면 이런 상황이 쉽게 이해가 될 것이다). 이 같은 역선택의 문제 때문에 규제가 없는 사적 보험시장에서 보험회사들은 건강보험이 가장 절실하게 필요한 건강에 문제가 있는 사람들을 보험에 가입시키지 않는다.

많은 나라에서 정부가 모든 사람에게 직접 의료보험을 제공함으로써 이 문제를 해결해왔다. 영국과 같은 몇 나라는 정부가 의료서비스 제공자를 직접 고용하기도 한다. 프랑스와 같은 몇 나라는, 미국의 노인들을 위한 메디케어 프로그램과 같이, 정부가 개인 병원에 비용을 지불하기도 한다. 미국도 아마 1940년대에 고용자 제공 의료보험의 보편적 도입으로 이어진 역사적 사건이 아니었으면 이들 모델 가운데 하나를 수용했었을 것이다.

2차 세계대전의 징병비용을 통제하기 위해 규제당국은 민간 부문 임금 상승의 상한을 설정했기 때문에 기업들은 근로자들을 고용하기 어려웠다. 그러나 복지후생은 제한이 없는 점을 이용해 기업들은 의료보험과 같은 추가적인 혜택을 제공했다. 이들 비용은 회사 경비로 간주되어 세금 공제를 받았고, 1943년에는 국세청이 이 금액이 소득세 면세라는 규정을 정했다. 고용주 제공 의료보험 적용 근로자 비율이 1940년에는 9%에서 1953년에는 63%에 이르렀다.

유리한 세금 혜택을 받으려면 모든 피고용인에게 보험을 제공해야 했다. 이는 앞에서 말한 역선택을 완화시키기 위한 조치였다. 과거 병력이 있는 사람들을 고용하면 더 많은 보험료를 지불해야 함에도 불구하고, 공급이 부족한 상황에서 보험은 효과적인 충원 방법이었으므로 기업들은 이 비용을 기꺼이 부담했다.

이 때문에 고용주 제공 의료보험은 개인 보험과 비교하면 상당한 개선책이었다. 그러나 이 제도는 심각한 결점이 있다. 실직하면 보험도 같이 잃어버리는 것이다. 2008년 금융위기 때문에 발생한 높은 실업률로 인해 이 문제가 두드러지게 가시화됐다.

지난 수십 년 동안 고용주 제공 의료보험에 가입한 근로자 수가 감소해왔다. 인구통계에 따르면 2000년에 65%의 근로자가 이 보험 혜택을 받았으나, 2010년에는 그 비율이 55%로 감소했다. 이 같은 하락은 일부 가파른 의료비용 상승에 기인한다.

경제학자들은 의료비용이 서류상으로 여러 경제주체에게 나눠진다고 하더라도 결국 임금의 하락으로 귀착될 것임에 동의한다. 최근 수십 년간 실질임금은 거의 오르지 않았고, 이 같은 추세는 계속 될 것이므로 고용주 제공 보험 적용의 폭은 감소하리라는 예상이다. 그러므로 고용주 제공 보험의 내재적 결함을 무시한다고 하더라도 적용 영역이 확대되지는 않을 것이다.

2010년 의회 통과 이후, 소위 오바마 케어라고 불리는 '**저렴한 의료법**'(Affordable Care Act)이 미국의 의료 서비스 정책을 주도했다. 1990년대의 헤리티지 재단, 미국기업연구소(American Enterprise Institute), 및 다른 보수 연구단체의 제안을 수용해 만들어진 이 법안의 주요 조항은 현 제도의 가장 큰 문제점을 없애고자 하는 것이었다.

이 법의 한 조항에 의해 보험 거래소(insurance exchange)가 설립되었는데, 여기에 참여하는 기업들은 과거 병력과 무관하게 모든 피고용자에게 의무적으로 보험을 제공해야 한다. 이 법의 또 다른 조항은 보험을 확보하지 못한 사람들에게 벌금을 부과하는 것이다(개별 의무조항(individual mandate). 그리고 세 번째 조항은 저소득층이 보다 용이하게 가입하도록 보조금을 제공한다는 것이다(2006년 주지사인 롬니(Mitt Romney)가 계획한 매사추세츠 주 안도 거의 비슷하다).

정부가 처음부터 의료 서비스 제도를 만들었다면, 아마도 여타 국가들 같이 정부 부담의 제도를 만들었을 것이다. 그러나 여론조사에 의하면, 대부분 유권자들이 기존의 고용자 제공 보험에 만족하고 있고, 상하원 의원들이 적어도 암묵적으로라도 손실 기피를 이해하고 있어서 인지 그들은 기존의 제도를 바꾸려고 할 때 수반되는 강력한 저항을 잘 알고 있다. 이 같은 이유로 의회는 고용주 제공 보험 제도를 기반으로 하여 오바마 케어를 통과시켰다.

위의 세 가지 주요 조항이 없었다면, 오바마 케어는 작동하지 못했을 것이다. 세 조항 가운데 개별 의무조항이 가장 큰 논쟁거리였다. 비판론자들은 이 조항이 자유권 위배라고 비난했다. 역설적으로, 2012년 대법원에서 간발의 차이로 이 조항의 합법성을 인정한 것이 이 견해를 마치 사람들에게 브로콜리를 의무화한 것 같은 것으로 받아들여지게 했다. 대법원은 의무 조항이 벌금이 아니라 세금이라는 이유로 합법성을 옹호했다.

그러나 많은 경제학자들은 이 같은 해석이 원래의 목적을 잘못 이해한 것으로 생각했다. 이 조항은, 있으면 좋기 때문에 개인들이 보험을 구입해야 한다는 조항이 아니다. 보험은 대부분의 가입자가 대부분의 기간 동안 건강해야 지속 가능하므로, 보험을 구입하지 않으면 타인에게 큰 피해를 줄 수 있다는 것이 문제의 포인트이다. 사회는, 비록 매우 비용이 많이 들고, 적절한 때에 제공되지 못하고 매우 비효율적일지라도, 보험이 없는 아픈 사람에게도 의료 서비스를 제공해야 한다. 그러므로 보험을 사지 않을 권리는 곧 타인에게 막대한 비용을 지우는 권리를 주장하는 것이다. 많은 헌법학자들이 헌법이 이 같은 권리를 보장하지는 않는다고 말한다.

개별 의무조항은 지속적으로 사람들의 호응을 받지 못한 조항이었고, 오바마 케어를 반대하는 의원들은 그 통과 이후 20번 정도 그 법안의 무효화를 시도했다. 2017년 상하원에서 무효화 시도가 거의 성공할 뻔했다. 그러나 끝에 가서 무효화 시도는 거센 국민적 저항에 부딪혔고, 통과에 필요한 과반수를 확보하지 못했다.

오바마 케어로 인해 2,000만 명 이상의 미국인들이 의료보험을 갖게 되었고, 의회 예산처는 이 법이 무효화되면 비슷한 숫자의 사람들이 보험을 잃어버릴 것으로 추정했다.

요약하면, 오바마 케어가 입법된 후 그로 인해 조성된 상황이 새로운 기득권(status quo)이 되었다. 손실 기피는 왜 이 법안의 통과가 어려웠는지 또한 일단 입법화 된 후, 무효화하는 것이 어려운지를 설명해준다.

이 같은 어려움에도 불구하고, 2017년에 상하원은 과반수 약간 넘게 보험에 가입하지 않은 사람들에게 벌금을 부과하는 오바마 케어의 조항을 삭제하는 세법 개정안을 통과시켰다. 제12장에서 보다시피, 이 조치로 인해 오바마 케어의 장기 존속 가능성이 위태로워졌다.

요약

손실 기피와 기득권 편향

다양한 증거들이 사람들이 이익보다 손실에 더 예민함을 시사한다. 소유한 물건을 팔기 위해 받고자 하는 최소 금액은 그 물건이 없어 사고자 할 때 지불할 용의가 있는 금액보다 훨씬 크다.

이 같은 비대칭성을 손실 기피라고 부른다. 저가의 물건을 대상으로 한 실험들에서 받고자 하는 최소 금액은 지불 용의가 있는 최대 금액의 한 배에서 두 배 사이이다. 그러나 건강이나 안전 같은 매우 가치가 큰 대상으로 할 때 이 비율은 훨씬 더 커진다.

모든 정책 변화에는 승자와 패자가 있기 마련이다. 손실 기피는 정책 결정에 있어 기득권 편향을 의미한다. 여러 증거들은 사람들이 손실로 인한 고통을 초기에 평가할 때 바뀐 상황에 인간의 적응력을 고려하지 않아 자주 나쁜 결과를 초래함을 시사한다.

기본 옵션을 잘 이용하면 기득권 편향을 약화시키는 효과적인 수단이 될 수 있다. 예를 들어, 월급에서 자동 차감되는 저축 프로그램 가입이 기본 옵션이면 저축을 늘이는 데 효과가 있다.

10.5 협의의 사익 추구를 넘어서

전통적 경제모형은 타인에 대한 관심 동기를 배제한다. 예를 들어, 전통 모형은 호모 이코노미쿠스가 사업이나 사회적 계약의 네트워크 확장으로 인한 혜택을 얻기 위해 공동 모금회(United Way) 캠페인에 동참할 수 있음은 인정한다. 그러나 사람들이 익명으로 절대 기부하지 않을 것이라고 주장한다. 그러나 2017년 미국의 익명 기부금이 거의 4,000억 달러에 달했다.[17] 전통 모형은 사람들이 다음번 방문 때 좋은 대접을 받기 위해 동네 식당에 팁을 줄 수는 있다고 생각한다. 그러나 외지의 식당에서 혼자 식사할 때 팁을 주지 않을 것이라고 예측한다. 그러나 양 쪽의 팁 비율은 거의 비슷했다.[18] 전통 모형은 사람들이 자신의 한 표가 영향력을 행사할 수 있는 지방 선거 투표에는 참여하지만, 대선에는 참여하지 않을 것이라고 예측한다. 그러나 수천만 명이 매번 대선 투표에 참여한다. 요약하면, 전통적인 사익 추구모형은 단순하면서 우아하지만, 대부분 예측력이 떨어진다.

10.5.1 현재-목표모형

현재-목표모형
선호에 대해 가정에 보다 폭넓은 유연성을 허용하는 합리적 선택모형의 변형 모형

사익 추구모형(self-interest model)과 비교해 가장 광범위하게 사용되는 대안 모형이 **현재-목표모형**(present-aim model)이다. 이 모형은 사람들이 행동을 선택하는 시점에서 가지고 있는 목표 추구에 매우 능숙하다고 주장한다.[19] 현재-목표모형은 많은 사람들이 실제로 가지고 있는 것처럼 보이는 다양한 목적을 수용할 수 있는 장점이 있어, 사익 추구모형에 위반되는 여러 행동을 설명할 수 있다. 사람들이 익명으로 기부하는 것은 간접적인 물질적 혜택을 얻고자 함이 아니라 곤궁한 타인을 돕는다는 데에서 따듯함을 얻기 때문이다. 사람들이 외지의 식당에서 팁을 놓는 것도 다음 방문 시 좋은 대접을 받기 위함이 아니라 웨이터의 이익에 대해 공감을 느끼기 때문이다. 사람들이 대선에 투표하는 것은 그들의 표로 인해 결과가 바뀌기 때문이 아니라 시민으로서 의무라고 느끼기 때문이다.

그러나 현재-목표모형의 유연성이 상당한 부담으로 작용하기도 한다. 문제는 모든 기이한 행동들도 사후적으로 그런 선호를 가지고 있다고 가정함으로써 설명될 수 있기 때문이다. 이를 **내연기관의 오일**(crankcase-oil) 문제라고 부른다. 만일 어떤 사람이 자신의 차의 엔진 오일을 마시고, 괴로워하다 죽으면, 현재-목표모형은 그 사람은 정말로 엔진 오일을 좋아했었음에 틀림없다고 설명한다. 그러므로 현재-목표모형에 대한 전통 모형의 지지자들의 회의론은 상당한 근거가 있다. 그들의 지적대로 모든 것을 설명할 수 있는 모형은 진정한 과학적 모형이 될 수 없다.

따라서 우리는 모두 결함이 있는 두 개의 모형 사이의 선택에 직면해있다. 사익 추

17 Giving USA, "Total Charitable Domations Rise to New High of $390.05 Billions," http://giviingusa.org

18 O. Bodarson and W. Gibson, "Gratuities and Customer Appraisal of Service: Evidence from Minnesota Restaurants," *Journal of Social-Economics* 23, no. 3(1994), pp. 287–302.

19 Derek Parfit, *Reasons and Persons* (Oxford: The Clarendon Press, 1984)

구모형은 검증 가능한 예측을 한다. 그러나 이런 예측이 때로 명백하게 틀린 것으로 판명되는 경우가 있다. 현재-목표모형은 보다 폭넓게 관측되는 행동들을 포괄한다. 그러나 지나치게 사후적 해석에 치우쳐있다. 이 두 모형 사이에 사익 추구모형보다는 유연하면서, 지나친 유연성으로 인해 현재-목표모형이 지닌 문제점을 회피할 수 있는 제 3의 모형을 고려한다.

10.5.2 적응적 합리성 기준[20]

적응적 합리성 모형
경쟁적 상황에서 자원획득에 불리하지 않는 선호들을 허용하는 합리적 선택모형의 변형모형

사익 추구모형이나 현재-목표모형과 동일하게 **적응적 합리성**(adaptive rationality) 모형도 사람들이 목표 달성을 위해 효과적인 수단을 선택한다고 가정한다. 그러나 목표를 주어진 것으로 보는 다른 모형과 달리, 적응적 합리성모형은 목표를 효율성 제약하에서 선택의 대상으로 본다.

개인이 선택한 목표의 효율성을 어떤 기준으로 평가할 수 있는가? 현재-목표모형의 문제점은 과도한 유연성이었으므로, 이 모형에서 사용하는 효율성 기준은 객관적이고 엄밀해야 한다. 양쪽 측면에서, 성장기의 문화적 및 기타 환경적 요인을 포함하도록 확장된 다윈(Charles Darwin)의 자연 선택이론(theory of natural selection)은 매우 매력적인 후보이다. 이 분석틀에서는 목표나 선호의 선택 기준은 팔, 다리, 또는 눈과 동일하다, 즉, 생존과 생식에 필요한 자원을 얻는 데 도움이 되는 정도가 그 기준이다. 한 대안이 다른 대안보다 더 작동을 잘하면, 그 대안을 선택하도록 압력이 작용할 것이다. 그렇지 않으면, 그 대안은 도태되도록 압력이 작용한다. 간단히 말해서 본 모형은 개인들의 관심 목록에 선호를 추가하되, 그 선호를 동기로 삼는 사람이 생존과 생식에 필요한 자원 획득 경쟁에서 불리하지 않음을 보이고자 하는 것이다.

이 기준은 엔진오일을 마시는 선호를 쉽게 배제할 수 있다. 이 기준은 협의의 사익 추구 이외의 다른 합리성의 기준을 다 배제하는 엄격한 기준인 것처럼 보인다. 자연 선택이 개인의 생식능력을 극대화하는 특성과 행동을 선호한다면, 그리고 개인의 적응능력을 향상시키는 행동을 이기적이라고 정의하면, 사익 추구는 그 정의상 유일하게 생존 가능한 인간의 동기이다. 이 같은 동어반복은 1970~80년대의 사회생물학 문헌의 가장 중요한 메시지이다.

그러나 자세히 살펴보면 문제가 그리 간단하지 않다. 여러 상황에서 사익 추구가 유일한 목적인 사람들이 다양한 목적을 추구하는 사람들보다 못한 결과를 얻는다. 예를 들어, 제9장에서 설명한 죄수의 딜레마 게임이 명확하게 보여주듯이, 맹약의 문제에 당면하면 특히 그렇다. 이 게임에서 비협조(자백)보다 협조(묵비권)를 선택하면, 모두에게 이롭다. 그러나 다른 사람의 선택과 무관하게 비협조가 우월전략이다. 두 사람 모두 협조에 맹약을 할 수 있다면, 그렇게 할 유인이 있다. 그러나 사익 추구의 사람들

20 보다 자세한 내용은 Rober Fraank의 "If Homo Economicus Could Choose His Own Utility Function, Would He Want One with a Conscience?" American Economic Review 77 (September 1987)과 Passions Within Reason (New York: W.W. Norton,k 1988) 참고.

이 단지 말로 약속하는 것만으로는 충분하지 않다. 왜냐하면 각 사람 모두 약속을 지키지 않을 유인이 있기 때문이다.

그러나 이 게임에서 어떤 사람들은 협조를 더 선호한다고 가정해보자. 두 사람 모두 다른 사람이 이 같은 선호의 소유자임을 안다면, 협조를 선택해 상호 이득을 얻을 것이다. 그러나 단지 이 같은 선호를 가진 것만으로 이 문제가 해결되는 것은 아니라는 점을 강조하고자 한다. 각 사람들은 신빙성 있게 자신들의 선호를 타인에게 전달할 수 있어야 하며, 또한 타인도 그런 선호를 가지고 있는지 파악할 수 있어야 한다.

협조에 대한 선호가 있음을 타인들이 신빙성 있게 분별할 수 있는가? 몇 실험에 의하면 거의 모르는 사람들과 죄수의 딜레마 게임을 하는 참여자들이 놀랄 만큼 정확하게 누가 협조할 사람인지, 누가 비협조할 사람인지를 예측했다.[21] 이들 실험에서, 기준이 되는 협조의 비율은 73.7%, 비협조의 비율은 단지 26.3%였다. 즉, 실험자들이 임의로 다른 사람이 협조할 것으로 추측했을 때 실제로 그럴 비율이 73.7%, 역시 임의로 비협조할 것으로 예측할 때 실제 비율은 26.3%였다. 그러나 실제 실험 결과는 전자는 80.7%, 후자는 56.8%였다. 이 같은 비율이 우연으로 나올 가능성은 1/1,000도 되지 않는다.

실험 참여자들은 처음에는 서로를 모르다가, 예측하기 전 30분 동안만 서로를 알 수 있는 시간이 주어졌다. 아마도 보다 오랜 시간이 주어졌으면 정확도는 더욱 높아졌을 것이다.

예를 들어, 다음과 같은 시나리오에 근거한 가상 실험을 생각해 보자:

> 한 사람이 원치 않는 농약 1갤런 컵을 하나 가지고 있다. 환경보호법에 의하면 사용하지 않는 농약은 집에서 차로 30분 떨어진 공공 처리소에 제출해야 한다. 그녀는 집안 배수구에 농약을 버릴 수도 있다. 이 경우 걸려 처벌 가능성은 0이다. 그녀는 집에서 버려도 1갤런의 농약 정도는 거의 아무런 해가 되지 않음도 알고 있다.

여러분은 이 농약을 법에 따라 버릴 것이라고 확신할 수 있는 사람을 머리에 떠올릴 수 있는가? 대부분의 사람이 그렇다고 대답한다.

때로 사람들은 오랜 친구들을 머리에 떠올린다. 여러분들이 이 같은 사람들을 분별할 수 있으면, 여러분들은 타인들 마음 속의 비이기적 동기를 분별할 수 있다는 적응적 합리성의 가장 중요한 전제를 받아들인 것이다.

이런 동기의 존재와 이를 분별할 수 있는 타인의 능력이 합쳐지면 다양한 영역의 중요한 맹약의 문제가 해결될 수 있다. 이를 알면, 사익을 추구하는 합리적인 사람들도 협의의 사익 추구가 아닌 선호를 선택할 분명한 이유가 있다. 물론 문자 그대로 사람들이 자신들의 선호를 선택하는 것은 아니다. 요점은 도덕적 감성을 타인들이 분별할 수 있으면, 사람들의 선호에 영향을 주는 종(gene)과 문화의 복잡한 상호작용에 의해 사람들이 협의의 사익 추구 대신 다른 목적을 추구하는 선호를 가질 수 있다.

---

21 Robert, H. Frank, Thomas Gilovich, and Dennis Regan, "The Evolution of One−Shot Cooperation," *Ethology and Sociobiology* 14(July 1993), pp. 247−256.

예를 들어, 호모 이코노미쿠스는 보복의 위협을 통해 침략자를 막으려 하지만, 보복의 비용이 편익을 초과하면 그 위협은 신빙성이 없다. 반면에 명예를 매우 존중한다고 알려진 사람들의 위협은 신빙성이 있다. 이런 사람은 협의의 사익을 추구하는 사람들보다 침략의 위험에 덜 노출되어 있다.

마찬가지로, 호모 이코노미쿠스는 거절의 위협으로 잠재적 거래 당사자의 일방적인 제안을 억제하고자 하지만, 그 제안은 수용하는 것이 더 유리하면 이 같은 위협은 신빙성이 없다. 반면에 공평성을 중요시한다고 알려진 사람들의 위협은 신빙성이 있다. 이런 사람은 협의의 사익을 추구하는 사람들보다 훨씬 협상을 잘 할 것이다.

개인 차원에서 도덕적 감성이 적응적 합리성이 될 수 있는 두 번째 경로는 다양한 충동 억제의 문제를 해결할 수 있다는 것이다.[22] 예를 들어, 반복되는 죄수의 딜레마 게임을 생각해보자. 액셀로드(Robert Axelrod)와 다른 사람들이 보였듯이, 다른 전략과 비교해 맞대응 전략(tit−for−tat strategy)이 잘 작동한다.[23] 사익 추구의 사람들도 맞대응 전략을 선택할 이유는 충분하다. 그러나 그렇게 하려면 첫 기의 충동 억제 문제를 해결해야 한다. 맞대응 전략은 첫 기에 협조로 시작한다. 따라서 비협조를 선택할 때보다 첫 기의 보수가 낮다. 맞대응 전략의 보상은 미래에 협조가 계속 유지된다는 점이다. 합리적 선택모형은 협조로 인한 할인된 미래의 편익이 현재의 비용보다 크면, 사람들이 협조할 것이라고 생각한다. 그러나 비협조의 이익은 눈앞에 있고 그 비용은 미래에 발생하므로, 전형적인 충동 억제의 문제가 발생한다.

아담 스미스 초기 저작에서 뚜렷하게 나타나 있는 공감의 도덕적 감성은 이 문제의 해결에 도움이 된다. 거래 당사자의 이익에 공감을 느끼는 사람들은 비협조를 선택할 때 이익도 있지만 추가적 비용도 발생한다. 이 비용 때문에 거래 당사자의 이익에 공감하는 사람들은 비협조할 가능성이 낮고, 따라서 장기에 걸쳐 협조의 이익을 누릴 가능성이 더 높다.

도덕적 감성 및 다른 사익 추구가 아닌 동기는 경제적 그리고 사회적 삶에 편만해 있다. 전통 경제모형은 이들 동기를 고려하지 않으며, 이 동기로 인한 행동을 비합리적인 것으로 본다. 그러나 사람들은 그들이 사익 추구의 기준에서 비합리적으로 행동하고 있다는 말을 듣더라도 대개 자신들의 행동을 바꾸고 싶지 않기 때문에 이 같은 행동을 **'후회 없는 합리적 선택으로부터의 이탈'**(departure from rational choice without regret)이라고 부르는 것이 더욱 적절한 표현이다. 적응적 합리성 모형의 장점은 전통 모형의 협의의 사익 추구 동기를 확장한 엄밀한 분석의 틀을 제공한다는 점이다. 이 모형은 또한 지속적인 인지 오류와 중독 억제문제를 명시적으로 설명하는 일관성 있는 분석의 틀도 제공한다.

---

22 Robert H. Frank, *assions Within Reason* (New York: W.W. Norton,k 1988).

23 맞대응 전략은 처음에 협조를 선택하고, 그 다음부터 그 전기의 다른 경기자의 선택을 따라하는 전략이다. Anatol Rapoport and A. Chammah, Prisoners' Dilemma(Ann Arbor: University of Michigan Press, 1965)와 Robert Axelrod, The Evolution of Cooperation (New York: Basic Books, 1984) 참고.

10.5.3 공평성

최후통첩 협상모형(Ultimatum bargaining game)의 실험 결과는 협의의 사익 추구만이 유일한 동기가 아님을 보여준다.[24] 이는 **제안자**(Proposer)와 **응답자**(Responder)로 구성된 2인 게임이다. 제안자는 주어진 금액(예를 들어, $100)을 두 사람 사이에 어떻게 나눌 것인지 제안한다. 응답자가 제안을 받으면 그대로 분배된다. 거부하면 양쪽 모두 $0를 얻는다.

전통 모형의 가정대로 두 경기자 모두 자신의 몫에만 관심 있으면 제안자는 자기 몫으로 $99, 응답자 몫으로 $1($ 단위로만 나눌 수 있다고 가정함.)를 제안해야 한다. 그리고 응답자는 이 제안을 거부해서 $0를 얻느니, 받아들여 $1를 얻는 것이 낫다.

여러 나라에서 20여 차례 진행된 실험에서 이 같은 결과는 거의 발생하지 않았다. $10를 나누는 전형적인 실험에서 제안자의 평균 제안 금액은 $4.71였고, 80% 이상으로 제안자는 정확하게 5대5로 나눌 것을 제안했다.[25] 이 게임의 응답자에게 제안을 수락할 최소 금액이 얼마인지 물었는데, 평균 대답은 $2.59였다. 이 실험은 참여자들이 자신들의 몫 뿐 아니라 상대적 분배에도 관심이 있음을 시사한다.[26] 많은 사람들이 매우 '불공평하다'로 여겨지는 제안을 거부하는 경향이 뚜렷했다.

최근 실험을 통해 공평성에 대한 관심이 여러 가지 경제적 선택에 영향을 미침을 보이는 큰 연구 문헌들이 나타났다. 실험실 뿐 아니라 현실에서도 그렇다. 현재의 계약이 불공평하다고 믿으면, 근로자들은 실직의 위험을 감수하고서도 자주 파업도 불사하고자 한다. 고객들도 상인들과의 거래가 불공평하다고 생각되면, 추가 비용 또는 불편함을 무릅쓰고 다른 상인들로부터 물건을 사고자 한다.[27]

물질적 유인은 물론 중요하다. 그러나 궁극적으로 법이 사람들의 행동을 제약하는데 영향을 미칠 수 있다. 질서 있는 사회를 만들려면 일부분이라도 사람들이 공동의 선을 위해 개인의 이익을 억제할 용의가 있어야 한다. 적응적 합리성 모형은 자발적인 자기 억제의 가능성을 포함하고 있지만, 사익 추구모형은 이 같은 가능성을 배제한다.

따라서 사익 추구모형을 알게 되면 오히려 자기 억제를 하지 않는 경향을 보여주는 일부 증거들이 당혹스럽게 여겨진다. 예를 들어, 한 연구에 의하면 모르는 사람과 죄수의 딜레마 게임을 할 때 경제학 전공학생들이 비전공자들보다 두 배 이상으로 비협조를 선택했다. 그렇다고 이 차이가 경제학 전공 학생들이 처음부터 기회주의적임을 보여주는 것은 아니다.[28] 동일 연구에 의하면 다른 분야의 학자들보다 경제학자들이

---

24 Werner Guth, Rolf Schmittberger, and Bernd Schwarze, "An Experimental Analysis of Ultimatum Bargaining," *Journal of Economic Behavior and Organization* 3 (1982), pp. 367–388.

25 Daniel Kahneman, Jack Knesh, and Richard Thaler, "Perceptions of Unfairness: Constraints on Wealthseeking," *American Economic Review* 76 (September 1986), pp. 728–741. 표 1 참조.

26 Lawrence M. Kahn and J. Keith Murninghan, "A General Experiments on Bargaining in Demand Games with Outside Options," *American Economic Review* 83 (December 1993), pp. 260–1280.

27 Richard Thaler의 *Misbehaving* (New York: W.W. Norton, 2015) 제14–15장 참고.

28 Robert H. Frank, Thomas Gilovich, and Dennis Regan, "Does Studying Economics Inhibit Cooperation?" *Journal of Economic Perspectives* 7 (Spring 1993), pp. 157–171.

두 배 이상으로 전혀 기부를 하지 않는 것으로 나타났다.[29]

이 같은 발견들은 합리성 모형 가운데 사람들이 어떤 선택을 하는가 하는 것은 행동을 설명하고 예측하는 것 뿐 아니라, 자기 억제의 자발적 참여에 미칠 수 있는 잠재적 효과 때문에 매우 중요함을 보여준다. 그렇다면 전통적 경제모형의 후생적 함의를 재고할 더 큰 이유가 존재한다.

요약 협의의 사익 추구를 넘어서

사익 추구는 의심의 여지없이 중요한 인간의 동기이다. 그러나 사익 추구의 동기만 중요하다는 가정에 입각한 예측이 잘 맞지 않다. 대선에서 자신들의 한 표가 승패를 갈라놓지 못함을 잘 알면서도 사람들은 투표한다. 많은 사람들이 다시는 방문할 것 같지 않은 식당에서도 팁을 놓는다. 그리고 많은 사람들이 익명으로 매년 수십억 달러를 기부한다.

현재-목표모형은 사람들이 비이기적으로 행동함으로써 마음의 따뜻함을 얻기 때문에 자주 비이기적으로 행동한다고 주장한다. 이 모형은 협의의 사익 추구모형에서 설명할 수 없는 많은 행동을 설명한다. 그러나 거의 모든 기이한 행동들이 단지 그런 선호를 가지고 있다고 가정만 하면 설명 가능하므로 지나친 유연함이 결점이다. 이런 이유로 비판자들은 현재-목표모형은 아무런 검증 가능한 예측을 하지 못한다고 비판한다.

사익 추구모형이나 현재-목표모형과 동일하게 적응적 합리성 모형도 사람들이 목표 달성을 위해 효과적인 수단을 선택한다고 가정한다. 그러나 목표를 주어진 것으로 보는 다른 모형과 달리, 적응적 합리성 모형은 목표를 효율성 제약하에서 선택의 대상으로 본다. 분석자들은 사람들의 선택 목록에 자유로이 선호를 추가할 수 있다. 그러나 그것은 경쟁적인 환경 속에서 생존에 필요한 자원을 얻는 노력에 악영향을 주지 않는다는 전제하에서 의미가 있다. 어떤 비이기적 행동은 죄수의 딜레마 게임과 같은 맹약의 문제를 해결하는데 도움이 되므로 이 모형에 적합하다. 두 경기자 모두 상대방을 신뢰할 만한 적절한 이유가 있으면, 상호작용을 통해 두 사람 모두 더 큰 이익을 얻을 수 있다. 사람들은 자신이 신뢰할 만한 사람이라는 것을 신빙성 있게 다른 사람에게 보일 수 있어야 하고, 타인의 신뢰성도 분별할 수 있어야 한다. 여러 실험 결과들은 이 같은 조건이 충족됨을 보여준다.

사람들이 비록 유리한 거래라 하더라도, 공평하지 않다고 믿으면, 그 거래를 거부함을 보여주는 실험들은 협의의 사익 추구가 유일한 인간의 동기가 아니라는 주장에 대한 추가적인 증거들을 제시한다.

10.6 상대적 위치에 대한 관심

전통적 경제모형은 후생이 현재나 미래의 절대적 소비 수준에 의존한다고 가정한다. 그러나 많은 증거들이 후생이 현재나 미래의 상대적 소비 수준에 의존함을 보여준

29 Gerlad Marwell and Ruth Ames, "Economists Free Ride, Does Anyone Else?" *Journal of Public Economics* 15 (1981), pp. 295–310.

다.[30] 적응적 합리성 모형은, 경쟁적인 상황에서 자원 획득에 손해가 되지 않는다면, 상대적 소비를 효용함수에 포함시킬 수 있다고 주장한다. 상대적 소비에 관심 있는 것으로 알려진 사람들이 절대적 소비에만 관심 있는 사람보다 협상을 잘 한다면, 이 조건은 충족되는 셈이다.

상대적 소비에 대한 선호를 추가하면 경제 · 정책 영역에서 흥미 있는 여러 이슈에 대한 전통 모형의 실증적, 규범적 주장이 바뀐다. 전통 모형은 노동시장이 경쟁적이고, 근로자들이 자신들이 당면하고 있는 잠재적 건강 및 안전에 관한 위험을 잘 알고 있다면, 최적의 작업장 안전 수준이 제공될 것이라고 주장한다. 이런 조건이 충족되면 근로자들은 여러 대안을 비교해 자신의 선호에 가장 잘 맞는 임금–안전도 조합을 가진 직업을 선택한다. 따라서 전통 모형은 경쟁적인 노동시장에서 더 높은 안전 수준을 요구하는 규제들이 후생을 감소시킴이 확실하다고 주장한다.

마르크스 추종자들과 다른 시장경제 비판자들은 오랫동안 노동시장이 충분히 경쟁적이지 않기 때문에 착취로부터 근로자들을 보호하기 위해 안전 규제가 필요하다고 주장해왔다. 양측 모두에게 가장 경쟁적인 노동시장에서 안전 규제가 강력한 법적 구속력을 갖는지를 설명하기 힘들다. 사람들이 절대적 소비뿐 아니라 상대적 소비에도 신경을 쓴다면 이 사실을 쉽게 설명할 수 있다.

예를 들어, 대부분의 부모들은 자녀들을 가장 좋은 학교에 보내고자 한다. 따라서 어떤 근로자는 학군이 좋은 곳의 월세를 내기 위해 임금이 높지만 위험도 높은 직업을 선택한다. 그러나 다른 사람들도 동일하게 행동한다. 학교의 질은 본질적으로 상대적 개념이다. 다른 근로자들도 더 큰 위험을 감수하며 임금이 높은 직업을 선택하며, 궁극적인 결과는 학군이 좋은 지역의 월세 인상이다. 모든 사람의 안전도는 낮아졌지만 아무도 원하는 목적을 달성하지 못했다. 군비 경쟁처럼 모든 국가가 더 많은 무기를 가지면, 이전보다 더 안전해지지 않는다(제11장, 위치적 군비경쟁(positional arms races) 참고).

이런 유인에 당면한 근로자들은 모든 사람들이 비록 임금은 낮아도 안전도가 높은 세상을 더 선호할 수 있다. 그러나 근로자들은 자신의 직업 선택만 결정할 뿐이다. 한 근로자가 다른 근로자들이 선택하지 않는 안전도 높은 직업을 선택하면, 자녀를 좋은 학교로 보낼 수 없다. 원하는 결과를 얻으려면 모든 근로자들이 협력해 행동해야 한다. 사람들의 행동이 서로 효과를 상쇄해 아무런 유익이 없다는 것을 안다고 그 행동을 선택할 유인이 없어지는 것은 아니다.

이 같은 논거는 돈을 벌기 위해 사람들이 포기하는 것들 — 여가, 직업의 안전도 및 여러 쾌적한 환경들 – 모든 것에 대한 개인들의 유인이 지나치게 높음을 시사한다. 문제는 돈과 이런 것들을 교환하는 것이 아니라 유인의 문제로 이런 것들을 너무 싸게 포기한다는 것이다. 작업장의 안전 수준의 경우 해답은 위험 금지가 아니라 위험을 감수하는 것이 사람들에게 덜 매력적이게 해야 한다는 것이다. 근로시간에 관한 최선의 해

30 Robert H. Frank, "The Demand for Unobservable and Other Nonpositional Goods," *American Economic Rebview* 75 (March 1985), pp. 110–116 및 Robert H. Frank, *Choosing the Right Pond* (New York: Oxford University Press, 1985) 참고.

법은 시간을 제한하는 것이 아니라, 초과수당의 변경과 같이 장시간 근로가 매력적이지 않게 유인을 변경하는 것이다.

이런 논리는 일부일처제의 중혼 금지법에 대한 명확한 근거를 제시한다. 동물 세계에서 일부다처의 개체에서—대부분의 척추동물이 해당됨—우월한 수컷은 많은 씨를 뿌린다. 예를 들어, 물개는 4%의 수컷이 약 90%의 후손을 낳는다고 한다.[31] 이 정도로 보상이 크기에 암컷에 접근하기 위한 수컷들의 경쟁이 매우 치열하다. 이 같은 경쟁은 물리적 싸움의 형태 또는 다양한 구애의 형태를 띠기도 한다. 이 같은 경쟁이 때로는 개체 전체에 이익이 되는 유전적 개선으로 이어지기도 하지만 대부분 낭비에 불과하다.

예를 들어, 집단으로서 숫공작들은 꼬리털이 짧은 것이 더 좋다. 그러나 꼬리털은 구애의 중요한 수단이므로 짧아서 얻는 이득보다 짝짓기의 불이익이 더 커다.

일부다처의 사회에서는 부의 분배 순위가 상위인 사람이 여러 부인들을 거느릴 것이다. 여기서도 위치 확보를 위한 투쟁에 매우 큰 비용이 발생한다. 일부일처의 법은 일종의 군축 협약으로 볼 수 있다. 소수에게 생식의 능력을 집중되지 않도록 함으로써 부의 분배에서 상대적으로 높은 위치로 이동하려는 불필요한 유인을 줄일 수 있다.

전통 모형에서 사람들은 상대적이 아닌 절대적 소비에만 관심이 있다. 이 모형에서 효용 극대화의 추구가 효율적인 자원 배분으로 이어진다. 그러나 대부분의 사람에게 상대적 소비 또한 중요함을 보여주는 수많은 증거들이 있다. 선호에 관한 보다 폭넓고 현실적인 견해에서 보면, 사람들의 의사결정이 사회적으로 최적인 자원배분으로 이어지리라는 보장이 없다. 소비의 위계질서에서 한 사람이 높게 올라가면 다른 사람은 낮아지기 때문에, 더 많은 돈을 버는 행위가 사람들에게 지나치게 매력적으로 느껴진다. 그러므로 전통 모형을 확장한 모형은 추가적 부의 축적을 덜 매력적이게 하는 정책의 장점을 시사한다. 소득세 부과, 작업장의 안전 규제, 성매매의 다양한 규제 등이 이런 범주에 해당된다.

경제적 사유 10.3

왜 잘 나가는 사람들이 때로 세금을 많이 낼 때 겪는 어려움을 과다 평가하는가?

돈이 없으면 사고 싶은 물건을 살 수 없다고 생각하는 것은 너무도 당연하다. 화재, 실직, 사업 실패, 이혼, 질병 등과 같이 손해 보는 사건들은 타인의 소득에는 영향을 주지 않지만 당사자의 소득을 감소시킨다. 이런 경우 구매력이 떨어진다. 예를 들어, 학군이 좋은 곳에 집이 많지 않으면 다른 사람보다 소득이 낮은 사람들은 입주하기 어렵다.

그러나 높아진 세금을 낼 때와 같이 가처분 소득이 동시에 감소하는 경우는 전혀 다른 이야기이다. 전체적인 가처분 소득 감소로 인해 상대적 구매력은 변하지 않으므로 학군 좋은 곳의 집으로 이주하는 데 영향을 미치지 못한다.

이것은 특별할 것이 없는 인지 오류이다. 소득 감소가 어떤 영향을 미치는지 예측하고자 하면, 사람들은 쉽게 기억할 수 있는 과거의 소득 감소를 떠올린다. 사람들이 경험한 대부분의 소

31 Richard Dawkins, *The Selfish Gene* (New York: Oxford University Press, 1976).

득 감소는 타인의 소득과는 무관한 것이므로 세금 인상 가능성에 대해 유사한 고통을 떠올린다.

그러나 전체적인 소득 감소는 상대적 구매력과 무관하므로 잘 나가는 사람들은 더 큰 고통 없이 높아진 세금을 낼 수 있다.

요약 상대적 위치에 대한 관심

많은 증거들이 후생이 현재나 미래의 상대적 소비 수준에 의존함을 보여 준다.

상대적 소비에 대한 선호를 추가하면 전통적 모형의 예측과 처방이 바뀐다. 예를 들어, 전통적 모형은 경쟁적인 노동시장에서 최적의 작업장 안전 수준이 제공될 것이라고 주장한다. 비판자들은 오랫동안 노동시장이 충분히 경쟁적이지 않기 때문에 착취로부터 근로자들을 보호하기 위해 안전 규제가 필요하다고 주장한다. 양측 모두에게 가장 경쟁적인 노동시장에서 안전 규제가 강력한 법적구속력을 갖는지는 설명하기 힘든 사실이다.

상대적 위치에 대한 관심을 포괄하는 모형은 이 같은 퍼즐을 학군이 좋은 집의 월세를 내기 위해 임금이 높지만 위험도 높은 직업을 선택한다는 사실로 설명한다. 그러나 학교의 질은 본질적으로 상대적 개념이다. 다른 근로자들도 동일하게 행동하면, 궁극적인 결과는 학군이 좋은 지역의 월세 인상이다. 과거처럼 반 정도의 학생들은 중간 이하의 학교에 다닌다.

이 같은 유인에 당면한 근로자들은 모든 사람들이 비록 임금은 낮아도 안전도가 높은 세상을 더 선호할 수 있다. 동일한 논리는 돈을 벌기 위해 사람들이 포기하는 것들—여가, 직업의 안전도 및 여러 쾌적한 환경들—모든 것에 대한 개인들의 유인이 지나치게 높음을 시사한다. 문제는 돈과 이런 것들을 교환하는 것이 아니라 이 같은 것들을 너무 싸게 포기한다는 것이다.

10.7 정책적 함의

10.7.1 충동 억제 문제의 해결책

충동 억제의 해결책으로 여러 사회가 사용하고 있는 다양한 정책을 살펴보자.

흥분, 도박 및 함정수사의 범죄

법은 때로 충동 억제의 문제를 암묵적으로나마 인식하고 있다. 예를 들어, 침실에 있는 내연남을 살해한 남편에 대해 법은 상대적으로 관대하다. 대부분의 나라에서 도박에 대한 제약을 두고 있다. 법은, 법을 잘 지키는 사람들로 하여금 위법행위를 하도록 유도하는 함정수사의 위법성을 암묵적으로 인정한다. 또한 많은 법에서 주차된 차에 키를 남겨 두는 것은 위법이다. 마약에 대한 법적 제제는 여러 나라에서 공통이다.

결혼 및 성적 행동의 규제

충동 억제의 문제는 성적 행동의 영역에서 심각한 결과를 초래한다. 따라서 관련 동기를 잘 이해하면 법 제정에 중요한 함의를 가진다. 폭식하는 사람은 몇 파운드의 살이 찌는 정도의 문제이지만, 성적인 무분별한 행위는 삶과 죽음에 관련된 문제이다. 대부분의 사람들은 안전한 섹스가 성적 욕구가 강한 사람들에게 가장 합리적인 대안임을 안다. 그러나 많은 사람들이 선택의 순간에 이를 망각한다. 삶에 위협적이고, 인간관계에 위협적인 충동 억제의 문제에 당면한 사람들은 자신과 타인들의 성적 행동의 규제에 관심을 갖는데, 이는 전통적 경제모형의 냉정한 관점과는 본질적으로 다른 점이다.

전통 모형은 성인에 있어 충동 억제의 문제에 대한 여지를 남기지 않는다. 예를 들어, 포스너(Richard Posner)의 442페이지에 달하는 저서 '성과 이성'(Sex and Reason)에서도 충동성에 대해 10대들을 언급하는 정도로 단 한 번, 지나듯이 언급하고 있다. 더욱이 저자는 괄호에 언급함으로써 그 중요성을 경시하고 있다:

> 10대들은 대개 성인들보다 더욱 충동적이고, 유인에 대한 반응이 늦다(그렇지만 제10장은 낙태에 대한 10대들의 행동이 합리적임을 보여주는 증거를 제시한다).[32]

전통적 모형은 의도적으로 선택의 폭을 줄임으로써 더 나아질 수 있다는 생각을 포용하기 어렵다. 그러나 허용 가능한 행동을 규정한 법이나 사회적 규범은 사람들이 장기의 이익에 반하는 성적 행동을 할 강력한 유혹에 직면해 있다는 사실을 고려하지 않으면 이해하기 어렵다.

예를 들어, 외도에 관한 법과 규범을 살펴보자. 기혼자들은 현재의 결혼 상태를 유지하고자 하며, 다른 이성에게 한눈팔지 않는 것이 결혼 생활을 유지할 가능성이 더 높다는 것을 잘 알고 있다. 그럼에도 사람들은 혼외 관계의 잠재적 유혹을 인식한다. 이런 갈등을 예견하고, 대부분의 결혼식은 배우자에게 충실할 것을 공개적으로 맹세함으로써 당사자들의 의지를 더욱 굳게 한다. 대부분의 사회에서 이 같은 맹세는 외도를 처벌하는 법적 또는 사회적 규제에 의해 뒷받침된다.

포즈너는 자의적인 종교적 신념에서 기한 것으로 보이는 이 같은 관행들에 대해 당혹감을 느끼는 것 같다:

> 사람들의 성에 대한 태도와 그로부터 출발해 피드백 과정을 통해 그 태도를 자기 강화를 하거나 또는 바꾸기도 하는 관습 및 법은 전장에서 살펴본 기능적 측면이 아닌 종교적 신념에 근거한 도덕적 태도의 산물이다.[33]

전통 모형의 지지자들이 선호하는 기능주의자의 관점도 도덕의 내용을 살펴보는 데 사용될 수 있다. 적응적 합리성 모형은 많은 상황에서 명백하게 매력적으로 보이는 대안을 회피함으로써 얻을 수 있는 잠재적 이득에 사람들이 주목하도록 한다. 도덕 체

---

32 Richard A. Posner, Sex and Reason (Cambridge, MA: Harvard University Press, 1992), p. 331.
33 Richard A. Posner, Sex and Reason (Cambridge, MA: Harvard University Press, 1992), p. 236.

계는 바람직한 맹약을 달성할 수 있는 또 다른 수단으로도 볼 수 있다.

저축 규제

저축률이 높으면 평생 소비도 훨씬 커진다. 예를 들어, 두 사람이 같은 소득으로 시작했는데, 한 사람은 매년 이자 소득을 포함한 전체 소득의 20%를, 다른 사람은 5%를 저축한다고 가정하자. 수익률이 10%(과거 100년간 미국 증권시장의 실제 수익률보다 낮은 숫자)면, 11년이 지나면서 저축률 높은 사람의 소비가 낮은 사람의 소비보다 커진다. 20년 후에는 저축률 높은 사람의 소비가 낮은 사람의 소비보다 16% 크고, 30년 후에는 35% 크다.

높은 저축률의 궤적이 탁월한 선택인 것 보인다. 그러나 낮은 저축률의 궤적도 미국의 실제 저축률보다 높다. 저축률이 낮았던 사람들은 자주 좀 더 저축하지 못했던 것을 후회한다. 그러나 전통적인 합리적 선택모형은 두 삶의 궤적의 차이는 단지 선호의 차이이며, 후생 비교나 규제가 개입될 영역은 아니라고 주장한다. 이 견해에 의하면, 저축률을 높이고자 하는 정부 정책은 오히려 후생을 감소시킨다.

그러나 과도하게 미래를 할인하는 경향을 고려하면, 저축률이 낮았던 사람들의 탄식을 더욱 액면 그대로 받아들일 만 하고, 절약하는 사람들의 삶이 더 낫다는 직관을 신뢰할 만하다. 저축과 관련해 사람들은 전형적인 충동 억제의 문제에 직면한다. 미래의 소비가 증가하려면 현재의 소비를 희생해야 한다. 과다하게 할인을 하는 사람들은 미래를 위해 저축해야 함을 알고 있지만, 눈앞의 소비에 굴복한다.

이 같은 관측은 절약을 도덕적 덕목으로 보는 견해가 바람직한 것은, 그 같은 견해를 가진 사람들이 소비 유혹을 더 잘 극복할 수 있기 때문이다. 충동 억제의 문제를 잘 인식하면, 저축률을 높이는 집단적 행동이 후생을 증가시킴을 알 수 있다.

10.7.2 상대적 위치에 대한 관심으로 제정된 법과 규제[34]

앞에서 보았듯이, 저축을 장려하는 정책의 한 가지 근거는 충동 억제의 문제 때문에 사람들이 합리적인 저축 계획을 실천할 수 없다는 것이다. 낮은 저축률은, 개별적 행동으로는 훨씬 더 바꾸기 어려운 두 번째 이유에서 발생한다. 다음과 같이 생각해보면 본질적인 문제가 무엇인지 알 것이다. 여러분의 소득이 전체 사회에서 중간 정도이다. 다음의 두 세상 가운데 어떤 세상을 더 선호하겠는가?

> A: 여러분은 은퇴 후에 만족할만한 생활을 즐길 수 있도록 충분히 저축한다. 그러나 자녀들은 독해와 수학의 표준 테스트에서 하위 20%에 속한 학교에 다닌다.
>
> B: 여러분은 은퇴 후에 만족할만한 생활을 즐길 수 있도록 충분히 저축은 못했다.

34 Robert H. Frank, "The Demand for Unobservable and Other Nonpositional Goods," *American Economic Rebview* 75 (March 1985), pp. 110–116 및 Robert H. Frank, *Choosing the Right Pon*d (New York: Oxford University Press, 1985) 참고.

> 그러나 자녀들은 독해와 수학의 표준 테스트에서 상위 50%에 속한 학교에 다닌다.

좋은 학교는 필연적으로 상대적이기 때문에, 이 같은 비교는 중산층 가정이 당면하는 저축 결정의 본질적인 요소를 보여준다. 다른 사람들이 비싸고 좋은 학군의 집을 찾을 때, 동일하게 행동을 하지 않는 사람의 자녀들은 떨어지는 학교에 다니게 된다. 그러나 각 가정이 얼마를 지불하든 간에 전체 학생의 절반은 하위 50%에 속한 학교에 다닌다. 위의 두 대안은 대부분의 부모들이 피하고 싶은 선택이다. 그러나 선택을 해야 하면, 대부분 사람들은 두 번째를 선택하겠다고 말한다.

맥락에 따라 학교 뿐 아니라 다른 모든 재화와 서비스에 대한 사람들의 평가가 영향을 받는다. 예를 들어, 잡 인터뷰에서 잘 보인다는 것은 다른 사람들보다 옷을 잘 입는 것이다. 선물의 경우도 동일하다: "가난한 국가에서 남자는 부인에게 장미 한 송이를 선물함으로써 자신의 사랑을 부인에게 확인시킨다, 그러나 부자 나라에서는 장미 12송이를 선물해야 한다."[35]

저축에 대한 결정도 군비 경쟁에 내재해 있는 집단적 행동 결정 문제와 비슷하다. 모든 국가들이 군비를 줄이면, 모두에게 이익이 됨을 각국은 잘 알고 있다. 그러나 다른 국가가 군비를 늘릴 경우, 동일하게 군비를 늘리지 않으면 위험하다. 따라서 군비 경쟁을 줄이려면 강제 규약이 필요하다. 마찬가지로, 모든 가정이 함께 저축을 늘리지 않는 한, 저축을 많이 하는 가정은 자녀를 떨어지는 학교에 보내야 하는 대가를 지불해야 한다. 같은 이유로 잡 인터뷰에서도 옷을 더 잘 입을 수 없고, 또한 중요한 기념일에 기대를 충족시키는 것을 선물하는 것도 어려울 수 있다.

일단 사람들이 어떤 선택의 문제가 충동 억제의 문제나 행동 경제학자들이 찾아낸 인지 오류에 기인한다는 것을 인식하면, 더 좋은 결과를 얻기 위해 행동을 바꿀 동기를 느끼게 된다. 이것이 왜 이 같은 행동 변화를 "후회가 동반되는 합리적 선택으로부터의 이탈"(departure from rational choice with regret)이라고 부르는 이유이다.

그러나 실제 법과 규제의 영역에서 전통 모형의 가장 큰 단점은 사람들은 후회하지 않는다는 모형의 예측과 어긋나는 행동들을 수용할 여지가 없다는 점이다. 이 같은 행동이 빈번하게 발생하는 이유는 사람들이 전통 모형과 다른 목표를 추구하기 때문이다.

사람들의 행동을 제약하는 법과 규제의 가장 강력한 근거는 타인에게 끼치는 피해를 예방한다는 것이다. 비록 인지 오류가 지속적이고 광범위하더라도, 타인에게 피해를 주지는 않는다. 더욱이, 인지 오류에 기인하는 손해는 그런 실수를 하는 사람의 행동을 교정하면 해결된다. 많은 분야에서 보다 정확한 예측을 위해 인지 오류를 고려하는 것이 중요하지만, 이 같은 오류 때문에 개인행동을 제약하는 법을 만들 필요가 있는지는 명확하지 않다. 널리 알려진 2008년도 저서에서 세일러와 선스타인이 주장했듯이, 사람들이 중요한 의사 결정을 하는 환경을 바꿈으로써 인지 오류를 극복하는 것

35 Richard Layard, "Human Satisfactions and Public Policy," *Economic Journal*, vol. 90, 1980: 737–750, p. 741.

이 때로 가능하다.[36] 예를 들어, 그들에 따르면, 영양소 균형이 맞지 않는 음식을 먹는 경향은, 식당 종업원들이 과일과 샐러드를 눈에 잘 띄는 곳에 배치하고, 건강에 안 좋은 음식은 눈에 잘 띄지 않는 곳에 배치하면 개선될 수 있다.

충동 억제의 문제에서, 다이어트 관련 질병, 부족한 저축, 그리고 약물이나 알코올 중독에 의한 후생 감소 등을 포함한 관련된 후생 감소의 크기는 인지 오류의 경우보다 훨씬 더 크다. 그러나 여기에서도 자신들에게 피해가 갈 뿐, 타인들에게 피해를 주지는 않는다. 따라서 당사자들의 행동 교정에 의해 회복될 수 있다. 인간 행동을 이해하는데 충동 억제의 문제를 고려하는 것은 중요하고, 아주 예외적인 경우에는 개인의 선택을 제약하는 법 제정이 정당화 될 수 있다.

후회 없는 전통 모형으로부터의 이탈과 관련된 후생 손실은 자주 후회를 동반한 전통 모형으로부터의 이탈과 관련된 후생 손실보다 훨씬 더 크다. 또한 전자는 개인행동의 교정으로 해결되기 어렵기 때문에 집단적 행동이 훨씬 더 강력하게 필요하다. 특히 소득과 소비와 관련된 상대적 위치 경쟁과 관련된 후생 손실을 고려해 보자. 이 같은 손실은 미국에서만 매년 수억 달러, 수십억 달러에 달한다.[37] 다자간 죄수의 딜레마 게임처럼, 이런 손실은 개인의 행동 변경으로만 감소되지 않는다. 그러므로 이런 영역에서 전통적 경제모형의 확장은 상당한 후생의 증가를 가져오는 법, 규제 및 기타 집단적 조치를 찾는 데 도움이 된다.

요약 **정책적 함의**

많은 나라에서 충동 억제의 문제를 약화시키는 시도로 이해할 수 있는 다양한 정책을 사용한다. 흥분에 의한 범죄, 도박, 마약, 매춘의 금지, 함정 수사 금지, 간음 처벌 등이 이런 정책에 포함된다. 저축 장려 정책도 합리적 선택을 어렵게 하는 충동 억제 문제에 대한 대응책으로 볼 수 있다.

상대적 위치에 대한 관심에 뿌리를 둔 집단행동 정책은 여러 사회에 볼 수 있는 법, 규범 및 규제에서 찾아볼 수 있다. 상대적 위치에 대한 관심은 군비 경쟁과 유사하다. 결과가 상대적 지출의 크기에 의존하면, 사람들은 서로 상쇄되어 실익이 없는 지출을 선호한다.

작업장 안전 규제, 근로시간 제한 저축 장려 프로그램의 공통적인 특징은 서로 상쇄되어 실익이 없는 지출을 줄이는 유인을 제공하는 것이다.

36 Richard Thaler and Cass Sustein, Nudge (New Heaven, CT: Yale University Press, 2008).
37 Robert H. Frank, *Luxury Fever* (New York: The Free Press, 1999) 참고.

요 약 Summary

- 정보를 획득하고 분석하는데 비용이 발생하므로 복잡한 의사결정시 어림셈을 사용하는 것도 의미가 있다. 그러나 대개 잘 작동하는 것으로 보이는 어림셈도 때로 오류가 발생한다.

- 행동 경제학자들은 가용성과 대표성 휴리스틱과 관련된 다양한 인지 오류를 발견했다. 예외적인 사건이 발생한 후에 통상적인 사건이 발생할 가능성이 높은 현상인 평균으로의 회귀를 고려하지 못할 때처럼 앵커링과 조정 또한 편향된 평가로 이어진다. 예를 들어, 가격 하락을 절대금액이 아닌 비율로 평가하는 것처럼. 사람들은 평가와 선택에 있어 맥락을 잘 못 해석하는 일이 흔하다.

- 전통적 경제모형은 그 결과가 완전하게 예견되는 행동을 선택했음을 후회하는 가능성을 배제한다. 그러나 그 같은 후회가 진짜일 수 있다. 사람들이 미래의 비용과 편익을 과다하게 할인하는 경향이 있어, 기다림이 필요한 훨씬 더 큰 장기의 보상 대신 눈 앞의 열등한 보상을 선택함을 여러 증거가 보여준다.

- 전통적 경제모형은 $1를 얻을 때 효용의 증가분은 $1를 잃을 때의 효용의 감소분과 (거의) 동일하다고 가정한다. 그러나 여러 증거들은 자주 손실이 이익을 압도함을 시사한다. 손실 기피라고 불리는 가치 부여의 비대칭성은 적당한 가격의 물건은 한 배에서 두 배 정도이나, 중요한 물건이면 그 차이가 훨씬 크다. 모든 정책의 변화는 승자와 패자를 낳으므로, 손실 기피는 공공정책 영역에 있어 소위 기득권 편향의 중요한 원인이다. 여러 증거들은 이 같은 편향은, 사람들이 초기에 손실로 인한 고통을 평가할 때 바뀐 상황에 인간의 적응력을 고려하지 않아 자주 나쁜 결과를 초래함을 시사한다.

- 대선에서 자신들의 한 표가 승패를 갈라놓지 못함을 잘 알면서도 사람들이 투표하는 것에서 보듯이, 사익 추구만이 유일하게 중요한 인간의 동기는 아니다. 현재-목표모형은 사람들이 비이기적으로 행동하므로 마음의 따뜻함을 얻기 때문에 자주 비이기적으로 행동한다고 주장함으로써 협의의 사익 추구모형을 확장시켰다. 그러나 비판자들은, 거의 모든 기이한 행동들이 단지 그런 선호를 가지고 있다고 가정만 하면 설명 가능하므로 현재-목표모형은 아무런 검증 가능한 예측을 하지 못한다고 비판한다.

- 적응적 합리성 모형도 다양한 인간의 동기를 허용한다. 그러나 현재 목표모형과 달리 사람들이 목표 달성을 위해 효과적인 수단을 선택한다고 가정한다. 그러나 목표를 주어진 것으로 보는 다른 모형과 달리, 경쟁적인 환경 속에서 생존에 필요한 자원을 얻는 노력에 악영향을 주지 않는 동기만이 허용 가능하다. 죄수의 딜레마 게임과 같은 맹약의 문제를 해결하는데 도움이 되는 동기들은 이 모형에서 허용되는 비이기적인 동기이다.

- 추가적인 증거들은 사람들이 비록 유리한 거래라 하더라도, 공평하지 않다고 믿으면, 그 거래를 거부함을 보여주는 실험들이 협의의 사익 추구가 유일한 인간의 동기가 아님을 보여준다고 주장한다.

- 전통적 경제모형은 후생이 현재나 미래의 절대적 소비 수준에 의존한다고 가정한다. 그러나 많은 증거들이 후생이 현재나 미래의 상대적 소비 수준에 의존함을 보여준다. 상대적 위치에 대한 관심은 전통적 경제모형의 예측과 처방을 변경시킨다. 후생이 절대적 소비에만 의존하고, 추가 조건이 충족되면 사적 유인은 사회적 최적으로 이어진다. 그러나 보상이 상대적 위치에 의존하면, 사적 유인은 서로 상쇄되어 실익이 없는 지출로 이어진다.

- 최근의 행동 경제학자들의 발견은 법과 다른 기관에 대한 이해를 높이는 데 기여했다. 많은 나라에서 충동 억제의 문제를 약화시키는 시도로 이해할 수 있는 다양한 정책을 사용한다. 흥분에 의한 범죄, 도박, 마약, 매춘의 금지, 함정수사 금지, 간음 처벌 및 저축 장려 등이 이런 정책에 포함된다.

- 법, 규범 및 규제는 상대적 위치에 대한 관심에서 발생하는 집단행동의 문제 해결을 위한 시도로 이해할 수 있다. 서로 상쇄되어 실익이 없는 지출을 줄이는 유인을 제공하는 작업장 안전 규제, 근로시간 제한 저축 장려 프로그램 등이 이에 해당한다.

핵심용어 Key Terms

가용성 휴리스틱(303)
기득권 편향(314)
대표성 휴리스틱(304)
손실 기피(314)
완전 대체 가능성(302)
앵커링과 조정(306)
일정성과 추구(302)
적응적 합리성 모형(319)
최후통첩게임(322)
베버–페흐너 법칙(308)
판단과 의사결정의 휴리스틱(303)
평균으로의 회귀(305)
현재–목표 모형(318)
호모이코노미쿠스(301)

복습문제 Review Questions

1. 대표성 휴리스틱은 사람들이 임의로 선택된 사람이 조용한 성격이면 세일즈맨보다는 도서관 사서라고 생각하는 것을 어떻게 설명하는가?

2. 비용과 편익을 비율로 생각하면 잘못된 결정을 내릴 수 있음을 설명하라.

3. 전통적 모형으로는 사람들이 하루 칼로리 소비량을 제한하는 다이어트 프로그램에 가입하는 것을 설명하기 어려운지 설명하라.

4. 손실 기피는 "저렴한 의료법"을 무효화하는 것이 매우 어려움을 설명하는데 어떻게 도움이 되는가?

5. 사람들이 협의 사익만 추구한다는 가정에 위배되는 두 가지 행동을 들어보라.

연습문제 Problems

1. 작은 도시에서 유나이트와 노스 아메리칸 두 회사가 택배 서비스를 제공하고 있다. 전체 밴 가운데 유나이트는 20%, 노스 아메리칸은 80%를 운행한다. 어느 비 내리고 어두운 저녁에 보행자가 차에 치어 숨졌다. 사고의 유일한 목격자는 사고 밴이 유나이트 소속이라고 증언했다. 법원이 고용한 독립 조사단은 비 내리고 어두운 저녁에 증인이 사고 밴의 소유 회사를 구별할 수 있는 정확도는 90%임을 알아냈다. 유나이트 소속 밴이 사고를 낼 확률은 얼마인가?

2. 테니스 선수인 허브는 서브를 좀 더 잘 넣기 위해 노력하고 있다. 최근 경기의 2세트에서 허브는 복식 파트너에게 다음과 같이 말했다: "서브가 나아진 것 같아. 오늘 더블 폴트를 한 번도 안했어." 그리고는 두 번 연속 더블 폴트를 했다. 그 후 허브는 "매번 더블 폴트를 안했다고 말할 때마다 다시 더블 폴트를 하네."라고 말했다. 허브의 인식은 다음의 어떤 것에 영향을 받았는가?

a) 매몰비용 효과
b) 평균으로의 회귀
c) 가용성 휴리스틱
d) 위의 보기 가운데 두 개 이상
e) 위의 보기 가운데 없음

3. 여러 연구에 의하면 경찰 순찰을 늘린 후 뉴욕시의 범죄율이 감소했다. 이것이 순찰 강화가 범죄 감소의 원인임을 시사하는가?

4. 탐정인 댈그리쉬는 사람들의 본성을 잘 파악한다. 한 테스트에서 그는 피실험자가 거짓말을 할 때 80%의 정확도로 거짓말을 찾아냈다. 댈그리쉬는 존스가 거짓말을 하고 있다고 말하고 있다. 100%의 정확도를 자랑하는 거짓말 탐지기 전문가는 댈그리쉬가 인터뷰한 사람들 가운데 40%가 진실을 말했다고 증언했다. 존스가 거짓말을 할 확률은 얼마인가?

5. 클레어본은 미식가이다. 첫 번째 방문에서 음식이 특별한 맛이 없으면 다시는 같은 레스토랑을 방문하지 않는다. 그는 두 번째 방문 시 음식이 첫 번째만큼 좋은 적이 거의 없음에 놀란다. 그가 놀라야만 하는가?

6. 메리는 \$40 블라우스를 40% 할인을 받기 위해 시내로 갈 용의가 있으나, \$1,000 음향기기의 10% 할인을 받기 위해 시내로 갈 용의는 없다. 그녀의 다른 대안이 근처 백화점에서 액면 가격대로 사는 것이라고 가정할 때, 그녀의 행동은 합리적인가?

7. 톰은 \$20 라디오를 \$10 싸게 사기 위해 시내로 갈 용의가 있다고 말한다. 톰이 합리적이라면 옳은 것은?

a) 시내 방문의 기회비용이 \$10보다 작다.
b) \$500 TV를 살 때 \$10 할인을 받으면 시내로 가야 한다.
c) \$500 TV를 살 때 \$10 할인을 받으면 시내로 가서는 안 된다.
d) \$500 TV를 살 때 할인 금액이 적어도 \$250는 되어야 시내로 가야 한다.
e) 위의 보기 중 두 개 이상이 옳다.

8. 헨리가 *A*와 *B* 두 테니스 라켓 가운데 어떤 것을 선택할까 고민 중이다. 아래 그림에서 보듯이, *B*는 *A*보다 파워는 있는데, 컨트롤하기 어렵다. 합리적 선택모형에 의하면 라켓 *C*가 더해질 때 헨리의 선택에 어떤 영향을 주어야 하는가? 헨리가 대부분의 보통 사람들처럼 의사결정을 한다면 *C*가 더해지는 것이 차이가 있는가?

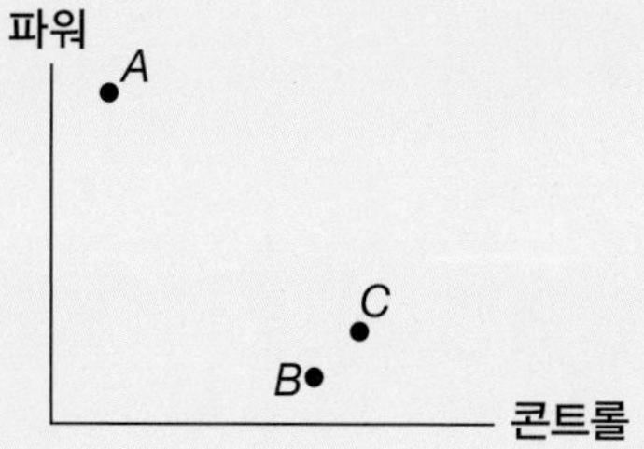

9. 가을에 크루소는 곰 가족이 동면에 들기 전에 50개의 코코넛을 동굴에 저장했다. 그 결과 봄에 곰들이 나오기 전에는 코코넛을 가지고 나올 수 없다. 어디에 보관해도 코코넛은 동일한 비율로 상한다. 그리고 크루소는 매년 동일하게 행동한다. 그는 왜 그렇게 행동하는가?

10. 대형 강의 수강생들에게 대학교 로고가 새겨진 머그잔에 얼마를 지불할 용의가 있는지 물었다. 중간값은 \$5였다. 랜덤하게 수강생 반에게 머그잔을 주었고 나머지 반에게는 \$5를 주었다. 머그잔을 받은 학생들은 받지 못한 학생들에게 팔 수 있는 기회가 주어졌다. 전통적 경제모형에 의하면 몇 개의 머그잔이 거래가 되는가? 행동 경제학자들은 어떻게 예측하는가?

11. 적국의 공격에 대해, 비록 자국에게도 피해가 되지만 강력하게 보복하는 것을 선호하는 정치가를 선출하는 것에 대한 장, 단점을 설명하라.

12. 행복이 상대적 소비에 의존하는 합리적 투표자들이 은퇴를 위해 매년 소득의 일정 부분을 강제 저축하도록 하는 법안을 선호하는지 설명하라.

본문 개념체크 해답 Answers to Concept Checks

10.1 뒷골목의 택시 100대당 15대가 녹색, 85대가 청색이다. 목격자는 15대의 녹색 택시 가운데 80%인 12대를 정확하게 녹색으로 인식하고, 나머지 3대는 실제로는 청색이다. 또한 목격자는 85대의 청색 택시 가운데 80%인 68대를 정확하게 청색으로 인식하고, 나머지 17대는 실제로 녹색이다. 목격자가 문제의 택시가 녹색이라고 증언했을 때 실제 녹색일 확률은 12/(12+17) = 0.413으로, 1/2보다 작다. 따라서 그린 택시회사는 배상의 책임이 없다.

10.2 평균으로의 회귀에 의하면, 강도 범죄가 특히 높았던 달 이후의 달에는 강도 범죄가 평균으로 돌아갈 가능성이 매우 높다. 따라서 순찰 증가가 반드시 강도 범죄의 감소 원인이라고 볼 수 없다.

제 11 장

외부효과, 사유 재산권 및 환경

비용이나 편익이 거래당사자가 아닌 사람들에게 귀속되면 시장은 때로 비효율적일 수 있다.

익살맞은 영국제 파이프 담배의 TV 광고는 멋진 신사가 공원 벤치에 조용히 앉아서 파이프 담배를 피우면서 시집을 읽는 것으로 시작한다. 그 신사 앞의 잔잔한 연못에는 어미오리가 새끼오리들과 같이 평화롭게 헤엄을 치고 있다. 리모콘으로 조정하는 전함을 손에 든 쉰 목소리의 10대 소년들이 갑자기 화면에 등장한다. 소리도 지르고 낄낄거리기도 하면서 소년들은 연못 위에 배를 띄워놓고 배를 조종해 겁에 질린 오리들을 쫓아다닌다.

사색하는 데 방해받은 신사는 책에서 눈을 들어 앞에서 펼쳐지고 있는 상황을 바라보면서 파이프를 조용히 입으로 당긴다. 그리고 가방에 손을 넣어 자신의 리모콘을 꺼내 조이스틱을 조정하기 시작한다. 화면은 물밑으로 바뀐다. 물밑에서는 미니 잠수함이 연못 바닥에서부터 솟구친다. 소년들의 배가 잠수함의 시야에 들어오자 신사는 리모콘의 버튼을 누른다. 잠시 후 소년들의 배는 잠수함에서 발사된 어뢰에 의해 산산조각이 나버린다. 그리고 TV 화면은 담배회사의 상표를 클로즈업하면서 천천히 사라진다.

11.1 외부비용과 외부편익

외부비용(외부불경제)
어떤 행동의 당사자가 아닌 사람들에게 발생하는 비용

외부편익(외부경제)
어떤 행동의 당사자가 아닌 사람들에게 발생하는 편익

외부효과
외부비용과 외부편익을 통칭해 부르는 말

외부비용(external cost)과 **외부편익**(external benefit), 간단히 줄여서 **외부효과**(externalities)는 행동의 당사자가 아닌 사람들에게 비용을 발생시키거나 혹은 편익을 제공하는 행동을 의미한다. 이 같은 편익이나 비용은 대개 의도된 것은 아니다. 파이프 담배를 피우고 있던 신사의 입장에서 시끄럽게 떠드는 소년들이 발생시키는 소음은 외부비용이다. 떠드는 아이들 때문에 방해를 받은 다른 사람들에게 파이프 담배를 피우고 있던 신사의 응징은 외부편익으로 생각할 수 있다.

본장은 외부효과가 자원배분에 미치는 영향을 분석한다. 아담 스미스의 보이지 않는 손은 외부효과가 존재하지 않는 이상적인 시장에 적용된다. 아담 스미스는 외부효과가 존재하지 않으면 사익을 추구하는 개인의 행동이 사회적으로 최적인 결과로 이어진다고 주장했다. 외부효과에 영향을 받는 사람들이 서로 쉽게 협상을 할 수 있으면, 보이지 않는 손에 의해 효율적인 결과가 발생하는 것을 본장에서 알게 된다.

그러나 많은 경우 앞서 담배 광고에서 보듯이 협상이 불가능할 수 있다. 이런 경우 사익을 추구하는 개인의 행동은 효율적인 결과로 이어지지 않는다. 외부효과 때문에 발생하는 문제를 해결하고자 하는 노력은 여러 다양한 집단행동 및 정부의 존재에 대한 중요한 이유가 된다.

11.1.1 외부효과가 자원배분에 미치는 영향

다음의 여러 예들은 외부효과가 어떻게 자원배분을 왜곡하는지를 잘 보여준다.

예 11.1 외부 경제

양봉업자는 적절한 유인 체계를 가지고 있는가?(I)

피비는 양봉업으로 돈을 벌고 있다. 그녀 주위의 과수원은 모두 사과를 재배하고 있다. 벌들은 꿀을 구하는 과정에서 사과나무들에게 꽃가루를 옮겨주기 때문에, 피비가 벌을 많이 키울수록 주위 과수원의 사과 수확량이 많아진다. 피비가 자신의 비용과 편익만을 고려해 몇 마리를 키울 것인지 결정한다면, 그녀는 사회적으로 최적인 숫자의 벌들을 키우는가?

피비의 벌들은 외부편익, 즉 외부경제(external economy)를 창출하고 있다. 피비가 사적인 비용과 편익만을 고려한다면 그녀는 마지막 벌 한 마리로부터 창출되는 편익이 그 비용과 같을 때까지 벌을 키울 것이다. 그러나 과수원 주인은 벌이 한 마리 더 늘어날 때 편익을 얻으므로, 마지막 벌 한 마리로부터 발생하는 편익의 합은 비용보다 더 크다. 그러므로 피비는 사회적 최적보다 더 적은 벌들을 키우게 된다.

본장에서 나중에 논의하겠지만 이 같은 종류의 문제를 해결하는 여러 가지 해결책이 있다. 그 한 가지는 과수원 주인이 추가적인 벌을 키우는 데 발생하는 비용을 피비에게 지불하는 것이다. 그러나 이 같은 해결책은 관련 당사자들 사이에 매우 복잡한 협상을 필요로 한다. 잠시 동안 이 같은 협상이 현실적으로 불가능하다고 가정하자.

외부불경제

예 11.2

양봉업자는 적절한 유인 체계를 가지고 있는가?(II)

예 11.1과 같이 피비는 양봉업으로 돈을 벌고 있다. 그러나 이번에는 그녀 주위에 과수원이 아니라 초등학교와 어린이들을 키우는 가정들이 있다. 피비가 벌을 더 많이 키울수록 학생들이나 주위 사람들이 더 많이 벌에 쏘이게 된다. 피비가 자신의 비용과 편익만을 고려해 몇 마리를 키울 것인지 결정한다면, 그녀는 사회적으로 최적인 숫자의 벌들을 키우는가?

학생들과 이웃 주민들 입장에서는 피비가 외부비용, 즉 외부불경제(external diseconomy)를 창출하고 있다. 피비가 사적인 비용과 편익만을 고려한다면, 그녀는 마지막 벌 한 마리로부터 창출되는 편익이 그 비용과 같을 때까지 벌을 키울 것이다. 그러나 벌이 한 마리 더 늘어날 때마다 이웃에게 비용을 발생시키므로, 추가적인 벌 한 마리로부터 발생하는 편익의 합은 비용보다 더 작다. 그러므로 피비는 사회적 최적보다 더 많은 벌들을 키운다.

모든 행동에는 비용과 편익이 수반된다. 그 행동과 관련된 모든 비용과 편익이 당사자에게 귀속되면, 즉 그 행동이 아무런 외부효과를 창출하지 않으면, 그 사람에게 최적인 행동 수준이 사회 전체적으로도 최적이다. 그러나 외부효과가 창출되면, 양이든 음이든 간에, 사익에 충실한 행동은 효율적인 자원배분으로 이어지지 않는다. 자신에게 발생하는 비용과 편익만을 고려하는 개인들은 외부불경제가 발생하면 지나치게, 외부경제가 발생하면 모자라게 행동한다. 한 행동이 외부경제와 외부불경제 모두를 동시에 창출하면, 서로 반대되는 두 효과가 정확하게 서로 상쇄되는 매우 드문 경우에 한해서 사적 이익과 사회적 이익은 일치한다.

11.1.2 외부효과가 수요와 공급에 미치는 영향

수요와 공급의 그래프를 이용해 외부효과가 자원배분에 미치는 효과를 살펴볼 수 있다. 먼저 외부불경제를 살펴보자. **그림 11.1(a)**는 생산이 아무런 외부효과를 창출하지 않는 제품의 수요곡선과 공급곡선(사적 한계비용곡선)을 보여주고 있다. 예를 들어, 이 제품을 생산하는 공장들이 전혀 오염물질을 방출하지 않는 수력발전에 의한 에너지를 사용하고 있다고 생각해보자. 이 제품 시장의 균형가격과 균형거래량은 사회적으로 최적이다: 마지막 단위가 소비자에게 주는 가치(수요곡선의 높이)가 생산의 한계비용

그림 11.1

외부불경제가 자원배분에 미치는 효과
시장에 외부효과가 없으면 시장균형은 사회적으로 최적이다(a). 반면에 한 재화의 생산에 외부불경제가 수반되면 사회적 최적과 비교해 시장 균형가격($1,300/톤)은 너무 낮고, 균형거래량(12,000톤/년)은 너무 많다(b). 외부불경제로 인한 경제적 순손실은 청색 삼각형의 면적으로 연간 $2,000,000이다.

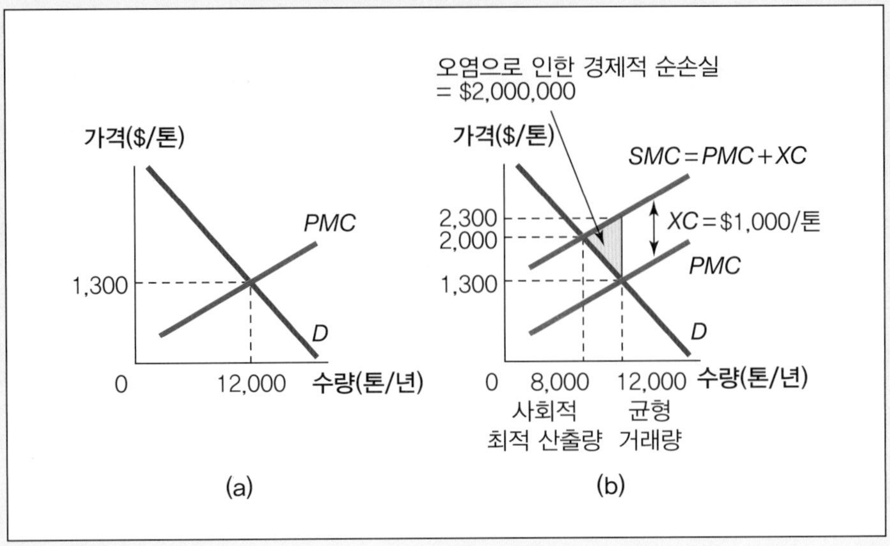

(공급곡선의 높이)과 일치하기 때문에, 더 이상의 교환을 통해 얻을 수 있는 추가적인 이득은 존재하지 않는다(제 3장과 제 7장).

그러나 장기간의 가뭄으로 인해 수력발전량이 부족해 공장들이 할 수 없이 화력발전에 의한 전기를 사용해야 하는 상황을 생각해보자. 이제 이 제품 한 단위가 생산될 때마다 오염으로 인해 **그림 11.1(b)**에 *XC*로 표시된 외부불경제가 발생한다. 오염으로 인한 외부불경제는 공장주인이 아니라 그 공장에서 바람이 아래쪽으로 부는 지역에 사는 사람들에게 돌아간다. **사적 한계비용곡선**(Private Marginal Cost, PMC)은 여전히 이 제품의 공급곡선이고 수요곡선도 이전과 동일하므로, 균형가격과 균형거래량은 **그림 11.1(a)**와 동일하다. 그러나 이번에는 균형거래량이 사회적 최적은 아니다. 전과 동일하게 균형거래량은 수요곡선과 공급곡선인 사적 한계비용곡선이 만나는 점인 연간 12,000톤이다. 그러나 이 산출량 수준에서 마지막 단위가 소비자에게 주는 가치는 톤당 $1,300인 반면에, 외부불경제를 포함한 한계비용은 톤당 $2,300이다.

이것은 이 제품을 덜 생산함으로써 사회 전체적으로 추가적인 경제적 잉여를 얻을 수 있음을 의미한다. 동일한 결론이 수요곡선과 **사회적 한계비용곡선**(Social Marginal Cost, SMC)이 만나는 산출량인 연간 8,000톤을 초과하는 모든 수량에 대해 성립한다. 이 제품을 생산하는 데 발생하는 모든 관련된 한계비용을 포함하는 사회적 한계비용은 사적 한계비용과 오염으로 발생하는 외부불경제인 *XC*를 더한 것이다. 사회적 최적 산출량은 사회적 한계비용곡선과 수요곡선이 만나는 점에서 결정된다. **그림 11.1(b)**에서 보듯이 사회적 최적 산출량은 연간 8,000톤이다. 이 산출량이 교환으로부터 얻을 수 있는 최대한의 이득이 실현된 산출량이다. 이 산출량 수준에서 소비자들이 한 단위 더 얻기 위해 지불할 용의가 있는 금액인 한계편익과 사적 한계비용인 *PMC*에 외부불경제인 *XC*를 더한 사회적 한계비용과 일치한다. 외부불경제가 창출되면 균형거

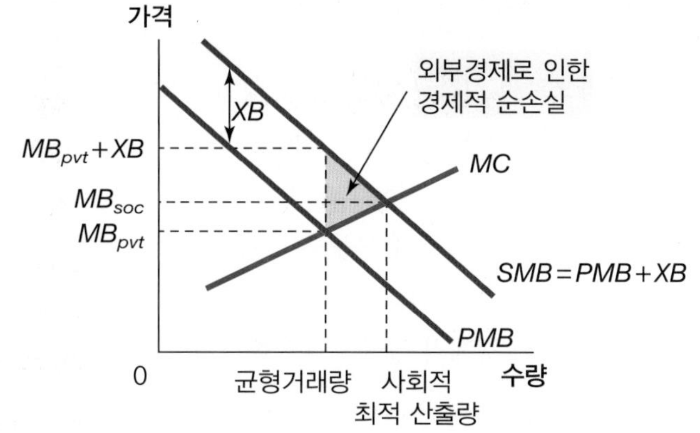

그림 11.2

외부경제를 창출하는 재화

이 같은 재화는 개별 소비자들이 이 재화를 소비함으로써 발생하는 편익에 대해서만 대가를 지불하려고 하므로, 균형거래량 Q_{pvt}은 사회적 최적 산출량인 Q_{soc}보다 작다. 외부경제로 발생하는 경제적 순손실은 청색 삼각형의 면적과 동일하다.

래량은 사회적 최적 산출량보다 더 많다.

그림 11.1(b)에서 사회적 최적 산출량은 연간 8,000톤이 생산될 때와 비교해 오염으로 인해 총잉여는 얼마나 감소하는가? **그림 11.1(b)**에서 산출량이 연간 8,000톤을 초과하면, 각 단위의 한계비용(사회적 한계비용곡선으로 표시됨)이 한계편익(수요곡선으로 표시됨)보다 크다. 산출량을 연간 8,000톤에서 시장균형인 1만 2,000톤까지 늘리면, 누적적인 경제적 잉여의 감소분은 **그림 11.1(b)**에서 청색 삼각형의 면적과 동일한 200만 달러이다. 그러므로 이 시장에서 오염으로 인한 경제적 순손실은 연간 200만 달러이다.

외부경제를 창출하는 재화는 어떠한가? **그림 11.2**에서 사적 한계편익곡선(Private marginal Benefit, PMB)인 사적 수요곡선은 생산 시 한 단위당 *XB*의 외부경제를 창출하는 재화의 수요곡선이다. 균형거래량인 Q_{pvt}는 사적 수요곡선과 공급곡선(*MC*)이 만나는 산출량이다. 이 경우 균형거래량이 사회적 최적 산출량인 Q_{soc}보다 작다. Q_{soc}는 공급곡선과 사적 수요곡선에 외부경제인 *XB*를 더해 얻어진 사회적 한계편익곡선(Social Marginal Benefit, SMB)인 사회적 수요곡선이 만나는 산출량이다. 시장균형에서는 교환으로부터 얻을 수 있는 최대한의 이득이 다 실현되지 못한다. 그러므로 Q_{pvt}에서 한 단위를 추가적으로 생산할 때의 한계비용은 사적 한계편익인 MB_{pvt}과 같으므로 사회적 한계편익보다 *XB*만큼 작다. 외부경제가 창출되면 균형거래량은 사회적 최적 산출량보다 적다.

이 시장에서 달성 가능한 최대한의 총잉여와 비교해 시장균형에서의 총잉여는 얼마나 감소하는가? **그림 11.2**를 보면 Q_{pvt}에서 한계편익(SMB로 표시함)은 한계비용(*MC*로 표시함)보다 *XB*만큼 더 크다. 산출량이 Q_{pvt}에서 사회적 최적 산출량인 Q_{soc}까지 증가하면, 총잉여는 계속해서 증가한다. 외부경제로 인한 경제적 순손실은 **그림 11.2**에서 청색 삼각형의 면적과 같다.

외부경제가 창출되면, 즉 그 재화를 소비하지 않는 소비자에게도 경제적 편익이 제공되면, 왜 이 재화가 총잉여를 감소시킨다고 말하는가? 이 시장에서 경제적 순손실이 발생한다는 것이 외부경제가 해롭다는 것을 의미하는 것은 아니다. 그 의미는 외부경제를 고려하지 못함으로써 시장균형에서의 총잉여가 달성 가능한 최대한의 수준보다 작다는 것이다. 경제적 편익을 수확하지 못하는 것은 경제적 손실을 입고 있다는 것과 동일한 것이다.

요약하면 외부경제와 외부불경제 모두 자원배분의 효율성을 왜곡시킨다. 외부효과가 존재하면 사적 이익의 추구는 달성 가능한 최대한의 경제적 잉여를 창출하지 못한다. 달성 가능한 최대한의 경제적 잉여를 창출하지 못하면 그 결과는 효율성의 정의상 비효율적이다.

11.2 코즈의 정리

어떤 상황이 비효율적이라는 것은 재배분을 통해 다른 사람에게 손해를 끼치지 않고 몇몇 사람들을 이전보다 더 낫게 만들어 줄 수 있다는 의미이다. 비효율적인 상황에서는 실현되지 않은 이득을 실현하기 위한 창조적인 노력이 이루어진다. 비효율성이 존재한다는 것은 테이블 위에 현금이 있다는 의미이므로 이를 얻기 위한 경쟁이 시작된다. 예를 들어, 단일 가격을 책정하는 독점기업은 사회적 최적 산출량보다 적게 생산하므로, 독점기업은 실현되지 않은 이윤을 얻기 위해 가격에 민감한 소비자에게 가격할인을 제공하려는 유인을 가짐을 보았다. 다음의 예들은 외부효과로 인한 비효율성도 이를 교정하기 위한 행동을 취할 유인이 있음을 보여준다.

균형

예 11.3 외부효과로 인한 비효율성

애버크롬비 회사는 독성물질을 강물에 방출할 것인가?(I)

애버크롬비 회사의 공장은 생산 활동의 부산물로 독성 폐기물을 생산한다. 애버크롬비 회사가 독성물질을 강물에 방출하면 강 하류에 위치한 농부인 피치는 해를 입는다. 독성물질은 그 효과가 오래가지 않아 피치를 제외한 다른 사람들에게는 해를 끼치지 않는다. 비용을 지불해 필터를 사용하면 애버크롬비 회사는 이 독성물질을 정화할 수 있다. 이 경우 피치는 아무런 해를 입지 않는다. 필터를 사용할 때와 사용하지 않을 때 애버크롬비 회사와 피치의 이득과 손실은 **표 11.1**과 같다. 애버크롬비 회사가 독성물질을 강물에 방출하는 것이 합법적이고 애버크롬비 회사와 피치가 아무런 협상을 할 수 없으면, 애버크롬비 회사는 필터를 사용할 것인가 혹은 사용하지 않을 것인가? 이 선택은 사회적으로 최적인가?

표 11.1 독성 물질 제거의 비용과 편익(I)

	필터가 있는 경우	필터가 없는 경우
애버크롬비의 이득	$100	$130
피치의 이득	$100	$50

필터를 사용하지 않을 때의 이득이 설치할 때보다 하루 $30 더 많으므로 애버크롬비 회사는 필터를 사용하지 않을 유인이 있다. 그러나 애버크롬비 회사가 필터를 사용하지 않는 것은 사회적으로 최적이 아니다. 필터를 사용하지 않으면 애버크롬비 회사와 피치의 이득의 합은 $130+$50=$180인 반면에, 필터를 사용하면 $100+$100=$200이다. 필터를 사용하면 애버크롬비 회사가 얻는 경제적 손실인 $130−$100=$30는 피치가 얻는 이득인 $100−$50=$50보다 작다. 애버크롬비 회사가 필터를 사용하지 않음으로써 하루 $20의 경제적 잉여를 낭비하고 있다.

협상을 통한 사회적 최적 달성

예 11.4

애버크롬비 회사는 독성물질을 강물에 방출할 것인가?(II)

필터를 설치할 때의 비용과 편익은 **예 11.3**과 동일하다. 다만 애버크롬비 회사와 피치가 별도의 비용 없이 협상을 할 수 있다고 가정하자. 필터 사용이 법적 의무사항은 아니다. 애버크롬비 회사는 필터를 사용할 것인가?

이 경우 애버크롬비 회사는 필터를 사용할 것이다. 독자들은 제 7장에서 경제적 파이가 커지면 모든 사람이 더 큰 조각을 가질 수 있다(효율성의 원리)는 것을 배웠음을 기억하기 바란다. 필터를 사용하면 총잉여가 더 커지므로 애버크롬비 회사와 피치 모두 이전보다 더 큰 이득을 얻을 수 있다. 피치는 애버크롬비 회사에 필터를 사용하는 비용을 지불할 유인이 있다. 예를 들어, 피치가 애버크롬비 회사에 필터를 사용하는 대가로 하루 $40를 제의한다고 가정하자. 애버크롬비 회사와 피치 모두 이전보다 하루 $10 더 얻으므로 총잉여는 $20 증가한다.

효율성

✔ 개념체크 11.1

예 11.4에서 피치가 애버크롬비 회사에 필터를 사용하는 대가로 달러 단위로 금액을 지불하면, 애버크롬비 회사가 필터를 사용하지 않는 때보다 형편이 더 나은 조건하에서 피치가 지불할 용의가 있는 최대 금액은 얼마인가?

시카고 대학 법과 대학원의 코즈(Ronald Coase) 교수는 외부효과를 창출하는 행동을 할 수 있는 권리에 대해 사람들이 별도의 비용 없이 서로 협상할 수 있으면, 항상 효

코즈의 정리
외부효과를 창출하는 행동을 할 수 있는 권리에 대해 사람들이 별도의 비용 없이 서로 협상할 수 있으면, 항상 효율적인 결과에 실현된다는 정리

율적인 결과가 실현된다는 것을 처음으로 인식한 사람이다. 흔히 **코즈의 정리**(Coase Theorem)라고 불리는 이 통찰력으로 코즈는 1991년에 노벨 경제학상을 수상했다.

애버크롬비 회사의 공장이 없었더라면 처음부터 존재하지 않았을 독성물질을 제거하는 필터를 사용하는 대가로 왜 피치는 애버크롬비 회사에 대가를 지불해야 하는가? 이 같은 질문은 매우 설득력 있게 들린다. 그러나 코즈는 외부효과는 그 본질상 상호 간에 발생하는 것임을 지적하고 있다. 독성물질로 인해 피치는 손해를 본다. 그러나 애버크롬비 회사가 독성물질을 방출하지 못하게 하면 애버크롬비 회사는 하루 $30의 손해를 입는다. 왜 피치가 애버크롬비 회사에 손해를 끼치는 권리를 반드시 가져야 하는가? **예 11.5**는 피치가 이러한 권리를 가지고 있다고 하더라도 필터를 사용하는 것이 효율적일 경우에 한해서만 이 권리를 행사함을 보여준다.

예 11.5 사회적 최적

애버크롬비 회사는 독성물질을 강물에 방출할 것인가?(III)

법적으로 피치의 허가를 얻지 않고서는 애버크롬비 회사가 독성물질을 강물에 방출할 수 없다고 가정하자. 필터를 사용할 때와 사용하지 않을 때 애버크롬비 회사와 피치의 이득과 손실은 **표 11.2**와 같다. 애버크롬비 회사와 피치와 별도의 비용 없이 협상할 수 있으면 애버크롬비 회사는 필터를 사용하겠는가?

표 11.2 독성 물질 제거의 비용과 편익(III)

	필터가 있는 경우	필터가 없는 경우
애버크롬비의 이득	$100	$150
피치의 이득	$100	$70

필터를 사용하지 않을 때의 총잉여는 $220, 사용할 때는 $200이므로 효율적인 결과는 애버크롬비 회사가 필터를 사용하지 않는 것이다. 그러나 법에 의해 피치는 애버크롬비 회사가 필터를 사용하도록 결정할 수 있는 권리를 가지고 있다. 애버크롬비 회사가 필터를 사용하면, 사용하지 않을 때보다 피치의 소득은 $70에서 $100로 증가한다. 그러나 이 결과는 비효율적이므로 양쪽 다 이득을 얻을 수 있는 방법이 있다.

예를 들어, 애버크롬비 회사가 피치에게 필터를 사용하지 않는 대가로 매일 $40를 지불한다고 생각해보자. 그러면 각각은 매일 $110씩 얻게 되어 피치가 필터 사용을 고집할 때보다 양쪽 모두 $10씩 더 얻는다. 애버크롬비 회사의 오염은 피치에게 손해가 된다. 그러나 오염을 허용하지 않는 것은 애버크롬비 회사에게 더 큰 손해를 끼친다.

코즈의 정리는 오염을 발생시키는 측의 피해에 대한 법적 책임 여부와 상관없이 당사자들이 별도의 비용 없이 협상할 수 있으면, 외부효과에 대한 효율적인 해결책을 달성할 수 있음을 말해준다. 그러나 코즈의 정리는 누가 오염에 대한 법적 책임을 지는가에 대해 당사자들이 무차별하다는 것을 의미하지는 않는다. 비록 두 경우 모두 동일한 효율적인 결과가 발생하지만, 오염을 발생시키는 측이 법적 책임을 지면 법적 책임을 지지 않을 때보다 오염을 발생시키는 측의 소득은 낮아지고, 오염에 의해 피해보는 측의 소득은 높아진다. 오염을 발생시키는 측이 법적 책임을 지면, 그들이 스스로의 비용으로 오염을 제거해야 한다. 법적 책임이 없으면 오염으로 피해보는 측이 오염을 발생시키는 측에 오염을 줄여달라고 대가를 지불해야 한다.

외부효과는 매우 드물거나 일회성 사건이 아니다. 오히려 외부효과를 창출하지 않는 행동의 예를 찾기란 쉽지 않다. 외부효과는 자원배분을 왜곡하므로 외부효과를 잘 인식하고 현명하게 대처하는 것이 중요하다. 아파트를 공동으로 사용함으로써 발생하는 외부효과의 문제를 다음의 예를 통해 알아보자.

비용-편익의 원리: 방세의 분담

예 11.6

앤과 베티는 아파트를 공동으로 사용할 것인가?

앤과 베티는 월 임대료가 $600인 방 두 개의 아파트에 같이 살거나, 혹은 월 임대료가 $400인 방 한 개의 아파트에 따로따로 살 수 있다. 임대료가 동일하면 앤과 베티 모두 한 가지를 제외하고는 같이 사는 것과 따로 사는 것 사이에 무차별하다: 앤은 쉴 새 없이 전화로 수다를 떤다. 앤은 전화로 수다를 떨 수 있으면 월 $250까지 지불할 용의가 있다. 반면에 베티는 기다리지 않고 항상 전화를 사용할 수 있으면 $150를 지불할 용의가 있다. 앤과 베티가 전화 두 대를 설치할 수 없으면, 둘은 같이 살아야 하는가 혹은 따로따로 살아야 하는가?

앤과 베티는 같이 살 때의 편익이 비용을 초과할 때에 한해 같이 사는 것이 유리하다. 같이 살아서 얻는 편익은 집세가 줄어든다는 것이다. 방 하나인 아파트 두 채의 임대료는 월 $800인 반면에 방 두 개인 아파트 한 채의 임대료는 월 $600이므로, 같이 살면 월 $200의 편익을 얻을 수 있다. 같이 살기 위해 지불하는 비용은 앤이 전화로 수다 떠는 버릇을 가장 최소한의 비용으로 수용할 때 발생하는 비용이다. 앤은 전화로 수다를 떨기 위해 월 $250까지 지불할 용의가 있으므로, 월 $200의 임대료 절약분은 앤의 버릇을 바꾸기에 부족한 금액이다. 그러나 베티는 월 $150를 받으면 앤의 이런 버릇을 참고 견딜 용의가 있다. 이 금액은 월 임대료 절약분보다 작으므로 앤의 수다 떠는 버릇에 대한 최소한 비용을 지불하는 해법은 베티가 앤과 같이 살면서 앤의 버릇을 수용하는 것이다.

비용–편익

표 11.3을 보면 아파트에서 같이 살 때 발생하는 관련 비용과 편익이 요약되어 있다. 비용–편익의 원리에 의하면 같이 살 때의 편익이 비용을 초과할 때에 한해 앤과 베티는 같이 살아야 한다. 같이 살 때 발생하는 비용은 그 때문에 발생하는 모든 비용의 합이 아니라, 가장 최소한의 비용으로 같이 살 때에 발생하는 문제를 해결할 때 발생하는 비용이다. $200에 해당하는 임대료

표 11.3 공동생활의 순편익

공동생활의 편익			
따로 살 경우의 총비용	같이 살 경우의 총비용	공동생활로 인한 절약분	
2×$400 =$800	$600	$200	
공동생활의 비용			
문제점	앤이 양보시 비용	베티가 양보시 비용	최소비용의 해결책
앤의 전화를 통한 수다	수다 자제 $250	참고 견딤 $150	베티가 양보함 $150
공동생활의 순편익			
임대료 절약분 ($200)	− 공동생활시 발생하는 문제 해결의 최소비용($150)	=	순편익 ($50)

의 절약분이 전화 문제를 가장 최소한의 비용으로 해결할 때의 비용보다 크므로, 앤과 베티는 같이 살 경우 매달 $50의 경제적 잉여를 얻을 수 있다.

몇몇 사람들은 둘이 똑같이 임대료를 분담하면 베티가 월 $300의 임대료를 내고 여기에 앤의 전화 습관을 수용함으로써 발생하는 $150를 더하면 혼자 살 때보다 $50를 더 내게 되므로, 둘이 따로따로 살아야 한다고 생각할 수 있다. 이 주장이 설득력 있게 들리는 것 같지만 실제로는 잘못된 것이다. **예 11.7**은 오류의 원천이 둘이 동일하게 임대료를 분담한다는 것임을 잘 보여준다.

예 11.7 비용-편익의 원리: 방세의 차등 분담

같이 살기 위해 베티가 지불할 용의가 있는 최대한의 임대료는 얼마인가?

예 11.6에서 앤과 같이 살기 위해 베티가 지불할 용의가 있는 최대한의 임대료는 얼마인가?

같이 살지 않으면 베티는 혼자 살아야 한다. 이때 임대료는 월 $400이다. 혼자 살 경우 전화로 인한 문제는 발생하지 않으므로, $400는 전화 문제없이 살기 위한 베티의 유보가격이다. 전화로 인한 문제를 해결하기 위해 베티가 지불할 용의가 있는 최대 금액이 월 $150이므로, 같이 살면 베티가 지불할 용의가 있는 최대한의 임대료는 $400−$150=$250이다. 베티가 $250를 내고 앤이 나머지인 $350를 지불하면 앤에게도 혼자 살기 위해 $400를 지불하는 것보다 더 유리하다.

비용-편익의 원리: 잉여의 분배 **예 11.8**

같이 살 때 발생하는 경제적 잉여를 동일하게 나누기로 하면 앤과 베티는 각각 얼마씩 지불해야 하는가?

앤과 베티가 같이 살기로 하고 그로 인해 발생하는 경제적 잉여를 동일하게 나누기로 했으면, 각각이 임대료로 얼마씩 지불해야 하는가?

표 11.3에서 보듯이 같이 살면 임대료 절약분은 $200이고 전화 문제를 해결하기 위한 최소 비용 해결책의 비용은 $150이므로, 경제적 잉여는 $50이다. **예 11.7**로부터 같이 살기 위한 앤의 유보가격은 $400이고, 베티의 유보가격은 $250이다. 그러므로 $50를 동일하게 나누면 각각이 유보가격보다 $25씩 덜 지불해야 한다. 그러므로 앤이 $375, 베티는 $225를 지불한다. 그 결과 앤과 베티 모두 혼자 살 때보다 매월 $25씩의 경제적 잉여를 더 얻는다.

✔ 개념체크 11.2

예 11.6과 **예** 11.7에서와 같이 앤과 베티는 월 임대료 $600인 방 두 개의 아파트에 같이 살거나, 혹은 월 임대료가 $400인 방 한 개의 아파트에 따로따로 살 수 있다. 앤은 전화로 수다를 떨 수 있으면 월 $250까지 지불할 용의가 있다. 반면에 베티는 기다리지 않고 항상 전화를 사용할 수 있으면 $150를 지불할 용의가 있다. 베티는 추가적으로 공동생활에서 발생하는 사생활 침해를 피하기 위해 $60를 지불할 용의가 있다. 앤과 베티는 같이 살아야 하는가?

11.3 외부효과의 해결책

11.3.1 법과 규제

당사자들이 별도의 비용 없이 협상할 수 있으면 외부효과에 대한 효율적인 해결책에 도달할 수 있음을 앞서 보았다. 그러나 협상이 항상 현실적으로 가능한 것은 아니다. 예를 들어, 소음장치가 고장나 소음을 내며 다니는 운전자는 다른 사람들에게 피해를 준다. 그렇다고 사람들이 그를 차에서 내리게 한 후 고장난 소음장치를 고치면 보상을 하겠다고 할 수는 없다. 이 같은 어려움을 인식해 많은 나라의 정부는 자동차에 제대로 된 소음장치를 달고 다녀 소음을 내지 않도록 의무화하고 있다. 제정된 많은 법의 명시적 혹은 암묵적 목적이 바로 외부효과에 의한 문제를 해결하기 위한 것이다. 이 같은 법의 목적은 사람들이 다른 사람들과 협상을 할 수 있었다면 도달했을 해결책을 달성하도록 돕고자 하는 것이다.

협상에 비용이 들지 않으면 외부효과의 해결은 일반적으로 최소의 비용으로 외부효과를 해결할 수 있는 쪽이 담당한다. 앞의 예들에서 앤이 습관을 바꾸는 것보다 베티가 참는 쪽이 비용이 덜 들므로 베티가 앤의 전화 습관을 수용했다. 시의 소음에 관한 법령 또한 소음의 문제를 최소의 비용으로 해결할 수 있는 쪽에 해결의 의무를 부과한다. 예를 들어, 주말에는 괜찮지만 주중 저녁 늦은 시간에는 시끄러운 음악이 수반되는 파티를 제한하는 법령을 생각해 보자. 주중에는 금지하고 주말에는 허용하는 이유는 시끄러운 음악으로 얻는 편익이 주말에 더 큰 반면에, 주중에는 주위 사람들에게 방해가 될 가능성이 더 크기 때문이다. 요일별, 시간대별로 시끄러운 음악을 제한함으로써 그 부담을 주중에는 파티 참석자에게, 주말에는 동네 사람에게 부과하고 있다. 같은 이유로 많은 지역에서 운전자들이 경적을 울릴 수 있지만, 병원 주위에서는 경적이 허용되지 않는다.

외부효과로 인한 문제 해결을 목적으로 하는 법과 규제의 종류는 매우 많다. 빠른 속도로 차를 운전하면 운전자 본인뿐 아니라 타인의 생명과 재산에 위험을 끼칠 수 있다. 속도제한, 출입금지 지역, 우측통행 등과 같은 많은 도로교통법은 한 사람이 다른 사람에게 끼치는 위험을 제한하기 위한 합리적인 시도라고 볼 수 있다. 많은 지역에서는 11월 1일부터 스노타이어를 장착할 것으로 법으로 규정하고 있다. 이 같은 법률들은 안전뿐 아니라 원활한 교통 소통을 촉진시킨다: 운전자 한 명이 눈 덮인 언덕길을 올라가지 못하면, 자신뿐만 아니라 뒤에 있는 운전자들도 정체시킨다.

유사한 이유로 대부분의 지역 사회에서는 장소에 따라 할 수 있는 행동의 종류를 제한하고 있다. 많은 거주민들이 혼잡하지 않은 주위 환경에 높은 가치를 부여하기 때문에 어떤 도시들은 최소한의 구역 크기를 규정하는 도시계획법을 시행하고 있다. 맨해튼과 같이 땅이 좁아 개발업자들이 고층 건물을 지어야 하는 지역에서 도시계획법은 건물의 높이와 건물의 면적을 제한한다. 이 같은 제한은 건물이 높을수록, 넓은 면적을 차지할수록, 주위 건물의 일조권을 더 많이 해치는 것을 인식한 결과이다. 많은 도시가 상업지구와 주거지구를 분리해 놓은 것은 외부불경제를 줄이고자 하는 바람 때문이다. 많은 도시들은 상업지구 내에서도 특정 상행위를 제한하고 있다. 예를 들어, 타임 스퀘어 주변을 활성화시키기 위한 노력의 일환으로, 뉴욕시는 이 지역에 성인용 책방과 극장을 금하는 법을 제정했다.

오염물질 방출을 제한하는 것은 아마도 외부효과에 기인하는 문제를 해결하기 위해 제정된 법 가운데 가장 명확한 예일 것이다. 법 조항들은 최소의 비용으로 오염을 줄일 수 있는 당사자에게 오염 감축의 부담을 지우게 하고 있다. 예를 들어, 독성물질을 물에 방류하는 것은 어업이나 관광용 가치가 높은 수역에서 특히 엄격하게 규제되고 있다. 그렇지 않은 수로 지역은 어부나 관광 목적으로 보트를 타는 사람들 혹은 수영하는 사람들이 조심해야 한다. 마찬가지로 공기오염 규제도 그 한계편익이 가장 큰 인구 밀도가 높은 지역에서 가장 강하다.

경제적 사유 11.1

표현의 자유를 보장하는 법의 목적은 무엇인가?

제 1차 수정헌법이 보장하는 표현의 자유와 표현의 자유에 대한 예외규정은 외부효과에 기인하는 문제를 법적 조치를 사용해 어떻게 해결하는지를 보여주는 또 다른 예이다. 제 1차 수정헌법은 이익이 아닌 손해를 끼치는 표현의 행위를 규정하고 규제함에 있어 실제적인 어려움뿐만 아니라 공개적인 커뮤니케이션이 가지는 중요한 가치를 인식하고 있다. 그러나 제 1차 수정헌법은 몇 가지 중요한 예외를 인정하고 있다. 예를 들어, 불이 나지 않았음에도 복잡한 영화관에서 누구가가 "불이야"라고 소리 지르는 것을 허용하지 않는다. 또한 정부를 폭력적인 수단으로 전복하는 행위를 지지하는 것도 허용하지 않는다. 이 같은 경우 표현의 자유에서 발생하는 외부경제가 그 외부불경제를 정당화하기에는 턱없이 작다.

왜 미국헌법은 표현의 자유를 보호하는가?

경제적 사유 11.2

왜 많은 주에서 학생들에게 아동 질병에 대한 예방주사를 맞도록 의무화하는가?

오늘날 미국의 공립학교에 입학하려면, 디프테리아, 홍역, 소아마비 및 풍진의 면역 증명이 의무화되어 있다. 많은 주에서는 파상풍(50개주), 백일해(50개주), 유행성 이하선염(49개주) 및 간염(45개주)에 대한 면역도 의무화되어 있다. 왜 이 같은 의무조항이 필요한가?

소아질환의 예방주사는, 매우 가능성이 적지만, 잠재적으로 매우 심각한 위험을 내포하고 있다. 예를 들어, 백일해의 예방주사는 110,000명 가운데 1명꼴로 영구적인 뇌 손상을 일으키는 것으로 알려져 있다. 병에 걸리면 심각한 건강상의 유험을 유발할 수 있으므로, 전염될 가능성이 매우 높은 환경에서는 사람들은 전염으로부터의 더 큰 위험을 줄이기 위해 예방주사의 위험을 감수할 타당한 이유를 지닌다. 문제는 대부분의 어린애들이 예방주사를 맞으면 전염율이 낮아지므로, 개별 가정의 입장에서는 예방주사의 위험이 매우 큰 것으로 느껴진다는 것이다. 개별 가정의 입장에서 이상적인 상황은 다른 모든 가정들이 예방주사를 맞고, 자신들은 예방주사를 맞지 않는 것이다. 그러나 더 많은 가정들이 예방주사를 맞지 않게 되면, 전염율은 증가한다. 궁극적으로 예방주사를 맞은 비율은 예방주사를 맞았을 때의 위험과 예방주사를 맞지 않았을 때의 위험이 일치하는 점에서 결정될 것이다. 그러나 이 같은 계산은 예방주사를 맞지 않았을 때 위험이, 안 맞은 사람들 뿐 아니라 예방주사를 맞은 사람들에게도 위험이 된다는 점을 간과하고 있다(전염을 100% 막아주는 예방주사는 없다).

예방주사를 맞을 것인지에 대한 결정을 개인들에게 맡기면, 각 개인들은 자신들이 전염되었을 때 다른 사람들에게 끼치는 피해에 대한 고려를 하지 않기 때문에 예방주사 접종률은 최적의 수준보다 낮게 된다. 이 같은 이유 때문에 대부분의 주에서는 특정 소아질병에 대해 예방접종을 의무화하고 있는 것이다.

이 같이 예방주사 접종을 의무화하고 있는 법들도 종교적이나 철학적인 이유로 부모들이 예방주사 접종을 하지 않는 예외 조항을 허용하고 있다. 지역에 따라 부모들이 이 예외 조항을

왜 여러 소아질병에 대한 예방주사가 의무화 되어 있는가?

이용하는 정도는 다르다. 예를 들어, 콜로라도주 보울더 카운티(Boulder County)는 부모들이 예외 조항을 이용해 자녀들에게 백일해의 예방접종을 하지 않는 비율이 가장 높다. 공립학교 학생 예방접종률은 주 전체의 89.9%와 비교해 84.1%에 불과하다. 그 결과 보울더의 백일해 발병 건수(연간 100,000명당 34.7명꼴)는 주 전체의 발병 건수(연간 100,000명당 22.4명꼴)보다 훨씬 높다는 것은 크게 놀랄만한 일이 아니다.[1]

소아질병과 같이 범죄도 예방하기 힘들다. 특정 범죄 예방을 위해 지출하는 사회적 최적 금액은 범죄율을 낮출 때 발생하는 한계편익과 범죄율을 낮추기 위한 한계비용이 일치하는 금액이다. 다음의 예는 비용–편익의 원리가 왜 사회가 다른 범죄에 비해 특정 범죄를 예방하는데 훨씬 더 많은 돈을 투자하고 있는지 설명하는 데 도움이 됨을 보여준다.

11.3.2 외부불경제의 최적양은 0이 아니다.

오염이나 다른 외부불경제를 억제하는 데에는 비용과 편익이 동시에 발생한다. 캔의 리사이클을 다룬 제 6장에서 보았듯이 최선의 정책은 오염을 억제하기 위한 한계비용과 한계편익이 일치할 때까지 오염을 줄이는 것이다. 일반적으로 오염을 더 많이 억제할수록 오염 감축의 한계비용은 증가한다(**기회비용 체증의 원리**에 의해 오염을 발생시키는 사람은 우선적으로 가장 비용이 싼 방법을 사용하고, 그 다음으로 더 비싼 방법을 사용한다). 그리고 한계효용 체감의 법칙에 의하면 일정 한도를 넘으면 오염이 감소할수록 한계편익은 감소한다. 그러므로 한계비용곡선과 한계편익곡선은 오염을 최대한도로 줄일 수 있는 양보다 적은 양에서 교차한다.

기회비용 체증

두 곡선이 교차하는 수준이 사회적으로 최적인 오염 감축량이다. 이보다 적게 오염이 감축되면, 오염을 감축하는 노력을 증진시키면 사회 전체적으로는 잃는 것보다 얻는 것이 더 크다. 그러나 규제기관이 한계비용곡선과 한계편익곡선이 교차하는 수준보다 더 많이 오염을 줄이려고 한다면 사회 전체적으로 얻는 것보다 잃는 것이 더 많다. 사회적으로 최적인 오염 감축량의 존재는 사회적으로 최적인 오염 수준의 존재를 의미하는 것이고, 이 수준은 거의 항상 0보다 크다.

오염은 무조건 나쁜 것이라고 조건 반사적으로 배워왔기 때문에, 많은 사람들이 "사회적 최적의 오염 수준"이라는 표현을 들으면 매우 불편하게 생각한다. 0보다 큰 오염 수준이 어떻게 사회적 최적이 될 수 있는가? **사회적 최적의 오염 수준이 곧 오염이 좋다는 것을 말하는 것은 아니다.** 사회적 최적의 오염 수준이라는 표현은 환경을 깨끗하게 하는 것은 사회적으로 좋은 일이지만, 일정 수준까지만 그렇다는 것을 인식한다는 의미이다. 사회적 최적 오염 수준이라는 개념은 아파트에 있어 최적의 먼지 수준이라는 개념과 다를 바가 없다. 아무리 하루 종일 그리고 매일매일 진공청소기로 아파트를 청

1 Colorado School and Childcare Immunization Data 2016–1017, Colorado Department of Public Health and Environment.

소한다고 하더라도 먼지는 좀 남아 있게 마련이다. 그리고 하루 종일 먼지 청소하는 것보다 더 가치 있는 일이 있으므로 사람들은 아마도 최소한도의 먼지보다 좀 더 많은 양의 먼지를 용인한다. 먼지가 많은 아파트는 나쁘다. 또한 사람들이 호흡하는 공기가 오염되는 것도 나쁜 것이다. 그러나 두 경우 모두 깨끗하게 하려는 노력은 한계편익과 한계비용이 일치하는 수준까지만 이루어져야 한다.

11.3.3 보상적 조세와 보조금

막대한 거래비용으로 인해 당사자들 사이에 협상이 불가능하면, 외부불경제를 창출하는 행동은 그 행동을 하는 사람에게 잘못된 편익을 제공하기 때문에, 외부불경제는 과도한 산출량을 유발한다. 영국의 경제학자인 피구(A. C. Pigou)가 제안한 외부효과에 대한 한 가지 해법은 세금을 부과함으로써 외부불경제를 창출하는 행동의 편익을 감소시키는 것이다. **그림 11.3(a)**는 산출량 한 단위를 생산할 때마다 톤당 $1,000의 외부불경제를 발생시키는 시장을 나타낸 **그림 11.1**을 다시 그려놓은 것이다. 생산자는 외부불경제를 고려하지 않기 때문에 시장 균형거래량은 연간 1만 2,000톤으로 사회적 최적 산출량인 연간 8,000톤보다 4,000톤 더 많다.

그림 11.3(b)는 동일한 시장에 산출량 한 단위당 $1,000의 세금을 부과한 경우를

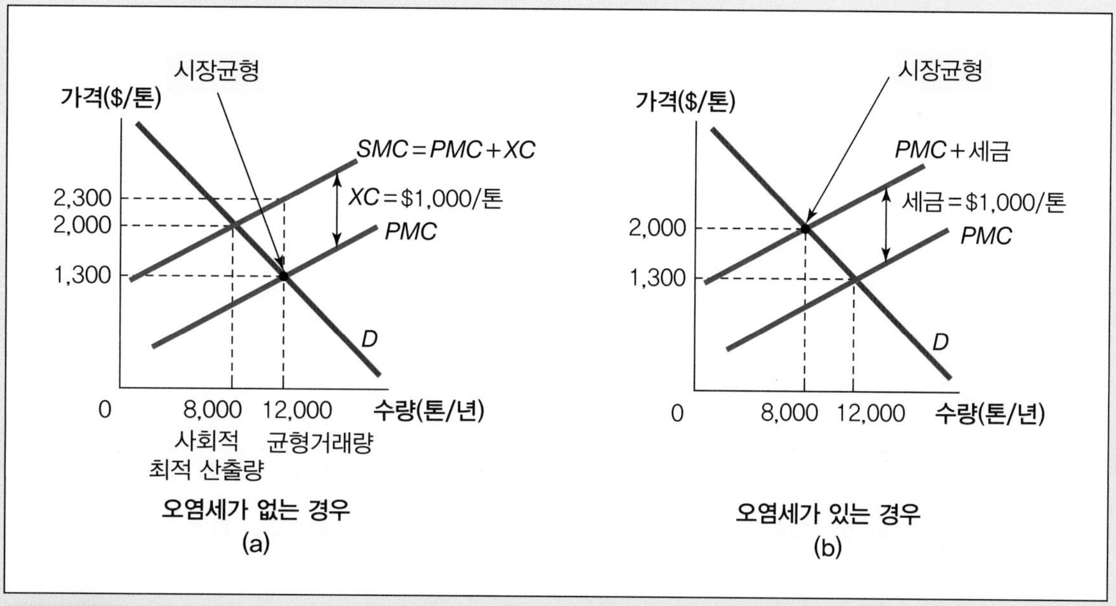

그림 11.3

외부불경제에 대한 세금 부과

외부불경제가 존재하면 균형거래량은 사회적 최적 산출량보다 많아진다(a). 외부불경제와 동일한 크기의 세금을 생산자에게 부과하면 균형거래량은 사회적 최적 산출량과 같아진다(b). 세금이 부과되면 생산자들이 세금으로 인한 새로운 비용을 고려하기 때문에 세금으로 인해 효율성은 증가한다.

그린 것이다. 이 세금은 생산의 한계비용곡선을 $1,000만큼 위로 이동시키는 효과를 가진다. 따라서 시장 공급곡선도 모든 수량에서 $1,000만큼 위로 이동한다. 이 경우 균형거래량은 정확하게 사회적 최적 산출량과 일치한다. 많은 비판자들이 세금은 항상 경제적 효율성을 감소시킨다고 주장하지만, 이 경우에는 세금이 경제적 효율성을 증가시키는 예가 된다. 세금으로 인해 생산자들은 자신들의 산출량 한 단위마다 사회에 $1,000의 외부불경제를 발생시킨다는 사실을 고려해야 하기 때문에 세금은 경제적 효율성을 증가시킨다.

동일한 논리에 의해 생산자에게 보조금을 지급하면 외부경제로 인해서 발생하는 자원배분의 왜곡을 상쇄할 수 있다. **그림 11.4(a)**는 산출량 한 단위를 생산할 때마다 톤당 $6의 외부경제를 발생시키는 시장을 보여주고 있다. 이 시장에서 사회적 최적 산출량은 한계비용곡선과 사적 한계편익곡선에 매 산출량 수준에서 톤당 $6를 더해 얻어진 사회적 한계편익곡선이 교차하는 점에서 결정된다. 사회적 최적 산출량은 연간 1,600톤이다. 그러나 균형거래량은 한계비용곡선과 사적 한계편익곡선의 교차점에서 결정되는 연간 1,200톤으로, 사회적 최적 산출량보다 400톤만큼 더 적다.

그림 11.4(b)는 생산자에게 외부경제인 톤당 $6의 보조금을 지불할 때의 효과를 보여준다. 보조금이 있으면 새로운 균형거래량은 연간 1,600톤으로 사회적 최적 산출량과 정확하게 일치한다. 보조금이 지불되면 생산자들이 보조금으로 인한 새로운 편익을 고려하기 때문에, 보조금으로 인해 효율성은 증가한다.

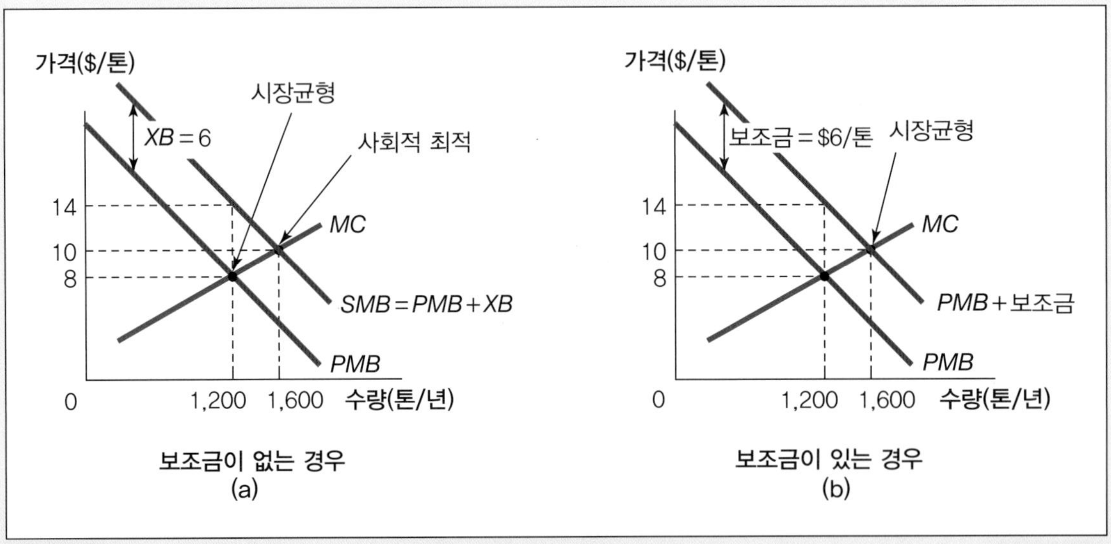

그림 11.4

외부경제에 대한 보조금 지급

외부경제가 존재하면 균형거래량은 사회적 최적 산출량보다 적어진다(a). 외부경제와 동일한 크기의 보조금을 생산자에게 지불하면 균형거래량은 사회적 최적 산출량과 같아진다(b). 보조금을 지급하면 생산자들이 보조금으로 인한 편익을 고려하기 때문에, 보조금으로 인해 효율성은 증가한다.

경제적 사유 11.3

왜 정부는 언덕 비탈진 면에 나무를 심으면 보조금을 지급하는가?

여러 나라에서 외부불경제를 창출하는 행동을 규제하기 위해서 뿐만 아니라 외부경제를 창출하는 행위를 장려하기 위해 법을 이용하기도 한다. 예를 들어, 언덕 비탈진 면에 나무를 심는 것은 홍수를 방지함으로써 땅 주인뿐 아니라 이웃에게도 도움이 된다. 이 같은 사실을 인식해 많은 지자체에서 나무 심는 데 보조금을 지급한다. 마찬가지로 연방의회도 새로운 지식을 발견함으로써 창출되는 외부경제를 암묵적으로나마 인식해 기초과학 연구에 매년 많은 돈을 지원한다.

왜 정부는 기초과학 연구비를 지원하는가?

요약 외부불경제와 외부경제

한 행동의 비용이나 편익이 그 행동에 직접적으로 관련된 사람이 아닌 다른 사람에게 발생할 때 외부효과가 일어난다. 코즈의 정리는 외부경제나 외부불경제가 존재하는 상황에서도 당사자들이 별도의 비용 없이 협상을 할 수 있으면 효율적인 행동이 선택된다는 것을 의미한다. 그러나 협상 비용이 크면 비효율적인 행동이 발생할 수 있다. 외부불경제를 창출하는 행동은 사회적 최적 산출량과 비교해 과도하게 선택되는 반면에, 외부경제를 창출하는 행동은 과소하게 선택된다. 세금과 보조금을 포함한 법과 규제들은 외부효과 때문에 기인하는 비효율적인 행동을 변화시키기 위한 노력의 일환이다.

11.4 사유 재산권과 공유의 비극

선진국에서 자란 사람들은 사유 재산권 제도를 매우 당연한 것으로 여기는 경향이 있다. 사람들이 합법적인 수단을 통해 획득한 재산을 소유할 수 있고, 원하는 대로 처분할 수 있는 권리를 가진다는 것이 당연한 것처럼 보인다. 그러나 실제로 재산권에 관한 법률은 그 법이 부여하는 권리와 부과하는 의무에 대해 매우 복잡한 형태를 가진다.

11.4.1 가격이 매겨져 있지 않은 자원의 문제

사유 재산권에 대한 법률을 이해하기 위해 먼저 왜 사회가 사유 재산권이라는 제도를 만들게 되었는가라는 질문으로부터 논의를 시작해보자. 아무도 소유권을 가지지 않은 재산에 어떤 일이 일어나는가를 보여주는 다음의 예는 이 질문에 대한 대답을 시사해 준다.

예 11.9 **개별 소득의 극대화**

마을 사람들은 공유지에 몇 마리의 송아지를 사육할 것인가?

다섯 명이 사는 한 마을이 있다. 각 주민들은 $110를 저축하고 있다. 각 주민은 이 돈으로 연이자율이 13%인 정부채권을 구입하거나 혹은 1년생 송아지를 구입해 마을의 공유지에서 1년 동안 사육한 후 시장에 팔 수 있다. 2년생 송아지 가격은 공유지에서 사육하는 동안 불어난 몸무게에 의존하는데, 몸무게 증가량은 공유지에서 풀을 뜯는 송아지 수에 의존한다. 2년생 송아지 가격은 **표 11.4**와 같다. 송아지 수가 많을수록 송아지 한 마리당 뜯어 먹을 수 있는 풀의 양이 줄어들므로, 공유지에서 풀을 뜯는 송아지 수가 증가하면 2년생 송아지 가격은 감소한다. 주민들은 순서대로 자신들의 투자 결정을 하고 그 결과는 모든 사람에게 공개된다. 주민들이 개별적으로 투자 결정하면 몇 마리의 송아지가 공유지에서 사육되겠는가? 마을 전체의 순수입은 얼마인가?

$110로 정부채권을 구입하면 1년 후에 $113를 얻을 수 있다. 그러므로 2년생 송아지 가격이 최소한 $113는 되어야 주민들은 송아지를 공유지에서 사육할 것이다. 각 주민이 자신의 이익을 극대화하기 위해 투자 결정을 한다면 네 명이 공유지에서 송아지 한 마리씩 사육할 것이라고 예상할 수 있다(네 번째 주민은 양쪽 모두 $13를 얻으므로 송아지에 투자하는 것과 정부채권에 투자하는 것 사이에 무차별하다. 논의의 편의를 위해 무차별하면 주민들은 송아지 사육을 선택한다고 가정한다). 다섯 번째 주민은 송아지를 사육할 때 $11만 얻을 수 있음을 알고 송아지 사육 대신에 정부채권을 구입한다. 각 주민의 투자 결정 결과, 정부채권에 투자한 주민은 $13, 송아지 사육을 선택한 주민은 4×$13=$52를 얻으므로 마을 전체의 순수입은 연간 $65이다.

표 11.4 송아지 수와 가격과의 관계

공유지의 송아지 수	2년생 송아지 가격($)	송아지 한 마리당 수입($)
1	126	26
2	119	19
3	116	16
4	113	13
5	111	11

아담 스미스의 보이지 않는 손은 이들 주민들이 가지고 있는 자원을 가장 효율적으로 배분했는가? 한 눈에 보아도 마을 전체의 순수입이 $65 밖에 되지 않으므로 자원배분이 효율적으로 이루어지지 않았음을 알 수 있다. 마을 전체의 수입인 $65는 송아지를 사육하는 가능성이 존재하지 않았을 때 마을 전체가 얻을 수 있는 수입과 동일하다. 이 같은 결과가 나온 이유는 **예 11.11**을 통해 보다 분명하게 알 수 있다.

마을 전체 소득의 극대화

예 11.10

공유지에서 사육하는 사회적으로 최적인 송아지 숫자는 얼마인가?

다섯 명 주민들의 투자 기회가 **예 11.9**와 동일하다고 가정하자. 다만 이번에는 주민들이 개별적이 아닌 마을 전체로 의사결정을 할 수 있다. 이 경우 송아지 몇 마리를 공유지에서 사육할 것인가? 이 때 마을 전체의 순수입은 얼마인가?

이 경우 마을 전체의 순수입을 극대화하는 것이 마을 주민들의 목표이다. 마을 전체의 이익이라는 관점에서 의사결정이 이루어지면, 한 마리를 더 사육할 때 얻는 한계수입이 정부채권으로부터 얻을 수 있는 금액인 $13 이상인 경우에 한해 송아지를 공유지에서 사육한다. **표 11.5**의 마지막 열에 나타난 한계수입을 보면 첫 번째 송아지의 한계수입은 $26이므로 이 기준을 충족한다. 그러나 두 번째 송아지는 이 기준을 충족시키지 못한다. 두 번째 송아지의 경우 마을 전체 수입이 $26에서 $38로 $12 더 증가한다. 그러므로 두 번째 송아지를 사는 데 필요한 $110로 송아지가 아닌 정부채권을 구입하는 것이 더 나은 투자이다. 세 번째 송아지의 한계수입은 그 보다 더 작은 $11이고, 네 번째 송아지의 한계수입은 $4, 다섯 번째 송아지의 한계수입은 단지 $3에 불과하다.

요약하면 마을 전체 수입을 극대화하기 위한 투자 결정을 하려면 최선의 선택은 네 명은 정부채권을, 한 명은 공유지에 사육할 송아지를 사는 것이다. 그 결과 마을 전체의 순수입은 송아지로부터 발생하는 $26와 정부채권으로부터 발생하는 $52를 합친 $78이다. 이 금액은 마을 주민들이 개별적으로 투자 결정을 하는 것보다 $13 더 많은 금액이다. 비효율적인 자원배분에서 효율적인 자원배분으로 이동함으로써 경제적 파이는 더욱 커진다. 파이가 커지면 모든 사람들이 더 큰 몫을 얻을 수 있다. 예를 들어, 마을 사람들이 각자의 수입을 다 합쳐서 동일하게 분배한다면 각 주민은 이전보다 $2.6 더 많은 $15.6를 순수입으로 얻는다.

표 11.5 한계수입과 사회적으로 최적인 송아지 숫자

공유지의 송아지 수	2년생 송아지 가격($)	송아지 한 마리당 수입($)	총수입 ($)	한계수입 ($/마리)
1	126	26	26	26
2	119	19	38	12
3	116	16	48	10
4	113	13	52	4
5	111	11	55	3

✔ 개념체크 11.3

연 이자율이 13%가 아니고 11%이면 **예 11.9**와 **예 11.10**의 대답이 어떻게 바뀌는가?

예 11.9와 **예 11.10**에서 마을 사람들이 집단적으로 의사결정을 할 때 왜 더 좋은 결과를 얻는가? 그 이유는 마을 주민들이 개별적으로 의사결정을 하면 자신의 송아지 한 마리를 공유지에서 사육할 때마다 기존 송아지의 무게가 감소하는 사실을 고려하지 않기 때문이다. 이 효과를 고려하지 않기 때문에 송아지 한 마리를 사육할 때 그 주인이 얻는 수입이 마을 전체가 얻는 수입보다 크게 되는 것이다.

가축들이 풀을 뜯을 수 있는 공유지는 경제적 가치가 큰 자원이다. 누구도 이를 소유하고 있지 않으면 아무도 공유지 사용의 기회비용을 고려할 유인을 가지지 않는다. 실제로 공유지에 대한 소유권이 없는 경우 사람들은 한계편익이 0이 되도록 공유지를 사용하고자 한다. 이 문제와 이와 유사한 문제들을 통칭해 **공유의 비극**(tragedy of the commons)이라고 부른다. 공유의 비극이 발생하는 근본적인 원인은 공동 재산을 어떤 사람이 사용할 때 그 재산의 가치가 저하됨으로써 다른 사람들에게 외부불경제를 발생시키기 때문이다. 공유의 비극은 균형의 원리에 대한 생생한 예를 제공한다. 각 주민은 공유지에 추가적으로 송아지를 사육함으로써 합리적으로 행동한다. 그러나 그 결과 사회 전체적으로 달성 가능한 최적에 미치지 못한다.

공유의 비극
가격이 매겨지지 않은 자원이 한계편익이 0이 될 때까지 이용되는 현상

균형의 원리

11.4.2 사유 재산권의 효과

다음의 예는 공유의 비극에 대한 한 가지 해법이 마을의 초지에 사유 재산권을 부여하는 것임을 보여준다.

예 11.11 사유 재산권

마을의 공유지를 독점적으로 사용할 수 있는 권리에 대한 가격은 얼마인가?

다섯 명의 마을 주민이 이전과 동일한 투자 기회를 가지고 있다. 그러나 이번에는 마을의 공유지를 독점적으로 사용할 수 있는 권리를 경매에 붙여 가장 높은 입찰가격을 제시한 사람에게 주기로 결정했다고 가정하자. 마을 주민들은 연 이자율 13%로 얼마든지 돈을 빌리거나 빌려줄 수 있다고 가정하면, 공유지를 독점적으로 사용할 수 있는 권리에 대한 가격은 얼마로 결정되는가? 독점적 권리를 갖게 된 소유자는 이 권리를 어떻게 사용할 것인가? 마을 전체의 순수입은 얼마인가?

이 질문에 대답하려면 여러분 스스로에게 내가 공유지 사용에 대한 독점적 권리를 가진다면 무엇을 할 것인가라는 질문을 해 보면 된다. **예 11.11**에서 보았듯이 공유지를 가장 잘 이용하는 방법은 한 마리의 송아지만 사육하는 것이다. 이 경우 연간 $26의 순수입을 얻는다. 1년생 송

아지를 $110 주고 사는 기회비용은 정부채권을 구입했을 때 얻는 이자인 $13이므로 공유지를 무료로 사용하면 송아지 한 마리를 공유지에 사육할 때 얻는 경제적 이윤은 연간 $13이다. 그러나 공유지를 무료로 사용할 수 없으므로, 그 권리를 구매하기 위해 자금을 조달하려면 돈을 빌려야 한다(가지고 있는 $110는 1년생 송아지 구입하는 데 사용해야 한다).

공유지를 독점적으로 사용하기 위해 여러분이 지불할 용의가 있는 최대 금액은 얼마인가? 공유지를 사용해 얻는 연간 순수입 $26는 송아지 구입의 기회비용보다 $13 더 많은 것이다. 그러므로 여러분이 지불할 용의가 있는 최대 금액은 $110이다(왜냐하면, $110로 연 이자율 13%인 채권을 사면 매년 $13의 소득을 얻을 수 있기 때문이다). 공유지가 경매에 붙여질 때 독점적 권리를 얻기 위해 여러분은 지불해야 하는 금액은 정확하게 $110이다. 공유지로부터 발생하는 순수입은 정확하게 여러분이 빌린 금액의 이자 $13와 채권에 투자하지 않고 송아지에 투자한 기회비용을 정확하게 커버하는 금액이다.

공유지에 대한 독점적 권리가 경매에 의해 최고 입찰자에게 주어지면, 권리를 얻은 사람이 공유지 사용에 대한 기회비용을 완전하게 고려하기 때문에 마을 전체로서는 보다 효율적인 자원배분이 이루어진다. 이 경우 마을 전체의 순수입은 역시 $78이다. 공유지 경매를 통해 조달된 $110에서 발생하는 이자를 마을 주민들이 동일하게 나누어 가지면, 각 주민들의 순수입은 $15.6가 된다.

경제적 잉여 극대화의 논리는 왜 대부분의 경제적으로 성공한 나라들이 잘 정립된 사유 재산권법을 가지고 있는지를 설명하는 데 도움이 된다. 모든 사람의 공동소유인 재산은 실제적으로는 그 누구의 소유도 아니다. 그 재산은 공동소유로 인해 잠재적인 경제적 가치가 완전하게 실현되지 못할 뿐 아니라, 실제로 아무런 가치도 가지지 못하게 되는 경우가 많다.

그러나 대부분의 나라에서 사유 재산권의 소유자도 정확하게 자신이 원하는 대로 그 재산권을 자유롭게 행사할 수 있는 것은 아니다. 예를 들어, 도시계획법에 의해 주거지역에 땅을 소유한 사람은 3층짜리 건물을 지을 수는 있어도 6층짜리 건물을 지을 수는 없다. 완전한 정보를 가지고 있는 합리적인 입법부는 가능한 한 최대한의 경제적 잉여가 창출되도록 재산권을 규정하기 때문에 이 경우에도 경제적 잉여 극대화의 논리가 적용된다. 물론 현실에서 이 같은 이상적인 입법부는 존재하지 않는다. 그러나 정치의 본질은 사람들을 더 잘 살게 하는 거래가 이루어지도록 하는 것이다. 한 의원이 총잉여를 증가시키는 방향으로 재산권법 수정을 제안할 수 있다면, 그 의원은 모든 사람에게 더 많은 경제적 잉여를 줄 수 있는 방법을 제안할 수 있고, 따라서 재선의 가능성도 증가시킬 수 있다.

여러분은 경제적 사유인으로서 재산권법에서 접할 수 있는 여러 가지 제한에 대해 이 같은 분석의 틀을 적용해보기 바란다: 도시계획법은 사람들이 자신의 땅에서 무엇을 지을 수 있는지 하는 것과 어떤 행동들을 할 수 있는지에 대해 제한한다. 도로교통법은 사람들이 차로 무엇을 할 수 있는지에 대해 제한한다. 고용과 환경에 대한 법률은 사람들이 사업을 어떻게 운영하는지에 대해 제한한다. 재산권법이 총잉여를 극대화하도록 제정될 때 모든 사람에게 이익이 될 수 있다는 통찰력을 가지면, 이 같은 법률과 그 외의 수없이 많은 다른 법률에 대한 여러분의 이해가 더욱 증진될 것이다.

11.4.3 사유 재산권의 설정이 불가능한 경우

독자들은 법이 외부효과와 공유의 비극과 관련된 모든 문제에 대해 이상적인 해법을 제공한다고 잘못 생각하지 않기 바란다. 효율적인 사유 재산권을 규정하고 집행하는 데는 비용이 수반되기 마련이다. 다음의 예가 보여주듯이 때로는 이 비용이 편익을 초과하는 경우도 발생한다.

경제적 사유 11.4

왜 공원에 있는 과일은 익기도 전에 누군가 따 가는가?

왜 사람들은 공원의 블랙베리를 익기도 전에 너무 일찍 따 가는가?

야생의 블랙베리는 복잡한 도심 공원의 나무가 우거진 지역 가장자리에서 많이 자란다. 완전히 익은 후에 따야 블랙베리의 맛이 가장 좋다. 그러나 완전히 익기 며칠 전에 따서 먹어도 블랙베리의 맛은 꽤 괜찮다. 과연 블랙베리가 완전히 익을 때까지 남아 있겠는가?

공원에서 자라는 블랙베리의 소유권을 규정하고 집행하는 비용은 그 잠재적 편익보다 분명히 훨씬 크다. 그러므로 블랙베리는 공동의 소유로 남게 된다. 이것은 먼저 따는 사람이 블랙베리의 주인이 된다는 의미이다. 블랙베리가 완전히 익을 때까지 기다리는 것이 모든 사람에게 이득이 되지만, 완전히 익을 때까지 기다리면 블랙베리를 하나도 얻지 못할 가능성이 매우 높다는 것을 모든 사람들은 알고 있다. 그 결과 사람들은 블랙베리가 익기도 전에 너무 일찍 따 간다.

경제적 사유 11.5

왜 밀크쉐이크를 둘이 같이 먹으면 빨리 없어지나?

왜 밀크쉐이크는 여럿이 같이 먹으면 빨리 없어지는가?

새라와 수잔은 일란성 쌍둥이로 같이 나누어 먹을 수 있는 초콜릿 밀크쉐이크 하나를 가지고 있다. 각각이 빨대를 가지고 있고 상대방이 자신의 이익만을 추구한다는 것을 알면, 쌍둥이들은 밀크쉐이크를 최적의 속도로 소비하는가?

밀크쉐이크를 너무 빨리 마시면 매우 차갑기 때문에 천천히 마시면 밀크쉐이크를 더 즐길 수 있다. 그러나 각자는 자신들이 마시지 않아 남아 있는 밀크쉐이크를 상대방이 마셔버릴 것임을 알고 있다. 그 결과 각자 밀크쉐이크 절반을 혼자 마실 때보다 더 빠른 속도로 밀크쉐이크를 마시게 된다.

다음의 예들은 사유 재산권을 규정함으로써 쉽게 공유의 비극을 해결하기 힘든 다른 예이다.

멀리 떨어진 공유지에서의 벌목 멀리 떨어진 공유지에서 벌목을 제한하는 법을 집행하는 것은 현실적으로 불가능하다. 벌목꾼들은 올해 벌목하지 않은 나무들은 내년에 더 크게 성장해 그 가치가 상승할 것임을 안다. 그러나 자신이 올해 벌목하지 않으면 다른 사람들이 나무를 벌목할 것임을 또한 알고 있다. 반면에 자신의 땅에서 나무를 키우는 민간 기업은 나무가 크게 자라기 전에 베야 할 아무런 유인을 가지지 못한다. 또한 외부 사람들이 자신들의 나무를 잘라가지 못하도록 예방할 유인을 가지고 있다.

공해상에서 고래 포획 각 포경업자는 고래 한 마리를 더 잡으면 번식할 수 있는 고래 숫자가 감소해 미래의 고래 숫자가 감소하리라는 것을 알고 있다. 그러나 포경업자들은 또한 오늘 자신이 포획하지 않은 고래를 다른 포경업자가 포획할 것이라는 것도 알고 있다. 이 문제에 대한 해법은 고래에 대한 소유권을 지정하고 집행하는 것이다. 그러나 대양은 너무 넓고, 고래의 행동은 감독하기 매우 어렵다. 설사 고래의 행동을 감독할 수 있다고 하더라도, 각국의 주권 때문에 국제적인 소유권 행사가 어렵다.

일반적으로 멸종의 위기에 처해있는 야생 동물들은 인간들에게 경제적으로 매우 가치가 높지만 그 누구의 사적 소유가 되지 못하는 종들이 많다. 고래도 이 같은 경우에 해당된다. 이런 경우와 인간들에게 경제적 가치도 높지만 고래와 달리 전통적인 사유 재산권법에 의해 보호받는 닭의 경우를 비교해 보라. 사유 재산권의 차이는 왜 아무도 샌더스(Colonel Sanders)(역자 주: 켄터키 프라이드 치킨의 창업주)가 닭을 멸종시키지 않을까 걱정하지 않는 이유를 설명해 준다.

다국적 환경오염 규제 개별 오염물질 발생자들은 자신과 다른 사람들이 오염물질을 발생시키면 환경에 미치는 피해가 오염을 시키지 않기 위한 비용보다 크다는 것을 알고 있다. 그러나 환경이 공동의 재산이므로 아무나 자유롭게 오염물질을 버릴 수 있으면 각자는 오염물질을 배출할 강한 유인을 가진다. 모든 오염물질 발생자들이 한 나라의 법적 지배를 받는다면 오염물질을 제한하는 법과 규제를 집행하는 것이 가능하다. 그러나 오염물질 발생자들의 국적이 각기 다른 경우 해법을 실행하기란 더욱 어려워진다. 그러므로 지중해의 접경 국가들은 자신들이 방출하는 오염물질이 다른 나라에 미치는 영향을 전혀 고려할 유인을 가지지 못하므로, 오랫동안 심각한 오염의 문제로 시달려 왔다.

전 세계의 인구가 점점 증가할수록 효과적인 국제적 재산권 제도의 부재는 점점 더 경제적 심각성을 더해 갈 것이다.

요약 사유재산권과 공유의 비극

가치 있는 자원의 가격이 0이면 사람들은 한계편익이 0이 될 때까지 그 자원을 남용한다. 공유의 비극은 사람들이 그 사용에 대한 대가를 지불하지 않기 때문에 가치 있는 자원이 남용되는 상황을 의미한다. 많은 경우 이 같은 낭비를 해결하는 효과적인 처방은 그 가치 있는 자원의 소유권을 지정하고 집행하는 것이다. 그러나 바다나 대기와 같은 자원은 한 나라가 이 같은 자원에 대한 재산권을 집행할 권한을 가지고 있지 못하기 때문에 이 같은 해법을 실행하기 어렵다.

11.5 위치적 외부효과

왕년의 테니스 챔피언인 그라프(Steffi Graf)는 1992년에만 토너먼트 우승을 통해 160만 달러 이상을 벌어들였다; 그녀의 사인이 들어간 상품 판매와 시범 게임을 통한 수입은 이 금액의 수배에 달했다. 여러 합리적인 기준으로 볼 때 그녀의 플레이는 매우 뛰어난 것이었다. 그러나 그녀는 계속해서 숙적인 셀레스(Monica Seles)에게 패했다. 그러나 1993년 4월 셀레스는 정신착란이었던 팬에 의해 등에 칼로 상처를 입어 더 이상 테니스 투어에 참여할 수 없게 되었다. 그 이후 경기의 질에는 큰 변화가 없었음에도 불구하고, 그라프의 토너먼트 승률은 1992년과 비교해 거의 두 배 이상으로 상승했다.

11.5.1 보상이 상대적 성과에 의존하는 경우

프로 테니스 경기나 여러 다른 경쟁적인 상황에서 사람들이 얻는 보상은 일반적으로 절대적으로 얼마나 잘 하는가 뿐만 아니라 다른 경쟁자와 비교해 얼마나 잘 하는가에 의존한다. 이 같은 경쟁적인 상황에서 사람들은 자신들의 승률을 증가시키는 행동을 취할 유인이 있다. 예를 들어, 테니스 선수들은 투어에 동행하는 전문적인 체력 담당 트레이너와 스포츠 심리학자를 고용해 승률을 증가시킬 수 있다. 그러나 경쟁의 속성상 이 같은 투자로부터 각 선수들이 얻는 개인적 보상(사적 편익)은 모든 선수들이 얻는 보상의 합(사회적 편익)보다 크다. 예를 들어, 모든 테니스 게임에서 체력 담당 트레이너와 스포츠 심리학자를 고용하면 각 선수들은 큰 상금을 얻을 수 있다. 그러나 선수들이 얼마를 투자하든 간에 상관없이 모든 게임은 한 명의 승자와 한 명의 패자만 있을 뿐이다. 선수들이 승리를 위해 투자한다고 하더라도 경기력 상승은 그리 크지 않기 때문에 테니스 관객 입장에서 얻는 이득은 그리 크지 않고, 선수들 전체가 얻는 이득은 일정하다. 각 선수들의 보상이 상대적인 성과에 달려 있는 정도가 크면 클수록 전체적인 관점에서 보면 이 같은 투자를 할 유인은 과도해진다.

다음의 예를 살펴보자.

경제적 사유 11.6

왜 미식축구 선수들은 근육 강화제를 복용하는가?

내셔날 풋볼리그(National Football League, NFL)에 속한 많은 팀의 공격 라인맨의 평균 몸무게는 330파운드가 넘는다. 반면에 1970년대에 NFL 공격 라인맨의 평균 몸무게는 280파운드가 채 되지 않았고, 1940년대에는 겨우 229파운드 정도였다. 오늘날의 선수 몸무게가 더 무거워진 한 가지 이유는 지난 20년 동안 선수들의 연봉이 매우 빠르게 증가해서 공격 라인맨 자리를 놓고 경쟁이 치열해졌기 때문이다. 덩치와 힘은 공격 라인맨이 갖추어야 할 두 가지 기본적인 덕목이다. 다른 조건이 동일하면, 공격 라인맨 자리는 덩치가 더 크고 힘이 더 센 선수에게 돌아간다. 덩치와 힘은 근육 강화제를 복용함으로써 키울 수 있다. 그러나 모든 선수들이 근육 강화제를 복용하면 덩치와 힘에 의한 선수들의 순서는—그러므로 누가 공격 라인맨이 될 것인가 하는 문제도—거의 영향을 받지 않는다. 근육 강화제 복용은 장기적으로 건강에 매우 심각한 영향을 미칠 수 있으므로, 미식축구 선수들이 근육 강화제를 복용한다면 전체적으로 미식축구 선수들의 상황은 모두가 복용하지 않는 때보다 더 나빠지게 된다. 그럼에도 왜 미식축구 선수들은 근육 강화제를 복용하는가?

왜 많은 풋볼 선수들이 근육 강화제를 복용하는가?

공격 라인맨 선발 자리를 놓고 경쟁하는 선수들은 제 9장에서 분석한 죄수의 딜레마 게임과 동일한 상황에 직면하고 있다. 한 자리를 놓고 서로 경쟁하는 호적수 관계인 스미스와 존스를 생각해보자. 아무도 근육 강화제를 복용하지 않으면, 각각은 선발로 출전할 확률은 50%이고 선발 출전시 연봉은 110만 달러이다. 둘 다 근육 강화제를 복용하면 각각이 선발로 출전할 확률은 역시 50%이다. 한 쪽이 근육 강화제를 복용하고 다른 쪽이 복용하지 않으면, 복용한 쪽이 확실하게 선발 자리를

표 11.6 근육 강화제 소비의 보수행렬

		존스: 근육 강화제 복용하지 않음	존스: 근육 강화제 복용함
스미스	근육 강화제 복용하지 않음	스미스: 차선 존스: 차선	스미스: 최악 존스: 최선
스미스	근육 강화제 복용함	스미스: 최선 존스: 최악	스미스:차차선 존스: 차차선

차지한다. 패자는 연봉 $30,000의 보험 외판원으로 전락한다. 누구도 근육 강화제가 건강에 심각한 영향을 미칠 수 있다는 사실을 잘 알고 있다. 그러나 많은 연봉을 받기 위해 모두 위험을 감수할 용의가 있다. 각 사람의 선택에 대해 두 사람이 직면하고 있는 보수행렬은 **표 11.6**과 같다.

스미스와 존스 모두에게 근육 강화제를 복용하는 것이 우월전략이다. 둘 다 근육 강화제를 복용하지 않으면 차선(second best)의 결과를 얻을 수 있으나, 둘 다 근육 강화제를 복용하면 차차선(third best)의 결과만을 얻는다. 그러므로 근육 강화제 복용을 금지하는 규제가 필요하다.

11.5.2 위치적 군비경쟁과 위치적 군비통제 협약

위치적 외부효과
보상이 상대적인 성과에 의존해 한 사람의 성과가 올라갈 때 다른 사람의 보상이 감소하는 상황

근육 강화제 문제는 **위치적 외부효과**(positional externality)의 한 예이다. 보상이 일정 부분 다른 경쟁자와의 상대적 성과에 의존하면, 자신의 상대적 위치를 향상시키기 위한 모든 수단들은 반드시 경쟁자의 상대적 위치를 하락시킨다. 제 9장에서 분석한 파티에서 사람들이 더 크게 소리를 지르는 예도 위치적 외부효과의 또 다른 예이다. 일반적으로 외부효과가 존재하면 보이지 않는 손이 잘 작동하지 않듯이 위치적 외부효과가 존재하면 보이지 않는 손이 역시 잘 작동하지 않는다.

위치적 군비경쟁
위치적 외부효과 때문에 성과를 향상시키기 위해 경쟁적으로 투자 지출을 늘리나, 그 결과는 서로 상쇄되어 아무런 효과가 없는 소모적인 투자 지출

위치적 외부효과가 존재하면 사람들은 성과를 향상시키기 위해 경쟁적으로 투자지출을 늘리나, 그 결과는 서로 상쇄되어 아무런 효과가 없는 소모적인 투자지출의 예를 앞에서 보았다. 이 같은 투자지출 증가 패턴을 국가 간의 군비 경쟁에 비유해 **위치적 군비경쟁**(positional arms race)이라고 부르기로 한다.

위치적 군비통제 협약
상대적 성과 향상에 도움이 되지 않는 상호 소모적인 투자지출을 억제하기 위한 협약

위치적 군비경쟁은 비효율적인 결과를 낳으므로 국가들은 이를 자제할 유인이 있다. 근육 강화제를 금지하는 엄격한 법률이나 규제와 같이 위치적 군비경쟁을 자제하는 조치들 또한 비유적으로 **위치적 군비통제 협약**(positional arms control agreements)이라고 생각할 수 있다.

위치적 군비경쟁의 의미를 깨닫게 되면 도처에서 이 같은 예를 찾아볼 수 있다. 여러분은 관찰되는 모든 경쟁적인 상황에 대해 다음과 같은 질문을 통해 경제적 사유인으로서의 자질을 연마할 수 있다: 성과를 향상시키기 위해 지출되는 투자가 어떤 형태로 이루어지는가? 이 같은 투자지출을 억제하기 위해 사람들은 어떤 조치를 취했는가? 때때로 위치적 군비통제 협약은 명시적 규칙을 부과하거나 법적 구속력을 갖는 계약을 체결함으로써 달성될 수 있다. 다음의 예는 이 같은 수단을 통해 위치적 군비통제 협약이 달성된 경우이다.

선거 비용 제한 미국의 경우 대통령 후보자는 흔히 광고비로 수억 달러 이상을 지출한다. 그러나 두 후보자 모두 광고비 지출을 두 배로 증가시키면 각 후보자의 당선 확률은 이전과 크게 다를 바가 없다. 이 같은 불필요한 광고비 증가를 억제하기 위해 미 의회는 대통령 후보자들이 사용할 수 있는 선거 비용에 엄격한 제한을 두고 있다(이 같은 법을 집행하기 어렵다 하더라도 법의 취지가 손상되는 것은 아니다).

출전 선수 제한 메이저 리그 야구(MLB)에서는 정규 시즌 동안 팀당 25명의 출전 선수만을 보유할 수 있도록 되어 있다. 프로 풋볼(NFL)은 53명, 프로 농구(NBA)는 12명으로 제한하고 있다. 왜 이 같은 제한이 존재하는가? 이 같은 제한이 없다면 모든 팀은 승률을 높이기 위해 추가적으로 선수들을 확보하려고 할 것이다. 한 팀이 이 같이 행동하면 다른 팀도 할 수 없이 동일한 행동을 선택할 수밖에 없다. 일정 수준을 넘어서면 선수 수를 더 늘려도 팬들에게 즐거움을 선사하는 데는 한계가 있으므로 출전 선수 제한은 합리적인 비용으로 스포츠의 즐거움을 팬들에게 전달하는 현명한 방법이다.

중재 협약 비즈니스 세계에서 계약 당사자들이 종종 분쟁이 발생하면 중재의 결과에 따르겠다는 구속력 있는 계약을 체결하는 경우가 있다. 이렇게 함으로써 계약 당사자들은 분쟁 발생시 원하는 방식으로 자신들의 이익을 추구할 수 있는 옵션을 포기하는 셈이지만 비용이 많이 드는 법정 다툼에서 벗어날 수 있다. 법률 체계하에서 제 3자가 소송에 사용되는 비용의 한계를 제한하는 조치를 취할 수 있다. 예를 들어, 남다코타주의 한 연방 판사는—아마도 소송당사자들의 동의하에—자신에게 제출되는 모든 서류의 앞 15페이지만을 읽겠다고 최근에 선언한 바 있다.

유치원의 의무적 시작 시점 급우들보다 한두 살 더 먹은 어린이는 같은 나이의 어린이와 함께 취학하면 상대적으로 학업 성취도가 더 높을 가능성이 크다. 대부분의 부모들이 유명 대학의 입학과 졸업 후 취직이 상대적인 학업 성취도에 의존한다는 것을 알고 있기 때문에 자기 자식을 필요 이상으로 더 늦게 유치원에 취학시키려는 유혹에 직면한다. 그러나 모든 부모가 1년 동안 아이들을 유치원에 보내지 않으면, 상대적 성취도는 크게 영향을 받지 않으므로 사회적으로 아무런 도움이 되지 못한다. 그러므로 대부분의 지역에서는 매년 12월 1일 이전에 다섯 번째 생일을 맞이하는 모든 어린이들은 그 해에 유치원을 시작하도록 법으로 규정하고 있다.

11.5.3 위치적 군비통제 협약으로서의 사회적 규범

때로 사회적 규범이 불필요한 위치적 군비경쟁을 감소시키는 위치적 군비통제 협약의 역할을 하는 경우가 있다. 다음과 같은 익숙한 예를 살펴보자.

공부벌레의 규범 몇몇 학생들은 적어도 단기에서는 얼마나 실제로 배우는가 하는 것보다 어떤 학점을 받는가에 더 많은 신경을 쓴다. 다른 학생들과의 상대적 성과에 근거해 학생들의 학점을 매기게 되면 모든 학생들이 이전보다 두 배로 더 공부해도 학점 분포는 거의 달라질 것이 없으므로, 학생들 사이에 위치적 군비경쟁이 시작된다. 이 같은 상황에 있는 학생들은 이 상황을 벗어나기 위해 "너무 공부만 하는" 학생들을 사회적 부적응자라고 낙인찍는 "공부벌레의 규범"(nerd norms)을 빠르게 받아들인다.

패션 규범 위치적 군비경쟁 때문에 옷차림과 패션에 관한 사회적 규범이 종종 매우 빨리 변하는 경우가 있다. 예를 들어, 패션의 최첨단을 달리고 싶은 한 사람을 생각해보자. 1950년대 미국의 사교 서클에서는 귀에 구멍을 뚫음으로써 패션의 최첨단을 달리는 경우가 있었다. 그러나 더 많은 사람들이 귀를 뚫게 되면서 귀를 뚫는 것은 전위적인(avant garde) 위치를 더 이상 유지할 수 없게 되었다. 당시 보수적인 패션을 원했던 사람들도 점차 자유로이 귀를 뚫게 되었다.

1960년대와 1970년대에는 귓불에 귀고리를 두 개 착용하는 것이 패션의 최첨단이었다. 그러나 1990년에 이르러 몇 군데 귀를 뚫는 것이 더 이상 크게 주목을 받지 못하자, 패션의 최첨단이 되려면 각 귀에 12개 정도의 귀를 뚫거나, 코, 눈썹 혹은 다른 신체 부위에 몇 개의 구멍을 뚫는 것 정도는 되어야 했다. 문신의 수, 크기 그리고 위치에 있어서도 이와 유사한 상승 작용이 발생했다.

필요한 문신의 수나 보디 피어싱 수가 증가했다고 해서 패션의 최첨단을 달리기를 원하는 사람들이 전위적 패션에 부여하는 가치가 변한 것은 아니다. 패션의 최첨단에 있다는 것은 과거나 현재 모두 동일한 의미를 가진다. 그러므로 전위적 위치를 달성하기 위해 필요한 보디 피어싱, 문신 혹은 그 외의 다른 수단에 수반되는 비용이 커지는 점에 비추어 현재의 패션은 이전과 비교하면 많은 낭비를 하고 있는 셈이다. 이 같은 의미에서 문신이나 보디 피어싱을 억제하는 사회적 규범이 약화됨으로써 사회적 손실이 발생하게 된다. 물론 많은 경우 이 같은 손실에 수반되는 비용은 크지 않다. 그러나 피어싱을 하는 사람마다 약간의 감염 위험을 감수해야 하므로 피어싱의 수가 늘어나면 그 비용도 계속적으로 증가할 것이다. 이 같은 비용이 일정 수위에 도달하면, 신체 손상을 억제하는 사회적 규범에 대한 지지가 생겨날 수 있다.

선호에 대한 규범 나쁜 행동으로 간주되는 행동에 대해 앞에서와 유사한 유행이 발생한다. 예를 들어, 전국적인 잡지에 누드 사진이 실린 광고를 싣지 못하는 것이 1950년대의 일반적인 규범이었다. 자연스럽게 광고주들은 독자들을 눈길을 끌고자 이 같은 규범을 조금씩 무너뜨릴 강한 유인이 있다. 실제로 신체 손상에 대한 금기와 동일한 방식으로 누드 사진에 대한 금기도 점차 잠식되어 갔다.

예를 들어, 향수 광고가 어떻게 변천해 왔는가를 생각해보자. 처음에는 누드 그림자가 등장했다; 다음으로 점점 밝아지고 구체적인 누드 사진이 등장했고; 최근에는 마치 집단 성행위처럼 보이는 사진까지도 등장했다. 각 단계마다의 변화는 원하는 효과를 충분히 달성했다: 독자들의 즉각적이고 황홀해하는 시선을 잡아두는 데 성공했다. 그러나 불가피하게 다른 광고주들이 앞선 광고주의 예를 따르게 되어 사람들의 주의를 사로잡을 수 있다고 여겨졌던 것에 대한 사람들의 감각에 변화가 생기게 되었다. 한때 사람들에게 큰 충격을 주었던 사진은 종종 이제는 더 이상 심심해서 한 번 눈길을 주는 것 이상의 관심을 끌지 못하고 있다.

물론 이 같은 변화가 발전인가에 대해서는 의견이 다를 수 있다. 많은 사람들은 과거의 엄격한 규범이 잘못된 것으로, 과거 고상한 척 해야 했던 억압적인 시대의 유물이라고 생각한다. 그러나 이 같은 견해를 가진 사람들조차도 몇몇 종류의 사진은 잡지의 광고로 사용되어서는 안 된다고 생각한다. 어느 정도까지 수용할 수 있는가 하는 것은 사람마다 다르고, 각 사람이 인내하는 불쾌감의 정도도 부분적으로는 현재의 기준에 의존한다. 그러나 광고주들이 사람들의 주의를 끌기 위해 계속해 새로운 시도를 할 것이므로, 어느 시점이 되면 사람들이 "사회적 예의범절"을 존중하는 것보다 엄격한 기준을 선호하게 될 것이다. 이 같은 캠페인은 위치적 군비통제 협약의 또 다른 예를 제공할 것이다.

허영을 억제하는 규범 사고로 인해 심각하게 손상된 환자들에게 정상적인 모습을 되찾아주는 성형 및 복원수술은 많은 사람에게 커다란 혜택이 되어 왔다. 성형 및 복원수술은 태어날 때부터 기형적인 외모를 지닌 사람들이 느끼는 극단적인 자의식을 제거하는 데도 큰 도움이 되었다. 그러나 이 같은 수술은 겉으로 드러나게 기형인 사람에게만 국한되는 것은 아니다. 점점 더 많은 "정상적인" 사람들이 외모를 고치기 위한 성형수술을 받고자 한다. 2016년에는 2천 300백만 건 정도의 성형수술이 시행되었는데, 성형에 대한 수요는 여전히 증가하고 있다. 한때는 조심스럽게 비밀로 감추어졌던 성형수술이 이제는 남캘리포니아주 자선 복권 판매의 경품으로 제공되기도 한다.

개인에게 성형수술은 사고로 다친 사람들에게 복원수술이 큰 도움이 된 것만큼 큰 편익을 준다. 오뚝한 콧날이나 주름살 하나 없는 얼굴에 대한 확신이 지나친 나머지 환자들은 때로 성형수술로 가능한 수준 이상의 것을 추구하고자 한다. 그러나 성형수술의 증가는 의도하지 않은 부작용을 초래했다: 성형수술은 정상적인 외모의 기준을 바꾸어 놓았다. 과거에는 평균보다 약간 더 크게 보이는 코가 지금은 눈에 거슬릴 정도로 큰 코로 보인다. 과거 같으면 55세의 평균적인 사람으로 보였을 사람이 지금은 거의 70세 정도로 보인다. 과거에는 머리털이 다소 없는 것처럼 보였던 사람이나 평균적인 체지방을 가졌던 사람들이 이제는 머리털 이식수술을 하거나 지방 제거수술을 해야 한다고 생각한다. 이 같은 수술은 사람들의 판단 기준을 바꾸어 놓기 때문에 개인들이 수술을 통해 얻는 보상이 매우 크다. 그러나 사회 전체의 관점에서는 지나치게 성형수술에 의존하게 된다.

성형수술에 대해 법적 제재를 부과한다는 것은 상상하기 어렵다. 그러나 몇몇 사회에서는 얼굴에 주름 제거수술이나 배의 지방 흡입술을 받은 사람들을 경멸하고 조롱함으로써 성형수술을 억제하는 강력한 사회적 규범을 가지고 있다. 개인 차원에서는 이 같은 규범이 가혹해 보인다. 그러나 이런 규범이 없으면 더 많은 사람들이 성형수술의 위험과 비용을 감수해야 한다.

요약 위치적 외부효과

보상이 다른 경쟁자와의 상대적 성과에 의존할 때, 한 사람의 성과의 증가로 인해 타인의 보상이 감소하면 위치적 외부효과가 발생한다. 위치적 군비경쟁은 성과를 향상시키기 위해 경쟁적으로 투자 지출을 늘리나, 그 결과는 서로 상쇄되어 아무런 효과가 없는 소모적인 투자지출을 의미하며 이는 위치적 외부효과 때문에 발생한다. 소모적인 위치적 군비경쟁을 억제하기 위해 때로 위치적 군비통제 협약이 체결된다. 경우에 따라서는 사회적 규범이 위치적 군비통제 협약으로 작용한다.

11.6 환경 규제에 있어 가격 유인체계의 이용

앞에서 보았듯이, 대기 오염과 같이 외부불경제를 창출하는 재화는 당사자들 간의 협상에 비용이 발생하면 일반적으로 과대 생산되는 경향이 있다. 사회 전체로 볼 때, 규제가 없는 상황에서 발생하는 오염의 절반 정도가 달성 가능한 최선의 오염 수준이라고 가정하자. 이 경우, 현재 오염을 발생시키는 기업들 사이에 오염을 줄이려는 노력을 어떻게 배분해야 하는가?

가장 효율적인, 따라서 최선의 배분은 모든 기업의 오염 감축의 한계비용이 동일하도록 만드는 것이다. 왜 그런지 알기 위해, 현행 제도하에서 한 기업의 오염물질 1톤 감축 비용이 다른 기업보다 크다고 가정하자. 첫 번째 기업이 1톤의 오염물질을 더 방출하는 대신, 두 번째 기업이 1톤을 덜 방출하면 사회 전체적으로 오염물질의 감축양은 동일하나, 비용은 낮아진다.

불행하게도 정부 규제기관은 기업별로 오염물질 감축 비용이 얼마인지에 대한 정보를 거의 가지고 있지 못하다. 그러므로 많은 오염에 대한 법안은 단순하게 모든 기업이 동일한 비율로 혹은 동일한 절대적인 배출 기준을 충족하도록 오염물질 방출을 감소시키도록 의무화하고 있다. 기업들마다 오염 감축의 한계비용이 다르면, 이 같은 규제는 효율적이지 못하다.

11.6.1 오염에 대한 과세

다행스럽게도, 정부가 각 기업의 오염 감축 비용에 대한 상세한 정보가 없어도 오염 감축을 보다 효율적으로 할 수 있는 정책적 대안들이 존재한다. 한 가지 방법은 오염에 세금을 부과하고 각 기업이 스스로 어느 정도의 오염물질을 방출할 것인가를 결정하도록 허용하는 것이다. 다음의 예는 이 같은 정책의 논리적 근거를 보여준다.

오염물질에 대한 과세

예 11.12

가장 작은 비용으로 오염을 절반으로 줄일 수 있는 방법은 무엇인가?

슬러지 오일회사와 노스웨스트 목재회사는 각각 다섯 가지 생산 공정 가운데 한 가지를 사용하는데, 공정마다 비용과 오염물질 배출양이 다르다. 각 공정별 일일 비용과 방출되는 스모그의 양은 **표 11.7**과 같다. 현재 오염에 대한 규제는 없으며, 기업들과 오염으로 피해보는 사람들 사이의 협상은 불가능하다. 따라서 두 기업 모두 비용이 가장 낮은 *A* 공정을 이용하고 있다. 각 기업은 하루 4톤의 스모그를 배출하고 있어, 매일 총 8톤의 스모그가 배출되고 있다. 정부는 오염을 절반으로 줄이기 위해 두 가지 방안을 검토하고 있다. 하나는 각 기업이 의무적으로 오염을 현재의 절반으로 줄이도록 하는 것이다. 다른 하나는 스모그 1톤당 $*T*의 조세를 부과하는 것이다. 오염을 절반으로 줄이려면 *T*는 얼마가 되어야 하는가? 각각의 방안에 대해 사회가 지불해야 하는 비용은 얼마인가?

각 기업이 의무적으로 오염 방출량을 절반으로 줄여야 한다면, 두 기업 모두 *A* 공정으로 *C* 공정으로 전환해야 한다. 그 결과 각 기업은 하루 2톤의 스모그를 방출한다. 이로 인해 슬러지 오일회사는 하루 $600 − $110 = $500의 추가 비용을 지불해야 한다. 노스웨스트 목재회사는 하루 $380 − $300 = $80의 추가 비용을 지불해야 한다.

다음으로 1톤당 $*T*의 세금이 부과되면 기업들이 어떻게 대응하는가를 알아보자. 스모그를 1톤 줄이면 각 기업은 $*T*의 세금을 절약할 수 있다. 1톤당 스모그 감축비용이 $*T*보다 작으면, 각 기업은 스모그를 덜 배출하는 공정으로 전환할 유인을 가진다. 예를 들어, 세금이 1톤당 $40라면, *B* 공정으로 전환시 추가 비용은 $110인 반면에, 절약할 수 있는 세금은 $40이므로 슬러지 오일회사는 여전히 *A* 공정을 사용한다. 그러나 노스웨스트 목재회사는 세금 절약분 $40가 *B* 공정으로 전환할 때의 추가 비용인 $20보다 크므로, *B* 공정으로 전환할 것이다.

문제는 1톤당 $40의 세금은 하루 1톤의 스모그만을 감축시키므로, 목표치인 하루 4톤과 비교하면 3톤이 부족하다는 점이다. 정부가 1톤당 $111의 세금을 부과했다고 가정하자. *B* 공정으로 전환시 추가 비용인 $110가 절약할 수 있는 세금인 $111보다 작으므로 슬러지 오일회사는 *B* 공정으로 전환할 것이다. 노스웨스트 목재회사는 *C* 공정까지 전환시 발생하는 추가 비용이 세금 절약분보다 작으므로 *D* 공정으로 전환할 것이다.

표 11.7 생산공정별 비용과 오염방출량

공정 (스모그)	*A* (4톤/일)	*B* (3톤/일)	*C* (2톤/일)	*D* (1톤/일)	*E* (0톤/일)
슬러지 오일회사의 비용($/일)	100	200	600	1,300	2,300
노스웨스트 목재회사의 비용($/일)	300	320	380	480	700

전체적으로 보면, 1톤당 $111의 세금을 부과하면 원하는 대로 하루 4톤의 스모그가 감축된다. 이로 인한 비용은 하루 $280(슬러지 오일회사는 $110, 노스웨스트 목재회사는 $80)에 불과하다. 이 금액은 의무적으로 모든 회사가 스모그 배출량을 절반으로 줄이게 하는 것보다 $300의 비용을 절약한 금액이다(기업으로 거둔 세금은 다른 곳에서 걷어야 하는 세금을 그만큼 줄여주었으므로 오염감축 비용이 아니다).

✔ 개념체크 11.4

예 11.12에서 세금이 1톤당 $61라면, 각 기업은 어떤 공정을 사용하는가?

세금을 부과하는 정책이 가지는 장점은 가장 적은 비용으로 오염을 줄일 수 있는 기업이 오염을 가장 많이 줄이도록 하는 것이다. 각 기업이 동일한 비율로 오염을 의무적으로 줄이도록 하는 것은 어떤 기업은 다른 기업보다 더 적은 비용으로 오염을 줄일 수 있다는 사실을 간과하고 있는 것이다. 세금을 이용하면 마지막 1톤의 스모그를 줄이는 비용은 모든 기업에 동일하다. 그러므로 효율성의 조건이 충족된다.

세금을 부과하는 정책의 한 가지 문제점은 정부가 각 기업의 오염 감축 비용에 대한 상세한 정보를 가지고 있지 못하면, 오염세를 어느 정도로 설정해야 하는가를 알 수 없다는 것이다. 세금이 너무 낮으면 지나치게 많은 오염이 방출될 것이고, 너무 높으면 오염이 지나치게 낮게 배출될 것이다. 물론 정부가 처음에는 세금을 낮게 부과하다가, 오염 감축양이 목표 수준에 도달할 때까지 점진적으로 올릴 수 있다. 그러나 각 기업이 종종 한 공정에서 다른 공정으로 전환할 때 상당한 규모의 매몰비용을 지불해야 하므로 이 같은 정책은 동일한 비율로 오염 배출량을 의무적으로 줄이도록 하는 정책보다 낭비가 더 심할 수 있다.

11.6.2 오염 배출권 경매

또 다른 방법은 오염 감축 목표 수준을 정하고, 그 수준만큼 방출할 수 있는 권리를 경매를 통해 파는 것이다. 이 방법의 장점은 다음의 예에 잘 나타나 있다.

예 11.13 오염 배출권

오염 배출권의 가격은 얼마인가?

앞의 예에서와 동일하게, 슬러지 오일회사와 노스웨스트 목재회사는 각각 다섯 가지 생산 공정 가운데 한 가지를 사용할 수 있다(공정별 비용과 스모그 배출량은 **표 11.8**에 다시 표시되어 있다). 정부는 현재의 오염 수준인 하루 8톤의 스모그 배출을 절반으로 줄이고자 한다. 이를 위해, 정부는 하루 1톤의 스모그를 배출할 수 있는 오염 배출권 4장을 경매를 통해 팔고자 한다. 오염

표 11.8 생산공정별 비용과 오염방출량

공정 (스모그)	*A* (4톤/일)	*B* (3톤/일)	*C* (2톤/일)	*D* (1톤/일)	*E* (0톤/일)
슬러지 오일회사의 비용($/일)	100	200	600	1,300	2,300
노스웨스트 목재회사의 비용($/일)	300	320	380	480	700

배출권 없이는 스모그를 절대 배출할 수 없다. 오염 배출권의 가격은 얼마도 결정되는가? 각 기업은 몇 장의 오염 배출권을 구매하는가? 오염 감축의 비용은 얼마인가?

오염 배출권이 없으면 슬러지 오일회사는 하루 비용이 $2,300인 *E* 공정을 사용해야 한다. 오염 배출권 1장 있으면 *D* 공정을 사용하며, 하루 $1,000의 비용을 절약할 수 있다. 그러므로 스모그 1톤을 배출하는 권리를 사기 위해 슬러지 오일회사가 지불할 용의가 최대 금액은 하루 $1,000이다. 두 번째 배출권은 *C* 공정으로 전환해서 $700를, 세 번째 배출권은 *B* 공정으로 전환해서 $400를, 네 번째 배출권은 *A* 공정으로 전환해서 $110를 절약할 수 있다. 같은 이유로, 노스웨스트 목재회사는 첫 번째 배출권은 $220, 두 번째 배출권은 $110, 세 번째 배출권은 $60, 네 번째 배출권은 $20를 지불할 용의가 있다.

정부가 경매에서 배출권 한 장당 $90의 가격에서 시작한다고 가정하자. 그러면 슬러지 오일회사는 4장, 노스웨스트 목재회사는 2장을 구매하고자 하므로, 총수요량은 6장이다. 정부는 단지 4장의 오염 배출권만을 팔고자 하므로, 두 기업의 수요량을 더한 것이 4장이 될 때까지 계속해서 가격을 올린다. 가격이 $111가 되면, 슬러지 오일회사는 3장, 노스웨스트 목재회사는 1장을 수요하므로, 총수요량은 4장이다. 두 기업 모두 *A* 공정을 이용하는 오염물질 배출에 대한 규제가 없는 경우와 비교하면, 경매를 이용할 때 오염 감축 비용은 $280이다: 슬러지 오일회사가 *A* 공정에서 *B* 공정으로 전환함으로써 $110, 노스웨스트 목재회사가 *A* 공정에서 *D* 공정으로 전환함으로써 $180를 추가적으로 지불한다. 이 금액은 각 기업이 의무적으로 스모그 배출량은 절반으로 줄이는 경우와 비교하면 $300만큼 비용이 덜 든다(기업들이 지불하는 오염 배출권 구입 비용은 다른 곳에서 걷어야 하는 세금을 그만큼 줄여주었으므로 오염감축 비용이 아니다).

경매를 이용하는 방법은 세금을 부과하는 방법과 동일한 장점을 가진다: 가장 적은 비용으로 오염을 줄일 수 있는 기업이 오염을 가장 많이 줄이도록 한다. 그러나 경매 방식은 세금을 부과하는 방법과 비교해 추가적인 장점을 지닌다. 먼저 기업들은 오염 감축 목표 달성에 실패할 때 포기해야 하는 비싼 투자를 하지 않아도 된다. 둘째로, 배출량 수준을 결정함에 있어 일반 시민들의 직접 참여도 가능하다. 예를 들어, 목표 배출량 수준이 너무 관대하다고 생각하는 어떤 집단도 자금을 조달해 경매에서 배출권을 살 수 있다. 구매한 배출권을 금고에 보관함으로써 이 집단은 이 배출권이 오염물질을 배출하는 데 사용되지 못하도록 할 수 있다.

수십 년 전에 경제학자들이 처음으로 오염 배출권 경매를 제안했을 때, 격렬한 반대의 목소리가 언론에 보도되었다. 대부분의 반대 목소리는 이 같은 제안이 "부자 기업이 마음껏 오염시키도록 허용하는 것"이라는 것이었다. 이 같은 주장은 오염을 발생시키는 원인에 대한 오해를 그대로 드러내는 것이다. 기업들이 오염시키는 것을 원해서가 아니라, 오염물질을 발생시키는 공정이 그렇지 않은 공정보다 비용이 적게 들기 때문에 기업들은 오염물질을 발생시킨다. 사회 전체적인 관심은 전체 오염 배출량이 지나치게 과도하지 않게 하는 것이지, 누가 오염을 발생시키는지에 있는 것은 아니다. 경매 방식하에서 가장 많은 오염물질을 배출하는 기업은 부자인 기업이 아니라, 오염 감축에 가장 큰 비용을 지불해야 하는 기업이다.

경제학자들은 경매 방식에 대해 잘못된 정보에 근거한 반대 주장에 대해 참을성 있게 반박해왔고, 이들의 노력은 마침내 그 결실을 맺었다. 오염 배출권의 판매는 미국 여러 주에서 보편적인 것이 되었고 다른 나라에도 경매에 대한 관심이 높아지고 있다.

11.7 기후변화와 탄소세

대기 중의 이산화탄소는 지구 온난화의 주된 요인으로 간주되고 있다. 이로 인한 기후변화의 우려는 탄소 배출에 세금을 부과하거나 시장에서 거래 가능한 배출권을 확보하도록 하는 제안으로 이어졌다. 이 같은 제안을 비판하는 사람들은 기후변화에 대한 예측이 매우 불확실하기 때문에 특별한 조치를 취할 필요는 없다고 주장한다. 그러나 불확실성은 양면의 칼이다. 기후변화를 연구하는 사람들도 자신들의 모델에 근거한 추정치가 매우 불확실하다는 점은 쉽게 인정한다. 그러나 이 같은 불확실성은 실제 결과가 평균적인 추정치보다 더 나을 수 있지만, 반대로 훨씬 나쁠 수도 있음을 의미한다.

2009년 코펜하겐에서 개최된 기후변화 국제회의는 21세기 말까지 기온 상승을 화씨 3.6도로 제한하고자 했다. 이 같은 작은 온도 상승도 치명적인 해를 가져올 수 있다. 또한 기존의 가장 신뢰할 수 있는 기후변화 모델 대부분이, 아무런 조치가 없으면, 평균 온도가 이보다 적게 상승할 가능성은 전혀 없다고 예측하고 있다.

2013년에 발표된 기후변화에 대한 정부간 패널(Intergovernmental Panel on Climiate Change, IPCC)의 추정에 의하면, 효과적인 조치가 없으면, 금세기 말까지 평균 기온상승의 예측치의 중간값이 화씨 6.7도였다.[2] IPCC는 5%의 가능성으로 2100년까지 온도가 화씨 8.6도 이상으로 상승할 가능성도 있다고 추정했다. 이 정도 온도 상승이면 해면이 상승해 현재 인구밀도가 가장 높은 해안지역이 더 이상 거주지역이 될 수 없다. 기상학자들은 기후 변화에 따른 폭풍과 가뭄으로 인해 이미 큰 피해가 발생하고 있다

2 Intergovernmental Pnel on Climate Change, *Fifth Assessment Report-Climate Change 2013: The Physical Science Basis.*

고 믿고 있다.[3]

기후변화 모델의 추정치는 매우 불확실하다. 상황이 예측한 만큼 나빠지지 않을 수 있다. 그러나 그보다 더 악화될 가능성도 존재한다. 결과가 나쁘지 않을 수 있기 때문에 아무런 조치를 취할 필요가 없는 것은 아니다. 적군이 침공을 하지 않는다고 군대가 필요없다고 말하는 사람은 없다. 기후 변화에서 남아있는 유일한 불확실성은 얼마나 나빠질 것인가 하는 것이다. 어떤 조치를 취해야만 하는가? 이 질문에 대답하려면 먼저 그 비용이 얼마인지 물어야 한다. 그 대답은 놀랄만큼 작다는 것이다.

IPCC의 초기 추정치는 2100년까지 기후변화의 안정성을 확보하려면 2030년까지 탄소 배출 1톤당 $20에서 $80 사이의 세금을 부과해야 한다고 제안했다. 그러나 IPCC는 기술 향상으로 인해서 톤당 $5면 될 것이라는 견해를 밝혔다.[4] 탄소세가 부과되면 각종 재화의 가격은 탄소 배출량에 따라 가격이 상승할 것이다. 예를 들어, 톤당 $80의 세금이 부과되면 휘발유 가격은 갤런당 70센트, $5가 부과되면 5센트 이하로 상승한다.

2008년도에 그랬듯이 이 정도의 가격 상승은 운전자들에게 상당한 고통이다. 그러나 점진적으로 시행되면, 그 피해는 훨씬 적을 것이다. 연료비가 완만히 증가하면, 예를 들어, 자동차 회사들은 고효율의 자동차를 개발할 것이다. 많은 유럽국가에서 휘발유 가격은 미국보다 갤런당 $4 더 비싸다. 그렇기 때문에 유럽의 자동차 회사들은 세계에서 가장 효율적인 자동차를 개발하는 데 선구자가 되었다. 유럽인들은 미국인보다 휘발유에 대한 지출이 적다. 그렇다고 덜 행복한 것도 아니다.

한 가정이 오래된 포드 브롱코(연비 15마일/갤런)를 포드 왜건(연비 32마일/갤런)으로 교체하면 운전 거리가 동일해도 연료비 지출은 감소한다. 점진적인 세금 부과는 사람들에게 적응할 시간을 준다. 사람들은 보다 가까운 곳으로 직장을 옮기거나, 카풀을 하거나, 휴가를 좀 더 가까운 곳으로 가는 것 등으로 대응할 수 있다. 조세수입의 일부는 높은 휘발유 가격으로 고생하는 저소득층에게 재분배될 수 있다. 일부는 정부 부채를 줄이거나, 사회기반시설 투자 또는 다른 세금을 줄이는 데 사용될 수 있다.

2009년 미국 하원은 탄소세와 동일한 기능을 하는 포괄적인 탄소 배출 상한과 거래 제도를 포함하는 에너지 법안을 통과시켰다. 그러나 상원에서 부결되었다. 미국 의회를 오랫동안 관찰해온 사람들은 의미 있는 기화변화 법안이 조만간 미국 의회를 통과할 가능성은 거의 없다고 본다.

어떤 사람들은 다른 국가들이 동참하지 않으면 탄소세 부과는 시간 낭비라고 주장한다. 옳은 지적이다. 국제무역기구의 관리들은 수출국이 자국에서 탄소세를 부과하지 않으면, 탄소 발생량에 비례해 수입품에 세금을 부과할 수 있음을 지적했다. 미국시장은 큰 시장이다. 미국에 수출하는 국가들은 미국이 수입품에 탄소세를 부과해 조세수입을 거두는 것보다 자국에서 빨리 탄소세를 부과하는 것이 나을 수 있다.

3 The Environmental Defenxe Fund, "How Climate Change Plunders the Planet."

4 Intergovernmental Pnel on Climate Change, *Climate Change 2007-Synthesis Report*, pp. 59–61.

비용-편익

요약하면 경제학자들의 비용-편익의 분석틀에서 보면, 탄소세를 부과하지 않는 것은 큰 미스터리이다. 아마도 그 이유는 아무리 건전한 정책제안도 의회를 통과하려면 수십 년은 걸리기 때문이다.

산성비는 좋은 예이다. 미국 중서부에 위치한 발전소들은 오랫동안 고농도 유황석탄을 이용해 발전했다. 그 결과 막대한 양의 이산화황을 배출했다. 바람에 의해 이산화황 가스는 동쪽으로 이동해 뉴욕 주와 뉴잉글랜드 주에 산성비를 내려 나무와 물고기에 큰 피해를 야기했다.

1960년대부터 경제학들은 기업들이 이산화황 배출 허가권을 사도록 의무화함으로 이 문제를 해결해야 한다고 주장해왔다. 그러나 앞서 설명했듯이, 그 논리적 타당성에도 불구하고 경제학자들의 제안은 의회에서 수십 년동안 계류되어 왔다. 1995년 공기 정화법(Clean Air Act) 수정안이 통과되면서 의회는 이산화황 배출권 시장 설치를 의무화했다.

경제학자들이 예측했듯이, 배출권 제도는 대단히 잘 작동했다. 복잡한 규제 방식의 약 1/6의 비용으로 이산화황에 의한 산성비의 양의 급격하게 감소했다.[5] 배출에 대한 대가를 지불해야 하면, 경제주체들은 배출량을 줄이는 기발한 방법들을 찾기 마련이다.

요약 환경 규제에 있어 가격 유인체계의 이용

오염을 감축하는 효율적인 프로그램은 모든 기업의 오염 감축 한계비용이 동일하도록 만드는 것이다. 오염에 과세를 하는 것은 오염 배출권을 경매하는 방식과 마찬가지로 바람직한 성질을 가진다. 오염 배출권 경매 방식은 기업들의 오염 감축 비용에 대한 상세한 정보 없이도 규제기관이 원하는 오염 감축 수준을 달성할 수 있는 장점이 있다.

기상학자들은 대기 중 온실가스의 증가가 파국적인 지구온난화를 가져올 수 있다고 경고한다. 이 같은 위험은 탄소세나 배출권 제도의 도입을 통해 회피할 수 있다.

5 The United Sates Environmental Protection Agency, www.epa.gov/airmarket 참조.

요 약

Summary

- 한 행동에서 발생하는 외부효과는 그 행동에 직접 연관되지 않은 다른 사람들에 발생하는 비용과 편익을 의미한다. 외부효과에 의해 영향을 받는 모든 사람들이 별도의 비용 없이 협상을 할 수 있으면 보이지 않는 손에 의해 효율적인 자원배분이 달성된다.
- 코즈의 정리에 의하면 외부효과에 의해 영향을 받는 사람들이 외부효과를 교정하는 행동을 취하는 데 대한 보상을 다른 사람들에게 지불할 수 있기 때문에, 별도의 비용 없이 협상을 할 수 있는 경우 자원배분은 효율적이다.
- 그러나 때로 외부효과에 대한 협상이 불가능한 경우가 있다. 이 같은 경우 자신의 이익을 추구하는 개인들의 행동은 일반적으로 효율적인 자원배분으로 이어지지 않는다. 외부효과에 의한 문제의 해답을 찾으려는 노력은 집단적인 행동을 정당화시키는 가장 중요한 근거 가운데 하나이다. 때로는 집단적인 행동이 외부효과를 창출하거나 영향을 받는 사람들의 유인을 바꾸는 법이나 정부 규제의 형태로 나타나기도 한다. 이 같은 처방은 외부효과를 최소의 비용으로 수용할 수 있는 사람에게 외부효과의 부담을 지울 때 가장 효과적으로 작용한다. 도로교통법, 도시 계획법, 환경보호법 혹은 표현의 자유에 대한 법들이 이 같은 예이다.
- 오염과 같은 외부불경제를 억제하는 데는 편익뿐만 아니라 비용도 발생한다. 최적의 오염 감축량은 추가적 감축으로 인한 한계편익이 한계비용과 같아지는 수준이다. 일반적으로 최적의 오염 감축량, 혹은 다른 외부불경제의 사회적 최적 수준은 0보다 크다.
- 방목지나 그 외의 다른 가치 있는 자원이 공동소유면 누구도 그 자원을 사용할 때 발생하는 기회비용을 고려할 유인을 갖지 않는다. 이 같은 문제를 공유의 비극이라고 부른다. 가치 있는 자원의 사용에 대한 사유 재산권을 설정하고 집행하는 것이 종종 공유의 비극을 해결하는 효과적인 해법이다. 대부분의 선진국에서 사유 재산권 제도가 잘 발달해 있는 것은 놀랄만한 일이 아니다. 모든 사람이 공유하는 소유권은 실제적으로 그 누구의 소유권도 아니다. 공동 소유면 그 자원이 가진 잠재적인 경제적 가치가 완전하게 실현되지 않을 뿐더러, 때로는 아무런 가치를 갖지 못하는 경우도 있다.
- 경우에 따라 사유 재산권을 집행하는 것이 어렵기 때문에 공해상에서의 고래 남획이나 멀리 떨어져 있는 공유지에서의 성장하지 않은 나무의 벌목과 같은 비효율적인 결과가 발생할 수 있다. 여러 나라의 국경이 닿아있는 경우의 바다 오염도 재산권을 집행하기 어렵기 때문에 발생한다.
- 보상이 다른 사람들의 성과와 상대적인 비교에 의존하는 상황에서는 위치적 외부효과가 발생한다. 이 같은 경우 한 사람의 상대적 위치를 향상시키는 모든 조치는 필연적으로 다른 사람의 위치를 악화시킨다. 위치적 외부효과는 성과를 향상시키기 위해 서로 상쇄되어 아무런 효과가 없는 소모적인 투자지출을 경쟁적으로 늘리는 위치적 군비경쟁을 낳는다. 위치적 군비경쟁을 억제하는 집단적인 행동을 위치적 군비통제 협약이라고 부른다. 이 같은 집단적인 행동은 스포츠에서 근육 강화제의 금지, 선거 비용의 제한, 구속력 있는 중재 협약과 같은 공식적인 규제나 규칙의 형태를 지닐 수 있다. 비공식적인 사회적 규범 또한 위치적 군비경쟁을 억제할 수 있다.
- 환경오염을 발생시키는 원인에 대한 이해는 가장 적은 비용으로 원하는 정도의 오염을 감축시키는 정책적 수단을 찾는 데 도움이 된다. 오염물질 방출에 대한 조세 부과와 이전 가능한 오염 배출권 판매 모두 이 같은 목적을 달성하는 데 도움이 된다. 두 방법 모두 기업별로 오염물질 감축의 한계비용이 동일하도록 환경 정화의 비용을 배분한다.

핵심용어 Key Terms

공유의 비극(354)
외부경제(336)
외부불경제(336)
외부비용(336)
외부편익(336)
외부효과(336)
위치적 군비경쟁(360)
위치적 군비통제 협약(360)
위치적 외부효과(360)
코즈의 정리(342)

복습문제 Review Questions

1. 의회가 만일 다른 사람에게 외부불경제 부과하는 모든 행동을 불법이라고 선언하면 이 같은 입법은 타당한가?
2. 어떤 유인의 문제 때문에 로스앤젤레스와 같은 도시의 고속도로는 지나친 교통 혼잡이 발생하는가?
3. 여러분은 친구에게 고속도로의 최적 교통 혼잡수준이 0이 아님을 어떻게 설명하겠는가?
4. 왜 유타주 내부에 위치한 솔트 레이크(Salt Lake)는 여러 주 및 캐나다와 접하고 있는 이리호(Lake Erie)보다 오염수준을 낮추기 용이한가?
5. 왜 굽이 높은 하이힐 신발을 신는 것이 위치적 외부효과의 결과라고 볼 수 있는지 설명하라.
6. 왜 경제학자들은 오염물질에 대한 조세 부과나 오염 배출권 판매가 법에 의해 강제적으로 오염물질을 줄이게 하는 것보다 더 효율적인 방법이라고 믿는가?

연습문제 Problems

1. 다음의 재화들은 외부경제 또는 외부불경제 가운데 어떤 것을 창출하는가? 시장은 사회적 최적보다 과다 또는 과소 생산하는가?
   a. 예방접종 b. 담배 c. 항생제
2. 법에 의해 존스는 바람 부는 쪽에 사는 스미스의 동의 없이는 공장에서 매연을 발생시킬 수 없다고 가정하자. 존스의 공장에서 발생하는 매연을 걸러내는 필터의 비용과 편익은 다음의 표와 같고, 존스와 스미스가 별도의 비용 없이 협상을 할 수 있다면 존스는 매연을 방출할 것인가?

	존스가 매연 방출함	존스가 매연 방출하지 않음
존스의 이득	$200	$160
스미스의 이득	$400	$420

3. 존과 칼은 월 임대료 $500에 방이 두 개인 아파트에 같이 살거나, 월 임대료 $350에 방 하나인 아파트에 각자 살 수 있다. 임대료를 제외하면 두 사람은 같이 사는 것과 따로 사는 것 사이에 무차별하다. 다만 한 가지 문제는 존이 매일 밤 더러운 접시를 닦지 않고 싱크대에 그대로 남겨둔다는 것이다. 칼은 존이 남겨놓는 접시를 안 볼 수 있으면 월 $175를 지불할 용의가 있다. 반면에 존은 계속해서 접시를 어질러 놓을 수 있으면 $225를 지불할 용의가 있다.
   a. 존과 칼은 같이 살아야 하는가? 같이 살아야 한다면, 더러운 접시들은 계속해서 싱크대에 남겨져 있는가? 설명하라.
   b. 존이 칼과 아파트를 같이 살아서 발생하는 사생활 침해를 피하기 위해 월 $30를 지불할 용의가 있다면 존과 칼은 같이 살아야 하는가?
4. 바톤과 스테이틀러는 맨해튼 시내의 아파트 단지에서 위아래층에 살고 있다. 바톤은 피아노 연주자이며, 스테이

틀러는 서사시를 쓰는 시인이다. 바톤은 스테이틀러의 서재 바로 위에 있는 방에서 작은 그랜드 피아노를 치면서 연주회 악보를 연습한다. 다음의 보수행렬은 바톤의 방이 방음 장치가 되어있을 때와 그렇지 않을 때 바톤과 스테이틀러의 보수를 보여준다. 방음 장치는 바톤의 방에 설치되었을 경우에만 효과가 있다.

	방음 장치함	방음 장치하지 않음
바톤의 이득	\$100	\$150
스테이틀러의 이득	\$120	\$80

a. 바톤은 원하는 만큼의 소음을 낼 수 있는 법적 권리를 가지고 있다. 바톤과 스테이틀러가 별도의 비용 없이 협상을 한다면 바톤은 방음 장치를 하겠는가? 설명하라. 바톤의 선택은 효율적인가?

b. 스테이틀러는 소음 없는 평화로움을 즐길 수 있는 법적 권리를 가지고 있다. 바톤과 스테이틀러가 별도의 비용 없이 협상을 한다면 바톤은 방음 장치를 하겠는가? 설명하라. 바톤의 선택은 효율적인가?

c. 효율적인 결과가 달성되는 것은 바톤이 소음을 낼 수 있는 법적 권리를 가지는지 혹은 스테이틀러가 소음 없는 평화로움을 즐길 수 있는 법적 권리를 가지는지에 의존하는가?

5. 4번 문제에서 바톤이 풀사이즈의 그랜드 피아노를 사기로 결정했다. 새로운 보수행렬은 다음과 같다.

	방음 장치함	방음 장치하지 않음
바톤의 이득	\$100	\$150
스테이틀러의 이득	\$120	\$60

a. 스테이틀러가 소음 없는 평화로움을 즐길 수 있는 법적 권리를 가지고 있다. 바톤과 스테이틀러가 별도의 비용 없이 협상을 한다면 바톤은 방음 장치를 하겠는가? 설명하라. 바톤의 선택은 효율적인가?

b. 바톤이 원하는 만큼의 소음을 낼 수 있는 법적 권리를 가지고 있다. 바톤과의 협상비용이 \$15라고 가정하자. 바톤은 방음 장치를 하겠는가? 설명하라. 바톤의 선택은 효율적인가?

c. 스테이틀러가 소음 없는 평화로움을 즐길 수 있는 법적 권리를 가지고 있다. 두 사람 간의 협상 비용이 \$15라고 가정하자(소음으로 인한 피해 보상은 협상비용을 물지 않고도 지불할 수 있다). 바톤은 방음 장치를 하겠는가? 설명하라. 바톤의 선택은 효율적인가?

d. 왜 효율적인 결과를 달성할 수 있는 것이 바톤이 소음을 낼 수 있는 권리를 가졌는가에 의존하는가?

6. 피비는 사과 과수원 옆에서 양봉을 하고 있다. 피비는 양봉으로 인한 자신의 사적 한계편익과 사적 한계비용이 일치하는 꿀의 양을 생산하기 위해 벌의 숫자를 선택한다.

a. 피비의 사적 한계편익곡선과 사적 한계비용곡선이 정상적인 형태를 가지고 있다고 가정하고 두 곡선을 그려라.

b. 피비가 키우는 벌은 사과 과수원의 꽃가루 수분 작용에 도움을 주어 사과의 산출량을 증가시킨다. 피비의 양봉으로부터 발생하는 사회적 한계편익곡선을 문항 a에서 그린 그림 위에 그려라.

c. 피비가 키우는 벌은 자신들의 비행 궤도에 들어오는 모든 사람들을 침으로 쏘는 아프리카 살인벌이다. 다행스럽게도 피비는 벌의 독에 대한 면역을 가지고 있다. 피비의 양봉으로부터 발생하는 사회적 한계비용곡선을 문항 a에서 그린 그림 위에 그려라.

d. 사회적 최적인 벌들의 숫자를 그림에 표시하라. 사회적 최적 숫자가 피비가 사적으로 선택하는 숫자보다 많은가 혹은 적은가? 설명하라.

7. 골든게이트 공원의 CD 플레이어 임대 공급곡선이 $P=5+0.1Q$라고 가정하자. P는 달러로 표시한 대당 하루 임대가격이고 Q는 110개 단위로 표시한 하루 임대수량이다. CD 플레이어의 수요곡선은 $P=20-0.2Q$이다.

a. CD 플레이어마다 소음을 유발해 다른 사람에게 하루 \$3에 해당하는 비용을 발생시킬 때, 균형거래량은 사회적 최적 산출량을 얼마나 초과하는가?

b. 대당 \$3의 세금을 부과하면 이 시장의 효율성에 어떤 영향을 미치는가?

8* 여섯 명이 사는 한 마을이 있다. 각 주민들은 \$110의 저축으로 연이자율이 15%인 정부채권을 구입하거나 혹은 1년생 라마를 구입해 마을의 공유지에서 1년 동안 사육한 후 시장에 팔 수 있다. 2년생 라마의 가격은 공유지에서 사육

하는 동안 자라난 양털에 의존하는데, 양털의 질은 공유지에서 풀을 뜯는 라마의 수에 의존한다. 2년생 라마의 가격은 다음과 같다.

공유지의 라마 수	2년생 라마 가격($)
1	122
2	118
3	116
4	114
5	112
6	109

주민들은 순차적으로 투자 결정을 하고, 그 결과는 모두에게 공개된다.

a. 주민들이 개별적으로 투자 결정을 하면 몇 마리의 라마가 공유지에서 사육되겠는가? 마을 전체의 순수입은 얼마인가?

b. 이 마을의 사회적 최적 라마 수는 얼마인가? 왜 사회적 최적 라마 수와 실제로 사육되는 라마의 수가 다른가? 사회적 최적 숫자의 라마가 사육되는 경우 마을의 순수입은 얼마인가?

c. 마을 위원회가 경매를 통해 공유지의 독점적 사용권을 가장 높게 입찰한 사람에게 주기로 결정했다. 주민들은 연 이자율 15%로 얼마든지 빌리거나 빌려줄 수 있다고 가정할 때, 독점적 사용권의 가격은 얼마인가? 독점적 사용권을 획득한 사람은 이 권리를 어떻게 사용하는가? 이 경우 마을의 순수입은 얼마인가?

9. 슬러지 오일회사와 노스웨스트 목재회사 각각 다섯 가지 생산 공정 가운데 한 가지를 사용할 수 있는데, 공정마다 비용과 오염물질 배출량이 다르다. 각 공정별 일일 비용과 방출되는 스모그의 양은 아래 표와 같다.

공정 (스모그)	*A* (4톤/일)	*B* (3톤/일)	*C* (2톤/일)	*D* (1톤/일)	*E* (0톤/일)
슬러지 오일회사의 비용($/일)	50	70	120	200	500
노스웨스트 목재회사의 비용($/일)	100	180	500	1,000	2,000

a. 아무런 규제가 없으면 각 기업은 어떤 공정을 사용하겠는가? 하루 스모그 배출량은 얼마인가?

b. 시의회가 스모그 배출량을 50% 줄이고자 한다. 이를 위해 각 기업이 스모그 배출량을 현재보다 50% 낮출 것을 의무화했다. 이 정책으로 인한 사회적 비용은 얼마인가?

c. 시의회가 스모그 배출량을 50% 줄이고자 한다. 이번에는 스모그 1톤 배출시 $\$T$의 세금을 부과한다. 원하는 만큼 스모그 배출량을 줄이려면 T는 얼마가 되어야 하는가? 이 정책으로 인한 사회적 비용은 얼마인가?

10. 9번 문제에서 세금 대신 시의회는 하루 스모그 1톤을 방출할 수 있는 오염 배출권 4장을 경매를 통해 팔고자 한다. 오염 배출권이 없으면 스모그를 배출할 수 없다. 시의회가 $1로부터 경매를 시작해 각 기업들에게 이 가격에서 몇 장을 살 것인지를 질문한다. 수요량이 4장을 넘으면 가격을 $1 상승시켜, 동일한 질문을 한다. 수요량이 4장이 될 때까지 경매를 계속한다. 이 경우 오염 배출권의 가격은 얼마로 결정되는가? 각 기업은 몇 장씩 구매하는가? 이 정책으로 인한 사회적 비용은 얼마인가?

본문 개념체크 해답 Answers to Concept Checks

11.1 애버크롬비 회사가 필터를 사용하면 피치는 하루 $50를 얻을 수 있으므로, 피치는 애버크롬비 회사에게 최대한 하루 $49까지 지불하고도 필터를 사용하지 않는 경우보다 더 나아질 수 있다.

11.2 둘이 같이 살면 전화의 문제를 해결하는 가장 효율적인 방법은 이전과 동일하게 베티가 앤의 버릇을 수용하는 것이다. 그러나 이 경우 수용하는 비용 $150에 사생활 침해 비용인 $60를 더해야 한다. 그러므로 같이 살기 위해 앤이 부담해야 하는 비용이 월 $211이다. 이 금액은 임대료 절약분인 $200보다 크므로, 둘은 따로따로 살아야 한다.

11.3 송아지 투자로부터 발생하는 소득은 이전과 동일하며 아래 표에 나타나 있다. 달라진 것은 송아지 투자의 기회비용이 $13가 아닌 $11라는 것이다. 표의 마지막 열은 사회적 최적 송아지 숫자가 1이 아닌 2임을 보여준다. 다른 조건이 동일할 때, 각 주민이 개별적으로 송아지 투자를 결정하면 표의 중간 열이 보여주듯이 주민들은 4마리가 아닌 5마리를 사육한다.

공유지의 송아지 수	2년생 송아지 가격($)	송아지 한 마리당 수입($)	총수입 ($)	한계수입 ($/마리)
				26
1	126	26	26	12
2	119	19	38	10
3	116	16	48	4
4	113	13	52	3
5	111	11	55	

11.4 하루 1톤당 $61의 세금을 부과하면, 슬러지 오일회사는 *A* 공정을, 노스웨스트 목재회사는 *C* 공정을 사용한다.

공정 (스모그)	*A* (4톤/일)	*B* (3톤/일)	*C* (2톤/일)	*D* (1톤/일)	*E* (0톤/일)
슬러지 오일회사의 비용($/일)	100	200	600	1,300	2,300
노스웨스트 목재회사의 비용($/일)	300	320	380	480	700

정보 경제학 제 12 장

거래당사자를 적절하게 연결시켜 주는 것은 재화를 생산함으로써 창출되는 경제적 가치와 동일한 가치를 창출한다.

오래 전에 한 젊고 순진한 경제학자가 인도 카시미르(Kashmir)주 주도인 스리나가르(Srinagar)시 근교에 있는 경치가 빼어난 달 호수(Dal Lake)의 수상보트 집에서 일주일을 보낸 적이 있다. 카시미르주는 목각으로 유명하다. 어느 날 오후 곤돌라를 탄 한 사람이 곁에 멈춰 서더니 이 경제학자에게 나무로 만든 대접 몇 개를 보여주었다. 경제학자가 이들 대접 가운데 하나에 관심을 보이니, 목세공인은 200루피의 가격을 불렀다. 이 경제학자는 아시아의 이 지역에 오랫동안 살아 본 경험이 있어서 200루피라는 가격이 이 목세공인이 받을 수 있을 것이라고 기대한 가격보다 훨씬 비싼 가격임을 알고, 100루피의 가격을 역제안했다.

목세공인은 매우 불쾌한 듯이 175루피 이하로는 절대로 팔 수 없다고 말했다. 목세공인이 화가 난 척하고 있다고 생각한 경제학자는 그대로 버티었다. 목세공인은 더욱 화가 난 것처럼 보였지만, 곧 150루피로 가격을 깎아서 제안했다. 경제학자는 공손하게 100루피 이상은 낼 용의가 없다고 되풀이해서 말했다. 그러자 목세공인은 125루피를 제안했고, 경제학자는 다시 100루피가 자신의 최종 제안이라고 대답했다. 마침내 거래는 100루피에 이루어졌고 목세공인은 돈을 받고 화가 나서 그 장소를 떠났다.

싸게 산 것에 기분이 좋아서, 그날 저녁에 경제학자는 그 대접을 수상보트 집주인에게 보여주었다. "참으로 멋진 목대접이군요."라고 집주인도 동의하면서, 얼마에 샀는지 경제학자에게 물어보았다. 경제학자는, 자신이 협상을 매우 잘했다고 칭찬받을 것을 기대하고, 집주인에게 말했다. 집주인이 터져 나오는 웃음을 참지 못한 것을 보고, 경제학자는 자신이 너무 비싼 가격을 지불했다는 생각이 들었다. 이런 목대접이 어느 정도의 가격에 거래되는지를 물었을 때, 집주인은 잘 대답하려고 하지 않았다. 그러나 경제학자가 계속해 질문하자, 집주인은 이 정도 대접이면 잘해야 30루피 정도가 최대 가격이라고 생각한다고 말했다.

아담 스미스의 보이지 않는 손은 구매자가 자신의 소득을 사용할 수 있는 수많은 방법에—어떤 재화와 서비스가 구매 가능하고, 가격은 얼마이며, 얼마나 오래 쓸 수 있으며, 얼마나 자주 고장 나는가 등등—대해 완전한 정보를 가지고 있다고 전제하고 있다. 그러나 물론 누구도 모든 것에 대해 완전한 정보를 가지고 있지 못하다.

소비자들은 여러 가지 방법을 사용해 정보를 얻을 수 있는데, 소비자들은 소비자 보고서를 읽기도 하고, 가족 및 친구들과 정보교환도 하고, 상점을 방문하기도 하며, 중고차의 타이어를 건드려 보는 등 중고 물건이 쓸 만한지 아닌지 확인해 보기도 한다. 그러나 완전한 정보 없이 현명한 선택을 하기 위해 가장 중요한 점 가운데 하나는 자신이 얼마나 잘 알고 있지 못하는지를 아는 것이다. 어떤 사람이 이 세상에는 두 종류의 소비자가 존재한다고 말했다: 자신이 무엇을 하고 있는지 모를 수 있다는 것을 아는 소비자와 자신이 무엇을 하고 있는지 모른다는 것을 알지 못하는 소비자가 그들이다. 앞에서 살펴본 목대접과 같이, 두 번째 범주에 속한 사람들이 어리석은 선택을 할 가능성이 가장 높은 사람들이다.

경제학의 기본 원리들은 추가적인 정보가 가장 가치 있는 상황이 어떤 상황인가를 파악하는 데 도움이 된다. 본장에서는 이 같은 원리들이 어느 정도의 정보를 획득할 것이며, 제한된 정보를 어떻게 하면 가장 잘 이용할 것인가에 대해 어떻게 도움이 되는지 알아본다.

12.1 중간상은 어떻게 가치를 창출하는가?

소비자들이 직면하는 가장 흔한 문제 가운데 하나가 잘 이해하기 힘든 복잡한 기능을 지닌 제품이 여러 종류가 있을 때 어떤 종류를 선택해야 하는가이다. **예 12.1**은 이 같은 경우 소비자들은 때때로 다른 사람들의 지식에 의존할 수 있음을 보여준다.

예 12.1 소비자의 선택

소비자는 어떤 종류의 스키를 구매해야 하는가?

여러분이 새 스키 한 벌을 사고자 한다. 그러나 마지막으로 스키를 산 이후 스키 제작 기술이 매우 많이 바뀌어 어떤 브랜드와 모델이 여러분에게 가장 잘 어울리는지 알지 못한다. 스키즈 알어스(Skis R Us)가 가장 많은 다양한 모델을 갖추고 있으므로 여러분은 그곳에 가서 스키에 대한 조언을 구하고자 한다. 세일즈맨들은 스키에 대해 잘 알고 있다: 여러분의 스키 경험과 얼마나 적극적으로 스키를 타는가에 대한 질문을 한 후, 세일즈맨은 여러분에게 로시뇰 익스피어런스 77(Rossignol Experience 77)이라는 브랜드를 추천해 주었다. 여러분은 $600를 주고 스키를 사서 아파트로 돌아와 룸메이트에게 그 스키를 보여주었다. 룸메이트는 동일한 스키를 인터넷에서 $400면 살 수 있었을 것이라고 말해주었다. 여러분은 이미 산 스키에 대해 어떤 기분일까? 두 경우의 가격이 다른 것은 그들이 제공하는 서비스와 연관되어 있는가? 스키즈 알 어스에서 스키를 구매함으로써 받은 추가적인 서비스가 $200어치의 가치가 있는가?

인터넷 소매상은 모든 서비스를 제공하는 오프라인 상점보다 비용이 훨씬 낮으므로 더 싸게 팔 수 있다. 오프라인 상점들은 스키에 대한 많은 지식을 가진 세일즈맨을 고용해야 하며, 상품을 진열해야 하고, 쇼핑몰에서 비싼 임대료를 지불하고 장소도 임대해야 한다. 반면에 인터넷 소매상이나 우편주문 판매상들은 대개 전화 주문을 받는 숙련되지 않은 점원을 고용하고, 저장 비용이 저렴한 대형 창고에 상품을 보관하고 있다. 여러분이 자신에게 적합한 제품이 무엇인지를 잘 알지 못하는 소비자라면, 전문적인 지식을 가진 오프라인 상점에서 구매를 함으로써 지불해야 하는 추가적인 비용은 아마도 매우 괜찮은 투자일 것이다. 자신에게 맞는 스키를 $600에 사는 것이 잘 맞지 않는 스키를 $400에 사는 것보다 현명한 일이다.

많은 사람들은 제조업체의 제품을 팔아주는 도매상, 소매상 혹은 그 밖의 다른 중간상들이 실제로 제품을 만드는 사람들과 본질적으로 다른 경제적 역할을 수행한다고 믿고 있다. 이 같은 견해에 따르면, 생산근로자가 궁극적인 경제적 부가가치를 창출하는 원천이다. 판매원들은 종종 단순한 중간상으로 실제로 일을 하는 사람에게 빌붙어 사는 기생충과 같은 존재로 취급을 당하기도 한다.

많은 사람들이 판매원이 제공하는 서비스에 대한 대가를 지불하지 않기 위해 많은 노력을 한다는 사실 때문에, 겉보기에 이 같은 견해가 지지를 받고 있는 것처럼 보인다. 많은 제조업자들은 소비자들의 이 같은 노력에 부응하기 위해 소비자들에게 “직구매”의 기회를 제공해 중간상이 받는 수당을 회피하려고 한다. 그러나 좀 더 자세히 살펴보면, 중간상의 경제적 역할은 본질적으로 생산근로자의 경제적 역할과 다를 것이 없음을 알게 된다. **예 12.2**를 살펴보자.

중간상의 경제적 역할 예 12.2

더 나은 정보는 경제적 잉여에 어떤 영향을 미치는가?

엘리스는 위대한 타자였던 베이브 루스(Babe Ruth)가 프로 1년차 시절에 발행된 희귀한 베이브 루스 야구카드를 막 물려받았다. 엘리스는 이 카드를 계속 가지고 싶어 하나, 밀린 여러 요금을 지불하기 위해 할 수 없이 팔기로 결정했다. 이 카드에 대한 엘리스의 유보가격은 $300이다. 그러나 그는 이보다 훨씬 더 비싼 가격을 받기를 희망하고 있다. 엘리스는 두 가지 방법으로 카드를 팔 수 있다: $5를 지불하고 지역 신문에 광고를 내거나, 인터넷 경매 사이트인 이베이(eBay)

에 카드를 올려놓을 수도 있다. 이베이를 통해 카드를 팔면 엘리스는 최고입찰가격의 5%를 수수료로 이베이에 지불해야 한다. 엘리스는 희귀한 야구카드를 구매할 잠재적 구매자가 많지 않은 작은 동네에 살고 있으므로, 그 지역에서 가장 높은 유보가격을 지닌 구매자는 최대 $400까지 지불할 용의가 있다. 그러나 이베이를 이용하면 훨씬 더 많은 잠재적 구매자들이 참여할 수 있다. 이베이에서 쇼핑하는 두 명의 유보가격이 각각 $900와 $800이면, 이베이를 통해 카드를 팔 경우 총잉여는 얼마나 더 증가하는가(편의상, 이베이의 수수료와 신문 광고료는 각각의 서비스를 제공하는 비용과 동일하다고 가정한다)?

이베이 경매 시 각 입찰자는 자신의 유보가격을 보고한다. 경매가 종료되면 가장 높은 유보가격을 지닌 입찰자가 승리하고, 그 사람은 두 번째로 높은 입찰자의 유보가격을 가격으로 지불한다. 그러므로 이 예에서 이베이를 통해 카드를 팔면 베이브 루스 야구카드는 $800에 팔릴 것이다. 이베이의 수수료 $40를 제외하면, 엘리스는 자신의 유보가격보다 $460가 더 많은 $760를 받는다. 그러므로 엘리스가 얻는 경제적 잉여는 $460이다. 승리한 입찰자의 경제적 잉여는 $900−$800=$100이므로, 이베이를 통한 판매시 총잉여는 $560이다.

엘리스가 지역 신문 광고를 통해 유보가격이 $400인 동네 구매자에게 팔면 광고료 $5를 제외한 엘리스의 경제적 잉여는 $95이고, 구매자의 경제적 잉여는 0이다. 그러므로 지역 신문을 통해 판매할 때와 비교해 이베이를 통해 판매하면, 총잉여는 $560−$95=$465만큼 더 크다.

이베이는 존재하는 정보를 유용하게 사용할 수 있는 사람들에게 알리는 서비스를 제공한다. 더 높은 가치를 부여하는 사람에게 물건이 팔리면, 그렇지 않은 사람에게 팔리는 때와 비교하면 실제적인 경제적 잉여의 증가가 발생한다. 이 같은 경제적 잉여의 증가는 차를 만든다든지 옥수수를 재배한다든지 혹은 그 외의 다른 생산 활동으로부터 발생하는 경제적 잉여의 증가와 동일하게 가치 있는 일이다.

요약 **중간상이 어떻게 가치를 창출하는가?**

정보가 완전하지 않은 세상에서 판매원이나 다른 중간상들은 재화와 서비스가 가장 높은 가치를 부여한 소비자에게 돌아가도록 함으로써 실질적인 경제적 잉여를 창출한다. 한 세일즈맨이 어떤 재화를, 그 세일즈맨이 없었다면 그 재화를 구매했을 소비자보다 $20,000만큼의 더 큰 가치를 가진 소비자가 구매하도록 했다면, 이 세일즈맨은 $20,000의 자동차 생산과 동일한 가치를 지닌 경제적 잉여를 창출한 것이다.

12.2 최적의 정보량

당연히 더 많은 정보를 가지는 것이 적게 가지는 것보다 낫다. 그러나 정보 획득에는 비용이 발생한다. 대부분 일정 수준을 넘어서면 추가적인 정보의 가치는 하락한다.

기회비용 체증

기회비용 체증의 원리에 의해 사람들은 우선적으로 가장 적은 비용이 드는 원천으로부터 정보를 획득하고, 그 다음으로 더 비싼 비용이 드는 원천으로 옮겨간다. 대개 획득된 정보의 양이 증가하면, 정보의 한계편익이 감소하고 한계비용은 증가한다.

12.2.1 비용-편익 분석

비용-편익

정보획득 행동 역시 다른 행동과 다를 것이 없다. **비용–편익의 원리**에 의하면, 합리적인 소비자는 한계편익이 한계비용을 초과하면 계속해 정보를 획득해야 한다. 논의의 편의를 위해 한 애널리스트가 **그림 12.1**의 가로축에 표시된 것 같이 정보의 양을 측정할 수 있는 단위를 고안했다고 가정하자. 한계비용곡선과 한계편익곡선이 **그림 12.1**과 같으면, 합리적인 소비자는 한계편익이 한계비용과 일치하는 수준인 I^*만큼의 정보를 얻고자 할 것이다.

그림 12.1을 보는 또 다른 방법은 **그림 12.1**이 최적의 무지(ignorance) 정도를 보여주는 것으로 해석하는 것이다. 정보획득 비용이 편익을 초과하면, 비용을 지불하고 추가적인 정보를 얻는 것은 이득이 되지 못한다. 정보를 무료로 얻을 수 있으면 모든 의사결정자들은 기꺼이 정보를 얻고자 할 것이다. 그러나 정보획득 비용이 그 정보를 이용해 의사결정을 할 때 얻는 이득을 초과하면, 사람들은 그 정보를 얻지 않는 것이 더 유리하다.

12.2.2 무임승차 문제

무임승차 문제
대가를 지불하지 않은 사람들의 이용을 배제할 수 없기 때문에 재화와 서비스가 너무 적게 생산되는 유인의 문제

보이지 않는 손은 시장의 상점에서 최적 수준의 설명이 소비자들에게 제공되는 것을 보장하는가? 다음의 예는 그렇지 않을 수 있는 한 가지 이유를 보여준다.

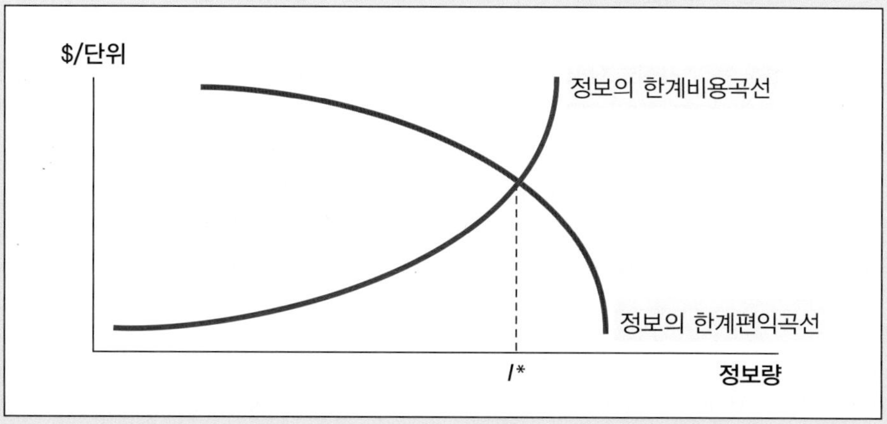

그림 12.1

최적의 정보량
한계비용 곡선과 한계편익 곡선이 그림과 같으면 최적 정보량은 I^*이다. 이 수준을 넘어가면 정보획득 비용이 정보를 얻었을 때의 가치를 초과한다.

경제적 사유 12.1

왜 지식이 풍부한 점원이 많지 않은가?

왜 종종 충분한 지식을 가진 판매사원을 찾기가 어려운가?

사람들은 소매상에서 쇼핑시 발생하는 추가적 비용을 감당할 것인가를 결정한다. 판매사원의 설명과 편의성에 높은 가치를 부여하는 소비자들은 약간의 높은 가격을 지불하고자 하는 반면에, 자신이 원하는 것이 정확하게 무엇인가를 아는 소비자들은 우편주문을 통해 좀 더 싸게 살 수 있다. 참 또는 거짓: 사적인 유인 동기로 인해서 최적의 소매 서비스가 제공된다.

소비자들이 대가를 치루지 않고도 소매점이 제공하는 서비스를 이용할 수 있다는 실질적인 문제만 없다면, 시장은 최적의 소매 서비스를 제공할 것이다. 하지만 충분한 정보를 가진 세일즈맨의 설명으로부터 정보를 얻어 제품을 꼼꼼히 살펴본 후, 소비자는 집으로 돌아가서 동일한 제품을 인터넷이나 우편주문을 통해 살 수 있다. 물론 모든 소비자가 이 같이 행동하지는 않는다. 그러나 소비자들이 대가를 지불하지 않고도 소매상이 제공하는 정보로부터 편익을 얻을 수 있다는 사실은, 재화와 서비스가 너무 적게 생산되는 결과를 초래하는 유인의 문제인 무임승차 문제(free rider problem)의 한 예이다. 소매상은 정보를 제공하는 비용을 회수하기 힘들기 때문에 사적 유인 동기로 인해서 사회적 최적 소매 서비스보다 적은 서비스가 제공된다. 그러므로 앞의 문장은 거짓이다.

경제적 사유 12.2

왜 많은 독립 서점들이 폐업하는가?

왜 뉴저지주, 램버트빌(Lambertville)의 마지막 서점인 리버게이트 서점(Rivergate Books)이 최근에 결국 폐업했는가?

소규모 독립 서점들은 맞춤형 서비스를 제공함으로써 반스 & 노블과 같은 대규모 서점과의 경쟁을 이겨내곤 한다. 리버게이트 서점의 주인인 홀브루크(Janet Holbrooke)는 1999년에 폐업하기까지 10년 이상 이 같은 전략을 성공적으로 수행해왔다. 무엇 때문에 그녀는 폐업을 해야 했는가?

은퇴한 영어 교사인 홀브루크 여사는, 반스 & 노블이 근처에 개업할 때 그녀의 많은 고객들이 반스 & 노블을 이용해 보았으나 대부분의 소비자들이 우리가 제공하는 맞춤형 서비스를 선호해 여전히 우리 서점을 애용했다고 말했다. 손님들은 책 낭독회나 저자 사인회와 같은 특별 행사에 초청되기도 했다. 그러나 여러 행사 가운데 한 행사를 진행하면서 홀브루크 여사는 이제 서점의 문을 닫을 때가 되었다는 것을 알게 되었다. 그녀는 전국 최고 문학상을 수상한 스턴(Gerald Stern)을 초청해 시 낭독회를 개최했다. 행사는 성공적이었으나 책은 많이 팔리지 않았다. 저자에게 사인을 받고자 줄을 선 한 여성이 이 책을 아마존닷컴에서 구매했다는 말을 우연히 듣게 되었을 때, 그녀는 더 이상 경쟁을 할 수 없음을 깨달았다.

✔ 개념체크 12.1

무임승차 문제가 없으면, 인터넷 접속의 증가는 총잉여에 어떤 영향을 미치는가?

12.2.3 합리적 탐색의 두 가지 가이드라인

현실에서 추가적인 정보의 가치를 정확하게 알기는 힘들다. 그러므로 정보획득을 위해 어느 정도의 시간과 노력을 투자해야 하는 것이 항상 명확한 것은 아니다. 그러나 **예 12.3**과 **예 12.4**는 비용-편익의 원리가 이 문제에 대한 강력한 개념적 분석틀을 제공함을 시사한다.

비용-편익

아파트 탐색

예 12.3

텍사스주 파리(Paris)에 사는 사람은 프랑스 파리에 사는 사람보다 아파트를 구하기 위해 더 많은 시간을 사용해야 하는가 혹은 더 적은 시간을 사용해야 하는가?

텍사스주 파리의 방 하나인 아파트 월 임대료가 $300에서 $500 사이로 평균 $400라고 가정하자. 프랑스 파리는 비슷한 방 하나인 아파트의 월 임대료는 $2,000에서 $3,000 사이로 평균 $2,500이다. 어떤 도시에 사는 사람이 아파트를 구하기 위해 더 많은 시간을 할애해야 하는가?

두 도시 모두 아파트 한 곳을 더 방문하려면 비용이 발생한다. 그 비용은 주로 시간에 대한 기회비용이다. 두 도시 모두 더 많은 아파트를 방문할수록 임대료가 낮은 아파트를 구할 가능성이 더 높아진다. 그러나 프랑스 파리는 임대료가 더 높고 분포의 폭이 넓으므로, 추가적인 탐색 시간으로부터 기대되는 임대료의 절약분이 텍사스주 파리보다 더 클 것이다. 그러므로 합리적인 소비자는 프랑스 파리에서 아파트를 구하기 위해 더 많은 시간을 할애할 것이다.

예 12.3은 값비싼 항목이 그렇지 않은 경우보다 추가적인 탐색 시간을 할애할만한 가치가 크다는 원리를 예시한다. 예를 들어, 사람들은 지르코늄(zirconium) 보석보다는 다이아몬드 약혼반지를 싸게 사기 위해 보다 많은 탐색시간을 할애할 것이며; 뉴욕주 시드니보다는 호주 시드니행 항공 티켓을 싸게 사기 위해 더 많은 탐색시간을 할애할 것이며; 자전거보다는 자동차를 살 때 더 많은 탐색시간을 할애할 것이다. 확대해석하면, 싼 물건보다 비싼 물건이 탐색을 도와줄 사람을 고용하는 것은 더욱 현명한 투자일 것이다. 예를 들어, 사람들은 부동산 업자를 통해 집을 찾는다. 그러나 우유 1갤런을 사기 위해 다른 사람을 고용하지는 않는다.

탐색비용

예 12.4

누가 중고 피아노를 싸게 사기 위해 더 오래 탐색하는가?

톰과 팀은 모두 중고 피아노를 사기 위해 쇼핑을 하고 있다. 광고란에 있는 피아노의 상태를 알려면 피아노 주인집을 방문해야 한다. 톰은 자동차가 있는 반면에 팀은 자동차가 없다. 둘 다 합리적이라면 구매하기 전에 누가 피아노를 더 적게 탐색할 것이라고 기대할 수 있는가?

피아노 한 대를 더 탐색하는 편익은 좋은 중고 피아노를 싼 값에 살 수 있는 가능성이 높아지는 것인데, 이는 두 사람 모두에게 동일하다. 그러나 팀의 피아노 탐색비용이 더 크므로, 구매하기 전에 팀이 피아노를 더 적게 탐색할 것이라고 기대할 수 있다.

예 12.4는 탐색비용이 증가하면 탐색이 적게 이루어진다는 점을 보여준다. 탐색비용이 증가하면, 그 결과 지불 예상 가격도 높아진다.

12.2.4 탐색과정에 내재된 위험

여러분이 방 하나인 아파트를 구하고 있는데, 현재 월 임대료가 $400인 아파트를 찾았다고 가정하자. 이 경우 당장 임대해야 하는가 아니면 좀 더 싼 아파트를 기대하면서 탐색을 계속해야 하는가? 빈 아파트가 많다고 하더라도 추가 탐색시 더 싼 혹은 더 좋은 아파트를 찾으리라는 보장은 없다. 추가적인 탐색에는 비용이 수반되는데, 때로는 비용이 편익보다 더 클 수 있다. 일반적으로, 탐색을 계속하고자 하는 사람은 불확실한 편익을 얻기 위해 확실한 비용을 지불해야 한다. 그러므로 탐색에는 불가피하게 위험의 요소가 포함되어 있다.

어떤 위험을 감수할 것인가를 생각하는데 유용한 첫 단계는 위험의 기대값을 계산해 보는 것이다. 기대값은 그 위험을 무한번 되풀이해 시행할 때 평균적으로 얻는 금액을 의미한다. 두 가지 이상의 결과가 가능한 **위험의 기대값**(expected value of a gamble)을 계산하려면, 먼저 각각의 결과에 그 확률을 곱한 후 모두 더하면 된다. 예를 들어, 동전이 앞면이 나오면, $1를 얻으나, 뒷면이 나오면 $1를 손해보면, 앞면(뒷면)이 나올 확률은 1/2이므로, 기대값은 $(1/2)\times\$1+(1/2)\times(-\$1)=\$0$이다. 기대값이 0인 위험을 **공평한**(fair) **위험**이라고 부른다. 공평한 위험을 여러 번 시행하면 돈을 벌 것이라고 기대할 수 없다. 그러나 돈을 잃을 것이라고 기대하지도 않는다.

> **위험의 기대값**
> 각각의 결과에 확률을 곱해서 더한 값

> **공평한 위험**
> 기대값이 0인 위험

> **유리한 위험**
> 기대값이 0보다 큰 위험

> **위험 중립적인 사람**
> 공평하거나 유리한 모든 위험을 감수하는 사람

> **위험 기피적인 사람**
> 어떤 공평한 위험도 감수하지 않는 사람

유리한(better than fair) **위험**은 기대값이 0보다 큰 위험을 의미한다(예를 들어, 앞면이 나오면 $2를 얻고 뒷면이 나오면 $1를 손해보면, 이는 유리한 위험이다). **위험 중립적**(risk-neutral)**인 사람**은 공평하거나 유리한 모든 위험을 감수하는 사람을 의미한다. **위험 기피적**(risk-averse)**인 사람**은 어떤 공평한 위험도 감수하지 않는 사람을 의미한다.

✔ 개념체크 12.2

동전을 던져서 앞면이 나오면 $4를 얻고, 뒷면이 나오면 $2를 손해 보는 위험을 생각하자. 이 위험의 기대값은 얼마인가? 위험 중립적인 사람은 이 위험을 받아들이는가?

예 12.5는 이 같은 개념을 아파트 탐색을 더 할 것인가를 결정하는 데 적용하고 있다.

탐색에 수반되는 위험 예 12.5

아파트를 구하기 위한 탐색을 계속해야 하는가?

여러분이 여름 한 달간 머무르기 위해 샌프란시스코에 도착해 방 하나짜리 아파트를 구하고자 한다. 여러분이 살고자 하는 지역에는 두 종류의 아파트만 존재한다. 두 종류의 아파트는 월 임대료가 하나는 $400, 다른 하나는 $360라는 것을 제외하면 모든 면에서 동일하다. 이 지역의 빈 아파트 가운데 80%는 첫 번째 종류이고 20%는 두 번째 종류이다. 빈 아파트의 임대료를 알 수 있는 유일한 방법은 아파트를 개인적으로 방문해 보는 것이다. 첫 번째 방문한 아파트의 임대료가 $400였다. 여러분이 위험 중립적이고 추가적인 아파트 방문의 기회비용이 $6라면, 여러분은 탐색을 계속해야 하는가 아니면 지금 찾은 아파트를 임대해야 하는가?

아파트 하나를 더 방문하면, 임대료는 20%의 확률로 $360, 80%의 확률로 $400이다. 전자이면 여러분은 $40를 절약할 수 있는 반면에, 후자이면 이전의 아파트와 임대료가 동일하다. 방문비용이 $6이므로, 아파트를 하나 더 방문하는 것은 20%의 확률로 $40−$6=$34를 얻고, 80%의 확률로 $6를 손해보는(−$6를 얻는) 위험과 동일하다. 이 위험의 기대값은 0.2×($34)+0.8×(−$6)=$2이다. 그러므로 아파트 하나를 더 방문하는 것은 유리한 위험이다. 여러분은 위험 중립적이므로 아파트 탐색을 계속해야 한다.

✔ 개념체크 12.3

예 12.5에서 여러분이 아파트 하나를 더 탐색했는데 결과가 임대료가 $400인 아파트였다. 위험 중립적이면, 여러분은 세 번째 아파트를 탐색해야 하는가?

12.2.5 탐색비용이 존재할 때 맹약의 문제

아파트를 구할 때 대부분의 사람은 한 달이 아니라 1년 이상 살 아파트를 구하고자 한다. 대부분의 집주인들도 장기간 머물 세입자를 찾고자 한다. 마찬가지로, 사람들은 한 직장에서 수 년 동안 일할 수 없다면 그들이 선택한 분야의 전일제(full−time) 직업을 받아들이지 않을 것이다. 마지막으로, 사람들은 결혼할 목적으로 배우자를 찾는다.

이 모든 경우 탐색에는 비용이 발생하기 때문에, 가능한 모든 선택을 탐색하는 것은 의미가 없다. 아파트를 구하는 사람들은 비어있는 모든 아파트를 다 방문하지 않는다. 집주인도 아파트를 구하고자 하는 모든 사람들을 다 면접하지는 않는다. 직장을 구하는 사람들도 모든 고용자를 다 방문하지 않고, 고용자도 직장을 구하는 모든 피고용자를 면접하지 않는다. 아무리 굳은 의지를 가진 사람도 배우자를 찾기 위해 가능한 모든 사람과 데이트하지는 않는다. 이 같은 경우 혹은 이와 유사한 경우, 사람들은 보다 좋은 옵션이 어디엔가 존재한다는 사실은 잘 알고 있지만, 합리적으로 탐색을 종료한다.

그러나 합리적으로 탐색을 종료했다 하더라도 문제점이 존재한다. 만일 탐색을 종료했는데, 우연히 더 좋은 옵션이 생겨나면 무슨 일이 발생하겠는가? 자기보다 좀 더 높은 월 임대료를 지불하고자 하는 사람이 나타날 시 집주인이 즉시 세입자를 쫓아낼 것이라고 생각한다면, 거의 아무도 이 아파트를 임대하려고 하지 않을 것이다. 좀 더 싼 아파트를 발견시 세입자가 즉시 이사하려고 할 것이라고 집주인이 생각하면, 그런 사람에게 집주인은 자신의 아파트를 임대하려 하지 않을 것이다. 고용주와 피고용자, 그리고 배우자를 찾는 사람들도 현재보다 더 좋은 옵션이 나타나면 바로 관계가 종료되는 그런 관계를 처음부터 맺고자 하지 않을 것이다.

지속적인 관계에서 파트너들 사이에 안정적인 관계를 유지하는 데 발생할 수 있는 잠재적인 문제점은 정보가 완전한 세상에서는 발생하지 않는다. 정보가 완전한 세상에서는, 모든 사람이 가능한 최선의 관계를 맺게 되므로 누구도 현재의 관계에서 이탈하고자 하는 유혹을 갖지 않는다. 그러나 정보획득에 비용이 발생하고 탐색이 제한적이라면, 기존의 관계가 해체될 잠재적 가능성은 항상 존재한다.

대부분 사람들은 이 문제를 가능한 모든 경우를 탐색함으로써(현실적으로는 불가능하다) 해결하는 것이 아니라, 일단 더 이상의 탐색을 하지 않기로 합의가 이루어지면 현재의 관계를 계속 유지하겠다고 맹약함으로써 이 문제를 해결한다. 그러므로 집주인과 세입자는 일정 기간 동안, 대개는 1년, 구속력을 가지는 임대 계약을 체결한다. 피고용자와 회사도 극단적인 상황을 제외하고는 상대방에 대한 의무를 존중하겠다고 서로 약속하는 공식적인 혹은 비공식적인 고용계약을 체결한다. 대부분의 나라에서 결혼 계약은 배우자를 배반한 사람들을 처벌하도록 되어 있다. 이 같은 맹약의 관계는 사람들이 자신의 이익을 추구하는 자유를 제한한다. 그러나 대부분의 사람들은 이 같은 제한을 기꺼이 수용한다. 그 이유는 그렇지 않을 경우 탐색의 문제를 해결할 수 없기 때문이다.

요약 **최적의 정보량**

추가적인 정보는 가치를 창출한다. 그러나 정보획득에는 비용 또한 발생한다. 합리적인 소비자는 한계편익이 한계비용과 일치할 때까지 정보를 획득하고자 한다. 이 수준을 넘어서면 더 이상의 정보를 획득하지 않는 것이 합리적이다.

정보도 시장이 항상 완벽하게 작동하지는 않는다. 무임승차 문제는 소매상들이 소비자들에게 정보를 제공하고자 하는 노력을 저해한다.

탐색 결과가 항상 좋다는 보장이 없이 탐색비용을 지불해야 하므로, 탐색에는 필연적으로 위험이 수반된다. 합리적인 소비자는 가격이나 품질의 변동성이 상대적으로 크거나, 상대적으로 탐색비용이 낮은 재화에 탐색 노력을 집중함으로써 위험을 최소화할 수 있다.

12.3 정보의 비대칭성

가장 흔히 발생하는 정보와 관련된 문제 가운데 하나가 거래당사자들이 거래 대상이 되는 제품이나 서비스에 대해 동일한 정보를 가지지 못하는 경우이다. 예를 들어, 중고차 주인은 차가 매우 좋은 상태라는 것을 알지만, 잠재적 구매자들은 차를 살펴보거나 테스트 드라이브를 통해서도 차의 상태를 알지 못한다. 경제학자들은 구매자와 판매자가 거래 대상인 제품이나 서비스의 특성에 대해 동일한 정보를 가지고 있지 못한 상황을 **정보의 비대칭성**(asymmetric information)이라는 용어로 표현한다. 정보의 비대칭성이 존재하는 상황에서는 일반적으로 판매자가 구매자보다 더 많은 정보를 가지고 있으나, 때로 그 반대의 경우도 있을 수 있다. **예 12.6**은 정보의 비대칭성으로 인해 상호 이익이 될 수 있는 거래가 실현되지 못할 수 있음을 보여준다.

정보의 비대칭성
구매자와 판매자가 거래 대상인 제품이나 서비스의 특성에 대해 동일한 정보를 가지고 있지 못한 상황

정보의 비대칭성 — 예 12.6

제인은 자신의 차를 톰에게 팔 것인가?

제인이 소유하고 있는 2014년식 마즈다 미아타(Miata)의 운전 거리는 7만 마일이다. 그러나 대부분 주말에 토론토에 있는 남자 친구를 만나기 위해 고속도로를 주행한 거리이다(고속도로 운전은 도시에서의 운전보다 차량의 마모와 손실이 더 적다). 또한 제인은 자신의 차를 자동차 회사의 계획표에 따라 정확하게 관리를 해왔다. 요약하면, 제인은 자신의 차가 매우 양호한 상태라는 것을 알고 있다. 제인은 보스턴에 있는 대학에서 대학원 공부를 시작할 예정이므로 자신의 차를 팔고자 한다. 평균적으로 2014년식 미아타의 시장가치는 $8,000이다. 그러나 제인은 자신의 차가 매우 양호한 상태에 있다는 것을 알고 있으므로, $10,000를 자신의 차에 대한 유보가격으로 생각하고 있다. 톰은 중고 미아타를 사고자 한다. 톰은 상태가 양호한 미아타를 $13,000까지 지불할 용의가 있지만, 양호한 상태가 아니면 $9,000까지만 지불할 용의가 있다. 톰은 제인의 차가 양호한지 아닌지를 구별하지 못한다(톰은 자동차 정비공을 고용해 제인의 차를 검사할 수 있으나 그 비용이 매우 크고, 여러 다른 문제로 정비공을 찾아내지 못할 수 있다). 톰은 제인의 차를 살 것인가? 결과는 효율적인가?

제인의 차는 겉보기에 다른 2014년식 미아타와 전혀 다를 바가 없으므로, 톰은 $10,000를 지불하려고 하지 않을 것이다. $8,000면 톰은 적어도 자기 눈에는 제인의 차와 동일한 상태에 있는 다른 2014년식 미아타를 살 수 있다. 그러므로 톰은 다른 사람의 미아타를 살 것이고, 제인은 자신의 차를 팔 수 없다. 이 결과는 효율적이지 못하다. 톰이 제인의 차를 예를 들어, $11,000 주고 샀더라면, 톰의 경제적 잉여는 $2,000, 제인의 경제적 잉여는 $1,000이었을 것이다. 반면에 톰은 평균적인(혹은 평균보다 못한) 상태의 미아타를 구입했으므로, 톰은 $1,000의 경제적 잉여를 얻고 제인은 아무런 경제적 잉여를 얻지 못한다.

12.3.1 레몬 모형

톰이 산 미아타가 제인의 차보다 더 나쁜 상태라고 단정할 수는 없다 — 왜냐하면 다른 사람도 차를 완벽하게 관리했지만, 자신의 차에 대한 실제 가치만큼을 못 받고 팔 수도 있기 때문이다. 그렇다고 하더라도, 정보의 비대칭성 때문에 발생하는 경제적 유인의 문제는 판매를 위해 시장에 나온 대부분의 중고차의 상태가 평균 이하일 것이라는 것을 시사하고 있다. 한 가지 이유는 차를 잘못 관리했거나 또는 처음부터 문제가 있었던 차를 소유한 사람들이 다른 사람들보다 자신의 차를 더 적극적으로 팔기 원할 가능성이 높기 때문이다. 구매자들은 과거의 경험으로부터 중고차 시장에 나온 차들은 중고차 시장에 나오지 않은 차들에 비해서 상태가 안 좋은 "레몬"(lemon)일 가능성이 높다는 것을 알고 있다(역자 주: 레몬과 반대로 상태가 양호한 중고차를 복숭아인 "피치"(peach)라고 부른다). 이런 이유로 중고차에 대한 구매자들의 유보가격은 낮아지게 된다.

그러나 이것이 이야기의 끝은 아니다. 중고차 가격이 하락하면, 상태가 양호한 중고차 소유자들은 더더욱 자신의 차를 시장에 내놓으려고 하지 않을 유인을 가진다. 이 때문에 중고차 시장에 나온 차량의 평균적인 품질은 더 하락하게 된다. 노벨 경제학상 수상자인 버클리 대학의 아컬로프(George Akerlof) 교수는 이 같은 중고차 질과 가격의 지속적인 하락을 논리적으로 설명한 최초의 경제학자이다.[1] 경제학자들은 **레몬 모형**(lemons model)이라는 용어를, 정보의 비대칭성이 시장에 나온 중고 제품의 평균적인 품질에 미치는 영향을 설명한 아컬로프의 설명을 뜻하는 것으로 사용한다.

레몬 모형
정보의 비대칭성이 왜 팔려고 나온 중고 제품의 평균적인 품질을 낮추는지에 대한 아컬로프의 설명을 의미하는 모형

예 12.7은 레몬 모형은 소비자 선택에 있어 중요한 현실적인 의미를 가지고 있음을 보여준다.

예 12.7 레몬 모형의 적용

여러분은 친척 아주머니의 차를 사야 하는가?

여러분이 중고 혼다 어코드를 사고자 한다. 여러분의 친척 아주머니인 저메인은 4년마다 새 차를 구입한다. 현재 그녀는 새 차와 교환하고자 하는 4년 된 어코드를 가지고 있다. 여러분은 자신의 차가 매우 양호한 상태이며, 4년 된 어코드의 블루 북(Blue Book) 가격인 $10,000에 여러분에게 팔 용의가 있다는 아주머니의 말을 믿는다(블루 북 가격은 중고차 시장에서 팔리고 있는 자동차의 각 연식과 모델별 평균 거래가격을 의미한다). 여러분은 아주머니의 어코드를 구매해야 하는가?

아컬로프의 레몬 모형은 중고차 시장에 나온 차들은 그렇지 않은 같은 연식의 차보다 평균적으로 품질이 안 좋다는 것을 말하고 있다. 여러분이 자신의 차가 양호한 상태라는 아주머니의 말을 믿고 블루북 가격으로 살 수 있으면, 그것은 여러분에게 매우 좋은 거래가 될 것이다. 왜냐

1 George Akerlof, "The Market for Lemons," *Quarterly Journal of Economics* 84 (1970), pp. 488–500.

하면 블루북 가격은 여러분의 아주머니가 소유하고 있는 차보다 품질이 떨어지는 차의 균형가격이기 때문이다.

예 12.8과 **예 12.9**는 어떤 조건하에서 제품의 품질에 대한 정보의 비대칭성으로 인해 단지 레몬만이 시장에 나오는가를 보여준다.

순진한 소비자(I)

예 12.8

순진한 소비자는 중고차 가격으로 얼마를 지불하는가?

두 종류의 차만 존재하는 세상을 생각해 보자: 피치와 레몬. 차 주인은 자신의 차가 어떤 종류인지를 확실하게 알고 있다. 그러나 잠재적 구매자들은 피치와 레몬을 구별할 수 없다. 새 차가 불량품일 확률은 10%이다. 피치 주인의 유보가격은 $10,000이고 레몬은 $6,000이다. 현재 시장에 나온 중고차의 분포가 새 차와 동일하다고 믿는(90%는 상태가 양호하고, 10%는 양호하지 않다) 순진한 소비자를 생각해 보자. 이 소비자가 위험 중립적이면, 그는 중고차를 사기 위해 얼마까지 지불할 용의가 있는가?

품질이 불확실한 차를 사는 데는 위험이 수반된다. 그러나 위험 중립적인 사람은 위험이 공평하거나 유리하면 그 위험을 선택한다. 이 소비자가 피치와 레몬을 구별할 수 없다면, 레몬일 확률은 전체 자동차 가운데 레몬의 비율과 동일하다. 이 소비자는 90%의 확률로 피치이며, 10%의 확률로 레몬일 것이라고 믿는다. 두 종류의 차에 대해 이 소비자가 지불할 용의가 있는 가격을 이용하면, 이 소비자가 구매하는 차의 기대값은 0.9×$10,000+0.1×$6,000=$9,600이다. 이 소비자는 위험 중립적이므로 $9,600가 이 소비자가 중고차를 사기 위해 지불할 용의가 있는 최대 금액이다.

✔ 개념체크 12.4

새 차가 불량품일 확률이 10%가 아니고 20%라면 **예 12.8**의 답이 어떻게 달라지는가?

순진한 소비자(II)

예 12.9

순진한 소비자가 지불하고자 하는 가격에서 누가 중고차를 팔고자 하는가?

예 12.8에서 여러분이 피치의 소유자라면 여러분들이 부여하는 중고차의 가치는 얼마인가? 여러분은 자신의 차를 이 순진한 소비자에게 팔 것인가? 여러분이 소유한 차가 레몬이면 어떠한가?

자신의 차 상태가 양호한 것을 알고 있으므로, 여러분은 자신의 차에 $10,000의 가치를 부여하고 있다. 그러나 순진한 소비자는 $9,600까지 지불할 용의가 있으므로, 여러분이나 피치를 소유한 다른 사람들도 이 소비자에게 팔려고 하지 않는다. 만일 여러분의 차가 레몬이면, 이 소비자가 지불하려고 하는 금액인 $9,600가 레몬의 가치인 $6,000보다 $3,600 더 많으므로 기꺼이 팔려고 할 것이다. 그러므로 레몬만 시장에 나오게 된다. 시간이 지나면 소비자들도 중고차 시장에 나온 차들에 대한 순진하고 낙관적인 견해를 수정하게 될 것이다. 그 결과 모든 중고차는 레몬으로 $6,000에 팔릴 것이다.

물론 현실에서는 피치의 소유자들도 자동차의 상태를 정확하게 반영한 가격이 아닌 가격에서 자신의 차를 팔아야 할 상황도 발생하므로, 팔려고 나온 차가 모두 다 레몬이라는 보장은 없다. 레몬 모형의 논리는 피치의 소유자가 느끼는 억울함을 설명해 준다. 이 상황에서 판매자들은 자신이 차를 팔아야 하는 이유를 잠재적 구매자가 이해해 주기를 바란다. 예를 들어, 신문의 광고란을 보면, 때로 "막 아기가 태어났음. 2015년식 콜베트를 팔아야 함"이라든가 "독일로 이사함. 2016년식 토요타 캠리를 팔아야 함"과 같은 광고를 보게 된다. 차의 현재 상태와 무관한 이유로 시장에 팔려고 내 놓은 중고차를 블루북 가격을 지불하고 살 수 있으면, 여러분은 시장을 이기는 셈이 된다.

12.3.2 거래에 있어 신뢰성의 문제

왜 상태가 양호한 차의 소유자가 구매자에게 단순하게 자신의 차의 상태에 대해 말하면 안 되는가? 문제는 구매자와 판매자 사이의 이익이 상충된다는 것이다. 예를 들어, 중고차 소유자는 자신이 소유한 차의 품질을 과장할 유인을 가진다. 구매자들도 중고차나 그 밖의 다른 제품에 대해 지불할 용의가 있는 금액을 작게 말할 유인을 지닌다(좀 더 싼 값에 살 수 있기를 기대하면서). 잠재적 피고용인은 자신이 갖추고 있는 자격을 과장할 유인을 지닌다. 배우자를 찾는 사람들은 사기를 치는 경우도 있다.

왜 새 차는 출고되자마자 그 가치가 크게 떨어지는가?

그렇다고 대부분의 사람들이 자신들의 잠재적 거래 파트너와 의사소통을 하는데 의식적으로 진실을 왜곡한다는 것은 아니다. 그러나 사람들은 애매모호한 정보를 자신들에게 유리한 방향으로 해석하는 경향이 있다. 한 연구에 의하면, 그 연구에서 조사한 공장의 근로자 가운데 92%가 자신들은 평균적인 근로자들보다 생산성이 더 높다고 생각한다. 심리학자들은 이 같은 현상을 "모든 애들이 다 평균 이상인" 케일러(Garrison Keillor)의 가상적인 미네소타주의 마을 이름을 따라 "레이크 워비건 효과"(Lake Wobegon effect)라고 부른다.

과장하는 일반적인 경향에도 불구하고, 잠재적 거래의 당사자들은 종종 자신들이 알고 있는 것을 정직하게 전달할 수 있는 수단을 찾을 수 있으면 이득을 얻는 경우가 있다. 그러나 일반적으로 관련 정보를 단순하게 말하는 것만으로는 충분하지 않다.

오래 전부터 사람들은 중고차 판매원이 팔고자 하는 차에 대해 과장되게 말하는 것을 액면 그대로 믿지 않고 어느 정도 디스카운트해서 들어왔다. 그러나 다음의 예는 잠재적 적대 관계에 있는 사람들 사이의 의사소통이 어렵기는 하지만, 불가능한 것은 아니라는 것을 보여준다.

신빙성 있는 신호

예 12.10

중고차 판매자는 자신의 차가 양호한 상태라는 것에 대해 어떻게 신빙성 있는 신호를 보낼 수 있는가?

제인은 자신의 미아타가 매우 양호한 상태라는 것을 알고 있고, 톰은 상태가 양호한 차를 살 수만 있다면 제인의 유보가격보다 훨씬 높은 가격을 지불할 용의가 있다. 톰은 차의 품질에 대해 어떤 종류의 신호를 신빙성 있다고 생각하겠는가?

톰과 제인 사이에 존재하는 이익의 잠재적 상충관계 때문에 말로만 차의 상태가 좋다고 말하는 것은 설득력이 떨어진다. 그러나 제인이 판매 후 6개월 동안 발생하는 모든 고장에 대한 수리비를 지불하는 보증서를 제안한다고 가정하자. 제인이 이 같은 제안을 할 수 있는 것은 자신의 차가 가까운 장래에 비용이 많이 드는 큰 수리를 할 가능성이 매우 낮다는 것을 알고 있기 때문이다. 반면에 엔진에 고장이 있는 차의 소유자는 이 같은 제안을 결코 하지 않을 것이다. 보증서는 차의 상태가 양호하다는 것을 보여주는 신빙성 있는 신호이다. 보증서로 인해서 톰은 마음 놓고 차를 살 수 있고, 따라서 톰과 제인 모두 이익을 얻는다.

모방하기 힘들게 하는 원리

앞의 예는 이해관계가 잠재적으로 상충될 수 있는 당사자가 다른 사람에게 신빙성 있게 정보를 전달하려면, 보내는 신호가 모방하기 어렵거나 비용이 발생하는 신호이어야 한다는 **모방하기 힘들게 하는 원리**(costly−to−fake principle)를 보여준다. 고장이 있는 중고차 주인도 상태가 양호한 중고차 주인이 제공할 수 있는 포괄적인 보증서를 제안할 수 있으면, 보증서는 차의 품질에 대해 아무런 정보도 전달할 수 없다. 그러나 보증서는 상태가 양호한 차보다 고장이 있는 차에게 더 커다란 비용을 야기하므로, 차의 품질에 대해 신빙성 있는 신호의 역할을 한다.

모방하기 힘들게 하는 원리
상대방에게 정보를 신빙성 있게 전달하려면 보내는 신호가 모방하기 매우 어려워야 한다는 원리

판매자가 제품에 대해 더 과장되게 말할 유인이 클수록, 판매자의 이익은 제품의 품질에 대해 정확한 평가를 원하는 구매자의 이익과 상충된다. 다음의 예는 모방하기 힘들게 하는 원리가 제품의 품질에 대한 생산자의 주장에 어떻게 적용되는가를 보여준다.

경제적 사유 12.3

왜 기업들이 잡지나 신문에 자사 제품을 광고할 때 "TV 광고에서와 같이"라는 문구를 포함시키는가?

A 회사는 매우 비싼 돈을 지불해 자사 제품 서라운딩 스피커가 가장 깨끗한 음질을 자랑하고 다른 어떤 스피커보다 애프터-서비스가 좋다는 전국적인 TV 방송 광고를 하고 있다. B 회사도 판매 팸플릿에 동일한 주장을 하고 있지만, TV 광고는 하고 있지 않다. 더 이상의 추가적인 정보가 없으면 여러분은 어느 회사의 주장이 더 신빙성 있다고 생각하는가? 여러분은 왜 A 회사는 스피커를 활자 매체에 광고할 때에도 TV에서 광고하고 있다는 것을 언급한다고 생각하는가?

왜 소비자는 제품이 TV에서 광고가 되고 있는지에 관심을 가져야 하는가?

사람들은 광고주의 과장된 주장을 디스카운트해서 듣는 데 익숙해 있으므로, 주어진 정보만으로는 두 개 제품 사이의 선택에 대한 실질적인 근거를 제시해주고 있지 못한 것처럼 보인다. 그러나 좀 더 면밀하게 생각해보면, 한 기업이 전국적 TV 광고를 하기로 결정한 것은 그 제품의 품질에 대한 신빙성 있는 신호의 역할을 한다는 것을 알 수 있다. 전국적 TV 방송을 통한 광고비용은 수백만 달러에 달한다. 이 금액을 품질이 떨어지는 제품 광고에 쏟아 붓는 것은 어리석은 일이다.

예를 들어, 2014년도에 맥주회사인 버드와이저는 버드 라이트 선전을 위해 아놀드 슈왈제네거(Arnold Schwartzenegger)에게 광고비가 $4,000,000하는 30초짜리 수퍼 보울(Super Bowl) 광고 출연료로 $3,000,000를 지불했다. 전국적인 TV 광고는 잠재적인 구매자의 눈길을 끌 수 있고, 이들 가운데 작은 비율이지만 자사 제품을 사용해 보도록 설득할 수 있다. 그러나 이 같이 막대한 광고비 지출은 초기의 판매가 추가적인 판매를 유도해야-이미 이 제품을 써본 사람들이 제품이 좋아 다시 구매하든가 혹은 이 제품에 대해 친구들에게서 들은 사람들이 구매를 하든가-이익이 된다.

품질이 떨어지는 제품을 좋은 제품이라는 광고가 구매자들을 설득시킬 수 없기 때문에, 저급한 제품을 수백만 달러를 들여 광고하는 회사는 광고비를 낭비할 뿐이다. 그러므로 비싼 돈을 들인 전국적 TV 광고는 생산자가 자신의 제품이 좋은 제품이라고 생각한다는 신빙성 있는 신호이다. 물론 광고를 했다고 그 제품이 승자가 되는 것은 아니다. 그러나 불확실성이 존재하는 세계에서 광고는 한 가지 추가적인 정보를 제공한다. 그러나 관련 정보는 광고 내용이 아니라 광고에 쏟아 넣은 금액이다.

이 같은 관측은 왜 몇몇 회사들이 활자 매체에 광고를 하면서 TV 광고를 언급하는지를 설명해준다. 광고주들은 모방하기 힘들게 하는 원리를 이해하고 있으며, 소비자들도 이 원리를 이해하기를 희망한다.

다음의 예는 많은 고용주들이 모방하기 힘들게 하는 원리를 잘 알고 있음을 보여준다.

경제적 사유 12.4

왜 많은 기업들이 대학교 성적을 중요시하는가?

마이크로소프트는 새로운 제품 부문의 초급 관리직을 뽑기 위해 열심히 일하면서 똑똑한 사람을 구하고자 한다. 두 후보자인 쿠퍼와 던컨은 한 가지를 제외하고는 모든 면에서 동일하다: 쿠퍼는 MIT를 최우등으로 졸업한 반면에, 던컨은 소머빌 칼리지를 평균 C+의 학점으로 졸업했다. 마이크로소프트는 누구를 고용해야 하는가?

잠재적인 고용주에게 여러분이 열심히 일하고 똑똑한 사람인 것을 설득시키고자 한다면, 아마도 매우 좋은 대학에서 훌륭한 성적으로 졸업했다는 것보다 더 신빙성 있는 신호는 없을 것이다. 대부분의 사람들은 잠재적 고용주가 자신들을 열심히 일하고 똑똑한 사람으로 여겨주기를 원할 것이다. 그러나 여러분이 이 두 가지 자질을 모두 가지고 있지 못하다면, MIT와 같은 학교를 최우등으로 졸업하기란 매우 힘들 것이다. 던컨이 덜 유명한 학교에서 평균 C+의 학점으로 졸업했다는 사실은 던컨이 부지런하지도 않고 재능도 없다는 적극적인 증거는 되지 못한다. 그러나 회사들은 확률적으로 생각하지 않을 수 없다. 이 경우 쿠퍼가 채용될 가능성이 매우 높다.

고용주들이 학벌에 연연해하는 이유는 무엇인가?

능력에 대한 신호로서의 과시적 소비

능력은 매우 뛰어나지만 연봉이 그리 높지 못한 사람들도 있다(여러분이 만나본 가장 훌륭한 초등학교 선생님을 생각해보라). 수십억 달러를 굴리는 버핏(Warren Buffet)과 같이 어떤 사람들은 많은 돈을 벌지만 씀씀이는 크지 않다. 그러나 이 같은 경우는 일반적인 경향과는 반대인 경우이다. 경쟁적인 시장에서는 능력이 뛰어난 사람들이 높은 연봉을 받는 경향이 강하다. 비용–편익의 원리가 시사하듯이, 소득이 높을수록 사람들은 고급의 재화와 서비스에 지출할 가능성이 높다. 다음의 예는 이러한 경향 때문에 한 사람이 사용하는 재화의 양과 질을 보고 사람들이 그 사람의 능력을 추론하게 되는 경우가 있음을 보여준다.

비용–편익

경제적 사유 12.5

왜 고객들이 비싼 양복을 입은 변호사를 선호하는가?

여러분이 부당하게 심각한 범죄 혐의로 고소되어 변호사를 찾고 있다. 여러분은 두 변호사 사이에 한 명을 선택해야 하는데, 두 변호사는 그들이 구입하는 물건을 제외하고는 모든 면에서 동일하다. 한 변호사는 싸구려 양복을 입고 법정에 10년 된 녹슨 닷지 캘리버를 몰고 나타났다. 반면에 다른 변호사는 깔끔하게 맞춘 양복을 입고 신형 BMW 750i를 몰고 나타났다. 이것이 변호사 선택시 여러분이 가지고 있는 유일한 정보라면, 어떤 변호사를 고용할 것인가?

연봉과 고객들이 매우 중요하게 여기는 능력 간의 상관관계는 법조계에서 특히 강하다. 법정에서 고객에서 승리를 가져다주는 변호사는 그렇지 못한 변호사보다 수요가 훨씬 많고, 그들이 받는 수임료는 이 같은 차이를 반영한다. 한 변호사의 소비 수준이 다른 변호사보다 높다는 사실이 그 변호사가 더 유능한 변호사라는 것을 증명하지는 않지만, 그것이 유일한 정보라면 그 사실을 무시하는 것도 현명한 일이 아니다.

여러분이 심각한 범죄로 재판을 받아야 한다면 어떤 변호사를 고용하겠는가?

입고 있는 옷과 운전하는 차 때문에 능력이 떨어지는 변호사가 고객들을 잃는다면, 왜 이런 변호사들은 더 좋은 옷을 입고 더 비싼 차를 운전하지 않는가? 이런 변호사들은 은퇴 후를 위한 저축과 차나 옷에 더 많은 지출 사이에 선택을 해야 한다. 어떤 의미에서 이런 변호사는 더 비싼 차를 살 여유가 없기도 하지만, 또 다른 의미에서는 비싼 차를 사지 않는 것이 더 낫기도 하다. 현재 자신이 운전하는 차 때문에 잠재적 고객들이 자신을 고용하지 않는다면, 좋은 차를 사는 것은 매우 현명한 투자이다. 그러나 모든 변호사들이 이 같은 투자를 할 유인을 가지므로, 투자로 인한 효과는 서로 상쇄되어 없어진다.

요약하면, 사람이 소비하는 물건은 그 사람의 능력에 관련된 정보를 전달한다. 모방하기 힘들게 하는 원리에 의하면, BMW 750i는 능력이 떨어지는 변호사들이 아무리 은퇴 후를 위한 저축을 적게 하더라도 구매하기 어렵기 때문에 효과적인 신호가 된다. 그러나 사회적 관점에서 보면 이로 인한 지출은, 위치적 군비경쟁이 비효율적인 것과 동일한 이유로(제 10장 참조), 비효율적이다. 모든 사람이 지출을 줄이고 은퇴 후를 위한 저축을 늘리는 것이 사회적으로 더 바람직하다.

능력에 대한 신호로 과시적 소비를 하는 문제는 모든 상황에서 동일하게 발생하지는 않는다. 서로 잘 아는 작은 마을의 경우, 자신의 능력 이상으로 지출해 다른 사람들에게 강한 인상을 심어주려고 하는 변호사는 자신이 얼마나 어리석은 사람인 것인가라는 것 이외에 달리 보여주는 것이 없다. 그러므로 아이오와주의 더뷰쿠(Dubuque)나 오하이오주의 아테네(Athens)와 같은 마을에서 전문 직종의 종사자들이 필요로 하는 옷값은 맨해튼이나 로스앤젤레스에 사는 동일한 직종의 사람들이 필요로 하는 옷값의 반도 채 되지 않는다.

요약 **정보의 비대칭성**

정보의 비대칭성은 잠재적 거래 당사자들 모두가 동일한 정보를 가지고 있지 않은 상황을 의미한다. 일반적으로 한 제품의 판매자는 잠재적 구매자들보다 그 제품의 품질에 대해 더 잘 알고 있다. 이 같은 정보의 비대칭성은, 고품질 제품을 구별해 낼 수 없을 경우 구매자는 고품질에 상응하는 가격을 지불할 용의가 없기 때문에, 고품질 제품의 시장에서 상호 이익이 되는 거래가 실현되는 데 방해 요인으로 작용한다.

잠재적 거래 당사자들 사이의 정보의 비대칭성과 기타 정보 전달의 문제점들은 종종 모방하기 힘든 신호를 사용함으로써 해결될 수 있다. 제품 보증서는 저품질의 판매자의 경우 제공하기가 힘들기 때문에 이 같은 신호로서의 역할을 수행할 수 있다.

12.4 통계적 차별

정보가 완전한 완전경쟁시장에서 한 서비스를 구입하는 구매자는 판매자에게 그 서비스를 제공하는데 필요한 비용만큼을 지불하면 된다. 그러나 많은 시장에서—예를 들면, 보험시장—판매자는 개별 구매자에게 서비스를 제공하는 정확한 비용을 알지 못하는 경우가 발생한다.

이 경우 정보가 완전하지 않기 때문에 정보는 경제적 가치를 가진다. 판매자는 자신이 알지 못하는 정보에 대해 어림적인 추정치라도 얻을 수 있으면, 없는 경우보다 훨씬 상황이 나아진다. 다음의 예는 기업들이 종종 사람들이 속해 있는 집단에 근거해 사람들의 특성을 판단함으로써 근사적인 추정치를 얻는 경우를 보여준다.

경제적 사유 12.6

왜 25세 미만의 운전자들은 다른 연령의 운전자보다 자동차 보험료를 더 많이 지불하는가?

제럴드는 23살이며 운전을 매우 조심스럽게 잘 한다. 그는 이제까지 교통사고를 낸 적이 없으며 교통신호 한 번 어겨본 적이 없다. 그의 쌍둥이 여동생 제랄딘은 지난 3년 동안 두 번의 교통사고를 낸 적이 있는데, 그 가운데 한 번은 매우 심각한 것이었다. 그리고 동일한 기간 동안 속도위반으로 세 번의 티켓을 받은 적이 있다. 제랄딘은 자동차 보험료로 1년에 $800만 지불하는데 왜 제럴드는 $1,600를 지불하는가?

왜 십대 운전자의 보험료가 매우 비싼가?

특정 운전자가 보험에 가입했을 때 보험회사의 기대비용은 그 운전자가 사고를 낼 확률에 의존한다. 누구도 한 운전자의 사고 확률이 얼마인지를 정확히 알 수는 없다. 그러나 보험회사는 특정 집단에 속한 사람들이 1년 동안 사고를 내는 비율에 대해서는 비교적 정확히 추정할 수 있다. 25세 미만의 남자는 사고 확률이 그보다 나이 많은 남자나 모든 연령층의 여자보다 월등히 높다. 제럴드가 그의 여동생보다 훨씬 비싼 보험료를 지불하는 것은 사고 경력이 없는 25세 이하의 남자가 과거에 여러 번 사고를 낸 같은 연령의 여자보다 사고를 낼 가능성이 높기 때문이다.

물론 과거에 두 번 사고를 냈고 여러 장의 교통 위반 티켓을 받은 여자는 운전 기록이 깨끗한 여자보다 사고를 낼 가능성이 더 높다. 보험회사도 이 사실을 알고 있으며, 이에 따라 제랄딘의 보험료를 높인다. 그러나 그래도 그녀의 보험료는 그녀의 쌍둥이 오빠인 제럴드보다 낮다. 제럴드의 보험료가 제랄딘의 보험료보다 높다는 사실이 제럴드가 실제로 제랄딘보다 사고가 날 확률이 더 높다는 것을 의미하지는 않는다. 실제로 이 쌍둥이의 운전 능력으로 볼 때 제랄딘의 사고 확률이 더 높다. 그러나 보험회사는 이 같은 상세한 정보를 가지고 있지 못하기 때문에, 자신들이 가지고 있는 정보에 근거해 보험료를 결정해야 한다.

사업을 계속하려면 보험회사는 사고시 지불하는 보험금과 기타 관리비용을 충당할 만큼의 보험료를 받아야 한다. 운전 기록이 깨끗한 젊은 남자에게 사고 기록이 많은 여자보다 낮은 보험료를 책정한 보험회사를 생각해 보자. 전자의 집단이 후자의 집단보다 사고를 낼 확률이 더 많으므로, 남자와 여자 각각의 보험 제공 비용보다 남자에게는 덜 책정하는 한, 여자에게 더 많이 보험료를 책정하지 않으면 이 보험회사는 손해를 보게 된다. 그러나 만일 이 보험회사가 보험료를 이 같은 책정한다면, 경쟁 보험회사는 테이블 위의 현금이 있음을 알게 된다: 경쟁 보험회사는 여자에게 약간 낮은 보험료를 제시해 처음의 보험회사로부터 이탈을 유도할 수 있다. 그러면 처음의 보험회사에는 젊은 남자 보험가입자만 남게 되어, 낮은 보험료 때문에 손해를 보게 될 것이다. 이것이 균형에서 왜 운전 기록이 깨끗한 젊은 남자가 사고 기록이 많은 젊은 여자보다 더 높은 보험료를 지불하는 이유이다.

통계적 차별
사람, 재화 혹은 서비스의 질을 그들이 속한 집단의 특성에 근거해 판단하는 것

젊은 남자 운전자에게 높은 보험료를 책정하는 보험회사의 정책은 **통계적 차별**(statistical discrimination)의 한 예이다. 대학 졸업자의 연봉이 그렇지 못한 사람보다 높은 일반적인 관행이나, 대학이 SAT 성적이 높은 대학 지원자를 우대하는 정책이 또 다른 예이다. 사람이나 제품이 그들이 속한 집단에 근거해 판단될 때 통계적 차별이 발생한다.

모든 사람이 어떤 사람의 특성이 그가 속한 집단의 다른 사람들과 매우 다르다는 것을 안다고 하더라도, 경쟁 때문에 통계적 차별이 조장된다. 예를 들어, 보험회사는 일부 젊은 남자들은 운전을 훨씬 더 조심스럽게 잘하는 것을 잘 알고 있다. 그러나 어떤 젊은 남자가 운전을 잘하는지를 구별해내지 못하면, 경쟁 압력으로 인해 보험회사들은 집단 전체로서는 젊은 남자 운전자가 다른 집단에 속한 사람보다 사고를 낼 확률이 높다는 자신들의 지식에 근거해 행동할 수밖에 없다.

마찬가지로 고용주들은 단지 고등학교만을 졸업한 많은 사람들이 평균적인 대졸자보다 생산성이 더 높다는 것을 잘 알고 있다. 그러나 일반적으로 고용주들은 사전에 고졸자 가운데 누가 그런 사람인지를 구별할 수 없기 때문에, 경쟁 압력으로 인해 평균적으로 고졸자보다 생산성이 높은 대졸자에게 더 높은 임금을 제시할 수밖에 없다. 대학도 SAT 성적이 낮은 많은 지원자들이 SAT 성적이 높은 지원자보다 대학에서 더 높은 학점을 받는 경우가 있다는 것을 잘 알고 있다. 그러나 두 명의 지원자가 SAT 성적을 제외하고 동일한 정도로 유망하게 보인다면, 일반적으로 SAT 성적이 높은 학생이 그렇지 않은 학생보다 성과가 더 좋으므로, 경쟁 압력으로 인해 대학은 SAT 성적이 높은 학생을 우선적으로 고려하지 않을 수 없다.

통계적 차별은 집단의 관측 가능한 특성의 차이에서 발생하는 것이지, 이 같은 차이를 낳는 원인은 아니다. 예를 들어, 젊은 남자 운전자에 대한 통계적 차별 때문에 보험금을 더 많이 청구하는 것은 아니다. 오히려 보험회사들은 젊은 남자 운전자들이 보험금을 더 많이 청구한다는 것을 알기 때문에 통계적 차별이 발생한다. 또한 통계적 차별 때문에 젊은 남자 운전자들이 보험금 청구와 관련해 높은 보험료를 내는 것은 아니다. 젊은 남자 운전자 집단 가운데에서도 어떤 사람은 운전을 조심스럽게 잘 하지만, 다른 사람은 그렇지 않다. 통계적 차별은, 운전을 잘하는 남자들이 보험금 청구액과 비교해 더 많은 보험료를 내는 반면에, 운전을 잘 하지 못하는 남자 운전자는 보험금 청구액과 비교해 보험료를 낮게 낸다는 것을 의미한다. 평균적으로 이 집단 전체의 보험료는 그들이 청구하는 보험금과 비교해 적절하게 책정된다.

그러나 이 같은 설명은, 운전을 조심스럽게 잘하는 젊은 남자 운전자나 자신의 생산성이 매우 높다는 것을 알고 있는 고졸자들이 느끼는 좌절감을 해소하는 데는 도움이 되지 못한다. 기업들은 경쟁 압력으로 인해 가능한 경우 이러한 사람들을 구별해 내어 그에 합당하게 대우하고자 하는 유인을 가진다. 그러나 기업들이 이 같은 노력에 성공하면, 기업들은 집단의 차이에 대한 또 다른 관련 정보를 발견하곤 한다. 예를 들어, 많은 보험회사들이 전국 우수 학생회(National Honor Society)에 속해 있거나 학교의 학

업 성적 우수자 명단(Dean's list)에 올라 있는 젊은 남자 운전자들에게 낮은 보험료를 제시하고 있다. 이 집단에 속한 사람들은 다른 젊은 남자 운전자에 비해 평균적으로 보험금 청구 금액이 적다. 그러나 이 같은 집단에도 위험하게 운전하는 사람들이 포함되어 있으며, 이들 집단에 소속된 사람들에게 보험회사들이 할인된 보험료를 제시한다는 사실은 다른 모든 젊은 남자 운전자들이 더 높은 보험료를 지불해야 함을 의미한다.

12.4.1 정치적 담론의 퇴조

정치인들이 논란의 여지가 있는 사회적 이슈에 대해 어떤 말을 할 것인가를 결정할 때 통계적 차별의 흥미로운 예가 발생하기도 한다. 정치인들은 자신들이 옳다고 믿는 입장을 지지하고자 한다. 그러나 동시에 선거에서 재선되는 데 관심이 있다. 다음의 예는, 특히 한 주제에 대한 정치가의 언급이 다른 주제에 대한 이 정치가의 신념에 대한 정보를 전달할 때, 이 두 가지 동기가 때로는 충돌할 수 있음을 보여준다.

경제적 사유 12.7

왜 때로 사형제도 폐지론자들은 침묵하는가?

사형 판결을 받은 범죄자를 사형시키는 것이 도덕적으로 합당한 것인가에 대한 질문은 별도로 하더라도, 사형제도에 반대하는 매우 중요한 주장들이 있다. 그 가운데 한 가지는 사형이 사면이 없는 종신형과 비교할 때 그 비용이 매우 큰 형벌이라는 것이다. 무고한 사람을 사형에 처하는 것을 방지하기 위한 법적 예방책 때문에 사형집행에는 큰 비용이 수반된다. 미국에서 집행된 모든 사형은 이 같은 법적 예방책 때문에 변호사 및 다른 법원 관계자들이 수천 시간을 사용해야 하는데, 그 비용이 족히 수백만 달러에 달한다.[2] 이 같은 노력에도 불구하고, 기록을 보면 사후적으로 무죄로 판명된 사람을 사형시킨 예가 빈번하다. 사형제도에 반대하는 또 다른 주장은, 여러 통계적 연구에 따르면, 사형제도가 사람들이 중범죄를 저지르지 못하도록 하는 예방효과가 없다는 것이다. 공화당과 민주당 소속의 많은 정치인들 가운데 사형제도에 반대하는 이 같은 주장이나 다른 주장이 설득력이 있다고 생각하면서도 사형제도에 공개적으로 반대하는 표를 던지는 정치인은 극소수이다. 왜 이들은 사형제도에 반대하지 않는가?

통계적 차별 이론은 이에 대한 한 가지 가능한 대답을 시사해준다. 양당의 유권자들 모두 범죄에 대해 우려하고 있고 따라서 범죄문제를 심각하게 생각하는 정치인을 뽑고자 한다. 여기 두 종류의 정치인이 있다고 가정하자: 한 종류는 마음 속 깊이 범죄문제를 심각하게 여기는 정치인이고, 다른 종류는 말로만 떠드는 그런 정치인이다. 유권자들은 정치인들을 다음과 두 가지 같은 방식으로 분류한다: 공개적으로 사형제도에 찬성하는 정치인과 사형제도에 침묵하거나 공개적으로 반대하는 정치인. 어떤 정치인들은 앞에서 설명한 이유 때문에 사형제도에 반대한다. 그러나 다른 정치인들은 아마도 범죄는 궁극적으로 범죄자의 잘못보다는 사회의 잘못이 더 크다고 믿기 때문에 범죄자를 처벌하는 것을 달가워하지 않아 사형제도에 반대한다(후자의 범주에 속한 정치인들은 유권자들이 "범죄를 심각하게 생각하지 않는" 정치인이라고 생각해, 대

2 Philip J. Cook & Donna B. Slawson, "The Cost of Processing Murder Cases in North Carolina," The Sanford Institute of Public Policy, Duke University, Durham, N.C., 1993년 참조.

부분의 유권자들이 다음 선거에서 떨어뜨리고자 하는 정치인들이다). 사형제도에 반대하는 이 두 가지 동기는, 일반 사람들 눈에 범죄문제를 심각하게 생각하는 정치인들 가운데 사형제도에 반대하는 사람의 비율이 사형제도에 찬성하는 사람들의 비율보다 다소 낮게 보이는 이유를 시사하고 있다. 논의의 편의를 위해, 사형제도에 찬성하는 정치인들 가운데 95%, 사형제도에 반대하는 정치인들 가운데 80%가 범죄문제를 심각하게 생각한다고 가정하자.

여러분이 범죄를 우려하는 유권자라면, 한 정치가가 사형제도에 반대한다는 말을 들을 때 그 정치가에 대한 여러분의 생각이 어떤 영향을 받을 것인가? 이 정치가에 대해 전혀 아는 바가 없다면, 이 정치가가 사형제도에 반대한다는 말을 들었을 때 여러분이 할 수 있는 최선의 추측은 이 정치가가 범죄문제를 심각하게 생각하는 정치가일 확률이 80%라고 생각하는 것이다. 여러분이 만일 이 정치가가 사형제도에 찬성한다는 말을 들었다면, 최선의 추측은 이 정치가가 범죄문제를 심각하게 생각하는 정치가일 확률이 95%라고 생각하는 것이다. 유권자들은 범죄문제를 심각하게 생각하는 정치가에게 투표하고자 하므로, 사형제도에 반대하는 목소리를 내면 범죄문제에 대해 극단적으로 심각하게 생각하는 정치인들조차 유권자들의 정치적 지지를 다소 잃어버린다.

이러한 유권자들의 경향을 알고, 사형제도에 아주 적극적이지는 않지만 반대하는 몇몇 정치가들은 자신들의 생각을 밝히지 않는 것을 더 선호할 수 있다. 그 결과 사형제도에 공개적으로 반대의 목소리를 높이는 집단의 구성이, 점차 어떤 형태로든 범죄자를 처벌하는 것을 달가워하지 않는 사람들의 구성 비율이 높아지는 방향으로 변한다. 예를 들어, 범죄문제를 심각하게 생각하는 정치가들 가운데 사형제도에 반대하는 사람의 비율이 80%에서 69%로 감소했다고 가정하자. 사형제도에 반대해 목소리를 높일 때 지불해야 하는 정치적 비용이 증가하므로, 더 많은 사형제도 반대자들이 침묵하게 된다. 상황이 일단 정리된 후에는 극소수의 사형제도 반대자들만이 그들의 견해를 공개적으로 언급하는 위험을 감수하고자 한다. 유권자들에게 자신들이 범죄에 대해 엄격하다는 사실을 설득시키기 위해 몇몇 정치인들은 사형제도의 공개적인 지지자가 되기도 한다. 그 결과 사회적 논의는 사형제도를 강하게 지지하는 것으로 나타난다. 그러나 이것이 대부분의 지도자들이–또는 대부분의 유권자들–사형제도에 진정으로 찬성한다고 결론지을 만한 이유는 되지 못한다.

정치적 담론의 퇴조
특정 입장을 지지하는 사람이 이를 공개적으로 언급하면 오해받을 수 있는 위험 때문에 침묵한다는 이론

경제학자 라우리(Glen Loury)는 앞의 예에서 서술된 현상에 처음으로 주목한 경제학자이다. 이 같은 현상을 **정치적 담론의 퇴조**(disappearing political discourse)라고 부른다. 여러분이 이 현상을 이해했다면, 정치 영역뿐 아니라 일상생활의 여러 담론에서도 이러한 현상의 예를 발견할 수 있을 것이다.

경제적 사유 12.8

왜 때로 마약 합법화 옹호론자들은 침묵하는가?

헤로인, 코카인 또는 메탐페타민과 같은 중독성 약이 심각한 피해를 야기한다는 것은 논쟁의 여지가 없는 사실이다. 이러한 약의 거래를 금지하는 법률의 목적은 이 같은 피해를 예방하려는 것이다. 그러나 법 집행에는 비용이 수반된다. 이 같은 거래를 불법화함으로써 이들 약의 가격은 현저하게 상승하게 되고, 많은 중독자들이 약값을 지불하기 위해 범죄를 저지르기도 한다. 이들 약의 불법 밀거래상이 버는 높은 소득으로 인해 많은 사람들이 합법적인 직업을 포기하기

도 하며, 당사자들뿐 아니라 관계없는 사람들에게도 참혹한 결과를 가져오는 영역 다툼이 일어나기도 한다. 이들 약들이 합법적이라면 이러한 약에 관련된 범죄는 완전하게 사라졌을 것이다. 이러한 약을 사용하는 사람은 항상 있게 마련이고, 단지 그 정도가 얼마나 심각한지를 모를 뿐이다. 요약하면, 중독성 약을 합법화하자는 것이 타당한 공공정책일 수 있다고 적어도 생각해 볼 여지는 있다. 그런데 어떤 정치인도 이 같은 정책에 공개적으로 찬성하지 않는 것은 무엇 때문인가?

많은 정치가들은 이러한 약을 합법화하는 것은 좋지 않은 생각이라고 믿고 있다. 이론적으로, 합법화하면 이러한 약의 소비가 급격하게 증가해 합법화했을 때의 **비용이 편익**을 훨씬 초과할 수 있다. 그러나 이 같은 우려는 제한적인 형태로나마 이러한 약의 거래를 합법화한 영국이나 네덜란드와 같은 나라의 경험에 의해 지지되지 않는다. 두 번째 설명은 합법화를 옹호하는 정치가들은 다른 사람들이 자신들을 오해할까 두려워 목소리 높여 주장하기를 꺼려한다는 것이다. 몇몇 사람들은 철저한 비용과 편익 분석에 의거해 합법화를 옹호하지만, 다른 추종자들은 아무 생각 없이 옹호한다고 가정해보자. 합법화를 반대하는 사람들보다 찬성하는 사람들 사이에 아무 생각 없는 사람의 비율이 더 높다면, 누군가 목소리를 높여 합법화를 외칠 때 그 사람을 모르는 사람들은 그 사람이 아무 생각이 없는 사람이라고 생각할 가능성이 높아진다. 이런 가능성 때문에 일부 합법화 옹호론자들이 소리 높여 합법화를 주장하지 못하게 되어, 남아 있는 공개적인 지지자들 사이에 아무 생각 없는 사람의 비율은 더 증가하게 된다. 이 같은 일이 계속되어, 궁극적으로는 아무 생각 없는 사람들이 남아 있는 공개적인 지지자들의 대부분을 형성하게 된다.

비용-편익

정치적 담론의 퇴조 현상은 왜 미국이 공산화 물결 속에서 외교 관계가 단절된 중국과 외교 관계를 재확립하는 데 어려움을 겪었는가를 설명해준다. 사람들은 공산주의의 팽창을 반대하지만, 적대 국가와 공개적으로 의견 교환을 할 수 있으면 그만큼 전쟁의 가능성이 낮아지는 이유 때문에 중국과 정상화된 관계를 갖는 것을 선호할 수 있다. 그러나 냉전의 분위기 속에서 미국 정치가들은 기회가 될 때마다 공산주의에 대한 지속적인 반대를 표명해야 하는 엄청난 압력을 받았다. 중국과의 관계 정상화가 공산주의에 대한 유연성의 표시로 잘못 해석될까 두려워 중국과의 외교 관계를 재확립하는 정책을 지지하는 많은 정치가들은 침묵했다. 공산주의를 반대하는 데 전혀 의문의 여지가 없는 닉슨(Richard Nixon)이 대통령에 당선되고서야 비로소 중국과의 외교 관계가 재개되었다.

정치적 담론의 퇴조 현상은 연금, 의료 보험, 그 밖의 지원 프로그램의 개혁과 같은 이슈에 대한 공개적 토론이 거의 사라지게 된 이유를 설명해 준다.

요약 통계적 차별

구매자와 판매자들은 정보의 비대칭성 문제에 대해 제품이나 사람이 속한 집단의 속성에 근거해 그 품질을 판단함으로써 해결하고자 한다. 젊은 남자 운전자는 자신이 운전을 잘한다는 것을 알고 있다고 하더라도, 자동차 보험회사들은 이 운전자가 사고 위험이 높은 집단에 속한다는 사실만을 알고 있기 때문에 이 운전자에게 높은 보험료를 책정한다.

다양한 것들에 대한 사람의 생각은 서로 연관되어 있으므로, 한 이슈에 대한 어떤 사람의 생각을 알면 적어도 다른 이슈에 대해 그 사람이 어떤 생각을 하고 있는지 알 수 있는 단서를 얻을 수 있다. 정치가들은, 한 이슈에 대해 입장을 표현하면 유권자들이 관련된 이슈와 관련해 자신에 대해 우호적이지 않은 생각을 할 수 있다는 두려움으로, 입장 표현을 하지 않는다. 이 같은 이유로 정치적 담론이 사라졌다.

12.5 보험

허리케인, 화재, 자동차 사고 및 질병 등은 예기치 않게 발생한다. 대부분의 사람들이 위험 기피적이므로 이 같은 사고에 대비해서 보험을 구입한다.

보험이 어떻게 작용하는 다음의 상황을 보자. 데이빗은 평소에 건강에 아무런 문제가 없다. 그러나 그는 심각한 질병에 걸릴 가능성도 인식하고 있다. 구체적으로 75%의 확률로 아무런 문제가 없고, 25%의 확률로 심각한 질병에 걸려 의료비로 $16,000를 지불해야 하는 상황을 생각해보자. 데이빗의 기대의료비는 $0.75 \times \$0 + 0.25 \times \$16{,}000 = \$4{,}000$이다. 데이빗이 위험 기피자라면 25%의 확률로 $16,000를 지불하느니 이를 피하기 위해 $4,000를 지불하는 것을 더 선호한다. 아마도 데이빗은 이 같은 위험을 회피하기 위해 $4,000보다 훨씬 큰 금액을 지불할 용의가 있을 것이다.

여기에 보험이 작동할 여지가 있다. 데이빗이 $16,000의 의료비를 보장받기 위해 $4,500를 지불할 용의가 있다고 가정하자. 보험회사는 데이빗에게 보험료 $4,500를 지불하면 질병시 $16,000를 지불하는 보험을 제공할 수 있다. 보험에 가입함으로써 데이빗은 더 이상 의료비 지출을 걱정하지 않아도 된다. 보험회사는 데이빗으로부터 $4,500를 받지만, 의료비 지출의 기대금액은 $4,000이므로 $500의 이익을 얻을 수 있다. 보험회사는 데이빗과 같은 보험 가입자들이 많으므로 평균적으로 $4,000를 지불할 것으로 예상할 수 있으므로 데이빗과 달리 개별 가입자의 위험에 대해 신경쓰지 않는다.

이 같은 장점에서 불구하고 때로는 보험시장 우리가 원하는대로 잘 작동하지 않는다. 아래에서 논의하듯이, 정보의 비대칭성이 그 주요한 이유 가운데 하나이다.

12.5.1 역선택

보험시장의 가장 심각한 문제 가운데 하나가 정보의 비대칭성과 관련이 있다. 사업을 유지하기 위해 보험회사들은 약속한 보험금을 지불하기에 충분한 보험료를 책정해야 한다. 예를 들어, 보험회사는 평균적인 사람의 기대 의료비 지출금액을 기준으로 보험료를 결정한다. 문제는 보험을 사는 사람들이 보험회사보다 보험이 필요한 가능성에 대해 더 잘 알고 있다는 것이다. 앞의 데이빗을 예로 들면, 보험회사는 데이빗의 가족 가운데 당뇨로 고생한 사람이 있다는 사실을 모를 수 있다. 이는 보험회사가 책정하는 보험료가 위험 가능성이 낮은 사람보다 높은 사람에게 유리한 거래임을 의미한다. 그 결과 위험 가능성이 높은 사람들이 낮은 사람들보다 보험을 살 가능성이 높아지는데, 이 같은 현상을 **역선택**(adverse selection)이라고 부른다. 역선택 때문에 보험회사들은 보험금을 더 높여야 한다. 그 결과, 보험이 사고 위험에 낮은 개인들에게는 더더욱 매력을 잃게 되고 따라서 보험에 가입한 사람들의 평균 위험수준은 더욱 높아지게 된다. 경우에 따라 극단적인 위험에 직면한 사람들만이 계속해서 보험 구입을 하는 것이 유리하다고 생각하는 경우도 발생한다.

역선택
사고 위험이 높은 사람들이 그렇지 않은 사람들보다 불균형적으로 보험을 더 많이 구매하는 현상

12.5.2 도덕적 해이

도덕적 해이(moral hazard)도 보험을 구매하는 것이 평균적인 사람에게 매력적이지 못하게 만드는 또 다른 문제이다. 도덕적 해이는 보험을 가입한 후 사람들이 이전보다 주의를 덜 기울이는 것을 의미한다. 예를 들어, 차를 보험에 가입한 사람이 사고가 나거나 도난 방지를 위한 노력을 이전보다 덜 할 수 있다. 조심스럽게 운전하거나 안전한 주차 장소를 찾으려면 노력이 필요하다. 이 같은 노력을 하지 않아 손실이 발생하더라도 보험에서 그 손실을 보전해 준다면, 몇몇 사람들은 이전보다 이 같은 일에 덜 신경을 쓴다.

도덕적 해이
재화가 절도나 손상에 대한 보험에 가입했을 경우 이전보다 사람들이 그 재화를 보존하는 데 노력을 덜 하는 현상

개인 부담금(deductible) 조항을 포함한 보험을 제공함으로써, 보험회사들은 그들의 잠재적 고객들이 도덕적 해이나 역선택과 같은 문제로 발생할 수 있는 결과에 대해 적절한 주의를 기울이도록 유도할 수 있다. $1,000의 개인 부담금 조항이 있는 자동차 보험은 보험회사가 수리비 가운데 $1,000를 초과하는 부분에 대해서만 보험금을 지불한다. 예를 들어, 수리비가 $3,000인 사고가 발생하면 보험회사는 $2,000만 보험금으로 지불하고 보험가입자가 나머지 $1,000를 부담한다.

개인 부담금을 포함한 보험이 역선택과 도덕적 해이의 부정적 효과를 어떻게 완화시키는가? 개인 부담금을 포함한 보험은 보험회사 입장에서 제공 비용이 낮으므로 낮은 가격에 제공할 수 있다. 보험료가 낮은 보험은, 보험금을 청구할 가능성이 가장 낮은 운전자들에게는 보험에 포함되어 되지 않는 수리비용을 부담할 가능성이 가장 낮으므로, 상대적으로 매우 유리한 거래이다. 또한 개인 부담금을 포함한 보험은 부주의한 운전자에게 자신들이 책임져야 할 추가적 비용을 부담시킴으로써 사려 깊게 운전할 추가적인 유인을 제공한다.

개인 부담금을 포함한 보험은 보험가입자들에게 또 다른 방식으로 이익이 되기도 한다. 개인 부담금이 포함된 보험가입자들은 사고 시 자신의 차에 발생한 손해액이 개

인 부담금보다 작으면 보험금을 청구하지 않으므로, 보험회사들은 사고 처리 및 조사에 이전보다 더 적은 자원을 사용할 수 있어서 이로 인한 절약분을 낮은 보험료 형태로 소비자들에게 돌려줄 수 있다.

요 약 Summary

- 소매상이나 그 외의 다른 중간상들은 정보획득의 중요한 원천이다. 그들 덕분에 소비자들이 적절한 재화나 서비스를 발견할 수 있으면, 그들은 경제적 잉여를 창출하는 것이다. 이런 의미에서 그들은 재화를 생산하거나 서비스를 직접 제공하는 사람들 못지 않게 생산적이다. 불행하게도 무임승차 문제로 인해 기업들이 유용한 제품에 관한 정보를 제공하지 못하는 경우가 발생한다.

- 거의 모든 시장의 거래는 불완전한 정보에 기초해 발생한다. 더 많은 정보는 구매자와 판매자 모두에게 이익이 된다. 그러나 추가적인 정보획득에는 비용이 발생한다. 합리적인 소비자는 한계편익과 한계비용이 일치하는 수준까지만 정보를 획득하고자 한다. 이를 넘어서면 추가적인 정보를 획득하지 않는 것이 합리적이다.

- 합리적으로 정보를 탐색하는 데에는 여러 원리가 작용한다. 탐색비용이 낮고 품질에 대한 변동성이 크거나 가격의 변동폭이 크면, 추가적 탐색을 하는 것이 합리적이다. 추가적 탐색에는 항상 위험이 수반된다. 위험 중립적인 사람은 기대편익이 기대비용을 초과할 때 항상 탐색을 계속한다. 합리적 탐색은 항상 가능한 모든 옵션에 대한 조사가 이루어지기 전에 종료된다. 그러므로 지속적인 쌍방 간의 관계에서 상대방을 탐색하면, 탐색이 끝난 후 더 나은 상대방이 나타날 가능성이 항상 존재한다. 대부분의 경우, 사람들은 일단 서로 상호 간에 탐색을 종료할 것을 합의한 후에 서로에게만 헌신하는 계약을 맺음으로써 이 문제를 해결하고자 한다.

- 정보의 비대칭성 때문에−한 사람이 다른 사람이 가지고 있는 정보를 가지고 있지 못하는 상황−잠재적으로 이익이 되는 많은 거래가 실현되지 못하는 경우가 발생한다. 예를 들어, 중고차 소유주는 자신의 차 상태에 대해 잘 알고 있으나 잠재적 구매자들은 알지 못한다. 구매자들이 상태가 양호한 차는 그 소유주의 유보가격보다 더 높은 금액을 지불할 용의가 있음에도 불구하고, 자신이 구입하는 차의 상태가 양호하다는 확신을 구매자가 할 수 없기 때문에 종종 거래가 무산된다. 일반적으로 정보의 비대칭성으로 인해 소비자가 지불할 용의가 있는 수준과 동일한 수준의 품질을 제공하지 못하는 경우가 발생한다.

- 구매자와 판매자 모두 각자가 알고 있는 것을 상대방에게 전달함으로써 이득을 얻을 수 있는 경우가 있다. 그러나 구매자와 판매자 사이에 존재하는 잠재적인 이익의 상충 문제 때문에 관련 정보를 단순히 말로 전달하는 것은 신빙성이 없다. 잠재적 거래당사자들 사이에 신호가 신빙성이 있으려면, 그 신호를 모방하기 힘들게 해야 한다. 예를 들어, 상태가 양호한 중고차 주인은 상태가 안 좋은 중고차 주인이 제공할 수 없는 보증서를 제공함으로써 차의 품질에 대한 신빙성 있는 신호를 보낼 수 있다.

- 기업과 소비자들은 종종 사람이나 사물이 속하는 집단에 대한 자신들의 지식을 이용해 현재 가지고 있지 않은 정보에 대해 추정하고자 한다. 예를 들어, 보험회사들은 젊은 남자 운전자에 대한 보험을 제공했을 때 발생하는 비용을 그 젊은 남자 운전자가 속한 집단의 사고 가능성에 근거해 계산한다. 이 같은 관행을 통계적 차별이라고 부른다. 고졸자보다 대졸자들의 연봉이 높은 것과 20세의 사람보다 60세 사람의 생명 보험료가 더 비싼 것들이 통계적 차별의 다른 예들이다. 통계적 차별은, 사형제도와 같은 사회적 관행에 대한 반대자가 그 이슈가 공개적으로 논의될 때 침묵하고 있는 경우에 발생하는 정치적 담론의 퇴조라는 현상을 설명하는 데 도움이 된다.

- 위험 기피적인 사람들은 예기치 않은 사고에 대비해서 보험을 사고자 한다. 사고의 위험의 높은 사람들이 보험을 구매

할 유인이 높은 역선택으로 인해서 보험료가 인상된다. 사람들이 보험을 구매한 후 적절한 사고 방지 노력을 하지 않는 도덕적 해이도 보험료 인상의 요인이다.

핵심용어 Key Terms

공평한 위험(384)
도덕적 해이(401)
레몬 모형(388)
무임승차 문제(381)
모방하기 힘들게 하는 원리(391)
유리한 위험(384)
역선택(401)
위험 기피적인 사람(384)
위험 중립적인 사람(384)
위험의 기대값(384)
정보의 비대칭성(387)
정치적 담론의 퇴조(398)
통계적 차별(396)

복습문제 Review Questions

1. 왜 그림을 판매하는 화랑 주인이 그 그림을 그린 화가보다 실제로 더 많은 경제적 잉여를 창출할 수 있는지를 설명하라.
2. 한 소비자가 포드, 혼다, 토요타 등 다른 자동차 회사의 경쟁 모델을 시험 운전해 보지 않고 쉐비 차를 구입하는 것이 합리적인가?
3. 왜 팔려고 나온 중고차들이 팔 생각이 없는 중고차들과 평균적으로 다른가를 설명하라.
4. 왜 중고차 시장이 정직에 대한 도덕적 규범이 낮은 지역보다 높은 지역에서 더 효율적으로 작동할 가능성이 높은가를 설명하라.
5. 왜 은행들은 실업자보다 직업이 있는 사람들에게 더 대출을 잘해주는가?
6. 상해보험은 일과 부관한 질병이나 부상이 발생했을 때 소득의 일부를 보전해 주는 보험이다. 왜 모든 사람이 상해보험 구입이 의무일 때 보험료가 낮아질 수 있는가?

연습문제 Problems

1. 카를로스는 위험 중립적이고, 팔려고 내 놓은 고풍스러운 멋진 농가 한 채를 가지고 있다. 이 집에 대한 카를로스의 유보가격은 $130,000이다. 동네에서 이 집을 살만한 사람은 휘트니 밖에 없는데, 휘트니의 유보가격은 $150,000이다. 시장에 나와 있는 다른 집들은 목장에 딸린 현대적인 집들이며, 이 집들은 잠재적 구매자들이 이 집들에 가지고 있는 유보가격과 정확하게 일치하는 $125,000에 거래된다. 카를로스가 부동산 업자를 고용하지 않으면, 휘트니는 주위 사람으로부터 카를로스의 집이 매물로 나왔다는 것을 알게 되어 $140,000에 그 집을 구입한다. 그러나 카를로스가 부동산 업자를 고용하면, 부동산 업자를 통해 고풍스러운 농가에 대해 $300,000를 지불할 용의가 있는 애호가를 만날 수 있다. 카를로스는 또한 자신과 이 애호가가 협상을 하면, $250,000에 합의를 볼 것임을 알고 있다. 부동산 업자가 판매 금액의 5%를 수수료로 책정하며 판매 협상시 모든 부동산 업자의 기회비용이 $2,000라면, 카를로스는 부동산 업자를 고용할 것인가? 고용한다면 총잉여는 얼마인가?
2. 앤과 바바라는 다른 곳으로 이사할 계획이다. 각자 평가액이 $100,000의 집을 소유하고 있다. 그러나 앤의 집은

대규모로 개발된 부심의 비슷비슷한 집들 가운데 하나인 반면에, 바바라의 집은 그녀가 고용한 건축가의 설계로 지어진 단 하나의 집이다. 집을 팔 때 누가 부동산 업자를 고용함으로써 더 큰 이득을 보겠는가, 앤인가 바바라인가?

3. 인터넷으로 주식을 거래하는 중개인은 우편이나 전화로 사업을 하는 중개인보다 더 많은 고객에게 서비스를 제공할 수 있다. 인터넷의 발전은 전통적인 방식으로 사업을 계속하는 주식 중개인의 평균소득에 어떤 영향을 미치는가?

4. 각 문항에 열거된 두 개의 직업 가운데 인터넷의 발전으로 인해 누구의 소득이 영향을 더 많이 받으리라고 생각되는가?

a. 주식 중개인 – 변호사

b. 의사 – 약사

c. 서점 주인 – 원작 유화를 판매하는 화랑 주인

5. 은퇴한 회계사인 프레드와 정부 관리인 짐은 골동품 도자기를 수집하는 63세의 일란성 쌍둥이다. 각각의 연 소득은 $100,000이다(프레드는 연금에서, 짐은 일해서 소득이 발생한다). 한 사람은 그 지역의 경매를 통해, 다른 사람은 지역의 거래상을 통해 대부분의 도자기를 구입한다. 어떤 사람이 경매에서 도자기를 구입할 가능성이 더 높은가? 그리고 그 사람은 지역의 거래상을 통해 도자기를 구입하는 형제보다 더 많이 지불하는가 또는 적게 지불하는가?

6. 인터넷의 발전은 열성적인 팬클럽을 가진 영화배우나 음악가의 숫자에 어떤 영향을 미치는가?

7. 소비자들은 새 차 가운데 x%가 결함이 있다는 것을 알고 있다. 주인 이외에는 결함이 있는 차를 구별해 낼 수 없다. 자동차의 가치는 시간이 지나도 감소하지 않는다. 소비자들은 위험 중립적이고, 결함이 없는 차의 가치를 $10,000로 평가하고 있다. 새 차는 $5,000에, 중고차는 $2,500에 팔린다. 이 때 x의 크기는 얼마인가?

8. 다음 문장의 참, 거짓을 판명하고 간단히 설명하라.

a. 기업들이 수십억 달러를 들여 전국 규모의 TV 광고를 하는 주된 이유는 자사 제품이 고품질이라는 광고 내용이 소비자들을 설득하기 때문이다.

b. 무임승차 문제 때문에 자전거 램프를 사러 갔을 때 여러분은 소매상으로부터 최적 수준의 설명을 듣지 못한다.

c. 변호사를 고용할 필요가 있고 모든 법정 비용은 보험에서 커버되면, 여러분은 항상 가장 비싼 차를 몰고 다니고 사무실을 가장 화려하게 장식해 놓은 최고급의 옷을 입은 변호사를 고용해야 한다.

d. 배우자 탐색의 편익은 여러분이 사는 지역의 크기에 영향을 받는다.

9. 각 문항에 열거된 두 개의 직업 가운데 운전하는 차가 그 사람이 자신의 직업에서 얼마나 유능한지를 잘 보여주는 지표가 될 수 있는 직업을 각각 찾아라.

a. 초등학교 교사 – 부동산 업자

b. 치과의사 – 시정부 공무원

c. 민간 부문의 엔지니어 – 군대의 엔지니어

10. 여성 국가수반(예를 들어, 이스라엘의 골다 메이어(Golda Meir), 인디아의 인디라 간디(Indira Gandhi), 영국의 마가레트 대처(Margaret Thatcher))들은 종종 외교문제에 있어 일반적인 남성 국가수반보다 더욱 호전적이라고 여겨진다. 라우리의 정치적 담론의 퇴조 현상을 이용해 이 같은 패턴에 대한 설명을 제시하라.

11. 줄리는 화재확률이 2%임과, 화재시 복구비용이 $250,000임을 알고 있다. 줄리가 위험 기피적이면, 전액 보장시 $5,000를 지불할 용의가 있는가? $5,200, $5,400는 지불할 용의가 있는가?

12. 일반적으로 사람들은 내년에 병에 걸리지 여부를 정확히 알 수 없다. 고위험 사람들은 질병 확률이 30%, 저위험 사람은 질병 확률이 10%이다. 두 종류의 사람 모두 질병시 의료비는 $10,000이다.

a. 고위험자의 의료비 지출의 기댓값은 얼마인가?

b. 저위험자의 의료비 지출의 기댓값은 얼마인가?

c. 보험회사는 가입자가 고위험자인지 저위험자인지 구별할 수 없다. 다만 그 비율이 반반이라는 것만 안다. 이에 근거해 보험회사는 전액 보장으로 보험료 $2,000인 보험을 판매한다. 고위험자, 저위험자 모두 위험 중립적이면 누가 이 보험을 구매하는가? 보험회사가 계속해서 보험료로 $2,000를 유지한다면 계속 사업을 할 수 있는가?

본문 개념체크 해답 Answers to Concept Checks

12.1 인터넷 탐색은 다양한 재화와 서비스에 대한 정보를 획득하기에 매우 저렴한 수단이므로, 인터넷 접속이 늘어나면 정보의 공급곡선이 오른쪽으로 이동할 것이다. 균형에서는 사람들이 더 많은 정보를 얻을 것이고, 사람들이 구매하는 재화와 서비스는 완전한 정보가 존재하는 이상적인 세계에서 구매하는 재화와 서비스와 매우 유사할 것이다. 이런 효과 때문에 총잉여는 증가한다. 그러나 인터넷으로 인해 무임승차 문제가 더 심각해지면 일부 효과는 상쇄될 것이다.

12.2 앞면과 뒷면이 나올 확률은 각각 1/2이다. 그러므로 이 위험의 기대값은 $(1/2)\times(\$4)+(1/2)\times(-\$2)=\$1$이다. 이 위험은 유리한 위험이므로 위험 중립적인 사람은 이 위험을 받아들일 것이다.

12.3 한 번 더 방문할 때 임대료가 싼 아파트를 찾을 확률이 20%이므로, 한 번 방문시의 기대값은 여전히 $2이다. 그러므로 한 번 더 탐색을 해야 한다. 이전까지 탐사에서 안 좋은 결과가 나왔다 하더라도 그것은 매몰비용이므로, 한 번 더 탐색할 것인가를 결정하는데 아무런 영향을 미쳐서는 안 된다.

12.4 새 차의 기대값은 $0.8\times\$100,000+0.2\times\$6,000=\$9,200$이다. 중고차의 품질 분포가 새 차와 동일하다고 믿는 모든 위험 중립적인 소비자들은 중고차 구매를 위해 $9,200까지 지불할 용의가 있다.

노동시장, 빈곤, 소득분배

제 13 장

소득이 최상위층에 집중되는 추세가 증가함에 따라 소비 패턴이 급격하게 변했다.

아주 근소한 차이로 레튼(Mary Lou Retton)은 1984년 로스앤젤레스 하계 올림픽 체조 여자 개인 종합에서 금메달을 획득했다. 그 이후 20년간 그녀는 계속해 사람들의 주목을 받았고, 제품 광고와 성취동기에 대한 강연을 통해 수백만 달러의 수입을 얻었다. 반면에 1984년도 체조의 은메달리스트는 사람들의 관심에서 완전히 사라져 버렸다(은메달을 딴 만큼의 기량에 불구하고 루마니아 이외의 국가에서는 이 선수의 이름을 기억하는 사람들이 거의 없다). 그녀는 당시 루마니아의 가장 촉망받는 체조 선수 가운데 하나인 스자보(Ecaterina Szabo)이다. 비록 그녀가 간발의 차이로 레튼에게 금메달을 놓쳤지만, 부와 국제적 명성은 그녀의 것이 아니었다.

스자보의 조국인 루마니아의 많은 외과 의사들은 모든 면에서 미국의 외과 의사 못지않게 재능도 있고 열심히 일한다. 그러나 미국 외과 의사들의 연간 평균소득이 $200,000인 반면에, 루마니아 외과 의사들은 형편없이 낮은 소득으로 인해 부업으로 하루에 $10를 받고 부쿠레슈티(Bucharest)에 살고 있는 미국인 아파트를 청소하는 일을 한다.

왜 약간의 성과 차이가 때로 엄청난 부의 차이로 이어지는가?

왜 어떤 사람은 다른 사람과 비교해 그토록 막대한 돈을 버는가? 경제학의 그 어떤 질문도 이 질문만큼 흥미와 논의를 불러일으킨 질문은 없다. 물론 미국 시민권이 높은 소득을 올리는 필요조건도 아니고 충분조건도 아니다. 세계에서 가장 부자인 사람들 가운데 많은 사람들은 매우 가난한 나라 출신인 반면에, 많은 미국인들은 집도 없고 제대로 먹지도 못한다.

본장의 목적은 간단한 경제적 원리를 이용해 왜 사람들 사이에 커다란 소득의 차이가 발생하는가를 설명하고자 하는 것이다. 먼저 개인적 특성의 차이의 중요성을 강조하는 인적자본 이론을 살펴본다. 다음으로 왜 개인적 특성이 유사한 사람들의 소득수준이 종종 현격하게 차이가 나는지를 살펴본다. 여러 요인 가운데 노동조합, 차별, 임금 이외의 고용 조건의 영향, 승자 독식의 시장 등을 살펴본다. 마지막으로 소득 불평등이 도덕적인 문제인가를 살펴보고, 또한 최저임금제의 효과를 알아본다.

13.1 노동의 경제적 가치

어떤 면에서 인간 노동력의 판매는 다른 재화와 서비스 판매와 근본적으로 다르다. 예를 들어, 한 사람이 자신의 TV를 다른 사람에게 판매함으로써 TV 사용에 대한 모든 미래의 권리를 법적으로 포기한 것이지만, 법은 사람들의 노예 계약을 금지하고 있다. 그러나 노동 서비스를 "임대"하는 것은 합법적이다. 여러 가지 측면에서 노동 서비스의 임대시장은 대부분의 다른 재화 및 서비스 시장과 동일하게 작동한다. 모든 특정 범주의 노동에 대한 수요곡선과 공급곡선이 존재하고, 이들 곡선이 만나는 곳에서 각각의 특정 범주의 노동에 대한 균형임금과 균형고용량이 결정된다.

또한 관련 수요곡선과 공급곡선의 이동은 다른 재화와 서비스의 수요곡선과 공급곡선의 이동과 동일한 변화를 가져온다. 예를 들어, 특정 범주의 노동에 대한 수요가 증가하면 일반적으로 그 범주에 속한 노동의 균형임금과 균형고용량은 증가한다. 같은 이유로, 특정 직종의 노동공급이 증가하면 그 직종의 균형고용량은 증가하고 균형임금은 감소한다.

균형

다른 시장에 대한 논의와 동일하게, 여러 가지 예를 통해 노동시장이 어떻게 작동하는가를 알아본다. 첫 번째 예는 **균형의 원리**를 이용해 생산성이 다른 근로자들의 임금이 어떻게 다른지를 보여준다.

생산성과 균형의 원리

예 13.1

도자기공은 얼마를 버는가?

매킨토시 도자기 회사는 진흙으로 도자기를 만드는 도자기공을 고용하는 여러 회사들 가운데 하나이다. 도자기 회사들은 도자기 소매상에 개당 $1.1에 판매한다. 무제한으로 널려 있어서 공짜로 얻을 수 있는 점토가 도자기 생산의 유일한 생산요소이다. 현재 레니와 로라는 매킨토시 도자기 회사에서 일하는 두 명의 도자기공이다. 매킨토시 회사는 도자기공의 임금을 제외하고, 소매상에 납품하는데 개당 10센트의 출하비용을 지불한다. 레니는 매주 100개의 도자기를, 로라는 130개를 생산한다. 도자기공의 노동시장이 완전경쟁시장이면 레니와 로라는 각각 얼마씩 버는가?

먼저 레니와 로라가 전적으로 도자기 제작에만 전념한다고 가정하자. 그러므로 논의의 초점은 이들이 몇 시간 일할 것인가가 아니라 얼마를 버는가 하는 것이다. 출하비용을 제외하면 레니가 생산하는 도자기의 가치는 주당 $100이고, 이 금액이 매킨토시 회사가 레니에게 지불하는 가격이다. 이보다 적게 지불하면 다른 경쟁회사에서 약간 더 높게 지불해 레니를 데려갈 것이다. 예를 들어, 매킨토시 회사가 주당 $90만 지불하면 이 회사는 레니를 고용함으로써 주당 $10의 경제적 이윤을 얻는다. 테이블 위에 현금이 있는 것을 본 경쟁회사들은 레니에게 $91를 제안해 그를 데려옴으로써 주당 $9의 추가적인 경제적 이윤을 얻을 수 있다. 그러므로 $100 미만을 지불하면 도자기 회사들 사이의 경쟁으로 인해 매킨토시 회사는 레니를 계속해 잡아두기 힘들다. 도자기 회사들이 레니에게 $100를 초과해 지불하면 경제적 손실을 입는다. 같은 이유로, 매주 로라가 생산하는 도자기의 가치는 $130이고, 이것이 그녀가 완전경쟁시장에 얻는 균형임금이다.

예 13.1에서 각 도자기공이 매주 생산하는 도자기의 숫자를 그 도자기공의 **노동의 한계실물생산**(marginal physical product) 또는 간단히 **노동의 한계생산**(marginal product, MP)이라고 부른다. 일반적으로 한 근로자의 한계생산은 이 근로자를 고용함으로써 기업이 얻는 추가적인 산출량을 의미한다. 근로자의 한계생산에 산출물 한 단위가 거래되는 순가격(net price)을 곱하면 근로자의 **노동의 한계생산가치**(value of marginal product, VMP)가 된다.(앞의 예에서, 도자기 하나당 "순가격"은 판매가격 $1.1에서 출하비용 $0.1를 뺀 $1이다). 완전경쟁적인 노동시장에서 성립하는 일반적인 규칙은 장기 균형에서 한 근로자의 소득은 그 근로자의 한계생산가치와-그 근로자가 고용주의 수입 증가에 기여한 순기여분-일치한다는 것이다. 고용주들은 각 근로자들에게 그들의 한계생산가치보다 덜 지불하고자 한다. 그러나 노동시장이 완전경쟁이면, 고용주들은 한계생산가치보다 덜 지불하면서 근로자를 오랫동안 잡아둘 수 없다.

노동의 한계생산
노동력 한 단위를 더 고용했을 때 발생하는 산출량의 증가분

노동의 한계생산가치
노동력 한 단위를 고용해 발생한 산출량 증가분의 시장가치

예 13.1에서 각 도자기공의 한계생산가치는 기업이 고용한 근로자의 숫자에 의존하지 않았다. 이 경우 기업이 몇 명의 근로자를 고용할지 예측할 수 없다. 매킨토시 회사는 2명, 10명, 혹은 1,000명 이상을 고용해도 항상 0의 경제적 이윤을 얻는다. 그러나 많은 경우 기업이 몇 명을 고용하는지를 정확히 예측할 수 있다. 다음의 예를 살펴보자.

예 13.2 고용량 결정

애디론댁 회사는 몇 명의 근로자를 고용해야 하는가?

애디론댁 목재 회사는 무료로 얻을 수 있는 나무 조각으로 부엌용 판자를 만드는 근로자를 완전경쟁적인 노동시장에서 주당 $350의 임금을 지불하고 고용한다. 판자의 개당 가격이 $20이며, 고용한 근로자의 수에 따른 판자 산출량이 **표 13.1**과 같을 때, 애디론댁 회사는 몇 명을 고용해야 하는가?

예 13.1에서 논의의 초점은 생산성 차이에서 발생하는 임금소득의 차이였다. 반면에 이 예에서는 모든 근로자의 생산성은 동일하고, 기업이 직면하고 있는 시장임금은 고정되어 있다고 가정한다. 근로자를 더 고용할수록 노동의 한계생산이 체감하는 것은 수확체감의 법칙이 작용한 결과이다(제 6장에서 논의했듯이, 수확체감의 법칙은 단기에서 자본이나 다른 생산요소의 양이 고정되어 있을 경우, 일정 수준 이상으로 근로자를 고용하면 산출량의 증가분은 감소한다는 것을 의미한다). 표의 제 3열은 근로자를 더 고용할 때의 한계생산을, 마지막 열은 한계생산가치를 — 한계생산에 판자 판매가격인 $20를 곱한 값 — 보여준다. 애디론댁 회사는 한계생산가치

표 13.1 목재 회사의 고용과 생산성과의 관계(판자 한 단위당 가격이 $20일 경우)

고용자수	총판자수/주	한계생산(*MP*) (추가판자수/명)	한계생산가치(*VMP*) ($/명)
0	0		
		30	600
1	30		
		25	500
2	55		
		21	420
3	76		
		18	360
4	94		
		14	280
5	108		

가 $350(시장임금)를 초과하는 한 계속해 근로자를 더 고용해야 한다. 첫 네 명 근로자의 한계생산가치가 $350보다 크므로 애디론댁 회사는 네 명은 고용해야 한다. 그러나 다섯 번째 근로자의 한계생산가치는 $280이므로, 애디론댁 회사는 다섯 번째 근로자를 고용해서는 안 된다.

독자들은 완전경쟁적인 노동시장에서 기업들의 고용 결정과 완전경쟁시장에서 기업들의 산출량 결정 사이의 유사점에 주의하기 바란다. 노동이 유일한 가변요소이면 두 결정은 본질적으로 동일하다. 기업의 산출량과 근로자 고용 숫자 사이에는 일대일 대응관계가 존재하므로, 몇 명의 근로자를 고용할 것인가를 결정하는 것은 산출량을 얼마 생산할 것인가를 결정하는 것과 동일한 결정이다.

고용량은 근로자가 생산하는 판자의 양뿐만 아니라 판자의 가격과 임금에도 의존한다. 예를 들어, 한계생산가치는 산출물 가격이 상승하면 같이 증가하므로, 산출물 가격이 상승하면 고용주는 더 많은 근로자를 고용한다. 임금이 하락하면 고용주는 고용량을 늘린다.

✔ 개념체크 13.1

예 13.2에서 판자 가격이 $26로 상승하면 애디론댁 회사는 몇 명을 고용해야 하는가?

✔ 개념체크 13.2

예 13.2에서 임금이 주당 $275로 하락하면 애디론댁 회사는 몇 명을 고용해야 하는가?

요약 노동의 경제적 가치

완전경쟁적인 노동시장에서 고용주는 각 근로자에게 그들의 한계생산가치만큼 지불해야 하는 시장 압력에 직면한다. 주어진 시장임금에서 기업이 원하는 만큼의 근로자를 고용할 수 있으면, 기업은 한계생산가치가 시장임금을 초과하는 한 계속해 고용을 늘린다.

13.2 노동시장의 균형

제 3장에서 보았듯이 완전경쟁시장에서 균형가격과 균형거래량은 관련 수요곡선과 공급곡선이 만나는 점에서 결정된다. 완전경쟁적인 노동시장에서도 동일한 결과가 성립한다.

13.2.1 노동의 수요곡선

근로자 고용을 위한 고용주의 유보가격은 이윤의 감소 없이 고용주가 지불할 수 있는 최대한의 금액이다. 앞에서 설명했듯이, 완전경쟁인 노동시장에서 고용주의 유보가격은 다름 아닌 한계생산가치(VMP)이다. 수확체감의 법칙 때문에 단기에서는 노동 투입량이 증가하면, 노동의 한계생산이 감소하고 따라서 한계생산가치도 감소한다. 특정 직종에서 — 예를 들어, 컴퓨터 프로그래머 — 개별 고용주의 노동의 수요곡선은 **그림 13.1(a)**와 같이 우하향한다. 기업 1 (**그림 13.1(a)**)과 기업 2 (**그림 13.1(b)**)가 어떤 지역에서 컴퓨터 프로그래머를 고용하는 두 개 기업이라고 가정하자. 이 지역의 컴퓨터 프로그래머에 대한 시장 전체의 노동 수요곡선은 개별 기업의 수요곡선을 수평으로 합친 것이다(**그림 13.1(c)**).

13.2.2 노동의 공급곡선

특정 직종의 노동 공급곡선은 어떤 모양인가? 임금이 높으면, 낮을 때보다 노동공급은 증가하는가? 동일한 문제를 달리 질문하면, 소비자들은 임금이 높으면 낮을 때보다 여가를 줄일 것인가 하는 것이다. 임금이 변하면 여가의 수요에 대해 상반된 두 가지 효과가 작용하므로, 경제학의 원리 자체는 이 질문에 대한 대답을 제공하지 못한다. 두 가지 효과 가운데 하나는 대체효과로, 임금이 올라가면 여가가 이전보다 더 비싸지므로 사람들이 여가의 소비를 줄인다는 것이다. 두 번째 효과는 소득효과로, 임금이 올라가면 사람들의 구매력이 증가하므로 이전보다 여가의 소비를 증가시킨다는 것이다. 상반된 두 가지 효과 가운데 어떤 효과가 더 큰지는 경험적인 문제이다.

경제 전체로는 지난 수세기 동안 근로시간은 감소해 왔고, 실질임금은 증가해 왔다. 이 같은 패턴은 노동의 공급곡선이 우하향하고, 또한 경제 전체로서 노동의 공급곡선이 우하향할 수 있음을 시사하는 것처럼 보일 수 있다. 그러나 개별 근로자들이 임

그림 13.1

특정 직종의 노동 수요곡선
기업 1과 2가 특정 직종의 노동을 고용하는 유일한 기업이면 직종의 시장 전체의 노동 수요곡선은 두 기업의 개별 노동 수요곡선을 수평으로 합해 얻어진다.

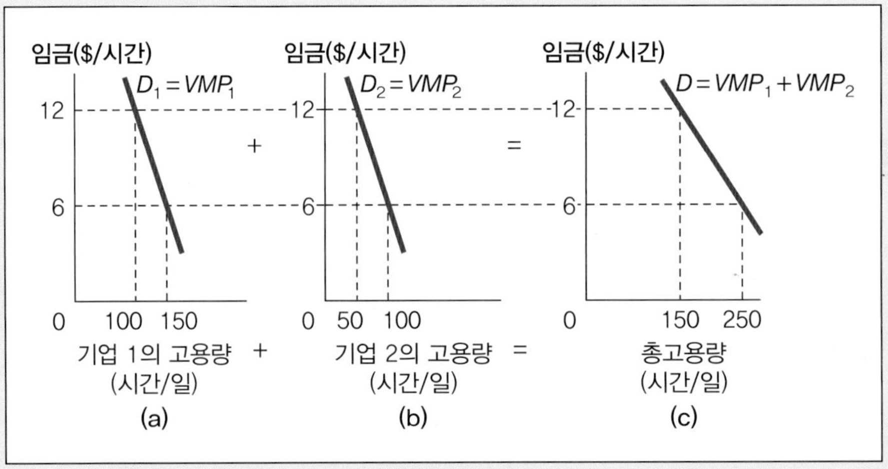

금이 낮을 때보다 높을 때 일을 적게 한다는 증거도 존재한다. 예를 들어, 뉴욕시의 택시 운전사에 대한 연구는, 택시 운전사들이 맑은 날(벌이가 좋지 않은 날)보다 비 오는 날(택시에 대한 수요가 커 벌이가 좋은 날)에 좀 더 일찍 일을 마친다는 것을 보여준다.[1]

이 같은 관측에도 불구하고 직종 간의 임금 차이는 직종 선택에 영향을 미치므로, 특정 직종의 노동 공급곡선은 거의 대부분 우상향한다. 예를 들어, 1970년대보다 오늘날 더 많은 사람들이 컴퓨터 프로그래머를 직업으로 선택하는 것은 우연이 아니다. 지난 수십 년 동안 컴퓨터 프로그래머의 임금은 급격하게 상승했다. 이로 인해 많은 사람들이 다른 직종을 포기하고 프로그래머를 선호하게 되었다. **그림 13.2**의 S 곡선은 컴퓨터 프로그래머의 노동 공급곡선을 표시한다. 거의 대부분의 개별 직종에서 노동 공급곡선은 일반적으로 우상향한다.

13.2.3 수요곡선과 공급곡선의 이동

최근 몇십 년 동안 많은 작업들이 디지털화 되면서, **그림 13.2**에서 수요곡선이 D_1에서 D_2로 증가한 것 같이 컴퓨터 프로그래머에 대한 수요가 증가했다. 컴퓨터 프로그래머 시장의 균형은 수요곡선과 공급곡선이 만나는 점에서 이루어진다. 수요가 증가했으므로 균형고용량은 L_1에서 L_2로, 균형임금도 W_1에서 W_2로 증가했다.

제 7장에서 설명했듯이, 주식이나 다른 금융자산 시장은 수요곡선이나 공급곡선이 이동하면 매우 빠르게 새로운 균형에 도달한다. 반면에 노동시장은 종종 조정과정이 매우 천천히 이루어진다. 한 직종의 노동에 대한 수요가 증가하면, 사람들이 그 직업을 얻기 위해 필요한 기술을 획득하거나 훈련을 받는 데 시간이 어느 정도 걸리느냐

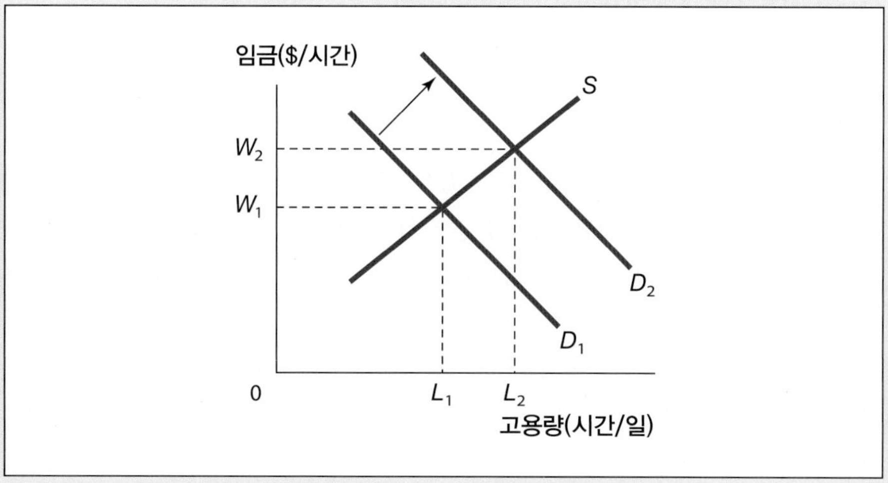

그림 13.2

컴퓨터 프로그래머에 대한 수요 증가의 효과

컴퓨터 프로그래머의 수요가 D_1에서 D_2로 증가하면, 균형고용량은 증가하고(L_1에서 L_2로), 균형임금도 증가한다(W_1에서 W_2로).

1 L. Bacock, C. Camerer, G. Loewenstein, and R. Thaler, "Labor Supply of New York City Cab Drivers: One Days at a Time," *Quarterly Journal of Economics* 111, pp. 408–441, 1997.

에 따라 노동력의 부족이 몇 개월 혹은 몇 년 동안 계속되기도 한다.

요약 노동시장의 균형

완전경쟁적인 노동시장에서 노동의 수요곡선은 각 고용주의 한계생산가치곡선의 수평 합이다. 경제 전체의 노동 공급곡선이 수직이거나 심지어 우하향할 수 있지만, 개별 직종의 노동 공급곡선은 우상향한다. 각 노동시장에서 수요곡선과 공급곡선이 만나는 곳에서 균형임금과 균형고용량이 결정된다.

13.3 소득 격차에 대한 설명

완전경쟁적인 노동시장 이론은 소득의 격차가 해당 한계생산가치의 차이를 반영한다고 설명한다. 그러므로 **예 13.1**에서 로라는 레니보다 매주 도자기를 20% 더 많이 생산하기 때문에, 로라의 소득이 레니의 소득보다 20% 더 많았다. 이 같은 생산성의 차이는 재능 또는 훈련의 차이에서 기인할 수도 있고, 단순히 로라가 레니보다 더 열심히 일하기 때문일 수도 있다.

균형

그러나 능력이 동일하고 똑같이 열심히 일하는 사람들 사이에도 현격한 소득의 격차가 발생함을 종종 볼 수 있다. 예를 들어, 왜 변호사들은 그들만큼 똑똑하고 열심히 일하는 배관공보다 훨씬 더 많은 소득을 버는가? 왜 외과 전문의는 일반 개업의보다 훨씬 더 많이 버는가? 이 같은 소득 격차는, 장기에서의 소득 격차는 능력, 운, 또는 근면성의 차이에 의해서만 설명된다는 **균형의 원리**와 모순되는 듯 보인다. 예를 들어, 배관공이 변호사가 됨으로써 더 많은 소득을 벌 수 있으면, 왜 이들은 직종을 변경하지 않는가? 마찬가지로, 일반 개업의도 외과 전문의가 되면 더 큰 소득을 벌 수 있으면, 왜 이들은 처음부터 외과 전문의가 되지 않았는가?

13.3.1 인적자본 이론

인적자본
근로자의 한계생산가치에 영향을 미치는 교육, 경험, 훈련, 지적 능력, 에너지, 작업 습관, 신뢰성, 창의성 등과 같은 요인의 복합체

인적자본 이론
한 근로자의 임금이 그 근로자가 가지고 있는 인적자본량에 비례해서 결정된다는 이론

개인의 한계생산가치가 그 사람의 **인적자본**(human capital)에 — 교육, 경험, 훈련, 지적 능력, 에너지, 작업 습관, 신뢰성, 창의성 등과 같은 요인의 복합체 — 비례한다고 주장하는 **인적자본 이론**(human capital theory)은 이 같은 질문에 대한 대답을 시사해 준다. 이 이론에 따르면, 한 직종의 소득이 다른 직종보다 더 큰 것은 그 직종이 다른 직종보다 더 큰 인적자본량을 필요로 하기 때문이다. 예를 들어, 일반 개업의는 수 년 동안 의대 교육을 더 받을 경우에 한해 외과 전문의가 될 수 있다. 배관공이 변호사가 되려면 변호사가 되기에 필요한 교육에 대한 큰 투자가 요구된다.

수요의 차이 때문에 특정 종류의 인적자본이 다른 종류의 인적자본보다 더 큰 가치를 가진다. 지난 수십 년 동안 일어난 컴퓨터 프로그래머에 대한 수요 증가를 다시

생각해보자. 더 많은 납세자들이 소득세 신고를 위해 회계사 대신 컴퓨터 소프트웨어를 사용함에 따라 같은 기간 동안 세무사에 대한 수요는 감소했다. 두 직종 모두 매우 어려운 기술적인 훈련을 요구한다. 그러나 컴퓨터 프로그래머들이 받은 훈련이 노동시장에서 더 큰 보상을 낳고 있다.

13.3.2 노동조합

한 근로자는 **노동조합**(labor union)에 속해 있는 반면에 다른 근로자는 속해 있지 않으면, 동일한 인적자본량을 가진 두 근로자의 임금이 다를 수 있다. 노동조합은 근로자들이 임금과 근로조건을 개선하기 위해 고용주와 단체로 협상하는 조직이다.

노동조합
근로자들이 고용주와 더 나은 임금과 근로조건을 놓고 단체로 협상하기 위해 만든 조직

많은 경제학자들은 산출물 시장에서 카르텔이 미치는 영향과 동일한 영향을 노동조합이 노동시장에 미치고 있다고 믿는다. 예시를 위해, 처음에는 노동조합이 존재하지 않는 두 개의 노동시장이 존재하는 간단한 경제를 생각해보자. 두 노동시장을 합친 노동 공급곡선은 하루 S_0=200명으로 고정되어 있고, 각 시장의 노동 수요곡선은 **그림 13.3**의 **(a)**와 **(b)**에서 VMP_1과 VMP_2로 표시되어 있다고 가정하자. 두 노동 수요곡선을 합친 $VMP_1 + VMP_2$(**그림 13.3 (c)**)가 수직인 공급곡선과 교차하는 점에서 균형임금은 시간당 \$9로 결정된다. 이 임금에서 시장 1의 기업들은 하루 135명(**그림 13.3 (a)**), 시장 2의 기업들은 하루 75명(**그림 13.3 (b)**)을 고용한다.

이제 시장 1의 근로자들이 노동조합을 결성해 시간당 임금이 \$13보다 낮으면 일하기를 거부한다고 가정하자. 노동의 수요곡선이 우하향하므로, 노동조합이 존재하는 시장의 고용주들은 고용량을 하루 135명에서 100명으로 감소시킨다(**그림 13.4 (a)**). 노동조합이 존재하는 시장에서 실직한 25명의 근로자들은 당연히 시간당 임금이 13인 시장 1에서 다른 직장을 찾을 수 있으면 기뻐할 것이다. 그러나 직장을 찾을 수 없으므로, 이들은 노동조합이 존재하지 않는 시장 2에서 직장을 찾아야 한다. 그 결과, 원래의

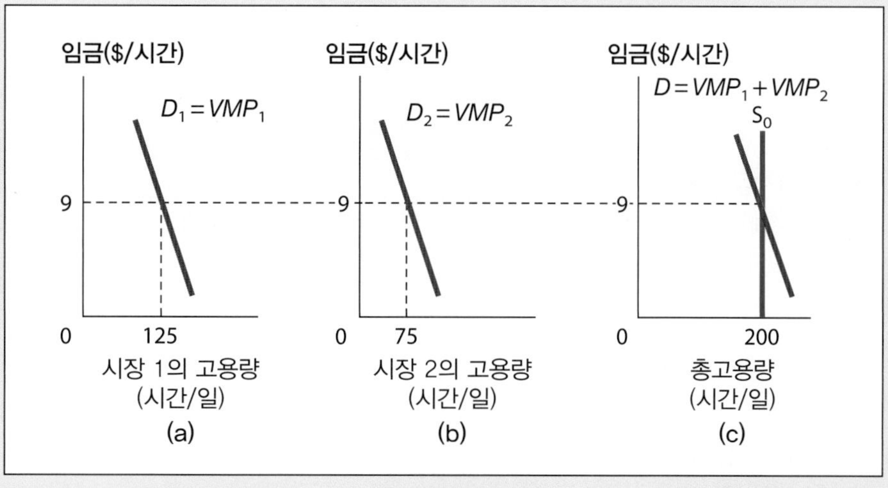

그림 13.3

노동조합이 없는 두 개의 시장이 존재하는 경제

수요와 공급곡선이 만나는 점에서 균형 임금이 시간당 \$9로 결정된다. 이 임금 수준에서 시장 1의 고용주는 하루 135명, 시장 2의 고용주는 하루 75명을 각각 고용한다. 각 시장의 한계생산가치는 동일하게 \$9이다.

그림 13.4

노동조합이 균형 임금에 미치는 효과

노동조합이 존재하는 시장의 임금이 시간당 W_U=\$12로 고정되면(a), 25명의 근로자가 실직한다. 실직한 근로자들은 시장 2에서 직장을 찾고자 하므로, 시장 2의 균형 임금은 시간당 W_N=\$6로 하락한다.

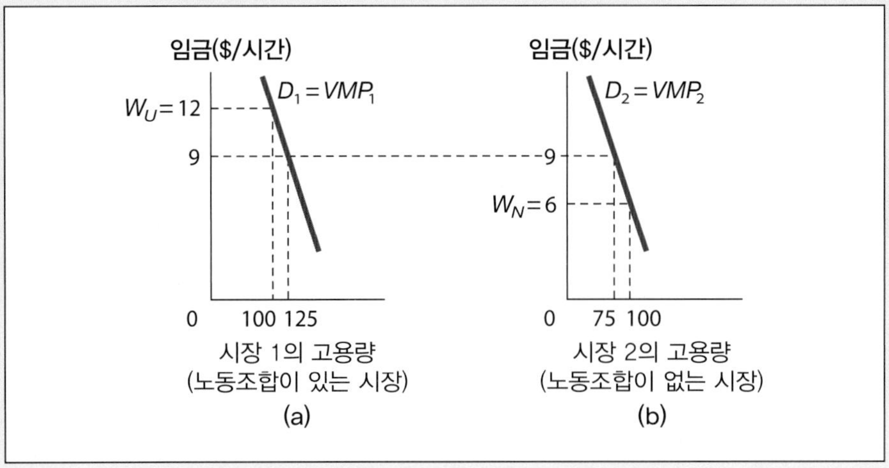

균형임금인 시간당 \$9에서 노동조합이 존재하지 않는 시장 2에 근로자 25명의 초과 공급이 존재한다. 시간이 지나면서 시장 2의 균형임금은 100명의 근로자가 직장을 찾을 수 있는 수준인 시간당 W_N=\$6로 하락한다.

노동조합이 존재하는 시장의 근로자의 이득이 정확하게 노동조합이 없는 시장의 근로자들의 손실과 상쇄되는 것처럼 보인다. 그러나 좀 더 자세하게 살펴보면, 노동조합이 존재하는 시장의 임금이 균형임금보다 높게 고정됨으로써 실제로는 총산출량의 가치가 하락함을 알 수 있다. 근로자들이 두 시장에 효율적으로 배분되면, 두 시장의 한계생산가치는 동일해야 한다. 그렇지 않으면 한계생산가치가 낮은 시장에서 높은 시장으로 근로자를 이동시킴으로써 총산출량의 가치를 증가시킬 수 있다. 임금이 두 시장 모두 시간당 \$9이면 두 시장의 한계생산가치는 동일하게 \$9이므로 효율적 배분의 조건이 충족된다. 그러나 단체 협상으로 인해 두 시장의 임금(따라서 한계생산가치) 격차가 발생하면, 총산출량의 가치는 극대화되지 못한다. 이를 증명하려면, 근로자 한 명을 노동조합이 존재하지 않는 시장에서 빼내면 그 시장의 산출량의 가치는 \$6 감소하는데, 이는 이 근로자가 노동조합이 존재하는 시장에 고용되어 창출되는 산출량 가치의 증가분인 \$13보다 작다는 사실에 주목하면 된다.

✔ 개념체크 13.3

그림 13.4에서 각 시장의 임금이 시간당 \$9라면 노동조합이 있는 때와 비교해 총산출량의 가치는 얼마나 증가하는가?

노동조합이 존재하는 기업의 근로자들은 노동조합이 존재하지 않는 기업의 근로자들보다 때로 50% 혹은 그 이상의 임금을 받는다. 노동조합의 유무에 따라 임금이 이처럼 차이가 난다면, 예리한 경제적 사유인은 당장 다음과 같은 질문을 할 것이다.

경제적 사유 13.1

노동조합이 있는 기업의 임금이 더 높다면, 노동조합이 없는 기업과의 경쟁에 직면해 노동조합이 있는 기업이 어떻게 생존할 수 있는가?

미국의 섬유 산업이 노동조합에 기인한 높은 임금의 부담을 벗어나기 위해 뉴잉글랜드에서 남부로 옮긴 것 같이, 실제로 노동조합이 없는 기업 때문에 노동조합이 있는 기업이 시장에서 퇴출당하기도 한다. 그렇다고 하더라도 노동조합이 있는 기업과 노동조합이 없는 기업이 종종 오랜 기간 동안 치열하게 경쟁하기도 한다. 노동조합이 있는 기업의 임금이 현저하게 높으면 노동조합이 있는 기업들은 어떻게 생존하는가?

관측되는 임금의 차이는 실제로 두 종류의 기업 간의 노동비용의 차이를 과대평가한 것이다. 노동조합이 있으면 높은 임금 때문에 초과공급 상태에 있는 근로자들이 몰리므로, 노동조합이 있는 기업은 노동조합이 없는 경우보다 더욱 강한 고용 조건을 부과할 수 있다. 그 결과, 노동조합에 가입한 근로자들은 노동조합에 가입하지 않은 근로자들보다 경험도 많고 숙련도도 높은 경향이 있다. 여러 연구에 의하면 인적자본이 동일하면 노동조합에 가입한 근로자의 임금 프리미엄은 단지 10% 정도이다.

또 다른 요인은 노동조합이 아마도 경영진과 근로자들 사이의 의사소통을 더 원활하게 함으로써 인적자본이 동일한 근로자의 생산성을 향상시킬 수 있다는 점이다. 또한 높은 임금과 더불어 공식적인 불만 처리과정의 시행은 노동조합에 가입한 근로자들의 사기를 진작시켜, 더 높은 생산성으로 이어질 수 있다. 이직률 또한 노동조합이 있는 기업에서 현저하게 더 낮아 고용 및 훈련비용을 절감할 수 있다. 여러 연구는 노동조합이 있으면 높은 임금을 보상할 만큼 생산성이 충분히 높을 수 있다는 점을 시사하고 있다. 그러므로 노동조합이 있는 기업의 임금이 높다고 하더라도, 이들 기업은 노동조합이 없는 기업과 비교해 산출량 한 단위당 노동 비용이 현저하게 높다고 할 수 없다.

노동조합이 있어 높은 임금을 지불하고도 어떻게 기업들이 경쟁력을 갖는가?

2016년 기준으로 노동조합 가입률은 10.7%로, 이는 1950년대의 1/3보다 적다. 노동조합에 기인한 임금 프리미엄은 작고 또한 가입률이 매우 낮으므로, 미국의 경우 아마도 노동조합 가입 여부는 유사한 자격을 갖춘 근로자들의 소득이 왜 매우 다른가를 설명하는 중요한 요인은 아니라고 볼 수 있다.

13.3.3 보상적 임금격차

사람들이 자신들이 생산하는 것의 가치만큼 대가를 지불받으면 왜 쓰레기 수거원이 안전요원보다 더 많이 버는가? 쓰레기를 치우는 것은 물론 중요하다. 그러나 쓰레기를 치우는 것이 물에 빠져 죽어가는 어린이의 생명을 구하는 것보다 더욱 중요한가? 마찬가지로 왜 배관공이 초등학교 4학년 교사보다 더 많이 버는지를 이해하기 위해 제때에 배수 공사를 하는 것의 가치에 대해 의문을 제기할 필요는 없다. 수도꼭지를 교체하는 것이 어린이들을 교육시키는 것보다 정말로 더 가치 있는 일인가? 다음의 예는 특정 직업의 소득이 그 직업을 가진 근로자들이 생산하는 것의 가치뿐만 아니라 근로

조건이 얼마나 좋은가에도 의존함을 보여준다.

경제적 사유 13.2

왜 어떤 광고 카피라이터는 다른 광고 카피라이터보다 더 많은 소득을 버는가?

여러분이 광고업계에서 일하고자 한다. 현재 두 개의 직장에서 취업을 제안 받았다: 하나는 미국 암 협회를 위한 광고 문구를 작성하는 것이고, 다른 하나는 젊은 층을 겨냥한 카멜 담배 광고를 작성하는 것이다. 광고 내용을 제외하고 두 경우의 근로조건은 동일하다. 각 직장의 연봉은 3만 달러이고 승진의 가능성은 동일하다면, 여러분은 어떤 것을 선택하겠는가?

최근 코넬 대학교의 졸업생 일부에게 이 질문을 했더니, 거의 90% 정도가 미국 암 협회의 일을 선택했다. 얼마를 더 받으면 카멜 담배 회사의 일을 하겠는가 하는 질문에 가장 많이 나온 대답은 연간 1만 5,000달러였다. 이들의 선택은, 근로조건이 안 좋은 직업의 고용주들은 더 높은 임금을 제시하지 않으면, 사람들을 뽑을 생각을 하지 말아야 한다는 것을 시사한다.

담배회사 CEO들은 흡연이 암을 유발하지 않는다고 증언해야 하므로 추가적인 보상을 받는가?

다른 조건이 동일하면, 더 좋은 근로조건을 가진 직장의 임금은 그렇지 않은 직장의 임금보다 낮다. 근로조건의 차이에 기인한 임금의 차이를 **보상적 임금격차**(compensating wage differential)라고 부른다. 경제학자들은 다양한 여러 근로조건의 차이에 기인하는 보상적 임금격차를 찾아냈다. 예를 들어, 여러 연구들은 안전한 직업은, 다른 조건이 유사하고 건강과 안전에 있어서만 더 큰 위험에 노출되어 있는 직업에 비해 임금이 낮음을 보여준다. 또한 여러 연구는 근로 스케줄이 얼마나 좋은가에 따라 임금이 영향을 받음을 보여준다. 예를 들어, 밤 근무하는 일은 임금 프리미엄이 존재한다. 또한 부분적으로나마, 자녀가 있는 많은 교사들은, 자신들의 근무 스케줄이 아이들의 학교 스케줄과 일치하는 데 가치를 부여하기 때문에, 낮은 임금을 수용한다.

보상적 임금격차
한 직업의 근로조건을 반영하는 임금의 차이

13.3.4 노동시장에서의 차별

평균적으로 여자들과 소수 집단에 속한 사람들은 지속적으로 비슷한 인적자본을 가진 백인 남자들보다 낮은 임금을 받는다. 이 같은 패턴은 경쟁 압력으로 인해 생산성의 차이에 근거하지 않는 임금격차는 존재하지 않는다고 주장하는 완전경쟁인 노동시장의 이론에 큰 도전이 되었다. 기존의 이론을 옹호하는 사람들은 이 같은 임금격차가 측정되지 않은 인적자본의 차이에서 비롯된다고 주장한다. 기존의 이론을 비판하는 많은 사람들은 노동시장이 실제적으로 완전경쟁이라는 생각을 받아들이는 대신 임금격차의 원인을 여러 가지 형태의 차별에서 찾는다.

고용주에 의한 차별
고용주가 자의적으로 특정 집단의 근로자를 다른 집단의 근로자보다 더 선호하는 현상

고용주에 의한 차별

고용주에 의한 차별(employer discrimination)은 고용주가 특정 집단의 근로자를

다른 집단의 근로자보다 더 선호해 발생하는 임금격차를 지칭하는 용어이다. 고용주에 의한 차별의 한 가지 예는, 남성과 여성과 같이 두 종류의 근로자 집단이 생산성이 동일함에도 불구하고, 어떤 고용주들이("차별자") 남성을 더 선호해 남성 근로자에게 더 높은 임금을 제시하는 경우이다.

대부분의 소비자들은 동일한 제품을 여성이 아닌 남성이 만들었다는 이유로 더 높은 가격을 지불하려고 하지 않는다(소비자들이 실제로 누가 제품을 만들었는지 안다고 하더라도). 제품 가격이 그 제품을 생산하는 노동력의 구성에 의해 영향을 받지 않는다면, 남성 근로자를 고용하는 비용은 더 큰 반면에 생산성에는 차이가 없으므로, 남성을 더 많이 고용하는 기업의 이윤은 더 작을 것이다(차별이 임금격차의 원인이라는 가정하에서). 그러므로 가장 높은 이윤을 얻는 기업은 여성 근로자만을 고용하는 기업일 것이다.

자의적인 임금격차는 명백하게 균형의 원리에 위반된다. 초기의 임금격차는 근로자의 대부분을 여성으로 고용한 기업이 경쟁기업을 제치고 성장할 수 있는 기회를 제공한다. 이 같은 기업은 산출량 한 단위당 더 큰 이윤을 얻으므로, 이들 기업은 가능한 한 빨리 규모를 확장하고자 하는 유인을 가진다. 규모를 확장하기 위해 이들 기업은 계속해 임금이 낮은 여성 근로자만을 고용하기를 원할 것이다.

그러나 이윤을 추구하는 모든 기업이 이 같은 전략을 추구한다면, 저임금의 여성 노동력 공급은 고갈될 것이다. 단기 처방은 여성 근로자에게 약간 높은 임금을 제시하는 것이다. 그러나 이 전략도 다른 기업이 동일한 전략을 실행하지 않을 경우에만 효과가 있다. 모든 기업이 여성 근로자의 임금을 올리면, 여성 노동력은 여전히 부족한 상태에 있게 된다. 유일한 안정적인 결과는 여성 근로자의 임금이 남성 근로자와 동일하게 되는 것이다. 남성, 여성 근로자 모두 임금은 그들의 공통적인 한계생산가치 수준으로 결정될 것이다.

남성 근로자를 더 선호하는 목소리를 높이고자 하는 고용주들은 남성 근로자들에게 한계생산가치를 초과하는 임금을 지불해야 한다. 고용주들은 원한다면 여성 근로자를 차별할 수 있다. 그러나 이 경우, 자신들이 얻는 이윤을 포기하고 남성 근로자들에게 더 높은 임금을 지불할 때에만 차별이 가능하다. 완전경쟁적인 노동시장을 가장 심하게 비판하는 사람들조차 자본주의하에서 기업의 주인이 이 같은 행동을 할 것이라고는 생각하지 않는다.

타인에 의한 차별

고용주에 의한 차별이 임금격차의 주된 설명이 아니라면, 무엇으로 임금격차를 설명할 수 있는가? 경우에 따라서는 **소비자에 의한 차별**(customer discrimination)이 적절한 설명을 제공할 수 있다. 예를 들어, 배심원이나 법률 서비스 고객들이 여성 또는 소수 집단에 속한 변호사들을 심각하게 받아들일 가능성이 적다고 사람들이 믿는다면, 이들 집단에 속한 사람들은 법대에 다닐 유인이 감소할 것이고 법률회사도 이들을

소비자에 의한 차별
제품의 품질이 동일하다고 하더라도, 선호하는 특정 집단이 생산하는 제품에 소비자들이 더 높은 가격을 지불하고자 하는 현상

고용할 유인이 감소할 것이다.

지속적인 임금격차의 다른 원인으로 집안 내에서의 차별과 사회화 과정을 꼽을 수 있다. 예를 들어, 집안에서 여성 자녀에게 기회를 덜 제공하거나, 여자들이 높은 지위에 오르려는 야망은 적절하지 못한 것이라고 여성 자녀들이 믿도록 사회화 시킬 수 있다.

임금격차의 다른 원인

일부 임금격차는 비금전적인 요인에 대한 선호의 차이에서 발생하는 보상적 임금격차로 설명할 수 있다. 예를 들어, 신체적 위험에 노출되는 직업은 임금이 높고 남성들이 상대적으로 이 같은 위험을 감수할 용의가 높으면, 인적자본이 동일한 경우에도 남성들은 여성들보다 더 높은 소득을 얻을 수 있다(고용주들이 사회적 규범 때문에 여성 근로자들을 위험한 직업에 배치하지 못한다면, 마찬가지로 임금격차가 발생한다).

측정하기 힘든 인적자본의 요소도 소득격차를 설명하는 데 도움이 된다. 예를 들어, 생산성은 쉽게 측정할 수 있는 교육의 양뿐만 아니라 측정하기 힘든 교육의 질에도 영향을 받는다. 백인과 흑인 간 임금격차의 일부는 흑인 거주지역의 학교가 평균적으로 백인 거주지역의 학교만큼 좋지 않다는 사실에 기인할 수 있다.

사람들이 대학에서 선택한 과목의 차이도 생산성의 차이에 비슷한 영향을 미친다. 예를 들어, 수학, 공학 혹은 경영학 과목을 — 남성이든 여성이든 — 많이 선택한 학생들은 주로 인문학 과목을 많이 선택한 학생들보다 현저하게 소득이 높은 경향이 있다. 전자의 집단에서 남성의 비율이 상대적으로 높다는 사실 때문에 고용주에 의한 차별과 무관하게 남성 근로자의 임금 프리미엄이 발생할 수 있다.

개인들이 받는 임금에 영향을 미치는 인적자본 및 다른 요소들을 경제학자들이 더 정교하게 측정하면서, 설명되지 않는 성별이나 인종에 의한 임금격차의 부분이 점차적으로 줄어들고 있고, 몇몇 연구에서는 완전히 사라진 것으로 나타났다.[2] 그러나 다른 연구에 의하면 아직도 설명되지 않는 성별과 인종에 의한 임금격차가 큰 것으로 나타나고 있다. 직장에서의 차별에 대한 논의는 이 같은 차별의 원인이 더 완전하게 밝혀질 때까지 계속될 것이다.

13.3.5 승자 독식의 시장

관측되는 소득 차이의 많은 부분은 인적자본의 차이로 설명된다. 그럼에도 불구하고, 근로자 간 인적자본의 분포가 거의 변하지 않는 직종 내에서도 소득격차가 매우 크게 벌어지고 있다. 다음의 예를 살펴보자.

---

2 S. Polackek and M. Kim, "Panel Estimates of the Male–Female Earnings Functions," *Journal of Human Resources*, 29, no. 2(1994), pp. 406–428,

경제적 사유 13.3

왜 소프라노 플레밍(Rene Fleming)은 자신보다 약간 못한 다른 소프라노보다 수백만 달러 이상을 더 버는가?

정상의 소프라노들은 그들보다 약간 재능이 떨어지는 다른 소프라노와 비교해 훨씬 더 많은 소득을 벌어왔다. 그런데 19세기보다 오늘날 소득격차가 훨씬 더 크게 벌어져 있다. 오늘날 르네 플레밍 같은 정상의 오페라 가수들은 매년 수백만 달러를 벌어들이는데, 이 금액은 그녀보다 단지 약간 재능이 떨어지는 소프라노들이 버는 금액의 수백 배, 심지어는 수천 배에 해당하는 금액이다. 얼굴을 가리고 노래를 들었을 때 누가 가장 고소득의 오페라 가수인지를 구별해 내기 힘든 상황이라는 점을 고려하면, 왜 소득격차가 이토록 크게 벌어지는가?

사람들이 음악을 소비하는 방식에 본질적인 변화가 발생했다는 데에서 그 대답을 찾아볼 수 있다. 19세기에는 거의 모든 음악가들이 콘서트홀에 모인 관객들 앞에서 실황 공연을 했다(1900년에 아이오와주만 하더라도 콘서트홀이 1,300개 넘게 존재했다!). 공연 당일의 관객들은 세계 정상의 소프라노의 노래를 듣고 매우 즐거워했었을 것이다. 그러나 그 어떤 소프라노도 세계에 존재하는 수많은 콘서트홀 가운데 소수의 콘서트홀에서만 공연을 할 수 있었을 뿐이다. 반면에 오늘날에는 사람들이 대부분 녹음된 형태의 음악을 듣기 때문에, 정상의 소프라노가 문자 그대로 세계 어디에서나 동시에 공연하는 것이 가능해졌다. 원반(master recording)이 만들어지면, 르네 플레밍의 공연은 그녀보다 약간 재능이 떨어지는 소프라노와 동일하게 낮은 비용으로 CD로 변환될 수 있다.

전 세계적으로 수백만 명이 불과 몇 센트를 더 지불하고 정상의 소프라노의 공연을 듣고자 한다. 음반 회사들은 어느 정도의 수고비를 지불하고 정상의 성악가들을 고용하면 큰 경제적 이윤을 얻을 수 있다. 그러나 이로 인해 경쟁 회사들 사이에 정상의 성악가를 데려가기 위한 입찰 경쟁이 불붙을 것이다. 이 같은 경쟁으로 인해 정상의 성악가들은 연간 수백만 달러를 벌 수 있다(그 대부분은 제 7장에서 설명한 경제적 지대이다). 음반 회사들이 약간 재능이 떨어지는 성악가들을 필요로 하지 않기 때문에 이들은 훨씬 적은 소득만을 벌 뿐이다.

소프라노 시장은 약간의 능력의 차이나 다른 인적자본의 차이가 막대한 소득격차로 이어지는 **승자 독식의 시장**(winner-take-all market)이다. 엔터테인먼트 시장이나 프로 스포츠 시장에서 승자 독식은 오랫동안 매우 낯익은 현상이었다. 그러나 기술의 발전으로 인해 가장 능력이 뛰어난 사람이 더 큰 시장에 자신의 서비스를 제공할 수 있게 되면서, 승자 독식의 보상 구조는 법조계, 언론계, 컨설팅, 의학, 투자 회사, 기업 경영, 출판, 디자인, 패션, 심지어는 신성한 학문의 영역에서도 일반화되고 있다.

승자 독식의 시장
인적자본의 작은 차이가 막대한 소득격차로 이어지는 시장

그 이름이 의미하는 바와 달리, 승자 독식의 시장이 글자 그대로 한 사람의 승자만 존재하는 시장을 의미하지는 않는다. 수백 명의 직업 음악가들이 매년 수백만 달러를 번다. 그러나 이들과 비슷한 능력을 지닌 수만 명의 음악가들이 여러 요금 청구서를 내기도 힘들게 살아간다.

인적자본의 작은 차이가 엄청난 소득차이를 만들어 낸다는 사실이 인적자본 이론과 모순되는 것처럼 보일 수 있다. 그러나 승자 독식의 시장은 각 개인들은 그들이 고

용주의 순수입에 기여하는 분만큼을 지불받는다는 완전경쟁적인 노동시장 이론과 완벽하게 일관성을 가진다. 기술 발전으로 인해 약간의 성과 차이가 매우 큰 차이로 증폭될 수 있다.

요약 소득격차에 대한 설명

사람들 간 소득격차는 부분적으로 생산성에 영향을 미치는 개인적인 특성의 복합체인 인적자본의 차이 때문에 발생한다. 그러나 인적자본이 비슷한 두 사람 사이에도 종종 현격한 소득격차가 존재한다. 여러 가지 이유에서 이 같은 일이 일어날 수 있다: 근로조건이 좋지 않은 직종에서 근무할 수 있다; 차별의 희생자일 수 있다; 기술이나 다른 요인에 의해 인적자본의 작은 차이가 매우 큰 소득의 차이로 이어지는 분야가 생겨났다.

13.4 소득 불평등은 도덕적 문제인가?

하버드 대학교의 도덕 철학자인 롤즈(John Rawls)는 선택에 관한 경제학 이론에 근거해, 한계생산에 의한 임금 결정을 윤리적 관점에서 설득력 있게 비판해 왔다.[3] 무엇이 정의로운 소득분배인가를 생각함에 있어, 롤즈는 사람들이 모여 소득분배에 대한 규칙을 선택하는 상황을 상상해 보라고 말한다. 이 모임은 누구도 각 사람이 어떤 재능을 가졌는지 알지 못하는 "무지의 베일"(veil of ignorance) 상태에서 열린다. 각 사람은 누가 현명하고 어리석은지, 튼튼하고 약한지, 빠른지 느린지 알지 못하기 때문에, 누구도 어떤 소득 분배의 규칙이 자신에게 유리할지 알 수 없다.

롤즈는 이 같은 무지의 상태에서 사람들이 선택하는 규칙은 필연적으로 공평할 것이라고 주장한다; 규칙이 공평하면, 이 규칙에 의해 결정되는 소득 분배 또한 공평할 것이다.

무지의 베일 상태에서 사람들은 어떤 규칙을 선택할 것인가? 경제 전체의 소득이 고정되어 있다면, 대부분의 사람들은 아마도 각 사람에게 동일한 몫을 분배하고자 할 것이다. 롤즈는 대부분의 사람들이 위험 기피적이기 때문에 이 같은 결과가 나올 가능성이 높다고 주장한다. 불공평한 소득 분배는 더 많은 몫을 얻을 가능성도 있지만 더 적은 몫을 얻을 가능성도 있으므로, 대부분의 사람들은 균등하게 나누는 소득 분배를 선택함으로써 이 같은 위험을 제거하는 것을 선호한다. 예를 들어, 여러분과 두 친구들이 익명의 후원자가 세 명에게 나누어 가지라고 30만 달러를 기증했다는 말을 들었다고 하자. 여러분은 어떻게 나누어 가질 것인가? 여러분이 대부분의 사람들과 비슷하다면, 각 사람이 동일하게 10만 달러씩 나누어 가질 것을 제안할 것이다.

그러나 평등의 장점이 절대적인 것은 아니다. 오늘날과 같은 시장경제에서 부(wealth)의 분배를 결정하는 규칙을 만들 때 절대 평등의 목표는 다른 관심사보다 순위

3 John Rawls, *A Theory of Justice*, *Cambridge, MA: Harvard University Press*, 1971.

가 밀린다. 일반적으로 부는 익명의 후원자에게서 나오지 않는다; 사람들이 창출해야 한다. 규모가 큰 경제에서 각 사람들이 동일한 소득을 보장받는다면, 교육이나 특별한 재능 개발에 투자할 사람은 거의 없을 것이다; 또한 다음의 예가 예시하듯이, 일하고자 하는 유인이 매우 급격하게 감소할 것이다.

소득의 공유

예 13.3

소득의 공유가 노동공급에 영향을 미치는가?

슈는 대학교 도서관에서 매주 금요일 정오부터 오후 1시까지 책을 정리하는 일을 제안받았다. 이 일에 대한 슈의 유보임금은 시간당 $10이다. 도서관장이 그녀에게 시간당 $100를 제안한다면, 이 제안을 받아들였을 때 슈가 얻는 경제적 잉여는 얼마인가? 이제 도서관장이 이 일로부터 얻는 소득을 슈와 같은 기숙사에 사는 400명의 학생들에게 골고루 나누어 준다고 공표했다고 가정하자. 슈는 이 일을 하겠는가?

$100 모두 슈에게 지불되면, 그녀는 이 일을 할 것이고 $100－$10=$90를 경제적 잉여로 얻는다. 만일 $100가 슈와 같은 기숙사에 사는 400명 학생들에게 골고루 분배되면, 각 학생들은 25센트씩 받는다. 이 일을 하게 되면, 슈는 $0.25－$10=－$9.75인 경제적 손실을 얻게 된다. 따라서 그녀는 이 일을 하지 않는다.

✔ 개념체크 13.4

도서관 일에서 얻는 $100를 기숙사 학생들과 골고루 나누어 가질 때, 슈가 이 일을 하는 최대한의 기숙사 학생 수는 몇 명인가?

열심히 일하거나 위험을 감수하는 데 대한 보상이 없는 나라의 국민소득은 보상이 있는 나라와 비교해 현저하게 작다. 물론 노력과 위험 감수에 대한 물질적 보상은 불평등으로 이어진다. 그러나 롤즈는 이 같은 보상이 나누어 가질 수 있는 총산출량을 충분하게 증가시킨다면, 사람들이 어느 정도의 불평등은 받아들일 것이라고 주장한다.

그러나 사람들이 어느 정도의 불평등을 수용하는가? 롤즈는 순수한 경쟁시장이 창출하는 불평등 정도보다 훨씬 적은 정도만을 사람들이 수용할 것이라고 주장한다. 그 이유는 무지의 베일하에서 모든 사람들은 자신들이 불리한 위치에 놓일 것을 두려워하므로, 각 사람들은 한계생산에 의한 소득분배보다 훨씬 더 평등한 소득분배를 낳는 규칙을 선택할 것이기 때문이다. 이 같은 선택이 정의로운 소득분배가 무엇인가를 결정하므로, 공평성은 시장경제체제에서 발생하는 불평등을 감소시키기 위한 어느 정도의 노력을 요구한다고 롤즈는 주장한다.

요약 소득 불평등은 도덕적 문제인가?

롤즈는, 사람들이 무지의 베일상태에서 소득 분배의 규칙을 결정한다면 훨씬 적은 정도의 불평등을 선호할 것이므로, 규제가 없는 시장에서 일반적으로 발생하는 불평등의 정도는 불공평하다고 주장한다.

13.5 최저임금제

미국과 여러 선진국들은 고용주들이 특정 임금보다 낮은 임금을 지불하는 것을 금지하는 **최저임금제**(minimum wage) 법안을 제정해 저소득 근로자의 어려움을 경감시키고자 노력해 왔다. 미국에서 연방정부가 정한 최저임금은 시간당 $7.25이고, 여러 주에서 이보다 훨씬 높은 수준으로 최저임금을 정하고 있다. 예를 들어, 워싱턴주의 2016년 최저임금은 시간당 $9.47이다.

최저임금이 저임금 근로자의 노동시장에 어떤 영향을 미치는가? **그림 13.5**를 보면, 법에 의해 고용주가 W_{min}보다 낮은 임금을 지불할 수 없으면 고용주들은 근로자를 덜 고용함을(L_0에서 L_1으로 감소) 알 수 있다. 그 결과 실업이 발생한다. 직장이 있는 L_1 근로자들은 이전보다 높은 임금을 받는다. 그러나 실직한 (L_0-L_1) 근로자들은 아무런 소득이 없다. 근로자 전체 소득의 증가 여부는 노동 수요곡선의 탄력성에 달려있다. 탄력성이 1보다 작으면 근로자 전체의 소득은 증가한다. 반면에 탄력성이 1보다 크면 전체 소득은 감소한다.

시장이 균형에 도달하지 못하게 하는 다른 규제에 반대하듯이, 경제학자들은 최저임금제가 총잉여를 감소시킨다고 주장하면서 거의 만장일치로 최저임금제에 반대한다. 그러나 최근에 몇몇 경제학자들은 최저임금 수준을 인상했음에도 고용이 크게 줄지 않았다는 연구들을 인용하면서 최저임금제에 대한 반대를 누그러뜨리고 있다. 이

그림 13.5

최저임금제가 고용에 미치는 영향

최저임금제으로 인해서 고용주들이 균형임금보다 높은 임금을 지불해야 한다면, 저임금 근로자의 고용이 감소한다.

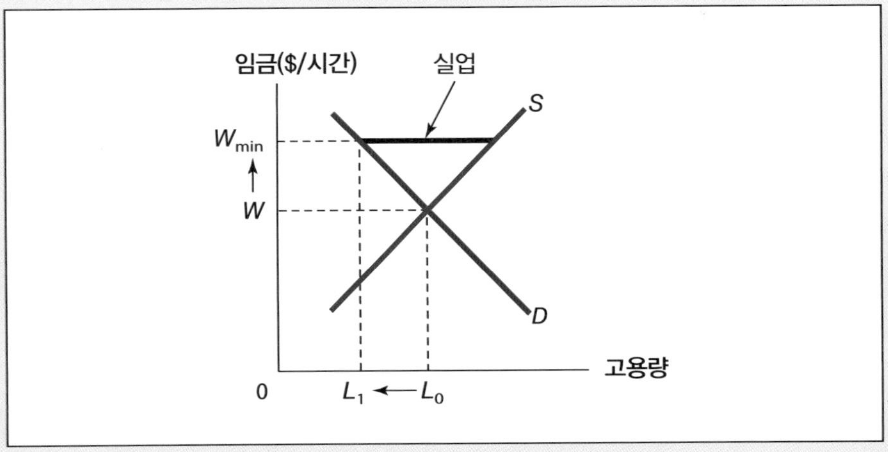

러한 연구들은 전체적으로 저소득 근로자들에게는 최저임금제가 있는 경우가 없는 경우보다 더 나음을 의미한다. 그러나 제 7장에서 보았듯이, 시장이 균형에 도달하지 못하게 하는 모든 정책들은 총잉여의 감소를 초래한다. 이는 사회가 저소득 근로자들을 도울 수 있는 더 효과적인 정책을 찾을 수 있음을 의미한다.

다음의 예는 최저임금제보다 근로자에게 직접 소득을 보존해 주는 것이 고용주와 근로자 모두에게 이익이 됨을 보여준다.

규제가 없는 노동시장의 잉여

예 13.4

최저임금제로 인해서 총잉여는 얼마나 감소하는가?

탈라하시(Tallahassee)시의 미숙련 노동에 대한 수요곡선과 공급곡선이 **그림 13.6**과 같다. 최저임금을 시간당 $7로 설정하면 총잉여는 얼마나 감소하는가? 최저임금제를 도입한 결과 근로자와 고용주의 경제적 잉여는 어떻게 변하는가?

최저임금제가 없으면 탈라하시시의 노동 시장균형임금은 시간당 $5이고 고용은 하루 5,000시간이다. 고용주와 근로자 모두 **그림 13.6**의 색칠한 삼각형의 면적과 동일한 크기인 하루 $12,500를 경제적 잉여로 얻고 있다.

최저임금이 시간당 $7이면 고용주의 경제적 잉여는 **그림 13.7**에서 빗금 친 삼각형의 면적으로 하루 $4,500이고, 근로자의 경제적 잉여는 녹색으로 칠한 면적으로 하루 $16,500이다. 최저임금제로 인해 고용주의 경제적 잉여는 하루 $8,000만큼 감소한 반면에, 근로자의 경제적 잉여는 하루 $4,000만큼 증가한다. 총잉여의 감소분은 **그림 13.7**에서 청색 삼각형의 면적으로 하루 $4,000이다.

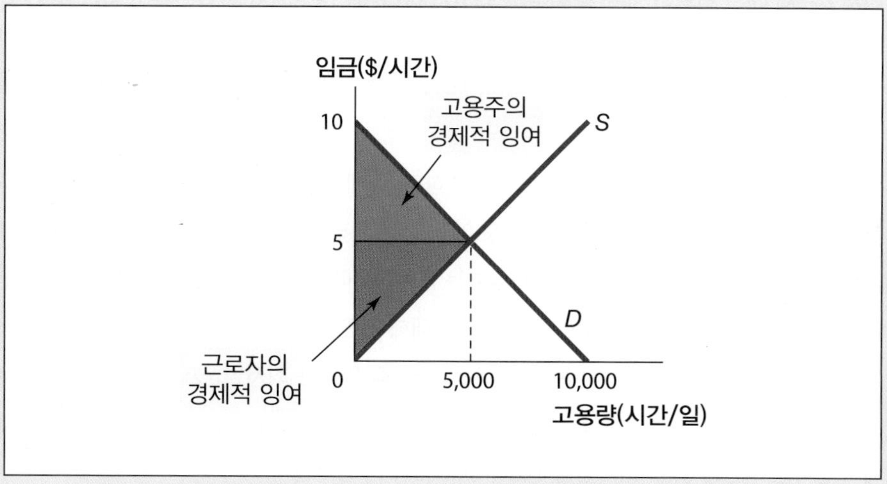

그림 13.6

최저임금제가 없을 때 고용주와 근로자의 경제적 잉여
수요와 공급곡선이 옆의 그림과 같을 때, 근로자의 경제적 잉여는 아래쪽 색칠한 삼각형의 면적으로 하루 $12,500이고, 고용주의 경제적 잉여도 동일하게 하루 $12,500이다(위쪽 색칠한 삼각형의 면적).

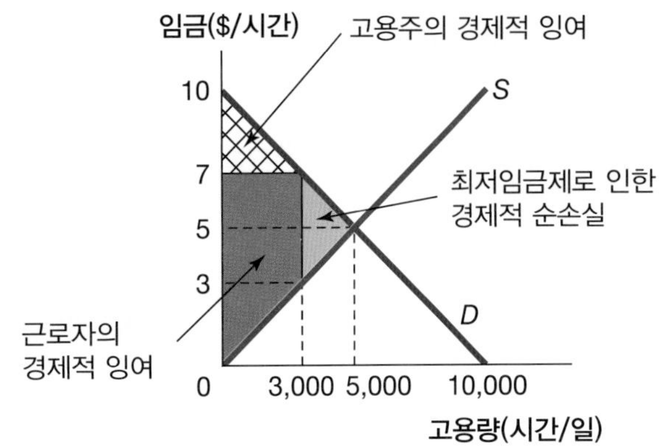

그림 13.7

최저 임금제가 경제적 잉여에 미치는 효과

최저 임금이 시간당 $7이면 고용은 하루 2,000시간 감소하고, 총잉여는 하루 $4,000 감소한다(청색 삼각형의 면적). 고용주의 경제적 잉여는 하루 $4,500(빗금친 삼각형의 면적)이고, 근로자의 경제적 잉여는 하루 $16,500이다(녹색으로 칠한 면적).

✔ 개념체크 13.15

예 13.4에서 탈라하시시의 노동 수요곡선이 하루 5,000시간에서 완전 비탄력적이면, 최저 임금이 시간당 $7일 때 총잉여의 감소분은 얼마인가?

효율성

다음의 예는 경제적 파이가 커지면 모든 사람이 더 큰 몫을 가질 수 있다는 효율성의 원리의 핵심 내용을 보여준다.

예 13.5 효율성의 원리

최저임금제 대신 정부가 세금을 환불해 주고자 한다. 예 13.4에서 최저임금이 시간당 $7일 때 근로자의 경제적 잉여와 동일한 경제적 잉여를 정부가 근로소득세 환급을 통해 근로자들에게 제공하려고 하면, 그 비용이 얼마인가(편의상 근로소득세 환급은 노동 공급에 아무런 영향을 미치지 않는다고 가정한다)?

최저임금제를 근로소득세 환급으로 대체하면, 규제가 없는 시장과 동일하게 균형고용량은 하루 5,000시간이고 균형임금은 시간당 $5이다. 규제가 없으면 근로자의 경제적 잉여는 최저 임금제하에서보다 $4,000만큼 적으므로, 정부는 근로자들에게 최저임금이 $7일 때의 경제적 잉여를 보전해 주기 위해 5,000시간의 근로 시간에 대해 시간당 $0.8의 세금을 환급해 주어야 한다. 이 정도의 근로소득세를 환급해주면 근로자의 경제적 잉여는 최저임금제하에서의 경제적 잉여와 동일하다. 근로소득세 환급을 위한 $4,000를 고용주에게서 세금으로 징수하면 고용주의 경제적 잉여는 시간당 $7의 최저임금제보다 $4,000가 더 증가한다.

저자들이 강조하고자 하는 점은 최저임금제가 저소득 근로자들에게 아무런 이득을 제공하지 못한다는 것이 아니라, 노동시장이 균형에 도달하지 못하게 하는 정책을 사용하지 않는다면 근로자들에게 더 큰 이득을 제공할 수 있다는 점이다.

요 약 Summary

- 완전경쟁적인 노동시장의 장기균형에서 근로자의 임금은 그 근로자가 고용주에게 창출해 주는 재화와 서비스의 시장가치인 한계생산가치와 같게 결정된다. 수확체감의 법칙에 의해 기업의 자본이나 다른 생산요소가 단기에 고정되어 있으면, 일정 수준 이상으로 노동을 투입시 산출량의 증가분은 점차 감소한다. 완전경쟁적인 노동시장에서 노동을 구매하는 기업들에게 임금은 항상 일정하며, 기업들은 한계생산가치가 임금과 일치하는 수준의 노동을 고용한다.
- 인적자본 이론은 개인의 한계생산가치가 그 사람의 생산성에 영향을 미치는 교육, 경험, 훈련, 지적 능력 및 다른 요인들의 복합체인 인적자본에 비례한다고 주장한다. 이 이론에 따르면 한 직종의 임금이 다른 직종보다 높은 것은 그 직종이 더 많은 인적자본을 요구하기 때문이다.
- 인적자본량이 비슷한 사람들 간에도 종종 임금의 차이가 발생한다. 예를 들어, 근로자가 노동조합에 가입했는지 여부에 따라 임금이 달라진다. 근로조건의 차이에 기인하는 임금격차인 보상적 임금격차는 인적자본량이 비슷한 사람들의 소득이 왜 다른가에 대한 또 다른 중요한 설명이다. 보상적 임금격차는 왜 쓰레기 수거원이 안전요원보다 더 많이 버는가를, 보다 일반적으로, 동일한 인적자본량을 가진 사람들 간에서도 근로조건이 좋지 않은 직업이 더 많이 버는 경향이 있음을 설명해준다.
- 개인적 특성이 유사함에도 불구하고 많은 기업들이 백인 남성보다 특정 집단의—특히 흑인과 여성—근로자들에게 더 낮은 임금을 지불한다. 이 같은 임금격차가 고용주에 의한 차별의 결과이면, 차별하지 않는 기업에게 더 큰 이윤을 벌 수 있는 기회가 존재한다. 소비자에 의한 차별 및 그 이외의 다른 기관에 의한 차별을 포함한 여러 다른 요인들이 부분적으로나마 관측된 임금격차를 설명한다.
- 기술의 발달로 인해 가장 생산성이 높은 사람이 더 넓은 시장에 서비스를 제공할 수 있게 되어 작은 인적자본의 차이가 매우 큰 소득의 차이로 연결될 수 있다. 이 같은 기술로 인해서 승자 독식의 시장이 발생한다. 승자 독식의 시장은 오랫동안 스포츠와 엔터테인먼트 분야에서 일반적인 현상이었고, 점차 다른 전문 분야에서도 일반적인 현상이 되어가고 있다.
- 철학자들은, 자신들이 처할 상황을 모른 채 사람들이 사회의 소득 분배를 선택한다면, 대부분의 사람들은 시장에서 결정되는 소득 불평등보다 적은 소득 불평등을 더 선호할 것이기 때문에, 적어도 일정 부분의 소득 재분배는 공평성의 측면에서 정당화될 수 있다고 주장해 왔다.

핵심용어 Key Terms

고용주에 의한 차별(418)
노동의 한계생산가치(409)
노동의 한계생산(409)
노동조합(415)
보상적 임금격차(418)
소비자에 의한 차별(419)
승자 독식의 시장(421)
인적자본(414)
인적자본 이론(414)

복습문제 Review Questions

1. 경제 전체로서는 임금이 증가할 때 사람들이 일을 덜 할 수 있지만, 특정 직종의 노동 공급곡선은 우상향한다. 그 이유를 설명하라.

2. 참 또는 거짓: 두 근로자의 인적자본이 거의 차이가 없으면 그들이 받는 임금도 거의 차이가 없다. 설명하라.

3. 소득 불평등의 최근 변화는 가장 생산성이 높은 사람이 더 넓은 시장에 서비스를 제공할 수 있도록 하는 기술이 발달한 것과 어떤 연관이 있는가?

4. 소득 분배의 상위 계층이 사익에 근거해 소득 재분배를 선호하는 두 가지 이유를 설명하라.

연습문제 Problems

1. 한 회사가 근로자를 고용해 공기필터를 소매시장에 판매한다. 공기필터의 가격은 개당 $26이고, 공기필터 개당 부품 가격은 $1이다. 샌드라와 보비는 A회사에서 일하는 두 명의 근로자이다. 샌드라는 매달 60개의 공기필터를, 보비는 70개의 공기필터를 조립할 수 있다. 노동시장이 완전경쟁이면 샌드라와 보비는 각각 얼마씩 버는가?

2. 한 회사가 근로자를 고용해 로켓트 포를 장비한 소함정을 소매시장에 판매한다. 소함정의 가격은 대당 $30,000이고, 이 회사는 부품을 한 척당 $25,000에 구매한다. 윌리와 샘은 이 회사에서 일하는 두 명의 근로자이다. 윌리는 매달 배 1/5개를, 샘은 1/10개를 조립할 수 있다. 노동시장이 완전경쟁이고 부품이 배를 생산하는 데 필요한 유일한 다른 비용이면, 윌리와 샘은 각각 얼마씩 버는가?

3. 한 회사가 옷 공장을 소유하고 있고, 완전경쟁적인 노동시장에서 옷감으로 청바지를 만드는 근로자를 고용한다. 청바지 한 벌을 만들기 위해 필요한 옷감의 가격은 $5이다. 이 공장이 매주 생산하는 청바지 완제품의 수량은 아래의 표와 같이 고용하는 근로자 수에 의존한다.

근로자 수	청바지 산출량(벌/주)
0	0
1	25
2	45
3	60
4	72
5	80
6	85

   a. 청바지 한 벌 가격이 $35이고 완전경쟁적인 노동시장의 임금이 주당 $250이면, 이 회사는 몇 명의 근로자를 고용하겠는가? 이 회사는 매주 몇 벌의 청바지를 생산하는가?

   b. 섬유 산업 노동조합이 최저임금으로 주당 $230를 책정한다고 가정하자. 이 회사가 고용한 모든 근로자들은 노동조합에 가입하고 있다. 최저임금이 이 회사의 근로자 고용에 어떤 영향을 미치는가?

   c. 노동조합이 최저임금으로 주당 $400를 책정하면, 이 회사의 근로자 고용은 어떻게 변하겠는가?

   d. 이 회사가 시장 균형임금인 주당 $250를 지불하지만 청바지 가격이 $45로 상승하면, 이 회사는 몇 명의 근로자를 고용하겠는가?

4. 캐롤라인은 청량음료 공장을 소유하고 있고, 완전경쟁적인 노동시장에서 청량음료를 만드는 근로자를 고용한다. 이 공장이 매주 생산하는 청량음료의 수량은 아래의 표와 같이 고용하는 근로자 수에 의존한다.

근로자 수	산출량(박스/주)
0	0
1	200
2	360
3	480
4	560
5	600

a. 음료수 한 박스가 청량음료를 만드는 재료비보다 $10 더 비싸게 팔리고 시장 균형임금이 주당 $1,000라면, 캐롤라인은 몇 명의 근로자를 고용하는가? 청량음료는 매주 몇 박스 생산되는가?

b. 청량음료 산업 노동조합이 최저임금으로 주당 $1,500를 책정한다고 가정하자. 캐롤라인이 고용한 모든 근로자들은 노동조합에 가입하고 있다. 최저임금이 캐롤라인이 고용하는 근로자 숫자에 어떤 영향을 미치는가?

c. 임금이 시장 균형임금인 주당 $1,000이지만 청량음료 가격이 재료비보다 $15 비싸게 상승하면, 캐롤라인은 몇 명의 근로자를 고용하겠는가?

5. 슈는 도서관에서 매주 금요일 정오부터 오후 1시까지 책을 정리하는 일을 제안받았다. 이 일에 대한 슈의 유보임금은 시간당 $5이다.

a. 도서관장이 그녀에게 시간당 $100를 제안한다면, 이 제안을 받아들일 때 슈가 얻는 경제적 잉여는 얼마인가?

b. 도서관장이 $100를 슈와 같은 기숙사에 사는 400명의 학생들에게 골고루 나누어 준다고 공표했다고 가정하자. 슈는 이 일을 하겠는가?

c. 문항 a와 b의 대답이 소득 재분배 프로그램에 내재한 유인의 문제를 어떻게 보여주고 있는가를 설명하라.

6. 현재 실업 상태인 존스는 식품교환권, 주택보조 및 아동보육보조 등 소득과 연계된 세 가지 복지프로그램의 혜택을 받고 있다. 각 프로그램으로부터 존스는 매달 $150의 쿠폰을 받고 있는데, 이 쿠폰을 현금처럼 재화와 서비스를 구매하는 데 사용할 수 있다.

a. 존스가 일을 해 버는 금액의 40%만큼 각 프로그램의 혜택이 감소되면 존스가 주급 $130를 받는 일을 할 때 존스이 얻는 소득은 어떻게 변하는가?

b. 문항 a의 대답과 관련해 왜 소득과 연계된 복지프로그램이 수혜자들의 근로 유인을 저해할 수 있는지를 설명하라.

7. 한 지역의 미숙련 근로자의 균형임금이 시간당 $7라고 가정하자. 이 지역 의회가 최저임금을 시간당 $5.15에서 $6로 인상하면 미숙련 근로자의 임금과 고용에 어떤 영향을 미치는가?

8.* 한 지역의 미숙련 근로자에 대한 수요곡선과 공급곡선이 아래의 그림과 같다

a. 최저임금을 시간당 $13로 설정하면, 총잉여는 얼마나 감소하는가? 최저임금제로 인한 고용주와 근로자의 경제적 잉여의 변화분을 각각 계산하라.

b. 최저임금이 시간당 $12일 때 근로자의 경제적 잉여와 동일한 경제적 잉여를 정부가 근로소득세 환급을 통해 근로자들에게 제공하려면, 그 비용은 얼마인가(편의상 근로소득세 환급은 노동공급에 아무런 영향을 미치지 않는다고 가정한다)?

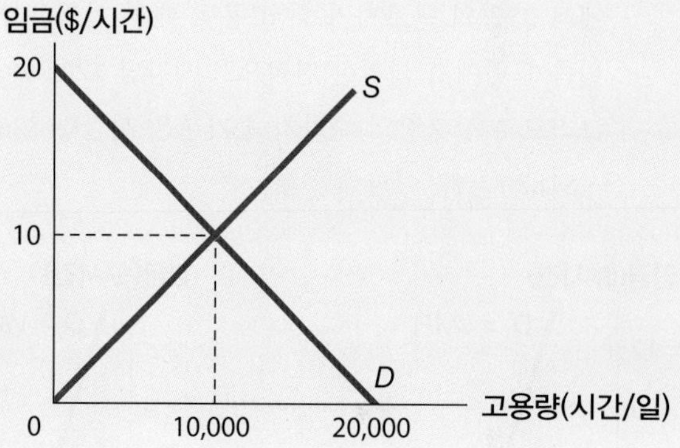

9* 고용주와 근로자 모두 위험 중립적이라고 가정한다. 의회가 8번 문제에서와 같이 최저임금을 시간당 $12로 하는 법을 제정하고자 한다. 의회의 경제담당 보좌관들은 의원들에게 최저임금제 대신 근로소득세 환급제도를 채택할 것을 고려해보라고 조언하고 있다. 고용주와 근로자 모두 근로소득세 환급제도하에서의 자신들의 경제적 잉여가 최저임금제하에서의 경제적 잉여보다 작지 않을 경우에 한해 근로소득세 환급제도를 지지한다. 고용주와 근로자 모두의 지지를 받을 수 있는 근로소득세 환급제도를 설명하라(환급에 필요한 돈을 조달하기 위한 세금도 같이 설명하라).

본문 개념체크 해답 Answers to Concept Checks

13.1 판자 가격이 $26이면, 다섯 번째 근로자의 한계생산가치는 주당 $364이므로 애디론댁 회사는 다섯 명을 고용한다.

13.2 각 근로자의 한계생산가치가 $275를 초과하므로, 애디론댁 회사는 다섯 명을 고용한다.

13.3 각 시장의 임금이 시간당 $9이면, 노동조합이 없는 시장에서 25명의 근로자가 덜 고용될 것이고 노동조합이 있는 시장에서 25명의 근로자가 더 고용된다. 노동조합이 없는 시장에서 25명의 근로자가 덜 고용될 때의 손실은 이들 근로자의 한계생산가치를 다 합친 것으로 아래 오른쪽 그림에서 색칠한 면적이다. 이 면적은 시간당 $187.5이다. 노동조합이 있는 시장에서 25명의 근로자가 더 고용될 때의 이득은 아래 왼쪽 그림에서 색칠한 면적으로 시간당 $262.5이다. 그러므로 산출량의 순가치 증가분은 시간당 $262.5 − $187.5 = $75이다.

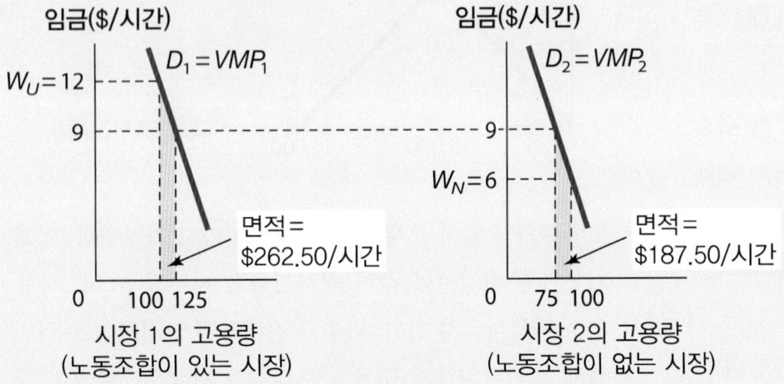

(a) (b)

13.4 슈의 유보임금이 시간당 $10이므로, 슈가 이 일을 하려면 이 금액만큼은 받아야 한다. 그러므로 슈가 이 일을 하기 위한 최대한의 기숙사 학생 수는 10명이다. 이때 그녀는 정확하게 시간당 $10를 번다.

13.5 수요가 완전 비탄력적이면 고용은 5,000시간으로 변하지 않는다. 그러므로 최저임금제는 총잉여를 감소시키지 않는다.

제 14 장 공공재와 조세정책

정부와 시장 모두 불완전하다. 모든 성공적인 사회는 경제적 필요를 충족시키기 위해 정부와 시장을 혼합해서 사용한다.

정부는 세금을 부과할 권한을 가지고 있다. 사람들이 제품을 자발적으로 구입할 때에만 수입을 얻을 수 있는 민간 기업과 달리, 정부는 사람들이 정부가 제공하는 특정 재화와 서비스를 원치 않는다 하더라도 돈을 걷어갈 수 있다.

정부는 또한 공권력의 적법한 사용에 대한 독점적 권리를 가진다. 사람들이 법을 지키지 않으면, 정부는 필요 시 공권력을 행사해 이들의 행동을 제한할 수 있는 권한이 있다. 또한 정부는 법을 지키지 않는 사람들의 자유를 일정 기간 박탈할 권한 및 사형에 처할 권한도 가진다. 정부는 법을 잘 지키는 시민들을 징발해 군에 입대시킬 수도 있고, 이들을 다른 사람들을 죽이고 또한 자신도 죽을 수 있는 위험이 있는 상황에 투입할 수도 있다.

이것은 대단한 권력이다. 이 같은 권력이 고귀한 목적 추구를 위해 종종 사용되기도 하지만, 역사적 기록을 보면 이 같은 권력이 남용된 경우도 매우 많다. 유권자들과 공화당, 민주당 양당의 정치인들은 권력이 남용될 수 있음을 잘 알고 있다. 오늘날의 정치적 수사는 거의 예외 없이 통제하기 어려울 정도로 팽창된 정부의 관료주의를 비판하고 있다. 주류의 민주당원 — 미국의 경우 외형적으로 큰 정부를 지향하는 정당 — 조차도 정부의 역할을 축소해야 할 필요성이 있다는 점을 인정하고 있다. 예를 들어, 클린턴(Clinton) 전직 대통령은 1996년 연두 교서(State of Union Message)에서 "큰 정부의 시대는 끝났다."고 언급했다.

다른 사람들은 더욱 극단적인 정부 역할의 축소를 주장한다. 예를 들어, 1996년 자유주의당(Libertarian Party) 대통령 후보였던 브라운(Harry Browne)은 연방 소득세를 걷는 기관인 국세청의 폐지를 요구하기도 했다. 조세 수입이 없으면 공공재를 제공할 재원을 마련할 방법이 없으므로, 이 같은 조치는 연방정부 자체를 철폐하자는 것과 동일한 것이다. 정부에 의한 권력 남용을 예방하는 확실한 방법은 간단하게 정부를 없애면 된다는 점에서 브라운의 주장은 옳다. 그러나 지구상의 국가 가운데 정부가 없는 사회는 없기 때문에, 전체적으로는 정부가 해가 되기보다는 도움이 된다고 생각해 볼 수 있다.

그러나 정확하게 정부는 어느 정도 커야 하는가? 정부는 어떤 재화와 서비스를 제공해야 하는가? 이를 위해 정부는 어떻게 수입을 조달해야 하는가? 본장의 목적은 경제학의 기본 원리를 이용해 이 같은 실제적인 질문에 대한 대답을 찾고자 하는 것이다.

14.1 정부에 의한 공공재 공급

정부의 주요 임무 가운데 하나가 국방이나 치안과 같이 경제학자들이 공공재(public good)라고 부르는 재화를 공급하는 일이다.

14.1.1 공공재 vs. 사유재

공공재
어느 정도 비경합성과 비배제성을 가지는 재화

비경합성
한 사람이 재화를 소비해도 다른 사람이 그 재화를 소비할 수 있는 양이 감소하지 않는 것

비배제성
대가를 지불하지 않은 사람이 재화를 소비하지 못하도록 막을 수 없는 것

공공재는 정도의 차이는 있지만 **비경합성**(non-rivalry)과 **비배제성**(non-excludability)을 가진 재화이다. 비경합성은 한 사람이 재화를 소비해도 다른 사람이 그 재화를 소비할 수 있는 양이 감소하지 않는 것을 의미한다. 예를 들어, 적대국가가 여러분이 살고 있는 도시를 공격하지 못하게 군대가 막는다면, 여러분이 보호를 받고 있다고 해서 이웃이 동일한 보호를 받지 못하는 것은 아니다. 비배제성은 대가를 지불하지 않은 사람이 재화를 소비하지 못하도록 막을 수 없는 것을 의미한다. 예를 들어, 여러분의 이웃이 군대 유지를 위한 비용을 분담하지 않는다고 하더라도, 그들은 여러분들과 동일한 정도의 군사적 보호를 받는다.

비경합성과 비배제성을 가진 재화의 또 다른 예로 공중파에서 방송되는 콜버트의 심야 토크쇼(the Late Show with Stephen Colbert)를 들 수 있다. 어느 날 저녁에 한 사람이 이 프로그램을 TV로 시청한다고 해서 다른 사람이 이 프로그램을 보지 못하는 것도 아니며, 일단 방송이 전파를 타고 나가면 사람들이 이 방송을 시청하지 못하도록 하기도 힘들다. 마찬가지로 뉴욕시가 특정 행사를 위해 뉴욕항에서 불꽃놀이를 한다면, 뉴욕항은 시의 여러 곳에서 볼 수 있으므로 입장료를 물리기가 어렵다. 또한 추가적으로 사람들이 불꽃놀이를 감상해도 다른 사람들이 불꽃놀이를 보는 데 방해가 되지도 않는다.

반면에 사유재는 한 사람이 그 재화를 소비하면 정확하게 그 양만큼 다른 사람이 소비할 수 없다. 예를 들어, 한 사람이 치즈버거를 먹으면 다른 사람은 더 이상 그 치즈버거를 먹을 수 없다. 더욱이 돈을 지불하지 않고 치즈버거를 먹는 것을 쉽게 막을 수 있다.

✔ 개념체크 14.1

다음의 재화 가운데 비경합성을 충족하는 재화는 무엇인가?
a. 새벽 3시의 노동부 웹사이트
b. 운동장에서 관람하는 월드컵 결승전 게임
c. TV로 관람하는 월드컵 결승전 게임

비경합성과 비배제성이 매우 높은 재화를 **순수 공공재**(pure public goods)라고 부른다. 두 가지 이유 때문에 정부가 순순 공공재를 공급하는 것이 선호된다. 첫째, 이윤을 추구하는 민간 기업은 그 비용을 회수하는 데 어려움을 겪는다. 많은 사람들이 순수 공공재의 생산비용을 초과할 만큼의 금액을 지불할 용의가 있다. 그러나 비배제성 때문에 가격을 책정해 그 금액을 회수하기 쉽지 않다(제 12장에서 설명한 무임승차 문제의 한 예이다). 둘째, 일단 순수 공공재가 생산되면, 추가적인 소비자에게 서비스를 제공하는 한계비용이 0이므로, 양의 가격을 책정할 수 있다고 하더라도, 그렇게 하는 것은 비효율적이다. 이 같은 비효율성은 대가를 지불하지 않는 사람을 배제할 수 있지만, 비경합성을 지니는 재화인 **집단재**(collective goods)의 제공에서도 발생한다, 케이블 TV 시청료를 지불하지 않는 소비자들은 케이블에서 영화를 감상할 수 없다. 즉, 그 영화를 보면 즐거워할 많은 시청자들을 못 보게 할 수 있다. 이들에게 영화를 제공하는 한계비용이 글자 그대로 0이므로, 이들 시청자를 배제하는 것은 사회적으로 낭비이다.

순수 공공재
상당한 정보 비경합성과 비배제성을 충족시키는 재화나 서비스

집단재
어느 정도 비경합성과 배제성을 충족시키는 재화나 서비스

순수 사유재(pure private good)는 대가를 지불하지 않은 사람들을 쉽게 배제할 수 있으며, 한 사람이 소비하면 다른 사람이 소비할 수 없는 재화이다. 제 6장에서 살펴본 완전경쟁시장에서의 공급 이론은 순수 사유재에 적용되는 이론이다. 기본적인 농산물이 아마도 순수 사유재의 가장 좋은 예일 것이다. **순수 공유재**(pure commons good)는 경합성은 있지만 배제성이 없는 재화이다. 공유재라고 불리는 이유는 경합성은 있지만 배제성이 없기 때문에 공유의 비극(제 11장 참조)을 낳기 때문이다. 바다의 물고기들이 공유재의 예이다.

순수 사유재
대가를 지불하지 않은 사람들을 쉽게 배제할 수 있으며, 한 사람이 소비하면 다른 사람이 소비할 수 없는 재화

순수 공유재
대가를 지불하지 않은 사람을 쉽게 배제시킬 수 없으나, 한 사람이 소비하면 다른 사람이 소비할 수 없는 재화

경합성과 배제성의 정도에 따른 분류가 **표 14.1**에 요약되어 있다. **표 14.1**의 열은 한 사람의 소비가 다른 사람의 소비를 감소시키는 정도를 보여준다. 오른쪽 열에 속한 재화들은 경합성이 낮고, 왼쪽 열에 속한 재화들은 경합성이 높다. **표 14.1**의 행은 대가를 지불하지 않은 사람을 얼마나 배제하기 어려운지를 보여준다. 위 행에 속한 재화는 배제성이 낮고, 아래 행에 속한 재화는 배제성이 높다. 사유재(왼쪽–아래 셀)는 경합성과 배제성이 높다. 공공재(오른쪽–위 셀)는 경합성과 배제성이 낮다. 혼합되어 있

표 14.1 사유재, 공공재 및 중간 성격의 재화

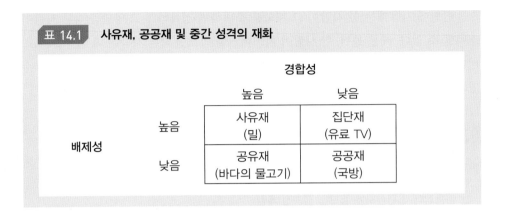

		경합성	
		높음	낮음
배제성	높음	사유재 (밀)	집단재 (유료 TV)
	낮음	공유재 (바다의 물고기)	공공재 (국방)

는 경우는, 경합성은 높지만 배제성은 낮은 공유재(왼쪽–위 셀)와 배제성은 높지만 경합성은 낮은 집단재(오른쪽–위 셀)이다.

때로 정부 혹은 민간 기업이 집단재를 공급한다. 대부분의 순수 공공재는 정부가 공급하나, 때로 민간 기업이 비경합성과 비배제성을 충족하는 재화를 생산해 이윤을 얻기도 한다. 광고주에게 광고를 팔아 비용을 회수하는 라디오, TV 방송이 그 예이다.

한 재화가 순수 공공재이기 때문에 반드시 정부가 공급해야 하는 것은 아니다. 편익이 비용을 초과하는 순수 공공재만을 정부가 공급할지를 고려해야 한다. 공공재 공급 비용은 이를 공급하기 위해 발생하는 모든 명시적 및 암묵적 비용의 합이다. 공공재의 편익은 사람들에게 공공재 소비를 위해 얼마를 지불할 용의가 있는지를 질문함으로 측정된다. 이 같은 방법은 사유재의 편익을 측정하는 방법과 매우 유사하게 보이지만, 중요한 차이가 존재한다. 치즈버거와 같은 사유재 추가적 한 단위의 편익은 소비자들 가운데 그것을 얻기 위해 지불할 용의가 있는 최대 금액이다. 반면에 세서미 스트리트 한 편을 방영하는 것과 같은 공공재 추가적 한 단위의 편익은 세서미 스트리트를 보는 모든 소비자들의 유보 가격을 다 더한 것이다.

비용-편익

공공재의 모든 수혜자들이 지불할 용의가 있는 금액이 비용을 초과한다고 하더라도, 달리 더 적은 비용을 제공할 방법이 없으면 정부가 공공재를 공급하는 것이 의미를 지닌다. 예를 들어, 시정부가 불꽃놀이의 비용을 지불하기도 하지만, 거의 예외 없이 민간 기업을 고용해 이 같은 이벤트를 벌인다. 마지막으로, 공공재의 편익이 비용보다 작다면, 그 공공재는 없는 편이 더 낫다.

14.1.2 공공재의 비용 조달

공공재가 공급되면 모든 사람이 동일한 편익을 누리는 것은 아니다. 예를 들어, 불꽃놀이를 매우 즐겁게 감상하는 사람도 있지만, 별로 신경 쓰지 않는 사람도 있고, 매우 싫어하는 사람도 있다. 이상적으로는, 공공재 공급 비용을 조달하는 가장 공평한 방법은 공공재 소비를 위해 지불할 용의가 있는 금액에 비례해 세금을 걷는 것이다. 예들 들어 존스는 공공재에 $100, 스미스는 $200의 가치를 부여한다. 공공재의 공급비용은

$240이다. 그러면 존스에게 $80, 스미스에게 $160를 부과하면 된다. 이 경우 공공재는 생산되며, 각자는 자신들이 납부하는 세금의 20%에 해당하는 경제적 잉여를 누린다; 존스의 경우 $20, 스미스의 경우 $40.

그러나 현실적으로 정부는 특정 공공재에 대해 사람들이 지불할 용의가 있는 금액에 비례해 세금을 부과하기에 필요한 정보를 가지고 있지 못하다(이렇게 생각해 보라. 국세청이 여러분에게 새로운 고속도로를 건설하기 위해 여러분이 지불할 용의가 있는 금액을 질문하고, 여러분의 답변에 비례해 세금을 부과한다면, 여러분은 무엇이라고 대답하겠는가?). **예 14.1**부터 **예 14.3**까지의 예는 공공재 공급 비용을 조달하는 데 발생하는 문제점을 보여주고 있고 또한 문제점에 대한 해답을 시사해 준다.

공동구매

예 14.1

프렌티스와 윌슨은 필터를 사겠는가?

프렌티스와 윌슨은 호숫가 호젓한 곳에 여름 별장을 이웃해 각각 소유하고 있다. 최근 갑작스레 얼룩말 홍합(zebra mussel)이 많아져 작은 달팽이로 인해 물 흡입밸브가 막히는 것을 방지하기 위해 매주 소독약을 물 흡입밸브에 주입해야 한다. 한 회사에서 매주 소독약을 주입해야 하는 수고를 덜어주는 새로운 필터 장치를 개발했다. 양쪽 집 모두 사용해도 용량이 충분한 이 장치의 가격은 $1,000이다. 양쪽 집 주인 모두 필터 장치를 설치하고자 한다. 그러나 윌슨의 소득이 프렌티스 소득의 두 배이므로 윌슨은 필터 장치에 대한 유보가격은 $800이다. 반면에 은퇴한 교사인 프렌티스의 유보가격은 $400이다. 각 사람이 이 장치를 개별적으로 구하려고 하는가? 두 사람이 공동구매하는 것이 효율적인가?

각자 지불할 용의가 있는 금액이 필터 장치의 가격보다 낮으므로 아무도 개별적으로 필터 장치를 구매하지 않는다. 그러나 두 사람의 가치를 더하면 $1,200이므로 공동구매하는 것이 효율적이다. 공동구매하면 총잉여는 아무도 구매하지 않을 때보다 $200 더 많다.

필터 장치를 공동구매하는 것이 효율적이므로, 프렌티스와 윌슨은 공동구매를 위해 쉽게 합의에 도달할 것이라고 기대할지 모른다. 그러나 불행하게도 공동구매해 같이 사용하는 것은 보기보다 실행에 옮기기가 쉽지 않다. 한 가지 장애물은 사람들이 만나 공동구매를 논의하는 데에도 비용이 발생한다는 것이다. 단지 두 사람만 관련되어 있다면, 이 비용은 그리 크지 않을 것이다. 그러나 수백, 수천 명이 연관되어 있다면, 의견 교환비용만도 감당하기 어려울 정도로 클 수 있다.

당사자가 여러 명이면 무임승차의 문제 또한 발생한다(제 11장 참조). 모든 사람들은 특정 한 사람이 비용을 부담하지 않아도 공공재가 제공될 수 있음을 잘 알고 있다. 그러므로 모든 사람은, 다른 사람이 비용을 부담하고 자신은 비용 부담을 하지 않고 무임승차하려는 유인을 가진다.

마지막으로 설사 소수의 사람만 연관되어 있다고 하더라도, 총비용을 공평하게 나누기로 합의하는 것이 어려울 수 있다. 예를 들어, 여러분들이 국세청에 공공재에 대한 여러분이 부여하는 가치를 알려주기 싫은 것처럼, 프렌티스와 윌슨도 상대방에게 자신들이 부여하는 가치를 알려주고 싶지 않을 것이다.

이 같은 현실적인 문제들 때문에 사람들을 대신해 정부에 공공재를 구매할 권리를 부여하는 것이다. 그러나 **예 14.2**가 잘 보여주듯이, 공공재 구매 권한을 정부에 부여한다고 하더라도, 그 구매 비용을 어떻게 조달할 것인가에 대한 정치적 합의 과정의 필요성이 없어지는 것은 아니다.

예 14.2 인두세

공평세(equal tax) 부과가 원칙이면 정부는 필터 장치를 구매하겠는가?

예 14.1의 프렌티스와 윌슨이 정부에 필터 장치를 공동구매하도록 중재해 달라고 요청할 수 있다고 가정하자. 그리고 정부의 조세 정책은 공공재 공급을 위해 한 사람에게 그 이웃보다 더 많은 금액을 부과하는 것을 금지하는 "비차별" 규칙을 반드시 따라야 한다고 가정하자. 또 다른 규칙은 다수의 사람들이 동의할 때에 한해 공공재를 공급하는 것이다. 정부가 이 같은 규칙을 준수해야 할 때 프렌티스와 윌슨이 원하는 필터 장치를 공급할 것인가?

인두세
모든 사람에게 동일한 금액을 걷는 세금

모든 사람에게 동일한 금액을 걷는 세금을 **인두세**(head tax)라고 부른다. 정부가 인두세를 사용해야 한다면, 프렌티스와 윌슨에게 동일하게 $500씩 징수해야 한다. 그러나 필터 장치에 대한 프렌티스의 가치는 $400이므로, 그는 공동구매에 반대할 것이므로 다수결의 원칙을 충족시키지 못한다. 그러므로 인두세를 사용해야 한다면, 민주적인 정부는 필터 장치를 공급하지 못한다.

역진세
소득이 증가할 때 소득에서 세금이 차지하는 비율이 감소하는 세금

인두세는 소득이 증가할 때 소득에서 세금이 차지하는 비율이 감소하는 **역진세**(regressive tax)의 한 예이다.

예 14.2가 예시하고 있는 요점은 비단 특정 공공재에 국한되는 것은 아니다. 사람들이 공공재에 대해 매우 다른 가치를 부여하고 있으면, 동일한 논리가 적용된다. 일반적으로 사람들의 소득 차이가 크면, 공공재에 부여하는 가치도 크게 다르기 마련이다. 이 같은 상황에서 공평세를 적용하면 가치 있는 많은 공공재의 공급이 불가능해 진다.

예 14.3은 이 같은 문제를 해결하는 한 가지 방법은 세금을 소득에 따라 달리 부과하는 것임을 보여준다.

비례세

예 14.3

소득에 비례해서 세금을 부과하면 정부는 필터 장치를 구매하는가?

예 14.1에서 프렌티스가 정부에 소득에 비례해 세금을 부과할 것을 제안한다고 가정하자. 프렌티스보다 소득이 두 배 많은 윌슨은 이 제안을 지지할까?

비례세(proportional income tax)는 모든 사람에게 소득의 일정 비율을 징수하는 세금이다. 반대하면 공공재가 공급되지 않기 때문에, 윌슨은 자신이 부담하는 비용을 초과하는 편익을 누릴 수 없으므로, 윌슨은 비례세 제안을 받아들인다. $1,000 비용 가운데 비례세하에서 프렌티스는 $333를, 윌슨은 $667를 분담한다. 정부는 필터 장치를 구매할 것이고 그로 인해서 프렌티스는 $67, 윌슨은 $133의 경제적 잉여를 얻는다.

다음의 예는 공평한 비용 분담이 공공재 비용 조달에 안 좋은 방법이 될 수 있는 것 같이, 가정 내 비용 분담에서도 안 좋은 방법일 수 있음을 보여준다.

경제적 사유 14.1

왜 대부분의 결혼한 부부가 공용품 구매시 동일하게 비용을 분담하지 않는가?

힐러리의 연봉은 200만 달러이고 그녀의 남편인 빌의 연봉은 2만 달러이다. 소득이 높으므로 개인적으로 힐러리는 둘이 같이 소비하는 집, 여행, 오락, 자녀들 교육 및 기타 여러 항목에 대한 비용을 빌보다 더 많이 지불하고자 한다. 모든 항목에 대한 비용을 두 사람이 동일하게 부담하는 규칙을 채택한다면, 어떤 일이 발생하는가?

왜 부부는 소득을 합쳐서 사용하는가?

이 규칙이 적용되면 이 부부는 좁은 집에 살아야 하며, 여유 있는 휴가를 즐길 수도 없고 오락, 외식 그리고 자녀 교육에 대해서도 많은 돈을 지불하기 힘들다. 힐러리가 공동으로 소비하는 재화에 대해 50%를 훨씬 상회하는 부분을 지불하면, 두 사람의 소득을 합친 범위에서 공동 소비할 수 있다. 그러므로 힐러리가 더 많이 부담하고자 하는 것을 쉽게 이해할 수 있다.

공공재와 공동 소비하는 사유재는 개별적으로 소비하는 사유재와 다음과 같은 중요한 면에서 구별된다: 대부분의 사유재는 각 개인이 선택하고자 하는 양과 질을 자유롭게 소비할 수 있다. 그러나 공동 소비하는 재화는 모든 사람들에게 동일한 양과 질이 공급되어야 한다.

사유재와 동일하게, 공공재도 지불할 용의가 있는 금액은 소득에 비례한다. 선호가 다르기 때문이 아니라 소득이 높기 때문에, 부자들이 저소득층보다 공공재에 더 큰 가치를 부여한다. 인두세 때문에 부자들은 자신들이 원하는 수준보다 적은 양의 공공재를 공급받는다. 모든 사람이 나누어 가질 수 있는 총잉여를 증가시키기 때문에, 소득이 높은 사람에게 더 많은 세금을 부과하는 조세제도가 부자와 가난한 사람 모두에게 더 나은 결과를 낳을 수 있다. 실제로 대부분의 선진국에서는 소득이 증가할 때 소득에서 세금이 차지하는 비율이 증가하는 **누진세**(progressive tax)를 적어도 일정 부분 채택하고 있다.

누진세
소득이 증가하면 소득에서 세금이 차지하는 비율이 증가하는 세금

누진세, 심지어는 비례세도 모든 사람들이 공동으로 소비하는 공공재 공급을 위해 부자들이 다른 사람들보다 더 많은 금액을 지불하기 때문에 부자들에게 불공평하다는 비판을 종종 받

고 있다. 그러나 이 같은 주장의 역설적인 결과는 인두세나 비례세만을 사용하면 부자들이 가장 높은 가치를 부여하는 공공재의 공급이 감소한다는 것이다. 예를 들어, 여러 연구들에 의하면, 공원, 레크리에이션 설비, 깨끗한 공기와 물, 공공 안전, 막히지 않는 도로, 미적으로 아름다운 공공장소 등과 같은 공공재 수요의 소득 탄력성이 1보다 훨씬 큰 것으로 나타났다. 누진세를 사용하지 않으면 이 같은 공공재의 공급은 감소할 것이다.

요약 공공재

공공재는 비경합성과 비배제성을 가진 재화이다. 대가를 지불하지 않는 사람의 소비를 배제할 수 없으므로 일반적으로 민간 기업은 공공재의 비용을 회수하기 힘들다. 또한 한 사람이 소비한다고 다른 사람이 소비를 못하는 것이 아니므로, 공공재에 가격을 책정하는 것도 효율성을 감소시킨다.

이 같은 어려움은 정부에게 세금을 징수할 수 있는 권한을 부여함으로써 극복될 수 있다. 비례세나 역진세가 고소득층이 선호하는 공공재의 비용을 조달할 수 없기 때문에 고소득층도 종종 누진세를 선호한다.

14.2 공공재의 최적 수량

이제까지 살펴본 예에서 질문은 특정 공공재의 공급 여부와, 공급한다면 어떻게 비용을 조달하는지에 대한 것이었다. 현실적으로 공공재의 양과 질을 어떤 수준으로 공급할 것인가라는 추가적인 질문에 직면한다.

비용-편익

일반적인 **비용–편익의 논리**가 이 같은 질문에도 적용된다. 예를 들어, 뉴욕시는 시민들이 불꽃놀이 발사 한 번을 더 보기 위해 지불할 용의가 있는 금액의 합이 그 비용보다 작지 않을 경우에 한해 추가적으로 불꽃놀이 발사를 한 번 더 해야 한다.

14.2.1 공공재의 수요곡선

공공재의 사회적 최적 수량을 계산하려면 먼저 공공재에 대한 수요곡선을 그려야 한다. 공공재의 시장 수요곡선을 그리는 방법은 사유재의 시장 수요곡선을 구하는 방법과 한 가지 중요한 점에서 다르다.

사유재는 모든 소비자들이 동일한 가격에 직면하고 각자는 그 가격에서 구매하고 싶은 양을 결정한다. 사유재는 개별 수요곡선으로부터 시장 수요곡선을 구하려면, 개별 수요곡선을 나란히 놓고 수평의 합을 구한다. 즉, 주어진 가격에서 개별 수요곡선의 수요량을 더한다. 예를 들어, **그림 14.1**에서 사유재의 두 개 개별 수요곡선 D_1과 D_2(**그림 14.1**의 (a)와 (b))를 수평으로 더해 이 재화의 시장 수요곡선인 D(**그림 14.1**의 (c))를 얻는다.

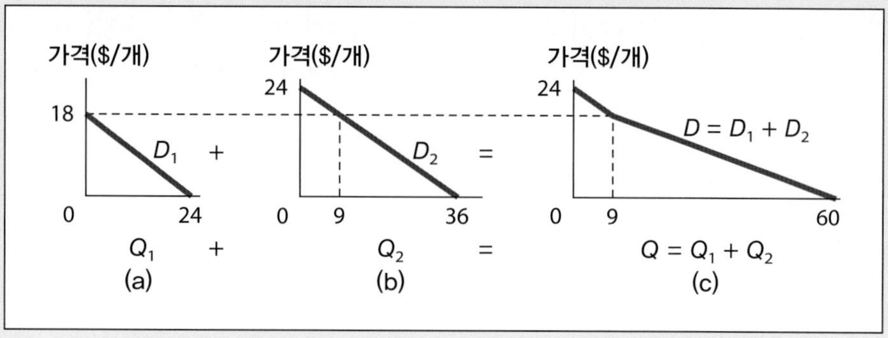

그림 14.1

사유재의 시장 수요곡선을 그리는 방법

두 개의 개별 수요곡선인 (a)와 (b)를 수평으로 더해 시장 수요곡선인 (c)를 얻는다.

공공재는 사람마다 각자 추가적인 한 단위를 얻기 위해 지불할 용의가 있는 금액은 다를 수 있지만, 모든 소비자들은 반드시 동일한 양을 소비한다. 그러므로 공공재의 시장 수요곡선을 구하는 방법은 개별 수요곡선을 수평으로 더하는 것이 아니라 수직으로 더하는 것이다. 즉, 주어진 수량에서 각 개인들이 추가적인 한 단위를 얻기 위해 지불할 용의가 있는 가격을 더해야 한다. **그림 14.2**의 **(b)**와 **(c)**에 그려진 개별 수요곡선

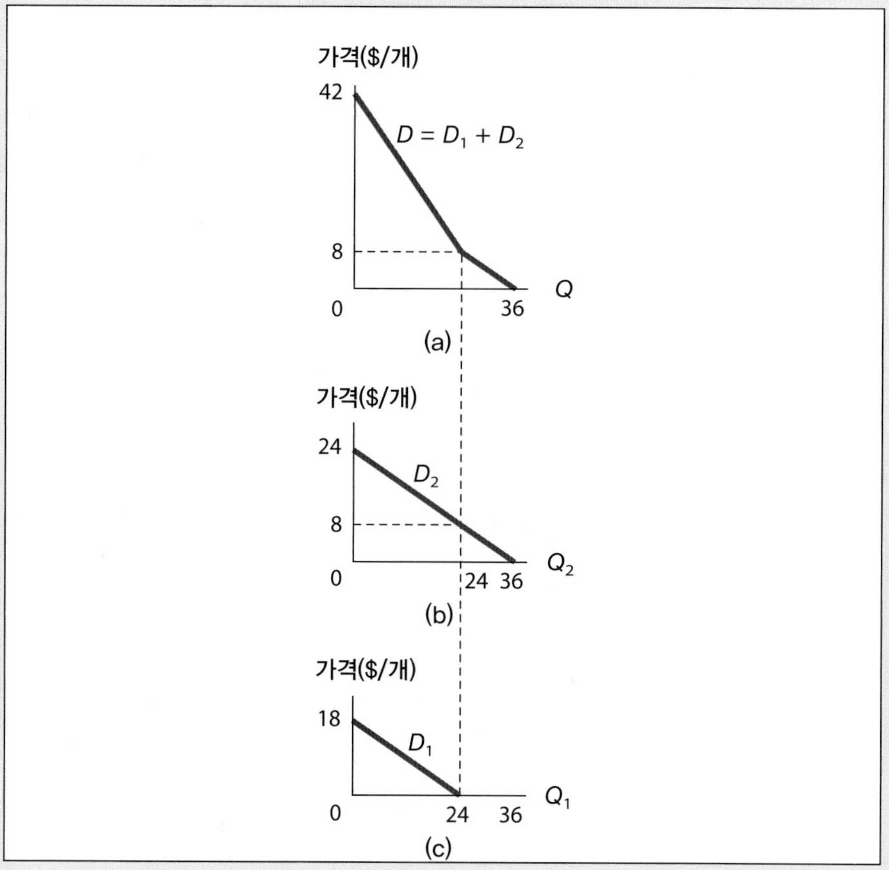

그림 14.2

공공재의 시장 수요곡선을 그리는 방법

두 개의 개별 수요곡선인 (b)와 (c)를 수직으로 더해 시장 수요곡선인 (a)를 얻는다.

은 두 사람의 공공재에 대한 개별 수요곡선이다. 주어진 수량에서 개별 수요곡선은 각 사람이 공공재 한 단위를 추가적으로 얻기 위해 지불할 용의가 있는 금액을 보여준다. D_1과 D_2를 수직으로 더하면 공공재에 대한 시장 수요곡선 D(**그림 14.2 (a)**)를 얻는다.

✔ 개념체크 14.2

빌과 톰 두 사람만 공공재를 소비한다. 빌의 수요곡선은 $P_B=6-0.5Q$이고 톰의 수요곡선은 $P_T=12-Q$일 때, 공공재의 시장 수요곡선을 구하라.

예 14.4는 공공재의 시장 수요곡선을 공공재 공급 비용에 대한 정보와 함께 이용해 도심 공원의 최적 크기를 어떻게 결정하는지를 보여준다.

예 14.4 최적의 공공재의 양

도심 공원의 최적 크기는 얼마인가?

신도시의 시정부가 도심 공원을 어느 정도의 크기로 제공할지를 결정해야 한다. 도심 공원에 대한 한계비용곡선과 시장 수요곡선이 **그림 14.3**에 주어져 있다. 왜 한계비용곡선은 우상향하고, 시장 수요곡선은 우하향하는가? 도심 공원의 최적 크기는 얼마인가?

기회비용 체증

기회비용 체증의 원리에 의해 도심 공원의 한계비용곡선은 우상향한다: 시정부는 비용이 싼 지역을 먼저 이용하고 비싼 지역은 그 다음으로 이용한다. 마찬가지로, 한계효용 체감의 법칙에 의해 공공재 한 단위를 추가적으로 얻기 위해 지불할 용의가 있는 금액은 감소한다. 사람들이 첫 번째 핫도그보다 네 번째 핫도그를 소비하기 위해 지불할 용의가 있는 금액이 일반적으로 작은 것처럼, 도심 공원에 대해서도 100번째 에이커보다 101번째 에이커에 대해 지불할 용의가 있는 금액이 작다. 두 곡선이 이와 같을 때, A^*가 도심 공원의 최적 수준이다. A^*보다 작으면 도심 공원이 1에이커 넓어질 때 얻은 한계편익이 한계비용을 초과하므로, 공원을 넓히면 총잉여는 증

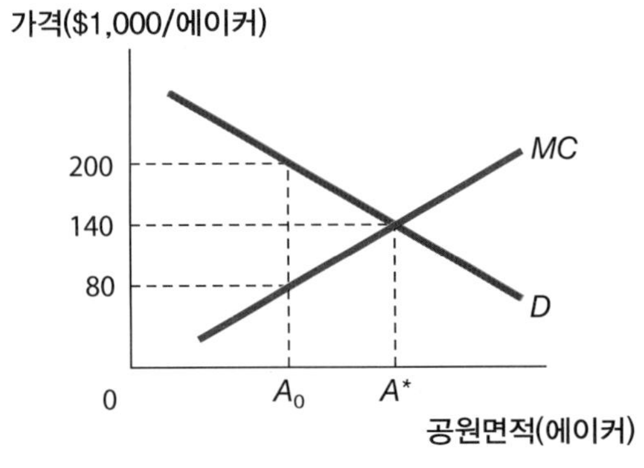

그림 14.3

도심 공원의 최적 크기

도심 공원의 최적 크기는 도심 공원 1에이커가 늘어날 때 지불할 용의가 있는 금액과 한계비용이 일치하는 수준인 A^*이다.

가한다. 예를 들어, A^*에서 시민들은 추가적인 1에이커에 대해 \$200,000를 지불할 용의가 있으나, 한계비용은 \$80,000에 불과하다. 같은 방법으로, A^*보다 크면 공원을 줄일 때 총잉여는 증가한다.

14.2.2 공공재의 사적 공급

정부가 공공재를 공급할 때 한 가지 장점은, 한 공공재를 공급하기 위해 일단 국세청이 설립되면, 비교적 적은 비용으로 국세청 조직을 확장해 다른 공공재 공급을 위한 비용을 조달할 수 있다는 점이다. 또 다른 장점은 정부가 세금을 부과할 수 있는 권한을 가지므로, 누가 얼마를 부담해야 하는 끝없는 논쟁 없이 정부가 공공재 비용 조달 책임을 질 수 있다. 대가를 지불하지 않는 사람들을 배제할 수 없으면 정부가 유일한 현실성 있는 공급자이다.

그러나 정부에 독점적으로 의존하면 단점도 발생한다. 가장 본질적인 문제는 정부가 한 사이즈로 모든 경우를 맞추고자 하는 접근방법(one size fits all) 때문에, 공공재를 원치 않는 사람들은 의무적으로 공공재 공급 비용을 지불해야 하는 반면에, 공공재를 절실하게 원하는 사람들은 공공재 없이 지내야 한다는 것이다. 예를 들어, 많은 사람들이 공립학교에서 어떤 형태로든 성교육을 시키는 것을 격렬하게 반대하는 반면에, 다른 사람들은 현재 공립학교의 교과과정보다 훨씬 더 많은 성교육이 이루어져야 한다고 강력하게 믿는다. 또한 많은 사람들이 특정 공공재는 공급되어야 한다고 생각하지만, 강제 징수가 강압적이라고 생각한다.

그러므로 정부가 모든 사회에서 공공재를 공급하는 유일한 공급자가 아니라는 것은 놀랄 일이 아니다. 실제로 많은 공공재가 민간 채널을 통해 제공된다. 각 경우, 문제는 필요한 비용을 조달하는 방법을 어떻게 고안할 것인가 하는 것이다. 몇 개의 방법을 소개하면 다음과 같다.

기부에 의한 방법

2016년 미국인들은 민간 자선단체에 3,900억 달러 이상을 기부했다. 이들 단체 가운데 많은 단체가 해당 지역에 공공재를 공급하고 있다. 사람들은 또한 공공재를 공급하는 단체에서 자원봉사하기도 한다. 사람들이 자신들의 집에 칠을 하거나, 잔디를 깎거나, 혹은 화단에 꽃을 가꾸면, 그들은 이웃 사람들의 삶의 질을 높이고 있는 것이며, 이런 의미에서 자발적으로 이웃들에게 공공재를 공급하고 있는 것이다.

무임승차하는 사람들을 배제할 수 있는 새로운 수단 개발

새로운 전자 기술로 인해 과거에는 불가능했던 많은 재화에 대해 무임승차를 하는 사람들을 배제할 수 있게 되었다. 예를 들어, 공중파 방송국은 자신들이 보내는 신호에 암호를 걸 수 있는 능력을 가지게 되었고, 그로 인해 암호를 푸는 장치를 사는 소비자들만 방송을 시청할 수 있도록 할 수 있다.

사적 계약

1,100만 이상의 미국인들이 현재 별도의 출입문이 있는 사적인 지역공동체에서 살고 있다. 사적 지역공동체는 개인 집들을 소유한 사람들의 조합으로, 인접 지역과 차단되어 있고 거주자들에게 다양한 서비스를 제공한다. 많은 조합들이 보안 서비스, 학교, 화재 방지 등과 같은 서비스를 제공하고 있고, 여러 면에서 마치 일반적인 지방정부와 같은 기능을 수행한다. 개인의 유인이 사회적 최적의 관리와 조경 수준을 제공할 만큼 강하지 못하므로, 이들 조합들은 종종 이 같은 서비스를 제공하고 각 집주인들에게 바로 청구서를 보낸다. 이들 조합의 내규는 지방정부의 법규보다 더 강하다. 그 이유는 사람들이 특정 조합의 규칙을 좋아하지 않으면, 자유롭게 이웃 조합을 선택할 수 있기 때문이다. 많은 사람들이 자신의 집을 보라색으로 칠할 수 없도록 하는 시 규례를 마지못해 준수한다. 그러나 이 같은 제한 조항은 흔히 볼 수 있는 조합의 내규이다.

부산물의 판매

많은 공공재가 공공재 생산의 부산물로 생겨나는 권리나 서비스를 판매함으로써 그 경비를 조달한다. 예를 들어, 앞에서 보았듯이, 라디오나 TV 방송은 많은 경우 광고를 팔아 그 비용을 조달하는 공공재이다. 인터넷 서비스도 웹페이지 가장자리 여백이나 헤더에 뜨는 팝업 광고비 수입으로 일부 비용이 충당된다.

사적으로 공급되는 공공재는 본질적으로 자발적 성격이 강하므로, 가능하다면 사적으로 공급되는 것이 더 선호될 수 있다. 그러나 다음의 예는 사적 공급의 경우에도 종종 문제가 발생함을 보여준다.

경제적 사유 14.2

왜 TV 방송사는 명화극장 대신 '카다시안 가족 따라하기' 방영을 더 선호하는가?

주어진 시간대에 방송국은 *카다시안 가족 따라하기*(Keeping Up with the Kardashians)와 명화극장(Masterpiece Theater) 가운데 무엇을 방영할 것인가 하는 문제에 직면한다. 카다시안 가족 따라하기는 시청률이 20%이고, 명화극장 시청률은 18%이다. 카다시안 가족 따라하기를 보고자 하는 사람들은 전체적으로 이 프로그램을 보기 위해 1,000만 달러를 지불할 용의가 있는 반면에, 명화극장을 보고자 하는 사람들은 3,000만 달러를 지불할 용의가 있다. 그리고 이 시간대의 광고비는 합성세제 제조회사가 지불한다고 가정한다. 방송국은 어떤 프로그램을 선택하겠는가? 어떤 프로그램이 사회적으로 최적인가?

합성세제 제조회사의 주된 관심사는 몇 명이 자신들의 광고를 시청하는가 하는 것이다. 그러므로 시청률이 가장 높은 프로그램을—이 경우 카다시안 가족 따라하기—선택할 것이다.

광고주는 명화극장을 보고자 하는 사람들이 훨씬 더 많은 금액을 지불할 용의가 있다는 사실에 아무런 관심이 없다. 그러나 사회적 관점에서 최적의 결과가 무엇인지 알려면, 이 같은 차이를 고려해야 한다. 명화극장을 보고자 하는 사람들이 카다시안 가족 따라하기를 보고자 하는 사람들에게 이 시간대를 양보하는 대가로 보상하고도 남을 금액을 제공할 수 있기 때문에, 명화극장이 사회적으로 최적인 선택이다. 그러나 명화극장을 보고자 하는 사람들이 카다시안 가족 따라하기를 보고자 하는 사람들보다 더 많은 세제를 구매하지 않는 한, 카다시안 가족 따라하기가 방영될 것이다. 요약하면, 공공재 공급 비용을 광고나 다른 방법에 의존하면, 선택된 재화가 경제적 잉여를 극대화하리라는 보장은 없다.

물론 광고주의 필요에 가장 잘 부합하는 프로그램이 사회적으로 최적인 프로그램이 아닐 수 있다는 사실이 정부가 결정하는 것이 반드시 더 낫다는 것을 의미하지는 않는다. 예를 들어, 문화부가 "사람들에게 유익할 것"이라고 선택한 TV 프로그램이 보고 싶은 사람이 거의 없는 프로그램일 수 있는 상황을 상상할 수 있다.

왜 세탁세제 회사는 자신들이 광고하는 프로그램을 보기 위해 시청자들이 지불할 용의가 있는 금액이 아니라 시청자 숫자에 더 관심이 있는가?

광고주가 프로그램을 선택할 때 발생하는 비효율성을 피할 수 있는 한 가지 방법은 TV 시청을 유료화(pay per view)하는 것이다. 이 방법을 이용하면 시청자들은 자신들이 원하는 프로그램 뿐 아니라 지불할 용의가 있는 금액으로 측정된 원하는 정도도 보여줄 수 있다.

그러나 유료 TV가 일반 사람들이 가장 큰 가치를 부여하는 프로그램을 선택할 가능성이 높지만, 한 가지 중요한 면에서 공중파 TV보다 비효율적이다. 각 가정마다 시청료를 부과함으로써 시청하지 않는 가구가 생기게 된다. 추가적인 가정에 서비스를 제공하는 한계비용이 0이므로, 이 같은 방식으로 시청자를 제한하는 것은 비효율적이다. 두 비효율성 가운데 어떤 것이 더 중요한가는—프로그램 선택에 있어 공중파 TV의 비효율성 vs. 잠재적인 수혜자를 배제하는 유료 TV의 비효율성—경험적으로 결정된 문제이다.

민간과 정부에 의한 공공재 공급이 어느 정도 혼합되어 있는 정도는 사회마다, 그리고 동일한 사회에서도 지역마다 매우 다르다. 이 같은 차이는 공공재를 공급하고 비용을 조달하는 데 이용할 수 있는 기술의 성질과 사람들의 선호에 의존한다.

TV 유료화의 영향 — 예 14.5

TV를 유료화하면 총잉여는 얼마나 감소하는가?

매주 목요일 밤 10시에 유료 TV에서 방영되는 미스터리 극장의 수요곡선이 **그림 14.4**와 같다. 규제에 의해 편당 시청료가 가정당 $10일 때, 동일한 영화가 공중파 방송에서 "무료"로 방영되면 총잉여는 얼마나 증가하는가?

편당 시청료가 $10이면 1천만 가정이 시청한다(**그림 14.4 참조**). 그러나 공중파 TV에서 무료로 방영되면 2,000만 가정이 시청한다. 1,000만 가정이 추가적으로 시청함으로써 얻어지는

그림 14.4

유료 시청으로 인한 총잉여의 감소

편당 시청료가 $10가 아니고 무료면, 두 배 많은 가정이 시청한다. 이로 인한 경제적 잉여의 증가분은 청색 삼각형의 면적으로, 5,000만 달러이다.

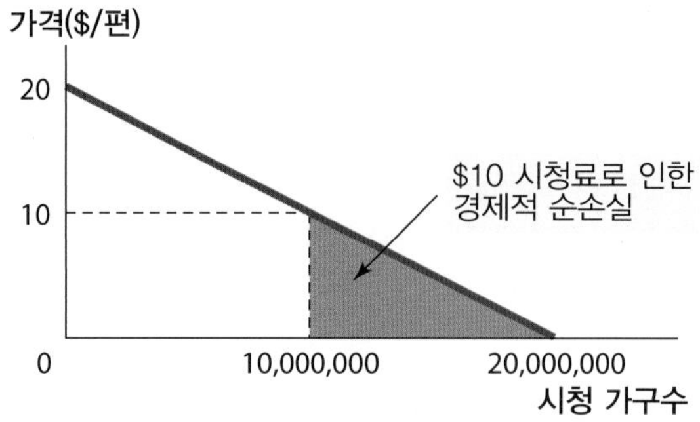

경제적 잉여의 증가분은 **그림 14.4**에서 청색 삼각형의 면적으로 5,000만 달러이다. 가정에 추가적으로 방송 서비스를 제공하는 한계비용은 0이므로, 총잉여의 증가분은 5,000만 달러이다.

일반적으로 한계비용이 0인 재화에 양의 가격을 책정하면 총잉여의 손실이 발생한다. 제 7장에서 보았듯이, 가격이 한계비용보다 높게 책정될 때 발생하는 총잉여가 감소하는 크기는 수요의 가격 탄력성에 의존한다. 수요가 탄력적일수록 손실은 더 커진다. **개념체크 14.3**은 이 같은 원리의 작동 원리를 보여준다.

✔ 개념체크 14.3

수요곡선이 다음과 같으면 **예 14.5**의 대답이 어떻게 달라지는가?

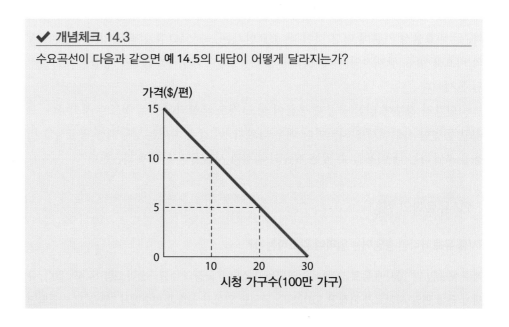

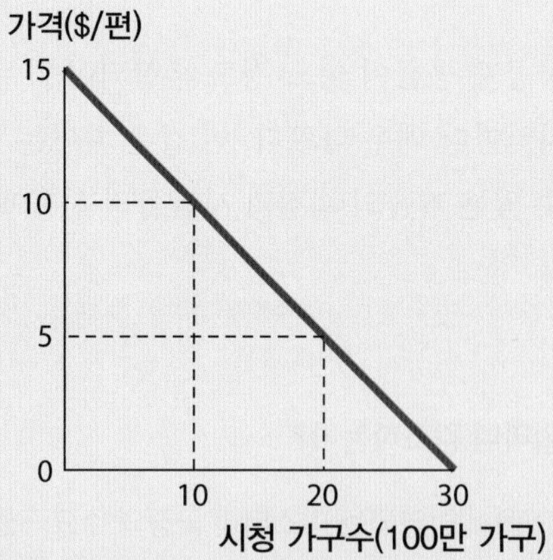

요약 공공재의 최적 수량

공공재의 소비는 모든 소비자에게 동일해야 하므로, 공공재의 시장 수요곡선은 개별 수요곡선을 수직으로 더해 얻어진다. 공공재의 사회적 최적 수량은 공공재의 시장 수요곡선과 한계비용곡선이 교차하는 점에서 결정된다.

공공재 공급에 있어서 정부가 항상 최선의 방법일 필요는 없다. 공공재는 기부나 부산물의 판매에 의존하는 민간 기구에 의해 공급될 수 있다. 민간 영리추구 기업도 유료 TV 방송과 같이 공공재를 집단재로 변환시키는 기술이 개발되면 공급자가 될 수 있다.

14.3 법과 규제

공공재 공급만이 정부가 존재하는 유일한 이유는 아니다. 정부는 그 규칙이 없었다면 효율적인 사유재 생산이 불가능한 규칙을 만들고 집행한다.

14.3.1 외부효과와 재산권

제 11장에서 보았듯이, 외부효과의 존재는 민간 부문의 효율적인 자원 배분에 저해 요인이 된다. 또한 재산권이 제대로 규정되어 있지 않으면 효율적인 자원 배분이 이루어지기 어려움을 보았다(예를 들어, 공유의 비극). 이 같은 관측은 정부의 두 가지 추가적인 중요한 역할을 시사한다; 외부성을 발생시키는 행동의 규제와 재산권의 규정 및 집행.

정부의 역할이 필요한 이 같은 근거는 왜 대부분의 나라에서 정부가 오염물질을 창출하는 행동을 규제하고, 교육을 보조하며(사람들이 교육을 받으면 외부경제가 창출된다는 근거에 기인해), 낚시터와 공공의 삼림지에 대한 접근을 통제하고, 도시 계획법을 집행하는 이유를 설명하고 있다. 예를 들어, 운전자의 우측통행을 의무화하는 법은 한 운전자가 다른 운전자에게 피해를 끼치는 행동을 예방하고자 하는 시도이다.

최소한의 정부를 주창하는 사람들은 종종 도시 계획법을 근거로 건물의 크기를 제한하거나 또는 고속도로의 속도 제한을 위반한 운전자에게 벌금을 부과하는 것은 정부가 사람들의 자유를 부당하게 제한하는 것이라고 주장한다. 그러나 이 같은 규제의 정당성은 사람들의 손이 이웃의 코가 위치한 동일한 물리적 장소를 차지하지 못하도록 금지하는 법의 정당성과 동일하다. 다른 사람들에게 피해를 주지 않는 한, 사람은 원하는 대로 마음대로 팔을 휘두를 수 있다. 그러나 사람의 손이 이웃의 코를 친다면 그 사람은 법을 위반한 것이고 처벌을 받게 된다. 최소한의 정부를 주창하는 사람들이 이 같이 행동을 제한하는 것에 동의한다면, 왜 이들은 다른 사람들에게 피해를 주는 행동을 제한하는 다른 시도들은 반대하는가?

아마도 그들이 우려하는 것은 외부효과가 너무 보편화되어 있어 외부효과를 규제하기 위한 권한을 부여받은 정부가 통제 불능이 되지 않을까 하는 것이다. 이 같은 우려가 전혀 근거 없는 것은 아니다. 저자들은 외부효과가 존재한다는 사실이 반드시 정부가 외부효과를 규제하는 것이 최선의 결과임을 반드시 의미하는 것은 아님을 강조하고자 한다. 다음 절에서 보다시피, 규제에도 비용이 따른다. 그러므로 궁극적인 질문은 어느 것이 더 현실적인가 하는 것이다; 문제가 되는 외부효과를 정부가 규제하는 것이 득이 되는가 혹은 실이 되는가? 정부의 간섭 없이 자유롭게 살고 싶다는 구호는 이 같은 질문에 대한 대답을 제공하는 데 도움이 되지 못한다.

요약 법과 규제

정부는 공공재의 공급뿐 아니라 외부효과를 발생시키는 행동을 규제하고, 재산권을 규정하며 집행함으로써, 경제적 잉여를 창출한다. 이 같은 근거는 왜 대부분의 나라에서 정부가 오염물질을 창출하는 행동을 규제하고, 교육을 보조하며, 낚시터와 공공의 삼림지에 대한 접근을 통제하고, 도시 계획법을 집행하는 이유를 설명하고 있다.

14.3.2 정치에서 비효율성의 원천

대부분의 나라에서 공공재에 대한 지출, 조세 정책 및 규제 법안들은 대부분 민주적으로 선출된 대표자들의 투표에 의해 결정된다. 이 같은 과정은 완전하지 않다(처칠(Winston Churchill)은 민주주의를 "최악의 정부 형태이지만, 그나마 다른 정부 형태보다는 나은 것"이라고 불렀다). 무능하거나 무지한 입법자들 때문이 아니라 구조적인 유인의 문제 때문에 종종 공공부문에서 비효율성이 발생한다.

지역 이기주의 입법

공공 부문은 아니지만 일상적인 생활에서 볼 수 있는 다음의 예는 중요한 유인의 문제 가운데 하나를 보여준다.

경제적 사유 14.3

왜 식사비를 나누어 부담하면 총지출은 증가하는가?

스벤과 그의 아홉 친구들이 미니애폴리스의 별 넷 레스토랑인 라 메종 드 라 카사 하우스(La Maison de La Casa House)에서 식사를 하고 있다. 이들은 미리 전체 식사비용을 각자 1/10씩 동일하게 나누어 지불하기로 결정했다. 메인 요리를 먹은 후, 웨이터가 가지고 온 디저트 메뉴 가운데 스벤은 호박푸딩($10)과 초콜릿과자($6)를 가장 좋아한다. 각각의 디저트에 대한 스벤의 유보가격은 각각 $4와 $30이다. 스벤은 디저트를 주문하는가? 주문한다면 무엇을 주문하는가? 스벤이 혼자 식사를 한다면 그는 디저트를 주문하는가?

스벤과 그 친구들이 식사비용을 동일하게 나누어 내면 스벤은 자신이 주문하는 디저트 가격의 1/10만 부담한다. 그러므로 스벤이 지불하는 호박푸딩과 초콜릿과자의 가격은 각각 $1와 60센트이다. 소비자 잉여는 호박푸딩을 선택하면 $4−$1=$3, 초콜릿과자를 선택하면 $3−$0.6=$2.4이므로 그는 호박푸딩을 주문한다. 그러나 혼자 식사하면, 스벤은 자신이 주문한 디저트 가격 전부를 지불해야 한다. 두 디저트 가격이 모두 스벤의 유보가격보다 높으므로 그는 디저트를 주문하지 않는다.

역설적인 것은 스벤의 아홉 친구들도 디저트에 대해 스벤과 동일한 선호를 가지고 있으면, 각각은 모두 호박푸딩을 주문할 것이고, 총비용에서 각각이 부담해야 하는 금액은 $1가 아닌 $10이다. 아무도 디저트를 주문하지 않는 상황과 비교하면, 각각의 소비자 잉여는 $6 감소한다. 그럼에도 호박푸딩을 주문하지 않으면 자신이 지불하는 비용이 $1만 절약되므로, 각 사람들은 호박푸딩을 주문하는 것이 개인적으로는 현명한 결정이다.

식사비를 나누어 부담하면 사람들이 디저트를 주문할 가능성이 높아지는가?

✔ 개념체크 14.4

경제적 사유 14.3에서 10명이 아닌 5명이 식사비용을 동일하게 분담하면 스벤은 디저트를 주문하겠는가?

예민한 독자들은 **경제적 사유 14.3**과 일란성 쌍둥이가 두 개의 빨대로 하나의 밀크쉐이크를 빨아 먹는 **경제적 사유 11.4** 사이의 유사성을 눈치챘을 것이다. 동일한 유인의 문제 때문에 두 경우 모두 비효율적인 결과가 발생한다.

다음의 예는 동일한 유인의 문제가 입법 과정에서도 발생함을 보여준다.

경제적 사유 14.4

왜 국회의원들이 자주 다른 지역의 지역 이기주의적 정부 지출 프로그램을 지지하는가?

지역 이기주의(pork barrel) 프로그램은 특정 지역에는 도움이 되지만 나라 전체적 관점에서는 그 효과가 의문시되는 프로그램이다. 이 같은 모든 프로그램을 다 합치면 지역이 부담하는 세금이 그 지역의 편익보다 큼에도 불구하고, 왜 유권자들은 이 같은 프로그램을 발의하는 국회의원들을 지지하는가?

지역 이기주의 지출
전체적으로는 비용이 편익보다 크나, 다른 지역에서 그 비용의 일부를 부담하기 때문에 특정 지역의 주민들이 얻는 편익이 그들이 부담하는 비용보다 큰 공공 프로그램에 대한 지출

나라 전체 납세자의 1/100을 포함하고 있는 지역구에 사는 유권자를 생각해보자. 이 지역 국회의원이 이 지역에 1억 달러의 편익을 제공하지만 연방정부 예산 1억 5,000만 달러를 사용해야 하는 공공 프로그램을 실행할 수 있다고 가정하자. 이 지역의 사람들이 부담해야 하는 세금은 1억 5,000만 달러/100 = 150만 달러이므로, 이 프로그램이 시행되면 이 지역 주민들은 시행되지 않을 때와 비교해서 9,850만 달러의 이익을 얻는다. 그렇기 때문에 수많은 유권자들이 "지역구에 선물을 가져오는"(bringing home the bacon) 기록이 많은 국회의원을 지지한다.

그러나 왜 국회의원 A가 국회의원 B의 지역구에 시행되는 프로그램을 지지하는가? B의원 지역구에 이 같은 프로그램이 시행되면 A의원 지역구의 유권자들이 지불해야 하는 세금은 큰 규모는 아니지만 증가한다. 그러나 이 지역 유권자들에게 돌아가는 편익은 하나도 없다. 그 대답은 A가 B의 프로그램을 지지하지 않으면, B도 A의 프로그램을 지지하지 않기 때문이다. 국회의원들이 돌아가며 다른 국회의원이 특히 챙기는 프로그램을 지지하는 관행을 **로그롤링**

로그롤링
국회의원들이 돌아가며 다른 의원들이 발의한 프로그램을 지지하는 관행

(logrolling)이라고 부른다. 이 같은 관행 때문에 저녁 식사비용을 동일하게 나누어 낼 때와 매우 유사하게, 과도한 지출이 발생한다.

지대추구행위

정부 프로그램의 이득이 소수의 수혜자들에게 집중되는 반면에, 그 비용은 많은 사람들에게 분산되면 공공부문에서 또 다른 비효율성이 발생한다. 이 때문에 수혜자들은 이 프로그램 실행을 위해 조직적으로 로비를 할 강한 유인을 가진다. 그러나 개별 납세자들은 얻는 편익은 매우 작으므로 개별적으로 비용을 지불하면서 로비를 저지할 유인이 없다.

예를 들어, 설탕가격 보호 법안으로 인해 설탕가격이 파운드당 10센트 증가하고, 평균적인 미국 가정은 매년 100파운드의 설탕을 소비한다고 가정하자. 이 법안이 평균적인 가정의 설탕 소비에 어떤 영향을 미치겠는가? 제 4장에서 소금이나 설탕과 같이 가계 지출에서 차지하는 비중이 작은 재화는 수요의 가격 탄력성이 매우 낮음을 언급했다. 그러므로 가격이 파운드당 10센트 인상되더라도 각 가정의 설탕 소비는 거의 줄지 않을 것이다. 가격 인상에 따른 설탕 지출의 증가는 — 약 $10 안 되는 금액 — 각 가정에게 거의 부담이 되지 않는 금액이므로, 많은 사람들이 자신들의 지역구 의원에게 불평을 토로할 만한 금액은 아니다. 그러나 이 법안으로 인해 설탕 산업 전체의 수입은 연간 거의 10억 달러 가까이 증가한다. 이 정도 규모이면 당연히 설탕 산업 전체가 매달려 로비를 할 것이다.

왜 유권자들은 이 같은 법안을 지지하는 의원에 반대하는 투표를 하지 않는가? 한 가지 이유는 제 11장에서 설명한 합리적 무지 때문이다. 대부분의 유권자들은 설탕가격 보호 법안이나 그 외에 다른 이익집단을 위한 법안이 존재한다는 사실도 모를 뿐더러, 자신의 지역구 의원이 이들 법안에 어떻게 투표하는지는 더더구나 모른다. 모든 유권자들이 이 같은 법안을 잘 알고 있고 그로 인한 입법 과정이 개선된다면, 그 편익은 각 유권자들이 이 같은 법안을 알기 위해 지불해야 하는 비용을 보상하고도 남을 것이다. 그러나 무임승차 문제 때문에 각 유권자들은 의회 투표의 결과가 자신이 법안에 대해 잘 알고 있는지 여부에 영향을 받지 않는다는 것을 알고 있다.

편익이 비용을 초과하는 프로그램에도 다른 종류의 비효율성이 발생한다. 예를 들어, 1980년대에 연방정부가 250억 달러의 고에너지 물리학 연구 장치인 수퍼 컨덕터 충돌장치를 설치하겠다는 계획을 발표했을 때, 20개 주 이상의 주에서 이 장치를 유치하기 위한 치열한 경쟁이 불붙었다. 프로그램 준비, 컨설팅 비용 및 다양한 여러 로비 활동에만 수억 달러가 소비되었다. 이 같이 비용 지출하는 행위는 **지대추구행위**(rent seeking)라고 불린다. 다른 위치적 군비 경쟁에 참여한 사람들이 지불하는 지출이 비효율적인 것과 같은 이유로, 지대추구를 위한 지출은 비효율적인 경향이 크다(제 10장 참조). 간단한 유인의 문제 때문에 **예 14.6**은 지대추구행위에 사용되는 지출이 사회적으

지대추구행위
독점적 지위를 누리기 위해 사람이나 기업이 지불하는 사회적으로 비생산적인 지출을 하는 행위

로 비생산적임을 보여준다.

유인의 문제 예 14.6

왜 사람들은 $20 지폐를 얻기 위해 $50를 지불하는가?

$20 지폐가 경매에 붙여져 가장 높은 입찰가를 제시한 사람에게 돌아간다고 가정하자. 이 경매는 최초 입찰가가 50센트로 시작하며, 입찰가를 올리려면 최소한 50센트 이상을 올려야 한다. 입찰이 종료되면 가장 높은 입찰가(최고가)를 부른 사람과 두 번째로 높은 입찰가(차가)를 부른 사람은 자신들의 입찰가를 경매인에게 지불해야 한다. 최고가 입찰자는 $20 지폐를 얻는다. 그러나 차가 입찰자는 아무것도 얻지 못한다. 예를 들어, 가장 높은 입찰가가 $11이고 두 번째로 높은 입찰가가 $10.5이면, 최고가 입찰자는 $20－$11＝$9를 얻는 반면에, 차가 입찰자는 10.5달러를 손해 본다. 평균적으로 가장 높은 입찰가는 얼마가 되겠는가?

이 같은 경매 방식이 실험실에서 광범위하게 실시되고 연구되었다. 이 같은 실험에 참가한 피실험자들은 기업 중역으로부터 대학생까지 다양했지만, 입찰 패턴은 거의 동일했다. 경매가 시작된 후 바로 입찰가가 경매 대상인 $20의 반에 해당하는 $10로 증가한다. 이 시점에서 피실험자들은 다음의 입찰에서 최고가와 차가의 합이 $20를 넘으므로 경매인이 이익을 얻는다는 사실을 생각하면서 잠시 주춤한다. 잠시 주춤한 후, 현재의 입찰가가 $9.5인 차가 입찰자는 $9.5달러를 확실하게 잃느니 혹시나 $9.5를 얻을 수 있다는 희망으로, 예외 없이 $10.5를 입찰한다.

대부분 이 시점에서 상위 두 명의 입찰자를 제외한 다른 입찰자들은 경매를 포기하고, 남아 있는 두 사람이 빠른 속도로 입찰가를 높인다. 입찰가가 $20에 가까워지면, 두 번째로 주춤해진다. 이 시점에서 각 입찰자들은 설사 승리해도 손해를 본다는 것을 인식하기 시작한다. 현재의 입찰가가 $19.5인 차가 입찰자는 $20.5를 부르려고 하지 않는다. 그러나 입찰가를 올리지 않으면 어떤 상황이 발생하는지를 생각해보자. 경매를 포기하면, 이 입찰자는 확실하게 $19.5를 손해 본다. 그러나 $20.5를 입찰해 이기면, 50센트만을 손해 본다. 그러므로 다른 입찰자들이 경매를 표기할 약간의 가능성만이라도 있다고 생각하면, 계속하는 것이 유리하다. 일단 $20가 넘어서면, 입찰이 다시 빨라지고 그 이후에는 두 입찰자 사이의 신경전이 계속된다. 누군가가 좌절하면서 경매를 포기하기까지 입찰가가 $50까지 올라가는 일이 흔하게 발생한다.

지적이고 충분한 정보를 가지고 있는 사람들이라면 이 같은 큰 대가를 지불해야 하는 경매에 참여하지 않을 것이라고 속단하기 쉽다. 그러나 이 실험에 참여한 많은 피실험자들이 경험이 풍부한 비즈니스의 전문 직종 종사자들이고, 다른 많은 사람들은 게임이론과 전략적 상호작용에 대한 공식적인 훈련을 받은 사람들이다. 예를 들어, 심리학자인 베이저만(Max Bazerman) 교수는 최근 10년 동안 세계적으로 유명한 경영대학원 가운데 하나라고 평가받는 노스웨스턴 대학의 켈로그 경영대학원에서 자신의 강의를 듣는 경영학 석사(Master of Business Administration, MBA) 과정 학생들에게 $20

지폐를 경매에 붙여 $17,000를 벌었다고 말하고 있다. 200번 가까운 경매 가운데, 최고가와 차가의 합이 $39보다 작은 경우는 한 번도 없었고, 그 합이 무려 $407에 이른 경우도 있었다.

예 14.7은 $20 경매에 참여한 사람들이 직면하고 유인의 문제가 이익이 많이 나는 정부 프로젝트를 따기 위한 경쟁을 하는 기업들이 당면하는 유인의 문제와 놀랄 정도로 비슷함을 보여준다.

예 14.7 독점 사업권 입찰

독점 사업권을 얻기 위해 이동통신 회사들은 얼마를 입찰하는가?

와이오밍주는 주 내에서 이동통신 서비스를 제공하는 독점 사업권을 부여하겠다고 공표했다. 두 기업이 이 사업권을 얻기 위해 마감시간 전에 지원했다. 독점권은 1년 동안 지속되며, 이 기간 동안 사업권을 받은 기업은 2,000만 달러의 경제적 이윤을 얻을 것으로 기대한다. 주의회는 주의원에게 가장 많은 돈을 로비하는 회사를 선정하고자 한다. 두 회사가 담합을 할 수 없다면, 각 회사는 로비를 위해 얼마를 지출하겠는가?

두 기업이 동일한 금액을 지출하면, 2,000만 달러의 이익을 얻을 확률이 1/2이다. 그러므로 기대이윤은 1,000만 달러에서 로비 비용을 뺀 것이다. 두 회사가 담합을 할 수 있다면, 약간의 금액만 로비 비용으로 사용하자고 약속할 것이다. 그러나 구속력 있는 계약이 불가능한 상황이면, 각 기업은 다른 기업보다 로비 비용을 좀 더 쓰고자 하는 유인을 가진다. 각 회사의 로비 비용이 1,000만 달러에 이르면, 기대이윤은 0이다(1/2의 확률로 2,000만 달러를 얻는 데서 1,000만 달러의 로비 비용을 뺀 금액).

추가적으로 로비 비용을 지불하면 기대 손실이 발생한다. 그러나 다른 기업이 1,000만 달러의 로비 비용을 사용할 때, 한 기업이 1,000만 1달러를 지출하면, 이 기업은 독점 사업권을 확실하게 얻고, 따라서 $9,999,999의 경제적 이윤을 얻는다. 다른 기업은 1,000만 달러의 경제적 손실을 입는다. 확실하게 1,000만 달러를 손해 보는 것보다 로비 비용으로 1,000만 2달러를 지불하고자 하는 유혹을 받는다. 그러나 경쟁 기업도 1,000만 2달러보다 로비 비용을 올리고자 하는 동일한 유인을 가진다. 이 지속적인 상승 과정이 어디서 멈추던 간에, 이 과정을 통해 독점 사업권으로부터 얻을 수 있는 대부분의 이윤이 낭비되어 없어진다. 아마도 $20 경매와 같이 두 기업이 낭비한 금액의 합은 독점 사업권의 가치보다 훨씬 클 것이다.

개인의 관점에서 보면, 왜 기업들이 정부 프로젝트를 따기 위해 이 같은 방식으로 로비를 하는가를 쉽게 이해할 수 있다. 그러나 사회적 관점에서 보면 이 같은 행동은 전적으로 낭비에 불과하다. 로비스트들은 일반적으로 똑똑하고, 좋은 교육을 받았으며, 사교성이 높은 사람들이다. 이들의 시간에 대한 기회비용은 매우 높다. 로비스트들

이 자신들의 고객을 대신해 정부 관리에 로비를 하지 않는다면, 유용한 다른 재화나 서비스를 생산할 수 있다. 정부는 로비에 사용하는 금액으로 계약자를 결정할 것이 아니라, 이들이 제공하는 서비스에 대해 책정하고자 하는 가격에 근거해 계약자를 결정하면 이 같은 낭비를 억제할 수 있다. 사회 내의 여러 기관들이 사람들에게 기존의 부를 단순히 한 사람에게서 다른 사람에게로 이전하는 행동이 아닌 부를 창출하는 행동을 더 많이 추구하도록 한다면, 그 사회는 더욱 성공적일 것이다.

정부의 슬림화?

노벨 경제학상 수상자인 프리드만(Milton Friedman)은 납세자들보다 세금을 조심스럽게 사용하는 관료들은 없다고 말했다. 많은 정부 지출이 낭비되고 있다는 것에 대해서는 별로 의심의 여지가 없다. 국회의원들 사이에 로그롤링 관행 때문에 비용–편익 테스트를 충족시키지 못하는 지역 이기주의 프로그램에 대한 정부지출이 발생하는 것뿐만 아니라, 공무원들 또한 그들이 집행하는 금액으로부터 가장 많은 것을 얻어 내고자 하는 유인이 없을 수 있다는 점은 매우 우려할 만하다. 예를 들어, 펜타곤(미 국방성)이 한 번은 커피메이커를 구입하는 데 $7,600를, 화장실 변기에 까는 종이를 구입하는 데 $600를 지출했다. 이 같은 지출은 상식에 벗어난 것일 수 있다. 그러나 민간 사업자가 정부보다 유사한 서비스를 보다 저렴한 가격에 제공할 수 있는 것은 의심할 여지가 거의 없다.

이 같은 정부의 낭비에 대해 분노해 많은 비판론자들은 정부가 공급하는 공공재의 양을 대폭 줄일 것을 촉구해 왔다. 이들은 정부가 더 많은 예산을 사용할수록 낭비가 더 많을 것이라고 생각한다. 이 견해가 틀린 것은 아니나, 이는 정부가 득이 되는 일과 낭비가 되는 일 모두를 동시에 늘릴 것이라는 가정하에서만 성립한다.

정부의 지출을 대폭 삭감했을 때 발생하는 결과의 여파가 가장 크게 나타난 경우 가운데 하나가 캘리포니아주의 법안 13이다. 이 법안의 여파는 1978년 재산세를 대폭 감면한 주 법안이 통과되면서 시작되었다. 캘리포니아 주민들이 뒤늦게 깨달았지만, 정부의 낭비를 막기 위한 이 조치는 마치 금식을 통해 회충을 죽이고자 하는 것과 유사한 것이었다. 금식을 하면 물론 회충이 살기 힘들다. 그러나 금식하는 사람이 더욱 힘들다. 한때 미국 전체에서 최고의 학교에 자녀들을 보냈던 골든 스테이트의 주민들이 이제는 가장 나쁜 학교에 자녀들을 보내고 있다.

의사들은 기생충을 죽이지만 환자에게는 해롭지 않은 약을 처방해 환자들을 치료한다. 정부의 낭비를 고치기 위해서도 비슷한 전략을 사용해야 한다. 예를 들어, 정치가들이 담배 산업이나 이해 당사자들로부터 선거 자금을 받지 못하도록 선거자금법을 개혁하는 방안을 생각해 볼 수 있다.

이 경우 질문은 정부 관료들이 우리의 세금을 가장 유용하게 사용하는 방법을 알고 있는가라는 것이 아니라, "우리의 세금 가운데 어느 정도를 공공 서비스를 위해 사용하기를 원하는가?" 하는 것이다. 정부의 낭비에 대해서는 철저하게 감시해야 하지만, 많은 공공서비스가 그 가치를 한다는 사실도 기억해야 한다.

요약 정치 과정에서 비효율성의 원천

정부는 경제가 보다 효율적으로 돌아가는 데 큰 도움이 된다. 그러나 동시에 낭비의 원천이기도 하다. 예를 들어, 정치가들은 비용-편익 테스트를 통과하지 못하는 지역 이기주의 프로그램을 지지하기도 하는데, 그 이유는 지역구 수혜자들이 그 프로그램을 위해 지불해야 하는 추가적 세금보다는 편익이 더 크기 때문이다.

두 번째 비효율성의 원천인 지대추구행위는 개인이나 기업들이 정부로부터의 특혜를 얻어내기 위해 자원이 낭비될 때 발생한다. 합리적 무지를 불러일으키는 무임승차 문제 때문에, 유권자들은 종종 지대추구행위를 조장하는 정치인들을 표로 징계하지 못한다.

정부의 낭비에 대한 우려 때문에 많은 사람들이 최선의 정부는 반드시 작은 정부여야 한다고 결론짓는다. 이 사람들이 선호하는 해법은 정부가 세금으로 걷는 금액을 줄여 정부를 슬림화시키는 것이다. 정부를 슬림화시키면 한 종류의 낭비는 감소시키지만 편익이 비용을 초과하는 공공 서비스를 감소시킴으로써 다른 종류의 낭비를 증가시킨다.

14.4 무엇에다 세금을 부과해야 하는가?

조세 제도의 기본 목적이 공공재 공급과 다른 정부 지출에 필요한 수입을 조달하기 위한 것이기는 하지만, 세금은 의도하지 않은 여러 결과를 낳는다. 예를 들어, 세금으로 인해 각기 다른 행동의 상대적 비용과 편익이 달라진다. 세금은 또한 경제 내의 실질 구매력의 분포에 영향을 미친다. 최선의 조세 제도는 필요한 수입을 조달하는 동시에 가장 좋은 혹은 가장 해악이 적은 부작용을 낳는 제도이다.

첫 번째 기준으로 보면, 연방 조세 제도가 그 기능을 특별히 잘 수행했다고 보기 힘들다. 1990년 후반에 연방 예산이 약간의 흑자를 보이기 시작했지만, 연방정부가 지출을 조달하기 위해 수조 달러를 빌어야 했던 1969년부터 1990년대 후반까지 계속해서 적자 상태가 지속되어 왔다. 21세기 초반인 현재 연방 예산은 다시 적자 상태이다.

구축효과
정부가 자본시장에서 돈을 빌리고자 하기 때문에 이자율이 상승해서 민간 기업이 예정된 투자를 취소하는 것

정부와 민간 기업이 동일한 자본시장에서 자금을 빌린다는 사실은 경제학자들이 **구축효과**(crowding out effect)라고 부르는 현상을 설명한다. 정부가 자본시장에서 더 많은 돈을 빌리고자 하면, 이자율이 상승하고 이 때문에 민간 기업들 가운데 예정했던 투자를 취소해야 하는 경우가 발생한다. 정부가 공공재 공급에 필요한 지출을 조세 수입으로 충당하지 못하면, 정부는 경제 성장을 위해 투자되어야 할 자원을 끌어서 사용한다.

세금이 유인에 미치는 효과는 무엇인가? 사적 비용과 편익이 사회적 비용 및 편익과 일치하는 시장에 세금이 부과되면 사회적 최적 수준보다 생산과 소비가 낮아진다. 예를 들어, 자동차를 생산하는 장기 사적한계비용이 대당 $20,000이고 자동차의 수요

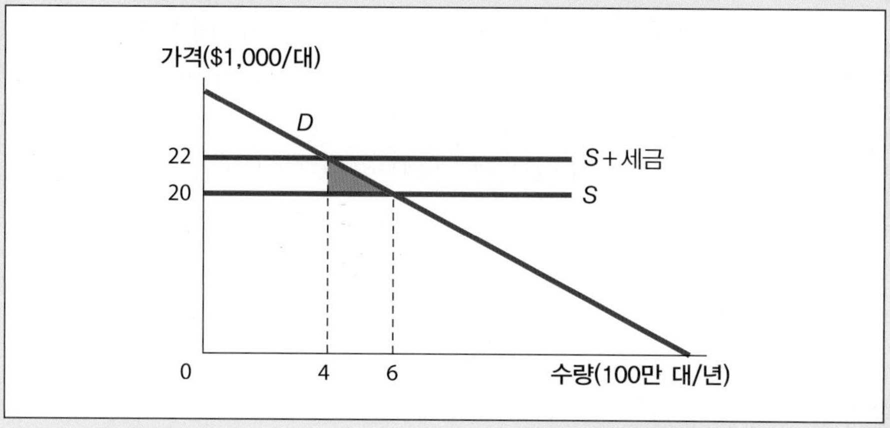

그림 14.5

자동차세로 인한 총잉여의 감소 자동차의 수요와 공급곡선이 소비와 생산에 관련된 모든 편익과 비용을 포함하고 있을 때 세금을 부과하면, 과소 생산이 발생하고 총잉여는 감소한다.

곡선은 **그림 14.5**와 같다고 가정하자. 균형 가격과 거래량은 각각 $20,000와 연간 600만대이다. 생산과 소비에 외부효과가 발생하지 않으면, 이 수량은 사회적 최적 수량이다. 만일 대당 $2,000의 세금이 부과되면, 새로운 균형 가격과 거래량은 각각 $22,000와 연간 400만대이다. 세금으로 인한 총잉여의 감소분은 청색 삼각형의 면적(연간 20억 달러)으로, 소비자 유보가격과 한계비용 간 차이의 누적 합이다.

언론에 글을 기고해온 경제학자들은 오랫동안 **그림 14.5**와 같이 세금 때문에 발생하는 총잉여의 감소분에 초점을 맞춰 왔다. 이들 경제학자들은 세금이 낮아지고 정부 지출이 감소하면 경제의 성과가 더 좋을 것이라고 주장한다.

그러나 이 같은 주장은 설득력이 떨어진다. 예를 들어, **그림 14.5**와 같이 세금이 부과된 시장의 총잉여는 감소하지만, 늘어난 정부 지출로부터 발생하는 잉여의 증가분이 더 크다면, 세금의 부과는 정당화될 수 있다. 수요나 공급의 가격 탄력성이 낮을수록 세금으로 인한 총잉여의 감소분은 작아진다. 이 원리는 세금을 수요나 공급의 가격 탄력성이 낮은 재화에 세금을 집중적으로 부과하면 총잉여의 감소분을 극소화할 수 있음을 보여준다.

세금이 경제에 해가 된다는 주장이 가지는 또 다른 약점은 보다 근본적인 것이다—즉, 세금으로 인해 경제 전체적으로 총잉여가 꼭 감소하는 것은 아니다. 세금이 부과되는 시장의 총잉여가 감소하지 않을 수 있다. 예를 들어, **그림 14.5**에서 살펴 본 시장에서, 사적 한계비용은 여전히 $20,000이나 자동차 생산과 소비로 인한 대기오염과 혼잡으로 매년 대당 $2,000에 달하는 외부불경제가 발생한다. 이 경우 사회적 최적 수량은 연간 600만 대가 아니라 400만 대이다. 세금이 부과되지 않으면, 균형가격과 거래량은 각각 $20,000와 600만 대이다. 그러나 대당 $2,000의 세금이 부과되면, 균형거래량은 사회적 최적 수량인 400만 대로 감소한다. 이 경우 세금의 직접적인 효과는 총잉여를 감소시키는 것이 아니라 오히려 매년 20억 달러를 증가시킨다.

외부불경제를 발생시키는 행동에 대해서만 세금을 부과해 정부를 운영하는 데 필요한 수입을 충분히 조달할 수 있는가? 아무도 확실한 대답을 알지는 못하지만, 외부불경제를 발생시키는 행동들이 매우 많으므로 가능할 수도 있다.

예를 들어, 어떤 사람이 혼잡한 고속도로에 진입하면, 이 사람은 이미 고속도로에 있는 운전자들에게 추가적인 지연을 발생시킨다. 기존의 기술로써 이 같이 혼잡과 같은 외부불경제를 발생시키는 도로 사용 시 세금을 부과할 수 있다. 화석연료는 탈 때마다 온실가스를 대기 중으로 배출하는데, 이 때문에 지구 온난화가 가속화된다. 탄소세를 부과하면 사람들이 세금을 고려해 의사결정을 하므로 경제적 잉여가 증가한다. 다른 형태의 대기와 수질오염에 대한 세금도 자원 배분에 유사한 긍정적인 효과를 미친다. 음식 및 음료수 용기에 부과한 환불 가능한 세금에 대한 경험은 이 같은 세금은 필요한 수입을 증가시킬 뿐 아니라 동시에 환경이 깨끗해지는 데 기여할 수 있음을 보여준다.

요 약 Summary

- 본장의 목적은 경제학의 기본 원리를 현대 사회에서 정부의 역할을 공부하는 데 적용하는 것이다. 정부의 가장 중요한 역할 가운데 하나가 국방이나 치안과 같은 공공재를 공급하는 것이다. 이 같은 재화들은 정도의 차이는 있으나 비경합성과 비배제성을 가진다. 비경합성은 한 사람이 그 재화를 소비해도 다른 사람이 소비할 수 있는 양이 감소되지 않음을 의미한다. 비배제성은 대가를 지불하지 않는 사람이 소비하지 못하도록 막을 수 없음을 의미한다.

- 비경합성과 비배제성이 매우 높은 재화를 순수 공공재라고 부른다. 유료 케이블 TV 방송과 같은 집단재는 비경합성은 높고 배제성은 낮은 재화이다. 공유지는 경합성은 높지만 비배제성은 낮은 재화이다.

- 공공재의 최적의 양이나 질을 공급하는 기준은 한계편익이 한계비용을 초과하는 한 양이나 질을 증가시켜야 한다는 것이다. 정부가 공공재를 공급하면 한 가지 장점은 일단 하나의 공공재 공급 비용을 조달하기 위해 국세청이 설립되면, 비교적 저렴한 비용으로 다른 공공재 공급에 필요한 수입을 조달하기 위해 조직을 확장할 수 있다는 점이다. 두 번째 장점은 정부가 조세권을 가지고 있기 때문에 공공재 공급 비용을 조달하기 위한 부담금을 쉽게 할당할 수 있다는 점이다. 대가를 지불하지 않는 사람을 쉽게 배제시키지 못하면 정부가 유일한 공공재 공급자가 될 수 있다.

- 전적으로 정부가 공공재를 공급하면, 조세제도의 강제성 때문에 원치 않는 사람이 공공재 비용을 강제로 부담하는 반면에, 원하는 사람은 공급받지 못하는 일이 발생할 수 있다. 기부, 부산물의 판매, 무임승차하는 사람을 배제할 수 있는 새로운 기술의 발전 등으로 필요한 비용을 조달하거나, 많은 경우 계약을 통해 민간 부문이 많은 공공재를 공급할 수 있다. 그러나 비경합성을 가진 재화에 양의 가격이 책정되면 총잉여의 감소가 발생한다.

- 공공재로부터 얻는 편익이 모든 사람에게 동일한 것은 아니므로, 공공재 공급 비용 조달을 위해 모든 사람에게 동일한 금액을 책정하는 것은 일반적으로 가능하지 않거나 혹은 바람직하지 않다. 사유재와 마찬가지로 소득이 증가하면 공공재를 한 단위를 더 얻기 위해 지불할 용의가 있는 금액은 증가한다. 그러므로 대부분의 정부는 가난한 사람보다 부자에게 더 높은 세금을 부과한다. 누진세는 부자들에게 공평하지 않다는 이유로 비판을 받아 왔지만, 이 같은 비판은 다른 조세제도는 부자와 가난한 사람 모두에게 더 좋지 않은 결과를 낳는다는 사실을 고려하지 않고 있다.

- 공공재를 공급하는 것 이외에 정부는 두 가지 추가적인 역할을 수행한다: 외부효과를 발생시키는 행동의 규제와 재산권의 규정 및 집행. 유권자와 그들의 대표자들 간의 거리가 가까울수록 정부가 유권자의 필요에 더욱 민감하게 반응

하지만, 공공재 공급에 있어 규모의 경제나 광범위하게 영향을 미치는 외부효과와 같은 요인들 때문에 중요한 기능을 정부에 부여한다.

- 역사적으로 볼 때 민주주의가 최선의 정부 형태이기는 하지만, 민주주의도 완벽하지는 않다. 예를 들어, 대부분의 민주주의 국가에서 흔히 볼 수 있는 정치인들의 로그롤링이나 지대추구행위 때문에 종종 비용이 편익을 초과하는 공공 프로그램이나 법안이 만들어지기도 한다.
- 공공재 공급 비용을 조달하기 위해 모든 정부는 세금을 부과한다. 한 행동에 세금이 부과되면 정부 수입을 발생시키지만 동시에 그 행동을 적게 할 유인을 창출한다. 세금이 부과되지 않았을 때 최적 수준이 선택될 때, 세금이 부과되면 그 행동의 수준은 감소한다. 이 때문에 많은 비판론자들이 모든 세금이 경제에 해를 끼친다고 비판한다. 그러나 세금이 유인에 미치는 부정적인 효과는 조세 수입으로 제공되는 공공재의 편익과 비교해 판단해야 한다. 더욱이 수요나 공급이 매우 비탄력적인 재화에 세금이 부과되면 총잉여의 감소분은 크지 않다. 반면에 외부불경제를 창출하는 행동에 세금이 부과되면 총잉여를 증가시킬 수 있다.

핵심용어 Key Terms

공공재(432)
구축효과(452)
누진세(437)
로그롤링(447)
비경합성(432)
비례세(437)
비배제성(432)
순수 공공재(433)
순수 공유재(433)
순수 사유재(433)
역진세(436)
인두세(436)
지대추구행위(448)
지역 이기주의 지출(447)
집단재(433)

복습문제 Review Questions

1. 사과, 킹(Stephen King)의 소설, 캠퍼스의 가로등, NPR 라디오 방송
a. 위의 재화 가운데 비경합성을 가지는 재화는 무엇인가?
b. 위의 재화 가운데 비배제성을 가지는 재화는 무엇인가?

2. 다음과 같은 특성을 가진 재화의 예를 들어라.
a. 경합성이 높지만 배제성은 낮은 재화
b. 비경합성은 높지만 배제성은 낮은 재화
c. 비경합성과 비배제성이 높은 재화

3. 왜 부자들도 종종 인두세보다 비례세를 더 선호하는가?

4. 참 또는 거짓: 외부불경제를 창출하는 행동에 세금이 부과되면 민간 부문의 자원배분을 향상시키고 동시에 유용한 공공재를 공급하는 데 사용되는 조세 수입을 창출한다.

5. 시장에서 사회적 최적 수량으로 생산되고 있는 사유재를 생각해 보자. 세금이 이 재화에 부과되면 이 시장에서 발생하는 총잉여의 감소분이 왜 세금으로 인한 경제 전체의 총잉여의 감소분을 과장하는 것이 될 수 있는가?

연습문제 Problems

1. 토요일에 방송되는 공영 라디오 방송의 오페라 녹화 방송에 대한 스미스와 존스의 수요곡선이 다음과 같다;

$$\text{스미스: } P_S = 12 - Q, \quad \text{존스: } P_J = 12 - 2Q$$

P_S와 P_J는 각각 오페라를 더 듣기 위한 스미스와 잭의 유보가격이고, Q는 매주 토요일 방송 시간이다.

a. 스미스와 존스만 라디오를 청취할 때 오페라 방송에 대한 시장 수요곡선을 구하라.

b. 오페라 방송의 시간당 한계비용이 \$15이면 사회적으로 최적인 방송 시간은 얼마인가?

2. 카다시안 가족 따라하기와 명화극장에 대한 수요곡선이 다음과 같다. TV 방송국은 가을 방송 개편 때 하나 또는 두 개의 프로그램을 더 방송하고자 한다. 남아 있는 두 개의 시간대에 한 회사가 광고를 하고 있는데, 이 회사는 프로그램을 보는 시청자당 10센트를 방송사에 지불한다. 방송사는 이 회사가 지불하는 광고비로 편당 제작비용인 40만 달러를 충당해야 한다(시청자 수는 전화 조사로 정확하게 측정할 수 있다고 가정한다). 카다시안 가족 따라하기나 명화극장을 방송하지 않는 시간대에는 체중 감량 프로그램을 방영하는데, 별도의 비용은 발생하지 않고 광고비로 50만 달러를 받는다. 시청자들은 체중 감량 프로그램을 시청할 때 500만 달러의 경제적 잉여를 얻는다.

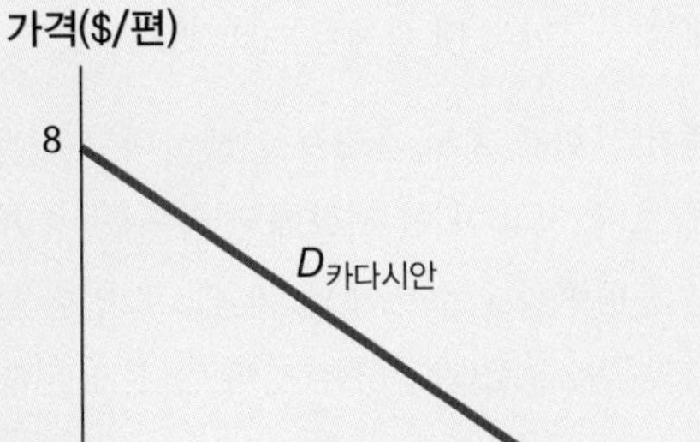

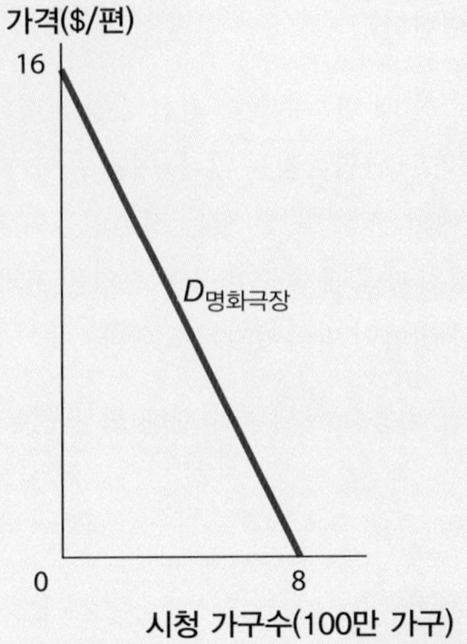

a. 가을 개편 때 방송국은 두 시간대에 어떤 프로그램을 선택하는가?

b. 그 결과가 효율적인가?

c. 이윤 극대화하는 유료 TV 방송국 대신 공영방송에서 무료로 명화극장을 방영하면 총잉여는 얼마나 증가하는가?

3. TV 방송국이 유료 방송을 하면, 다음의 문장 가운데 참인 문장은 무엇인가? 설명하라.

a. 결과는 효율적이다.

b. 방송국이 선택하는 프로그램은 광고수입을 극대화한다.

c. 추가적인 시청자에게 프로그램을 제공하는 한계비용은 광고로 프로그램 제작비용을 조달할 때보다 낮다.

d. 광고로 프로그램 제작비용을 조달할 때와 비교하면 결과는 항상 더 효율적이다.

e. 프로그램의 다양성은 증가할 가능성이 높다.

4. 한 집단의 사람들이 공동으로 공공재를 구매할 것인지를 결정할 때 무임승차 문제에 대한 설명 가운데 가장 옳은 것은?

a. 공공재 공급 비용을 위해 세금을 부과하면, 사람들이 자신들의 진짜 가치를 낮게 말할 유인을 가진다.

b. 공공재 공급에 필요한 전체 비용에서 각 사람이 지불해야 할 금액은 크지 않다.

c. 공공재 공급 비용을 위해 세금을 내지 않는 사람들은

자신들의 진짜 가치를 과장해 말할 유인을 가진다.

d. 사람들은 다른 사람들이 공공재 공급 비용 전체를 지불할 만큼의 가치를 부여하기를 바란다.

e. 위의 문장 가운데 무임승차 문제의 원인은 둘 이상이다.

5. 한 마을이 박물관 건설을 고려하고 있다. 박물관 건설비용의 이자는 연간 $1,000이다. 각 마을 주민이 박물관으로부터 얻는 한계편익은 아래 표와 같고, 이들의 한계편익은 모든 사람들이 다 알고 있다.

유권자	박물관의 한계편익($/년)
애니타	340
브랜든	290
칼리나	240
달라스	190
엘로이스	140

a. 각 마을 주민들이 사적 이익을 위해 투표하면, 각 사람에게 매년 $200씩 세금을 부과해 박물관을 건설하자는 주민발의가 통과될 것인가?

b. 한 주민이 민간 기업이 박물관을 짓고 주민들에게 매년 원하는 만큼 볼 수 있는 정액요금을 책정하도록 하는 제안을 했다. 정액요금을 지불한 주민들만 박물관을 관람할 수 있다. 민간 기업이 단일 요금만 책정할 수 있다면, 박물관을 지을 민간 기업이 있겠는가?

c. 다른 주민이, 박물관 운영 권리를 경매를 통해 팔되, 민간 기업에게 가격차별을 허용하자는 제안을 했다. 박물관을 짓고 운영하기 위해 민간 기업이 입찰하는 최대 금액은 얼마인가?

6. 잭과 질은 서로 이웃에 살고 있고, 경비원을 고용하고자 한다. 잭과 질의 유보가격은 각각 매달 $50와 $150이다. 누가 경비원 임금을 지불하던 간에 이 경비원은 두 집 모두를 경비한다.

a. 적어도 한 사람에 의해 고용되면서 이 경비원이 책정할 수 있는 최대 금액은 얼마인가?

b. 이 경비에 대한 완전경쟁적인 노동시장의 임금이 매월 $120라고 가정하자. 정부가 잭과 질에게 임금을 반반씩 지불하며 경비원을 고용하는 계획을 제안하면서 둘에게 투표할 것을 요청한다. 이 계획이 받아들여질 것인가? 두 사람이 경비원을 고용하면 총잉여가 더 증가하는가?

7. 6번 문제에서 잭이 매달 $1,000, 질은 $11,000를 번다고 가정하자.

a. 경비원의 임금을 지불하면서 다수결에 의해 채택되는 비례세를 찾아라.

b. 이번에는 잭이, 경비원을 고용했을 때 자신과 질이 얻는 편익이 동일하도록 세금을 부과할 것을 제안했다. 잭과 질은 얼마씩 지불하겠는가? 질은 이 제안에 동의하는가?

c. b번과 같은 제안이 실생활에 적용되기 힘든 현실적인 문제들은 어떤 것이 있는가?

8. 다음의 표는 세 명 이상이 동시에 수영할 수 있는 새로운 수영장 건설을 고려하고 있는 작은 시의회의 각 유권자들의 주당 한계편익을 보여준다. 수영장 건설비용은 주당 $18이고, 이 비용은 사용하는 사람 수에 무관하게 일정하다.

유권자	한계편익($/주)
A	12
B	5
C	2

a. 수영장 건설비용이 모든 유권자에 인두세를 부과함으로써 조달되어야 한다면, 수영장 건설은 다수결로 통과되는가? 그 결과는 효율적인가? 설명하라.

b. 시의회가 이번에는 민간 독점에게 수영장 건설 후 운영권을 주는 경매를 실시하고자 한다. 시의회가 수영장을 운영할 기업을 찾지 못하면 수영장 건설 계획은 무효가 된다. 독점이 법에 의해 단일 가격만 책정해야 한다면, 이 사업권이 경매에서 팔릴 것인가? 팔린다면 얼마에 팔리는가? 그 결과는 효율적인가? 설명하라.

c. b에서 독점이 완전 가격차별을 할 수 있으면 이 사업권이 경매에서 팔릴 것인가? 팔린다면 얼마에 팔리는가? 그 결과는 효율적인가?

d. 이번에는 시의회가 경매 대신 시의회 위원들에게 가장 많이 로비하는 기업에게 사업권을 주기로 했다. 4개의 동일한 기업이 경쟁에 참여하고 있고 이들이 담합할 수 없으면, 어떤 일이 발생하겠는가?

본문 개념체크 해답 Answers to Concept Checks

14.1 a. 새벽 3시의 노동부 웹사이트는 현재 사용하는 사람들보다 훨씬 많은 사람들에게 서비스를 제공할 수 있다. 그러므로 한 사람이 더 방문한다고 하더라도 다른 사람이 방문하는 데 방해가 되지 않는다. 그러나 특정 시간대에 용량을 초과하는 사용자들이 방문하는 웹사이트는 비경합성을 가지지 않는다.

b. 월드컵 결승전이 열리는 운동장은 항상 만원이다. 그러므로 한 사람이 운동장에서 구경하면 다른 사람이 구경할 수 없다.

c. TV로 월드컵 결승전을 구경하면, 한 사람이 구경한다고 하더라도 다른 사람이 보는 것을 방해하지 않는다.

14.2 시장 수요곡선(a)을 그리기 위해, 먼저 빌의 수요곡선(c)과 톰의 수요곡선(b)을 그리고 이들 수요곡선을 수직으로 더한다. 시장 수요곡선은 $P=18-1.5Q$이다.

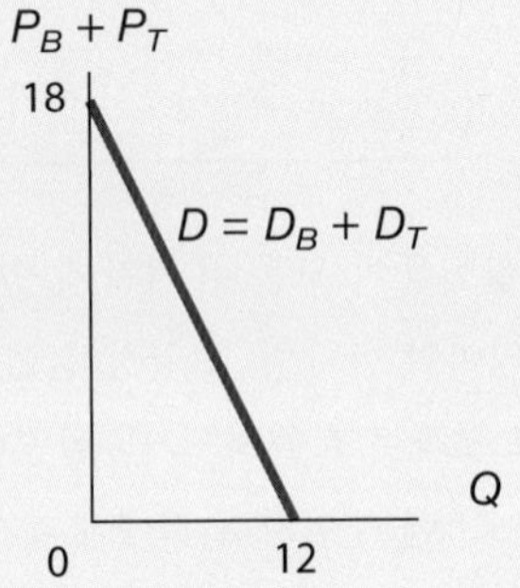

(a)

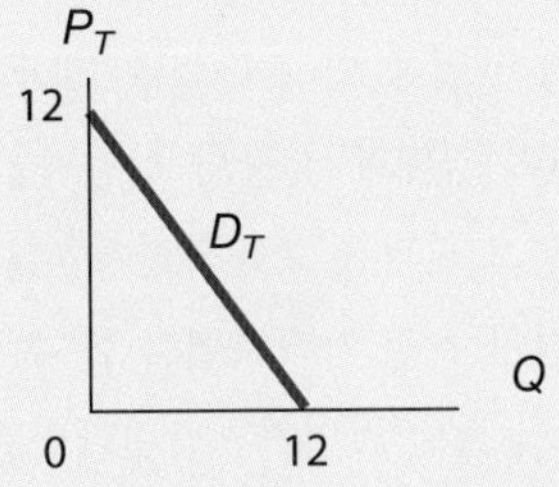

(b)

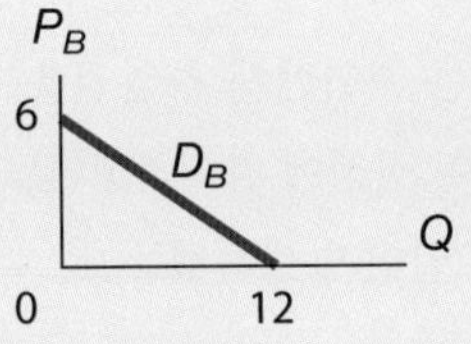

(c)

14.3 원래의 수요곡선에서 가격이 \$10이면 수요의 가격 탄력성이 1인 반면에, 새로운 수요곡선의 가격 탄력성은 2이다. 그 결과 가격이 \$10이면 2,000만 명이 덜 시청하고, 그로 인한 총잉여의 감소분(청색 삼각형의 면적)은 1억 달러이다.

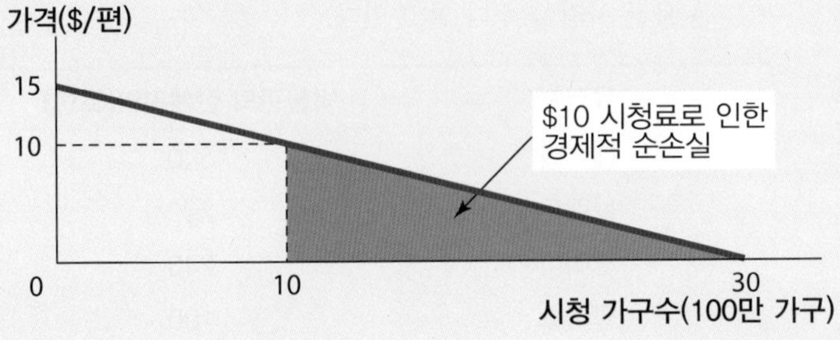

14.4 스벤이 호박푸딩을 주문하면, 자신이 부담하는 금액이 \$1가 아닌 \$2이다. 초콜릿과자를 주문하면, 60센트가 아닌 \$1.2를 부담한다. 그러므로 여전히 초콜릿과자(잉여 = \$3 − \$1.2 − \$1.8)보다 호박푸딩(잉여 = \$4 − \$2 = \$2)을 주문한다.

거시경제학: 경제의 조감도

제15장

경제정책을 잘 수행했다면 대공황을 막을 수 있었을까?

1929년 미국 경제는 급격하게 경기침체에 빠져들었다. 1929년 8월과 1930년 말 사이에 미국의 공장들과 광산들은 심각한 매출 감소에 직면하여 생산량을 31% 감소시켰다. 이러한 경기침체는 대규모의 실업으로 이어졌다: 1929년과 1930년 사이에 실업자는 경제활동인구의 3%에서 9%로 거의 세 배로 증가하였다.[1] 금융시장도 혼란에 빠졌는데 1929년 10월 주식시장이 폭락하여 3주 만에 주가는 거의 1/3 하락하였다.

초기에 정책당국자들과 일반 시민들은 (생애저축을 주식시장에 투자했던 사람들은 제외하고) 이런 상황에 대하여 우려하기는 했지만 공황상태에 빠진 것은 아니었다. 미국인들은 8년 전인 1921~1922년에도 비슷한 경기둔화를 경험한 적이 있었다. 그러나 그때의 경기둔화는 오래가지 않았고 1920년대 전체로는 전례없는 호황 (광란의

1 이 장에서 인용된 대부분의 통계자료와 1960년 이전 통계의 출처는 미국 통계청에서 발간한 *Historical Statistics of the United States: Colonial Times to 1970*, Washington, 1975.

1920년대로 잘 알려져 있는)으로 기록되고 있다. 그러나 1929년에 시작된 생산의 감소와 실업의 증가는 1931년까지 계속되었다. 1931년 봄, 경제는 안정화되는 모습을 잠시 보였고, 후버 대통령은 "이제 가까운 미래에 번영이 도래하고 있다"라고 낙관적인 전망을 제시하였다. 그러나 1931년 중반, 경제는 더 심한 추락을 경험하였다. 역사가들이 부르는 대공황이 본격적으로 시작되었던 것이다.

노동 통계를 보면 근로자의 입장에서 대공황의 심각성을 쉽게 이해할 수 있다. 정부가 대규모의 고용 프로그램들을 통하여 실업을 낮추려 시도하였지만 실업은 1930년대 내내 높은 수준을 기록하였다. 대공황의 최악의 기간이었던 1933년 미국 근로자의 네 명 중 한명은 실업자였다. 실업자들은 1936년까지 점차 감소하여 경제활동인구의 17%에 이르렀지만 이러한 높은 수준은 1939년까지 지속되었다. 운 좋게 직장을 갖고 있던 사람들 중 많은 사람들은 부분조업자로 일하였고, 일부는 거의 최저생계비 수준의 임금을 받고 일하고 있었다.

몇몇 다른 나라들의 상황은 더 심각하였다. 제1차 세계대전의 패배로부터 완전히 회복되지 않았던 독일에서는 근로자의 거의 1/3이 직장을 잃었고 은행들이 파산하면서 많은 가계들은 저축을 잃게 되었다. 이렇게 절망적인 경제적 상황은 1933년 독일의 수상으로 히틀러를 선출하게 된 주된 이유가 되었다. 히틀러는 경제에 대한 정부의 통제를 확대하면서 국가를 재무장시켰고, 결국 역사상 가장 파괴적인 전쟁이었던 제2차 세계대전을 발발하게 했던 것이다.

어떻게 그런 경제적 재앙이 발생할 수 있었는가? 자주 인용되는 하나의 가설은 대공황이 월스트리트에서의 투기열풍으로 인해 발생하였고 이것은 주식시장 폭락으로 이어졌다는 것이다. 그러나 1929년 주식가격이 비현실적으로 높았을지 몰라도 주식가격의 하락이 대공황의 주요 원인이었다는 증거는 거의 없다. 하루 사이에 주식가격이 23% 하락한 1987년 10월의 주식시장 폭락은—심각성에 있어 1929년 10월의 폭락에 비견될 수 있는 사건—경제를 크게 침체시키지 않았다. 1929년 주식시장 폭락이 대공황의 원인이었다는 주장에 대한 반론이 될 수 있는 또 다른 이유는 대공황이 미국에만 국한되지 않고 그 당시에 주식시장이 잘 발달되지 않았던 나라들에게까지 영향을 주었던 세계적인 사건이었다는 점이다.

그러면 무엇이 대공황을 일으켰는가? 오늘날 대공황 기간을 연구한 대부분의 경제학자들은 미국 및 주요 선진국에서의 **서툴었던 경제정책**을 비판한다. 물론 정책결정자들이 경제적 대재앙을 촉발한 것은 아니다. 다만 그 당시에 경제가 어떻게 작동하는지에 대한 사고에 오류가 있었던 것이다. 다시 말하면 만약 경제에 대한 이해가 더 높았더라면, 대공황은 어쩔 수 없이 겪어야만 했던 것이 아니라 회피할 수 있었는지도 모른다. 오늘날의 관점에서 보면 대공황과 경제정책과의 관계는 타이타닉호의 침몰과 항해항법과의 관계와 같다.

대공황의 한 가지 이득은 1930년대 경제학자들과 정책결정자들이 어떻게 경제가 작동하는지에 대하여 이해가 부족했다는 것을 인식하게 되었다는 점이다. 이러한 인식은 경제학 내에 거시경제학이라고 불리는 새로운 경제학 분야를 정립시키고 발전시키게 되었다. 제1장에서 언급한 바와 같이 거시경제학은 국가 경제의 성과를 측정하고 성과를 향상시키려는 정부 정책에 대하여 공부하는 학문이라는 것을 기억하자.

이 장에서는 거시경제학의 주요 주제들과 분석도구들을 소개할 것이다. 대공황과 같은 현상을 이해하는 것이 거시경제학자들의 중요한 관심사이기는 하지만, 거시경제학은 국가 경제의 다양한 측면을 분석한다. 거시경제학자들이 연구하는 이슈들 중에는 장기 경제성장과 발전의 요인, 높은 실업의 원인, 인플레이션율을 결정하는 요소들이 있다. 경제의 "세계화"가 기업가들과 정책결정자들의 사고에 깊이 자리잡은 것과 같이 당연히 거시경제학자들도 국가 경제들 사이의 상호작용에 대하여 연구한다. 국가 경제의 성과는 일자리 창출, 근로자들의 임금, 소비자들이 지불하는 가격, 저축의 수익률에 중요한 의미를 가지고 있기 때문에 거시경제학이 모든 사람들에게 영향을 주는 생계와 관련된 문제들을 다룬다는 것은 분명하다.

대공황 기간의 경험으로부터 거시경제학자들은 어떻게 거시경제정책이 작용하고 어떻게 적용되어야 하는가에 대하여 이해하려고 노력하고 있다. **거시경제정책**들은 전체로서의 (설탕이나 이발 서비스 등 특정한 재화나 서비스 시장의 성과에 영향을 주려는 정책과는 달리) 경제의 성과에 영향을 주려고 고안된 정부의 행동들이다. 경제학자들은 정부의 정책들이 어떻게 경제에 영향을 주는지 잘 이해하여 정책결정자들이 올바른 정책을 시행할 수 있도록—그리고 대공황 기간에 행해졌던 것들과 같은 심각한 정책실패를 피하고—도와줄 수 있기를 바라고 있다. 개개인의 수준에서는 거시경제정책과 그 효과에 대한 지식을 가진 사람들은 선거에서 합리적인 의사결정을 할 수 있는 시민이 될 수 있을 것이다.

거시경제정책
경제 전체의 성과에 영향을 주기 위해 마련되는 정부의 행동

15.1 주요 거시경제 이슈

우리는 거시경제학을 국가경제의 성과에 대하여 그리고 그 성과를 높이는 경제정책들에 대하여 공부하는 학문으로 정의하였다. 이제 거시경제학자들이 연구하는 주요 경제 이슈들을 자세히 들여다보자.

15.1.1 경제성장과 생활수준

부유한 선진국들(미국, 캐나다, 일본, 서유럽 등)은 빈곤, 기아, 노숙자들의 문제로부터 완전히 자유로운 것은 아니지만 이러한 나라들의 평균적인 국민은 역사적으로 다른 시대나 다른 나라에 비하여 더 나은 생활수준을 누리고 있다. **생활수준**이란 그들의 삶을 더 쉽고, 건강하고, 안전하고, 즐겁게 해 주는 재화나 서비스에 접근할 수 있는 정도를 의미한다. 높은 생활수준을 가진 사람들은 양적으로 풍부하고 질적으로 우수한 소비재들을 소비한다: 스포츠형 다목적차량(SUV), 비디오카메라, 휴대전화기 등등.

생활수준
사람들이 삶을 더 편리하고 건강하고 안전하고 즐겁게 만들기 위해 재화와 서비스를 얻을 수 있는 정도

희소성

그러나 그들은 또한 긴 기대수명, 건강한 삶(고급 의료서비스, 양질의 영양, 좋은 공중위생의 결과), 높은 문자 해독률(높은 교육기회의 결과), 문화적 충족과 여가활동을 위한 많은 시간과 기회, 흥미가 있고 만족도가 높은 직업의 선택, 좋은 근로조건을 누리고 있다. 물론 **희소성의 원리**—부유한 국가의 시민들에게도 한 가지 재화를 더 가지는 것은 다른 것을 덜 갖게 된다는 것을 의미한다—는 항상 적용된다. 그렇지만 높은 소득수준은 낮은 소득수준의 경우에 비하여 이러한 선택을 훨씬 쉽게 만든다. 넓은 아파트와 좋은 차 사이에 선택하는 것은, 아주 빈곤한 국가들에서 사람들이 당면하는 어려운 선택문제인, 자식들을 적절히 먹이는 것과 학교에 보내는 것 사이에 선택하는 문제보다 훨씬 쉽다.

사람들은 때때로 그들의 생활수준을 당연한 것으로 여기거나 또는 하나의 "권리"로서 생각하기도 한다. 그러나 우리가 오늘날 살아가고 있는 방식은 과거 대부분의 역사 속에서 살아왔던 방식과는 매우 다르다. 현재 생활수준은, 경제가 생산할 수 있는 재화와 서비스의 양과 질에서의 지속적인 증가 과정을 일컫는 **경제성장**이 지속된 결과이다. 기본 논리는 단순하다: 더 많이 생산할수록 더 많이 소비할 수 있다. 경제 내의 모든 사람들이 경제성장의 과실을 동일하게 향유하는 것은 아니지만 대부분의 경우 경제성장은 평균적인 사람의 생활수준의 향상을 가져온다.

경제성장의 정도를 보여주는 그래프로서 **그림 15.1**에서는 한국 경제의 총생산이 1950년대 이후 얼마나 증가하였는지를 나타내고 있다. (여기에서 사용된 총생산의 지표인 실질 국내총생산은 다음 장에서 설명될 것이다) 총생산은 때때로 등락이 있었지만 전반적으로 상승추세를 보여주고 있다.

그림 15.1

한국 경제의 총생산, 1953~2018

한국 경제의 총생산은 1953년 보다 84배로, 1970년 보다 24배로 증가하였다.

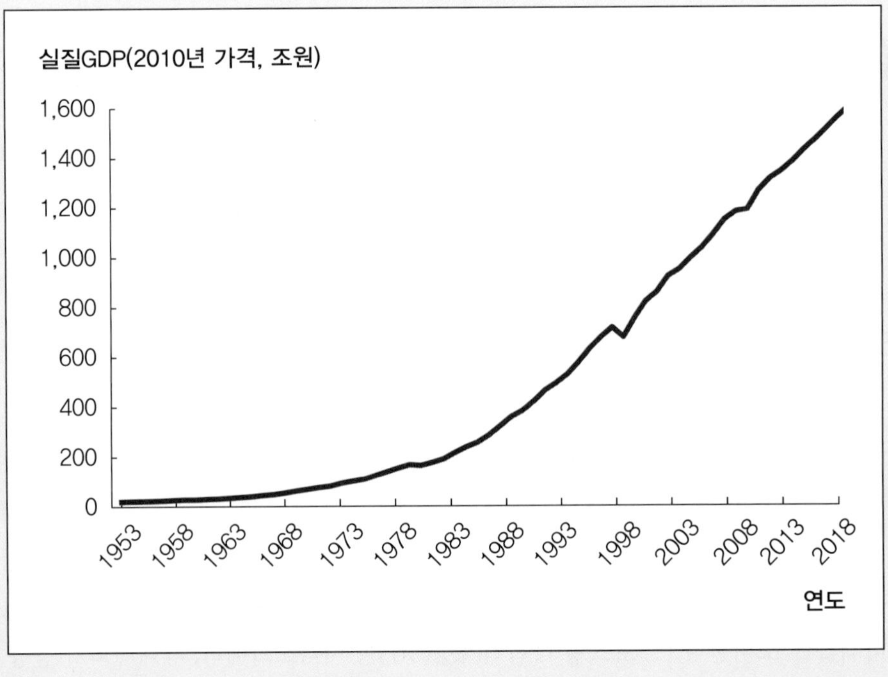

2018년 한국 경제의 총생산은 1953년 총생산의 84배, 1970년의 24배 수준으로 증가하였다. 이러한 괄목할 만한 경제성장의 요인은 무엇인가? 그 추세는 계속될 수 있는가? 계속되어야 하는가? 거시경제학자들은 이러한 질문들에 대답하려고 한다.

지난 반 세기 동안 한국 총생산의 증가에 대한 한 가지 이유는 인구 증가, 그에 따른 노동자 수의 급속한 증가였다. 인구가 증가하면 총생산이 증가하게 되는데 이것은 개개인의 생활수준의 상승과 동일하지는 않다. 증가한 총생산이 더 많은 재화와 서비스를 의미하기는 하지만 인구증가로 인해 더 많은 사람들이 그 재화와 서비스를 나누어 가져야 하기 때문이다. 인구는 시간에 따라서 변하기 때문에 총생산보다는 일인당 총생산이 평균 생활수준에 대한 더 나은 지표가 된다.

그림 15.2는 1950년대 이후 한국의 일인당 총생산(청색선)과 근로자 일인당 총생산(적색선)을 보여주고 있다. 인구 증가 때문에 일인당 총생산의 장기적인 증가는 **그림 15.1**에서의 총생산의 장기적 증가에 비하여 작다는 것에 유의하자. 그럼에도 불구하고 장기에 이루어진 증가는 여전히 놀랄만하다: 2018년 평균적인 한국인은 1953년의 평균적인 한국인에 비하여 25배가 넘는 재화와 서비스를 소비하고 있다. 최근 과학기술정보통신부의 인터넷 이용 실태조사에 따르면 한국 가계의 컴퓨터 보유율은 2012년 82%에서 2018년 72%로 하락하였지만 스마트폰 보유율은 2018년 95%에 달하였으며 인터넷 접속률은 99.5%로 나타났다. 이러한 재화와 서비스는 현재 거의 모든 사람들에게 이용가능하지만 10~20년 전만 하더라도 상상할 수 없었던 일이다.

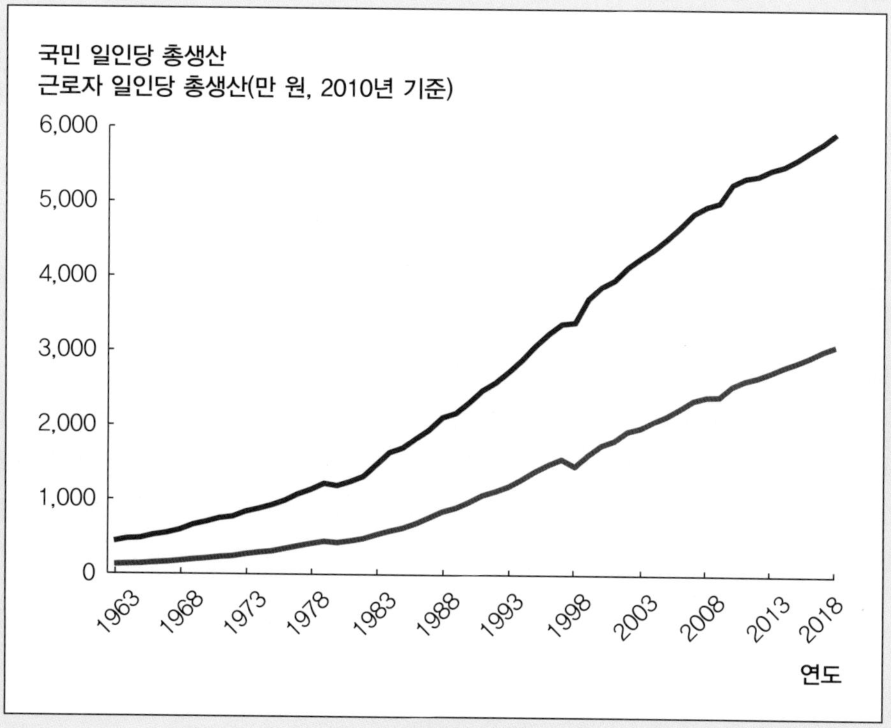

그림 15.2

한국의 일인당 총생산, 근로자 일인당 총생산, 1953~2018

적색선은 1963년 이후 한국 경제의 취업자 일인당 총생산, 청색선은 국민 일인당 총생산을 보여주고 있다. 두 지표 모두 크게 증가하여 1963년 대비 2018년 현재 국민 일인당 총생산은 거의 25배 이상으로, 근로자 일인당 총생산은 거의 14배로 증가하였다.

지난 반 세기 동안의 총생산의 증가가 소비재의 증가만을 의미한 것은 아니었다. 예를 들어, 1960년에는 25세 이상 한국 성인의 6%만이 고등학교를 마쳤고 겨우 1.2%만이 대학교를 졸업하였다. 2015년 인구총조사에 따르면 성인의 78%가 고등학교를 졸업하였고 48%가 대학 졸업장을 가지고 있다. 현재 고등학교 졸업생의 68%가 대학교에 진학하고 있다. 소득이 높아져서 나타나는 소득효과로 인해 젊은 사람들은 자신이나 가족을 부양하기 위하여 일하는 것보다 학업을 선택하였고 따라서 교육수준의 상승을 가져왔다.

15.1.2 생산성

일인당 총생산의 증가가 평균적인 사람이 **소비**할 수 있는 양의 변화와 밀접하게 관련되어 있지만 거시경제학자들은 또한 평균적인 근로자가 **생산**할 수 있는 양의 변화에도 관심이 있다. **그림 15.2**에서 적색선은 근로자 일인당 총생산(즉, 총생산을 근로자 수로 나눈 것)이 1963년 이후 어떻게 변화되었는지 보여준다. 2018년 한국의 근로자는 55년 전에 비해 훨씬 적은 시간을 일하고 있음에도 불구하고, 1963년의 평균적인 근로자가 생산한 재화와 서비스의 거의 14배를 생산할 수 있다는 것을 보여준다.

평균 노동생산성
취업자 일인당 총생산, 노동 한 단위당 생산량

고용된 근로자 일인당 총생산을 **평균 노동생산성**이라 부른다. **그림 15.2**가 보여주듯이 평균노동생산성과 일인당 총생산, 평균 생활수준은 밀접히 관련되어 있다. 우리가 이미 보았던 것처럼 더 많이 생산할수록 더 많이 소비할 수 있기 때문에 이러한 관계는 당연하다. 평균적인 생활수준과 밀접하게 관련되어 있는 평균노동생산성과 그것을 증가시키는 요인들은 거시경제학자들의 주요 관심사이다.

일인당 총생산에서의 장기적인 증가가 뚜렷하게 나타났지만, 그 증가율은 외환위기 이후 둔화되었다. 1963년과 1997년 사이에 한국 근로자의 일인당 총생산은 연평균 6% 증가하였다. 그러나 외환위기 이후 1998년에서 2018년 사이에 근로자 일인당 총생산의 연평균 증가율은 2.7%로 크게 낮아졌다. 글로벌 금융위기 이후에는 근로자 일인당 총생산의 평균증가율이 1.7%로 더 낮아졌다. 생산성 증가율이 둔화되면 생산성이 빠르게 증가하는 시기에 비해 재화와 서비스의 공급이 천천히 증가하기 때문에 생활수준의 개선이 느려진다. 따라서 생산성 둔화 또는 상승의 원인을 찾아내는 것은 거시경제학자들의 중요한 과제이다.

현재 한국의 생활수준은 과거보다 훨씬 높아졌을 뿐만 아니라 오늘날 많은 다른 나라보다도 높다. 왜 세계의 많은 나라들, 아시아, 아프리카, 남아메리카의 개발도상국들이나 사회주의에서 자본주의 경제로 전환한 동유럽 국가들은 선진국들과 같은 경제성장률을 기록하지 못했는가? 이러한 나라들에서 경제성장률을 어떻게 높일 수 있는가? 이러한 질문들 또한 거시경제학자들의 중요한 관심사이다.

생산성과 생활수준 예 15.1

미국과 중국의 생산성과 일인당 총생산

세계은행(http://data.worldbank.org)에 따르면 2015년 미국 경제의 총생산 가치는 $182억 1,900만이고, 같은 해 중국의 총생산 추정치는 $110억 1,500만이다. 2015년 미국과 중국의 인구는 각각 3억 2,100만 명과 13억 7,100만 명이며 취업자 수는 대략 1억 5,400만 명과 7억 7,200만 명이다. 한국의 경우 2015년 총생산 $13억 8,300만, 총인구 5,100만 명, 취업자수 2,600만 명이다.

2015년 미국, 중국, 한국의 일인당 총생산과 평균노동생산성을 구하여라. 이 결과로부터 두 나라 사이의 상대적인 생활수준에 대하여 무엇을 말할 수 있는가?

일인당 총생산은 단순히 총생산을 경제의 인구수로 나눈 것이며, 평균노동생산성은 총생산을 고용된 근로자수로 나눈 것이다. 2015년에 대하여 이 지표들을 계산해보면 다음과 같은 결과를 얻는다.

	미국	중국	한국
일인당 총생산	$56,803	$8,033	$27,105
평균노동생산성	$118,484	$14,276	$52,209

중국 총생산은 미국 총생산의 60%를 넘지만 중국의 일인당 총생산과 평균노동생산성은 각각 미국의 14%와 12%에 지나지 않는다. 따라서 중국 경제는 총생산의 측면에서 언젠가는 미국의 경쟁자가 되겠지만 생산성에 있어서는 당분간 큰 격차가 유지될 것이다. 이러한 생산성 차이는 두 나라 사이의 생활수준 —소비재, 의료서비스, 교통, 교육, 여러 가지 풍요로운 혜택에 대한 접근성 —에서의 엄청난 격차로 나타나고 있다. 참고로 한국의 일인당 총생산과 평균노동생산성은 각각 미국의 48%와 44% 수준이다.

15.1.3 경기확장과 경기침체

경제가 항상 꾸준히 증가하는 것은 아니다; 때때로 경제는 비정상적인 강세나 또는 약세의 기간을 경험한다. **그림 15.1**을 보면 총생산은 일반적으로 시간에 따라 증가하지만 항상 부드럽게 증가하는 것은 아니다. 1980년 유가충격 기간과 1998년 외환위기 기간에 총생산에서의 감소가 매우 두드러진다. 그림은 또한 총생산에서의 여러 차례의 작은 변동들을 포함하고 있다.

경제성장의 둔화는 **경기침체**(recessions)라고 부른다; 특히 1997년 말에 시작된 것과 같은 매우 심한 경기둔화는 **불황**(depressions)이라고 한다. 한국에서 주요 경기침체는 1979~1980년, 1996~1998년, 2008~2009년에 발생하였다(**그림 15.1**에서 찾아보라). 최근의 작은 경기둔화는 2000~2001년, 2002~2005년, 2011~2013년에 발생하였다. 경기침체기간에는 경제적 기회가 감소한다: 일자리를 찾기 어려워지고, 취업자들도 임금이 인상되기 어려우며, 이윤은 낮아지고, 많은 기업들이 폐업을 한다. 경기침체가 발생하면 사람들이 일자리를 잃고 새로운 직장을 찾기 어려워지며 경제적으로 곤란해지는 사람들이 많아진다.

때때로 경제는 비정상적으로 빠르게 성장한다. 경제성장이 빨리 이루어지는 시기를 **경기확장**(expansions)이라고 부르며 특히 강한 경기확장은 **호황**(booms)이라 부른다. 경기확장 기간에는 직장을 구하기가 쉽고 많은 사람들이 임금인상이나 승진을 하며 대부분의 사업들이 번성한다.

경기침체와 경기확장의 순환은 거시경제학자들에게 중요한 질문들을 제기한다. 경제성장률에서의 단기적 변동의 원인은 무엇인가? 정부의 정책당국자들이 이에 대하여 어떤 일을 할 수 있는가? 그런 시도를 해야 하는가?

15.1.4 실업

실업률은 고용되기를 원하지만 일자리를 찾지 못한 사람들의 비율을 가리키며, 노동시장의 상태에 대한 중요한 지표이다. 실업률이 높을 때 일자리를 찾기 어렵고 직장을 가지고 있는 사람들도 승진이나 임금인상을 이루기가 더 어려워진다.

그림 15.3은 1963년 이래로 한국의 실업률을 보여주고 있다. 실업은 경기침체기에 증가한다—1998년 외환위기 기간 실업률의 급격한 상승과 1980년 경기침체기의 실업의 증가를 주목하라. 그러나 1980년대와 1990년대의 호경기에서도 실업자들이 존

그림 15.3

한국의 실업률, 1963~2018
실업률은 경제활동인구 중 일자리를 갖지 못한 사람의 비율이다. 실업률은 경기침체와 불황기에 상승하고 경기확장기에 하락한다. 실업률은 호경기일 때에도 항상 0보다 높다.

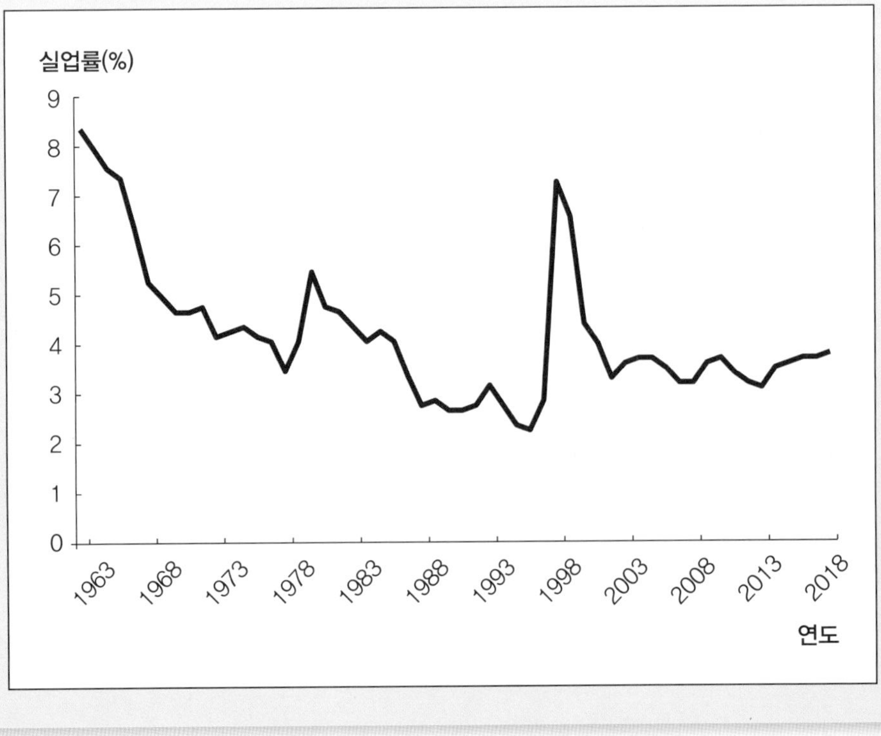

재한다. 왜 실업률은 경기침체기에 급격히 상승하는가? 그리고 왜 호황기에서도 실업자는 항상 존재하는가?

실업과 경기침체

예 15.2

미국 실업률에 대한 월별 자료를 이용하여 1973년 11월, 1980년 1월, 2001년 1월, 2007년 12월 경기침체의 시작과 그 이후 실업률의 최고치를 비교하여 실업률 상승폭을 계산해보자. 대공황 시기의 실업률 상승과 비교해 보라.

실업률은 한국에서는 통계청(kosis.kr), 미국에서는 노동통계국(Bureau of Labor Statistics; BLS, www.bls.gov/bls/unemployment.htm)에서 집계한다. 미국의 경우 책으로 출간된 자료는 *Survey of Current Business, Federal Reserve Bulletin, Economic Indicators* 등이 있다. BLS 홈페이지로부터 월별자료를 구하면 경기침체 기간의 실업률을 다음과 같이 비교할 수 있다.

경기침체 시작점의 실업률(%)	최고 실업률(%)	실업률 상승폭(%p)
4.8 (1973년 11월)	9.0(1975년 5월)	+4.2
6.3 (1980년 1월)	10.8(1982년 11/12월)	+4.5
5.5 (1990년 7월)	7.8(1992년 6월)	+2.3
4.1 (2001년 1월)	6.3(2003년 6월)	+2.2
5.0 (2007년 12월)	10.0(2009년 10월)	+5.0

1990년과 2001년 경기침체가 노동시장에 미친 충격은 1973, 1980, 2007년의 경기침체에 비해 분명히 작은 것으로 나타나기는 했지만, 각 경기침체 기간이 시작되고 나서 실업률은 크게 상승하였다. (실제로 1980년 경기침체는 "이중침체(double-dip)"–1980년에 짧은 경기침체 이후 1981~1982년의 좀더 긴 경기침체가 뒤따랐다.) 대공황기와 비교해 보면, 대공황기간에 실업률은 1929년 약 3%에서 1933년 약 25%로 상승하였다. 분명히 대공황기간 동안 미국이 경험한 실업률의 상승폭, 22% 포인트는 다른 네 번의 경우에 비해 크기에서 압도적이다.

거시경제학자들이 관심을 두고 있는 질문은 왜 실업률이 나라마다 매우 큰 차이를 보이는가 하는 점이다. 1980년대와 1990년대 서유럽 국가들의 실업률은 "두 자리 수"를 자주 기록하였다. 이 기간 동안 평균적으로 유럽의 실업률은 10%를 넘었으며 이는 미국 실업률의 거의 두 배에 해당한다. 1950년대와 1960년대에 유럽의 실업률은 일반적으로 미국의 실업률보다 오히려 낮았었기 때문에 이러한 높은 실업률은 특히 놀라운 변화이다. 글로벌 금융위기 이후 2010년에서 2016년 사이에 유로지역의 실업률은 두 자리 숫자에 가깝거나 두 자리 숫자를 기록하였으며 유로 단일통화지역 내에서도 나라별로 큰 차이를 보였다. 여러 나라들에서 관찰되는 실업률의 국가간 차이는 무엇으로 설명될 수 있는가? 실업률의 측정은 다음 장에서 논의된다.

✔ 개념체크 15.1

프랑스, 독일, 영국의 가장 최근의 실업률을 조사하고 미국, 한국, 일본의 가장 최근의 실업률과 비교하라. 유용한 출처는 OECD 홈페이지(http://www.oecd.org)이다. 또한 OECD의 출판물 *Main Economic Indicators*를 참조하라. 미국의 실업률은 유럽보다 여전히 낮은가? 한국 및 일본과의 비교는 어떠한가?

15.1.5 인플레이션

또 하나의 중요한 경제통계는 인플레이션율로서 일반 물가가 시간에 따라 증가하는 비율이다. 다음 장, "물가수준과 인플레이션의 측정"에서 분석하겠지만 인플레이션은 경제에 여러 가지 비용을 발생시킨다. 그리고 인플레이션이 높을 때, 매달 일정 금액을 받는 연금생활자와 같은 고정된 소득을 가진 사람들은 생활비 상승을 쫓아갈 수 없다.

최근 수년 동안 한국의 인플레이션은 상대적으로 낮았으나 항상 그러한 것은 아니었다(**그림 15.4**에서 1966년 이후의 한국 인플레이션에 관한 자료를 보라). 1970년대에는 인플레이션이 중요한 문제였다; 실제로 많은 사람들은 설문조사에서 인플레이션이 "제1의 공공의 적"이라고 하였다. 왜 1970년대에는 인플레이션이 높았으며 현재는

그림 15.4

한국의 인플레이션율, 1966~2018

한국의 인플레이션율은 시간에 따라 변동하였는데 1970년대에는 매우 높았으며 최근에는 크게 낮아졌다.

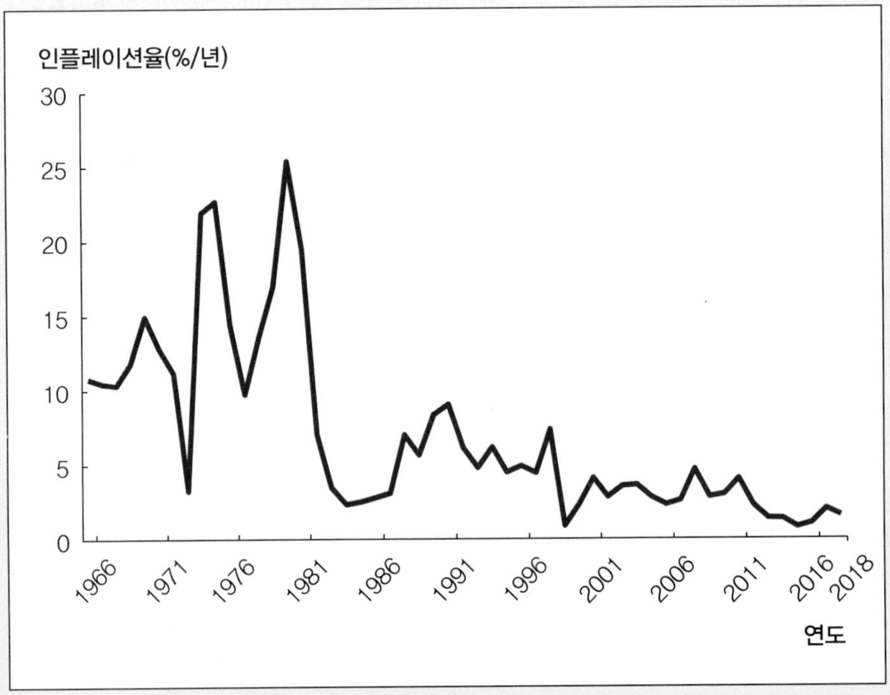

크게 낮아졌는가? 이러한 변화가 일반 사람들에게 어떤 차이를 만들어 내는가?

실업률이 그러하였듯이 인플레이션율도 나라마다 매우 다르다. 예를 들어, 1990년대 미국의 인플레이션율은 평균적으로 약 3%였으나 우크라이나는 1990년대 전체 10년 동안 연평균 400%가 넘는 인플레이션을 기록하였다. 미국의 인플레이션율이 4%보다 낮았던 2008년, 짐바브웨의 인플레이션율은 수억 퍼센트에서 수십억 퍼센트를 기록하였다! 나라마다 이렇게 인플레이션율이 큰 차이를 보이는 이유는 무엇인가?

인플레이션과 실업률은 자주 정책토론의 주제가 되어 왔다. 이러한 두 지표의 연결고리는, 높은 인플레이션을 감수할 수 있다면 실업률을 낮출 수 있으며, 인플레이션율을 낮추기 위해서는 실업률이 높아지는 것을 감수할 수밖에 없다는 주장에서 자주 등장한다. 정부는 실업률을 낮추기 위하여 더 높은 인플레이션율을 감수해야 하는가?

15.1.6 국가 간 경제적 상호의존성

국가 경제들은 독립적으로 존재하지 않으며 상호 의존성이 심화되고 있다. 미국은 매우 다양한 재화와 서비스를 대량으로 생산하고 있어 세계에서 가장 자급자족적인 경제 중의 하나이다. 그렇지만 미국은 2016년 국내에서 생산한 재화와 서비스의 약 12%를 수출하였으며 미국인이 사용하는 재화와 서비스의 15%를 외국으로부터 수입하였다. 50년 전인 1966년 이 숫자들은 5% 미만이었다. 한국 경제는 대외 경제에 훨씬 더 의존적이다. 2018년 한국은 국내에서 생산된 재화와 서비스의 약 42%를 수출하였고 한국인이 사용하는 재화와 서비스의 37%를 외국으로부터 수입하였다.

때때로 재화와 서비스의 국제적 교역은 정치적, 경제적 우려가 되기도 한다. 예를 들어, 일부 정치인들은 저가 수입 제품으로 말미암아 농가 및 제조업의 일자리가 위협을 받는다고 주장한다. 국가간 재화와 서비스의 교역에 관세를 부과하지 않고 무역장벽을 없애기로 동의하는 자유무역협정은 좋은 것인가 나쁜 것인가?

이와 관련된 한 가지 이슈는, 한 나라가 해외로 판매하는 재화와 서비스의 양(수출)과 그 나라의 국민이 해외로부터 구입하는 재화와 서비스의 양(수입)이 큰 차이를 보일 때 발생하는 무역 불균형 현상이다. **그림 15.5**는 1953년 이후 한국의 수출과 수입을 총생산 (GDP)에 대한 비율로 표시하여 보여주고 있다. 1980년대 이전에는 일반적으로 한국의 수입은 수출보다 많아 무역적자를 기록하였다. 그러나, 1980년대 중반 이후로 한국의 수출이 수입을 초과하여 무역흑자가 지속적으로 발생하고 있다. 미국의 경우 1970년대 이전에는 무역흑자를 보였지만 그 이후로는 만성적인 무역적자국이다. 다른 나라들 중에서 일본이나 중국은 수입보다 수출이 훨씬 많아 무역흑자를 나타내고 있다. 무역적자와 흑자의 원인은 무엇인가? 이것은 경제에 해로운가 아니면 도움이 되는가?

그림 15.5

한국의 총생산 대비 수출, 수입 비중, 1953~2018

적색선은 한국의 총생산 대비 재화와 서비스 수출 비중이며 청색선은 수입 비중이다. 1980년대 초반까지 한국의 수입은 수출을 초과하여 무역적자를 기록하였으나 그 이후에는 수출이 수입을 초과하여 흑자를 나타내고 있다.

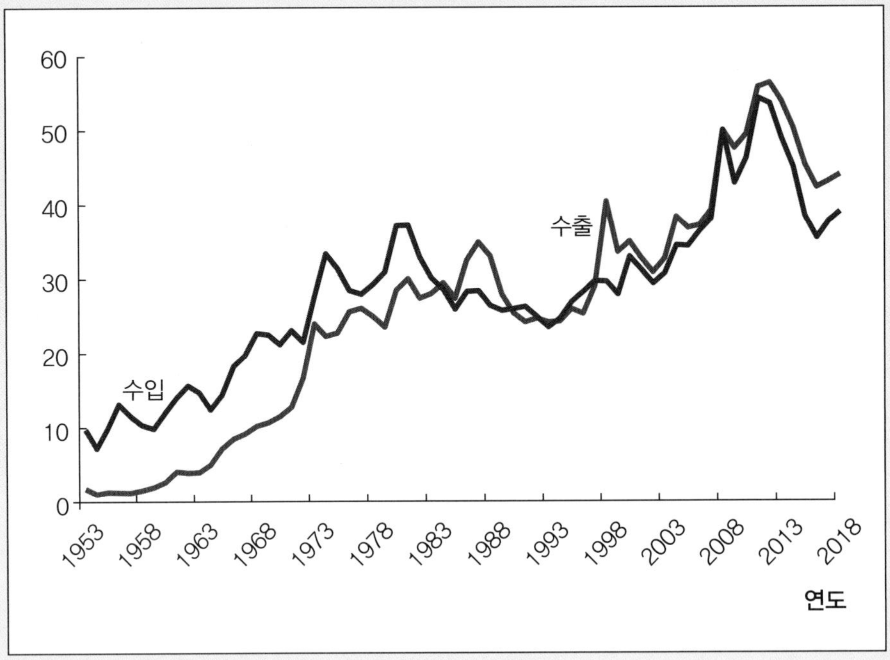

요약 주요 거시경제 이슈

- **경제성장과 생활수준:** 지난 세기 동안 산업화된 국가들은 괄목할 만한 경제성장과 생활수준의 개선을 경험하였다. 거시경제학자들은 이러한 높은 성장의 요인에 대하여 연구하고 왜 경제성장률이 나라마다 큰 차이가 있는지 이해하려고 한다.
- **생산성:** 평균노동생산성, 즉 근로자 일인당 총생산은 생활수준의 중요한 결정요인이다. 거시경제학자들은 생산성 증가율을 둔화시키거나 높아지게 하는 원인이 무엇인지 질문을 던진다.
- **경기침체와 경기확장:** 경제는 낮은 성장률(경기침체)과 빠른 경제성장(경기확장)을 경험한다. 거시경제학자들은 이러한 경기변동의 요인과 경기변동을 감소시키려는 정부의 정책에 대하여 연구한다.
- **실업:** 실업률은 고용되기를 원하는 사람들 중에서 일자리를 찾지 못한 사람들의 비율을 말한다. 실업률은 경기침체기에 상승하지만 호경기에서도 항상 실업자들이 존재한다. 거시경제학자들은 실업의 원인과 실업률이 나라마다 크게 다른 이유를 연구한다.
- **인플레이션:** 인플레이션율은 일반적인 물가들이 시간이 지남에 따라 상승하는 비율이다. 거시경제학자들이 인플레이션에 대하여 갖는 질문들은 다음과 같다. 왜 인플레이션은 시기에 따라, 나라에 따라 다른가? 인플레이션을 낮추려면 실업률의 증가를 수반할 수밖에 없는가?
- **국가들 사이의 경제적 상호의존성:** 현대의 국가 경제들은 상호 긴밀히 연관되어 있다. 거시경제학자들이 연구하는 관련된 이슈들에는 자유무역협정의 장·단점과 무역 불균형의 원인 및 효과 등이 포함된다.

15.2 거시경제정책

거시경제학자들은 왜 여러 나라의 경제가 서로 다른 성과를 내고 있는지, 왜 경제가 어떤 시기에는 좋은 성과를 내고 다른 시기에는 나쁜 성과를 내는지에 관심이 있다. 많은 요소들이 경제적 성과에 영향을 주지만 정부의 정책은 가장 중요한 요소 중 하나이다. 여러 가지 정책의 효과를 이해하고 정부 당국자들이 더 나은 정책을 개발하도록 돕는 것은 거시경제학자들의 중요한 목표이다.

15.2.1 거시경제정책의 종류

거시경제정책이란, 특정한 재화나 서비스 시장에 대한 것이 아니고, 전체로서의 경제의 성과에 영향을 주는 정부의 정책들이라고 정의한 바 있다. 거시경제정책은 통화정책, 재정정책, 구조정책의 세 가지로 크게 분류할 수 있다.

통화정책이라는 용어는 경제의 통화량을 결정하는 정책을 일컫는다. (지폐나 동전이 화폐의 기본적 형태이지만 현대 경제에서는 다른 형태의 화폐도 존재한다.) 대부분의 경제학자들은 국민총생산, 고용, 이자율, 인플레이션, 주식가격, 환율 등과 함께, 화폐공급의 변화는 중요한 거시경제 변수라는 데에 동의한다. 거의 모든 나라에서 통화정책은 중앙은행이라 불리는 정부 기관이 수행한다. 미국의 중앙은행은 Fed라고 불리는 연방준비제도이며, 한국의 중앙은행은 한국은행이다.

통화정책
한 나라의 통화공급을 결정하는 정책

재정정책은 정부지출의 양과 구성, 정부의 수입을 포함하는 정부의 예산을 결정하는 의사결정을 일컫는다. 정부의 지출과 조세 사이의 균형은 재정정책의 중요한 측면이다. 정부가 조세로 거두어들이는 것보다 더 많이 지출할 때 정부는 적자를 기록하게 되며, 정부가 덜 쓸 때에는 정부의 예산은 흑자가 된다. 경제학자들은 통화정책과 함께 재정정책도 경제의 전반적인 성과에 중요한 효과를 미친다는 데에 일반적으로 동의한다. 예를 들어, 많은 경제학자들은 1980년대 미국 연방정부의 대규모 적자는 국가경제에 해가 되었다고 믿는다. 동일한 논리로, 1990년대의 연방 예산의 균형은 견실한 미국 경제의 성과에 기여하였다고 생각한다. 최근에 연방정부 예산은 다시 적자로 돌아섰다.

재정정책
정부지출과 정부수입의 액수와 구성을 포함하는 정부의 예산을 결정하는 정책

재정정책은 때때로 장기적인 정책과 관련되어 있다. 예를 들어, 은퇴자들에게 소득 보조나 의료 지원을 제공하는 사회보장 및 의료시스템은, 은퇴까지는 수십 년 남아있는 현재의 젊은 세대에 대하여, 그들이 은퇴하였을 때 약속을 지켜야 하는 문제에 당면해 있다. 이러한 프로그램에 대한 현재의 개혁안은 종종 75년 이상의 기간에 대한 수입과 지급을 추정하여 수립된다.

끝으로 **구조정책**은 국가 경제의 기반 구조와 제도를 변화시키는 목적의 정부정책이다. 구조정책은 전체 경제구조의 작은 개선에서부터 광범위한 정비에 이르기까지 여러 가지 형태로 나타난다. 과거 공산주의 국가였던 폴란드, 체코, 헝가리 등의 나라에서 시행된 정부통제적인 경제체제에서 시장경제체제로의 전환은 대규모 구조정책의

구조정책
한 나라 경제의 구조와 제도들을 변화시키는 목적을 가진 정부의 정책

예이다. 많은 개발도상국들도 유사한 구조개혁을 시도하고 있다. 구조정책의 지지자들은 경제의 기본적인 속성을 바꾸고 제도들을 개혁함으로써, 경제성장을 높이고 생활수준을 향상시킬 수 있을 것으로 기대한다.

✔ 개념체크 15.2

국회 예산정책처는 한국 정부의 적자와 흑자를 추정하는 일을 담당하는 정부기관이다. 국회 예산정책처의 홈페이지(www.nabo.go.kr)에서 한국 중앙정부의 적자와 흑자의 가장 최근 값과 향후 5년간의 국회 예산정책처의 추정값을 "중기재정전망"으로부터 찾아라. 이러한 추정이 조세와 정부지출에 대한 국회의 심의에 어떤 영향을 줄 것으로 생각하는가?

15.2.2 거시경제정책의 실증적 측면과 규범적 측면

거시경제학자들은 경제정책의 효과를 분석해 달라는 요청을 자주 받는다. 예를 들어, 국회가 조세감면에 대하여 논의하고 있을 때 국회 예산정책처나 기획재정부의 경제학자들은 특정한 산업, 지역, 소득계층에 대한 조세감면의 효과뿐만 아니라 경제 전체에 대한 효과에 대한 분석을 요구받는다. 특정한 정책의 경제적 결과를 예상하고 해석하려는 데 목적을 두고 있는 객관적 분석을—그러한 결과들이 바람직한 것인가에 대한 것이 아닌—**실증적 분석**(positive analysis)이라고 부른다. 반면에, **규범적 분석**(normative analysis)은 특정한 정책이 실행되어야만 하는가에 대한 의사결정을 포함한다. 실증적 분석이 객관적이고 과학적이라면, 규범적 분석은 분석을 행하는 사람이나 기관의 가치관—보수, 진보, 또는 중도—을 포함하게 된다.

실증적 분석(positive analysis) 어떤 사건이나 정책의 경제적 결과가 바람직한지에 대한 분석이 아니라 그 경제적 결과 자체에 대한 분석

규범적 분석(normative analysis) 특정한 정책이 실행되어야만 하는가에 대한 판단으로서 분석을 행하는 사람의 가치가 필수적으로 개입된다.

다른 학문 분야의 학자들은 경제학자들이 자기들 사이에서도 서로 합의를 하지 못한다고 자주 놀리지만 경제학자들이 동의하지 못하는 경향이 있다는 말은 과장된 것이다. 경제학자들이 동의를 못하는 경우는 논쟁의 중심이 실증적 분석(경제에 대한 객관적 지식을 반영하는)보다는 규범적 판단(경제학자들의 개인적인 가치관과 관련된)의 영역에 있을 때이다. 예를 들어, 진보 경제학자와 보수 경제학자는 어떤 조세감면이 상대적으로 부유한 사람들의 소득을 증가시킬 것이라는 점에는 동의한다(실증적 분석). 그러나 그들은 부유한 사람들이 세금 감면을 받아야 되는지에 대한 개인적인 견해가 다르기 때문에(규범적 분석) 그 정책이 입안되어야 하는가에 대하여는 의견 일치를 이루기가 어려울 것이다.

경제 이슈들에 대한 논쟁에 대하여 읽거나 들을 기회가 있을 때, 두 입장의 차이가 실증적인 것인지 규범적인 것인지에 대하여 판단해 보도록 하자. 논쟁의 초점이 논의되고 있는 사건이나 정책의 경제적 효과에 있다면 의견의 불일치는 실증적인 이슈이다. 그러나 주요 질문이 경제적 효과들의 바람직함에 대한 의견의 차이와 관련되었다면 논쟁은 규범적인 것이다. 객관적인 경제학 연구는 실증적 이슈들에 대한 견해 차이를 해소하는 데 도움을 줄 수 있기 때문에 실증적 분석과 규범적 분석의 구별은 중요하

다. 그러나 사람들이 규범적 이유 때문에 견해가 다르다면 경제적 분석의 유용성은 적어진다.

✔ 개념체크 15.3

다음 주장 중에서 어느 것이 실증적 주장이고 어느 것이 규범적 주장인가? 어떻게 구별할 수 있는가?

a. 세금 인상은 이자율을 낮출 가능성이 있다.
b. 국회는 비정상적으로 높은 이자율을 낮추기 위해 세금을 인상해야 한다.
c. 세금인상의 대부분의 부담이 $10만 이상 소득자에게 떨어진다면 세금 인상은 받아들여질 수 있을 것이다.
d. 높은 관세(수입에 대한 세금)는 국내 일자리를 보호하기 위하여 필요하다.
e. 수입 철강에 대한 관세의 증가는 미국 국내 철강산업 근로자의 고용을 증가시킬 것이다.

요약 거시경제정책

거시경제정책들은 경제 전체의 성과에 영향을 준다. 거시경제정책의 세 가지는 통화정책, 재정정책, 구조정책이다. 미국에서는 연방준비제도의 통제하에 있는 통화정책은 경제의 통화공급을 결정하게 된다. 재정정책은 정부의 지출과 조세 수입을 포함하는 정부의 예산에 대한 결정을 포함한다. 구조정책은 경제의 기반이 되는 구조와 제도들을 변화시키는 정부의 행동을 일컫는다. 구조정책은 경제시스템의 작은 변화에서부터 과거 공산주의 나라들이 시장중심 체제로 전환하는 것과 같은 대규모의 총체적 개혁에 이르기까지 다양하다.

제안된 정책의 분석은 실증적이거나 또는 규범적일 수 있다. 실증적 분석은 정책의 경제적 결과를 다루고 그러한 결과가 바람직한가는 다루지 않는다. 규범적 분석은 제안된 정책이 사용되어야 하는가의 질문을 다룬다. 규범적 결론에 대한 논쟁은 개인적 가치관을 포함하게 되며 일반적으로 객관적인 경제적 분석만으로 해결되지 않는다.

15.3 집계

제1장에서 우리는 국가 경제를 연구하는 거시경제학과 가계, 기업과 같은 개별 경제주체와 특정한 재화와 서비스의 시장을 연구하는 미시경제학 사이의 차이를 논의하였다. 두 분야의 주요한 차이점은 관점이다: 거시경제학자들은 경제의 "조감도"를 보며 전체 시스템이 어떻게 작동하는지를 이해하기 위하여 세부적인 것들은 무시한다. 반면에 미시경제학자들은 개별 가계, 기업, 시장의 경제적 행태를 "기초 단계"에서 분석한다. 두 관점 모두 경제가 어떻게 작동하는지를 이해하기 위하여 유용하고 또한 필요하다.

거시경제학과 미시경제학이 경제에 대하여 다른 관점을 취하더라도 분석의 기본 도구는 매우 유사하다. 향후 여러 장들에서, 미시경제학자들이 경제적 행동을 이해하고 예측하기 위하여 사용했던 동일한 핵심원리를 거시경제학자들도 적용하고 있는 것을 발견하게 될 것이다. 국가 경제는 가계나 대기업보다 훨씬 더 큰 경제단위이지만 개별 의사결정 주체들의 선택과 행동이 궁극적으로 경제전체의 성과를 결정하게 된다. 예를 들어, 국가 경제 수준에서의 저축 행위를 이해하기 위하여 거시경제학자는 먼저 개별 가계가 저축하는 동기를 생각하여야 한다.

✔ 개념체크 15.4

다음 질문들을 거시경제학의 연구 주제와 미시경제학의 연구 주제로 분류하고 그렇게 분류한 이유를 설명하라.

a. 정부구매의 증가는 실업률을 낮추는가?
b. 마이크로소프트사가 소프트웨어 산업에서 시장지배력을 가진 것은 소비자들에게 해가 되는가?
c. 학교인증제는 교육의 질을 향상시킬 것인가? (미국 학교인증제하에서 부모들은 일정 금액의 정부보조금을 받아 사립 또는 공립학교에 관계없이 자녀들을 학교에 보내는 데 사용할 수 있다.)
d. 정부의 정책결정자들은 인플레이션을 더 낮추는 데 목표를 두어야 하는가 ?
e. 왜 한국 가계의 평균 저축률은 외환위기 이후 낮아졌는가?
f. 인터넷에서 판매되는 소비재의 종류가 증가하면 전통적인 소매상의 이윤이 감소되는가?

거시경제학자들은 개별 경제적 의사결정을 이해하고 예측하기 위하여 경제학의 핵심원리들을 사용하지만, 수백만의 개별 의사결정을 경제전체의 행태로 관련시키는 방법이 필요하다. 개별 행동을 국가의 경제적 성과에 연결하기 위해 사용하는 중요한 도구는 경제전체의 총합을 얻기 위하여 개별 경제변수들을 합하는 과정인 **집계**이다.

집계
경제전체의 총합을 얻기 위해 개별 경제변수를 합하는 과정

예를 들어, 거시경제학자들은 소비자들이 펩시를 마시든지 또는 코카콜라를 마시든지, 극장에 가든지 HD 비디오를 다운로드 하든지, 지붕을 열 수 있는 컨버터블 자동차를 몰든지 스포츠 유틸리티 차량(SUV)을 몰든지 신경 쓰지 않는다. 이러한 개별 경제적 의사결정들은 미시경제학의 범주이다. 대신에 거시경제학자들은, 집계 또는 총소비지출을 얻기 위하여 모든 재화와 서비스에 대한 소비지출을 합한다. 동일한 논리로 거시경제학자는 배관공의 임금과 전기기사의 임금에 초점을 두지 않고 대신 모든 근로자의 평균임금에 관심을 둔다. 총소비지출, 평균임금과 같은 집계변수들에 초점을 맞춤으로써 거시경제학자들은 현대경제의 복잡한 세부사항을 생략하고 경제 전반의 추세를 본다.

예 15.3 집계(1): 국가 범죄지수

미국의 범죄 문제는 더 나아지고 있는가 더 악화되고 있는가?

집계가 필요한 이유뿐만 아니라 집계와 관련된 문제의 예를 들기 위해 완전히 경제적인 이슈는 아니지만 '범죄'를 생각해보자. 정책결정자들은 일반적으로 미국에서 범죄 문제가 악화되고 있

는가 아니면 개선되고 있는가를 알고 싶다고 가정하자. 범죄 분석가는 그러한 문제에 대한 대답을 어떻게 얻을 수 있는가?

경찰은 관할구역에서 보고된 범죄의 상세한 기록들을 보관하고 있어 원론상으로는 연구자가 지난해에 뉴욕시 지하철에서 발생한 지갑 소매치기 건수를 정확히 알아낼 수 있다. 그러나 각 관할구역에서 발생한 각종 범죄에 대한 모든 자료를 출력하면 엄청난 양이 될 것이다. 국가 전체의 추세를 알아보기 위해 모든 범죄 자료를 더하거나 집계하는 방법이 있는가?

FBI와 같은 법률 집행 기관들은 보통 인구 10만명당 "중대한" 범죄의 건수로서 표시되는 국가 전체의 범죄율을 얻기 위하여 집계를 이용한다. 예를 들면, FBI는 2015년에 미국에서 920만건의 중범죄(강력범죄와 재산범죄)가 발생하였다고 발표했다(http://www.fbi.gov). 범죄건수를 2015년 미국의 인구, 약 3억 2,100만으로 나누고 10만을 곱하면 인구 10만명당 약 2,860 건수를 얻게 되는데 이것이 2015년의 범죄율이다. 이 숫자는 인구 10만명당 거의 4,100건수였던 2000년의 범죄율에서 크게 감소한 것으로 나타났다. 따라서 집계(많은 다른 범죄를 더하여 국가 전체의 지수로 만든 것)는 일반적으로 미국의 중범죄가 2000년과 2015년 사이에 감소했다는 것을 보여준다.

범죄 통계의 집계가 "큰 그림"을 보여 주지만, 중요한 세부사항들은 가려지게 된다. FBI 범죄지수는 사소한 절도와 같은 상대적으로 경미한 범죄를 살인과 성폭행 같은 매우 중대한 범죄와 한 묶음으로 총괄하여 말한다. 대부분의 사람들은 살인과 성폭행은 절도보다 훨씬 더 많은 피해를 준다는데 동의할 것이기 때문에 이러한 두 가지의 매우 다른 종류의 범죄를 더하는 것은 미국의 범죄에 대한 잘못된 생각을 갖게 할 수 있다. 예를 들어, 미국의 범죄율은 2000년과 2015년 사이에 30% 하락하였지만 살인범죄율은 12% 보다 적게 감소하였다. 살인은 가장 중대한 범죄이기 때문에 2000년과 2015년 사이에 집계변수인 범죄율의 변화로만 범죄문제의 변화를 평가하면 범죄문제의 개선을 과대 평가하게 된다. 집계된 범죄율은 범죄의 대폭적인 감소가 도시지역에서 나타났다는 사실과 같은 중요한 세부내용을 숨기게 된다. 이러한 세부내용의 생략은 집계 과정에서 치르는 비용이며, 분석가들이 전반적인 경제적 · 사회적 추세를 보기 위해 지불하는 가격이다.

집계(2): 미국 수출 　　예 15.4

캔사스의 곡물 수출과 할리우드 영화를 어떻게 합할 수 있는가?

미국은 매우 다양한 재화와 서비스를 많은 나라들에게 수출한다. 캔사스 농부는 러시아에 곡물을 팔고 실리콘밸리 프로그래머는 프랑스에 소프트웨어를 팔며, 할리우드 영화사들은 전 세계에 영화를 판매 배급한다. 거시경제학자들이 세계의 다양한 지역에 판매된 미국산 제품의 총량을 비교하기를 원한다고 가정하자. 그러한 비교를 어떻게 할 수 있는가?

경제학자들은 부쉘 단위의 곡물, 프로그램 코드의 라인 수, 판매된 영화 티켓을 더하지 않는다—비교가능한 단위가 아니다. 대신에 각각의 달러 가치-외국으로의 곡물판매로부터의 농부가 벌어들인 수입, 수출된 소프트웨어로부터 프로그래머들이 받은 저작권사용료, 외국에서 상영된 영화로부터 거두어들인 영화사의 수입—를 더할 수 있다. 특정한 해에 유럽, 아시아, 아프리카 등 여러 지역에 대한 미국 수출의 달러가치를 비교함으로써 경제학자들은 미국산 제품에 대하여 어느 지역이 가장 큰 소비자인지 판단할 수 있다.

요약 집계

국가 경제를 연구하는 거시경제학은 가계, 기업과 같은 개별 경제주체와 특정한 재화와 서비스에 대한 시장을 연구하는 미시경제학과 다르다. 거시경제학자들은 경제의 "조감도"를 탐구한다. 경제를 전체로서 이해하기 위하여 거시경제학자들은 개별 경제변수들을 더하여 경제전체의 총합을 얻는 집계의 방법을 자주 사용한다. 예를 들어, 거시경제학자들은 특정한 재화의 수출을 결정하는 요소들보다 총수출액의 결정요인에 대하여 더 관심을 가지고 있다. 집계를 통한 분석은 경제의 세부사항들이 생략되어 가려져 있다는 문제점이 있다.

15.4 거시경제학 탐구: (미리) 살펴보기

이 장에서는 주요 거시경제 이슈들을 소개하였다. 이후 이어지는 장들에서 이들 이슈들 각각을 상세히 고찰할 것이다. 먼저 16, 17장에서는 경제활동의 수준, 실업의 정도, 인플레이션율 등을 포함하여 경제성과를 측정하는 문제를 다룬다. 경제에 대하여 수량적으로 측정하는 것은, 이 장에서 제시된 기본적인 거시경제 질문에 답하기 위해 시작하는 중요한 첫 번째 단계이다.

다음으로 비교적 장기간 동안의 경제적 행태에 대하여 공부할 것이다. 먼저 장기에서의 경제성장과 평균적인 생활수준의 기본적인 결정요인인 생산성 상승을 고찰한다. 다음으로 고용, 실업, 임금의 장기적 결정에 대하여 논의하는 한편, 저축에 대한 의사결정 및 공장, 기계와 같은 새로운 자본재의 창출에 대한 저축의 역할에 대하여 공부한다. 경제에서의 화폐의 역할과 인플레이션율과의 관계를 다루며 중앙은행을 소개하고 한국은행의 정책수단에 대하여 논의한다. 국내 금융시장 및 국제 금융시장을 알아보고 저축을 생산적 사용처에 배분하는 금융시장의 역할, 특히 국제적 자본이동에서의 금융시장의 역할을 살펴본다.

유명한 영국 경제학자인 케인즈(John Maynard Keynes)는 "장기에서는 우리 모두가 죽는다"라고 말하였다. 케인즈의 주장은 당시의 경제학자들이 "장기에서는" 자유시장의 작동이 항상 경제적 안정성을 회복시킬 것이라는 믿음으로 단기 경제문제들을 경시하는 경향에 대하여 풍자하는 말이었다. 대공황기간에 왕성하게 활동하였고 영향력이 있었던 케인즈는 "단기"이든 아니든 대규모 실업의 문제를 당시의 가장 중요한 경제문제로 인식하고 있었다.

그러면 왜 거시경제학 공부를 장기측면부터 시작하는가? 케인즈의 견해에도 불구하고 장기 경제성과, 즉 장기 경제성장은 매우 중요하고 생활수준과 경제적 복지에서의 국가별 차이를 설명하는 가장 중요한 요인이다. 더욱이, 장기의 경제행태를 공부하는 것은 경제의 단기 변동을 이해하기 위한 중요한 배경지식을 제공한다.

장기문제를 다룬 이후에는 경기침체와 경기확장 기간 동안에 발생하는 문제들을 포함하여 여러 가지 단기 경기변동의 문제를 다룬다. 즉, 단기 경기변동의 중요한 원인 중 하나인 총지출에서의 변동에 대하여 논의하고 재정정책이 총지출에 영향을 줌으로써 어떻게 경기변동을 완화할 수 있는지 보여준다. 경제를 안정화시키는 두 번째 중요한 정책수단인 통화정책을 살펴보면서 거시경제정책결정자들이 인플레이션과 실업 사이의 단기적 상충관계에 직면하는 상황에 대하여 논의한다.

거시경제학의 국제적 측면을 살펴보기 위해 두 나라 화폐의 교환비율인 환율을 소개하고, 어떻게 환율이 결정되며, 어떻게 환율이 경제와 거시경제정책의 작동에 영향을 주는지 논의한다.

요 약 Summary

- 거시경제학은 국가 경제의 성과와 성과를 개선하기 위해 정부가 사용하는 정책을 연구하는 학문이다. 거시경제학자들이 연구하는 다양한 이슈들에는 다음과 같은 것들이 포함된다.
  : 경제성장과 생활수준 상승의 요인.
  : 평균노동생산성, 또는 고용된 근로자 일인당 총생산량의 추세.
  : 경제성장의 추세에서의 단기적 변동(경기침체와 경기확장).
  : 실업과 인플레이션의 원인과 대책.
  : 국가들 사이의 경제적 상호 의존성.
- 경제적 성과의 국가간 차이, 또는 한 나라의 경제적 성과의 시기별 차이를 설명하기 위해 거시경제학자들은 거시경제정책의 집행과 효과에 대하여 연구한다. 거시경제정책은 경제 전체의 성과에 영향을 주기 위해 고안되는 정부의 정책이다. 거시경제정책은 통화정책(나라의 통화공급의 결정), 재정정책(정부의 예산 및 지출에 대한 결정), 구조정책(경제의 기본 구조와 제도에 영향을 주는 정책)이 있다.
- 경제정책을 연구할 때 경제학자들은 실증적 분석(제안된 정책의 결과를 결정하는 객관적 시도)과 규범적 분석(특정한 정책이 채택되어야 하는지에 대한 견해)을 모두 적용한다. 규범적 분석에는 분석을 수행하는 개인의 가치관이 개입된다.
- 거시경제학은 개별경제주체들과 특정한 시장에 초점을 두는 미시경제학과 구별된다. 거시경제학자들은 '집계'라는 방법을 많이 사용하는데 그것은 개별 경제변수들을 더하여 경제 전체의 총합을 만들어내는 것이다. 집계는 거시경제학자들에게 경제의 "큰 그림"을 조망할 수 있게 해주지만 개별 가계, 기업, 시장들에 대한 상세한 세부사항이 생략되어 가려지게 된다.

핵심용어 Key Terms

거시경제정책(461)
생활수준(461)
집계(474)
구조정책(471)
실증적 분석(472)
통화정책(471)
규범적 분석(472)
재정정책(471)
평균노동생산성(464)

복습문제 Review Questions

1. 대공황의 경험이 어떻게 거시경제학 분야의 발전의 동인이 되었는가?

2. 현재 한국의 생활수준은 다른 나라의 생활수준과 비교하여 어느 정도인가?

3. 왜 평균노동생산성이 매우 중요한 경제변수인가?

4. 참 또는 거짓: 특정한 나라의 경제성장은 일반적으로 일정한 율로 진행된다. 설명하라.

5. 참 또는 거짓: 경제정책의 추천 여부에 대한 의견의 차이는 이슈에 대한 객관적인 분석에 의하여 항상 해결될 수 있다. 설명하라.

6. 다음은 각각 어떤 종류의 거시경제정책(통화정책, 재정정책, 구조정책)에 해당되는가?
   a. 농업에 대한 의존도를 감소시키고 고급 기술 산업을 진흥시키는 정부의 광범위한 정책적 행동
   b. 소득세율의 인하
   c. 은행시스템에 추가적인 현금 공급
   d. 지출을 줄여 정부의 재정적자를 감소시키려는 시도
   e. 경제에 대한 정부의 통제를 줄이고 좀더 시장친화적으로 만들려는 개발도상국의 결정

7. 타율과 같은 야구 통계는 각 개별 선수, 각 팀, 리그 전체에 대하여 계산되고 발표된다. 이렇게 하는 목적은 무엇인가? 거시경제학에서의 집계의 사고와 관련시켜 설명하라.

연습문제 Problems

1. 향후 50년간 일본의 총인구는 감소하고 은퇴한 인구의 비율은 급격히 상승할 것으로 예상되고 있다. 평균노동생산성은 계속 증가한다고 가정한다면 이러한 인구변화가 일본의 총생산과 평균 생활수준에 어떤 영향을 미칠 것으로 예상되는가? 평균노동생산성이 정체된다면 어떠한가?

2. 평균노동생산성이 하락하고 있는 시기에 평균생활수준이 상승하는 것이 가능한가? 숫자를 이용하여 예를 들어 설명하라.

3. 한국은행은 한국 경제의 국민소득계정에 대한 광범위하고 다양한 통계를 수집하는 정부기관이다. 한국은행의 통계 웹사이트인 경제통계시스템(http://ecos.bok.or.kr)에서 가장 최근 연도의 한국의 재화와 서비스의 수출과 수입을 조사하라. 한국은 무역적자를 보여주는가 아니면 무역흑자를 기록하고 있는가? 한국 수출에 대한 무역흑자 또는 무역적자의 비율을 계산하라.

4. 다음 주장들 중에서 어느 것이 실증적 주장이고 어느 것이 규범적 주장인가?
   a. 중앙은행이 이자율을 올린다면 주택수요는 감소할 것이다.
   b. 중앙은행은 인플레이션을 낮추기 위해 이자율을 올려야 한다.
   c. 경제가 둔화됨에 따라 주식가격은 향후 일년간 하락할 것 같다.
   d. 자본이득세(주식시장에서의 매매차익으로 얻은 수익

에 대한 세금)의 감소는 주식가격을 10%에서 20% 상승시킬 것이다.

e. 국회는 자본이득세를 감소시키고 또한 저소득층의 세금을 면제해야 한다.

5. 다음 중 거시경제학의 주제는? 미시경제학의 연구주제는?

a. GM 자동차 회사의 다국적 기업 경영
b. 정부보조금이 설탕가격에 미치는 효과
c. 한국 경제의 평균임금에 영향을 주는 요인
d. 개발도상국에서의 인플레이션
e. 소비지출에 대한 조세감면의 효과

본문 개념체크 해답 Answers to Concept Checks

15.1 OECD 웹사이트에서 이용 가능한 현재 실업률을 조사하면 해답을 얻을 수 있다.

15.2 해답은 현재 한국예산정책처의 예산 데이터에 의존할 것이다.

15.3 a. 실증적. 이것은 정책의 효과의 예측이며 정책이 사용되어야 하는가에 대한 가치판단이 아니다.

b. 규범적. '해야 한다' 그리고 '부적절하게'와 같은 단어는 정책에 대한 가치판단을 표현한다.

c. 규범적. 이 주장은 특정한 종류의 정책이 바람직한가에 대한 것이며 가능한 효과에 대한 것이 아니다.

d. 규범적. 이 주장은 정책이 바람직한가에 대한 것이다.

e. 실증적. 이 주장은 정책의 가능한 효과에 대한 예측이며 정책이 사용되어야 하는가에 대한 가치판단이 아니다.

15.4 a. 거시경제학. 정부지출과 실업률은 국가 경제에 관련된 집계 개념이다.

b. 미시경제학. 마이크로소프트가 규모가 큰 기업이라도 개별 기업이다.

c. 미시경제학. 이 이슈는 특정한 서비스인 교육의 수요와 공급에 관련되어 있다.

d. 거시경제학. 인플레이션은 집계, 경제전체에 대한 개념이다.

e. 거시경제학. 평균저축은 집계 개념이다.

f. 미시경제학. 경제 전체가 초점이라기보다는 상대적으로 좁은 범위의 시장들과 생산물에 초점을 두고 있다.

경제활동의 측정: GDP, 실업

제16장

경제학자들은 경제의 전반적인 성과를 어떻게 측정하는가?

"한국은행에 따르면 2019년 1분기에 실질GDP는 전년 같은 기간에 비해 1.7% 증가하였다..."

"통계청이 발표한 고용동향에 따르면 6월의 취업자수는 전년 동월에 비하여 281,000명 증가하였으며 실업률은 전월과 변동없이 4.0%를 기록하였다..."

"소비자 물가지수가 지난달에 비해 0.1% 상승하여 인플레이션이 억제되고 있는 것으로 보인다..."

"지난 달 실업률은 3.9%로 치솟아 최근 1년 사이에 최고 수준을 기록..."

이러한 뉴스들이 방송매체에서나 웹에 중요한 내용으로 등장하고 있으며 이런 뉴스들만을 취급하는 케이블 TV, 라디오 방송, 웹사이트가 있다. 사실, 거의 모든 사람들은 경제 관련 데이터에 관심이 있다. 평균적인 사람은 사업 결정, 금융 투자, 이직 결정 등을 위해 유용한 정보들을 얻기를 원한다. 의사가 정확한 진단을 내리기 위해 환자의 건강과 관련된 여러 가지 증상들—맥박, 혈압, 체온—에 의존하는 것과 마찬가지로 경제학자들도 경제 데이터에 의존한다. 경제 발전을 이해하고, 정책 결정자, 사업가, 금융 투자자에게 유용한 조언을 하기 위해서 경제학자는 최신의 정확한 데이터를 가지고 있어야 한다. 정치 지도자와 정책결정자들도 정책 결정과 계획 수립을 위해 경제 데이터가 필요하다.

경제활동의 측정에 관심을 갖고 최초로 측정을 시도한 사람은 17세기 중반 아일랜드의 토지와 재산에 대한 상세한 서베이를 수행했던 윌리엄 페티 경(Sir William Petty, 1623~1687)으로 거슬러 올라간다. 영국 정부가 서베이를 수행한 목적은 아일랜드인들이 왕정에 얼마나 세금을 납부할 능력이 있는지 알아보기 위한 것이었다. 그러나 페티 경은 이 기회를 이용하여 다양한 경제변수와 사회변수들을 측정하였고, 다른 나라들에 대해서도 부(wealth), 생산, 인구에 대한 선구적인 연구를 수행하였다. 그는 현대의 경제학자들이 생각하고 있는 것처럼, 과학적 진보를 위해 가장 중요한 것은 정확한 측정에 있다는 생각을 굳게 믿었다.

그렇지만 경제활동에 대한 측정이 본격적으로 시작된 것은 20세기가 되어서였다. 제2차 세계대전 중에는 전쟁의 승패가 경제자원의 동원에 달려있다고 생각했기 때문에 정확한 경제통계의 발달을 촉진하는 계기가 되었다. 경제학자인 미국의 사이몬 쿠즈네츠(Simon Kuznets)와 영국의 리처드 스톤(Richard Stone)은 한 국가의 재화와 서비스의 총생산량을 측정하기 위한 체계를 개발하였고, 이것은 동맹국 지도자들이 전쟁기간에 여러 계획을 수립하는 데 많은 도움을 주었다. 쿠즈네츠와 스톤은 각각 노벨 경제학상을 수상하였으며 그들의 연구는 오늘날 거의 모든 나라에서 사용되고 있는 국민계정의 기초가 되었다. 현재 각국 정부는 경제의 여러 측면들을 반영하는 많은 통계를 수집하여 발표하고 있다.

본 장과 다음 장에서는 경제학자들이 경제 상황을 분석하는 데 가장 자주 등장하는 세 가지 기본적인 경제변수인 **국내총생산(Gross Domestic Product; GDP), 실업률, 인플레이션율**에 대하여 살펴볼 것이다. 본 장에서는 먼저 국가의 경제활동 수준을 측정하는 두 가지 변수인 GDP와 실업률에 대하여 초점을 둘 것이다. 다음 장에서 논의되는 세 번째 변수, 인플레이션율은 가격들이 얼마나 빨리 변화하는지 측정한다.

경제활동을 측정하는 것이 매우 간단하고 논란이 없을 것 같지만, 실제는 그렇지 않다. 실제로 한 국가경제의 재화와 서비스의 총생산을 측정하는 가장 기본적인 지표인 국내총생산(GDP)은 여러 측면에서 비판받고 있기도 하다. 일부는 GDP가 환경 또는 자원고갈에 대한 경제성장의 영향과 같은 요인들을 적절히 반영하지 못한다고 비판해왔다. 이런 문제들 때문에 GDP 통계에 기반을 둔 경제정책들은 결함이 있다는 것이다. 실업률 통계 또한 논란의 중심에 있어 왔다. 본 장을 통하여 총생산과 실업에 대한 공식적인 통계치가 어떻게 구성되고 사용되며 또한 그 지표의 정확성에 대한 논란의 본질이 무엇인지 알게 될 것이다. 특히 이러한 통계들이 어떻게 정의되고 측정되는지 이해하는 한편 정의상에서의 장점과 단점뿐만 아니라 정의를 실제 통계치에 적용할 때 직면하는 측정상의 어려움에 대하여 논의하게 될 것이다. 예를 들어, 한 국가의 GDP 계산에 포함되는 것과 제외되는 것을 구분할 수 있게 되면 경제 통계치가 발표될 때 잘못 해석하는 오류를 피할 수 있을 것이다.

경제 데이터의 장점과 한계를 이해하는 것은 향후 경제적 분석에 필수적인 기초가 될 뿐만 아니라 경제통계들을 현명하게 이용할 수 있는 첫 번째 중요한 단계이다.

16.1 국내총생산(GDP): 국가의 총생산 측정

제 15장 "거시경제학: 경제의 조감도"에서는 재화와 서비스의 총생산과 생활수준 사이의 관련성을 강조하였다. 국민 일인당 총생산 또는 취업자 일인당 총생산 수준이 높으면 일반적으로 생활수준이 높다. 그런데 "총생산"이란 무엇을 말하는가? 경제성장, 생산성과 같은 용어들을 과학적으로 이해하기 위해서는 경제의 총생산의 정의 및 측정에 대하여 정확하게 알고 있어야 한다.

경제의 총생산을 측정하기 위해 가장 널리 사용되는 지표는 **국내총생산**, 또는 GDP라고 불리는 것이다. 국내총생산(gross domestic product, GDP)은 일정 기간 동안(한 분기 또는 일년)에 경제가 생산한 것을 측정하기 위해 만들어졌다. 정확히 말하면, 일정 기간 동안에 한 나라에서 생산된 최종 재화와 서비스의 시장가치이다. 이 정의를 이해하기 위하여 각 구절을 분리하여 각각을 살펴보자. 정의에서 첫 번째 중요한 구절은 "시장가치"이다.

국내총생산(GDP)
일정 기간 동안에 한 나라에서 생산된 최종 재화와 서비스의 시장가치

16.1.1 시장가치

현대 경제는 치석예방용 치실(재화)에서부터 침술(서비스)에 이르기까지 다양한 재화와 서비스를 생산한다. 그렇지만 거시경제학자들은 이러한 상세한 분류에 관심을 갖지 않는다. 대신에 전체로서 경제의 행태를 이해하는 것을 목표로 한다. 예를 들어, 거시경제학자는 재화와 서비스를 생산하는 경제의 생산능력이 시간에 따라 증가해왔는가, 증가했다면 얼마나 증가했는가 등의 질문을 던질 수 있다.

"총산출" 또는 "총생산"이라는—치실과 같은 개별 상품의 생산이 아닌—개념에 대하여 논의할 수 있기 위해서는 다양한 재화와 서비스의 양을 하나의 기준으로 **집계**할 수 있어야 한다. 경제학자들은 경제가 생산해내는 다양한 재화와 서비스의 시장가치를 모두 더하여 총생산을 집계한다. **시장가치**(market value)는 시장에서 판매된 재화와 서비스의 판매가격을 의미한다. 시장 가격은 구매자와 판매자가 거래하기로 동의한 가격이기 때문에 이 가격들을 사용하여 시장가치를 판단한다. **예 16.1**과 **예 16.2**는 이러한 과정을 보여주고 있다.

시장가치
재화와 서비스의 시장에서의 판매가격

과수원 나라의 GDP(Ⅰ) 예 16.1

과수원 나라의 GDP는 얼마인가?

'과수원 나라'라는 가상적인 경제에서 총생산은 사과 4개와 바나나 6개라고 하자. 과수원 나라의 총생산을 계산하기 위하여 사과의 수와 바나나의 수를 더하여 과일 10단위라고 말할 수

도 있다. 그러나 만약 이 나라가 추가로 신발 3켤레를 생산했다면? 사과와 바나나에 신발을 단순히 합하는 것은 적절하지 않다.

사과는 한 개당 \$0.25, 바나나는 \$0.50, 신발은 켤레당 \$20에 팔리고 있다고 가정하면, 이 경제의 총생산의 시장가치, 또는 GDP는 다음과 같다;

(사과 4개×\$0.25)+(바나나 6개×\$0.50)+(신발 3켤레×\$20.00)=\$64.00

이와 같이 총생산을 계산하면 가격이 높은 재화(신발)는 가격이 낮은 재화(사과, 바나나)보다 더 높은 가중치를 갖게 된다는 것을 알 수 있다. 일반적으로 사람들이 한 재화에 대하여 지불할 용의가 있는 금액은 그 재화로부터 얻을 것으로 기대하는 경제적 편익을 나타내기 때문에 시장가치는 총생산을 하나의 숫자로 집계하는 편리한 방법이다.

예 16.2 과수원 나라의 GDP(II)

과수원 나라의 새로운 GDP는 얼마인가?

과수원 나라가 3개의 사과, 3개의 바나나, 신발 4켤레를 생산하였고 가격들은 **예 16.1**과 같다고 하자. GDP는 이제 얼마인가?

과수원 나라의 GDP는 이제 다음과 같이 계산된다:

(사과 4개×\$0.25)+(바나나 3개×\$0.50)+(신발 4켤레×\$20.00)=\$82.25

세 가지 재화 중에서 두 재화의 생산량이 전보다 적어졌음에도 과수원 나라의 GDP는 **예 16.1**보다 **예 16.2**에서 더 많아졌다. 그 이유는 생산량이 증가한 재화(신발)의 시장가치가 생산량이 감소한 재화(사과와 바나나)의 시장가치보다 더 높기 때문이다.

✔ 개념체크 16.1

과수원 나라가 예 16.1에서와 동일한 생산량의 사과, 바나나, 신발을 동일한 가격에 생산하였고 이에 더하여 가격이 \$0.50인 오렌지 5개를 추가로 생산하였다면 과수원 나라의 GDP는 얼마가 되는가?

시장가치는 현대 경제에서 생산된 많은 다양한 재화와 서비스를 합하는, 즉 집계할 수 있는 편리한 방법이다. 그러나 시장가치를 사용할 경우의 문제점은 경제적으로 가치 있는 모든 재화나 서비스가 시장에서 거래되는 것이 아니라는 점이다. 예를 들어, 보수를 받지 않는 가사노동은 경제적 가치가 있음에도 불구하고 시장에서 거래되지 않은 것이므로 GDP에 포함되지 않는다. 그러나 보수를 받는 가사도우미나 육아 서비스는 시장에서 거래된 것으로서 GDP에 포함된다. 그 결과, 아이가 태어난 후 처음 몇 달

동안 신체적, 정서적, 인지적 발달을 위해 직장으로부터 무보수 휴직을 하고 모든 시간과 에너지를 쏟고 있는 엄마나 아빠들은 현재와 미래의 사회적 복지와 건강에 매우 가치있는 기여를 하고 있는 것이지만 시장에서 활동하고 있는 것이 아니기 때문에 현재의 GDP를 감소시킬 것이다.

여성의 경제활동참가와 GDP 측정

예 16.3

여성의 경제활동참가는 GDP에 어떤 영향을 미치는가?

15세 이상 여성 중 취업하거나 구직활동을 한 여성의 비율은 1963년 37%에서 2018년 53%로 크게 증가하였다(**그림 16.1** 참조). 이러한 추세는 일하는 여성들의 가정에서 아이돌봄 서비스와 가사도우미 서비스에 대한 수요를 크게 증가시켰다. 이러한 변화가 GDP의 측정에 어떤 영향을 주었는가?

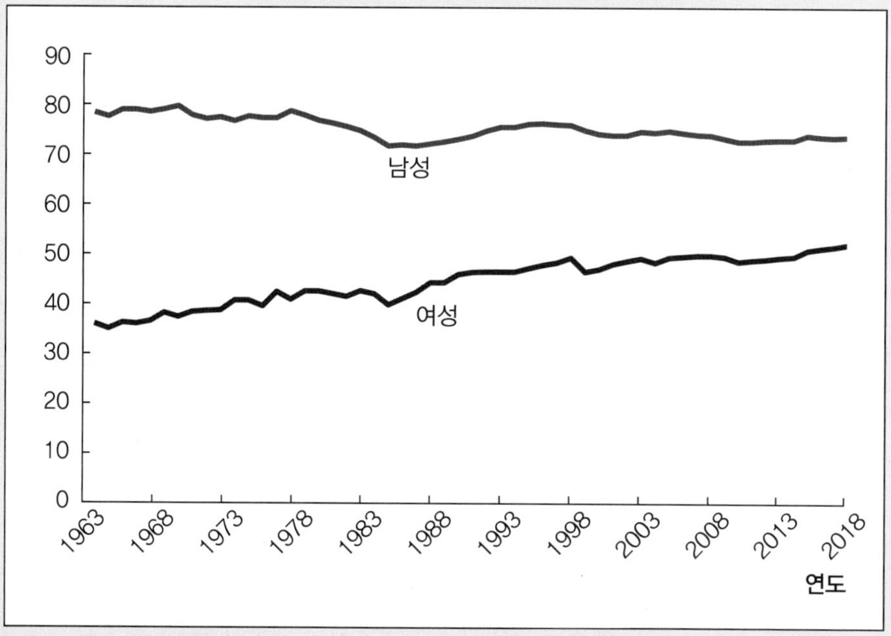

그림 16.1

한국의 성별 경제활동참가율, 1963~2018

1963년과 2018년 사이에 여성의 경제활동참가율은 약 16% 포인트 상승한 반면, 남자의 경제활동참가율은 소폭 하락하였다.

많은 여성들이 노동시장에 참가하게 되면 두 가지 측면에서 GDP를 증가시킨다. 첫째, 여성들이 자신의 직장에서 생산한 재화와 서비스는 직접적으로 GDP를 증가시키게 된다. 둘째, 과거에는 가사노동과 아이돌봄 서비스가 무보수로서 GDP에 포함되지 않았지만 여성의 경제활동참가와 함께 가사도우미를 고용하여 보수를 지급하게 되어 GDP가 증가하게 된다. 이 두 가지 변화 중에서 첫 번째 것은 실제 경제활동의 증가이지만, 두 번째 것은 무보수였던 경제활동이 시장부문으로 이동하게 되어 나타나는 변화이다. 따라서 여성의 경제활동참가율이 증가함으로써 나타나는 GDP의 증가는 실제 경제활동의 증가를 과대평가할 가능성이 있다.

왜 여성의 경제활동참가율은 1963년에 비해 2018년 16%포인트 높아졌을까?

GDP의 측정에서 가사활동이 제외되기는 하지만, 다음과 같은 재화와 서비스들은 시장에서 판매되지 않더라도 GDP에 포함된다. 가장 중요한 항목으로 중앙정부, 지방정부에 의하여 제공되는 재화와 서비스가 있다. 군인들이 제공하는 국방 서비스, 고속도로가 주는 운송의 편의성, 공립학교에서 제공하는 교육은 시장에서 판매되는 것이 아니라 정부가 공급하는 재화와 서비스들이다.

정부가 공급하는 재화와 서비스는 시장가격이 존재하지 않기 때문에 경제통계를 작성할 때 경제적 가치의 근사적 지표로서 재화와 서비스의 생산비용을 GDP로 계산한다. 예를 들어, 공교육을 GDP에 포함하기 위하여 교사와 행정직원에 대한 급여, 교과서와 비품의 생산비 등을 GDP에 더한다. 마찬가지로 GDP를 측정하기 위해 국가 방위의 경제적 가치를 근사적으로 계산하는 방법은 군인들에 대한 급여, 무기의 구입비용 및 유지비용 등 국방비로 계산하는 것이다.

비용을 조사하여 가치를 측정하는 방법이 시장에서 거래되지 않는 재화와 서비스를 제외하는 것보다는 훨씬 나은 것이지만 절대 완벽하지는 않다. 효율적인 정부일수록 더 낮은 비용으로 더 많은 가치를 창출하기 때문이다. 예를 들어, OECD 보고서에 따르면[1] 아동 일인당 지출이 적은 정부를 가진 나라의 아동들이 건강, 안전, 교육, 학교생활의 질적인 측면에서 항상 더 나쁜 결과를 보이는 것은 아니다. 시장가치의 대용으로서 비용을 사용하는 방법은 정부가 효율적으로 사용하든 낭비하든 상관없이 정부의 지출이 그만큼 GDP를 증가시킨다고 평가하는 것이다.

정부가 공급하는 재화 및 서비스와 같은 몇 가지 예외가 있지만 시장가치를 더함으로써 GDP가 계산된다. 그러나 시장가치를 가진 모든 재화와 서비스가 GDP에 포함되는 것은 아니다. GDP는 최종 재화와 서비스라고 불리는, 생산과정의 맨 마지막 단계의 재화와 서비스만을 포함한다. 생산과정에서 사용되어 없어지는 재화와 서비스는 GDP에 계산되지 않는다.

16.1.2 최종 재화와 서비스

재화들 중에는 다른 재화의 생산과정에 사용되는 경우가 많다. 제빵업자가 빵을 생산할 수 있기 위해서는, 밀을 경작하여 수확하고 밀을 갈아 밀가루를 만들어 다른 첨가물을 추가하여 빵을 굽는다. 이러한 과정에서 생산되는 세 가지 재화—밀, 밀가루, 빵—중에서 최종적으로 빵만이 소비된다. 빵을 생산하는 것이 생산과정의 최종 단계이기 때문에 빵을 최종 재화라고 부른다. 일반적으로 **최종 재화와 서비스**(final goods or services)는 생산과정의 마지막 생산물이며 소비자들이 실제로 소비하는 재화 또는 서비스이다. 최종 재화를 만들기 위한 과정에서 사용된 재화와 서비스는—여기에서는 밀과 밀가루—**중간 재화와 서비스**(intermediate goods or services)라고 부른다.

최종 재화와 서비스
최종 사용자에 의해 소비되는 재화와 서비스; 생산과정의 최종 생산물이기 때문에 GDP의 부분으로 포함된다.

중간 재화와 서비스
최종 재화와 서비스의 생산에 사용된 재화와 서비스로서 GDP에 계산되지 않는다.

최종 사용자에게 직접적으로 경제적 가치가 있는 항목만을 측정하고자 하기 때문에, GDP에는 최종 재화와 서비스만 포함되며 중간 재화와 서비스는 포함되지 않는다.

1 OECD, *Doing Better for Children*, 2009. 또한 2009년 9월 3일자 *The Economist*, "The Nanny State"를 참고하라.

예를 들어, 밀이 $0.5의 시장가치를 갖고 있다고(제분회사가 밀에 지불한 가격) 하자. 밀을 빻아 밀가루로 만들면 밀가루는 $1.2의 시장가치가 있다(제빵업자가 밀가루에 지불한 가격). 최종적으로 밀가루로 바게트빵 한 덩어리를 만들면 빵집에서 $2의 가격에 판매된다. 이들의 경제활동으로부터 산출된 GDP를 계산하기 위해 밀, 밀가루, 빵의 가치를 모두 더하는 것이 적절한가? 그렇지 않다. 그렇게 계산하면 GDP를 $0.5+$1.2+$2=$3.7로 계산하게 되어 잘못 측정하게 된다. 왜냐하면 밀의 시장가치는 밀로 한 번, 밀가루 시장가치의 일부로, 빵의 시장가치의 일부로, 총 세 번 중복 계산된다. 밀과 밀가루는 최종적으로 빵을 만들기 위해 사용되는 중간재로서만 가치가 있는 것이며, 밀과 밀가루의 가치는 최종 생산물인 빵의 가치 $2에 이미 포함되어 있기 때문에 위의 경제활동에서 창출된 GDP는 $2가 된다.

예 16.4는 서비스에 대한 것으로 위와 비슷한 예를 보여주고 있다.

이발사와 조수의 GDP

예 16.4

이발서비스를 GDP에 어떻게 계산하는가?

이발사가 이발 요금으로 $10를 받는다. 이발사는 그의 조수에게 가위의 날을 갈고 청소 및 허드렛일을 한 대가로 이발 한 번당 $2를 지급한다. 이발을 한 번 하는 경우에 이발사와 조수가 생산한 GDP는 얼마인가?

이 문제에 대한 답은 이발의 가격, 또는 시장가치인 $10이다. 이발은 최종 사용자에게 가치가 있는 최종 서비스이기 때문에 GDP에 포함된다. 조수가 제공한 서비스는 이발이라는 서비스의 생산에 기여했기 때문에 가치를 갖는 것이다. 조수 서비스의 가치인 $2는 이발 가격 $10에 포함되어 있기 때문에 GDP 계산에 포함되지 않는다.

다음 예는 같은 재화인데도 어떻게 사용되는가에 따라 중간재 또는 최종재가 될 수 있음을 보여주고 있다.

중간재 또는 최종재가 될 수 있는 재화

예 16.5

중간재란 무엇인가?

한 농부가 $100의 우유를 생산하고 있다. 그는 $40의 우유를 이웃에게 팔고 나머지는 자신이 기르는 돼지에게 먹인다. 그가 이웃에게 돼지를 $120에 팔았을 경우, 이 농부의 GDP 기여분은 모두 얼마인가?

이 예에서 최종재는 이웃에게 판매한 $40의 우유와 $120의 돼지이다. $40와 $120를 더하면 $160가 되며 이것이 농부가 GDP에 기여한 금액이다. 농부가 생산한 우유의 일부는 중간재로 이용되고 일부는 최종재가 됨을 유의하라. 돼지에게 먹인 $60의 우유는 중간재이기 때문에 GDP에 계산되지 않는다. 이웃에게 판매된 $40의 우유는 최종재이고 따라서 GDP에 포함된다.

자본재
다른 재화와 서비스의 생산을 위해 사용되는 수명이 긴 재화

중간재나 또는 최종재로 분류하기가 어려운 특별한 형태의 재화가 자본재이다. **자본재**(capital good)는 스스로가 생산되는 재화이면서 또한 다른 재화나 서비스의 생산에 여러 번 이용되는 내구성이 있는 재화이다. 공장과 기계가 자본재의 대표적인 예이다. 주거 서비스를 생산하는 주택과 아파트도 또한 자본재의 한 형태이다. 자본재는 그 목적이 다른 재화를 생산하는 데 있기 때문에 최종재의 정의에 맞지 않는다. 반면, 생산과정이 매우 길지 않다면 자본재는 생산과정에서 사용되어 없어지는 것이 아니기 때문에 중간재도 또한 아니다. GDP 측정을 위하여 경제학자들은 새롭게 생산된 자본재가 비록 최종 사용자에 의해 소비되지는 않지만 최종 재화로 분류하기로 하였다. 그렇게 하지 않는다면, 공장을 건설하고 새로운 기계를 구입하여 미래의 생산을 위해 투자한 나라의 GDP는 소비재를 생산하는 데 모든 자원을 집중한 나라보다 낮게 될 것이다.

GDP를 계산하는 규칙은 최종 재화와 서비스만을(새로이 생산된 자본재를 포함하여) GDP에 포함시키는 것이다. 최종 재화와 서비스의 생산에 사용된 중간 재화와 서비스는 포함되지 않는다. 그러나 실제 생산과정은 보통 오랜 기간에 걸쳐서 일어나기 때문에 이러한 규칙을 적용하는 것은 쉬운 일이 아니다. 앞에서 예로 들었던, 밀이 밀가루로 빻아지고 그 다음에 바게트빵 덩어리로 구워지는 경우를 생각해 보자. 전체 생산과정에서 생산되는 GDP는 빵(최종 재화)의 시장가치인 $2이다. 그런데 밀과 밀가루가 2017년 말에 생산되었고 빵은 2018년 초에 만들어졌다고 가정하자. 이러한 경우 빵의 가치 $2를 2017년의 GDP로 계산해야 하는가 아니면 2018년의 GDP로 계산해야 하는가?

빵 생산의 일부가 두 해에 걸쳐서 발생하였기 때문에 두 가지 중 어느 것도 옳다고 보기 어렵다. 빵 가치의 일부는 2017년 GDP로 계산되어야 할 것이고, 또 일부는 2018년의 GDP로 계산되어야 한다. 그런데 어떻게 나누어야 하는가? 이런 문제를 다루기 위하여, 각 생산과정에서 기업이 창출한 부가가치를 합산함으로써 간접적으로 최종 재화와 서비스의 시장가치를 계산한다. 한 기업이 창출한 **부가가치**(value added)는 그 기업이 생산한 재화 또는 서비스의 가치에서 다른 기업으로부터 구입한 투입의 비용을 뺀 것이다. 아래에서 알 수 있듯이, 모든 기업(중간재와 최종재의 생산자를 모두 포함)의 부가가치를 합하면 바로 최종 재화와 서비스의 가치와 동일한 답이 나온다. 부가가치를 합하는 방법을 이용하면 최종 재화와 서비스의 가치를 두 기간 사이에 나누어야 하는 문제를 해결할 수 있다.

부가가치
어떤 기업이 생산한 재화 또는 서비스의 시장가치에서 다른 기업으로부터 구매한 투입의 비용을 뺀 것

이 방법을 알아보기 위해, 여러 생산단계를 거쳐 만들어지는 바게트빵의 예로 다시 돌아가 보자. 이 생산과정에서 발생한 GDP는 빵의 시장가치인 $2였다. 이제 부가가치를 합하여도 동일한 결과가 나오는지 확인해보자. 빵은 세 회사의 최종 생산물이

라고 가정하자: ABC 곡물회사는 밀을 생산하고 제너럴(General) 제분회사는 밀가루를 생산하며 핫앤프레쉬(Hot'n'Fresh) 제빵회사는 빵을 생산한다. 밀, 밀가루, 빵의 시장가치를 전과 동일하게 가정하면 세 회사의 부가가치는 각각 얼마인가?

ABC 곡물회사는 다른 회사로부터의 투입 없이 $0.5의 밀을 생산하므로, ABC 곡물회사의 부가가치는 $0.5이다. 제너럴 제분회사는 ABC 곡물회사로부터 구매한 $0.5의 밀을 사용하여 $1.2의 밀가루를 생산한다. 따라서 제너럴 제분회사의 부가가치는 생산물의 가치($1.2)에서 투입 비용($0.5)을 뺀 $0.7가 된다. 끝으로 핫앤프레쉬 제빵회사는 제너럴 제분회사로부터 $1.2의 밀가루를 구입하여 $2의 빵을 생산하는 데 사용한다. 따라서 핫앤프레쉬 제빵회사의 부가가치는 $0.8이다. 이 계산은 다음 **표 16.1**에 제시되어 있다.

표 16.1 빵 생산의 부가가치

회사	수입	−	중간재 비용	=	부가가치
ABC 곡물회사	$0.50		$0.00		$0.50
제너럴 제분회사	$1.20		$0.50		$0.70
핫앤프레쉬 제빵회사	$2.00		$1.20		$0.80
총계					$2.00

각 회사의 부가가치를 합하면 최종 재화와 서비스만을 계산했을 때와 같이 GDP $2가 얻어지는 것을 알 수 있다. 각 기업이 생산한 부가가치는 최종 재화와 서비스의 가치 중에서 각 기업이 각각의 생산단계에서 창출한 가치의 몫을 나타낸다. 경제 내의 모든 기업들의 부가가치를 합하면 최종 재화와 서비스의 총 가치, 즉 GDP를 얻게 된다.

이제 부가가치 방법을 이용하여 두 기간 이상에 걸쳐 일어나는 생산과정의 문제를 해결할 수 있다. 밀과 밀가루는 2017년에 생산되었고 빵은 2018년에 생산되었다고 가정하자. 부가가치 방법을 이용하면, 이 생산과정에서 발생한 2017년 GDP는 곡물회사의 부가가치와 제분회사의 부가가치의 합인 $1.2이다. 이 생산과정에서 발생한 2018년 GDP에 대한 기여분은 제빵회사의 부가가치인 $0.8이다. 따라서 빵 생산이 두 해에 걸쳐 이루어졌기 때문에, 최종 생산물인 빵의 가치의 일부가 각 연도의 GDP에 포함된다.

✔ 개념체크 16.2

에이미가 운영하는 카드 상점은 2017년 12월에 카드 도매상으로부터 밸런타인 카드를 구입하고 $500를 지불하였다. 이 카드를 2018년 2월 $700에 팔았을 때, 이러한 거래의 2017년과 2018년의 GDP 기여분은 각각 얼마인가?

이제 GDP는 최종 재화와 서비스의 시장가치라는 것을 알게 되었다. 다음으로 GDP

정의의 첫 부분에 있는 "일정 기간 동안에 한 나라에서 생산된" 구절의 의미를 살펴보자.

16.1.3 일정 기간 동안 한 국가 내에서의 생산

국내총생산에서 국내(domestic)라는 단어는 GDP가 한 국가 안에서의 경제활동을 측정한 것임을 말해준다. 따라서 한 국가의 국경 내에서의 생산만이 포함된다. 예를 들어, 한국의 GDP는 외국인이 소유한 공장에서 생산되었다 하더라도, 한국 국경 내에서 생산된 모든 자동차의 시장가치를 포함한다. 그러나 삼성과 같은 한국의 회사가 중국에서 생산한 TV는 계산되지 않는다.

중국에서 생산된 부품을 이용하여 한국에서 생산된 TV는 어떻게 처리될까? 앞에서 소개된 부가가치 방법은 이에 대한 해답을 알려주는데 사용될 수 있다. 앞에서 우리는 2개년에 걸쳐 생산된 생산물의 시장가치를 각 해에 귀속되는 GDP를 나누는 데 이 방법을 사용하였다. 마찬가지로 이 방법은 두 나라에서 생산된 부품을 가지고 생산된 생산물의 가치를 각국의 GDP로 나누어 계산하는 데 사용될 수 있다. 앞의 바게트빵의 경우로 다시 돌아가서 ABC 곡물회사가 멕시코에서 밀을 생산한다고 가정하자. 제너럴 제분회사는 멕시코의 ABC 곡물회사로부터 밀을 $0.5에 미국으로 수입하여 미국 내에서 $1.2의 밀가루를 생산한다. 끝으로 핫앤프레쉬 제빵회사는 제너럴 제분회사로부터 밀가루를 $1.2에 구매하여 미국 내에서 $2의 빵을 생산한다. 부가가치 방법을 적용하면 **표 16.1**에서 빵의 총 가치 $2는 멕시코의 GDP에 $0.5(멕시코에서 생산된 밀의 가치), 미국의 GDP에 $1.5(미국에서의 부가가치)로 나뉘어 두 나라의 국민계정에 계산된다.

GDP는 일정한 기간, 예를 들면, 1년 동안에 발생한 생산량을 측정하기 위한 것이다. 이러한 이유로 특정한 연도에 실제로 생산된 재화와 서비스만이 그 해의 GDP에 포함된다. 다음의 예와 개념체크는 이 점을 예시하고 있다.

예 16.6 **주택 매매와 GDP**

이미 지어져 있는 주택의 매매는 GDP에 포함되는가?

신혼부부가 20년 된 주택을 5억원에 구입하였다. 이 부부는 부동산 중개업자에게 구입가격의 0.9%인 450만원을 중개수수료로 지불하였다. 이 거래에서 발생한 GDP는 얼마인가?

주택은 올해에 생산된 것이 아니기 때문에 주택의 가치는 올해의 GDP에 포함되지 않는다(주택의 가치는 처음 건설된 20년 전에 이미 GDP에 포함되었다). 일반적으로 과거에 건설된 주택과 중고차와 같은 기존 자산의 구입과 판매는 올해의 GDP에 포함되지 않는다. 그러나 부동산 중개업자에게 지불된 450만원의 수수료는 그 부부가 주택을 찾고 구입하는 것을 도와 준 중개업자의 서비스의 시장가치를 나타낸다. 그 서비스는 올해에 제공되었기 때문에 중개업자의 수수료는 올해의 GDP에 계산된다.

✔ 개념체크 16.3

로타 도우는 벤슨버기업 회사 주식 100주를 주당 $50에 팔았다. 그녀는 판매를 대행한 중개인에게 2%의 수수료를 지불하였다. 로타의 거래는 올해 GDP에 어떤 영향을 미치는가?

요약 GDP의 측정

국내총생산(GDP)은 시장가치로 측정된다.

- GDP는 경제 내에서 생산된 많은 재화와 서비스의 시장가치의 합계이다.
- 보수가 지불되지 않는 가사노동과 같이 시장에서 판매되지 않는 재화와 서비스는 GDP에 계산되지 않는다. 예외적으로 정부에 의해 공급되는 재화와 서비스는 시장에서 판매되지 않지만 정부가 공급하는 비용으로 GDP에 포함된다.

GDP는 최종 재화와 서비스의 가치로 계산된다.

- 최종 재화와 서비스(새로이 생산된 공장, 기계 등 자본재도 포함)만이 GDP에 계산된다. 최종 재화와 서비스의 생산과정에서 사용되어 없어지는 중간 재화와 서비스는 포함되지 않는다.
- 최종 재화와 서비스의 가치는 부가가치 방법에 의하여 계산될 수도 있다. 한 기업의 부가가치는 생산물을 판매하여 얻은 수입에서 다른 기업으로부터 구매한 투입의 비용을 뺀 것과 같다. 모든 생산단계에서 창출된 기업의 부가가치를 합하면 최종 재화와 서비스의 가치와 같다.

GDP는 일정 기간 동안에 한 국가 내에서 생산된 것을 계산한다.

- 한 국가의 영토 내에서 생산된 재화와 서비스만이 GDP에 포함된다.
- 올해에 생산된 재화와 서비스만이(생산된 가치 중에서 올해에 생산된 부분) 올해의 GDP로 계산된다.

16.2 GDP의 측정방법

GDP는 한 경제에 의해 생산된 재화와 서비스의 양을 측정하는 것이다. 그런데 생산된 재화와 서비스는 어떤 경제주체에 의해 구매되어 사용될 것이다. 예를 들면, 소비자가 크리스마스 선물을 사거나 기업이 새로운 기계를 구입하여 투자를 하는 경우이다. 여러 가지 분석을 위해 얼마나 많이 생산되는가 뿐만 아니라 누가 어떻게 그것을 사용하는가를 아는 것도 중요하다. 또한, 경제주체가 재화 또는 서비스를 구매할 때, 그 경제주체의 지출은 다른 경제주체의 소득이 된다. 재화와 서비스의 생산으로부터 이러한 소득이 어떻게 창출되는지 아는 것도 또한 중요하다.

16.2.1 GDP 측정의 지출측면

경제학자들은 한 해의 GDP를 구성하는 최종 재화와 서비스의 사용자를 가계, 기업, 정부, 해외부문(즉, 국내 생산물에 대한 외국의 구매)의 네 그룹으로 분류한다. 주어진 연도에 한 나라에서 생산된 모든 최종 재화와 서비스는 이들 네 그룹 가운데 하나 또는 둘 이상의 그룹에 의하여 구매되고 사용된다고 가정한다. 또한 구매자들이 재화와 서비스에 지출하는 액수는 재화와 서비스의 시장가치와 동일해야 한다. 따라서 GDP는 다음 두 방법에 의해 측정될 수 있다: (1) 국내에서 생산된 모든 최종 재화와 서비스의 시장가치의 합계 또는 (2) 네 그룹의 경제주체들이 최종 재화와 서비스에 지출한 총액의 합계에서 수입된 재화와 서비스를 뺀 금액. 두 가지 방법으로 얻어진 액수는 동일할 것이다.

지출은 최종 사용자의 네 그룹 각각의 지출에 해당하는 소비, 투자, 정부구매, 순수출의 네 가지로 구성되어 있다. 즉, 가계는 소비를 하고, 기업은 투자를 하며, 정부는 정부구매를 하고 해외부문은 수출품을 구매한다. **표 16.2**는 2018년 한국 경제의 지출 구성 부분에 대한 명목금액을 보여주고 있다. 2018년 한국의 GDP는 약 1,894조원, 일인당 GDP는 약 3,669만원이었다. 지출 구성의 상세한 정의와 주요 하위 구성요소를 살펴보자. **표 16.2**로부터 각 지출의 상대적 중요성을 파악해 보기 바란다.

표 16.2 한국 GDP 지출 구성, 2018년(조 원, GDP의 %)

			%
소비		**908.27**	48.0%
내구소비재	87.91		
비내구소비재	269.45		
서비스	498.64		
기타[1)]	52.27		
투자		**507.68**	26.8%
설비투자	150.54		
건설투자	233.14		
지식재산투자	106.49		
재고투자	17.51		
정부구매		**390.69**	20.6%
순수출		**87.13**	4.6%
수출	788.28		
수입	701.15		
합계: 국내총생산		**1,893.50**	100.0%

출처: 한국은행 경제통계시스템(http://ecos.bok.or.kr/).

주 1) 기타는 거주자 순 국외소비지출(거주자 국외소비지출−비거주자 국내소비지출)에 가계에 봉사하는 비영리단체의 소비지출을 합한 것이다.

소비지출(consumption expenditure), 또는 간단히 **소비**(consumption)는 식료품, 의류, 오락 등과 같은 재화와 서비스에 대한 가계의 지출이다. 소비지출은 다음과 같은 세 가지 하위범주로 나뉜다.

소비지출 또는 소비
식료품, 의류, 오락 등과 같은 재화와 서비스에 대한 가계의 지출

- 내구소비재(consumer durables)는 자동차나 가구와 같은 수명이 긴 재화들이다. 신규 주택은 내구소비재가 아니고 투자로 처리됨을 유의하기 바란다.
- 비내구소비재(consumer nondurables)는 식품이나 의류같이 수명이 짧은 재화이다. 이 중에서 일 년 이상 사용이 가능하지만 비교적 저가의 상품인 의복, 신발 및 가방, 운동 및 오락용품 등은 준내구 소비재로 분류되기도 한다.
- 서비스(services)는 소비지출의 가장 큰 부분을 차지하며 이발, 택시 승차, 법률, 금융, 교육 서비스 등 모든 서비스를 포함한다.

투자(investment)는 최종 재화와 서비스에 대한 기업의 지출로서 주로 자본재와 주택에 대한 지출이다. 미국 데이터의 경우 투자를 기업고정투자, 주거투자, 재고투자의 세 가지로 분류하지만 한국은행의 국민계정에서는 설비투자, 건설투자, 지식재산투자, 재고투자의 네 가지 하위범주로 분류한다.

투자
최종 재화와 서비스에 대한 기업의 지출, 특히 자본재에 대한 지출

- 설비투자는 생산설비로 사용되는 각종 기계류와 자동차, 항공기, 철도차량 등 운수장비 등에 대한 기업의 신규 자본재 구매이다.
- 건설투자는 건물건설과 토목건설로 구분되고, 건물건설은 다시 주거용 건물과 비주거용 건물로 나누어진다. 기업고정투자(business fixed invesment)의 개념은 기업의 설비투자와 공장, 사무실 건물 등의 비주거용 건물건설의 합이다. 주거투자(residential investment)의 개념은 신규 주택과 아파트의 건설이다. 단독주택이나 아파트는 주거용 자본재로 간주됨을 기억하라. GDP 계산에서 주거투자는 가계에게 판매되는 것이지만 기업부문의 투자로 취급된다. 한국은행 국민계정 분류에서는 민간이 실행한 건설투자 중 주거용 자본재 건설을 말한다.
- 지식재산생산물투자는 무형고정자산투자로도 불리며 컴퓨터소프트웨어, 데이터베이스 등을 포함하고, 기업의 R&D 투자와 콘텐츠 등 비R&D투자로 분류된다.
- 재고투자(inventory investment)는 생산된 재화 중에서 판매되지 않아 회사의 재고가 증가된 부분이다. 달리 말하면, 기업이 생산하였으나 그 해에 판매되지 않은 재화는, 회계 관행상 기업이 자기 자신에게 그 재화를 판매한 것처럼 간주하는 것이다(이러한 관행으로 총생산과 총지출이 같아지게 된다.). 재고는 증가하거나 감소할 수 있으므로 재고투자는 양수이거나 음수일 수 있다. 예를 들어, 2009년 재고가 감소되었고 재고투자는 GDP에서 음수의 구성 부분이었다.

사람들은 종종 주식이나 채권과 같은 금융자산의 구입을 "투자"라고 생각한다. 경제학에서의 용어는 이와 다르다. 한 회사의 주식을 구입한 사람은 기업이 보유하고 있는 기존의 실물 자산과 금융 자산의 부분적 소유권을 획득하는 것이다. 그러나 주식 구입은 보통 새로운 실물 자본의 창출과 관련된 것이 아니며 본 장에서의 투자라는 용어

와 의미가 다르다. 주식이나 채권과 같은 금융자산의 구입은 일반적으로 "금융투자"라고 부르고, 공장이나 기계와 같은 기업의 신규 자본재에 대한 투자와 구별한다.

정부구매(정부구입, 정부지출)
중앙정부, 지방정부에 의한 최종 재화와 서비스의 구입. 정부구매는 재화나 서비스 등을 대가로 받지 않고 정부가 지급하는 이전지출을 포함하지 않으며 또한 기발행된 정부채권에 지급되는 이자를 포함하지 않는다.

정부구매(government purchases)는 중앙정부와 지방정부가 구입한 전투기와 같은 최종 재화나 공립학교 교육과 같은 서비스를 의미한다. 현재 생산된 재화나 서비스를 대가로 받지 않고 지급되는 정부의 이전지출은 정부구매에 포함되지 않는다. 이전지출의 예에는(정부구매에 포함되지 않음) 사회보장급여, 실업급여, 공무원들에게 지급된 연금, 복지지출 등이 있다. 정부채권에 지급된 이자도 또한 정부구매에서 제외된다.

순수출
수출에서 수입을 뺀 것

순수출(net exports)은 수출에서 수입을 뺀 것이다.

- 수출은 국내에서 생산되어 해외로 판매된 최종 재화와 서비스를 의미한다.
- 수입은 외국에서 생산된 재화와 서비스를 국내 구매자가 구입한 것이다. 수입은 소비, 투자, 정부구매에 포함되어 있으나, 국내 생산물에 대한 지출이 아니기 때문에 제외되어야 한다. 국내에서 생산된 재화와 서비스에 대한 순지출을 계산하기 위해 수출에서 수입을 빼준다. 수출을 더해주고 수입을 빼주는 방법을 다른 말로 표현하면, 수출에서 수입을 뺀 순수출을 더하여 주는 것이다.

한 나라의 순수출은 그 나라의 재화와 서비스에 대한 다른 나라들의 순수요를 반영한다. 어떤 해에는 수출이 수입을 초과할 수 있고 그 반대일 수도 있기 때문에 순수출은 양수나 또는 음수가 될 수 있다. **표 16.2**에서 보여주듯이 2018년 한국의 수출은 수입을 초과하여 흑자를 기록하였다.

GDP와 재화와 서비스에 대한 지출 사이의 관계는 아래와 같은 식으로 요약될 수 있다.

Y=국내총생산, 또는 국내총산출
C=소비지출
I=투자
G=정부구매
NX=순수출

위와 같은 기호를 이용하여 GDP는 네 가지 형태의 지출의 합과 같다고 쓸 수 있다.

$$Y = C + I + G + NX$$

예 16.7 GDP 측정의 생산 측면과 지출 측면

두 가지 방법을 사용할 경우 동일한 GDP를 얻는가?

한 경제가 대당 \$15,000인 자동차를 100만 대 생산하였다. 이 중 70만 대는 소비자에게, 20만 대는 기업에, 5만 대는 정부에, 2만 5,000대는 외국에 판매되었다. 수입된 자동차는 없으며 그해 말까지 팔리지 않은 자동차는 생산자가 재고로 보유하고 있다. (a) 생산물의 시장가치의 항목에서, (b) 지출의 항목에서 GDP를 계산해보자. 두 가지 방법으로 동일한 GDP를 얻어야 한다.

이 경제가 생산한 최종 재화와 서비스의 시장가치는 자동차 생산량 100만 대에 대당 가격 $15,000를 곱한 150억 달러이다.

지출 측면에서 GDP를 측정하려면 소비, 투자, 정부구매, 순수출을 더하여야 한다. 소비는 70만 대×$15,000=$105억이다. 정부구입은 5만 대×$15,000=$7억 5,000만이다. 순수출은 수출(2만 5,000대×$15,000=$3억 7,500만)에서 수입 0을 빼면 3억 7,500만 달러가 된다.

그런데 투자는 얼마인가? 여기에서 주의해야 한다. 기업에 팔린 20만 대의 자동차, 30억 달러는 투자로서 계산된다. 그러나 자동차 회사가 생산한 100만 대 중 97만 5,000대만이 판매되었다(70만+20만+5만+2만 5,000). 따라서 2만 5,000대의 자동차는 그 해 말까지 판매되지 않아 재고에 추가되었다. 생산자의 재고의 증가($15,000×2만 5,000대=$3억 7,500만)는 재고투자로 계산되며 총투자의 일부가 된다. 따라서 총투자지출은 회사에 판매된 30억 달러의 투자에 재고투자 3억 7,500만 달러를 더하여 33억 7,500만 달러가 된다.

요약하면, 이 경제의 소비는 105억 달러, 투자는(재고투자 포함) 33억 7,500만 달러, 정부구매는 7억 5,000만 달러, 순수출은 3억 7,500만 달러가 된다. 지출의 네 가지 구성부분을 모두 합하면 150억 달러를 얻는다 — 이는 생산물의 시장가치를 계산하여 얻은 GDP와 동일한 값이다.

✔ 개념체크 16.4

예 16.5에서 가계가 구입한 자동차 중 2만 5,000대는 국내에서 생산된 것이 아니라 수입된 것이라고 가정하자. 국내에서는 전과 같이 대당 $15,000에 100만 대가 생산되었다. (a) 생산 측면에서, (b) 지출 측면에서 GDP를 구하여라.

16.3 GDP의 소득측면: 자본소득 및 노동소득

GDP는 총생산물로 측정되거나 또는 총지출로 측정될 수 있으며 어떤 방법으로 GDP를 계산하든 동일한 결과를 얻는다. 그런데 GDP를 바라보는 또 다른 측면은 소득측면, 즉 자본소득과 노동소득으로 생각하는 것이다.

한 재화나 서비스가 생산되고 판매될 때, 판매 수입은 그 재화나 서비스의 생산에 관계된 근로자와 자본의 소유주에게 분배된다. 따라서 몇 가지 작은 기술적인 조정을 제외하면, GDP는 노동소득과 자본소득의 합과 같다.

- 노동소득은 임금, 급여, 자영업자의 소득으로 이루어져 있다.
- 자본소득은 실물자본(공장, 기계, 사무실 빌딩 등)과 무형자본(저작권, 특허 등)의 소유주에 대한 지급으로 구성되어 있다. 자본소득의 구성 요소는 회사 소유주가 벌어들이는 이윤, 토지나 빌딩 소유주에게 지급되는 임대료, 채권 보유자들이 받는 이자, 저작권이나 특허 보유자가 받는 사용료 등과 같은 항목을 포함한다.

GDP 중에서 노동소득과 자본소득은 얼마나 되는가? 이 질문에 대한 대답은 쉽지 않다. 예를 들어, 자영업자(자신의 작업장비를 소유)의 소득 또는 소기업가의 소득을 생각해보자: 그들 소득의 얼마가 노동소득이고, 얼마가 자본소득으로 계산되어야 하는가? 이에 대하여 경제학자들은 합의에 이르지 못했으며 추정방법에 따라 다른 값이 얻어진다. 근사치로 대략 계산해보면 노동소득은 GDP의 70%, 자본소득은 GDP의 30%라고 생각된다.

노동소득과 자본소득은 둘 다 세금 납부 전의 소득이다. 물론, 정부는 두 가지 종류의 소득 일부를 세금의 형태로 거두어들인다.

그림 16.2는 GDP의 세 가지 측면, 즉 생산물의 시장가치, 총지출의 가치, 노동소득과 자본소득의 합계가 동일하다는 것을 그림으로 보여주고 있다. 이 그림은 또한 지출과 소득의 구성 요소의 상대적 중요성을 알 수 있게 해 준다. 지출의 약 50%는 소비지출이며 약 20%는 정부구매, 투자지출은 25%, 순수출은 5%이다. 앞에서 언급한 것처럼, 노동소득은 총소득의 약 70%이며 나머지는 자본소득이다.

그림 16.2

GDP의 세 가지 측면

GDP는 (1) 생산물의 시장가치, (2) 총 지출(소비, 투자, 정부구매, 순수출), 또는 (3) 총 소득(노동소득과 자본소득)으로 표현될 수 있으며 세 가지 측면에 계산된 GDP는 동일하다.

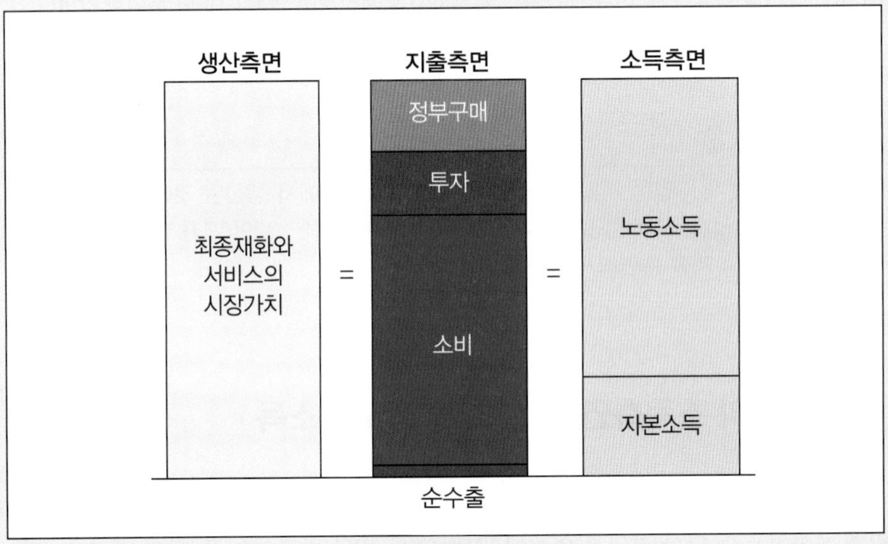

그림 16.2는 경제의 순환모형도의 측면에서 해석될 수 있다. 단순한 형태의 순환모형도는 **그림 16.3**에 그려져 있다. GDP의 구성요소로서 소비만이 존재하는 단순한 형태의 순환모형도이다. GDP에서 소비가 차지하는 비중이 2/3를 넘기 때문에(한국은 50% 정도) 그렇게 비현실적인 모형은 아니다. **그림 16.3**의 왼쪽 그림은 가계로부터 기업으로 자원의 흐름을, 동시에 기업으로부터 가계로 재화와 서비스의 흐름을 보여준다. GDP 측정의 생산측면은 일정 기간 동안에 한 국가 내에서 생산된 재화와 서비스의 흐름을(**그림 16.3** 왼쪽 그림에서 청색 화살표) 의미한다.

그림 16.3의 오른쪽 그림은 가계가 기업으로 지급한 지출의 흐름과 노동과 자본이

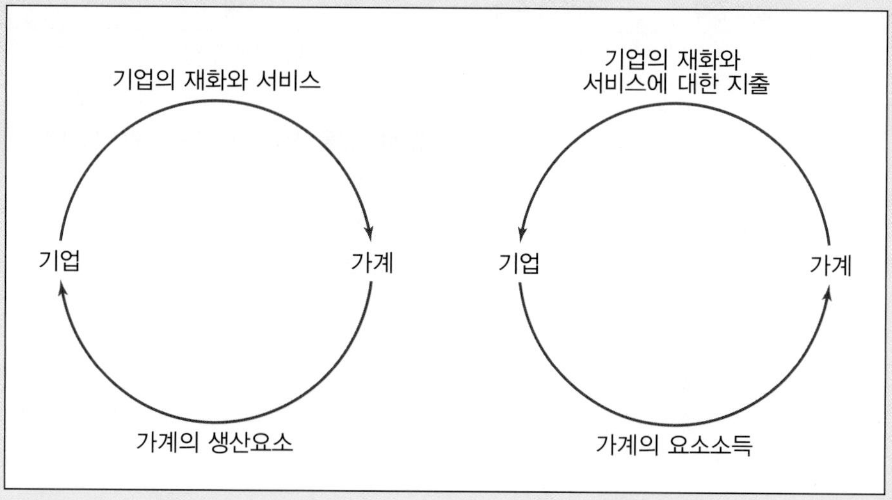

그림 16.3

경제의 순환도

왼쪽 그림은 가계가 기업에 노동과 자본을 제공하고 기업은 이를 사용하여 재화와 서비스를 생산하는 것을 보여준다. 오른쪽 그림은 가계가 기업에 생산요소를 제공한 대가로 소득을 받고 기업이 생산한 재화와 서비스에 지출하는 것을 보여준다.

라는 자원에 대한 보상으로 기업이 가계에 지급한 소득의 흐름을 보여준다. GDP 측정의 지출측면이 첫 번째 흐름에 해당하는 것이며(오른쪽 그림의 청색 화살표) 소득측면이 두 번째 흐름에 해당하는 것이다(오른쪽 그림의 적색 화살표). 순환모형도가 보여주고 있듯이 생산된 모든 것(생산측면)은 구매자에 의해 구매되며(지출측면), 또한 구매자의 지출은 누군가의 소득이 되는 것(소득측면)이기 때문에 세 가지 방법은 모두 동일한 GDP를 도출해야 한다.

그림 16.3은 복잡한 실제 경제를 단순하게 도식화하여 보여준다. 경제에는 주요 경제주체인 가계와 기업이 있으며 이들 경제주체가 거래하는 두 개의 시장인 생산요소 시장과 재화와 서비스 시장이 있다. 가계는 생산을 위한 투입요소(자원) 시장에서 기업을 만나 노동과 자본을 기업에 판매하고 노동소득과 자본소득을 지급받는다. 적색 화살표가 이러한 거래를 가리킨다. 생산이 이루어진 후에 가계는 기업으로부터 생산된 재화와 서비스를 구매하고 지급받은 소득으로 지불(가계지출)한다. 청색 화살표는 이러한 거래를 가리킨다. 일정 기간에 생산된 재화와 서비스의 총 가치는 총생산, 총지출, 총소득을 계산함으로써 측정될 수 있다. 따라서 세 가지 방법은 GDP 측정에 동일한 결과를 도출하여야 한다.

요약 **GDP 측정 방법**

GDP의 지출 구성요소

- GDP는 국내에서 생산된 최종 재화와 서비스에 대한 지출의 합으로 나타낼 수 있다. GDP에 포함되는 지출의 네 가지 종류와 각각을 지출하는 경제주체는 다음과 같다.

지출의 종류	지출의 주체	예
소비	가계	식품, 의류, 이발, 신차 구입
투자	기업	신규 공장과 설비, 신규 주택, 재고증가
정부구매	정부	신규 학교건물, 신규 군대용품, 군인 · 공무원에 대한 급여
순수출(수출−수입)	해외부문	제조업 제품 수출, 외국인에 제공된 국내 거주자의 법률 · 금융 서비스

노동소득과 자본소득

- GDP는 또한 노동소득과 자본소득의 합과 같다.

16.4 명목GDP vs. 실질GDP

특정연도와 같이 일정 기간 동안의 경제의 총생산 측정지표로서 GDP는 여러 지역의 경제활동을 비교하는 데 유용하다. 예를 들면, 2018년의 GDP 데이터를 광역시도별로 나누면 그 해의 서울의 총생산과 경기도의 총생산을 비교하는 데 이용할 수 있다. 그러나 경제학자들은 경제활동 수준의 지역적 비교뿐만 아니라 시계열 상의 비교에도 관심이 있다. 예를 들어, 재선을 위해 뛰고 있는 대통령은 성공적인 경제정책을 홍보하기 위해 자기의 임기 중에 경제의 총생산이 얼마나 증가하였는지 알아내야 할 것이다.

그러나 아래의 예에서 알 수 있듯이, 다른 두 시점에서의 경제활동을 비교하는 데 GDP를 이용하면 오류가 발생할 수 있다. 한 경제가 피자와 파이만을 생산한다고 가정하자. 대통령 임기의 시작과 끝인 2013년과 2017년에 두 재화의 가격과 수량은 **표 16.3**에 주어져 있다. 각 연도의 GDP를 생산물의 시장가치로 구해보면, 2013년의 GDP는 (피자 10판×$10/판)+(파이 17개×$5/개)=$175이고, 2017년의 GDP는 (피자 20판×$12/판)+(파이 30개×$6/개)=$420이 된다. 이 계산에서 2017년의 GDP를 2013년의 GDP와 비교하면 2.4배($420/$175)가 더 높다고 결론내릴 수 있다.

이 계산에서 무엇이 잘못되었는가? 피자와 파이 둘 다 2017년에 생산된 양은 2013년에 생산된 양의 정확히 두 배이다. 두 재화의 실제 생산량으로 측정된 경제활동은 4년 동안 정확히 두 배가 되었는데 왜 GDP로 계산된 가치는 더 크게 증가하였는가?

표 16.3 2013년과 2017년의 가격과 생산량

	피자 수량	피자 가격	파이 수량	파이 가격
2013	10	$10	15	$5
2017	20	$12	30	$6

표에서 알 수 있듯이, 해답은 2013년과 2017년 사이에 생산량뿐만 아니라 가격도 상승하였기 때문이다. 가격 상승으로 인하여 4년 동안 생산량의 시장가치는 실제로 생산된 물질적 수량보다 더 크게 증가하였다. 한 해에 생산된 재화와 서비스의 화폐가치보다는 실물수량이 사람들의 경제적 복지를 결정하는 것이기 때문에, 이렇게 GDP를 측정하여 비교하면 경제성장을 잘못 측정하게 된다. 만약 2013년과 2017년 사이에 피자와 파이의 가격이 2.4배 올랐다면 실물수량에서 변화가 없었다고 하더라도 GDP는 2.4배 증가했을 것이다. 그 경우에 경제의 (실물) 총생산이 두 배보다 더 많이 증가했다는 주장은 분명히 잘못된 것이다.

이 예에서 알 수 있듯이, 다른 시점의 GDP를 이용하여 경제활동을 비교하려면 가격변화의 효과를 제거하는 방법이 필요하다. 다시 말하면, 인플레이션에 대한 조정이 필요한 것이다. 경제학자들은 다른 연도에 생산된 수량들의 가치를 평가하는 데 공통의 가격들을 사용한다. 표준적인 방법은 기준년도라고 부르는 특정한 연도를 선택한 후, 기준년도의 가격들을 이용하여 총생산의 시장가치를 계산하는 것이다. 기준년도를 어떻게 선택할 것인가에 대한 특별한 규칙은 없으나 보통 최근의 한 해를 선택한다. 당해연도 가격들이 아닌 기준년도의 가격들을 이용하여 계산된 GDP를 **실질(real)GDP**라고 부르고 이를 실물 생산의 측정지표로 사용한다. 실질GDP는 인플레이션을 조정한 GDP이다. 당해연도 가격들로 평가한 GDP와 기준년도 가격들로 평가한 실질GDP를 구분하기 위하여 전자를 **명목(nominal)GDP**라고 부른다.

실질GDP
생산된 수량을 당해 연도 가격이 아닌 기준년도의 가격으로 평가한 GDP; 실질GDP는 실제 생산량의 실물수량을 측정한다.

명목GDP
생산된 수량을 당해 연도의 가격으로 평가한 GDP; 명목GDP는 생산량을 당해 연도 화폐가치로 측정한다.

GDP디플레이터
당해연도의 가격을 그대로 적용한 명목GDP를 기준년도의 가격을 이용하여 구한 실질GDP로 나눈 값에 100을 곱한 지수

기준년도의 가격을 이용하여 구한 실질GDP에 대하여 당해연도의 가격을 그대로 적용한 명목GDP의 비율은 기준년도와 비교연도 사이에 가격들의 변화를 측정할 수 있는 지표를 제공한다. 이를 **GDP디플레이터**(deflator)라고 부르며 이는 다음과 같이 계산된다.

$$\text{GDP디플레이터} = \frac{\text{명목 GDP}}{\text{실질GDP}} \times 100$$

GDP디플레이터는 기준년도에 100이 되며 기준년도에 비해 물가가 얼마나 상승했는가를 반영하는 물가지수가 될 수 있다. 다른 물가지수와의 비교는 제 17장에서 상세히 설명될 것이다.

2013~2017년 동안의 실질GDP의 변화 계산 　예 16.8

2013-2017년 동안 실질GDP는 얼마나 증가하였는가?

2013년을 기준년도라고 가정하고 **표 16.3**의 데이터를 이용하여 2013년과 2017년의 실질GDP를 구해보자. 2013년과 2017년 사이에 실질GDP가 얼마나 증가하였는가?

2017년의 실질GDP를 구하기 위해서는 생산물의 가치를 기준년도의 가격들을 사용하여 평가해야 한다. **표 16.3**의 데이터를 이용하면 다음과 같다:

2017년 실질GDP=(2017년의 피자 생산량×2013년의 피자 가격)
+(2017년의 파이 생산량×2013년의 파이 가격)
=(20×$10)+(30×$5)
=$350

이 경제의 2017년 실질GDP는 $350이다.

2013년의 실질GDP는 얼마인가? 정의상 2013년의 실질GDP는 2013년 생산물을 기준년도 가격으로 평가한 것이다. 이 예에서 기준년도는 2013년이므로 2013년의 실질GDP는 2013년의 생산량을 2013년의 가격에서 평가한 것과 같고 이것은 2013년의 명목GDP와 같다. 즉, 기준년도의 실질GDP는 명목GDP와 같다. 또한 기준년도의 GDP디플레이터는 100이 된다. 2013년의 명목GDP는 이미 $175로 구하였으므로 이것이 2013년의 실질GDP이다.

이제 4년의 기간 동안 실질GDP가 얼마나 증가하였는가를 계산할 수 있다. 2013년 실질GDP는 $175, 2017년 실질GDP는 $350이므로 2013년과 2017년 사이에 실질GDP는 두 배가 되었다. **표 16.3**에서 그 기간 동안 피자와 파이의 생산량이 모두 두 배가 되었기 때문에 이러한 결론은 합리적이다. 실질GDP를 사용함으로써 가격 변화의 효과를 제거하여 4년 동안의 실질 생산량의 변화를 측정하는 합리적인 지표를 얻게 되었다.

물론 모든 재화의 생산이 반드시 동일한 비율로 증가하는 것은 아니다. **개념체크 16.5**에서 피자와 파이 생산량이 다른 비율로 증가할 때 실질GDP를 구해보자.

✔ 개념체크 16.5

2013년과 2017년 피자와 파이의 생산량과 가격이 다음과 같다고 가정하자.

	피자 수량	피자 가격	파이 수량	파이 가격
2013	10	$10	15	$5
2017	30	$12	30	$6

이 데이터는 피자 생산이 2013년과 2017년 사이에 세 배가 된 것을 제외하고는 **표 16.3**과 같다. 2013년과 2017년의 실질GDP를 구하고 4년 동안의 실질GDP의 증가율을 계산하라(기준년도는 전과 동일하게 2013년으로 가정하라).

개념체크 16.5를 풀면 2013년과 2017년 사이의 경제성장률은 피자와 파이의 실물 생산량 증가율의 일종의 가중 평균이라는 것을 발견할 것이다. 따라서 여러 가지 재화와 서비스의 생산이 다른 비율로 증가할 때에도 실질GDP는 전체 실질 생산량을 측정하는 유용한 지표가 된다.

경제적 사유 16.1

명목GDP와 실질GDP가 서로 반대 방향으로 움직일 수 있는가?

대부분의 나라에서 명목GDP와 실질GDP는 거의 매년 증가하고 있다. 그러나 두 지표가 서로 반대 방향으로 움직이는 것도 가능하다. 이런 일이 미국에서 가장 최근에 발생한 해는 2007~2008년이었다. 2009년을 기준년도로 할 때 실질GDP는 2007년 14조 8,700억 달러에서 2008년 14조 8,300억 달러로 0.3% 감소하였다. 이것은 재화와 서비스의 실물 생산량이 전반적으로 감소한 것을 반영하고 있는 것이다. 그러나 동일한 기간 동안 재화와 서비스의 가격들은 생산량이 감소한 폭보다 더 많이 상승하였기 때문에, 명목GDP는 14조 4,800억 달러에서 14조 7,200억 달러로 1.7% 증가하였다.

만약 당해 연도 가격들이 기준년도의 가격들보다 낮다면 명목GDP는 실질GDP보다 작게 된다. 기준년도 이전의 연도들에서 일반적으로 이런 일이 발생한다.

명목GDP가 감소한 해에 실질GDP가 증가할 수 있는가? 정답은 '그렇다'이다. 한 나라가 경제성장과 디플레이션(가격들의 하락)을 동시에 경험하고 있는 경우 이와 같은 현상이 발생할 수 있다. 가격들의 하락률(디플레이션율)이 실물 생산량의 증가율보다 크다면 실질GDP는 증가하고 명목GDP는 감소할 것이다. 이러한 현상은 실제로 1990년대 몇 년 동안 일본에서 발생하였다.

이렇게 실질GDP를 계산하는 방법은 GDP 통계를 담당하고 있는 한국은행에서 수십 년 동안 사용되어 왔다. 그러나 최근에 한국은행은 연쇄가중(chain weighting)법이라는 더 복잡한 방법을 사용하여 실질GDP를 계산하고 있다. 이 새로운 방법에 따르면 공식 실질GDP 데이터는 기준년도를 어느 해로 정하는가에 큰 영향을 받지 않는다. 그러나 연쇄가중법과 전통적 방법은 기준년도의 가격으로 총생산의 가치를 평가한다는 점에서 기본적인 사고는 동일하며, 두 가지 방법으로 얻어진 값은 비슷하다.

요약 명목GDP VS. 실질GDP

실질GDP는 재화와 서비스의 당해 연도의 가격이 아닌 기준년도의 가격을 사용하여 계산된다. 명목GDP는 당해 연도의 가격을 사용하여 계산된다. 실질GDP는 인플레이션이 조정된 GDP로서 실물 생산량을 측정하는 것이다. 여러 다른 시점의 경제활동의 성과를 비교할 때에는 항상 명목GDP가 아닌 실질GDP를 사용하여야 한다.

16.5 실질GDP와 경제적 복지

정부의 정책결정자들은 실질GDP를 예의주시하고 있으며 실질GDP가 증가할수록 더 좋다고 말한다. 그러나 실질GDP는 경제적 복지와 완전히 동일하지는 않다. 실질GDP는 대부분의 경우 시장에서 가격이 결정되고 판매되는 재화와 서비스만을 포함하기 때문에 경제적 복지를 측정하는 지표로서는 불완전한 지표일뿐이다. 사람들의 경제적 복지를 결정하는 요소들 중에는 시장에서 가격이 결정되지 않고 판매되지 않는 것들이 많이 있는데 이들은 GDP에서 누락되어 있다. 따라서 실질GDP를 극대화하는 것이 정부 정책결정자들에게 항상 올바른 목표인 것은 아니다. GDP를 증가시키는 정책들이 사람들의 복지를 증진시키는가는 개별 정책별로 판단되어야 할 문제이다.

16.5.1 실질GDP는 왜 경제적 복지와 동일하지 않은가

실질GDP의 증가가 항상 경제적 복지의 향상을 의미하지는 않는다는 것을 이해하기 위하여 GDP에는 포함되지 않으나 사람들의 복지에 영향을 주는 요인들을 살펴보자.

여가시간

현재 대부분의 미국인들(다른 선진국의 대부분의 국민들도)은 100년 전 그들의 선조들이 일했던 시간보다 훨씬 적은 시간을 일하고 있다. 20세기 초 일부 산업노동자들은—예를 들면, 철강 노동자—하루에 12시간씩 주당 7일 일하였다. 오늘날에는 주당 40시간의 노동시간이 일반적이다. 또한 오늘날의 미국인들은 직업을 갖는 시기가 점점 늦어지는 경향이 있으며(대학 또는 대학원 졸업 이후), 대부분의 경우 은퇴시기가 빨라지고 있다. 미국을 비롯한 많은 선진국들의 근로자들이 누리고 있는 여가시간의 증가는—가족, 친구들과 함께 시간을 보내며, 스포츠나 취미생활에 참가하고, 문화·교육 활동에 참가하는 등, 가치 있는 많은 활동을 추구할 수 있게 해 준다—부유한 나라에서 누릴 수 있는 주요 혜택이다. 그러나 이러한 늘어난 여가시간의 가치는 시장에서 가격이 매겨지지 않으며, 따라서 GDP에 반영되어 있지 않다.

경제적 사유 16.2

왜 사람들은 옛날에 비해 일하는 시간이 줄어들었는가?

미국인들은 50년 전 또는 100년 전 사람들보다 일생 중 더 늦게 일을 시작하고 더 빨리 은퇴하며, 대부분의 경우 주당 노동시간이 줄어들었다. 적게 일하는 것의—예를 들면, 더 빨리 은퇴하거나 또는 주당 노동시간이 적은 것—기회비용은 일하지 않기 때문에 포기한 노동수입이다. 예를 들어, 백화점의 아르바이트 자리에서 주당 $400을 벌 수 있는 경우, 2주일 일찍 그 일자리를 그만두고 친구들과 여행을 떠난다면 기회비용은 $800이다. 오늘날의 사람들이 예전보다 더 적게 일한다는 사실은 그들이 포기한 노동수입이라는 기회비용이 그들의 조부모 또는 증조부모의 기회비용보다 낮아졌다는 것을 의미한다. 왜 이러한 차이가 발생하였을까?

비용-편익

이러한 현상을 이해하기 위하여 비용–편익의 원리를 적용해 볼 수 있다. 지난 세기 동안 미국을 비롯한 여러 선진국들의 높은 경제성장은 평균적인 노동자들이 받는 임금의 구매력을 크게 증가시켰다. 다시 말하면, 오늘날의 평균적인 노동자는 자신의 시간당 임금으로 과거에 비하여 더 많은 재화와 서비스를 구입할 수 있다. 이러한 사실로부터 오늘날 여가의 기회비용(노동수입으로 구매할 수 있는 항목으로 측정한)은 과거보다 더 작아진 것이 아니라 더 커진 것을 알 수 있다. 그러나 임금의 구매력이 과거보다 현재 훨씬 더 높기 때문에 미국인들은 과거보다 더 적은 시간을 일하고도 괜찮은 생활수준을 누릴 수 있다. 그래서 여러분의 조부모들은 집세를 지불하거나 음식을 준비하기 위하여 긴 시간을 일해야만 했지만, 오늘날의 노동자들은 장시간 일해서 얻은 추가적 소득으로 좋은 옷, 멋진 차와 같이 상대적으로 사치품을 살 가능성이 크다. 그러한 재화들은 기본적인 음식이나 집보다 포기하기가 더 쉽기 때문에 여가의 진정한 기회비용은 50년 전에 비하여 오늘날 더 낮은 것이다. 여가의 기회비용이 감소하였으므로 미국인들은 여가를 더 즐기려는 선택을 한 것이다.

시장 밖의 경제활동

경제적인 활동들이 모두 시장에서 거래되는 것은 아니다. 정부 서비스와 같은 몇 가지 예외를 제외하면 시장 밖의 경제활동은 GDP에서 제외된다. 앞에서 보수를 받지 않는 가사노동을 한 가지 예로 언급한 바 있다. 또 다른 예는 많은 작은 마을에서 행해지고 있는 자원봉사 소방대 및 응급구조대와 같은 서비스이다. 이렇게 보수를 받지 않는 서비스가 GDP에서 제외되었다고 해서 중요하지 않다는 것을 의미하지는 않는다. 문제는, 보수를 받지 않는 서비스의 시장가격과 수량이 존재하지 않기 때문에, 그것들의 시장가치를 추정하는 것은 매우 어렵다는 것이다.

시장 밖의 경제활동이 GDP에서 제외됨으로써 얼마나 큰 오류를 범하고 있는가? 그 대답은 관심의 대상에 따라 다르다. 시장 밖의 경제활동은 모든 경제에 존재하기는 하지만 특히 저소득 국가의 경제에서 중요한 부분을 차지한다. 예를 들어, 개발도상국의 시골 마을에서 사람들은 서비스를 서로 품앗이처럼 교환하기도 하고, 여러 가지 일에 대가를 받지 않고 서로를 도와준다. 이러한 사회에서는 가족들이 직접 농작물을 재배하고 기초적인 서비스를 스스로 충족시켜 자급자족적인 경향이 강하다. 그러한 시장 밖의 경제활동은 공식적인 통계에 포함되지 않기 때문에 저소득 국가들의 GDP 데이터는 실제 경제활동의 양을 크게 저평가하게 된다.

시장 밖의 경제와 밀접히 관련된 것으로서 지하경제라는 개념이 있는데, 이것은 정부 공무원이나 통계 조사원에게 전혀 알려지지 않는 거래들을 말한다. 지하경제는 비공식적인 아이돌봄 서비스에서부터 조직범죄에 이르기까지 합법적이거나 불법적인 활동을 모두 포함한다. 예를 들어, 어떤 사람들은 일용직 또는 임시직 노동자에게 집안 청소나 페인트칠과 같은 일을 시키고 현금으로 지불함으로써 이러한 노동자들이 소득세를 회피할 수 있도록 해 준다. 경제학자들은 사람들이 현금을 얼마나 보유하고 있는가를 분석하여 그러한 서비스의 가치를 추정해 보고, 선진국에서조차 이러한 종류의 거래들이 전체 경제활동에서 상당한 부분을 차지하고 있다고 결론을 내리고 있다.

환경의 질과 자원 고갈

실질GDP의 기준으로 보면 최근 중국 경제는 빠르게 성장하고 있다. 그러나 제조업의 기반을 확충하는 과정에서 대기의 질과 수질이 심각하게 나빠지고 있다. 대기오염이 심해지면 삶의 질은 분명히 악화되지만 대기의 질과 수질은 시장에서 구매되거나 판매되지 않기 때문에 중국의 GDP는 경제성장의 부정적인 측면을 반영하지 않고 있는 것이다.

유한한 자연자원의 개발도 GDP의 측정에서 고려되지 않는 측면이 있다. 원유회사가 원유를 뽑아내어 1배럴의 원유를 판매할 때 GDP는 원유의 가치만큼 증가하게 된다. 그러나 언젠가 미래에 뽑아질 수 있는 원유의 매장량이 1배럴 적어지게 된다는 사실은 GDP에 반영되고 있지 않다.

환경의 질, 자원 고갈과 같은 요인들을 GDP와 같은 지표에 통합하려는 노력이 시도되고 있다. 이와 같은 작업은 더러운 강 대신에 깨끗한 강에서 수영하는 것과 같은 무형의 것들에 대하여 화폐가치를 부여해야 하기 때문에 매우 어려운 일이다. 그러나 환경의 질과 자원보호의 혜택을 화폐가치로 측정하기 어렵다고 해서 그것들이 중요하지 않다는 것을 의미하지는 않는다.

삶의 질

어떤 도시를 살기 좋은 곳으로 만드는 요인에는 어떤 것들이 있는가? 쉽게 생각해 볼 수 있는 몇몇 바람직한 특징들은 이미 GDP에 반영되고 있다: 공간이 넓고 잘 지어진 집, 좋은 음식점과 상점, 다양한 오락시설, 양질의 의료 서비스. 그러나 양질의 삶을 반영하는 다른 많은 지표들은 시장에서 거래되지 않으며 따라서 GDP에서 빠져 있다. 예를 들어, 낮은 범죄율, 적은 교통 혼잡, 시민단체 활동, 넓은 광장 등을 생각해 볼 수 있다. 따라서 지방에 새로운 쇼핑센터가 들어서 그 지역의 GDP를 증가시킬 수 있다 하더라도, 일부 주민들은 새로운 쇼핑센터가 자신들의 삶의 질에 부정적인 영향을 줄 수 있다고 생각하여 반대할 수도 있다.

빈곤과 경제적 불평등

GDP는 한 경제에서 생산되고 판매된 재화와 서비스의 총량을 측정하지만 생산된 재화와 서비스를 누가 향유하는가에 대하여는 아무런 정보도 제공하지 않는다. 두 나라가 동일한 GDP 수준을 가질 수 있지만 국민들 사이에 경제적 후생의 분배는 극단적으로 다를 수 있다. 예를 들어, '평등나라'라고 불리는 나라에서는 대부분의 사람들이 중산층에 속해 있고 극단적인 빈곤계층이나 극단적으로 부유한 계층은 매우 드물다고 한다. 그러나 '불평등나라'에서는 평등나라와 동일한 실질GDP를 기록하고 있지만 일부 부유한 집안들이 경제를 장악하고 있으며 대다수의 인구는 빈곤 수준에 있다고 하자. 대부분의 사람들은 '평등나라'의 경제상황이 더 좋다고 말할 것이지만 두 나라의

GDP는 동일하게 나타나기 때문에 GDP만으로는 이러한 판단을 내릴 수 없다.

미국에서 절대빈곤은 감소하고 있다. 오늘날 공식적인 "빈곤선"(2016년 4인 가족 기준 $24,560)보다 낮은 소득을 가진 많은 가정들은 텔레비전, 자동차, 심지어는 주택까지 소유하고 있다. 일부 경제학자들은 현재 빈곤하다고 간주되는 사람들이 1950년대의 중산층과 동일한 생활수준을 누리고 있다고 주장한다.

그러나 미국에서 절대적 빈곤층은 감소하고 있는 것으로 보이지만 소득 불평등은 심화되고 있다. 미국 거대 기업의 대표이사(CEO)의 급여는 같은 기업의 평균적인 근로자가 받는 임금의 수백 배가 되기도 한다. 심리학자들은 사람들의 경제적 만족도가 자신의 절대적인 경제적 처지에—의, 식, 주의 양과 질—의존할 뿐만 아니라 다른 사람들과의 상대적 비교에도 의존한다고 말한다. 여러분이 비록 오래된 낡은 자동차이지만 주변에서 유일하게 자동차를 소유하고 있다면 특권의식을 느낄 것이다. 그러나 주변의 모든 사람들이 고급차를 소유하고 있다면 여러분의 만족도는 낮을 것이다. 그런 비교가 사람들의 복지에 영향을 준다면 경제적 불평등은 절대빈곤만큼 중요한 문제가 된다. GDP는 소득의 분배보다는 총생산에 초점을 두기 때문에 이런 불평등의 문제를 반영하지 못한다.

16.5.2 그러나 GDP는 경제적 복지와 관련되어 있다

여러분은 GDP의 공식적 통계에 많은 중요한 요인들이 누락되어 있기 때문에 경제적 후생의 지표로서 쓸모없다고 결론 내릴지도 모른다. 경제정책의 효과를 평가할 때 GDP에 미치는 효과만을 고려한다면 올바른 판단을 내리기에 부족하다는 것은 분명하다. 정책을 수립하는 사람들은 GDP에 나타나지 않는 경제적 복지의 여러 측면에 대한 정책의 영향에 대하여도 숙고해 보아야 할 것이다. 예를 들어, 환경 규제는 철강생산을 감소시켜 GDP를 감소시킬 것이다. 그러나 이 사실은 그러한 규제가 좋다 나쁘다를 결정하는 충분한 근거가 되지 못한다. 이런 문제를 결정하는 올바른 방법은 **비용-편익의 원리**를 적용하는 것이다. 더 깨끗한 공기의 편익이, 규제로 인하여 발생하는 생산량의 감소 및 일자리의 감소와 같은 비용보다 더 큰 가치가 있는가? 그렇다면 규제는 채택되어야 하며, 그렇지 않다면 채택되지 않아야 한다.

비용-편익

경제정책이 실질GDP에 미치는 효과를 분석하는 것이 정책을 판단하는 완벽한 기준은 아니지만 일인당 실질GDP는 사람들이 가치를 부여하는 물질적 생활수준, 건강과 기대수명, 양질의 교육 등과 양의 관계를 가지는 경향이 있다. 아래에서는 높은 수준의 실질GDP가 높은 수준의 경제적 복지를 의미하는 여러 경우에 대하여 알아볼 것이다.

재화와 서비스의 가용성

높은 GDP를 가진 나라의 시민들은 더 많은 그리고 더 좋은 재화와 서비스를 향유할 가능성이 분명히 높다(GDP는 바로 이것을 측정한다). 평균적으로, GDP가 높은 나라들은 크고 안락하고 좋은 집, 고급 음식과 옷, 오락과 문화에 대한 다양한 기회, 교통과 여행에 대한 접근성, 양질의 통신과 공중위생 등등을 누리고 있다. 사회문제에 대한 비평가들은 물질적 소비의 가치에 대하여 의문을 제기할지 모르지만—부유함이 행복과 마음의 평화를 필연적으로 가져오는 것은 아니라는 데 동의한다—대다수의 사람들은 물질적 번영을 달성하기 위해 노력하고 있다. 역사를 통틀어서 사람들은 자신과 가족들의 생활수준을 높이기 위하여 희생을 치르기도 하고 커다란 위험도 감수하였다. 실제로 미국이라는 국가는, 개인적으로는 커다란 고통이었지만 자신들의 경제적 처지를 개선하려는 희망을 안고 조국을 떠날 용의가 있었던 사람들에 의하여 건설되었다.

건강과 교육

최빈국에서 태어난 아이가 만 5세 이전에 사망할 확률은 8%에 이른다.

소비재와 서비스의 풍족함이 진정으로 가치로운 것인가에 대하여 의문을 제기하는 사람들이 있지만 글을 읽는 능력이나 교육의 가치에 대하여 의문을 제기하는 사람은 매우 적으며 수명이나 건강한 삶의 가치에 대하여는 아무도 반론을 제기하지 않는다. **표 16.4**는 기대수명, 유아 및 영아 사망률, 의사의 수, 영양지표, 교육 기회 등의 주요 복지지표들에서 고소득국과 저소득국의 격차를 보여주고 있다. 이 자료들은 GDP 및 다양한 교육 지표와 건강 지표들을 사용하여 경제 발달을 측정하는 UN의 *Human Development Report*로부터 추출되었다. **표 16.4**의 첫 번째 행에서 보여주듯이 네 그룹 국가들의 일인당 GDP 수준에는 큰 차이가 있다. 최상선진국의 일인당 GDP가 저개발국들의 일인당 GDP보다 20배 이상이나 된다.[2]

GDP에서의 차이는 다른 복지지표들과 어떤 관련이 있는가? **표 16.4**는 가장 기본적인 복지지표에서 저개발국이 선진국에 비해 훨씬 뒤떨어져 있음을 보여준다. 저개발국에서 태어난 아이는 만 5세 이전에 사망할 확률이 8%에 이른다. 최상선진국에서는

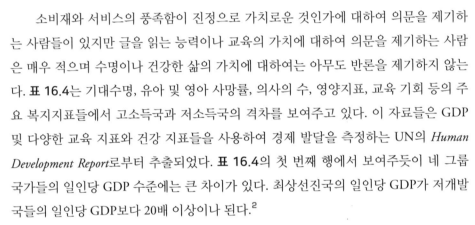

표 16.4 GDP와 복지지표

지표	최상선진국	선진국	중진국	저개발국
일인당 GDP (미국달러), 2015	39,989	14,079	6,361	2,775
총인구(백만명), 2015	1,350.1	2,379.4	2,622.3	929.2
기대수명(년), 2015	79.4	75.5	68.6	59.3
5세 이하 사망률 (신생아 1,000명당), 2015	6	13	45	84
예상 교육년수(아동), 2015	16.4	13.8	11.5	9.3

출처: United Nations, *Human Development Report 2016*, http://hdr.undp.org/en/data.

2 **표 16.4**는 저개발국의 GDP 데이터를 측정할 때 미국의 가격들을 사용하고 있다. 기초적인 재화와 서비스는 저개발국에서 저렴한 경향이 있기 때문에 이러한 평가방법은 저개발국의 GDP를 높게 측정할 것이다.

5세 이전 유아사망률이 0.6%에 불과하다. 최상선진국에서 태어난 아이의 기대수명은 약 79년이고 저개발국에서 태어난 아이의 기대수명은 겨우 59년이다.

표 16.4에서와 같이 최상선진국들 국민의 평균 교육년수는 저개발국들의 두 배에 달하고 있다. 더욱이 이러한 교육년수 자료는 선진국과 저개발국에서 교사들의 학력, 교사-학생 비율 등과 같은 교육의 질적인 차이를 반영하지 않은 것이다.

경제적 사유 16.3

왜 저소득국가에서는 고소득국가에 비해 고등학교를 졸업하는 사람이 훨씬 적은가?

한 가지 가능한 설명은 저소득국가의 사람들이 고소득국가의 사람들에 비해 교육에 대한 우선순위를 낮게 둔다는 것이다. 그러나 저소득국가로부터의 이민자들은 종종 교육을 매우 중요시하는 것이 관찰된다—아마 저소득국으로부터의 이민자들은 자기 국가의 전체 국민을 대표하기에는 대표성이 떨어질 것이다.

경제적 사유는 저소득국가의 낮은 취학률이 문화적 차이에 기인한 것이 아니라 기회비용의 차이에 따른 것이라고 설명한다. 농업중심인 가난한 사회에서 아이들은 중요한 노동력의 원천이다. 취학연령에 도달한 아이들을 학교에 보내는 것이 가계에는 높은 기회비용을 발생시킨다. 아이들이 학교에 다니게 되면 곡식을 심고, 수확하고, 생계에 필요한 다른 일들을 도와줄 수 없게 된다. 또한 책, 학용품 등의 비용은 가난한 가정에게 큰 부담이 된다. **비용–편익의 원리**에 따르면 아이들은 학교에 가기보다는 집에 있을 것이다. 농업중심이 아닌 고소득국가에서는 학령기의 아이들에게 일자리 기회는 거의 없으며 아이들의 잠재적 수입은 가계 소득의 다른 원천에 비하여 적다. 부유한 나라에서 아이들을 학교에 보내는 기회비용이 낮다는 것은 선진국의 등록률이 높은 이유가 된다. 높은 수준의 교육을 받은 사람들에 대한 고용의 기회가 저소득국가보다는 고소득국가에서 많기 때문에 교육으로부터 얻는 편익이나 교육의 수익률 또한 고소득국에서 높은 것이 사실이다.

비용-편익

제 18장 "경제성장, 생산성, 생활수준"에서 경제성장—실질GDP의 증가를 의미—의 편익과 비용을 더 자세히 다룰 것이다. 실질GDP의 증가가 경제적 복지의 향상을 의미하는가에 대한 논의도 다시 살펴볼 것이다.

요약 실질GDP와 경제적 복지

실질GDP는 경제적 복지의 불완전한 지표일 뿐이다. 경제적 복지와 관련이 있지만 GDP에 포함되지 않는 항목에는 여가시간, 보수를 받지 않는 가사노동, 자원봉사 서비스, 환경의 질, 자원보호 등과 같은 시장 밖의 서비스가 있고, 낮은 범죄율과 같은 삶의 질을 나타내는 지표가 있다. 또한 GDP는 한 나라의 경제적 불평등을 반영하지 않는다. 실질GDP가 경제적 복지와 동일한 것이 아니기 때문에 GDP를 증가시키는가의 여부만을 가지고 경제정책을 평가해서는 안 된다.

GDP는 경제적 복지와 완전히 일치하지는 않지만, 물질적 생활수준, 건강, 기대수명,

문자해독률, 교육수준 등 사람들이 가치있다고 생각하는 많은 요소들과 양의 관계를 가지고 있다. 이러한 실질GDP와 경제적 복지 사이에 밀접한 관계가 존재하기 때문에, 가난한 나라의 사람들은 더 나은 삶을 찾아 이민을 가기도 하고, 개발도상국의 정책결정자들은 경제성장률을 높이려고 노력한다.

16.6 실업과 실업률

한 나라의 경제활동 수준을 평가함에 있어 경제학자들은 다양한 통계를 살펴본다. 경제학자들과 일반 대중들이 큰 관심을 가지는 통계치에는 실질GDP 이외에 실업률이 있다. 실업률은 근로시장의 상황을 민감하게 반영하는 지표이다. 실업률이 낮을 때에는, 현재의 일자리는 안전하고 또한 새로운 일자리를 찾는 것이 상대적으로 쉽다. 고용주들은 근로자들을 유인하고 또 잡아두려고 경쟁하기 때문에 낮은 실업률은 임금과 근로조건을 향상시킨다.

노동시장과 실업에 대한 자세한 논의는 제 19장 "노동시장: 고용, 임금, 실업"에서 다룰 것이다. 이 절은 실업률 및 관련 노동통계가 어떻게 정의되고 측정되는지 설명할 것이다. 또한 실업자 개인에 측면에서 그리고 경제전체의 측면에서 실업의 비용에 대하여 논의할 것이다.

16.6.1 실업의 측정

한국에서 실업의 정의와 측정에 관한 일은 통계청이 담당하고 있다. 통계청은 매달 약 3만 5,000여 가구를 무작위로 선택하여 설문조사를 한다. 15세 이상의 각 개인은 다음 세 가지 유형 중에서 하나에 속하게 된다.

1. 취업. 지난 주 동안 상근근로자 또는 시간제 근로자로(몇 시간이라도) 일했거나, 정규직으로 휴가 또는 병가 중이라면 그 사람은 취업자이다.
2. 실업. 지난 주 동안 일을 하지 않았지만 지난 4주 동안 일자리를 찾는 노력을(예를 들어, 취업 인터뷰를 했다든지) 한 경우 그 사람은 실업자이다.
3. 비경제활동인구. 지난 주에 일을 하지 않았고 지난 4주 동안 일자리를 찾지 않았다면 그 사람은 비경제활동인구로 간주된다. 다시 말하면 취업하지도 않았고 실업도(일자리를 찾았지만 찾을 수 없었다는 의미에서) 되지 않은 사람들은 "비경제활동인구"에 속한다. 전업 학생, 대가를 받지 않는 가사노동자, 은퇴자, 장애로 인하여 일을 할 수 없는 사람들은 비경제활동인구의 예이다.

설문조사에 기초하여 통계청은 전국에서 얼마나 많은 사람들이 세 가지 각각의 유형에 속하는지 추정한다. 생산연령인구는 위의 세 유형에 속하는 사람들의 합이며

15세 이상 인구를 의미한다.[3]

실업률을 알아내기 위하여 통계청은 먼저 경제활동인구의 크기를 계산하여야 한다. **경제활동인구**(labor force)는 경제 내에 취업자와 실업자의 합계(통계청 설문조사에 응답한 사람 중 처음 두 유형에 속하는 사람)로서 정의된다. **실업률**(unemployment rate)은 실업자 수를 경제활동인구로 나눈 값으로 정의된다. 비경제활동인구에 속하는 사람들은(예를 들어, 학교에 다니거나, 은퇴했거나, 장애가 있거나 하는 이유로) 실업자에 포함되지 않고 따라서 실업률에 영향을 주지 않는다. 일반적으로 높은 실업률은 경제의 성과가 좋지 않다는 것을 나타낸다.

경제활동인구
경제 내의 취업자와 실업자의 총수

실업률
실업자를 경제활동인구로 나눈 값

또 하나의 유용한 통계는, 노동이 가능한 연령에 있는 사람들 중에서 경제활동인구에 속하는 사람의 비율(즉, 취업자이거나 구직활동을 하고 있는 사람의 비율)인 **경제활동참가율**(participation rate)이다. 경제활동참가율은 경제활동인구를 생산연령인구(15세 이상)로 나누어 계산된다. 2019년 6월의 한국의 경제활동참가율은 약 63.4%였는데, 이것은 성인 3명 중 2명보다 조금 낮은 비율로 일자리가 있거나 구직활동을 하고 있다는 말이다.[4]

경제활동참가율
생산연령인구 중에서 경제활동인구(즉, 취업자와 실업자)가 차지하는 비율

표 16.5에서는 2019년 6월 통계청 자료를 이용하여 주요 노동시장 통계를 계산하고 있다. 경제활동인구 중에서 4.0%가 실업자이며 경제활동참가율은 64.2%로 15세 이상 인구 중 대략 2/3가 취업자이거나 구직활동을 하고 있다. **그림 16.4**는 1963년 이래 한국 실업률의 추이를 보여주고 있다. 2000년대에 실업자의 기준이 과거 1주 동안의 구직활동 여부에서 과거 4주 동안의 구직활동 여부로 변경되었기 때문에 두 가지 기준에 따른 실업률을 모두 표기하였다. 청색선은 1주 기준 실업률이며 적색선은 4주 기준 실업률이다. 4주 기준 구직활동 여부로 실업자를 정의할 경우 더 많은 사람들이 실업자로 분류되기 때문에 실업률이 더 높게 나타난다. 1960년대 높았던 실업률은 경제개발계획에 따른 경제성장과 함께 급격히 하락하여 1970년대에는 4% 내외를 기록하였으며 1980년대 후반에서 외환위기 전까지 실업률은 2%대로 떨어져 역사적으로 가장 낮은 시기였다. 1980년 제 2차 유가충격으로 경기침체를 겪었을 때 실업률은 5%로 높아졌으며 1998년 외환위기 기간에는 극심한 경기침체로 경제성장률이 −5%를 기록하였는데 이 기간 실업률은 7%로 크게 높아졌다. 외환위기에서 회복된 2000년대에는 실업률이 3% 중반 내외를 기록하다가 최근 2014년부터 3% 후반대로 높아지고 있는 추세를 보이고 있다. 이렇게 경기확장 및 경기침체로 이루어지는 경기변동과 실업률과의 관계에 대하여 제 23장 "단기 경기변동"에서 자세히 논의할 것이다.

---

3 정부가 자료를 어떻게 수집하고 유형별로 나누는지에 대한 자세한 설명은 다음 사이트를 참조하라. https://meta.narastat.kr/metasvc/index.do?confmNo=101004

4 정부기관에서는 목적에 따라 조금 다른 정의 및 지표를 추가적으로 이용하고 있다. 먼저 고용률은 총인구 중에서 취업자가 차지하는 비율을 가리키는 지표로서 수식으로는 경제활동참가율과 (1−실업률)의 곱으로 이루어진다. 고용률을 15세 이상 전체 인구에 대하여 계산하는 경우도 있고 15−64세 인구를 대상으로 계산하는 경우가 있기 때문에 주의를 요한다. 또한 생산연령인구를 정의할 때 대한민국에 상주하는 만 15세(매월 15일 현재) 이상인 자로 규정하고 있으며, 단, 군인(직업군인, 상근예비역 포함), 사회복무요원, 의무경찰, 형이 확정된 교도소 수감자 등을 제외하고 있다.

표 16.5 한국 고용 자료, 2019년 6월(만 명)

취업자	2,740.8
실업자	113.7
경제활동인구	2,854.5
비경제활동인구	1,595.1
생산연령인구(15세 이상)	4,449.5
실업률 = 113.7/2,854.5 = 4.0%	
경제활동참가율 = 2,854.5/4,449.6 = 64.2%	

출처: 한국은행 경제통계시스템, http://ecos.bok.or.kr/. 참고로 고용률은 2,740.8/4,449.6 = 61.6%로 계산된다.

그림 16.4

한국의 실업률, 1963~2018
경제성장과 함께 한국의 실업률은 지속적으로 하락하여 1990년대에는 2%대를 기록하기도 하였으나 외환위기 기간인 1998년에는 7%로 상승하였고 최근에는 3%대 후반을 유지하고 있다.

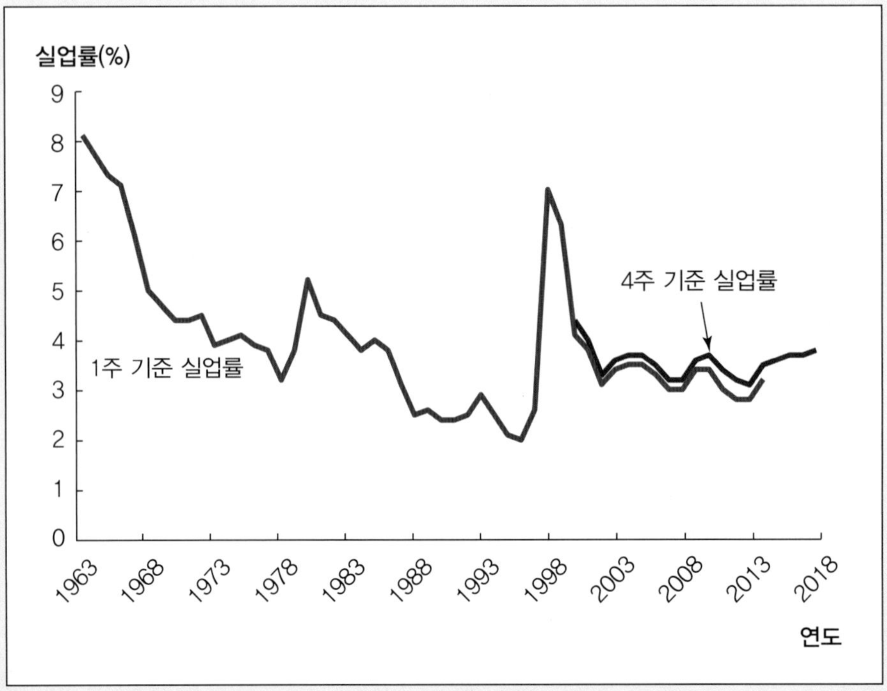

출처: 통계청 국가통계포털(http://kosis.kr/index/index.do)

✔ 개념체크 16.6

다음은 2019년 6월 한국 여성에 대한 통계청의 고용 데이터이다.

취업자	1,184.8만 명
실업자	46.0만 명
비경제활동인구	1,030.6만 명

여성들에 대하여 경제활동인구, 생산연령인구, 실업률, 경제활동참가율, 고용률을 구하고 그 결과를 표 16.5와 비교하라.

16.6.2 실업의 비용

실업은 한 나라에 경제적, 심리적, 사회적 비용을 발생시킨다. 경제적 관점에서 실업의 중요한 비용은 노동력이 이용되지 않음으로써 생산되지 못한 생산물이다. 일을 하지 못하면 실업자들의 소득이 감소하고, 일을 하지 않아서 숙련도가 저하될 수 있기 때문에, 실업으로 인한 대부분의 부담은 실업자 자신들이 지게 된다. 그러나 사회 전체도 또한 실업의 경제적 비용의 일부를 떠안게 된다. 예를 들어, 실업자가 된 근로자는 세금을 납부하지 않게 될 것이고 정부의 실업급여와 같은 보조금을 받게 될 것이다. 이러한 정부예산에서의 순유출은 모든 납세자가 부담하게 되는 것이다.

실업의 심리적 비용은 우선적으로 실업 상태에 있는 노동자와 그 가족들이 감당하게 된다. 여러 연구들은 실업기간의 장기화가 자존감의 상실, 자신의 인생을 마음대로 통제하지 못하는 상실감, 우울, 자살 등으로 이어질 수 있다고 말하고 있다.[5] 실업자의 가족들은 소득 감소로 인한 경제적 어려움은 물론 이와 함께 복합되어 나타나는 심리적 스트레스의 증가를 경험한다.

실업의 사회적 비용은 경제적, 심리적 비용의 결과이다. 장기간 실업자가 된 사람은 심각한 경제적 어려움에 빠질 뿐만 아니라 노여움, 좌절감, 절망을 느끼는 경향이 있다. 실업의 증가가 범죄, 가정 폭력, 알코올 중독, 약물 남용, 기타 사회적 문제들과 관련되어 있다는 것은 놀랍지 않다. 범죄를 다루기 위해 더 많은 경찰이 채용된다든지 또는 사회서비스 지출이 증가한다든지 하는 것처럼 이러한 문제들에 대처하기 위하여 더 많은 공공 자원들이 사용되어야 하기 때문에, 실업의 비용들은 실업자 자신뿐만 아니라 사회 전체가 부담하게 되는 것이다.

16.6.3 실업의 지속기간

실업자 자신들이 느끼는 실업의 충격은 개별 노동자가 얼마나 오랫동안 실업 상태에 있었는가에 크게 의존한다. 일반적으로 실업 상태에 있는 기간이 길수록 그 사람이 직면하는 경제적, 심리적 비용은 더 심각해진다. 예를 들어, 단지 몇 주 동안 실업 상태에 있는 사람은 생활비를 저축이나 정부의 실업급여에 의존할 수 있기 때문에 생활수준의 심각한 하락으로 고통 받지는 않을 것이다. 또한 짧은 기간 동안 실업 상태에 있는 사람은 우울증 또는 자존감의 상실과 같은 심리적 문제를 경험하지 않을 것이며, 적어도 몇 달이나 몇 년 동안 일자리를 갖지 못한 사람과 같은 정도로 경험하지는 않을

5 실업의 심리적 효과를 연구한 논문들에 대한 서베이는 William Darity Jr. and Arthur H. Goldsmith, "Social Psychology, Unemployment, and Macroeconomics," *Journal of Economic Perspectives 10* (Winter 1996), pp.121–140을 참고하라.

것이라고 생각할 수 있다.

따라서 통계청은 설문조사에서 실업자들에게 얼마나 오랫동안 실업 상태에 있었는지를 묻는다. 한 개인이 연속적으로 실업 상태에 있는 기간을 **실업기간**(unemployment spell)이라고 부른다. 실업기간은 노동자가 실업자가 된 시점에서 시작하여 새 직장을 찾거나 비경제활동인구가 되는 시점에 끝난다(비경제활동인구는 실업자로 포함하지 않는다는 것을 기억하라). 실업기간의 길이는 **실업의 지속기간**(duration of unemployment)이라고 부른다. 경기침체기에는 일자리를 찾기가 더 어려워져 실업의 지속기간은 길어진다.

실업기간
한 개인이 연속적으로 실업되어 있는 기간

실업의 지속기간
실업이 지속되는 기간의 길이

일정 시점의 실업 중에서 6개월 이상의 실업 상태를 장기실업이라고 부른다. 장기실업은 실업자 본인에게나 사회 전체에 가장 심각한 경제적, 심리적, 사회적 비용을 발생시킨다.

경제가 침체기간이 있지 않을 때에는 대부분 실업자들의 실업기간은 비교적 짧다. 예를 들어, 2013년 4월 실업자들의 65%는 실업기간이 3개월 미만이었으며, 또 28%는 3~6개월 동안 실업 상태에 있었고, 약 6%만이 6개월 이상 기간 동안 실업 상태였다. 그러나 최근 경기침체 기간으로 추정되는 2018년 12월에는 실업기간이 길어졌다. 2018년 12월 실업자의 48%는 실업기간이 3개월 미만이었고, 33%가 3~6개월 동안 실업 상태였으며 6개월 이상 실업 상태에 있는 실업자는 18%에 달하였다.

이러한 통계들도 문제점이 있는데, 짧은 실업기간이라 하더라도 두 가지의 전혀 다른 경로의 패턴이 발생할 수 있기 때문이다. 어떤 사람들의 경우에는 짧은 시간 내에 안정적인 장기 직장을 찾아 실업 상태를 벗어나기도 하는데, 이러한 단기실업의 경우 실업의 비용은 높지 않다. 그러나 실업기간이 짧은 이유가 경제활동인구에서 탈퇴하여 비경제활동인구로 편입되어 실업이 끝이 나거나, 잠재적으로 미래에 다시 실업 상태에 빠질 수 있는 단기 또는 임시 직장에 취업하여 실업이 종료되기 때문일 수 있다. 임시직에 취업하거나 경제활동인구에서 탈퇴함으로써 실업 상태가 종료되는 경우의 근로자들을 잠재적 실업이라고 부른다. 이러한 실업자들이 경험하는 실업의 비용은 장기실업자의 것과 유사하다.

16.6.4 실업률과 "참" 실업

GDP 측정에서와 같이 실업률 측정의 엄밀성에 대해서 비판적인 사람들이 있다. 이들 대부분은 공식적인 실업률이 진짜 실업률을 과소평가하고 있다고 생각한다. 특히 실업자에 포함되지 않는 두 그룹의 사람들인 실망실업자와 비자발적 시간제 근로자를 지적한다.

실망실업자(discouraged workers)는 직장을 갖기를 원하지만 과거 4주 동안에 직장을 찾는 노력을 하지 않은 사람들을 말한다. 실망실업자들은 과거에 구직을 위해 노력했지만 성공하지 못했기 때문에 또는 노동시장의 여건상 일자리를 찾을 수 없을 것이라고 생각했기 때문에 일자리를 찾는 노력을 하지 않았다고 설문조사원에게 응답한다.

실망실업자
직업을 얻기 원하지만 지난 4주 동안 구직활동을 하지 않은 사람

실망실업자들은 지난 4주 동안 일자리를 찾지 않았기 때문에 실업자가 아닌 비경제활동인구로 분류된다. 어떤 비평가는 실망실업자를 실업자로 취급하면 실업률이 노동시장의 상태에 대한 더 정확한 정보를 제공할 것이라고 하였다.

비자발적 시간제 근로자는 상근근로자로 일하기를 원하지만 시간제 직장을 찾을 수밖에 없었다고 말하는 사람들이다. 일자리를 가지고 있기 때문에, 비자발적 시간제 근로자는 실업자가 아닌 취업자에 포함된다. 일부 경제학자들은 이러한 노동자들이 부분적으로 실업되어 있는 것으로 간주해야 한다고 주장해 왔다.

비자발적 시간제 근로자
상근근로자로 일하기를 원하지만 시간제 직장을 찾은 사람

이러한 비판을 수용하여 1990년대 이래로 BLS(미국 노동통계국)는 실망실업자와 비자발적 시간제 근로자 수의 추정치를 포함하는 특별한 실업률을 발표하였다. BLS는 2017년 7월 공식적인 실업률이 4.3%였을 때, 만약 실망실업자와 비자발적 시간제 근로자를 실업자에 포함시킨다면 실업률은 8.6%가 되었을 것으로 계산하였다. 따라서 실망실업자와 비자발적 시간제 근로자는 상당한 정도에 달하는 것으로 보인다.

공식적인 실업률이든 또는 조정된 실업률이든 실업률은 노동시장 상황을 보여주는 좋은 지표이다. 실업률이 높으면 임금인상이나 승진이 어렵기 때문에 높은 실업률은 취업자에게도 좋지 않은 뉴스이다. 제 19장과 그 이후에 실업의 원인과 대책에 대하여 좀더 논의할 기회가 있을 것이다.

요 약 Summary

- 한 경제의 총생산에 대한 기본적인 측정지표는, 일정한 기간 동안 한 나라의 영토 내에서 생산된 최종 재화와 서비스의 시장가치를 의미하는 국내총생산(GDP)이다. 총생산을 시장가치의 항목으로 나타내면 현대 경제에서 생산되는 수백만 종류의 재화와 서비스를 집계할 수 있다.
- (자본재를 포함하는) 최종 재화와 서비스만이 최종 사용자들에게 직접적으로 편익을 주는 재화와 서비스이기 때문에 최종 재화와 서비스만을 GDP에 포함한다. 최종 재화와 서비스의 생산에 사용되는 중간 재화와 서비스는 GDP에 포함되지 않으며 20년 된 주택과 같은 기존 자산의 판매도 포함되지 않는다. 각 기업에 의해 창출된 부가가치를 합하는 것은 최종 재화와 서비스의 가치를 계산하는 유용한 방법이다.
- GDP는 네 가지 지출의 합으로 표현될 수 있다: 소비, 투자, 정부구매, 순수출. 네 가지 지출은 각각 가계, 기업, 정부, 해외부문의 지출에 해당한다.
- 서로 다른 시점의 GDP의 수준을 비교하기 위해서는 인플레이션의 효과를 제거해야 한다. 인플레이션의 효과를 제거하는 방법은 재화와 서비스의 시장가치를 기준년도의 가격으로 측정하는 것이다. 이렇게 측정된 GDP를 실질GDP라 부르며, 당해연도의 가격으로 측정된 GDP를 명목GDP라고 부른다. 다른 시점의 경제활동의 성과를 비교하기 위해서는 항상 실질GDP를 사용해야 한다.
- 일인당 실질GDP는 경제적 복지를 측정하기에 불완전한 지표이다. 재화와 서비스의 정부구매(생산비용으로 평가되어 GDP에 포함된다)와 같은 몇 가지 예외가 있지만, GDP는 시장에서 판매된 재화와 서비스만을 포함한다. GDP는 이용 가능한 여가시간, 보수를 받지 않거나 또는 자발적인 서비스의 가치, 범죄율 및 경제적 불평등과 같이 삶의 질을 반영하는 지표 또는 복지에 영향을 주는 중요한 요인들을 고려하지 못하고 있다.

- 그러나 실질GDP는 경제적 복지를 측정하는 유용한 지표이다. 일인당 실질GDP가 높은 나라들은 평균적으로 생활수준이 높고 기대수명이 길며 유아 및 영아 사망률이 낮고 학교 등록률이 높으며 문맹률이 낮은 경향이 있다.
- 실업률은 노동시장의 상황을 알려주는 대표적인 지표로서 통계청에 의해 실시되는 설문조사에 기초하고 있다. 설문조사에서는 15세 이상의 모든 사람들을 취업자, 실업자, 비경제활동인구로 분류한다. 경제활동인구는 취업자와 실업자의 합계, 즉 일자리가 있는 사람과 일자리를 찾고 있는 사람들의 합계이다. 실업률은 실업자 수를 경제활동인구로 나누어 계산된다. 경제활동참가율은 생산연령인구 중에서 경제활동인구가 차지하는 비율이다.
- 실업의 비용은, 실업으로 인해 생산되지 못한 생산량의 경제적 비용, 실업자와 그 가족이 겪는 심리적 비용, 범죄 및 폭력의 증가와 같은 문제들과 관련된 사회적 비용을 포함한다. 가장 큰 비용은 실업기간이 장기인 경우에 발생한다. 공식적인 실업률에 대해 비판하는 사람들은 실업률 지표가 실망실업자와 비자발적 시간제 근로자를 제외하기 때문에 "참" 실업을 과소평가한다고 주장한다.

핵심용어 Key Terms

GDP 디플레이터(499)	소비(493)	실업의 지속기간(512)
경제활동인구(509)	소비지출(493)	실질GDP(499)
경제활동참가율(509)	순수출(494)	자본재(488)
국내총생산(GDP)(483)	시장가치(483)	정부구매(494)
명목GDP(499)	실망실업자(512)	중간 재화와 서비스(486)
부가가치(488)	실업기간(512)	최종 재화와 서비스(486)
비자발적 시간제 근로자(513)	실업률(509)	투자(493)

복습문제 Review Questions

1. 왜 경제학자들은 GDP를 계산할 때 시장가치를 사용하는가? 저가의 생산물보다 고가의 생산물에 더 높은 비중이 부여되는 경제적 논리는 무엇인가?

2. 개발도상국들에서 농업은 자급자족을 위한 경작이 많아서 농산물의 많은 부분이 농부와 농부 가족에 의하여 소비된다. 가난한 나라의 GDP를 측정할 때 이러한 사실이 주는 의미에 대하여 논하라.

3. 총지출의 네 가지 종류의 예를 들어라. 네 가지 중 GDP에서 가장 큰 부분을 차지하는 것은 무엇인가? 어느 지출 구성 요소가 음수일 수 있는가? 설명하라.

4. 앨버트는 자신이 운영하는 구두닦이 점포에서 작년에 1,000켤레, 올해에 1,200켤레의 구두를 닦았다. 그는 작년에 켤레당 $4를 받았으며 올해에는 $5를 받았다. 작년을 기준년도로 정한다면 두 해의 명목GDP와 실질GDP에 대한 앨버트의 기여분은 각각 얼마인가? 앨버트의 생산성의 변화를 측정하려고 한다면 어떤 지표가 더 낫겠는가? 왜 그러한가?

5. 일인당 실질GDP는 경제적 복지의 유용한 지표라고 말할 수 있는가? 답변의 논거를 제시하라.

6. 참 또는 거짓: 한 경제에서 경제활동참가율이 높다면 실업률은 낮을 것이다. 설명하라.

7. 실업률이 높을 때 발생하는 비용들은 무엇인가? 실업자들에게 더 많은 정부 보조를 제공하는 것이 이러한 비용을 증가시킬 것인가, 감소시킬 것인가, 또는 변화를 주지 않을 것인가? 설명하라.

연습문제 Problems

1. 조지와 존은 한 섬에 좌초되어 조개껍질을 화폐로 사용한다. 작년에 조지는 300마리의 물고기와 5마리의 멧돼지를 잡았고 존은 200송이의 바나나를 수확하였다. 조지와 존으로 구성된 2인 경제에서, 물고기는 마리당 조개껍질 1개, 멧돼지는 마리당 조개껍질 10개, 바나나는 송이당 조개껍질 5개에 팔리고 있다. 조지는 존에게 물고기를 잡기 위해 미끼를 다는 데 도와준 대가로 조개껍질 30개를 지불하였고, 존의 바나나 나무 5그루를 그루당 조개껍질 30개에 구입하였다. 조지와 존이 살고 있는 섬에서 조개껍질로 측정한 GDP는 얼마인가?

2. 다음 각각의 거래는 GDP에 어떤 영향을 주는가?
   a. 정부는 정부에 고용된 공무원에게 급여로 $10억을 지불하였다.
   b. 정부는 사회보장 수혜자에게 $10억을 지불하였다.
   c. 정부는 국내 기업이 새로 생산한 비행기 부품을 $10억에 구입하였다.
   d. 정부는 정부채권의 보유자에게 이자로 $10억을 지불하였다.
   e. 정부는 사우디아라비아로부터 $10억의 원유를 구입하여 원유저장시설에 저장하였다.

3. 한 정보회사는 컴퓨터 칩을 100개 생산하여 벨 컴퓨터에 각 $200씩 판매한다. 벨 컴퓨터는 칩, 다른 부품 및 노동을 사용하여 100대의 PC를 생산한다. 벨 컴퓨터는 마이크로소프트로부터 컴퓨터 한 대당 $50의 라이선스를 지불하고 소프트웨어를 장착한 후 PC 찰리에 컴퓨터를 $800에 판매한다. PC 찰리는 일반 소비자들에게 컴퓨터를 $1,000에 판매한다. 부가가치 방법으로 GDP를 계산하라. 최종 재화와 서비스의 시장가치를 합하여도 동일한 답을 얻는가?

4. 미네소타 통나무회사는 북부 미네소타 지역에 있는 자사 소유 임야로부터 통나무를 생산하였다(추가적인 투입요소는 없다). 이 회사는 생산한 통나무를 미네소타 목재회사에 $1,500에 판매하였으며 미네소타 목재회사는 통나무를 자르고 다듬어서 목재로 만들어 미네소타 가구회사에 $4,000에 판매하였다. 미네소타 가구회사는 이 목재로 100개의 탁자를 만들어 각 $70에 소비자들에게 판매하였다.
   a. 각 기업의 부가가치를 계산하여 아래의 표에 기입하라.

회사	수입	투입재화 구매비용	부가가치
미네소타 통나무회사			
미네소타 목재회사			
미네소타 가구회사			

   b. 모든 거래가 2016년에 발생하였다고 가정하자. 이러한 거래들로부터 창출된 GDP는 얼마인가?
   c. 미네소타 통나무회사는 통나무를 2016년 10월에 생산하였고 미네소타 목재회사에 2016년 12월에 판매하였다고 가정하자. 미네소타 목재회사는 2017년 4월에 목재를 만들어 판매하였으며 미네소타 가구회사는 100개의 탁자를 만들어 2017년 하반기에 판매하였다고 한다. 이러한 거래로부터 2016년과 2017년에 창출된 GDP는 각각 얼마인가?

5. 다음 각각의 거래에 대하여 한국 GDP와 총지출의 네 가지 구성 요소에 대한 효과에 대하여 말하라.
   a. 아버지가 국내에서 생산된 새 자동차를 사 주셨다.
   b. 아버지가 독일에서 수입된 새 자동차를 사 주셨다.
   c. 렌터카 회사가 국내 생산자로부터 새 차를 구입하였다.
   d. 렌터카 회사가 독일로부터 수입된 새 차를 구입하였다.
   e. 한국 정부는 독일 대사가 사용하도록 국내에서 생산된 새 차를 사 주었다.

6. 한 경제에 대하여 다음과 같은 데이터가 있다. GDP를 구하고 계산과정을 설명하라.

소비지출	$600
수출	75
재화와 서비스에 대한 정부구입	200
신규 주택과 아파트 건설	100
기존 주택과 아파트 판매	200
수입	50
연초 재고	100
연말 재고	125
기업 고정투자	100
은퇴자에 대한 정부의 연금지급액	100
가계의 내구소비재 구입	150

7. 포차투니 나라는 하키퍽, 루트비어, 등마사지기를 생산한다. 2011년과 2014년 세 가지 재화의 가격과 수량에 대한 자료는 아래와 같다.

	하키퍽		루트비어		등마사지기	
연도	수량	가격	수량	가격	수량	가격
2014	100	$5	300	$20	100	$20
2017	125	$7	250	$20	110	$25

2014년을 기준년도로 가정하고 두 해의 명목GDP와 실질GDP를 구하여라.

8. 정부는 공장의 화석 연료 사용을 규제하여 대기오염을 감소시키는 정책을 고려하고 있다. 이 정책을 실행할 것인지에 대한 결정에서 이 정책이 실질GDP에 미치는 효과를 어떻게 고려해야 하는가?

9. 본문에서 아이들을 학교에 보내는 기회비용이 학교 등록률에 영향을 준다고 설명하였다. UN의 2013년도 *Human Development Report*는 2012년의 일인당 소득(2011년 미국 달러 기준)에 대한 자료를 다음과 같이 보고하고 있다.

캐나다	$42,891
덴마크	$43,415
그리스	$24,617
레소토	$2,517
에티오피아	$1,530

a. 어느 나라가 가장 높은 학교 등록률을 보일 것이라고 생각하는가? 가장 낮은 등록률을 보일 것으로 생각되는 나라는?

b. 아이를 학교에 보낼 것인가에 대한 결정에 비용-편익의 원리를 적용할 때 일인당 GDP 이외에 가계들이 고려하는 요인들에는 어떤 것들이 있을지 설명하라.

10. 다음은 통계청 설문조사원의 기록이다: "내가 방문한 가정에는 총 65명의 사람들이 있었다. 그 중 10명은 15세 미만의 아동이었고 10명은 은퇴자였다. 25명은 상근 직장을 가지고 있었으며 5명은 시간제 직장을 갖고 있었다. 5명은 가사일을 하고 있었고 5명은 15세 이상의 학생이었으며 장애인이어서 일을 할 수 없는 사람은 2명이었다. 나머지 사람들은 직장을 갖고 있지 않았는데 모두 갖기를 원한다고 말했다. 그러나 이들 중 한 명은 3개월 동안 직장을 찾고 있지 않았다." 위의 설문조사원의 기록으로부터 경제활동인구, 실업률, 경제활동참가율을 구하여라.

11. 엘렌은 지난 달에 대한 노동시장 데이터를 전송받고 있는데 접속이 불안정하여 현재까지 그녀가 받을 수 있었던 자료는 아래와 같다.

실업률	5.0%
경제활동참가율	62.5%
비경제활동인구	6,000만 명

경제활동인구, 생산연령인구, 취업자의 수, 실업자의 수를 구하여라.

12. 소이어, 대처 두 도시의 경제활동인구는 각각 1,200명이다. 소이어에는 100명이 일 년 내내 실업 상태에 있었으며 경제활동인구의 나머지는 계속 취업 상태였다. 대처에서는 경제활동인구 모두가 각각 1개월 동안 실업 상태에 있었으며 나머지 11개월 동안에는 취업 상태였다.

a. 두 도시에서 일 년 동안의 평균 실업률은 각각 얼마인가?

b. 두 도시의 평균 실업 지속기간은 얼마인가?

c. 어느 도시에서 실업의 비용이 더 클 것이라고 생각하는가? 설명하라.

본문 개념체크 해답 Answers to Concept Checks

16.1 본문에서 GDP는 $64로 계산되었다. '과수원 나라'가 가격이 $0.3인 오렌지 5개를 추가적으로 생산한다면 GDP는 $1.5 증가하여 $65.5가 된다.

16.2 카드 생산자가 도매상과 함께 창출한 부가가치는 $500이다. 에이미의 부가가치는—그녀의 수입에서 다른 기업에 대한 지출을 뺀 것—$200이다. 카드는 2017년에 생산되었고 에이미가 구입하였으므로(그렇게 가정하였음) $500은 2017년의 GDP에 포함된다. 실제로 카드

는 2018년에 판매되었으므로 에이미의 카드상점에서 발생한 $200의 부가가치는 2018년의 GDP로 계산된다.

16.3 주식의 판매는 새로운 재화나 서비스의 생산이 아니라 벤슨버기웝 회사 자산의 일부에 대한 소유권의 이전을 나타낸다. 따라서 주식 판매 자체는 GDP에 포함되지 않는다. 그러나 중개인의 수수료 $100(주식판매대금의 2%)은 현재의 서비스에 대한 보수로서 GDP에 포함된다.

16.4 원래의 예에서와 같이 국내총생산의 시장가치는 차량 100만 대×$15,000/대=150억 달러이다. 또한 **예 16.7**에서와 같이 소비는 105억 달러, 정부구입은 7억 5,000만 달러이다. 그러나 구매된 차량 중 2만 5,000대는 국내에서 생산되지 않고 수입된 것이므로 국내생산자는 연말에 판매되지 않은 5만 대의 재고가 남는다. (원래의 예에서의 2만 5,000대와 달리) 따라서 재고투자는 5만 대×$15,000=7억 5,000만 달러이며 총투자(기업의 차량구입과 재고투자를 합한 것)는 37억 5,000만 달러이다. 수출과 수입은 동일하므로(둘 다 2만 5,000대) 순수출은(=수출−수입) 0이다. 순수출을 계산할 때 수입을 빼주기 때문에 소비 중에서 수입된 부분을 제외할 필요가 없음을 유의하라. 소비는 가계의 총구입으로 정의되며 국내에서 생산된 재화의 구입만을 의미하는 것은 아니다.

총지출은 $C+I+G+NX=$105억 달러+37억 5,000만 달러+7억 5,000만 달러+0=150억 달러로 생산물의 시장가치와 같다.

16.5 2017년의 실질GDP는 2017년에 생산된 피자와 파이의 양을 기준년도인 2013년의 시장가격으로 평가한 것이다. 따라서 2017년의 실질GDP=(피자 30판×$10)+(파이 30개×$5)=$450이다.

2013년의 실질GDP는 2013년에 생산된 피자와 파이의 양을 2013년의 시장가격으로 평가한 것으로 $175이다. 2013년이 기준년도이기 때문에 그 해의 실질GDP와 명목GDP는 동일하다.

2017년의 실질GDP는 2013년의 실질GDP에 비하여 $450/$175, 약 2.6배이다. 그러므로 2013년과 2017년 사이에 실질GDP의 증가는 피자생산량 증가 배율인 세 배와 파이생산량 증가 배율인 두 배 사이에 있다.

16.6 경제활동인구=취업자+실업자
=1,184.8만 명+46.0만 명=1,230.7만 명
생산연령인구=경제활동인구+비경제활동인구
=1,230.7만 명+1,030.6만 명
=2,261.3만 명
실업률=실업자/경제활동인구
=46.0만 명/1,230.7만 명=3.7%
경제활동참가율=경제활동인구/생산연령인구
=1,230.7만 명/2,261.3만 명=54.4%

2019년 6월 여성은 전체 경제활동인구의 43.1%를 차지하였으며 전체 생산연령인구의 50.8%를 점하였다. 한국 여성의 경제활동참가율은 전체 경제활동참가율보다 크게 낮지만 여성의 실업률은 전체 실업률보다 낮은 것으로 나타났다.

제 17 장

물가수준과 인플레이션의 측정

인플레이션을 어떻게 측정하는가?

여러분이 은퇴할 때까지 10억 원을 저축할 수 있다면 40년 후에 편안하게 은퇴할 수 있겠는가?

이 질문에 대하여 "물론이죠"라고 즉시 답하지 않는다면 여러분은 매우 사치스런 생활을 하고 있거나 또는 40년 후에 10억 원으로 얼마나 구매할 수 있을지 모르기 때문에 대답을 주저했을 수도 있다. 40년 후에 한 끼의 식사가 5억 원이라면 어떻게 될까?

이러한 10억 원의 은퇴자금에 대한 질문은 단순하지만 매우 중요한 포인트를 예시하고 있는데, 즉 화폐의 가치는 구매하려는 재화와 서비스의 가격에 의존한다는 것이다. 10억 원의 저축금액은 현재의 물가수준에서는 상당한 재산이지만 밥 한끼 가격이 5억 원이라면 푼돈에 지나지 않는다. 이처럼 높은 인플레이션—대부분의 재화와 서비스 가격들의 빠르고 지속적인 상승—이 지속될 경우 화폐의 구매력은 급속히 감소하게 될 것이다. 역사적으로 아주 극단적인 예들이 존재한다: 1923년 독일에서 은퇴한 사람들이나 2008년 짐바브웨에서 은퇴한 사람들은 열심히 벌어 저축한 생애저축자금으로 빵 한조각도 살 수 없게 되었다.

지난 한 세기 동안 미국이나 선진국들에서 기록한 것처럼 매우 낮은 인플레이션율이라 하더라도 장기에 걸쳐 지속된다면 **예 17.3**이 보여주는 것과 같이 화폐의 구매력에서 큰 감소가 발생한다. 일반적으로 인플레이션은 서로 다른 시점에서의 경제적 조건들을 비교하는 것을 어렵게 만든다. 현재의 할아버지, 할머니들이 어렸을 적에는 250원으로 만화책 한 권과 초콜릿 아이스크림을 살 수 있었지만 오늘날에는 아마 4,000원이나 5,000원의 비용이 들 것이다. 이러한 숫자로부터 여러분은 아이들이 "과거의 좋은 시절"에 훨씬 더 부유했을 것이라고 생각할지도 모른다. 그러나 정말 그러한가? 만화책과 아이스크림 가격이 올랐지만 용돈도 올랐을 것이기 때문에 추가적인 정보가 없다면 판단을 내릴 수 없다. 아마도 더 적절한 질문은 아이들이 받는 용돈이 구입하려는 재화들의 가격보다 더 많이 올랐는가 하는 것이다. 만약 그렇다면 오늘날의 아이들은 막대사탕이 50원이었던 조부모들의 어린 시절보다 생활수준이 더 나아진 것이다.

또한 인플레이션은 "은퇴할 때까지 얼마나 저축을 해야 하는가?"와 같은 미래에 대한 질문을 할 때 불확실성을 발생시킨다. 이 질문에 대한 답변은 은퇴할 때까지 인플레이션이 얼마나 발생할 것인가에(그로 인해 난방, 음식, 의류 비용이 얼마나 들 것인가) 달려있다. 인플레이션은 정책결정자에게도 비슷한 문제를 일으킨다. 예를 들어, 장기적인 정부지출 프로그램 계획을 수립하기 위해 앞으로 수년간 정부가 구매하는 재화와 서비스의 비용이 얼마나 들 것인지 추정해야 한다.

거시경제학을 공부하는 중요한 편익 중 하나는 다른 시점의 경제적 조건의 변화를 비교하거나 미래에 대한 예측을 할 때 인플레이션이 초래하는 문제를 해결하는 방법을 배운다는 점이다. 이 장에서는 경제 데이터의 구성과 해석에 대한 공부의 연속으로서 물가수준과 인플레이션이 어떻게 측정되는지 살펴보는 한편, 인플레이션 효과를 제거하기 위하여 화폐 단위로 표시된 가격들이 어떻게 "조정"될 수 있는지 알아볼 것이다. 화폐 단위로 측정한 후 인플레이션에 대하여 조정한 수량변수들을 실질수량(예를 들면, 제 16장의 실질GDP)이라고 부른다. 여러 다른 시점의 경제적 조건을 비교할 때에는 실질수량을 이용한다.

인플레이션이 경제변수들에 대하여 측정의 문제를 복잡하게 만드는 것보다 더 중요한 문제는 경제에 발생시키는 인플레이션의 비용이다. 이 장에서 높은 인플레이션이 왜 경제의 성과에 해가 될 수 있는지 살펴보고, 따라서 경제정책결정자들은 낮고 안정적인 인플레이션율을 중요한 정책 목표로 설정한다는 것을 알게 될 것이다. 또한 인플레이션이 중요한 경제변수 중 하나인 이자율과 어떻게 관련되어 있는지 살펴보고 이 장을 마무리한다.

17.1 소비자물가지수(CPI)와 인플레이션

17.1.1 소비자물가지수

국가 경제에서 물가수준과 인플레이션을 측정하기 위해 경제학자들이 사용하는 기본적인 지표는 소비자물가지수(consumer price index, CPI)이다. CPI는 특정한 시기의 "생활비"를 측정하는 지표이다. 특정 기간의 **소비자물가지수(CPI)**는 재화와 서비스의 바구니라고 불리는 일정한 재화와 서비스의 표준화된 묶음을 기준년도에서 구입하는 비용에 비하여 동일한 재화와 서비스 묶음을 특정 연도에서 구입하는 비용이 어떻게 달라졌는지 상대적으로 측정한 지수이다.

소비자물가지수(CPI)
일정한 재화와 서비스의 표준화된 묶음의 기준년도의 구입비용과 동일한 재화와 서비스 묶음의 특정 시점에서의 구입비용을 비교하여 상대적으로 측정한 지수

CPI가 어떻게 만들어지는지 보여주기 위하여 정부가 2010년을 기준년도로 정하였다고 가정하자. 편의상 2010년에 평균적인 가계의 지출은 방 2개인 아파트에 대한 월세, 햄버거, 영화티켓 등의 세 품목으로만 구성되었다고 가정하자. 실제로 가계들은 매달 수백여 가지의 항목들을 구입하지만 CPI를 만드는 기본원리는 세 가지 품목만으로도 동일하게 설명될 수 있다. 기준년도인 2010년의 가계의 평균적인 월 지출액은 **표 17.1**에 제시되어 있다.

표 17.1 평균 가계의 월간 지출내역, 2010년(기준년도)

항목	비용(2010년 가격)
월세(방 2개 아파트)	$750
햄버거(60개, 각 $2)	$120
영화티켓(10장, 각 $7)	$70
총지출	$940

이제 2015년을 고려해보자. 그 사이에 재화와 서비스의 가격이 변하여 일부는 올랐을 것이고 일부는 떨어졌을 것이다. 2015년에 방 두 개 아파트에 대한 월세는 $945로 올랐고, 햄버거는 $2.5로, 영화티켓은 $8로 올랐다고 하자. 즉, 일반적으로 가격들은 상승하고 있다.

2010년과 2015년 사이에 가계의 생활비는 얼마나 증가하였는가? **표 17.2**에서 보여주고 있듯이, 평균적인 가정이 2010년과 동일한 재화와 서비스의 묶음을 소비하려면 매달 $1,175, 즉 2010년에 지출했던 $940보다 $235 더 지출해야 한다. 다시 말하면 2010년과 동일한 생활수준을 유지하려면 2015년에는 2010년에 비해 매달 25%($235/$940) 더 지출해야 할 것이다. 이 예에서 평균적인 가계의 생활비는 2010년과 2015년 사이에 25% 상승하였다고 할 수 있다.

정부는(통계청) 기본적으로 이와 같은 방법으로 공식적인 소비자물가지수(CPI)를 계산한다. CPI를 구하는 첫 번째 단계는 기준년도를 정하고 평균적인 가계가 그 해

표 17.2 2010년(기준년도) 재화와 서비스 묶음의 2015년 비용

항목	비용(2015년 가격)	비용(2010년 가격)
월세(방 2개 아파트)	$945	$750
햄버거(60개, 각 $2.5)	$150	$120
영화티켓(10장, 각 $8)	$80	$70
총지출	$1,175	$940

에 소비하는 재화와 서비스의 묶음을 정하는 것이다. 실제로 통계청은 가계동향조사라는 설문조사를 통해 소비자들이 어떤 품목들에 지출하는지를 알아낸다. 이 설문조사에서 무작위로 선택된 가정들은 정해진 달에 그들이 구매한 모든 품목과 금액을 기록한다(대형 프로젝트이다!). 설문조사로 얻은 재화와 서비스 품목 중에서 대표 품목(2019년 현재 481개 품목)을 정하여 이 소비지출 묶음을 기준년도 묶음이라고 부른다. 그 다음에는 통계청의 통계조사원들이 매달 수천 개의 상점을 방문하여 기준년도 묶음에 있는 재화와 서비스의 현재 가격을 조사한다.[1]

어느 해의 CPI는 아래 공식을 사용하여 계산된다:

$$\text{CPI} = \frac{\text{기준년도 재화와 서비스 묶음에 대한 비교년도의 구입 비용}}{\text{기준년도 재화와 서비스 묶음에 대한 기준년도의 구입 비용}}$$

세 가지 재화만을 소비하는 가계의 예로 돌아가면 2015년의 CPI는 다음과 같다:

$$2015\text{년 CPI} = \frac{\$1{,}175}{\$940} = 1.25$$

다시 말하면, 2015년의 생활비는 기준년도인 2010년의 생활비보다 25% 증가하였다. 기준년도의 CPI는 CPI 정의식에서 분자와 분모가 동일하기 때문에 항상 1.00이다. 정해진 기간(한 달 또는 일 년)의 CPI는 기준년도와 비교하여 그 기간의 생활비의 상대적인 비율을 나타내는 지수이다.

통계청에서는 일반적으로 CPI에 100을 곱한 값으로 발표한다. 위의 예에서는 2015년의 CPI가 1.25가 아니라 125로 표시될 것이며 기준년도의 CPI는 1.00이 아니라 100으로 표시된다. 그러나 다음에 살펴볼 예에서는 CPI에 100을 곱하지 않고 소수점의 형태로 표현하는 것이 계산을 간단하게 해 주기 때문에 100을 곱하지 않고 논의를 진행할 것이다.

1 CPI에 대한 통계청의 상세한 설명은 http://kostat.go.kr/incomeNcpi/cpi/index.action에서 찾아볼 수 있다.

CPI의 계산

예 17.1

평균적인 가계의 생활비를 어떻게 측정하는가?

2010년의 평균적인 가계가 앞에서 말했던 세 가지 재화와 서비스에 추가하여 한 벌에 $30인 스웨터 네 벌을 구입했다고 가정하자. 동일한 스웨터의 가격은 2015년에 $50로 상승하였다. 2010년과 2015년의 다른 재화들의 가격은 **표 17.2**와 동일하다고 할 때 2010년과 2015년 사이에 가계의 생활비는 얼마나 변화하였는가?

본문의 예에서 기준년도(2010)의 재화와 서비스 묶음의 구입비용은 $940이었다. $30인 스웨터 4벌을 더하면 기준년도의 구입비용이 $1,060로 증가한다. 동일한 묶음(네 벌의 스웨터를 포함하여)의 2015년 비용은 얼마인가? 아파트, 햄버거, 영화티켓의 비용은 전과 같이 $1,175이다. $50씩 네 벌의 스웨터의 비용을 더하면 바구니의 총비용은 $1,375로 오른다. CPI는 동일한 재화와 서비스 묶음의 2015년 구입비용을 2010년(기준년도) 구입비용으로 나눈 것이므로 $1,375/$1,060=1.30이다. 즉, 가계의 생활비는 2010년과 2015년 사이에 30% 상승하였다.

✔ 개념체크 17.1

표 17.1과 **표 17.2**에서 살펴본 세 가지 재화의 예에서 아파트 월세가 2010년에 $750에서 2015년에 $600로 하락하는 경우 2015년의 CPI를 구하여라. 두 해의 햄버거와 영화티켓의 가격은 표에 제시된 것과 동일하다.

CPI는 어떤 특정한 재화나 서비스의 가격을 측정한 것이 아니다. 비율의 분자에 있는 화폐단위 달러와 분모에 있는 화폐단위 달러는 서로 상쇄되기 때문에 CPI는 측정 단위가 없다. CPI는 생활비를 상대적으로 측정한 지수인 것이다. 즉, 특정한 해의 지수의 값은 다른 해의 지수의 값과 비교될 경우에만 의미를 가진다. 따라서 **물가지수**(price index)는 일정한 재화나 서비스 묶음의 평균적인 가격을 동일한 재화와 서비스 묶음의 기준년도의 가격과 비교하여 측정하는 것이다. CPI는 가장 잘 알려진 물가지수이며 경제의 추세를 판단하는 데 널리 이용되는 지수 중 하나이다. 예를 들어, 제조업체들은 원자재 가격의 상승을 소비자들에게 전가하는 경향이 있기 때문에, 공산품 가격의 향후 변동을 예측하기 위하여 원자재 가격지수가 이용되기도 한다. 다른 여러 가지 지수들은 에너지, 식료품, 의료비 등, 주요 부문의 가격 변화율을 연구하는 데에 사용된다. 특히 근원물가지수는 CPI를 구성하는 품목 중에서 단기적인 변동이 많은 두 가지 품목인 농산물과 석유류를 제외한 모든 가격들을 지수화한 것으로 기조적인 물가상승압력을 확인하는 데 사용되기도 한다. 근원물가지수의 상승률을 **근원인플레이션율**(core rate of inflation)이라고 한다.

물가지수
정해진 재화와 서비스의 평균적인 가격을 기준년도의 가격에 상대적으로 측정한 지표

✔ 개념체크 17.2

소비자물가지수는 "전형적인" 또는 평균적인 가계의 생활비를 반영한다. 여러분이 시간에 따른 자신의 생활비의 변화를 측정하는 개인적인 물가지수를 만든다고 가정하자. 여러분은 그러한 지수를 어떻게 구성하겠는가? 왜 여러분의 개인적 물가지수의 변화와 CPI의 변화는 서로 다른가?

17.1.2 인플레이션

인플레이션율
CPI 등과 같은 물가지수로 측정된 물가수준의 연간 변화율(%)

CPI는 기준년도의 가격들과 비교하여 상대적으로 특정 연도 가격들의 평균적인 수준을 측정한다. 인플레이션(inflation)은 시간에 따라 평균 물가수준이 얼마나 빨리 변화하고 있는가를 측정한다. **인플레이션율**(rate of inflation)은 물가수준의 변화율, 예를 들어, 물가수준이 2016년 1.25에서 2017년 1.27로 상승했을 때 인플레이션율은 증가분(0.02)을 원래의 물가수준(1.25)으로 나눈 값인 1.6%이다.

예 17.2 인플레이션율의 계산: 1972~1976

CPI를 이용하여 인플레이션율을 어떻게 계산하는가?

1972년부터 1976년까지의 미국과 한국의 CPI값들은 아래와 같다.

연도	미국 CPI	한국 CPI
1972	0.418	0.0621
1973	0.444	0.0641
1974	0.493	0.0797
1975	0.538	0.0999
1976	0.569	0.1152

1972~1973년 사이의 미국의 인플레이션율은 그 기간 동안의 물가수준의 증가율(%)이므로 (0.444-0.418)/0.418=0.026/0.418=0.062=6.2%이다. 나머지 해에 대하여 직접 계산하여 각각 11.0, 9.1, 5.8%임을 확인해보자. 최근 4반세기 동안 대부분 1.5~3% 정도였던 인플레이션율은 1970년대에는 훨씬 더 높았다. 한국의 경우에 대해서도 동일한 방법으로 계산할 수 있다.

✔ 개념체크 17.3

아래는 1929년부터 1933년까지의 미국의 CPI값들이다. 1929~1930년, 1930~1931년, 1931~1932년, 1932~1933년 사이의 인플레이션율을 구하여라.

연도	CPI
1929	0.171
1930	0.167
1931	0.152

1932	0.137
1933	0.130

1930년대의 미국의 인플레이션율은 1970년대의 인플레이션율과 어떻게 다른가?

✔ 개념체크 17.4

다음은 2014년부터 2018년까지 한국과 미국의 CPI 값이다. 두 나라에 대하여 각 해의 인플레이션율을 계산해보자.

연도	한국 CPI	미국 CPI
2014	99.30	99.88
2015	100.00	100.00
2016	100.97	101.26
2017	102.93	103.42
2018	104.45	105.94

개념체크 17.3의 계산 결과는 마이너스의 인플레이션율도 포함하고 있다. 대부분의 재화와 서비스의 가격이 시간에 따라 하락하여 인플레이션율이 음수인 상황을 **디플레이션**(deflation)이라고 부른다. 미국은 1930년대 초기 심각한 디플레이션을 경험한 이후 디플레이션을 겪지 않았으며 한국은 1960년대 이후 디플레이션을 경험하지 않았다. 일본은 1990년대에 비교적 약한 디플레이션을 경험하였다. **개념체크 17.4**가 보여주듯이 미국의 최근 인플레이션율은 낮았지만(2% 미만) 음수는 아니었다. 최근 한국의 인플레이션율은 역사적으로 최저인 1% 내외를 기록하고 있다.

디플레이션
대부분의 재화와 서비스의 가격들이 하락하여 인플레이션율이 음수인 상황

17.2 인플레이션의 조정

CPI는 생활비의 변화를 측정할 수 있게 해 줄 뿐만 아니라 경제 데이터에서 인플레이션의 효과를 제거하도록 조정하는 데 이용될 수 있는 매우 유용한 지표이다. 본절에서는 경상 화폐가치로 측정된 양을 실질 수량으로 전환하는, 가격조정(deflating) 과정에 CPI를 어떻게 이용할 수 있는지 살펴본다. 또한 실질수량을 경상 화폐가치로 전환하는 연동화(indexing) 과정에 CPI가 사용될 수 있음을 알게 될 것이다. 두 과정을 이해하는 것은 경제학자들뿐만 아니라 급여, 회계 등 많은 분야에서 인플레이션의 효과를 조정할 필요가 있는 모든 경우에 유용할 것이다.

17.2.1 명목수량의 가격조정

CPI의 중요한 용도는 **명목수량**(nominal quantity)에서—경상 화폐가치로 측정된

명목수량
경상 화폐가치로 측정된 양

수량—인플레이션의 효과를 조정하는 것이다. 예를 들어, 어떤 대도시 지역의 전형적인 가계의 소득이 2010년에 $40,000, 2015년에는 $44,000였다고 가정하자. 이 가계는 2010년에 비하여 2015년에 경제적으로 더 부유해졌는가?

추가적인 정보가 없다면 우리는 "그렇다"라고 대답하고 싶을지도 모른다. 가계의 소득은 5년 동안 10% 증가하였다. 그러나 또한 물가도 가계소득과 같은 속도, 또는 더 빠른 속도로 상승했을 수 있다. 가계가 소비하는 재화와 서비스의 가격들이 동일한 기간에 25% 상승하였다고 가정하자. 가계소득이 10% 증가하였으므로 이 가계는 명목소득 또는 경상 화폐소득의 증가에도 불구하고 구매할 수 있는 재화와 서비스의 항목에서 볼 때 가난해졌다고 결론 내려야 한다.

실질수량
실물 기준으로—재화와 서비스의 수량 기준—측정된 수량

가계의 소득을 실질 기준으로 계산함으로써 2010년과 2015년의 가계의 구매력을 더 정확히 비교할 수 있다. 일반적으로 **실질수량**(real quantity)은 실물기준, 예를 들어, 재화와 서비스 수량의 기준으로 측정된 것이다. 명목수량을 실질수량으로 변환하기 위하여 **표 17.3**에서 보여주고 있는 것처럼 명목수량을 그 기간의 물가지수로 나누어야 한다. 표에 있는 계산 결과를 보면, 2010년과 2015년 사이에 가계의 소득은 실질 또는 구매력 기준으로 $4,800가 감소하였고, 이는 초기 소득인 $40,000를 기준으로 12%가 감소한 것이다.

표 17.3 2010년과 2015년 가계소득의 실질 가치 비교

연도	명목 가계소득	CPI	실질 가계소득 = 명목 가계소득/CPI
2010	$40,000	1.00	$40,000/1.00 = $40,000
2015	$44,000	1.25	$44,000/1.25 = $35,200

이 가계의 소득은 명목(화폐단위) 기준으로는 증가하였지만 인플레이션을 따라잡지는 못했다는 것이 문제이다. 수량을 실질 기준으로 표시하기 위하여 명목수량을 물가지수로 나누는 것을 **명목수량을 가격조정**(deflating)한다고 말한다(명목수량을 가격조정하는 것을 디플레이션 또는 음의 인플레이션과 혼동하지 않도록 주의하라. 두 개념은 서로 다른 개념이다).

가격조정(명목수량의)
명목수량을 실질수량으로 표시하기 위하여 물가지수(CPI와 같은)로 나누는 것

명목수량을 실질 기준 또는 구매력 기준으로 표시하기 위하여 명목수량을 해당연도의 물가지수로 나누는 것은 매우 유용하다. 서로 다른 시점의 명목수량을—근로자의 임금, 의료비 지출, 정부의 예산—비교하려고 할 때 인플레이션의 효과를 제거하기 위한 방법으로 가격조정을 사용할 수 있다. 왜 이러한 방법이 타당한가? 여러분이 어떤 항목에 지출한 화폐금액과 그 항목의 가격을 알면 구입한 수량을 알 수 있다(지출액을 가격으로 나누어서). 예를 들어, 지난 달에 햄버거에 $100를 지출하였고 햄버거 가격이 $2.5였다면 40개의 햄버거를 구입하였음을 알 수 있다. 마찬가지로 가계의 화폐소득이나 지출액을, 구입하는 재화와 서비스의 평균 가격의 측정지표인 물가지수로 나

누면 구입한 재화와 서비스의 실질수량을 얻을 수 있다. 그런 실질수량을 인플레이션이 조정된 수량이라고 부른다.

베이브 루쓰 vs. 클레이트 커쇼 예 17.3

베이브 루쓰와 클레이트 커쇼 중에 누가 더 많이 벌었는가?

야구선수 베이브 루쓰(Babe Ruth)는 1930년 $80,000의 연봉을 받았다. 당시 미국 대통령 후버보다 더 많이 벌었다고 누가 말하자 그는 "올해는 대통령보다 제가 더 좋은 해를 보냈죠."라고 대답하였다. 2017년 메이저리그에서 가장 많은 연봉을 받는 선수는 LA 다저스의 선발투수인 클레이튼 커쇼인데, 그는 연봉 $33,000,000과 홍보수입 $800,000을 합하여 총 $33,800,000을 벌었다고 알려져 있다. 인플레이션을 조정하면 루쓰와 커쇼 중에서 누구의 연봉이 더 많을까?

이 문제에 답하기 위하여 CPI(기준년도 1982~1984년)는 1930년에 0.167, 2017년에 2.45이었다는 것을 이용해야 한다. 베이브 루쓰의 급여를 0.167로 나누면 약 $479,000인데 이것이 1982~1984년 가격 기준 루쓰의 연봉이다. 다시 말하면, 베이브 루쓰가 $80,000를 가지고 1930년에 살 수 있었던 동일한 재화와 서비스를 1982~1984년 기간에 구입하려면 $479,000가 필요하다는 것이다. 클레이튼 커쇼의 2017년 총급여를 2017년 CPI, 2.45로 나누면 1982-1984년 가격으로 $13,500,000를 얻는다. 이제 두 선수의 실질 소득을 1982~1984년 달러 기준으로 비교할 수 있다. 인플레이션 조정을 통해 두 숫자의 격차가 좁혀졌지만(커쇼의 높은 연봉이 1930년과 2017년 사이의 가격 상승 조정으로 감소되기 때문에) 실질 기준으로 커쇼는 여전히 루쓰 연봉의 28배 이상 벌어들였다. 한편 커쇼는 당시 미국 대통령 연봉의 약 82배를 벌었다.

다른 두 시점의 임금과 소득을 비교하려면 물가수준의 변화를 고려하여 조정해야 한다. 그렇게 하면 **실질임금**(real wage)을—실질 구매력 기준으로 측정된 임금—얻을 수 있기 때문이다. 어떤 시점의 명목(화폐단위)임금을 그 시점의 CPI로 나누면 실질임금이 계산된다.

실질임금
구매력 기준으로 측정된 임금. 실질임금은 명목(화폐단위)임금을 그 기간의 CPI로 나누어 계산된다.

✔ 개념체크 17.5

2001년 샌프란시스코 자이언츠의 배리 본즈는 73개의 홈런을 쳐서 단일시즌 신기록을 작성하였고 현재까지 기록보유자이다. 본즈는 2001년 $10,300,000을 벌었다. 그 해의 CPI가 1.77이었다. 본즈의 실질 소득과 루쓰, 커쇼의 실질 소득을 비교해 보자.

예 17.4 미국 생산직 근로자의 실질임금

근로자의 실질임금을 어떻게 비교하는가?

생산직 근로자는 공장의 조립라인에서 일하는 사람들처럼 관리직에 있지 않은 근로자이다. 미국의 평균적인 생산직 근로자는 1970년에는 시간당 $3.40를 받았고 2016년에는 시간당 $21.56를 받았다. 생산직 근로자의 두 해의 실질임금을 비교하라.

1970년과 2016년의 실질임금을 알아내기 위하여 두 해의 CPI를 찾아서 각 연도의 임금을 CPI로 나누어주어야 한다. 1970년의 명목임금은 $3.40였고 CPI는 0.388이었으므로(기준년도를 1982~1984년 평균으로 사용) 1970년의 실질임금은 $8.76였다. 마찬가지로 2016년 명목임금은 $21.56, CPI는 2.40이었으므로 2016년의 실질임금은 $8.98였다. 1970년과 2016년 사이에 생산직 근로자의 실질임금은 명목임금 또는 달러임금은 6배를 넘었음에도 불구하고, 실질 또는 구매력 기준으로 미국 생산직 근로자의 임금은 1970년과 2016년 사이에 실제로 거의 동일한 수준이었다는 것을 알 수 있다.

그림 17.1은 1992~2017년 기간 동안의 한국 제조업 생산직 근로자의 명목임금과 실질임금을 보여주고 있다. 명목임금을 보면 생산라인 근로자들의 임금은 1992년보다 2017년에 약 4.1배로 상승하였지만 인플레이션으로 조정하여 구매력 기준으로 생산라인 근로자의 임금을 계산해 보면 같은 기간 약 1.9배로 상승하는 데 그쳤다. 이러한 예는 시간에 따라 화폐가치를 비교할 때 인플레이션을 조정하는 것이 얼마나 중요한지를 보여주는 것이다.

그림 17.1

한국 제조업 생산직 근로자의 명목임금과 실질임금(일급), 1992~2017

한국 제조업 생산직 근로자의 명목임금은 1992~2017년 기간 동안 4.08배로 상승했으나 실질임금은 같은 기간 1.87배로 상승하는 데 그쳤다.

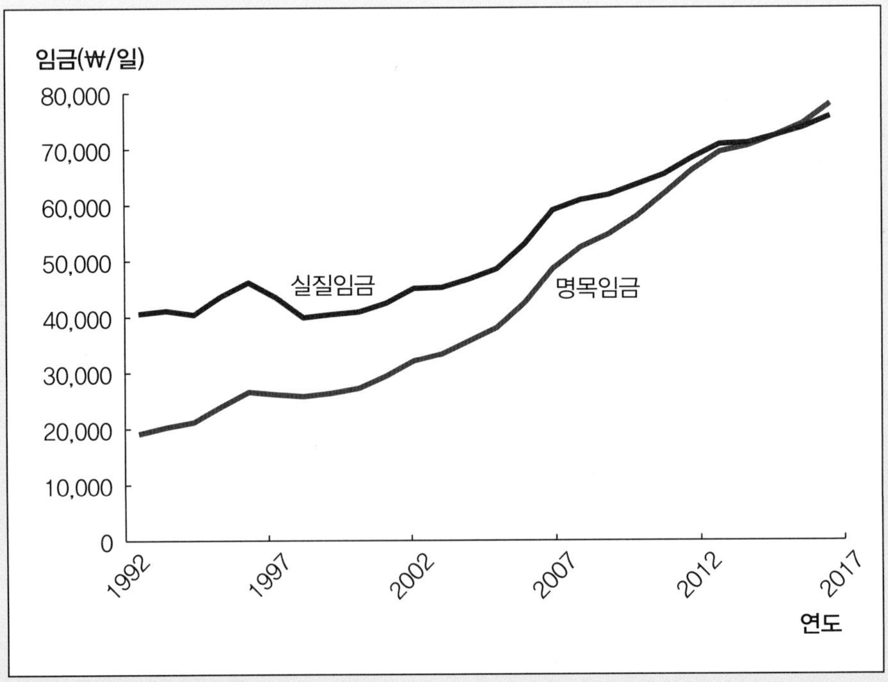

출처: 통계청 국가통계포탈, http://kosis.kr.

✔ 개념체크 17.6

한국의 최저임금법에 따라 결정된 최저임금은 1989년 시간당 ₩600이었으나 2019년에는 시간당 ₩8,350으로 상승하였다. 2019년 실질 최저임금은 1989년 수준에 비해 얼마나 증가하였는가? CPI는 1989년에 0.3736, 2019년 6월에 1.0488이었다.(2019년 평균 CPI는 아직 얻을 수 없지만 2019년 6월 CPI를 사용하기로 한다)

17.2.2 구매력을 유지하기 위한 연동화

소비자물가지수는 또한 실질수량을 명목수량으로 전환하는 데 이용될 수 있다. 예를 들어, 2015년에 어떤 사회보장 수급자에게 매달 $1,000의 금액이 지급되었다고 하자. 의회는 사회보장 수급자에 대한 지급액의 구매력을 일정하게 유지하여 수령자의 생활수준이 인플레이션에 의해 영향을 받지 않도록 하려 한다고 가정하자. 이러한 목표를 달성하기 위하여 의회는 2020년에 사회보장지급액을 얼마로 책정하여야 하는가?

사회보장 수급자들에 대한 지급액의 구매력을 일정하게 유지하기 위하여 2020년에 지급해야 하는 명목, 또는 화폐단위 금액은 2015년과 2020년 사이에 발생한 인플레이션에 의존한다. CPI가 2015년과 2020년 사이에 20% 상승하였다고 가정하자. 즉, 평균적으로 소비자가 구매하는 재화와 서비스의 가격들은 그 기간 동안 20%가 상승하였다. 사회보장 수급자가 인플레이션을 "맞추어 가려면" 2020년 월 수령액은 $1,000 + 0.2 × $1,000 = $1,200, 즉 20%가 증가되어야 한다. 구매력을 일정하게 유지하려 한다면 달러 지급액은 매년 CPI의 증가율만큼 증가해야 한다.

명목수량의 구매력이 인플레이션에 의해 잠식되는 것을 막기 위해서 물가지수의 변화에 따라 명목수량을 증가시키는 관행을 **연동화**(indexing)라고 부른다. 미국 연방법은 사회보장지급액의 자동적인 연동화를 보장하고 있다. 의회의 결정 없이도 사회보장지급액은 매년 CPI의 증가율만큼 증가하도록 되어 있다. 근로계약에서도 임금이 인플레이션의 변화에 대하여 완전히 또는 부분적으로 연동화되어 조정되도록 되어 있는 경우가 있다.

연동화
매기 어떤 변수의 명목값을 특정 물가지수의 증가율만큼 변화시키는 관행. 연동화는 명목값의 구매력이 인플레이션에 의해서 침해되는 것을 방지한다.

연동화된 근로계약 — 예 17.5

연동화된 계약을 맺었을 때 근로자들은 얼마를 받아야 하는가?

한 근로계약은 시간당 임금을 첫 해에는 $12로 하고, 둘째 해에는 실질임금이 2% 오르도록, 셋째 해에는 또 2% 오르도록 정하고 있다고 한다. 첫 해의 CPI는 1.00이고 둘째 해에는 1.05, 셋째 해에는 1.10이라고 할 때, 둘째 해와 셋째 해에 지급되어야 하는 달러 임금을 구하여라.

첫 해의 CPI가 1.00이기 때문에 명목임금과 실질임금은 모두 $12이다. W_2를 둘째 해의 명목임금이라고 하자. 둘째 해의 임금을 CPI로 가격조정을 하면 실질임금은 $W_2/1.05$로 표현된다.

계약이 규정하고 있는 것은 둘째 해의 실질임금을 첫 해의 실질임금보다 2% 증가시켜야 하므로 $W_2/1.05=\$12\times1.02=\$12.24$이다. W_2를 구하기 위하여 1.05를 곱하여 주면 계약에서 정한 둘째 해의 명목임금, $W_2=\$12.85$를 얻는다. 마찬가지로 셋째 해의 명목임금 W_3은 방정식 $W_3/1.10=\$12.24\times1.02=\$12.48$를 만족하여야 한다(왜 그런가?). 이 방정식을 W_3에 대하여 풀면 셋째 해에 지급되어야 하는 명목임금은 \$13.73으로 계산된다.

✔ 개념체크 17.7

현재 최저임금은 인플레이션에 연동화되어 있지 않다. 만약 최저임금이 1989년부터 인플레이션율만을 반영하여 연동화되어 있었다면 2019년의 명목 최저임금은 얼마가 되어야 하는가? 이 문제에 답하기 위해 필요한 데이터는 **개념체크 17.6**에서 찾을 수 있다.

요약 인플레이션을 조정하는 방법

가격조정. 가계의 화폐단위 소득과 같은 명목수량을 물가수준의 변화에 따른 구매력 변화를 조정하기 위하여 CPI와 같은 물가지수로 나누는 과정이다. 가격조정 과정 후에는 명목수량이 실질 구매력 기준으로 변환된다. 서로 다른 두 시점의 명목수량을 동일한 기준년도를 가진 물가지수로 가격조정하면 두 수량의 구매력을 비교할 수 있다.

연동화. 사회보장지급액과 같은 명목 지급액이 일정한 실질 구매력 수준을 유지할 수 있도록 하는 방법은 명목수량을 매년 그 해의 인플레이션율만큼 증가시키는 것이다.

17.3 CPI는 "참" 인플레이션을 측정하는가?

여러분은 아마도 인플레이션을 측정하는 것이 간단하다고 생각할지 모르지만 GDP와 실업률에서와 같이 이 문제도 논란으로부터 자유롭지 못하다. 인플레이션이 적절히 측정되고 있는가의 문제는 최근 수년간 논쟁의 주제였다. CPI는 가장 중요한 경제 통계 중 하나이기 때문에 측정 이슈는 학문적인 것이라기 보다는 실행상의 문제에 관한 것이다. 정책결정자들이 정책을 결정하려고 할 때 최근의 인플레이션율을 면밀히 살펴본다. 더욱이 정부의 예산 지출 중 많은 부분이 연동화되어 있기 때문에 CPI의 변화는 정부 예산에 직접적인 영향을 미친다. 예를 들어, 어떤 해에 CPI가 3% 상승했다면 사회보장지급액은—연방정부 지출의 중요한 부분—자동적으로 3% 증가한다. 정부의 다른 여러 가지 급여나 민간의 근로계약들도 CPI에 연동화되어 있는 경우가 있다.

인플레이션을 측정하는 과정에서 겪는 어려움 중에 하나는 정부의 통계조사원들이 재화와 서비스의 질적인 변화를 적절히 조정하는 것은 매우 어렵다는 것이다. 새로운 PC가 작년 모델에 비하여 기억용량, 연산속도, 데이터 저장능력에서 20% 향상되었다고 가정하자. 또한 PC의 가격도 작년에 비해 20% 상승하였다고 가정하자. 컴퓨터 가격에 인플레이션이 발생하였는가? 인플레이션이 발생하지 않았다고 말해야 합리적일 것이다. 왜냐하면 소비자들이 컴퓨터에 지불하는 가격은 20% 더 비싸졌지만 컴퓨터의 성능도 20% 더 향상되었기 때문이다. 이것은 크기가 20% 더 커진 피자에 20% 더 높은 가격을 지불하는 경우와 동일하다. 그러나 질적인 변화를 정확히 측정하기는 어려우며 정부의 통계조사원들은 수천 개의 재화와 서비스를 담당하고 있기 때문에, 종종 질적인 변화를 놓치거나 과소평가할 수 있다. 통계조사원들이 재화와 서비스의 질적인 변화를 적절히 조정하지 못하는 경우가 발생하면 인플레이션이 과대평가되는 경향이 있을 것이다. 이러한 종류의 과대평가를 질적 조정 편의(quality adjustment bias)라고 부른다.

질적 조정 편의로 인하여 인플레이션율이 과대평가되었을 경우 문제점 중의 하나는 생활수준의 향상을 과소평가하게 된다는 것이다. 평균적인 가계의 명목소득이 매년 3% 증가하고 인플레이션도 매년 3%라고 발표될 경우 실질소득은 전혀 증가하지 않았다고 결론내릴 수 있다. 그러나 질적인 개선에 대한 조정이 이루어진 "참" 인플레이션율이 매년 2%라면 가계의 실질소득은 실제로 매년 1%씩 증가하고 있는 것이다(명목소득의 증가율 3%−인플레이션율 2%).

CPI 측정을 책임지고 있는 통계청(미국은 노동통계국)에서는 인플레이션이 과대평가되는 것을 막고 질적인 조정이 적절히 이루어지도록 하기 위해 많은 노력을 기울이고 있다. 이러한 노력에도 불구하고 최근 질적 조정 편의의 문제는 더 심각해지고 있다고 주장하는 경제학자들이 있다. 예를 들어, 최근 미국 경제는 컴퓨터 하드웨어 생산에서 소프트웨어 및 디지털 콘텐츠 생산으로 변화되고 있기 때문에 질적인 변화를 정확히 측정하는 것은 더 어려워지고 있다고 주장한다.

질적 조정 편의의 극단적인 예는 이전에 존재하지 않던 새로운 재화가 나타났을 때 발생한다. 예를 들어, 효과적인 AIDS 치료약이 최초로 도입되었을 때 AIDS 환자가 받는 의료서비스의 질이 크게 향상되었다. 그러나 완전히 새로운 생산물로부터 발생하는 질적인 개선은, CPI에서 조정된다 하더라도 불완전하게 반영될 가능성이 높다. 문제의 근원은 새로운 재화가 기준년도에 생산되지 않았기 때문에 재화의 현재가격과 비교할 수 있는 기준년도의 가격이 없다는 점이다. 정부의 통계전문가들은 새로운 의약품의 비용을 차선의 치료방법의 비용과 비교하는 등의 여러 가지 방법으로 이러한 문제를 수정하려 하고 있다. 그러나 그런 방법들도 정확하지 않기 때문에 오류에서 자유롭지 못하다.

인플레이션 측정의 또 하나의 문제는 CPI가 재화와 서비스의 고정된 묶음에 대하여 계산된다는 사실 때문에 발생한다. CPI의 계산 과정은 소비자들이 가격이 오른 상품을 가격이 변하지 않았거나 하락한 상품으로 대체할 가능성을 배제하고 있다. 소비자들이 더 비싸진 재화를 저렴해진 재화로 대체할 경우에는 CPI가 실제 참 생활비의 변동을 과대평가하게 될 것이다.

예를 들어, 사람들이 커피와 차를 동일하게 좋아하고 기준년도에 동일한 양을 소비했었다고 가정하자. 그런데 커피 생산국에 서리가 내려 원두가격이 상승하였고 이에 따라 커피 가격이 두 배로 상승하게 되었다. 커피 가격이 상승하면 소비자들은 커피를 소비하지 않고 대신 차를 마실 것이다—커피와 차를 똑같이 좋아하기 때문에 소비 전환으로 인해 소비자의 후생은 나빠지지 않는다. 그러나 CPI는 재화와 서비스의 기준년도의 묶음을 구입하는 비용을 측정하기 때문에 커피 가격이 두 배가 되었을 때 크게 상승하게 된다. 사람들이 커피를 차로 대체하여 후생이 나빠지지 않았음에도 불구하고 CPI가 이렇게 상승하여 생활비의 상승을 과대평가하게 되는 것은 재화들의 상대가격이 변했을 경우에 나타날 수 있는 대체가능성을 배제하였기 때문이다. 이러한 종류의 인플레이션 과대평가를 대체편의(substitution bias)라고 부른다.

예 17.6 대체편의

대체편의가 왜 문제인가?

기준년도인 2010년의 CPI 바구니가 다음과 같다고 가정하자.

항목	지출
커피(50컵, $1/컵)	$50.00
차(50컵, $1/컵)	$50.00
스콘(100개, $1/개)	$100.00
총계	$200.00

소비자가 스콘을 먹을 때, 커피를 마시든지 또는 차를 마시든지 동일한 행복을 느낀다고 가정하자. 2010년에 커피와 차의 가격은 동일하였고 평균적인 소비자는 동일한 양의 커피와 차를 마셨다.

2015년 커피 가격은 2010년의 두 배가 되어 한 컵당 $2로 상승하였다. 차의 가격은 변동없이 한 컵당 $1로 그대로이고 스콘의 가격은 개당 $1.50이다. CPI로 측정된 생활비는 어떻게 변화하였는가? 이 결과와 실제 생활비의 참값은 어떻게 다른가?

2015년 CPI의 값을 계산하기 위하여 먼저 기준년도인 2010년의 재화 묶음을 구입하는 비용을 구해야 한다. 2015년에 커피와 차 각 50컵과 스콘 100개를 소비하는 비용은 (50×$2)+(50×$1)+(100×$1.50)=$300가 된다. 기준년도인 2010년에는 동일한 재화의 묶음을 소비하는 데 $200가 들었으므로 2015년의 CPI는 $300/$200, 즉 1.50이 된다. 따라서 생활비는 2010년과 2015년 사이에 50% 증가하였다고 결론 내리게 된다.

그러나 이와 같은 결론에서는 소비자들이 더 비싸진 재화(커피)를 가격이 상대적으로 저렴해진 재화(차)로 대체할 가능성은 배제되었다. 소비자들은 커피와 차를 똑같이 좋아하기 때문에 커피의 가격이 두 배가 되었을 때 커피에서 차로 완전히 전환할 것이다. 차 100컵과 스콘 100개로 이루어진 새로운 소비 묶음은 소비자들에게 원래의 소비 묶음과 동일한 만족을 줄 것이다. 상대적으로 저렴해진 재화로의 대체를 고려한다면 생활비는 실제로 얼마나 증가하겠는가? 차 100컵과 스콘 100개의 2015년도 비용은 $300가 아닌 $250이다. 소비자의 입장에서 참 생활비는

$50밖에 증가하지 않았으므로 25%가 증가한 것이다. 따라서 CPI에서의 50% 증가는 대체편의 때문에 생활비의 증가를 과대평가하고 있는 것이다.

17.4 CPI와 GDP 디플레이터

제 16장에서 물가수준을 나타내는 한 지표로서 GDP 디플레이터를 소개한 바 있다. GDP 디플레이터는 당해 연도의 가격을 그대로 적용한 명목 GDP를 기준년도의 가격을 적용한 실질GDP로 나눈 값에 100을 곱한 것이다. 실물적으로 동일한 생산에 대하여 두 개의 다른 시점의 가격들을 적용하였을 경우에 나타나는 측정 지표가 명목 GDP와 실질GDP이기 때문에 명목 GDP와 실질GDP를 비교함으로써 두 시점 사이에 가격들이 얼마나 변하였는지 알아볼 수 있다.

그런데 위에서 설명한 CPI와 GDP 디플레이터는 무엇이 다른가? 두 가지 모두 물가수준을 측정하는 지표로 이용될 수 있지만 다음과 같은 차이가 존재한다. 첫째, GDP 디플레이터는 국내에서 생산된 모든 재화와 서비스의 가격변화를 반영하지만, CPI는 평균적인 소비자들이 주로 소비하는 품목에 국한되어 있어 특정한 품목들로 구성된 묶음의 비용, 즉 생계비의 변화를 반영한다. 따라서 수입품들의 가격변화는 GDP 디플레이터에 직접 영향을 미치지 않지만 CPI의 품목에 포함되어 있다면 CPI에 직접적인 영향을 미친다. 둘째, GDP 디플레이터에 고려되는 재화와 서비스의 품목들은 매년 달라지지만 CPI에서 고려하는 품목들은 일정 기간 고정되어 있다. 특정 연도의 GDP 디플레이터는 특정 연도에 국내에서 생산된 모든 재화와 서비스의 가치를 그 해의 가격으로 평가한 명목 GDP와, 동일한 재화와 서비스의 양을 기준년도의 가격으로 평가한 실질GDP 사이의 비율이다. 생산되는 품목, 즉 GDP의 구성품목들이 매년 달라지므로 매년 새로운 구성의 재화와 서비스 품목을 가지고 GDP 디플레이터를 계산하게 된다. 반면 CPI는 평균적인 소비자들이 지출하는 재화와 서비스 품목을 정하여 그 묶음을 구입하는 데 드는 비용이 어떻게 변화해 가는지에 초점을 둔다. 따라서 새로운 서베이를 통하여 평균적인 소비자들이 지출하는 품목의 구성을 갱신할 때에만 CPI를 구성하는 품목이 달라지며 그 전에는 품목의 구성은 변화하지 않는다.

GDP 디플레이터와 CPI 이외에 생산자물가지수(producer price index, PPI)가 있는데 이는 생산자들이 국내시장 출하단계에서 거래되는 재화 및 서비스의 가격을 측정하기 위한 것으로서, 원자재 및 자본재, 중간재 등을 포함하는 정해진 품목에 대하여 공장도 가격을 바탕으로 측정한다. 이렇게 다양한 물가지수 중에서 이용자의 목적에 따라 관심 있는 대상의 가격들의 변화를 반영하는 물가지수를 사용할 수 있는데, 가장 널리 사용되는 것은 CPI이다.

17.5 인플레이션의 비용: 여러분의 생각과 다르다

인플레이션이 지금보다 훨씬 높았던 1970년대 후반, 사람들은 여론조사에서 "제1의 공공의 적," 즉 국가 경제의 가장 중대한 문제는 인플레이션이라고 조사되었다.

최근 수년 동안 인플레이션율이 크게 낮아졌지만 오늘날 많은 사람들은 인플레이션에 대하여 우려를 표명한다. 왜 사람들은 인플레이션에 대하여 그렇게 우려하고 있을까? 설문조사를 자세하게 들여다보면 많은 사람들이 인플레이션의 의미와 그 경제적 효과에 대하여 오해를 하고 있음을 알 수 있다. 사람들이 인플레이션에 대하여 불평할 때 실제로 그들이 염려하고 있는 것은 상대가격의 변화인 경우가 많다. 실제로 심각한 문제인 인플레이션의 참 비용을 설명하기 전에 인플레이션과 그 비용에 관하여 사람들이 혼동하고 있는 것들을 먼저 알아보자.

물가수준
CPI와 같은 물가지수로 측정된, 특정 시점의 전체 가격들의 총괄 지표

상대가격
다른 재화와 서비스의 가격과 비교된 특정 재화나 서비스의 가격

먼저 재화와 서비스의 일반적인 가격수준을 가리키는 물가수준과 특정 재화 및 서비스의 상대가격을 구분할 필요가 있다. **물가수준**(price level)은 CPI와 같이 특정한 시점의 전체 가격들의 전반적인 수준을 측정한 물가지수이다. 인플레이션율은 연도와 연도 사이의 물가수준의 변화율이라는 것을 기억하자. 이와 달리 **상대가격**(relative price)은 특정한 재화나 서비스의 가격을 다른 재화나 서비스의 가격과 비교한 개념이다. 예를 들어, 원유의 가격이 10% 상승하였고 다른 재화와 서비스의 가격은 평균적으로 3% 올랐다면 원유의 상대가격은 상승하게 된다. 그러나 원유의 가격이 3% 오르고 다른 가격들은 10% 올랐다면 원유의 상대가격은 하락한 것이다. 즉, 가격이 절대적으로 하락한 것이 아니더라도 원유는 다른 재화와 서비스에 비하여 상대적으로 저렴해질 수 있는 것이다.

설문조사를 살펴보면 많은 사람들이 인플레이션 또는 전반적인 물가수준의 상승과 특정한 재화의 상대가격의 상승을 구별하지 못하고 혼동하고 있다는 것을 알 수 있다. 중동으로부터의 원유 공급 중단으로 휘발유 가격이 두 배가 되었고 다른 가격들은 변화가 없었다고 가정하자. 휘발유 가격의 상승에 놀라 사람들은 "이러한 인플레이션"에 정부가 대책을 마련해야 한다고 주장한다. 그러나 휘발유 가격의 상승으로 소비자들의 생활이 곤란하게 될 수는 있지만 이것이 인플레이션의 예일까? 휘발유는 소비자들이 매일 구입하는 수백 가지 재화와 서비스 중의 한 품목일 뿐이다. 따라서 휘발유 가격의 상승이 전반적인 물가수준, 즉 인플레이션율에는 작은 영향을 줄 수 있을 뿐이다. 이 예에서 실제로 문제가 되는 것은 인플레이션이 아니며 소비자들을 어렵게 만드는 것은 원유의 상대가격, 특히 노동의 가격(임금)과 비교된 상대가격의 변화이다. 원유의 상대가격의 상승은 자동차를 사용하는 비용을 증가시키기 때문에 사람들이 다른 품목에 지출할 수 있는 소득을 감소시킨다.

상대가격의 변화가 반드시 인플레이션을 의미하는 것은 아니다. 예를 들어, 몇몇 재화의 가격이 상승하였을 때 다른 재화들의 가격은 하락하여 서로 상쇄될 수도 있는 것이다. 그런 경우 물가수준과 인플레이션율은 거의 영향을 받지 않는다. 역으로 상대

가격이 변하지 않으면서 인플레이션이 발생할 수 있다. 예를 들어, 임금과 급여를 포함한 모든 가격들이 매년 정확히 10% 오른다고 상상해보라. 인플레이션율은 10%이지만 재화와 서비스를 구매하는 사람들의 능력은 인플레이션에 의해 영향을 받지 않는다.

이러한 예들은 평균 물가수준의 변화(인플레이션)와 특정한 재화들의 상대가격의 변화가 서로 다른 측면의 문제라는 것을 말해준다. 두 문제에 대한 정책처방이 다르기 때문에 두 가지 문제를 혼동하지 않는 것이 매우 중요하다. 상대가격의 변화를 상쇄하려면 특정한 재화의 수요와 공급에 영향을 주는 정책을 실행할 필요가 있다. 예를 들어, 정부는 유가가 상승할 경우 대체 에너지 자원의 개발을 촉진하도록 유도할 수 있다. 그러나 정부가 인플레이션에 대응하는 방법은 통화정책이나 재정정책과 같은 거시경제정책을 변화시키는 것이다. 실제 발생한 것은 상대가격의 변화임에도 불구하고 일반 사람들이 혼동하여 정부에게 반 인플레이션 정책을 시행하도록 한다면 실제로 경제에 해가 될 수도 있다. 이것은 정책결정자와 일반 사람들 모두에게 경제교육이 필요하다는 것을 말해주는 하나의 예이다.

물가수준, 상대가격, 인플레이션 — 예 17.7

원유가격은 물가수준보다 더 빨리 올랐는가 아니면 천천히 올랐는가?

CPI는 2015년에 1.20, 2016년에 1.32, 2017년에 1.40이고, 유가는 2015년과 2016년 사이에 8%, 2016년과 2017년 사이에 또 8% 상승했다고 가정하자. 물가수준, 인플레이션율, 원유의 상대가격은 어떻게 변화되었는가?

물가수준은 CPI로 측정될 수 있다. CPI는 2015년보다 2016년에 더 높았고 2017년에는 2016년보다 또 높았기 때문에 물가수준은 2015~2017년 기간 동안 오르고 있다. CPI가 2015년과 2016년 사이에 10% 상승했기 때문에 인플레이션율은 10%이다. 그러나 2016년과 2017년 사이에 CPI는 약 6% 상승하여(1.40/1.32=1.06) 인플레이션율은 약 6%로 낮아졌다. 인플레이션율의 하락은 물가수준이 여전히 오르고 있지만 전보다 느린 속도로 상승하고 있다는 것을 의미한다.

유가는 2015년과 2016년 사이에 8% 상승하였다. 그러나 그 기간 동안 인플레이션율은 10%였기 때문에 원유의 상대가격은 – 즉, 모든 다른 재화와 서비스에 상대적인 원유의 가격– 약 2% 하락하였다(8%−10%=−2%). 2016년과 2017년 사이에 유가는 또 8% 상승한 반면, 인플레이션율은 약 6%였다. 따라서 원유의 상대가격은 2016년과 2017년 사이에 약 2%(8%−6%) 상승하였다.

17.5.1 인플레이션의 참 비용

전반적인 물가수준이 상승하는 인플레이션과 재화들 사이의 상대가격 변화 사이의 혼동을 구별할 수 있게 되었으므로, 이제 인플레이션의 참 비용에 대하여 논의하기로 한다. 인플레이션은 여러 종류의 비용을 발생시키며 각각은 경제의 효율성을 저하시키는 경향이 있다. 가장 중요한 다섯 가지를 설명하기로 한다.

가격체계의 "교란"

제 3장 "수요와 공급"을 공부할 때, 매일 뉴욕 사람들에게 필요한 음식의 양과 종류를 공급하도록 하는 놀라운 경제적 조정과정을 소개한 적이 있다. 이러한 조정과정은 정부의 관료들이 근무하는 행정부처에 의해 이루어지고 있는 것이 아니며, 중앙통제적인 개입이 없어도 시장경제의 작동에 의해 정부의 부서에서 수행하는 것보다 훨씬 더 잘 이루어지고 있다.

시장경제는 뉴욕시의 식량 공급과 같은 복잡한 업무를 수행하기 위해 필요한 엄청난 양의 정보를 어떻게 전달하는가? 정답은 가격체계를 통해서 정보가 전달된다는 것이다. 맨해튼에 있는 프랑스 음식점 주인은 매우 귀하지만 사람들이 원하는 살구버섯의 양이 충분하지 않을 때 시장가격을 올려서 매입하려 한다. 특용식품 공급자들은 살구버섯의 가격이 상승하였음을 인지하고, 더 많은 살구버섯을 시장에 공급하면 이윤을 높일 수 있다는 것을 알게 된다. 동시에 가격에 민감한 수요자들은 구매가능하고 저렴한 다른 버섯으로 전환할 것이다. 살구버섯 시장은 더 이상 이윤의 기회가 없고, 공급자와 수요자 모두 시장가격에서 만족할 때(**균형의 원리**)에만 균형에 도달한다. 이러한 예들이 백만 번 있다고 상상해 보면 가격체계가 수행하는 참으로 놀라운 경제적 조정과정에 대한 감을 얻게 될 것이다.

균형

그러나 잡음(noise)이 있으면 라디오 메시지를 알아듣기 어려운 것처럼, 높은 인플레이션율이 발생하면 가격체계를 통하여 전달되는 신호들을 해석하기 어려워진다. 인플레이션이 낮거나 거의 없는 나라에서 특용식품을 공급하는 사람들은 살구버섯 가격이 상승하면 시장에 더 많이 공급하라는 신호로 즉시 인식한다. 그러나 인플레이션율이 높을 때에는, 공급자들은 가격상승이 살구버섯에 대한 수요의 증가를 의미하는지 아니면 모든 식료품 가격을 상승시키는 일반적인 인플레이션의 결과인지 구별해야 한다. 가격상승이 단지 전반적인 인플레이션을 반영한 것이라면 다른 재화 및 서비스와 비교하여 살구버섯의 상대가격은 실제로 변하지 않은 것이다. 따라서 공급자들은 시장에 공급하는 버섯의 양을 변화시키지 않아야 한다.

인플레이션이 발생하고 있는 경제에서 살구버섯 가격의 상승이 수요증가를 나타내는 신호인지를 식별하려면 공급자는 살구버섯의 가격뿐만 아니라 다른 재화와 서비스의 가격에 어떤 일이 일어나고 있는지 알아야 할 필요가 있다. 정보를 수집하는 것은 시간과 노력이 들기 때문에 살구버섯 가격의 변화에 대한 공급자의 반응은 늦어지고 주저하게 될 가능성이 높다.

요약하면, 가격변화는 시장이 공급자와 수요자에게 정보를 보내는 방법이다. 예를 들어, 특정한 재화나 서비스의 가격상승은 수요자들에게 그 재화나 서비스의 소비를 줄이라고 말하는 것이며, 공급자들에게는 더 많은 양을 시장에 공급하라고 말하는 것이다. 그러나 인플레이션이 존재하면, 가격들이 재화의 수요와 공급의 변화에 의해서 뿐만 아니라 일반적인 물가수준에 의해서도 영향을 받는다. 인플레이션은 가격체계에 잡음 또는 "교란"을 만들어내기 때문에 가격이 전달하는 정보를 모호하게 하고 시장체계의 효율성을 감소시킨다. 이와 같은 효율성의 감소는 실질적인 경제적 비용을 발생시킨다.

조세체계에 의한 왜곡

사회보장지급액과 같은 정부지출이 인플레이션에 연동되어 있듯이 많은 세금들도 인플레이션에 연동화되어 있다. 미국에서 높은 소득을 가진 사람은 더 높은 비율을 세금으로 납부한다(누진세). 세금이 인플레이션에 연동화되지 않았다면 명목소득을 증가시키는 인플레이션은 실질소득이 증가하지 않았다 하더라도 소득의 더 많은 퍼센티지를 세금으로 납부하게 할 것이다. 세율등급 상승(bracket creep)이라고 알려져 있는 이런 현상을 피하기 위하여 의회는 소득세 등급을 CPI에 연동화하였다. 연동화는 명목임금이 인플레이션과 동일한 증가율로 상승한 가계의 경우, 소득 중 세금으로 납부하는 비율이 더 높아지지 않도록 한다.

연동화가 세율등급 상승의 문제를 해결해 주기는 하지만, 조세조항의 많은 규정들은 정치적 관심의 부족 또는 행정 편의상 연동화되어 있지 않다. 그 결과 인플레이션은 사람들이 납부하는 세금에 예기치 않은 변화를 발생시키며, 이는 경제적으로 바람직하지 않은 방향으로 사람들의 행동을 왜곡시키는 요인이 될 수 있다.

예를 들어, 기업에 대한 조세 중에서 인플레이션이 문제를 일으키는 중요한 항목은 자본의 감가상각충당금인데 다음과 같이 시행된다. 한 기업이 10년 동안 사용할 수 있을 것이라고 기대하고 $1,000에 기계를 구입한다고 가정하자. 미국 조세법에 따르면 기업은 10년 동안 매년 구입가격의 1/10인 $100를 과세대상 이윤으로부터 공제받는다. 구입가격의 일부분을 과세대상 이윤으로부터 공제받음으로써 기업은 세금을 줄일 수 있다. 매년 세금감면의 정확한 액수는 기업이윤에 대한 세율×$100이다.

이러한 조세 규정의 취지는 기계의 노후화로 인한 비용이 기업의 운영비용이기 때문에 기업의 이윤으로부터 제외해 주어야 한다는 것이다. 또 다른 의도는 새로운 기계에 대한 투자에 세금을 우대해주어 기업의 공장 현대화를 촉진하는 것이었다. 그러나 자본의 감가상각충당금은 인플레이션에 연동화되어 있지 않다. 인플레이션이 높은 시기에 $1,000의 기계를 구입하려고 계획하는 기업이 있다고 가정하자. 경영자는 기계를 구입하면 향후 10년간 과세이윤에서 매년 $100씩 감면을 받을 수 있다는 것을 알고 있다. 그러나 $100는 인플레이션에 연동화되어 있지 않은 고정된 액수이다. 미래를 내다보면 향후 5, 6년 또는 10년 후의 $100 세금감면의 실질가치는 인플레이션 때문에 현재보다 훨씬 낮을 것이라는 것을 인식하게 된다. 따라서 기계를 구입할 유인이 감소하여 투자를 하지 않겠다는 결정을 내릴 수도 있다. 많은 연구들은 높은 인플레이션율이 새 공장이나 장비에 대한 기업의 투자율을 크게 감소시킬 수 있음을 발견하였다.

복잡한 조세 조항들의 수많은 규정과 세율구조가 인플레이션에 연동화되어 있지 않기 때문에, 인플레이션은 사람들이 일하고, 저축하고, 투자하는 의사결정과 관련된 유인구조를 심각하게 왜곡시킬 수 있다. 결과적으로 발생하는 경제적 효율성의 감소와 경제성장에 대한 부정적 효과는 인플레이션의 참 비용이다.

"구두창" 비용

모든 구매자들은 현금이 편리하다는 것을 알고 있다. 가계수표는 모든 곳에서 항상 받아들여지지 않기도 하고 신용카드는 종종 일정 금액 이상을 지출할 경우에만 사용될 수 있는 반면, 현금은 거의 모든 일상적인 거래에서 사용될 수 있다. 또한 기업들도 현금을 가지고 있는 것이 편리하다는 것을 알고 있다. 바로 곁에 현금을 많이 가지고 있으면 고객들과의 거래가 촉진되며 은행에 예금과 출금거래를 자주 할 필요가 줄어든다.

인플레이션은 소비자들이나 기업가들에게 현금 보유의 비용을 증가시킨다. 침대 매트 아래에 $20 지폐로 $10,000를 가지고 있는 구두쇠를 생각해보자. 시간이 지남에 따라 그가 보관하고 있는 현금의 구매력에 어떤 일이 발생하는가? 인플레이션율이 0이어서 평균적으로 재화와 서비스의 가격들이 변하지 않고 있다면 $10,000의 구매력은 시간이 지나도 변하지 않는다. 그러나 인플레이션율이 10%라고 가정해보자. 구두쇠가 보관하고 있는 현금의 구매력은 매년 10%씩 떨어질 것이다. 일 년 후에 그는 구매력 측면에서 겨우 $9,000를 가지게 될 것이다. 일반적으로 인플레이션율이 높을수록 구매력의 손실 때문에 사람들은 현금을 더 적게 보유하려고 한다.

현금은 법적으로 정부가 현금보유자에게 빚지고 있는 부채이다. 따라서 현금이 가치를 잃으면 현금 보유자의 손실은 정부의 이득에 의해 상쇄되고, 정부는 실질기준으로 현금보유자에 대해 더 적은 빚을 지게 된다. 따라서 인플레이션으로 인한 구매력의 상실은 사회 전체의 관점에서 낭비된 자원이 없기 때문에 그 자체만으로는 인플레이션의 비용이 아니다(실제로, 구두쇠가 보관하고 있는 현금의 가치가 일부 손실을 입을 때 어떤 실질 재화나 서비스가 사용되어 없어지는 것은 아니다).

그러나 인플레이션에 직면할 때 사람들은 구매력의 감소를 막기 위해 현금보유를 "줄이려고" 행동할 것이다. 예를 들어, 다음에 은행을 방문할 때 한 달 동안 필요한 현금을 인출하지 않고 일주일 동안 필요한 현금을 인출할 것이다. 현금보유를 최소화하기 위하여 은행을 더 자주 방문함으로써 발생하는 번거로움이 인플레이션의 실질적인 비용이다. 마찬가지로 회사들도 직원들을 은행에 더 자주 보내거나 또는 현금을 관리하는 소프트웨어 시스템을 설치함으로써 현금보유를 줄일 것이다. 소비자들과 기업가들은 더 적은 현금을 보유하기 위하여 더 자주 은행거래를 할 것이고 증가된 은행거래를 처리하기 위하여 은행들은 더 많은 직원을 고용하고 영업을 확대할 필요가 있게 된다.

은행에 더 자주 가고, 새로운 현금 관리 시스템을 구축하고, 은행들이 고용을 확대하는 것은 실질적으로 발생하는 비용이다. 다른 목적을 위해 쓰일 수 있었던 시간, 노력 등의 자원이 이러한 목적으로 사용된다. 전통적으로 현금을 줄이는 비용은 구두창 비용이라고—은행에 더 자주 방문하면 구두창이 닳는다는 생각으로부터—불렸다. 구두창 비용은 인플레이션율이 매년 겨우 2~3%인 오늘날에는 아마도 큰 문제가 아닐 것이다. 그러나 인플레이션율이 높은 경제에서는 그 비용이 매우 클 것이다.

예상치 못한 부의 재분배

인플레이션이 예상되지 못했을 경우 임의적으로 부가 재분배된다. 향후 3년간의 임금을 결정하는 계약에 합의한 노동조합의 근로자들을 생각해보자. 임금이 인플레이션에 연동화되지 않았다면 근로자들은 물가수준이 상승할 때 피해를 받기 쉽다. 예를 들어, 계약기간 3년 동안 인플레이션이 예상했던 것보다 훨씬 높게 나타났다고 가정하자. 이런 경우 근로자 임금의 구매력은—실질임금—계약에 서명할 때 예상했던 수준보다 적어질 것이다.

인플레이션 때문에 근로자들이 잃어버리는 구매력은 사회적인 관점에서 볼 때 "없어지는" 것인가? 답은 "그렇지 않다"이다. 근로자들에게 지급되는 임금의 실질비용은 예상보다 적어졌으므로 그들의 구매력의 손실은 고용주의 구매력의 예상치 못한 증가와 정확히 일치한다. 다시 말하면, 이러한 인플레이션의 효과는 구매력을 없애는 것이 아니라 재분배하는 것이며, 이 경우에는 근로자로부터 고용주로의 재분배이다. 인플레이션이 예상되었던 것보다 낮았다면 근로자들은 예상했던 것보다 더 큰 구매력을 누리게 되고 고용주는 손실을 입는 쪽이 된다.

인플레이션에 의해서 발생한 소득 재분배의 또 다른 예는 채무자와 채권자 사이에 발생한다. 이 책의 저자 중 한 사람이 호숫가에 집을 사기 위해 은행으로부터 $150,000를 빌려 집값을 지불했다고 가정하자. 은행융자에 서명한 후 얼마 지나지 않아 인플레이션이 예상보다 높아질 가능성이 있다는 것을 알게 되었다. 그는 이 뉴스에 어떻게 반응해야 하는가? 아마도 공공의 이익을 생각하는 거시경제학자로서 저자는 인플레이션이 상승하고 있다는 뉴스를 듣고 슬퍼해야 하지만 소비자로서 그는 기뻐해야 할 것이다. 그가 미래에 갚아야 할 대출 원리금의 실질가치는 예상했던 것보다 적어질 것이다. 은행이 상환받을 화폐금액의 구매력은 계약서에 서명할 때 예상했던 것보다 적어질 것이다. 다시 말하지만, 실제로 어떤 부가 인플레이션 때문에 경제 내에서 "사라져 버린" 것은 아니다. 채무자의 이득은 채권자의 손실에 의해 정확히 상쇄된다. 일반적으로, 예상치 못한 높은 인플레이션율은 채무자가 더 적은 가치의 화폐금액으로 채무를 갚을 수 있게 하기 때문에, 채권자의 비용으로 채무자에게 이득이 발생한다. 반면에 예상했던 것보다 낮은 인플레이션율이 발생하면, 채무자가 대출이 이루어질 때 예상했던 것보다 더 많은 가치의 화폐금액을 갚아야 하기 때문에, 채권자에게는 이득이 되고 채무자에게는 손해가 된다.

인플레이션에 의해 발생된 부의 재분배가 부를 없애지는 않고 한 집단에서 다른 집단으로 이전시키지만, 그 또한 경제에 해가 된다. 우리의 경제 시스템은 유인체계에 기초해 있다. 열심히 일하고, 소득의 일부를 저축하고, 현명한 금융투자를 하면 장기적으로 더 큰 실질적인 부와 더 나은 생활수준으로 보상받는다고 사람들이 생각할 때 경제 시스템은 잘 작동하게 된다. 어떤 비평가들은 인플레이션이 높은 경제를 주로 운에 의하여 부가 분배되는—즉, 인플레이션의 불규칙적인 변동에 의해 분배되는—카지노에 비교하였다. 예측이 불가능하면 사람들이 일하고 저축하려는 유인이 약화되기 때문에, 장기적으로 "카지노 경제"는 성과가 나쁠 것이다. 인플레이션이 높은 경제에서는 사람들이 인플레이션을 예측하거나 인플레이션으로부터 자신들을 보호하기 위해서 자원을 쓰게 된다.

장기계획 수립 저해

다섯 번째이자 끝으로 설명할 인플레이션의 비용은 인플레이션이 가계와 기업들의 장기계획 수립을 저해한다는 것이다. 많은 경제적인 의사결정은 장기적인 관점에서 이루어진다. 예를 들어, 근로자들은 30대나 40대일 때 은퇴를 위한 계획을 시작한다. 그리고 기업들은 향후 수십 년을 바라보는 장기적인 투자를 하고 사업전략을 개발한다.

높고 변동성이 심한 인플레이션이 장기 계획을 어렵게 만드는 것은 분명하다. 예를 들어, 여러분이 은퇴 후에 일정한 정도의 생활수준을 누리길 원한다고 가정하자. 여러분의 꿈을 현실로 만들기 위하여 얼마만큼의 소득을 저축할 필요가 있는가? 그것은 여러분이 구매하려고 하는 재화와 서비스의 가격이 30~40년 후에 얼마나 올라있을 것인가에 의존한다. 높고 변동이 심한 인플레이션에서는 은퇴가 가까워졌을 때까지도 여러분이 선택한 생활수준을 위해 얼마나 비용이 들 것인가를 추측하기조차 어렵다. 여러분은 아마 너무 적게 저축하여 은퇴계획을 조정해야 하거나 또는 너무 많이 저축하여 여러분이 일하는 기간 동안 불필요하게 많은 희생을 한 경우가 될지도 모른다. 어떤 경우에든 인플레이션은 비용을 발생시킨다.

요약하면 인플레이션은 여러 가지 측면에서 경제에 해를 끼친다. 몇몇 효과들은 수량으로 환산하기 어려우며 따라서 논란의 여지가 있다. 그러나 낮고 안정적인 인플레이션율이 건강한 경제를 유지하는 데 도움이 된다는 것에 경제학자들은 대부분 동의한다.

17.5.2 초인플레이션

인플레이션율, 예를 들어, 연율 5%의 인플레이션율이 경제에 얼마나 비용을 발생시키는지에 대하여는 의견의 차이가 있을 수 있지만, 연율 500% 또는 1,000%의 인플레이션율이 경제의 성과에 악영향을 미친다는 사실에는 거의 아무도 이의를 제기하지 않는다. 인플레이션율이 극단적으로 높은 상황을 **초인플레이션**(hyperinflation)이라고 부른다. 인플레이션이 어느 정도 높아야 초인플레이션이라고 부르는가에 대한 공식적

초인플레이션
인플레이션율이 극단적으로 높은 상황

인 기준은 없지만 500%에서 1,000%의 범위에 있는 인플레이션율은 분명히 포함된다.

과거 수십 년 동안에 초인플레이션은 이스라엘(1985년에 400%의 인플레이션율), 볼리비아, 아르헨티나, 브라질, 가장 최근의 베네수엘라(2017년 1,000% 이상으로 추정) 등 일부 남미 국가들, 러시아를 포함하여 공산주의에서 자본주의로 이행하고 있는 국가들에서 발생하였다. 짐바브웨는 최근 극심한 초인플레이션을 겪었는데 2009년 초에는 100조 짐바브웨 달러 지폐가 발행되었다. 아마도 가장 유명한 것은 인플레이션율이 1억 200만%나 발생한 1923년의 독일의 경험이다. 독일의 초인플레이션 기간에서는 가격들이 너무 빠르게 상승하여, 한동안 근로자들은 매일 하루에 두 번씩 급여를 받아 가격이 더 상승하는 오후가 되기 전에 음식을 구입하였고, 많은 사람들의 생애저축은 가치가 없게 되었다. 그러나 가장 극단적인 초인플레이션은 헝가리에서 발생하였는데, 2차 세계대전의 말기인 1945년에 인플레이션이 최고 3.8×10^{27}%에 달하였다. 미국은 초인플레이션을 전혀 겪지 않았다. 다만 단명했던 남부연방이 독립전쟁 기간 동안 심각한 인플레이션으로 고통을 겪었던 적이 있다. 1861년과 1865년 사이에 남부연방에서는 가격들이 전쟁 이전 수준의 92배로 올랐다.

초인플레이션은 인플레이션의 비용을 크게 증대시킨다. 초인플레이션이 발생하는 경우에는 사람들이 현금을 가급적 짧은 기간 동안만 보유하기 위해 매일 은행을 두세 번 찾게 되므로 구두창 비용이 발생하게 된다. 매일 혹은 심지어 매 시간 가격들이 변하는 경우에는 시장이 잘 작동하지 않으며 경제성장이 둔화되고, 부의 재분배가 크게 일어나 많은 사람들의 생활을 피폐하게 만든다. 초인플레이션이 2~3년 이상 지속된 경우는 거의 없었다는 사실은 놀랄 만한 일이 아니다. 초인플레이션이 발생하는 기간은 매우 고통스러운 기간이어서 사람들은 초인플레이션의 완화를 간절히 원하게 된다.

요약 인플레이션의 참 비용

일반 사람들은 상대가격의 변화(원유가격 상승과 같은)와 전반적인 물가수준의 변화인 인플레이션을 때때로 혼동한다. 상대가격의 변화에 대한 정책처방과 인플레이션에 대한 정책처방은 다르기 때문에 이러한 혼동은 문제를 발생시킬 수 있다.

인플레이션의 참 비용에는 여러 가지가 있는데, 인플레이션 경제성장과 효율성을 감소시키는 경향이 있다.

- **가격체계의 "교란":** 인플레이션은 가격을 통하여 전달되는 정보를 해석하기 어렵게 만든다.
- **조세체계에 의한 왜곡:** 조세 조항의 규정들이 연동화되어 있지 않을 때 발생한다.
- **구두창 비용:** 현금 보유를 줄이려는 비용(예를 들어, 은행에 더 자주 가거나 현금 관리 프로그램을 설치하는 비용)
- **예상치 않은 부의 재분배:** 예상보다 높은 인플레이션은, 임금근로자에게 손해가 되고 고용주에게는 이득이 되며, 채권자에게 손해가 되고 채무자에게는 이득이 된다.
- **장기계획 수립의 저해:** 먼 미래의 가격을 예측하는 것이 어려워져 발생한다.

17.6 인플레이션과 이자율

이제까지는 인플레이션의 측정과 경제적 비용에 초점을 두어 왔다. 인플레이션의 또 하나의 중요한 측면은 다른 거시경제변수들과 긴밀하게 관련되어 있다는 것이다. 예를 들어, 인플레이션이 높은 기간에는 이자율도 높아지는 경향이 있다는 것은 오래 전부터 잘 알려진 현상이다. 앞으로 유용하게 사용될 인플레이션과 이자율 사이의 관계를 살펴보면서 본 장을 마무리하기로 한다.

17.6.1 인플레이션과 실질이자율

앞에서 예상치 못한 인플레이션에 의한 부의 재분배 과정을 설명할 때, 인플레이션은 채무자가 상환해야 하는 화폐금액의 가치를 감소시켜 채권자에게 손해를 입히고 채무자에게는 이득을 주는 경향이 있다는 것을 알게 되었다. 실질이자율이라는 경제 개념을 도입하여 인플레이션이 채무자와 채권자에 미치는 효과를 더 정확히 설명할 수 있다. 다음의 예를 살펴보자.

두 이웃나라, 알파국과 베타국이 있다고 가정하자. 알판이라는 통화를 사용하는 알파국에는 인플레이션율이 0%이고 앞으로도 0%일 것으로 기대되고 있다. 베탄이라는 통화를 사용하는 베타국에서는 인플레이션율이 10%이고 앞으로도 그 수준일 것으로 예상되고 있다. 은행 예금에 대해서 알파국에서는 2%의 이자율을, 베타국에서는 10%의 이자율을 지급하고 있다. 어느 나라의 은행 예금자들이 더 좋은 조건을 가지고 있는가?

예금 이자율은 베타국에서 더 높기 때문에 혹시 "베타국"이라고 대답할지 모른다. 그러나 인플레이션의 효과를 생각해보면 베타국보다 알파국이 예금자들에게 더 나은 거래를 제공하고 있다는 것을 알 수 있다. 그 이유를 알아보기 위해 두 나라에서 1년 만기 예금을 들었을 경우 실질 구매력의 변화를 생각해보자. 알파국 은행에 1월 1일 100알판을 예금한 사람은 다음해 1월 1일에 102알판을 얻게 될 것이다. 알파국에서는 인플레이션이 없기 때문에 1년 후에도 평균적으로 가격들이 동일할 것이다. 따라서 예금자가 인출하는 102알판은 구매력에서 2%의 증가를 의미한다.

베타국에서는 1월 1일에 100베탄을 예금한 예금자는 1년 후에 10%의 이자를 포함하여 110베탄을 받게 된다. 그러나 베타국에서는 재화와 서비스의 가격들이 10% 상승할 것으로 가정되었다. 따라서 베타국 예금자가 예금을 할 시점에서의 100베탄과 예금을 찾은 1년 후의 110베탄으로 살 수 있는 재화와 서비스의 양은 정확히 동일할 것이다. 즉, 구매력이 전혀 증가되지 않은 것이다. 따라서 알파국 예금자가 더 나은 거래를 한 것이다.

실질이자율
금융자산의 구매력의 연간 증가율. 어떤 자산의 실질이자율은 그 자산의 명목이자율에서 인플레이션율을 뺀 것이다.

금융자산의 실질 구매력의 연간 증가율을 그 자산에 대한 **실질이자율**(real interest rate), 또는 실질수익률이라고 부른다. 앞의 예에서 예금의 실질 구매력은 알파국에서는 연 2%, 베타국에서는 연 0% 증가하였다. 우리에게 친숙한 시장이자율을 일컫는 명목이자율과 실질이자율은 구분되어야 한다. **명목이자율**(nominal interest rate)은 자산의 명목가치 또는 화폐가치의 연간 증가율이다.

명목이자율(또는 시장이자율) 금융자산의 명목가치의 연간 증가율

알파국과 베타국의 예가 보여주듯이 예금계좌로부터 정부채권에 이르기까지 각 금융자산에 대한 시장이자율 또는 명목이자율에서 인플레이션율을 빼면 실질이자율이 된다. 따라서 알파국의 예금에 대한 실질이자율은 명목이자율(2%)에서 인플레이션율(0%)을 뺀 2%이며, 마찬가지로 베타국의 예금에 대한 실질이자율은 명목이자율(10%)에서 인플레이션율(10%)을 뺀 0%로 구해진다.

실질이자율의 정의를 수식으로 표현하면 다음과 같다.

$$r = i - \pi$$

여기에서

r = 실질이자율

i = 명목이자율 또는 시장이자율

π = 인플레이션율

자산을 구입할 시점에 자산의 보유기간 동안의 인플레이션율은 알려져 있지 않다. 따라서 경제학자들은 명목이자율에서 구매시점에서의 기대 인플레이션율을 뺀 기대 실질이자율과 명목이자율에서 실제로 실현된 인플레이션율을 뺀 실제 실질이자율을 구분해야 한다고 생각한다. 기대 실질이자율은 사람들이 예상한 실질수익률을 반영하고 있으며 실제 실질이자율은 사후적으로 실현되는 실질수익률을 의미한다. 논의를 단순화하기 위해 현재의 인플레이션율이 변하지 않을 것이라는 가정 아래에서 두 가지의 실질이자율이 동일하다고 가정한다. 아래에서는 예상치 못한 인플레이션 변화를 논의한다.

1970년대 이후 실질이자율 예 17.8

왜 실질이자율이 중요한가?

다음은 1970년대 이후 몇몇 연도에 대한 10년 만기 국채의 이자율이다. 제시된 연도 중 정부채권을 구입한 금융투자자가 가장 유리한 거래를 한 해는 언제인가? 가장 불리한 거래를 한 해는 언제인가?

연도	이자율(%)	인플레이션율(%)	실질이자율(%)
1970	6.5	5.7	−0.8
1975	5.8	9.1	−3.3
1980	11.5	13.5	−2.0
1985	7.5	3.6	3.9
1990	7.5	5.4	2.1
1995	5.5	2.8	2.7
2000	5.8	3.4	2.4
2005	3.2	3.4	−0.2
2010	0.1	1.6	−1.5
2015	0.05	0.12	−0.07

실질이자율은 정부채권에 대한 금융투자로부터 얻은 수익의 구매력의 증가를 측정하는 것이기 때문에 실질이자율이 높았을 때에는 금융투자를 잘했다고 할 수 있다. 명목이자율에서 인플레이션율을 빼면 실질이자율이 계산되며 위 표에서 마지막 열에 제시되어 있다. 국채의 구입자들에게 이들 연도들 중 가장 좋았던 해는 3.9%의 실질수익률을 얻었던 1985년이고 가장 나빴던 해는 실질수익률이 –3.3%였던 1975년이다. 다시 말하면, 금융투자자들은 1975년에 5.4%의 명목이자율을 받았음에도 불구하고 인플레이션율이 금융투자로부터 얻은 이자율보다 높았기 때문에 구매력이 오히려 감소하게 되었던 것이다.

그림 17.2는 1970년 이후의 한국의 실질이자율을 보여주고 있는데, 실질이자율은 3년만기 회사채 유통수익률에서 소비자물가상승률을 뺀 것이다. 실질이자율은 1980~1990년대 후반까지 높은 수준을 유지하다가 2000년대에는 크게 하락하였다.

그림 17.2

한국의 실질이자율, 1987~2018

실질이자율은 명목이자율에서—여기에서는 3년만기 회사채(AA–등급) 유통수익률—소비자물가상승률을 뺀 것이다. 실질이자율은 1980년대에서 1990년대 후반까지 8% 내외의 높은 수준을 유지하다가 2000년대에 들어와서는 크게 낮아졌고 2010년 이후에는 2% 아래로 더 낮아졌다.

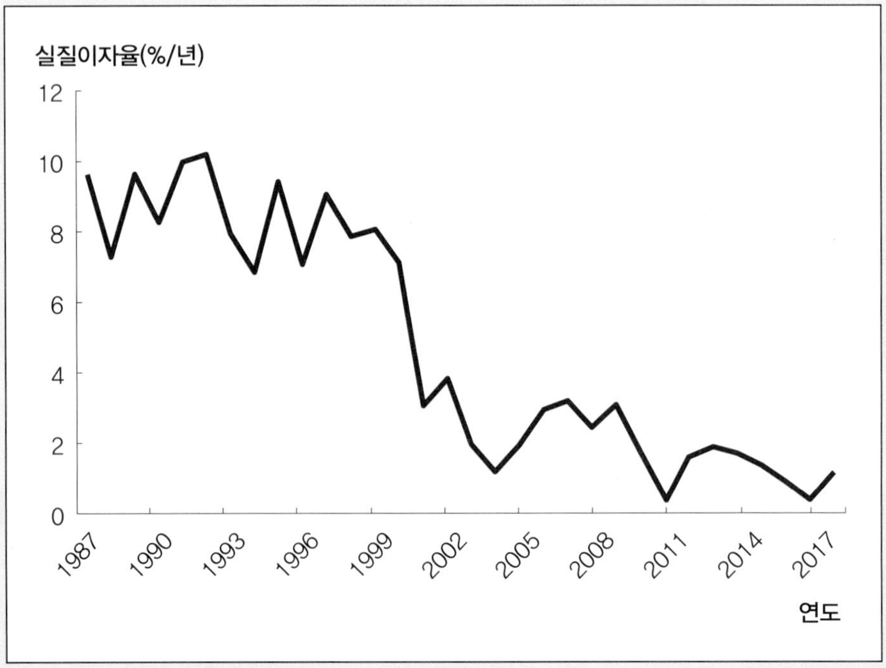

출처: 한국은행 경제통계시스템, http://ecos.bok.or.kr/.

✔ **개념체크 17.8**

여러분이 여유자금을 이용하여 금융투자를 하려고 하는데 은행의 금리가 너무 낮다고 생각하고 있다. 투자상담사는 한 작은 외국 정부가 발행한 채권을 추천하고 있다. 그 나라의 국채 이자율이 25%이고 채무불이행이 발생한 적이 없다고 한다. 그러면 여러분의 다음 질문은 무엇이 되어야 하는가?

실질이자율의 개념을 적용하면 왜 예상치 못한 인플레이션율의 상승이 채권자에게는 손해가 되고 채무자에게는 이득이 되는지 정확히 설명할 수 있다. 채권자가 차입자에게 부과하는 명목이자율이 정해진 후에는 인플레이션율이 높을수록 채권자가 받는 실질이자율이 낮아지게 된다. 따라서 예상치 못한 높은 인플레이션은 채권자에게 손해가 되는 것이다. 반대로 예상치 못한 높은 인플레이션이 발생하면 실질이자율이 예상했던 것보다 낮아지기 때문에 차입자에게는 이득이 된다.

예상치 못한 높은 인플레이션이 채권자에게 손해가 되고 차입자에게 이득이 되지만, 높은 인플레이션율이 예상되었다면 예상된 인플레이션은 명목이자율에 반영될 수 있기 때문에 부를 재분배하지 않을 것이다. 예를 들어, 채권자가 신규 대출에 2%의 실질이자율을 요구한다고 가정하자. 인플레이션율이 확실하게 0%로 예상된다면 채권자는 2%의 명목이자율을 부과하여 2%의 실질이자율을 얻을 수 있다. 그러나 인플레이션율이 10%일 것으로 예상된다면 채권자는 12%의 명목이자율을 부과하여 여전히 실질이자율 2%를 확보할 수 있을 것이다. 따라서 채권자가 예상되는 인플레이션율을 반영하여 명목이자율을 조정할 수 있기만 하면 예상된 높은 인플레이션은 채권자에게 꼭 손해가 되지는 않는다.

예상치 못한 인플레이션에 대한 사람들의 우려를 고려하여 1997년 미국 재무성은 고정된 실질이자율을 지급하는 **인플레이션 보호 채권**(inflation-protected bonds)을 도입하였다. 한국에서는 물가연동채권(indexed bonds) 또는 인플레이션 연계채권이라고 부르며 2007년에 처음 발행되었다. 이러한 채권을 구입하는 사람들은 매년 고정된 실질이자율에 그 해의 실제 인플레이션율을 더하여 명목이자율을 받는다. 인플레이션 보호 채권의 보유자들은 예상보다 인플레이션이 높아진다고 하더라도 실질적인 손실을 입지 않는다.

인플레이션 보호 채권
고정된 실질이자율에 그 해의 실제 인플레이션율을 더하여 명목이자율을 지급하는 채권

✔ 개념체크 17.9

현금을 보유할 경우 실질수익률은 얼마인가? (힌트: 현금은 이자를 지급하지 않는다!) 이 실질수익률은 인플레이션율을 정확히 예상했는가에 여부에 따라 달라지는가? 여러분의 답변은 구두창 비용의 개념과 어떻게 관련되어 있는가?

17.6.2 피셔효과

인플레이션이 높을 때에는 이자율이 높은 경향이 있고, 인플레이션이 낮을 때에는 이자율도 낮은 경향이 있음을 앞에서 살펴보았다. 이러한 관계는 1987년부터 2018년까지 한국의 인플레이션율과 명목이자율(3년만기 회사채 이자율)을 보여주는 **그림 17.3**에서 확인할 수 있다. 1980년대에서 1990년대 후반까지의 기간과 같이 인플레이션이 높은 기간에는 명목이자율도 높은 경향이 있었고, 2000년대 이후 인플레이션이 낮은 기간에는 명목이자율도 상대적으로 낮은 경향이 있음을 주목하라.

왜 인플레이션이 높을 때 이자율도 높아지는 경향이 있는가? 실질이자율에 대한

그림 17.3

한국의 인플레이션과 이자율, 1987~2018

인플레이션이 높을 때에는 이자율이 높은 경향이 있고 인플레이션이 낮을 때에는 이자율도 낮은 경향이 있다. 이를 피셔효과라 부른다.

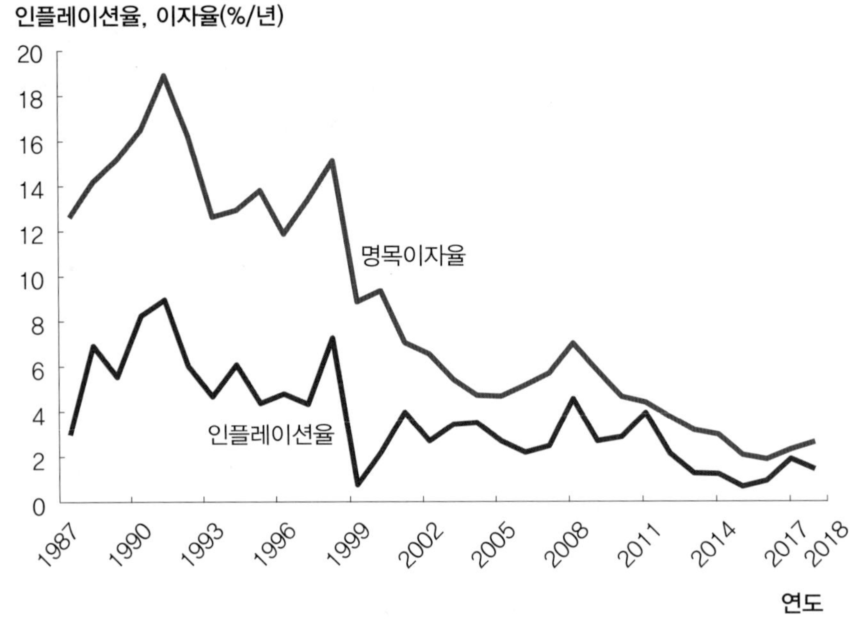

출처: 한국은행 경제통계시스템, http://ecos.bok.or.kr/.

논의는 이에 대한 답을 제공한다. 최근 인플레이션이 높아서 채무자와 채권자가 가까운 장래에도 높을 것으로 예상한다고 가정하자. 채권자는 실질수익률이 영향을 받지 않도록 하기 위해 명목이자율을 높일 것이라고 예상할 수 있다. 채무자들도 높은 명목이자율을 기꺼이 지불하고자 하는 이유는 높은 명목이자율이 화폐의 실질가치의 하락을 보상해 주는 것임을 이해하고 있기 때문이다. 명목이자율과 인플레이션율이 동일하게 증가하면 빌리는 비용은 실질 기준으로 영향을 받지 않게 된다. 반대로 인플레이션이 낮을 때 채권자들은 일정한 실질수익률을 보장받기 위해 높은 명목이자율을 부과할 필요가 없다. 따라서 인플레이션이 높을 때에는 명목이자율도 높아지고 인플레이션이 낮을 때에는 명목이자율도 낮아지는 경향이 있다.

피셔효과
인플레이션이 높을 때 명목이자율도 높아지고, 인플레이션이 낮을 때 명목이자율도 낮아지는 경향

명목이자율이 인플레이션율을 따라가는 이와 같은 경향을, 이 관계를 처음으로 지적한 20세기 초 미국의 경제학자 어빙 피셔(Irving Fisher)의 이름을 따서 **피셔효과**(Fisher effect)라고 부른다.

요 약 Summary

- 인플레이션을 측정하는 기본적인 지표는 소비자물가지수(CPI)이다. CPI는 재화와 서비스의 고정된 묶음의 기준년도의 구입비용과 비교하여 동일한 묶음을 구입하는 비교년도의 구입비용을 상대적으로 측정한다. 인플레이션율은 CPI와 같은 물가지수로 측정된 물가수준에서의 연간 변화율이다.
- 명목수량은 측정시점의 화폐가치로 나타낸 수량이다. 가계의 명목소득이나 근로자의 명목임금과 같은 명목수량을 CPI와 같은 물가지수로 나누면 실질 구매력으로 표현할 수 있다. 이러한 과정을 명목수량의 가격조정이라고 부른다. 다른 두 해의 명목수량을 물가지수로 가격 조정하면 두 수량의 구매력을 비교할 수 있다. 사회보장지급액과 같은 명목지급액이 일정한 수준의 실질 구매력을 갖도록 보장하기 위해서는 매년 인플레이션율과 동일한 증가율만큼 변화시켜야 한다. 구매력을 유지하도록 명목지급액을 조정하는 이러한 방법을 연동화라고 부른다.
- CPI에 근거한 공식적인 인플레이션율은 두 가지 이유에서 참 인플레이션율을 과대평가할 수 있다: 첫째, 재화와 서비스의 질적인 향상을 적절하게 반영하지 못할 수 있다. 둘째, CPI를 계산하는 방법은 소비자들이 더 비싸진 재화와 서비스로부터 상대적으로 저렴해진 재화와 서비스로 대체할 수 있다는 사실을 고려하지 않는다.
- 일반 사람들은 때때로 특정한 재화와 서비스의 상대가격의 변화와 일반 물가수준의 상승을 의미하는 인플레이션을 혼동한다. 상대가격의 변화에 대한 처방은 인플레이션에 대한 처방과 다르기 때문에 이러한 혼동은 문제를 발생시킬 수 있다.
- 인플레이션은 경제에 비용을 발생시킨다. 가격체계에서의 "교란", 조세체계로 인해 발생하는 왜곡, 사람들이 현금 보유를 줄이기 위해 낭비하는 실질 자원인 구두창 비용, 예상치 못한 부의 재분배, 장기 계획의 저해 등이 포함된다. 이러한 비용들 때문에, 경제학자들은 인플레이션이 낮고 안정적일 경우에 지속적인 경제성장이 가능하다고 생각한다. 인플레이션율이 극도로 높은 상황인 초인플레이션은 인플레이션의 비용을 크게 증가시켜 경제에 큰 해악이 된다.
- 실질이자율은 금융자산의 구매력의 연간 증가율이다. 이것은 명목이자율 또는 시장이자율에서 인플레이션율을 뺀 것과 같다. 인플레이션이 예상된 수준보다 높아지면 실질이자율은 예상된 수준보다 낮아져 채권자에게 손해가 되고 채무자에게 이득이 된다. 인플레이션이 예상된 수준보다 낮을 때 채권자는 이득을 보고 채무자는 손해를 본다. 주어진 실질수익률을 얻기 위하여 채권자들은 인플레이션이 높을 때에는 높은 명목이자율을, 인플레이션이 낮을 때에는 낮은 명목이자율을 부과해야만 한다. 인플레이션이 높을 때 명목이자율도 높아지고 인플레이션이 낮아지는 때 명목이자율도 낮아지는 경향을 피셔효과라 부른다.

핵심용어 Key Terms

가격조정(명목수량의)(526)
근원인플레이션율(523)
디플레이션(525)
명목수량(525)
명목이자율(543)
물가수준(534)
물가지수(523)
상대가격(534)
소비자물가지수(CPI)(521)
시장이자율(543)
실질수량(526)
실질이자율(542)
실질임금(527)
연동화(529)
인플레이션 보호 채권(545)
인플레이션율(524)
초인플레이션(540)
피셔효과(546)

복습문제 Review Questions

1. 왜 특정한 개인이나 가계의 생활비의 변화가 공식적인 생활비 지수인 CPI의 변화와 다를 수 있는지 설명하라.
2. 물가수준과 인플레이션율의 차이는 무엇인가?
3. 왜 다른 시점의 명목수량(예를 들면, 근로자의 평균임금)을 비교할 때 인플레이션을 조정하는 것이 중요한가? 인플레이션을 조정하는 기본적인 방법은 무엇인가?
4. 장기 근로계약에서 합의된 임금의 구매력이 인플레이션에 의해 침해받지 않도록 보장하는데 연동화가 어떻게 사용될 수 있는지 설명하라.
5. 왜 공식적인 인플레이션율이 "참" 인플레이션율을 과대평가할 수 있는지 두 가지 이유를 제시하라. 예를 들어 설명하라.
6. "예상되지 않은 인플레이션은 부를 재분배, 예를 들어, 채권자로부터 채무자로 재분배한다는 것은 사실이다. 그러나 협상의 한쪽 편이 잃는 것은 다른 편이 얻는 것이다. 따라서 전체 사회적인 관점에서는 실제로 비용이 없다." 동의하는가? 논하라.
7. 인플레이션은 현금 보유의 실질수익률에 어떤 영향을 미치는가?
8. 참 또는 거짓: 잠재적인 채권자와 잠재적인 채무자가 모두 인플레이션율을 정확히 예상하고 있다면 인플레이션은 채권자로부터 채무자로 부를 재분배하지 않을 것이다. 설명하라.

연습문제 Problems

1. 정부의 통계조사원들이 설문조사를 통해 조사한 기준년도의 평균적인 가계지출은 다음과 같다고 한다:

   한 판당 $10인 피자 20판

   아파트 월세, 월 $600

   휘발유와 자동차 유지비, $100

   전화 서비스(시내 기본요금과 10번의 장거리 전화), $50

   기준년도 다음 해에 피자가격은 $11로 올랐고 아파트 월세는 $640, 휘발유와 자동차 유지비는 $120로 올랐으며 전화서비스는 $40로 가격이 하락하였다.

   a. 기준년도 다음해의 CPI와 기준년도와 다음해 사이의 인플레이션율을 구하여라.

   b. 가계의 명목소득이 기준년도와 다음해 사이에 5% 증가하였다. 이 가계는 구매력 측면에서 형편이 나빠졌는가 또는 좋아졌는가?

2. 다음은 1990년부터 2000년까지의 매년 CPI(100을 곱한 값)의 값이다. 1991년부터 시작하여 각 연도에 대하여 전년도 대비 인플레이션율을 계산하라. 1990년대의 인플레이션율은 어떤 추세를 보이는가?

1990	130.7
1991	136.2
1992	140.3
1993	144.5
1994	148.2
1995	152.4
1996	156.9
1997	160.5
1998	163.0
1999	166.6
2000	172.2

3. 한 보고서는 대학졸업자의 실질 초임이 1990년에서 1997년 사이에 8% 감소하였다는 것을 발견하였다. 1997년 명목 초임은 시간당 $13.65였다. 위 연습문제 2에 주어진 CPI 자료를 참고하여 답하여라.

   a. 1997년 대학졸업자의 실질초임은 얼마였는가?

   b. 1990년 대학졸업자의 실질초임은 얼마였는가?

   c. 1990년 대학졸업자의 명목초임은 얼마였는가?

4. 다음은 2018년 명목금액으로 표시된 한국의 소득세표이다:

가계소득	세율(소득대비 %)
≤ ₩1,200만	6
₩1,200만 ~ ₩4,600만	15
₩4,600만 ~ ₩8,800만	24
₩8,800만 ~ ₩1억 5,000만	35
₩1억 5,000만 ~ ₩3억	38
₩3억 ~ ₩5억	40
> ₩5억	42

국회는 실질소득의 변화가 없는 가계들이 인플레이션 때문에 더 높은 세금구간으로 올라가지 않도록 하려고 한다. 만약 CPI(100을 곱한 값)가 2018년 120, 2020년 126이라면, 국회의 목적을 달성하기 위하여 위의 소득세표는 2020년에 어떻게 조정되어야 하는가?

5. 미국 통계국(www.census.gov)에 따르면 미국의 전형적인 4인 가족의 명목소득(중앙값)은 1985년에 $23,618, 1995년에 $34,076, 2005년에 $46,326, 2010년에 $49,276이었다. 구매력 기준으로 이러한 4개 연도의 가계소득을 비교하라. CPI(100을 곱한 값, 1982~1984의 CPI = 100)는 1985년 107.6, 1995년 152.4, 2005년 195.3, 2010년 218.1이었다.

6. 기준년도 2015년의 전형적인 소비자의 식품 바구니는 다음과 같다:

$3 닭 30마리

$6 햄 10개

$8 스테이크 10개

닭의 사료부족으로 2016년에 닭의 가격이 $5로 올랐다. 햄은 $7로 오르고 스테이크의 가격은 변화가 없다.

a. 2015년과 2016년 사이의 "음식비용" 지수의 변화를 계산하라.

b. 소비자들이 두 마리의 닭과 한 개의 햄 사이에 완전히 무차별하다고 가정하자. 이 예에서 공식적인 "음식비용" 지수의 대체편의는 얼마나 큰가?

7. 다음은 1978년부터 1986년 사이에 매년 6월에 대한 일반 무연 휘발유의 갤런당 실제 가격들과 CPI 값들이다. 1979년부터 1986년까지 매년 전년대비 CPI 인플레이션율과 휘발유 상대가격의 변화를 구하여라. 이 기간 동안 휘발유 가격의 변화의 대부분은 일반 인플레이션에 의한 것이라고 말하는 것이 옳은가, 아니면 원유시장의 특별한 요인들에 의한 것이라고 말하는 것이 옳은가?

연도	휘발유 가격($/갤런)	CPI(1982~1984 = 1.00)
1978	0.663	0.652
1979	0.901	0.726
1980	1.269	0.824
1981	1.391	0.909
1982	1.309	0.965
1983	1.277	0.996
1984	1.229	1.039
1985	1.241	1.076
1986	0.955	1.136

8. 2012년 1월 1일에 앨버트는 매년 6%의 이자율에 3년 동안 $1,000를 투자하였다. 2012년 1월 1일 CPI는 100이었다. 2013년 1월 1일에 CPI(100 곱한 값)는 105, 2014년 1월 1일, 110, 그리고 앨버트의 투자가 만기가 되는 날인 2015년 1월 1일에는 118이었다. 앨버트가 각각의 3개 연도에 벌어들인 실질이자율과 3년 동안의 총 실질수익률을 구하라. 이자소득은 매년 재투자되어 다시 이자를 벌어들인다고 가정하라.

9. 프랭크는 새라에게 2년 동안 $1,000를 빌려주기로 하였다. 프랭크와 새라는 프랭크가 매년 2%의 실질수익률을 얻도록 하는 데 동의하였다.

a. 프랭크가 빌려주는 시점에 CPI는 100이다. CPI는 1년 후에 110, 2년 후에 121이 될 것으로 예상된다면, 프랭크는 새라에게 얼마의 명목이자율을 받아야 하는가?

b. 프랭크와 새라는 2년 후 CPI가 얼마일 것인지 확신하지 못하고 있다고 가정하자. 프랭크가 새라에게 2%의 실질수익률을 보장하기 위해 새라의 매년 상환액을 어떻게 연동화할 수 있는지 설명하라.

10.* 평균적인 소비자의 기준년도 지출구성이 다음과 같다고 한다. 기준년도에 비하여 음식 및 음료 가격이 10%, 주거비가 5%, 의료비가 10% 상승하였다. 다른 모든 가격들은 변화가 없을 때 현재 CPI를 계산해 보자.

식품 및 음료	17.8%
주거비	42.8%
의류 및 세탁비	6.3%
교통비	17.2%
의료비	5.7%
오락비	4.4%
기타	5.8%
합계	100.0%

본문 개념체크 해답

Answers to Concept Checks

17.1 2010년에 가계의 재화와 서비스 묶음의 비용은 **표 17.1**과 같이 $680에 머물고 있다. 아파트 월세가 2015년에 $400로 하락한다면 2010년 재화와 서비스 묶음의 비용은 2015년에 $620이다(월세 $400 + 햄버거 $150 + 영화 티켓 $70). 따라서 2015년 CPI는 620/680, 즉, 0.912이다. 따라서 이 예에서 생활비는 2010년과 2015년 사이에 거의 9% 하락하였다.

17.2 여러분 자신의 개인적인 물가지수를 만들기 위하여 기준년도에 여러분이 구입했던 재화와 서비스의 묶음을 조사할 필요가 있다. 여러분의 개인적인 물가지수는 기준년도와 비교하여 여러분이 개인적으로 정한 묶음을 구입하는 비용의 상대적 크기로 정의된다. 여러분의 구입품들의 묶음이 전형적인 소비자의 구입품들과 얼마나 다른가에 따라서 여러분의 생활비 지수는 공식적인 CPI와 다를 것이다. 예를 들어, 기준년도에 여러분이, 상대적으로 가격이 빨리 오른 재화와 서비스에 대한 지출 비중이 전형적인 가계보다 높았다면 여러분의 개인 인플레이션율은 CPI 인플레이션율보다 높을 것이다.

17.3 전년도 대비 각 연도의 CPI의 변화율은 다음과 같다.

1930	−2.3% = (0.167 − 0.171)/0.171
1931	−9.0%
1932	−9.9%
1933	−5.1%

마이너스의 인플레이션을 디플레이션이라고 부른다. 가격들이 하락했던 1930년대는 높은 인플레이션이 발생했던 1970년대와 크게 대비된다.

17.4 한국과 미국의 각 연도의 전년대비 인플레이션율은 다음과 같다.

연도	한국	미국
2015	0.7% = (100−99.3)/99.3	0.1% = (100−99.88)/99.88
2016	1.0%	1.2%
2017	1.9%	2.1%
2018	1.5%	2.4%

과거 수년간 인플레이션율은 음수는 아니었지만 1~2% 정도의 낮은 수준에 머물렀다.

17.5 배리 본즈의 실질소득은 1982~1984년 가격으로 $10,300,000/1.77이었다. 이것은 베이브 루쓰의 1930년 연봉의 12배보다 많으며 클레이튼 커쇼의 2017년 연봉보다 적다.

17.6 1989년 한국의 실질 최저임금은 2010년 가격기준으로, ₩600/0.3736 = ₩1,606이었다. 2019년의 실질 최저임금은 2010년 가격기준으로 ₩8,350/1.0488 = ₩7,961.5이다. 따라서 2019년의 실질 최저임금은 1989년에 비해 396% 상승하여 거의 5배가 되었다.

17.7 1950년과 2019년 사이에 생활비의 증가는 1950년 CPI에 대한 2019년 CPI의 비율에 반영되어 있으며, 1.0488/0.3736 = 2.81. 즉, 2019년 생활비는 1989년의 생활비의 2.81배였다. 최저임금이 구매력을 유지하도록 연동화되었다면 1950년보다 2019년에 2.81배 높았을 것이고 2.81 × ₩600 = ₩1,684이어야 한다.

17.8 여러분은 금융투자의 명목수익률이 아니라 실질수익률

에 관심을 가져야 한다. 실질수익률을 계산하기 위해서는 그 나라 국채의 명목이자율뿐만 아니라 인플레이션율을 알아야 한다. 따라서 여러분의 다음 질문은 “내가 이 나라의 채권을 보유하는 기간 동안 이 나라의 인플레이션율이 얼마일 것인가?”이어야 한다.

17.9 현금에 대한 실질수익률은 다른 자산의 경우와 같이 명목이자율에서 인플레이션율을 뺀 값이다. 그런데 현금은 이자를 지급하지 않으므로 현금에 대한 명목이자율은 0이다. 따라서 현금에 대한 실질수익률은 –인플레이션율이다. 다시 말하면, 현금은 인플레이션율과 같은 비율로 구매력을 잃게 된다. 이 수익률은 인플레이션율에 의존하며 인플레이션율에 대한 예상이 정확했는지에는 관련이 없다.

인플레이션율이 높으면 현금의 실질수익률이 큰 음수가 되므로 사람들은 현금보유를 줄이고 은행에 더 자주 방문하게 된다. 현금보유를 줄이려고 하는 행동과 관련된 비용을 구두창 비용이라고 부른다.

경제성장, 생산성, 생활수준

제18장

경제는 어떻게 성장하고 번영하게 되는가?

언젠가 저자 중 한 명이 경제성장과 발전이 사회에 미치는 영향을 주제로 하는 학회에 참석한 적이 있다. 학회에서 한 발표자는 다음과 같은 질문을 제기하였다: “여러분은 현재 보통의 중산층 미국인이 되고 싶은가 아니면 미국 건국 시기인 조지 워싱턴 시대의 가장 부유한 사람이 되고 싶은가?”

그러자 청중 중에 한 사람이 즉시 대답하였다: “나는 두 시대의 생활의 차이에 대하여 한 단어로 답할 수 있다. 바로 치과의술이다.”

그 대답을 듣고 사람들은 조지 워싱턴의 나무로 만든 치아가 생각났기 때문에 모두 웃었다. 그런데 그것은 재치있는 답변이었다. 초기 미국 건국 시기에 치과의술은—환자가 부유하든 혹은 가난하든—원시적인 수준에 머물러 있었다. 대부분의 치과의사들은 위스키 한 잔을 마취제로 사용하여 충치를 뽑는 일을 할뿐이었다.

다른 의료서비스 수준도 치과 의술과 크게 다르지 않았다. 18세기 의사들은 결핵, 장티푸스, 디프테리아, 독감, 폐렴, 기타 전염성 질병에 대응하여 효과적인 치료제가 없었다. 그러한 질병들은 현재에는 치유 가능하지만 워싱턴 시대에는 생명을 빼앗는 주요 요인이었다. 유아들과 아동들은 치명적인 전염성 질환, 특히 백일해와 홍역에 감염되기 쉬웠다. 넉넉한 가정에서조차 종종 이러한 질병으로 두세 명의 아이를 잃곤 했다. 평균적인 사람보다 훨씬 키가 크고 원기 왕성했던 워싱턴은 67세까지 살았으나 그 당시 평균 기대수명은 아마도 40년보다 크게 길지는 않았을 것이다.

과거 200년 동안 일상생활의 급격한 변화가 나타난 것은 의료기술 분야만이 아니었다. 작가인 스테펜 암브로제(Stephen Ambrose)는 루이스와 클라크 탐험대(Lewis and Clark expedition)에 대한 서술에서 초기 미국의 운송과 통신의 제약을 묘사하였다:

> 1801년의 세계에서 중요한 사실은 말의 속도보다 빨리 움직이는 것은 아무 것도 없다는 것이었다. 제퍼슨(Jefferson) 시대에서는 사람, 공산품, 밀, 소고기(또는 살아 있는 상태의 소), 편지, 정보, 모든 종류의 생각, 명령, 지시 등 어떤 것도 말의 속도보다 더 빨리 이동하지 못했다.
> 더구나 경주 트랙을 제외하면 말도 매우 빠르게 이동하는 편이 아니었다. 당시 미국의 도로 조건은 아주 열악한 상태였고, 정비된 도로 또한 많지 않았다. 보스톤에서 뉴욕까지의 고속도로가 당시 미국에서 가장 좋은 상태의 고속도로였지만 그 175마일 거리를 역마차로 달리면 꼬박 사흘이 걸렸다. 뉴욕에서 필라델피아까지의 100마일은 꼬박 이틀이 걸렸다.[1]

오늘날 뉴욕 시민들은 필라델피아까지 기차로 한 시간 반이면 갈 수 있다. 조지 워싱턴은 이 사실에 대하여 어떻게 생각할까? 마차로 대륙을 횡단한 19세기의 개척자들은 자신의 증손자들이 뉴욕에서 아침을 먹고 같은 날 샌프란시스코에서 점심을 먹을 수 있다는 생각에 대하여 어떻게 반응할까?

18세기의 부자가 되고 싶은가 아니면 21세기의 중산층이 되고 싶은가?

물론 과거 수십 년으로 좁히더라도 평균적인 사람들이 살아가는 방식에서 엄청난 변화가 일어났다. 예를 들어, 인터넷, 무선 통신 기술, 클라우드 서비스, 태블릿, 스마트폰 등은 최근 몇 년 동안에 사람들이 일하고 공부하는 방식을 변화시켰다. 이러한 변화의 대부분은 과학적 진보 때문이지만 그러한 발견들만으로는 대다수 사람들의 생활에 거의 영향을 주지 않는다. 새로운 과학적 지식은 상업적으로 적용될 때만이 생활수준을 광범위하게 향상시킨다. 예를 들어, 인간의 면역체계에 대하여 더 잘 알게 되었다 해도 그것이 새로운 치료나 약으로 이어지지 않는 한, 사람들의 삶에 거의 영향을 미치지 않는다. 새로운 약은 그것을 필요로 하는 사람이 구매할 수 없다면 아무 도움이 되지 않는 것이다.

이러한 관점의 비극적인 예는 아프리카에서 널리 퍼진 AIDS이다. 몇몇 새로운 약은 AIDS를 유발하는 바이러스의 효과를 억제시키기는 하지만 너무 비싸기 때문에 투병생활을 하고 있는 가난한 아프리카 사람들에게는 실질적으로 거의 가치가 없다. 약을 구매할 능력이 있더라도 현대적인 병원, 숙련된 의료진, 적당한 영양, 위생시설이 없다면 그 효과는 제한될 수밖에 없다. 효과적인 치료제가 최초로 개발된 지 20년 이상이 지난 요즈음에도 매년 약 100만 명의 사람들이 여전히 AIDS로 죽어가고 있다. 그러나 이 숫자는 점차 줄어들고 있다. 새로운 잠재적 치료제의 과학적 발견과 선진국에서

1 Stephen E. Ambrose, *Undaunted Courage: Meriwether Lewis, Thomas Jefferson, and the Opening of the American West* (New York: Touchstone[Simon & Schuster], 1996), p. 52.

의 국제 원조 프로그램을 통한 효과적인 지원으로 추세가 전환된 것이다.[2] 간단히 말하면 한 나라 생활수준 향상의 대부분은 단지 과학과 기술의 진보만의 결과가 아니라 일반 사람들이 기술진보를 이용할 수 있게 해 주는 경제시스템의 결과이다.

본장에서는 현대 세계에서 나타난 경제성장과 생활수준 향상의 요인들을 알아볼 것이다. 먼저 일인당 실질GDP로 측정된 선진국의 놀랄만한 경제성장을 살펴본다. 19세기 중반 이후(몇몇 국가에서는 더 이전에) 선진국에서는 생활수준의 급격한 변화가 발생하였다. 무엇이 이러한 변화를 일으켰는가? 생산수준의 향상에 대한 열쇠는 평균 노동생산성의 지속적 증가인데, 이는 근로자들이 사용하는 기술과 근로의욕에서부터 법적, 사회적 환경에 이르기까지 여러 가지 요인들에 달려 있다. 본장에서는 이러한 요소들 각각을 분석하고 성장을 촉진하기 위한 정부정책에 대한 함의를 논의한다. 또한 급속한 경제성장의 비용을 논의하고 한 사회가 달성할 수 있는 경제성장의 크기에 한계가 있는지에 대하여도 생각해본다.

18.1 괄목할 만한 생활수준의 상승: 과거의 기록

수천 년 동안 인류의 대부분은 땅을 경작하여 근근이 생존을 유지하여 왔다. 일부의 사람들만이 생존 수준 이상의 삶을 영위하고, 읽고 쓰는 것을 배웠으며, 자신의 출생지로부터 몇 마일 이상 벗어나는 여행을 할 수 있었다. 제국의 수도와 무역의 중심지로서 대도시가 성장해왔지만 대다수의 도시 인구들은 지독한 빈곤 속에서 영양결핍과 질병에 시달리며 살았다.

그런데 약 300년 전에 근본적인 변화가 일어났다. 기술진보와 기업혁신에 의해 촉발된 경제성장이 시작되었다. 경제의 생산능력은 오랜 기간 동안 지속적으로 증가하여 사람들의 생활방식의—먹고 입고 일하고 노는 것까지—거의 모든 측면을 변화시켰다.

본장의 도입 부분에서 언급한 의료와 운송에서의 진보는 과거 2세기 동안 미국을 비롯한 선진국들에서 나타난 물질적 복지수준의 괄목할 만한 변화들을 보여주는 단적인 예이다. 그러나 생활수준에 영향을 주는 요인들을 체계적으로 공부하기 위해서는 일화에 머물지 않고 특정한 국가의 특정 시점에서의 경제적 복지를 측정하는 지표를 구체적으로 살펴보아야 한다.

제 16장 "경제활동의 측정: GDP, 실업"에서 한 나라의 경제활동의 수준에 대한 기초적 측정지표로서 실질GDP의 개념을 소개하였다. 요약하면 실질GDP는 한 분기나 일 년과 같은 정해진 기간 동안 한 나라의 영토 내에서 생산된 재화와 서비스의 물질적 양을 측정한다는 것을 기억하라. 일인당 실질GDP는 특정한 시점에 한 나라의 평균적인 국민에게 이용 가능한 재화와 서비스의 양을 의미한다. 물론 일인당 실질GDP가 경

2 다음에서 흥미있는 시각을 볼 수 있다. "How Was the AIDS Epidemic Reversed?" *The Economist*, 2013년 9월 26일.

제적 복지의 완전한 지표는 아니지만, 기대수명, 유아 건강, 문자해독능력 등 많은 관련 변수들과 양의 관계를 가지고 있다. 더 나은 대안을 찾기가 어려운 상황에서 경제학자들은 한 나라의 생활수준과 경제발전 단계를 측정하는 주요한 지표로서 일인당 실질 GDP에 초점을 두어 왔다.

그림 18.1은 1960~2018년 사이에 한국에서 나타난 일인당 실질GDP의 괄목할 만한 증가를 보여주고 있다. **표 18.1**과 **그림 18.2**에서는 1870년에서 2010년 사이의 몇 개 연도에 대하여 8개국의 일인당 실질GDP를 보여주고 있다. 이들 자료들에서 극적인 변화가 나타나고 있는데, 예를 들어, 미국의 일인당 실질GDP는(1870년에 미국은 이미 상대적으로 부유한 산업화된 국가였다) 1870년부터 2010년 사이에 12배 이상으로 증가하였다. 일본의 일인당 실질GDP는 동일한 기간 동안 거의 30배가 되었다. 이렇게 증가할 수 있었던 배경으로는 당연히 급속한 경제성장과 변화 과정을 지적할 수 있으며, 이러한 과정을 통하여 가난했던 농업사회가 몇 세대 만에 고도로 산업화된 경제로 변모하여 1870년에는 거의 상상하지도 못했던 생활수준에 이르게 되었다. 특히 일본과 중국에서는 이러한 급속한 성장이 주로 1950년 이후에 발생하였다. 더욱이 중국과 인도는 1990년 이후에 이전보다 급속한 성장을 보여주고 있다.

이 결과를 해석하는 데 주의할 점들은 다음과 같다. 과거로 멀리 거슬러 올라갈수록 실질GDP의 추정치는 정확도가 떨어진다. 대부분의 정부들은 제2차 세계대전 후에서야 공식적인 GDP 통계를 집계하였기 때문에 이전 시기의 총생산에 대한 자료들은

그림 18.1

한국의 일인당 실질GDP, 1960~2018

2018년 한국의 일인당 실질GDP는 1960년에 비해 28배로 증가하였다.

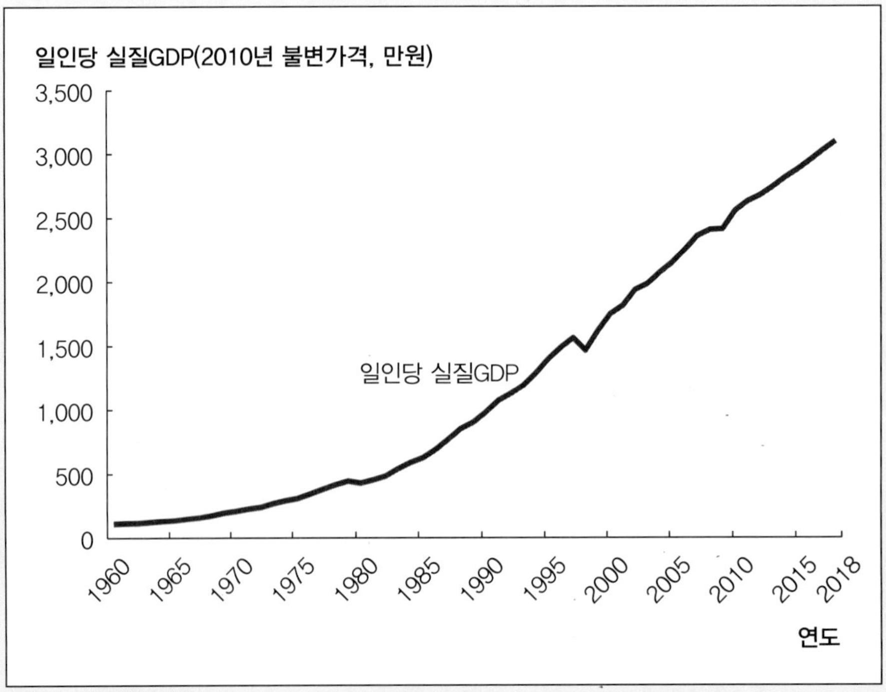

출처: 국가통계포탈, http://kosis.kr, 한국은행 경제통계시스템, http://ecos.bok.or.kr/.

표 18.1 몇몇 국가들의 일인당 실질GDP, 1870~2010

국가	1870	1913	1950	1980	1990	2010	1870~2010 연평균 증가율(%)	1950~2010 연평균 증가율(%)	1980~2010 연평균 증가율(%)
미국	2,445	5,301	9,561	18,577	23,201	30,491	1.8	2.0	1.7
영국	3,190	4,921	6,939	12,931	16,430	23,777	1.4	2.1	2.1
독일	1,839	3,648	3,881	14,114	15,929	20,661	1.7	2.8	1.3
일본	737	1,387	1,921	13,428	18,789	21,935	2.5	4.1	1.6
중국	530	552	448	1,061	1,871	8,032	2.0	4.9	7.0
브라질	713	811	1,672	5,195	4,920	6,879	1.6	2.4	0.9
인도	533	673	619	938	1,309	3,372	1.3	2.9	4.4
가나	439	781	1,122	1,157	1,062	1,922	1.1	0.9	1.7

출처: Angus Maddison, *The Maddison Project*, www.ggdc.net/maddison. 일인당 실질GDP는 1990년 달러 기준. 1950~1980의 독일은 "서독"을 의미.

종종 불완전하거나 정확성에 문제가 있을 수 있다. 오늘날 생산되는 많은 재화와 서비스는 1870년에는 존재하지 않았기 때문에 경제의 총생산을 1세기 이상의 긴 기간 동안에 비교하는 것은 역시 문제가 될 수 있다. 예를 들어, BMW i8 하이브리드 스포츠카 또는 보잉 787 드림라이너 제트 여객기와 경제적으로 동일한 19세기 마차는 몇 대일까? 정확한 비교의 어려움에도 불구하고, 일인당 실질GDP 데이터로부터 알 수 있는 사실은 19세기와 20세기 동안에 선진국들에서 이용가능한 재화와 서비스의 다양성, 질, 양이 엄청나게 증가했다는 것이다

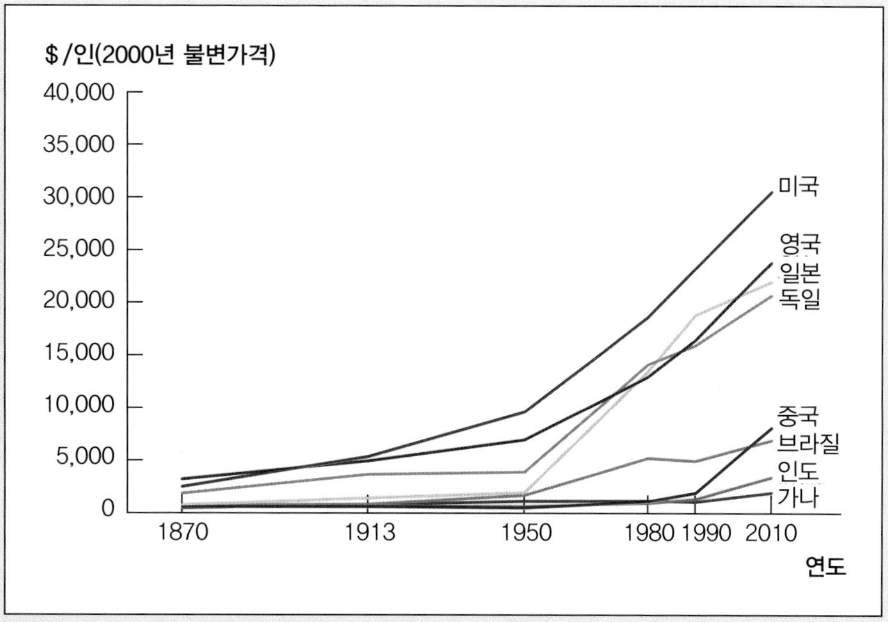

그림 18.2

몇몇 국가들의 일인당 실질 GDP, 1870~2010

미국, 영국, 독일은 1870년에 일인당 GDP수준이 높았고 현재까지 고소득국으로 남아 있다. 경제성장은 1950년대 이후의 일본, 1980년 이후의 중국과 인도에서 빠르게 진행되었다. 가나와 사하라 사막 이남 아프리카 국가들의 경제 성장률은 매우 낮았다.

18.1.1 왜 경제성장률의 "작은 차이"도 중요한가

표 18.1의 마지막 세 개의 열은 전체 1870~2010년 기간과 최근 기간에 대하여 일인당 실질GDP의 연평균 성장률을 보여주고 있다. 얼핏 보기에는 나라들 사이에 성장률이 큰 차이가 없는 것으로 보인다. 예를 들어, 1870~2010년 기간 동안 가장 높은 성장률은 2.5%이고(일본) 가장 낮은 성장률은 1.1%(가나)이다. 그러나 이와 같이 "작아 보이는" 연평균 경제성장률의 차이가 만들어내는 장기적인 효과를 생각해보자. 1870년에 중국의 일인당 실질GDP는 가나의 약 120%였지만 2010년에는 중국의 일인당 실질GDP는 가나의 4배 이상이 되었다. 이렇게 두 나라 사이의 격차가 확대된 것은 거의 140년 동안 지속된 중국의 2.0%의 성장률과 가나의 1.1% 성장률 차이의 결과이다. 성장률에서의 작은 차이는 시간이 지날수록 복리로 영향이 나타나기 때문에 장기적으로 큰 효과를 갖는다. 이러한 예는 은행 예금에서의 복리 효과와 같다.

예 18.1 **복리(1)**

복리란 무엇인가?

1815년에 여러분의 증조할아버지가 4%의 이자율에 $10를 예금하였다. 이자는 매년 복리로 계산된다(매년 말에 이자가 지급되고 다음 해에는 그 이자에도 이자가 발생한다). 증조할아버지의 유언은 2015년에 직계 후손(여러분)에게 그 계좌를 상속하는 것이었다. 여러분이 2015년에 그 돈을 인출할 때 얼마가 되었겠는가?

그 계좌의 잔고는 1815년에 $10였다. 1816년에는 $\$10 \times 1.04 = \$10.40$, 1817년 $\$10 \times 1.04 \times 1.04 = \$10 \times (1.04)^2 = \$10.82$ 등등. 예치된 1815년과 계좌가 해지되는 2015년 사이에 200년이 흘렀기 때문에 2015년 그 계좌의 가치는 $\$10 \times (1.04)^{200}$ 또는 $10×(1.04의 200승)이 된다. 계산기를 사용하면 $10에 1.04의 200승을 곱하여 $25,507.50가 되는 것을 알 수 있다—$10 예금치고는 높은 수익 아닌가!

복리
원금뿐만 아니라 과거에 축적된 모든 이자에도 이자가 지급되도록 이자를 계산하는 방법

복리(compound interest)는—예치된 원금뿐만 아니라 과거에 축적된 모든 이자에도 이자가 지급되도록 이자를 계산하는 방법—이자가 원금에만 지급되는 단리와 구별된다. 여러분 증조부의 계좌에 4% 단리의 이자율로 예금되었다면 매년 40센트만(원금 $10의 4%) 축적되어 200년 후에는 총가치가 $\$10 + 200 \times \$0.4 = \$90$에 지나지 않았을 것이다. **예 18.1**의 계좌 잔고가 크게 증가한 것은 이자율이 복리로 적용되었기 때문이다. 이를 "복리의 위력(the power of compound interest)"이라고 표현한다.

복리(2)

예 18.2

매년 복리로 계산할 때 2%와 6% 차이는 얼마나 되는가?

예 18.1을 참고하여 연 이자율이 2%였다면 여러분의 증조부가 예금한 $10의 가치는 200년 후에 얼마가 되겠는지 계산하라. 6%였다면 얼마가 되겠는가?

2%의 이자율에 그 계좌는 1815년 $10, 1816년에 $10×1.02=$10.20, 1817년 $10×$(1.02)^2$=$10.40의 가치가 되었을 것이다. 2015년에 그 계좌의 가치는 $10×$(1.02)^{200}$, 즉 $524.85가 된다. 이자율이 6%라면 $10×$(1.06)^{200}$ 또는 $1,151,259.04가 되었을 것이다. **예 18.1**과 **예 18.2**의 결과를 요약해보자:

이자율(%)	200년 후 $10의 가치
2	$524.85
4	$25,507.50
6	$1,151,259.04

낮은 이자율에서도 작은 금액이 충분히 오랜 기간 복리로 불어난다면 가치가 크게 증가한다는 점에서 복리는 위력적이다. 이 예가 보여주는 중요한 요점은 이자율의 작은 차이라도 매우 중요하다는 것이다. 2%와 4% 사이의 차이는 크지 않아 보이지만 오랜 시간이 흐르면 계좌에 축적된 이자의 크기에서 매우 큰 차이를 발생시키게 된다. 마찬가지로 4% 이자율에서 6% 이자율로 바꿀 경우의 효과도 엄청나다.

경제성장률도 복리의 경우와 유사하다. 은행의 예금에 예치한 가치가 매년 이자율로 증가하는 것처럼 한 국가의 경제규모도 매년 경제성장률로 확대된다. 이러한 비교는 상대적으로 완만한 일인당 경제성장률이라 하더라도—말하자면 매년 1~2%—긴 기간 동안에는 평균 생활수준에 엄청난 증가를 만들어낸다는 점을 알려준다. 중국과 가나의 경우와 같이 상대적으로 성장률의 차이가 작더라도 오랜 기간 후에는 매우 다른 생활수준에 이르게 한다.

일정한 이자율 또는 증가율로 증가할 경우 초기값의 두 배가 되는 데 걸리는 시간을 근사적으로 계산해 주는 공식이 있다. 그 기간은 72를 이자율 또는 증가율로 나눈 값이라는 것이다. 이자율이 2%라면 최초 입금한 예금액이 두 배가 되는 데 걸리는 시간은 72/2=36년이 된다. 이자율이 4%라면 72/4=18년이 걸린다. 이러한 공식은 이자율이 작을 때 좋은 근사 방법이다. 장기에서 경제성장률은 매우 중요한 변수이다. 그러므로 정부의 정책변화나 요인들이 장기 성장률에 작은 영향을 미친다고 하더라도 그것들은 매우 중요한 경제적 효과를 갖게 되는 것이다.

✔ 개념체크 18.1

미국의 일인당 실질GDP가 1870년에서 2010년까지 실제 값인 1.8% 대신에 일본의 경우처럼 매년 2.5% 증가해왔다고 가정하자. 2010년 미국에서의 일인당 실질GDP는 얼마나 더 증가했겠는가?

요약 생활수준의 괄목할 만한 상승

생활수준의 기본적인 지표인 일인당 실질GDP는 산업화된 국가들에서 놀랄만하게 증가하였다. 이러한 증가는 복리의 위력을 반영하고 있다. 작은 성장률이라고 하더라도 장기간 지속된다면 경제규모가 크게 증가하게 된다.

18.2 왜 나라들은 부유해지는가: 평균 노동생산성의 중요한 역할

한 나라의 경제성장률을 결정하는 것은 무엇인가? 이러한 중요한 질문에 대한 통찰력을 얻기 위하여 일인당 실질GDP를 두 가지 항목의 곱, 즉 평균 노동생산성과 총인구 중 취업자 비율의 곱으로 표현하는 것이 유용하다.

평균 노동생산성
고용된 근로자의 일인당 총생산

이를 위하여 Y를 실질 총생산(예를 들어, 실질GDP)이라고 하고 N을 고용된 근로자의 수, POP를 총인구라고 하자. 그러면 일인당 실질GDP는 Y/POP, **평균 노동생산성**(average labor productivity) 또는 고용된 근로자 일인당 총생산은 Y/N, 총인구 중 취업자의 비율은 N/POP로 쓸 수 있다. 이러한 세 변수들 사이의 관계는 아래와 같다:

$$\frac{Y}{POP}=\frac{Y}{N}\times\frac{N}{POP}$$

식의 우변에서 N을 약분하면 알 수 있듯이 이 식은 항상 성립하는 항등식이다. 경제용어로 표현하면 이러한 관계는 다음과 같이 표현된다:

일인당 실질GDP = 평균 노동생산성 × 총인구 중 취업자 비율

일인당 실질GDP에 대한 이 표현으로부터 매우 기본적이고 직관적인 관계가 도출된다: 한 사람이 소비할 수 있는 재화와 서비스의 양은 (1) 각 근로자가 얼마나 생산할 수 있는가와 (2) 얼마나 많은 사람이(총인구의 비율로서) 일하는가에 의존한다. 더욱이 일인당 실질GDP는 평균 노동생산성과 총인구 중 취업자 비율의 곱과 같기 때문에 근로자의 생산성과 총인구 중 취업자의 비율에서의 증가가 있는 경우에만 일인당 실질GDP가 증가할 수 있다.

그림 18.3과 **그림 18.4**는 1963~2018년 한국의 경우에 대하여 위 관계에 이용되고 있는 세 가지 주요 변수를 보여주고 있다. 먼저 **그림 18.3**은 일인당 실질GDP와 근로자 일인당 실질GDP(평균 노동생산성)를 보여주고 있으며, **그림 18.4**에서는 같은 기간 동

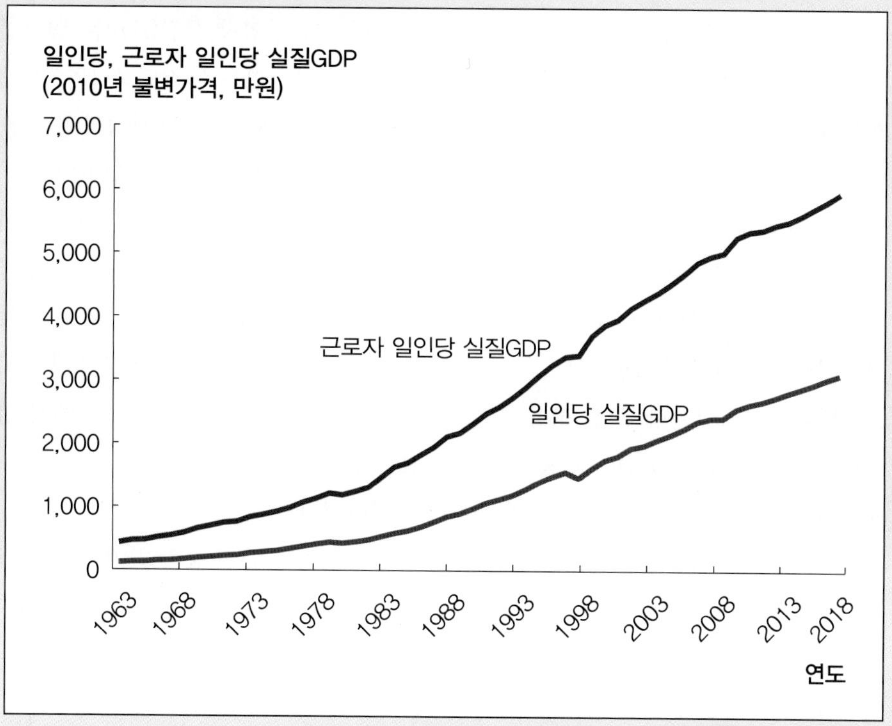

출처: 국가통계포탈, http://kosis.kr, 한국은행 경제통계시스템, http://ecos.bok.or.kr/.

그림 18.3

한국의 일인당 실질GDP와 평균 노동생산성, 1963~2018

한국의 일인당 실질GDP는 1963년과 2018년 사이에 약 25배로 증가하였으며 근로자 일인당 실질GDP는 거의 14배로 증가하였다.

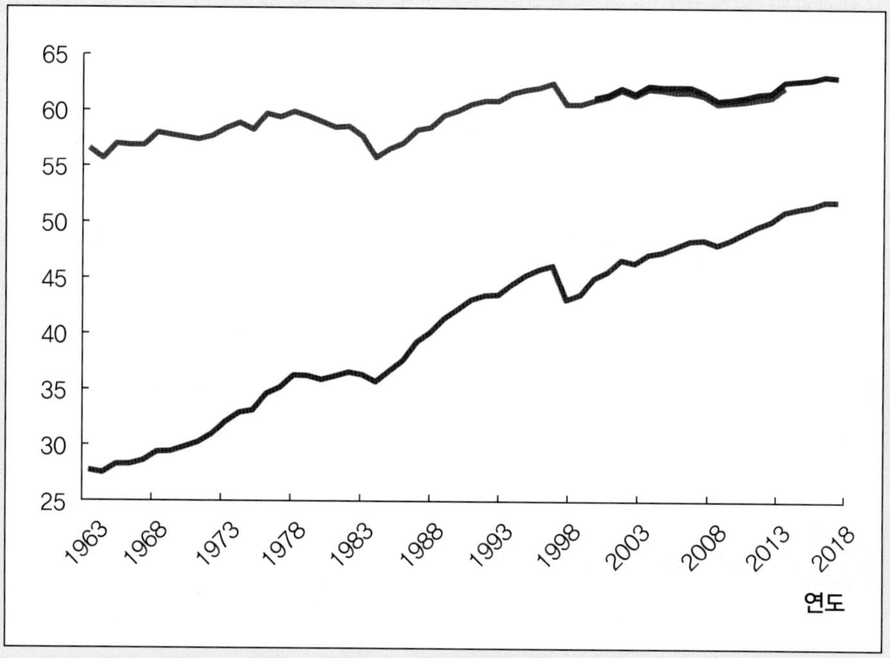

그림 18.4

한국의 총인구 중 취업자 비율과 경제활동참가율, 1963~2018

한국 총인구 중 취업자 비율은 1963년 28%에서 2018년 52%로 상승하였고 경제활동참가율은 같은 기간 57%에서 63%로 상승하였다. 경제활동참가율의 청색선은 1주 기준 실업자, 적색선은 4주 기준 실업자 통계를 토대로 계산된 것이다.

안 한국의 총인구에서 취업자가 차지하는 비율과 경제활동참가율을 보여주고 있다. 한국의 일인당 총생산의 증가는 매우 인상적이다. 한국의 일인당 실질GDP는 1963년과 2018년 사이에 약 25배로 증가하여 2018년 평균적인 한국인은 1963년보다 약 25배의 재화와 서비스를 가질 수 있게 되었다. **그림 18.3**과 **그림 18.4**는 노동생산성과 총인구 대비 취업자 비중의 증가가 이러한 생활수준의 상승에 기여하였다는 것을 보여준다.

두 가지 요인 가운데 취업자 비율부터 좀 더 자세히 살펴보자. **그림 18.4**가 보여주듯이 1963년과 2018년 사이에 한국의 근로자 수는 전체 인구의 28%에서 52%로 급속한 상승을 보여주었다. 이렇게 고용이 증가한 요인에는 경제성장과 산업화로 인하여 전체적인 일자리가 증가한 것도 있으며 여성들의 경제활동참가가 확대(37%에서 52%로)된 것에도 기인한다. 또한 고용률을 높인 또 하나의 요인은 전체 인구 중에서 생산연령인구(15세에서 65세)의 비중이 증가한 것이다. 한국전쟁 후에 태어난 "베이비 붐" 세대의 노동시장 진입도 노동인구의 증가에 기여하였다.

한국의 인구 중 직업을 가진 인구 비중의 증가가 과거 55년 동안 일인당 실질GDP의 증가에 크게 기여하였지만 이러한 추세가 미래에도 계속되지는 않을 것이 거의 확실하다. 출산률의 저하로 인구 구조가 바뀌어 젊은 노동인력의 유입은 제한되거나 오히려 감소할 가능성이 높다. 또한 향후 10년 이내에 현재 고용의 정점에 있는 베이비 붐 세대가 은퇴연령에 도달하기 시작할 것이다. 많은 베이비 붐 세대들이 은퇴할수록 취업자 비율은 아마도 크게 하락하기 시작할 것이다. 여성의 경제활동 참가는 향후 일정 기간 더 높아질 여지는 있지만 점차 그 증가율은 둔화될 것으로 보인다. 그렇다면 장기에서는, 취업자 비율의 증가로 발생한 생활수준의 향상은 일시적인 것으로 판명될 것이다.

일인당 총생산을 결정하는 또 하나의 요소인 평균 노동생산성은 어떠한가? **그림 18.3**이 보여주듯이 1963년과 2018년 사이에 한국의 평균 노동생산성은 13.6배로 증가하여 일인당 GDP 증가의 상당 부분을 설명하고 있다.

이와 같이 최근의 데이터를 간단히 살펴보아도 다음과 같은 일반적인 결론이 도출될 수 있다. 장기에서 일인당 총생산의 증가는 주로 평균 노동생산성의 증가로부터 발생한다. 사람들이 더 많이 생산한다는 것은 더 많이 소비할 수 있다는 것을 의미한다. 왜 경제가 성장하는가를 이해하기 위해서는 노동생산성이 증가하는 이유를 이해하는 것이 필수적이다.

요약 **평균 노동생산성의 중요한 역할**

일인당 총생산은 평균 노동생산성과 총인구 중 취업자 비율의 곱과 같다. 1960년대 이후 한국의 총인구 중에서 직업을 가진 사람들의 비중은 크게 증가하였으나 이 변수는 향후 수십 년 사이에 하락할 것으로 보인다. 일인당 총생산의 장기적 증가, 따라서 생활수준의 향상은 주로 평균 노동생산성의 증가로부터 발생하였다.

18.3 평균 노동생산성의 결정요인

특정한 시점에 특정한 나라의 평균적인 근로자의 생산성을 결정하는 요인에는 어떤 것들이 있는가? 이러한 이슈에 대하여 논의할 때 근로자의 생산성이 근로자들이 열심히 일하려는 근로의욕과 동일한 것으로 생각하는 경향이 있다. 다른 모든 것이 동일하다면 열심히 일하는 것을 장려하는 문화가 분명히 근로자의 생산성을 상승시키는 경향이 있다. 그러나 일에 대한 열의만으로는 전 세계에서 관찰되는 평균 노동생산성의 차이를 설명할 수 없다. 예를 들어, 인도네시아인과 방글라데시인들은 매우 열심히 일하지만 미국의 평균 노동생산성은 인도네시아의 약 24배이며 방글라데시의 약 53배에 이른다.

이 절에서는 나라간 또는 세대간에 나타나는 평균 노동생산성의 차이를 설명하는 여섯 가지 요인들을 고찰할 것이다. 또한 생산성 향상과 경제성장을 촉진하기 위해 경제정책은 이러한 요인들에 어떻게 영향을 미칠 수 있는지 논의할 것이다.

18.3.1 인적자본

평균 노동생산성을 결정하는 요인들을 예시하기 위하여 조립라인의 근로자, 루시와 에셀을 소개한다.

조립라인의 생산성 — 예 18.3

루시와 에셀은 팀으로서 더 생산적인가 아니면 개인으로 더 생산적인가?

루시와 에셀은 초콜릿 사탕을 박스에 집어 넣고 포장하는 일을 하고 있다. 초보자인 루시는 한 시간에 100개의 사탕을 포장할 수 있다. 에셀은 직무훈련을 받고 숙련도가 높아져 한 시간에 300개의 사탕을 포장할 수 있다. 루시와 에셀은 각각 일주일에 40시간씩 일한다. 주당 포장된 사탕, 또는 시간당 포장된 사탕을 기준으로, (a) 루시, (b) 에셀, (c) 루시와 에셀을 하나의 팀으로 할 경우의 평균 노동생산성을 각각 구하여라.

보통 평균 노동생산성은 근로자 일인당 총생산으로 정의된다. 그런데 평균 노동생산성의 측정은 노동의 단위에 따라 다르게 정의될 수 있다. 예를 들어, **그림 18.1**에서 제시된 데이터는 평균적인 근로자가 일 년 동안에 얼마나 생산하는가를 보여준다. 그러나 여기에서는 루시와 에셀이 노동 한 시간당 또는 일주일의 노동단위당 얼마나 생산하는가에 관심이 있다. 이와 같이 사용하는 시간 단위가 명확하기만 하면 노동생산성을 측정하는 다른 여러 가지 방법들도 모두 이용될 수 있다.

루시와 에셀의 시간당 생산성은 문제에서 이미 주어져 있다: 루시는 시간당 100개의 사탕을 포장할 수 있고 에셀은 300개를 포장할 수 있다. 루시의 주당 생산성은 (40시간/주)×(100개 사탕 포장/시간)=(4,000개 사탕 포장/주)와 같다. 에셀의 주당 생산성은 (40시간/주)×(300개 사탕 포장/시간)=(12,000개 사탕 포장/주)이다.

루시와 에셸이 팀으로 일을 하면 주당 16,000개의 사탕을 포장할 수 있다. 팀으로서 주당 평균 생산성은 (16,000개의 사탕 포장)/(2주), 즉 주당 8,000개의 사탕 포장이다. 팀으로서 시간당 평균 생산성은 (16,000개의 사탕 포장)/(80시간)=(시간당 200개의 사탕 포장)이 된다. 팀으로서 고려될 때 생산성은 두 사람의 개별 생산성 중간에 놓이게 된다.

에셸은 사탕 포장 기술의 숙련도를 높여주는 직무훈련을 받았기 때문에 루시보다 생산성이 더 높다. 훈련 덕분에 동일한 시간에 에셸은 루시보다 더 많이 생산할 수 있다.

✔ 개념체크 18.2

예 18.3에서 에셸이 사탕 포장을 위한 추가적인 교육에 참가하여 시간당 500개의 사탕을 포장하는 방법을 배운다고 가정하자. 루시, 에셸, 그리고 팀으로서 각각 주당 생산량과 시간당 생산량을 구하여라.

인적자본
근로자의 한계생산에 영향을 미치는 교육, 경험, 훈련, 지적능력, 에너지, 작업습관, 신뢰성, 창의성 등과 같은 요인들의 복합체

경제학자들은 에셸과 루시의 성과의 차이를 인적자본의 차이로 설명하려고 한다. **인적자본**(human capital)은 근로자의 재능, 교육, 훈련, 기술 등을 포함한다. 많은 인적자본을 가진 근로자는 적은 훈련을 받은 근로자보다 생산성이 더 높다. 예를 들어, 컴퓨터 진단장비에 익숙한 자동차 정비사는 덜 훈련받은 정비사가 고칠 수 없는 엔진의 문제점을 고칠 수 있을 것이다.

경제적 사유 18.1

왜 서독과 일본은 제2차 세계대전으로 인해 파괴된 경제로부터 성공적으로 회복할 수 있었는가?

제2차 세계대전 동안에 독일과 일본의 도시와 산업들은 광범위하게 파괴되었다. 그러나 전후 30년 내에 두 나라는 복구되었을 뿐만 아니라 각 산업에서 그리고 경제력에서 세계적인 선도자가 되었다. 이러한 "경제 기적"을 무엇으로 설명할 수 있는가?

마샬플랜(Marshall Plan)을 통한 유럽에 대한 미국의 지원, 일본에 대한 미국의 원조 등은 서독과 일본이 제2차 세계대전으로부터 경제적으로 회복하는 데 많은 기여를 하였다. 그러나 대부분의 경제학자들은 두 나라의 높은 수준의 인적자본이 경제회복에 결정적인 역할을 했다는 데에 동의한다.

전쟁이 끝났을 때 독일에는 뛰어난 재능을 가진 많은 과학자들과 공학자들이 있었고 독일국민의 교육 수준도 매우 높은 상태였다. 독일은 또한 젊은 근로자에게 직무훈련을 제공하는 광범위한 도제 시스템과(오늘날에도 여전히 가지고 있다) 숙련된 산업 노동력을 가지고 있었다. 이에 더하여, 2만여 명의 훈련받은 기술자와 공학기사를 포함한 많은 숙련된 근로자들이 동독과 소련이 지배하던 지역으로부터 서독으로 유입되어, 서독은 많은 이득을 얻게 되었다. 1949

년에 시작된 이러한 인적 자본의 집중은 기술적으로 정교하고, 생산성이 매우 높은 독일의 제조업부문의 발전에 기여하였다. 1960년까지 서독은 높은 품질의 제조업 제품의 선도적인 수출국이었으며 서독의 국민들은 유럽에서 가장 높은 생활수준을 누릴 수 있게 되었다.

전쟁에서 독일보다도 더 큰 물질적 피해를 입은 일본 또한 숙련되고 교육수준이 높은 노동인력을 보유하고 있었다. 이에 더하여, 일본을 점령한 미국군은 일본의 학교 시스템을 정비하였고 모든 일본인들이 좋은 교육을 제공 받을 수 있도록 하였다. 일본은 독일보다 직무훈련을 훨씬 더 많이 강조하였다. 근로자들이 전 생애를 동일한 회사에 머물기를 기대하는 종신고용제의 과정에서, 일본 기업은 근로자 훈련에 많은 투자를 하였다. 이러한 인적자본에 대한 투자는 특히 제조업에서 평균 노동생산성의 꾸준한 증가로 보상받았다. 1980년대까지 일본의 제조업 제품들은 세계에서 가장 높은 수준이었으며 일본의 근로자들은 가장 숙련되어 있었다.

높은 수준의 인적자본이 서독과 일본의 빠른 경제성장에 도움이 되었지만 인적자본만으로는 높은 생활수준을 창출할 수 없다. 그 예가 소련이 지배한 동독인데 전쟁 후에 서독과 비슷한 인적자본의 수준을 가지고 있었지만 빠른 경제성장을 달성하지 못했다. 본장 후반에 논의할 여러 가지 이유로 인해, 소련이 강요한 공산주의 체제는 일본이나 서독의 경제체제보다 동독의 인적자본을 훨씬 비효율적으로 이용하였다.

인적자본은 주로 시간, 에너지, 돈의 투자를 통하여 획득된다는 점에서 물적 자본(기계, 공장 등)과 유사하다. 예를 들어, 컴퓨터 진단 장비를 사용하는 방법을 배우기 위하여 기술직 직원은 야간 기술학교에 다닐 필요가 있을 것이다. 학교에 가는 비용은 수업료뿐만 아니라 수업을 듣고 공부하는 데 그 직원이 사용한 시간의 기회비용도 또한 포함한다. 학교에 다니는 편익은 과목을 이수한 후 그 기술직 직원이 벌어들일 임금의 증가이다. 비용–편익의 원리에 의해 비서는 편익이 비용을 초과할 때만 컴퓨터 진단 장비 사용법을 배워야 한다. 일반적으로 숙련근로자와 미숙련근로자에게 지급되는 임금의 차이가 클 때, 사람들이 추가적인 교육과 기술을 습득하는 것을 볼 수 있다.

비용-편익

18.3.2 물적자본

근로자의 생산성은 근로자들의 기술과 노력에 의존할 뿐만 아니라 근로자들이 사용하는 도구에 의존한다. 가장 숙련된 외과의사도 정교한 장비가 없으면 심장 개복수술을 할 수 없으며, 전문적인 컴퓨터 프로그래머도 컴퓨터가 없다면 별로 가치가 없을 것이다. 이런 예들은 공장, 기계와 같은 **물적자본**의 중요성을 강조한다. **예 18.4**가 보여주듯이 더 많은 자본재, 더 좋은 자본재를 가지고 있으면 근로자들은 더 효율적으로 생산할 수 있다.

물적자본
근로자가 일을 할때 사용하는 장비와 도구(기계, 공장 등)

물적자본과 효율성 예 18.4

사탕포장기계의 도입은 루시와 에쎌의 생산성을 높이는가?

예 18.3에서 루시와 에쎌의 고용주가 한 명의 근로자에 의해 작동되는 전기 사탕포장기계를 구입하였다고 하자. 이 기계를 사용하면 훈련받지 않은 근로자가 시간당 500개의 사탕을 포장할 수 있다. 이제 루시와 에쎌의 시간당, 주당 생산량은 얼마인가? 고용주가 두 번째 기계를 구입한다면, 대답은 달라지는가? 세 번째 기계는 어떠한가?

분석의 편의상 사탕포장기계는 한 명의 근로자에게만 배정되어야 한다고 가정한다(한 근로자가 기계를 낮에 사용하고 또 한 명의 근로자는 밤에 사용하는 2부제를 제외한다). 고용주가 기계를 한 대만 구입한다면 그것을 루시에게 배정할 것이다(왜? **개념체크 18.3**을 보라). 에쎌이 시간당 300개의 사탕을 포장할 수 있는 반면에 이제 루시는 시간당 500개의 사탕을 포장할 수 있다. 루시의 주당 생산량은 2만 개의 사탕 포장(40시간×시간당 500개의 사탕 포장)이며, 에쎌의 주당 생산량은 여전히 1만 2,000개의 사탕 포장이다(40시간×시간당 300개의 사탕 포장)이며, 그들은 팀으로 주당 3만 2,000개, 또는 각각 주당 1만 6,000개의 사탕을 포장할 수 있다. 두 사람이 함께 일할 때의 평균 노동생산성은 80시간에 3만 2,000개이므로 시간당 400개의 사탕 포장이다 — 기계를 구입하기 전의 그들의 평균 노동생산성의 두 배가 된다.

두 대의 사탕포장기계를 쓸 수 있다면 루시와 에쎌 모두 기계를 사용할 수 있다. 각각 시간당 500개, 주당 4만개의 사탕을 포장할 수 있다. 두 근로자의 평균 노동생산성은 주당 2만 개, 또는 시간당 500개의 사탕 포장이 된다.

고용주가 세 번째의 기계를 구입한다면 무슨 일이 발생하겠는가? 두 명의 근로자만 있으므로 세 번째의 기계는 쓸모가 없다: 총생산이나 평균 노동생산성에 아무런 기여를 하지 못한다.

기회비용 체증

✔ 개념체크 18.3

예 18.3과 **예 18.4**에 있는 가정들을 이용하여 사탕포장기계가 한 대만 있다면 왜 에쎌보다는 루시에게 기계를 주어야 하는지 설명하라. (힌트: 제 2장에서 소개된 **기회비용 체증**의 원리를 적용하라.)

제 16장 "경제활동의 측정: GDP, 실업"에서 정의된 것과 같이 사탕포장기계는 다른 재화와 서비스의 생산에 이용되는 내구성 있는 재화인 자본재의 한 예이다. 자본재는 건물(공장이나 사무실 건물 등)뿐만 아니라 기계와 장비(컴퓨터, 대형불도저, 조립라인 등)를 포함한다.

사탕포장기계와 같은 자본재는 근로자의 생산성을 높인다. **표 18.2**는 루시와 에쎌 사례의 결과를 요약하고 있다. **표 18.2**는 고용주가 구입하는 기계의 수(제 1열)에 대하여 루시와 에쎌이 함께 일할 때 주당 총생산량(제 2열), 두 근로자의 총 근로시간(제 3열), 주당 총생산량을 주당 총 근로시간으로 나눈 시간당 평균생산량(제 4열)을 표시하고 있다.

표 18.2는 자본재의 증가와 생산량의 변화에 대한 두 가지 중요한 점을 보여준다. 첫째, 근로자 수가 고정되어 있을 때 자본재를 증가시키면 일반적으로 총생산량과 평

표 18.2 사탕포장공장의 자본, 생산량, 생산성

기계의 수(자본)	총 사탕포장 개수(생산량)	주당 총 노동시간	시간당 사탕포장 개수(생산성)
0	16,000	80	200
1	32,000	80	400
2	40,000	80	500
3	40,000	80	500

균 노동생산성이 모두 증가한다. 예를 들어, 사탕포장기계를 한 대 투입하면 사탕포장의 주당 생산량이(제 2열) 1만 6,000개 증가하고 시간당 평균 노동생산성(제 4열)이 200개 증가한다.

표 18.2에서 두 번째로 주목할 점은 이미 설치되어 있는 자본재가 많을수록 추가적인 자본재 투입의 편익은 더 작아진다는 것이다. 첫 번째 기계는 총생산을 1만 6,000개 증가시켰지만 두 번째 기계는 단지 8,000개를 증가시킨다. 두 명의 근로자가 있기 때문에 사용될 수 없는 세 번째 기계는 생산량과 생산성을 전혀 증가시키지 못한다. 이러한 결과는 자본의 수확체감이라고 부르는 경제학의 일반 원리를 보여준다. **자본의 수확체감**(diminishing returns to capital)의 원리에 따르면 노동 및 다른 투입요소의 양이 고정되어 있는 경우, 이미 사용되고 있는 자본재의 양이 많을수록 자본의 추가적인 단위로 인한 생산량의 증가분은 감소한다. 사탕포장공장의 경우에 자본의 수확체감은, 두 번째 사탕포장기계가 첫 번째 기계보다 생산량을 더 적게 증가시키고 세 번째 기계는 두 번째 기계보다 생산량을 더 적게 증가시킨다는 것을 의미한다.

자본의 수확체감
노동 및 다른 투입요소의 양이 고정되어 있는 경우, 이미 사용되고 있는 자본재의 양이 많을수록 자본의 추가적인 단위로 인한 생산량의 증가분이 감소하는 현상

자본의 수확체감은 자본의 각 단위를 가능한 생산적으로 이용하려는 기업의 유인으로부터 나타나는 자연스런 결과이다. 생산량을 극대화하기 위하여 경영자는 기업이 구입하는 첫 번째 기계를 가장 생산적인 사용처에 배정할 것이고, 다음 기계는 그 다음 가장 생산적인 사용처에 배정할 것이다—**기회비용 체증**의 원리, 또는 낮게 달린 과일의 원리의 예이다. 많은 기계들이 사용 가능할 때 기존의 기계들은 이미 매우 생산적인 모든 방법들에 이용되었을 것이다. 따라서 또 하나의 기계를 추가하는 것은 생산량과 생산성을 많이 올리지 못할 것이다. 루시와 에썔이 이미 두 대의 사탕 포장기계를 사용하고 있을 경우, 대체나 여분의 목적이 아니라면 세 번째 기계를 사는 것은 거의 의미가 없다.

기회비용 체증

표 18.2의 함의들은 어떻게 경제성장을 촉진할 것인가의 질문에 적용될 수 있다. 첫째, 근로자들에게 이용 가능한 자본재의 양을 증가시키면 생산량과 평균 노동생산성이 증가하는 경향이 있다. 근로자들이 적절한 장비를 더 많이 갖출수록 생산성도 높아진다. 둘째, 자본재 확대를 통해 증가시킬 수 있는 생산성의 정도는 제한되어 있다. 자본의 수확체감 때문에 각 근로자에게 이용 가능한 자본재의 양이 이미 매우 높은 수준

인 경제에서는 자본재를 더 확대하여 얻는 이득이 많지 않을 것이다.

18.3.3 토지와 천연자원

자본재 이외에 다른 투입요소들도 근로자들의 생산성을 높이는 데 도움이 될 수 있다. 그러한 요소들에는 토지, 에너지, 원료 등이 있다. 비옥한 토지는 농업에 필수적이며 에너지와 원료들은 현대의 제조업 공정에서 집약적으로 사용되고 있다.

풍부한 천연자원은 일반적으로 근로자들의 생산성을 증가시킨다. 예를 들어, 토양이 열악하고 경작지의 공급이 제한되어 있는 나라보다 미국, 호주와 같이 토지가 풍부한 나라에서 농부 한 사람은 훨씬 더 많은 곡식을 생산한다. 현대적인 농기계와 광활한 토지로 인하여 생산성이 매우 높은 미국의 농부들은 총인구의 3%에도 못 미치지만 미국 전체를 부양하고 또한 세계에 수출할 정도의 충분한 농산물을 생산하고 있다.

경작지의 공급에는 한계가 있지만 석유와 금속과 같은 많은 천연자원들은 국제시장에서 얻을 수 있다. 자원들은 무역을 통하여 얻을 수 있기 때문에 경제성장을 달성하기 위하여 많은 양의 천연자원을 국내에 보유할 필요는 없다. 실제로 일본, 홍콩, 싱가폴, 스위스와 같은 많은 나라들은 천연자원을 많이 보유하지 못했어도 부유해졌다. 천연자원을 보유하는 것도 중요하지만 생산적으로 사용하는—예를 들면, 진보된 기술—능력도 중요하다.

18.3.4 기술

인적자본, 물적자본, 천연자원 외에 새롭고 더 생산적인 기술을 개발하고 적용하는 능력은 그 나라의 생산성에 영향을 준다. 예를 들어, 운송업을 생각해보자. 본장의 서두에 인용했던 스테펜 암브로제의 글이 의미하듯이 2세기 전에는 말과 마차가 주요 운송수단—실제로는 느리고 비용이 많이 드는 방법—이었다. 그러나 19세기의 증기기관과 같은 기술 진보는 강을 통한 운송의 확대와 국가 철도망의 발달을 뒷받침하였다. 20세기에는 도로와 공항과 같은 광범위한 기반시설의 건설과 함께 내연기관의 발명과 항공기의 발달로 점점 빠르고 값싸고 믿을 만한 운송이 가능해졌다. 기술변화는 분명히 운송 혁명의 중요한 요인이었다.

새로운 기술은 그 기술이 도입된 산업뿐만 아니라 다른 산업의 생산성도 향상시킬 수 있다. 예를 들어, 과거에는 농부들이 생산물을 지역 사회에서만 판매할 수 있었으나 지금은 빠른 수송과 냉장운송이 가능하여 생산물을 거의 전 세계 어느 곳에나 판매하는 것이 가능해졌다. 판매할 수 있는 시장이 확대되어 농부들은 토지나 기후 조건에 가장 알맞은 생산물에 특화할 수 있게 되었다. 마찬가지로 원료들도 가장 싸고 풍부한 지역으로부터 구할 수 있어 가장 효율적인 방법으로 재화를 생산하여 가장 좋은 가격을 받는 지역에 생산물을 판매한다. 이러한 예들은 생산자들이 상대적으로 가장 효율적인 활동에 집중할 때 전체의 생산성이 증가한다는 **비교우위의 원리**를 보여주는 것이다.

비교우위

통신 및 의학의 진보, 컴퓨터 기술의 도입, 특히 전 세계의 모바일 컴퓨팅, 통신, 의료기기를 연결하는 글로벌 네트워크의 출현 등으로 인한 여러 가지 기술의 진보는 생산성 증대로 이어졌다. 실제로 대부분의 경제학자들은 새로운 기술들이 생산성 향상, 즉 경제성장의 가장 중요하고도 유일한 원천이라는 데에 동의한다.

그러나 경제성장은 기초과학이 크게 발전했다고 해서 자동적으로 이루어지지는 않는다. 새로운 지식을 가장 잘 이용하기 위하여, 경제는 새로운 지식의 실제적 적용을 장려하는 법적 · 정치적 환경과 과학적 진보를 상업적으로 이용하려는 기업가들이 필요하다.

✔ 개념체크 18.4

새로운 종류의 포장지가 발명되어 사탕 포장이 더 빠르고 쉬워졌다. 이 종이를 사용하면 한 사람이 손으로 포장할 수 있는 사탕의 수가 시간당 200개, 기계를 이용하여 한 사람이 포장할 수 있는 사탕의 수가 시간당 300개 증가한다. **예 18.3**과 **예 18.4**의 데이터를 이용하여 **표 18.2**와 같은 표를 만들어 이러한 기술 진보가 평균 노동생산성에 어떤 영향을 주는지 설명하라. 자본의 수확체감은 여전히 성립하는가?

경제적 사유 18.2

왜 미국의 노동생산성은 1990년대 후반에 빠르게 높아졌는가?

1950년대와 1960년대 동안 대부분 선진국의 실질GDP와 평균 노동생산성은 빠르게 증가하였다. 예를 들어, 1947년과 1973년 사이에 미국의 노동생산성은 연평균 2.5% 증가하였다.[3] 그러나 1973년과 1995년 사이에 미국의 노동생산성 증가율은 연평균 1.4%로 절반으로 하락하였다. 다른 나라들도 비슷한 생산성 둔화를 경험하였으며 그 이유를 발견하기 위하여 많은 연구가 이루어졌다. 그런데 1995년과 2010년 사이에 특히 미국에서 생산성 증가의 반등이 나타났다. 이 기간 동안 미국의 노동생산성 증가율은 연평균 2.4%였다. 이렇게 생산성 증가율이 회복된 이유는 무엇인가? 그것은 지속될 수 있을 것인가?

경제학자들은 생산성 증가의 회복이 빠른 기술 진보와 새로운 정보통신기술(ICT)에 대한 투자의 산물이었다는 데에 동의한다. 여러 연구들은 실리콘 칩, 광섬유 같은 ICT를 생산하는 산업과 ICT를 집중적으로 사용하는 산업들에서 생산성이 빠르게 증가했다는 것을 보여주고 있다. 이러한 기술 진보는 자동차 생산으로부터 소매 재고관리에 이르는 분야에까지 효과가 파급되었다. 예를 들어, 인터넷의 급속한 성장은 소비자들이 온라인에서 정보를 찾고 구매하는 것을 가능하게 하였다. 또한 제조업자와 공급자 사이의 조정을 개선하여 효율성을 증진시키는 데 도움을 주었다. 반면에 ICT를 많이 생산하지 않고 사용하지도 않는 산업에서는 급격한 노동생산성의 증가가 발생하지 않았다.[4]

기술진보가 2000년 이후에도 지속되었지만 2000년부터 2007년 사이에 연평균 생산성 증가율은 1.5%로, 2007년에서 2016년 사이에는 1.0%로 둔화되었다. 왜 그랬을까? 경제

3 데이터는 비농업 부문의 노동생산성 증가를 말하며 http://data.bls.gov에서 찾을 수 있다.

4 Kevin J. Stiroh, "Information Technology and the U.S. Productivity Revival: What Do the Industry Data Say?" *American Economic Review* 92: 1559~1576, December 2002.

학자들은 여전히 그 이유들을 이해하려고 시도하고 있는 중이지만, 1990년대의 생산성 증가는 ICT 장비의 생산 증가와 ICT 집약적인 산업에서의 ICT 사용으로 발생하였고 그 이후에는 ICT의 다른 산업에의 광범위한 적용으로부터 작은 생산성 증가가 나타난 것으로 보고 있다. 물론 2000년의 "닷컴 버블 붕괴" 등으로 인한 NSDAQ의 붕괴, 2001년의 미약한 경기침체, 그리고 2007~2009년의 글로벌 금융위기와 경기침체가 생산성 증가를 둔화시켰을 것이다. 스타트업 신생기업 수, 신기술에 대한 투자액과 같은 지표들이 2001년과 그 이후에 감소하였고, 또한 2007~2009년 경기침체 기간과 그 이후에도 크게 감소하여 신상품과 생산기술의 도입을 어렵게 하였다.

더욱이 글로벌 금융위기는 금융시장을 위축시켜 기업들이 하이테크 장비를 유지하거나 업그레이드하기 어렵게 만들었고 2007~2009년의 경기침체로 인한 높은 실업률은 일부 근로자들의 기술을 손상시켰을 수도 있다. 이러한 요인들이 최근 생산성 증가율 둔화의 원인이라면 금융위기와 경기침체로부터 회복국면이 지속되면서 1990년대 후반과 같은 높은 생산성 증가율이 나타날 수도 있다.

낙관론자들은 컴퓨터, 통신, 생명공학 및 기타 ICT 분야의 기술진보로 생산성 증가율이 회복되어 1990년대 후반의 높은 수준으로 복귀할 것이라고 주장한다. 다른 사람들은 좀 더 조심스럽게 ICT 기술진보로부터 비롯된 생산성 증가율의 상승이 영구적이 아니고 일시적일 것이라고 주장한다. 어떤 주장이 옳은지 판명되기까지는 오랜 시간이 걸릴 것이다.

18.3.5 기업가 정신과 경영

기업가
새로운 경제적 사업들을 창업하는 사람들

근로자들의 생산성은, 무엇을 생산할 것인가와 어떻게 그것을 생산할 것인가를 결정하는 기업가와 경영자에 부분적으로 의존한다. **기업가**(entrepreneurs)는 새로운 경제적 사업들을 창업하는 사람들이다. 기업가들은 새로운 생산물, 서비스, 기술공정, 생산방법 등을 도입하기 때문에 역동적이고 건강한 경제를 위해서 기업가들은 매우 중요하다. 19세기 후반과 20세기 초반에 헨리 포드(Henry Ford)와 알프레드 슬로안(Alfred Sloan)(자동차), 앤드류 카네기(Andrew Carnegie)(철강), 존 록펠러(John Rockefeller)(석유), 제이피 모건(J. P. Morgan)(금융)과 같은 사람들은 미국 산업의 발전에 중추적인 역할을 하였다 — 그리고 당연히 그 과정에서 막대한 재산을 축적하였다. 이러한 사람들은(현재의 빌 게이츠(Bill Gates)와 같은 사람을 포함하여) 그들의 사업 행태에 대하여 비판받기도 했는데, 일부의 경우에서는 그 비판이 정당한 것이었다. 그러나 분명한 것은 지난 세기의 많은 유명한 기업가들이 미국 경제의 성장에 크게 기여하였다는 것이다. 예를 들어, 헨리 포드는 대량생산이라는 생산기법을 개발하였으며 평균적인 미국 가정이 자동차를 구매할 수 있도록 비용을 크게 낮추었다. 포드는 그의 차고에서 사업을 시작하였으며 이것은 그 후 수많은 혁신가들에게 전통이 되었다. 구글(Google)의 공동 창업자인 래리 페이지(Larry Page)와 세르기 브린(Sergey Brin)은 인터넷 검색에서 얻어진 웹사이트의 목록에 우선 순위를 정하는 방법을 개발하여, 연구를 수행하는 방법에 일대 변혁을 가져왔다.

금융 분석, 마케팅과 같은 기술은 대학교나 경영대학원에서 배울 수 있으나, 창의

성과 같은 기업가 정신은 가르쳐서 습득하기 어렵다. 그러면 사회는 어떻게 기업가 정신을 장려할 수 있는가? 기업가 정신은 언제나 존재하며 사회에 대한 도전은 기업가의 에너지를 경제적이고 생산적인 방법으로 연결해준다는 것을 역사가 보여주고 있다. 예를 들어, 경제정책 결정자는 조세를 너무 높게 부과하지 않고 규제를 너무 경직적이지 않게 하여 작은 기업들이—그들 중 일부는 결국 큰 기업이 될 것이다—창업하기 쉽도록 도와줄 필요가 있다. 사회적 요인들 또한 일정 부분 역할을 담당할 수 있다. 사업과 상업이 천시되는 사회에서는 성공적인 기업가들이 나타나기 어렵다. 일반적으로 미국에서 사업은 존경받을 수 있는 활동으로 여겨진다. 현대와 같은 첨단 기술 시대에서는 기업가 정신이 꽃을 피우도록 하는 사회 · 경제적 환경이, 아마도 경제성장과 생산성 상승을 촉진하는 것으로 보인다.

PC(개인컴퓨터)의 발명

예 18.5

기업가 정신은 보상받는가?

1975년 스티브 잡스(Steve Jobs)와 스티브 워즈니악(Steve Wozniak)은 아타리(Atari, 역자 주: 비디오게임회사)에 컴퓨터 게임을 고안한 20세 청년들이었다. 그들은 당시 사용되고 있던 옷장 크기의 메인프레임보다 더 작고 싼 컴퓨터를 만들 생각을 하고 있었다. 스티브 잡스는 부모의 차고에 상점을 차려놓고, 준비물을 사기 위하여 가장 가치 있는 두 개의 재산, 잡스의 폭스바겐 중고 자동차와 워즈니악의 휴렛팩커드 전자계산기를 $1,300에 팔았다. 그 결과 그들이 설립한 회사(또한 잡스가 좋아하는 과일) 이름을 딴 최초의 개인 컴퓨터, 애플이 만들어졌다. 그 이후의 일은 여러분에게 이미 잘 알려진 역사가 되어 있다. 분명히 PC의 발명가로서 잡스와 워즈니악의 평균 노동생산성은 그들이 컴퓨터 게임을 고안했을 때보다 몇 배 이상이 되었다. 창조적인 기업가 정신은 추가적인 자본재나 토지와 마찬가지로 생산성을 증가시킬 수 있다.

경제적 사유 18.3

왜 중세 중국은 경제적으로 정체되었는가?

중국의 송나라(A.D. 960～1270)는 상당한 정도의 정교한 기술을 가진 나라였다. 그 시대의 발명품에는 종이, 물레바퀴, 물시계, 화약, 아마도 나침반까지 포함된다. 그러나 눈에 띄는 산업화는 발생하지 않았으며 이후의 여러 세기 동안 유럽이 중국보다 더 많은 경제성장과 기술혁신을 이루었다. 왜 중세 중국은 경제적으로 정체되었는가?

경제학자 윌리엄 보몰(William Baumol)의 연구에 따르면[5] 송나라 시대에 산업화의 주요한 방해물은 기업가 정신을 금지한 사회 시스템이었다. 상업과 산업은 저급한 활동으로 천시되어

5 W. Baumol, “Entrepreneurship: Productive, Unproductive, and Destructive,” *Journal of Political Economy*, October 1990, pp. 893～921.

교육받은 사람들이 하기에는 적절하지 않은 것으로 생각되었다. 이에 더하여 황제는 백성들의 재산을 압류하고 사업들을 통제할 수 있는 권리를—백성들이 벤처사업에 뛰어들 유인을 크게 감소시키는 권리—가지고 있었다. 중세 중국에서 권력과 부에 이르는 가장 빠른 길은 3년마다 정부에 의해 시행되는 과거시험에 합격하는 것이었다. 이런 국가 시험의 최고 득점자는 제국의 관료로서 평생 직위를 보장받았으며, 많은 권력을 휘두르고 일부는 부패를 통하여 부를 축적하였다. 중세 중국에서 역동적인 기업가 계층이 형성되지 못했으며 결과적으로 과학적, 기술적 우위가 지속적인 경제성장으로 전환되지 않았던 것은 놀랄 만한 일이 아니다. 중국의 경험은 왜 과학적 진보만으로는 경제성장을 이룰 수 없는지를 보여준다. 경제적 이득을 창출하려면 과학적 지식은 상업화되어 새로운 생산물이 생산되거나, 기존의 재화와 서비스를 생산하는 더 효율적이고 새로운 방법으로 응용되어야 한다.

비록 기업가 정신이 훨씬 더 중요하지만 경영자도—매일매일 사업을 운영하는 사람—또한 평균 노동생산성의 결정에 중요한 역할을 한다. 경영의 업무는 하역장 감독자에서 포춘 500 기업의 최고경영자(CEO)에 이르기까지 넓은 범위에 걸쳐 있다. 경영자들은 고객들을 만족시키기 위해 일을 하고, 공급자들과 거래를 하며, 생산을 조직하고, 자금을 융통하고, 근로자들을 직무에 배치하며, 근로자들이 열심히 효과적으로 일하도록 동기부여를 한다. 그런 활동들은 노동생산성을 향상시킨다. 예를 들어, 1970년대와 1980년대에 일본의 경영자들은 일본의 제조업 공장의 효율성을 크게 증가시킨 새로운 생산방법들을 도입하였다. 그 중에는 정시(just-in-time) 재고 시스템이 있었는데 공장에서 필요로 하는 바로 그 시점에 공급자들이 생산 부품을 공장에 배달하여 부품들을 미리 쌓아 놓을 필요가 없도록 하는 것이었다. 일본의 경영자들은 또한 근로자들을 독립적인 생산팀으로 조직하여 전통적인 조립라인에 비해 근로자들에게 더 많은 유연성과 책임을 부여하였다. 미국을 비롯한 여러 나라의 경영자들은 일본의 경영기법을 자세히 연구하였고 많은 것들을 받아들였다.

18.3.6 정치적·법적 환경

이제까지는 평균 노동생산성을 증가시키는 데 있어 민간부문의 역할을 강조하였다. 그러나 정부 역시 생산성 향상을 촉진하는 데 일정 부분 역할을 담당할 수 있다. 정부가 기여할 수 있는 중요한 부분은 사람들이 경제적인 측면에서 생산적인 방법으로—열심히 일하고, 현명하게 저축하고 투자하며, 유용한 정보와 기술을 습득하고, 대중이 요구하는 재화와 서비스를 공급하는 것—행동하도록 하는 정치적 · 법적 환경을 제공하는 것이었다.

경제적인 발전을 위해 정부의 중요한 한 가지 기능은 명확한 재산권의 확립이다. 누가 어떤 자원을 소유하고 있고(예를 들어, 증서나 소유권 제도를 통하여) 이러한 자원들이 어떻게 사용될 수 있는가를 정하는 규정이 법에 명시되어 있을 때 재산권은 명확해진다. 군대와 경찰의 힘으로 자신이 원하는 것은 무엇이든 가질 수 있는 독재자가 존재하는 나라에 살고 있다고 상상해보라. 그런 나라에서 사람들에게 많은 곡식을 수확하고 가치 있는 재화나 서비스를 생산해야 할 유인이 있겠는가? 사람들은 생산물의 대부분을 빼앗길 것이기 때문에 그러한 유인이 거의 없다. 불행하게도 오늘날에도 세계의 많은 나라에서 이러한 상황이 실제로 존재한다.

정치적 · 법적 환경들은 또한 다른 측면에서 생산성 증가에 영향을 준다. 정치학자들과 경제학자들은 여러 논문에서 정치적 불안정성이 경제성장에 해가 된다는 사실을 보였다. 기업가들과 저축자들은 정부가 불안정할 경우, 특히 권력에 대한 투쟁이 민간 폭동, 테러, 게릴라 전쟁국면을 수반할 경우, 그들의 자원을 투자하지 않을 것이기 때문에 이러한 발견은 당연해 보인다. 반면에 자유롭고 제약받지 않는 생각의 교환을 촉진하는 정치적 시스템은 새로운 기술과 생산물의 개발을 촉진한다. 예를 들어, 몇몇 경제사학자들은 경제세력으로서 스페인 쇠락의 부분적인 이유가 종교적 정통성에 이의제기를 허용하지 않았던 스페인 종교재판의 출현 때문이라는 것을 지적하였다. 자연계에 대한 이론이 교회의 교리와 배치될 경우 그 이론을 주장하는 사람들을 종교재판에 기소하였기 때문에 스페인의 과학과 기술은 정체되어 네덜란드와 같은 더 자유로운 나라에 뒤처지게 된 것이다.

✔ 개념체크 18.5

미국으로 이민온 방글라데시 근로자는 평균 노동생산성이 모국에 있을 때보다 미국에서 훨씬 더 높다는 것을 발견한다. 물론 그 근로자는 방글라데시에 살고 있을 때와 동일한 사람이다. 단지 미국으로 이동함으로써 어떻게 근로자의 생산성이 증가될 수 있는가? 이에 대한 여러분의 답변은 이민을 가려는 유인에 대하여 무엇을 말해주는가?

요약 평균 노동생산성의 결정요인

한 국가의 평균 노동생산성을 결정하는 주요 요인들은 다음과 같다:

- 근로자들의 기술과 훈련(인적자본)
- 물적자본의 — 기계, 설비, 건물 — 양과 질
- 이용가능한 토지와 천연자원
- 생산에 적용되는 기술의 정교함
- 경영과 기업가 정신의 유효성
- 사회적 · 법적 환경

1970년대에 선진국의 노동생산성 증가율이 둔화되었고 이러한 둔화는 20년 이상 이어졌다. 1995년과 2000년 사이에 노동생산성은 주로 정보통신기술의 발달 때문에 반등하였다(특히 미국에서는). 그 이후 미국의 노동생산성은 다시 둔화되었는데 최근 글로벌 금융위기 및 경기침체로 인한 일시적 현상인지 아니면 노동생산성이 둔화되는 새로운 시기인지는 앞으로 지켜보아야 할 것 같다.

18.4 경제성장의 비용

본장과 "경제활동의 측정: GDP, 실업"을 다룬 제 16장은 모두 평균적인 사람의 생활수준에 대한 경제성장의 긍정적인 효과만을 강조했다. 그러나 사회가 항상 가능한 한 높은 경제성장률을 목표로 삼아야 하는가? 그에 대한 답변은 "아니오"이다. 일인당 총생산의 증가는 항상 바람직하다는 생각을 받아들인다 하더라도, 더 높은 경제성장률을 달성하는 것은 사회에 비용을 부과한다.

경제성장을 증대시키는 비용은 무엇인가? 가장 직접적인 것은 새로운 자본재를 만드는 비용이다. 자본재를 확대하면 미래의 생산성과 총생산량을 증가시킬 수 있다는 것은 이미 앞에서 논의된 바 있다. 그러나 자본재를 증가시키려면 소비재의 공급을 증가시키는 데 사용될 수 있었던 자원을 전환하여 사용해야 한다. 예를 들어, 로봇이 수행하는 조립라인을 더 많이 추가하기 위하여, 산업로봇을 만드는 데 사회는 더 많은 숙련 기술자들을 고용하고 비디오 게임을 만드는 데 더 적은 사람을 고용해야 한다. 새로운 공장을 건설하기 위하여 더 많은 목수들과 판재가 공장건설에 할당되어야 하며 지하실을 마감하거나 거실을 개조하는 데 더 적게 할당되어야 한다. 요약하면 새로운 자본재에 대한 높은 투자율은 사람들이 허리띠를 조이고 소비를 줄이며 저축을 더 많이 해야 함을—실질 경제적 비용—의미한다.

한 나라가 소비재를 희생하고 자본재에 대한 투자율을 높여야 하는가? 이에 대한 대답은 사람들이 현재의 소비를 희생하여 미래의 더 큰 경제적 과실을 갖기를 원하는지, 또한 그렇게 할 수 있는지에 달려 있다. 매우 가난하거나 또는 경제 위기를 겪고 있는 나라의 사람들은 소비수준을 상대적으로 높게 유지하고 저축과 투자를 상대적으로 낮게 유지하는 것을 선호할 수도 있다. 번개와 폭풍이 치는 시기는 만일을 대비하여 어떤 것들을 저축하기에 적절한 시점이 아니다! 그러나 상대적으로 부유한 사회에서는 미래에 더 높은 경제성장을 달성하기 위하여 희생할 용의가 있을 것이다.

자본 형성을 위해 희생된 소비만이 경제 성장을 높이는 데 들어가는 유일한 비용은 아니다. 19세기와 20세기 초반 미국에서 경제성장이 빨랐던 기간들은 많은 사람들이 위험하고 불쾌한 작업장에서 매우 긴 시간 동안 일을 했던 시기였다. 그러한 근로자들은 우리가 오늘날 누리고 있는 경제를 건설하는 데 도움을 준 것이지만, 여가시간의 감소라는 측면에서 또한 근로자의 건강과 안전의 항목에서 비용이 매우 컸다.

성장의 비용은 또한 기술을 향상시키는 연구개발비용과 훈련과 숙련을 습득하는 (인적자본) 비용을 포함한다. 내일의 더 높은 생활수준을 얻기 위해서 현재의 희생이라는 비용을 지불해야만 한다는 사실은, 한 재화를 더 많이 갖는 것은 다른 재화를 덜 갖는다는 것을 의미한다는 **희소성의 원리**의 예이다. 더 높은 경제성장을 달성하는 것은 실질 경제비용을 부과하기 때문에 **비용-편익 분석의 원리**에 의해 편익이 비용을 압도할 경우에만 경제성장을 높여야 한다.

희소성

비용-편익

요약 경제성장의 비용

경제성장은 많은 비용을 수반하는데, 특히 새로운 자본재와 새로운 기술을 만들기 위해 필요한 자원을 충당하기 위해서 현재 소비를 희생해야 한다. 더 높은 경제성장률은 그 편익이 비용을 초과할 경우에만 추구되어야 한다.

18.5 경제성장의 제고

한 사회가 경제성장률을 높이기로 결정하였다면 이러한 목표를 달성하기 위하여 정책결정자가 취할 수 있는 대책에는 무엇들이 있는가? 평균 노동생산성의 증가, 그에 따른 일인당 총생산의 증가에 기여하는 요인들에 대한 논의로부터 다음과 같은 정책들이 제시될 수 있다.

18.5.1 인적자본 증대 정책

숙련되고 교육을 잘 받은 근로자는 미숙련근로자보다 생산성이 높기 때문에 대부분의 나라에서 정부는 교육과 훈련 프로그램을 지원하여 국민들의 인적자본을 증가시키려 하고 있다. 미국에서는 정부가 고등학교까지 공교육을 제공하고 기술학교, 대학 등의 학업에 대하여도 광범위한 지원을 해주고 있다. 헤드 스타트(Head Start)와 같이 정부가 지원하는 조기 교육프로그램 또한 혜택 받지 못한 어린이들이 학업을 준비하는 것을 도와줌으로써 인적자본을 축적하도록 한다. 정부는 또한 미숙련 젊은이들에 대한 직업 훈련과 낙후된 기술을 가진 근로자들의 재훈련을 지원한다.

경제적 사유 18.4

왜 거의 모든 나라들이 공교육을 무료로 제공하는가?

모든 선진국들은 국민들에게 고등학교까지 무상 공교육을 제공하고, 대부분의 선진국들은 대학교와 기타 고등교육기관에 보조금을 준다. 왜 그러한가?

미국인들은 무료 공교육의 사고에 너무 익숙해 있어 이러한 질문이 이상하게 들릴지 모른다. 그러나 극빈층의 사람들을 제외하면 식품이나 의료와 같은 더 필수적인 재화와 서비스가 무료로 제공되지 않는 상황에서 왜 정부는 교육을 무상으로 제공해야 하는가? 더욱이 교육 서비스는 정부의 도움 없이도 사적인 시장에서 공급되거나 수요될 수 있으며 실제로 그런 경우가 흔히 있다.

무료 또는 적어도 보조금이 지급되는 교육을 지지하는 주장의 근거는 교육 서비스에 대한 사적인 수요곡선이 교육의 모든 사회적 편익을 포함하지 않는다는 것이다(균형에 도달한 시장은 사회적으로 달성될 수 있는 모든 이득을 다 취하지 못할 수도 있다고 말하는 제 3장의 **균형의 원리**를 상기하라). 예를 들어, 민주주의 정치 시스템이 효과적으로 운영되기 위해서는—교육

균형

서비스에 대한 개별 수요자가 고려할 필요가 없는 요인—교육받은 시민이 필수적이다. 더 좁은 경제적 관점에서도 개인들이 학교 교육으로부터 얻을 수 있는 모든 경제적 수익을 향유하지 못하고 있다고 주장할 수 있다. 예를 들어, 높은 인적 자본, 그리하여 높은 수입을 가진 사람들은 더 많은 세금을—정부 서비스를 위한 자금을 조달하고 덜 혜택받은 사람들을 돕기 위해 사용될 수 있는 기금—납부한다. 소득에 대한 과세 때문에 인적자본을 획득하는 사적인 편익은 사회적 편익보다 적을 것이며 사적 시장에서 교육에 대한 수요는 사회적 관점에서 최적인 수준보다 적을 것이다. 마찬가지로, 교육받은 사람들은 다른 사람들에 비하여 기술 발전, 따라서 경제 전체의 생산성 증가에 공헌할 가능성이 높기 때문에 자신 이외에 많은 다른 사람들에게 편익을 줄 수 있다. 마지막으로 교육에 대한 공적 지원의 필요성에 대한 또 하나의 논리는 인적 자본에 투자하려고 해도 가난한 사람들은 부족한 소득 때문에 그렇게 하지 못할 수 있다는 것이다.

노벨상 수상자인 밀턴 프리드만(Milton Friedman)은 이러한 주장들이 민간 부문에서 교육 서비스를 구매하려는 것을 도와주는, 교육쿠폰이라 불리는 정부의 보조금을 정당화시킬 수 있으나, 공교육 제도와 같이 정부가 직접 교육을 제공하는 것을 정당화하는 것은 아니라고 말하였다. 반면에 공교육의 지지자들은 정부가 기준을 설정하고 교육의 질을 관리하려면 교육에 대한 직접적인 통제권을 가져야 한다고 주장한다. 여러분은 어떻게 생각하는가?

왜 거의 모든 나라들이 공교육을 무료로 제공하는가?

18.5.2 저축 및 투자 촉진 정책

평균 노동생산성은 근로자들이 현대화된 자본재를 많이 이용할 수 있을수록 증가한다. 새로운 자본재가 만들어지는 것을 지원하기 위하여 정부는 민간 부문의 높은 저축률과 투자율을 장려할 수 있다. 미국 조세법의 많은 규정들은 명시적으로 가계의 저축과 기업의 투자를 촉진하도록 고안되어 있다. 예를 들어, 개인 퇴직금 계좌(Individual Retirement Account, IRA)를 개설한 가계는 IRA에 예치된 자금이나 그 계좌에서 벌어들인 이자에 대하여 세금을 내지 않고 은퇴 이후를 위해 저축할 수 있다(그러나 은퇴 후 기금이 인출될 때 세금이 부과된다). IRA 법률의 의도는 저축이 가계에 좀 더 금전적인 면에서 유리하도록 만드는 것이다. 또한, 의회는 새로운 자본재에 투자한 기업의 세금을 줄여주는 투자세액공제를 시행해 왔다. 민간 부문의 저축과 투자는 제20장 "저축과 자본 형성"에서 더 자세히 논의될 것이다.

정부는 공공투자, 즉 정부 소유 자본재의 창출을 통하여 자본 형성에 직접 기여할 수 있다. 공공투자는 도로, 교량, 공항, 댐, 에너지, 통신망의 건설 등을 포함한다. 아이젠하워(Eisenhower) 대통령 당시의 행정부에서 시작된 미국의 주들을 연결하는 고속도로 시스템의 건설은 성공적인 공공투자의 예로 자주 거론된다. 고속도로 시스템은 미국의 장거리 수송비용을 크게 낮추어 경제전체의 생산성을 향상시켰다. 오늘날 우리가 인터넷이라 부르는 컴퓨터와 통신연결망도 비슷한 효과를 가지고 있다. 이 사업 역시 초기 단계에서는 정부의 자금지원이 중요한 역할을 하였다. 많은 연구들은 민간부문의 경제활동을 지원하는 공공 자본재인 기반시설에 대한 정부의 투자가 성장의 중요한 원천이라는 것을 확인하였다.

18.5.3 연구개발 지원 정책

생산성은 연구개발(R&D) 투자를 통해 이루어지는 기술진보에 의해 향상된다. 여러 산업에서 민간 기업들은 연구개발활동을 수행할 유인을 가지고 있다. 예를 들어, 정부가 겨드랑이 냄새 제거제를 개발하는 연구에 지원할 필요는 없지만 특정한 종류의 지식, 특히 기초과학 지식은 광범위한 경제적 편익을 창출하여 하나의 민간기업에만 귀속되지는 않는다. 예를 들어, 실리콘 컴퓨터 칩을 개발한 사람들은 거대한 새로운 산업을 창조하는 데 큰 기여를 하였으나, 그들은 그 발명품으로부터 나오는 이윤의 작은 부분만을 받았다. 일반적으로 기초연구로부터 발생하는 편익은 개인 발명가보다는 사회 전체에 확산되기 때문에 정부는 기초연구를 지원할 필요가 있으며, 미국에서는 국가과학재단(National Science Foundation)을 통해, 한국에서는 한국연구재단을 통해 기초연구에 대한 지원이 이루어지고 있다. 연방정부도 또한 많은 응용연구, 특히 군사와 우주에 대한 응용연구를 후원하고 있다. 국가 안보가 허용하는 범위 내에서 정부는 그러한 연구의 결과를 민간부문과 공유함으로써 경제성장을 높일 수 있다. 예를 들어, 지구 위치 확인 시스템(GPS)은 원래 군사적인 목적으로 개발되었는데 지금은 대부분의 휴대전화기에서 이용 가능하며 거의 모든 지역에서 운전자가 길을 찾는 데 많은 도움을 주고 있다.

18.5.4 법적·정치적 제도

경제성장은 주로 민간부문의 활동으로부터 발생하지만 정부는 민간부문이 생산적으로 작동할 수 있는 구조를 제공하는 데 중요한 역할을 한다. 이제까지 안전한 재산권, 잘 기능하는 법적 체계, 기업가 정신을 장려하는 경제적 환경, 정치적 안정과 자유롭고 제한 없는 생각의 교환 등의 중요성을 논의하였다. 정부의 정책결정자들은 또한 투자, 혁신, 위험감수와 같이 생산성을 증가시키는 활동에 대하여 조세와 규제 정책이 미치는 잠재적 효과를 생각해야 한다. 법적 · 정치적 제도에 영향을 주는 정책들은 거시경제정책 중에서 구조정책의 예이다.

18.5.5 최빈국들: 특이한 경우인가?

세계의 가장 부유한 국가들과 가장 가난한 국가들 사이에는 생활수준의 극단적인 불균형이 존재한다. 특히 최빈국들의 경우 경제성장을 달성하는 것이 절박한 상황이다. 본절의 정책처방들이 최빈국들에도 그대로 적용될 수 있는가 아니면 최빈국들의 성장을 촉진하기 위해 매우 다른 종류의 대책들이 필요한가?

부유한 나라들에서 성장을 촉진하는 요소들과 정책들은 대부분 최빈국들에게도 그대로 적용된다. 교육과 훈련을 지원하여 인적자본을 증가시키는 것, 저축률과 투자율을 증가시키는 것, 공공 자본재와 기반시설에 대한 투자, 연구개발에 대한 지원, 기업가 정신의 장려 등은 가난한 나라에서도 경제성장을 높이는 정책들이다.

그러나 대부분의 가난한 나라들은 부유한 나라들에 비해 경제의 밑바탕을 이루고 있는 법적·정치적 환경을 개선할 필요성이 훨씬 더 크다. 예를 들어, 많은 개발도상국들은 재산권에 대한 불확실성이 존재하여 기업가 정신과 투자를 방해하는, 후진적이고 부패한 법적 체계를 가지고 있다. 개발도상국의 조세와 규제는 심한 편이며 비효율적인 관료에 의해 운영되어, 작은 기업을 창업하거나 공장을 확장하기 위해 필요한 승인을 얻는 데 수개월에서 수년이 걸릴 정도이다. 많은 가난한 나라들에서는 정부의 규제가 심하고 정부가 많은 기업들을 소유하고 있어 시장이 효율적으로 작동하지 못하는 경우가 많다. 예를 들어, 시장이 아닌 정부가 은행 신용을 할당하고 농산물의 가격을 결정하기도 한다. 이러한 문제들을 개선하려고 하는 구조정책들은 최빈국들에서 성장을 일으키기 위한 중요한 선결조건들이다. 그러나 아마도 가장 중요한 것은—그리고 몇몇 국가들에게는 가장 어려운 것—정치적 안정과 법치를 확보하는 것이다. 정치적 안정 없이는 국내외의 저축자들이 그 나라에 투자하기를 꺼리기 때문에 경제성장의 달성은 불가능하지는 않지만 매우 어려울 것이다.

부유한 나라들은 가난한 나라들이 발전하도록 도울 수 있는가? 역사적으로, 부유한 나라들은 개별적으로 대출이나 보조금을 통한 재정적 지원 등의 해외원조를 제공하거나, 또는 세계은행과 같은 국제기관을 통한 대출을 통하여 도움을 주려고 노력하여 왔다. 그러나 과도한 규제의 축소나 법적 체계의 개선 등과 같은 구조 개혁을 수행하지 않은 나라들에 대한 재정적 지원은 그 효과가 제한적이라는 것을 경험으로부터 잘 알고 있다. 해외로부터의 원조를 가장 효과적으로 만들기 위하여 부유한 나라들은 가난한 나라들이 정치적 안정을 달성하고 경제구조에 대한 필요한 개혁을 시작할 수 있도록 도와주어야 한다.

요약 경제성장의 제고

경제성장을 촉진하는 정책들은 인적자본(교육과 훈련)을 증가시키는 정책, 저축과 자본형성을 촉진하는 정책, 연구개발을 지원하는 정책, 민간 부문이 생산적으로 작동할 수 있도록 하는 법적·정치적 제도의 확립 등을 포함한다. 법적·정치적 제도의 미비(예를 들면, 공무원의 부패 또는 열악한 재산권)는 특히 많은 개발도상국들에서 문제가 되고 있다.

18.6 성장에 한계가 있는가?

본장의 서두에서 상대적으로 낮은 경제성장률도 장기간 지속된다면 경제 규모에 커다란 증가를 가져온다는 것을 알아보았다. 이러한 사실은 천연자원을 고갈시키지 않고 지구의 환경에 큰 해를 유발하지 않으면서 경제성장이 무한히 계속될 수 있는가에 대한 질문을 제기한다. 우리가 유한한 자원을 가진 유한한 세계에서 살고 있다는 사실은 궁극적으로 경제성장이 끝날 것이라는 것을 의미하는가?

경제성장이 지속될 수 없을 것이라는 우려는 새로운 것이 아니다. 1972년에 출간된 영향력 있는 책, 『성장의 한계』(*The Limits to Growth*)는[6] 인구증가와 경제적 확대가 멈추지 않는다면 세계는 조만간 천연자원, 식수, 숨쉴 수 있는 공기가 고갈될 것을 시사하는 컴퓨터 시뮬레이션을 발표하였다. 여기에서 자세하게 다루지는 못하지만 이 책을 비롯하여 여러 저서들이 경제성장에 대하여 몇 가지 근본적인 질문들을 제기하고 있다. 그러나 그 결론은 다음과 같은 몇 가지 측면에서 잘못되었다.

"성장의 한계"라는 논제의 한 가지 문제점은 그 기초가 되는 경제성장의 개념에 있다. 성장에 환경적 한계를 강조하는 사람들은 경제성장이란 항상 사람들이 지금 가지고 있는 것을 양적으로 확대시키는 형태라고—더 많은 매연을 뿜는 공장, 더 많은 오염물질을 발생시키는 차량, 더 많은 패스트푸드 음식점—암묵적으로 가정하고 있다. 정말로 그런 경우라면 지구가 지속할 수 있는 성장에는 분명히 한계가 있을 것이다. 그러나 실질GDP의 증가가 반드시 그러한 형태를 갖는 것은 아니다. 실질GDP의 증가는 새로운 생산물이거나 고급 생산물의 형태가 될 수 있다. 예를 들어, 과거 테니스 라켓은 주로 나무로 만들어진 상대적으로 단순한 제품이었다. 오늘날의 라켓들은 새로 발명된 합성물질로 만들어지며 복잡한 컴퓨터 시뮬레이션을 이용하여 최적의 성과를 내도록 고안되고 있다. 이러한 새로운 첨단 테니스 라켓은 과거의 나무 라켓보다 소비자들에게 더 가치 있는 것으로 평가되기 때문에, 새로운 라켓의 도입은 실질GDP를 증가시킨다. 마찬가지로 엄청난 숫자의 웹기반 서비스 및 앱이 경제성장에 기여한 것처럼, 새로운 의약품의 도입은 경제성장에 기여해왔다. 예를 들어, 사람들은 은행이나 쇼핑몰에 직접 찾아가지 않고 은행 웹사이트 또는 쇼핑 웹사이트(또는 모바일 앱)에 방문함으로써 자동차와 오프라인 소매상점의 숫자가 줄어들어도 GDP가 증가할 수 있다. 그리하여 경제성장은 과거의 동일한 생산물의 양적 확대일 필요가 없다. 경제성장은 더 새롭고 좋은 그리고 아마도 깨끗하고 더 효율적인 재화와 서비스를 의미할 수 있다.

"성장의 한계" 결론의 두 번째 문제점은, 증가된 부와 생산성이 환경을 보호하는 사회의 능력을 확대시킨다는 점을 간과하고 있다는 것이다. 실제로 세계에서 가장 오염된 나라들은 가장 부유한 나라가 아니라 상대적으로 산업화의 초기 단계에 있는 나라들이다. 이 단계에 있는 국가들에서는 대부분의 자원이 기초 필수품—식품, 집, 의료—생산에 투입되고 있으며 산업화가 계속 진행되고 있다. 이러한 나라들에서 깨끗한 공기와 물은 기초 필수품이 아닌 사치재로 간주될 것이다. 가장 기본적인 필수품들이 쉽게 충족되는 선진국들에서는 환경을 깨끗이 유지하는 데에 추가적인 자원이 이용될 수 있다. 그래서 지속적인 경제성장은 더 많은 오염이 아니라 더 적은 오염으로 이어질 수 있다.

6 Donella H. Meadows, Dennis L. Meadows, Jørgen Randers, and William W. Behrens III, *The Limits to Growth*, New York: New American Library, 1972.

경제성장에 대한 비관적 견해의 세 번째 문제점은 희소성을 다루는 시장의 힘과 사회적 메커니즘을 무시하고 있다는 것이다. 1970년대 석유공급 감소로 인해 유가가 급등한 시기에 신문들의 헤드라인은 에너지 위기와 세계 석유 공급의 고갈 임박 등으로 채워졌다. 그러나 30년 후 세계의 석유 매장량은 1970년대에 알려졌던 것보다 실제로 더 많은 것으로 추정된다.

시장이 잘 작동했기 때문에 오늘날의 에너지 상황은 30년 전에 예상되었던 것보다 훨씬 더 양호하다. 석유공급의 감소는 가격 상승으로 이어졌고 이로 인해 수요자와 공급자 모두 행동을 변화시켰다. 소비자들은 집을 단열재로 만들었고 에너지 효율적인 자동차와 전기제품을 구매했으며 다른 에너지원으로 전환하였다. 공급자들은 새로운 매장지역을 적극적으로 찾아 나서 남아메리카, 중국, 북해에서 새로운 유전을 발견하였으며 최근 북미 지역에서 대규모로 매장되어 있는 쉐일가스를 발견하였다. 요약하면 시장의 힘은 최소한 현재까지는 에너지 위기를 해결하였다.

일반적으로 어떤 자원의 부족은 공급자들과 수요자들이 그 문제를 해결하도록 가격변화를 촉발할 것이다. 현재의 경제적 추세로 미래를 단순히 추정하는 것은, 부족을 인식하고 필요한 조정을 하는 시장경제체제의 힘을 무시하는 것이다. 녹지를 보존하고 오염을 감축하는 데 공공기금을 배정하는 것과 같은 정부의 행동은 시장의 조정을 보완할 것으로 기대된다.

"성장의 한계" 주장이 가지고 있는 여러 가지 결점들에도 불구하고, 경제성장에서 기인한 문제들이 시장과 정치적 과정을 통하여 모두 효과적으로 해결될 수 있는 것은 아니다. 아마도 가장 중요한 것은 대기온난화의 가능성이나 열대 다우림의 지속적인 파괴와 같은 지구 환경문제들이 현재의 경제적 · 정치적 제도에 도전과제가 되고 있다는 것이다. 환경의 질은 시장에서 구매되거나 판매되지 않으므로 시장거래를 통하여 자동적으로 최적의 수준에 도달하지 않는다(균형의 원리를 상기하라). 각국의 지방정부나 중앙정부들은 세계적인 범위의 문제들을 효과적으로 해결할 수 없다. 세계적인 환경문제들을 다루기 위한 국제적인 기구가 확립되지 않는 한 경제성장이 계속됨에 따라 이러한 문제들은 악화될 것이다.

요약 경제성장에 한계가 있는가?

몇몇 사람들은 유한한 자원 때문에 경제성장이 궁극적으로 한계에 도달한다고 주장해 왔다. 이러한 견해는 경제성장이 재화와 서비스의 양적인 확대의 형태가 아니라 재화와 서비스의 질적인 변화의 형태를 가질 수 있다는 점, 증가된 부는 자원을 환경보호를 위해 쓸 수 있게 한다는 점, 성장과 관련된 많은 문제들에 대처하는 정치적 · 경제적 메커니즘이 존재한다는 점들을 간과하고 있다. 그러나 이러한 메커니즘은 경제성장으로부터 발생하는 환경문제가 여러 국가들에 관련될 경우에는 잘 작동하지 않을 수 있다.

요 약 Summary

- 과거 200년 동안 산업화된 나라들은 일인당 실질GDP가 크게 증가하여 생활수준의 엄청난 상승을 경험하였다. 성장률의 작은 차이가 오랜 기간 동안 지속된다면 복리의 위력 때문에 일인당 실질GDP와 평균 생활수준에서 큰 차이를 만들어낸다. 따라서 장기 경제성장률은 매우 중요한 경제변수이다.

- 일인당 실질GDP는 평균 노동생산성(취업자 일인당 실질GDP)과 총인구 중 취업자의 비율의 곱이다. 일인당 실질GDP의 증가는 평균 노동생산성의 증가, 총인구 중 근로자 비중의 증가, 또는 둘 다에 의해서 발생한다. 1960년 이후 미국 인구 중 근로자 비중의 증가는 일인당 실질GDP의 증가에 크게 기여하였다. 그러나 지난 40년 동안 일인당 실질GDP 증가의 가장 중요한 요인은 평균 노동생산성의 상승이었다.

- 노동생산성을 결정하는 요인들 중에는 근로자들의 재능, 교육, 훈련, 기술 수준을 의미하는 인적자본; 근로자들이 사용하는 물적자본의 양과 질; 토지와 천연자원의 이용가능성; 재화와 서비스의 생산과 분배에서의 기술의 적용; 기업가 정신과 경영자들의 능력; 법적 · 사회적 환경 등이 있다. 자본의 수확체감 때문에 자본재는 평균 노동생산성을 지속적으로 증가시키는 가장 효율적인 방법은 아니다. 경제학자들은 새로운 기술이 생산성 향상의 가장 중요한 원천이라는 데에 동의한다.

- 산업화된 국가에서는 1970년대 이후 생산성 증가 추세가 둔화되었으나 1995년에서 2000년 기간에는 정보통신기술의 발달로 다시 반등하였다. 그러나 그 이후 다시 둔화되는 모습을 보이고 있다.

- 경제성장은 편익뿐만 아니라 비용도 수반한다. 그 중에서 중요한 것은 새로운 자본재에 대한 투자율을 높이기 위하여 현재의 소비를 희생하여야 한다. 더 빨리 성장하기 위해서는 추가적인 근로 노력과 연구개발 등의 비용이 발생한다. 따라서 높은 경제성장이 항상 더 좋은 것은 아니다. 높은 경제성장이 바람직한 것인가는 성장의 편익이 비용을 초과하는가에 달려있다.

- 정부가 경제성장을 촉진하는 방법들 중에는 인적자본의 축적을 촉진하는 정책, 기반시설에 대한 공공투자를 포함한 저축과 투자를 촉진하는 정책, 연구개발, 특히 기초과학을 지원하는 정책, 민간부문의 활동을 지원하는 법적 · 정치적 제도를 마련하는 정책 등이 있다. 법적 체계, 조세 및 규제 체계가 낙후되어 있는 최빈국에서는 법적 · 정치적 제도의 개선과 정치적 안정의 확보가 우선적으로 필요하다.

- 성장에 한계가 있는가? 경제성장이 환경문제와 천연자원의 고갈 때문에 제약을 받을 것이라는 주장은 경제성장이 양적인 증가뿐만 아니라 질적인 증가의 형태를 가질 수 있다는 사실을 무시하고 있다. 실제로 총생산이 증가하면 자연환경을 정화하기 위해 추가적인 자원이 제공될 수 있다. 또한, 시장경제체제는 정치적 과정과 함께 경제성장과 관련된 많은 문제들을 해결할 수 있다. 반면에 시장이나 개별 국가 정부에 의해 다루어질 수 없는 세계적인 환경문제는 경제성장을 제한시킬 가능성이 있다.

핵심용어 Key Terms

기업가(570)	물적자본(564)	자본의 수확체감(567)
복리(558)	인적자본(564)	평균 노동생산성(560)

복습문제 Review Questions

1. 지난 세기 동안 선진국에서 일인당 실질GDP에 어떤 일이 발생하였는가? 이것은 평균적인 사람에게 어떠한 의미를 갖는가? 국가 또는 지역에 따라 어떤 차이를 보이는가(예를 들면, 일본 vs. 가나)?
2. 왜 경제학자들은 평균 노동생산성의 증가가 장기 생활수준을 결정하는 가장 중요한 요인이라고 생각하는가?
3. 인적자본이란 무엇인가? 그것은 왜 경제적으로 중요한가? 새로운 인적자본은 어떻게 만들어지는가?
4. 여러분은 구덩이를 파기 위하여 체력이 서로 다른 5명의 근로자를 고용하였다. 삽이 없는 고용자들은 구덩이 파는 데 0의 생산성을 가진다. 삽이 모두에게 돌아갈 정도로 충분하지 않다면 여러분은 근로자들에게 삽을 어떻게 배분하겠는가? 이 예를 이용하여 (a) 물적자본의 이용가능성과 평균 노동생산성 사이의 관계와 (b) 자본의 수확체감의 개념을 설명하라.
5. 재능있는 기업가와 효과적인 경영자가 어떻게 평균노동생산성을 높일 수 있는지 설명하라.
6. 경제성장을 높이는 비용에는 어떤 것들이 있는가?
7. 평균 노동생산성을 증가시키기 위해 정부가 기여할 수 있는 부분은 무엇인가?
8. 다음 문장에 대하여 논평하라: "환경은 훼손되기 쉽고 천연자원은 유한하기 때문에 궁극적으로 경제성장은 끝나게 될 것이다."

연습문제 Problems

1. '부자나라'의 일인당 실질GDP는 $10,000이고 '가난나라'의 일인당 실질GDP는 $5,000이다. 그러나 '부자나라'의 일인당 실질GDP는 매년 1%로 증가하고 있으며 '가난나라'는 매년 3%로 증가하고 있다. 10년 후와 20년 후의 두 나라에서의 일인당 실질GDP를 비교하라. 대략 몇 년 후에 '가난나라'가 '부자나라'를 따라잡게 되는가?
2. 2015년 미국의 노동생산성은 $110,000이라고 가정하자. 다음 각각의 경우에 대하여 2035년의 미국 노동생산성을 계산하라.
   a. 생산성이 매년 2.6%씩 계속 증가한다.
   b. 생산성 증가율이 1970~2009년 기간 동안의 평균 증가율인 2.0%로 하락한다. (주의: 이 문제를 풀기 위하여 평균 노동생산성의 실제 값을 알 필요가 없다.)
3. "미국의 고령화"로 인해 향후 수십 년 동안 은퇴하는 인구의 비율이 크게 증가할 것이다. 미국의 생활수준에 대한 영향을 알아보기 위하여 2016년 이후 56년 동안 취업자의 비중이 1960년 수준으로 회귀하고 평균 노동생산성은 1960~2016년 기간과 동일한 증가율로 증가한다고 가정하자. 이런 시나리오하에서 2016년과 2072년 사이에 일인당 실질GDP의 순변화는 어떠하겠는가? 다음 데이터를 이용하라.

	평균 노동생산성	취업자 비율
1960	$47,263	36.4%
2016	$110,384	46.8%

4. 다음은 1980년과 2010년 독일과 일본의 총인구에 대한 취업자의 비율이다.

	1980	2010
독일	0.33	0.52
일본	0.48	0.49

표 18.1의 데이터를 이용하여 1980년과 2010년에 두 나라의 평균 노동생산성을 구하라. 1980~2010년 기간 동안 두 나라의 일인당 총생산의 증가 중에서 노동생산성의 증가에 의한 부분은 얼마나 되는가? 총인구 중 취업자 비중의 증가로 인한 부분은 얼마인가?

5. 조앤은 지금 막 고등학교를 졸업했고 2년제 전문대학을

갈 것인지 아니면 취업을 할 것인지에 대한 결정을 하려고 한다. 그녀의 목표는 지금부터 5년 후에 은행에 예치된 저축을 최대화하는 것이다. 만약 그녀가 직접 취업을 한다면 그녀는 향후 5년 동안 매년 $20,000를 벌 수 있다. 그녀가 전문대학에 간다면 향후 2년 동안 그녀는 아무 수입이 없고 수업료와 책값을 위해 매년 $6,000를 빌려야 한다. 이 대출금은 졸업 후에 3년 동안에 걸쳐 전액 상환된다. 그녀가 전문대학을 졸업하면 처음 3년 동안 그녀의 임금은 매년 $38,000이며, 수업료와 책값을 제외한 조앤의 총 생활비와 세금은 매년 $15,000이다.

a. 편의상 조앤은 0%의 이자율로 빌리거나 빌려줄 수 있다고 가정하자. 순전히 경제적 기준에서 볼 때 그녀는 전문대학에 가야 하는가 아니면 취업을 해야 하는가?

b. 고등학교 졸업장만으로 그녀가 $23,000를 번다면 문항 a에 대한 답은 어떻게 달라지는가?

c. 조앤의 수업료와 책값이 일 년에 $8,000라면 문항 a에 대한 답은 달라지는가?

d. 조앤이 빌리거나 빌려줄 수 있는 이자율이 매년 10%라고 가정하고 나머지는 문항 a와 같다고 하자. 저축은 수입이 있는 매년 말에 이루어지고 다음 해 말에 이자(복리)를 받는다. 마찬가지로, 대출은 필요한 해의 연말에 이루어지고 이자는 다음해 말까지 발생하지 않는다. 이자율이 10%라면 조앤이 대학에 가야 하는가 아니면 취업을 해야 하는가?

6. 굿앤프레쉬 상점에는 두 개의 계산대와 네 명의 직원이 있다. 직원들은 숙련도가 동일하며 모두 계산대 기계를 작동하거나 물건을 봉지에 담는 일을 할 수 있다. 상점 주인은 각 계산대에 한 명의 계산대 작동자와 한 명의 봉지에 담는 사람을 배정한다. 계산대 작동자와 봉지에 담는 사람 한 조는 시간당 40명의 고객을 담당할 수 있다. 계산대 작동자만으로는 시간당 25명을 담당할 수 있다.

a. 시간당 계산대를 통과하는 고객의 수를 기준으로 굿앤프레쉬 상점의 총생산량과 평균 노동생산성은 얼마인가?

b. 세 번째 계산대가 추가되었다고 하자. 직원은 더 추가되지 않았다고 가정하면 근로자들을 업무에 재배정하는 가장 좋은 방법은 무엇인가? 이제 총생산량과 평균 노동생산성(시간당 계산대를 통과하는 고객의 수를 기준으로)은 얼마인가?

c. 네 번째 계산대, 다섯 번째 계산대를 추가하였을 경우에 대하여 각각 문항 b를 반복하라. 이 예에서 자본의 수확체감이 관찰되는가?

7. 해리슨, 칼라, 프레드는 페인트공이다. 해리슨과 칼라는 페인트붓을 사용하여 시간당 100m^{2}를 페인트칠할 수 있으며 프레드는 시간당 80m^{2}를 칠할 수 있다. 롤러를 사용할 경우, 세 명 누구나 시간당 200m^{2}를 페인트칠할 수 있다.

a. 해리슨, 칼라, 프레드는 자기가 쓸 수 있는 페인트붓만을 가지고 있다고 가정하자. 세 명의 페인트공을 하나의 팀으로 생각할 때 페인트공 시간당 m^{2}를 기준으로 평균 노동생산성은 얼마인가? 세 명의 페인트공은 항상 동일한 시간 동안 일한다고 가정한다.

b. 팀이 롤러를 한 개, 두 개, 세 개, 네 개를 가지고 있을 경우에 대하여 각각 문항 a를 반복하라. 자본의 수확체감이 있는가?

c. 페인트의 질이 개선되어 시간당 칠할 수 있는(페인트붓이나 롤러를 이용하여) 면적이 20% 증가하였다. 이러한 기술 개선이 문항 b에 대한 답을 어떻게 변화시키는가? 자본의 수확체감이 있는가? 기술 개선은 추가적인 롤러의 경제적 가치를 증가시키는가 아니면 감소시키는가?

8. 헤스터는 양식장에서 물고기를 기르고 있다. 현재 시즌 말에 그녀는 양식장에 1,000마리의 물고기를 가지고 있다. 그녀는 원하는 숫자만큼의 물고기를 건져내어 음식점에 마리당 $5에 팔 수 있다. 큰 물고기가 새끼 물고기를 낳기 때문에 그녀가 양식장에 올해 남겨놓은 모든 물고기는 내년 말에 각각 두 마리가 된다고 한다. 물고기의 가격은 내년에도 $5로 예상된다. 헤스터는 자신의 생활비를 현재의 물고기의 판매로부터 얻는 소득에 완전히 의존하고 있다.

a. 헤스터가 이번 시즌에서 다음 시즌까지 그녀의 물고기 재고의 증가율을 극대화하기를 원한다면 현재 몇 마리의 물고기를 내다팔아야 하는가?

b. 물고기 재고의 증가율을 극대화하는 것이 헤스터에게 경제적으로 적절한 전략이라고 생각하는가? 왜 그렇게 생각하는가? 경제성장의 비용에 관한 본문의 논의와 관련시켜 설명하라.

c. 헤스터가 현재 소득을 극대화하려 한다면 얼마나 많은 물고기를 건져내어 팔아야 하는가? 이것이 좋은 전략이라고 생각하는가?

d. 왜 헤스터는 전부 내다팔거나 또는 전혀 내다팔지 않거나 하지 않고, 일부를 내다 팔고 나머지는 재생산을 위해 남겨두는지 설명하라.

9. 본문에서 논의된 여섯 가지 평균노동생산성 결정요인의 항목에서 미국 경제를 평가하는 짧은 에세이를 써 보자. 미국이 다른 나라들에 비해 뚜렷하게 강한 부분이 있는가? 다른 나라에 비해 약한 부분은? Statistical Abstract of the United States의 자료와 다른 문헌을 통하여 여러분의 주장을 숫자로 예시하라. (www.census.gov/library/publications/time-series/statistical_abstracts.html 온라인 자료 참고)

본문 개념체크 해답 — Answers to Concept Checks

18.1 미국이 1870~2010년 기간 동안 일본의 성장률로 성장했다면 2010년의 일인당 실질GDP는 $(\$2,445) \times (1.025)^{140} = \$77,556.82$가 되었을 것이다. 미국의 2010년 실제 일인당 실질GDP는 $30,491였고 따라서 높은 경제성장률이었다면 일인당 총생산은 2.54배 높았을 것이다.

18.2 전과 같이 루시는 주당 4,000개의 사탕, 또는 시간당 100개의 사탕을 포장할 수 있다. 에쎌은 시간당 500개의 사탕, 주당 2만 개의 사탕을 포장할 수 있을 것이다. 루시와 에쎌은 팀으로 주당 2만 4,000개의 사탕을 포장할 수 있다. 그들의 총근로시간이 80시간이므로 팀으로서 시간당 생산량은 2만 4,000개 사탕 포장/80시간=시간당 300개 사탕 포장으로서 그들 각각의 시간당 생산성 사이의 중간에 위치하게 된다.

18.3 에쎌은 손으로 시간당 300개의 사탕을 포장할 수 있기 때문에 에쎌에게 기계를 주는 편익은 시간당 500 − 300 = 200개의 추가적인 사탕포장이다. 루시는 손으로 시간당 100개의 사탕을 포장할 수 있으므로 루시에게 기계를 주는 편익은 시간당 400개의 사탕포장이다. 따라서 기계를 루시에게 주는 편익이 에쎌에게 주는 편익보다 더 크다. 마찬가지로 기계가 에쎌에게 간다면 루시와 에쎌은 시간당 500 + 100 = 600개의 사탕을 포장하게 되나 만약 루시가 기계를 사용한다면 팀은 300 + 500 = 800개의 사탕을 포장할 수 있을 것이다. 따라서 루시가 기계를 사용해야 총생산이 증가된다.

18.4 이제 루시는 시간당 300개의 사탕을 포장할 수 있고 에쎌은 시간당 500개의 사탕을 포장할 수 있다. 기계를 한 대 가지면 루시 또는 에쎌이 시간당 800개의 사탕을 포장할 수 있다. **개념체크 18.3**에서와 같이 루시에게 기계를 주는 편익은(시간당 500개의 사탕포장) 기계를 에쎌에게 주는 편익(시간당 300개의 사탕포장)을 초과한다. 따라서 기계가 오직 한 대가 있다면 루시가 그것을 사용해야 한다.

표 18.2와 유사한 표를 만들면 다음과 같을 것이다:

사탕포장공장의 자본, 생산량, 생산성 사이의 관계

기계의 수 (*K*)	주당 포장하는 사탕(*Y*)	총 근로 시간(*N*)	시간당 평균 노동생산성(*Y*/*N*)
0	32,000	80	400
1	52,000	80	650
2	64,000	80	800
3	64,000	80	800

이 표를 **표 18.2**와 비교하면, 기술진보는 이용가능한 기계의 수인 자본재 K의 각각의 값에 대하여 노동생산성을 증가시켰다는 것을 알 수 있다.

기계 한 대를 추가하면 총생산은 주당 2만 개의 사탕포장이 증가하고 두 번째 기계를 추가하면 주당 1만 2,000개의 사탕포장 증가, 세 번째 기계를 추가하면 전혀 총생산을 증가시키지 않는다(그것을 사용할 근로자가 없기 때문이다). 따라서 기술 향상이 있은 후에도 자본의 수확체감은 여전히 성립한다.

18.5 개별 근로자가 방글라데시에 있었던 동일한 사람이라 하더라도 미국에 오게 됨으로써 그는 모국에 비하여 이 나라의 평균 노동생산성을 향상시키는 요소들의 혜택을 받는다. 여기에는 일할 때 사용하는 더 많고 더 좋은 자본재, 더 많은 일인당 천연자원, 진보된 기술, 기업가 정신과 경영자, 높은 생산성에 도움이 되는 정치적 · 법적 환경 등이 포함된다. 이민자의 인적자본의 가치는 오를 것이라고 장담할 수 없지만(예를 들면, 그가 영어를 전혀 못한다면 그리고 미국 경제에 적용할 수 있는 어떤 기술도 가지고 있지 않다면 오르지 않을 수 있다), 보통은 오를 것이다.

증가된 생산성은 높은 임금과 생활수준으로 이어지므로 경제적 기준에서 볼 때 방글라데시 근로자는 가능하다면 미국으로 이민을 오려는 강한 유인을 가지고 있을 것이다.

노동시장: 고용, 임금, 실업

제19장

글로벌화와 기술변화가 임금과 고용에 어떤 영향을 미치는가?

여러분은 왜 이 책을 읽고 있는가? 어떤 독자는 이 질문에 대하여 "경제에 대하여 잘 이해하기 위하여" 또는 "나를 둘러싸고 있는 세계에 대하여 잘 이해하기 위하여"라고 대답할 것이다. 보다 직접적인 이유에 초점을 두는 학생들은 "나의 경제학 수업에서 요구하기 때문에"라고 대답하거나 "시험을 잘 보기 위해서"라고 대답할지도 모른다. 물론 무수히 많은 대답이 있을 수 있다.

경제학자에게 이 책을 읽는(더 넓게는 과목을 수강하거나 학위를 따는) 이유는 인적자본을 증가시키기 때문이다. 인적자본의 개념은 제 18장 "경제성장, 생산성, 생활수준"에서 이미 소개되었다. 인적자본이란 사람의 재능, 교육, 훈련, 기술을 합친 것으로서 시간, 에너지, 돈을 투자해야 얻을 수 있는 것이다. 더 많은 인적자본을 가진 사람은 인적자본이 적은 사람보다 생산성이 더 높다. 이러한 생산성 차이는 시간이 흐름에 따라 어떻게 변화했는가? 이러한 생산성의 차이가, 적절한 기술을 습득함으로써 현대 노동시장을 따라간 근로자들과 그렇게 하지 못하거나 하지 않으려 하는 사람들 사이에 소득격차를 발생시켰는가?

우리는 또한 최근 2세기에 걸쳐 나타난 선진국들에서의 눈부신 경제성장과 생산성 상승을 살펴보았다. 이러한 발달은 경제가 생산하는 재화와 서비스의 양을 크게 증가시켰다. 그러나 경제성장의 과실이 어떻게 배분되는지에 대하여는 아직 논의되지 않았다. 경제성장과 생산성 상승의 혜택이 모든 사람들에게 고르게 주어졌는가? 아니면 경제의 현대화라는 "기차"에 올라타서 부유하게 된 사람들과 역에 남겨진 채로 있는 사람들로 나뉘어졌는가?[1]

경제성장과 경제적 변화가 여러 그룹들에게 어떻게 다른 영향을 미쳤는지 이해하기 위하여 노동시장을 살펴보아야 한다. 은퇴자들과 정부로부터 생활보조금을 받는 사람들을 제외하면, 대부분의 사람들은 임금과 급여를 가지고 여러 고지서들을 납부하고 미래를 위해 저축한다. 따라서 대부분의 사람들은 노동시장을 통하여 경제성장과 생산성 증가의 편익을 얻는다. 본장은 선진국 노동시장에서의 몇 가지 중요한 추세들을 살펴보고 설명할 것이다. 먼저 노동시장의 수요–공급모형을 이용하여 실질임금과 고용에서의 중요한 추세들을 해석해 본다. 그 다음에는 실업의 문제, 특히 장기실업의 문제에 대하여 살펴본다. 임금, 고용, 실업의 최근 추세를 설명할 수 있는 두 가지 중요한 요인은 국제무역의 확대와 함께 나타나고 있는 경제의 글로벌화(globalization)와 기술변화(technological change)의 가속화로 요약될 수 있다. 본장을 통하여 이러한 경제의 발전과 근로자 및 근로자 가족들의 재산형성이 어떻게 연결되어 있는지 잘 이해할 수 있게 될 것이다.

19.1 노동시장의 다섯 가지 중요한 추세

최근 수십년 동안 선진국의 노동시장에서 나타난 다섯 가지의 추세를 살펴보려고 한다. 이러한 다섯 가지 추세를 실질임금과 관련된 것, 고용 및 실업과 관련된 것으로 나누어 분석할 것이다.

19.1.1 실질임금의 추세

1. 20세기에 모든 선진국들에서 실질임금은 크게 증가하였다.

2016년 미국 근로자의 평균 소득은 1960년대 근로자 소득의 두 배에 이르며, 대공황 직전의 1929년 근로자 소득의 거의 다섯 배 정도에 달한다. 다른 선진국들에서도 비슷한 추세가 나타났다.

2. 1970년대 초 이후 실질임금 상승률은 낮아졌다.

제2차 세계대전 후 실질임금은 지속적으로 상승하였지만 가장 높은 증가율은 1960년대와 1970년대 초에 발생했다. 1960년에서 1973년 사이의 13년 동안 근로소득의 구매력 증가율은 연평균 2.5%로 높았다. 그러나 1973년부터 1995년까지 연간 실질

1 Tomas L. Friedman, *The Lexus and the Olive Tree*(New York: Farrar, Straus, & Giroux, 1999)를 참고하라.

소득은 매년 0.9%씩 증가하는 데 그쳤다. 1995년에서 2007년까지, 즉 2007~2009년 경기침체 전까지 실질소득은 2001년 경기침체에도 불구하고 매년 1.8%씩 증가하였다. 그러나 그 이후로 실질소득 증가율은 다시 둔화되어 2007년에서 2016년까지 평균 1.1%를 기록하였다. 향후 실질소득의 증가율이 다시 높아질 것인지는 두고 보아야 할 것 같다.

3. 최근 수십 년간 임금의 불평등성은 크게 증가하였다.

특히 우려할 만한 현상은 숙련근로자와 미숙련근로자 사이의 실질임금의 격차가 증가하고 있다는 것이다. 한 연구에 의하면 실제로 미국에서 미숙련 저학력 근로자들의 실질임금은 1970년대 초 이래로 현재까지의 기간 동안 25~30% 감소하였다는 것이다. 같은 기간 고학력 숙련근로자의 실질임금은 꾸준히 증가하였다. 최근의 데이터에 의하면 미국의 석사학위 근로자의 소득은 고졸자 소득의 세 배에 이르며 고졸미만 학력을 가진 근로자 소득의 네 배에 달한다. 많은 비평가들은 미국에 발달하고 있는 "이중" 노동시장에 대하여 우려를 나타내고 있다. 고학력, 숙련근로자들에게는 고임금의 직장에서 일할 기회가 많이 주어지지만, 저학력, 미숙련근로자들에게는 점점 더 기회가 줄어들고 있다.

서유럽국가들에서의 임금 불평등 추세는 미국보다는 덜하다. 그러나 유럽의 고용추세는 미국보다 좋지 않다. 고용과 실업에 대한 추세를 살펴보자.

19.1.2 고용과 실업의 추세

4. 미국의 취업자수는 과거 50년 동안 크게 증가하였다. 최근 취업자수 증가율은 둔화되었다.

1970년 미국에서 16세 이상 인구의 약 57%가 일자리를 가지고 있었다. 2000년에 미국의 총 취업자수는 1억 3,500만 명을 넘어서 16세 이상 인구의 64%가 일자리를 가지고 있었다. 1980년과 2000년 사이에 미국 경제는 3,500만 개의 일자리를(36% 증가) 만들어냈으며 16세 이상 인구 증가는 25%에 그쳤다. 그 이후로 신규 일자리 창출 속도는 느려졌으며 16세 이상 인구의 증가율보다 낮았다. 2017년에 약 1억 5,300만 명의 사람들이 일자리를 가지고 있으며 16세 이상 인구의 약 60%가 취업자이다.

한국의 경우 1970년에는 15세 이상 인구의 약 53%가 취업자였으며 이 비율은 꾸준히 높아져 2010년에는 57%가 되었다. 1980년대와 1990년대에는 매년 50만 개 이상의 일자리가 창출되었으나 최근 2015년 이후에는 30만 명 아래로 떨어졌다. 2018년 한국의 취업자수는 2,682만 명이고 15세 이상 인구의 약 59%가 일자리를 가지고 있다.

그러나 이와 같은 일자리 증가가 다른 대부분의 선진국들에서 모두 발생한 것은 아니었다.

5. 미국과 비교할 때, 서유럽국가들에서는 과거 30년간 높은 실업률을 기록하였다.

예를 들어, 1990~2001년 기간 동안 프랑스는 평균적으로 경제활동인구의 10.9%가 실업자였으며, 같은 기간 미국의 5.5%와 대비된다. 그 이후의 10년 동안 이와 같은 실업률 차이는 좁혀졌고 2008년 이후 글로벌 금융위기 기간에 미국의 실업률이 다른 선진국들보다 빠르게 상승하여 역전되기도 하였다. 그러나 2010년 이후 미국의 실업률은 빠르게 낮아져 2017년 4.4%가 되었다(프랑스는 9.8%). 본장의 후반부에 제시된 **그림 19.8**은 서유럽 주요 5개국의 최근 실업률 추이를 보여주고 있다. 서유럽국가들에서는 높은 실업률과 함께 일자리 증가율이 매우 낮았다.

미국에서의 임금 불평등성의 확대 추세와 유럽에서의 지속적으로 높은 실업률로부터 선진국 근로자들 중 많은 사람들이 최근의 경제성장과 번영의 혜택을 공유하지 못하고 있다고 결론내릴 수 있다.

고용과 임금의 이러한 추세를 무엇으로 설명할 수 있는가? 본장에서는 노동시장의 수요-공급 분석을 통하여 이러한 변화들을 설명하려고 한다.

요약 노동시장의 다섯 가지 주요 추세

1. 미국 및 여러 선진국에서 장기간 동안 평균 실질임금은 크게 증가하였다.
2. 실질임금의 장기적인 상승추세에도 불구하고 미국의 실질임금 증가율은 1970년대 초 이후로 크게 둔화되었다.
3. 미국에서 임금의 불평등성은 최근 수십 년간 크게 증가하였다. 숙련근로자와 고학력 근로자의 실질임금은 지속적으로 상승한 반면, 미숙련근로자의 실질임금은 반대로 하락하였다.
4. 최근 수십 년간 미국의 고용은 크게 증가하였다. 증가속도는 2000년 이후 둔화되었다.
5. 1980년 이후 서유럽국가들에서는 실업률이 높았고 일자리 증가율은 낮았다.

19.2 노동시장의 수요와 공급

제3장에서 수요-공급모형을 이용하여 개별 재화나 서비스의 균형가격과 균형거래량이 어떻게 결정되는지 살펴보았다. 이와 같은 방법은 노동시장을 분석하는 데에도 동일하게 적용될 수 있는 유용한 모형이다. 노동시장에서 "가격"은 근로자들의 서비스에 대한 대가로 지불되는 임금이다. 임금은 시간의 단위로, 예를 들어, 시간당 임금 또는 연간 임금소득으로 표현된다. "수량"은 기업들이 사용하는 노동의 양이며, 본서에서는 고용된 근로자의 수로 표시할 것이다. 노동단위의 선택은 편의상의 문제이므로 노동의 양을 근로시간으로 표현할 수도 있다.

노동시장에서 누가 수요자이고 누가 공급자인가? 기업들 또는 고용주들은 재화와 서비스를 생산하기 위하여 노동을 수요한다. 거의 모든 사람들은 생애 중 얼마 동안은 노동을 공급한다. 사람들이 대가를 받고 일할 때마다 자신들이 받는 임금과 동일한 가격에 노동서비스를 공급하고 있는 것이다. 본장에서는 노동시장의 수요측면에 강조점을 두고 노동시장의 수요와 공급에 대하여 논의할 것이다. 노동수요의 변화는 앞에서 서술된 임금과 고용의 추이를 설명하는 데 중요한 핵심이다.

거시경제학자들뿐만 아니라 미시경제학자들도 수요–공급의 분석도구를 사용하여 노동시장을 연구할 수 있다. 그러나 미시경제학자들은 특정한 종류의 직업이나 근로자들의 임금 결정과 같은 이슈들에 초점을 둔다. 본장에서는 거시경제학적 접근을 택하여, 경제 전반에 걸친 고용과 임금의 추이에 영향을 주는 요인들을 고찰할 것이다.

19.2.1 임금과 노동수요

주어진 임금에서 고용주가 고용하기를 원하는 근로자의 수, 즉 노동수요의 결정에 대하여 생각해보자. 노동수요는 노동생산성과 생산물의 시장가격에 의존한다. 근로자들의 생산성이 높을수록, 그들이 생산하는 재화와 서비스의 가격이 높을수록, 고용주는 주어진 임금 수준에서 더 많은 수의 근로자를 고용하려고 할 것이다.

표 19.1은 컴퓨터를 만들어 판매하는 바나나 컴퓨터 회사(BCC)에 고용된 근로자 수와 생산량 사이의 관계를 보여주고 있다. 표의 제1열에서는 BCC가 고용하는 근로자의 수를 표시하고 있다. 제2열은 고용된 근로자 수에 따라 회사가 매년 생산할 수 있는 컴퓨터의 수를 나타내고 있다. 근로자가 많을수록, BCC는 더 많은 컴퓨터를 생산할 수 있다. 편의상 근로자가 컴퓨터를 만드는 데 사용하는 공장, 장비, 재료들은 고정되어 있다고 가정한다.

표 19.1의 제3열은 각 근로자의 한계생산, 즉 한 명의 근로자를 추가함으로써 얻어지는 추가적인 생산량을 보여준다. 각각의 추가적인 근로자는 바로 전의 근로자가 총생산을 증가시켰던 양보다 생산량을 더 적게 증가시킴을 주목하기 바란다. 이와 같이 고용된 근로자의 수가 점점 더 증가하면서 한계생산이 감소하는 경향을 **노동의 수**

노동의 수확체감
자본 및 다른 투입요소의 양이 고정되어 있는 경우, 이미 고용된 노동의 양이 많을수록 노동 한 단위 추가로 인한 생산량의 증가분이 감소하는 현상

표 19.1 바나나 컴퓨터 회사의 생산량과 한계생산

(1) 근로자 수	(2) 연간 컴퓨터 생산대수	(3) 한계생산	(4) 한계생산가치 (컴퓨터 가격: $3,000)
0	0		
		25	$75,000
1	25		
		23	69,000
2	48		
		21	63,000
3	69		
		19	57,000
4	88		
		17	51,000
5	105		
		15	45,000
6	120		
		13	39,000
7	133		
		11	33,000
8	144		

확체감(diminishing returns to labor)이라고 부른다. 즉, 자본과 기타 투입요소가 고정되어 있다면, 이미 고용된 노동의 양이 많을수록 추가적인 근로자가 만들어내는 생산량의 증가분은 점점 적어진다는 것을 말한다.

기회비용 체증

노동의 수확체감의 경제 원리는 낮게 달린 과일의 원리로 알려져 있는 **기회비용 체증의 원리**이다. 기업의 경영자는 투입요소들을 가장 생산적인 방법으로 사용하려고 한다. 따라서 한 명의 근로자를 가진 고용주는 그 근로자에게 가장 생산적인 일을 배정한다. 두 번째 근로자를 고용하면 그 근로자를 두 번째로 가장 생산적인 일에 배정할 것이다. 세 번째 근로자에게는 세 번째로 가장 생산적인 일이 주어질 것이다. **표 19.1**에서와 같이, 근로자의 수가 많아질수록 근로자의 한계생산은 더 적어진다.

표 19.1의 제4열은 BCC 컴퓨터가 대당 $3,000에 판매되고 있을 경우 각 근로자의 한계생산가치(value of marginal product)를 나타낸다. 근로자의 한계생산가치는 그 근로자가 기업을 위해 만들어낸 추가적인 수입이다. 각 BCC 근로자의 한계생산가치는 추가적으로 생산된 컴퓨터의 수로 나타낸 근로자의 한계생산과 생산물의 가격, 여기에서는 컴퓨터 한 대 가격인 $3,000의 곱으로 계산된다. 이제 BCC의 근로자에 대한 수요곡선을 구하는 데 필요한 모든 정보가 준비되었다.

예 19.1 BCC의 노동수요

BCC는 몇 명의 근로자를 고용해야 하는가?

컴퓨터 생산기술을 보유한 근로자에 대한 임금이 연봉 $60,000라고 가정하자. BCC 경영자는 이것이 경쟁회사가 지급하는 임금이며 더 낮은 임금에서는 자격 있는 근로자를 고용할 수 없다는 것을 알고 있다. BCC는 몇 명의 근로자를 고용할 것인가? 임금이 연봉 $50,000라면 대답은 어떻게 달라지는가?

BCC는 추가적인 근로자의 한계생산가치가(그 근로자가 기업을 위해 창출하는 추가적인 수입) BCC가 지불해야 하는 임금을 초과할 때에만 추가적인 근로자를 고용할 것이다. 컴퓨터 기술을 보유한 근로자에 대한 현행 임금이 연봉 $60,000이고 BCC는 이것을 주어진 것으로 간주한다. **표 19.1**에서 첫 번째, 두 번째, 세 번째 근로자의 한계생산가치는 $60,000를 초과한다. 각각의 근로자가 만들어내는 추가적인 수입이 BCC가 지불해야 하는 임금을 초과하기 때문에 근로자들을 고용하는 것은 BCC에게 이익이 된다. 그런데 네 번째 근로자의 한계생산가치는 $57,000에 지나지 않는다. 만약 BCC가 네 번째 근로자를 고용한다면 $57,000의 추가적인 가치를 얻기 위해 추가적인 임금 $60,000를 지불하게 되는 셈이므로 네 번째 근로자를 고용하면 손해를 보게 된다. 따라서 현행 임금이 연봉 $60,000일 때 BCC가 수요하는 노동의 양은 3명의 기술자이다.

만약 컴퓨터 기술을 보유한 근로자에게 주는 시장의 임금이 연봉 $60,000가 아니고 $50,000라면, 네 번째 근로자의 한계생산가치, $57,000가 임금보다 $7,000가 많기 때문에 네 번째 근로자를 고용하는 것은 가치가 있다. 또한 다섯 번째 근로자도 한계생산가치가 $51,000이기 때문에—임금보다 $1,000가 많다—고용할 가치가 있을 것이다. 그러나 여섯 번째 근로자의 한계생산가치는 $45,000에 지나지 않으므로 여섯 번째 근로자를 고용하는 것은 이익이 되지 않는다. 임금이 연봉 $50,000일 때 BCC의 노동수요는 5명의 근로자이다.

✔ 개념체크 19.1

예 19.1에서 현재 기술자에 대한 시장의 임금이 연봉 $35,000라면 BCC는 몇 명의 근로자를 고용하겠는가?

지불해야 하는 임금이 낮을수록 기업들은 더 많은 근로자를 고용할 것이다. 따라서 노동수요는 가격(여기에서는 임금)이 하락하면 수요량이 증가한다는 점에서 재화와 서비스에 대한 수요와 다를 바가 없다. **그림 19.1**은 임금을 세로축으로 표시하고 고용을 가로축으로 표시하여 기업이나 산업의 가상적인 노동수요곡선을 보여주고 있다. 다른 모든 조건이 동일하다면 임금이 높을수록 기업 또는 산업이 수요하는 근로자는 적어진다.

이제까지의 예에서는 노동수요가 명목임금, 즉 화폐임금과 근로자들이 생산한 생산물의 명목 금액에 어떻게 의존하는지 알아보았다. 노동수요는 임금과 생산물 가격을 실질항목—즉, 재화와 서비스의 평균가격에 상대적으로 측정된 가격—으로 표현할 수도 있다. 제17장 "물가수준과 인플레이션의 측정"에서 알아본 것처럼 물가수준에 상대적으로 표현된 임금을 실질임금이라고 하며, 구매력의 항목으로 임금을 표현한 것이다. 특정한 재화나 서비스의 가격을 일반 물가수준에 상대적으로 측정한 것을 상대가격이라고 한다. 주된 관심사는 명목임금보다는 실질임금이기 때문에 노동에 대한 수요를 실질임금 항목과 근로자들이 생산한 생산물의 상대가격의 항목으로 분석할 것이다.

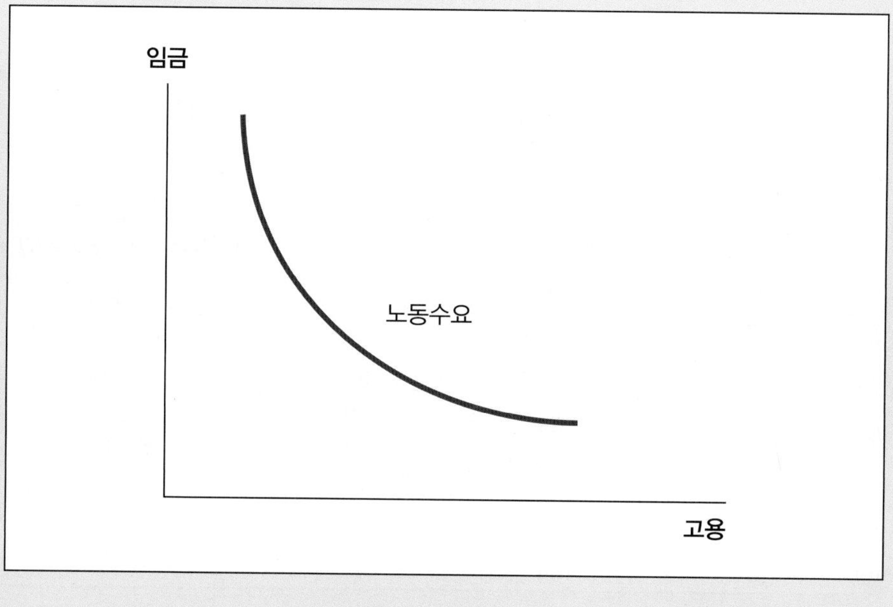

그림 19.1

노동수요 곡선

노동수요 곡선은 우하향한다. 임금이 높을수록 고용주가 고용하려는 근로자 수는 점점 더 적어진다.

19.2.2 노동수요곡선의 이동

표 19.1의 제4열에서 보여주듯이 주어진 임금수준에서 BCC가 고용할 근로자의 수는 한계생산가치에 의존한다. 근로자의 한계생산가치가 증가하면 BCC에 고용되는 추가적인 근로자의 가치가 증가하게 되고, 따라서 주어진 실질임금 수준에서 BCC의 노동수요는 증가하게 된다. 다시 말하면, BCC 근로자의 한계생산가치를 증가시키는 모든 요인들은 BCC의 노동수요 곡선을 오른쪽으로 이동시킬 것이다.

BCC의 노동수요를 증가시킬 수 있는 두 가지 주요 요인은 (1) 생산물(컴퓨터)의 가격 상승과 (2) BCC 근로자들의 생산성 증가이다. **예 19.2**, **예 19.3**은 이러한 경우를 예시하고 있다.

예 19.2 실질임금과 수요 증가

컴퓨터 가격이 상승하면 BCC의 노동수요는 증가하는가?

BCC 컴퓨터에 대한 수요가 증가하여 컴퓨터 가격이 한 대당 $5,000로 상승하였다고 가정하자. 실질임금이 연봉 $60,000이면 BCC는 이제 몇 명의 기술자를 고용하겠는가? 실질임금이 $50,000라면 어떠한가?

컴퓨터 가격 상승의 효과는 **표 19.2**에 나타나 있다. 표의 제1열에서 제3열까지는 **표 19.1**과 동일하다. 근로자의 수에 따라 만들 수 있는 컴퓨터의 수량(제2열)은 변하지 않았으므로 특정 근로자의 한계생산도(제3열) 이전과 동일하다. 그러나 이제는 컴퓨터의 가격이 $3,000에서 $5,000로 상승하였기 때문에 각 근로자의 한계생산가치는 2/3만큼 증가하였다(**표 19.2**의 제4열과 **표 19.1**의 제4열을 비교하라).

컴퓨터 가격의 상승은 BCC의 노동수요에 어떤 영향을 미칠까? **예 19.1**로부터 컴퓨터 가격

표 19.2 컴퓨터 가격 상승 후의 바나나 컴퓨터 회사의 한계생산가치

(1) 근로자 수	(2) 연간 컴퓨터 생산대수	(3) 한계생산	(4) 한계생산가치 (컴퓨터 가격: $5,000)
0	0		
		25	$125,000
1	25		
		23	115,000
2	48		
		21	105,000
3	69		
		19	95,000
4	88		
		17	85,000
5	105		
		15	75,000
6	120		
		13	65,000
7	133		
		11	55,000
8	144		

이 $3,000이고 근로자에 대한 현행임금이 $60,000였을 때 BCC의 노동수요는 3명의 근로자였다는 것을 상기하기 바란다. 그러나 지금은 컴퓨터 가격이 $5,000로 상승하였기 때문에 근로자의 한계생산가치는 일곱 번째 근로자까지 $60,000를 초과한다(**표 19.2**). 따라서 실질임금이 여전히 $60,000라면 BCC는 수요를 3명에서 7명으로 증가시킬 것이다.

근로자에 대한 현행 실질임금이 $50,000라고 가정하자. 컴퓨터 가격이 $3,000이고 임금이 $50,000인 **예 19.1**에서 BCC의 노동수요는 5명이었다. 그러나 컴퓨터가 $5,000에 팔린다면 **표 19.2**의 제4열로부터 여덟 번째 근로자의 한계생산가치도 임금 $50,000를 초과하는 것을 알 수 있다. 따라서 실질임금이 $50,000라면 컴퓨터 가격의 상승은 BCC의 노동수요를 5명에서 8명으로 증가시킨다.

✔ 개념체크 19.2

예 19.2에서 기술자에 대한 임금이 연봉 $100,000이고 컴퓨터 가격이 $5,000라면 BCC는 얼마나 많은 근로자를 고용하겠는가? 컴퓨터 가격이 $3,000이고 임금이 $100,000일 때의 기술자에 대한 수요와 비교하라.

예 19.2로부터 도출되는 결론은 근로자의 생산물의 가격 상승이 노동수요를 증가시켜 **그림 19.2**와 같이 노동수요곡선을 오른쪽으로 이동시킨다는 것이다. 근로자가 생산한 생산물 가격의 상승은 근로자들을 더 가치 있게 만들어, 주어진 임금에서 근로자에 대한 수요가 증가하게 된다.

노동수요에 영향을 주는 두 번째 요인은 근로자의 생산성이다. 생산성의 증가는

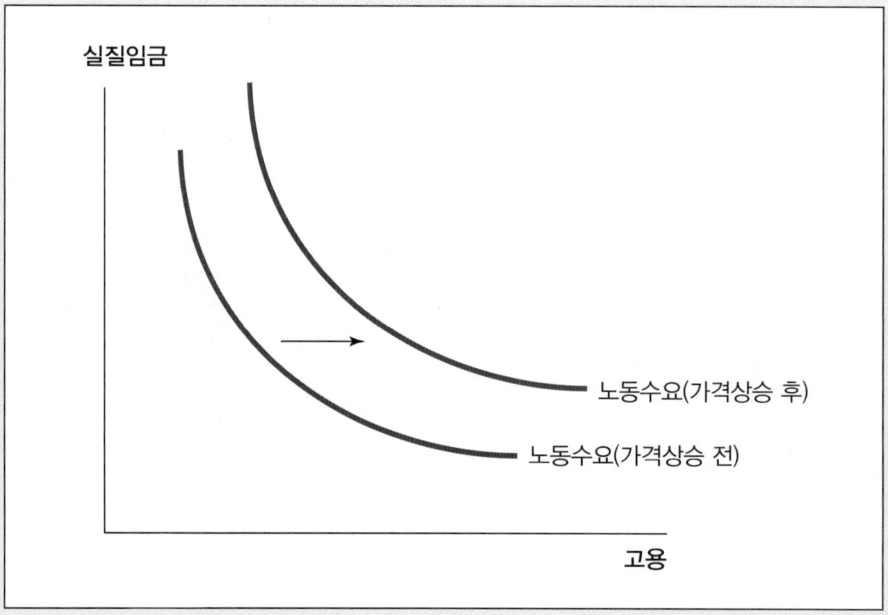

그림 19.2

생산물 가격의 상승은 노동수요를 증가시킨다.
근로자의 생산물 가격의 상승은 한계생산가치를 증가시키고 노동수요 곡선을 오른쪽으로 이동시킨다.

근로자의 한계생산가치를 증가시키므로 **예 19.3**과 같이 노동수요를 증가시킨다.

예 19.3 근로자의 생산성과 노동수요

생산성 상승은 근로자에게 해가 되는가?

BCC가 조립부품의 수를 줄이는 새로운 기술을 채택하여 각 기술자가 컴퓨터를 연간 50% 더 많이 만들 수 있다고 가정하자. 컴퓨터 가격은 대당 $3,000라고 가정한다. 실질임금이 연봉 $60,000라면 BCC는 몇 명의 기술자를 고용하겠는가?

표 19.3은 컴퓨터의 가격이 $3,000일 때, 생산성이 50% 상승한 후의 근로자의 한계생산물과 한계생산가치를 보여주고 있다.

표 19.3 근로자 생산성 상승 후 바나나 컴퓨터 회사의 생산량과 한계생산

(1) 근로자 수	(2) 연간 컴퓨터 생산대수	(3) 한계생산	(4) 한계생산가치 (컴퓨터 가격: $3,000)
0	0		
		37.5	$112,500
1	37.5		
		34.5	103,500
2	72		
		31.5	94,500
3	103.5		
		28.5	85,500
4	132		
		25.5	76,500
5	157.5		
		22.5	67,500
6	180		
		19.5	58,500
7	199.5		
		16.5	49,500
8	216		

생산성이 증가하기 전에 BCC는 $60,000의 임금에서 3명을 수요했을 것이다(**표 19.1** 참조). 생산성이 증가한 후에는, 여섯 명의 근로자까지 한계생산가치가 $60,000를 초과한다(**표 19.3**의 제4열을 보라). 따라서 임금이 $60,000일 때 BCC의 노동수요는 3명에서 6명으로 증가한다.

✔ 개념체크 19.3

예 19.3에서 기술자에 대한 임금이 연봉 $50,000라면 생산성이 50% 증가한 후에 BCC는 몇 명의 근로자를 고용할 것인가? 임금이 $50,000이고 생산성이 증가하기 전의 노동수요와 비교하라.

일반적으로 근로자의 생산성 증가는 **그림 19.3**과 같이 노동수요곡선을 오른쪽으로 이동시켜 노동수요를 증가시킨다.

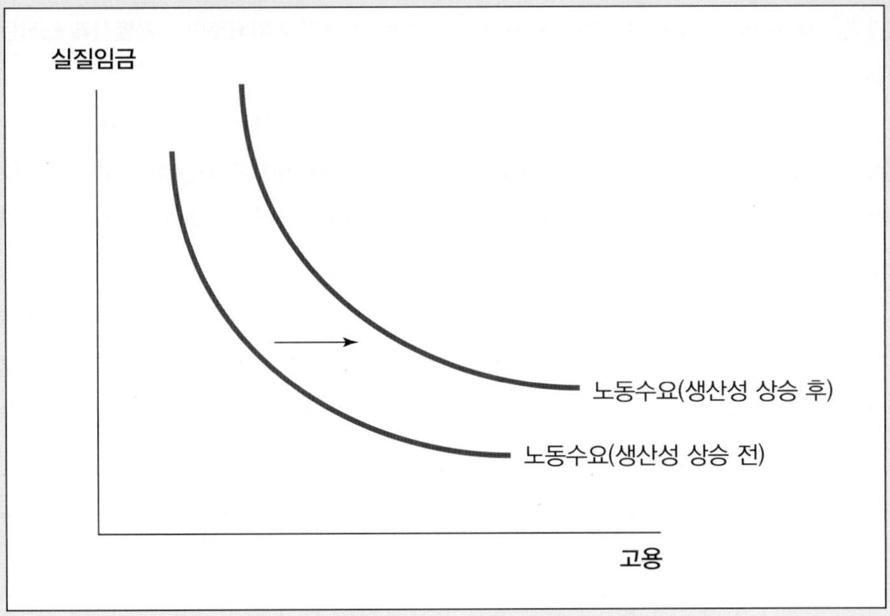

그림 19.3

생산성 증가는 노동수요를 증가시킨다.
생산성 증가는 근로자의 한계생산을 증가시키고—생산물 가격이 변화가 없다면—한계생산가치를 증가시킨다. 생산성 증가가 한계생산가치를 증가시키므로 고용주는 주어진 임금에서 더 많은 근로자를 고용할 것이며 노동수요곡선은 오른쪽으로 이동하게 된다.

19.2.3 노동공급

이제까지 노동수요에 대하여 살펴보았다. 노동시장에 대한 분석을 완결하려면 노동공급을 고려하여야 한다. 노동의 공급자는 현재 일하고 있는 근로자들과 노동시장에 추가적으로 진입할 수 있는 잠재적 근로자들이다. 주어진 실질임금에서 잠재적 노동공급자들은 일을 할 것인지를 결정해야 한다. 각 실질임금수준에서 일하려고 하는 사람들의 총 수를 노동공급이라고 한다.[2]

노동에 대한 유보가격 — 예 19.4

여러분은 옆집의 지하실을 청소하겠는가 아니면 바닷가로 놀러가겠는가?

여러분은 오늘 바닷가로 가기로 계획하고 있었는데, 옆집에서 지하실을 청소해달라고 제안했다고 하자. 여러분은 거미줄과 씨름하는 것보다 바닷가에 가는 것을 훨씬 더 좋아한다. 여러분은 그 제안을 받아들이겠는가?

여러분이 옆집에 무료봉사로 친절을 베풀고 싶은 경우가 아니라면 이 제안에 대한 답변은 아마도 "옆집이 얼마를 줄 것인가에 달렸다"일 것이다. 아마도 급하게 돈이 필요한 상황이 아니라면 여러분은 $10나 $20에 그 제안을 받아들이지 않을 것이다. 그러나 옆집이 부유하고 별난 사람이라서 $500를 주겠다고 하면(극단적인 예를 들어) 여러분은 일을 하겠다고 말할 가능성이 높다. 여러분이 더러운 지하실을 청소하는 일을 받아들일 의향이 있는 최소 금액은 $20와 비현

2 물가수준은 변하지 않는다고 가정한다. 따라서 명목임금의 상승은 실질임금의 상승을 의미한다.

실적인 $500 사이 어딘가에 있을 것이다. 이 최소 금액, 즉 여러분이 노동에 대해 정해놓은 유보가격(reservation price)은 일하는 것과 일하지 않는 것 사이에 여러분이 무차별하게 느끼는 보상 수준이다.

비용-편익

경제학 용어로 말하면, 주어진 임금에서 일을 할 것인지를 결정하는 것은 **비용-편익의 원리**를 직접적으로 적용하는 것이다. 여러분이 지하실을 청소하는 비용은 시간(여러분이 파도타기를 할 수 있는 시간)의 기회비용에 먼지가 나는 작업환경에 대한 여러분의 주관적 비용을 더한 것이다. 여러분은 자신에게 "바닷가에 가는 것 대신에 지하실을 청소하기로 한다면 받아야 하는 최소 금액은 얼마인가?"라고 질문하여 이러한 달러 기준의 총비용을 추정할 수 있을 것이다. 여러분이 받아들이게 되는 최소금액이 바로 여러분의 유보가격이다. 일을 선택하는 편익은 여러분이 받는 보수로 측정되며 그것은 여러분이 갖고 싶었던 신형 스마트폰에 지출될 수 있다. 여러분은 약속된 금액(일하는 편익)이 유보가격(일하는 비용)을 초과할 경우에만 제안을 받아들여야 한다.

무보수로 일하는 것이 경력을 위해 좋은 선택일까?

이 예에서 임금이 높을수록 노동을 공급하려는 여러분의 의향은 더 커진다. 일반적으로 경제 전체에 대하여도 마찬가지이다. 사람들이 일을 하는 이유에는 개인적 만족, 숙련도 향상과 재능 개발의 기회, 동료 근로자들과의 사회적 교류의 기회 등 많은 이유가 있을 것이다. 그렇지만 대부분의 사람들에게 노동으로부터 얻는 가장 중요한 편익은 소득이기 때문에, 실질임금이 높을수록 시간을 다른 데에 사용하는 것을 희생할 용의가 더 커진다. 높은 임금을 제공받을수록 더 많은 사람들이 일을 하려고 한다는 사실은 노동공급곡선이 우상향하는 것으로 표현된다(**그림 19.4** 참조).

그림 19.4

노동공급

일반적으로 임금이 높을수록 더 많은 사람들이 일을 하려고 하기 때문에 노동공급곡선은 우상향한다.

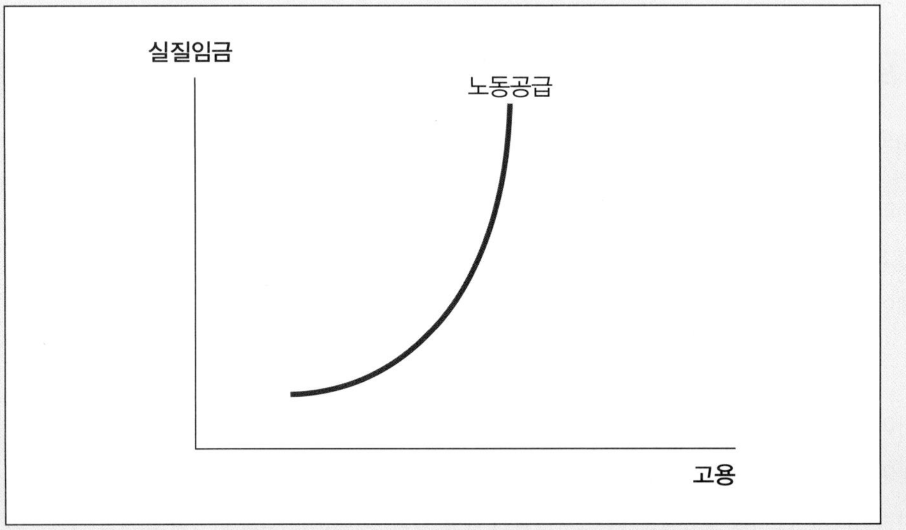

✔ 개념체크 19.4

여러분이 방송과 관련된 직업을 얻기를 원한다고 하자. 지역의 라디오 방송국이 여러분에게 가치 있는 경험을 제공하는 여름 인턴쉽을 보수 없이 제공하고 있다. 이 인턴쉽 이외에 여러분이 가진 대안은 자동차 세차장에서 $3,000를 버는 것이다. 두 가지 중에서 어떤 일을 선택할지 여러분은 어떻게 결정하겠는가? 인턴쉽을 선택한다고 결정한다면 이러한 결정은 노동공급곡선이 우상향한다는 것과 상충되는가?

19.2.4 노동공급곡선의 이동

주어진 실질임금에서 노동의 공급량에 영향을 주는 모든 요인은 노동공급곡선을 이동시킬 것이다. 거시경제의 측면에서 노동공급에 영향을 주는 가장 중요한 요인은 생산연령인구의 크기인데, 이것은 출생률, 이민율, 노동시장에 처음으로 진입하는 연령, 은퇴하는 연령 등과 같은 요인들에 의해 영향을 받는다. 다른 모든 요인이 동일하다면, 생산연령인구의 증가는 각 실질임금 수준에서 노동공급을 증가시켜 노동공급곡선을 오른쪽으로 이동시킨다. 생산연령인구 중 일자리를 찾는 사람들의 비중의 변화도 —예를 들어, 여성의 경제활동을 장려하는 사회적 변화— 노동공급에 영향을 줄 수 있다.

노동수요와 노동공급에 대하여 알아보았기 때문에 이제 실제 노동시장에 수요-공급모형을 적용할 준비가 되었다. 먼저 수요-공급모형을 사용하여 다음 문제에 답하여 보자.

✔ 개념체크 19.5

노동조합은 일반적으로 이민유입에 대한 강한 규제를 선호하는 반면, 고용주들은 더 관대한 규제를 선호하는 경향이 있다. 왜 그러한가? (힌트: 잠재적인 근로자의 유입이 실질임금에 어떤 영향을 줄 것으로 생각되는가?)

요약 노동시장의 수요와 공급

- **노동수요**

근로자를 한 명 더 추가하여 얻는 추가적인 생산이 그 근로자의 한계생산이다. 한 근로자의 한계생산가치는 근로자의 한계생산에 생산물의 가격을 곱한 것이다. 근로자가 기업에 벌어주는 추가적인 수입인 한계생산가치가 기업이 지급해야 하는 실질임금을 초과할 경우에만 기업은 그 근로자를 고용할 것이다. 실질임금이 낮을수록 기업은 더 많은 근로자들을 고용하는 것이 이득이다. 따라서 노동수요곡선은 일반적인 수요곡선의 경우와 마찬가지로 우하향한다.

주어진 실질임금에서 근로자의 한계생산가치를 증가시키는 변화는 노동수요를 증가시켜 노동수요곡선을 오른쪽으로 이동시킨다. 노동수요를 증가시키는 요인에는 생산물의 가격 상승과 생산성 증가 등이 있다.

- **노동공급**

실질임금이 자신의 시간의 기회비용보다 크다면 사람들은 노동을 공급할 용의가 있다. 일반적으로 실질임금이 높을수록 더 많은 사람들이 일할 의향을 가지고 있다. 따라서 노동공급곡선은 일반적인 공급곡선의 경우와 마찬가지로 우상향한다.

주어진 실질임금에서, 일을 할 수 있고 일할 의향이 있는 사람들의 수를 증가시키는 요인은 노동공급을 증가시켜 노동공급곡선을 오른쪽으로 이동시킨다. 노동공급을 증가시키는 요인에는 생산연령인구의 증가, 생산연령인구 중 일자리를 찾는 사람들의 비중의 증가 등이 있다.

19.3 실질임금과 고용의 추세 설명

이제 본장의 초반부에서 살펴본 실질임금과 고용의 주요 추세들을 분석할 준비가 되었다.

19.3.1 선진국에서의 실질임금 상승

앞에서 살펴본 것처럼 미국의 연간실질소득은 1929년 이후 다섯 배 이상으로 증가하였고 다른 선진국들에서도 비슷한 현상이 발생하였다. 실질임금의 이러한 증가는 근로자들의 생활수준을 크게 향상시켰다. 왜 미국을 비롯한 선진국에서 실질임금이 그렇게 크게 증가하였는가?

실질임금이 빠르게 증가한 것은 20세기에 선진국들이 경험한 지속적인 생산성 증

그림 19.5

생산성 증가는 실질임금을 상승시킨다.
생산성 증가는 노동수요를 증가시켜 노동수요곡선을 D에서 D'으로 이동시킨다. 실질임금은 w에서 w'로 상승하고 고용은 N에서 N'으로 증가한다.

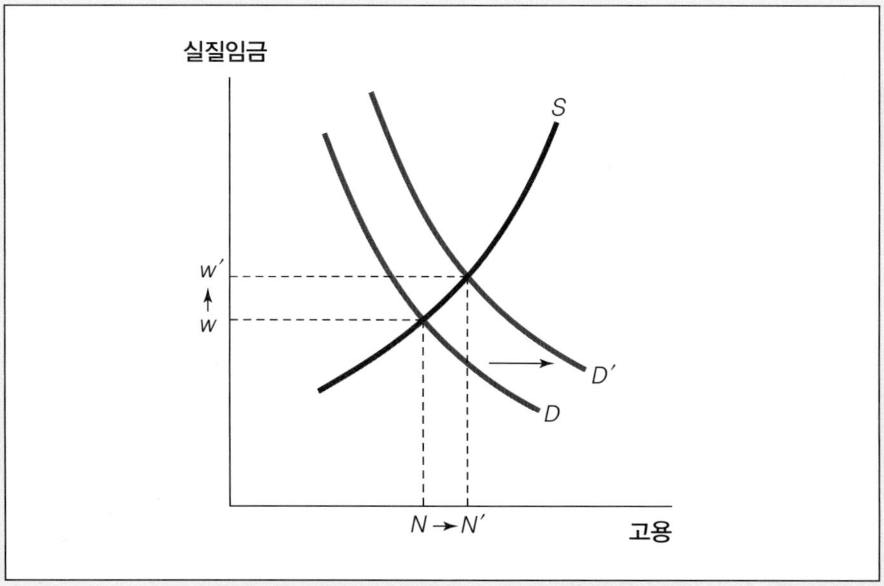

가의 결과이다(이미 제 15장과 제 18장에서 언급하였다). **그림 19.5**에서와 같이 생산성 증가는 노동수요를 증가시켜 고용을 증가시키고 실질임금을 상승시킨다.

선진국들의 생산성 증가에 기여한 중요한 두 가지 요인은 (1) 20세기에 발생한 급속한 기술진보와, (2) 근로자들에게 제공된 자본재의 증가였다. 물론 20세기에 노동공급도 증가하였다(그림에 표시되지는 않았음). 그러나 생산성의 급속한 증가에 따른 노동수요의 증가가 너무 커서 노동공급 증가의 실질임금 하락효과를 압도하였다.

19.3.2 1970년대 이후 미국의 고용은 크게 확대되었지만 실질임금 상승은 정체되었다.

1990년대 후반의 기간을 제외하면 1973년 이후 미국의 실질임금 상승률은 이전 몇십 년에 비하여 크게 낮아졌다. 반면 미국 경제는 수십 년 동안 기록적인 상승률로 새로운 일자리를 창출해냈다. 이러한 추이를 어떻게 설명할 수 있는가?

1970년대 초반 이후의 실질임금 증가율의 둔화를 먼저 생각해보자. 수요–공급모형에서 생각해보면 실질임금 증가율의 둔화는 노동수요의 증가 둔화, 노동공급의 더 빠른 증가, 또는 두 가지 현상이 합쳐진 결과여야만 한다. 수요측면을 보면 1970년 초반 이후 미국을 비롯한 선진국들은 생산성 증가율의 둔화를 경험했다. 따라서 1970년대 초반 이후의 실질임금 증가율 둔화에 대한 한 가지 가능한 설명은 생산성 증가 속도의 감소이다.

생산성과 실질임금 사이의 관계에 대한 지표는 **표 19.4**에 제시되어 있는데, 1970년 이후 매 10년 동안의 노동생산성과 연간 실질소득의 연평균 증가율을 보여주고 있다. 10년 단위로 보았을 때 생산성 증가율은 실질소득의 증가율과 밀접하게 관련되어 있다. 특히 주목할 만한 것은 1980년대에 나타난 낮은 생산성 증가와 실질임금의 감소이다. 그러나 최근의 생산성 상승은 실질임금의 상승과 동반되어 나타났다.

표 19.4 생산성과 실질소득 증가율

	연평균 증가율(%)	
	생산성	실질소득
1960~1970	2.4	2.9
1970~1980	0.8	0.6
1980~1990	1.5	1.3
1990~2000	2.0	2.2
2000~2010	1.5	0.8
2010~2016	0.6	0.7

출처: Federal Reserve Bank of St. Louis, *Economic Report of th President*, 2015. 생산성은 실질GDP를 민간 고용으로 나눈 것이고 실질소득은 피용자보수를 민간 고용으로 나눈 것이며 두 변수 모두 GDP 디플레이터를 이용하여 실질변수로 조정되었다.

생산성 둔화가 노동수요에 미치는 효과가 실질임금의 증가율을 하락시킨 중요한 이유였지만 그것이 전부는 아니다. 노동공급이 일정할 때 노동수요 증가율의 둔화는 실질임금의 증가율을 하락시킬 뿐만 아니라 고용증가율도 감소시키기 때문이다. 하지만 최근 반전이 일어나기 전까지는 미국의 일자리가 매우 빠르게 증가하였다. 노동수요의 증가가 둔화되었음에도 불구하고 큰 폭의 고용 증가가 발생했다는 것은 노동공급도 동시에 증가했다는 사실로만 설명될 수 있다(**개념체크 19.6** 참조).

미국의 노동공급은 최근 수십년간 빠르게 증가하고 있다. 특히 여성의 경제활동참가 증가는 1970년대 중반 이후부터 1990년대 후반까지 미국의 노동공급을 크게 증가시켰다. 베이비 붐 세대의 노동시장 진입과 이민 유입의 확대 등의 요인들도 노동공급의 증가를 설명한다. 노동수요의 증가율 둔화와(생산성 증가 둔화의 결과) 노동공급의 급속한 증가(여성의 경제활동참가율 상승, 베이비 붐 세대 성년화, 유입 이민 증가의 결과)를 결합하면 고용이 크게 증가했음에도 불구하고 왜 미국에서 여러 해 동안 실질임금의 증가율이 낮았는지 설명할 수 있다.

2000년대의 상황은 좀 다르다. 공급측면에서 여성의 경제활동참가율은 변동이 없다가 느리게 하락하기 시작하였다. 이러한 추세 전환은 인구고령화 및 다른 요인들과 결합되어 노동공급 증가율을 둔화시켰다. 공급의 증가 둔화 상황에서 왜 소득의 증가율은 실망스러웠을까? 부분적인 답은 생산성 향상의 둔화이다. 그렇지만 생산성만이 이야기의 전부는 아니다. **표 19.4**가 보여주고 있듯이 생산성 증가율은 1990년대보다 둔화되었지만 최근 좀 더 둔화되기 이전까지의 2000년대에는 평균적으로 실질소득 증가율의 두 배에 달하였다. 따라서 다른 설명은 생산성 이외의 요인 때문에 노동수요가 노동공급보다 더 둔화되었어야 한다. 한 가지 이유는 노동의 생산물, 즉 재화와 서비스에 대한 수요가 미약했을 수 있다. 이러한 가설에 부합하게 2000년대에는 2001년의 약한 경기침체로 시작하여 심각한 경기침체로 마무리되었다. (나중에 살펴볼 것이지만 경기침체는 수요가 약해지는 시기이다.)

향후 전망은 어떠한가? 베이비 붐 세대의 은퇴와 함께 노동공급 증가는 향후 수십년 동안 둔화될 것으로 보인다. 여러 요인들 중 새로운 기술의 발전으로 생산성이 다시 빠르게 증가하기 시작한다면 실질임금은 1996년 즈음에 시작되었던 빠른 상승세를 다시 보여줄 수도 있을 것이다.

✔ 개념체크 19.6

앞에서 살펴본 바와 같이 1973년 이후에 발생한 생산성 상승의 둔화와 노동공급의 급속한 증가로 (1) 실질임금 증가의 둔화와 (2) 고용의 급속한 확대를 설명할 수 있다. 두 개의 노동수요-공급 그림을 그려서 1960~1973년과 1973~1995년 기간에 발생한 현상을 각각 설명하라. 1960~1973년 기간 동안 생산성 증가율이 높았고 노동공급 증가율이 완만했다고 가정하면, 그 기간 동안 빠른 실질임금 증가와 완만한 고용증가를 보일 수 있음을 설명하라. 1960~1973년 기간보다 1973~1995년 기간에는 생산성 증가율이 낮아졌고 노동공급 증가는 더 강해졌다고 가정하고 동일한 분석을 실행하라. 이전 기간에 비해 1973~1995년 기간에 실질임금과 고용증가율이 어떻게 되었을 것으로 추측하는가? 1990년대 후반 실질임금 증가율의 상승은 무엇으로 설명할 수 있는가?

19.3.3 임금불평등 확대: 글로벌화와 기술변화의 효과

미국 노동시장의 또 하나의 중요한 추세는 임금불평등이 확대되고 있다는 것이다. 특히 숙련근로자와 미숙련근로자 사이의 임금불평등의 확대는 "글로벌화" 때문이라고 알려지고 있다. 임금불평등 확대의 요인으로 두 가지가 거론된다: (1) 글로벌화와 (2) 기술변화.

글로벌화

많은 사람들은 "글로벌화(또는 세계화)"가 숙련근로자와 미숙련근로자 사이의 임금불평등을 확대시켰다고 생각한다. "글로벌화"라는 용어가 의미하는 것은, 많은 재화와 서비스 시장의 범위가 국내 또는 특정 지역에 머물지 않고 점점 더 전 세계로 넓혀지고 있다는 것이다. 이미 오래 전부터 세계 여러 지역에서 생산된 재화와 서비스를 구매해 왔고 또한 재화와 서비스의 거래가 국경을 넘는 경우가 빠르게 증가하고 있다. 국가간 거래되는 재화와 서비스에 대하여 부과되는 관세 등의 무역장벽을 낮추려는 무역협정은 이러한 추세를 강화시켰다.

글로벌화가 가져다주는 주요 경제적 편익은 특화의 증가와 특화가 가져오는 효율성의 증가이다. 각각의 국가들은 자국민의 소비재를 국내에서 모두 생산하지 않고 상대적으로 가장 효율적으로 생산할 수 있는 재화와 서비스에 특화한다. **비교우위의 원리**(제2장)가 의미하는 것처럼 그 결과로 모든 나라들의 소비자들은 국제무역이 없을 경우보다 더 양질의, 더 다양한 재화와 서비스를, 더 낮은 가격에 소비할 수 있게 된다.

비교우위

그러나 노동시장에 대한 글로벌화의 효과는 상반된 평가를 받고 있어 왜 많은 정치가들이 자유무역협정에 반대하는지 설명해준다. 무역의 확대는 소비자들이 일부 재화와 서비스들을 국내 생산자로부터 구입하지 않고 외국산 생산물로 전환하는 것을 의미한다. 소비자들이 외국산을 구매하는 것은 외국 제품들이 더 좋거나, 더 싸거나, 또는 둘 다를 의미하므로, 분명히 무역의 확대는 소비자들의 후생을 증가시킨다. 그러나 경쟁력이 떨어지는 산업의 근로자들과 기업들은 외국과의 경쟁이 심화되면 당연히 고통을 받게 된다.

노동시장에 대한 무역 증가의 효과는 **그림 19.6**을 이용하여 분석될 수 있다. 그림은 두 산업, (a) 섬유산업과 (b) 컴퓨터 소프트웨어 산업에서의 노동수요와 노동공급을 대비시키고 있다. 초기에 두 재화에 대한 국제무역이 전혀 또는 거의 없었다고 생각해보자. 무역이 없다면 각 산업에서 근로자에 대한 수요는 각각 $D_{섬유}$와 $D_{소프트웨어}$로 표시된 곡선으로 나타나 있다. 각 산업에서 임금과 고용은 각 산업의 수요곡선과 공급곡선

그림 19.6

두 산업의 노동수요에 대한 글로벌화의 효과

처음에 두 산업의 실질임금 수준은 w로 동일하다. 무역개방 후에는 (a) 수입산업(섬유)의 노동수요는 감소하여 실질임금과 고용이 감소하는 반면 (b) 수출산업(소프트웨어)에서는 노동수요가 증가하여 실질임금과 고용이 증가한다.

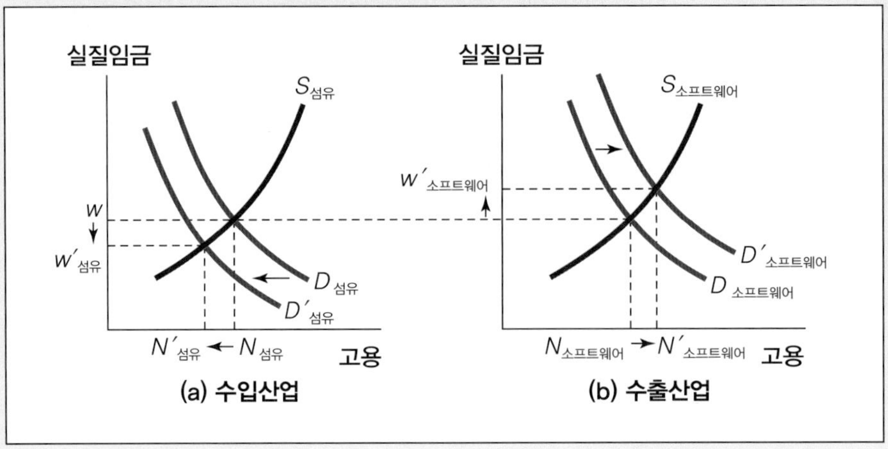

의 교점에서 결정된다. 그림에 그려진 것처럼 초기에는 실질임금이 w로 두 산업에서 동일하다. 균형 고용량은 섬유산업에서는 $N_{섬유}$이고 소프트웨어 산업에서는 $N_{소프트웨어}$이다.

시장이 개방되었을 때, 이 경제가 상대적으로 더 효율적으로 생산할 수 있는 재화와 서비스를 수출하기 시작할 것이고, 상대적으로 열위에 있는 재화와 서비스를 수입하기 시작할 것이다. 이 나라는 상대적으로 섬유제품을 만드는 것보다 소프트웨어를 생산하는 데 더 효율적이라고 가정하자. 무역 개방으로 이 나라는 소프트웨어를 위한 새로운 해외시장을 얻게 되고 내수뿐만 아니라 수출을 위해 생산하기 시작한다. 반면 이 나라는 섬유제품을 생산하는 데에 상대적으로 열위에 있으므로, 소비자들은 더 싸거나 더 높은 품질의 외국산 섬유제품을 국내 생산물 대신 구입하기 시작한다. 요약하면 소프트웨어는 수출산업이 되고 섬유산업은 수입산업이 된다.

국내 생산물에 대한 이와 같은 수요의 변화는 노동수요의 변화로 전환되어 나타난다. 수출시장의 개방은 국내산 소프트웨어에 대한 수요를 증가시키고 가격을 상승시킨다. 국내산 소프트웨어 가격의 상승은 다시 소프트웨어 근로자의 한계생산가치를 증가시키고 소프트웨어 산업의 노동수요곡선을 **그림 19.6(b)**의 $D_{소프트웨어}$에서 $D'_{소프트웨어}$로 이동시킨다. 소프트웨어 산업의 임금은 w에서 $w'_{소프트웨어}$로 상승하고 고용도 증가한다. 섬유산업에서는 그 반대가 발생한다. 소비자들이 수입품으로 전환함에 따라 국내산 섬유 수요가 감소한다. 국내산 섬유에 대한 수요와 가격이 하락하고 섬유산업 근로자의 한계생산가치를 감소시켜 노동수요를 **그림 19.6(a)**의 $D'_{섬유}$로 감소시킨다. 섬유산업의 고용이 감소하고 실질임금도 w에서 $w'_{섬유}$로 하락한다.

요약하면 **그림 19.6**은 글로벌화가 어떻게 임금불평등 확대의 원인이 되는지 보여주고 있다. 최초에 소프트웨어산업 근로자와 섬유산업 근로자가 동일한 임금을 받는다고 가정하였다. 그러나 무역개방은 "신흥" 산업(소프트웨어)에 종사하는 근로자의 임금을 상승시키고 "사양" 산업(섬유)에 종사하는 근로자의 임금을 하락시켜 격차를 확대시켰다.

세계의 대다수 근로자들, 특히 개발도상국에 있는 근로자들은 상대적으로 낮은 기술수준을 가지고 있기 때문에, 무역이 임금불평등을 심화시키는 경향은 실제로 여기에서 서술된 것보다 훨씬 더 심각할 수 있다. 그러므로 미국과 같은 선진국들이 개발도상국과 무역을 개방하였을 때 극심한 국제적 경쟁에 직면하는 국내 산업들은 대체로 낮은 숙련도의 근로자를 사용하는 산업들이다. 반대로, 국제 경쟁에서 우위를 점할 수 있는 산업들은 대부분 숙련근로자들을 고용하고 있는 산업들이다. 따라서 무역의 증가는 급여 수준이 이미 낮았던 근로자들의 임금을 더 낮추고, 급여 수준이 높았던 근로자들의 임금을 상승시키게 된다.

무역의 증가가 임금불평등을 확대할 수 있다는 사실은 글로벌화에 대한 정치적 저항을 설명해 준다. 최근 미국을 비롯한 여러 국가들에서 나타난 보호무역주의 성향은 그러한 저항의 단적인 예이며, 유권자들은 그러한 글로벌화 추세를 바꾸려 하는 후보자들에게 강한 지지를 보내기도 한다. 아마도 가장 중대한 경우는 유럽연합(EU)에서 탈퇴하기 위한 2016년 영국의 브렉시트(Brexit) 국민투표일 것이다. 투표결과에 대한 여러 연구가 여전히 이루어지고 있지만 노동시장에 대한 우려 때문에 나타나는 반이민의 형태로 반글로벌화가 표출된 것은 분명하다.

그러나 무역의 증가와 특화가 미국, 유럽, 영국 및 여러 국가들에서 생활수준의 향상에 기여한 주요 요인이었기 때문에 글로벌화의 추세를 거스르려는 시도는 자국에 비용을 발생시키게 된다. 글로벌화를 진행시키고 있는 경제적 힘은—더 좋고 싼 재화를 원하는 소비자들과 새로운 시장을 원하는 생산자들의 욕구—매우 강력하여 정부당국이 중단하려고 시도하더라도 중단시키기는 매우 어려울 것이다.

글로벌화를 중단시키려고 노력하는 것보다 글로벌화의 효과에 노동시장이 잘 조정되도록 돕는 것이 더 나은 대책이 될 것이다. 경제는 어느 정도까지는 스스로 조정할 것이다. **그림 19.6**에서 무역개방 이후 실질임금과 고용이 (a) 섬유산업에서는 감소하고 (b) 소프트웨어 산업에서는 증가하는 것을 살펴보았다. 이러한 관점에서 임금과 일자리의 기회는 섬유산업보다 소프트웨어 산업에서 훨씬 더 매력적이게 된다. 이러한 상황이 지속될 것인가? 섬유산업을 떠나 소프트웨어 산업에서 직업을 찾을 수 있는 근로자들은 분명히 그렇게 할 강한 유인이 있다.

일자리, 기업, 산업 사이에서 발생하는 근로자들의 이동을 **근로자 이동성**(worker mobility)이라고 부른다. 이 예에서 근로자 이동성은 근로자들이 사양 산업에서 성장 산업으로 이동함에 따라, 섬유산업의 노동공급을 감소시키고 소프트웨어 산업의 노동공급을 증가시키는 경향이 있을 것이다. 이러한 과정은 섬유산업의 임금을 올리고 소프트웨어 산업의 임금을 내리는 효과가 있어 확대되는 임금불평등의 일부를 완화할 것이다. 또한 이 과정에서 근로자들은 경쟁력이 낮은 부문으로부터 더 경쟁력이 있는 부문으로 이동한다. 이와 같이 노동시장은 글로벌화의 효과에 대하여 어느 정도 스스로 조정할 능력이 있다.

근로자 이동성
일자리, 기업, 산업 사이의 근로자들의 이동

물론 실제로 조정과정은 빠르지도 않고, 쉽거나 고통이 없는 것이 아니다. 단순한 수요–공급 모형에서는 생략되어 있는 부분이지만 현실적으로 섬유산업 근로자들이 소프트웨어 기술자가 되는 데에는 많은 장애물이 있다. 경쟁력이 떨어지는 부문에 있는 미국의 근로자들을 경쟁력이 있는 부문으로 재배치하는 것은 매우 고통스럽고 느리게 진행되고 있다. 미숙련근로자가 풍부한 중국과 같은 경제와 교역을 할 경우 발생하는 미국 근로자들의 조정과정은 어렵고 오랜 시간이 걸릴 수 있다.

글로벌화로 피해를 입은 부문의 근로자들에게는 이전과정을 지원해 줄 필요가 있다. 이상적으로는, 새로운 일자리에 맞도록 근로자들을 훈련시키고 새로운 일자리를 찾도록 도와주는 것이다. 그것이 불가능하거나 바람직하지 않다면,—예를 들어, 근로자가 은퇴할 날이 얼마 남지 않아서—이전지원은 근로자가 생활수준을 어느 정도 유지하도록 도와주는 정부지원금의 형태를 취할 수 있을 것이다. 또한 국제교역으로 피해를 입은 근로자들의 느린 조정과정은 경제적·사회적 문제를 발생시키기 때문에 피해를 입은 지역에 재개발 보조금이 필요할 것이다. **효율성의 원리**를 적용해보면, 무역과 특화는 경제의 파이의 크기를 증가시키기 때문에 이전지원 등과 같은 프로그램은 필요하다. 글로벌화의 "승자들"은 보조금을 지원하기 위해 필요한 세금을 부담하더라도 증가된 무역으로부터 더 큰 편익을 누릴 수 있을 것이다.

효율성

기술변화

임금불평등 확대의 두 번째 원인은 높은 숙련도와 교육수준을 가진 근로자들에게 유리한 기술변화이다. 새로운 과학적 지식과 기술 진보는 생산성 증가와 경제성장의 주요 원천이다. 근로자 생산성의 증가는 임금을 상승시키고 평균 생활수준을 향상시키는 원동력이 된다. 장기적으로 그리고 평균적으로 기술 진보는 의심할 바 없이 근로자들에게 이득을 준다.

그러나 이러한 원론적인 주장이 모든 경우에 항상 적용될 수 있는 것은 아니다. 특정한 기술의 발달이 근로자들에게 좋은 것인지는 기술진보가 근로자의 한계생산가치, 즉 임금에 미치는 효과에 달려 있다. 예를 들어, 예전에 빠르고 정확하게 숫자를 계산하는 능력은 가치 있는 기술이어서 그러한 기술을 가진 사무원은 승진에 유리하고 높은 임금을 받기도 하였다. 그러나 전자계산기의 발명과 대량생산은 인간의 계산 능력의 가치를 하락시켰고 그러한 기술을 가진 사람들에게 손해가 되었다.

자신이 가진 기술의 가치를 떨어뜨릴 것이라는 두려움에 새로운 기술 도입을 반대하는 근로자들의 사례는 역사적으로 많이 발견된다. 19세기 초 영국에서는 근로자들이 노동을 절약하기 위해 새로이 도입된 기계를 파괴하는 폭동을 일으켰다. 근로자들에게 명망 있던 지도자, 네드 러드(Ned Ludd)의 이름을 따서 러다이트(Luddite)라는 용어가 만들어졌는데 그 의미는 새로운 기술의 도입에 반대하는 사람을 뜻한다. 비슷한 사례를 미국의 민중역사에서도 찾아볼 수 있는데, 힘이 센 존 헨리(John Henry)가 인간이 스팀 동력 기계보다 암석을 더 빨리 뚫을 수 있다는 것을 보여주려다가 죽었다는 이야기가 전해 내려온다.

이러한 사례들이 임금불평등의 확대와 어떤 관계가 있는가? 최근의 많은 기술발전은 **숙련편향적 기술변화**(skill–biased technological change), 즉 숙련근로자의 한계생산과 미숙련근로자의 한계생산에 다르게 영향을 미치는 기술변화의 형태를 취했다고 평가되고 있다. 특히 최근 수십 년간의 기술발전이 숙련되고 교육수준이 높은 근로자들에게 유리한 것은 분명하다.

숙련편향적 기술변화
높은 숙련을 가진 근로자의 한계생산과 미숙련근로자의 한계생산에 다르게 영향을 미치는 기술변화

자동차 생산의 발달은 기술변화의 적절한 사례이다. 1920년대 대량생산 기술의 발달은 비교적 낮은 기술수준을 가진 자동차 근로자들에게 몇 세대 동안 높은 보수의 일자리를 제공하였다. 그러나 최근 자동차 생산과정은 자동차 그 자체만큼이나 매우 복잡해졌다. 가장 단순한 생산직은 로봇과 컴퓨터가 제어하는 기계로 대체되었고, 이러한 새로운 장비들은 이들을 사용하고 유지하는 방법을 알고 있는 숙련근로자를 필요로 한다. 호화로운 기본 사양과 소비자 기호에 맞춘 선택사양에 대한 소비자의 수요의 증가로 고도의 숙련 기술자들에 대한 자동차 회사들의 수요가 증가하였다. 이에 따라 자동차 생산직에서 일반적으로 요구되는 기술 수준은 크게 높아졌다.

그림 19.7은 숙련근로자에게 유리한 기술변화의 효과를 예시하고 있다. **그림 19.7(a)**는 미숙련근로자에 대한 시장을 보여주고, **그림 19.7(b)**는 숙련근로자에 대한 시장을 보여준다. $D_{미숙련}$과 $D_{숙련}$으로 표시된 수요곡선은 숙련편향적 기술변화가 일어나기 전의 각 유형의 근로자에 대한 수요곡선을 가리킨다. 각 유형의 근로자에 대한 임금과 고용은 각 시장의 수요곡선과 공급곡선의 교점에서 결정된다. **그림 19.7**에서는 기술변화 이전에 미숙련근로자는 낮은 한계생산을 반영하여 숙련근로자보다 낮은 임금을 받았음을 보여준다($w_{미숙련} < w_{숙련}$).

이제 새로운 기술이—예를 들어, 컴퓨터로 제어되는 기계—도입되었다고 가정하자. 이러한 기술변화는 숙련도가 높은 근로자에게 편향된 것이며, 미숙련근로자에 비해 숙련근로자의 한계생산을 증가시킨다는 것을 의미한다. 이 예에서 미숙련근로자는 새로운 기술을 사용할 수 없기 때문에 새로운 기술이 미숙련근로자의 한계생산을 낮출 것이라고 가정할 것이지만, 미숙련근로자가 숙련근로자보다 더 적은 편익을 얻는다고 해석하기만 하면 동일한 결론을 얻는다. **그림 19.7**은 이러한 변화가 한계생산에 미치는 효과를 보여주고 있다. **그림 19.7(b)**에서는 숙련근로자의 한계생산의 증가가 이들 근로자들에 대한 수요를 증가시켜 수요곡선을 오른쪽 $D'_{숙련}$으로 이동시킨다. 따라서 숙련근로자의 실질임금과 고용은 증가한다. 반대로 미숙련근로자는 기술변화에 의해 덜 생산적이 되었기 때문에, 미숙련근로자에 대한 수요는 $D'_{미숙련}$으로 이동한다(**그림 19.7(a)** 참조). 미숙련근로자에 대한 수요의 감소는 미숙련근로자의 실질임금과 고용을 감소시킨다.

요약하면 숙련근로자에게 유리한 편향된 기술변화가 숙련근로자와 미숙련근로자 사이의 임금격차를 확대시킨다는 것이다. 실증적 연구들은 숙련편향적 기술변화가 최근의 임금불평등 확대에 일정 부분 기여했다는 것을 확인해 주고 있다.

그림 19.7

임금 격차에 대한 숙련편향적 기술변화의 효과

이 그림은 숙련근로자의 한계생산을 증가시키고 미숙련근로자의 한계생산을 감소시키는 숙련편향적 기술변화의 효과를 보여준다. 결과적으로 (b) 숙련근로자에 대한 수요의 증가는 그들의 임금을 상승시키는 반면, (a) 미숙련근로자에 대한 수요의 감소는 그들의 임금을 감소시켜 임금불평등이 확대된다.

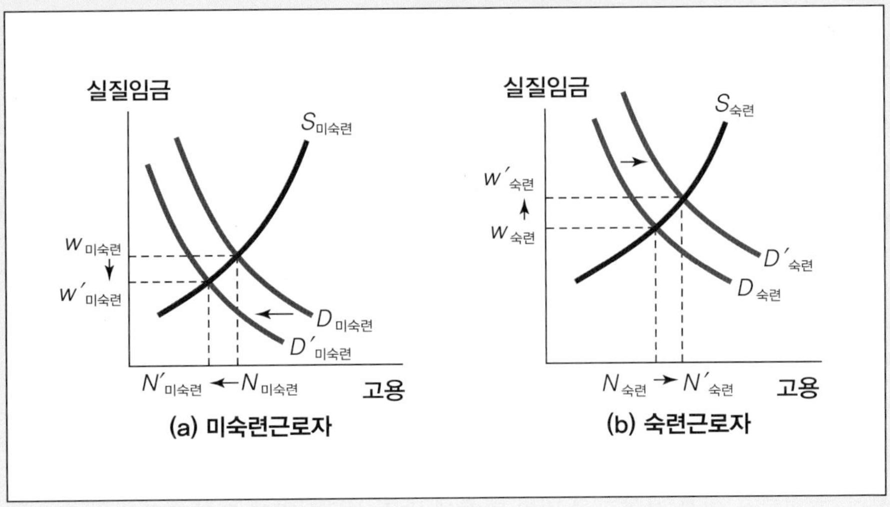

신기술은 별것 아니야!

숙련근로자들에게 유리한 새로운 기술은 임금 격차를 확대시키기 때문에 정부 당국은 기술변화를 막아야 하는가? 글로벌화의 경우에서와 같이 기술진보가 경제성장과 생활수준의 향상을 위해 필요하기 때문에 새로운 기술의 도입을 막을 수는 없다. 만약 영국에서의 러다이트 운동이 노동력을 절감하는 기계의 도입을 막는 데 성공하였다면 지난 수세기 동안 경제성장과 발전은 크게 둔화되었을 것이다.

기술 변화에 의해 발생된 임금 격차의 문제에 대한 해결책은 글로벌화에 의해 발생된 임금불평등에 대한 해결책과 유사하다. 첫째, 근로자들 사이의 근로자 이동성 확대이다. 숙련근로자와 미숙련근로자 사이에 급여 차이가 확대되면 미숙련근로자들은 교육과 기술을 습득할 강한 유인을 갖게 될 것이며 이는 모두에게 이득이 된다. 두 번째 처방은 이전 보조금이다. 정부의 정책결정자들은 근로자들이 계속 일을 하려고 한다면 그렇게 하도록 도와주고 그렇지 못한 경우 소득 보조를 제공하는 프로그램을 고려해야 한다.

요약 실질임금과 고용의 추세 해석

- 선진국의 근로자들이 향유한 실질임금의 장기적인 증가는 생산성 증가로 인한 노동수요의 증가로부터 비롯되었다. 기술 진보와 자본재의 확대 및 현대화는 생산성 증가의 중요한 요인이다.
- 1970년대에 시작된 실질임금 증가의 둔화는 부분적으로, 동일한 시기에 발생한 생산성 증가의 둔화(따라서 노동수요 증가의 둔화)의 결과였다. 여성의 경제활동 참가의 확대와 베이비 붐 세대의 노동시장 진입 등의 요인들에 의해 노동공급이 증가하여 고용이 확대된 반면 실질임금에는 압박요인이 되었다. 1990년대 후반기에 생산성 증가율의 회복으로 실질임금 증가율은 다시 동반 상승하게 되었다. 향후 생산성 증가율이 회복된다면 실질임금은 더 빠른 증가율을 보여줄 것이다. 최근 노동공급 증가의 둔화는 경제활동참가

율 추세가 반전되어 나타나는 것이지만 실질임금 상승에 기여할 것으로 예상된다.

- 글로벌화와 숙련편향적 기술 변화는 임금 격차를 확대시키는 요인이었다. 글로벌화는 수출산업 근로자들에 대한 노동수요를 증가시켜 임금을 증가시키는 반면에 수입산업 근로자의 임금을 감소시킨다. 숙련근로자에게 유리한 기술 변화는 숙련근로자에 대한 수요를 증가시키고 따라서 미숙련근로자에 비하여 숙련근로자의 임금을 증가시킨다.
- 글로벌화와 기술 변화를 막으려고 시도하는 것은 임금불평등 문제에 대한 최선의 대응이 아니다. 근로자 이동성(낮은 임금을 주는 산업에서 높은 임금을 주는 산업으로의 근로자의 이동)은 이러한 추이들에 의해 창출된 임금불평등을 어느 정도 상쇄시킬 것이다. 근로자 이동성이 실제적으로 효과가 적다면 이전지원이 — 고용 가능성이 악화된 근로자에 대한 정부의 지원 — 최선책이 될 것이다.

19.4 실업

실업률의 개념은 제16장, "경제활동의 측정: GDP, 실업"에서 이미 소개되었다. 다시 복습하면 정부의 설문조사원은 15세 이상 인구를 취업자(일자리를 가진 사람), 실업자(일자리가 없고 구직활동을 한 사람), 비경제활동인구(일자리도 없고 구직활동을 안하는 사람-예: 은퇴자)로 분류한다. 경제활동인구는 취업자와 실업자로 구성된다. 실업률은 경제활동인구 중 실업자가 차지하는 비율이다.

실업률은 나라마다 매우 다르다. (나라마다 측정하는 기준이 약간씩 다르기 때문에 비슷한 기준으로 측정된 지표들을 비교하거나 또는 비교가능하도록 조정되었는지 확인해야 한다. 한국의 경우 1999년 구직활동 여부를 판정하는 기준이 과거 1주간에서 과거 4주간으로 변경되었다.) 또한 실업률 수준은 시간에 따라 변한다. 한국의 경우 실업률은 1960년대 초반에는 7%를 넘기도 했지만 경제성장과 함께 지속적으로 낮아져 1996년 사상 최저치인 2.3%를 기록하는 등 외환위기 전까지 1990년대의 평균실업률은 2.7%를 기록하였다. 외환위기 기간인 1998년 일시적으로 7.3%로 높아졌지만 그 이후 점차 낮아져 2000년대에는 3% 중후반을 유지하고 있다. 미국의 경우에는 글로벌 금융위기 기간 중인 2010년 9.6%를 기록하기도 했지만 점차 낮아져 2017년 4.5%로 개선되었다. 서유럽국가들의 실업률은 오랜 기간 동안 미국 실업률의 2~3배(2007~2009년 경기침체 기간 제외)에 이르고 있다. 특히 유럽에서의 청년실업률은 매우 높다.

높은 실업률은 경제적, 심리적, 사회적 비용을 발생시킨다. 따라서 실업의 원인을 이해하고 실업률을 감소시키는 방법을 찾는 것은 거시경제학자들의 주요 관심사이다. 본장에서는 세 가지 유형의 실업의 원인과 비용에 대하여 살펴보고 실업 문제를 악화시키는 노동시장의 특징들에 대하여 논의한다.

19.4.1 실업의 종류와 비용

경제학자들은 실업을 세 가지의 범주, 즉 마찰적 실업, 구조적 실업, 경기적 실업으로 분류하는 것이 유용하다고 생각한다. 각각의 실업은 그 원인이 다르며, 경제적 사회적 비용도 다르다.

마찰적 실업

노동시장의 기능은 취업가능한 일자리와 취업하고자 하는 근로자들을 짝지어주는 것이다. 모든 일자리와 근로자가 동질적이거나, 일자리와 근로자가 정태적이고 변화하지 않는다면 이러한 짝짓기 과정은 신속하고 간단할 것이다. 그러나 현실 세계는 훨씬 복잡하다. 실제로 일자리들과 근로자들은 각각 매우 이질적이다. 일하는 장소, 요구되는 기술, 근로조건과 근로시간 등 여러 면에서 일자리들은 서로 다르다. 또한 근로자들도 직업 포부, 기술수준, 경력, 선호하는 근로시간, 출장 의향 등에서 서로 다르다.

또한 실제 노동시장은 동태적으로 계속 변화하며 진화한다. 노동시장의 수요측면에서 기술 진보, 글로벌화, 소비자 기호의 변화 등은 새로운 제품, 새로운 기업, 심지어는 새로운 산업을 창출하는 원동력이 되지만, 반면에 시대에 뒤떨어진 제품, 기업, 산업들은 사라지게 된다. CD플레이어는 레코드플레이어를 대체하였고 워드 프로세서는 타자기를 대체하였다. 이러한 대변동의 결과로 새로운 일자리가 계속 만들어지고 있고 구식의 일자리는 없어지게 된다. 현대 경제에서 노동인구 역시 동태적으로 변화한다. 사람들은 이동하고, 새로운 기술을 습득하며, 자녀를 양육하거나 다시 학업을 계속하는 동안 경제활동에서 떠나기도 하고 직업을 바꾸기도 한다.

노동시장이 이질적이고 동태적이기 때문에 근로자들과 일자리를 맺어주는 과정은 종종 시간이 걸린다. 예를 들어, 실리콘 밸리에서 직장을 잃거나 스스로 그만 둔 소프트웨어 기술자는 적당한 새로운 직장을 찾는 데 수 주에서 수개월이 걸릴 수 있다. 탐색과정에서 그는 소프트웨어 개발의 다른 영역이나 또는 완전히 새로운 영역에 대한 도전을 고려해 볼 수 있을 것이다. 또한 소프트웨어 회사들이 있는 노스캐롤라이나(North Carolina) 연구 단지나 뉴욕시의 실리콘 앨리(Silicon Alley)와 같은 다른 지역을 생각해 볼 수 있을 것이다. 그는 새로운 일자리를 찾는 기간 동안 실업자로 간주된다.

마찰적 실업
근로자들과 일자리를 맺어주는 과정과 관련된 단기적 실업

근로자들이 일자리를 찾는 과정과 관련된 단기적 실업을 **마찰적 실업**(frictional unemployment)이라고 부른다. 마찰적 실업의 비용은 적으며, 음수일 수도 있다. 즉, 마찰적 실업은 경제적으로 유익할 수 있다. 첫째, 마찰적 실업은 단기적이기 때문에 심리적 상실감이나 직접적인 경제적 손실은 적다. 둘째, 탐색과정을 통하여 근로자와 일자리가 더 잘 연결되면 장기적으로 더 많은 산출량을 생산해낼 수 있다는 의미에서 마찰적 실업의 기간은 실제로 생산적인 것이 될 수 있다. 실제로 어느 정도의 마찰적 실업은 급속하게 변화하는 동태적인 경제가 잘 작동하는 데 필수적이다.

구조적 실업

두 번째로 중요한 실업의 종류는 **구조적 실업**(structural unemployment), 즉 경제가 정상적으로 생산하고 있을 때에도 존재하는 장기적이고 만성적인 실업이다. 구조적 실업의 원인에는 다음과 같은 요인들이 있다. 첫째, 기술 부족, 언어 장벽, 차별 등은 일부 근로자들이 안정적이고 장기적인 직장을 찾는 것을 어렵게 만든다. 때때로 단기적이거나 임시적인 일자리를 찾기도 하지만 한 직장에 오랜 기간 동안 머물지 못하는 이민 온 농장 근로자와 미숙련 건설 근로자들은 만성적인 실업의 범주에 속한다.

구조적 실업
경제가 정상적으로 생산하고 있을 때에도 존재하는 장기적이고 만성적인 실업

둘째, 때때로 경제적 변화로 인해 근로자들이 가지고 있는 기술과 일자리에서 필요로 하는 기술 사이에 장기적인 불일치가 발생한다. 예를 들어, 미국 철강산업은 수년간 계속 쇠퇴한 반면 컴퓨터 산업은 빠르게 성장하였다. 이상적으로는, 직장을 잃은 철강 근로자들이 컴퓨터 기업에 새로운 일자리를 찾을 수 있다면(근로자 이동성), 그들의 실업은 본질적으로 마찰적 실업일 것이다. 그러나 실제로 과거에 철강 근로자였던 사람들에게는 컴퓨터 산업에서 일을 할 수 있는 교육, 능력, 관심이 부족하다. 그들의 기술은 더 이상 수요되지 않으므로 이러한 근로자들은 만성적이고 장기적인 실업에 빠지게 된다.

마지막으로 구조적 실업은 고용에 장애물로 작용하는 노동시장의 구조적 특징 때문에 나타날 수 있다. 이러한 장애물의 예는 실업자에 대한 여러 형태의 법적인 정부보조인데 실업자로서 정부로부터 받는 혜택 때문에 사람들이 일자리를 빨리 구하지 않게 된다.

구조적 실업의 비용은 마찰적 실업의 비용보다 훨씬 더 크다. 구조적으로 실업상태에 있는 근로자는 오랜 기간 동안 생산적인 일을 거의 하지 않기 때문에, 그들이 무위도식하는 것은 실업자 자신에게나 사회에게나 막대한 경제적 손실이다. 구조적으로 실업상태에 있는 근로자들은 직장에서 새로운 기술을 발전시킬 기회를 잃어버리고 그들이 가지고 있는 기술은 사용되지 않기 때문에 쇠퇴하게 된다. 장기실업은 또한 마찰적 실업에 비하여 근로자들의 심리적인 고통이 훨씬 더 크다.

경기적 실업

실업의 세 번째 종류는 경기침체 기간(정상적인 수준보다 낮은 수준을 생산하는 기간)에 발생하는 것으로서 **경기적 실업**(cyclical unemployment)이라고 부른다. **그림 19.8**에 그려진 실업률의 뾰족한 정점은 경기침체 기간에 발생한 경기적 실업을 반영하고 있다. 경기적 실업의 증가는 비교적 단기적인 것이라 하더라도 실질GDP의 감소와 관련되어 있어 경제적으로 비용이 크다. 경기적 실업은 나중에 호황과 불황을 다루는 장들에서 상세히 다루어진다.

경기적 실업
경기침체 기간에 추가적으로 발생하는 실업

원론적으로 마찰적 실업, 구조적 실업, 경기적 실업을 합하면 총 실업률이 된다. 현실적으로는 여러 다른 범주들 사이에 명확히 구분하는 것이 어렵기 때문에 총 실업

률을 세 가지 종류의 실업으로 나누는 것은 주관적이고 근사적일 수밖에 없다.

경제적 관점에서 실업의 첫 번째 비용은 노동력이 완전히 이용되지 않음으로써 생산되지 못하는 생산물이다. 일을 하지 못하면 실업자들의 소득이 감소하고, 일을 하지 않아서 숙련도가 저하될 수 있기 때문에, 감소된 생산의 많은 부담은 실업자 자신들이 지게 된다. 그러나 사회 전체도 또한 실업의 경제적 비용의 일부를 떠안게 된다. 예를 들어, 실업자가 된 근로자는 세금 납부를 중단하게 될 것이고 정부의 실업급여와 같은 보조금을 받게 될 것이다. 이러한 정부예산에서의 순유출은 모든 납세자에게 비용이 된다.

19.4.2 완전고용의 장애물

구조적 실업을 논의할 때 노동시장의 구조적 특징들이 장기적이고 만성적인 실업의 원인이 될 수 있다고 하였다. 그러한 구조적 특징의 하나는 실업보험 또는 실업자에 대한 정부의 이전지출이다. 실업보험은 실업자에게 그들이 직장을 찾는 동안 어느 정도의 생활수준을 유지할 수 있도록 도와준다는 점에서 중요한 사회적 편익을 제공한다. 그러나 실업보험의 존재로 인해 실업자들이 더 오랫동안 또는 덜 적극적으로 직장을 찾기 때문에 실업자의 평균 실업기간을 길게 만들 것이다.

대부분의 경제학자들은 실업보험이 실업자들에게 기본적인 지원을 제공할 만큼 충분해야 하지만, 적극적으로 일자리를 찾을 유인을 감소시킬 정도로 충분해서는 안 된다고 주장한다. 실업보험은 제한된 기간 동안만 지급되어야 하며, 실업급여는 근로자가 전 직장에서 받았던 소득만큼 높은 수준이어서는 안 된다.

정부의 많은 다른 규제들도 노동시장에 영향을 미친다. 그 중에는 고용주들이 지켜야 하는 안전기준을 명시하고 있는 보건 및 안전 규정과 고용에 있어서의 인종차별 또는 성차별을 금지하는 규정 등이 있다. 이러한 규제들은 유익하지만 때로는 규정을 지키는 비용이 편익보다 클 경우도 있다. 더욱이 규제들이 고용주의 비용을 증가시키고 생산성을 낮춘다면 그러한 규제들은 노동수요를 감소시켜 실질임금을 낮추고 실업을 증가시킬 수 있다. 최대의 경제적 효율성을 달성하기 위해서 입법의원들은 노동시장에 대하여 어떠한 규제를 부과할 것인가를 결정할 때 **비용-편익의 원리**를 따라야 한다.

비용-편익

이 절에서 제기되는 점들을 고려하면 본장의 앞에서 논의되었던 노동시장의 중요한 추세인 서유럽 국가들에서의 지속적인 높은 실업률을 이해할 수 있게 된다. **그림 19.8**에서 보여주듯이 20년 이상 기간 동안 서유럽 국가들의 실업률은 매우 높았다. 지표는 "조화(harmonized) 실업률"인데 그것의 의미는 여러 다른 나라의 자료들을 비교가능하도록 동일한 정의를 적용하여 산출한 실업률 지표이다. 예를 들어, 1995~2005년 기간에 독일의 실업률은 8~11%, 프랑스 9~12%, 이탈리아 8~11%, 스페인 9~21%로서 미국의 5~6%와 비교해볼 때 높은 수준이었다. 1950, 1960, 1970년대 유럽의 실업률은 일관되게 매우 낮았었다. 유럽의 실업률이 왜 과거 수십년 동안에 그렇게 높은 수준을 기록하게 되었을까?

주요 서유럽 국가들에서의 높은 실업률에 대한 한 가지 설명은 노동시장에서의 구조적 "경직성"의 존재이다. 유럽의 노동시장은 미국에 비하여 규제가 심하다. 유럽 정부들은 근로자가 받아야 하는 휴가일수로부터 근로자가 해고될 수 있는 사유에 이르기까지 많은 제한 규정을 만들었다. 유럽의 최저임금 수준은 높고 실업급여는 미국에 비해 높다. 유럽의 노동조합은 미국보다 훨씬 강하며 임금협약은 노동조합 조직 여부에 관계없이 산업 내의 모든 기업에게 적용되는 경우가 많다. 이와 같은 노동시장에서의 유연성 부족은 마찰적 실업과 구조적 실업을 더 높아지게 한다.

유럽의 노동시장이 잘 작동하지 않는다면 왜 유럽의 심각한 실업문제는 과거 수십년 동안에만 발생하였을까? 한 가지 설명은 글로벌화와 숙련편향적 기술변화의 속도가 가속화되었기 때문이다. 이 두 가지 요인은 숙련근로자에 대한 수요에 비해 미숙련근로자에 대한 수요를 감소시키는 요인이었다. 미국에서는 수요감소가 미숙련근로자의 임금을 압박하여 임금 불평등을 확대시켰다. 그러나 유럽에서는 높은 최저임금, 노동조합 계약, 높은 수준의 실업급여 등의 요인으로 기업들이 지불해야 하거나 또는 근로자들이 받아들이는 임금의 하한이 만들어졌다. 미숙련근로자의 한계생산성이 그 하한보다 낮아지면 기업들은 그러한 근로자들을 고용하는 것이 이득이 되지 않는다고 판단하여 실업자들을 증가시키게 된다. 따라서 노동시장 경직성과 미숙련근로자의 한계생산성 하락이 유럽의 실업문제에 대한 원인일 것이다.

경직적인 노동시장이 유럽의 실업문제의 원인이라는 주장에 대한 증거는 영국에서 찾을 수 있다. 영국의 마가렛 대처 수상은 1980년대 초부터 일련의 노동시장 개혁을 주도하여 많은 노동시장의 규제를 제거하였고 그 결과 노동시장이 미국과 매우 비슷하게 작동하게 되었다. **그림 19.8**은 영국의 실업률이 하락하여 현재에는 서유럽의 다른

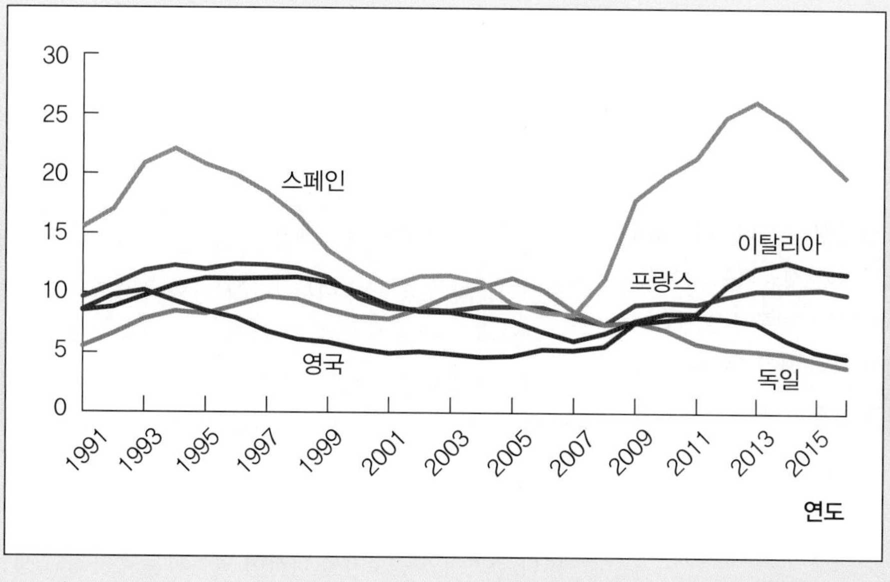

그림 19.8

서유럽 국가들의 실업률, 1991~2015

최근 수십년간 서유럽 주요 국가들의 실업률은 높았다.

나라들보다 훨씬 낮은 수준을 유지하고 있다는 것을 보여준다.

최근의 예를 들면 2003~2005년 동안 독일은 게하르트 슈뢰더 수상 정부에서 노동시장 개혁 입법을 단행하였다(하르츠(Hartz) 개혁). 독일의 노동시장 개혁은 노동시장의 유연성 증대를 목표로 삼아 단기 고용을 가능하게 하고 장기간 실업급여 지급을 어렵게 만들었다. 개혁정책은 논란이 많았고 장기적 효과에 대한 평가는 아직 이르다. **그림 19.8**에서와 같이 독일의 실업률은 2005년 약 11%에서 2016년 약 4%로 빠르게 하락하여 다른 서유럽 국가들과는 다른 모습을 보여주고 있다. 영국과 독일에서의 노동시장 개혁은 구조정책의 예들이다.

요약 실업

경제학자들은 세 가지 넓은 범주로 실업을 분류한다. 마찰적 실업은 근로자들과 일자리를 연결해주는 과정과 관련된 단기적인 실업이다. 구조적 실업은 경제가 정상적으로 생산하고 있을 때에도 발생하는 장기적이고 만성적인 실업이다. 경기적 실업은 경기침체 기간에 추가적으로 발생하는 실업이다. 마찰적 실업은 근로자와 일자리 사이의 결합이 개선될 경우 장기적으로 생산량을 증가시키기 때문에 경제적으로 유익할 수 있다. 구조적 실업과 경기적 실업은 실업자들과 그 가족들에게 심리적인 비용을 발생시킬 뿐만 아니라 실업자 자신과 사회에 막대한 경제적 비용을 발생시킨다.

노동시장의 구조적 특징들은 구조적 실업의 원인이 될 수 있다. 그러한 특징의 예들에는 실업상태의 근로자들이 더 오랫동안 또는 덜 집중적으로 직장을 탐색하게 하는 실업보험, 고용주에게 추가적인 비용을 부과하는 정부의 규제 등이 있다. 노동시장의 규제는 반드시 나쁜 것은 아니지만 비용-편익 기준에 따라 시행되어야 한다. 서유럽 국가들의 노동시장에 대한 강한 규제와 높은 노동조합 조직률은 높은 실업률이 지속되고 있는 현상을 설명하는 요인이다.

요 약 Summary

- 평균적인 사람들에게 경제성장과 생산성 증가의 가장 가시적인 편익은 높은 임금에 좋은 일자리가 제공되는 것이다. 장기간에 걸쳐 미국 경제에서는 대부분의 경우 실질임금과 고용이 강하게 증가하면서 이러한 약속이 실현되었다. 이행하였다. 그러나 고용 증가는 빠르게 진행되었지만 두 가지의 우려스러운 추세인 1970년대 초반 이후의 실질임금 증가율 둔화와 임금 불평등 확대가 미국 노동시장에 나타났다. 서유럽에서는 미국보다 임금 불평등이 덜 나타났지만 훨씬 높은 실업률을 경험해왔다.
- 실질임금과 고용의 추이는 노동시장의 수요-공급 모형을 사용하여 분석될 수 있다. 근로자의 노동생산성과 생산물의 상대가격이 노동수요를 결정한다. 고용주들은 마지막에 고용한 근로자의 한계생산가치가 기업이 지불해야 하는 임금과 같거나 초과할 때에만 근로자를 고용할 것이다. 노동의 수확체감 때문에 기업이 더 많은 근로자를 고용할수록 한 명의 추가적인 근로자를 더하여 얻어지는 추가적인 생산물

은 점점 적어질 것이다. 임금이 낮을수록 더 많은 근로자가 고용된다. 즉, 노동수요곡선은 우하향한다. 근로자가 생산한 생산물 가격의 상승 또는 생산성 증가와 같이 근로자의 한계생산가치를 증가시키는 경제적 변화는 노동수요곡선을 오른쪽으로 이동시킨다. 반대로 근로자의 한계생산가치를 감소시키는 변화들은 노동수요곡선을 왼쪽으로 이동시킨다.

- 노동공급곡선은 주어진 실질임금에서 일할 용의가 있는 사람의 수를 보여준다. 더 높은 실질임금에서는 더 많은 사람들이 일을 할 것이기 때문에 공급곡선은 우상향한다. 생산연령인구의 증가 또는 노동시장 참가를 장려하는 사회적 변화는(여성의 경제활동참가 증가) 노동공급을 증가시키고 노동공급곡선을 오른쪽으로 이동시킬 것이다.

- 노동수요를 증가시키는 생산성 향상은 지난 세기 동안 미국 실질임금 증가의 대부분을 설명한다. 최근 수십 년 사이에 발생한 실질임금 증가의 둔화는, 생산성 증가율의 둔화로 인한 노동수요 증가의 둔화와 노동공급의 더 빠른 증가의 결과이다. 이민이나 여성의 경제활동참가의 증가 등 노동공급의 빠른 증가는 고용의 지속적인 확대에 기여하였다. 그러나 최근에는 경제활동참가율이 소폭 하락하고 있다.

- 임금불평등이 확대된 두 가지 이유는 경제의 글로벌화와 숙련편향적 기술변화이다. 두 가지 모두 숙련되고 더 높은 교육을 받은 근로자에 대한 수요를 증가시켰고, 따라서 이들의 실질임금도 증가시켰다. 그러나 두 가지 요인은 경제성장과 생산성 향상에 필수적이기 때문에 글로벌화와 기술변화를 막으려는 시도는 비생산적이다. 보수가 낮은 직업이나 산업에서 보수가 높은 직업이나 산업으로 근로자들이 이동하려는 경향은(근로자 이동성) 임금불평등 확대의 추세를 어느 정도 완화시킨다. 이전보조금을 제공하고 구식의 기술을 가진 근로자들을 훈련시키는 정책이 더 유용한 대책이다.

- 실업에는 크게 세 가지 종류의 형태가 있다: 마찰적 실업, 구조적 실업, 경기적 실업. 마찰적 실업은 동태적이고 이질적인 노동시장에서 근로자와 일자리를 연결해 주는 과정에서 발생하는 단기적 실업이다. 구조적 실업은 경제가 정상적으로 생산하고 있을 때에도 존재하는 장기적이고 만성적인 실업이다. 이는 언어 장벽, 차별, 노동시장의 구조적 특징, 기술 부족, 근로자가 가진 기술과 가능한 일자리 사이의 장기적인 불일치 등을 포함하는 다양한 요인들에 의해서 발생한다. 경기적 실업은 경기침체 기간에 추가적으로 발생하는 실업이다. 마찰적 실업은 기간이 짧고 또한 근로자와 일자리 사이의 결합을 더 생산적으로 만드는 경향이 있기 때문에 마찰적 실업의 비용은 작은 편이다. 그러나 보통 장기적인 구조적 실업과 실질GDP의 감소를 발생시키는 경기적 실업의 비용은 비교적 크다.

- 실업을 발생시킬 수 있는 노동시장의 구조적 특징들은 기업의 미숙련근로자 고용을 약화시킬 수 있는 최저임금법, 시장균형 수준보다 높은 임금을 설정하는 노동조합, 실업자가 일자리를 빨리 찾을 유인을 감소시키는 실업보험, 근로자들을 고용하는 비용을 증가시키는—아마도 유익을 주기는 하지만—기타 정부의 규제 등을 포함한다. 정부의 규제에 의해 만들어진 노동시장의 "경직성"은 미국보다는 서유럽에서 더 문제가 되고 있으며, 아마도 유럽의 높은 실업률을 설명하는 요인이다.

핵심용어 Key Terms

경기적 실업(611)	근로자 이동성(605)	마찰적 실업(610)
구조적 실업(611)	노동의 수확체감(591)	숙련편향적 기술변화(607)

복습문제 Review Questions

1. 본장의 첫 절에서 주어진 노동시장의 다섯 가지 주요 추이를 열거하고 설명하라. 이러한 추세들은 노동생산성의 증가가 생활수준의 향상을 가져온다는 명제를 지지하는가 아니면 제약 요인이 되는가?

2. 애크미 회사는 제인 스미스를 고용할 것을 고려하고 있다. 제인은 노동시장에서 선택할 수 있는 다른 기회들을 근거로 애크미 회사에게 연봉 $40,000에 일을 할 것이라고 말했다: 애크미 회사는 그녀를 고용할지 어떻게 결정해야 하는가?

3. 지난 세기 동안 미국의 실질임금은 왜 그렇게 많이 상승하였는가? 왜 실질임금은 1970년대 초반 이후 정체되었는가? 최근 실질임금의 추세는 어떠한가?

4. 임금불평등에 기여한 두 가지 중요한 요인들은 무엇인가? 왜 이러한 요인들이 임금불평등을 확대하는지 간단히 설명하라. 임금불평등의 확대에 대한 정책적 대응들을 정책 효과의 경제적 효율성의 측면에서 비교하라.

5. 세 가지 종류의 실업과 그 원인을 열거하라. 이 중 어느 것이 경제적으로, 사회적으로 가장 비용이 적은가? 설명하라.

연습문제 Problems

1. 학력별 평균소득에 대한 미국 데이터를 미국 통계국 사이트인 www.census.gov/population/socdemo/education/tableA−3.txt로부터 구하여라. 이 데이터를 이용하여 고졸자 대비 대졸자들의 상대 소득, 고졸 미만 학력자 대비 대졸자의 상대 소득을 보여주는 표를 만들어라. 가장 최근 연도에 대하여 계산하고 매 5년마다 상대소득을 계산하여 추세를 관찰해보자.

2. 봅의 자전거 공장에 대한 데이터는 다음과 같다:

근로자 수	1일 조립된 자전거 수
1	10
2	18
3	24
4	28
5	30

자전거 한 대를 조립하는 데에는 임금 이외에 $100(부품 등)의 추가비용이 든다. 자전거는 대당 $130에 판매된다.

a. 각 근로자에 대하여 한계생산과 한계생산가치를 구하라(부품비용을 잊지 말고 포함시킬 것).
b. 봅의 노동수요 곡선을 보여주는 표를 만들어라.
c. 자전거가 대당 $140에 팔릴 경우에 대하여 문항 b를 반복하라.
d. 근로자의 생산성이 50% 상승했을 경우에 대하여 문항 b를 반복하라. 자전거의 가격은 대당 $130이다.

3. 다음 표는 전구(bulb)공장의 근로자 시간당 한계생산을 보여준다. 전구가 $2에 팔리고 있으며 노동비용 이외의 다른 생산 비용은 없다고 한다.

근로자 수	한계생산: 시간당 전구생산량
1	24
2	22
3	20
4	18
5	16
6	14
7	12
8	10
9	8
10	6

a. 현재 공장 근로자에 대한 시간당 임금이 $24이다. 공장 경영자는 몇 명의 근로자를 고용해야 하는가?
b. 공장의 노동수요곡선을 그려라.
c. 전구의 가격이 $3일 경우에 대하여 문항 b를 반복하라.
d. 전구 공장이 있는 도시의 공장근로자 공급이 8명이라

고 가정하자(다시 말하면, 노동공급곡선은 8명에서 수직이다). 전구 가격이 $2일 때 공장근로자에 대한 균형 실질임금은 얼마인가? 전구 가격이 $3이면?

4. 다음 요인들은 경제전체의 노동공급에 어떤 영향을 주겠는가?
   a. 의료복지혜택을 받을 수 있는 나이가 상향 조정되었다.
   b. 생산성 상승이 실질임금을 올리는 원인이 되었다.
   c. 전쟁준비는 국가 징병제도로 이어져 많은 젊은 사람들이 징집되었다.
   d. 부부들이 아이들을 더 많이 낳기로 결정하였다(단기 및 장기 효과를 설명하라).
   e. 사회보장혜택이 더 많아졌다.

5. 다음 각각의 사항은 자동차 조립라인에 있는 미숙련근로자의 실질임금과 고용에 어떤 영향을 줄 것으로 생각되는가?
   a. 그 공장이 생산하는 자동차에 대한 수요가 증가하였다.
   b. 휘발유 가격이 급등하여 많은 사람들이 대중교통을 이용하게 되었다.
   c. 다른 기회들이 많이 생겨서 사람들이 공장에서 일하려는 경향이 감소하였다.

6. 작은 장난감을 생산하는 데 숙련근로자와 미숙련근로자 모두 고용될 수 있다. 숙련근로자와 미숙련근로자에 지급되는 임금은 최초에 동일하였다고 가정하자.
   a. 전자장비가 도입되어 숙련근로자(장비를 사용할 수 있는 근로자)의 한계생산이 증가하였다. 미숙련근로자의 한계생산은 변화가 없다. 이제 두 그룹 근로자의 균형임금은 어떻게 변하겠는가?
   b. 숙련근로자와 미숙련근로자의 임금불평등이 일정 수준 이상으로 확대되면 미숙련근로자가 기술을 습득할 가치가 있다고 생각한다고 가정하자. 미숙련근로자의 공급, 숙련근로자의 공급, 두 그룹의 균형임금에는 어떤 변화가 발생하겠는가? 특히 일부 미숙련근로자들이 훈련을 받은 후에 미숙련근로자 임금 대비 숙련근로자의 균형임금은 어떻게 되겠는가?

7. 다음 각 시나리오에서 발생하는 실업이 마찰적 실업, 구조적 실업, 경기적 실업인지 말하고 그 이유를 설명하라.
   a. 테드는 철강 제조공장이 문을 닫아 직장을 잃었다. 그는 다른 산업에서 일할 수 있는 기술이 없어 일 년 동안 실업 상태에 있다.
   b. 경기침체로 자동차에 대한 수요가 감소하자 앨리스는 자동차 공장의 일자리에서 일시해고를 당했다. 경제가 다시 회복되면 그녀는 다시 직장에 돌아갈 수 있을 것으로 기대한다.
   c. 그웬은 사무직을 가지고 있었으나 남편이 다른 주로 발령받자 그만 두었다. 그녀는 한 달이 지나서야 그녀가 원하는 지역에서 새로운 일자리를 찾았다.

본문 개념체크 해답 — *Answers to Concept Checks*

19.1 일곱 번째 근로자의 한계생산가치는 $39,000이고, 여덟 번째 근로자의 한계생산가치는 $33,000이다. 따라서 일곱 번째 근로자를 $35,000의 임금에 고용하는 것은 이득이 되지만 여덟 번째 근로자는 손해가 된다.

19.2 컴퓨터 가격이 $5,000일 때 세 번째 근로자의 한계생산가치($105,000)는 $100,000를 초과하지만, 네 번째 근로자의 한계생산가치($95,000)는 $100,000보다 작기 때문에 $100,000의 임금에서는 세 명의 근로자를 고용하는 것이 이득이다. 컴퓨터 가격이 $3,000일 때 **표 19.1**로부터 첫 번째 근로자의 한계생산가치가 $100,000보다 낮다는 것을 알 수 있으므로 그 가격에서 BCC는 근로자를 전혀 고용하지 않을 것이다. 요약하면 $100,000의 임금에서 컴퓨터 가격의 상승은 기술자에 대한 수요를 0에서 3명으로 증가시킨다.

19.3 현행 임금이 $50,000일 때 일곱 번째 근로자의 한계생산가치는 $50,000를 초과하므로 이득이 되고 여덟 번째 근로자는 이득이 되지 않으므로(**표 19.3**) 7명까지의 근로자를 고용하는 것이 최적이 된다. **표 19.1**로부터 생산성 상승 이전에는 처음 다섯 명의 근로자만이 $50,000를 초과하는 한계생산가치를 갖고 있어 $50,000의 임

금에서 노동수요는 5명이다. 따라서 생산성 상승은 $50,000의 임금에서 노동 수요를 5명에서 7명으로 증가시킨다.

19.4 인턴과 같은 가치 있는 경험은 현재 보수를 받지 않더라도 미래에 벌어들일 수 있는 보수를 증가시킬 수 있기 때문에 그것은 인적자본에 대한 투자이다. 여러분은 아마 세차장에서 일하는 것보다 라디오 방송국에서 일하는 것이 더 재미있다고 생각할 것이다. 어떤 일자리를 선택하는가를 결정하기 위해서 여러분은 "나의 미래 수입의 증가 가능성과 라디오 방송국에서 일할 때의 큰 즐거움을 모두 고려해 볼 때, 세차장에서 일하는 것보다 라디오 방송국에서 일하는 데에 $3,000를 지불할 용의가 있는가?"라고 자신에게 물어보아야 한다. 대답이 "그렇다"라면 라디오 방송국에서 일해야 하고 아니라면 세차장에서 일해야 할 것이다.

그 일자리에서 얻는 총 보상이 현금성 임금뿐만 아니라 여러분이 받는 훈련의 가치와 같은 요소들을 포함하는 것으로 생각한다면, 라디오 방송국에서 일하는 결정이 우상향하는 노동공급곡선과 배치되지 않는다. 인턴십 경험에 여러분이 부여하는 가치가 클수록 그 일을 받아들일 가능성이 커진다는 점에서 여러분의 노동공급곡선은 여전히 우상향한다.

19.5 이민유입은 노동공급을 증가시킨다—실제로 일자리를 구하려는 목적은 이민의 가장 중요한 동기이다. 아래 그림에서 보여주고 있듯이, 노동공급의 증가는 고용주가 지불해야 하는 임금을 낮추고(w에서 w'으로) 고용을 증가시키는 경향이 있을 것이다(N에서 N'으로). 실질임금을 낮추는 이러한 경향 때문에 노동조합은 일반적으로 대규모의 이민유입에 반대하며 고용주들은 지지한다.

그림은 전체적인 또는 경제의 총노동공급을 나타내고 있지만, 임금에 대한 이민의 최종적인 효과는 이민자들의 기술과 직업에 의존한다. 현재 미국의 이민 정책은 가족의 재결합을 목적으로 하는 이민을 허용하고 있고, 대부분 학력이나 기술에 의한 선발을 하고 있지 않다. 미국에는 또한 주로 경제적 기회를 찾으려는 사람들로 구성된 많은 불법 이민자들이 존재한다. 이러한 두 가지

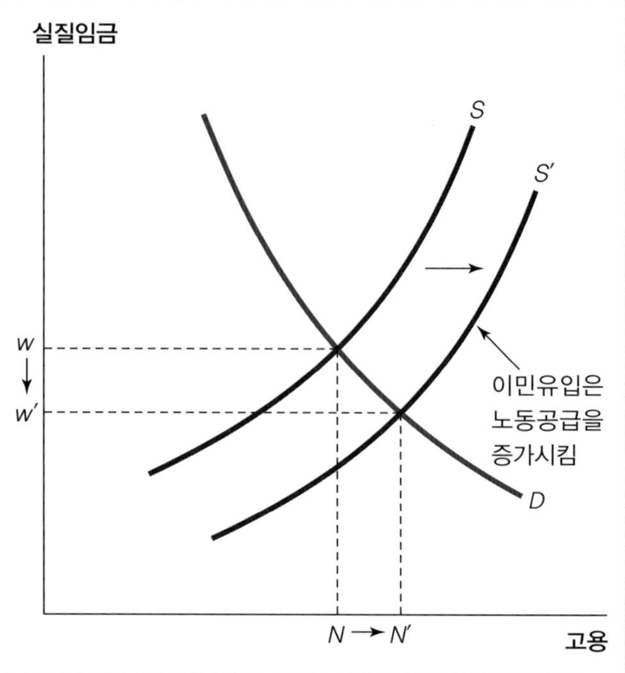

요인 때문에 미국으로 이주하는 이민자들은 상대적으로 숙련도가 낮은 경향이 있다. 이민유입이 미숙련근로자의 공급을 상대적으로 더 많이 증가시키는 경향이 있기 때문에 국내 숙련근로자의 임금에 대한 영향보다 국내 미숙련근로자의 임금을 압박하는 효과가 있다. 하버드 대학교의 조지 보야스(Geroge Borjas)와 같은 일부 경제학자들은 미숙련 사람들의 이민유입은 고급 기술과 교육을 받은 근로자들에 비해 미숙련근로자들의 임금을 감소시키는 또 하나의 중요한 요인이라고 주장했다. 보야스는 미국이 캐나다의 이민정책을 채택하여 상대적으로 높은 기술수준과 교육수준을 가진 잠재적 이민자들에게 우선순위를 주어야 한다고 주장한다.

19.6 아래의 두 그림 가운데 **그림 (a)**는 1960~1973년 사이의 노동시장을 보여주고 있고, **그림 (b)**는 1973~1995년 사이의 노동시장을 보여준다. 비교를 위하여 두 경우에 원래의 노동공급곡선(S)과 노동수요곡선(D)은 동일하게 설정되어 실질임금(w)과 고용(N)의 초기 균형값은 동일하게 되어 있다. **그림 (a)**에서는 빠른 생산성 증가로 인한 노동수요의 큰 증가(D에서 D'으로)와 상대적으로 작은 노동공급 증가(S에서 S'로)의 효과를 보여준다. 실질임금은 w'으로 오르고 고용은 N'으로 증

가한다. **그림 (b)**에서는 상대적으로 작은 노동수요의 증가(*D*에서 *D*″로)와 더 큰 노동공급 증가(*S*에서 *S*″로)를 볼 수 있다. 1973~1995년 기간에 상응하는 **그림 (b)**는 1960~1973년 기간을 나타내는 **그림 (a)**에 비하여 실질임금이 덜 증가하고 고용이 더 크게 증가함을 보여준다. 이러한 결과들은 두 기간 동안 미국 노동시장에서 실제로 일어난 것과 일치한다.

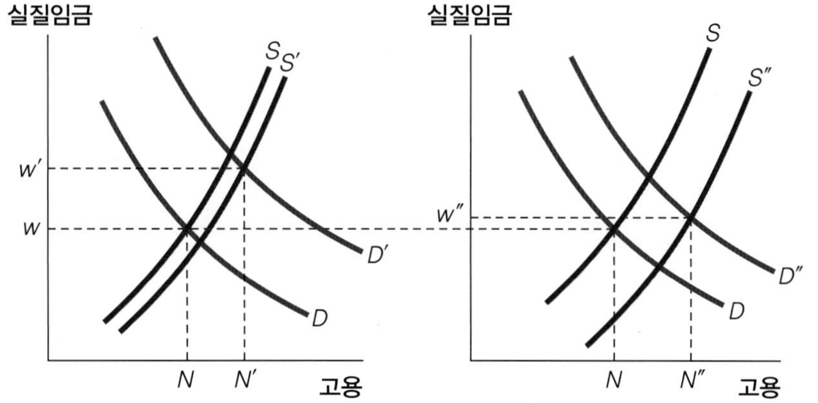

(a) 근로자 1960~1973
(b) 근로자 1973~1995

저축과 자본 형성

제20장

저축은 왜 중요한가?

여러분은 아마도 어머니 또는 아버지의 무릎 위에서 개미와 베짱이의 우화를 들어보았을 것이다. 여름 내내 개미는 열심히 일했고 겨울을 대비해 음식을 저장하였다. 베짱이는 개미의 노력을 조롱하고 진심어린 충고를 무시하면서 일광욕을 즐겼다. 겨울이 왔을 때 개미는 배불리 먹을 수 있었지만 베짱이는 굶주리게 되었다. 이 우화의 교훈은 현명한 사람은 시절이 좋을 때 미래를 위하여 저축한다는 것이다.

베짱이가 개미언덕에 걸려 넘어져 다리가 부러져서 개미를 상대로 소송을 걸어 개미의 저축을 배상금으로 받아 살아간다는 것으로 끝나는, 이 우화에 대한 현대적인 결말도 있다(이후 개미는 어떻게 되었는지 아무도 모른다). 이 이야기의 교훈은 위와 반대로 저축은 위험하니 오늘을 위해 살라는 것이다.

그럼에도 불구하고 현대 생활에서 직면하는 여러 위험들 때문에 저축은 개인뿐만 아니라 국가에 대해서도 중요한 의미를 갖는다. 사람들은 은퇴 후나 또는 아이들의 학비, 새 집의 구입과 같은 미래의 필요에 대비하기 위해 저축한다. 또한 개인이나 가계의 저축은 실직이나 예상치 못한 의료비와 같은 경제적 비상시에 완충장치를 제공할 수 있다. 국가적 차원에서 새로운 자본재의—공장, 설비, 주택—생산은 경제성장과 생활수준 향상을 촉진하는 중요한 요소이다. 새로운 자본을 생산하기 위해 필요한 자원은 주로 한 나라의 총저축으로부터 나온다.

적정 수준의 저축은 가계의 금융의 측면에서도 중요하고 자본재 생산을 위해서도 중요하기 때문에 많은 사람들은 미국 가계의 낮은 저축률에 우려를 표시하고 있다. 국제적 기준으로도 매우 높았던 적이 없었던 미국의 가계저축률은—가계의 세후소득 대비 저축의 비율—1970년대 처분가능소득의 약 13% 수준에서 2005년 2.6%로 더 낮아졌다. (가계저축률은 2007–2009년 경기침체 기간 중에는 크게 높아졌다가 2017년에는 3.4%로 다시 떨어졌다.)

이러한 저축률의 가파른 하락세는 얼마나 심각한 것인가? 이를 우려하는 사람들은 데이터가 "베짱이와 같은" 행동의 증거이며 미국의 향후 번영에 대한 위협요인이라고 보았다. 실제는 좀더 복잡하다. 많은 미국인들은 거의 저축을 하지 않고 있는데 이는 장기에서 자신의 경제적 복지에 문제를 발생시킬 것 같다. 반면에 기업과 정부도 저축을 하기 때문에 가계저축은 미국 경제의 총저축의 일부분일 뿐이다. 실제로 미국 경제의 총저축, "국민저축"은 이 기간 동안 가계저축이 감소한 것보다 훨씬 덜 감소하였다. 따라서 미국이 "저축 부족"으로 문제가 있다면 가계저축의 숫자가 의미하는 것보다는 훨씬 덜 심각한 것이다.

본장에서는 저축과 새로운 자본의 형성 사이의 관련성을 고찰한다. 먼저 저축과 부의 개념을 정의하고 두 개념 사이의 관계를 탐구한다. 그 다음 국민저축에—가계저축, 기업저축, 정부저축의 합—대하여 살펴본다. 국민저축은 한 경제의 신규 자본재 창출 능력을 결정하기 때문에 거시경제의 관점에서 중요한 지표이다.

다음으로 자본형성에 대하여 논의한다. 새로운 자본재에 대한 대부분의 투자 결정은 기업에 의해 이루어진다. 기업의 투자 의사결정은 고용에 대한 의사결정과 많은 측면에서 유사하다; 기업은 투자의 편익이 비용을 초과할 때 자본재를 증가시킬 것이다. 끝으로 수요–공급 모형을 사용하여 국민저축과 자본형성이 어떻게 관련되어 있는지 살펴보고 본장을 마친다.

20.1 저축과 부

저축
현재소득에서 현재의 필요를 충족시키기 위해 지출한 금액을 뺀 것

저축률
저축을 소득으로 나눈 비율

부(富)
자산에서 부채를 뺀 가치

일반적으로 한 경제주체의—가계, 기업, 대학, 국가 등등—**저축**은 현재의 소득에서 현재의 필요를 충족시키기 위해 지출한 금액을 뺀 것으로 정의한다. 예를 들어, 콘쉘로가 주당 \$300를 벌어서, 월세, 음식, 의류, 오락과 같은 생활비에 주당 \$280를 지출하고 나머지 \$20를 은행에 예금한다면, 그녀의 저축은 주당 \$20이다. 한 경제주체의 **저축률**은 저축을 소득으로 나눈 값이다. 콘쉘로가 그녀의 주당 소득 \$300 중 \$20를 저축하므로 저축률은 \$20/\$300, 즉 6.7%가 된다.

한 경제주체의 저축은 **부**(wealth), 즉 자산에서 부채를 뺀 가치와 밀접히 관련되

어 있다. **자산**(assets)은 금융자산이든 실물자산이든 사람들이 소유하고 있는 가치 있는 것들을 의미한다. 금융자산의 예에는 현금, 예금, 주식, 채권 등이 있다. 실물자산은 주택이나 기타 부동산, 귀금속, 자동차와 같은 내구소비재, 가치있는 수집품 등을 포함한다. 한편 **부채**(liabilities)는 사람들이 빚지고 있는 채무이다. 부채의 예를 들면, 신용카드 잔액, 학자금 대출, 주택저당대출(mortgages) 등이 있다.

한 경제주체의 자산과 부채를 비교하여 경제학자들은 각 주체의 부를 계산할 수 있는데 이를 **순자산**(net worth)이라고 부른다. 특정 시점의 자산과 부채의 목록을 작성하여 비교할 수 있도록 만들어 놓은 표를 **재무상태표**(대차대조표, balance sheet)라고 부른다.

자산
소유하고 있는 가치 있는 모든 것

부채
빚지고 있는 채무

순자산
경제단위의 부이며 자산에서 부채를 뺀 것

재무상태(대차대조)표
특정 시점에 한 경제주체의 자산과 부채의 목록을 작성한 표

재무상태표의 구성

예 20.1

콘쉘로의 부는 얼마인가?

금융상황을 체크하기 위해 콘쉘로는 재무상태표에 자산과 부채의 목록을 기록하였다. 그 결과는 **표 20.1**과 같다. 콘쉘로의 부는 얼마인가?

표 20.1 콘쉘로의 재무상태표, 2015년 1월 1일

자산		부채	
현금	$ 80	학자금 대출	$3,000
요구불예금	1,200	신용카드 잔액	250
주식	1,000		
자동차(시장가치)	3,500		
가구(시장가치)	500		
총계	**$6,280**		**$3,250**
		순자산	**$3,030**

콘쉘로의 금융자산은 지갑에 있는 현금, 요구불예금 잔고, 부모가 준 주식의 현재 시장가치 등이다. 그녀의 금융자산은 모두 합하여 $2,280이다. 실물자산인 자동차와 가구의 시장가치의 합은 $4,000이다. 콘쉘로의 금융자산과 실물자산을 합한 총자산은 $6,280이다. 부채는 은행에 빚지고 있는 학자금 대출과 신용카드 사용 잔액으로 총 $3,250이다. 2015년 1월 1일 콘쉘로의 부 또는 순자산은 자산가치($6,280)에서 부채가치($3,250)를 뺀 $3,030이다.

> ✔ 개념체크 20.1
>
> 콘쉘로의 학자금 대출이 $3,000가 아니고 $6,500라면 순자산은 얼마인가? 새로운 재무상태표를 작성하라.

유량
시간 단위당 정의되는 측정지표

저량
한 시점에 정의되는 측정지표

저축은 부에 기여하기 때문에 저축과 부는 관련되어 있다. 이러한 관계를 더 잘 이해하기 위하여 저량(貯量, stocks)과 유량(流量, flows)을 구분할 필요가 있다.

20.1.1 저량과 유량

수도꼭지를 통하여 유입되는 물의 유량이 욕조 안에 있는 물의 양을 증가시키는 것과 같이 저축의 유량은 부의 저량을 증가시킨다.

저축은 시간 단위당 정의되어 측정되는 **유량**(flows)의 한 예이다. 예를 들어, 콘쉘로의 저축은 주당 $20이다. 이와 달리, 부는 한 시점에 정의되어 측정되는 **저량**(stocks)이다. 예를 들어, 콘쉘로의 부, $3,030는 특정한 시점에서의—2019년 1월 1일—그녀의 부이다.

저량과 유량의 차이를 시각적으로 보기 위하여 욕조에 흘러들어오는 물을 생각해보자. 어떤 특정 시점에 욕조에 있는 물의 양은—예를 들어, 오후 7시 15분에 40갤런—특정한 시점에 측정되기 때문에 저량이다. 물이 욕조 안으로 흘러들어오는 양은—예를 들면, 분당 2갤런—시간 단위당 측정되기 때문에 유량이다. 많은 경우에 유량은 저량의 변화율이다. 예를 들어, 오후 7시 15분에 욕조에 있는 물이 40갤런이고 물이 분당 2갤런씩 유입되고 있다는 것을 알면 물의 저량은 분당 2갤런의 비율로 증가하여 오후 7시 16분에 42갤런, 오후 7시 17분에 44갤런 등으로 욕조가 넘칠 때까지 증가할 것이다.

> ✔ 개념체크 20.2
>
> 위의 욕조의 예를 계속 이용하자. 오후 7시 15분에 욕조에 40갤런의 물이 있었고 물이 분당 3갤런씩 빠져나가고 있다고 하면 오후 7시 16분의 물의 저량과 유량은 얼마인가? 오후 7시 17분에는 어떠한가? 유량은 여전히 저량의 변화율이 되는가?

저축의 유량이 동일한 비율로 부의 저량을 변화시킨다는 점에서, 저축(유량)과 부(저량)의 관계는 욕조로 유입되는 물의 유량과 욕조 안의 물의 저량 사이의 관계와 비슷하다. 아래의 **예 20.2**가 예시하듯이 한 사람이 저축하는 각 달러는 그의 부에 $1를 더하게 된다.

예 20.2 저축과 부의 관계

콘쉘로의 저축과 부 사이의 관계는?

콘쉘로는 주당 $20를 저축한다. 이러한 저축이 그녀의 부에 어떤 영향을 미치는가? 콘쉘로의 부의 변화는 그녀가 저축을 자산 축적에 사용하는가 또는 부채 상환에 사용하는가에 따라 달라지는가?

콘쉘로는 이번 주에 저축한 $20를 그녀의 자산을 증가시키는 데 — 예를 들어, 예금통장에 $20를 입금 — 사용하거나, 또는 부채를 감소시키는 데 — 예를 들면, 신용카드 대금을 갚는 데 사용 — 사용할 수 있다. 예금통장에 입금하였다고 가정하면 그녀의 자산은 $20 증가한다. 부채는 변화하지 않았기 때문에 부는 $3,050로 $20 증가한다(**표 20.1** 참조).

콘쉘로가 이번 주에 저축한 $20로 신용카드 대금을 갚기로 결정한다면 신용카드 잔액은 $250에서 $230로 감소한다. 그런 행동은 부채를 $20 감소시키고 자산을 변동시키지 않는다. 부는 자산에서 부채를 뺀 것이므로 부채를 $20 감소시키는 것은 부를 $3,050로 $20 증가시키는 것과 동일하다. 따라서 주당 $20의 저축은 자산을 증가시키는 데 사용하든지 또는 부채를 줄이는 데 사용하든지에 관계없이 부의 저량을 매주 $20 증가시킨다.

저축과 부 사이의 밀접한 관계는 왜 저축이 경제에 그렇게 중요한지를 설명해준다. 높은 저축률은 부의 빠른 축적으로 이어지며, 한 나라의 부가 많아질수록 생활수준은 더 높아진다. 따라서 현재의 높은 저축률은 미래의 생활수준을 향상시키는 데에 기여한다.

20.1.2 자본이득과 자본손실

저축이 부를 증가시키지만 부를 결정하는 유일한 요소는 아니다. 소유하고 있는 실물자산이나 금융자산의 가치가 변화하면 부가 변동한다. 콘쉘로가 소유한 주식의 가치가 $1,000에서 $1,500로 증가했다고 가정하자. 콘쉘로의 주식가치의 증가는 부채를 변동시키지 않고 총자산을 $500 증가시킨다. 결과적으로 콘쉘로의 부는 $3,030에서 $3,530로 $500 증가한다(**표 20.2** 참조).

표 20.2 주식가치 상승 후 콘쉘로의 재무상태표, 2015년 2월 1일

자산		부채	
현금	$ 80	학자금 대출	$3,000
요구불예금	1,200	신용카드 잔액	250
주식	1,500		
자동차(시장가치)	3,500		
가구(시장가치)	500		
총계	$6,780		$3,250
		순자산	$3,530

자본이득
기존 자산의 가치의 증가

자본손실
기존 자산의 가치의 감소

기존 자산의 가치가 증가할 때에는 **자본이득**(capital gains), 자산의 가치가 감소할 때에는 **자본손실**(capital losses)이 발생했다고 한다. 자본이득이 부를 증가시키고 자본손실은 부를 감소시킨다. 그러나 자본이득과 자본손실은 저축의 일부로 계산되지 않는다. 어떤 기간 동안 한 사람의 부의 변화는 그 기간 동안의 저축에 자본이득을 더하고 자본손실을 빼준 것과 같다. 식으로 쓰면 다음과 같다.

$$\text{부의 변화} = \text{저축} + \text{자본이득} - \text{자본손실}$$

✔ 개념체크 20.3

다음 행동과 사건은 콘쉘로의 저축과 부에 어떤 영향을 주는가?

a. 콘쉘로는 평상시와 같이 주말에 $20를 은행에 예금한다. 또한 그녀는 신용카드로 $50의 상품을 구매하여 신용카드 사용잔액이 $300로 증가하였다.
b. 콘쉘로는 예금계좌에 있는 $300를 사용하여 신용카드 대금을 지불하였다.
c. 콘쉘로의 오래된 차가 클래식카로 인정받아서 시장가치가 $3,500에서 $4,000로 상승하였다.
d. 콘쉘로의 가구에 흠집이 생겨 시장가치가 $500에서 $200로 감소하였다.

경제적 사유 20.1

주식가격, 주택가격, 가계저축률

한국 주식시장은 등락을 지속하는 모습을 보여주고 있다. **그림 20.1**에서는 한국 종합주가지수의 실질가격을 보여주고 있는데 1980년대 후반에서 1989년초까지 급격한 상승세를 보였다가 그 이후 등락을 반복하고 외환위기 기간에는 실질가치에서 1980년 수준으로까지 하락하기도 하였다. 2000년대 후반에 다시 상승세를 보여주었지만 2007년 이후 발생한 국제금융위기로 말미암아 다시 큰 폭의 하락을 경험하였다. 2009년 이후 회복세를 보이고 있지만 실질가격으로 비교하면 1990년초의 정점에는 아직 미치지 못하고 있다. 실질주택가격도 외환위기 이전까지는 주식가격과 비슷한 추세를 보여주고 있었지만 외환위기 이후에 주식가격은 회복된 반면 실질주택가격은 정체된 모습을 보인다.

이렇게 주식가격 또는 주택가격이 등락하면서 주식을 보유한 가계의 부의 가치 또한 크게 변동하게 된다. 다만 한국에서는 총 부에서 주식, 또는 금융자산이 차지하는 비중이 선진국에 비해 크게 낮은 편이기 때문에 주식시장의 등락이 직접적으로 가계의 부를 크게 감소시켜 소비, 저축 결정에 영향을 줄 것이라고 생각하기는 어려운 편이며 가장 많은 부분을 차지하는 주택을 포함한 부동산 가격의 변동이 가계의 부에 영향을 미쳐서 소비 또는 저축 등의 결정과 밀접한 관련이 있을 것으로 예상할 수 있다. 주식가격과 주택가격이 비슷한 등락을 보였다는 전제아래 가계저축률의 변화를 살펴보면, 가계의 자산가치의 변화와 가계저축률 사이에 뚜렷한 관계는 관찰되지 않는다. 오히려 자산가치가 상승할 때 가계저축률도 동반 상승하는 모습을 보여 경제적 직관과는 다소 거리가 있는 모습을 보여준다.

1998년 외환위기 이후 가계저축률의 하락에는 자산가치의 변동보다는 구조적인 요인이 개입되어 있는 것으로 판단된다. 외환위기 이후 금융부문에서 개방화가 확대되고 이에 따라 가계의 금융에 대한 접근성이 크게 높아졌다. 예를 들어, 이전에는 어려웠던 주택담보대출이 활성화되면서 저축을 통한 주택구입자금 마련에서 주택담보대출을 통한 주택구입이 크게 증가하여 가계저축률 하락의 원인 중 하나로 해석된다.(주택자금마련을 위한 저축이 저축의 중요한 구성

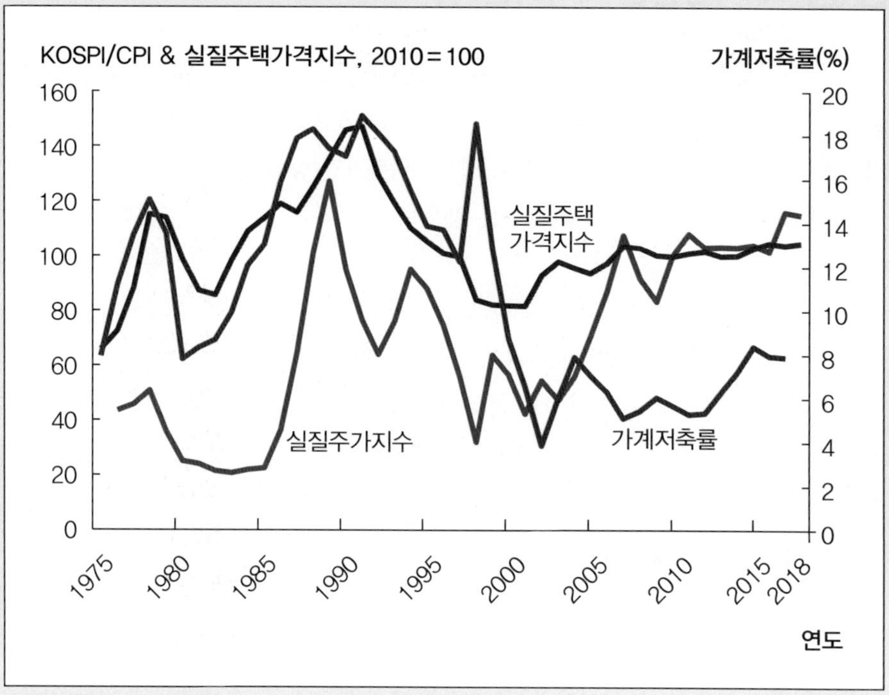

출처: 한국거래소「증권선물」, 한국은행 경제통계시스템.

그림 20.1

한국의 가계저축률, 실질종합주가지수, 실질주택가격지수, 1976~2018

한국의 가계저축률은 자산가격의 변동과 뚜렷한 관계를 보이지 않는 것으로 보인다. 외환위기 전까지 주택가격과 주식가격은 비슷한 움직임을 보였으나 그 이후에는 주식가격이 주택가격에 비해 더 많이 올라 안정화되는 모습을 보여준다. 가계저축률은 자산가격의 변동과 같은 방향으로 움직이는 경향이 있었는데 외환위기 이후 가계저축률은 크게 하락하였다.

부분을 차지하고 있으며 대출을 통한 주택구입 이후의 가계의 이자 지급액은 저축이 아닌 소비에 해당한다!) 이와 함께 신용카드 사용의 확대를 통한 개인 신용의 증가도 동일한 방향으로 작용하였다. 가계저축률 하락의 또 하나의 요인은 기업의 투자가 보수적으로 변하면서 투자수요가 감소하여 이자율이 하향 안정화되었다는 점이다. 금융위기를 겪으면서 기업의 구조조정이 가속화되고 이후 기업의 투자는 공격적이기 보다는 보수적인 경향을 보였다. 즉, 이전에 비하여 투자수요가 감소했으며 이에 따라 균형이자율이 하락하고 균형 저축(=투자)이 감소한 것으로 해석할 수 있다.

요약 **저축과 부**

일반적으로 저축은 현재의 소득에서 현재의 필요를 충족시키기 위해 지출한 금액을 뺀 것이다. 부는 자산가치에서 부채를 뺀 것이다. 저축은 시간 단위당(예를 들어, 주당 화폐금액) 측정되므로 유량이다. 부는 특정시점에서 측정되기 때문에 저량이다. 수도꼭지에서 나오는 물의 유량이 욕조에 있는 물의 저량을 증가시키는 것과 마찬가지로 저축의 유량은 부의 저량을 증가시킨다.

부는 또한 자본이득(기존 자산 가치의 증가)에 의해 증가될 수 있고 자본손실(기존 자산 가치의 감소)에 의해 감소될 수 있다. 미국에서는 1990년대의 주식시장 호황과 2000년대의 주택가격 상승으로 가계의 부가 증가하여 가계의 저축률을 하락시키는 요인으로 작용하였다.

20.2 왜 사람들은 저축하는가?

왜 사람들은 벌어들인 소득을 모두 지출하지 않고 일부를 저축하는가? 경제학자들은 저축하는 이유를 보통 세 가지로 구분한다. 첫째, 사람들은 편안한 노후와 같은 장기적인 지출계획을 위해 저축한다. 일을 하는 기간 동안 소득의 일부를 저축함으로써 사회보장과 직장연금에만 의존하는 경우보다 더 나은 삶을 살 수 있다. 다른 장기적인 목적으로는 자녀들의 대학 등록금, 새로운 집과 자동차의 구입 등이 있다. 이러한 필요들은 대부분 일생 중 예측 가능한 시점에서 발생하기 때문에 경제학자들은 이러한 종류의 저축을 **생애주기저축**(life-cycle saving)이라고 부른다.

생애주기저축
노후준비, 대학 진학, 주택 구입 등과 같은 장기적인 목적을 달성하기 위한 저축

저축의 두 번째 이유는 자신과 가족의 예상치 못한 상황에—예를 들어, 실직 또는 건강문제로 인한 의료비 지출—대비하기 위한 것이다. 금융 상담가들은 일반 가계에게 3개월에서 6개월의 소득에 해당하는 비상금을 보유하라고 제안한다. 미래의 비상시에 대비한 저축을 **예비적 저축**(precautionary saving)이라고 부른다.

예비적 저축
실직이나 응급 의료와 같은 예상치 못한 일에 대비한 저축

저축의 세 번째 이유는 재산을 축적하여 자녀, 자선단체, 시민단체 등과 같은 상속자에게 물려주기 위함이다. 유산이나 상속을 목적으로 하는 저축을 **유산저축**(bequest saving)이라고 부른다. 유산저축은 주로 높은 소득계층에 있는 사람들에 의해 이루어진다. 이러한 사람들의 재산이 국가 부의 많은 부분을 차지하고 있기 때문에 유산저축은 총저축의 중요한 부분이다.

유산저축
유산을 남겨줄 목적으로 하는 저축

물론 사람들은 머릿속에서 세 가지 이유를 분리해서 저축하지는 않는다. 그보다는 세 가지 이유들에 따라서 사람마다 다른 양의 저축을 하게 된다. **경제적 사유 20.2**는 이러한 저축의 세 가지 이유가 어떻게 중국의 높은 가계저축률을 설명할 수 있는지 보여주고 있다.

경제적 사유 20.2

중국 가계는 왜 그렇게 많이 저축하는가?

몇 년 전 경제학자들은 중국 가계가 처분가능소득의 25% 이상을 저축하고 있다고 추정했다.[1] 일부 사람들은 중국인들이 "원래 검소한 생활을 해왔다"라고 말하지만 중국의 높은 저축률은 최근의 현상이기 때문에 중국인의 높은 저축성향을 문화적 요인들로 설명하기는 어렵다. 1980년대 후반까지 중국 가계는 소득의 10%보다 적게 저축하였고 1950~1970년대에는 5% 보다 적었다. 그러면 왜 중국인들이 저축을 많이 하게 되었는가?

저축의 동기 중에서 생애주기저축과 예비적 저축이 중국의 저축에 중요하게 작동하고 있는 것으로 보인다. 제 18장 "경제성장, 생산성, 생활수준"에서 언급하였듯이 중국 경제는 과거 수십년간 매우 빠르게 성장하였다(**표 18.1, 그림 18.2**는 중국의 일인당 실질GDP가 1990~2010년 사이에 크게 증가한 것을 보여준다). 고도성장을 하고 있는 경제에서는 현재 젊

1 여기에서 언급된 저축률 추정치, 이에 대한 해석과 증거는 Dennis Tao Yang, Junsen Zhang, and Shaojie Zhou, "Why Are Saving Rates So High in China?" NBER Working Paper 16771, February 2011.

은 세대의 근로소득이 은퇴자들이 과거 벌었던 근로소득보다 높기 때문에 젊은 세대가 더 부유하다. 그 결과 젊은 세대의 양의 저축이 은퇴자들의 음의 저축을 압도한다. 더욱이 중국의 낮은 수준의 "사회안전망"은—**경제적 사유 20.3**에서 논의하고 있는 사회보장, 의료복지 등의 사회적 복지체계—은퇴후 연금소득이나 건강 문제에 대한 안전장치를 거의 제공하지 못한다. 따라서 젊은 세대들은 은퇴 후를 대비하기 위해서(생애주기저축), 또한 예상치 못한 의료비지출에 대비하는 예비적 목적의 저축을 해야 한다.

높은 저축률의 또 하나의 설명은, 정부에 의해 통제되어 있어 평균적인 소비자들이 대출의 기회가 없는 중국의 금융시스템과 관련이 있다는 것이다. 이러한 상황 역시 생애주기저축을—주택구입, 교육비 등을 위해 미리 저축을 해야 한다—높이고 예비적 저축을—예상치 못한 지출의 발생시에 대출을 받을 수 있는 경우가 제한되어 있다—높인다.

이러한 해석들이 맞다면 왜 높은 저축률은 비교적 최근의 현상인가? 1970년대 후반부터 중국은 광범위한 경제개혁을 추진하였다(거시경제정책 중 구조정책). 이러한 경제개혁은 중국을 중앙통제적인 계획경제로부터 좀더 시장친화적 경제로 변화시켰다. 경제개혁 이전에는 중앙정부가 경제적 행동의 여러 측면을 통제하였고 정부가 직접 필요한 재화를 생산하는 것이 정부의 역할이라고 생각했기 때문에 가계는 생애주기저축과 예비적 저축을 할 능력과 인식이 부족하였다. 제도가 변함에 따라 가계의 유인구조도 변하고 저축행태도 변하게 된 것이다.

변화하는 경제제도와 관련된 많은 불확실성은 (실제로 급격한 사회적 변화) 예비적 저축을 높이는 요인이 된다. 특히 시장친화적 경제로의 이행과정에서 소득의 불확실성과 실업의 위험이 증가할 수 있다. 또한 중국의 이행과정에서 나타난 주택, 교육 등 여러 가지 생애주기 지출의 가격 상승은 생애주기저축의 증가를 가져왔다.

대부분의 사람들은 앞에서 논의한 세 가지 이유 중 적어도 하나 때문에 저축하지만 그들이 저축하는 양은 경제 상황에 의존하게 된다. 저축 결정에 매우 중요한 한 가지 경제변수는 실질이자율이다.

20.2.1 저축과 실질이자율

대부분의 사람들은 현금을 침대 밑에 넣어두는 방법으로 저축하지는 않는다. 대신에 많은 수익을 줄 것으로 기대하는 금융자산에 투자를 한다. 예를 들어, 예금을 하면 이자를 벌어들일 수 있다. 정부 채권이나 주식과 같은 더 복잡한 금융투자도(제 22장, "금융시장과 국제적 자본이동" 참고) 역시 이자, 배당, 자본이득 등의 형태로 수익을 지급한다. 수익이 높을수록 저축이 더 크게 증가할 것이기 때문에 높은 수익이 저축 증가 측면에서 바람직하다.

저축 결정에 가장 관련 있는 수익률은 r로 표기하는 실질이자율이다. 제 17장, "물가수준과 인플레이션의 측정"에서 실질이자율은 금융자산의 실질 구매력이 시간이 지남에 따라 증가하는 비율이라는 것을 상기하자. 실질이자율은 **시장이자율** 또는 명목이자율(i)에서 인플레이션율(π)을 뺀 것이다.

실질이자율은 저축에 대한 보상이기 때문에 저축자에게는 중요한 변수이다. 여러분이 올해 일주일에 한 번 외식하는 것을 포기하고 저축을 $1,000 증가시킬 것을 생각하고 있다고 가정하자. 실질이자율이 5%라면 추가적인 저축은 현재의 달러로 측정하여 일 년 후에 추가적인 구매력 $1,050를 줄 것이다. 그러나 실질이자율이 10%라면 올해 $1,000의 희생은 내년에 $1,100의 구매력으로 보상받을 것이다. 다른 조건이 일정하다면 내년의 보상이 더 클 경우 오늘 저축을 증가시킬 의향이 있을 것이다. 어느 경우든 추가적인 저축의 비용은—여러분이 주말 외식을 포기하는 것—동일하다. 그러나 내년의 증가된 구매력의 항목에서 추가적인 저축의 편익은 실질이자율이 5%일 때보다 10%일 때 더 크다.

비용-편익

예 20.3 저축 vs. 소비

높은 저축률은 가정의 미래 생활수준을 얼마나 향상시키는가?

과소비 가계와 검약자 가계는 저축률만 다르고 다른 조건은 동일하다. 과소비 가계는 매년 소득의 5%를, 검약자 가계는 20%를 저축한다고 하자. 두 가계는 1985년에 저축하기 시작하였고 각 가계의 소득원인 가장이 은퇴하는 2020년까지 계속 저축할 계획이다. 두 가계는 모두 노동시장에서 실질 기준으로 매년 $40,000를 벌고 있으며, 매년 실질 수익이 8%이고, 앞으로도 이 수익률이 계속되리라고 예상되는 뮤추얼펀드에 저축하고 있다. 1985년부터 2020년 사이에 두 가계가 매년 소비하는 양을 비교하고 은퇴시의 부를 비교하라.

첫 해인 1985년에 과소비 가계는 $2,000(소득 $40,000의 5%)를 저축하였고, $38,000($40,000의 95%)를 소비하였다. 검약자 가계는 1985년에 $8,000($40,000의 20%)를 저축하였고, 그 해에 과소비 가계보다 $6,000가 적은 $32,000를 소비하였다. 1986년에 검약자 가계의 소득은 $40,640였고 추가적인 $640는 저축 $8,000에 대한 8%의 수익을 나타낸다. 과소비 가계의 1986년 소득은 $160(저축 $2,000의 8%) 증가하게 된다. 1986년에 검약자 가계는

그림 20.2

검약자 가계와 과소비 가계의 소비 경로

그림은 두 가계, 검약자 가계와 과소비 가계가 매년 지출하는 소비를 보여준다. 검약자 가계는 과소비 가계보다 더 많이 저축하기 때문에 그들의 연 소비지출은 상대적으로 더 빨리 증가한다. 은퇴시점인 2020년에 검약자 가계는 과소비 가계보다 훨씬 더 많이 소비하게 될 뿐만 아니라 은퇴 후 저축잔고도 다섯 배 이상이 된다.

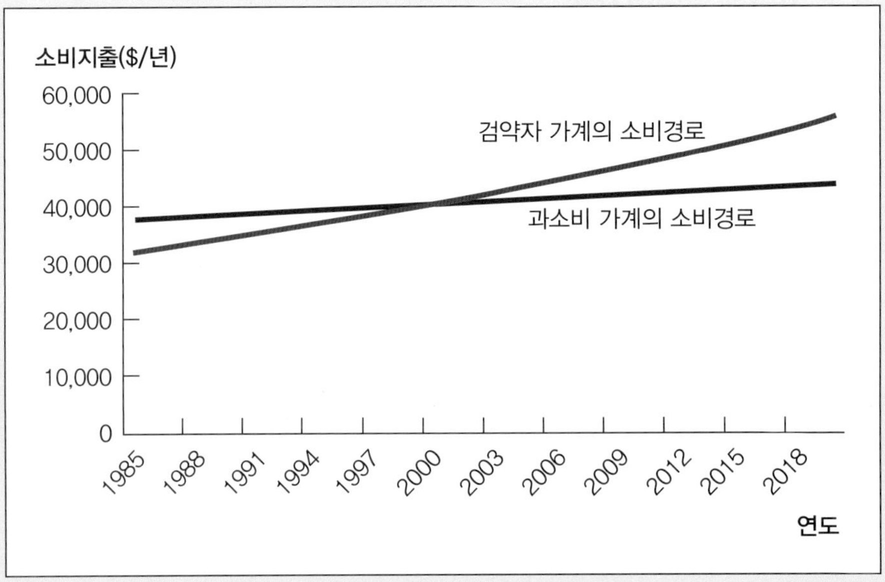

$40,640의 소득으로 $32,512를 소비하였고($40,640의 80%) 과소비 가계는 $38,512($40,160의 95%)를 소비하였다. 두 가계 사이의 소비의 차이는 $6,000에서 일 년 후에 $5,640로 감소하였다.

검약자 가계의 부와 이자소득이 더 빠르게 증가하기 때문에 매년 검약자 가계의 소득은 과소비 가계보다 더 빨리 증가했다. 과소비 가계의 저축률 5%에 비하여 검약자 가계는 매년 자기 소득의 20%를 계속 저축하였기 때문이다. **그림 20.2**는 두 가계의 소비지출 경로를 보여준다. 검약자 가계의 소비는 처음에 낮은 수준에서 시작했지만 더 빠르게 증가하는 것을 알 수 있다. 2000년에 검약자 가계는 과소비 가계를 따라잡았고, 그 이후 검약자 가계와 과소비 가계의 소비의 격차는 매년 증가하였다. 과소비 가계는 매년 자기 소득의 95%를 소비하지만 소득은 매우 천천히 증가하여 2005년에는 검약자 가계보다 거의 $3,000 적게 소비하게 된다($41,158와 $43,957). 두 가계의 가장이 은퇴하는 2020년에는 검약자 가계가 과소비 가계보다 $12,000 이상 더 많이 소비하게 된다($55,774와 $43,698). 더욱 놀라운 것은 두 가계 사이의 노후 대비 저축의 차이이다. 과소비 가계는 약 $77,000 정도의 총저축을 갖고 은퇴하는 반면, 검약자 가계는 다섯 배나 많은 $385,000가 넘는 저축을 가지고 은퇴한다.

예 20.3에서의 이러한 극단적인 차이는 실질이자율이 8%라는—1985년 이후 S&P 500 지수를 따라가는 (배당금 재투자) 뮤추얼 펀드의 실제 수익률과 비슷하지만 역사적인 관점에서는 높은 수익률—가정에 부분적으로 의존한다. 위의 예에서 과소비 가계는 실제로 평균적인 미국 가계보다 더 많이 저축하고 있다. 미국의 많은 가계들은 이자율이 높은 신용카드 빚을 $5,000 넘게 가지고 있고, 저축을 많이 하고 있지 않다. 이 예의 시사점은 복리의 위력 때문에 높은 저축률은 장기에서 후한 보상을 해 준다는 것으로 다른 수준의 실질이자율이나 저축률에서도 성립한다.

높은 이자율이 저축의 보상을 증가시켜 저축할 유인을 높이지만, 반대 방향으로 작용하는 경우도 있다. 저축의 주요 이유는 안락한 노후, 대학교육, 첫 주택 구입 등 특정한 목표를 달성하는 데 있다는 것을 상기하자. 목표가 정해진 금액이라면—예를 들어, 주택구입을 위한 본인 부담금 $25,000—수익률이 더 높을 경우 저축한 펀드가 더 빨리 증가할 것이기 때문에, 가계가 덜 저축하더라도 여전히 목표에 도달할 수 있다는 것을 의미한다. 예를 들어, 5년 후에 $25,000를 축적하기 위하여 5%의 이자율에서는 매년 약 $4,309를 저축해야 할 것이다. 그러나 이자율이 10%라면 5년 후 $25,000 목표에 도달하기 위하여 매년 약 $3,723만 저축하면 된다. 특정한 목표에 도달하기 위해 저축하는 목표 저축자(target saver)에게는 이자율이 높으면 실제로 필요한 저축액이 감소한다.

요약하면, 더 높은 실질이자율은 저축에 양의 효과와 음의 효과를 모두 갖고 있다—저축에 대한 보상을 증가시키기 때문에 양의 효과가 있으며, 정해진 목표를 달성하기 위해 매년 저축하는 사람에게는 저축액을 감소시키기 때문에 음의 효과가 있다. 실증

연구들에서는 실질이자율이 상승할 때 저축이 다소 증가한다고 알려져 있다.

20.2.2 저축, 자기통제, 과시효과

이제까지의 저축의 이유에 관한 논의는 사람들이 저축률을 결정할 때 장기에 걸쳐 후생을 극대화하는 합리적 의사결정자라는 사고에 바탕을 두고 있다. 그러나 많은 심리학자들과 일부 경제학자들은 사람들의 저축 행동이 경제적 요인뿐만 아니라 심리적 요인에 영향을 받는다고 주장해 왔다. 예를 들어, 심리학자들은 많은 사람들이 자신에게 가장 최선의 이익이 되는 행동을 선택하게 하는 자기통제가 부족하다고 강조한다. 사람들은 장기적으로 건강에 해가 됨에도 불구하고 담배를 피우고 기름진 음식을 먹는다. 마찬가지로, 사람들은 저축을 하려는 의도를 가지고 있지만, 자기통제가 부족하여 매달 저축하는 액수는 충분하지 않다.

자기통제를 강화하는 한 가지 방법은 직접적인 주변환경의 유혹을 제거하는 것이다. 담배를 끊으려고 노력하는 사람은 집안에 담배를 갖고 있지 않아야 할 것이며, 비만의 문제를 가진 사람은 제과점에 가는 것을 피해야 할 것이다. 이와 마찬가지로, 충분히 저축하고 있지 않은 사람은 정해진 금액을 급여로부터 자동 이체하여 특정한 계좌에 입금하고, 은퇴까지 인출이 허용되지 않는 급여저축플랜을 사용할 수 있다. 저축을 자동으로 입금하고 인출을 어렵게 만드는 것은 현재 수입 모두를 써버리거나 축적된 저축을 탕진하는 유혹에서 벗어나게 해 준다. 급여저축플랜으로 많은 사람들은 노후대비 또는 다른 목적을 위해 저축하는 양을 증가시킬 수 있었다.

자기통제 가설의 의미는 대출과 지출을 더 쉽게 만들어주는 소비자 신용 제도가 저축을 감소시킬 수 있다는 것이다. 예를 들어, 최근 수년 동안 은행들은 주택의 지분, 즉 주택의 가치에서 주택저당의 가치를 제외한 액수에 대하여 적극적으로 대출을 장려하였다. 그러한 금융 혁신은 지출하려는 유혹을 증가시킴으로써 가계의 저축률을 감소시킬 수 있다. 신용카드의 신용한도 확대도 또 하나의 유혹이다.

일부 소비자들에 의한 추가적인 지출이 다른 사람들의 추가적인 지출을 자극할 때 또한 저축률을 하락시키는 압력이 될 수 있다. 사람들이 다른 사람의 지출수준과 비교하여 자신의 생활수준을 평가할 때 그러한 과시효과(demonstration effects)가 발생한다. 예를 들어, 40평의 아파트를 가진 중산층 가정은 30평의 아파트는 좁아서 불편하다고 생각할지 모른다—예를 들어, 손님을 초대하여 접대하기에는 너무 비좁다고 생각한다. 반면에 저소득 지역에 사는 비슷한 가정은 동일한 아파트를 호화롭고 넓다고 생각할 수도 있다.

저축에 대한 과시효과의 의미는 자신보다 더 많이 소비하는 사람들 사이에서 살고 있는 가계들은 자신도 지출을 증가시키려는 동기를 강하게 느끼게 된다는 것이다. 사람들의 만족도가 상대적인 생활수준에 의존할 때, 개별 가정이나 경제 전체로도 가계지출은 최적 수준보다 더 높고 저축은 더 낮게 되어 시간이 지남에 따라 소비지출이 더 낮아지는 악순환이 나타날 것이다.

경제적 사유 20.3

왜 미국 가계는 저축을 적게 하는가?

미국 가계의 저축률은 다른 나라에 비해 낮은 편이었지만 과거 수십년 동안에 더 떨어졌다. (1975년 13.1%에서 2005년 2.5%까지 떨어졌다.) 설문조사에 따르면 상당한 비율의 미국 가계는 전혀 저축을 하지 않고 매월 그달 벌어 그달 쓰며 살고 있다고 한다. 왜 미국 가계는 저축을 적게 하는가?

미국 가계의 낮은 저축률에 대한 이유에 대하여 많은 가설이 제시되었지만 경제학자들이 모두 동의하고 있지는 않다.

낮은 저축률에 대한 하나의 이유는 정부가 노인에게 풍족한 보조를 해 주기 때문이다. 생애주기의 관점에서 저축의 중요한 동기는 노후를 대비하기 위한 것이다. 일반적으로 미국 정부는 다른 선진국에 비하여 좁은 범위에서 "사회안전망"을 제공한다. 즉, 곤궁한 사람들을 도와주는 프로그램이 상대적으로 더 적다. 그러나 미국 정부의 소득지원 대상은 고령자층에 매우 집중되어 있다. 주로 은퇴 후의 사람들을 지원하도록 고안된 사회보장제도와 의료지원 프로그램은 연방정부지출의 중요한 부분을 차지하고 있다. 이러한 프로그램은 매우 성공적이어서 노인들 사이에서 빈곤을 거의 없애 버렸다. 그러나 사람들은 정부가 은퇴한 사람들에게 적절한 생활수준을 보장할 것이라고 믿고 있기 때문에 미래를 위해 저축할 유인은 적어진다.

또 하나의 중요한 생애주기 목적은 주택을 구입하는 것이다. 높은 주택가격과 초기 지불액 때문에 중국인들은 주택을 구입하기 위해 많은 저축을 해야 한다는 것을 앞에서 살펴보았다. 이것은 다른 여러 나라에서도 사실이다. 그러나 고도로 발달된 금융시스템을 가진 미국에서는 구입가격의 15% 또는 그보다 더 적은 자기부담금으로 주택을 구입할 수 있다. 주택저당채권(mortgages)을 이용할 수 있으므로 주택의 구입을 위해 저축할 필요가 감소한다.

예비적 저축은 어떠한가? 제 2차 세계대전 이후 재건을 해야 했던 일본 및 유럽과는 달리 미국은 1930년대의 대공황(기억하는 사람들이 점점 적어지고 있다) 이후 장기적인 경제적 어려움을 경험하지 않았다. 아마도 번영했던 과거는 미국인들에게 미래에 대하여 더 자신감을 갖게 하였고, 그리하여 미국이 일본이나 유럽에서 찾아볼 수 있는 고용안정 수준을 제공하고 있지 않음에도 불구하고 다른 나라의 국민들에 비해 경제적 비상시를 위한 저축을 덜 하게 만들었다.

미국 가계저축은 국제적으로 비교해 볼 때 낮을 뿐만 아니라 또한 감소해 왔다. 1990년대의 주식시장의 호황과 2000년대 중반까지의 주택가격의 지속적인 상승은 이러한 저축 감소를 설명하는 또 다른 요인이다. 미국인들은 자본이득을 통하여 힘들이지 않고도 그들의 재산이 증가하는 것을 보았고 저축을 할 유인은 감소하였다. 주식가격과 주택가격이 하락했던 최근의 경기침체 기간 동안 미국 가계의 저축이 증가하였고 주식가격과 주택가격이 회복세로 전환된 최근 몇 년 동안에는 다시 저축이 감소하는 모습을 보여 이러한 설명과 일치한다.

심리적 요인 또한 미국의 저축행태를 설명할 수 있다. 예를 들어, 대부분의 나라와는 달리 미국의 주택 소유자들은 주택 지분을 담보로 쉽게 빌릴 수 있다. 고도로 발달한 미국의 금융시장은 지출의 유혹을 증가시켜 자기통제 문제를 확대할 수 있다. 끝으로 과시효과는 최근 수십년간 저축을 압박했을 것이다. 제 19장, "노동시장: 고용, 임금, 실업"에서 고학력 숙련근로자와 미숙련근로자 사이의 임금불평등 확대 현상을 논의한 바 있다. 상위에 있는 소득 규모를 가진 가계의 주택, 자동차, 기타 소비재에 대한 지출의 증가는 그들보다 바로 아래에 있는 사람들의 지출을 증가하도록 했을 것이며, 또 그 아래 소득계층도 동일하게 지출을 증가하는 식으로 진행되었을 것이다. 중간 정도 가격의 자동차에 만족했던 중산층 가정들은 이제 사회적 기준을 맞추기 위해 볼보와 BMW가 필요하다고 느낀다. 사람들이 과시효과로 인하여 필요 이상으로 지출할수록 저축률은 감소한다.

요약 왜 사람들은 저축하는가?

저축의 동기는 노후 대비와 같은 장기적 목표를 달성하기 위한 저축(생애주기 저축), 비상시를 위한 저축(예비적 저축), 유산이나 상속을 남기기 위한 저축(유산 저축)으로 분류된다. 사람들이 저축하는 양은 실질이자율과 같은 거시경제요인에 의존한다. 높은 실질이자율은 저축에 대한 보상을 증가시켜 저축을 증가시키지만, 정해진 저축 목표에 도달하는 것을 더 쉽게 만들어 저축을 감소시킬 수도 있다. 두 효과를 합하면 실질이자율의 상승은 저축을 다소 증가시키는 것으로 보인다.

심리적 요인도 또한 저축률에 영향을 준다. 사람들이 자기통제의 문제를 가지고 있다면 지출을 더 어렵게 만들어주는 금융제도(자동 급여공제와 같은)는 저축을 증가시킬 것이다. 사람들의 저축 결정은 사람들이 그렇게 할 능력이 없으면서도 주변의 사람들과 동일하게 지출해야 한다고 느낄 때와 같이 과시효과에 의해서도 영향을 받는다.

20.3 국민저축과 구성요소

이제까지 개인적인 관점에서 저축과 부의 개념을 살펴보았다. 그러나 거시경제학자들은 국가 전체의 저축과 부에 주로 관심을 갖는다. 본절에서는 국민저축 또는 경제의 총저축에 대하여 공부한다. 국민저축은 가계저축뿐만 아니라 기업저축과 정부저축을 포함한다. 본장의 후반부에서는 국민저축과 경제의 자본형성 사이의 밀접한 연결 관계를 고찰한다.

20.3.1 국민저축의 측정

한 국가 전체의 저축률을 정의하기 위하여 제 16장, "경제활동의 측정: GDP, 실업"에서 소개되었던 기본적인 국민소득계정 항등식으로부터 시작한다. 항등식에 따르면 경제 전체에 대하여 총생산(또는 소득)은 총지출과 같아야 한다. 기호로 표시하면 항등식은 다음과 같다.

$$Y = C + I + G + NX$$

여기에서 Y는 총생산 또는 총소득(둘은 서로 같아야 한다)을 가리키고, C는 소비지출, I는 투자지출, G는 재화와 서비스에 대한 정부구매, NX는 순수출이다.

당분간 순수출(NX)이 0이어서 다른 나라와 전혀 무역을 하지 않거나 수입과 수출이 항상 균형을 이룬다고 가정하자(순수출이 0이 아닌 경우는 제 22장 "금융시장과 국제적 자본이동"에서 다룰 것이다). 순수출을 0이라고 놓으면, 총생산이 총지출과 같다는 조건은 다음과 같다.

$$Y = C + I + G$$

국가 전체의 저축을 알아보기 위하여 일반적인 저축의 정의를 적용해 보자. 모든 경제단위에 대하여 저축은 현재 소득에서 현재의 필요에 대한 지출을 뺀 것과 같다. 국가 전체의 현재 소득은 GDP 또는 Y, 즉 한 해 동안 한 국가의 국경 내에서 생산된 최종 재화와 서비스의 가치이다.

현재의 필요를 충족시키기 위한 국가의 지출에 해당하는 총지출의 부분을 찾아내는 것은 한 나라의 소득을 알아내는 것보다 더 어렵다. 총지출 중 이에 분명히 해당되는 구성요소는 투자지출 I이다. 투자지출은—거주용 건설뿐만 아니라 새로운 공장, 장비, 기타 자본재의 구입—현재의 필요를 만족시키기 위한 것이 아니라, 미래의 생산능력을 확대하기 위하여 또는 미래에 더 많은 주거공간을 제공하기 위하여 이루어진다. 따라서 투자지출은 분명히 현재의 필요를 위한 지출은 아니다.

가계의 소비지출 C와 재화와 서비스에 대한 정부구매 G 중에서 얼마나 많은 부분이 현재의 필요를 위한 지출로 계산되어야 하는가는 단순하지는 않다. 음식, 의류, 각종 생활요금, 오락 등의 가계 소비지출은 분명히 현재의 필요를 위한 것이다. 그러나 소비지출에는 또한 자동차, 가구, 가전제품과 같이 내구성이 있는 내구소비재의 구입이 포함되어 있다. 내구소비재는 올해에 일부만 소비되어 없어진다. 내구소비재는 실제로 구입 후 수년 동안 계속 서비스를 제공한다. 따라서 가계의 내구소비재에 대한 지출은 현재의 필요에 대한 지출과 미래의 필요에 대한 지출이 혼합되어 있다.

소비지출에서와 같이 재화와 서비스에 대한 대부분의 정부구매는 현재의 필요를 위해 제공되는 것이다. 그러나 가계 구입이 내구소비재에 지출되는 것과 같이 정부구매의 일부는 도로, 교량, 학교, 정부 건물, 군사장비 등과 같은 장기 자본재의 획득과 건설에 쓰인다. 내구소비재와 같이 이러한 형태의 공공자본재는 올해에 일부만이 없어지고 대부분은 미래에도 오랫동안 유용한 서비스를 제공한다. 따라서 소비지출과 마찬가지로 정부구매도 현재의 필요에 대한 지출과 미래의 필요에 대한 지출이 혼합되어 있다.

현실적으로 가계지출과 정부구매의 전부가 현재의 필요를 위해 지출되는 것은 아니지만 실제로 현재의 필요를 위한 지출이 얼마나 되고 미래의 필요를 위한 지출이 얼마인지 엄밀하게 분리하는 것은 매우 어렵다. 이러한 이유 때문에 오랜 기간 동안 정부통계에서는 소비지출(C)과 정부구매(G)를 현재의 필요를 위한 지출로 간주하였다.[2] 단순화를 위해 이 책에서는 소비지출(C)과 정부구매(G) 모두를 현재의 필요에 대한 지출로 간주하는 이러한 관례를 따를 것이다. 그러나 소비지출과 정부구매는 실제로 미래를 위한 지출도 포함하기 때문에 모든 C와 G를 현재의 필요에 대한 지출로 취급하는 것은 국민저축의 실제 양을 과소평가하게 된다는 것을 염두에 둘 필요가 있다.

모든 소비지출과 정부구매를 현재의 필요에 대한 지출이라고 간주할 경우, 국가

2 요즘에는 정부구매 중에서 공공자본재에 대한 투자를 분리하여 통계가 발표되고 있다.

그림 20.3

한국의 국민저축률, 1970~2017

한국의 총저축률은 1970년대 15% 내외에서 상승하기 시작하여 1988년에는 36%에 이르렀으나 그 이후 완만하게 하락하는 추세를 보이다가 글로벌 금융위기 이후 약간 상승하여 최근에는 30% 내외를 기록하고 있다.

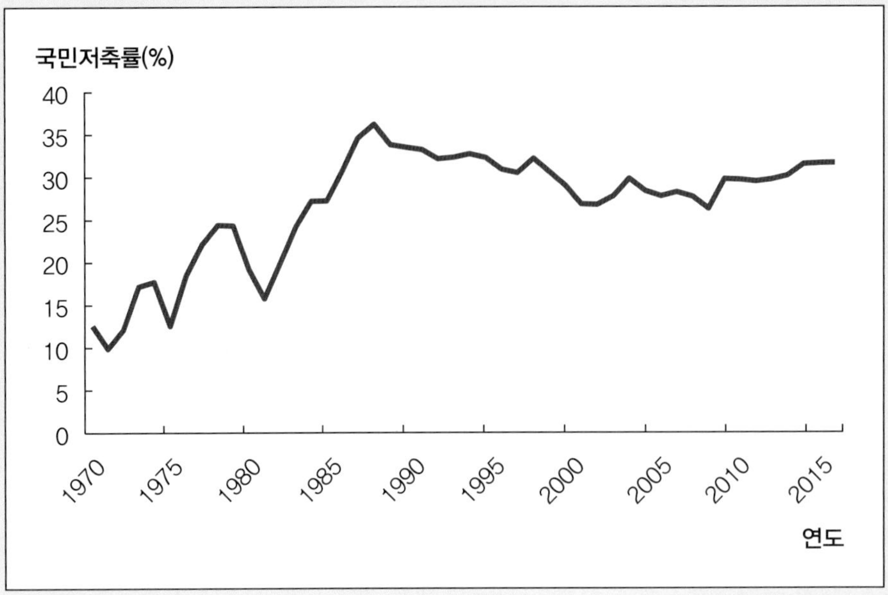

출처: 한국은행 경제통계시스템(http://ecos.bok.or.kr/)

국민저축
GDP에서 재화와 서비스에 대한 소비지출과 정부구매를 뺀 것과 같은 경제 전체의 저축, 또는 $Y-C-G$

의 저축은 소득 Y에서 현재의 필요에 대한 지출 $C+G$를 뺀 것이다. 따라서 **국민저축**(national saving) S는 다음과 같이 정의된다.

$$S=Y-C-G \tag{20.1}$$

그림 20.3은 1970년에서 2017년까지 한국의 국민저축률(GDP 중 국민저축의 비율)을 보여준다. 한국의 국민저축률은 1960년의 13%에서 1988년에는 36%까지 상승했다가 점차 하락하는 추세를 보여 2000년대에는 30% 이하로 떨어졌다. 그러나 2008년 글로벌 금융위기 이후에는 미약하나마 상승세로 반전하여 2017년 31.6%로 나타났다. **그림 20.1**과 **그림 20.3**을 비교해보면 국민저축의 하락세는 가계저축에 비해 상당히 완만하다는 것이다. 가계저축률이 최고점 19%에서 8% 수준까지 하락한 것에 비해 국민저축률은 최고점 36%에서 32% 수준으로 낮아져 상대적으로 완만한 하락세를 보인 것은 국민저축에는 가계저축뿐만 아니라 기업저축과 정부저축이 포함되어 있기 때문이다.

20.3.2 국민저축의 민간부분과 공공부분

국민저축을 더 잘 이해하기 위하여 두 가지 주요 구성요소인 민간저축과 공공저축을 살펴보자. 민간저축은 가계와 기업이 소득 중에서 저축하는 양이다. 공공저축은 정부가 공공부문 소득 중에서 저축하는 양이다. 재화와 서비스의 생산으로부터 민간부문의 총소득은 Y이지만, 민간부문은 소득에서 세금을 납부하고 정부로부터 이전지출과 정부채권에 대한 이자지급의 형태로 추가적인 소득을 얻는다. **이전지출**(transfer

이전지출
정부가 현재의 재화와 서비스를 반대급부로 전혀 받지 않고 민간에게 지급하는 금액

payments)은 정부가 어떤 재화나 서비스를 대가로 전혀 받지 않고 민간에게 지급하는 금액이다. 사회보장 급여, 복지급여, 농장지원금, 공무원에 대한 연금 등은 이전지출이다.

T를 민간부문의 정부에 대한 총 조세납부액에서 정부가 민간부문에 지급한 이전지출과 이자지급액을 뺀 금액이라고 하자.

$$T = \text{총조세} - \text{이전지출} - \text{정부 이자지급}$$

T는 민간부문의 총조세액에서 정부로부터 받은 여러 가지 사회보장혜택 및 이자지급액을 뺀 금액이기 때문에 T를 순조세라고 할 수 있다. 국민저축의 정의식, $S = Y - C - G$에서 T를 더해주고 빼주면

$$S = Y - C - G + T - T.$$

위 식을 다시 정리하면

$$S = (Y - T - C) + (T - G) \tag{20.2}$$

이 식은 국민저축 S를 두 개의 구성부분, 민간저축 $Y - T - C$와 공공저축 $T - G$로 나눈다.

민간저축
경제의 민간부문의 저축은 민간부문의 세후소득에서 소비지출을 뺀 것과 같다($Y - T - C$). 민간저축은 가계저축과 기업저축으로 더 세분될 수 있다.

민간저축(private saving)은 경제의 민간부문의 저축이다. 왜 $Y - T - C$가 민간저축의 정의가 될 수 있는가? 저축은 현재소득에서 현재의 필요에 대한 지출을 뺀 금액이라는 것을 기억하라. 경제의 민간부문(비정부부문)의 소득은 경제의 총소득 Y에서 정부에 납부한 순조세를 뺀 금액이다. 현재의 필요에 대한 민간부문의 지출은 소비지출 C이다. 따라서 민간부문 저축은 민간부문의 소득에서 소비지출을 뺀 금액인 $Y - T - C$이다. $S_{\text{민간}}$을 민간저축으로 표시하면 민간저축은 다음과 같이 표현된다.

$$S_{\text{민간}} = Y - T - C$$

민간저축은 가계저축과 기업저축으로 더 나뉠 수 있다. 개인저축이라고 불리기도 하는 가계저축은 가정이나 개인에 의한 저축이다. 가계저축은 보통의 가계가 소득의 일부를 매달 저축하는 것으로, 뉴스 매체의 관심의 대상이 된다. 그러나 기업들도 또한 중요한 저축자들이다—실제로 미국에서 기업저축은 민간저축의 대부분을 차지하고 있다. 기업은 매출 수입으로 근로자 급여와 기타 운영비용을 지급하고 조세를 납부하며 주주들에게 배당을 지급한다. 배당금 지급이 이루어진 후에 남아 있는 자금이 기업저축이다. 기업저축은 새로운 자본장비의 구입이나 생산규모의 확대를 위해 사용된다. 또는 기업이 미래에 사용하기 위해 은행에 저축할 수 있다.

공공저축
정부의 저축; 순조세액에서 정부구매를 뺀 것($T - G$)

공공저축(public saving, 또는 정부저축)은 중앙정부와 지방정부를 포함하는 정부부문의 저축이다. 순조세 T는 정부의 소득이다. 정부구매 G는 현재의 필요를 위해 지출한 부분을 말한다(단순화를 위해 정부구매의 투자 측면을 무시한다). 따라서 $T - G$는 공공부문의 저축의 정의와 일치한다. $S_{\text{공공}}$을 공공저축라고 하면 공공저축의 정의는 다음과 같다.

$$S_{공공} = T - G$$

(20.1)식과 민간저축 및 공공저축의 정의를 이용하면 국민저축은

$$S = S_{민간} + S_{공공} \tag{20.3}$$

이 식은 국민저축이 민간저축과 공공저축의 합이라는 것을 확인해준다. 민간저축은 다시 가계저축과 기업저축으로 나뉘므로 총저축은 세 가지 경제주체의 저축, 즉 가계저축, 기업저축, 정부저축으로 이루어짐을 알 수 있다.

20.3.3 공공저축과 정부재정

가계와 기업이 저축할 수 있다는 것은 당연하게 생각되지만, 정부 또한 저축할 수 있다는 사실은 생소할 수 있다. 공공저축은 지출과 조세에 대한 정부의 결정에 밀접히 관련되어 있다. 정부는 지출의 대부분을 민간부문에 부과한 조세를 통하여 조달한다. 한 해에 조세수입과 지출이 같다면 "정부는 균형재정을 가지고 있다"라고 한다. 정부가 지출한 금액이 조세로 거둬들인 금액보다 크다면 그 차이를 **정부 재정적자**(government budget surplus)라고 부른다. 정부가 적자를 발생시키고 있다면 그 차이는 정부가 국채를 발행하여 민간으로부터 차입함으로써 메꿔진다. 기호로 표시하면 정부 재정적자는 $G - T$, 또는 정부구매−순조세이다.

정부 재정적자
정부가 지출 금액 중 조세수입을 초과하는 부분($G - T$)

어느 해에는 정부의 조세수입이 정부가 지출한 금액을 초과할 수 있다. 정부의 조세수입이 정부의 지출 금액을 초과하는 부분을 정부 재정흑자라고 부른다. 정부가 재정흑자를 가지게 되면, 추가적인 자금을 민간에 대한 채무를 상환하는 데 사용한다. 기호로 표시하면 정부의 재정흑자는 $T - G$, 또는 순조세−정부구매이다.

정부의 재정흑자, $T - G$에 대한 표현이 낯익어 보인다면, 그것이 바로 공공저축의 정의이기 때문이다. 따라서 공공저축은 정부의 재정흑자와 동일하다. 다시 말하면 정부가 지출하는 것보다 더 많이 조세를 거둬들이면 공공저축은 양수이다. 정부가 조세보다 더 많이 지출하면 공공저축은 음수가 된다.

정부 재정흑자
정부의 조세수입이 정부의 지출 금액을 초과하는 부분($T - G$); 정부 재정흑자는 공공저축과 같다.

예 20.4는 공공저축, 정부 재정적자, 국민저축 사이의 관계를 보여준다.

예 20.4 **정부저축**

정부저축을 어떻게 계산하는가?

다음은 2018년 한국 중앙정부의 총수입과 총지출에 관한 데이터(단위: 조 원)이다. 한국 중앙정부의 (a) 재정흑자와 (b) 국민저축에 대한 중앙정부부문의 기여분을 계산하라.

한국 중앙정부	
수입	447.7
지출	432.7

출처: 한국재정정보원, 재정통계해설, 2019년 3월.

정부저축은 중앙정부뿐만 아니라 지방정부도 통합해서 계산해야 하지만 위의 예에서는 중앙정부의 재정에 관한 자료만 제시되었다. 2018년 중앙정부는 447.7−432.7=15조원의 재정 흑자를 기록하였다. 따라서 2018년 국민저축에 대한 중앙정부부문의 기여분은 15조원이다.[3]

반대로, 정부가 조세로 거두어들이는 것보다 더 많이 지출한다면 공공저축은 음수가 된다. 이런 상황은 지출이 조세를 초과하는 액수로서 $G-T$로 표시되는 **정부 재정적자**(government budget deficit)가 발생한 것이다. 정부재정이 적자를 기록한다면 새로운 정부채권을 발행하여 민간으로부터 차입하여 그 차이를 메워야 한다.

✔ 개념체크 20.4

예 20.4에 이어 아래 자료는 2009년 한국 중앙정부의 총수입과 총지출 자료이다(단위: 조원). (a) 중앙정부의 재정적자 또는 흑자, (b) 국민저축에 대한 중앙정부의 기여분을 계산하라.

한국 중앙정부	
수입	250.8
지출	268.4

출처: 통계청, 국가통계포탈, http://kosis.kr.

위에서 계산해본 바와 같이 정부가 2018년에 15조원의 흑자를 기록하였지만, 글로벌 금융위기 기간인 2009년에는 17.6조원의 재정적자가 발생하였다. 글로벌 금융위기 기간에 경기침체로 인하여 세입이 감소한 반면, 경기부양을 위한 재정지출이 증가하여 재정적자가 발생하였다.

앞에서 **그림 20.3**은 1970년 이후 한국의 저축률을 보여주었다. **그림 20.4**는 1975년 이후 국민저축의 세 가지 구성부분인 가계저축, 기업저축, 정부저축을 각각 GDP의 비율로 측정하여 보여주고 있다. 1990년대까지는 가계저축과 기업저축이 국민저축에서 중요한 부분을 차지하였지만 그 이후에는 기업저축이 중요한 역할을 담당하였고, 가계저축의 역할은 상대적으로 줄어들었다. **그림 20.4**에서와 같이 가계저축률은 20% 가까운 높은 수준에서 크게 하락하여 5~8% 수준에 머물고 있다. 정부저축의 기여도는 1970년대 말까지의 경제개발 단계에서는 적자를 기록하여 국민저축에 음의 기여를 하였으나 1980년대 이후에는 국민저축에 양의 기여를 하고 있다.

3 한국의 경우 통합재정수지에는 일반정부의 세입, 세출 이외에 사회보장성 기금관련 수지가 포함되어 있다. 국민연금 등 연금수지가 흑자를 기록하고 있기 때문에(2018년 사회보장성기금수지는 46.5조원에 달한다) 이를 제외하고 정부의 수입과 지출을 보아야 한다는 의견에 따라 통합재정수지에서 사회보장성기금수지 흑자를 차감하여 관리재정수지를 산출하여 참고하고 있는데 2018년 관리재정수지는 −31.4조원에 달하였다.

그림 20.4

한국 국민저축의 구성항목
한국 국민저축의 세 가지 구성요소 중에서 1990년대까지 가계저축과 기업저축이 중요한 부분을 차지하였으나 1998년 이후 가계저축의 비중이 급격히 하락한 반면 기업저축은 상승하고 있다.

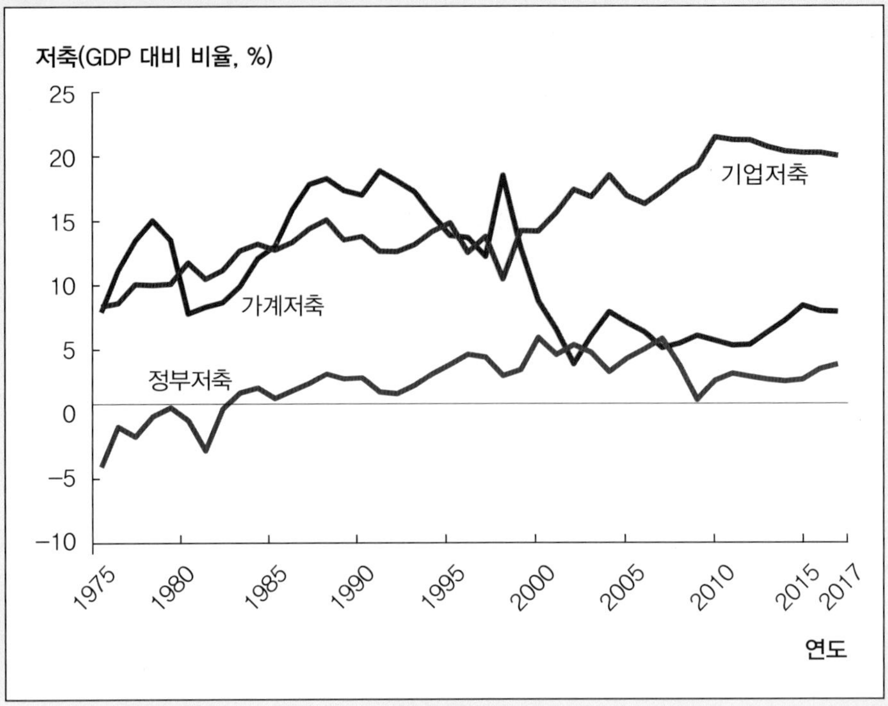

출처: 한국은행 경제통계시스템(http://ecos.bok.or.kr/).

20.3.4 낮은 가계저축은 문제인가?

그림 20.1과 **그림 20.4**에서 한국 가계의 저축률은 외환위기 이후 크게 하락하였음을 보여주고 있다. 글로벌 금융위기 기간 이후에 소폭 상승하는 모습을 보여주기도 하였지만 1980~1990년대에 비하면 거의 절반 수준으로 떨어져 있다. 이러한 가계저축률의 하락은 큰 문제인가?

거시경제학적인 관점에서 보면 낮은 가계저축률의 문제는 아마도 과장된 것 같다. 언론의 리포트에서 자주 간과되는 중요한 사실은 새로운 자본재에 투자하고 생활수준의 지속적인 상승을 달성하는 경제의 능력을 결정하는 것은 가계저축이 아닌 국민저축이라는 것이다. 가계저축률이 하락했지만 기업저축이 차지하는 비중도 상당한 편이며 또한 **그림 20.4**에서 알 수 있듯이 과거 20여년간 기업의 저축은 증가해왔다: 1980년대 국민소득의 13%에서 2017년 20%로 높아졌다. 가계저축률의 급격한 하락에도 불구하고 **그림 20.3**에서 보여준 것처럼 한국의 국민저축률은 별로 낮아지지 않았다. 한국의 국민저축률은 최고점이었던 1988년의 36%보다는 낮아졌지만 2017년 32%로 다른 나라들과 비교해볼 때 높은 수준이다.

미시경제학적인 관점에서 볼 때 낮은 가계저축률은 한국 가계들 사이에 존재하는 자산의 불평등을 확대할 가능성이 있다. 경제적으로 높은 소득을 누리는 가계는 저축을 더 많이 하는 경향이 있을 뿐만 아니라 기업 소유주나 주식보유자로서 기업에 의

한 저축의 궁극적인 수혜자라는 점에서 저축의 패턴은 이러한 불평등성을 증가시키는 경향이 있다. 이와는 대조적으로 저소득층은 회사를 운영하지도 않고 주식을 보유하고 있지도 않기 때문에 낮은 저축은 재산형성을 어렵게 한다. 이러한 가계들은 장기치료가 필요한 질병이나 실직과 같은 경제적 곤란에 거의 대비하지 않고 있으며 그들의 노후를 사회보장과 같은 정부지원 프로그램에 거의 전적으로 의존해야 하는 형편이다. 이러한 그룹에 대하여 낮은 가계저축률은 분명히 우려되는 사항이다.

요약 국민저축과 구성요소

국가 전체의 저축인 국민저축은 $S=Y-C-G$로 정의되는데 Y는 GDP, C는 소비지출, G는 재화와 서비스에 대한 정부구매를 가리킨다. 국민저축은 민간저축과 공공저축의 합계이다: $S=S_{민간}+S_{공공}$

민간부문의 저축인 민간저축은 $S_{민간}=Y-T-C$로 정의되는데 T는 순조세 납부액이다. 민간저축은 가계저축과 기업저축으로 더 세분화될 수 있다.

정부의 저축인 공공저축은 $S_{공공}=T-G$로 정의된다. 공공저축은 정부의 재정흑자, $T-G$와 같다. 정부재정이 흑자이면 공공저축은 양수이고, 정부재정이 적자이면 공공저축은 음수이다.

20.4 투자와 자본형성

경제 전체의 관점에서 국민저축의 중요성을 생각해 보면 국민 저축은 투자에 필요한 자금을 제공한다는 것이다. 투자는—새로운 자본재와 주택의 창출—평균 노동생산성을 증가시키고 생활수준을 향상시키는 데 매우 중요하다.

기업들이 투자를 할 것인지, 투자하면 얼마나 투자할 것인지를 결정하는 요인들은 무엇인가? 기업들은 새로운 근로자를 고용하는 것과 마찬가지 방법으로 새로운 자본재를 취득한다. 기업들은 수익성이 있을 것이라고 기대할 때 투자한다. 제 19장에서 우리는 추가적인 근로자를 고용하는 수익성은 주로 두 가지 요소들에 의존한다는 것을 보았다: 근로자를 고용하는 비용과 근로자의 한계생산가치. 마찬가지로 기업이 새로운 공장과 기계를 취득하려는 의향은 그것들을 사용하는 기대비용과 그것들이 제공하는 한계생산 가치와 같은 기대편익에 의존한다.

비용-편익

자본재에 대한 투자(1) 예 20.5

래리는 잔디 깎는 기계를 구입해야 하는가?

래리는 잔디관리 사업에 뛰어들 것을 생각하고 있다. 그는 6%의 이자율로 대출을 받아 $4,000인 자동모우어(잔디 깎는 기계)를 구입할 수 있다. 래리는 모우어와 자신의 노동력을 가지고 휘발유, 유지비용 등과 같은 비용을 공제하면 여름에 $6,000의 순이익을 올릴 수 있다. $6,000의 순이익 중에서 20%는 정부에 세금으로 납부해야 한다. 래리는 다른 직장에서 일하면 세후소득 $4,400를 벌 수 있다고 가정하자. 또한 모우어는 원래 가격인 $4,000에 언제든지 되팔 수 있다고 가정하자. 래리는 모우어를 구입해야 하는가?

자본재(모우어)에 투자할 것인지를 결정하기 위해서 래리는 금전적 편익과 비용을 비교해야 한다. 그는 모우어를 가지고 순이익 $6,000를 벌 수 있다. 그러나 순이익의 20%, 즉 $1,200는 세금으로 납부되어야 하므로 래리에게 남는 것은 $4,800이다. 래리는 다른 직장에서 일할 때 세후소득 $4,400를 벌 수 있으므로 래리가 모우어를 구입하는 금전적 편익은 $4,800와 $4,400의 차이, $400이다. 즉, $400는 모우어의 한계생산가치이다.

모우어는 시간이 지나도 가치를 잃지 않는다고 가정되었고 휘발유와 유지비용은 이미 공제되었으므로 래리가 고려해야 하는 유일한 남은 비용은 모우어를 구입하기 위해 받은 대출에 대한 이자이다. 래리는 매년 $4,000에 6%의 이자인 $240를 지급해야 한다. 금융비용은 모우어의 한계생산가치인 $400의 편익보다 적으므로 래리는 모우어를 구입해야 한다.

예 20.6에서 보여주듯이 모우어에 대한 투자의 비용과 편익이 변하면 래리의 결정도 달라질 수 있다.

예 20.6 자본재에 대한 투자(2)

비용과 편익의 변화가 래리의 결정에 어떻게 영향을 주는가?

다른 모든 가정들은 **예 20.5**와 동일하고 다음 각각의 가정 아래에서 래리가 모우어를 구입해야 하는지 결정하라.

a. 이자율이 6%가 아니고 12%인 경우
b. 모우어의 구입가격이 $4,000가 아니고 $7,000인 경우
c. 래리의 순이익에 대한 세율이 20%가 아니고 25%인 경우
d. 모우어의 잔디 깎는 능력이 래리가 원래 생각했던 것보다 낮아 순이익이 $6,000가 아니고 $5,500인 경우

각 경우에 모우어를 구입하는 금전적 편익과 비용을 비교해야 한다.

a. 이자율이 12%이면 이자비용은 $4,000의 12%, 즉 $480가 될 것이고 이것은 모우어의 한계생산가치($400)를 초과한다. 모우어를 구입하지 말아야 한다.
b. 모우어의 비용이 $7,000라면 래리는 $4,000가 아니라 $7,000를 빌려야 한다. 6%의 이자율에 그의 이자비용은 $420이 될 것이다. 모우어의 한계생산가치가 $400이기 때문에 비용이 너무 높아 구입하지 말아야 한다.

c. 순이익에 대한 세율이 25%라면 래리는 순이익 $6,000의 25%, 즉 $1,500를 세금으로 납부해야 한다. 세금 납부 후에 잔디 깎는 일의 수입은 $4,500가 될 것이며 이것은 다른 직장에서 일할 때 벌 수 있는 것보다 겨우 $100 많다. 더욱이 $100는 래리가 지불해야 하는 이자 $240를 충당하지 못한다. 따라서 래리는 모우어를 사지 말아야 한다.

d. 모우어의 잔디 깎는 능력이 원래 생각했던 것보다 낮아서 래리가 얻는 순이익이 $5,500라면, 세금 납부 후에 래리는 $4,400만을 얻게 된다. 이 금액은 그가 다른 직장에서 일하여 벌 수 있는 소득과 동일하므로 모우어의 한계생산가치는 0이다. 0%보다 높은 어떤 이자율에서도 래리는 잔디 깎는 기계를 구입하지 말아야 한다.

✔ 개념체크 20.5

모우어는 일 년 후에 마모되고 닳아서 재판매 가격이 $4,000에서 $3,800로 감소한다고 가정하고 **예 20.5**를 반복하라. 래리는 모우어를 구입해야 하는가?

앞의 모우어와 관련된 예들은 기업들이 새로운 자본재에 투자할 것인가를 결정할 때 고려해야 하는 주요 요인들을 예시하고 있다. 비용 측면에서 두 가지 중요한 요인들은 자본재의 가격과 실질이자율이다. 새로운 자본재가 비쌀수록 기업들은 자본재에 투자하기를 꺼리게 될 것은 분명하다. 가격이 $4,000일 때에는 모우어를 구입하는 것이 수익성이 있지만, 가격이 $7,000일 때에는 수익성이 없다.

왜 실질이자율이 투자 결정에 중요한 요인인가? 가장 명확한 경우는 기업이 새로운 자본재를 구입하기 위하여 자금을 빌려야 하는 경우(래리가 한 것처럼)이다. 실질이자율은 채무를 상환하는 기업의 실질비용을 의미한다. 주택저당대출의 매달 납입액이 주택을 소유하는 비용의 주요 부분을 차지하는 것과 같이, 금융조달비용은 자본재를 보유하고 사용하는 총비용의 주요 부분이기 때문에 다른 모든 조건이 동일하다면 실질이자율의 상승은 기업들에게 자본재의 구입을 꺼리게 만든다.

기업이 새로운 자본재를 구입하기 위해 자금을 빌릴 필요가 없다 하더라도— 이를테면 자본재를 바로 구입할 수 있을 정도로 충분한 이윤을 축적하였기 때문에— 실질이자율은 여전히 투자를 결정하는 중요한 결정요인이다. 기업이 이윤을 새로운 자본재 취득에 사용하지 않는다면 아마도 그 이윤을 실질이자율을 벌어주는 채권과 같은 금융자산을 취득하는 데 사용할 것이다. 그 기업이 자본재를 구입하는 데 이윤을 사용한다면 그 자금을 채권 구입에 사용하여 실질이자율을 벌 수 있는 기회를 포기하는 것이다. 따라서 실질이자율은 자본재 투자의 기회비용을 의미하는 것이다. 실질이자율의 상승은 새로운 자본재에 투자하는 **기회비용**을 증가시키기 때문에, 기업들이 새로운 기계나 설비의 재원조달을 위해 빌릴 필요가 없다고 하더라도 기업의 투자 의향을 감소시키게 된다.

기회비용 체증

편익의 측면에서 기업의 투자를 결정하는 중요한 요인은 자본재가 창출하는 수입에서 운영비용, 유지비용, 세금을 제외한 순이익으로 계산되는 새로운 자본재의 한계생산가치이다. 한계생산가치는 여러 가지 요인들에 의해 영향을 받는다. 예를 들어, 자본재 한 단위가 더 많은 재화와 서비스를 생산할 수 있게 해 주는 기술진보는 한계생산가치를 증가시킬 것이고, 자본재가 생산한 수익에 대한 세금의 인하는 한계생산가치를 증가시킨다. 자본재가 이용되어 생산되는 재화와 서비스의 가격 상승은 한계생산가치를 증가시켜 투자의 유인을 증가시킨다. 예를 들어, 잔디 깎는 서비스의 가격이 오른다면 다른 모든 조건이 동일할 때 모우어에 투자하는 것은 더 수익성이 있게 될 것이다.

경제적 사유 20.4

왜 최근 수십 년간 컴퓨터에 대한 투자가 크게 증가하였는가?

대략 1980년 이후로 새로운 컴퓨터 시스템에 대한 미국 기업들의 투자는 급격히 증가하였다(그림 20.5 참조). 기업들에 의한 새로운 컴퓨터와 소프트웨어의 구입은 현재 GDP의 2.2%를 초과하고 있고, 모든 민간 비주거용 투자의 약 18%에 달하는 금액이다. 왜 컴퓨터에 대한 투자가 그렇게 많이 증가하였는가?

컴퓨터에 대한 투자는 다른 종류의 투자에 비하여 훨씬 더 많이 증가하였다. 그러므로 모든 종류의 투자에 영향을 주는 일반적인 요인들은(실질이자율과 세율 등) 그러한 호황을 설명하기 힘들다. 컴퓨터에 대한 투자 증가의 두 가지 중요한 원인은 컴퓨터의 연산능력대비 가격의 하락과 컴퓨터의 한계생산가치의 증가인 것으로 보인다. 최근 수년간 연산능력대비 컴퓨터의 가격은 급격하게 하락하였다. 컴퓨터 연산능력의 대략적인 추이는 일정 가격에서 얻을 수 있는 컴퓨터의 연산능력이 매 18개월마다 두 배가 된다는 것이다. 연산능력대비 컴퓨터의 가격

그림 20.5

미국의 컴퓨터와 소프트웨어에 대한 투자, 1970~2016
1970년 이후 컴퓨터 장비와 소프트웨어에 대한 투자를 민간 비주거용 투자에 대한 비율로 표시하였다. 미국 기업에 의한 컴퓨터 투자는 1980년 이후 크게 증가하였으나 그 이후 감소하기 시작하였다.

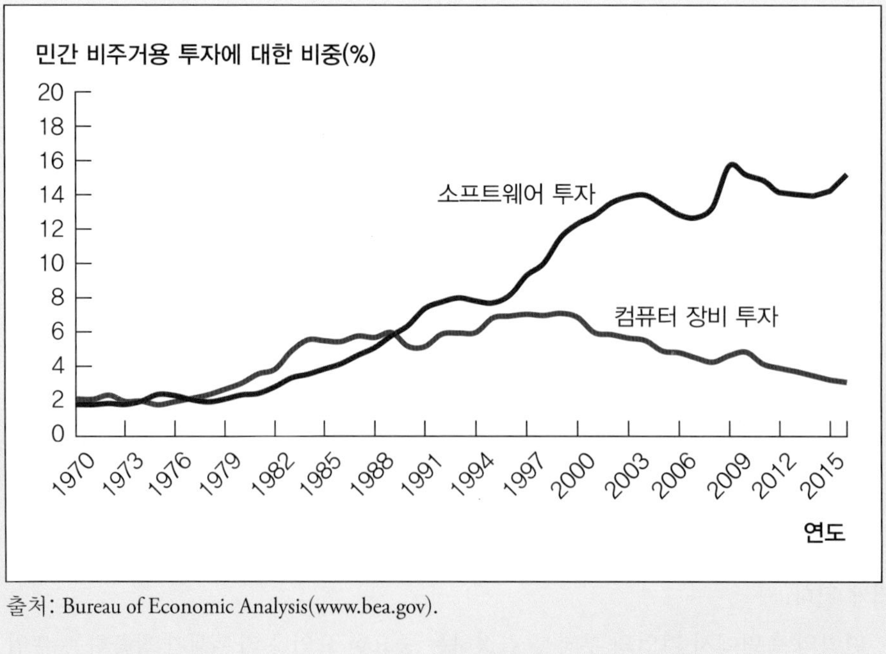

출처: Bureau of Economic Analysis(www.bea.gov).

이 하락하면서 컴퓨터에 대한 투자는 **비용–편익** 기준을 통과할 가능성이 더욱 높아졌다.

비용-편익

컴퓨터 호황이 시작된 이후 몇 년 동안 편익 측면에서 기술진보의 생산성 증가 효과를 찾기가 어려웠다. 컴퓨터에 대한 투자의 옹호자들은 컴퓨터가 창출하는 재화와 서비스의 향상은 특히 측정하기 어렵다고 주장했다. 하루 24시간 현금을 인출할 수 있는 것 또는 항공편 예약이 온라인에서 가능한 것이 소비자들에 주는 가치를 어떻게 수량화할 수 있겠는가? 비판자들은 사용자 비친화적인 소프트웨어와 열악한 기술교육과 같은 문제들 때문에 컴퓨터 혁명의 기대편익이 환상임이 증명되었다고 주장하였다. 그러나 인터넷이 광범위하게 사용된 이후 미국의 생산성은 괄목할 만한 증가를 보였으며, 많은 사람들은 컴퓨터, 소프트웨어, 인터넷 관련 기술에 대한 투자에 의한 것이라고 생각한다.

요약 투자에 영향을 주는 요인

다음 요소들은 새로운 자본재에 투자하려는 기업의 의향을 증가시킨다.

1. 새로운 자본재 가격의 하락
2. 실질이자율의 하락
3. 자본의 한계생산을 증가시키는 기술 향상
4. 자본이 창출한 수익에 대한 세율 인하
5. 기업 생산물의 상대가격 상승

20.5 저축, 투자, 금융시장

저축과 투자는 각각 다른 요인들에 의해 결정된다. 국제적 차입이나 대부가 없다면 최종적으로는 국민저축은 투자와 같아진다. 저축공급(가계, 기업, 정부에 의한 저축공급)과 저축에 대한 수요(새로운 자본을 구매하고 건설하려는 기업에 의한 저축 수요)는 금융시장의 작동에 의해 같아지게 된다. **그림 20.6**은 이 과정을 보여주고 있다. 국민저축과 투자의 수량은 가로축에, 실질이자율은 세로축에 표시되어 있다. 저축에 대한 시장에서 실질이자율은 저축의 "가격"이다.

그림 20.6에서 저축의 공급은 S로 표시된 우상향하는 곡선으로 그려져 있다. 이 곡선은 가계, 기업, 정부가 각 실질이자율에서 공급하려는 국민저축의 양을 보여준다. 실증적으로 실질이자율의 상승이 저축을 촉진하므로 저축공급곡선은 우상향한다. 저축에 대한 수요는 I로 표시된 우하향하는 곡선으로 주어져 있다. 이 곡선은 기업이 각 실질이자율에서 새로운 자본재에 투자하려고 선택한 양, 따라서 금융시장에서 빌리고자 하는 양을 나타낸다. 높은 이자율은 빌리는 비용을 증가시키고 기업의 투자 의향을 감소시키기 때문에 저축에 대한 수요곡선은 우하향한다.

외국으로부터 빌리는 경우(제 22장 "금융시장과 국제적 자본이동"에서 논의할 것임)를 제외하였기 때문에 한 국가경제는 국내에서 조성된 저축만을 투자할 수 있다. 균

그림 20.6

저축의 수요와 공급
저축은 가계, 기업, 정부에 의해 공급되며 새로운 자본재에 투자하려는 차용자에 의해 수요된다. 저축의 공급(S)은 실질이자율이 상승할 때 증가하고, 투자자들의 저축에 대한 수요(I)는 실질이자율이 상승할 때 감소한다. 금융시장균형에서 실질이자율은 저축의 공급량과 수요량을 일치시키는 값이다.

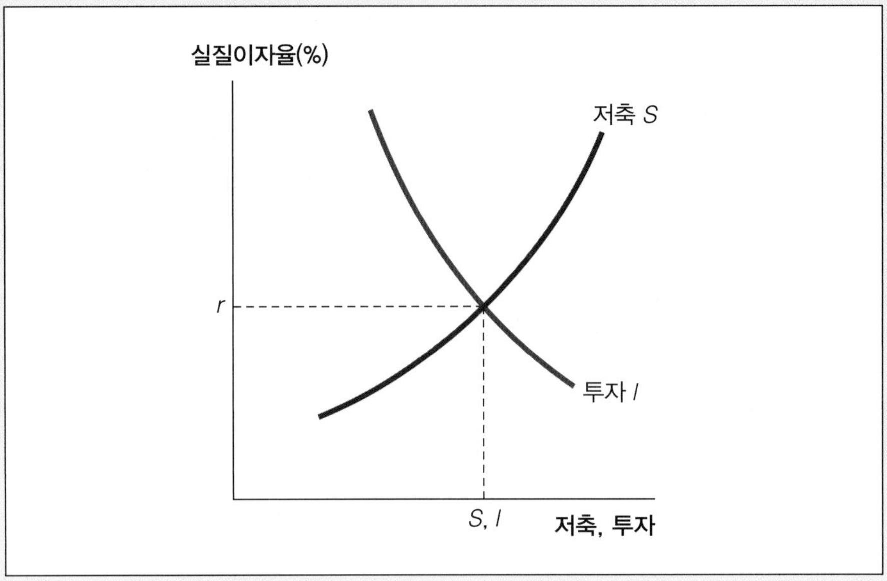

형에서는 저축에 대한 수요와 저축의 공급이 같아져야 한다. **그림 20.6**이 의미하듯이, 저축의 "가격"인 실질이자율의 조정을 통하여 저축은 투자와 같아진다. 사과시장이 균형상태에 이르도록 사과가격이 조정되듯이 실질이자율이 변화하여 저축시장을 균형에 이르도록 한다. **그림 20.6**에서 저축시장의 균형이자율은 수요곡선과 공급곡선의 교차점에 해당하는 실질이자율인 r이다.

실질이자율을 균형수준에 도달하게 하는 힘은 일반적인 수요-공급모형에서 균형으로 이끄는 힘과 동일하다. 예를 들어, 실질이자율이 r을 초과한다고 가정하자. 높은 실질이자율에서 저축자들은 기업들이 투자하기를 원하는 양보다 더 많은 자금을 제공하려고 할 것이다. 빌려주는 사람(저축자)이 서로 차용자들을(투자자) 끌려고 경쟁하게 되면 실질이자율은 하락한다. 실질이자율은 차용자와 빌려주는 사람들이 모두 만족하는 유일한 이자율인 r과 같아질 때까지 하락할 것이고, 금융시장에서 어떤 기회도 이용되지 않은 상태로 남아있는 경우는 발생하지 않을 것이다. 따라서 이 시장에서는 우리가 공부해 온 다른 시장과 마찬가지로 **균형의 원리**가 성립한다. 만약 실질이자율이 r보다 낮다면 어떻게 되는가?

균형

실질이자율 이외에 저축의 공급 또는 저축의 수요에 영향을 주는 다른 요소들의 변화는 곡선을 이동시켜 금융시장을 새로운 균형으로 이끈다. 사과가격의 변화는 사과의 공급곡선이나 사과에 대한 수요곡선을 이동시키지 않는 것과 마찬가지로, 저축에 대한 실질이자율 변화의 효과는 이미 곡선들의 기울기에 반영되어 있기 때문에, 실질이자율의 변화는 수요곡선이나 공급곡선을 이동시키지 않는다. 다음의 예들은 금융시장의 분석에서 수요-공급모형이 어떻게 이용될 수 있는지 보여준다.

새로운 기술의 효과 예 20.7

새로운 기술의 도입이 저축, 투자, 실질이자율에 어떤 영향을 미치는가?

1990년대 후반 인터넷에서 유전자의 새로운 응용에 이르기까지 광범위한 영역에서 놀랄만한 새로운 기술이 도입되었다. 이러한 많은 기술들은 엄청난 상업적 잠재력을 가지고 있다. 신기술의 도입은 저축, 투자, 실질이자율에 어떤 영향을 미치겠는가?

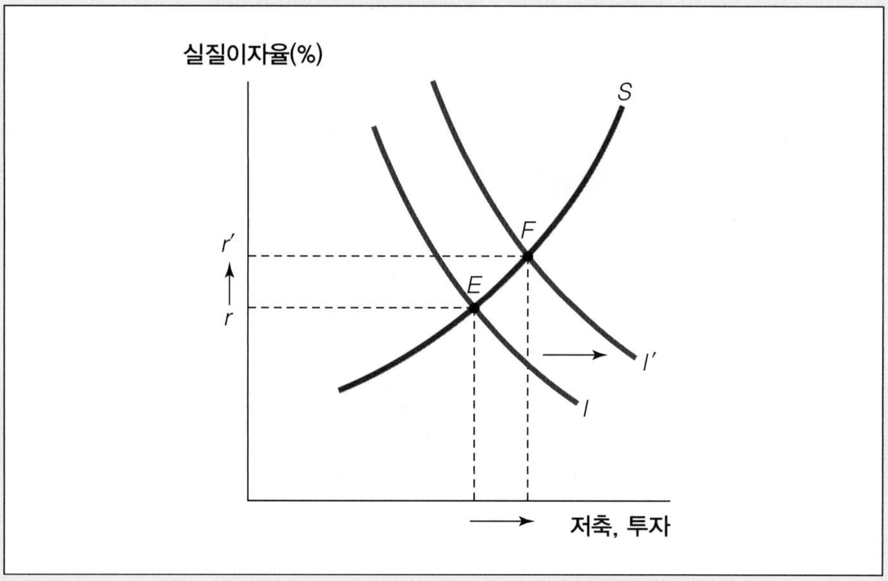

그림 20.7

국민저축과 투자에 대한 신기술의 효과

기술의 발전은 새로운 자본재의 한계생산을 증가시켜 원하는 투자와 저축에 대한 수요를 증가시킨다. 새로운 균형에서는 실질이자율이 상승하고 국민저축과 투자도 증가한다.

상품화될 수 있는 잠재성을 가진 신기술의 도입은 기술의 성과를 일반 대중에게 전할 수 있는 사람들에게 이윤의 기회를 제공한다. 경제학의 용어로 표현하면 기술진보는 새로운 자본재의 한계생산을 증가시킨다. **그림 20.7**은 자본의 한계생산을 증가시키는 기술 발전의 효과를 보여주고 있다. 주어진 실질이자율에서 자본의 한계생산의 증가는 기업들이 더 투자하고 싶게 만든다. 따라서 신기술의 도래는 저축에 대한 수요를 위쪽으로, *I*에서 *I*′으로 이동시키는 원인이 된다.

새로운 균형점 *F*에서 투자와 국민저축은 전보다 높아지고, 실질이자율도 *r*에서 *r*′으로 상승하게 된다. 실질이자율의 상승은 새로운 기술을 적용하려고 경쟁하기 때문에 발생한, 자금에 대한 투자자들의 수요를 반영한다. 이자율이 높아졌기 때문에 저축 또한 증가한다. 실제로 미국에서 실질이자율은 1990년대 후반에 상대적으로 높아졌으며 신기술이 창출한 기회들을 반영하여 투자율도 높게 나타났다.

예 20.8은 재정정책의 변화가 저축시장에 미치는 효과를 고찰한다.

예 20.8 정부 재정적자의 증가

정부 재정적자의 증가가 저축, 투자, 실질이자율에 어떤 영향을 미치는가?

정부가 세금을 올리지 않고 지출을 증가시켜 재정적자를 증가(또는 재정흑자를 감소)시켰다고 가정하자. 이러한 결정은 국민저축, 투자, 실질이자율에 어떤 영향을 주겠는가?

국민저축은 민간저축(가계와 기업의 저축)과 정부의 재정흑자와 같은 공공저축을 포함한다. 정부의 재정적자의 증가(또는 재정흑자의 감소)는 공공저축을 감소시킨다. 민간저축이 변하지 않는다고 가정하면 공공저축의 감소는 국민저축을 감소시킬 것이다.

그림 20.8

국민저축과 투자에 대한 정부 재정적자 증가의 효과
정부 재정적자의 증가는 저축 공급을 감소시켜 실질이자율을 상승시키고 투자를 감소시킨다. 정부 재정적자의 증가가 신규 자본재에 대한 투자를 감소시키는 현상을 구축효과라고 부른다.

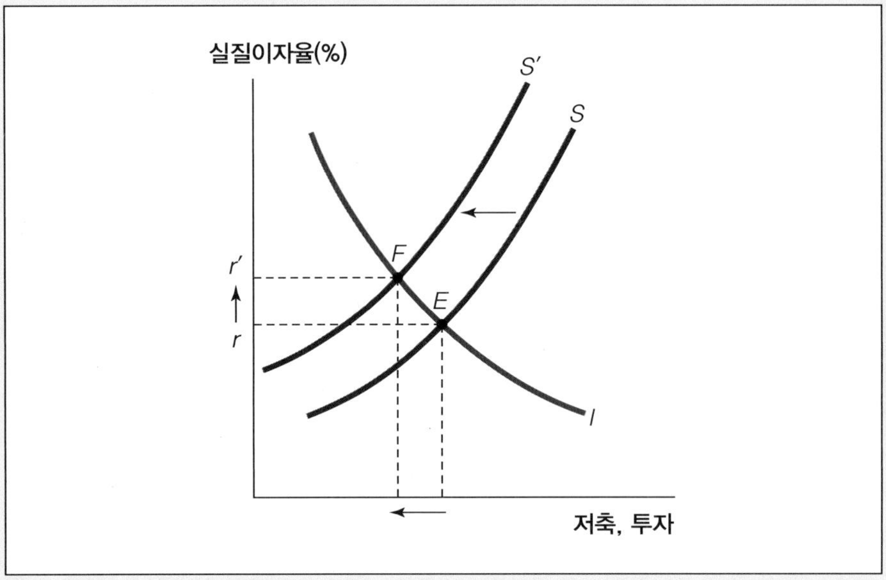

그림 20.8은 저축과 투자 시장에 대한 정부의 재정적자 증가의 효과를 보여주고 있다. 재정적자의 증가는 각각의 실질이자율에서 국민저축을 감소시켜 저축곡선을 왼쪽으로, *S*에서 *S*′으로 이동시킨다. 새로운 균형점 *F*에서 실질이자율은 *r*′로 높아지고, 국민저축과 투자 모두 낮아진다. 경제학 용어로 표현하면 정부가 재정적자를 조달할 자금을 빌리기 위해 민간저축이라는 저수지의 물을 끌어 사용한다고 한다. 정부의 추가적인 차입으로 인해 투자자들이 이용가능한 저축이 감소하고 경쟁이 증가하여 실질이자율이 상승한다. 더 높아진 실질이자율은 투자를 덜 매력적으로 만들고, 투자와 국민저축은 감소한다.

구축효과(밀어내기 효과)
정부의 재정적자의 증가가 투자지출을 감소시키는 경향

정부의 재정적자가 투자지출을 감소시키는 경향을 **구축효과**(밀어내기 효과, crowding out)라고 부른다. 투자지출의 감소는 자본축적의 둔화를 의미하며 경제성장률을 낮춘다. 재정적자가 경제성장에 미치는 이러한 부정적 효과는 아마도 재정적자의 가장 중요한 비용이며 경제학자들이 정부에게 재정적자를 최소화하라고 조언하는 이유이다.

✔ 개념체크 20.6

일반 대중들이 저축 결정에 "베짱이 같이" 행동하여 미래를 위해 저축하는 것에 관심을 덜 갖게 되었다고 가정하자. 일반 대중의 태도의 변화가 경제의 자본 형성과 경제성장에 어떤 영향을 미치겠는가?

국가 경제에서 보면 높은 저축률은 새로운 자본재에 대한 더 많은 투자로, 따라서 생활수준의 향상으로 이어진다. 개인 또는 가계의 차원에서 높은 저축률은 재산의 축적과 경제적 안정을 달성시킨다. 본장에서는 저축과 투자를 결정하는 요인들에 대하여 공부하였고 제 22장에서는 저축자들이 자신의 부를 어떤 형태로 가지는지, 금융시스템이 저축을 가장 생산적인 투자계획에 어떻게 배분하는지 더 자세히 알아볼 것이다.

요약 저축, 투자, 금융시장

- 금융시장은 저축의 공급자(가계, 기업, 정부)와 저축의 수요자(새로운 자본재를 구매하고 주택을 건설하려는 기업)를 연결시킨다.
- 외국으로부터의 차입 가능성을 제외하면(제 22장에서 논의) 한 국가는 저축자들이 저축한 자원들로 투자할 수 있다. 균형에서는 투자(저축에 대한 수요)와 국민저축(저축 공급)은 일치해야 한다.
- 균형에서는 저축의 "가격"인 실질이자율의 조정을 통하여 수요와 공급이 같아진다.
- 실질이자율 이외에 저축의 수요와 공급에 영향을 미치는 요인들의 변화는 수요곡선과 공급곡선을 이동시키고 새로운 균형으로 이끈다.
- 다음 요소들은 기업들이 새로운 자본재에 투자하려는 의향을 증가시켜 저축에 대한 수요곡선을 오른쪽으로 이동시킨다.
  1. 새로운 자본재 가격의 하락
  2. 자본의 한계생산을 증가시키는 기술 향상
  3. 자본이 창출한 수입에 대한 세율 인하
  4. 기업 생산물의 상대가격 상승

요 약 Summary

- 일반적으로 저축은 현재소득에서 현재의 필요에 대한 지출을 뺀 것과 같다. 저축률은 소득 중 저축이 차지하는 비율이다. 부 또는 순자산은 자산의 가치(실물자산과 금융자산)에서 부채(채무)의 가치를 뺀 것과 같다. 저축은 시간 단위당 화폐금액으로 측정되는 유량이다. 부는 한 시점에서 화폐금액으로 측정되는 저량이다. 욕조 안의 물의 양이 흘러들어오는 속도에 따라 변하는 것같이 부의 저량은 저축률의 속도로 증가한다. 기존 자산의 가치가 상승하면(자본이득) 부 또한 증가하고, 기존 자산의 가치가 감소하면(자본손실) 부도 감소한다.
- 개인과 가계는 노후 대비나 새로운 주택 구입 등 미래의 지출(생애주기 저축), 비상시에 대비할 필요(예비적 저축), 유산을 남기려는 욕구(유산 저축)를 포함하는 다양한 이유로 저축한다. 사람들이 저축하는 양은 저축에 대한 "보상"인 실질이자율에 의해 영향을 받는다. 실증연구에서는 높은 실질이자율이 저축을 다소 증가시킨다고 알려져 있다. 저축은 또한 자기통제의 정도와 주변 사람들의 수준에 맞춰 소비하려는 욕구(과시효과)와 같은 심리적 요인들에 의해 영향을 받을 수 있다.
- 국가 전체의 저축인 국민저축은 $S=Y-C-G$로 정의되는데 Y는 총생산 또는 국민소득, C는 소비지출, G는 재화와 서비스에 대한 정부구매이다. 국민저축은 민간저축 $Y-T-C$와 공공저축 $T-G$로 세분될 수 있는데, 여기에서 T는 정부에 납부한 조세에서 이전지출과 정부가 민간부문에 지급한 이자를 뺀 것을 가리킨다. 민간저축은 가계저축과 기업저축으로 더 세분화될 수 있다. 한국에서 민간저축의 많은 부분은 기업저축이다.
- 공공저축은 정부의 재정흑자인 $T-G$와 같다. 정부가 재정적자를 갖고 있다면 공공저축은 음수이다. 한국의 가계저축률은 외환위기 이후 하락하였지만 국민저축률은 별로 하락하지 않았고 여전히 다른 국가들에 비해 높은 수준을 보이고 있다.
- 투자는 새로운 자본재의 구입이나 주택 등의 건설을 포함한다. 투자하는 편익이 비용을 초과할 경우에만 기업들은 새로운 자본재에 투자할 것이다. 투자비용을 결정하는 두 가지 요소는 새로운 자본재의 가격과 실질이자율이다. 실질이자율이 높을수록 빌리는 비용이 증가하며 기업의 투자가능성은 낮아진다. 투자의 편익은 새로운 자본재의 한계생산가치이며 이는 새로운 자본재의 생산성, 창출한 수익에 대하여 부과되는 세금, 기업 생산물의 상대가격 등에 의존한다.
- 국제적 자본거래가 없을 때 국민저축의 수요와 공급은 같아야 한다. 국민저축의 공급은 가계와 기업의 저축결정과 정부의 재정정책(공공저축)에 의존한다. 저축에 대한 수요는 기업들이 새로운 자본재에 투자하기를 원하는 양이다. 대출금의 "가격"인 실질이자율은 국민저축의 수요와 공급을 일치시키기 위해 변화한다. 저축의 수요와 공급에 영향을 주는 요인들은 균형 저축 및 투자와 균형 실질이자율을 변동시킨다. 예를 들어, 정부의 재정적자의 증가는 국민저축과 투자를 감소시키고 균형 실질이자율을 상승시킨다. 정부의 재정적자가 투자를 감소시키는 현상을 "구축효과"라고 부른다.

핵심용어 Key Terms

공공저축(637)
구축효과(648)
국민저축(636)
민간저축(637)
부(622)
부채(623)
생애주기저축(628)
순자산(623)
시장이자율(629)
예비적 저축(628)
유량(624)
유산저축(628)
이전지출(636)
자본손실(626)
자본이득(626)
자산(623)
재무상태표(623)
저량(624)

저축(622)
저축률(622)
정부 재정적자(638)
정부 재정흑자(638)

복습문제 Review Questions

1. 유량과 저량의 개념을 이용하여 저축과 부의 관계를 설명하라. 저축은 부를 증가시킬 수 있는 유일한 수단인가? 설명하라.

2. 저축에 대한 세 가지 기본 동기를 제시하라. 각각을 예를 들어 설명하라. 심리학자들이 저축에 중요하다고 언급한 다른 요인들은 무엇인가?

3. 저축이라는 일반적 개념을 가지고 국민저축을 정의하라. 왜 표준적인 국민저축의 정의는 경제에서 실제로 이루어진 저축의 참값을 잠재적으로 과소평가할 가능성이 있는가?

4. 한국의 가계저축률은 외환위기 이후 낮아졌다. 이러한 사실이 한국 경제에 문제가 될 것인가? 왜 그러한가 또는 왜 그렇지 아니한가?

5. 왜 실질이자율의 상승은 저축의 수요량을 감소시키는가? (힌트: 누가 저축의 "수요자"인가?)

6. 저축의 공급을 증가시킬 수 있는 요인과 저축에 대한 수요를 증가시킬 수 있는 요인을 한 가지씩 제시하라. 각각이 저축, 투자, 실질이자율에 미치는 효과를 설명하라.

연습문제 Problems

1. a. 코리는 $300의 산악자전거, $150의 신용카드 채무, $200 현금, $400의 샌디 쿠팩스 야구카드, $1,200의 가계예금 계좌 잔고, $250의 전기료 고지서를 가지고 있다. 코리의 재무상태표를 만들고 그의 순자산을 계산하라. 아래 각각의 경우가 코리의 자산, 부채, 부에 어떤 영향을 미치는지 설명하라.
   b. 코리는 야구카드 전시회에 가서 그의 야구카드가 가치 없는 모조품이라는 것을 알게 된다.
   c. 코리는 신용카드 잔고를 갚기 위해 급여에서 $150를 사용한다. 나머지 소득은 지출된다.
   d. 코리는 그의 가계예금 계좌로부터 $150 수표를 발행하여 신용카드 잔고를 갚았다.

   앞의 세 가지 b~d 경우 가운데 코리에게 저축이 되는 것은 무엇인가?

2. 다음 각각이 유량인지 저량인지 말하고 설명하라.
   a. 국내총생산
   b. 국민저축
   c. 2020년 1월 1일의 한국 주택의 가치
   d. 오늘 아침 현재 한국 시중에 유통되는 현금통화의 양
   e. 정부의 재정적자
   f. 2020년 1월 1일 정부 채무의 양

3. 엘리와 빈스는 대학 학위를 가지고 있고 직장을 가진 맞벌이 부부이다. 다음 각각의 사건들은 그들이 매달 저축하는 양에 어떤 영향을 줄 것이라고 생각하는가?
   a. 엘리는 자신이 임신했다는 것을 알게 되었다.
   b. 빈스는 그가 종사하는 산업에서 해고의 가능성에 대한 기사를 읽었다.
   c. 빈스는 자신의 주택 구입에 그의 부모가 재정적 도움을 줄 것이라고 기대했었으나 그들이 여유가 없다는 것을 알게 되었다.
   d. 엘리가 향후 수년 내에 법대에 진학하고 싶다고 말했다.
   e. 주식시장 호황은 그 부부의 퇴직연금 잔고의 가치를 크게 증가시켰다.
   f. 빈스와 엘리는 그들의 유서에서 많은 재산을 지역 자선

단체에 남기려는 데 동의했다.

4. IRA(Individual Retirement Account)라고 불리는 개인연금계좌는 저축을 장려하기 위해 미국 정부에 의해 만들어졌다. IRA에 입금하는 개인은 입금된 소득부분에 대한 세금을 납부하지 않고, IRA계좌가 벌어들인 이자에 대한 소득세를 납부하지 않는다. 그러나 기금이 IRA에서 인출될 때 인출된 총액은 소득으로 간주되고 개인의 소득세율에 따라 세금이 부과된다. 이와 대조적으로 비 IRA계좌에 입금하는 개인은 입금된 기금과 매년 벌어들인 이자에 대한 소득세를 납부해야 하지만 기금으로부터 인출된 금액에 대하여는 세금을 납부하지 않는다. 표준적인 저축예금 계좌와 구별되는 IRA의 또 하나의 특징은 IRA에 입금된 기금을 은퇴 전에 조기인출하려면 벌금을 납부해야 한다는 것이다.

a. 은퇴까지 5년이 남은 사라는 직장에서 $10,000의 보너스를 받았다. 그녀는 이 추가적 소득을 IRA계좌에 저축할 것인지 보통의 저축예금에 저축할 것인지 결정하려고 한다. 두 계좌 모두 명목이자율이 5%이며 사라는 매년(은퇴하는 해를 포함하여) 30%의 소득세율을 적용받는 소득구간에 위치하고 있다. 두 가지 저축방법 각각에 대하여 세금을 제외하고 사라가 5년 후에 받을 액수를 비교하라. IRA계좌에 입금하는 것이 사라에게 좋은가?

b. IRA계좌가 있는 것이 가계의 저축량을 증가시킬 것으로 기대하는가? (1) 실질이자율의 변화에 대한 저축의 반응과 (2) 저축의 심리적 이론의 관점에서 논의하라.

5. 다음 각 경우에 대하여 국민저축, 민간저축, 공공저축, 국민저축률을 구하라.

a. 가계저축 = 200, 기업저축 = 400
재화와 서비스에 대한 정부구매 = 100
정부의 이전지출과 이자지급 = 100
조세 = 150, GDP = 2,200

b. GDP = 6,000, 조세 = 1,200
정부의 이전지출과 이자지급 = 400
소비지출 = 4,500
정부의 재정흑자 = 100

c. 소비지출 = 4,000, 투자 = 1,000
정부구매 = 1,000, 순수출 = 0
조세 = 1,500
정부의 이전지출과 이자지급 = 500

6. 엘리와 빈스는 새 집을 구입해야 할지 결정하려고 한다. 그들이 원하는 주택의 가격은 $200,000이다. 유지비, 세금, 보험과 같은 연간 비용은 주택가격의 4%이다. 적절히 관리된다면 주택의 실질가치는 변하지 않을 것으로 예상된다. 실질이자율은 6%이고 엘리와 빈스는 이 이자율로 구입가격 총액에 대한 대출을 받을 수 있다(단순화를 위해 초기 자기부담금은 없다고 가정한다). 주택저당대출의 이자금액이 소득공제되는 경우는 무시하라.

a. 엘리와 빈스는 그들이 구입하려고 생각하고 있는 것과 동급의 주택에서 월세로 살 때 $1,500를 월세로 지불할 용의가 있다. 그들은 주택을 구입해야 하는가?

b. 그들이 매달 월세로 $2,000를 지불할 용의가 있다면 문항 a의 대답이 달라지는가?

c. 실질이자율이 6%가 아니고 4%라면 문항 a의 대답이 달라지는가?

d. 주택개발업자가 엘리와 빈스에게 그 집을 $150,000에 팔겠다고 하면 문항 a의 대답이 달라지는가?

e. 왜 주택건설회사는 높은 이자율을 싫어하는가?

7. 새로운 복합 영화관 건설회사는 얼마나 많은 스크린을 설치할지를 결정하려고 한다. 아래는 스크린 수에 따라 매년 영화관이 모을 관객 수의 추정치이다.

스크린 수	총 관객수
1	40,000
2	75,000
3	105,000
4	130,000
5	150,000

영화배급사에 대한 지급액과 이자 이외의 모든 다른 비용을 지불한 후에 영화관 주인은 영화티켓 한 장당 $2의 순수익을 기대하고 있다. 건설비용은 스크린당 $1,000,000이다.

a. 1에서 5까지 각 스크린의 한계생산가치를 보여주는 표를 만들어라.

실질이자율이 아래와 같을 때 몇 개의 스크린이 지어지겠는가?

b. 5.5%

c. 7.5%

d. 10%

e. 실질이자율이 5.5%라면 건설회사가 5개의 스크린을 건설할 의향이 있기 위해서는 건설비용이 얼마까지 감소해야 하는가?

8. 다음 각각의 시나리오에 대하여 수요-공급모형을 이용하여 실질이자율, 국민저축, 투자의 변화를 예측하라. 각각의 경우에 대하여 수요-공급곡선 그림을 그려라.

a. 의회는 10% 투자세액공제 법안을 통과시켰다. 이 프로그램에서는 기업이 새로운 자본 장비에 지출한 매 $100에 대하여 정부로부터 추가적인 $10의 세액을 환불받는다.

b. 군비지출의 감소로 정부의 재정이 적자에서 흑자로 전환되었다.

c. 새로운 세대의 컴퓨터 제어 기계가 출시되었다. 이러한 기계들은 제조업 제품의 생산 기간을 단축시키며 또한 불량률도 낮춘다.

d. 정부가 회사의 이윤에 대한 세금을 올리면서 총세금액은 변하지 않도록 다른 세금을 변화시켰다.

e. 직업 안정성에 대한 우려로 예비적 저축이 증가하였다.

f. 새로운 환경규제로 기업들의 자본 설비 운영비용이 증가하였다.

본문 개념체크 해답 Answers to Concept Checks

20.1 콘쉘로의 학자금 대출이 $3,000가 아닌 $6,500라면 그녀의 부채는 $3,250가 아닌 $6,750(학자금 대출+신용카드 잔액)가 될 것이다. 자산의 가치는 $6,280로 변화가 없다. 이 경우 자산 $6,280에서 부채 $6,750를 빼면 −$470이기 때문에 콘쉘로의 부는 음수이다. 음의 부 또는 순자산은, 소유하고 있는 것보다 빚지고 있는 것이 더 많음을 의미한다.

20.2 물이 욕조에서 빠져나가고 있다면 유량은 음수로서 분당 −3갤런이다. 오후 7시 16분에 욕조에 37갤런이 있었고 오후 7시 17분에는 34갤런이 있게 된다. 저량의 변화율은 분당 −3갤런이고 이것은 유량이다.

20.3 a. 콘쉘로는 평상시와 같이 $20를 저축하였으나 새로운 부채 $50가 발생하였다. 따라서 그녀의 순저축은 −$30이다. 자산(가계예금계좌)이 $20 증가했지만 부채(신용카드 잔액)가 $50 증가하였기 때문에 부가 $30 감소하였다.

b. 신용카드 고지서를 납부하기 위해 가계예금 계좌에서 인출하여 자산 $300가 감소하였고, 신용카드 잔액이 $0으로 감소하여 동일한 금액의 부채가 감소하였다. 따라서 부에는 변동이 없다. 또한 저축에도 변화가 없다(콘쉘로의 소득과 현재의 필요에 대한 지출에는 변동이 없음에 유의하라).

c. 콘쉘로의 자동차 가치의 증가는 자산을 $500 증가시킨다. 따라서 부 또한 $500 증가한다. 그러나 기존 자산의 가치변화는 저축의 일부로 취급되지 않기 때문에 저축에는 변화가 없다.

d. 콘쉘로의 가구의 가치의 하락은 $300의 자본손실에 해당한다. 자산과 부는 $300 감소하였다. 저축에는 변화가 없다.

20.4 한국의 중앙정부는 2009년에 총수입보다 총지출이 많기 때문에 재정적자를 발생시켰다. 재정적자는 268.4−250.8＝17.6조원이다. 동일한 개념으로 재정흑자는 −17.6조원이다. 따라서 국민저축에 대한 중앙정부의 기여분은 −17.6조원이다.

20.5 그 해 $200의 가치손실은 모우어를 소유하는 추가적인 비용이기 때문에 래리가 결정을 내릴 때 이 점도 고려해야 한다. 총비용은 이자비용 $240와 예상되는 모우어의 가치손실(감가상각이라고 부름) $200를 더하여 $440가 된다. 이것은 한계생산가치 $400를 초과하므로 래리는 모우어를 구입하지 말아야 한다.

20.6 가계저축은 국민저축의 일부분이다. 주어진 실질이자

율에서 가계저축의 감소, 이에 따른 국민저축의 감소는 저축공급곡선을 왼쪽으로 이동시킨다. 그 결과는 **그림 20.8**과 같다. 실질이자율은 상승하고 국민저축과 투자의 균형량은 감소한다. 낮은 투자는 낮은 자본 증가율과 동일하여 경제성장을 둔화시킬 것으로 예상된다.

화폐, 물가, 중앙은행

제21장

현대 경제에서 금융시스템은 어떻게 작동하는가?

여러분은 아마도 "성공(smart money)", "시간은 돈이다", "돈이 좌우한다(money talks)"와 같은 표현들을 들어 보았을 것이다. 사람들이 일반적으로 "돈(money)"이라는 용어를 사용할 때, 경제학자들이 의미하는 것과는 다른 경우가 많다. 경제학에서는, 여러분이 월급을 받을 때 소득을 받는다고 하고, 지출하지 않은 부분은 모두 저축이라고 한다. 주식시장에서 투자를 잘 한 사람에 대해서 대부분의 사람들은 "돈을 벌었다"라고 말할 것이지만 경제학자는 부(wealth)가 증가하였다고 말한다. 이러한 용어들을 구분하려고 하는 것은 재미있는 말장난을 하려는 것이 아니라 소득, 저축, 부, 화폐 등은 금융시스템에서 각각 다른 기능을 담당하기 때문에 경제학을 공부하는 사람들은 이러한 용어들을 사용할 때 주의를 기울여야 함을 의미한다.

본장에서는 현대 경제에서의 화폐의 역할에 대하여 논의한다: 왜 중요하고, 어떻게 측정되며, 어떻게 창출되는지 살펴본다. 화폐는 매일의 일상생활에서 경제 거래에 가장 중요한 역할을 담당하지만 거시적인 관점에서도 매우 중요하다. 예를 들어, 제 15장 "거시경제학: 경제의 조감도"에서 언급한 것처럼 세 가지 거시경제정책 중 하나인 통화정책은 주로 경제에 통화량이 얼마나 유통되어야 하는가에 대한 의사결정이다. 한국에서 통화정책은 중앙은행인 한국은행에 의해 수행되기 때문에 본장에서는 중앙은행으로서 한국은행과 한국은행이 가지고 있는 정책수단에 대하여 논의한다. 본장의 끝 부분에서는 경제의 통화량과 인플레이션율 사이의 관계에 대하여 고찰할 것이다.

21.1 화폐와 그 용도

화폐
재화와 서비스를 구매하는 데 사용될 수 있는 모든 자산

화폐란 정확히 무엇인가? 경제학자에게 **화폐**(money)란 구매하는 데 사용될 수 있는 모든 자산을 의미한다. 현대경제에서 화폐의 일반적인 예는 지폐와 동전이다. 체크카드를 이용하거나 계좌이체를 할 수 있는 요구불예금 계좌 잔고는 지급수단으로 사용될 수 있는 자산(식료 잡화를 구입하려고 체크카드를 쓸 때와 같이)이므로 화폐로 간주된다. 이와는 달리, 주식은 대부분의 거래에서 직접 이용될 수 없다. 주식은 식료잡화를 구입하는 거래가 이루어지기 전에 먼저 매도하여 현금이나 요구불예금 계좌로 전환되어야 한다.

역사적으로 카카오 열매(16세기 스페인이 지배하기 전까지 중부 멕시코를 지배했던 문명에 의해 사용됨)뿐만 아니라 금화, 은화, 조개, 열매, 깃털, 야프섬에서 사용된 무거운 돌까지 여러 가지 다양한 물건들이 화폐로 사용되었다. 금속화폐가 사용되기 이전에 가장 흔한 형태의 화폐는 남태평양 지역에서 발견되는 조개의 일종인 카우리(cowrie)였다. 카우리는 20세기 초까지 우간다에서 공식적으로 세금 납부에 쓰였는데, 최근에도 아프리카의 일부 지역에서 화폐로 사용되었다. 오늘날 화폐는 은행의 컴퓨터 안에 전산상으로만 존재하는 요구불예금 계좌 잔고처럼 사실상 무형의 것이 대부분이다.

사람들은 왜 화폐를 사용하는가? 화폐는 세 가지 중요한 용도를 가지고 있다: 교환의 매개수단, 회계의 단위, 가치의 저장수단.

교환의 매개수단
재화와 서비스를 구매하는 데 사용되는 자산

물물교환
재화와 서비스를 다른 재화와 서비스로 직접 교환하는 거래

현금으로 신문을 사거나 공공요금 고지서를 납부할 때와 같이, 화폐는 재화와 서비스를 구입하는 데 사용될 때 **교환의 매개수단**(medium of exchange)으로서 기능한다. 이것이 아마도 화폐의 가장 중요한 기능이다. 화폐가 없다면 일상생활이 얼마나 복잡해지겠는지 생각해 보라. 화폐가 없다면 모든 거래는 재화 및 서비스가 직접 서로 교환되는 **물물교환**(barter)의 형태가 되어야 할 것이다.

물물교환은 교환하려는 사람 각자가 상대방이 원하는 것을 가지고 있어야 한다는 이른바 "원하는 재화나 서비스의 이중적 일치(double–coincidence of wants)"를 요구하기 때문에 매우 비효율적이다. 예를 들어, 물물교환 경제에서 음악가는 음악연주와 음식을 교환하려는 사람을 찾을 수 있어야만 저녁을 먹을 수 있을 것이다. 서로 팔려고 하는 것을 상대방이 정확히 원하는 경우, 즉 필요의 쌍방일치를 찾는 것은 일반적으로 매우 어렵다. 화폐가 있는 세계에서 음악가의 문제는 훨씬 쉬워진다. 먼저, 음악가는 자신의 음악연주에 화폐를 지불할 용의가 있는 사람들을 찾는다. 그리고 받은 화폐로 필요한 재화와 서비스를 구입할 수 있다. 화폐를 사용하는 사회에서 음악을 듣기를 원하는 사람과 음악가에게 음식을 제공할 의향이 있는 사람이 동일할 필요가 없다. 다시 말하면, 재화와 서비스의 교역이 이루어지기 위해 원하는 재화나 서비스의 이중적 일치가 필요하지 않다.

한 사회에서 화폐를 사용하게 되면, 교역을 위하여 원하는 재화나 서비스의 이중적 일치를 찾아야만 하는 문제가 발생하지 않기 때문에, 가족 또는 마을이 필요한 물품

들을 모두 스스로 생산해야 할 필요가 없으며 각 개인들은 특정한 재화와 서비스의 생산에 특화할 수 있다. 비교우위의 원리에서 논의한 것처럼 특화는 경제적 효율성과 물질적 생활수준을 크게 증가시킨다. 이와 같이 화폐는 거래에서 매우 유용하기 때문에, 사람들은 화폐의 수익률이 매우 낮음에도 불구하고 화폐를 보유한다. 예를 들어, 현금은 이자가 전혀 없고 요구불예금 계좌 잔고의 이자율은 다른 금융투자보다 매우 낮거나 0이다.

비교우위

© DreamPictures/Jensen Walker/Blend Images

화폐가 없다면, 그는 음악연주와 음식을 교환할 의향이 있는 사람을 찾아야만 음식을 먹을 수 있을 것이다.

화폐의 두 번째 기능은 회계의 단위이다. **회계의 단위**(unit of account)로서 화폐는 경제적 가치를 측정하는 기본적인 척도이다. 미국에서 실질적으로 모든 가격들은—노동의 가격(임금)과 제너럴 모터스 주식과 같은 금융자산의 가격들을 포함하여—달러($)로 표시된다. 경제적 가치를 공통된 화폐단위로 표현하면 비교하기가 쉬워진다. 예를 들어, 곡식이 부셸로 측정되고 석탄은 톤으로 측정되지만, 20부셸의 곡식이 1톤의 석탄보다 경제적으로 더 또는 덜 가치 있는 것인지 판단하기 위해서 두 가지 가치를 달러 항목으로 표현한다. 회계단위로서 화폐의 용도는 교환의 매개수단으로서의 화폐의 용도와 밀접하게 관련되어 있다. 화폐는 물건을 사고파는데 사용되기 때문에 모든 종류의 가격들을 화폐의 단위로 표현하는 것이 합리적이다.

회계의 단위
경제적 가치의 기본적인 척도

세 번째 기능은 **가치의 저장수단**(store of value)으로서, 화폐는 부를 보유하는 한 방법이다. 예를 들어, 침대 매트리스에 현금을 넣어두거나 한밤중에 오래된 오크 나무 아래에 금화를 묻어둔 구두쇠는 부를 화폐의 형태로 보유하고 있는 것이다. 여러분이 요구불예금 계좌에 잔액을 가지고 있다면 여러분은 부의 일부를 화폐의 형태로 보유하고 있는 것이다. 화폐는 경제에서 교환의 매개수단 또는 회계의 단위이지만 유일한 가치저장수단은 아니다. 주식, 채권, 부동산 등과 같이 부를 보유하는 다른 방법들이 많이 있다.

가치의 저장수단
부를 보유하는 수단으로서 기능하는 자산

대부분의 사람들에게 교환의 매개수단으로서의 화폐의 용도를 제외하면, 화폐는 부를 보유하는 좋은 방법은 아니다. 정부채권이나 다른 종류의 금융자산과 달리 대부분의 형태의 화폐는 이자를 지급하지 않으며, 잃어버리거나 도난당할 위험이 항상 존재한다. 그러나 현금은 익명성과 추적의 어려움 등의 이점을 가지고 있어 밀수자 및 마약딜러나 국세청의 관심으로부터 벗어나기를 원하는 사람들에게는 매력적인 가치의 저장수단이 된다.

경제적 사유 21.1

민간화폐: "이타카 시간"에서 비트코인까지: 민간화폐, 공동화폐, 오픈소스 화폐는 무엇인가?

화폐는 유용한 수단인데 왜 화폐는 보통 정부에 의해서만 발행되는가? 민간이 발행한 화폐, 공동체가 발행한 화폐의 예가 있는가?

화폐는 보통 민간 개인이 아닌 정부에 의해서 발행되는데 그에 대한 부분적인 이유는 민간 화폐발행에 대한 법적인 제한 때문이다. 법이 허용하는 곳에서는 때때로 민간화폐가 등장한다.[1] 예를 들어, 민간에서 발행된 화폐는 30개 이상의 미국 지역사회에서 유통되고 있다. 뉴욕주의 이타카(Ithaca)에서는 "이타카 시간(Ithaca Hours)"이라고 알려진 민간화폐가 1991년 이후 유통되어 왔다. 도시 주민인 폴 글로버(Paul Glover)에 의해 만들어진 "이타카 시간"은 한 단위가 미국의 시간당 평균 임금인 $10와 동일하다. 위조를 방지하기 위해 특별히 개발된 잉크로 인쇄되는 이 지폐는 지역 사람들과 인근에서 받아들여진다. 1,600명의 개인과 사업자가 "이타카 시간"을 벌고 지출하고 있는 것으로 추정된다. 창시자인 폴 글로버는 다른 지역에서 쓸 수 없는 "이타카 시간"을 사용함으로써 사람들이 쇼핑을 지역 경제에서 더 많이 하도록 유인한다고 주장한다.

더 최근의 민간화폐의 발달은 2009년 "비트코인"이라고 알려진 가상화폐의 등장이다. 이것은 중앙은행을 통하지 않고 회계단위로서 비트코인을 사용하여 결제가 공적 원장에 기록되는 개인과 개인 사이의 온라인 결제시스템이다. 사용자들이 그들의 컴퓨터를 사용하여 결제를 입증하고 공적 원장에 기록하는 과정인 "발굴(mining)"이라고 알려진 결제과정 작업에 대한 보상으로서 새로운 비트코인이 창출된다. 이미 통용되는 비트코인은 "발굴" 이외에 다른 화폐, 생산물, 서비스를 제공하고 얻을 수 있다. 사용자들은 PC, 모바일, 웹기반 앱에 있는 특별 지갑 소프트웨어를 사용하여 비트코인을 전자적으로 보낼 수도 있고 받을 수 있다. 2017년 9월 중순 현재 비트코인 1단위의 가치는 약 $3,500이며 유통 중인 비트코인의 양은 1,650만 비트코인을 넘고 있다.

분권화된 디지털화폐로서의 잠재적 가능성에도 불구하고, 비트코인은 이제까지 화폐로서 매우 성공적이지는 않았으며 아직 많은 거래에서 널리 받아들여지고 있지 않다. 상업거래에서 이용되기 보다는 투기적 보유자들에 의한 거래가 대부분이기 때문에 비트코인의 가격변동성이 매우 높다. 유명한 사례는 2013년 11월 비트코인 1단위가 $1,100가 넘는 가격에 거래되었는데 이 가격은 수개월 전 달러 가격보다 10배 높은 것이었으며 그 이후 크게 하락하여 2015년 대부분 기간 동안 $300 아래에서 거래되었다. 2015년말 디지털화폐는 다시 오르기 시작하여 2017년 9월 1일 최고점인 $5,000를 넘어섰다가 그 다음날 $4,500, 그 달 말에 $3,500로 떨어졌다. 이러한 비트코인 가치의 변동성은 화폐의 세 가지 기능 중 가치저장 수단으로서의 기능과 회계의 단위로서의 기능을 제한시키고 있다.

"이타카 시간"과 비트코인의 공통점은 무엇인가? 둘 다 교환수단으로 기능함으로써 사회 내의 거래를 촉진한다.

21.1.1 화폐의 측정

특정시점에 재화와 서비스를 구매하는 데 사용될 수 있는 금융자산으로 정의된 화폐가 한 국가경제 내에 얼마나 존재하는가? 화폐에 포함될 수 있는 자산들과 포함되지 않아야 하는 자산들을 분명히 구별하는 것은 현실적으로 어렵기 때문에 이러한 질문에 대한 대답이 간단하지는 않다. 지폐는 화폐이고 고흐의 미술작품은 화폐가 아닌 것은 분명하다. 그러나 금융중개기관들은 현재 계좌소유자들에게 주식과 채권에 대한 금융투자, 체크카드, 신용카드 기능이 모두 결합된 계좌를 제공하고 있는데, 이러한 계좌에 있는 잔액 전부 또는 일부분이 화폐에 포함되어야 하는가? 이 질문에 대한 답변

1 Barbara A. Good, "Private Money: Everything Old Is New Again," Federal Reserve Bank of Cleveland, *Economic Commentary*, April 1, 1998.

표 21.1 한국의 M1과 M2의 구성요소, 2019년 5월

M1	**866.64**
현금통화	107.45
요구불예금	233.37
수시입출식 저축성예금	525.82
M2	**2,771.63**
M1	866.64
만기 2년미만 정기예 · 적금	1,137.78
수익증권	211.48
시장형상품(CD, RP)	32.1
MMF	54.53
만기 2년미만 금융채	91.26
만기 2년미만 금전신탁	252.88
CMA	43.46
기타	81.5

주: 조원, 월중 평잔, 원계열.
M1 = 현금통화 + 요구불예금 + 수시입출식 저축성예금
M2 = M1 + 만기 2년미만 정기예 · 적금 + 시장형상품(양도성예금증서, 환매조건부채권매도) + 만기 2년미만 실적배당형상품(금전신탁, 수익증권) + 만기 2년미만 금융채 + CMA + 기타(신탁형증권저축, 매출어음, 발행어음, 2년미만 외화예수금)
출처: 한국은행 경제통계시스템(http://ecos.bok.or.kr/), 조사통계월보.

은 쉽지 않다.

경제학자들은 화폐의 개념을 얼마나 넓게 정의할 것인가에 따라 몇 가지 화폐의 정의를 이용하고 있다. 거시경제학에서 "협의의" 화폐의 정의는 **M1**이라고 부른다. M1은 현금과 요구불예금 계좌 잔고의 합으로 정의된다. **M2**라고 부르는 더 광의의 화폐는 M1에 있는 모든 자산과, 지불하는 데 사용될 수 있지만 현금이나 요구불예금 계좌보다는 약간의 비용이나 불편함을 주는 몇 가지 추가적인 자산들을 포함한다. **표 21.1**은 M1과 M2의 구성요소들의 목록과 2019년 5월 각 종류의 자산의 총액을 보여주고 있다. 그러나 향후 대부분의 논의에서, 화폐를 현금과 요구불예금 계좌 잔고의 합인 M1으로 정의하고 진행하려고 한다.

M1
현금과 요구불예금 계좌 잔고의 합

M2
M1에 속하는 모든 자산에, 지불하는 데 사용될 수 있지만 현금이나 요구불예금 계좌보다는 더 큰 비용이나 불편함을 주는 몇몇 추가적인 자산들을 더한 것

사람들은 음식, 의류, 자동차, 심지어 세금 등에 대한 지급수단으로 신용카드를 이용하고 있지만, 신용카드 잔고는 M1이나 M2에 포함되지 않음에 유의하기 바란다. 신용카드 잔고가 화폐공급에 포함되지 않는 주요 이유는 사람들의 부를 표현한 것이 아니라는 것이다. 실제로 $1,000의 신용카드 사용액은 다른 사람에게 $1,000를 지불할 채무를 나타낸다.

요약 화폐와 그 용도

- 화폐는 현금이나 요구불예금 계좌(체크카드나 계좌이체의 방법으로)와 같이 구매에 이용될 수 있는 모든 자산을 의미한다. 화폐는 재화와 서비스를 구입하는 데 사용될 때 교환의 매개수단으로 기능한다. 교환의 매개수단으로서 화폐의 사용은 물물교환에서 "원하는 재화나 서비스의 이중적 일치"를 충족시켜야 하는 어려움을 없애준다. 화폐는 또한 회계의 단위와 가치의 저장수단으로 기능한다.
- 실제 데이터에서 두 가지 기본적인 화폐의 측정지표는 M1과 M2이다. M1은 협의의 측정지표로서 주로 현금과 요구불예금 계좌에 보유하고 있는 잔고의 합이다. 광의의 측정지표인 M2는 M1의 모든 자산들과, 지불하는 데 이용될 수 있는 몇 가지 추가적인 자산을 포함한다.
- 신용카드 잔액은 사용자가 지불해야 하는 채무를 의미하기 때문에 화폐로 간주되지도 않으며 화폐로 포함되어 계산되지 않는다.

21.2 상업은행과 통화창출

경제의 통화량(역자 주: 통화와 화폐는 동일한 의미로 혼용되어 사용되며, 또한 통화량, 화폐공급, 통화공급도 같은 의미로 사용된다)은 어떻게 결정되는가? 경제의 통화량이 완전히 현금으로 구성되어 있다면 대답은 간단하다: 통화량은 정부가 발행하여 유통되고 있는 현금의 가치와 정확히 같을 것이다. 그러나 이미 살펴본 것처럼 현대 경제에서 통화량은 현금뿐만 아니라 사람들이 상업은행에 보유하고 있는 예금잔고로 구성된다. 현대 경제에서 통화공급량은 상업은행과 예금자들의 행동에 부분적으로 의존하여 결정된다.

상업은행이 통화량에 어떻게 영향을 주는지 알아보기 위해 가상적인 나라인 고곤졸라 공화국(Republic of Gorgonzola)의 예를 살펴보자. 고곤졸라는 최초에 상업은행 시스템이 없었는데 물물교환의 필요성을 없애고 거래를 더 쉽게 하기 위하여 정부는 고곤졸라 중앙은행에 '길더'라고 부르는 지폐 100만 장을 유통시킬 것을 명령하였다고 가정하자. 중앙은행은 길더를 인쇄하여 국민들에게 나누어 주었다. 이 시점에서 고곤졸라의 통화량은 100만 길더이다.

그러나 지폐는 분실되거나 도난당할 수 있기 때문에 고곤졸라 국민들은 길더라는 지폐를 모두 현금으로 가지고 있는 것을 우려한다. 화폐를 안전하게 보관하려는 수요에 대응하여 고곤졸라의 어떤 기업가가 상업은행 시스템을 구축하였다. 처음에 이러한 은행들은 사람들이 길더를 예금할 수 있는 단지 저장금고였다. 사람들이 지불하려고 할 때, 그들은 길더를 직접 인출하거나 또는 자신들의 계좌 잔액 내에서 체크카드나 계좌이체 방법을 사용한다. 체크카드로 결제하면 은행은 체크카드로 지불한 사람의 계좌로부터 가맹점 계좌로 이체한다. 체크카드 또는 계좌이체에 의한 결제체계에서 한 은행의 예금자가 다른 은행의 예금자에게 지불함에 따라 길더는 한 은행으로부터 다른 은행으로 옮겨가지만 은행시스템을 떠나는 일은 발생하지 않는다. 예금에는 이자가 지급되지 않는다고 가정하였다; 은행들이 예금자들의 현금을 안전하게 지켜주는 데에 대한 수수료를 부과함으로써 이윤을 얻는다고 하자.

이제 사람들이 현금보다 은행예금을 선호하여 모든 길더를 상업은행에 예치한다고 가정하자. 모든 길더가 은행 금고에 있게 되면 고곤졸라 상업은행 모두를 합친 재무상태표(또는 대차대조표)는 **표 21.2**와 같다.

표 21.2 고곤졸라 상업은행의 결합재무상태표(최초)

자산		부채	
현금	1,000,000길더	예금	1,000,000길더

고곤졸라 상업은행 시스템의 자산은 모든 개별 은행의 금고에 보관되어 있는 지폐 길더이다. 예금 계좌의 잔고는 은행들이 예금자들에게 빚지고 있는 화폐를 나타내기 때문에 은행 시스템의 부채이다.

은행들이 보유하고 있는 현금이나 또는 현금성 자산을 **은행 지급준비금**(bank reserves)이라 부른다. 위 예에서 지급준비금은 모든 은행을 합하여 100만 길더이다—결합재무상태표의 자산 부분에 기입된 현금통화를 가리킨다. 은행들은 예금자의 현금 인출 수요에 대비하거나 체크카드 사용 및 계좌이체 등에 대비하기 위하여 지급준비금을 보유한다. 위 예에서 은행 지급준비금은 100만 길더로 은행 예금의 100%이다. 은행의 지급준비금이 은행 예금의 100%인 제도를 **전액 지급준비제도**(100% reserve banking)라고 부른다.

은행 지급준비금
상업은행들이 예금자의 인출 및 지급요구에 대응할 목적으로 보유하고 있는 현금 또는 현금과 유사한 자산

전액(100%) 지급준비제도
은행의 지급준비금이 예금의 100%인 은행제도

은행의 지급준비금은 일반 사람들에게 유통되지 않고 은행이 금고에 보유하고 있는 것이기 때문에 통화량의 일부로 계산되지 않는다. 그러나 은행 예금잔고는 거래를 하는 데 사용될 수 있으므로 화폐에 포함된다. 따라서 고곤졸라에서 상업은행의 도입 후의 통화량은 은행예금의 가치와 동일한 100만 길더이며 은행의 도입 이전과 같다.

얼마 후 고곤졸라의 은행장들은 예금에 대하여 100% 지급준비금을 유지할 필요가 없다고 생각하기 시작한다. 사실, 예금자들이 지급을 받거나 체크카드를 사용함에 따라 길더가 은행으로 들어오기도 하고 나가기도 하지만, 대부분의 지폐 길더 더미는 금고 속에서 사용되지 않은 채 머물러 있게 된다. 은행장들은 100%보다 적은 지급준비금을 가지고도 은행예금에서의 유입과 유출을 맞출 수 있다고 생각한다. 일정 기간 관찰한 후에 은행장들은 지급준비금을 예금의 10%만 유지하더라도 인출요구에 따른 불규칙한 현금지급을 맞추는 데 충분하다고 결론 내린다. 은행들은 나머지 90%의 예금을 차입자에게 대출해주면 이자를 벌 수 있다는 것을 깨닫게 된다.

따라서 은행장들은 10만 길더, 즉 예금의 10%를 지급준비금으로 보유하기로 결정한다. 은행의 지급준비금을 예금으로 나눈 **지급준비율**(reserve–deposit ratio)은 이제

지급준비율
은행의 지급준비금을 예금으로 나눈 비율

10만/100만, 즉, 10%가 된다. 나머지 90만 길더를, 농장을 개축하려는 치즈 생산업자에게 이자를 받고 대출해준다. 대출이 이루어진 후에 모든 고곤졸라 상업은행을 합한 재무상태표는 **표 21.3**과 같이 변동한다.

표 21.3 1회 대출 후 고곤졸라 상업은행의 결합재무상태표

자산		부채	
현금(=지급준비금)	100,000길더	예금	1,000,000길더
농부에 대한 대출	900,000길더		

대출이 이루어진 후 은행의 지급준비금 10만 길더는 은행예금 100만 길더의 100%가 아니다. 은행들이 예금보다 적은 지급준비금을 보유하여 지급준비율이 100%보다 작게 되는 은행제도를 **부분 지급준비제도**(fractional-reserve banking system)라고 부른다.

부분 지급준비제도
은행의 지급준비금이 예금보다 적어서 지급준비율이 100%보다 작은 은행제도

90만 길더는 은행 시스템의 밖으로 흘러나가(농부에게 대출로) 이제 민간의 손에 있다. 그러나 사람들은 거래를 하기 위해서 현금보다 은행예금을 선호한다고 가정하였으므로 궁극적으로 사람들은 90만 길더를 은행시스템으로 다시 예금하게 된다. 이러한 예금이 이루어진 후 상업은행들에 대한 결합재무상태표는 **표 21.4**와 같다.

표 21.4 길더가 재예치된 후 고곤졸라 상업은행의 결합재무상태표

자산		부채	
현금(=지급준비금)	1,000,000길더	예금	1,900,000길더
농부에 대한 대출	900,000길더		

은행예금, 즉 은행의 통화량은 이제 190만 길더가 된다. 부분지급준비 은행제도는 새로운 통화의 창출을 가능하게 했다. 은행들의 부채인 예금은 지급준비금 100만 길더와 은행의 대출 90만 길더의 합과 같다.

여기가 이야기의 끝이 아니다. 은행장들은 재무상태표를 조사하고 다시 한번 "너무 많은" 지급준비금을 갖고 있다고 생각한다. 190만 길더의 예금에 대하여 지급준비율이 10%이면 지급준비금으로 19만 길더만 필요하다. 그러나 100만 길더를 지급준비금으로 가지고 있으므로, 81만 길더는 필요 이상으로 많은 것이다. 필요량을 초과한 길더를 대출하면 금고 안에 남겨두는 경우보다 언제나 더 수익을 만들어 낼 수 있기 때문에 은행장들은 또 81만 길더를 대출한다. 이렇게 대출된 길더는 은행시스템에 다시 예금되고 결합재무상태표는 **표 21.5**와 같다.

표 21.5 **2회 대출과 재예치 후 고곤졸라 상업은행의 결합재무상태표**

자산		부채	
현금(=지급준비금)	1,000,000길더	예금	2,710,000길더
농부에 대한 대출	1,710,000길더		

이제 통화량은 은행예금인 271만 길더로 증가하였다. 그러나 대출과 예금의 확대에도 불구하고, 은행장들은 100만 길더의 지급준비금이 예금 271만 길더의 10%를 여전히 초과한다는 것을 발견한다. 따라서 또 한 번의 대출이 발생할 것이다.

✔ 개념체크 21.1

세 번째의 대출이 농부에게 이루어지고 길더가 은행시스템에 다시 예금된 후 고곤졸라 은행시스템의 결합재무상태표는 어떤 모습일지 작성해보라. 그 시점에서 통화량은 얼마인가?

은행은 초과 지급준비금을 대출하면 수익성을 올릴 수 있다는 것을 알기 때문에, 대출과 예금의 확대과정은 지급준비금이 은행 예금의 10%일 때까지 계속된다. 최종적으로 지급준비금은 100만 길더가 될 것이기 때문에 지급준비율이 10%일 때 총 예금은 1,000만 길더가 되어야 한다. 더욱이 재무상태표는 균형을 이루어야 하기 때문에 치즈 생산업자들에 대한 최종적인 대출은 900만 길더가 될 것임을 알 수 있다. 대출이 900만 길더라면 은행의 자산, 즉 최종적인 대출과 지급준비금(100만 길더)의 합계는 1,000만 길더가 되며, 이것은 은행의 부채(은행 예금)와 동일하게 된다. 최종 결합재무상태표는 **표 21.6**과 같다.

총예금인 통화량은 최종적으로 1,000만 길더가 된다. 은행들이 없는 경우나 또는 전액 지급준비제도에 비하여 부분 지급준비제도하에서는 통화량이 10이라는 배수로 증가된다. 다시 말하면, 10%의 부분 지급준비제도에서 은행시스템에 예금된 1길더는 10길더의 예금을 "지원"할 수 있다.

이 예에서 통화량을 더 직접적으로 알아내려면, 은행의 예금대비 지급준비금 비율이 은행이 희망하는 지급준비율을 초과하는 한, 추가적인 대출을 통하여 예금이 확

표 21.6 **고곤졸라 상업은행의 최종 결합재무상태표**

자산		부채	
현금(=지급준비금)	1,000,000길더	예금	10,000,000길더
농부에 대한 대출	9,000,000길더		

대된다는 것을 이용하면 된다. 은행의 예금대비 지급준비금의 실제 비율이 희망하는 지급준비율과 같을 때 예금의 확대는 중단된다. 따라서 궁극적으로 은행 예금은 다음 관계를 만족한다.

$$\frac{\text{은행 지급준비금}}{\text{은행 예금}} = \text{희망 지급준비율}$$

이 식을 은행의 예금에 대하여 풀어쓰면 다음과 같다.

$$\text{은행예금} = \frac{\text{은행 지급준비금}}{\text{희망 지급준비율}} \tag{21.1}$$

고곤졸라 경제의 모든 현금통화는 은행시스템으로 들어오기 때문에 은행의 지급준비금은 100만 길더이다. 은행들이 희망하는 지급준비율은 0.1이므로 (21.1)식을 이용하면 은행예금이 100만 길더/0.1, 즉 1,000만 길더가 된다는 것을 알 수 있으며, 은행들의 최종 결합재무상태표인 **표 21.6**에서 동일한 답을 발견할 수 있다.

✔ 개념체크 21.2

은행들이 희망하는 지급준비율이 10%가 아닌 5%일 경우, 고곤졸라의 예금과 통화량을 구하여라. 중앙은행에 의하여 유통된 현금통화의 총액이 200만 길더이고 희망하는 지급준비율이 10%라면 어떻게 되겠는가?

21.2.1 현금과 예금을 동시에 보유할 경우의 통화공급

고곤졸라의 예에서 모든 화폐는 은행에 예치된다고 가정하였다. 물론 현실에서 사람들은 화폐의 일부를 은행예금의 형태로 보유하고 나머지를 현금통화의 형태로 보유한다. 그러나 사람들이 현금통화와 은행예금을 모두 보유한다고 하더라도 **예 21.3**이 보여주듯이, 통화량의 결정은 크게 복잡해지지 않는다.

예 21.1 현금과 예금을 동시에 보유할 경우의 통화공급

고곤졸라 경제에서 비은행 경제주체들이 현금과 예금을 동시에 보유할 경우 통화량은 어떻게 되는가?

고곤졸라 국민들이 총 50만 길더를 현금통화의 형태로 보유하고 나머지는 은행에 예금한다고 가정하자. 은행들은 예금의 10%를 지급준비금으로 보유한다. 고곤졸라의 통화량은 얼마가 되는가?

통화량은 사람들의 수중에 있는 현금통화와 은행예금의 합이다. 일반 사람의 손에 있는 현금통화는 50만 길더로 주어졌다. 은행예금의 액수는 얼마인가? 중앙은행이 발행한 100만 길더

중 50만 길더가 일반 대중들에 의해 현금통화로 보유되기 때문에 나머지 50만 길더만이 은행의 지급준비금으로 제공될 수 있다. 예금은 은행의 지급준비금을 지급준비율로 나눈 것과 같으므로 예금은 50만 길더/0.1=500만 길더가 된다. 통화량은 일반 사람의 손에 있는 현금통화(50만 길더)와 은행예금(500만 길더)의 합인 550만 길더이다.

위의 예를 일반화하는 관계식은 다음과 같이 구해질 수 있다. 첫째, 통화량은 현금통화와 은행예금의 합과 같다는 사실을 써 보자.

$$\text{통화량} = \text{일반 사람이 보유한 현금통화} + \text{은행예금}$$

또한 은행예금은 지급준비금을 은행들의 희망 지급준비율로 나눈 것과 같다((21.1)식). 이 관계식을 이용하여 통화량식에 은행예금을 대입하면 다음을 얻는다.

$$\text{통화량} = \text{일반 사람이 보유한 현금통화} + \frac{\text{은행 지급준비금}}{\text{희망 지급준비율}} \tag{21.2}$$

(21.2)식을 사용하여 **예 21.5**에 대한 답을 확인할 수 있다. 그 예에서 일반 사람이 보유한 현금통화는 50만 길더, 은행의 지급준비금은 50만 길더, 희망 지급준비율은 0.1이다. 이 값들을 (21.2)식에 대입하면, 통화량은 50만+50만/0.1=550만으로 앞에서 구한 답과 동일하다.

상업은행들은 예금과 대출의 과정을 통하여 통화창출에 기여하게 되며 최초에 중앙은행에 의해 발행된 실물형태의 돈인 본원통화에 비해 경제 내에 존재하는 통화량은 더 많게 된다. 앞의 예들에서 지급준비율이 10%이고 현금보유가 없을 때에는 최초에 발행된 본원통화에 비해 M1은 10배가 존재하게 되며 현금과 예금을 동시에 보유하는 **예 21.1**에서는 5.5배가 된다. 이렇게 최초에 중앙은행에 의해 발행된 본원통화에 비해 경제 내에 통화량이 몇 배 창출되는가의 배율을 **통화승수**라고 부른다. 통화승수는 예금에 비하여 현금보유 비율이 높을수록, 그리고 지급준비율이 높을수록 다음 단계의 통화창출이 적어지므로 최종적인 통화승수가 감소한다. M1통화승수를 식으로 구해보면,

통화승수
최초에 중앙은행이 발행한 본원통화에 비해 경제 내에 창출된 통화량의 배율, 즉 통화량/본원통화

$$\text{M1통화승수} = \frac{\text{M1}}{\text{본원통화}} = \frac{\text{현금통화} + \text{예금}}{\text{현금통화} + \text{지급준비금}} = \frac{\text{현금통화/예금} + 1}{\text{현금통화/예금} + \text{지급준비율}} \tag{21.3}$$

따라서 예금대비 현금보유비율이 높아질 때, 지급준비율이 높아질 때 통화승수가 감소함을 확인할 수 있다.

예 21.2 크리스마스 시즌의 통화량

크리스마스 쇼핑은 통화량에 어떻게 영향을 미치는가?

크리스마스 시즌 동안 사람들은 쇼핑을 위해 평상시보다 많은 양의 현금통화를 보유한다. 중앙은행이 아무런 대응을 하지 않는다고 할 때, 이러한 현금통화 보유의 변화가 경제의 통화량에 어떤 영향을 주겠는가?

간단한 예를 가지고 알아보기 위하여, 처음에 은행의 지급준비금이 500, 일반 대중이 보유한 현금통화는 500, 은행시스템의 희망 지급준비율은 0.2라고 가정하자. 이 값들을 (21.2)식에 대입하면 통화량은 500+500/0.2=3,000이라는 것을 알 수 있다.

이제 크리스마스 쇼핑의 필요성 때문에 일반 사람들이 상업은행으로부터 100을 인출하여 현금통화를 600으로 증가시켰다고 가정하자. 이러한 인출은 은행의 지급준비금을 400으로 감소시킨다. (21.2)식을 이용하면 통화량은 이제 600+400/0.2=2,600이 된다. 따라서 일반 대중의 현금통화 보유가 증가하면 통화량은 3,000에서 2,600으로 감소하게 된다. 이렇게 감소한 이유는 지급준비율이 20%인 경우 은행금고의 1는 $5의 예금을 “지원”할 수 있으며, 따라서 $5의 통화량이 만들어짐을 의미한다. 그러나 일반 사람의 손에 있는 $1는 $1의 현금통화로서 통화량에 단지 $1만을 기여하게 된다. 따라서 일반 사람들이 은행으로부터 현금을 인출할 때 전체 통화량은 감소한다(그러나, 다음 절에서 알 수 있듯이 실제로 중앙은행은 일반 사람의 행동으로 인하여 발생하는 통화량에 대한 충격을 상쇄시키는 수단을 가지고 있다).

요약 상업은행과 통화창출

- 통화량은 민간 상업은행의 예금을 포함한다. 그러므로 상업은행과 예금자들의 행동이 통화량을 결정하는 데 중요한 역할을 한다.
- 은행이 보유하고 있는 현금이나 또는 유사한 자산을 은행 지급준비금이라고 부른다. 현대 경제에서 은행의 지급준비금은 예금보다 적으며, 이를 부분 지급준비제도라고 부른다. 은행의 예금대비 지급준비금 비율을 지급준비율이라고 부른다. 부분 지급준비제도에서 지급준비율은 1보다 작다.
- 은행은 예금 중 지급준비금을 제외한 나머지를 대출하여 이자를 벌 수 있다. 지급준비율이 희망 수준을 초과하는 한, 은행들은 계속 대출하고 예금을 받을 것이다. 이러한 과정은 희망하는 지급준비율이 실제 지급준비율과 같을 때까지 계속된다. 그 시점에서 총 은행예금은 은행의 지급준비금을 희망 지급준비율로 나눈 것과 같고, 통화량은 일반 사람들이 보유한 현금통화와 은행예금의 합과 같다.

21.3 중앙은행제도

금융시장의 참가자들과 일반 사람들에게 가장 중요한 정부기관 중 하나는 중앙은행(한국은 **한국은행**, 미국은 Fed라고 불리는 **연방준비제도**)이다. 다른 나라의 중앙은행과 마찬가지로 한국은행은 두 가지 중요한 임무를 가지고 있다. 첫째, **통화정책**을 수행하는 것으로서, 이것은 중앙은행이 경제 내에 얼마나 많은 화폐를 유통시킬 것인가를 결정하는 일이다. 다음 장들에서 살펴볼 것이지만 통화공급의 변화는 이자율, 인플레이션, 실업률, 환율 등 많은 거시경제변수에 영향을 줄 수 있다. 중앙은행은 특히 이자율과 같은 금융시장 변수에 영향을 줄 수 있기 때문에 금융시장 참가자들은 중앙은행의 행동과 발표에 촉각을 세우고 있다. 중앙은행의 정책이 어떤 효과를 가지는지에 대하여 이해하는 첫 단계로서, 본장에서는 통화공급의 변화가 경제에 미치는 영향에 대한 분석은 나중으로 미루고, 중앙은행이 통화량을 어떻게 변화시킬 수 있는가의 기초적인 문제에 초점을 두고자 한다.

둘째, 중앙은행은 다른 정부기관들과 함께 금융시장의 감시와 규제라는 중요한 책임을 지고 있다. 중앙은행은 특히 금융시장의 위기 기간 동안 중요한 역할을 한다. 중앙은행이 자신의 임무를 어떻게 수행하는지에 대하여 논의하기 위해 중앙은행의 구조와 목적, 설립배경 등에 대하여 간단히 알아보자.

21.3.1 한국은행의 역사와 구조

1948년 정부수립 직후 근대적 금융제도의 확립과 통화신용정책의 집행을 위해 중앙은행 설립이 추진되어, 한국은행은 1950년 5월 한국은행법 공포와 함께 설립되었다. 다른 나라의 중앙은행과 마찬가지로 한국은행은 정부기관이다. 기본적인 목표가 이윤창출인 상업은행들과는 달리, 중앙은행은 경제성장, 낮은 인플레이션, 금융시장의 원활한 작동 등과 같은 공공의 목표를 달성하는 데 초점을 두고 있으며 특히 한국은행법에는 “물가안정”을 통한 국가 경제의 건전한 발전과 “금융안정”에 유의하도록 명시되어 있다.

한국은행에서는 통화정책을 담당하는 의사결정기구로서 **금융통화위원회**가 있다. 금융통화위원들은 한국은행 총재, 부총재 및 각계의 의견을 수렴하기 위해 추천된 5인을 포함하여 총 7인으로 구성된다. 금융통화위원회는 매년 8번의 기준금리 결정을 위한 정기회의를 갖고 다음 회의까지의 통화정책의 방향을 결정하는 기준금리를 발표한다.

금융통화위원회
통화신용정책과 관련된 결정을 내리는 위원회

21.3.2 공개시장운영을 통한 통화량 조절

중앙은행의 첫 번째 임무는 국가경제의 통화량의 적절한 규모와 관련된 통화정책을 수행하는 것이다. 앞 절에서 살펴본 것처럼, 중앙은행은 통화량을 직접 조절하지 않지만(직접 통제할 수 없다) 상업은행이 보유하고 있는 지급준비금의 공급을 변화시킴으로써 간접적인 방법으로 통화량을 조절한다.

중앙은행은 은행의 지급준비금에 영향을 줄 수 있는 몇 가지 방법을 가지고 있다. 역사적으로 이들 중에서 가장 중요한 것은 공개시장운영(open-market operations)이다. 중앙은행이 은행 지급준비금을 증가시켜 최종적으로는 은행 예금과 통화량을 증가시키려 한다고 가정하자. 이러한 정책을 수행하기 위해 중앙은행은 민간으로부터 금융자산 특히 국채를(한국은행은 주로 통화안정증권) 매입한다. 중앙은행에 채권을 매도하는 사람들은 채권 매도자금으로 받은 금액을 상업은행에 예금할 것이다. 따라서 중앙은행이 매입한 채권 금액만큼 은행시스템에 지급준비금이 증가하게 될 것이다. 은행 지급준비금의 증가는 다시 대출과 재예금을 통하여 (21.2)식에 요약된 대로 은행예금과 통화량의 확대로 이어질 것이다. 민간으로부터 중앙은행의 채권 매입은 **공개시장매입**(open-market purchase)이라고 부르며, 은행의 지급준비금과 통화량을 증가시킨다.

공개시장매입
은행의 지급준비금과 통화량을 증가시키기 위해 중앙은행이 민간으로부터 정부채권을 구입하는 것

중앙은행이 은행의 지급준비금과 통화량을 감소시키려면 위와 반대의 행동을 취하면 된다. 중앙은행은 보유하고 있던 정부 채권(이전에 공개시장매입으로 획득한)의 일부를 민간에 판매한다. 민간은 상업은행의 지급계좌에서 계좌이체를 사용하여 채권의 구입대금을 지급한다고 가정하자. 그러면 중앙은행이 판매한 정부채권의 가치와 동일한 액수의 지급준비금이 상업은행으로부터 중앙은행으로 이전된다. 중앙은행은 시중에 유통되어 있던 지급준비금을 회수하여 은행의 지급준비금을 감소시키고 전체 통화량을 감소시킨다. 중앙은행이 은행의 지급준비금과 통화량을 감소시킬 목적으로 정부 채권을 민간에게 판매하는 것을 **공개시장매각**(open-market sale)이라고 부른다. 공개시장매입과 공개시장매각을 합쳐 **공개시장운영**(open-market operations)이라고 부른다.

공개시장매각
은행의 지급준비금과 통화량을 감소시키기 위해 Fed가 민간에 정부채권을 판매하는 것

공개시장운영
공개시장매입과 공개시장매각

공개시장운영은 은행들이 희망지급준비율을 변화시키지 않는 한, 중앙은행이 통화량을 변동시킬 수 있는 가장 편리하고 유연한 수단이다. 공개시장운영에 의해 유발된 지급준비금의 변화는 즉시 은행의 대출액에 영향을 주게 되고 통화량에 영향을 주게 될 것이다. 2007~2008년의 글로벌 금융위기 기간 이전까지 대부분의 선진국들에서는 통화량을 조절하는 방법으로서 공개시장운영 방법을 정기적이고 일상적으로 사용해왔다. 나중에 살펴볼 것이지만 금융위기 이후에는 공개시장운영의 세부내용과 목적이 다소 변화되었다. 중앙은행이 통화량을 변화시키는 다른 수단에 대해서는 다음 장들에서 소개될 것이다.

예 21.3 공개시장운영을 통한 통화량 증가

공개시장운영은 통화량에 어떻게 영향을 주는가?

어떤 경제에서 민간이 보유하고 있는 현금이 1,000쉐켈(shekel), 은행 지급준비금이 200쉐켈, 희망하는 지급준비율이 0.2라고 한다. 통화량은 얼마인가? 중앙은행이 새로이 100쉐켈을 인쇄

하여 민간으로부터 정부 채권을 구입하는 데 사용하였다면 통화량은 어떻게 변하는가? 민간은 보유하고 있는 현금통화의 양을 변동시키지 않는다고 가정한다.

은행 지급준비금이 200쉐켈이고 지급준비율이 0.2이므로 은행의 예금은 200쉐켈/0.2 또는 1,000쉐켈이 되어야 한다. 통화량은 민간이 보유하고 있는 현금통화와 은행예금의 합과 같으므로 2,000쉐켈이 되며, (21.2)식을 사용하여 확인할 수 있다.

공개시장 매입으로 민간의 손에 100쉐켈이 더 공급되었다. 민간은 계속 1,000쉐켈의 현금을 보유하기를 원한다고 가정한다. 따라서 그들은 추가적인 100쉐켈을 상업은행에 예금할 것이며 은행의 지급준비금을 200쉐켈에서 300쉐켈로 증가시킨다. 희망하는 지급준비율이 0.2이므로, 대출과 재예금의 반복적인 과정은 결국 은행예금을 300쉐켈/0.2, 즉 1,500쉐켈로 증가시킬 것이다. 통화량은 민간이 보유하고 있는 1,000쉐켈과 은행예금 1,500쉐켈을 합한 2,500쉐켈이 된다. 따라서 100쉐켈의 공개시장 매입은 은행의 지급준비금을 100쉐켈만큼 증가시켜 통화량을 500쉐켈 증가시켰다. (21.2)식을 이용하여 이 결과를 확인할 수 있다.

✔ 개념체크 21.3

예 21.3에서 100쉐켈의 공개시장매입 대신에 중앙은행이 50쉐켈에 해당하는 정부 채권의 공개시장매각을 수행하였다고 가정하자. 은행 지급준비금, 은행예금, 통화량은 어떻게 달라지는가?

21.3.3 금융시장 안정화를 위한 중앙은행의 역할: 금융공황(bank panic)

통화량을 조절하는 것 이외에 중앙은행은 (다른 정부기관과 함께) 금융시장이 안정적으로 작동하도록 해야 할 책임을 지고 있다. 미국에서 중앙은행인 Fed가 설립된 배경에는 금융시장과 경제를 혼란에 빠뜨리는 빈번한 금융위기의 발생이 있었다. 2011년 말 개정된 한국은행법에서는 "통화신용정책을 수행함에 있어 금융안정에 유의하여야 한다"고 명시함으로써 금융안정과 관련된 한국은행의 책임과 역할을 규정하고 있다.

역사적으로 **금융공황**(bank panic)은 금융위기의 가장 심각한 형태이다. 금융공황에서는 일부 은행이 도산할 것이라는 뉴스, 소문으로 예금자들이 자금을 서둘러 인출하려고 하는 상황이 발생한다. 금융공황은 어떻게 진행되고 중앙은행은 이러한 금융공황에 어떻게 대응할 수 있는지 알아보자.

금융공황(bank panic)
은행의 도산이 임박하였다는 뉴스나 소문 때문에 모든 예금자들이 자금을 인출하려는 상황

금융공황은 왜 발생하는가? 금융공황이 발생하게 되는 중요한 요인은 대부분의 선진국들에서 도입되어 있는 부분지급준비제도로서, 은행의 지급준비금은 예금보다 적어 은행들은 예금자 모두가 인출을 요구할 경우 지불할 수 있는 충분한 지급준비금을 보유하고 있지 않다. 정상적인 상황에서는 예금자들 중에서 아주 일부만이 예금을

인출하려고 하기 때문에 부분지급준비제도는 아무 문제가 되지 않는다. 그러나 일부 은행이 유동성 위기에 처해있고 도산할 수도 있다는 소문이 돌게 되면 예금자들은 공포에 휩싸여 자금을 인출하려 할 것이다. 은행의 지급준비금은 예금보다 적기 때문에 매우 심각한 공포 상황에서는 재무가 건전하고 양호한 상태의 은행들도 자금이 빠져나가 도산이나 폐쇄에 이르기도 한다.

중앙은행은 금융공황을 예방하거나 완화하는 두 가지의 주요 수단을 가지고 있다. 첫째, 중앙은행은 은행들을 감독하고 규제할 권한을 가지고 있다. 중앙은행이 은행의 경영활동에 대하여 항상 예의주시하고 있다는 사실을 사람들이 알고 있을 때 사람들은 은행에 대하여 더 자신감을 가질 수 있을 것이며 또한 금융공황에 덜 노출될 것이다. 둘째, 중앙은행은 재할인대출이라는 방법을 통하여 은행들에게 직접 대출을 해 줄 수 있다. 금융공황에서 은행들이 중앙은행으로부터 자금을 대출받아 예금자들에게 지급할 수 있다면 금융공황의 문제는 상당히 완화될 수 있다.

중앙은행이 설립되어 작동하는 경제에서 금융공황이 발생되지 않는 것처럼 보였으나 1930−1933년의 대공황 기간에 미국은 가장 심각하고 길었던 금융공황을 겪었다. 경제사학자들은 이러한 금융공황에 대한 책임의 많은 부분이 중앙은행에 있다는 데에 동의한다. 왜냐하면 당시의 Fed는 문제의 심각성을 제대로 인식하지도 못했으며 문제를 완화하려는 적극적인 행동을 취하지 않았기 때문이다.

경제적 사유 21.2

1930~1933년의 금융공황은 왜 통화량을 감소시켰는가?

미국이 경험한 최악의 금융공황은 1930년과 1933년 사이 대공황의 초기 단계에 발생하였다. 이 기간 동안에 미국에 있는 은행들의 대략 1/3이 폐업하였다. 은행시스템의 이러한 몰락은 대공황을 더욱 악화시켰다. 1930년대 초반 기간 동안 영업을 하는 은행들의 수가 적어지면서 소규모 사업가들과 소비자들이 신용을 얻는 것은 매우 어려웠다. 금융공황의 또 다른 중요한 효과는 국가의 통화량을 크게 감소시켰다는 것이다. 왜 금융공황은 통화량을 감소시키는가?

금융공황 기간 동안 사람들은 은행이 파산하면 자신의 돈을 잃을 수 있다는 위험 때문에(이때는 아래에 논의된 연방 예금보험의 도입 전이었다) 은행에 예금하기를 꺼렸다. 1930~1933년 동안 많은 예금자들은 은행으로부터 예금을 인출하여 현금의 형태로 보유했다. 이러한 인출은 은행의 지급준비금을 감소시켰다. 민간이 보유한 추가적인 현금통화 $1는 통화량 $1를 의미한다. 그러나 부분지급준비제도 은행시스템에서 지급준비금 $1는 은행 예금 몇 달러를 "지원"할 수 있기 때문에 은행 지급준비금의 추가적인 $1는 통화량 몇 달러로 전환된다. 따라서 은행으로부터의 예금 인출은 민간의 현금통화 보유를 증가시키지만, 은행의 지급준비금을 같은 액수만큼 감소시켜 통화량(현금통화+예금통화)의 순감소로 이어진다.

더욱이 금융공황 및 예금자들의 인출 요구를 우려하여 은행들은 희망 지급준비율을 높였고, 이것은 은행의 지급준비금 수준에 의해 지원될 수 있는 예금의 양을 감소시켰다. 이러한 지급준비율의 변화는 또한 통화량을 감소시키는 경향이 있었다.

특정한 시점의 민간 현금통화 보유, 지급준비율, 은행 지급준비금, 통화량에 관한 데이터가 **표 21.7**에 주어져 있다. 1930년 이후 제시된 기간 동안 민간이 보유한 현금통화의 양은 증가하였고 지급준비율은 상승한 반면 은행의 지급준비금은 감소한 것을 주목하기 바란다. 마지막 열은 1929년 12월과 1933년 12월 사이에 미국 통화량이 약 1/3 감소하였음을 보여준다.

표 21.7 **대공황 기간 미국의 주요 통화지표 통계, 1929~1933**

	민간보유 현금	지급준비율	은행 지급준비금	통화량
1929년 12월	3.85	0.075	3.15	45.9
1930년 12월	3.79	0.082	3.31	44.1
1931년 12월	4.59	0.095	3.11	37.3
1932년 12월	4.82	0.109	3.18	34.0
1933년 12월	4.85	0.133	3.45	30.8

주: 지급준비율을 제외한 모든 데이터의 단위는 10억 달러이다.
출처: Milton Friedman and Anna J. Schwartz, *A Monetary History of the United States, 1863~1960* (Princeton, N.J.: Princeton University Press, 1963), Table A-1.

(21.1)식인 “은행예금=은행 지급준비금/희망 지급준비율”로부터 민간의 현금통화 보유의 증가와 지급준비율의 상승은 모두 통화량을 감소시키는 경향이 있다는 것을 알 수 있으며, 또한 (21.3)식으로부터 현금통화 보유의 증가와 지급준비율 상승은 통화승수를 하락시켜 통화량을 감소시킨다는 것을 확인할 수 있다. 1930~1933년 기간에 이러한 효과들이 매우 크게 나타나, 실제로 현금통화와 은행의 지급준비금은 모두 이 기간 동안 다소 증가하였지만 국가 전체의 통화량은 **표 21.7**의 네 번째 열에 표시된 것처럼 급격하게 감소하였다.

✔ 개념체크 21.4

표 21.7의 데이터를 이용하여 통화량과 그 결정요인들 사이의 관계가 (21.2)식(통화량=일반 사람이 보유한 현금+은행 지급준비금/희망 지급준비율)과 일치하는지 확인하라. 만약 민간이 1930년 12월 이후 예금을 인출하는 것을 중단하여 민간의 현금보유가 1930년 12월 수준에 머물렀다면 1931~1933년 기간 동안 통화량이 감소하였겠는가? 또한 (21.3)식을 이용하여 1929년 12월과 1933년 12월 사이에 통화승수가 얼마나 변했는지 계산하라.

✔ 개념체크 21.5

표 21.7에 따르면 1931년 한 해 동안 미국의 통화량은 441억 달러에서 373억 달러로 감소하였다. Fed가 예금자들의 인출에 따른 은행의 지급준비금 부족을 해소하기 위하여 1931년 한 해 동안 공개시장매입을 사용했다고 하자. (a) Fed가 실제로 1931년에 경제에 투입한 지급준비금의 양과 (b) 통화량을 1930년 수준으로 유지하기 위하여 경제에 공급했어야 하는 지급준비금의 양은 얼마인지 구하라. 각 연도의 민간의 현금 보유와 지급준비율은 표에 주어진 것과 같다고 가정한다. 왜 Fed는 1931년에 너무 소극적이었다는 비판을 받아왔는가?

예금보험
은행이 파산하더라도 예금자가 일정 한도(한국 5,000만원, 미국 25만 달러)까지의 예금을 돌려받을 수 있도록 정부가 보장하는 제도

연방준비제도가 1930년대의 금융공황을 막는 데 실패했을 때 정책결정자들은 공황을 억제하는 다른 전략들을 살펴보기로 결정하였다. 1934년 의회는 예금보험제도를 만들었다. **예금보험**(deposit insurance)제도 하에서는 은행이 도산하더라도 정부는 예금자들의 예금을—현재의 규정은 $250,000(한국은 5,000만원) 이하의 금액에 대하여 적용—보장한다. 예금보험제도는 은행의 재무상태에 문제가 있다는 소문이 있을 때에도 사람들이 예금을 인출할 필요를 없애 금융공황의 싹을 잘라버릴 수 있는 것이다. 실제로 예금보험제도가 시행된 이후 미국은 큰 금융공황을 경험하지 않았다.

불행하게도 예금보험은 금융공황에 대한 완벽한 해결책이 아니다. 중요한 단점은 예금보험이 실행되고 있을 때 예금자들은 그들의 은행에 어떤 일이 일어나도 보호된다는 것을 알기 때문에, 자신의 은행이 신중한 대출을 하는가의 여부에 대하여 완전히 무관심하게 된다. 이런 상황에서는 예금보험에 가입된 은행이나 중개기관들이 위험한 행동을 할 가능성이 있다. 예를 들어, 1980년대에 미국의 많은 저축은행들이 도산하였는데 부분적인 이유는 과도한 대출과 금융투자 때문이었다. 은행들과 마찬가지로 저축은행들도 예금보험이 적용되므로, 미국 정부는 저축은행 예금자들에게 예금 전액을 지급해야만 했다. 이런 행동은 궁극적으로 세금 납세자들에게 수천억 달러의 비용을 부과하는 것이다.

요약 중앙은행제도

- 한국은행은 한국의 중앙은행이다. 다른 나라의 중앙은행과 마찬가지로 한국은행은 두 가지의 역할을 담당하고 있다. 첫째, 중앙은행은 통화정책, 즉 경제 내에 유통되는 통화량을 조절하는 정책을 담당한다. 둘째, 금융시장을 감독하고 규제하는 책무를 지닌다. 중앙은행은 금융위기시에 중요한 역할을 담당한다.
- 공개시장매입은 중앙은행이 지급준비금과 통화량을 증가시킬 목적으로 민간으로부터 국채를 매입하는 것이다. 공개시장매각은 중앙은행이 지급준비금과 통화량을 감소시킬 목적으로 민간에게 국채를 매각하는 것이다.
- 공개시장운영은 중앙은행이 은행의 지급준비금과 통화량에 영향을 줄 수 있는 사용가능한 방법 중에서 가장 중요한 방법이다.

21.4 통화량과 물가

거시경제학의 관점에서 통화량의 조절이 중요한 한 가지 이유는 장기에서 경제에 유통되는 통화량과 물가수준이 밀접하게 관련되어 있기 때문이다. 실제로 어떤 나라가 통화량의 높은 증가율을 수반하지 않으면서 지속적으로 높은 인플레이션을 경험한 사례는 존재하지 않는다. 경제학자 밀턴 프리드만(Milton Friedman)은 인플레이션과 통화량 사이의 관계를 "인플레이션은 항상 그리고 모든 곳에서 화폐적 현상이다"라는 말

로 요약하였다. 단기에서는 인플레이션이 통화공급 증가 이외의 요인에 의해 발생할 수도 있지만, 장기에서는 그리고 특히 심각한 인플레이션의 경우 프리드만의 명제가 확실히 성립한다: 인플레이션율과 통화공급 증가율은 밀접하게 관련되어 있다.

통화량과 물가 사이에 존재하는 밀접한 관련성은 직관적으로 당연하다. 이용 가능한 재화와 서비스의 공급이 고정되어 있는 상황을 상상해보자. 사람들이 더 많은 화폐를 보유하고 있을수록, 공급이 고정된 재화와 서비스의 가격은 더 많이 상승할 것이다. 따라서 재화와 서비스의 공급과 비교하여 상대적으로 많은 통화량은(적은 재화를 쫓는 많은 돈) 물가를 상승시키는 경향이 있을 것이다. 마찬가지로, 빠르게 증가하는 통화량은 빠르게 상승하는 물가로—즉, 높은 인플레이션—이어질 것이다.

21.4.1 유통속도

통화증가율과 인플레이션 사이의 관계를 좀더 자세히 살펴보기 위하여 유통속도의 개념을 도입하는 것이 유용하다. 경제학에서 **유통속도**(velocity)란 화폐가 최종 재화 및 서비스와 관련된 거래에서 사람들의 손을 바꾸는 속도를 측정한 것이다. 예를 들어, $1 지폐는 여러분이 1리터의 우유를 살 때 여러분의 손에서 식료잡화점 주인의 손으로 옮겨간다. 동일한 달러 지폐는 식료잡화점 주인이 자동차를 살 때 식료잡화점 주인의 손에서 자동차 딜러의 손으로, 의료서비스를 받은 자동차 딜러로부터 의사에게 옮겨간다. 한 사람에서 다른 사람으로 더 빨리 화폐가 옮겨갈수록 유통속도는 더 높아진다. 좀더 정확히 정의하면 유통속도는 일정 기간 동안 거래된 총거래금액을 거래에 사용된 통화량으로 나눈 것이다. 이 비율이 높아질수록 "평균적인" 화폐는 더 빨리 순환되고 있는 것이다.

유통속도
화폐가 최종 재화 및 서비스와 관련된 거래에서 사람들의 손을 바꾸는 속도의 측정지표로서 명목 GDP를 통화량으로 나눈 것과 같다. $V=(P\times Y)/M$이며 V는 유통속도 $P\times Y$는 명목GDP, M은 통화량을 의미한다.

실제로는 경제 내에서 발생한 총거래금액에 대한 정확한 자료가 없기 때문에 총거래금액 대신에 근사변수로서 그 기간 동안의 명목GDP를 이용한다. 유통속도의 값은 다음 식으로부터 얻을 수 있다.

$$\text{유통속도}=\frac{\text{거래금액}}{\text{통화량}}=\frac{\text{명목GDP}}{\text{통화량}}$$

V는 유통속도, M은 현재 고려하고 있는 통화량(예를 들면, M1 또는 M2)이며, 명목 GDP(총 거래의 시장가치 측정지표)는 물가수준 P에 실질GDP(Y)를 곱한 것과 같다. 이들 기호를 사용하면 유통속도의 정의는 다음과 같다.

$$V=\frac{P\times Y}{M} \qquad (21.4)$$

이 비율이 높을수록 "평균적인" 화폐는 더 빨리 유통되고 있다.

예 21.4 한국 경제의 화폐 유통속도

2018년 한국에서 M1은 841.0조 원이었고 M2는 2,626.9조 원이었으며 명목 GDP는 1,782.27조 원이었다. (21.4)식을 이용하면 유통속도를 다음과 같이 구할 수 있다. M1 유통속도는,

$$V = \frac{1{,}782.27\text{조 원}}{841\text{조 원}} = 2.12$$

이며 마찬가지로 M2 유통속도는 다음과 같이 계산된다.

$$V = \frac{1{,}782.27\text{조 원}}{2{,}626.9\text{조 원}} = 0.68$$

M1 유통속도는 M2 유통속도보다 더 높다는 것을 알 수 있는데, 이는 당연하다: 현금통화와 요구불예금계좌와 같은 M1의 구성요소는 거래를 위해 더 자주 사용되기 때문에 M1의 $1는 M2의 $1보다 평균적으로 더 자주 "유통된다."

다양한 요인들이 유통속도를 결정한다. 첫 번째의 예는 신용카드와 직불카드, 체크카드의 도입, 자동인출기계(automatic teller machines, ATMs)의 설치 등과 같은 결제기술의 발달이다. 이러한 새로운 기술과 결제방법으로 인해 사람들은 더 적은 현금을 보유하면서도 일상생활 업무를 수행할 수 있으며, 따라서 시간이 지남에 따라 유통속도가 증가하는 경향을 보였다. 경제상황이나 통화정책에 따라 유통속도의 변화를 더 빠르게 하거나 느리게 할 수 있다. 미국의 M1 유통속도는 1960년대에 4에서 2007년 10 이상으로 높아졌다가 최근 6 정도로 낮아졌다.

21.4.2 통화량과 인플레이션의 장기적 관계

유통속도의 정의를 이용하여 통화량과 물가수준이 장기에서 어떻게 관련되어 있는지 알아볼 수 있다. 첫째, 유통속도의 정의인 (21.4)식의 양변에 통화량 M을 곱하여 다시 쓰면 다음과 같다.

$$M \times V = P \times Y \tag{21.5}$$

수량방정식
통화량에 유통속도를 곱하면 명목 GDP와 같다는 식

(21.5)식은 수량방정식이라고 부른다. **수량방정식**(quantity equation)은 통화량 곱하기 유통속도는 명목GDP와 같다고 말한다. 수량방정식은 단지 유통속도의 정의식인 (21.4)식을 다시 쓴 것이기 때문에 항상 성립한다.

수량방정식은 19세기 말과 20세기 초의 화폐경제학자들이 통화량과 물가수준 사이의 관계를 이론화하기 위해 사용한 식으로서 역사적으로 중요하다. 수량방정식으로부터 통화량과 물가수준 사이의 관계를 도출해보자. 문제를 단순화하기 위하여 유통속

도 V는 현재의 결제기술에 의해 결정되어 있어, 고려하는 기간 동안 대략적으로 변화가 없다고 생각해보자. 변수 위에 바(bar)가 표시된 변수는 고정된 상수라는 것을 가리키면, 수량방정식은 다음과 같이 표현된다.

$$M \times \bar{V} = P \times \bar{Y} \tag{21.6}$$

여기에서 우리는 $\bar{V}$와 $\bar{Y}$를 상수로 취급한다.

이제 (21.6)식을 보고, 어떤 이유로 중앙은행이 통화량 M을 10% 증가시킨다고 생각해보자. $\bar{V}$와 $\bar{Y}$가 고정되었다고 가정했기 때문에 (21.6)식은 물가수준 P가 또한 10% 상승하지 않고는 계속 성립할 수가 없다. 즉, 수량방정식에 따르면 통화량 M의 10% 증가는 물가수준 P를 10% 상승시켜, 즉, 10%의 인플레이션을 발생시킨다.

이러한 결론의 직관적 이유는 본절의 앞부분에서 언급한 것과 같다. 재화와 서비스의 양, Y에 변화가 없다면(그리고 유통속도 V도 변하지 않는다고 가정하면) 통화량의 증가는 사람들이 이용 가능한 재화와 서비스의 가격을 상승시킨다. 따라서 높은 통화증가율은 높은 인플레이션율과 관련되는 경향이 있다. **그림 21.1**은 1995~2001년 기간 동안 남미 10개국에서 이러한 관계가 어떻게 나타나는지 보여주고 있다. 높은 통화증가율을 가진 나라에서 높은 인플레이션율이 발생하는 경향이 있다. 유통속도와 총생산이 상수라는 가정과는 달리 실제로는 시간에 따라 변하기 때문에 통화증가율과 인플레이션율 사이의 관계가 정확히 일치하지는 않는다.

높은 통화증가율이 인플레이션으로 이어진다면 왜 여러 나라들은 통화량을 빠르게 증가시키는가? 높은 통화증가율은 보통 정부의 대규모 재정적자의 결과인 경우가 많다. 특히 개발도상국이나 또는 전쟁이나 정치적 불안정을 겪고 있는 나라의 경우 정부는 때때로 지출을 충당하기 위해 세금을 높게 부과하거나 민간으로부터 빌리는 것이

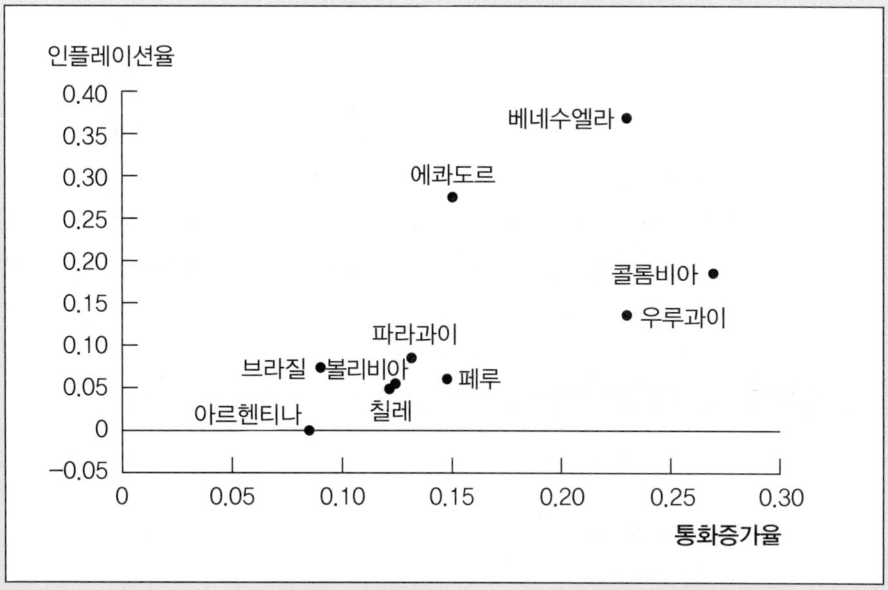

그림 21.1

남미 국가들의 인플레이션과 통화증가율, 1995~2001

1995년에서 2001년 사이에 높은 통화공급 증가율을 기록했던 남미 국가들은 높은 인플레이션율을 보이는 경향이 있었다. (아르헨티나와 우루과이 데이터는 2000년까지이고 에콰도르는 1997년까지이다. 에콰도르는 1997년 자신의 통화 수크레를 포기하고 달러를 사용하고 있다.)

어려운 경우가 많다. 이러한 상황에서 정부의 유일한 선택은 새로운 화폐를 발행하는 것이다. 그 결과 유통화폐가 크게 증가하면 인플레이션이 발생한다.

화폐 발행에 의해 조달되는 대규모의 재정적자는 제 17장, "물가수준과 인플레이션의 측정"에서 논의한 초인플레이션으로 이어질 수 있다. 미국의 남북전쟁, 제 1차 세계대전 이후의 독일, 최근 짐바브웨, 베네수엘라에서는 정확히 이러한 상황이 발생하였다. 정부는 정부구매를 충당할 수 있을 정도로 충분히 세금을 올릴 수 없어 대량의 화폐 발행으로 정부구매를 충당하였다. (21.6)식이 예상하듯이 통화량 *M*의 증가는 *P*의 상승으로 이어졌다. 그러나 이것은 명목항목으로 적자를 더욱 크게 증가시키게 되었고 다시 더 많은 재정적자를 조달하기 위해 더 많은 통화량 증가로 이어지는 악순환이 계속되었다. 이러한 상황은 *M*과 *P*를 빠른 증가율로 동반 상승시키는 상황으로 진행되었다.

(21.6)식은 또한 초인플레이션을 끝낼 수 있는 방법을 제시한다: 통화증가율의 하락. 물론 이 방법은 말하기는 쉬워도 시행하기는 훨씬 어렵다. 이를 달성하기 위해 정부는 지출을 감소시키고 또한 세금을 인상하여 재정적자를 줄이고 화폐발행보다는 국채발행을 통하여 재원조달을 해야 한다. 예를 들어, 독일정부는 1923년말 정부가 재정적자를 충당하기 위해 화폐를 발행하는 것을 어렵게 만드는 개혁입법을 단행하였다. 개혁이후 수개월만에 인플레이션율은 크게 낮아졌다.

제 17장, "물가수준과 인플레이션의 측정"에서 언급한 바와 같이 초인플레이션 사례들은 길게 지속되지는 않는다. 보통 정권의 몰락과 함께 초인플레이션이 끝나는 경우가 많다.

요약 통화량과 물가

- 높은 통화증가율은 일반적으로 인플레이션으로 이어진다. 유통되는 통화량이 많을수록 민간이 이용 가능한 재화와 서비스의 가격들은 더 높아진다.
- 유통속도는 화폐가 최종 재화와 서비스를 위해 지급수단으로 사용되어 유통되는 속도를 측정한다. 다시 말하면, 유통속도는 명목 GDP를 통화량으로 나눈 것과 같다. 유통속도의 크기는 방정식 $V=(P\times Y)/M$으로부터 얻어질 수 있는데, V는 유통속도, $P\times Y$는 명목 GDP, M은 통화량이다.
- 수량방정식은 통화량에 유통속도를 곱한 것이 명목 GDP와 같다는 것을 말하며, 기호로는 $M\times V=P\times Y$로 표시된다. 수량방정식은 유통속도의 개념을 달리 표현한 것이며, 따라서 항등식이다. 유통속도와 총생산이 대략적으로 변화가 없다면, 수량방정식이 의미하는 것은 주어진 통화증가율의 상승이 인플레이션율의 동일한 상승으로 이어진다는 것이다. 다시 말하면, 통화증가율과 인플레이션율은 같이 변화한다.

요 약 Summary

- 화폐는 구매하는 데 사용될 수 있는 자산이다. 화폐는 세 가지 기능을 가지고 있다: 화폐는 교환의 매개수단으로서 거래에 사용될 수 있는 수단이며, 회계의 단위로서 모든 경제적 가치는 화폐 단위로 측정된다. 화폐는 또한 가치의 저장수단으로서 사람들이 부를 보유하는 방법이 될 수 있다. 많은 자산들이 화폐와 비슷한 특징들을 가지고 있기 때문에 실제로 어떤 자산까지를 화폐로 포함시켜야 하는가의 문제는 쉽지 않다. 비교적 협의의 통화량 지표는 현금통화와 요구불예금 계좌 잔고를 포함하는 M1이다. 좀더 광의의 통화량 지표인 M2는 M1의 모든 자산에, M1에 속하는 자산들보다 거래에 직접 이용하기에는 다소 불편한 자산을 추가적으로 포함한다.

- 은행예금은 통화량의 일부이기 때문에 상업은행과 은행예금자들의 행동이 경제의 통화량에 영향을 미친다. 주요 결정요인은 은행이 선택하는 지급준비율이다. 은행 지급준비금은 예금자들의 인출요구와 지급요구에 맞추기 위해 상업은행이 보유하고 있는 현금 및 현금성 자산이다. 지급준비율은 지급준비금을 예금으로 나눈 비율이다. 모든 예금을 지급준비금으로 보유하고 있는 은행제도를 전액지급준비제도라고 부른다. 현대 은행제도는 100%보다 낮은 지급준비율을 가지고 있어 부분지급준비제도라고 부른다.

- 예금을 받고 대출을 하는 반복된 과정을 통하여 상업은행들은 화폐를 창출한다. 대출과 예금의 증가 과정은 은행의 지급준비율이 원하는 수준에 도달할 때까지 계속된다. 그 시점에서 은행의 예금은 은행 지급준비금을 희망 지급준비율로 나눈 값과 같다. 통화량은 민간이 보유하고 있는 현금통화와 은행 시스템 안의 예금의 합이다.

- 중앙은행이 최초에 발행한 실물형태의 돈을 본원통화라고 하고 실제 경제 내에 존재하는 통화량은 상업은행의 통화창출과정을 통하여 본원통화보다 많아지게 된다. 본원통화에 대한 통화량의 배율을 통화승수라고 한다. 통화승수는 현금/예금 비율이 높을수록, 지급준비율이 높을수록 작아진다.

- 한국의 중앙은행은 한국은행이다. 중앙은행의 두 가지 책무는 통화량을 조절하는 통화정책을 수행하는 것과 금융시장 특히 은행들을 감독하고 규제하는 것이다. 한국은행의 금융통화위원회는 일년에 8번 만나 통화정책을 비롯한 주요 통화신용정책을 결정하는데 총재, 부총재 및 각계에서 추천된 5인 등, 총 7인으로 구성되어 있다.

- 중앙은행의 설립목적은 금융공황을 방지하여 금융안정을 도모하는 것을 포함한다. 일부 은행들이 도산할 것이라는 뉴스나 소문 때문에 예금자들이 자신의 예금을 인출하려고 할 때 금융공황이 악화된다. 은행은 모든 예금을 지급할 수 있을 만큼의 지급준비금을 가지고 있지 않기 때문에 금융공황 기간에는 건전한 은행들도 자금이 바닥나서 폐업에 이르기도 한다. 대공황 시기에 미국의 중앙은행인 Fed는 금융공황을 억제하는 데 실패하였으며 통화량이 급격히 감소하였다. 예금보험제도의 도입은 금융공황의 발생을 제거할 수 있었다. 예금보험제도의 단점은 은행을 비롯한 금융기관이 위험한 대출이나 금융투자를 한다면 그로 인한 비용은 납세자가 부담한다는 점이다.

- 통화량의 증가는 기존 재화와 서비스의 가격을 상승시키기 때문에 통화증가율과 인플레이션율은 장기적으로 밀접히 관련되어 있다. 유통속도는 화폐가 순환하는 속도를 측정하며 일정 기간 동안에 거래된 거래금액을 그 거래를 위해 이용되는 경제의 통화량으로 나누어 계산된다. 유통속도의 정의는 $V=(P\times Y)/M$이며 V는 유통속도, $P\times Y$는 명목GDP(총 거래금액의 측정치), M은 통화량을 가리킨다. 유통속도의 정의식은 수량방정식 $M\times V=P\times Y$로 다시 쓸 수 있다. 수량방정식은 유통속도와 총생산이 상수라면 통화량의 퍼센티지 증가가 물가수준에서의 동일한 퍼센티지 증가로 이어진다는 것을 의미한다.

핵심용어 Key Terms

M1(659)
M2(659)
가치의 저장수단(657)
공개시장매각(668)
공개시장매입(668)
공개시장운영(668)
교환의 매개수단(656)
금융공황(669)
금융통화위원회(667)
물물교환(656)
부분지급준비제도(662)
수량방정식(674)
연방준비제도(Fed)(667)
예금보험(672)
유통속도(673)
은행 지급준비금(661)
전액지급준비제도(661)
지급준비율(661)
통화승수(665)
통화정책(667)
한국은행(667)
화폐(656)
회계의 단위(657)

복습문제 Review Questions

1. 화폐란 무엇인가? 왜 사람들은 다른 금융자산들보다 수익이 낮은 화폐를 보유하는가?

2. 민간 사람들이 대부분의 쇼핑을 현금으로 하다가 체크카드로 전환하였다고 가정하자. 중앙은행이 아무런 대응을 하지 않는다면 경제의 통화량은 어떻게 변하겠는가? 설명하라.

3. 중앙은행이 통화량을 감소시키기를 원한다. 중앙은행이 어떤 조치를 취할 것인지, 그리고 이러한 조치가 어떻게 중앙은행의 목표를 달성하게 하는가를 설명하라.

4. 금융공황이란 무엇인가? 예금보험의 도입 이전에 건전한 대출을 가지고 있었던 은행들도 왜 금융공황을 두려워하였는가?

5. 유통속도를 정의하라. 새로운 지급결제 기술의 도입은 유통속도에 어떤 영향을 주었는가?

6. 수량방정식을 이용하여 왜 통화증가율과 인플레이션율이 밀접히 관련되는 경향이 있는지를 설명하라.

연습문제 Problems

1. 제 2차 세계대전 동안 로버트 래드포드(Robert Radford)라는 연합군 한 병사가 독일의 대규모 전쟁포로 수용소에서 수년을 지냈다. 한때는 5만 명 이상의 포로가 수용소에 갇혀 있기도 하였는데, 수용소 내에서는 자유롭게 이동할 수 있었다. 래드포드는 나중에 그의 경험에 대한 자세한 이야기를 글로 썼다. 그는 수용소에서 포로들이 음식, 의류, 기타 품목들을 교환하는 일종의 경제시스템이 어떻게 발달하였는지 묘사하고 있다. 이발과 같은 서비스도 교환되었다. 지폐가 없기 때문에 포로들은 적십자가 매달 공급하는 담배를 화폐로 사용하기 시작하였다. 가격들이 담배가치 단위로 매겨졌고 지급도 담배로 이루어졌다.

a. 래드포드의 포로 수용소에서 어떻게 담배가 화폐의 세 가지 기능을 충족하였는가?

b. 왜 포로들이 초콜릿 조각이나 신발과 같이 가치있는 품목이 아닌 담배를 화폐로 사용했다고 생각하는가?

c. 래드포드의 포로 수용소에 있는 비흡연자 포로도 재화와 서비스에 대한 대가로 담배를 기꺼이 받았으리라고 생각하는가? 왜 그러한가 또는 왜 아니겠는가?

2. 본문에 있는 고곤졸라의 예(**표 21.2~표 21.6** 참조)에서 (1) 최초에 고곤졸라의 중앙은행이 500만 길더를 유통시

켰고, (2) 상업은행들이 희망하는 지급준비금은 예금의 20%라고 가정하자. 본문에서처럼 민간은 현금을 보유하지 않는다고 가정한다. 다음의 각 경우에 대하여 고곤졸라 상업은행들의 결합재무상태표를 작성하라.

a. 최초의 예금 후(**표 21.2**과 비교)

b. 한 번의 대출 후(**표 21.3**와 비교)

c. 첫 번째 재예금 후(**표 21.4**와 비교)

d. 두 번의 대출과 재예금 후(**표 21.5**과 비교)

e. 은행 지급준비금, 대출, 예금, 통화량의 최종 크기는 얼마인가?(**표 21.6**과 비교)

3. 다음 각각의 질문에 답하라.

a. 은행의 지급준비금이 100이고, 민간 사람들은 200의 현금통화를 보유하고 있으며, 희망 지급준비율이 0.25이다. 예금과 통화량을 구하라.

b. 통화량이 500이고 민간에 의한 현금보유액은 은행의 지급준비금과 같다. 희망 지급준비율은 0.25이다. 민간이 보유한 현금과 은행의 지급준비금을 구하라.

c. 통화량은 1,250이고 그 중 250은 민간이 보유한 현금이다. 은행의 지급준비금은 100이다. 희망 지급준비율을 구하라.

4. 중앙은행이 은행의 지급준비금을 $1 증가시켰을 때 통화량은 $1보다 더 많이 증가한다. 중앙은행이 은행의 지급준비금을 $1 증가시켰을 때 추가적으로 창출되는 화폐의 양을 통화승수(money multiplier)라고 부른다.

a. 왜 통화승수는 일반적으로 1보다 큰지 설명하라. 어떤 경우에 1이 되는가?

b. 최초의 통화량이 $1,000이고 그 중 $500는 민간이 현금으로 보유하고 있다. 희망 지급준비율은 0.2이다. 지급준비금 $1, $5, $10의 증가와 관련된 통화량의 증가를 구하라. 이 경제의 통화승수는 얼마인가?

c. 통화승수를 구하는 일반적인 공식을 구하라.

5. **표 21.7**에서 연방준비제도(Fed)가 1932년 12월과 1933년 12월에 통화량을 1930년 12월과 동일한 수준으로 맞추려고 결정했다고 가정하자. 민간이 보유한 현금과 지급준비율이 표와 같이 주어져 있을 때 이 목적을 달성하기 위해 각각의 경우에 대하여 Fed는 은행 지급준비금을 얼마나 많이 증가시켜야 하는가?

6. 다음 중앙은행과 관련된 진술의 참, 거짓을 판별하라.

a. 중앙은행은 은행을 감독하고 규제하는 권한을 가지고 있다.

b. 중앙은행의 목표는 경제성장을 증진하고, 낮은 인플레이션을 유지하며 금융시장의 안정을 도모한다.

c. 중앙은행은 "최종 대부자(lender of last resort)"의 기능을 가지고 있다.

d. 중앙은행은 상업은행과 동일하게 이윤을 추구한다.

7. 실질GDP는 8조 달러이고, 명목 GDP는 10조 달러이며, M1은 2조 달러, M2는 5조 달러라고 가정하자.

a. M1과 M2에 대하여 유통속도를 구하라.

b. M1과 M2 각각에 대하여 수량방정식이 성립함을 보여라.

8. 2016년과 2017년에 대하여 다음과 같은 가상적 데이터가 주어져 있다.

	2016	2017
통화량	1,000	1,050
유통속도	8.0	8.0
실질GDP	12,000	12,000

a. 2016년과 2017년의 물가수준을 구하라. 두 해 사이의 인플레이션율은 얼마인가?

b. 2017년의 통화량이 1,050이 아니라 1,100이면, 2016년과 2017년 사이의 인플레이션율은 얼마인가?

c. 2017년의 통화량이 1,100이고 총생산이 12,600이면, 2016년과 2017년 사이의 인플레이션율은 얼마인가?

본문 개념체크 해답 Answers to Concept Checks

21.1 **표 21.5**는 두 번의 대출과 재예금 후에 은행의 결합재무상태표를 보여주고 있다. 그 시점에서 예금은 271만 길더이고 지급준비금은 100만 길더이다. 은행들의 희망 지급준비율이 10%라면, 그들은 27만 1,000길더(예금의 10%)를 지급준비금으로 보유하고 나머지 72만 9,000길더를 대출할 것이다. 농부들에 대한 대출은 이제 243만 9,000길더가 된다. 결국 농부에게 대출해 준 72만 9,000길더는 은행으로 재예금되어 은행들은 343만 9,000길더의 예금과 100만 길더의 지급준비금을 갖게 된다. 재무상태표는 아래와 같다.

자산	
현금(=지급준비금)	1,000,000길더
농부에 대한 대출	2,439,000길더
부채	
예금	3,439,000길더

자산은 부채와 동일한 금액임을 확인하기 바란다. 통화량은 예금과 같은 343만 9,000길더이다. 은행들이 지급준비금으로 보유한 현금은 통화량에 포함되지 않는다.

21.2 민간은 현금을 보유하지 않으므로 통화량은 예금과 같고, 이것은 다시 지급준비금을 지급준비율로 나눈 값과 같다[(21.1)식]. 은행 지급준비금이 100만 길더이고 지급준비율이 0.05라면 예금은 100만 길더/0.05=2,000만 길더가 되며, 이것이 통화량이다. 은행 지급준비금이 200만 길더이고 지급준비율이 0.10이면 통화량과 예금은 2,000만 길더, 즉 200만 길더/0.10과 같게 된다.

21.3 중앙은행이 정부채권을 판매하여 50쉐켈을 현금으로 받는다면, 즉각적인 효과는 민간의 손에서 50쉐켈의 현금통화가 감소하는 것이다. 희망하는 수준인 1,000쉐켈로 현금보유를 회복하기 위하여 민간은 상업은행으로부터 50쉐켈을 인출하며, 은행의 지급준비금은 200쉐켈에서 150쉐켈로 감소한다. 희망 지급준비율이 0.2이므로 궁극적으로 예금은 지급준비금 150쉐켈을 0.2로 나눈 값, 750쉐켈이 된다(예금을 축소하기 위해 상업은행들은 대출을 "회수"하여 대출을 감소시킨다는 점을 주목하기 바란다). 통화량은 민간의 현금보유 1,000쉐켈과 예금 750쉐켈의 합인 1,750쉐켈이 된다. 따라서 공개시장매각은 통화량을 2,000쉐켈에서 1,750쉐켈로 감소시켰다.

21.4 **표 21.7**의 각 시점에 대하여 다음 식을 직접 확인하라.

$$통화량 = 현금통화 + \frac{은행\ 지급준비금}{희망\ 지급준비율}$$

예를 들어, 1929년 12월의 경우 45.9=3.85+3.15/0.075라는 것을 확인할 수 있다. 1933년 12월 민간이 보유하고 있는 현금통화가 4.85가 아닌 1930년 12월 수준인 3.79였고 그 차이가(4.85−3.79=1.06) 은행에 남겨졌다고 가정하자. 그러면 1933년 12월 은행의 지급준비금은 3.45+1.06=4.51이 되었을 것이고, 통화량은 3.79+4.51/0.133=37.7이 되었을 것이다. 따라서 사람들이 현금 보유를 증가시키지 않았다면, 1930년과 1933년 사이에 통화량은 여전히 감소했을 것이지만 감소폭이 절반으로 줄어들었을 것이다. (21.3)식에 따라 통화승수를 구해보면 1929년 12월은 현금/예금 비율이 0.092, 지급준비율이 0.075이므로 6.55로 계산되고 1933년 12월에는 현금/예금 비율이 0.187, 지급준비율이 0.133이므로 3.71이 된다. 통화승수가 절반 수준으로 크게 하락하였음을 알 수 있다.

21.5 1931년 중에 민간의 현금 보유는 8억 달러 증가했으나, 은행의 지급준비금은 전체적으로 2억 달러만 감소하였다. 따라서 Fed는 그 해에 감소된 지급준비금 6억 달러를 공개시장 매입을 통하여 보충했어야 한다. 1931년 말 현금 보유는 45억 9,000만 달러였다. 통화량을 1930년 12월 수준인 441억 달러로 유지하기 위하여 Fed는 은행예금을 441억 달러−45억 9,000만 달러, 즉 395억 1,000만 달러가 되게 했어야 한다. 지급준비율이 1931년에 0.095였기 때문에 1931년 12월의 은행 지급준비금의 실제값인 31억 1,000만 달러에 비하여, 0.0953395억 1,000만 달러, 즉 37억 5,000만 달러의 은행 지급준비금이 필요했을 것이다. 따라서 통화량을 감소하지 않게 하기 위하여 Fed는 은행의 지급준비금을 6억 4,000만 달러 더 많이 증가시켰어야 했다. Fed는 통화량 감소를 막기 위하여 필요한 은행 지급준비금의 약 절반 정도만 증가시킨 것을 비판받아왔다.

금융시장과 국제적 자본이동

제22장

현대경제에서 금융시스템은 어떻게 작동하는가?

20세기로 들어서는 시점에 온라인 트레이딩 회사에 대한 TV 광고에서 에드(Ed)라는 직원이 컴퓨터 앞에 앉아있는 모습을 보여주었다. 에드는 일을 하는 것이 아니라 자신이 매수한 주식의 가격을 온라인으로 체크하고 있었다. 갑자기 그의 눈이 커지는데 컴퓨터 스크린에서는 그의 주식가격이 로켓처럼 높이 치솟고 있었다. 함성과 함께 에드는 상사의 사무실에 가서 몇 마디 욕을 하고 직장을 그만 둔다. 불행하게도, 에드가 소지품들을 챙기려고 책상에 돌아왔을 때 컴퓨터 스크린에서는 그의 주식 가격이 급격히 곤두박질치는 것을 보여주고 있다. 그 다음 상상할 수 있는 장면은 에드가 그의 상사에게 농담이었다고 해명하는 헛된 시도를 하는 것이다.

에드의 이야기는 새로운 밀레니엄의 시기에 미국 금융시장에서 일상적으로 나타날 수 있는 예이다. 1990년대 미국은 견실한 경제성장, 최저 수준의 실업률, 거의 인플레이션이 없는 호황의 시기를 경험하고 있었다. 이러한 번영은 주식시장에서 환상적인 수익률로 반영되어 나타났다. 1999년 주식의 대표적인 지표 중 하나인 다우존스지수는 10,000을 넘어선 후 처음으로 11,000을—5년 전 지수의 거의 세 배—돌파하였다. 신생 회사들, 특히 하이테크 기술주들과 인터넷 회사들의 주식가격은 엄청나게 올라 몇몇 사업가들은 20대에 억만장자가 되었다. 주가 상승의 혜택은 매우 부자인 사람이나 매니아인 사람에게 국한되지 않았다. 일반 대중들 사이에서 주식 소유가—주식의 직접 소유와 뮤추얼펀드와 연기금을 통한 간접적인 소유를 모두 포함하여—광범위하게 일반화되었다. 그러나 주식시장 호황은 지속되지 않았다. 하이테크 기업들은 투자자들이 기대했던 이윤을 창출하지 못하여 주식 가격은 하락하기 시작하였다. 많은 신생 기업들의 주식 가치는 거의 0에 가까워졌고 이미 어느 정도 자리 잡은 기업들의 가치도 1/3 이상 하락하였다.

2000년대 초의 주식시장 하락이 영원히 지속된 것은 아니었다. 다우존스 지수는 이후 점차 회복되어 2000년대 초의 낙폭을 모두 만회하였고 2006년 말에는 처음으로 12,000포인트를 돌파하였다. 2007년 다시 13,000과 14,000을 돌파했으나 2009년에는 글로벌 금융위기로 인하여 절반 수준인 7,000선까지 떨어져 10여 년 전 수준으로 돌아갔다. 그 이후로 주식시장은 다시 호황을 보여 2018년 초 다우지수는 처음으로 26,000을 돌파하였다.

주식시장 호황 국면일 때 사람들은 종종 주식시장을 도박과 비슷한 것으로 생각하기 시작한다. 현실의 투자자들 중에서 어떤 사람들은 주식투자를 해서 부자가 되기도 하고 에드와 같이 큰 손실을 보는 사람도 있다. 그러나 주식시장을 포함한 금융시장은 라스베이거스나 아틀란틱시티에 있는 도박장과 달리 경제에서 아주 중요한 역할을 한다. 그 역할은 국민저축이 가장 생산적인 용도에 투입되도록 하는 것이다.

제20장 "저축과 자본 형성"에서 국민저축의 중요성을 알아보았다. 대부분의 경우에 높은 국민저축률은 높은 자본형성을 가능하게 하고 경제학 논리와 경험에 따르면 자본형성은 노동생산성과 생활수준을 높이는 경향이 있다. 그러나 새로운 자본재를 만들어내는 것이 항상 더 부유하고 항상 더 생산적인 경제를 보장하지는 않는다. 수백만 또는 수십억 달러가 투자된 자본재 프로젝트가 거의 경제적 편익이 없는 "무용지물(white elephants)"로 전락한 예가 역사적으로 무수히 많다: 전혀 가동을 시작하지도 않은 원자력 공장, 수로를 변경하여 지역 농경을 파괴한 거대한 댐들, 계획된 대로 작동되지 않는 신기술 등.

건강한 경제는 적정수준의 저축을 할 뿐만 아니라 저축을 생산적인 방법으로 투자한다. 시장경제에서 사회의 저축을 가능한 최적의 자본투자로 연결해주는 것은 금융시스템의 역할이다: 은행, 주식시장, 채권시장, 기타 금융시장과 금융기관. 이런 이유 때문에 금융시장의 원활한 기능의 발휘와 금융시장의 발전은 지속적인 경제성장에 필수불가결한 요인으로 인식되고 있다. 본 장의 첫 번째 부분에서는 주요 금융시장 및 금융기관과 저축을 생산적 용도로 보내는 그들의 역할에 대하여 논의할 것이다.

미국 회사들의 주식을 사는 많은 사람들은 투자기회로서 미국을 바라보고 있는 외국인이다. 현대 세계에서 저축은 흔히 국경을 넘어 흘러간다: 저축자들은 국내뿐만 아니라 외국의 금융자산을 매입하며 차입자들은 해외로부터 자금을 조달하려고 한다. 여러 다른 나라에 있는 대부자와 차입자 사이의 자금의 흐름을 국제적 자본이동이라고 부른다. 본 장의 두 번째 부분에서는 저축과 자본형성의 국제적 측면에 대하여 논의한다. 미국을 포함한 대부분의 나라에서 외국으로부터의 저축은 새로운 자본재를 만들어 내는 자금조달의 중요한 추가적인 원천으로 자리잡고 있다.

22.1 은행시스템과 생산적인 사용처로의 저축의 배분

제 20장, "저축과 자본 형성"에서 경제성장과 생산성 증가를 위해서는 높은 저축률과 자본증가율이 중요하다는 것을 강조하였다. 그러나 높은 저축률과 투자율만으로는 충분하지 않다. 성공적인 경제는 저축을 할 뿐만 아니라 제한된 자금을 가장 생산적인 투자계획에 배분함으로써 저축을 현명하게 사용한다. 시장경제에서 저축은 분권화된 시장지향적인 금융시스템에 의하여 배분된다. 금융시스템은 은행과 같은 금융기관과 채권시장 및 주식시장과 같은 금융시장으로 구성된다.

금융시스템은 적어도 두 가지 방법으로 저축 배분의 효율성을 높인다. 첫째, 금융시스템은 저축자들에게 자금의 여러 가능한 용도 중에서 어느 것이 가장 생산적이어서 높은 수익을 지급할 것인가에 대한 정보를 제공한다. 은행시스템은 여러 투자의 잠재적 생산성을 평가함으로써 저축이 최적의 사용처를 찾아갈 수 있도록 도와준다. 둘째, 금융시장은 저축자들이 개별 투자계획들의 위험을 분산시킬 수 있도록 도와준다. 위험의 분담은 개별 저축자들이 과도한 위험을 떠안는 것을 막아주고 동시에 신기술의 개발과 같은, 위험하지만 잠재적으로 매우 생산적인 프로젝트에 저축이 사용되는 것을 가능케 한다.

본절에서는 금융시스템의 세 가지 핵심 구성부분인 은행시스템, 채권시장, 주식시장에 대하여 논의한다. 이 과정에서 투자계획에 대한 정보를 제공하고 또한 저축자들에게 대출의 위험을 분담하도록 도와주는 금융시스템의 역할에 대하여 자세히 설명한다. 다음 절에서는 국제적 측면을 추가하여 저축자들이 다른 나라에 투자하는 것을 가능케 하는 금융자산의 국제적 이동을 공부한다.

22.1.1 은행시스템

대부분의 선진국들에서 은행시스템은 많은 상업은행으로 이루어져 있다. 통화창출과정에서의 상업은행의 역할에 대하여는 이미 제 21장 "화폐, 물가, 중앙은행"에서 살펴본 바 있는데 상업은행들은 개인이나 사업가로부터 예금을 받고, 대출을 하는 민간 소유의 회사이다. **금융중개기관**(financial intermediaries)은 저축자들로부터 모은 자금들을 이용하여 차용자들에게 신용을 공급하는 기관으로서 가장 중요하고 대표적인 금융중개기관은 은행이다. 금융중개기관의 다른 예에는 저축은행(savings and loan associations)과 신용협동조합(credit unions) 등이 있다.

금융중개기관
저축자들로부터 조달된 자금을 이용하여 차용자에게 신용을 제공하는 기업

저축자들과 투자자들 "사이에 위치하는" 은행과 같은 금융중개기관은 왜 필요한

비교우위

가? 왜 개별 저축자들은 새로운 프로젝트에 투자하기를 원하는 차입자들에게 직접 빌려주지 않는가? 주된 이유는 은행을 비롯한 금융중개기관들이 특화를 통하여 차입자들의 속성을 평가하는 데—바로 전에 언급한 정보수집기능—**비교우위**를 발전시켜 왔기 때문이다. 대부분의 저축자들, 특히 소규모 저축자들은 어떤 차입자가 자금을 가장 생산적으로 이용할 것인지에 대해 자신이 직접 평가할 만한 시간과 지식을 가지고 있지 않다. 반면에 은행을 비롯한 금융중개기관들은 차입자의 배경을 확인하고 사업계획이 타당한지 판단하며 대출기간 동안 차입자의 활동을 감시하여 대출의 수익성 판단에 필요한 정보수집 활동을 수행하는 데 전문성을 가지고 있다. 은행들은 잠재적인 차입자들을 평가하는 데 특화되어 있기 때문에 개별 저축자보다 훨씬 낮은 비용으로 이러한 기능을 수행할 수 있다. 은행들은 대규모의 대출을 하기 위하여 많은 개인들의 저축을 한데 모음으로써 규모의 경제를 통하여 잠재적 차입자들에 대한 정보를 수집하는 비용을 줄일 수 있다. 대규모의 대출에 대한 심사는 대출자금의 원천인 수백 명의 예금자들이 개별적으로 하기보다는 은행이 한 번만 하면 된다.

은행은 잠재적 차입자들에 대한 정보를 저축자들이 개별적으로 수집할 필요를 없애고 저축이 더 높은 수익과 더 생산적인 투자로 연결되도록 도와준다. 은행이 없었으면 가능하지 못했을 신용에 대한 접근을 은행은 차입자들에게 제공한다. 자금을 여러 가지 방법으로 조달할 수 있는 포춘지의 500대 기업(Fortune 500 corporations)과는 달리, 복사기를 구입하거나 사무실을 리모델링하려는 작은 사업체는 은행대출 이외에 다른 자금조달 방법을 거의 가지고 있지 않을 것이다. 은행의 대출담당 직원은 소규모 사업에 대한 대출을 평가하는 데 전문성을 발전시켜 왔고, 소규모 사업가와 지속적인 업무관계를 가지고 있기 때문에 은행은 대출을 하는 데 필요한 정보를 합리적인 비용으로 수집할 수 있을 것이다. 마찬가지로 지하실을 개조하거나 집에 방을 하나 더 만들기 위해 자금을 빌리고자 하는 소비자들은 은행 이외의 대안을 찾기 어려울 것이다. 요약하면, 은행은 여러 가지 대출기회에 관한 정보수집에 전문성을 발전시켜 왔고, 자금의 알맞은 용도를 찾고 있는 저축자들과 가치 있는 투자계획을 가진 소규모 차입자들을 연결시켜 준다.

저축으로부터 수익을 얻을 수 있다는 점 이외에 예금을 보유하는 또 다른 이유는 지급결제를 더 편리하게 할 수 있다는 점이다. 대부분의 은행 예금계좌는 예금자가 체크카드(또는 직불카드)를 사용하거나 인터넷 계좌이체, 또는 ATM 카드를 이용한 현금 인출을 가능하게 해 준다. 많은 거래에서 체크카드로 결제하는 것은 현금을 사용하는 것보다 더 편리하다. 예를 들어, 현금을 들고 다니는 것보다 체크카드로 결제하는 것이 더 빠르고 편리하며 안전할 수 있으며, 체크카드나 인터넷뱅킹을 통한 계좌이체의 방법으로 지급하는 것은 거래의 기록이 남지만 현금은 그렇지 않다. 또한 랩탑이나 모바일앱으로 온라인 구매를 할 경우 현금은 가능한 거래 방법이 아니다.

경제적 사유 22.1

은행위기 기간에 국가경제에는 어떤 일이 발생하는가?

경제학자 카르멘 라인하트(Carmen Reinhart)와 케네쓰 로고프(Kenneth Rogoff)는 실질GDP증가율, 정부의 재정, 주택가격 등을 포함한 경제의 성과지표들이 은행위기와 어떻게 관련되어 있는지 연구하였다.[1] 그들은 개발도상국과 선진국들에서 과거 수십년 동안에 발생한 은행위기 사례를 조사하여 나라와 시기에 관계없이 은행의 실패는 심각한 경기침체, 정부부채의 대폭 증가, 부동산 실질가격 하락 등과 같은 부정적인 성과를 보였다는 것을 발견하였다.

라인하트와 로고프가 주목한 것처럼 과거 데이터를 가지고 인과관계를 확립하는 것은 어렵다. 그렇지만 대부분의 은행위기가 경기침체의 유일한 원인은 아니더라도 은행위기가 경기침체를 확대시키는 것은 확실하다. 한 국가의 경제가 둔화되고 있을 때—예를 들면, 생산성 증가 둔화 때문에—대출이 부실화될 가능성이 높기 때문에 은행들이 어려움에 처한다. 그러면 은행의 자산가치는 감소하고 은행에 대한 자신감이 하락하여 인출요구가 증가하는 경우 금융공황이나 은행실패가 뒤따른다. 은행실패로 다시 가계나 기업들이 차입하기가 더욱 어려워지고, 이는 경제활동을 더욱 위축시킨다. 은행의 재무상태표 악화, 인출증가, 자신감 상실, 신용감소 등으로 이어지는 악순환이 계속된다.

은행폐쇄가 발생하면 금융중개기관으로서 쌓아왔던 전문성이 상실된다. 전문성 상실이란 예를 들어, 은행의 소규모 사업자 고객에 대한 개인적인 지식—은행이 그들과 수년간 거래를 하면서 축적한 지식—을 잃게 되는 것을 의미한다. 따라서 다른 은행이 들어와서 폐쇄된 은행의 고객들을 상대하여 신용을 제공하는 것은 쉽지 않다. 은행 실패로 인해 망가진 은행시스템을 복원하는 일은 느리고 비용이 드는 과정이다. 이 과정에서 대부분의 경제에서는 경제성장 하락에 더하여 자산가치가 하락하였고(신용과 자금조달 기회의 부족 때문에) 정부부채가 증가하였다.

22.1.2 채권과 주식

잘 알려진 대기업은 투자자금을 조달하고자 할 때 은행으로 갈 수 있다. 그러나 소규모의 차입자와는 달리 대기업들은 회사채 시장이나 주식시장으로부터 직접 자금을 조달할 수 있다. 먼저 채권과 주식의 작동원리에 대하여 논의하고, 그 다음 자본형성을 위해 저축을 배분하는 데 있어 채권시장과 주식시장의 역할에 대하여 알아본다.

채권

채권(bonds)은 채무를 상환하기로 약속한 법적인 증서이다. 상환금액은 보통 두 부분으로 구성된다. 첫째, 원래 빌려주었던 **원금**(principal amount)은 **만기일**(maturation date)이라고 불리는 미래의 특정한 날짜에 지급된다. 둘째, 채권보유자(bondholder)라고 불리는 채권의 소유자는 채권의 만기일까지 정기적인 이자 또는

채권
보통 원금과 정기적인 이자지급을 포함하는 채무를 상환하기로 약속한 법적인 증서

원금
원래 빌려준 금액

1 C. Reinhart and K. Rogoff, *This Time Is Different: Eight Centuries of Financial Folly* (Princeton, NJ: Princeton Universtiy Press, 2009).

이표이자지급액
채권 보유자에 대한 정기적인 이자지급액

이표이자율
채권이 발행될 때 약속된 이자율. 연간 이표이자지급액은 이표이자율에 채권 원금을 곱한 것과 같다.

이표이자지급액(coupon payment)을 받는다. 예를 들어, 한 채권이 2030년 1월 1일에 $1,000의 원금과 매년 이표이자지급액으로 $50를 지급하기로 약속하고 발행된다. 이표이자지급액은 원금에 **이표이자율**(coupon rate)을 곱한 것과 같으며 이표이자율은 채권이 발행될 때 약속된 이자율이다(따라서 이표이자율은 매년 이표이자지급액을 원금으로 나눈 것과 같다). 위의 예에서 원금은 $1,000이고 이표이자율은 5%이며 매년 이표이자지급액은 (0.05) × ($1,000) = $50가 된다.

기업과 정부는 채권을 발행하여 저축자들에게 판매함으로써 자금을 조달한다. 저축자들에게 매력적이기 위해 새로 발행된 채권이 지급해야 하는 이표이자율은 채권의 만기까지의 기간(term), 신용위험, 조세적용 등 여러 가지 요인에 의존한다. 채권의 기간은 채권의 만기일까지의 시간의 길이로서 30일에서 30년 이상까지 다양하다. 장기(30년) 채권의 연간 이표이자율은 일반적으로 단기(1년) 채권의 이표이자율보다 높은데, 그 이유는 저축자들이 장기간 빌려줄 때 높은 이자율을 요구하기 때문이다. 신용위험(credit risk)이란 차입자가 파산하여 대출금을 상환하지 못하게 되는 위험을 의미한다. 위험하다고 간주되는 차입자는 금융투자의 전부 또는 일부를 잃을 가능성에 대한 보상을 해 주기 위해 더 높은 이표이자율을 지급해야만 할 것이다. 예를 들어, 소위 "정크본드"(junk bonds)로 알려진 고수익채권은 신용평가기관이 위험하다고 평가한 기업들이 발행한 채권이다. 이런 채권은 신용위험이 낮은 기업이 발행한 채권보다 더 높은 이표이자율을 지급한다.

채권에 따라 조세적용이 다를 수 있다. 예를 들어, 세금우대 저축의 경우 이자소득에 대하여 면세를 받거나 경감을 받는다. 또한 일반적으로 연금저축은 저축불입액의 일정 부분에 대하여 소득공제나 세액공제를 받기도 한다. 이러한 세금우대 때문에 저축하는 사람들은 낮은 이표이자율 또는 낮은 수익률을 받아들일 용의가 있다.[2]

채권의 소유자들이 채권을 만기까지 보유해야 하는 것은 아니다. 그들은 전문적인 채권 거래자들이 참가하는 조직화된 시장인 채권시장에서 채권을 언제든지 자유롭게 판매할 수 있다. 정해진 시점에 특정 채권의 시장가치를 채권의 가격이라고 부른다. 금융시장의 현행 이자율과 채권이 발행된 시점의 이자율이 어떻게 다른가에 따라 채권의 가격은 채권의 원금보다 높을 수도, 같을 수도, 낮을 수도 있다. 채권의 가격과 현재 이자율 사이의 밀접한 관계는 다음의 예에서 다룬다.

예 22.1 채권가격과 이자율

채권가격과 이자율 사이의 관계는?

2018년 1월 1일 타냐는 새로 발행된 원금 $1,000인 2년 만기 정부채권을 $1,000에 구매

2 미국의 경우 지방정부가 발행한 지방채(municipal bonds)의 이자는 연방정부 세금에서 면세되는 반면에, 다른 종류의 채권에 대한 이자는 과세소득으로 취급된다. 이러한 세금우대 때문에 지방채의 경우 국채 또는 다른 채권에 비해 더 낮은 이표이자율에 발행된다.

하였다. 채권의 이표이자율은 2018년 1월 1일 현재 시장이자율을 반영하여 5%이며 매년 지급된다. 타냐 또는 그 채권을 보유한 사람은 2019년 1월 1일에 $50($1,000의 5%)의 이표이자를 받는다. 채권의 소유자는 2020년 1월 1일 또 한번의 이표이자 $50를 받으며 동시에 $1,000의 원금을 상환 받는다.

2019년 1월 1일 첫 번째의 이표이자를 지급받은 후에 타냐는 휴가자금을 마련하기 위해 채권을 팔기로 결정하고 채권시장에 매도주문을 낸다. 만약 당일 통용되는 이자율이 6%라면 타냐는 "중고"(기발행된) 채권을 얼마나 받을 것이라고 기대할 수 있을까? 이자율이 4%라면?

앞에서 언급한 것처럼 기발행된 채권의 가격은 거래되는 시점에 통용되는 이자율에 의존한다. 타냐가 채권을 팔려고 하는 2019년 1월 1일에 새로 발행된 1년 만기 채권에 대한 이자율이 6%이라고 가정하자. 채권의 구매자는 타냐에게 채권의 원금인 $1,000를 지불할 것인가? 그렇지 않다. 타냐 채권의 구매자는 1년 후에 채권이 만기가 되었을 때 $1,050를 받을 것이기 때문이다. 그가 6%의 이자율에 신규 발행된 채권을 $1,000에 살 경우 1년 후에 $1,060 (원금상환 $1,000＋이표이자 지급액 $60)를 받을 것이다. 따라서 타냐의 채권은 $1,000 가치가 있는 것이 아니다.

타냐의 채권을 사려는 사람은 얼마를 지불할 용의가 있을까? 신규 발행된 1년 만기 채권이 6%의 수익률을 주기 때문에 타냐의 채권을 구입하는 경우에도 적어도 동일한 수익을 얻을 수 있는 가격에 사려고 할 것이다. 타냐의 채권을 구입하면 1년 후에 $1,050 (원금 $1,000＋이자 $50)을 받기 때문에 6%의 수익을 올리려면 타냐 채권의 가격은 다음 식을 만족해야 할 것이다.

$$\text{채권가격} \times 1.06 = \$1{,}050$$

채권가격에 대해서 식을 풀면, 타냐의 채권은 $1,050/1.06＝$991에 팔릴 것이라는 것을 알 수 있다. 이 결과를 확인하려면, 채권의 구매자가 1년 후에 받는 금액은 $1,050, 그가 지불한 가격보다 $59 더 받을 것이라는 것을 생각하라. 그 수익률은 $59/$991＝0.06, 즉, 예상한 대로 6%가 된다.

통용되는 이자율이 6%가 아니라 4%라면 어떻게 될까? 타냐 채권의 가격은 채권가격×1.04＝$1,050 관계를 만족해야 한다. 따라서 채권의 가격은 $1,050/1.04, 즉 $1,010가 된다.

끝으로 타냐가 팔려고 하는 시점에서 이자율이 채권을 처음 구매할 때와 같은 5%라면 어떻게 될까? 여러분은 이 경우에 채권이 원래가격인 $1,000에 팔릴 것이라는 것을 알 수 있을 것이다.

이 예는 채권가격과 이자율은 역의 관계가 있다는 원리를 보여준다. 신규로 발행된 채권에 대한 이자율이 상승할 때 금융투자자가 기발행된 채권에 지불할 용의가 있는 가격은 하락한다.

✔ 개념체크 22.1

3년 만기 정부채권이 원금(때때로 액면가(face value)라고 불림) $1,000와 7%의 이표이자율에 발행되어 매 1년마다 세 번에 걸쳐 이표이자를 지급한다. 이 채권 만기일 1년 전에 신문의 헤드라인에 "나쁜 경제 뉴스 때문에 채권가격이 떨어지고 있다"라는 기사와 함께 위의 3년 만기 채권의 가격이 96으로 떨어졌다. 이자율에 어떤 일이 일어났는가? 신문 기사가 발표된 시점에 1년 이자율은 얼마인가?

채권 발행은 기업이나 정부가 저축자로부터 자금을 얻을 수 있는 하나의 수단이다. 자금을 조달하는 또 하나의 중요한 방법은, 기업들에게만 국한된 것으로, 일반 사람들에게 주식을 발행하는 것이다.

주식

주식(또는 지분)
한 기업에 대한 부분적인 소유권

배당
주주가 주식 보유 비중에 따라 정기적으로 받는 금액

주식(또는 지분)(stocks 또는 equity) 한 주는 기업에 대한 부분적인 소유권을 의미한다. 예를 들어, 한 기업의 발행된 주식이 백만 주라면, 한 주의 소유권은 기업의 백만 분의 일의 소유권과 동일하다. 주식 보유자는 그들의 금융투자에 대하여 두 가지 방법으로 보상을 받는다. 첫째, 주식 보유자는 자기가 보유한 각 주에 대하여 **배당**(dividend)을 정기적으로 지급받는다. 배당은 기업의 경영자에 의해 결정되며 보통 기업의 최근 이윤의 크기에 의존한다. 둘째, 주식 보유자는 주식 가격이 올랐을 때 자본이득의 형태로 보상을 받는다(제 20장, "저축과 자본 형성"에서 논의된 자본이득과 자본손실).

한국에서 주식가격은 한국거래소(Korea Exchange)와 같은 거래소에서 거래를 통하여 결정된다. 한 주식의 가격은 주식에 대한 수요와 공급이 변화함에 따라 오르거나 내린다. 주식에 대한 수요는 회사의 전망에 관한 뉴스와 같은 요인들에 영향을 받는다. 예를 들어, 중요한 신약 개발을 발표한 제약회사의 주식가격은, 그 약의 실제 생산과 판매가 나중에 이루어지더라도 금융투자자들은 그 회사가 미래에 더 이윤을 올리게 될 것이라고 기대하기 때문에, 발표시점에서 오를 가능성이 크다. **예 22.2**는 주식가격에 영향을 주는 몇 가지 요인들을 수치를 이용하여 예시하고 있다.

예 22.2 신규 기업의 주식 구매

포춘쿠키닷컴(FortuneCookie.com) 한 주의 가격은 얼마가 될 것인가?

여러분은 맛있는 운세과자(fortune cookies)를 인터넷으로 판매하려는 계획을 가진 포춘쿠키닷컴이라 불리는 회사의 주식을 사려고 한다. 주식 중개인은 그 회사가 지금부터 1년 후 주당 $1의 배당을 지급할 것이고, 1년 후에 그 회사의 시장가격이 주당 $80가 될 것이라고 추정하고 있다. 중개인의 추정치를 받아들인다고 가정하면, 여러분이 오늘 포춘쿠키닷컴의 주식에 지불할 용의가 있는 주당 최고가는 얼마인가? 여러분이 $5의 배당을 기대한다면 대답은 어떻게 달라지는가? 여러분이 $1의 배당을 기대하고 1년 후에 주식가격이 $84에 이를 것이라고 기대한다면 어떠한가?

주식 중개인의 추정에 따르면, 소유하고 있는 포춘쿠키닷컴의 주식 한 주는 1년 후에 여러분에게 $81의 가치가 — $1의 배당과 주식을 판매할 경우 얻을 수 있는 $80를 더하여 — 있다는 결론을 내릴 수 있다. 여러분이 그 주식에 대하여 오늘 지불할 용의가 있는 최고가격을 찾는 것은 1년 후에 $81를 갖기 위하여 오늘 여러분이 얼마를 투자하여야 하는 것을 물어보는 것과 결국 같은 문제이다. 이 문제에 대답하기 위해 한 가지 정보가 더 필요한데, 그것은 이 회사의 주식을 살 용의가 있기 위하여 여러분이 요구하는 기대수익률이다.

포춘쿠키닷컴 회사의 주식을 보유하기 위해 여러분이 요구하는 수익률은 어떻게 결정되는가? 여러분은 주식이 "안전한 것"이라고 생각하거나 또는 위험에 대해 신경쓰지 않는 저돌적인 투자자이기 때문에 그 주식의 잠재적 위험에 대하여 걱정하지 않고 있다고 일단 가정해보자. 이 경우에 **비용-편익의 원리**를 적용할 수 있다. 포춘쿠키닷컴의 주식을 보유하기 위해 요구하는 수익률은 정부채권과 같은 다른 금융투자로부터 얻을 수 있는 것과 동일해야 한다. 다른 금융투자로부터 얻을 수 있는 수익이 여러분이 구입하는 자금의 **기회비용**이 된다. 따라서 예를 들어, 정부채권이 현재 제공하고 있는 이자율이 6%라면 포춘쿠키닷컴을 보유하기 위해 6%의 수익을 받아들일 용의가 있어야 한다. 그런 경우에 여러분이 포춘쿠키닷컴 주식 한 주에 대하여 오늘 지불할 용의가 있는 최고가격은 다음 식을 만족해야 한다:

비용-편익

$$\text{주식가격} \times 1.06 = \$81$$

여러분이 1년 동안 6%의 수익을 받아들인다면 지불할 용의가 있는 주식가격은 이 식에 의해 결정된다. 이 식을 풀면 주식가격은 $81/1.06=$76.42이다. 여러분이 포춘쿠키닷컴을 $76.42에 산다면 1년간 수익률은 ($81−$76.42)/($76.42)=$4.58/$71.42=6%, 즉 여러분이 주식을 사기 위해 요구한 수익률과 같다.

만약 배당이 $5라면 주식보유의 총편익은 기대되는 배당과 1년 후 예상가격의 합인 $5+$80, 즉 $85가 된다. 여러분이 포춘쿠키닷컴 주식을 보유하기 위해 6%의 수익을 받아들일 용의가 있다고 다시 가정하면, 오늘 여러분이 주식에 대하여 지불할 용의가 있는 가격은 주식가격×1.06=$85의 관계를 만족한다. 주식가격에 대하여 이 식을 풀면 주식가격=$85/1.06=$80.19가 된다. 이 가격을 이전 경우와 비교하면, 미래에 기대되는 배당이 높을수록 오늘 주식가치가 증가한다는 것을 알 수 있다. 그것이 바로 회사의 미래 전망에 관한 좋은 뉴스가—획기적인 신약을 개발했다는 제약회사의 발표와 같은—주식가격에 즉시 영향을 미치는 이유이다.

미래에 기대되는 주식가격이 $84이고 배당이 $1라면, 1년 후 보유 주식의 가치는 다시 한 번 $85가 되어 계산은 이전과 동일하다. 여러분이 그 주식에 대하여 지불할 용의가 있는 가격은 다시 $80.19가 된다.

이 예들은 미래 배당이나 미래에 기대되는 주식가격의 상승은 현재의 주식가격

을 올리는 반면에, 저축자들이 그 주식을 보유하기 위해 요구하는 수익률의 상승은 현재의 주식가격을 낮춘다는 것을 보여주고 있다. 사람들이 주식시장에서 요구하는 수익률이 시장이자율과 밀접히 연결되어 있을 것이라고 기대되기 때문에, 이자율의 상승은 채권가격뿐만 아니라 주식가격도 압박하는 경향이 있다는 것을 의미한다.

앞의 예들에서 미래의 주식가격은 주어진 것으로 간주하였다. 그러나 무엇이 미래의 주식가격을 결정하는가? 현재의 주식가격이 올해에 받을 것으로 기대되는 배당과 지금부터 1년 후의 주식가격에 의존하는 것과 마찬가지로, 지금부터 1년 후의 주식가격은 내년에 기대되는 배당과 지금부터 2년 후의 주식가격에 의존한다. 그러면 궁극적으로 오늘의 주식가격은 올해 기대되는 배당뿐만 아니라 미래의 배당에 의존한다. 배당을 지불하는 기업의 능력은 그 기업의 수익에 의존한다. 한 회사의 수익이 미래에 빠르게 증가할 것이라고 기대된다면 그 회사의 미래의 배당은 아마도 같이 증가할 것이다. 그래서 신약개발을 발표한 제약회사의 예에서와 같이 미래의 수익에—매우 먼 미래의 수익까지—관한 뉴스는 그 회사의 주식가격에 즉시 영향을 줄 가능성이 크다.

✔ 개념체크 22.2

예 22.2에서와 같이 포춘쿠키닷컴의 주식이 1년 후에 주당 $80의 가치가 있고, 또한 1년 후에 $1의 배당을 지급할 것이라고 예상되고 있다. 여러분의 요구수익률인 현행 이자율이 4%라면 주식에 대하여 여러분이 오늘 지불할 용의가 있는 가격은 얼마가 되어야 하는가? 이자율이 8%라면 어떻게 변하는가? 일반적으로 이자율이 바로 가까운 장래에 오를 것이라는 경제 뉴스가 알려지면 주식가격이 어떻게 반응할 것이라고 예상하는가?

예 22.2에서 여러분은 정부채권에서 얻을 수 있는 수익률과 동일한 6%에 포춘쿠키닷컴 주식을 보유할 용의가 있다고 가정하였다. 그러나 주식 보유의 수익은 매우 변동이 크고 예측하기 어렵기 때문에 주식시장의 금융투자는 매우 위험하다. 예를 들어, 여러분이 1년 후 포춘쿠키닷컴의 주식이 $80의 가치를 갖게 될 것이라고 기대한다 하더라도 $50의 낮은 가격에 팔리거나 또는 $110의 높은 가격에 팔릴 가능성이 있다는 것을 알고 있다. 대부분의 금융 투자자들은 위험과 예측 불가능성을 싫어하기 때문에 정부채권과 같은 비교적 안전한 자산보다 주식과 같은 위험자산을 보유하는 데 더 높은 수익률을 요구하게 된다. 위험자산 보유의 요구수익률과 정부채권과 같은 안전자산 수익률 사이의 차이를 **위험 프리미엄**(risk premium)이라고 부른다.

위험 프리미엄
금융투자자가 위험자산을 보유하기 위해 요구하는 수익률에서 안전자산 수익률을 뺀 것

예 22.3 위험과 주식가격

주식가격과 위험 사이의 관계는?

예 22.2에서 위험을 도입해보자. 포춘쿠키닷컴은 1년 후에 $1의 배당을 지급하고, 시장가격이 주당 $80에 이를 것으로 예상되고 있다. 정부채권에 대한 이자율은 연 6%이다. 그러나 포춘쿠키닷컴 주식과 같은 위험자산을 보유하려면 여러분은 정부채권과 같은 안전자산보다 4% 포인

트 더 높은 기대수익률을 요구한다(4%의 위험 프리미엄). 따라서 여러분은 포춘쿠키닷컴을 보유하기 위해 10%의 기대수익을 요구하게 된다. 여러분이 그 주식에 대하여 지금 지불할 용의가 있는 최고가격은 얼마인가? 인지된 위험과 주식가격 사이의 관계에 대하여 어떤 결론을 내릴 수 있는가?

포춘쿠키닷컴의 한 주는 1년 후에 $81를 지급할 것으로 예상되고, 요구되는 수익률은 10%이므로 주식가격×1.1=$81가 되어야 한다. 주식가격에 대하여 풀면 주식가격은 $81/1.1 =$73.64로, 위험프리미엄이 없을 경우 요구되는 수익률이 6%이었을 때 구했던 가격 $76.42보다 더 낮게 된다. 금융 투자자들의 위험에 대한 예상과 그 결과로 나타나는 위험 프리미엄은 주식과 같은 위험자산의 가격을 낮춘다고 결론내릴 수 있다.

요약 금융시스템과 저축의 배분

- 금융시스템의 역할은 저축을 생산적인 사용처에 배분하는 것이다. 금융시스템의 세 가지 핵심 구성 부분은 은행시스템, 채권시장, 주식시장이다.
- 상업은행은 저축자로부터 조달된 자금을 이용하여 차입자에게 신용을 제공하는 금융중개기관이다.
- 채권은 채무를 상환하기로 약속한 법적 증서이다. 이자율이 상승할 때 기발행된 채권의 가격은 하락한다.
- 주식(또는 지분)은 기업에 대한 부분적인 소유권이다. 주식가격에 영향을 주는 요인들은 다음과 같다.
  1. 예상되는 미래의 배당의 증가 또는 예상되는 미래의 주식 시장가격의 상승은 현재 주식가격을 높인다.
  2. 이자율의 상승은 주식을 보유하는 요구수익률을 높여 현재 주식가격을 하락시킨다.
  3. 인지된 위험의 증가는 위험 프리미엄의 상승으로 반영되어 현재 주식가격을 낮춘다.

22.2 채권시장, 주식시장, 저축의 배분

은행과 마찬가지로 채권시장과 주식시장은 저축자로부터 생산적인 투자기회를 가지고 있는 차입자에게로 자금을 중개하는 방법이다. 예를 들어, 자본투자를 계획하고 있는 회사가 은행으로부터 빌리고 싶지 않다면 두 가지 다른 선택을 가지고 있다: 하나는 새로운 채권을 발행하여 채권시장에서 저축자들에게 판매하는 것이며, 다른 하나는 신규 주식을 발행하여 주식시장에서 판매하는 것이다. 신규 채권이나 신규 주식을 판매하여 얻은 자금으로 그 기업은 자본투자에 사용될 수 있다.

주식시장과 채권시장은 저축이 어떻게 가장 생산적인 사용처로 배분되도록 할까? 이 시장들이 담당하고 있는 두 가지 중요한 기능은 잠재적인 차입자들에 관한 정보를 모으고 저축자들이 대출의 위험을 분담하도록 도와주는 것이다.

22.2.1 채권시장과 주식시장의 정보 제공 기능

저축자들과 금융상담가들은 금융투자에 대해서 가능한 한 가장 높은 수익을 얻기 위하여 가장 이윤이 높은 기회를 가진 잠재적 차입자들을 찾아야 한다는 것을 알고 있다. 이것이 바로 차입자들을 주의 깊게 면밀히 조사해야 할 이유이다.

예를 들어, 주식이나 채권을 신규로 발행하려고 생각하고 있는 기업들은 시장의 전문 애널리스트와 금융 투자자들이 자신의 최근의 성과와 미래에 대한 투자 계획을 주의 깊게 관찰하고 있다는 것을 알고 있다. 애널리스트와 잠재적 매수자들이 미래의 수익성에 관하여 의심을 품고 있다면, 그들은 새로 발행된 주식에 대하여 상대적으로 낮은 가격을 제시할 것이며 새로 발행된 채권에 대하여는 높은 이자율을 요구할 것이다. 이것을 알고 있는 기업은, 금융투자자들에게 기업의 자금 사용계획이 수익성이 높다는 것을 설득시킬 자신이 없다면 자금조달을 위해 채권시장이나 주식시장을 이용하지 않으려 할 것이다. 따라서 저축자들과 금융상담가들이 더 높은 수익을 추구하는 탐색활동은 채권시장과 주식시장이 자금을 가장 생산적일 것으로 예상되는 곳으로 흘러가도록 유도한다.

22.2.2 위험분담과 분산투자

수익률이 높을 것으로 전망되는 좋은 투자계획은 또한 위험을 가지고 있다. 예를 들어, 콜레스테롤을 낮추는 신약의 성공적인 개발은 제약회사에 수십억 달러를 창출할 수 있지만, 만약 그 약이 시장에 있는 기존의 것보다 덜 효과적이라고 판명되면 개발비용을 전혀 회수할 수 없을 것이다. 항콜레스테롤 제약의 개발에 필요한 자금지원을 돕기 위해 자신의 생애저축을 대출해 준 개인은 상당한 수익을 올릴 수도 있지만 또한 모든 것을 잃을 수 있는 가능성도 있다. 저축자들은 일반적으로 위험을 감당하는 것을 싫어하므로, 각 저축자들이 당면한 위험을 감소시키는 수단이 없다면 기업이 신약을 개발할 자금을 마련하기는 매우 어려울 것이다.

채권시장과 주식시장은 저축자들에게 분산투자할 수 있는 수단을 제공하여 위험을 감소시키는 데 도움을 준다. **분산투자**(diversification)란 한 사람의 재산을 다양한 금융투자에 흩어지게 하여 전체 포트폴리오의 위험을 감소시키는 방법이다. 분산투자의 아이디어는 "모든 계란을 한 바구니에 넣지 말아야 한다"는 격언으로부터 나온다. 금융투자자는 모든 저축을 한 가지의 위험한 투자계획에 투입하는 것보다는 소액으로 나누어 여러 종류의 주식이나 채권에 배분하는 것이 훨씬 더 안전하다는 것을 안다. 그러한 방법은 일부 금융자산의 가치가 하락한다 하더라도 다른 자산들의 가치가 상승하여 손실을 상쇄할 가능성이 크다. 다음의 예는 이러한 분산투자의 이점을 예시하고 있다.

분산투자
전체 포트폴리오의 위험을 감소시키기 위해 자산을 여러 가지 다른 다양한 금융자산에 나누어 투자하는 관행

분산투자의 이점 예 22.4

분산투자의 이점은 무엇인가?

비크람(Vikram)은 $1,000를 투자하는 데 두 가지 주식, 스미스 우산회사와 존스 선탠로션회사를 고려하고 있다. 스미스 우산회사의 주식가격은 비가 오면 10% 상승하지만 날씨가 맑으면 변화가 없다. 반대로 존스 선탠로션회사의 주식가격은 날씨가 맑으면 10% 상승할 것으로 예상되지만 비가 오면 변화가 없을 것이다. 비가 올 확률은 50%이고 날씨가 맑을 확률은 50%라고 가정하자. 비크람은 자신의 $1,000를 어떻게 투자해야 할까?

비크람이 $1,000를 모두 스미스 우산회사에 투자한다면 그는 50%의 확률로 비가 내리면 10%의 수익률을 올릴 수 있고 50%의 확률로 맑은 날씨일 경우 수익은 없다. 그의 평균 수익률은 50%×10%의 수익률과 50%×0의 수익을 더하여 5%가 된다. 마찬가지로 존스 선탠로션회사에 투자하면 날씨가 맑은 절반의 경우 10%의 수익률, 비가 오는 나머지 절반의 경우에는 0의 수익을 갖게 되므로 평균 수익률은 5%가 된다.

비크람이 어느 한 주식에만 모든 돈을 투자한다면 평균적으로 5%의 수익률을 올릴 수 있지만 그의 실제 이득은 날씨가 맑을 것인가 또는 비가 올 것인가에 따라서 크게 변동하기 때문에 한 주식에만 투자하는 것은 매우 위험하다. 비크람이 불확실성과 위험을 피하면서 5%의 수익률을 보장할 수 있을까? 대답은 "가능하다"이다. 그가 해야 할 일은 두 회사의 주식에 각각 $500를 투자하는 것이다. 비가 오면 스미스 우산회사 주식으로부터 $50를 벌게 될 것이고 존스 선탠로션회사 주식에서는 버는 것은 없다. 날씨가 맑으면 스미스 우산회사 주식에서 버는 것은 없지만 존스 선탠로션회사 주식에서 $50를 벌게 된다. 비가 오든 날씨가 맑든, 위험이 없이 확실히 $50 (5% 수익률)를 벌 수 있다.

채권시장과 주식시장의 존재는 저축자들이 적은 액수의 저축을 회사의 지분이나 또는 투자 프로젝트를 반영하는 여러 가지 다양한 금융자산에 투자함으로써 분산투자하는 것을 가능하게 한다. 사회적 관점에서 분산투자는, 개별 저축자들에게 많은 위험을 부담시키지 않으면서 위험하지만 가치 있는 프로젝트에 자금이 지원되는 것을 가능하게 한다.

개인이 분산투자를 하는 아주 편리한 방법은 뮤추얼펀드를 통하여 채권이나 주식을 간접적으로 구입하는 것이다. **뮤추얼펀드**(mutual fund)는 일반 사람들에게 지분을 판매하여 조성된 자금을 사용하여 매우 다양한 금융자산을 구입하는 금융중개기관이다. 뮤추얼펀드의 지분을 보유하는 것은 다양한 여러 가지 금융자산을 조금씩 소유하고 있는 것이어서 분산투자를 하고 있는 것이다. 뮤추얼펀드의 이점은 많은 종류의 주식과 채권을 직접 구입하는 것보다 한두 개의 뮤추얼펀드의 구좌를 구입하는 것이 비용과 시간이 덜 든다는 것이다. 지난 수십년 동안 뮤추얼펀드는 한국을 포함한 대부분의 선진국들에서 크게 인기를 얻어왔다.

뮤추얼펀드
지분을 일반 사람들에게 판매하여 조성된 자금을 사용하여 다양한 종류의 금융자산을 구입하는 금융중개기관

경제적 사유 22.2

왜 미국의 주식시장은 1990년대 급격히 상승했다가 2000년대에 급격히 하락하였는가?

1990년대에 미국의 주식가격은 크게 상승하였다. 500개 주요 기업들의 주식가격 성과를 요약하는 스탠더드 앤 푸어 500지수(The Standard & Poor's 500 index, S&P 500 지수)는 1990년에서 1995년 사이에 60%가 상승하였고, 1995년과 2000년 사이에는 두 배 이상이 되었다. 그러나 새로운 밀레니엄의 처음 두 해 동안에 이 지수는 거의 절반으로 떨어졌다. 왜 미국의 주식시장은 1990년대에 활황이었다가 2000년대에 크게 하락하였는가?

주식가격은 미래의 배당과 주식가격에 대한 구매자들의 기대와 잠재적 주식 보유자들의 요구수익률에 의존한다. 요구수익률은 안전자산에 대한 수익률에 위험프리미엄을 더한 것과 같다. 원론적으로 주식가격의 상승은 미래 배당에 대한 낙관적 기대의 증가, 요구수익률의 감소, 또는 두 가지 모두에 의해 나타날 수 있다.

아마도 두 요소들이 1990년대 주식가격의 상승에 기여했을 것이다. 배당은 미국 경제의 견실한 성과를 반영하여 1990년대에 빠르게 증가하였다. 신기술의 전망에 의해 고무되어 많은 금융 투자자들은 미래의 배당이 더욱 높아질 것이라고 기대하였다.

또한 사람들이 주식을 보유하기 위해 요구하는 위험 프리미엄이 1990년대에 감소하여, 요구하는 총수익률을 낮추고 주식가격을 상승시켰다는 증거도 있다. 1990년대 위험 프리미엄의 감소에 대한 한 가지 설명은 분산투자의 증가이다. 1990년대의 10년 동안 이용 가능한 뮤추얼펀드의 수와 다양성은 현저하게 증가하였다. 이전에 전혀 주식을 소유해보지 않았거나 겨우 몇몇 회사의 주식을 소유해 본 적이 있는 사람들을 포함하여 수백만의 미국인들이 이러한 펀드에 투자하였다. 전형적인 주식시장 투자자들에게 분산투자의 증가는 주식을 소유하는 위험이 낮아졌다는 인식을 갖게 하였고(이제는 뮤추얼펀드를 구입함으로써 주식을 소유할 수 있기 때문에) 이것은 다시 위험 프리미엄을 낮추고 주식가격을 올리게 되었다. 다른 설명은 투자자들이 경제 내에 내재된, 결과적으로 주식시장에 내재된 위험을 과소평가하였다는 것이다.

2000년 이후 이러한 두 가지 우호적인 요소들이 반전되었다. 배당의 증가는 주식보유자들에게 실망스러운 것이었는데, 주로 많은 하이테크 기업들은 바랐던 것만큼 수익성이 높지 않은 것으로 판명되었기 때문이다. 추가적인 문제는 2002년에 발생한 일련의 기업회계 스캔들이었다. 몇몇 대기업들이 그들의 이윤을 실제보다 더 크게 보이게 하기 위하여 불법적이고 비윤리적인 행동을 했다고 알려졌다. 경기침체, 테러 공격, 회계 스캔들을 포함한 많은 요인들이 주식의 위험에 대한 주식보유자들의 우려를 증가시켜, 주식을 보유하기 위해 요구하는 위험 프리미엄은 1990년대 수준보다 크게 높아졌다. 예상되는 배당의 감소와 더 높은 위험 프리미엄은 주식가격을 급격히 하락시켰다.

주식시장의 폭등과 폭락은 2002년경 끝이 난 것 같았지만 그것이 미국 주식시장의 마지막 롤러코스터는 아니었다. 그 다음 5년 동안 S&P 500 지수는 다시 거의 두 배가 되었으며 2007년에는 역사적 최고점을 기록하였고 그 이후 18개월 동안 1990년대 이후 최저점으로 폭락하였다. 2007–2008년의 이러한 폭락은 미래 배당이 감소하리라는 예상, 주식을 보유하는 위험을 상승시킨 금융위기, 심각한 경기침체로 인하여 발생하였다(금융위기와 경기침체는 다음 장들에서 더 논의될 것이다). 2009년 이후 주식시장은 완전히 회복되었으며 2017년 9월 15일 S&P 500 지수는 2,500—2000년과 2007년의 기록보다 60% 높은 수준—이라는 이정표를 넘어섰다. 최근의 이러한 상승은 역사적으로 최저인 안전자산 이자율과 투자자들의 예상 및 위험에 대한 인식의 변화를 반영하고 있다.

요약 채권시장, 주식시장, 저축의 배분

채권시장과 주식시장이 제공하는 두 가지 중요한 기능은 잠재적인 차입자들에 대한 정보를 모으고 저축자들이 대출의 위험을 분산시킬 수 있도록 도와주는 것이다. 분산투자의 간편한 방법은 뮤추얼펀드를 통하여 채권과 주식을 사는 것이다.

22.3 국제적 자본이동

이제까지는 한 나라 안에서 운영되는 금융시장에 초점을 두고 논의하였다. 그러나 경제적 기회는 국가의 영토 내로 한정될 필요가 없다. 한국 국민의 저축의 가장 생산적인 사용처는 한국에서 멀리 떨어진 베트남에 공장을 건설한다든지, 인도네시아에 소기업을 창업한다든지 하는 방법이 될 수 있다. 마찬가지로 중국의 저축 자산을 분산투자하여 위험을 감소시키는 최선의 방법은 여러 나라의 채권과 주식을 보유하는 것이 될 수 있다. 금융시장은 점점 나라의 경계를 넘어서는 차입과 대출로 확장되어 발전되어 왔다. 금융시장에 참가하고 있는 차입자와 대출자가 각기 서로 다른 여러 나라의 거주민인 경우의 금융시장을 **국제금융시장**(international financial markets)이라고 부른다.

국제금융시장은 국내금융시장과 적어도 한 가지 중요한 측면에서 다른 점이 있다. 국내금융거래와 달리 국제금융거래는 차입자의 국가와 대출자의 국가, 적어도 두 나라의 법과 규정의 적용을 받는다. 따라서 국제금융거래의 규모와 중요성은 국가간 정치 · 경제적 협력의 정도에 의존한다. 예를 들어, 비교적 평화로운 시기였던 19세기 후반과 20세기 초반에 국제금융시장은 놀랄 정도로 크게 발달하였다. 당시에 세계의 강력한 경제세력이었던 영국은 국제적 리더였고, 저축을 세계의 도처에 보내고 있었다. 그러나 1914–1945년의 격동기 동안 두 번의 세계대전과 대공황은 국제금융 및 재화와 서비스의 국제무역을 모두 크게 감소시켰다. 국제금융과 무역의 거래는 1980년대가 되어서야 19세기 후반에 달성했던 수준으로 회복되었다.

국제금융시장에 대하여 생각할 때, 빌려주는 것은 실물자산 또는 금융자산을 취득하는 것과 경제적으로 동일하며, 빌리는 것은 실물자산이나 금융자산을 파는 것과 경제적으로 동일하다는 것을 이해하는 것이 유용하다. 예를 들어, 저축자들은 주식이나 채권을 구매함으로써 기업들에게 빌려주게 되는데, 주식이나 채권은 빌려준 사람에게는 금융자산이며 빌리는 기업에게는 금융채무가 된다. 마찬가지로 정부에게 빌려주는 것은 실제로 정부채권을—빌려주는 사람에게는 금융자산이고 빌려가는 사람, 이 경우 정부에게는 금융채무—취득함으로써 이루어진다. 저축자들은 또한 토지와 같은 실물자산을 취득함으로써 자금을 제공할 수 있다. 한 사람이 여러분으로부터 땅 한 필지를 산다면 통상적인 의미의 대출을 하고 있는 것은 아니지만 소비나 투자를 위해 사용할 수 있는 자금을 여러분에게 제공하고 있는 것이다. 그 사람은 채권 또는 주식의 이자나 배당 대신에 구입한 토지로부터 임대료를 받게 된다.

국제적 자본이동
국경을 넘는 실물자산과 금융자산의 구입과 판매

자본유입
외국의 가계와 기업에 의한 국내 자산의 구입

자본유출
국내 가계와 기업에 의한 해외 자산의 구입

순자본유입
자본유입-자본유출

국가간 경계를 넘는 실물자산과 금융자산의 구매와 판매(국가간 경계를 넘는 대출 및 차입과 경제적으로 동일한 개념)는 **국제적 자본이동**(international capital flows)이라고 부른다. 특정한 나라의 관점에서, 예를 들어 한국의 관점에서, 외국인들에 의한 국내(한국) 자산의 구매는 **자본유입**(capital inflows)이라고 부르고, 국내(한국) 가계와 기업에 의한 외국 자산의 구매는 **자본유출**(capital outflows)이라고 부른다. 이러한 용어를 잘 기억하려면, 자본유입은 그 나라로 "흘러 들어오는" 자금을 나타내며(외국 저축자들이 국내자산을 사는 것), 자본유출은 그 나라로부터 "흘러 나가는" 자금을 나타낸다(국내 저축자들이 해외 자산을 사는 것)고 생각하면 된다. 두 방향의 자금이동 간의 차이는 **순자본유입**(net capital inflows)이나—자본유입에서 자본유출을 뺀 것—또는 순자본유출로—자본유출에서 자본유입을 뺀 것—표현된다. 자본유입이나 자본유출은 생산된 재화와 서비스의 구매가 아니고 실물자산이나 금융자산에 대한 거래이기 때문에 수출이나 수입으로 계산되지 않는다는 것을 기억하라. 한국은행은 수출, 수입 등 GDP의 구성 부분을 측정하는 일을 담당하고 있으며 또한 자본유입과 자본유출을 측정하는 일도 한다. 매월 한국은행은 국제수지를 집계하여 금융계정에서 자본이동 추정치를 발표한다.

거시경제학의 관점에서 국제적 자본이동은 두 가지 중요한 역할을 담당한다. 첫째, 한 나라의 생산적인 투자기회가 국내 저축보다 많을 경우 어떻게 그 차이를 해외로부터 자금을 차입하여 메울 수 있는지 살펴볼 것이다. 둘째, 어떻게 자본이동이 무역수지 불균형, 즉 한 나라의 재화 및 서비스 수출이 재화 및 서비스 수입과 일치하지 않는 상황을 가능하게 하는지 알아볼 것이다. 본장의 나머지 부분에서는 이 두 가지 핵심 기능에 대하여 논의한다. 먼저 국제적 자본이동과 무역수지 불균형 사이의 중요한 관계에 대하여 알아보자.

22.3.1 자본이동과 무역수지

무역수지(또는 순수출)
특정 기간(분기 또는 년) 동안 수출액에서 수입액을 뺀 것

무역흑자
정해진 기간 동안 수출이 수입을 초과할 때 수출액과 수입액의 차이

무역적자
정해진 기간 동안 수입이 수출을 초과할 때 수입액과 수출액의 차이

제 16장 "경제활동의 측정: GDP, 실업"에서 수출에서 수입을 뺀 순수출(NX)이라는 개념을 소개하였다. 한 나라의 수출에서 수입을 뺀 것과 동일한 용어가 **무역수지**(trade balance)이다. 매분기 또는 매년 수출과 수입이 같을 필요가 없기 때문에 무역수지(또는 순수출)는 항상 0이 될 필요는 없다. 특정 기간에 무역수지가 양수라서 수출액이 수입액을 초과한다면, 그 나라는 수출액에서 수입액을 뺀 값과 동일한 **무역흑자**(trade surplus)를 갖고 있다고 말한다. 무역수지가 음수라면 수입이 수출보다 더 크다는 것이므로, 그 나라는 수입액에서 수출액을 뺀 값만큼의 **무역적자**(trade deficit)를 갖고 있다고 말한다.

그림 22.1은 1953년 이래로 한국 무역수지의 구성요소를 보여주고 있다. 청색선은 한국의 수출을 GDP의 %로 나타내고 적색선은 한국의 수입을 GDP의 %로 나타내며, 두 선 사이의 수직거리는 GDP의 퍼센티지로서 한국의 무역흑자를 표시한다. 수입이 수출을 초과할 때 두 선 사이의 수직거리는 한국의 무역적자를 나타낸다.

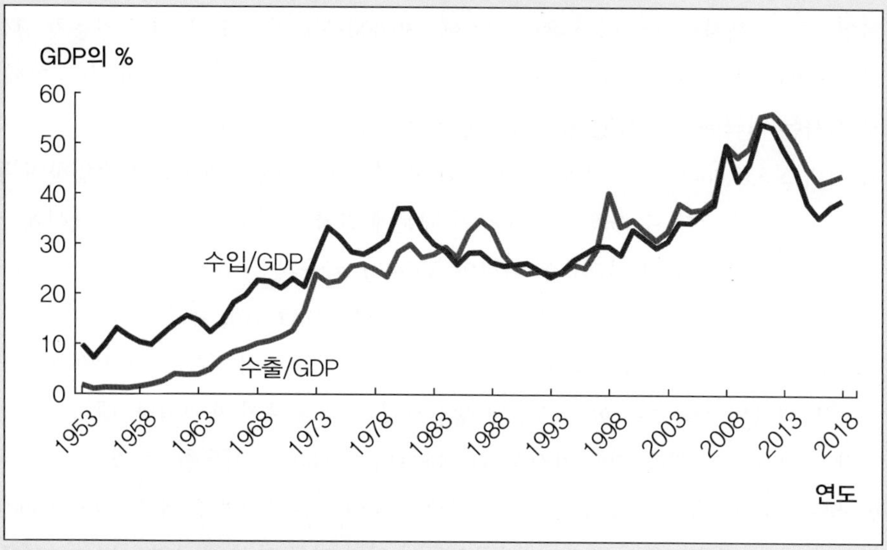

출처: 한국은행 경제통계시스템(http://ecos.bok.or.kr/).

그림 22.1

한국의 GDP대비 수출과 수입, 1953~2018

이 그림은 한국의 수출과 수입을 GDP의 %로써 보여주고 있다. 1980년대 중반까지 수입이 수출보다 많아 무역적자를 기록했으나 그 이후에는 전반적으로 균형에 가깝거나 또는 수출이 수입을 초과하여 무역흑자가 일반적이다.

그림 22.1은 과거 60년 동안 국제무역이 한국 경제의 매우 중요한 부분이 되었다는 것을 보여준다. 1950년대에는 한국 GDP의 겨우 1~2%만이 수출되었고, 수입액은 한국 GDP의 10%에 불과하였으며 만성적인 무역적자를 기록하였다. 2011년에는 한국 GDP의 거의 56%가 해외로 판매되었고 수입은 한국 GDP의 54%를 넘어섰으며 무역수지도 소폭 흑자를 기록하고 있다. 2011년 이후에는 수출과 수입이 GDP에서 차지하는 비중이 다소 감소하는 모습을 보이는데 이는 중국 경기의 둔화와 함께 나타난 세계 교역량의 둔화와 맞물려 있다.

무역수지는 한 나라가 수출한 재화와 서비스의 가치와 수입한 재화와 서비스의 가치 사이의 차이를 나타낸다. 순자본유입은 외국인에 의한 국내 자산의 구입과 국내 거주민에 의한 외국자산의 구입 사이의 차이를 나타낸다. 이러한 두 불균형 사이에 항상 성립하는 매우 중요한 관계는, 어떤 주어진 기간에 무역수지와 순자본유입의 합은 0이라는 것이다. 이 관계를 다음과 같이 식으로 나타내면 편리하다.

$$NX + KI = 0 \qquad (22.1)$$

여기에서 NX는 무역수지(즉, 순수출), KI는 순자본유입을 가리킨다. (22.1)식은 정의상 항상 성립하는 항등식이다.[3]

왜 (22.1)식이 성립하는지 이해하기 위해 미국이 수입재, 예를 들어 한국차를

3 단순화를 위해 이 책에서는 무역수지(NX)에 두 가지 항목을 더한 경상수지(current account balance; CA) 개념을 다루지 않는다. 두 가지 항목은 소득수지(주로 투자소득으로 구성, 즉 해외 자산으로부터의 순소득유입)와 이전수지(내국인과 외국인 사이에 무상으로 주고 받는 거래, 즉 정부간 보조와 개인 송금이전)를 가리킨다. (22.1)식은 정확한 식은 아니며 정확한 관계식은 $CA + KI = 0$이다. 그러나 일반적으로 소득수지와 이전수지는 크지 않기 때문에 편의상 경상수지 대신에 무역수지를 써서 (22.1)식을 사용하기로 한다.

$30,000에 구매할 때 어떤 일이 일어나는지 생각해보자. 미국 구매자는 $30,000를 지급하였고 한국 생산업자는 미국 은행 계좌에 $30,000를 가지고 있다. 한국 자동차 생산업자는 $30,000를 가지고 무엇을 할 것인가? 기본적으로 두 가지 가능성이 있다. 첫째, 한국 회사는 미국에서 생산된 자동차 부품이나 임원진들의 하와이 휴가 등과 같은 재화와 서비스 $30,000어치를 구매할 수 있다. 이 경우에 한국은 $30,000를 수입하여 무역수지는 균형이 된다. 수출과 수입이 같기 때문에 한국 무역수지는 이러한 거래에 의해 영향을 받지 않는다(이 거래들에 대하여 $NX=0$). 금융자산이나 실물자산이 구입되거나 판매되지 않았으므로 자본유입과 자본유출은 없다($KI=0$). 이러한 시나리오하에서 (22.1)식에 표시된 무역수지와 순자본유입의 합은 0이 되어야 하는 조건이 만족된다.

또 하나의 가능성은 한국 자동차 생산자가 미국 재무성 채권이나, 테네시에 있는 공장 주변 토지와 같은 미국 자산을 취득하는데 $30,000를 사용할 수 있다. 이 경우에 한국은 자동차 수출 $30,000가 수입에 의해 상쇄되지 않았기 때문에($NX=\$30,000$) 무역흑자 $30,000를 기록하게 된다. 한국인들에 의한 미국 자산의 구입을 반영하여 상응하는 $30,000의 자본유출이 있게 된다($KI=-\$30,000$). 그러므로 무역수지와 순자본유입의 합은 0이 되고 (22.1)식이 성립하게 된다.

실제로 세 번째 경우가 있는데, 한국의 자동차 회사가 미국 밖의 제 3국의 사람과 달러를 교환하는 것이다. 예를 들어, 그 회사는 또 다른 한국 기업이나 개인과 그의 달러를 한국 원화와 교환할 수 있다. 그런데 달러의 취득자는 다시 위의 회사처럼 두 가지 선택을 할 수 있으므로—미국 재화와 서비스를 구매하거나 미국 자산을 취득하는 것—순자본유입과 무역적자 사이의 등식은 계속 성립하게 된다.

✔ 개념체크 22.3

한국 저축자가 미국 국채 $20,000를 구매하였다. 미국 정부가 국채를 판매한 대금으로 받은 $20,000로 무엇을 하든지에 관계없이 (22.1)식이 성립함을 설명하라.

22.3.2 국제적 자본이동의 결정요인

자본유입은 외국인들에 의한 국내 자산의 매입이고, 자본유출은 국내 거주자에 의한 해외자산의 구입임을 기억하자. 예를 들어, 한국으로의 자본유입은 한국의 주식, 회사채, 국채, 한국인이 소유하고 있던 토지, 빌딩과 같은 부동산을 외국인이 매입하는 경우이다. 왜 외국인들은 한국자산을 취득하려 하는가? 반대로 왜 한국인들은 외국자산을 취득하려 하는가?

국내자산이든 해외자산이든 어떤 자산의 매력을 결정하는 기본 요인들은 수익(return)과 위험(risk)이다. 금융투자자들은 높은 실질수익을 추구한다. 따라서 다른 요인들에(위험의 정도와 해외에서 가능한 수익) 변화가 없다면 국내에서의 더 높은 실질이자율은 국내자산을 외국인들에게 더 매력적이게 만들어 자본유입을 촉진한다. 같은 논리로 국내에서의 더 높은 실질이자율은 국내 거주민들이 그들의 저축을 국내에서 투

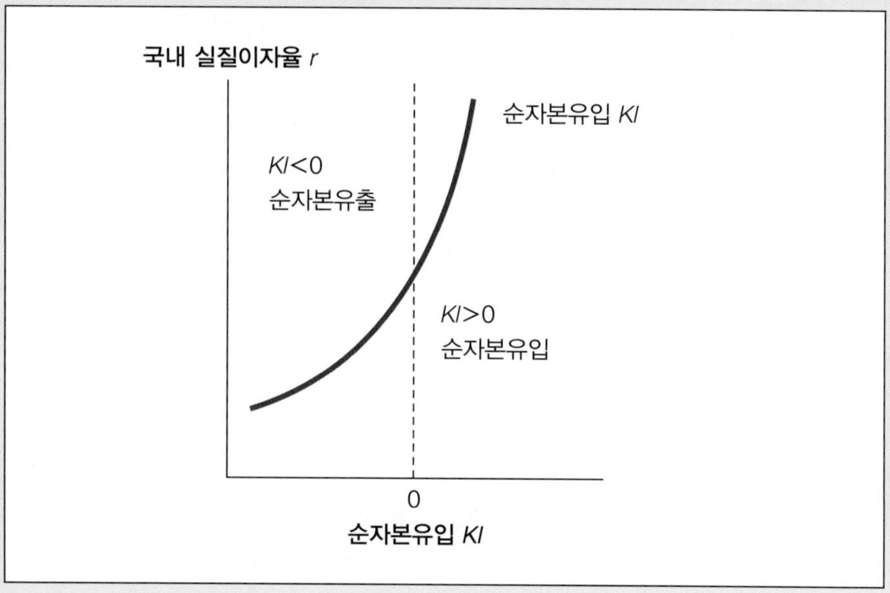

그림 22.2

순자본유입과 실질이자율

위험의 정도와 해외의 실질수익률이 동일하다고 할 때, 국내의 높은 실질이자율은 외국인들에게 국내자산을 구입할 유인을 증가시키며 자본유입을 증가시킨다. 국내의 높은 실질이자율은 또한 국내 저축자들이 해외자산을 구입할 유인을 감소시켜 자본유출을 감소시킨다. 따라서 모든 다른 요인이 동일할 때 국내 실질이자율 *r*이 높을수록 순자본유입 *KI*는 증가한다.

자하도록 유인하여 자본유출을 감소시킨다. 따라서 모든 다른 요인이 동일할 때, 국내에서의 더 높은 실질이자율은 순자본유입을 증가시킨다. 반대로 국내의 실질이자율이 낮을 경우 금융투자자들은 더 나은 기회를 해외에서 찾기 때문에(순자본유출을 증가시킴으로써) 순자본유입을 감소시키는 경향이 있다.

그림 22.2는 한 나라의 순자본유입과 그 나라에서 통용되는 실질이자율 사이의 관계를 보여주고 있다. 국내 실질이자율이 높을 때 순자본유입은 0보다 크다(외국인의

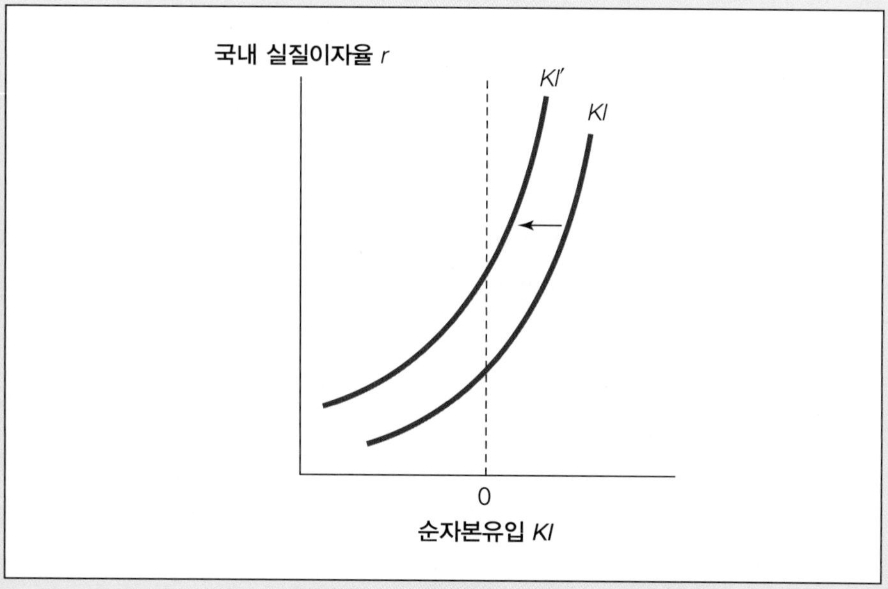

그림 22.3

위험의 증가는 순자본유입을 감소시킨다

예를 들어, 정치적 불안정성으로부터 발생하는 국내자산의 위험 증가는 외국과 국내 저축자들이 국내자산을 보유하려는 의향을 감소시킨다. 자본유입의 공급은 국내 실질이자율의 각 값에서 감소하여 *KI*곡선을 왼쪽으로 이동시킨다.

국내자산 취득이 국내인의 외국자산 취득을 초과한다). 그러나 실질이자율이 낮을 때 순자본유입은 0보다 작다(즉, 그 나라는 순자본유출이 발생한다).

위험이 자본이동에 미치는 효과는 실질이자율이 미치는 효과의 반대방향이다. 주어진 실질이자율에 대하여 국내 자산의 위험이 증가하면 외국인들은 국내 자산을 덜 구입하려 할 것이고 국내 저축자들은 해외자산을 더 구입하려 하므로 순자본유입을 감소시킨다. 예를 들어, 한 나라에 투자하는 위험을 증가시키는 정치적 불안정성은 순자본유입을 감소시키는 경향이 있다. **그림 22.3**은 자본이동에 대한 위험 증가의 효과를 보여준다. 국내 실질이자율의 각 값에서 위험이 증가하면 자본유입곡선이 왼쪽으로 이동하여 순자본유입이 감소된다.

✔ 개념체크 22.4

국내 실질이자율과 위험의 크기가 고정되어 있을 때, 해외의 실질이자율 상승이 순자본유입에 어떻게 영향을 줄 것이라고 예상하는가? 그래프를 이용하여 답하라.

22.3.3 저축, 투자, 자본유입

국제적 자본이동은 국내저축 및 투자와 밀접한 관계를 가지고 있다. 아래에서 보듯이, 자본유입은 실물자본 투자에 이용 가능한 자금을 증가시켜 국내저축을 증가시키는 반면에, 자본유출은 투자를 위해 이용 가능한 저축의 양을 감소시킨다. 따라서 자본유입은 한 나라에서 경제성장을 촉진하는 데 도움을 줄 수 있으며, 자본유출은 경제성장을 제한할 가능성이 있다.

자본유입, 저축, 투자 사이의 관계를 도출하기 위하여 총생산 또는 국민소득 Y는 지출의 네 가지 요소인 소비(C), 투자(I), 정부지출(G), 순수출(NX)의 합과 항상 동일해야 한다는 것을 상기하라. 이 항등식은 다음과 같다:

$$Y = C + I + G + NX$$

다음으로 항등식의 양변으로부터 $C+G+NX$를 빼면 다음과 같다:

$$Y - C - G - NX = I$$

제 20장 "저축과 자본 형성"에서 국민저축 S는 $Y-C-G$와 같음을 알았다. 더욱이 (22.1)식에서와 같이 무역수지와 자본유입을 합하면 0, 즉 $NX + KI = 0$이다. 다시 말하면, $KI = -NX$이다. 위 식에 $Y-C-G$를 S로, $-NX$를 KI로 대체하면 다음의 식을 얻는다:

$$S + KI = I \tag{22.2}$$

핵심결과인 (22.2)식은 국민저축 S와 해외로부터의 순자본유입 KI의 합이 새로운 자본재에 대한 국내투자 I와 같아야 한다는 것을 의미한다. 다시 말하면, 개방경제에서 국내 투자를 위해 이용 가능한 자금은 국민저축(국내 민간부문과 공공부문의 저축)뿐만 아니라 해외의 저축자들로부터의 자금도 포함한다.

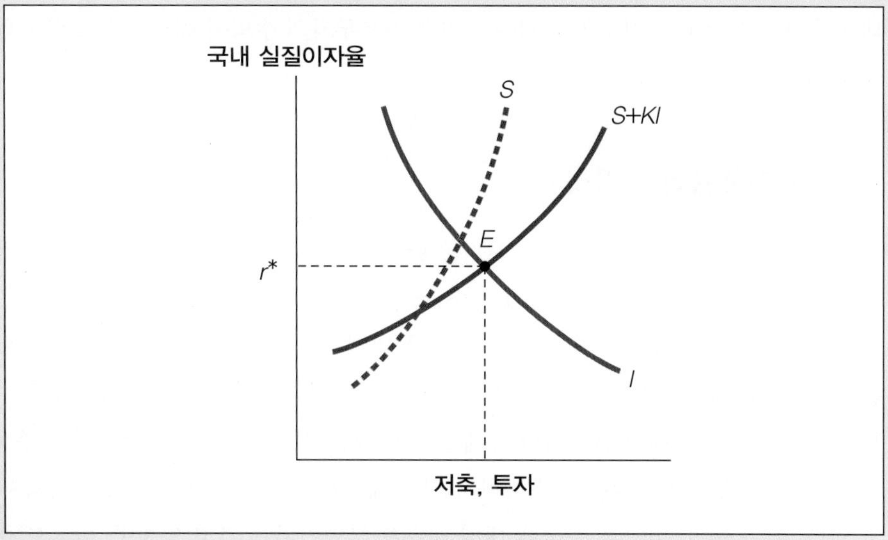

그림 22.4

개방경제의 저축-투자 그래프
개방경제에서 총저축공급은 국민저축 S와 순자본유입 KI의 합이다. 실질이자율이 낮으면 자본유출이($KI<0$) 발생하기 때문에 총저축공급 $S+KI$는 국민저축 S보다 적다. 투자를 위한 국내 저축수요는 I로 표시된 곡선으로 그려져 있다. 균형실질이자율 r^*은 자본유입을 포함하는 총저축공급과 국내 저축수요를 일치시킨다.

제 20장 "저축과 자본 형성"에서 폐쇄경제의 경우 저축의 공급이 저축에 대한 수요와 같아야 하는 저축-투자 그래프를 소개한 바 있다. 동일한 그래프가 개방경제에도 적용될 수 있는데 개방경제의 경우 저축의 공급은 국내저축뿐만 아니라 순자본유입을 포함한다는 것만 달라진다. **그림 22.4**는 개방경제의 저축-투자 그래프를 보여주고 있다. 국내 실질이자율은 세로축에, 저축과 투자는 가로축에 그려져 있다. 폐쇄경제에서와 같이 우하향하는 곡선 I는 자본투자를 하기를 원하는 기업들의 자금수요를 나타낸다. $S+KI$로 표시된 곡선은 국내저축 S와 해외로부터의 순자본유입 KI를 모두 포함하는 총저축공급을 나타낸다. 국내 실질이자율이 상승하면 국내저축과 순자본유입이 모두 늘어나므로 $S+KI$곡선은 우상향한다. **그림 22.4**가 보여주듯이 개방경제에서 균형실질이자율 r^*에서는 총저축공급량(해외로부터의 순자본유입을 포함하는)이 국내 자본투자를 위한 저축 수요량과 같아진다.

그림 22.4는 또한 순자본유입이 어떻게 경제에 도움이 될 수 있는지 보여준다. 많은 양의 해외자본을 끌어들인 나라는 그렇지 않은 경우보다 총저축이 더 많아지며 따라서 실질이자율은 낮아지고 새로운 자본재에 대한 투자율은 높아질 것이다. 오늘날 많은 개발도상국들에서와 같이 한국은 경제 발전의 초기 단계에서 많은 자본유입의 도움을 받았다. 자본유입은 위험에 매우 민감하게 반응하는 경향이 있기 때문에 정치적으로 안정되어 있고 해외 투자자들의 권리를 보장하는 나라들은 더 많은 해외자본을 유치하여 정치적으로 안정되지 못한 나라들보다 더 빨리 성장할 수 있을 것이다.

일반적으로 자본유입은 자본을 받는 국가들에게 유익하지만 비용이 없는 것은 아니다. 국내 자본형성에 대한 자금을 주로 자본유입에 의해 조달하는 국가들은 차입해 온 외국의 투자자들에게 이자와 배당을 지급해야 한다. 많은 개발도상국들은 외국으로부터 유입된 자금으로 조달된 국내 투자가 부실화되어 그들이 빚지고 있는 해외의 채권자들에게 지급불능이 되었을 때 국가채무 위기를 겪었다. 국내 자본형성을 주로 국내 저축으로 조달하는 경우의 장점은 국가의 자본투자의 수익이 해외로 유출되지 않고 국내 저축자들에게 발생한다는 점이다.

22.3.4 저축률과 무역적자

한 국가의 수출과 수입은 매 기간 균형을 이룰 필요는 없다. 한국의 경우 경제개발 초기 단계로부터 상당 기간 수입이 수출을 초과하여 무역적자를 지속한 적이 있으며 미국은 만성적인 무역적자를 겪고 있다. 무역적자의 원인은 무엇인가? 미디어에서는 때때로 한 나라가 어떤 국가도 원하지 않는 열등한 재화를 만들기 때문에, 또는 다른 나라들이 수입에 대한 불공정한 규제를 하기 때문에 무역적자가 발생한다고 주장한다. 이러한 설명들이 그럴듯하게 들리지만, 경제이론이나 실증적 증거로 지지되지 않고 있다. 예를 들어, 미국은 중국에 대해 대규모 무역적자를 갖고 있지만, 아무도 미국 재화가 중국 재화보다 일반적으로 열등하다고 주장하지 않는다. 그리고 많은 개발도상국의 경우 그들의 무역상대국보다 더 엄격한 무역 규제를 시행하고 있음에도 불구하고 큰 무역적자가 발생하고 있다.

경제학자들은 무역적자의 근본원인은 한 나라가 수출하는 재화의 질적인 부분이나 불공정 무역규제 때문이 아니라 낮은 국민저축률 때문이라고 주장한다.

이미 앞에서 국민저축과 무역수지 사이의 관계를 살펴보기 위해 제시된 항등식 $Y=C+I+G+NX$를 다시 상기하자. 이 식의 양변에서 $C+I+G$를 빼고 정리하면 $Y-C-I-G=NX$가 된다. 국민저축 S가 $Y-C-G$와 같기 때문에 이 관계는 다음과 같이 정리된다:

$$S-I=NX \tag{22.3}$$

(22.3)식은 또한 (22.1)식과 (22.2)식으로부터 도출될 수 있다. (22.3)식에 따르면, 국내투자(I)에 변화가 없을 때 높은 국민저축 S는 높은 수준의 순수출 NX를 의미하는 반면, 낮은 수준의 국민저축은 낮은 수준의 순수출을 의미한다. 더욱이 한 나라의 국민저축이 투자보다 적다면, 즉 $S<I$이면, (22.3)식은 순수출 NX가 음수임을 의미한다. 즉, 그 나라에는 무역적자가 발생하는 것이다. (22.3)식의 결론은 국내투자가 불변이라고 할 때, 낮은 국민저축은 무역적자($NX<0$)와 관련되는 경향이 있고 높은 국민저축은 무역흑자($NX>0$)와 관련되어 있다.

왜 낮은 국민저축률이 무역적자와 관련되는가? 국민저축률이 낮은 나라는 가계들과 정부가 국내 소득과 생산 대비 지출이 높은 나라이다. 가계와 정부의 지출의 일부는 수입재화에 쓰이기 때문에 저저축–고지출 경제에서는 수입액이 높을 것으로 예상할 수 있다. 더욱이 저저축 경제에서는 국내생산의 많은 부분을 소비하여 재화와 서비스의 수출을 감소시킨다. 이와 같은 이유 때문에 수입이 많고 수출이 적은 저저축 경제에서는 무역적자가 발생한다.

무역적자를 가진 나라는 또한 자본유입이 발생하여야 한다. ((22.2)식으로부터 무역적자가 존재하여 $NX<0$이라면 $KI>0$이어야만 한다는—순자본유입이 양수—것을 알 수 있다.) 낮은 국민저축률은 순자본유입의 존재와 관계가 있는가? 대답은 "그렇다"이다. 저축률이 낮은 국가는 국내 투자를 충당하기에 국내 저축이 충분하지 않을 것이다. 따라서 외국의 저축자들이 그 나라에 투자할 수 있는 투자기회가 많아서 자본유입을 발생시킬 가능성이 크다. 마찬가지로 국내저축의 부족은 국내 실질이자율을 올리는 경향이 있으며 해외로부터 자본을 끌어들인다.

결론적으로 낮은 저축률은 무역적자를 발생시키며 무역적자와 수반되어야 하는 자본유입을 촉진한다. **경제적 사유 22.3**은 이러한 효과를 미국의 경우에 대하여 보여주고 있다.

경제적 사유 22.3

왜 미국의 무역적자는 그렇게 큰가?

미국의 무역은 1970년대 중반까지는 대략 균형수준이었다. 그러나 1970년대 말 이후로 미국은 대규모의 무역적자를 기록하였는데, 특히 1980년대 중반과 1990년대 후반부 이후로 심해졌다. 실제로 2006년과 2007년에 미국의 무역적자는 GDP의 5.7%에 달하였다. 왜 미국의 무역적자는 그렇게 큰가?

그림 22.5는 1960년부터 2016년까지 미국의 국민저축, 투자, 무역수지(모두 GDP에 대한 비율로 측정)를 보여주고 있다. 무역수지는 1970년대 말 이후로 무역적자를 의미하는 음수였음을 주목하라. 또한 무역적자는 (22.3)식과 같이 투자가 국민저축을 초과한 시기와 일치함을

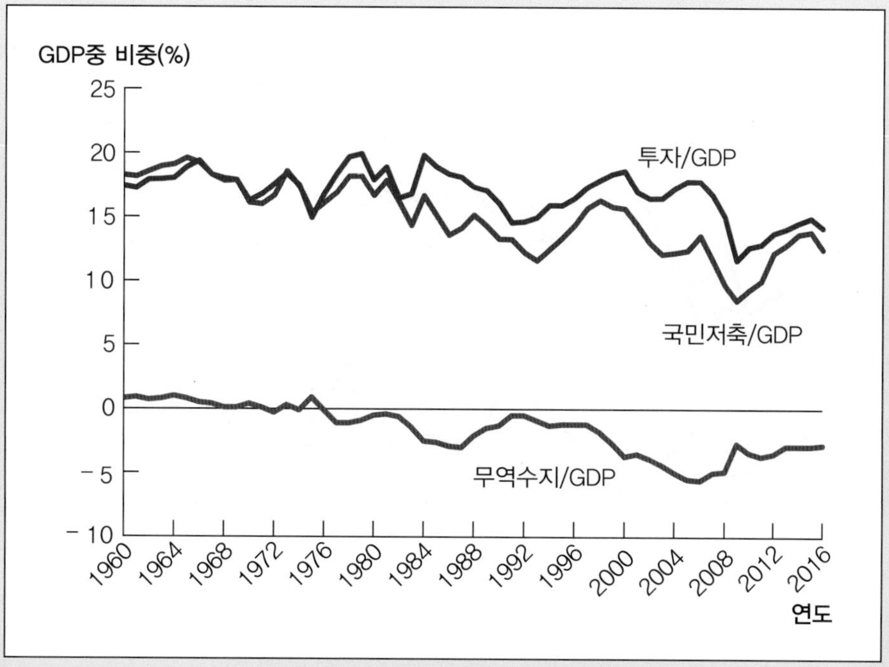

그림 22.5

미국의 국민저축, 투자, 무역수지, 1960~2016

1970년대 이후로 미국 국민저축은 국내투자보다 적은 수준으로 감소하였고 이는 대규모의 무역적자를 의미하였다.

유의하라.

미국의 국민저축과 투자는 1960년대와 1970년대 초기에는 대략 균형을 이루었고 따라서 그 기간 동안 무역수지는 0에 가까웠다. 그러나 미국의 국민저축은 1970년대 말과 1980년대에 급격히 감소하였다. 국민저축의 감소에 기여한 한 가지 요인은 그 시기에 발생한 대규모 재정적자였다. 투자는 저축만큼 많이 감소하지 않았기 때문에 미국의 무역적자는 1980년대에 크게 증가하였고 투자가 감소한 1990~1991년 경기침체 동안에 통제 가능한 범위 내에 있었다. 1990년대에 저축과 투자는 모두 회복되었으나 1990년대 후반부에 국민저축은 다시 감소하였다. 이때에는 정부재정이 건전한 흑자를 보였기 때문에 연방정부의 책임은 아니었다. 국민저축의 감소는 정부재정의 문제라기보다 소비지출이 크게 증가하고 민간저축이 감소한 결과였다. 소비지출 증가의 많은 부분은 수입 재화와 서비스에 대한 것이었기 때문에 무역적자를 기록적인 수준으로 증가시켰다.

2001년 경기침체 이후 2000년대 중반까지 대규모 정부재정적자가 다시 발생하였고 또한 가계저축은 계속 감소하여 무역적자는 다시 기록을 경신, GDP의 5%에 이르렀다. 2007~2009년 경기침체 이후 무역적자는 GDP의 3%로 다소 축소되었고 2016년 현재 그 수준을 유지하고 있다. 이 기간 동안 대규모 재정적자로 인해 저축은 크게 감소하였지만 투자가 더 빨리 감소하였고 더 천천히 회복되고 있다.

미국의 무역적자가 문제인가? 무역적자는 미국이 국내 자본형성을 조달하기 위하여 외국의 저축(순자본유입)에 크게 의존하고 있다는 것을 의미한다. 외국으로부터의 차입은 궁극적으로 이자와 함께 상환되어야 한다. 해외로부터 유입된 저축이 잘 투자되고 미국 경제가 성장한다면 상환에는 별 문제가 없을 것이다. 그러나 미국의 경제성장이 둔화되면 외국의 투자자들에게 상환하는 것은 장래에 경제적 부담이 될 것이다.

참고로 **그림 22.6**에서는 한국의 국민저축, 투자, 무역수지가 GDP에서 차지하는

그림 22.6

한국의 국민저축, 투자, 무역수지, 1970~2018

1998년 이후 국민저축과 투자가 GDP에서 차지하는 비중이 둘다 다소 감소하는 추세를 보이고 있지만 투자가 더 감소하여 무역흑자를 기록하고 있다.

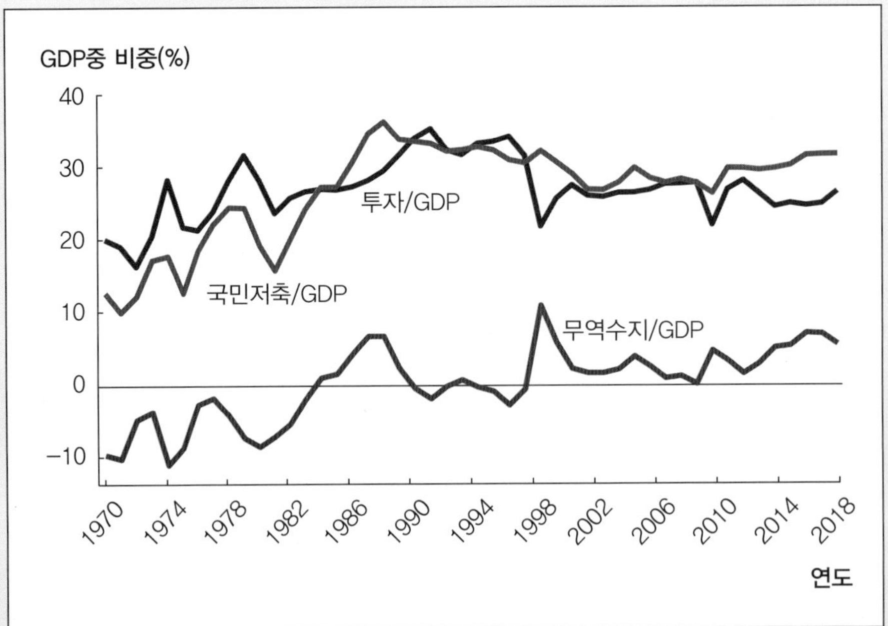

비중을 보여주고 있다. 1980년대 중반까지 한국의 국민저축은 국내 총투자보다 적어 무역수지 적자를 기록하였으나 1998년 이후에는 국민저축이 총투자를 초과하여 무역수지 흑자를 기록하고 있다. 1998년 외환위기 이후 투자와 국민저축이 GDP에서 차지하는 비중은 둘다 감소 추세를 보이고 있으나 투자의 감소가 다소 크게 나타나고 있음을 주목하기 바란다.

요약 국제적 자본이동과 무역수지

- 국경을 넘어 자산을 구입하고 판매하는 것을 국제적 자본이동이라고 부른다. 한국에 있는 개인, 기업, 정부가 해외로부터 자금을 빌린다면, 한국으로 자본유입이 있다고 말한다. 이 경우에 외국의 저축자는 한국자산을 취득한다. 한국에 있는 개인, 기업, 정부가 해외에 있는 사람에게 자금을 빌려주고 해외자산을 취득한다면, 한국으로부터 외국으로 자본유출이 있다고 말한다. 한 나라에 대한 순자본유입은 자본유입에서 자본유출을 뺀 것이다.
- 한 나라가 재화와 서비스를 수출하는 것보다 더 많이 수입한다면 그 차이를 해외로부터 빌려야 한다. 마찬가지로, 수입하는 것보다 더 많이 수출하는 나라는 그 차이를 외국인들에게 빌려주고 있는 것이다. 따라서 회계상으로, 무역수지 NX와 순자본유입 KI의 합은 매 기간 0이 되어야 한다.
- 새로운 자본재를 구입하는 국내 투자에 이용 가능한 자금은 국내저축과 해외로부터의 순자본유입의 합과 같다. 수익률이 높을수록, 국내에 투자하는 위험이 낮을수록 해외로부터의 자본유입은 증가할 것이다. 자본유입은 자본재 투자를 위해 더 많은 자금을 공급하여 도움을 주지만, 새로운 자본재에 대한 투자 수익이 외국의 투자자들에게 차입금과 이자를 상환하는데 충분치 않다면 부담이 될 수 있다.
- 무역적자의 근본적인 원인은 낮은 국민저축률이다. 저축을 적게 하고 소비를 많이 하는 나라는 수출보다 더 많은 양의 재화와 서비스를 수입하는 경향이 있다. 동시에 그 나라의 낮은 저축률은 국내 투자지출을 조달하기 위하여 더 많은 해외 차입이 필요함을 의미한다.

요 약 Summary

- 기업들은 은행으로부터 차입하는 방법 이외에 채권과 주식을 발행하여 자금을 조달할 수 있다. 채권은 원금과 정기적인 이자, 즉 이표이자를 지급하기로 약속한 법적인 증서이다. 이자율이 상승하면 기발행된 채권의 가격은 하락한다. 주식은 기업에 대한 부분적인 소유권이다. 주식의 가격은 그 주식이 지급할 것으로 기대되는 배당금과 주식의 미래 예상가격에 양의 관계를 가지고 있고, 주식을 보유하는 금융투자자들이 요구하는 수익률과는 음의 관계를 가진다. 요구 수익률은 안전자산에 대한 수익률과, 금융투자자들에게 주식의 위험을 보상하기 위해 필요한 추가적인 수익률인 위험 프리미엄의 합으로 이루어진다.
- 금융시장과 금융기관은 저축과 투자를 일치시켜 균형에 이르게 하는 기능 이외에 저축을 가장 생산적인 투자로 배분되도록 하는 중요한 역할을 담당하고 있다. 금융시스템은 다음 두 가지 측면에서 저축의 효율적 배분에 기여한다. 첫째, 금융시장은 저축자들에게 자금이 사용될 수 있는 여러

가능한 용도 중에서 가장 생산적이어서 가장 높은 수익을 줄 것으로 보이는 투자처에 대한 정보를 제공한다. 예를 들어, 은행과 같은 금융중개기관은 잠재적 차입자들을 평가하는 데 전문성을 가지고 있어 소규모 저축자들이 직접 평가를 할 필요가 없다. 마찬가지로 주식 및 채권 애널리스트들은 주식이나 채권을 발행하는 회사의 사업 전망을 평가하여 주식의 판매가격을 결정하거나 채권의 이자율을 결정하는 데 도움을 준다. 둘째, 금융시장은 저축자들이 분산투자할 수 있도록 하여 대출의 위험을 분산시킬 수 있도록 도와준다. 개별적인 저축자들은 보통 뮤추얼펀드를 통하여 주식을 소유하는데 뮤추얼펀드는 여러 가지 다양한 금융자산을 보유함으로써 위험을 줄이는 금융중개기관의 한 형태이다. 개별 저축자가 당면하는 위험을 줄임으로써 위험하지만 잠재적으로 매우 생산적인 투자계획에 자금이 조달될 수 있도록 한다.

- 무역수지 또는 순수출은 특정기간에 한 나라의 수출액에서 수입액을 뺀 것이다. 수출과 수입은 매 기간 일치할 필요가 없다. 수출이 수입을 초과한다면 그 차이를 무역흑자라고 부르고, 수입이 수출을 초과하면 그 차이를 무역적자라고 부른다. 교역은 재화와 서비스 뿐만 아니라 자산에서도 발생한다. 외국인들의 국내 자산 취득은 (실물자산 및 금융자산) 자본유입이라고 부르고 국내 저축자들이 해외 자산을 매입하면 자본유출이라고 부른다. 수출로 인한 자금으로 수입을 충당하지 못하면 자산을 판매하여 조달하여야 한다. 따라서 무역수지와 순자본유입의 합은 0이 된다.
- 한 나라의 실질이자율이 높을수록, 그리고 그곳에 투자하는 위험이 낮을수록 순자본유입은 증가한다. 자본유입은 한 나라의 저축의 양을 확대하여 국내 투자와 성장률을 높일 수 있다. 국내의 자본형성을 조달하기 위하여 자본유입을 사용하는 단점은 자본에 대한 수익(이자와 배당)이 국내 거주민이 아닌 외국 금융투자자에게 발생한다는 것이다.
- 낮은 국민저축률은 무역적자의 주요 원인이다. 저저축-고지출 국가는 고저축 국가보다 더 많이 수입할 가능성이 크다. 그 나라는 또한 국내 생산의 더 많은 부분을 소비하고 수출하는 부분이 적을 것이다. 끝으로 저저축 국가는 순자본유입을 끌어들이도록 실질이자율이 높을 가능성이 크다. 무역수지와 순자본유입의 합은 0이기 때문에 높은 수준의 순자본유입은 항상 대규모의 무역적자를 동반한다.

핵심용어 — *Key Terms*

국제금융시장(695)
국제적 자본이동(696)
금융중개기관(683)
무역수지(696)
무역적자(696)
무역흑자(696)
뮤추얼펀드(693)
배당(688)
분산투자(692)
순자본유입(696)
원금(685)
위험프리미엄(690)
이표이자율(686)
이표이자지급액(686)
자본유입(696)
자본유출(696)
주식(지분)(688)
채권(685)

복습문제 — *Review Questions*

1. 아제이는 만기가 일 년 후이고, 원금이 $1,000인 채권을 팔려고 계획하고 있다. 그 채권에 대하여 채권시장에서 $1,000를 받을 것을 기대할 수 있는가? 설명하라.

2. 금융시스템이 저축의 효율적 배분에 기여하는 두 가지 방법을 제시하라. 예를 들어 설명하라.

3. 여러분이 평균적인 사람보다 위험에 대하여 훨씬 덜 우려하는 사람이라고 가정하자. 여러분에게 주식은 좋은 금융투자인가? 왜 그런가 또는 왜 아닌가?

4. 자본유입과 자본유출은 새로운 자본재에 대한 국내 투자와 어떻게 관련되어 있는가?

5. 어떤 기간에 왜 한 나라의 순자본유입은 무역적자와 같아지는지 예를 들어 설명하라.

6. 한 나라의 정치적 불안정성의 증가는 자본유입, 국내 실질이자율, 새로운 자본재에 대한 투자 등에 어떻게 영향을 미치는가? 그래프로 설명하라.

연습문제 Problems

1. 사이몬은 아말감 회사가 발행한 채권을 $1,000에 구입하였다. 채권의 발행자는 보유자에게 1년 후와 2년 후에 $60를 지급하며, 만기가 되는 3년 후에 $1,060를 지급한다.
   a. 사이몬이 구입한 채권의 원금, 만기, 이표이자율, 이표이자는 얼마인가?
   b. 두 번째 이표이자를 지급받은 후에(2년 후) 사이몬은 채권시장에 채권을 팔기로 결정하였다. 그 때 1년 만기 채권의 이자율이 3%라면, 채권을 팔 때 얼마를 받을 것으로 기대할 수 있는가? 8%라면, 10%라면 어떠한가?
   c. 2년 후에 시장이자율이 이표이자율과 같다 하더라도 사이몬의 채권의 가격이 $1,000 아래로 하락할 수 있는 경우를 생각할 수 있는가?

2. 생강빵을 만드는 브라더스 그림 회사(Brothers Grimm, Inc.)의 주식은 1년 후에 주당 $5의 배당을 지급할 것으로 예상되고 있다. 여러분은 그 회사의 주식에 오늘 얼마를 지불할 용의가 있는지 다음의 경우에 대하여 답하라.
   a. 무위험이자율이 5%이고 여러분은 브라더스 그림 회사에 투자하는 것이 아무 위험이 없다고 믿는 경우
   b. 무위험이자율이 10%이고 여러분은 브라더스 그림 회사에 투자하는 것이 아무 위험이 없다고 믿는 경우
   c. 무위험이자율이 5%이지만 위험 프리미엄이 3%일 경우
   d. 브라더스 그림 회사가 배당을 지급하지 않을 것으로 예상되고 가격이 변화하지 않을 것으로 예상되는 경우 문항 c에 대하여 답하라.

3. 여러분이 10년 만기 미국 국채와 신약 개발의 연구를 수행하는 신생기업의 주식에 금융투자하였다고 하자. 다음 각각의 뉴스가 여러분의 자산가치에 어떤 영향을 줄 것으로 예상하는가?
   a. 새로 발행된 국채의 이자율이 상승한다.
   b. 인플레이션이 이전에 예상되었던 것보다 훨씬 낮을 것으로 예측된다(힌트: 제 17장 "물가수준과 인플레이션의 측정"에서 피셔효과를 상기하라). 이 정보는 제약회사의 미래의 배당과 주식가격에 대한 여러분의 예측에 영향을 주지 않는다고 가정한다.
   c. 주식시장의 큰 변동성으로 인해 시장의 위험에 대한 금융투자자들의 우려가 증가하였다. (새로 발행된 국채의 이자율은 변화가 없다고 가정한다.)

4. 여러분은 투자자금 $1,000로 당나귀회사와 코끼리회사, 두 회사의 주식을 사려고 생각하고 있다. 당나귀회사의 주식은 민주당원이 선출되면 10%의 수익을 지급하며 이럴 확률은 40%라고 믿고 있다. 다른 경우가 발생하면 주식의 수익은 0이다. 코끼리회사의 주식은 공화당원이 선출되면(60% 확률) 8%의 수익을 지급하며 다른 경우에는 수익이 0이다. 민주당원이나 또는 공화당원 가운데 한 명이 선출된다.
   a. 여러분의 유일한 관심이 위험은 전혀 상관하지 않고 평균 기대수익을 극대화하는 것이라면 $1,000를 어떻게 투자해야 하는가?
   b. 여러분이 각각의 주식에 $500씩 투자하면 기대수익은 얼마인가?(힌트: 민주당원이 승리한다면 수익이 얼마인지, 공화당원이 승리하면 수익이 얼마인지 생각하고 각 결과에 사건이 발생할 확률을 가중치로 이용하라.)
   c. 각 주식에 $500씩 투자하는 전략은 달성 가능한 투자전략 중에서 평균기대수익을 가장 높게 만들지 않는다. 그래도 여러분이 그것을 선택할 수 있는 이유는 무엇인가?
   d. 어느 당이 승리하더라도 적어도 4.4%의 수익을 보장하는 투자전략을 고안하라.
   e. 위험이 없는 투자전략, 즉 $1,000에 대한 수익이 어느 당이 승리하는가에 전혀 의존하지 않는 전략을 고안하라.

5. 다음 각각의 거래가 (1) 한국의 무역흑자 또는 적자, (2) 한국의 자본유입과 자본유출에 어떤 영향을 주겠는가? 각 경우에 무역수지와 순자본유입의 합은 0과 같다는 항등식이 적용됨을 보여라.
   a. 한국 수출업자가 이스라엘에 소프트웨어를 판매한다. 대금으로 받은 이스라엘 쉐켈을 사용하여 한 이스라엘 회사의 주식을 산다.
   b. 한 멕시코 기업이 한국에 원유를 판매한 대금을 사용하여 한국 국채를 구입한다.
   c. 한 멕시코 기업이 한국에 원유를 판매한 대금을 사용하여 한국 기업으로부터 원유채굴장비를 구입한다.

6. **그림 22.4**와 같은 그래프를 사용하여 다음 각각이 현재 대외적으로 순차입국인 한 나라의 실질이자율과 자본투자에 미치는 효과를 분석하여라.
   a. 신기술 때문에 그 나라의 투자기회가 증가한다.
   b. 정부 재정적자가 증가한다.
   c. 국민들이 저축을 더 많이 하기로 결정한다.
   d. 외국 투자자들이 그 나라에 자금을 빌려주는 위험이 증가했다고 생각한다.

7. 한 나라의 국내 저축공급, 자본형성을 위한 국내 저축수요, 순자본유입 공급이 다음 식과 같다:

$$S = 1{,}500 + 2{,}000r$$
$$I = 2{,}000 - 4{,}000r$$
$$KI = -100 + 6{,}000r$$

   a. 저축–투자 시장이 균형에 도달했을 때 국민저축, 자본유입, 국내투자, 실질이자율을 구하여라.
   b. 각 실질이자율 수준에서 국민저축이 120 감소하였다고 가정할 때 문항 a를 다시 반복하라. 국내저축의 감소가 자본유입에 미치는 영향은 어떠한가?
   c. 이 나라의 거시경제정책에 대한 우려로 자본유입이 크게 감소하여 $KI = -700 + 6{,}000r$로 달라졌다고 하자. 이러한 자본유입의 감소가 국내투자와 실질이자율에 미치는 효과는?

본문 개념체크 해답 Answers to Concept Checks

22.1 채권가격이 하락했기 때문에 이자율이 상승했음에 틀림없다. 이자율을 구하기 위하여 채권 투자자들은 일 년 후에 \$1,070(이표이자 \$70와 원금 \$1,000의 합)를 지급하는 채권에 대하여 오늘 \$960만을 지급할 용의가 있다는 것을 주목하라. 1년 수익률을 구하기 위해 \$1,070를 \$960로 나누면 1.115를 얻는다. 따라서 이자율은 11.5%로 올랐음에 틀림없다.

22.2 주식은 일 년 후에 \$81가—미래의 기대가격과 예상 배당의 합—될 것이다. 4%의 이자율에 오늘 그 주식의 가치는 \$81/1.04 = \$77.88이다. 8%의 이자율에서는 그 주식의 현재가격은 \$81/1.08 = \$75가 된다. **예 22.2**로부터 이자율이 6%일 때 포춘쿠키닷컴 주식의 가치는 \$76.42임을 상기하라. 더 높은 이자율은 더 낮은 주식가치를 의미하기 때문에 이자율이 오를 것이라는 뉴스는 주식시장을 약세로 만든다.

22.3 미국 채권의 구입은 한국에게는 자본유출, 또는 $KI = -\$20{,}000$이다. 미국 정부는 이제 \$20,000를 가지고 있다. 이 자금으로 무엇을 할 것인가? 기본적으로 세 가지 가능성이 있다. 첫째, 한국 재화와 서비스(예를 들어, IT 장비)를 구매하는 데 사용할 수 있다. 그 경우에 한국의 무역수지는 +\$20,000이고 무역수지와 자본유입의 합은 0이다. 둘째, 미국 정부는 한국 자산을 취득, 예를 들어, 한국의 은행에 예금하거나 한국의 주식을 매수할 수 있다. 그 경우에 한국으로의 자본유입 \$20,000는 원래의 자본유출을 상쇄한다. 무역수지와 순자본유입은 각각 0이 되고 합은 역시 0이다.

셋째, 미국정부는 한국 이외 나라의 재화, 서비스, 또는 자산을—예를 들어, 중국으로부터 농산물—구입하는 데 \$20,000를 사용할 수 있다. 그러나 이제 \$20,000의 수령자가 그 자금을 보유하고 있으며 미국 정부가 했던 유사한 선택을 할 수 있다. 결국 자금은 한국의 재화, 서비스, 자산을 구매하는데 사용될 것이며 (22.1)식을 만족시킨다. 실제로 수령자가 자금을 보유하고 있더라도 (현금으로 또는 한국의 은행 예금으로) 한국 원화 또는 한국에 있는 은행의 계좌는 외국인들이 취득한 한국 자산이기 때문에 그것은 여전히 한국에게는 자본유입으로 계산될 것이다.

22.4 해외의 실질이자율의 상승은 외국과 국내 저축자들 모두에게 해외 금융투자의 상대적 매력을 증가시킨다. 국내로의 순자본유입은 국내의 각 실질이자율 수준에서 감소할 것이다. 순자본유입의 공급곡선은 **그림 22.3**과 같이 왼쪽으로 이동한다.

단기 경기변동: 입문

제23장

경기침체 기간 동안 건설노동자들의 실업이 크게 증가하였다.

"주택매매와 주택가격이 급락하고 있다."

"일자리들이 사라지면서 모텔 객실에서 지내는 사람들이 늘고 있다."

"글로벌 주식시장들이 급락하고 있다."

"판매되지 않은 재고가 증가하면서 경기가 급격하게 하강하고 있다."

"Fed는 경기를 부양하기 위해 1조 달러를 추가적으로 투입하려고 계획하고 있다."

"세계은행은 2009년 세계 경제가 추락할 것이라고 한다."

뉴욕타임즈에서 뽑은 이러한 헤드라인들은 2007년부터 2009년 사이의 상황을 말해주고 있다: 미국 경제는 1930년대 대공황 이래로 최악의 경기하강을 경험하였다. 평균 소득이 감소했으며 수천의 미국인들은 직장, 건강보험, 심지어는 주택까지 잃었다. 공공 실업수당과 공적 건강보험 서비스에 대한 수요는 증가한 반면, 조세수입은 감소하여 정부는 깊은 고민에 빠졌다.

1930년대의 대공황과 2007~2009년 경기침체를 일컫는 대침체 이외의 다른 경기침체들은 약한 편이었다. 그러나 그러한 경기침체들도 매우 큰 경제적 비용을 부과하였으며 가장 중요한 비용은 일자리가 감소된 것이다. 일부 사례에서는 중요한 정치적 변화를 이끌었다.

앞의 몇몇 장들에서 장기 경제성장을 결정하는 요인들에 대하여 살펴본 바 있다. 역사를 훑어보면 그러한 요인들은 한 나라의 장기적인 경제적 성공을 결정한다. 경제성장률에서의 작은 차이는 30, 50, 100년의 기간 동안 평균적인 국민의 생활수준에 엄청난 효과를 미칠 수 있다. 그러나 경제적 "기후"(장기적인 경제 조건)가 생활수준의 궁극적인 결정요인이기는 하지만 경제적 "날씨"에서의 변화(경제 조건에서의 단기 변동) 또한 중요하다. 직장, 건강보험, 또는 집까지 잃어버린 근로자에게 견실한 장기적 성장의 기록은 큰 위안이 되지 못한다. 거시경제의 단기적 성과가 선거에 미치는 영향을 보면 평균적인 사람이 경제의 성과에 대하여 얼마나 중요하게 생각하는지를 보여준다(**경제적 사유 23.1**).

본 장에서는 경기순환 또는 경기변동으로 알려진 경제활동에서의 단기적 변동을 공부한다. 경제적 부침의 역사적 배경과 경기변동의 특징으로 시작하여 경기변동의 심각한 정도를 측정하는 개념을 알아볼 것이다. 이러한 개념들은 단기적인 경기변동을 여러 측면에서 분석하고 총생산의 변동을 실업률의 변화와 연관시킬 수 있도록 해 준다. 끝으로 경기침체와 경기확장을 다루는 기본 모형에 대하여 설명할 것이다. 본 장을 통하여 "대침체"(Great Recession)로 불리는 가장 최근 2007년에서 2009년까지의 경기침체에 초점을 두고 이론과 실제 경제사례를 연결시켜 볼 것이다.

경제적 사유 23.1

경기변동은 대통령 선거에 영향을 미치는가?

미국 및 동맹국이 참가한 걸프전쟁에서 이라크가 패배한 후인 1991년 초 여론조사에서, 미국 국민의 89%는 조지 부시(George H.W. Bush, 아버지 부시)가 대통령직을 잘 수행하고 있다고 평가하였다. 부시 이전에 그렇게 높은 지지율을 기록한 대통령은 제 2차 세계대전이 미국의 강력한 힘에 의한 승리로 끝난 직후인 1945년 해리 트루만(Harry Truman)이었다. 걸프전쟁의 승리는 1989년 12월 부패한 지도자 마누엘 노리에가(Manuel Noriega)의 파나마로부터의 축출; 중국과의 관계 개선; 중동 평화회담의 진전; 남아프리카공화국에서의 인종차별의 종결 등을 포함하는 대외정책 측면에서 일반 사람들이 관심이 있는 여러 사건에 이어서 발생한 것이었다. 1991년 12월 소련의 붕괴도–냉전의 종식을 의미하는 놀랄만한 사건–또한 부시 대통령의 재임기간에 발생하였다. 그러나 이렇게 정치적으로 유리한 환경들에도 불구하고 걸프전 이후 수개월 동안 매우 높았던 부시의 지지율은 급격히 하락하였다. 한 여론조사에 따르면 1992년 여름의 공화당 전당대회 시점까지 겨우 29%의 사람들만이 부시의 성과를 지지하였다. 선거운동 기간 동안 대통령의 지지율은 개선되었지만, 부시와 그의 러닝메이트 댄 퀘일(Dan Quayle)은 1992년 대선에서 1억 400만의 투표 중 겨우 3,900만 표를 받아 빌 클린턴(Bill Clinton) 및 러닝메이트 알 고어(Al Gore)에게 패배하였다. 제 3당 후보인 로스 페로(Ross Perot)는 거의 2,000만표를 받았다. 부시 대통령의 정치적 운명이 이렇게 반전된 원인은 무엇이었는가?

대외 정책에 대한 유권자들의 높은 지지에도 불구하고 부시 대통령의 국내 경제정책들은 효과적이지 못한 것으로 평가되었다. 부시는 세금을 올리지 않겠다는 선거공약을 지키지 못한 것에 대해서 많은 비판을 받았다. 더욱 중요한 것은 경제가 1990~1991년에 크게 약화되었으며 그 이후 천천히 회복되었다는 것이다. 인플레이션은 낮았지만 1992년 중반까지 실업률이 경제활동인구의 7.8%에 이르렀다—부시 임기 첫 해보다 2.5% 포인트 높은 수준이며 1984년 이후 최고 수준이었다. 민주당 후보인 빌 클린턴의 선거운동 본부의 표지판은 대통령 선거에서 이기기 위한 전략을 이렇게 요약하였다: "문제는 경제야, 바보야.(It's the economy, stupid.)" 클린턴은 경제문제의 중요성을 인식하였고, 경기침체로부터 벗어나는 데 실패한 공화당 행정부의 무능력에 맹공을 가하였다. 클린턴이 경제문제에 초점을 맞춘 것은 당선으로 이끈 가장 중요한 요인이었다.

경제상황에 대한 비판을 이용하여 선거에서 성공한 클린턴의 예는 미국의 정치사에서 자주 발견된다. 1932년에 프랭클린 루즈벨트(Franklin D. Roosevelt)가 허버트 후버(Herbert Hoover)를 이길 때, 1960년 존 케네디(John F. Kennedy)가 리처드 닉슨(Richard Nixon)을 이길 때, 1980년 로널드 레이건(Ronald Reagan)이 지미 카터(Jimmy Carter)를 이기는 데 경제의 약화가 결정적 역할을 했다. 조지 부시(George H.W. Bush, 아들 부시) 대통령이 2001년 9/11 테러공격 이후 누렸던 정치적 인기는—약 90%의 지지율—경기하강과 더딘 경기회복 때문에 하락하였다. 그에 대한 지지율은 금융위기가 최고조에 다다른 2008년 10월 최저인 25%로 낮아졌다. 몇 주 후에 버락 오바마가 민주당 후보인 존 맥케인을 누르고 대통령에 당선되었다.

다른 한편에서는 견실한 경제 조건이 종종 현직 대통령의 재선을 도와주었다. 1972년의 닉슨, 1984년의 레이건, 1996년의 클린턴의 예를 들 수 있다. 실제로 많은 실증적 연구들은 선거 전년도의 경제적 성과가 현직 대통령의 재선의 성공 여부를 결정하는 가장 중요한 결정 요인 가운데 하나라고 시사하고 있다.

끝으로 거시경제지표(실업률과 같은)로 측정된 경제조건이 모든 유권자들이 느끼는 경제조건을 항상 반영하는 것은 아니라는 것을 명심해야 한다. 예를 들어, 제 15장 "거시경제학: 경제의 조감도"에서 언급한 바와 같이 거시경제지표는 집계와 평균의 과정을 거친다는 것을 생각해보자. 따라서 거시경제지표들에서는 지역간, 경제부문간, 그룹간에 존재하는 경제적 차이와 불평등이 감춰질 수 있다. 오바마 대통령 재임기간 동안 실업률이 낮았고 또한 낮아지는 추세를 보였음에도 불구하고 경제적으로 뒤처진 사람들 사이에서 나타난 절망은 2016년 선거 캠페인의 주요 이슈가 되었으며 민주당이 대선에서 패배한 한 요인이라고 할 수 있다.

23.1 경기침체와 경기확장

단기 경기변동을 공부하기 위한 기초지식으로 먼저 과거에 경험한 한국 경제의 경기변동을 살펴보자. **그림 23.1**은 1970년 이후 한국 경기동행지수 순환변동치를 보여준다. 경기동행지수 순환변동치란 경기의 현재 동향을 파악할 수 있게 해 주는 동행지수에서 추세치를 제거하고 경기순환 부분만을 보여주는 지표로 현재 경기가 어떤 국면에 있는지를 나타낸다. 음영으로 표시된 부분은 통계청이 발표한 공식적인 경기침체 기간이다. 그림에서 볼 수 있듯이, 대내외적 요인에 의하여 경기침체와 경기확장 국면이 반복되는 경기변동이 일어났다는 것을 알 수 있다. 이러한 변동을 **경기순환**(business cycles)이라고 부르기도 한다.

경제가 정상보다 훨씬 낮은 성장률로 증가하는 기간을 **경기침체**(recession) 또는 **경기수축**(contraction)이라고 부른다. 극도로 심각한 또는 장기화된 경기침체는 **불황**

경기침체(또는 경기수축)
경제가 정상적인 수준보다 크게 낮은 증가율로 성장하고 있는 기간

불황
특별히 심하고 지속적인 경기침체

그림 23.1

한국의 경기변동, 1970~2018

한국 경제는 평탄하게 증가한 것이 아니고 수차례의 경기침체와 경기확장을 경험하였다. 경기침체 기간을 살펴보면 1974~1975, 1979~1980, 1984~1985, 1988~1989, 1992~1993, 1996~1998, 2000~2001, 2008~2009, 2011~2013 등이 있으며, 그 사이는 경기확장 기간이었다.

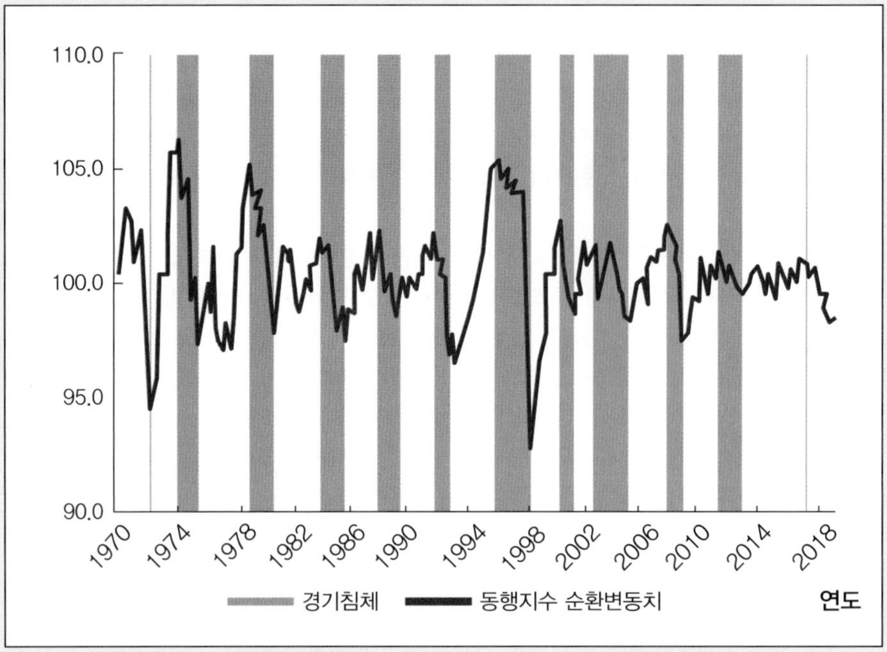

출처: 통계청, 동행지수 순환변동치.

(depression)이라고 부른다. **그림 23.1**에서는 경기의 추세를 제거하고 변동부분만을 표시한 것으로 외환위기, 즉 1997년과 1998년 기간 중 경기가 급격히 하락한 것을 확인할 수 있다. 또한 한국 경제는 1981~1982년, 2008~2009년에 경기침체를 겪었고 1970년대 중반과 1980년대 초반 변동성이 컸다는 것을 알 수 있다.

기자들이 종종 언급하는 경기침체의 비공식적인 정의는 실질GDP(계절변동이 조정된)가 적어도 두 분기 연속 전분기에 비해 하락하는 기간이다. 일반적으로 경기침체 기간 동안 실질GDP가 감소하기 때문에 이러한 정의는 그리 비상식적인 방법은 아니다. 그러나 많은 경제학자들은 실질GDP증가율이 실제로 음수가 아니더라도 정상보다 매우 낮으면 경기침체로 간주해야 한다고 주장한다. 경기침체를 GDP 숫자에만 의존하여 판단할 경우 또 하나의 문제점은 GDP 데이터가 때로는 첫 발표 이후에 크게 수정될 수 있다는 것이다. 실제로 경제학자들은 현재 경기침체가 진행 중인지를 판단하려고 할 때 GDP 뿐만 아니라 다양한 경제 데이터를 본다. 통계청에서는 현재의 경기가 어떤 국면에 있는지 알려주는 변수들로 구성된 동행지수를 만들어 발표하고 있으며 이를 통하여 경기순환 국면을 판단하는 기초 자료로 삼고 있다.

표 23.1은 1974년 이래로 한국 경기침체의 시작과 끝, 각 경기침체 기간(길이, 개월 수)의 목록을 보여주고 있다. 이 표는 또한 각 경기침체 기간 중 가장 높았던 실업률과 실질GDP의 증가율의 정점과 저점 사이의 차이를 제시하고 있다. 경기침체의 시작은 경제활동이 하강하기 직전의 최고점을 나타내기 때문에 **정점(peak)**이라고 부른다. 경기침체의 끝은 회복이 시작되기 직전의 경제활동의 최저점을 나타내기 때문에 **저점**

정점
경기침체의 시작; 경기하강 직전의 경제활동의 최고점

저점
경기침체의 끝; 경기회복 직전의 경제활동의 최저점

표 23.1 1970년대 이후 한국의 경기침체

정점(시작)	저점(끝)	기간(개월)	최고 실업률	실질GDP 증가율 변화(%)	이후 확장기간 (개월)
1974. 2	1975. 6	16	4.1	−1.5	44
1979. 2	1980. 9	19	5.2	−10.0	41
1984. 2	1985. 9	19	4.0	−2.5	28
1988. 1	1989. 7	18	2.6	−4.5	30
1992. 1	1993. 1	12	2.9	−3.9	38
1996. 3	1998. 8	29	7.0	−12.9	24
2000. 8	2001. 7	11	4.4	−4.1	17
2002. 12	2005. 4	28	3.7	−3.3	33
2008. 1	2009. 2	13	3.7	−2.1	30
2011. 8	2013. 3	19	3.5	−0.5	−

주: 우리나라의 경기순환 기준일은 통계청에서 GDP, 산업생산 등 개별지표와 경기지수의 움직임을 분석한 후 사후적으로 발표한다. 실업률과 실질GDP 데이터는 각각 한국은행 경제통계 시스템(http://ecos.bok.or.kr/), 통계청 통계정보시스템(http://www.kosis.kr/)에서 구하였다. 실업률은 경기침체의 저점이나 그 다음 연도 중 높은 실업률을 표시하였으며 2000년 이전에는 1주 기준, 이후에는 4주 기준 실업률이다. 실질GDP 변화율은 정점과 저점 연도의 전년동기대비 실질GDP 증가율의 차이이다. 다만 1992~1993년 경기침체는 1991~1992년 사이의 실질GDP 증가율의 차이를 표시하였다.

(trough)이라고 부른다. **표 23.1**에 제시된 정점과 저점의 시기는, 통계청에서 '기준순환일'이라는 이름으로 발표되며 경기순환국면에 대한 공식적인 선언으로 받아들여지고 있다.

표 23.1은 1974년 이후 한국에서 가장 길고 심각했던 경기침체는 1996년에 시작하여 1998년에 저점에 도달한 외환위기 기간이었다는 것을 보여준다. 통계청에 따르면 외환위기 기간의 경기침체는, 원화가치가 폭락하고 주식시장 및 금융경색국면이 시작된 1997년 하반기보다 1년 이상 앞선 1996년 3월에 시작하여 1998년 8월까지 29개월 동안 지속되었다. 1998년 실업률은 7%까지 상승하였으며 전년대비 경제성장률은 1996년 7.3%에서 1998년에는 −5.6%로 급반전되었다. 최근 국제금융위기와 함께 발생한 2008~2009년의 경기침체는 상대적으로 짧았고 강도도 약한 편이었지만, 2011년 이후 다시 경기침체가 시작되어 실제로는 경기회복이 뚜렷하게 진행되지 않고 L자 형으로 경기부진이 지속되는 모습을 보여주고 있다.

경기침체의 반대는 **경기확장**(expansion)—경제가 정상보다 매우 높은 성장률로 성장하는 시기—이다. 특히 강하고 지속적인 경기확장을 **호황**(boom)이라고 부른다. 한국에서 강한 경기확장은 1972~1974, 1975~1979, 1980~1984, 1993~1996 기간에 발생하였다. 경기침체 기간 및 경기확장 기간을 비교해 보면 대체적으로 수축기에 비하여 확장기가 길게 나타나는 경향이 있었다. 1972~ 2011년까지의 기간 동안 통계청

경기확장
경제가 정상적인 수준보다 크게 높은 증가율로 성장하고 있는 기간

호황
특별히 강하고 지속적인 경기확장

이 공식적으로 발표한 경기순환국면을 보면 평균적으로 확장기는 31개월이었으며, 수축기는 18개월로 나타났다. 1996~1998년 경기침체 기간이 가장 길어 29개월이었으며, 그 다음으로는 2001~2002년 동안의 경기침체기였다.

경제적 사유 23.2

2007년의 경기침체는 어떻게 판정되었는가?

NBER의 경기순환 기준일 결정위원회(Business Cycle Dating Committee of the NBER)는 2007년 12월에 경기침체가 시작되었다고 결정하였다. 무엇 때문에 위원회가 그 시점을 선택했는가?

7명의 경제학자로 구성된 경기순환 기준일 결정위원회는 2008년 11월 28일 전화회의를 열고 2008년 12월 1일에, 1년 전 경기침체가 시작되었다고 발표하였다.

경기침체가 시작되었는지, 시작되었다면 언제부터 시작되었는지를 결정하는 것은 집중적인 통계적 분석과 상당한 정도의 재량적 판단을 결합하는 과정이다. 실제로 위원회는 경기침체를 결정하기 전에 약 1년여 기간 동안의 경제 데이터를 면밀히 검토한다. 경기변동 시점의 결정은 일반적으로 경제 전체의 강세를 측정하는 몇 가지 통계 지표들에 크게 의존하고 있다. 월별로 신속히 이용가능한 데이터들이 정점과 저점에 관한 정보를 비교적 정확하게 제공할 수 있기 때문에, 위원회는 매월 얻을 수 있는 지표들을 선호한다. 위원회가 사용하는 지표들 중 중요한 네 가지는 다음과 같다.

- 공장과 광산의 생산물을 측정하는 산업생산
- 제조업, 도매업, 소매업에서의 총매출
- 비농업 고용(농업 이외에서 일하는 사람들의 수)
- 사회보장 지급과 같은 이전소득을 제외한 가계가 받은 실질 세후소득

이들 지표들은 각각 경제의 다른 측면을 측정한다. 이들 지표들의 움직임은 경제의 전반적인 움직임과 일치하는 경향이 있기 때문에 동행지표(coincident indicators)라고 부른다.

경기침체를 선언하는 장문의 자세한 발표문은(www.nber.org/cycles/dec2008.pdf) 다음과 같은 구절을 포함하고 있다:

> 경기침체는 한 부문에 한정되지 않고 경제의 광범위한 수축을 의미하기 때문에 위원회는 경제 전반의 경제활동의 측정지표를 강조한다. 국내 생산과 고용은 경제활동을 측정하는 중요한 지표라고 위원회는 믿고 있다. 위원회는, 고용주에 대한 대규모 설문조사를 기초로 작성되는 취업자수가 신뢰할 만한 고용의 포괄적인 추정치라고 생각한다. 이 자료는 2007년 12월에 정점에 도달했으며 그 이후로 매월 감소하였다.

신중한 결정을 위해, 위원회는 분기별 국내 생산(GDP포함) 지표를 추가적으로 보았지만 그 지표의 정점을 밝히지는 않았다. 위원회가 고려한 다른 지표변수들은 2007년 12월 전후 수개월 내에서 정점에 도달하여 경제전반에 걸쳐 12월에 경기침체가 시작되었다는 위원회의 결정과 일치하였다.

한국의 통계청에서 판단하는 경기순환국면의 전환점은 동행지수 순환변동치, 생산 · 소비 등 주요 경기지표와 경제총량지표인 GDP, 당시 경제상황, 경기관련 전문가들의 의견 등을 종합적으로 검토하여 설정한다. 특히 동행종합지수는 비농림어업 취업자수, 광공업 생산지수, 서비스업 생산지수, 소매판매액지수, 내수출하지수, 건설기성액(실질), 수입액(실질) 등의 7개 변수로 구성되어 있다.

✔ 개념체크 23.1

NBER 웹사이트(www.nber.org/cycles.html)를 이용하여 답하면, 현재 미국 경제가 경기침체 기간인가 아니면 경기확장 기간인가? 가장 최근의 정점이나 저점으로부터 얼마나 시간이 지났는가? NBER 웹사이트를 탐색하여 미국의 현재 경기상황에 대한 유용한 정보를 찾아보아라.

23.2 단기 경기변동에 대한 몇 가지 사실

그림 23.1과 **표 23.1**이 한국 경제의 비교적 최근 경기변동을 보여주고 있지만 경기확장과 경기침체의 기간들은 산업화된 선진국 경제들에서 18세기 후반 이후 반복적으로 나타난 일반적 현상이다. 칼 마르크스(Karl Marx)와 프리드리히 엥겔스(Friedrich Engels)는 1848년 공산당 선언(Communist Manifesto)에서 이러한 경기변동을 "상업위기"라고 불렀다. 경제학자들이 단기 경기변동에 관심을 갖고 연구한 지는 이미 100년이 넘었다. 이러한 경기변동에 대한 전통적인 용어는 **경기순환**(business cycles)이지만 순환적 변동(cyclical fluctuations)이라고 부르기도 한다. 그러나 두 용어 모두 정확하지는 않다. 왜냐하면 **그림 23.1**에서 보여주듯이 경기변동은 예측가능한 시차를 두고 계속 발생한다는 의미의 "순환적"이 전혀 아니며 주기나 강도에 있어서 불규칙적이기 때문이다. 이러한 불규칙성 때문에 경기변동의 정점과 저점을 예측하는 것은 매우 어렵다.

경기순환
GDP와 다른 경제활동 지표들에서의 단기적 변동

경제적 사유 23.2에서 주목하였듯이 경기확장과 경기침체는 몇 개의 산업이나 지역에 국한되지 않고, 경제 전반에서 느낄 수 있으며 매우 큰 경기변동은 세계적인 충격을 발생시킬 수 있다. 예를 들어, 1930년대의 대공황은 세계의 거의 모든 경제에 영향을 주었고, 1973~1975년과 1981~1982년 유가충격에 의해 발생한 경기침체도 전 세계적으로 영향을 미쳤다. 1990년대 후반에 동아시아 국가들에게 발생한 경기둔화의 효과는 많은 다른 지역으로 전파되었다(미국에는 큰 영향을 주지 않았더라도).

2007~2009년 경기침체는 그 범위에 있어 세계적이었고 아직도 현재 세계경제에 영향을 미치고 있다. 2001년에 발생한 경기침체와 같은 비교적 약한 경기침체라 하더라도 전 세계에 영향을 줄 수 있다. 1999~2014년 기간의 중국, 독일, 일본, 영국, 미국의 실질GDP 증가율을 보여주는 **그림 23.2**는 이 점을 보여주고 있다(음영으로 표시된 기간은 미국의 경기침체 기간이다). 여러분은

경기침체는 예측하기 매우 어렵다.

그림 23.2

주요 5개국의 실질GDP 증가율, 1999~2014
GDP기준 세계 5대 국가들의 분기별 성장률(전년 같은 분기 대비 실질GDP 변화로 측정된)을 살펴보면 모든 나라들이 2001년에 다소 경기둔화가 나타났고 2008년과 2009년에 훨씬 강한 경기침체에 빠져 들었다.

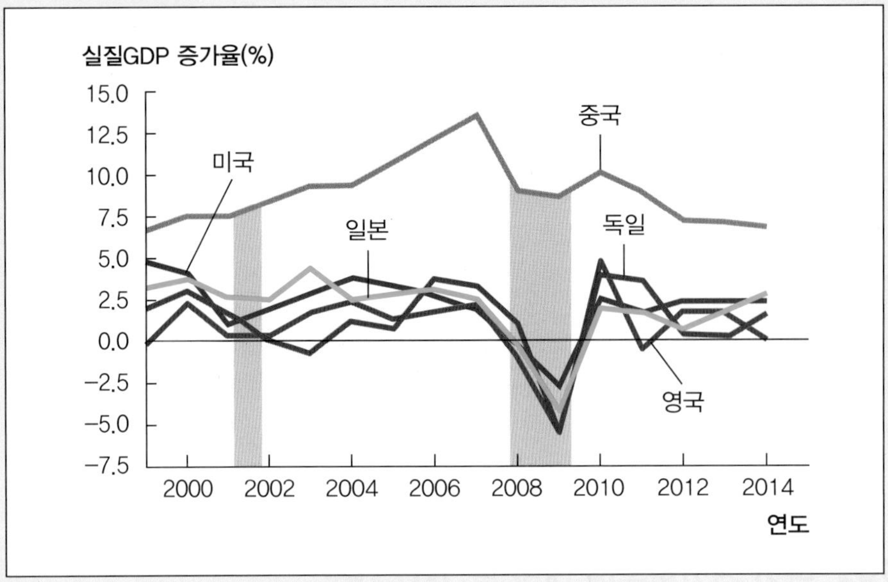

출처: Federal Reserve of St. Louis Economic Data(FRED), https://research.stlouisfed.org/fred2.

5개국(세계 5대 GDP 국가) 모두 2008년 경기침체에 빠졌고, 중국을 제외하면 2009년에는 침체가 더욱 깊어졌다는 것을 알 수 있다. 5개국 모두에서 경기회복이 시작되었지만 다시 2011년에 경기가 둔화되었으며 금융위기 직전에 비해 성장률이 낮아진 모습을 보여주고 있다. **그림 23.2**는 또한 2000~2001년에도 중국을 제외한 4개국 모두에서 경기둔화가 발생했음을 보여준다.

실업은 단기 경기변동의 중요한 지표이다. 실업률은 전형적으로 경기침체기에 크게 오르고 경기확장기에(비록 더 천천히) 회복된다. **그림 15.3**에서는 1963년 이래로 한국의 실업률을 보여주고 있다. 실업률이 크게 상승한 것을 주목하면 경제발전의 초기 기간인 1960년대 이후 1978, 1996, 2002, 2008년에 시작된 경기침체를 구별해낼 수 있을 것이다. 경기침체와 관련된 실업을 경기적 실업이라고 부른다는 것을 상기하자. 실업의 증가 이외에 노동시장 상황은 일반적으로 경기침체기에 악화된다. 예를 들어, 경기침체 기간 동안에 실질임금은 더 천천히 증가하고 근로자들은 승진이나 보너스를 받을 가능성이 낮아지며, 경제활동인구로 새로이 진입하는 사람들(대학교 졸업자들과 같은)은 좋은 직장을 찾는 데 훨씬 어려운 시간을 보낸다.

내구재
3년 이상 오랜 기간 효용을 주는 재화

비내구재
3년 미만의 수명을 가진, 바로 소비되거나 사용될 수 있는 재화

일반적으로 자동차, 주택, 자본장비와 같은 **내구재**(durable goods)들을 생산하는 산업들은 다른 산업보다 경기침체 또는 호황에 큰 영향을 받는다. 반면에 서비스와 음식과 같은 **비내구재**(nondurable goods)를 공급하는 산업들은 단기 경기변동에 훨씬 덜 민감하다. 따라서 자동차 회사의 근로자나 건설회사의 근로자는 이발사나 제빵사에 비하여 경기침체기에 직장을 잃을 가능성이 훨씬 더 크다.

실업과 마찬가지로 인플레이션은 경기침체와 경기확장에서 패턴을 보이기도 하

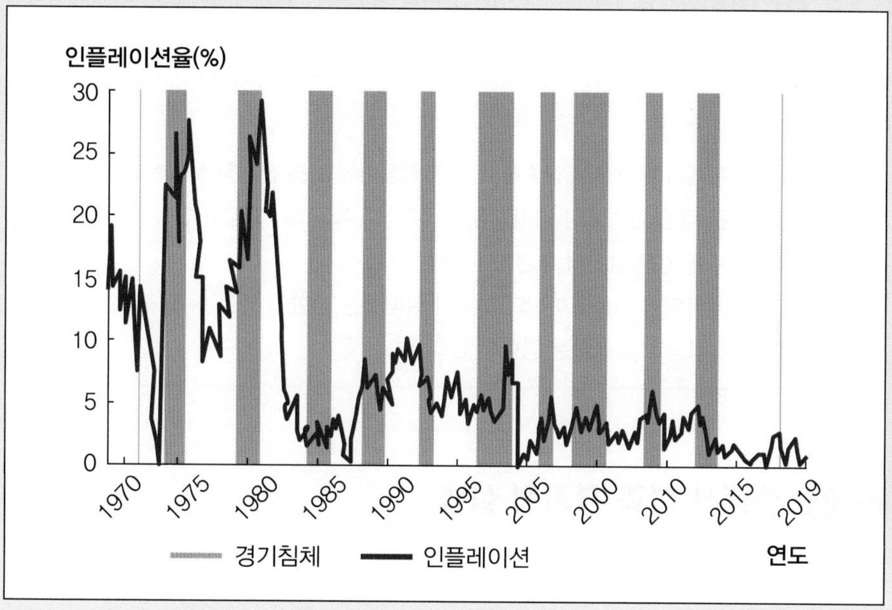

출처: 한국은행 경제통계시스템(http://ecos.bok.or.kr/).

그림 23.3

한국의 인플레이션율, 1970~2019

그래프는 CPI로 측정된 인플레이션율을 나타내며 음영 부분으로 표시된 세로막대는 경기침체기간을 표시한다. 한국의 경기순환 기준일을 살펴보면, 뚜렷하지는 않지만 경기침체기 직전에 인플레이션율이 상승하고 경기침체기 이후 하락하는 경향이 일부 나타나기도 한다.

지만 아주 뚜렷하지는 않다. **그림 23.3**은 1970년 이후로 한국의 인플레이션율을 보여준다. 그림에서 경기침체 기간은 음영처리된 부분으로 표시되어 있다. 일반적으로는 경기침체 기간이 시작되면 인플레이션율이 하락하는 경향이 있고 경기확장기에서는 인플레이션율의 상승이 발생하는 경향이 나타나지만 한국의 경험에서는 크게 뚜렷하지는 않다. 다만 1985~1988, 1990~1991, 2009~2011년 경기확장기에 인플레이션율의 상승이 발견된다. 경기확장기와 경기침체기의 인플레이션의 행태는 다음에 좀 더 자세히 논의된다.

요약 **경기침체, 경기확장, 단기 경기변동**

- 경기침체는 총생산이 정상보다 더 천천히 증가하는 기간이다. 경기확장 또는 호황은 총생산이 정상보다 더 빨리 증가하는 기간이다.
- 경기침체의 시작은 정점이라고 부르고, 끝은(다음 경기확장의 시작에 해당함) 저점이라고 부른다.
- 미국 역사상 가장 급격한 경기침체는 1929~1933년 대공황의 초기 국면이었다. 또한 심각한 경기침체는 1973~1975, 1981~1982, 2007~2009년에 발생하였다. 상대적으로 약한 두 번의 경기침체가 1990~1991, 2001년에 발생하였다. 한국의 경우 가장 큰 경기침체는 1997~1998년 외환위기 기간이며, 1974~1975, 1979~1980년에 2번의 유가충격으로 인해 비교적 큰 폭의 경기침체가 발생하였다.

- 단기 경기변동(경기침체와 경기확장)은 길이와 강도에서 불규칙적이고 따라서 예측하기 어렵다.
- 경기확장과 경기침체는 광범위한(때때로 세계적인) 충격을 발생시키며 대부분의 지역과 산업에 영향을 준다.
- 실업은 경기침체기에 급격히 상승하고, 경기확장기에 보통 천천히 하락한다.
- 내구재 산업은 다른 산업보다 경기확장과 경기침체에 의해 더 많이 영향을 받는다. 서비스와 비내구재 산업은 경기의 부침에 덜 민감하다.
- 경기침체가 시작되면 인플레이션의 하락이 뒤따르는 경향이 있고 종종 경기침체 이전에 인플레이션의 상승이 선행하는 경향이 있다.

23.3 총생산 갭과 경기적 실업

어떤 경기침체나 경기확장이 "큰" 것인지 또는 "작은" 것인지 어떻게 측정할 수 있는가? 정책결정자들이 경기침체와 경기확장에 적절히 대응하고자 하고, 경제학자들이 경기침체와 경기확장을 연구하려 할 때, 이 질문에 대한 답은 중요하다. 직관적으로 "큰" 경기침체나 경기확장은 국민소득(또는 총생산)과 실업률이 정상적인 수준 또는 추세수준으로부터 상당한 정도 벗어나 있는 경우이다. 본절에서는 특정 시점에서 국민소득이 정상적인 수준에서 얼마나 멀리 떨어져 있는지를 측정하는 총생산 갭(output gap)의 개념을 도입하여, 특정 경기변동이 큰지 작은지에 대해서 보다 엄밀하게 설명하고자 한다. 또한 경기적 실업, 즉 정상수준에서 벗어나 있는 실업의 정도를 다시 고찰한다. 끝으로 이러한 두 개념이 어떻게 관련되어 있는지 살펴본다.

23.3.1 잠재총생산과 총생산 갭

잠재총생산, Y^*(또는 잠재GDP, 완전고용 총생산)
경제가 생산할 수 있는 지속가능한 최대 총생산량(실질GDP)

잠재총생산의 개념은 경기확장과 경기침체를 측정할 때 기준이 되는 출발점이다. 잠재 GDP 또는 완전고용 총생산이라고도 불리는 **잠재총생산**(potential output)은 경제가 생산할 수 있는 최대의 지속가능한 총생산량(실질GDP)이다. 잠재총생산은 단순히 최대로 생산할 수 있는 총생산량이 아니라는 점에 유의하기 바란다. 자본과 노동은 일시적으로 정상보다 더 높은 가동률로 사용될 수 있기 때문에, 한 나라의 실제 총생산은 일시적으로 잠재총생산을 초과할 수 있다. 그러나 근로자들이 매일 초과근로를 할 수는 없으며, 또한 기계도 때때로 점검과 수리를 위해 중단되어야 하기 때문에, 정상보다 높은 가동률이 무한정 지속될 수는 없다.

잠재총생산은 고정된 값이 아니며 이용 가능한 자본과 노동의 양 및 생산성의 증가를 반영하여 시간이 흐름에 따라 증가한다. 잠재총생산 증가의 요인들에 대하여는 제 18장, "경제성장, 생산성, 생활수준"에서 살펴본 바 있다. 앞으로 잠재총생산에 대한 기호는 Y^*를 사용하기로 한다. **그림 23.4**는 1970년에서 2019년 1/4분기까지 한국의 실

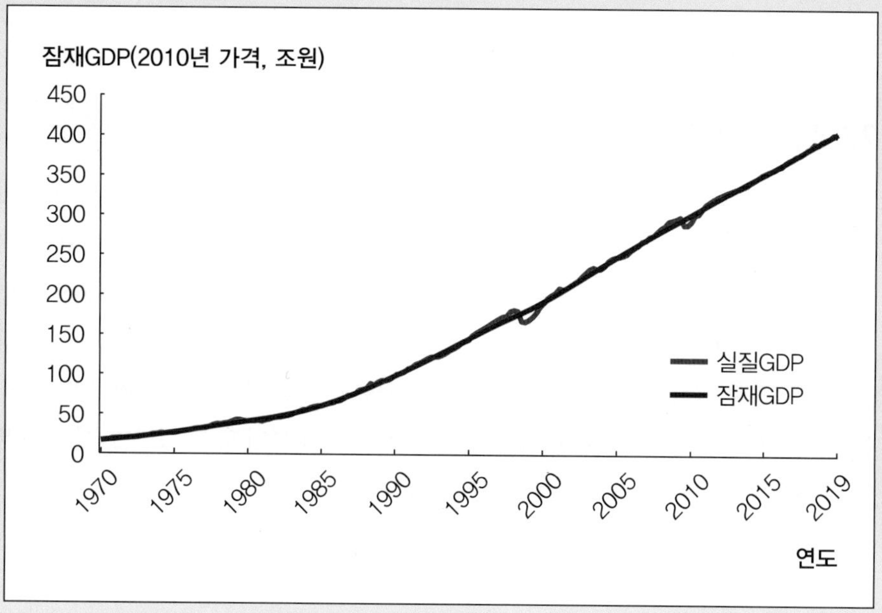

출처: 한국은행 경제통계시스템(http://ecos.bok.or.kr/).

그림 23.4

한국의 잠재총생산, 1970~2019

잠재총생산은 실제 GDP보다 더 부드럽게 변화한다.

질GDP와 잠재총생산을 비교하고 있다. 잠재총생산 Y^*는 실제 총생산 Y보다 더 완만한 변화를 보여준다: 이것은 경제의 생산능력의 증가가 상대적으로 평탄하게 증가하는 요인들(인적자본과 같은)에 의한 것이라는 사실을 반영한다. 따라서 잠재총생산도 비교적 평탄하게 증가한다.

그림 23.1에서 보여준 것처럼, 왜 한 나라의 총생산이 때로는 빠르게 때로는 느리게 증가하는가? 논리적으로 두 가지 가능성이 있다. 첫째, 총생산 증가율의 변화는 그 나라의 잠재총생산 증가율의 변화를 반영할 수 있다. 예를 들어, 심한 가뭄과 같이 좋지 않은 기상조건은 농업경제에서 잠재총생산 증가율을 감소시킬 것이고, 기술 개발 속도의 둔화는 산업화된 경제의 잠재총생산 증가율을 하락시킬 것이다. 실제 총생산과 잠재총생산이 같은 경우 경제가 자원들을 정상적인 가동률로 사용하고 있다고 가정하면, 잠재총생산 증가율의 급격한 둔화는 경기침체를 초래할 수 있다. 동일한 논리로, 신기술, 자본투자의 증가, 경제활동인구를 증가시키는 이민유입의 급증은 잠재총생산을 크게 증가시키며 따라서 호황을 가져올 수 있다.

분명히 잠재총생산 증가율의 변화는 경기확장과 경기침체에 대한 설명의 일부이다. 예를 들어, 미국에서 1990년대 후반기의 호황은 부분적으로 인터넷과 같은 새로운 정보기술에 의해 유발된 측면이 있다. 그리고 2009년 이후 금융위기로부터의 느린 경기회복은 최소한 부분적으로는 노동인구 구성의 변화로 인한 잠재총생산 증가율의 둔화와 낮은 생산성 증가율을 반영하고 있는 것으로 보인다. 실제 총생산 증가율의 변화가 잠재 총생산 증가율의 변화를 반영할 때 적절한 정책대응은 제 18장 “경제성장, 생산성, 생활수준”에서 논의되었다. 특히 경기침체가 잠재총생산 증가율의 둔화로부터 발생할 때 정부의 최선의 대응은 저축, 투자, 기술혁신, 인적자본 형성, 성장을 지원하는 기타 활동들을 장려하는 것이다.

23.3.2 총생산 갭

단기 경기변동에 대한 두 번째 설명은 실제 총생산과 잠재총생산이 항상 일치하는 것은 아니라는 것이다. 예를 들어, 잠재총생산은 정상적으로 증가하고 있으나, 어떤 이유 때문에 경제의 자본과 노동자원이 완전히 가동되지 않고 있어 실제 총생산이 잠재총생산 수준보다 크게 낮을 수 있다. 자원의 가동률이 낮아서 발생하는 총생산 감소는 일반적으로 경기침체로 해석된다. 반면에 자본과 노동이 정상보다 훨씬 더 많이 이용되면—예를 들어, 기업들은 근로자들을 초과근로에 투입할 수 있다— 실제 총생산이 잠재총생산보다 커지는 호황이 나타난다.

총생산 갭
일정 시점에 경제의 잠재총생산과 실제 총생산 사이의 차이

한 시점에서 잠재총생산과 실제 총생산 사이의 차이를 **총생산 갭**(output gap)이라고 부른다. 실질GDP와 잠재총생산은 둘 다 증가하기 때문에 특정시점에서 단순히 그 차이를 총생산 갭이라고 측정할 수 없다. 예를 들어, 실제 총생산과 잠재총생산의 차이가 1조원이라면 잠재총생산이 20조원일 경우에는(대략 1950년대 초의 잠재총생산) 크다고 할 수 있지만 잠재총생산이 1,600조원일 경우에는(대략 2018년의 잠재총생산 수준) 작다고 할 수 있다. 총생산 갭을 정확히 측정하기 위해서 실제 GDP와 잠재GDP의 차이를 그 해의 경제의 잠재GDP와 비교할 필요가 있다. 총생산 갭은 다음과 같이 표시된다.

$$\text{총생산 갭}(\%) = \frac{Y - Y^*}{Y^*} \times 100$$

그림 23.5는 1970년에서 2019년 1/4분기까지 한국의 총생산 갭을 보여준다. 때때로 총생산 갭이 음수가 되기도 하고 1980년대 초와 1998년에는 매우 컸음을 알 수 있다. 이것은 한국경제가 1979~1980, 1997~1998년에 심각한 경기침체를 겪었음을 반영한다. 음의 총생산 갭은 실제 총생산이 잠재총생산보다 낮고 자원들이 완전히 가동되고 있지 않을 때이며 **침체 갭**(recessionary gap)이라고 부른다. 실제 총생산이 잠재총생산보다 높고 자원들이 정상보다 높은 율로 가동되고 있어 경제가 빠르게 확장하고 있을 때에는 양의 총생산 갭이 존재하며 이를 **확장 갭**(expansionary gap)이라고 부른다.

침체 갭
잠재총생산이 실제 총생산을 초과할 때($Y < Y^*$) 발생하는 음의 총생산 갭

확장 갭
실제 총생산이 잠재총생산보다 높을 때($Y > Y^*$) 발생하는 양의 총생산 갭

정책결정자들은 일반적으로 침체 갭과 확장 갭, 둘 다 문제라고 생각한다. 침체 갭이 왜 경제에 나쁜 것인지는 쉽게 알 수 있다. 침체 갭이 있을 때 자본과 노동자원은 완전히 이용되지 않고 있고, 총생산과 고용은 지속가능한 최대 수준보다 낮은 수준에 있게 된다. 확장 갭은 지속가능하지 않다는 사실뿐 아니라 인플레이션을 발생시킬 수 있기 때문에 문제가 된다. 비록 일시적이더라도 더 높은 총생산과 고용이 왜 문제가 되는가? 지속가능한 생산능력을 크게 초과하는 수요에 직면할 때 기업들은 가격을 올리는 경향이 있기 때문에 확장 갭이 오래 지속되면 문제가 된다. 확장 갭은 일반적으로 인플

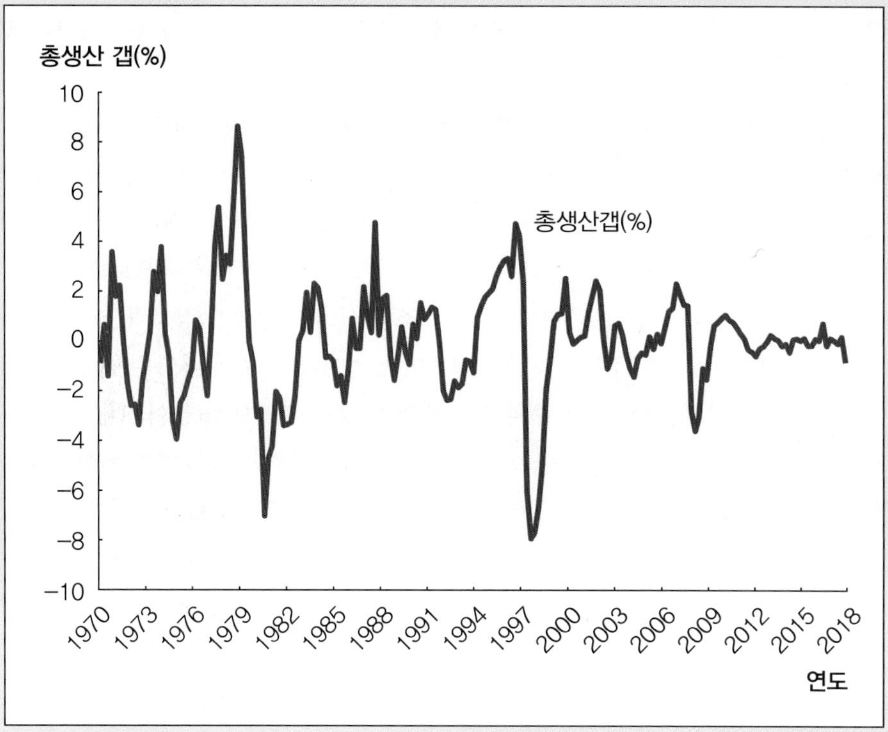

출처: 역자가 계산.

그림 23.5

한국의 총생산 갭, 1970~2019

레이션을 높이고, 장기에서는 경제적 효율성을 감소시킨다. 따라서 침체 갭이든 확장 갭이든 총생산 갭이 존재할 때, 정책결정자들은 실제 총생산을 잠재총생산 수준으로 회귀시켜 갭을 제거할 유인을 가지고 있다. 다음의 장들에서 총생산 갭이 발생하는 과정과 정책결정자들이 경제를 안정화시키기 위해—즉, 실제 총생산을 잠재총생산과 같게 하기 위해—사용할 수 있는 정책수단에 대하여 논의한다.

23.3.3 자연실업률과 경기적 실업

경기침체가 잠재총생산의 성장률 둔화 때문에 발생하든 또는 실제 총생산이 잠재총생산 아래로 하락하여 발생하든, 경기침체가 발생하면 경제가 어려워진다. 위의 둘 중 어느 경우에도 총생산은 감소하며(또는 적어도 더 천천히 증가한다), 생활수준이 하락하게 된다. 그러나 침체 갭은 경제가 더 생산할 수 있는 능력을 가지고 있으나 어떤 이유 때문에 이용 가능한 자원들이 완전히 가동되지 못하고 있다는 것을 의미하기 때문에 침체 갭은 특히 정책결정자들을 힘들게 한다. 경제 전체의 파이를 감소시키고 평균적인 사람의 생활 형편을 더 나쁘게 만든다는 점에서 **효율성의 원리**를 위반한다.

효율성

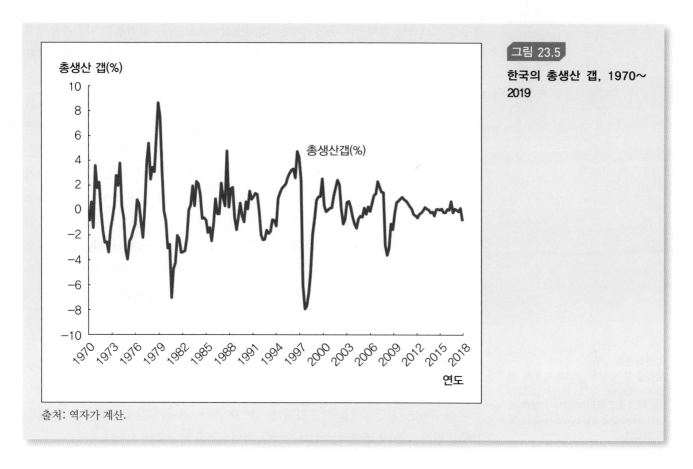

경기침체 기간에 자원의 낮은 가동률을 보여주는 중요한 지표는 실업률이다. 일반적으로 높은 실업률은 완전히 이용되지 않아서 총생산이 잠재 수준 아래로 하락한

경우를 의미한다(침체 갭). 동일한 논리로 비정상적으로 낮은 실업률은 지속가능하지 않은 높은 율로 노동자원이 이용되고 있어 실제 총생산이 잠재총생산을 초과하고(확장 갭) 있는 경우를 의미한다.

총생산 갭과 실업률 사이의 관계를 더 잘 이해하기 위하여 제 19장, "노동시장: 고용, 임금, 실업"에서 살펴본 세 가지 실업의 범주를 상기하기 바란다: 마찰적 실업, 구조적 실업, 경기적 실업. 마찰적 실업은 근로자와 일자리를 연결하는 과정에서 나타나는 단기적 실업이다. 동태적으로 변화하는 경제에서 노동시장이 효율적으로 기능하기 위해 마찰적 실업은 불가피한 측면이 있다. 구조적 실업은 경제가 정상적으로 생산하고 있을 경우에도 발생하는 장기적이고 만성적인 실업이다. 구조적 실업은 종종 근로자의 기술이 시대에 뒤떨어지고 고용주의 필요에 맞지 않을 때—예를 들어, 철강 산업이 장기적으로 쇠락하고 있을 때 철강 근로자가 다른 신흥산업의 직장을 찾기 위한 재교육을 받을 수 없다면 철강 근로자는 구조적으로 실업 상태에 놓이게 된다—발생한다. 끝으로 경기적 실업은 경기침체 기간에 발생하는 추가적인 실업이다. 경기침체 기간에만 발생하는 경기적 실업과 달리, 마찰적 실업과 구조적 실업은 경제가 정상적으로 작동하고 있을 때에도 노동시장에 항상 존재한다. 경제학자들은 총 실업률 중 마찰적 실업과 구조적 실업에 해당하는 부분을 **자연실업률**(natural rate of unemployment)이라고 부른다. 달리 표현하면, 자연실업률은 경기적 실업이 0이어서 경제가 침체 갭이나 확장 갭을 가지고 있지 않을 때 존재하는 실업률이다. 자연실업률을 u^*로 표시한다.

자연실업률, u^*
실업률 중 마찰적 실업과 구조적 실업에 해당하는 부분. 경기적 실업이 0일 때의 실업률이며 경제가 침체 갭이나 확장 갭을 가지고 있지 않을 때의 실업률

총 실업률과 자연실업률 사이의 차이인 경기적 실업은 $u-u^*$로 표현될 수 있다. 여기에서 u는 실제 실업률이고 u^*는 자연실업률을 나타낸다. 경기침체에서는 실제 실업률 u가 자연실업률 u^*를 초과하여 경기적 실업 $u-u^*$는 양수가 된다. 반대로 경제가 확장 갭을 경험하고 있을 때 실제 실업률은 자연실업률보다 낮아서 경기적 실업은 음수가 된다. 음의 경기적 실업은 지속될 수 없는 높은 수준에서 노동이 이용되고 있는 상황에 해당하며 실제 실업이 보통의 마찰적, 구조적 수준 아래로 낮아진 경우이다.

경제적 사유 23.3

왜 미국의 자연실업률은 낮아졌는가?

미국의 자연실업률을 정기적으로 추정하는 의회예산처(Congressional Budget Office)에 따르면 미국의 자연실업률은 1979년 경제활동인구의 6.3%에서 꾸준히 하락하여 1999년에는 5%가 되었다고 한다.[1] 그 이후 10년 동안 자연실업률은 약 5%에서 유지되었다. 금융위기(2009~2013년) 이후 약간 상승한 것으로 추정되었지만 그 이후 다시 하락하여 2016년 4.8% 아래로 낮아졌고, 의회예산처는 향후 10년 동안 낮아질 것으로 예측하고 있다. 왜 미국의 자연실업률은 1970년대에 비해 크게 낮아졌는가?

자연실업률은 마찰적 실업의 감소, 구조적 실업의 감소, 또는 두 가지 모두에 의해 하락할

1 의회예산처(Congressional Budget Office), *Natural Rate of Unemployment (Long-Term)* [NROU], FRED에서 재인용, https://fred.stlouisfed.org/series/NROU, November 1, 2017.

수 있다. 두 종류의 실업의 감소를 설명하기 위한 다양한 해석들이 제시되었다. 한 가지 가능한 가설은 미국 경제활동인구의 연령별 구성의 변화 때문이라는 것이다.[2] 미국의 베이비붐 세대들이 나이가 들어감에 따라 근로자의 평균 연령이 높아지고 있다. 실제로 25년간 경제활동인구 중 16~24세의 비중은 약 25%에서 약 14%로 감소하였으며 노동통계국은 2026년까지 12%로 떨어질 것으로 예측하고 있다. 젊은 근로자들이 나이 든 근로자들보다 실업자가 되는 경향이 높으므로 경제활동인구의 연령이 높아지는 것은 전체적인 실업률 하락에 대한 설명이 될 수 있다.

왜 젊은 근로자들은 실업자가 될 가능성이 높은가? 10대와 20대의 근로자들과 비교하여 나이 든 근로자들은 장기적이고 안정적인 직장을 가질 가능성이 훨씬 높다. 반면에 젊은 근로자들은 아마도 특정한 직업에 계속해서 일할 준비가 되어 있지 않거나, 또는 노동시장에 있는 기간이 학업이나 군대 때문에 중단되어 단기적인 직장을 갖는 경향이 있다. 젊은 근로자들은 더 자주 직장을 바꾸기 때문에 다른 사람들보다 마찰적 실업이 발생할 가능성이 높다. 그들은 또한 평균적으로 나이가 많은 근로자들보다 기술수준이 낮으며, 따라서 더 많은 구조적 실업을 경험할 가능성이 높다. 그러나 근로자들이 나이가 들고 경험을 얻게 됨에 따라 실업의 위험은 감소한다.

자연실업률의 하락에 대한 또 하나의 가능한 설명은 노동시장이 근로자들과 일자리를 연결해 주는 측면에서 더 효율적이 되어 마찰적 실업과 구조적 실업을 모두 감소시켰다는 것이다. 예를 들어, 필요할 때 일시적으로 도움을 제공하는 업체들이 최근 미국에서 크게 늘어났다. 이러한 업체들이 제공하는 직업소개는 일시적인 것이지만, 종종 고용주와 근로자가 잘 만났다고 생각할 때 정규직으로 전환된다. 국가 전체에서 또는 국제적으로 직장을 찾는 것을 가능케 하는 온라인 직업소개소 또한 매우 중요해지고 있다. 일시적 도움을 제공하는 업체들의 증가, 온라인 직업소개소, 이와 관련된 혁신적인 방법들은 사람들이 실업 상태로 보내야 하는 시간을 감소시키고 근로자들과 일자리 사이에 더 지속적인 결합을 만들어 냄으로써 자연실업률을 감소시킨 것으로 보인다.[3]

요약 총생산 갭과 경기적 실업

- 잠재총생산은 자본과 노동 등 가용자원을 정상적인 수준에서 사용하여 경제가 생산해 낼 수 있는 생산량(실질GDP)이다. 총생산 갭은 실제 총생산과 잠재총생산 사이의 차이, $Y-Y^*$로 표시하거나 또는 퍼센티지 항목인 $\frac{Y-Y^*}{Y^*}\times 100$으로 나타내기도 한다.
- 실제 총생산이 잠재총생산보다 낮을 때 총생산 갭은 침체 갭이다. 실제 총생산이 잠재총생산보다 높으면 그 차이는 확장 갭이다.
- 침체 갭은 자원의 미활용을 의미하고, 확장 갭은 인플레이션을 촉발할 위험이 있다. 따라서 정책결정자들은 두 가지 종류의 총생산 갭을 모두 없애려고 노력한다.
- 자연실업률 u^*는 마찰적 실업과 구조적 실업의 합이다. 이는 또한 총생산 갭이 없이 경제가 정상 수준에서 작동하고 있을 때의 실업률이다.
- 경기적 실업, $u-u^*$는 실제 실업률 u와 자연실업률 u^* 사이의 차이이다. 경기적 실업은 침체 갭이 존재하면 양수이고 확장 갭이 존재하면 음수이며 총생산 갭이 없으면 0이다.

2 Robert Shimer, "Why Is the U.S. Unemployment Rate So Much Lower?" in B. Bernanke and J. Rotemberg, eds., *NBER Macroeconomics Annual*, 1998.

3 자연실업률에 영향을 주는 요인들에 대한 상세한 분석을 위해서는 다음 논문을 참조하라. Lawrence Katz and Alan Krueger, "The High−Pressure U.S. Labor Market of the 1990s," *Brookings Papers on Economic Activity* 1(999), pp.1~88.

23.4 오쿤의 법칙

오쿤의 법칙
경기적실업이 1% 포인트 상승하면, 잠재총생산에서 벗어난 정도를 측정하는 음의 총생산 갭(침체 갭)은 약 2% 포인트 증가하는 경향이 있다.

총생산 갭과 경기적 실업 사이에는 어떤 관계가 있는가? 정의상 경제가 침체 갭을 가지고 있으면 경기적 실업은 양수이고, 확장 갭을 가지고 있으면 음수이며, 총생산 갭이 없으면 0이 된다는 것을 이미 알아보았다. 경기적 실업과 총생산 갭 사이의 수치적인 관계는 케네디 대통령의 경제수석이었던 아써 오쿤(Arthur Okun)의 이름을 따서 오쿤의 법칙이라고 불리는 간단한 수식으로 표시할 수 있다. **오쿤의 법칙**(Okun's law)에 따르면 경기적 실업이 1% 포인트 상승할 때 잠재총생산에서 벗어난 정도를 측정하는 음의 총생산 갭(침체 갭)은 약 2% 포인트가 증가한다는 것이다.[4] 예를 들어, 경기적 실업이 경제활동인구 중의 1%에서 2%로 상승하면, 침체 갭은 잠재GDP의 −2%에서 −4%로 확대된다.

오쿤의 법칙을 수식으로 표현하면 다음과 같다.

$$\frac{Y-Y^*}{Y^*}\times 100=-2\times(u-u^*)$$

예 23.1은 이 점을 더 자세히 예시하고 있다.

예 23.1 미국 경제에서의 오쿤의 법칙과 총생산 갭

오쿤의 법칙은 실제 데이터에 어떻게 적용되는가?

다음 표는 5개 연도에서 미국 경제의 실제 실업률, 자연실업률, 잠재GDP(2009년 달러 기준, 10억 달러)이다.

연도	u	u^*	Y^*
1995	5.6%	5.3%	10,319.0
2000	4.0	5.0	12,409.4
2005	5.1	5.0	14,272.6
2010	9.6	5.1	15,457.0
2015	5.3	4.8	16,573.4

1995년에 경기적 실업 $u-u^*$는 경제활동인구의 0.3%(5.6%−5.3%)였다. 오쿤의 법칙을 적용하면 1995년의 총생산 갭은 경기적 실업에 −2를 곱한 값인 잠재총생산의 −0.6%일 것이다. 잠재총생산이 10조 3,190억 달러로 추정되었으므로 그 해의 총생산 갭의 크기는 −619억 달러

4 실업률과 총생산 사이의 관계는 시간이 지남에 따라 약해졌다. 오쿤이 처음 이 법칙을 제시한 1960년대에는 1%의 추가적인 실업률이 3%의 총생산 갭과 관련되어 있다고 주장했었다. 또한 이러한 약해진 관계는 시간이 지남에 따라 잘 관찰된다. 자세한 논의는 다음 논문을 참고하라. Mary C. Daly, John Fernald, Òscar Jordà, and Fernanda Nechio, "Interpreting Deviations from Okun's Law, *FRBSF Economic Letter 2014-12*, April 21, 2014, www.frbsf.org/economic−research/publications/economic−letter/2014/april/okun−lw−deviation−unemployment−recession/.

로 계산된다.

2000년은 확장국면의 끝에 해당하며 실제 실업률은 자연실업률보다 낮았다. 특히 경기적 실업은 −1.0%이어서 오쿤의 법칙을 적용하면 총생산 갭은 2%이고 2000년에 정상적인 생산수준인 잠재총생산보다 2,482억 달러 더 많이 생산하였다는 것을 의미한다.

2010년의 데이터는 가장 최근의 경기침체의 심각성을 보여준다. 2007~2009년의 경기침체가 끝났음에도 불구하고 경기적 실업은 4.5%로 높았으며 이는 −9.0%의 총생산 갭을 의미한다. 오쿤의 법칙에 따르면 모든 자원들이 완전히 고용되었을 때 생산하는 수준보다 1조 3,911억 달러 (0.09×15조 4,570억 달러) 적게 생산하였다. 2010년에 미국 인구는 3억 900만 명이므로 오쿤의 법칙은 경제가 잠재총생산 수준을 생산했다면 평균소득(일인당 GDP)이 실제보다 거의 $4,500(4인 가족 기준, $18,000) 더 높을 수 있었다는 것을 의미한다. 따라서 총생산 갭과 경기적 실업은 막대한 비용을 발생시키기 때문에 일반 사람들과 정책결정자들이 경기침체에 대하여 우려하는 것은 당연하다.

물론 오쿤의 법칙은 아주 간단한 경험법칙일 뿐이다. 의회예산처의 총생산 갭 추정치는 위의 표에서 계산된 숫자들과 다르다. 그러나 총생산 갭에 대하여 고급 테크닉을 이용하여 (훨씬 더 복잡한) 더 정밀한 방법으로 추정치를 계산하더라도 추정치는 우리가 여기에서 계산한 숫자와 대략 비슷한 값이 얻어진다.

✔ 개념체크 23.2

예 23.1의 표에 따르면 2015년 미국의 실업률은 5.3%이다. 의회예산처의 2015년 자연실업률 추정치는 4.8%였다. 오쿤의 법칙을 적용하면, 2015년의 실제 GDP는 잠재GDP와 몇 퍼센트 차이가 나는가?

경제적 사유 23.4

왜 Fed는 1999년과 2000년에 경제를 진정시키는 정책을 실행하였는가?

앞 장들에서 주목했던 것처럼 Fed의 통화정책 결정은—통화공급의 수준을 변화시키는 행동—미국 경제의 성과에 영향을 준다. 왜 Fed는 1999년과 2000년에 경제를 진정시키는 정책을 실행하였는가?

1990년대 미국의 경기적 실업은 크게 감소하여, 의회예산처의 추정에 따르면 1997년에는 한때 음수가 되기도 하였다. 오쿤의 법칙에 따르면 음의 경기적 실업은 확장 갭(**예 23.1**에서 보여준)의 신호가 되며, 미래의 인플레이션 위험이 증가된다는 것을 의미한다.

1997년과 1998년에 Fed는, 빠르게 성장하는 총생산과 하락하는 실업률 때문에 전형적으로 발생하는 인플레이션 압력이 생산성 증가와 국제적 경쟁에 의해 상쇄되어, 인플레이션율이 예상했던 것보다 낮게 유지되었다고 주장하였다. 이 기간 동안에 인플레이션은 낮게 유지되었기 때문에—작지만 확대되는 확장 갭에도 불구하고—Fed는 갭을 제거하려는 아무런 조치를 취하지 않았다.

그러나 실제 실업률이 1999년과 2000년 초까지 계속 하락하였기 때문에 확장 갭은 계속 확대되었고, Fed는 실제 GDP와 잠재GDP 사이의 불균형 확대와 인플레이션 상승의 위협을 더욱 우려하게 되었다. 이에 대한 대응으로 Fed는 1999년과 2000년에 총생산 증가율을 낮추고, 실제 총생산과 잠재총생산 사이의 차이를 줄이려는 행동을 취하였다(제 25장 "경기안정화정책: 중앙은행의 역할"과 제 26장, "총수요, 총공급, 인플레이션"에서 더 상세히 논의할 것이다). Fed의 행동은 "경제의 전반적인 균형을 촉진하고"[5] 2000년까지 인플레이션을 억제하는 데 도움을 주었다. 그러나 2001년 미국 경제가 경기침체에 빠지게 되자, 연방준비제도는 정책을 반전시켜 침체 갭을 제거하기 위한 정책 조치들을 취하게 되었다.

요약 오쿤의 법칙

- 오쿤의 법칙은 경기적 실업과 총생산 갭 사이의 관계식이다. 이러한 간단한 법칙에 따르면 경기적 실업의 추가적인 1% 포인트 증가는 잠재총생산과 차이로 측정되는 음의 총생산 갭(침체갭)의 약 2% 포인트 증가와 관련되어 있다.

23.5 왜 단기 경기변동이 발생하는가? 개관과 우화

경기침체와 경기확장의 원인은 무엇인가? 앞 절에서 실질GDP 증가의 둔화와 상승에 대한 두 가지의 가능한 설명을 제시하였다. 첫째, 잠재총생산의 증가는 이용 가능한 자본과 노동의 증가율 변화, 기술 진보의 속도 변화를 반영하여 둔화되거나 빨라질 수 있다. 둘째, 잠재총생산이 정상적으로 증가하고 있다 하더라도 실제 총생산은 잠재총생산보다 높을 수도 있고 낮을 수도 있다—즉, 확장 갭이나 침체 갭이 발생할 수 있다. 우리는 앞에서 이미 잠재총생산의 증가율이 변동할 수 있는 이유와 잠재총생산을 높이기 위하여 정책결정자가 취할 수 있는 정책대응에 대하여 논의하였다. 그러나 총생산 갭이 어떻게 발생할 수 있고, 그에 대응하여 정책결정자가 무엇을 해야 하는지의 문제는 아직 다루지 않았다. 총생산 갭의 원인과 처방은 다음 세 개의 장들에서 다룰 주요 주제이다. 이 장들의 주요 결론들에 대한 간단한 개관은 다음과 같다.

1. 모든 재화와 서비스에 대한 수요량과 공급량이 균형을 이루도록 가격이 즉시 조정되는 세계에서는 총생산 갭이 존재하지 않을 것이다. 그러나 많은 재화와 서비스의 가격이 즉시 조정된다는 가정은 현실적이지 않다. 대신에 많은 기업들은 생산물 가격들을 단지 정기적으로 조정할 뿐이다. 기업들은 수요에 변동이 있을 때마다 가격을 변동시키기보다는 단기의 수요 변화에 맞추어 그들이 생산하고 판매하는 생산물의 양을 변동시켜 대응하는 경향이 있다. 이러한 행

5 앨런 그린스팬 의장의 의회 연설, The Federal Reserve's semiannual report on the economy and monetary policy, 은행 및 금융서비스 위원회, 미하원의회, 2000. 2. 17. 또한 온라인 http:// www.federal–reserve. gov/boarddocs/hh/2000/february/Testimony.htm 참조.

동은 미리 결정된 가격에 "수요를 충족시키는" 행태로 알려져 있다.

2. 단기에 기업들은 미리 결정된 가격에 생산물에 대한 수요를 충족시키려는 경향이 있기 때문에 소비자들이 지출하려고 결정한 금액의 변화는 총생산에 영향을 줄 것이다. 총지출이 어떤 이유로 낮은 수준일 때 총생산은 잠재총생산보다 작아질 것이고, 반대로 총지출이 높은 수준일 때 총생산은 잠재총생산보다 커질 것이다. 다시 말하면, 경제 전체의 지출 변화는 총생산 갭의 주요 원인이다. 따라서 정부의 정책들은 총지출에 영향을 줌으로써 총생산 갭을 제거하는 데 도움을 줄 수 있다. 예를 들어, 정부는 지출 수준을 변화시킴으로써 총지출에 영향을 줄 수 있다.
3. 기업들이 단기에서는 수요를 충족시키려는 경향이 있다고 하더라도 무한정 그렇게 하지는 않을 것이다. 소비수요가 잠재총생산과 계속 다르다면 기업들은 총생산 갭을 제거하기 위하여 결국 가격을 조정할 것이다. 수요가 잠재총생산을 초과한다면(확장 갭), 기업들은 그들의 가격을 공격적으로 올릴 것이며 이로 인해 인플레이션을 촉발하게 된다. 수요가 잠재총생산에 미치지 못한다면(침체 갭), 기업들은 그들의 가격을 덜 공격적으로 올리거나 또는 가격을 내릴 것이며 인플레이션이 감소된다.
4. 장기에서는 기업들에 의한 가격 변화가 모든 총생산 갭을 제거하여 경제의 잠재총생산 수준과 일치하는 수준에서 생산이 이루어진다. 따라서 경제는 시간이 지남에 따라 총생산 갭을 제거하도록 작동한다는 점에서 "자기조정을 한다(self-correcting)." 이러한 자기조정의 경향 때문에 장기에서는 실제 총생산이 잠재총생산과 같아지고, 총생산은 지출의 크기에 의해 결정되는 것이 아니라 경제의 생산능력에 의해 결정된다. 총지출의 변화는 장기에서 인플레이션율에 영향을 줄 뿐이다.

이러한 사고들은 다음 장에서 논의를 진행하면서 더 명확해질 것이다. 자세한 분석을 시작하기에 앞서 단기와 장기에서 총지출과 총생산 사이의 관계를 예시하는 한 가지 예를 생각해보자.

23.5.1 앨버트의 아이스크림 가게: 단기 경기변동에 관한 이야기

앨버트의 아이스크림 가게는 여러 종류의 맛있는 아이스크림을 점포에서 직접 생산하여 일반 사람들에게 판매한다. 앨버트가 매일 생산하는 아이스크림의 양은 어떻게 결정되는가? 가게의 생산능력 또는 잠재 생산은 자본의 양(아이스크림 제조기계의 수)과 그가 고용하는 노동(근로자의 수), 그리고 자본과 노동의 생산성에 의존한다. 앨버트의 잠재 생산은 보통 천천히 변하지만 때때로 크게 변동할 수 있다—예를 들어, 아이스크림을 만드는 기계가 고장나거나 앨버트가 독감에 걸린다면 크게 변동한다.

앨버트의 아이스크림 생산에서 일별 변동의 주요 원인은 잠재 생산의 변동이 아니라 아이스크림에 대한 일반 사람들의 수요의 변동이다. 이러한 지출 변동의 일부는 하루 중에(예를 들면, 아침보다 오후에 수요 증가), 일주일 중에(주말에 수요 증가), 일년 중에(여름에 수요 증가) 나타나는 예상될 수 있는 변동이다. 수요의 다른 변화들은 덜 규칙적이다—선선한 날씨보다 더운 날씨에, 또는 퍼레이드가 가게 앞을 지나갈 때 수요 증가 등. 수요의 어떤 변화들은 앨버트가 해석하기 어려운 경우도 있다. 예를 들면, 특정한 화요일에 특정 종류의 아이스크림에 대한 수요가 급증하였을 경우, 소비자 취향의 영구적인 변화를 반영했을 수도 있고, 한 번만 무작위로 발생하여 나타난 현상일 수도 있다.

이러한 아이스크림 수요의 변동에 대하여 앨버트가 어떻게 대응해야 하는가? 제 3장 "수요와 공급"에서 도입한 기본적인 수요−공급 모형을 아이스크림 시장에 적용한다면, 아이스크림에 대한 수요가 매번 변할 때마다 아이스크림 가격이 매번 변해야 한다고 예측할 것이다. 예를 들어, 금요일 밤에 앨버트 가게 옆의 영화관에서 영화상영이 끝난 후에는 바로 가격이 상승해야 하고, 비정상적으로 춥고 바람이 몰아치는 날에는 사람들이 아이스크림콘보다는 따뜻한 차를 원하기 때문에 아이스크림 가격이 하락해야 한다. 문자 그대로 받아들이면 제 3장의 수요−공급 모형은 아이스크림 가격이 순간순간마다 변해야 한다고 예측한다. 앨버트가 그의 가게 앞에 서서 경매자처럼 각 가격에 얼마나 많은 사람들이 구입할 용의가 있는지 결정하려고 가격들을 외치는 모습을 상상해보라!

비용-편익

물론 아이스크림 가게 주인의 이러한 행동을 실제로 볼 수는 없다. 경매에 의해 정해지는 가격은 실제로 곡물이나 주식시장과 같은 몇몇 시장에서 발생하지만, 아이스크림 시장과 같은 대부분의 소매시장에서 경매를 통한 거래는 거의 없다. 왜 이런 차이가 있는가? 기본적인 이유는 경매자를 고용하고 경매를 진행하는 경제적 **편익**이 때때로 그렇게 하는 **비용**을 초과하기도 하며, 때로는 초과하지 않기도 한다. 예를 들어, 곡물시장에서 많은 구매자와 판매자가 많은 양의 표준화된 재화(곡물 부셸)를 거래하기 위하여 같은 장소에 동시에 함께 모인다. 이러한 상황에서 경매는 수요량과 공급량을 일치시키고 가격을 결정하는 효율적인 방법이다. 반면에 아이스크림 가게의 경우 하루 중 아무 시간이나 고객들이 두세 명씩 무작위로 들어온다. 몇몇은 쉐이크를 원하고, 몇몇은 콘을, 몇몇은 탄산음료를 원한다. 작은 수의 고객들과 적은 판매량을 경매로 판매하는 비용은 수요에 따라 가격을 변동시키는 편익보다 훨씬 더 크다.

그러면 아이스크림 가게 주인인 앨버트는 아이스크림 수요의 변화에 대해 어떻게 대응할 것인가? 현실을 관찰해보면, 먼저 제품에 대한 수요와 생산비용에 대한 최대한의 정보를 기초로 가격을 정한다. 아마도 그는 메뉴판을 인쇄하거나 가격표를 만들 것이다. 그리고 일정 기간 동안 가격을 고정시키고, 구입하기를 원하는 고객들에게 아이스크림을 판매한다(이 가격에서 아이스크림이 떨어질 때까지 또는 가게에 공간이 없어질 때까지). 이러한 행동은 미리 결정된 가격에서 소위 "수요를 충족시키는" 것이며 단기에서 앨버트가 생산하고 판매하는 아이스크림의 양은 제품에 대한 수요에 의해 결정된다는 것을 의미한다.

그러나 장기에서는 상황이 매우 다르다. 예를 들어, 앨버트의 아이스크림이 신선함과 맛으로 도시 전체에서 명성을 얻었다고 가정하자. 매일 앨버트는 그의 가게 앞에서 아이스크림을 사려는 긴 줄을 보게 된다. 그의 아이스크림 기계는 과부하가 걸리고 종업원과 탁자들도 마찬가지로 과도하게 혹사된다. 현재 가격에서 사람들이 소비하기를 원하는 아이스크림의 양이 앨버트가 정상적으로 공급할 수 있는 양(잠재 생산)을 초과한다는 것은 더 이상 의심할 여지가 없다. 가게를 확장하는 것이 가능한 방법이지만 즉시 가능한 것이 아니다(그렇게 가정하였음). 앨버트는 어떻게 할 것인가?

앨버트가 할 수 있는 확실한 한 가지는 가격을 올리는 것이다. 더 높은 가격에서 앨버트는 더 높은 이윤을 벌어들일 것이다. 더욱이 아이스크림 가격을 올리는 것은 아이스크림 수요량을 앨버트의 정상적인 생산능력에—잠재 생산—가까워지게 할 것이다. 실제로 앨버트의 아이스크림 가격이 결국 균형 수준으로 오를 때 가게의 실제 생산은 잠재 생산과 같아질 것이다. 따라서 장기에서 아이스크림 가격은 균형 수준으로 조정되고 판매량은 잠재 생산에 의해 결정된다.

이러한 간단한 예는 지출과 생산 사이의 관계를 예시하고 있다—이 이야기는 한 사업뿐만 아니라 경제 전체에도 적용된다. 요점은 단기와 장기 사이에 중요한 차이가 있다는 것이다. 단기에서 생산자들은 가격을 바꾸지 않고, 미리 결정한 가격에서 수요를 충족시킨다는 것이다. 생산은 수요에 의해서 결정되기 때문에 단기에서 총지출은 경제활동 수준을 결정하는 데 핵심적 역할을 담당한다. 따라서 앨버트의 아이스크림 가게는 비정상적으로 더운 날에는 아이스크림에 대한 수요가 증가하여 호황을 누리고, 서늘한 날에는 아이스크림 가게에 침체가 온다. 그러나 장기에서는 가격이 시장균형가격으로 조정되고 생산은 잠재 생산과 동일하게 된다. 따라서 제 18장 "경제성장, 생산성, 생활수준"에서 살펴본 것처럼, 장기에서는 생산요소의 투입량과 생산성이 경제활동의 주요 결정요인이 된다. 단기에서는 총지출이 총생산에 영향을 주지만, 장기에서 총지출의 변동은 가격에 영향을 미친다는 것이다.

요 약 Summary

- 실질GDP는 항상 평탄하게 증가하지는 않는다. 경제가 정상보다 크게 낮은 율로 증가하는 기간을 경기침체라고 부른다. 또한 경제가 정상보다 크게 높은 율로 증가하는 기간을 경기확장이라고 부른다. 1929년과 1933년 사이에 발생했던 장기적 하락과 같이 심각하고 긴 경기침체는 불황이라고 부르며, 반면에 특히 강한 경기확장은 호황이라고 부른다.
- 경기침체의 시작은 경기하강 직전 경제활동의 최고점을 나타내기 때문에 정점이라고 부른다. 경기침체의 끝은 경기회복 직전 경제활동의 최저점을 나타내기 때문에 저점이라고 부른다. 제 2차 세계대전 이후로 미국의 경기침체는 평균적으로 호황보다 훨씬 짧아져서 6개월에서 16개월 정도 지속되었다. 미국 역사상 가장 길었던 호황은 1990~1991년 경기침체의 끝인 1991년 3월에 시작하여 새로운 경기침체가 시작된 정확히 10년 후인 2001년 3월까지 지속되었다.
- 단기 경기변동은 길이와 심도가 불규칙적이어서 예측하기가 어렵다. 경기확장과 경기침체는 경제 전체를 통하여 느낄 수 있으며 범위가 전 세계적일 수도 있다. 경기침체 기간 동안에 실업률이 급격히 상승하고, 인플레이션은 경기침체 동안이나 또는 직후에 하락하는 경향이 있다. 내구재 산업은 경기침체와 호황에 특히 민감한 경향이 있는 반면에 서비스와 비내구재 산업은 덜 민감하다.
- 잠재GDP 또는 완전고용 총생산이라고도 불리는 잠재총생산은 한 경제가 생산할 수 있는 총생산(실질GDP)의 지속가능한 최대량이다. 잠재총생산과 실제 총생산 사이의 차이는 총생산 갭이다. 총생산이 잠재 수준보다 낮을 때의 갭을 침체 갭, 총생산이 잠재 수준보다 높을 때 그 차이를 확장 갭이라고 부른다. 경기침체는 잠재총생산이 비정상적으로 천천히 증가하기 때문에 발생하거나 또는 실제 총생산이 잠재총생산보다 낮기 때문에 발생한다. 침체 갭은 자원이 불완전하게 이용되고 있음을 의미하며, 확장 갭은 인플레이션을 발생시킬 위험이 있기 때문에, 정책결정자들은 두 가지 종류의 갭을 모두 제거하려고 노력할 유인이 있다.
- 자연실업률은 총실업률 중 마찰적 실업과 구조적 실업에 해당하는 부분이다. 달리 말하면, 자연실업률은 총생산 갭이 0일 때의 실업률이다. 경기적 실업은 경기침체나 경기확장과 관련된 실업이며, 총실업률에서 자연실업률을 뺀 것과 같다.
- 경기적 실업과 총생산 갭 사이의 관계를 말하는 법칙은 오쿤의 법칙이다. 경기적 실업이 1% 증가하면 잠재총생산과 관련되어 측정된 음의 총생산 갭이 약 2% 발생한다는 경험 법칙이다.
- 다음의 여러 장들에서 경기침체와 경기확장에 대한 논의는 경제 전체의 총지출의 역할에 초점을 둔다. 기업들이 단지 정기적으로 가격을 조정하고 그 사이에는 수요를 충족시키기 위해 생산한다면, 단기에서는 총지출의 변동이 총생산의 변동으로 이어질 것이다. 단기에서 총지출에 영향을 주는 정부의 정책은 총생산 갭을 제거하는 데 도움을 주게 된다. 그러나 장기에서는 기업들의 가격변화가 총생산 갭을 제거하고 — 즉, 경제는 "자기조정할" 것이다 — 총지출은 단지 인플레이션율에 영향을 준다.

핵심용어 Key Terms

경기순환(717)
경기침체(또는 경기수축)(713)
경기확장(715)
내구재(718)
불황(713)
비내구재(718)
오쿤의 법칙(726)
자연실업률, u^*(724)
잠재총생산, Y^*(또는 잠재 GDP, 완전고용 총생산)(720)
저점(714)
정점(714)
총생산 갭(722)
침체 갭(722)
호황(715)
확장 갭(722)

복습문제 Review Questions

1. 경기침체와 경기확장을 정의하라. 경기침체의 시작과 끝을 무엇이라고 부르는가? 1970년대 이후 한국에서 경기침체와 경기확장의 평균적인 길이를 비교해 보자. 미국에서와 같이 경기확장 기간이 평균적으로 더 길었는가?

2. 자동차 생산업자, 부츠와 신발 제조업자, 청소 서비스업자 중에서 경기침체기에 이윤이 가장 많이 감소될 가능성이 높은 기업은? 어느 기업의 이윤 감소가 가장 적을 것 같은가? 설명하라.

3. 잠재총생산을 정의하라. 한 경제가 잠재총생산보다 더 많은 양을 생산하는 것이 가능한가? 설명하라.

4. 경기침체는 다음 각각에 어떤 영향을 미치는가? 자연실업률, 경기적 실업, 인플레이션율, 대통령 지지율.

5. 참 또는 거짓: 총생산이 잠재총생산과 같을 때 실업률은 0이다. 설명하라.

6. 자연실업률이 5%라면, 총생산이 잠재총생산보다 2% 낮을 때 오쿤의 법칙에 따르면 실업률은 얼마인가? 총생산이 잠재총생산보다 2% 높을 때에는 실업률은 얼마인가?

연습문제 Problems

1. **표 23.1**을 이용하여 한국에서 1970년 이후 경기확장기의 평균기간, 최단기간, 최장기간을 구하라. 경기확장 기간은 시간에 따라 평균적으로 길어지고 있는가 혹은 짧아지고 있는가? 긴 경기확장이 긴 경기침체로 이어지는 경향이 존재하는가?

2. 한국은행의 홈페이지(ecos.bok.or.kr)로부터 최근 네 번의 경기침체 기간에 대한 한국 실질GDP의 분기별 데이터를 구하라: 2000~2001, 2002~2005, 2008~2009, 2011~2013.

a. 각 경기침체기에 전분기 대비 실질GDP 증가율은 얼마나 오랜 분기 동안 마이너스를 기록하였는가?

b. 어느 경기침체가 "경기침체는 두 연속되는 분기 동안 마이너스의 GDP 증가율을 기록해야 한다"는 비공식적인 기준을 만족하는가?

3. 2005~2016년 기간에 대한 미국의 실질GDP와 잠재GDP에 대한 데이터가 2009년 가격기준 10억 달러 단위로 표에 주어져 있다. 각 연도에 대하여 잠재GDP에서의 퍼센티지 차이로서 총생산 갭을 계산하고 침체 갭인지 확장 갭인지 말하라. 또한 연도별 실질GDP 증가율을 계산하라. 이 기간 동안에 발생한 경기침체를 구별해낼 수 있는가?

연도	실질GDP	잠재GDP
2005	14,234.2	14,272.6
2006	14,613.8	14,578.7
2007	14,873.7	14,843.6
2008	14,830.4	15,098.3
2009	14,418.7	15,310.3
2010	14,783.8	15,457.0
2011	15,020.6	15,615.8
2012	15,354.6	15,815.5
2013	15,612.2	16,049.4
2014	16,013.3	16,305.7
2015	16,471.5	16,573.4
2016	16,716.2	16,832.8

출처: 잠재GDP는 St. Louis Fed, 실질GDP는 경제분석국(www.bea.gov).

4. 노동통계국(BLS)의 홈페이지(www.stats.bls.gov)로부터 16~19세 근로자와 20세 이상 근로자에 대한 가장 최근의 실업률 데이터를 구하라. 어떻게 다른가? 그 차이가 발생하는 이유는 무엇인가? 이러한 차이는 1980년 이후 자연실업률의 하락에 대하여 무엇을 시사하는가?

5. 오쿤의 법칙을 이용하여 다음 표의 네 개의 빈 칸을 채워라. 데이터는 가상적인 것이다.

연도	실질GDP	잠재GDP	자연실업률 (%)	실제 실업률 (%)
2012	7,840	8,000	(a)	6
2013	8,100	(b)	5	5
2014	(c)	8,200	4.5	4
2015	8,415	8,250	5	(d)

6. 다음 주장 중에서 옳지 않은 주장은?

a. 총생산 갭은 정부정책의 의도하지 않은 부작용에 의해 발생한 인플레이션 압력에 기인한다.

b. 부족한 총지출은 총생산을 잠재총생산보다 낮게 만들 수 있다.

c. 지출이 높으면 총생산은 잠재총생산보다 높아질 수 있다.

d. 정부정책들은 총생산 갭을 제거하는 데 도움을 줄 수 있다.

본문 개념체크 해답 Answers to Concept Checks

23.1 언제 데이터를 구하는가에 따라 답은 달라질 것이다. 2017년 후반 현재, 가장 최근의 경기침체는 2009년 6월에 종료된 2007~2009년의 대침체이다. 경기침체의 공식적 발표는 시차를 두고 이루어지기 때문에 확언할 수 없지만, 현재 경제는 6년 이상의(지난 경기 저점 이후로) 경기확장 국면에 있는 것으로 보인다.

23.2 2015년 실제 실업률은 자연실업률을 0.5% 초과하였다. 오쿤의 법칙을 적용하면 실제 총생산은 잠재총생산보다 1.0% 낮아졌을 것이다.

단기에서의 총지출과 총생산

제24장

소비 지출과 GDP는 어떻게 관련되어 있는가?

본서의 저자 중 한 사람이 어린 소년이었을 때, 따로 살고 있었던 조부모를 매년 여름에 방문하여 함께 시간을 보내곤 하였다. 방문 기간 동안 그가 좋아했던 것은 할머니에게 옛날 이야기를 들으면서 저녁을 보내는 것이었다.

할머니의 결혼 초기 몇년은 대공황 최악의 시기였는데 그 때 할머니는 뉴잉글랜드(New England)주에서 살았다. 그녀는 1930년 중반 매년 아이들에게 새 신발 한 컬레를 사줄 수 있는 것이 행복이었다고 회고하였다. 그녀가 살았던 작은 도시에서 많은 아이들은 신발을 찢어질 때까지 신어야 했고, 몇몇 불운한 아이들은 맨발로 학교에 다녔다. 그녀의 손자는 맨발로 학교에 다니는 것이 창피한 것이라고 생각했다. "왜 그들의 부모들은 신발을 사주지 않았죠?" 하고 물었다.

"살 수가 없었단다. 그들은 돈이 없었지. 대부분의 아버지들은 대공황 때문에 직장을 잃었단다."라고 할머니가 대답하였다.

"어떤 직장을 가지고 있었는데요?"

"그들은 신발공장에서 일했는데 공장이 문을 닫아야만 했지."

"왜 공장은 문을 닫아야 했나요?"

"왜냐하면 아무도 신발을 살 돈이 없었기 때문이지."라고 할머니는 설명했다.

손자는 그 때 겨우 6살이나 7살이었지만 할머니의 논리에 무언가 매우 잘못된 것이 있다는 것을 알 수 있었다. 한편에는 폐업한 신발공장과 직장을 잃은 근로자들이 있었고, 다른 한 쪽에는 신발이 없는 아이들이 있었다. 왜 신발공장은 그냥 문을 열어 아이들이 필요로 했던 신발을 생산할 수 없었을까? 그는 이러한 의문점들을 매우 강하게 말했지만 할머니는 단지 어깨를 으쓱하고는 일이 그렇게 돌아가지 않았다고 말했다.

폐업한 신발공장 이야기는 침체 갭의 사회적인 비용을 말해주고 있다. 침체 갭을 가진 경제에서는 원론적으로는 가치있는 재화와 서비스를 생산하는 데 사용될 수 있는 이용 가능한 자원이 사용되지 않고 놀고 있게 된다. 유휴자원의 존재로 인해 경제의 생산과 경제적 복지는 잠재적인 수준에 비해 낮아지게 된다.

할머니의 설명은 어떻게 그런 불행한 상황이 발생했는가를 말해주고 있다. 공장 주인과 다른 생산자들이 팔리지 않은 재화를 선반에 쌓아놓기 싫어서 그들의 제품에 대한 수요를 충족시키기에 딱 맞는 양의 생산물만을 생산하였다고 가정하자. 그리고 어떤 이유로 사람들의 지출하려는 의향 또는 능력이 감소되었다고 가정하자. 지출이 감소한다면 공장은 생산을 줄임으로써 대응할 것이고(팔 수 없는 재화를 생산하는 것을 원하지 않기 때문에) 더 이상 필요하지 않은 근로자들을 해고시킬 것이다. 해고된 근로자들은 소득의 대부분을 잃을 것이기 때문에—정부가 지원하는 실업보험이 존재하기 전인 1930년대에서는 특히 심각한 상황이었다—그들 자신의 지출을 감소시켜야만 한다. 실직한 근로자들의 지출이 감소함에 따라 공장들은 다시 생산을 감소시킬 것이며 더 많은 근로자를 해고하고, 해고된 근로자들은 다시 지출을 감소시키는 악순환이 계속된다. 이러한 시나리오하에서 문제는 생산능력의 부족이 아니고—공장들은 생산하는 능력을 잃지 않았다—오히려 정상적인 생산수준에 못미치는 지출의 부족이다.

총지출의 감소가 총생산을 잠재총생산 아래로 떨어지게 한다는 생각은 20세기의 전반부에 매우 큰 영향을 미친 영국 경제학자 존 메이너드 케인즈(John Maynard Keynes)가 통찰한 중요한 사고였다.[1] 그는 1883년에서 1946년까지 살았는데 경제이론가로서 훌륭한 업적을 남겼을 뿐만 아니라 외교, 금융, 언론, 예술 분야에서도 활발한 활동을 한 유명인이었다. 1, 2차 세계대전 기간에 그는 케임브리지 대학교 교수로서 영국의 유명 경제학술지를 편집하고 신문과 잡지에 글을 기고하며 정부에 자문하고 당대의 정치 · 경제적 논쟁에 중요한 역할을 하며 지적인 명성을 쌓아갔다.

당시의 여러 경제학자들과 마찬가지로 케인즈는 1930년대 세계에 휘몰아친 대공황을 이해하려고 노력하였다. 1936년에 출판된 *The General Theory of Employment, Interest, and Money*(『고용, 이자, 화폐에 대한 일반 이론』)는 이러한 문제에 대한 사고들을 모아 놓은 역작으로 평가되고 있다. 『일반이론』에서 케인즈는 경제가 왜 낮은 총생산과 고용수준에서 오래 머물 수 있는지 설명하려고 시도하였다. 그는 많은 요인들 중에서도 낮은 총지출 때문에 완전고용을 달성하지 못한다고 하였다. 케인즈는 총지출을

1 Keynes에 대한 짧은 전기는 http://www.bbc.co.uk/history/historic_figures/keynes_john_maynard.shtml에서 찾을 수 있다.

증가시키고 완전고용을 달성하기 위한 가장 효과적인 방법은 정부 지출의 증가라고 주장하였다.

『일반이론』은 케인즈가 대공황의 복잡한 원인을 설명하려는 노력을 반영하고 있는 어려운 책이다. 돌이켜 살펴보면 『일반이론』의 주장은 명확하지 않은 부분도 있고 일관적이지 않은 부분도 있다. 그러나 이 책은 풍부한 아이디어를 담고 있어 전 세계적으로 큰 영향을 미쳤고 이른바 "케인즈 혁명"을 이끌었다. 오랜 기간 동안 많은 경제학자들이 케인즈의 구상에 사고를 더하고 수정하여, 케인즈 자신도 소위 케인즈 경제학의(Keynesian economics) 많은 부분을 아마도 인지하지 못할 정도로 크게 변화되었다. 그러나 부족한 총지출이 경기침체에 이르게 할 수 있고 정부의 정책이 완전고용을 달성하는데 도움을 줄 수 있다는 사고는 여전히 케인즈 이론의 중심을 이루고 있다.

본장의 목표는 케인즈가 처음 제안한 생각에 기초하여 어떻게 경기침체와 경기확장이 총지출의 변동으로부터 발생할 수 있는지를 보여주는 이론, 또는 모형을 제시하는 것이다. 기본 케인즈 모형(basic Keynesian model)이라고 부르는 이 모형은 또한 이론을 보여주기 위해 사용된 그래프에 케인즈 이름을 붙여 케인즈 교차(Keynesian cross)라고 알려져 있다. 본문에서는 기본 케인즈 모형에 대한 수치와 그래프를 이용한 접근방법을 보여주고 본장의 부록에서 좀 더 일반적인 수리적 모형을 제시한다.

본장은 기본 케인즈 모형의 주요 가정들에 대한 간단한 논의로 시작한다. 그 다음으로 한 경제의 총지출 또는 계획된 총지출이라는 중요한 개념을 살펴본다. 단기에 어떻게 총지출이 총생산 수준을 결정하여, 잠재총생산보다 클 수도 있고 작을 수도 있게 만드는지 살펴본다. 다시 말하면, 총지출 수준에 따라 경제에는 총생산 갭이 발생할 수 있다. "너무 적은" 총지출은 침체 갭을, "너무 많은" 총지출은 확장 갭을 만들어 낸다.

기본 케인즈 모형의 의미는 총지출 수준에 영향을 주는 정부의 정책들이 총생산 갭을 줄이거나 없애는데 사용될 수 있다는 것이다. 이런 목적으로 사용된 정책들을 안정화정책(stabilization policies)이라고 부른다. 케인즈는 총생산 갭을 제거하고 경제를 안정화시키기 위하여 적극적인 재정정책의—정부구매와 조세에 관련된 정책—사용을 주장하였다. 본장의 후반부에서 왜 케인즈는 재정정책이 경제를 안정화시킬 수 있다고 생각했는지 살펴볼 것이며, 안정화정책의 수단으로서 재정정책의 유용성에 대하여 논의한다.

기본 케인즈 모형은 경제에 대한 완벽한 또는 완전히 현실적인 모형은 아니다. 왜냐하면 그 모형은 기업들이 가격을 조정하지 않고, 미리 결정된 가격에서 수요를 충족시키는, 비교적 단기에서만 적용될 수 있기 때문이다. 그럼에도 불구하고 이 모형은 단기 경기변동과 안정화정책에 관한 현재의 이론들을 이해하기 위해 필수적인 기초이론이다. 이후의 장들에서 기본 케인즈 모형을 확장하여 통화정책, 인플레이션, 경제의 다른 중요한 특징들에 대한 분석을 추가한다.

24.1 케인즈 모형의 핵심 가정: 기업은 미리 정해진 가격에서 수요를 충족시킨다

기본 케인즈 모형은 단기에서 기업들은 미리 정해진 가격에서 생산물에 대한 수요를 충족시킨다는 핵심적인 가정에 근거하고 있다. 기업들은 그들의 생산물에 대한 시시각각의 수요 변화에 대해서 가격을 변화시키는 방법으로 대응하지 않는다. 대신에 그들은 일반적으로 일정 기간 동안 가격을 미리 정해놓고, 그 가격에서 수요를 충족시킨다. 기업들이 "수요를 충족시킨다는 것"은 미리 정해진 가격에서 고객들이 원하는 양을 만족시키기에 정확히 맞는 양을 생산한다는 것을 의미한다.[2] 기업들이 미리 정해진 가격에서 수요를 충족시키기 위해 생산을 변동시킨다는 가정은 지출에서의 변동이 경제의 실질GDP에 큰 영향을 미친다는 것을 의미한다.

단기에서 기업들이 미리 정해진 가격에서 생산물에 대한 수요를 충족시킨다는 가정은 대체로 현실적이다. 여러분이 쇼핑하는 상점들을 생각해보라. 청바지 가격은 상점에 들어오는 고객의 수에 따라 또는 데님 가격에 대한 최신 뉴스에 따라 시시각각으로 변동하지 않는다. 대신에 상점은 가격을 붙여놓고 그 가격에 구입하기를 원하는 모든 고객에게 청바지를 판매한다. 마찬가지로 모퉁이 피자 음식점은 라지 사이즈의 피자 가격을 수개월 동안 변동시키지 않고, 미리 정해진 가격에서 구입하기를 원하는 고객의 수에 따라 피자 생산을 결정한다.

메뉴비용
가격을 변화시키는 비용

기업들은 가격을 변화시키는 데 비용이 들기 때문에 가격을 자주 변화시키지 않는다. 가격을 변화시키는 비용을 **메뉴비용**(menu costs)이라고 부른다. 피자 가게의 경우 메뉴비용은 말 그대로 가격을 변화시킬 때 새로운 메뉴를 인쇄하는 비용이다. 마찬가지로, 의류상점 주인이 가격을 변화시킨다면 모든 상품에 다시 표시해야 하는 비용이 든다. 그러나 메뉴비용은 또한 다른 종류의 비용을 포함할 수 있다—예를 들면, 어떤 가격을 받아야 할지 정하기 위하여 시장조사를 하는 비용과 가격변화에 대하여 고객들에게 알려주는 비용 등을 생각할 수 있다. **경제적 사유 24.1**은 미래의 기술이 메뉴비용에 어떤 영향을 줄 것인가를 살펴본다.

비용-편익

메뉴비용이 있더라도 기업들이 가격을 무한정 고정시키는 것은 아니다. 앨버트의 아이스크림 상점의 경우처럼(제 23장을 참조하라), 매출과 잠재 생산의 차이, 즉 수요와 공급 사이에 너무 큰 불균형이 있을 경우 기업들은 결국 가격을 변화시키게 될 것이다. 예를 들어, 아무도 청바지를 사지 않는다면 의류상점은 어느 시점에 청바지 가격을 내릴 것이다. 또는 피자 가게에 손님들이 문에서부터 줄을 길게 늘어서게 된다면, 결국 경영자는 피자의 가격을 올릴 것이다. 다른 많은 경제적 의사결정과 마찬가지로 가격을 변화시키는 결정도 **비용–편익**의 비교를 통하여 이루어진다. 가격을 변화시키는 편익이—매출이 기업의 정상적인 생산능력에 맞추어질 경우의 편익—가격변화와 관련

2 물론 기업들은 생산능력이 한계에 도달하는 점까지만 발생하는 수요를 맞출 수 있다. 따라서 본장의 케인즈 분석은 생산자들이 생산 능력을 모두 사용하고 있지 않을 때만이 유효하다.

된 메뉴비용을 압도한다면 가격을 변화시켜야 한다. 앞에서 강조한 것처럼, 본장에서 논의되는 기본 케인즈 모형은 가격들이 결국 변화될 것이라는 사실을 무시하고 있으며 따라서 단기에 적용되는 것으로 해석되어야 한다.

경제적 사유 24.1

신기술이 메뉴비용을 없앨 수 있을 것인가?

신기술로 인해 가격을 변화시키고 가격변화를 고객들에게 알리는 비용이 크게 감소하고 있다. 신기술이 가격설정에서의 메뉴비용을 없앨 것인가?

케인즈 이론은, 가격을 변화시키는 비용인 메뉴비용이 충분히 크기 때문에 기업들이 시장조건의 변화에 반응하여 즉시 가격을 조정하지 않는다는 가정에 기초를 두고 있다. 그러나 신기술은 많은 산업에서 가격을 변화시키는 직접적인 비용을 제거했거나 또는 크게 감소시켰다. 예를 들어, 개별 생산물을 인식하기 위한 바코드의 사용과 스캔 기술은 잡화점 주인이 수프캔과 빵에 가격표를 일일이 다시 붙일 필요없이 단지 몇 번 키를 눌러 가격을 변화시키는 것을 가능하게 하였다. 항공회사는, 밀워키(Milwaukee)로 가는 동일한 비행기에 탑승한 두 여행자가 사업 목적인지 또는 여가 목적인지에 따라서, 그리고 얼마나 미리 항공권을 예약했는지에 따라서 다른 요금을 지불하는 복잡한 가격 차별화 전략을 실행하기 위해 정교한 컴퓨터 소프트웨어를 사용한다. 온라인 소매업자는 고객의 종류에 따라 그리고 개별 고객의 특성에 따라 가격을 차별화하는 능력을 가지고 있으며, 반면에 이베이(eBay)와 같은 인터넷 기반 회사들은 각 개별 구매가격에 협상을 허용한다. 우버(Uber)나 리프트(Lyft) 같은 수요기반 차량서비스는 실시간으로 탑승서비스에 대한 고객의 수요와 운전자의 공급을 평가하여 시장균형가격을 추정하는 가격결정시스템을 가지고 있다. 공급이 수요를 맞추지 못할 경우 즉시 가격을 인상하여 소비자의 스마트폰에 알려주고 소비자가 승인하면 운전자를 연결해준다.

이렇게 가격을 변화시키는 직접적인 비용의 감소가 기업들이 미리 결정된 가격에서 수요를 충족시키려 한다는 케인즈 이론의 가정의 현실 적합성을 떨어뜨릴 것인가? 이것은 분명히 거시경제학자들이 고려해야 할 부분이다. 그러나 신기술이 가격을 변화시키는 비용을 완전히 제거할 가능성은 높지 않다. 이윤 극대화 가격을 설정하기 위해 필요한 시장조건에 관한 정보를—경쟁자들이 정한 가격들, 재화와 서비스의 생산비용, 생산물에 대한 예상 수요 등 —수집하는 데 여전히 비용이 들 것이기 때문이다. 가격을 변화시키는 또 하나의 비용은 가격 변화를 알리기 위해 소요되는 경영자의 시간과 관심이다. 가격을 변화시키는 데 발생하는 또 하나의 보이지 않는 비용은— 특히 가격을 올릴 때—가격이 상승하면 고객들은 공급자에 대하여 다시 한 번 생각하게 되어 다른 곳에서 더 나은 거래를 찾아보게 된다는 점이다.

24.2 계획된 총지출

본장에서 논의되는 케인즈 모형에서 각 시점의 총생산은 경제의 모든 경제주체들이 지출하기를 원하는 양에 의해 결정된다—이를 계획된 총지출이라고 부른다. 즉, **계획된 총지출**(planned aggregate expenditure, PAE)이란 최종 재화와 서비스에 대하여 사

계획된 총지출(PAE)
최종 재화와 서비스에 대하여 경제 전체의 사람들이 지출하기로 계획한 양

람들이 지출하려고 계획한 총량이다.

최종 재화와 서비스에 대한 지출의 네 가지 구성요소는 제 16장 "경제활동의 측정: GDP, 실업"에서 소개되었다.

1. 소비지출, 또는 간단히 소비(C)는 최종 재화와 서비스에 대한 국내 가계들의 지출이다. 소비지출의 예로는 음식료품, 의류와 같은 비내구 소비재에 대한 지출, 자동차, 가구와 같은 내구 소비재에 대한 지출, 교육, 의료, 오락, 통신 등의 서비스에 대한 지출이 있다.
2. 투자(I)는 사무실 빌딩, 공장, 설비와 같은 신규 자본재에 대한 국내 기업의 지출이다. 신규 주택과 신축 아파트에 대한 지출(주거용 투자)과 재고의 증가(재고투자)도 역시 투자에 포함된다.[3]
3. 정부구매(G)는 재화와 서비스에 대한 정부(중앙정부, 지방정부)의 지출이다. 정부구매의 예는 새로운 학교와 병원, 군사 장비, 우주 프로그램을 위한 장비, 군인, 경찰, 공무원과 같이 정부기관에 고용된 사람들의 서비스를 포함한다. 제 16장에서 살펴본 것과 같이, 사회보장 연금, 실업보험과 같은 이전지출(transfer payments)과 정부채권에 대한 이자는 정부구매에 포함되지 않는다는 것을 상기하기 바란다.
4. 순수출(NX)은 수출에서 수입을 뺀 것이다. 수출은 외국인에게 판매된 국내에서 생산된 재화와 서비스이며, 수입은 해외에서 생산된 재화와 서비스를 국내인이 구입한 것이다. C, I, G는 국내에서 생산된 재화와 서비스 뿐만 아니라 수입재를 포함하고 있기 때문에 수입을 빼주어야 국내총생산의 구성부분이 된다. 따라서 순수출은 국내 재화와 서비스에 대한 외국인의 순수요를 나타낸다.

이러한 네 가지 형태의 지출을—가계, 기업, 정부, 해외부문에 의한—합하면 총지출이 된다.

24.2.1 계획된 총지출 vs. 실제 총지출

케인즈 모형에서 총생산은 계획된 총지출, 또는 간단히, 계획된 지출에 의해 결정된다. 계획된 총지출이 실제 총지출과 다를 수 있는가? 대답은 "그렇다"이다. 가장 중요한 경우는 기업이 예상했던 것보다 생산물을 더 적게 또는 더 많이 팔게 되는 경우이다. 기업의 창고에 쌓여 있는 재고의 증가는 공식적인 정부 통계에서 기업에 의한 재고투자로 취급된다. 사실상 정부 통계원은 팔리지 않은 생산물을 기업이 자신으로부터 구매한다고 가정하는 것이다. 따라서 재고의 증가는 기업의 투자지출의 일부로 간주된다.[4]

---

3 앞에서 설명한 것처럼, "투자"는 공장, 주택, 설비 등과 같은 신규 자본재에 대한 지출을 의미하는 것으로서 금융투자와 동일한 개념이 아니다. 이러한 구분은 중요하기 때문에 꼭 기억하기 바란다.

4 GDP 측정을 할 때, 팔리지 않은 생산물을 그 생산자에 의해 구입된 것으로 간주하면 실제 총생산과 실제 총지출을 일치시킬 수 있는 장점이 있다.

그런데 한 기업의 실제 판매가 예상한 것보다 적어서 팔려고 계획했던 것의 일부가 창고에 남아있다고 가정하자. 이 경우에 기업의 실제 투자는 예상치 못한 재고의 증가를 포함하기 때문에 추가된 재고를 포함하지 않았던 계획된 투자보다 더 커지게 된다. 계획된 재고투자를 포함하여 기업의 계획된 투자가 I^p라고 가정하자. 계획된 것보다 적게 생산물을 판매하여 계획된 것보다 더 많은 재고가 쌓이는 기업의 실제 투자는 (계획되지 않은 재고투자를 포함하여) 계획된 투자를 초과하여 $I > I^p$가 된다.

예상했던 것보다 생산물을 더 많이 팔게 되는 기업은 어떠한가? 그 경우에 기업은 계획했던 것보다 더 적게 재고를 증가시키게 되어 실제 투자는 계획된 투자보다 적을 것이다. 즉, $I < I^p$이다. **예 24.1**은 수치를 이용한 예를 제시한다.

계획된 투자와 실제 투자 예 24.1

계획된 투자와 실제 투자 사이의 차이는 무엇인가?

연을 만드는 회사가 한 해에 $5,000,000의 연을 생산한다. 이 회사는 $4,800,000의 매출을 예상하며, $200,000의 연은 미래의 판매를 위해 창고에 재고로 보관하려 한다. 그 해에 연 만드는 회사는 사업확장 계획의 일부로 $1,000,000의 새로운 생산장비를 구입하였다. 연 만드는 회사의 계획된 투자 I^p는 신규 생산장비의 구입($1,000,000)과 계획된 재고 증가($200,000)의 합인 $1,200,000이다. 그 회사의 계획된 투자는 실제로 얼마나 연을 판매하는가에는 의존하지 않는다.

만약 연 만드는 회사가 연을 $4,600,000만 판매하였다면, 원래 계획된 $200,000가 아닌 $400,000의 연이 재고로 남는다. 이 경우에 실제 투자는 신규 장비 $1,000,000와 재고투자 $400,000를 합한 $I = \$1,400,000$가 된다. 기업이 계획된 것보다 더 적게 팔면 실제 투자는 계획된 투자를 초과하게 된다($I > I^p$).

연 만드는 회사가 $4,800,000를 판매하였다면 $200,000어치의 재고가 증가하여 계획된 것과 같다. 이 경우에 실제 투자와 계획된 투자는 동일하다.

$$I = I^p = \$1,200,000$$

만약 연 만드는 회사가 $5,000,000의 연을 판매한다면 재고를 증가시킬 생산량이 없다. 재고투자는 0이 되고 총 실제 투자는(신규 장비를 포함하여) $1,000,000이며, 계획된 투자 $1,200,000보다 적게 된다($I < I^p$).

미리 설정된 가격에서 수요를 충족시키는 기업들은 자신의 생산물을 얼마나 판매할 수 있을지 통제할 수 없기 때문에 실제 투자는 (재고투자를 포함하여) 계획된 투자와 다를 수 있다. 그러나 가계, 정부, 해외 구매자들에 대하여는 계획된 지출과 실제 지출이 동일하다고 가정한다. 이렇게 가정하면 소비, 정부구매, 순수출에 대하여 실제 지출은 계획된 지출과 일치한다고 가정하는 것이다.

이러한 가정을 하면 계획된 총지출을 다음과 같이 정의할 수 있다.

$$PAE = C + I^p + G + NX \tag{24.1}$$

(24.1)식은 계획된 총지출이 가계, 기업, 정부, 외국인에 의해 계획된 지출의 합이라는 것을 말해주고 있다. 상첨자 p는 기업의 계획된 투자지출인 I^p를 실제 투자지출인 I와 구분하기 위해 사용되었다. 가계, 정부, 외국인들의 지출에 대하여는 계획된 지출과 실제 지출이 일치하기 때문에 소비, 정부구매, 순수출에는 상첨자 p를 사용할 필요가 없다.

24.2.2 소비지출과 경제

계획된 총지출의 가장 큰 구성요소는 미국의 경우 총지출의 거의 2/3를 차지하고 한국에서는 약 50%를 차지하고 있는 소비지출 C이다. 이미 설명한 바와 같이 소비지출은 가계가 구입하는 식료, 잡화, 의류와 같은 비내구 소비재; 자동차, 가구, 가정용 컴퓨터와 같은 내구 소비재; 의료 서비스, 연주회, 대학 등록금과 같은 서비스를 포함한다. 따라서 지출하고자 하는 소비자의 의향은 전체 산업의 판매량과 수익성에 영향을 준다(가계의 신규 주택 구입은 소비가 아니고 투자로 분류되기 때문에 신규 주택 구입은 총지출 중에서 투자지출에 해당하는 가계의 결정이다.).

주어진 기간에 소비재와 서비스에 대한 사람들의 지출계획을 결정하는 요인은 무엇인가? 많은 요인들이 관련되어 있지만 사람들이 소비하려는 양을 결정하는 중요한

그림 24.1

한국의 소비함수, 1970~2017

그림에서 각 점은 1970년에서 2017년 사이의 각 연도에 대하여 실질 국민총처분가능소득과 실질 총민간소비지출의 결합을 표시한다. 소비와 처분가능소득 사이에 강한 양의 관계가 있음을 주목하기 바란다. 적색 점선으로 표시된 추세선은 역자가 2차함수로 근사시킨 것이다.

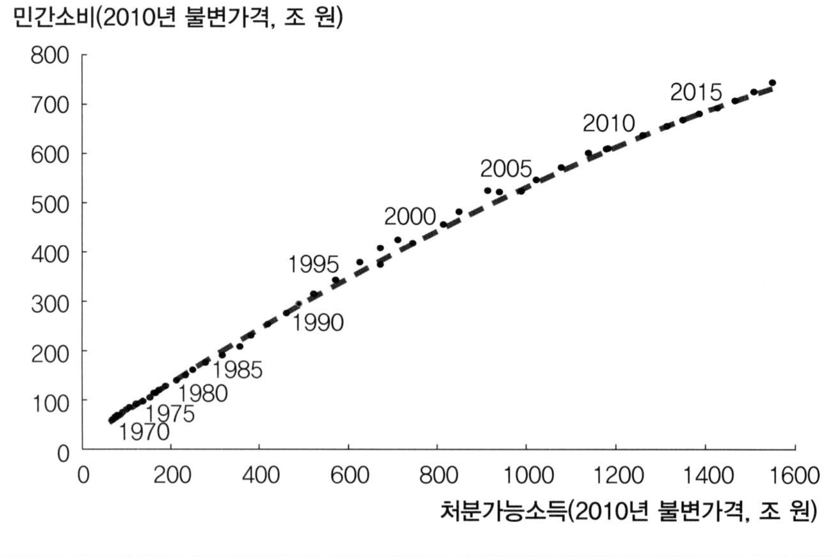

출처: 한국은행 경제통계시스템(http://ecos.bok.or.kr/).

요인은 세후소득, 즉 **처분가능소득**(또는 가처분소득)이다. 다른 요인이 동일하다면 더 높은 처분가능소득을 가진 가계나 개인은 낮은 처분가능소득을 가진 사람보다 더 많이 소비할 것이다. 케인즈는 사람들이 자신의 소비지출을 소득에 맞추려는 "심리법칙"이 있다고 주장하며 가계의 소비결정에서 처분가능소득의 중요성을 강조하였다.

처분가능소득(가처분소득) 사람들이 지출할 수 있는 세후 소득

그림 24.1은 1970~2017년 기간 동안 한국의 실질 민간소비지출과 실질 국민총처분가능소득의 관계를 보여주고 있다. 그래프의 각 점은 1970년부터 2017년 사이의 각 연도에 해당한다(일부 연도는 그림 위에 표시되었다). 각 점의 위치는 각 연도의 소비(세로축)와 처분가능소득(가로축)의 좌표에 의해 결정된다. 그림에서 알 수 있듯이 총소비지출과 처분가능소득 사이에는 밀접한 관계가 있다: 처분가능소득이 높아지면 소비도 높아진다.

제 20장, "저축과 자본 형성"에서 민간부문의 처분가능소득은 경제의 총생산, Y에서 순조세(조세−이전지출), T를 뺀 것이다. 따라서 처분가능소득($Y-T$)이 증가하면 소비(C)가 증가한다고 가정한다. 물론 제 20장에서 언급한 것처럼 이자율과 같은 요인들도 소비에 영향을 준다.

소비와 처분가능소득 사이의 관계는 다음과 같은 일차함수로 표현될 수 있다.[5]

$$C = \overline{C} + (mpc)(Y - T) \tag{24.2}$$

이 식은 소비함수라고 부른다. **소비함수**(consumption function)는 소비지출(C)을 처분가능소득($Y-T$)과 가계지출에 영향을 주는 다른 요인들에 대한 식으로 표현한 것이다.

소비함수 소비지출과 그 결정요인, 특히 처분가능(세후)소득 사이의 관계를 나타내는 함수

소비함수를 표시하는 (24.2)식을 자세하게 살펴보자. 식의 우변은 두 개의 항, $\overline{C}$와 $(mpc)(Y-T)$로 이루어져 있다. 처분가능소득의 변화에 영향을 받지 않는 부분은 **독립소비**(autonomous consumption)라고 부르며 $\overline{C}$로 표시되었다. 예를 들어, 소비자들이 미래에 대하여 더 낙관적이 되어 주어진 현재의 처분가능소득 수준에서 더 많이 소비하고 덜 저축하고자 한다고 가정하자. 이 경우 처분가능소득에는 변화가 없지만 $\overline{C}$는 증가하고 또한 소비도 증가한다.

독립소비 처분가능소득의 수준과 관련되지 않은 소비

소비함수에서 독립소비에 영향을 주는 요인들을 생각해 보자. 예를 들어, 주식시장의 호황이나 주택 가격의 급격한 상승으로 소비자들이 더 부유하게 느껴 주어진 처분가능소득 수준에서 더 지출하고 싶게 되었다고 가정하자. 이러한 효과는 $\overline{C}$가 증가한다고 가정함으로써 표현할 수 있다. 마찬가지로 소비자들이 가난해졌다고 느껴 소비를 줄이게 만드는, 주택가격이나 주식가격의 하락은 $\overline{C}$의 감소로 표현할 수 있다. 경제학자들은 자산가격의 변화가 가계의 부를 변화시켜 소비지출에 미치는 효과를 자산가격 변화에 의한 **부의 효과**(wealth effect)라고 말한다.

부의 효과 자산가격의 변화가 가계의 부와 소비재에 대한 지출에 미치는 효과

끝으로 독립소비는 실질이자율이 소비에 미치는 효과도 포함하고 있다. 실질이자율이 상승하면, 빌려서 내구소비재를 구매하는 비용이 상승하게 되어 가계들은 소비를

5 일차식에 대하여 잘 모르면 제 1장의 부록을 복습하라.

줄이게 되고 저축을 늘리게 된다. 따라서 처분가능소득에는 변화가 없더라도 $\bar{C}$는 감소하며 소비도 감소하게 될 것이다. 반대의 경우도 또한 성립한다. 실질이자율의 하락은 차입비용과 저축의 기회비용을 감소시켜 가계들은 독립소비를 증가시켜 총소비지출 또한 증가하게 된다.

경제적 사유 24.2

2000~2002년 미국 주식시장의 침체는 소비지출에 어떤 영향을 미쳤는가?

2000년 3월부터 2002년 10월까지 미국 주식시장에서는 미국 주식의 성과를 나타내는 지표로서 널리 인용되는 S&P 500(Standard & Poor's 500) 주가지수가 49% 하락하였다. MIT대학의 경제학자 제임스 포터바(James Poterba)에 따르면 미국 가계는 2000년에 주식 약 13조 3,000억 달러를 보유하고 있었다.[6] 가계의 보유주식 가치가 S&P 500 지수를 반영하고 있다면 주식 가치의 49% 하락은 2년 만에 가계 부의 약 6조 5,000억 달러가 사라졌음을 의미한다. 역사적 경험에 기초한 경제모형에 따르면 가계 부의 $1 감소는 일년에 소비자 지출을 3~7센트 감소시킨다고 한다. 그러나 실질 소비지출은 2000년부터 2002년까지 지속적으로 증가하였다. 왜 이런 일이 일어났을까?

2001년 3월에 시작된 경기침체에도 불구하고 전체적인 소비지출은 다음과 같은 여러 가지 이유로 2000~2002년 기간 동안 견실한 모습을 보였다. 첫째, 소비자의 실질 세후 소득은 2001년 가을까지 지속적으로 증가하여 주식시장의 하락에도 불구하고 견실한 소비지출을 유지하는 데 도움을 주었다. 더욱이 2001년에서 2002년 초까지 연방준비제도는 이자율을 크게 낮추었다. 연방준비제도가 어떻게 이자율을 낮추는지는 나중에 논의될 것이다. 위에서 설명한 것처럼, 이자율의 하락은 소비자의 차입비용을 낮춤으로써 소비지출, 특히 자동차와 같은 내구소비재에 대한 지출을 촉진하는 데 도움을 준다. 끝으로, 주택가격은 이 기간 동안 크게 상승하여 소비자의 부동산 가치가 증가하였고 주식 관련 자산의 감소 효과를 일부 상쇄시켰다. 거래된 주택의 가격을 측정하는 주택판매 관련 데이터에 따르면 2000년 1분기와 2002년 3분기 사이에 주택가격이 20.1% 상승하였다고 한다.[7] 주택 부동산의 총 시장가치는 2000년 약 12조 달러였기 때문에 주택가격의 상승은 가계 자산을 약 2조 4,000억 달러 증가시켜 같은 기간 주식자산 감소의 37%를 상쇄하였다.[8]

한계소비성향(mpc)
처분가능소득이 $1 증가할 때 소비가 증가하는 양. $0 < mpc < 1$이라고 가정한다.

(24.2)식의 오른쪽 두 번째 항, $(mpc)(Y-T)$은 소비에 대한 처분가능소득, $Y-T$의 효과를 반영한다. 상수인 *mpc*는 **한계소비성향**(marginal propensity to consume, *mpc*)이라고 부른다. 한계소비성향(*mpc*)은 현재 처분가능소득이 $1 증가할 때 소비가 증가하는 양을 의미한다. 아마도 사람들은 소득이 증가하면 증가한 소득의 일부를 소비하고

6 Poterba, James M.,"The Stock Market Wealth and Consumption," *Journal of Economic Perspectives 14* (Spring 2000), pp. 99~118, Table 1 참고.

7 U.S. Federal Housing Finance Agency, "All–Transactions House Price Index for the United States [USSTHPI]," FRED, https://fred.stlouisfed.org/series/USSTHPI 에서 재인용, 2017년 11월 1일. 주택가격은 2007년 정점에 도달할 때까지 계속 상승하였다.

8 Federal Reserve Board, "Flow of Funds Accounts of the United States," www.federalreserve.gov.

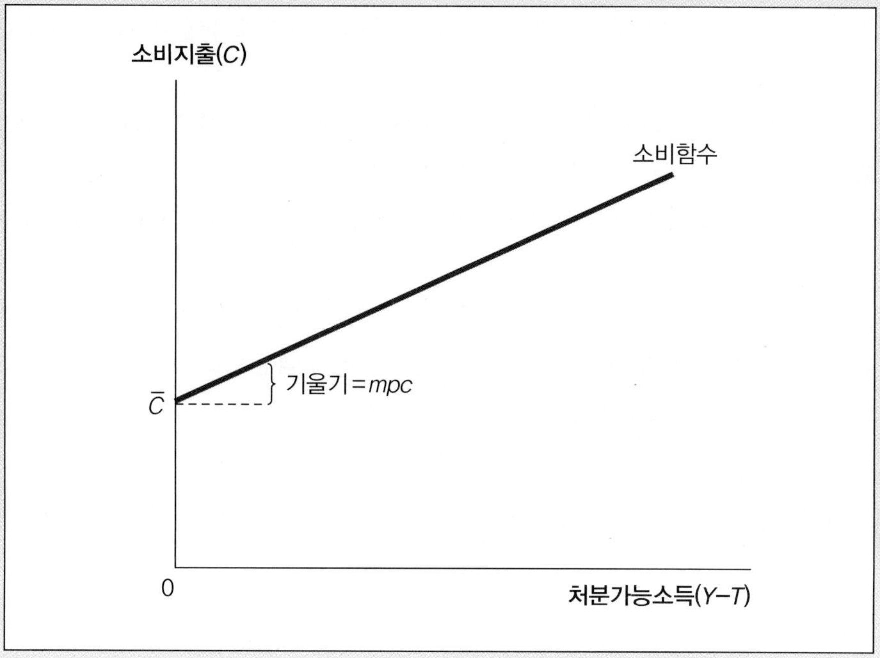

그림 24.2

소비함수

소비함수는 가계의 소비지출, *C*와 처분가능소득, *Y−T*와의 관계를 보여준다. 소비함수의 세로축 절편은 외생적인 소비 $\bar{C}$이며 기울기는 한계소비성향 *mpc*와 같다.

나머지는 저축할 것이다. 다시 말하면, 소비는 증가할 것이지만 추가적인 소득 증가분보다는 적게 증가할 것이다. 따라서 한계소비성향은 0보다 크지만(소득의 증가는 소비의 증가로 이어진다) 1보다 작을 것이라고(소비의 증가는 소득의 증가분보다 적을 것이다) 가정하는 것이 현실적이다. 이러한 가정을 수학적으로 표현하면 $0 < mpc < 1$로 요약할 수 있다.

그림 24.2는 소비지출(C)을 세로축으로, 처분가능소득($Y-T$)을 가로축으로 표시한 가상적인 소비함수를 보여주고 있다. 소비함수의 세로축 절편은 독립소비이며, 소비함수의 기울기는 한계소비성향, *mpc*와 같다.

24.2.3 계획된 총지출과 총생산

할머니의 회상으로 돌아가서, 할머니 이야기의 중요한 부분은 생산, 소득, 지출이 어떻게 관련되어 있는가의 문제였다는 것을 상기하기 바란다. 할머니가 살던 도시에서 신발 공장이 생산을 감축하자 공장 근로자와 공장주 모두 소득이 감소하였다. 주당 근로시간이 감소되었거나, 근로자들이 해고되었거나, 또는 임금이 삭감되었기 때문에, 근로자의 소득은 감소하였다. 이윤이 감소하면서 공장주의 소득도 감소하였다. 감소한 소득은 다시 근로자와 공장주의 소비를 감소시켰고, 이것은 훨씬 더 낮은 생산과 소득의 감소로 이어졌다. 이러한 악순환은 경제를 더욱 더 침체로 빠뜨렸다.

할머니 이야기의 논리는 두 가지의 중요한 포인트를 가지고 있다: (1) 생산의 감소(생산자들이 받는 소득의 감소를 의미)는 지출의 감소로 이어지고, (2) 지출의 감소는 생산과 소득의 감소로 이어진다. 본절에서는 이야기의 첫 번째 부분인 생산과 소득이 지출에 미치는 효과에 대하여 살펴보고, 지출이 생산과 소득에 미치는 효과에 대하여는 나중에 살펴본다.

왜 생산과 소득의 변화는 계획된 총지출에 영향을 주는가? 소비와 처분가능소득과의 관계를 보여주는 소비함수는 이 관계를 바탕으로 만들어진 것이다. 소비지출 C는 계획된 총지출의 큰 부분을 차지하고 있고, 소비는 총생산 Y에 의존하기 때문에 전체 총지출은 총생산에 의존한다.

계획된 총지출과 총생산 사이의 관계를 두 가지 방법으로 살펴보자. 먼저 그 관계를 명확히 알려주는 수치를 사용한 예를 살펴보고 그 다음으로 그래프에서 표현되는 개념들을 이용하여 그래프에 그 관계를 표시해 보자.

예 24.2 계획된 총지출과 총생산과의 관계

한 특정한 경제에서 소비함수가 다음과 같다고 하자:

$$C=620+0.8(Y-T)$$

소비함수의 세로축 절편 $\bar{C}$는 620이고, 한계소비성향 mpc는 0.8이다. 또한 계획된 투자지출 I^p=220, 정부구매 G=300, 순수출 NX=20, 조세 T=250으로 주어졌다고 가정하자.

계획된 총지출의 정의, (24.1)식을 상기하기 바란다.

$$PAE=C+I^p+G+NX$$

계획된 총지출에 대한 식을 구하기 위하여 네 가지 구성요소에 대한 수식 표현을 찾아보자. 지출의 첫 번째 구성요소인 소비는 소비함수로 정의되는 $C=620+0.8(Y-T)$이다. 조세는 $T=$250이므로 T를 대입하여 소비함수를 $C=620+0.8(Y-250)$와 같이 쓸 수 있다. 이제 C에 대한 표현을 계획된 총지출의 정의에 대입하면 다음을 얻는다.

$$PAE=[620+0.8(Y-250)]+I^p+G+NX$$

위 식은 단지 C를 소비함수로 대체한 것이다. 같은 방법으로, 계획된 투자 I^p, 정부구매 G, 순수출 NX에 대한 주어진 값을 계획된 총지출의 정의에 대입하면 다음을 얻는다.

$$PAE=[620+0.8(Y-250)]+220+300+20$$

이 식을 간단히 정리하기 위해 먼저 $0.8(Y-250)=0.8Y-200$이므로 Y에 의존하지 않는 항을 모두 더하면 다음과 같다.

$$\text{PAE}=(620-200+220+300+20)+0.8Y=960+0.8Y$$

마지막 식은 계획된 총지출과 총생산 사이의 관계를 보여주고 있다. 이 식에 따르면 Y의 \$1 증가는 PAE의 0.8×(\$1), 즉 80센트의 증가로 이어진다. 그 이유는 한계소비성향 mpc가 0.8이기 때문이다. 따라서 총생산 \$1 증가는 소비지출을 80센트 증가시키게 된다. 소비는 계획된 총지출의 구성요소이므로 총지출도 80센트 증가하게 된다.

예 24.2의 마지막에 도출된 식에서 계획된 총지출을 두 부분으로 나눌 수 있는데, 하나는 총생산(Y)에 의존하는 부분이고 다른 하나는 총생산과 독립적인 부분이다. 계획된 총지출 중 총생산과 독립적인 부분을 **독립지출**(autonomous expenditure)이라고 부른다. **예 24.2**의 마지막 식에서 독립지출은 상수항, 960이다. 계획된 총지출 중 고정된 부분은 총생산이 변할 때 변동하지 않는 부분이다. 이와는 달리 계획된 총지출 중 총생산에 의존하는 부분은 **유발지출**(induced expenditure)이라고 부른다. **예 24.2**에서 유발지출은 계획된 총지출에 대한 최종식에서 둘째 항인 $0.8Y$이다. 유발된 지출의 크기는 정의상 총생산의 크기에 의존한다. 독립지출과 유발지출은 합쳐서 계획된 총지출이 된다.

독립지출
계획된 총지출 중에서 총생산과 독립적인 부분

유발지출
계획된 총지출 중에서 총생산 Y에 의존하는 부분

그림 24.3은 $PAE = 960 + 0.8Y$를 나타내는 그래프이다. 이 그래프는 세로축 절편이 960이고 기울기가 0.8인 직선이다. 이 직선은 계획된 총지출과 총생산 사이의 관계를 그래프로 보여주며 **지출선**(expenditure line)이라고 부른다.

지출선
계획된 총지출과 총생산 사이의 관계를 그래프로 보여주는 직선

지출선에는 세 가지의 주목할 만한 특징이 있다. 첫째, 이 직선의 기울기는 한계소비성향과 같다. 둘째, 세로축 절편은 독립지출이다. 셋째, 독립지출의 변화는 지출선을 평행이동시킨다. 독립지출의 증가는 지출선을 상방 이동시키고 독립지출의 감소는 지출선을 하방 이동시킨다. 앞으로 이 세 가지 성질들을 이용하여 연습할 것이다.

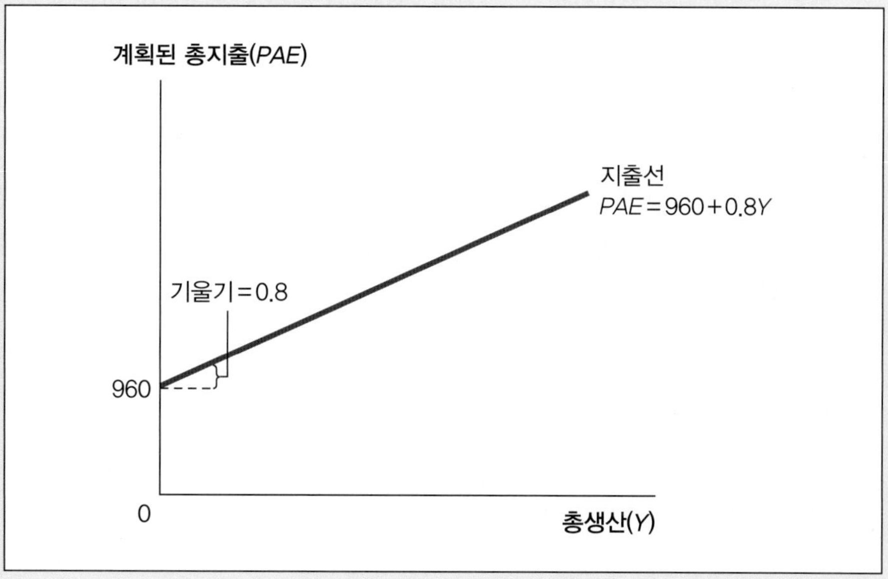

그림 24.3

지출선

직선, $PAE = 960 + 0.8Y$는 지출선이라고 부르며 계획된 총지출과 총생산 사이의 관계를 보여준다.

요약 계획된 총지출

- 계획된 총지출(PAE)은 최종재화와 서비스에 대해 계획된 지출의 총합이다. 계획된 총지출의 네 가지 구성요소는 소비지출(C), 계획된 투자(I^P), 정부구매(G), 순수출(NX)이다. 기업의 판매액이 예상했던 것과 다를 때 계획된 투자는 실제 투자와 달라져, 재고에 대한 변화 부분(투자의 한 요소)이 예상했던 것과 달라진다.
- 총지출의 가장 큰 구성요소는 소비지출, 또는 간단히 소비이다. 소비는 소비함수라고 알려진 관계에 따라 처분가능소득, 또는 세후 소득에 의존하며, 수식으로 표현하면 $C=\bar{C}+mpc(Y-T)$이다.
- 소비함수에서 상수항, $\bar{C}$는 처분가능소득 이외에 소비지출에 영향을 주는 요인들을 반영한다. 예를 들어, 주택 가격의 상승 또는 주식 가격의 상승은 가계를 더 부유하게 만들어 지출을 증가시키며—부의 효과(wealth effect)—이것은 $\bar{C}$의 증가로 표시된다. 소비함수의 기울기는 한계소비성향 mpc와 같으며 $0<mpc<1$이다. 이것은 처분가능소득이 $1 증가할 때 소비가 증가하는 양이다.
- 소득의 증가를 의미하는 총생산 Y의 증가는 소비를 증가시킨다. 소비는 계획된 총지출의 일부분이기 때문에 계획된 총지출 역시 총생산에 의존한다. 계획된 총지출 중 총생산에 의존하는 부분을 유발지출이라고 부른다. 계획된 총지출 중 총생산에 독립적인 부분은 독립지출이라고 부른다.

24.3 단기 균형총생산

계획된 총지출을 정의하였고, 그것이 총생산과 어떻게 관련되어 있는지 살펴보았으므로 다음 과제는 총생산 자체가 어떻게 결정되는지 알아보는 것이다. 기본 케인즈 모형의 가정을 상기해보자: 단기에서 생산자들은 미리 가격을 정해져 놓고, 그 가격에서 발생하는 수요를 충족시키려 한다. 다시 말하면, 가격이 미리 정해져 있는 단기에서, 기업들은 계획된 총지출과 동일한 양을 생산하게 된다. 따라서 **단기 균형총생산**(short-run equilibrium output)은 총생산 Y가 계획된 총지출 PAE와 같게 되는 수준으로 정의된다.

단기 균형총생산
총생산 Y가 계획된 총지출 PAE와 같아지는 총생산 수준. 가격들이 미리 결정되어 있는 기간 동안에 생산되는 총생산 수준

$$Y=PAE \tag{24.3}$$

단기 균형총생산은 가격이 미리 정해져 있는 기간 동안에 생산되는 총생산 수준이다.

기본 케인즈 모형에서 단기 균형총생산 수준을 구하는 방법에는 두 가지가 있다. 첫째, 수치 예를 이용하여 균형총생산이 계획된 총지출과 일치하는 것을 보이는 방법이다. 이것은 두 가지 방식으로 진행할 수 있는데 $Y-PAE=0$이 되는 총생산을 계산하는 표를 이용하거나 또는 방정식을 직접 푸는 방식이다. 각 방식은 기본 케인즈 모형의 중요한 점들을 보여주기 때문에 앞 절에서 제시된 예를 가지고 연습해볼 것이다. 둘째,

지출선을 그린 그래프에 하나의 직선을 추가하여 단기 균형총생산을 찾는 방법이다. 이 그래프는 두 직선이 교차하는 점을 찾기 때문에 케인즈 교차라고 불린다. 이러한 방법은 수치 예에서 제시한 방법을 일반화하여 연습하기에 매우 유용하다.

24.3.1 단기 균형총생산의 계산: 수치 방법

예 24.2에서 계획된 총지출은 다음 식으로 표현된다.

$$PAE = 960 + 0.8Y$$

따라서 $Y=4{,}000$일 때, $PAE = 960 + 0.8 \times (4{,}000) = 4{,}160$이다. **표 24.1**은 여러 다른 총생산 수준에서 계획된 총지출을 계산하여 비교하고 있다: 제 1열은 여러 다른 수준의 총생산, 제 2열에서는 제 1열에서 주어진 각 총생산 수준에서의 계획된 총지출을 계산하였다.

표 24.1 단기 균형총생산의 결정

(1) 총생산 Y	(2) 계획된 총지출 $PAE=960+0.8Y$	(3) $Y-PAE$	(4) $Y=PAE$?
4,000	4,160	−160	×
4,200	4,320	−120	×
4,400	4,480	−80	×
4,600	4,640	−40	×
4,800	4,800	0	○
5,000	4,960	40	×
5,200	5,120	80	×

표 24.1에서 총생산이 증가할 때 소비도 같이 증가하기 때문에, 계획된 총지출(소비를 포함하는) 역시 증가한다. 그러나 제 1열과 제 2열을 비교하면 총생산이 200 증가하였을 때 계획된 총지출은 160이 증가한다는 것을 알 수 있다. 경제의 한계소비성향이 0.8이므로 총생산에 추가된 각 달러는 소비와 계획된 총지출을 80센트 증가시킨다.

단기 균형총생산 수준은 $Y=PAE$ 수준의 총생산이며, 또는 $Y-PAE=0$이 되는 총생산이다. 이러한 총생산 수준에서 실제 투자는 계획된 투자와 같게 될 것이며, 총생산은 총지출과 같다. **표 24.1**을 보면 이 조건을 만족하는 총생산 수준은 $Y=4{,}800$일 때뿐이라는 것을 알 수 있다. 이 수준에서 총생산과 계획된 총지출은 정확히 같아지며, 생산자들은 재화와 서비스에 대한 수요를 충족시키기만 하면 된다.

이 경제에서 총생산이 균형값인 4,800과 다르다면 어떤 일이 발생할까? 예를 들어, 총생산이 4,000이라고 가정하자. **표 24.1**의 제 2열을 보면 총생산이 4,000일 때 계획된 총지출은 $960+0.8\times(4{,}000)=4{,}160$이라는 것을 알 수 있다. 따라서 총생산이 4,000이라면 기업들은 수요를 충족시키기에 충분한 양을 생산하고 있지 않다. 판매량이 생산량을 초과하기 때문에 최종재의 재고가 매년 160씩 줄어들고 실제 투자는(재고투자를 포함하여) 계획된 투자보다 적게 된다. 기업들은 고객들의 수요를 충족시키기 위해 생산을 확대하는 방향으로 대응한다.

총생산이 4,000이었을 때 기업들이 당면한 계획된 총지출 수준인 4,160까지 생산을 확대한다면 충분한가? 유발지출 때문에 대답은 '아니다'이다. 즉, 기업이 생산을 확대하면서 총소득(임금과 이윤)이 함께 증가하고, 그것은 다시 더 높은 소비수준으로 이어진다. 실제로 총생산이 4,160으로 확대되면 계획된 총지출은 또한 $960+0.8\times(4{,}160)=4{,}288$로 증가한다. 따라서 4,160의 총생산 수준은 단기균형 값인 4,800까지 확대되기 전에는 계획된 총지출을 충족시키기에 충분하지 않을 것이다.

총생산이 원래 균형수준보다 더 높았다면, 예를 들어, 5,000이었다면 어떤 일이 발생하는가? **표 24.1**에서 보여주듯이 총생산이 5,000이라면 계획된 총지출은 4,960이 되어 기업의 생산량보다 적게 된다는 것을 알 수 있다. 따라서 총생산이 5,000일 때 기업들은 생산량을 모두 판매하지 못하게 되고, 제품들은 상점 선반이나 창고에(재고투자를 포함한 실제 투자는 계획된 투자보다 크게 된다) 쌓이게 될 것이다. 이에 대응하여 기업들은 생산수준을 감소시키게 될 것이다. **표 24.1**이 보여주듯이 그들은 총생산이 계획된 총지출과 꼭 같아지는 균형값 4,800까지 생산을 줄이게 된다.

계획된 총지출 식을 이용하여 단기 균형총생산을 직접 계산할 수 있다:

$$PAE=960+0.8Y$$

경제는 다음을 만족할 때 단기 균형에 있다고 정의된다.

$$Y=PAE$$

따라서 계획된 총지출 식을 이용하면 다음을 얻는다.

$$Y=960+0.8Y$$

Y에 대하여 풀면 $Y=4{,}800$이고 이것은 **표 24.1**에서 얻어진 결과와 동일하다.

✔ 개념체크 24.1

앞에서 살펴본 경제의 소비함수가 $C=820+0.7(Y-T)$이고 $I^P=600$, $G=600$, $NX=200$, $T=600$이라고 가정할 때, **표 24.1**과 같은 표를 만들어라. 이 경제의 단기 균형총생산은 얼마인가? (힌트: 5,000이 넘는 총생산에 대하여 계산해보라) 계획된 총지출 식을 이용하여 단기 균형총생산을 직접 계산해보고 답을 비교해보자.

24.3.2 단기 균형총생산의 계산: 그래프를 이용하는 방법

그림 24.4는 수치 예로 설명된 경제에 대하여 그래프를 이용하여 단기균형 총생산을 계산하는 방법을 보여주고 있다. 총생산(*Y*)은 가로축에, 계획된 총지출(*PAE*)은 세로축에 그려져 있다. 그림에는 두 개의 선이 그려져 있다. 청색선은 앞에서 설명한 지출선이다. 이 선은 주어진 총생산 수준에서 사람들이 구매하려는 양을 나타낸다. 원점에서 뻗어 나온 적색 점선은 가로축의 변수(*Y*)와 세로축의 변수(*PAE*)가 일치하는 점들을 가리킨다. $Y = PAE$일 때 경제는 단기 균형총생산을 달성하므로 단기 균형총생산은 이 선 위에 위치하게 된다.

$Y = PAE$ 위의 어떤 점에서 경제의 단기 균형총생산이 달성되는가? 오직 한 점, *E*만이 $Y = PAE$ 직선과 지출선의 교차점에 위치하여 두 직선 위에 있다. *E*점에서 단기 균형총생산은 4,800이며 이 값은 **표 24.1**에서 얻은 값과 동일하다.

경제가 *E*점보다 위에 있거나 아래에 있으면 어떻게 되는가? 총생산 수준이 4,800보다 높다면 총생산은 계획된 총지출을 초과한다. 따라서 기업들은 생산량을 모두 판매하지 못할 것이며 결국 생산량을 감소시키게 된다. 기업들은 총생산이 4,800이 될 때까지 생산량을 감소시킬 것이다. 반대로 총생산 수준이 4,800보다 낮다면 계획된 총지출이 총생산을 초과하게 된다. 이 영역에서 기업들은 수요를 충족시키기에 충분한 생산을 하지 않고 있기 때문에 생산을 증가시키게 된다. 총생산이 4,800이 되는 *E*점에서만 기업들은 재화와 서비스에 대한 계획된 총지출에 정확히 일치하는 양을 생산하게 된다.

그림 24.4는 케인즈의 기본적인 사고의 틀을 그림에서 직선이 교차하는 방식으로 모형화했다는 점에서 케인즈 교차(Keynesian cross)라고 부른다. 케인즈 교차는 생산자

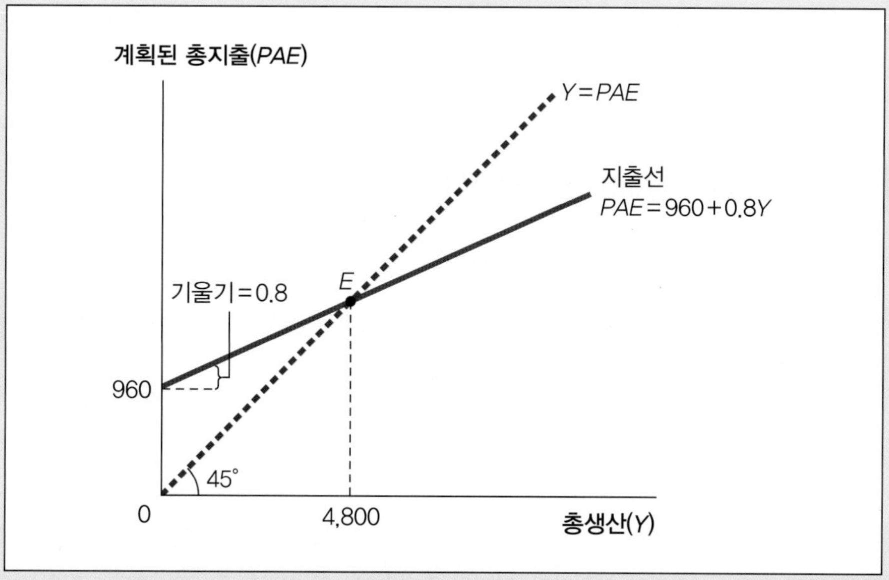

그림 24.4

단기 균형총생산의 결정(케인즈 교차)

45°선은 단기균형조건, $Y = PAE$를 나타낸다. 직선 $PAE = 960 + 0.8Y$는 지출선이며 계획된 총지출과 소득과의 관계를 보여준다. 단기 균형총생산(4,800)은 지출선과 균형조건($Y = PAE$)이 교차하는 *E*점에서 결정된다. 이 그래프를 케인즈 교차라고 부른다.

들이 미리 정해진 가격에서 수요를 충족시키는 경제에서 단기 균형총생산이 어떻게 결정되는지 그래프로 보여준다.

✔ 개념체크 24.2

케인즈 교차를 이용하여 **개념체크 24.1**에 설명된 경제의 단기 균형총생산을 그래프로 보여라. 지출선의 세로축 절편과 기울기는 얼마인가?

요약 단기 균형총생산

- 단기 균형총생산은 총생산이 계획된 총지출과 같아지는, 즉 $Y=PAE$가 만족되는 생산량 수준이다. 예시된 경제에 대하여 단기 균형총생산은 수치적인 방법이나 그래프를 이용한 방법으로 구할 수 있다.
- 그래프를 통한 해법은 케인즈 교차라고 부른다. 케인즈 교차 그림에는 두 개의 직선이 있는데 하나는 $Y=PAE$ 조건을 표시하는 45°선이고 다른 하나는 총생산에 대하여 계획된 총지출이 어떻게 관련되어 있는지 보여주는 지출선이다. 단기 균형총생산은 두 직선의 교차점에서 결정된다.

24.4 계획된 총지출과 총생산 갭

이제 기본 케인즈 모형을 이용하여 어떻게 지출이 부족하면 경기침체로 이어질 수 있는지를 보여줄 수 있다. 지출변화가 총생산에 미치는 효과를 보여주기 위하여 앞의 예에서 소개된 경제를 가지고 계속 논의를 진행해 보자. 이 경제에서 단기 균형총생산이 4,800이라는 것을 보였다. 이 경제의 잠재총생산이 4,800, 즉 $Y^*=4,800$이어서 원래 총생산 갭이 없었다고 추가적으로 가정해 보자. 이러한 완전고용에서 출발하여 **예 24.3**은 계획된 총지출의 감소가 어떻게 경기침체로 이어지는지 보여준다.

예 24.3 계획된 총지출의 감소는 경기침체로 이어진다

왜 계획된 총지출의 감소는 경기침체로 이어지는가?

예 24.2에 소개된 경제에 대하여 단기 균형총생산은 4,800임을 알아보았다. 또한 잠재총생산 Y^*가 4,800이어서 총생산 갭 $Y-Y^*$는 0이라고 가정하자.

이제 소비자들이 미래에 대하여 비관적이 되어 현재의 처분가능소득 각각의 수준에서 이전보다 적게 지출하기 시작한다고 가정하자. 이러한 변화는 소비함수에서 상수항인 $\overline{C}$가 더 낮은 수준으로 감소하였다고 표시할 수 있다. 좀 더 구체적인 예를 들면, $\overline{C}$가 10단위 감소, 즉 독립지출이 10단위 감소하였다고 가정하자. 계획된 총지출에서의 이러한 감소가 경제에 미치는 영향

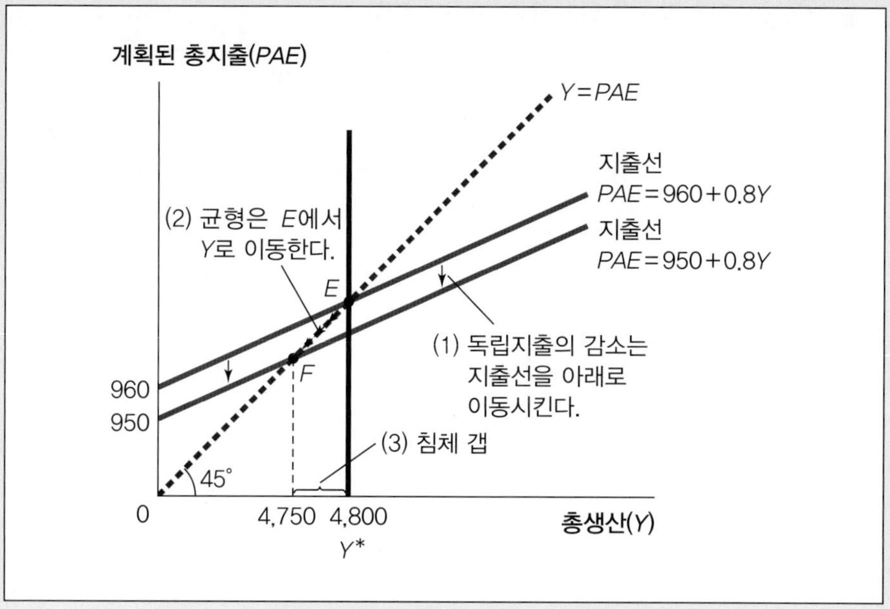

그림 24.5

계획된 총지출의 감소는 경기 침체로 이어진다.
(1) 주어진 처분가능소득 수준에서 소비자의 소비의향의 감소는 독립지출을 감소시키고 지출선을 아래로 이동시킨다. (2) 단기균형점은 *E*점에서 *F*점으로 이동한다. (3) 균형총생산은 4,800에서 4,750으로 감소하여 50의 침체 갭이 발생한다.

은 무엇인가?

소비지출 감소가 경제에 미치는 효과는 케인즈 교차 그래프를 통하여 알 수 있다. **그림 24.5**는 $Y=PAE$를 나타내는 45°선과 최초의 지출선 $PAE=960+0.8Y$의 교차점에서 단기균형(E)이 성립함을 보여주고 있다. 최초 단기 균형총생산은 4,800이고, 이것은 잠재총생산 Y^*와 동일하다고 가정하였다. $\bar{C}$가 10단위 감소하여 독립지출 또한 10단위 감소한다면 어떤 일이 발생하는가?

원래 이 경제의 독립지출은 960이었는데 이제 10단위 감소하여 950이 되었다. 경제의 계획된 총지출은 원래 제시되었던 $PAE=960+0.8Y$ 대신에 이제는 $PAE=950+0.8Y$로 주어진다. 이러한 변화는 **그림 24.5**의 그래프를 어떻게 변화시키는가? 지출선의 세로축 절편(독립지출)이 960에서 950으로 감소하였기 때문에 소비지출의 감소는 지출선을 아래로 10만큼 평행이동시킨다. **그림 24.5**는 지출선의 이러한 하향이동을 보여주고 있다. 단기균형점은 낮아진 지출선이 45°선($Y=PAE$선)과 교차하는 F점에서 달성된다.

F점은 원래의 균형점인 E점보다 왼쪽에 있어, 총생산과 총지출이 이전보다 감소했다는 것을 알 수 있다. F점의 총생산은 잠재총생산, 4,800보다 낮기 때문에 소비지출의 감소가 경제에 침체 갭을 만들었음을 알 수 있다. 다시 말하면, 독립지출의 감소는 경제를 완전고용의 상황(총생산과 잠재총생산이 일치)에서 벗어나 경기침체로 이르게 한다.

그림 24.5에서 침체 갭은 얼마나 큰가? 이 질문에 대답하기 위하여 **표 24.1**과 동일한 형태인 다음의 **표 24.2**를 이용할 수 있다. **표 24.2**에서는 계획된 총지출이 **표**

표 24.2 지출 감소 후 단기 균형총생산의 결정

(1) 총생산 Y	(2) 계획된 총지출 $PAE=950+0.8Y$	(3) $Y-PAE$	(4) $Y=PAE$?
4,600	4,630	−30	×
4,650	4,670	−20	×
4,700	4,710	−10	×
4,750	4,750	0	○
4,800	4,790	10	×
4,850	4,830	20	×
4,900	4,870	30	×
4,950	4,910	40	×
5,000	4,950	50	×

24.1에서처럼 $PAE=960+0.8Y$가 아니고 $PAE=950+0.8Y$로 주어진다.

표 24.1에서와 같이 표의 제 1열은 여러 가지 가능한 총생산 Y를 보여주고 있고, 제 2열은 제 1열의 각 총생산에 해당하는 계획된 총지출 PAE를 보여준다. **표 24.1**에서 단기 균형총생산량이었던 4,800은 더 이상 균형이 아니다. 총생산이 4,800일 때 계획된 지출은 4,790이어서 총생산과 계획된 총지출은 동일하지 않다. **표 24.2**가 보여주듯이, 계획된 총지출 감소에 의해 단기 균형총생산은 $Y=PAE$를 만족하는 유일한 값인 4,750으로 감소한다. 따라서 독립지출의 10단위 감소는 단기 균형총생산을 50단위 감소시켰다. 완전고용 총생산이 4,800이라면 **그림 24.5**에 나타난 침체 갭은 4,800−4,750=50단위가 된다.

✔ 개념체크 24.3

예 24.3의 경제에서 잠재총생산이 4,800일 때, 침체 갭은 50이라는 것을 알았다. 이 경제에서 자연실업률 u^*가 5%라고 가정하자. 침체 갭이 나타난 후에 실제 실업률은 얼마이겠는가? (힌트: 제 23장에서 소개된 오쿤의 법칙을 상기하라.)

예 24.3은 소비자들의 소비의향 감소로부터 발생한 독립지출의 감소가 단기 균형총생산을 감소시키고, 침체 갭을 발생시킨다는 것을 보여주었다. 다른 요인으로 인한 독립지출의 감소에도 동일한 결론이 적용될 수 있다. 예를 들어, 기업들이 신기술의 환상에서 깨어나 새로운 장비에 대한 계획된 투자를 감소시켰다. 기업들의 이러한 신규 투자의 감소를 모형의 용어로 표시하면 계획된 투자지출 I^P의 감소이다. 계획된 투자지출이 주어졌고, 그것이 총생산에 의존하지 않는다는 가정하에서 계획된 투자는 독립지출의 일부분이다. 따라서 소비지출의 독립적인 부분의 감소가 총생산을 감소시킨 것과 마찬가지로, 계획된 투자지출의 감소는 독립지출과 총생산을 감소시킨다. 정부구매, 순수출과 같은 독립지출의 다른 구성요소가 감소할 경우에도 그 결과는 동일하다.

✔ 개념체크 24.4

소비자들이 미래에 대하여 더 자신감을 갖게 되었다는 가정으로 바꾸어 **예 24.3**의 분석을 반복하라. 그 결과 $\bar{C}$가 10단위 증가하고, 이것은 다시 독립지출을 10단위 증가시킨다. 소비자 지출 의향의 이러한 증가가 확장 갭으로 이어진다는 것을 그래프로 보여라. 확장 갭의 크기를 구하여라.

경제적 사유 24.3

미국의 2007~2009년 경기침체의 원인은 무엇이었는가?

2006년 여름에 꺼졌던 주택가격 버블은 2007~2009년 경기침체의 첫 번째 원인이다. 미국 평균 주택가격은 1990년대 후반부터 2006년 여름까지 엄청난 상승률로 올랐다. 이러한 상황에 편승하여 많은 차입자들과 대출자들이 기록적인 주택경기호황으로부터 이익을 올리려고 몰려들었다.

제 20장 "저축과 자본 형성" **그림 20.1**(**경제적 사유 20.1**)은 1975~2016년 기간 동안 미국의 실질주택가격지수를 보여주고 있다. 이전에 주택가격의 연평균 증가율이 가장 높았던 시기는 1976~1979년 기간으로 주택가격이 연평균 4.7% 올랐다. 이에 비해 2001~2006년 기간에는 평균 주택가격이 연평균 8.2% 상승하였다. 이러한 상승률 수준보다도 매년 상승률 자체가 올라 2001년 4%에서 2004~2005년에 12%까지 높아진 것을 보면 더욱 극적이다.

제 18장에서 경제성장을 논하면서 언급했던 "72의 법칙"을 이용하여 이 숫자의 의미를

그림 24.6
주택가격 버블의 종료

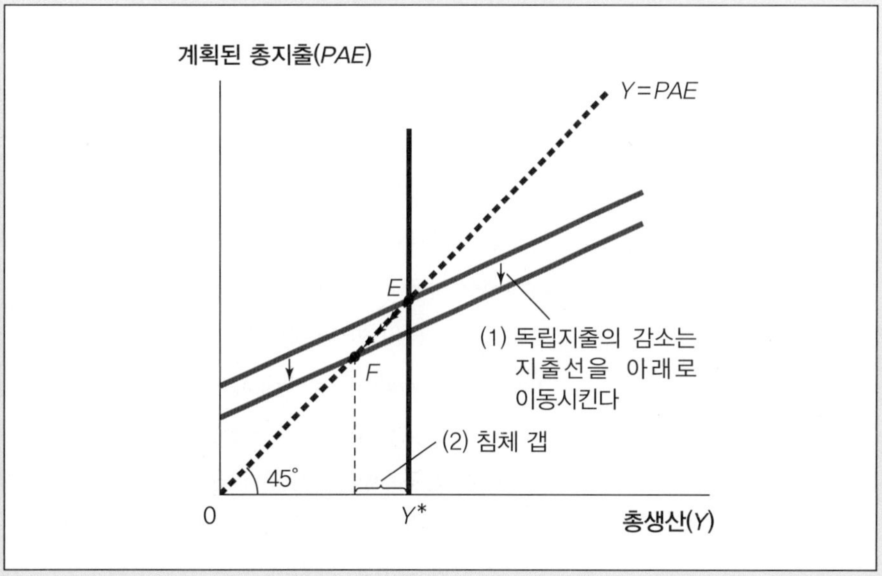

살펴보자. 1970년대와 1980년대의 주택가격 상승률에서는 평균 주택가격이 두 배가 되는 데 걸리는 기간이 각각 15년과 19년이었다. 이에 비해 최근의 주택시장 호황에서 경험한 상승률에서는 주택의 평균가격이 두 배가 되는 데 약 10년밖에 걸리지 않는 것이며 이전에 비해 50% 또는 100% 빠른 속도이다.

평균 주택가격은 2006년 7월 정점에 도달하였다. 그 이후 주택가격은 점진적으로 하락하여 2006년 7월부터 2007년 5월까지 약 6% 하락하였다. 그러나 하락이 가속화되어 2007년 5월과 2009년 2월 사이에 평균 주택가격은 20% 이상 하락하였다.

주택버블의 붕괴와 그것이 유발한 금융시장 위기로 인하여 기업과 가계들은 두 가지 측면에서 지출을 감소시켰다. 첫째, 금융시장 붕괴로 인하여 기업들이 투자지출을 위해 자금을 차입하기가 어려웠고 소비자들도 주택과 자동차를 구입하기 위한 자금의 차입이 매우 어려워졌다. 둘째, 금융위기는 미래에 대한 불확실성을 증가시켜 총생산과 독립적인 지출, 즉 독립지출의 감소로 이어졌다.

이러한 상황을 분석해보면 **그림 24.6**에 그려진 계획된 총지출(*PAE*)의 하방 이동으로 표현할 수 있다. *E*점에서 계획된 총지출과 총생산은 모두 잠재총생산 Y^*와 일치한다. 지출선이 아래로 이동한 후에는 계획된 총지출은 실제 총생산보다 낮으며 이때 기업들의 자연스런 반응은 자신의 생산량을 수요에 맞추기 위해 생산을 감축하는 것이다.(**그림 24.6**의 *E*점에서 *F*점으로 이동) *F*에서 총생산이 잠재총생산보다 낮아 경제는 경기침체에 빠지게 된다. 또한 총생산이 잠재총생산보다 낮으므로 오쿤의 법칙에 따르면 실업률이 자연실업률보다 높아지게 된다.

24.4.1 승수

예 24.3과 **표 24.2**에서 최초의 소비지출 감소($\overline{C}$의 감소)는 10단위이었지만 총생산은 50단위 감소했던 경우를 분석한 바 있다. 왜 소비지출의 작은 감소가 총생산의 훨씬 더 큰 감소로 이어지는가?

총생산에 대한 효과가 최초의 소비지출의 감소보다 더 큰 이유는 할머니의 대공황에 대한 회상에서 언급된 "악순환" 효과 때문이다. 구체적으로 말하면, 소비지출의 감소는 소비재의 판매를 직접적으로 감소시킬 뿐만 아니라, 소비재를 생산하는 산업의 기업주와 근로자들의 소득을 감소시킨다. 소득이 감소함에 따라 기업주와 근로자들은 그들의 지출을 감소시키고, 이것은 다시 경제 내의 다른 생산자들의 생산과 소득을 감소시킨다. 이러한 소득의 감소는 지출의 훨씬 더 큰 감소로 이어진다. 궁극적으로 지출과 소득의 이러한 연쇄적인 감소는 그 과정을 처음 시작하게 한 지출의 변화에 비해 계획된 총지출과 총생산의 훨씬 더 큰 감소로 이어지는 것이다.

소득-지출 승수
독립지출 한 단위 증가가 단기 균형총생산에 미치는 효과

독립지출의 한 단위 증가가 단기 균형총생산에 미치는 효과를 **소득-지출 승수**(income-expenditure multiplier), 또는 간단히 승수(multiplier)라고 부른다. **예 24.4**의 경제에서 승수는 5이다. 즉, 독립지출 1단위 변화는 단기 균형총생산을 동일한 방향으로 5단위 변화시킨다. 지출의 변화가 단기균형 총생산의 더 큰 변화로 이어진다는 생각은 기본 케인즈 모형의 중요한 특징이다.

승수의 크기를 결정하는 것은 무엇일까? 한 가지 중요한 요인은 처분가능소득이 변화할 때 소비가 변화하는 양, 즉 한계소비성향(*mpc*)이다. *mpc*가 크다면, 소득이 감소

할 때 사람들이 지출을 급격히 감소시켜 승수효과는 크게 될 것이다. 한계소비성향이 작다면, 소득이 감소할 때 사람들은 지출을 많이 줄이지 않을 것이므로 승수효과는 작게 된다. 이 장의 부록 B에서는 기본 케인즈 모형에서의 승수에 대하여 자세히 설명하고 있는데 일정한 가정하에서 승수를 계산할 수 있는 공식을 제시하고 있다.

요약 계획된 총지출과 총생산 갭

- 단기 균형총생산이 잠재총생산과 다르다면 총생산 갭이 존재하는 것이다.
- 독립지출의 증가는 지출선을 위로 이동시켜 단기 균형총생산을 증가시키고, 독립지출의 감소는 지출선을 아래로 이동시켜 단기 균형총생산을 감소시킨다. 실제 총생산을 잠재총생산 아래로 떨어뜨리는 독립지출의 감소는 경기침체의 원인이 된다.
- 일반적으로 독립지출의 한 단위 변화는 소득-지출 승수가 작동하여 단기 균형총생산을 더욱 크게 변화시킨다. 최초 지출에서의 증가가 생산자의 소득을 증가시켜 그들이 더 소비하게 되고 이것은 다시 다른 생산자들의 소득과 지출을 증가시키기 때문에 승수효과가 발생한다.

24.5 계획된 총지출의 안정화: 재정정책의 역할

기본 케인즈 모형에 따르면 불충분한 지출은 경기침체의 중요한 요인이다. 경기침체와 싸우기 위해—적어도 잠재총생산의 성장률 둔화가 아닌 부족한 수요에 의해 발생된 경기침체라면—정책결정자들은 계획된 총지출을 자극하는 방법을 찾아야 한다. 총생산 갭을 제거할 목적으로 계획된 총지출에 영향을 주기 위해 사용되는 정책들을 **안정화정책**(stabilization policies)이라고 부른다. 계획된 총지출과 총생산을 증가시키려고 의도된 정책들을 **확장정책**(expansionary policies)이라고 부른다. 확장정책은 보통 경제가 침체에 빠져 있을 경우에 시행된다. 또한 앞에서 본 것처럼 총생산이 잠재총생산보다 커서(확장 갭) 경제가 "과열(overheated)"되는 것도 가능하다. 확장 갭을 상쇄하기 위하여 정책결정자들은 총지출과 총생산을 감소시키려고 노력한다. **수축정책**(contractionary policies)은 계획된 총지출과 총생산을 감소시키려는 정책이다.

안정화정책(경기안정화정책)
총생산 갭을 제거할 목적으로, 계획된 총지출에 영향을 주기 위해 사용되는 정부의 정책

확장정책
계획된 총지출과 총생산을 증가시키기 위한 정부의 정책

수축정책
계획된 총지출과 총생산을 감소시키기 위한 정부의 정책

안정화정책의 두 가지 주요 수단은 통화정책과 **재정정책**이다. 통화정책은 통화량의 크기에 대한 결정이며 재정정책은 정부가 얼마나 지출할 것인가와 얼마나 많은 조세를 거두어들일 것인가에 대한 결정을 의미한다. 본 장에서는 기본 케인즈 모형에서 총지출에 영향을 미치기 위해 재정정책이 어떻게 이용될 수 있는지에 초점을 두고 실제 경제에서 재정정책을 집행할 때 거론되는 이슈들에 대하여 논의한다. 통화정책은 다음 장에서 다룬다.

24.5.1 정부구매와 계획된 총지출

재정정책의 두 가지 주요 구성요소 중 하나는 정부구매에 대한 결정이며, 다른 하나는 조세와 이전지출에 관한 결정이다. 케인즈 자신은 정부구매의 변화가 아마도 총생산 갭을 줄이거나 없애는 데 가장 효과적인 수단이라고 생각했다. 그의 기본적인 주장은 단순하다: 재화와 서비스에 대한 정부구매는 계획된 총지출의 구성요소로서 직접적으로 총지출에 영향을 준다. 너무 많은 또는 너무 적은 총지출에 의해 총생산 갭이 발생하였다면, 정부는 정부구매 수준을 변화시킴으로써 경제가 완전고용에 도달하게 할 수 있다. 케인즈의 생각은 1930년대의 경험들에 의해 정당성이 입증되었는데, 특히 1930년대 후반에 정부가 군비지출을 크게 증가시킨 후에서야 비로소 대공황이 끝나게 되었다는 사실에 의해 확인되었다.

예 24.4는 재화와 서비스에 대한 정부구매의 증가가 어떻게 침체 갭을 제거할 수 있는지 보여준다. (실업급여와 같은 이전지출에 대한 정부의 지출 증가의 효과는 조금 다르다. 이것은 다음에 곧 살펴본다.)

예 24.4 **침체 갭**

정부는 어떻게 재화와 서비스에 대한 정부구매를 변화시킴으로써 총생산 갭을 제거할 수 있는가?

앞의 예에서 소비지출의 10단위의 감소는 50단위의 침체 갭을 발생시킨다는 것을 알게 되었다. 정부는 어떻게 재화와 서비스에 대한 정부구매 G를 변화시킴으로써 총생산 갭을 제거하고 완전고용을 회복할 수 있는가?

계획된 총지출은 $PAE = 960 + 0.8Y$로 주어졌으며, 독립지출은 960이었다. $\bar{C}$의 10단위 감소는 독립지출의 10단위 감소, 즉, 950으로의 감소를 의미하였다. 그 경제에서 승수는 5였기 때문에 독립지출의 10단위 감소는 단기 균형총생산의 50단위 감소로 나타났다.

소비감소의 효과를 상쇄하기 위하여 정부는 독립지출을 원래의 값인 960으로 회복시켜야 할 것이다. 정부구매가 외생적으로 주어지고 총생산에 의존하지 않는다는 가정 하에서, 정부구매는 독립지출의 일부이며 정부구매의 변화는 독립지출을 일대일로 변화시킨다. 따라서 독립지출을 950에서 960으로 증가시키기 위하여 정부는 단지 지출을 10단위(예를 들어, 국방비나 도로건설에 대한 지출을 증가시킴으로써) 증가시키면 된다. 기본 케인즈 모형에 따르면 정부구매의 증가는 독립지출을 원래의 수준으로 회복시켜 총생산 역시 원래의 수준으로 복귀시킨다.

그림 24.7은 정부구매 증가의 효과를 그래프를 이용하여 보여주고 있다. 경제는 소비지출의 독립적인 부분인 $\bar{C}$의 10단위 감소 후에 50단위의 침체 갭을 가진 F점에 있다. 정부구매의 10단위 증가는 독립지출을 10단위 증가시켜, 지출선의 세로축 절편을 10단위 올리고 지출선을 평행하게 위로 이동시키게 된다. 경제는 단기 균형총생산과 잠재총생산이 같아져($Y = Y^* = 4{,}800$)

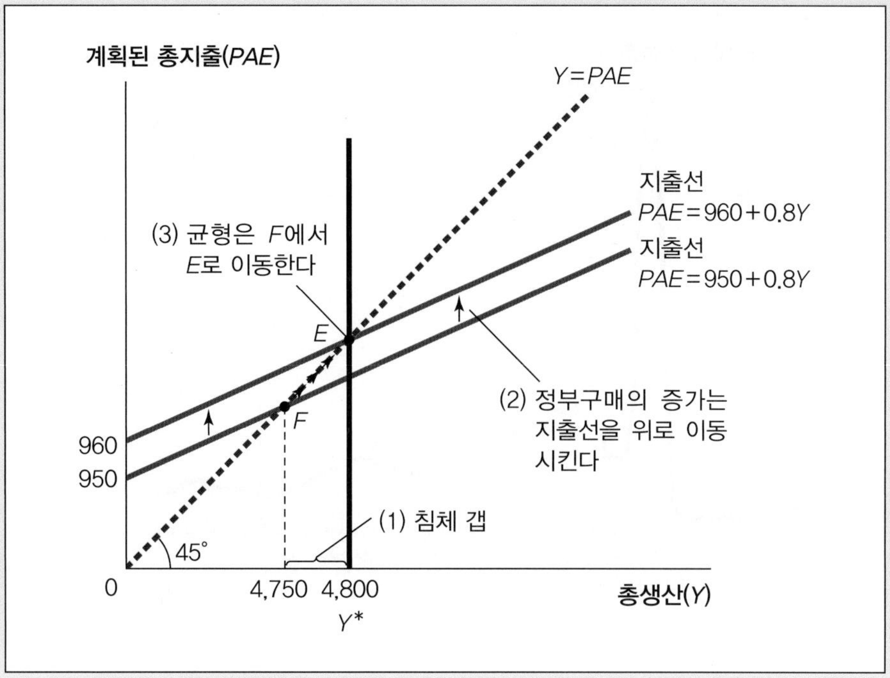

그림 24.7

정부구매 증가는 침체 갭을 제거한다

(1) 경제는 최초에 침체갭 50을 가진 *F*점에 있었다. (2) 정부구매의 10단위 증가는 독립지출을 10단위 증가시켜 지출선을 위로 이동시킨다. (3) 새로운 균형점은 총생산이 잠재총생산과 일치하는 *E*점($Y=Y^*=4{,}800$)에서 달성되어 총생산 갭이 제거된다.

총생산 갭이 제거되는 *E*점으로 돌아오게 된다.

✔ 개념체크 24.5

개념체크 24.4에서 소비자들의 자신감이 증가하여 확장 갭으로 이어지는 경우를 살펴보았다. 정부구매의 변화가 이러한 총생산 갭을 제거하는 데 어떻게 사용될 수 있는지 논의하라. 그래프를 이용하여 분석하라.

이제까지는 가상적인 경제에서의 재정정책의 효과에 대하여 살펴보았다. **경제적 사유 24.4**는 실제 경제에서 재정정책의 적용사례를 보여준다.

경제적 사유 24.4

군비지출의 경제에 대한 효과

군비지출은 경기를 부양하는가?

1960년대의 반전 포스터는 이런 메시지를 담고 있었다. "전쟁은 좋은 사업이다. 당신의 아들을 전쟁에 투자하라." 전쟁 자체는 너무 많은 경제적 비용과 인명피해를 발생시켜 좋은 사업일 수 없지만, 군비지출은 다른 문제일 수 있다. 기본 케인즈 모형에 따르면 정부구매의 증가로부터 발생하는 계획된 총지출의 증가는 경제를 경기침체나 불황으로부터 벗어나게 하는 데 도움을 줄 수 있다. 군비지출이 총수요를 자극하는가?

그림 24.8

GDP 대비 미국의 군비지출 비중, 1929~2016

GDP의 대비 군비지출 비중은 2차 세계대전, 한국전쟁, 베트남 전쟁, 1980년대의 레이건 군비증강 기간에 증가하였다. 증가된 군비지출은 일반적으로 경제의 확장, 실업률의 하락과 관련되어 있다. 음영 처리된 부분은 경기침체 기간을 가리킨다.

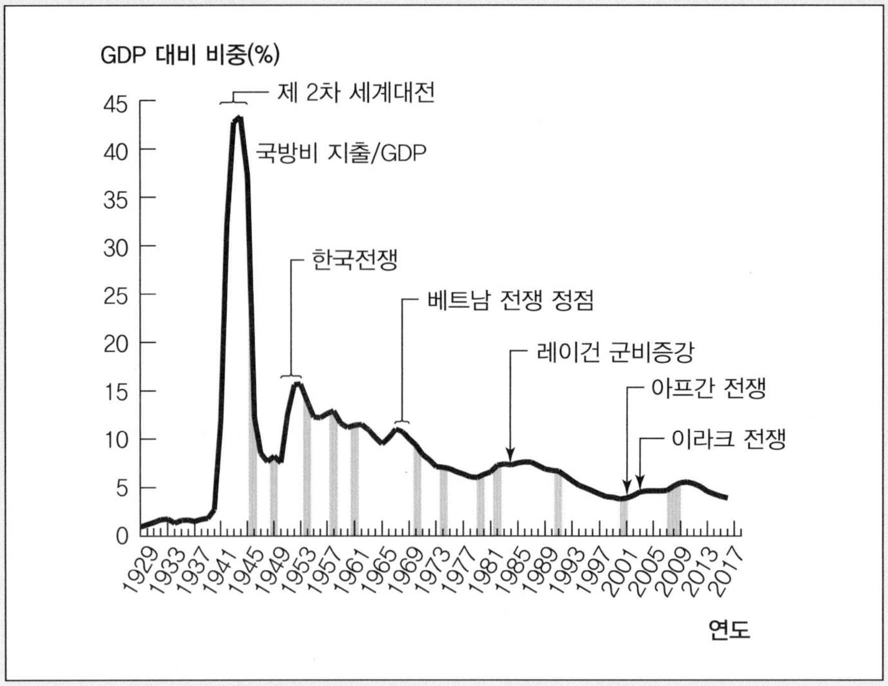

출처: Bureau of Economic Analysis(www.bea.gov).

그림 24.8은 1929년에서 2016년까지 GDP에 대한 미국의 군비지출 비중을 보여주고 있다. 그림에서 음영 처리된 부분은 경기침체 기간에 해당한다. GDP 대비 군비지출은 제 2차 세계대전(1941~1945) 중에 거의 38%에 달하였고 한국전쟁(1950~1953) 동안에 급상승했음을 주목하기 바란다. 이보다 작기는 했지만 1967~1968년 베트남 전쟁의 정점, 1980년대 레이건의 군비 증강, 2001년과 2003년 아프가니스탄과 이라크에서의 전쟁 중에 GDP에 대한 군비지출의 비중이 증가하였다.

그림 24.8은 증가된 군비지출이 총지출의 증가를 촉진하는 경향이 있다는 생각을 지지하고 있다. 가장 분명한 경우는 거대한 군비지출이 미국 경제를 대공황으로부터 회복하는 데 도움을 준 제 2차 세계대전 기간이다. 미국의 실업률은 1939년(군비지출이 GDP의 2%보다 낮았음) 경제활동인구의 17.2%에서 1944년(군비지출이 GDP의 37%보다 높았음)에는 1.2%로 떨어졌다. 1945년과 1948~1949년의 두 번의 짧은 경기침체는 전쟁의 종결에 따른 군비지출의 급격한 감소에 의한 것이었다. 당시 많은 사람들은 전쟁의 종결로 대공황이 다시 발생할 수 있을 것이라고 두려워하였기 때문에 비교적 약한 두 번의 경기침체는 안도감을 느끼게 하였다.

제 2차 세계대전 후의 국방비 지출의 증가는 역시 경기확장과 관련되어 있었다. 1950~1953년의 한국전쟁은 실업률이 1949년 5.9%에서 1953년 2.9%로 하락한 기간으로 강한 경기확장을 동반하였다. 비록 군비지출이 많이 감소하지는 않았지만 휴전협정이 체결된 이듬해인 1954년에 경기침체가 시작되었다. 경기확장은 또한 1960년대의 베트남 전쟁 군비증강 기간과 1980년대 레이건의 군비증강 기간에 발생하였다. 끝으로 작은 규모이기는 하지만, 국내 방위와 아프가니스탄과 이라크에서의 전쟁을 위한 지출 증가는 아마도 2001년 미국의 경기침체를 상대적으로 약하게 만들었고, 그 이후 강한 회복세에 기여한 것으로 평가된다. 이러한 사례들은 정부구매의 증가가—이 경우에는 무기, 군사용품, 군인들의 서비스에 대한 구입—경제를 자극할 수 있다는 생각을 지지한다.

24.5.2 조세, 이전지출, 총지출

재정정책은 정부가 재화와 서비스를 얼마나 구매할 것인가 뿐만 아니라 얼마나 많은 조세를 거두어들일 것인가와 이전지출을 얼마나 할 것인가에 대한 결정을 포함한다.(이전지출은 재화나 서비스를 받지 않고 무상으로 민간에 지급하는 정부의 지출이며 이전지출의 예에는 실업보험 지급, 사회보장 지급, 농부에 대한 소득보조금 등이 있다. 이전지출은 재화와 서비스에 대한 정부구매에 포함되지 않는다.) 기본 케인즈 모형이 의미하는 것은 정부구매의 변화의 경우와 같이, 조세와 이전지출의 변화도 계획된 총지출을 변화시키고 따라서 총생산 갭을 제거할 수 있다는 것이다.

그러나 정부구매의 변화와 달리 조세나 이전지출의 변화는 계획된 총지출에 직접 영향을 주지는 않는다. 대신에 민간 부문의 처분가능소득을 변화시켜 간접적으로 작용한다. 예를 들어, 조세감면이나 이전지출 증가는 처분가능소득, $Y-T$를 증가시킨다. 소비함수에 따르면 처분가능소득이 증가할 때 가계의 소비지출도 증가한다. 특히 처분가능소득의 증가에 *mpc*를 곱한 금액만큼 소비지출을 증가시킨다. ((24.2)식) 따라서 조세감면 또는 이전지출의 증가는 계획된 총지출을 증가킨다. 동일한 논리로 조세의 증가 또는 이전지출의 감소는 가계의 처분가능소득을 낮추어 계획된 총지출을 낮추는 경향이 있다. 다음의 예는 조세감면이 지출과 총생산에 미치는 효과를 보여준다.

침체 갭을 제거하기 위한 조세감면 — 예 24.5

정부는 조세감면을 이용하여 어떻게 침체 갭을 제거할 수 있는가?

앞에 소개된 가상적인 경제에서 10단위의 소비지출의 감소는 50단위의 침체 갭을 창출한다는 것을 알았다. 또한 이 침체 갭은 정부구매의 10단위 증가에 의해 제거될 수 있음을 보였다. 재정정책 결정자는 정부구매의 증가 대신에 조세를 변화시켜 소비지출을 자극하기로 결정하였다고 가정하자. 총생산 갭을 제거하기 위하여 조세를 얼마나 변화시켜야 하는가?

이 문제의 답에 대한 일반적인 추측은 정책결정자가 조세를 10단위 감면해야 한다고 생각할 수 있지만 그 추측은 옳지 않다. 왜 그런지 살펴보자.

침체 갭의 원인은 총생산 Y의 각 수준에서 가계의 소비지출이 10단위 감소된 것이다. 즉, 소비함수의 상수항 $\bar{C}$가 10단위 감소하였다고 가정하였다. 이러한 침체 갭을 제거하기 위하여 조세의 변화는 각 총생산 수준에서 가계가 소비지출을 10단위 증가시키도록 유도해야 한다. 그러나 조세 T가 10단위 감소되면 처분가능소득 $Y-T$는 10단위 증가하며, 총생산 Y의 각 수준에서 소비는 단지 8단위만 증가할 것이다.

왜 그러한가? 그 이유는 처분가능소득에 대한 한계소비성향이 0.8이므로 소비지출은 조세감면액의 0.8배만이 증가하기 때문이다(조세감면액의 나머지는 저축된다). 8단위의 독립지출 증가는 총생산을 완전고용 수준으로 돌아가게 하기 위해 충분하지 않다.

총생산의 각 수준에서 소비지출을 10단위 증가시키기 위하여 재정정책 결정자는 조세를

표 24.3 **12.5단위 세금 감면의 초기 효과**

(1) 총생산 Y	(2) 순조세 T	(3) 처분가능소득 $Y-T$	(4) 소비 $610+0.8(Y-T)$
4,750	250	4,500	4,210
4,750	237.5	4,512.5	4,220

12.5단위 감면해야 한다. 이것은 총생산의 각 수준에서 처분가능소득, $Y-T$의 수준을 12.5단위 증가시키게 된다. 결과적으로 소비는 한계소비성향에 처분가능소득의 증가분을 곱한 값, 즉 $0.8\times(12.5)=10$만큼 증가할 것이다. 따라서 12.5 단위의 조세감면이 이루어져야 가계들이 총생산의 각 수준에서 10단위의 소비를 증가시킨다.

이러한 변화들은 **표 24.3**에 예시되어 있다. 소비지출이 처음 10단위 감소하면 단기 균형총생산 수준은 4,750으로 감소한다. 순조세가 원래 수준인 250과 같을 때 제 3열은 처분가능소득이 $4,750-250=4,500$임을 보여준다. 소비지출의 감소 후에 소비함수는 $C=610+0.8\times(Y-250)$이 된다. 따라서 $Y=4,750$이고 $T=250$일 때 소비는 제 4열에서와 같이 $610+0.8\times(4,750-250)=610+0.8\times4,500=4,210$이 된다. 조세가 12.5 감면되어 237.5가 된다면 그 수준의 총생산에서 처분가능소득은 12.5가 증가하여 $4,750-237.5=4,512.5$가 된다. 그 수준의 총생산에서 소비는 $0.8\times(12.5)=10$만큼 증가하게 되어 $C=610+0.8\times(4,750-237.5)=4,220$이 된다. 이러한 증가는 $\bar{C}$의 최초 감소분인 10단위 감소를 정확히 상쇄하게 되어, 경제를 완전고용 상태로 돌아오게 한다.

T는 순조세, 또는 조세에서 이전지출을 뺀 것이기 때문에 이전지출을 12.5단위 증가할 때에도 동일한 결과를 얻는다. 가계는 그들이 받는 이전지출의 증가의 0.8배에 해당하는 만큼을 지출하기 때문에, 총생산의 각 수준에서 소비지출을 10단위 증가시키게 된다.

그래프 상으로 조세감면의 효과는 **그림 24.8**에서의 정부구매 증가의 효과와 동일하다. 조세감면은 총생산의 각 수준에서 소비지출의 10단위 증가로 이어지기 때문에 조세감면은 지출선을 위로 10단위 이동시킨다. 균형은 **그림 24.8**의 E점에서 달성되며 이 점에서 총생산은 잠재총생산과 다시 같아진다.

✔ 개념체크 24.6

한 경제가 계획된 투자의 20단위 증가로 인해 원래 총생산 갭이 없던 초기의 상황에서 확장 갭을 가진 상황으로 변화하였다. 이러한 확장 갭을 상쇄하기 위해 사용될 수 있는 재정 정책의 두 가지 방법을 설명하라. 한계소비성향은 0.5라고 가정한다.

경제적 사유 24.5

왜 연방정부는 2001년과 2009년에 일시적 조세 감면을 시행했는가?

2001년 5월 25일, 의회는 2001년의 경제성장 및 조세지원 통합법(Economic Growth and Tax Relief Reconciliation Act; EGTRRA)을 통과시켰으며 조지 부시 대통령이 6월 7일 서명하였다. EGTRRA는 소득세율을 낮추었으며 또한 개인 납세자에게는 $300까지, 결합세무신고를 한 부부납세자에게는 $600까지의 일회성 세금환급을 단행하였다. 수백만의 가정이 2001년 8월과 9월에 이러한 세금환급 수표를 받았으며 총액은 약 380억 달러에 달하였다. 왜 연방정부는 이러한 수표를 보냈을까?

거의 8년 후인 2009년 2월, 의회는 미국 경기부양과 재투자법(American Recovery and Reinvestment Act; ARRA)을 통과시켰고 오바마 대통령이 2009년 2월 17일 서명하였다. 그 법은 2009년과 2010년 개인에게 $400, 부부에게 $800의 세액공제를 해 주는 2,880억 달러의 세금감면을 포함하고 있었다. 왜 연방정부는 이러한 세금감면을 시행하였는가?

2001년 경기침체는 2001년 11월까지(NBER은 3월에 경기침체가 시작되었다고 발표) 공식적으로 "선언"되지 않았지만, 2001년 봄까지 경제가 둔화되고 있다는 분명한 증거가 있었다. 의회와 대통령은 가계들에게 세금환급을 시행함으로써 지출을 자극하여 경기침체를 피할 수 있기를 바랐다. 돌이켜보면 경제와 소비자의 자신감은 2001년 9월 11일 뉴욕시와 워싱턴에 대한 테러공격에 의해 더욱 타격을 입었기 때문에 세금환급의 시점은 매우 좋았다.

2001년 세금환급이 의도했던 것처럼 소비지출을 자극하였는가? 세금환급을 받지 않았다면 가계가 얼마를 지출하였을지 모르기 때문에 확실하게 말하기는 어렵다. 2006년에 출판된 연구에서 경제학자들은 가계들이 환급액의 약 2/3를 6개월 이내에 지출했다는 것을 발견하였다.[9] 이것은 세금환급이 소비지출에 큰 효과를 주어 2001년 마지막 분기와 2002년에 소비지출을 높였고 또한 경제의 회복에 기여하였음을 시사한다. 대부분의 경제학자들은 재정정책이—조세감면뿐만 아니라 9월 11일 이후 국가안보를 위해 크게 증가한 국방비 지출을 포함하여—2001년의 경기침체를 비교적 짧고 약하게 만들었다는 데 동의한다.

2001년 경기침체와는 달리 2007~2009년 경기침체는 제 2차 세계대전 이후 가장 심각한 경기침체였다. ARRA가 통과되기 전에 이미 경기침체가 공식적으로 선언되었으며 또한 경기침체의 영향을 이미 모두가 체감하고 있었다. 예를 들어, 실업률은 2007년 12월 이후 이미 3% 포인트 높아져 있었다. 의회와 대통령은 약 5,000억 달러의 정부구매와 이전지출 증가에 더하여 대규모의 조세감면이 경제를 부양하여 경기침체에서 벗어나는 데 기여하기를 바랐다.

요약 재정정책과 계획된 총지출

- 재정정책은 총지출에 영향을 주어 총생산 갭을 제거하기 위해 일반적으로 두 가지 수단을 사용한다: (1) 정부구매의 변화와, (2) 조세와 이전지출의 변화.
- 정부구매의 증가는 동일한 액수의 독립지출을 증가시킨다. 조세감면이나 이전지출의 증가는 조세감면액이나 이전지출 증가액에 한계소비성향을 곱한 액수만큼 독립지출을 증가시킨다.

9 Johnson, David S., Parker, Jonathan A., and Nicholas S. Souleles, "Household Expenditure and the Income Tax Rebates of 2001," *American Economic Review* 2006, pp. 1589~1610.

- 단기 균형총생산에 대한 재정정책의 최종적인 효과는 독립지출의 변화에 승수를 곱한 것과 같다. 따라서 경제가 침체에 있다면 정부구매의 증가, 조세의 감면, 이전지출의 증가는 지출을 자극하여 침체 갭을 제거하는 데 사용될 수 있다.

24.6 안정화정책 수단으로서의 재정정책: 세 가지 유보사항

독자들은 기본 케인즈 모형으로부터 재정정책을 적절히 사용하면 총생산 갭을 제거할 수 있을 것이라고 생각할지 모른다. 그러나 종종 그렇듯이 실제 경제는 경제모형이 보여주는 것보다 훨씬 더 복잡하다. 안정화정책 수단으로서 재정정책의 사용에 대한 세 가지 유보사항을 언급하면서 본장을 마무리하려고 한다.

24.6.1 재정정책과 공급측면

이제까지는 계획된 총지출에 영향을 주기 위한 재정정책의 사용에 초점을 두었다. 그러나 대부분의 경제학자들은 재정정책이 계획된 총지출뿐만 아니라 잠재총생산에도 영향을 줄 것이라는 데 동의한다. 예를 들어, 지출의 측면에서 도로, 공항, 학교 등과 같은 공공자본에 대한 투자는 제 18장 “경제성장, 생산성, 생활수준”에서 논의한 것처럼 잠재총생산을 증가시키는 데 중요한 역할을 할 수 있다. 장부의 다른 쪽인 조세와 이전지출 프로그램은 가계와 기업의 유인과 경제적 행동에 영향을 미칠 수 있다. 예를 들어, 이자소득에 대한 높은 세율은 사람들이 미래를 위해 저축하려는 의향을 감소시키고 신규 투자에 대한 세금우대는 기업들의 자본형성을 증가시키도록 할 것이다. 저축과 투자에서의 변화는 잠재총생산을 변화시키게 된다. 조세와 이전지출도 경제적 행동에 영향을 주고, 이것은 다시 잠재총생산에 영향을 준다는 많은 사례들이 있다.

케인즈 이론에 대한 비판자들은 재정정책의 중요한 효과는 오직 잠재총생산에 대한 효과라고 주장하기까지 한다. 이것은 본질적으로 레이건의 첫 임기 중에(1981~1985) 영향력이 높았던 경제학자와 언론인들의 그룹인 이른바 공급중시 경제학자(supply-siders)들의 관점이다. 공급중시 경제학자들은 조세감면이 사람들을 더 열심히 일하도록 하고(세율이 낮아지면 소득의 더 많은 부분을 받을 수 있기 때문에) 저축을 증가시키며 혁신활동을 촉진하고 위험을 감수하려고 한다고 주장하면서 조세감면의 필요성을 강조하였다. 낮은 세금은 잠재총생산을 증가시키고 지출은 큰 변화를 주지 않는다는 공급중시 경제학자들은 레이건 정부에서 시행한 대규모 조세감면을 적극 지지하였다. 공급중시 견해는 2001년 조지 부시 대통령 재임기간에 통과된 장기소득에 대한 세금감면을 지지하는 데 다시 한번 사용되었다.

균형잡힌 견해는 재정정책이 계획된 총지출과 잠재총생산 모두에 영향을 준다는 것이다. 따라서 재정정책을 고안할 때 정부는 총지출을 안정화시킬 필요뿐만 아니라 정부구매, 조세, 이전지출이 경제의 생산능력에 미치는 효과까지 고려해야 한다.

24.6.2 재정적자의 문제

안정화정책을 수행하고 있는 재정정책결정자가 두 번째로 고려해야 할 점은 대규모의 지속적인 재정적자를 피해야 한다는 점이다. 제 20장 "저축과 자본 형성"에서 설명된 것처럼 정부의 재정적자는 정부구매가 순조세수입을 초과하는 부분이라는 것을 기억하기 바란다. 지속적인 재정적자는 국민저축을 감소시키고, 신규 자본재에 대한 투자를—장기 경제성장의 중요한 원천—감소시키기 때문에 경제에 해가 될 수 있다. 재정적자를 통제 가능한 수준에 유지하지 못할 경우 경기둔화에 대응하기 위해 지출의 증가와 조세감면을 선택하는 정책이 경제적으로 또한 정치적으로 제한받을 수 있다.

더욱이, 국제적 대부자들은 그 나라에서 재정적자가 정치적으로 좋은 선택이더라도 대규모의 재정적자가 오랫동안 지속되는 것을 허용하지 않을 것이다. 예를 들어, 그리스 정부는 오랜 기간 동안 대규모의 재정적자를—1995년에서 2016년까지 평균 GDP의 7% 이상으로 추정된다—발생시켜 왔다. 결국 대규모의 재정적자는 몇 년 전 정부채무위기로 이어졌다. 국제적 대부자들은 미래의 대출에 대한 그리스 정부의 상환능력에 의문을 품었고 그 결과 그리스 정부가 경제를 부양하고 경기침체와 싸우기 위해 추가적인 재정적자를 발생시키는 것을 크게 제한하였다. 2016년 그리스 정부는 실질GDP의 증가가 없었는데도 불구하고 소규모의 재정흑자를 만들어내야 했으며 실업률이 높아지는 것을 감수해야 했다(23% 이상).

24.6.3 재정정책의 상대적 경직성

재정정책의 사용에 대한 세 번째 유보사항은 재정정책이 경제안정화 정책을 위해 충분히 유연한 정책은 아니라는 것이다. 앞의 예들에서는 정부가 총생산 갭을 제거하기 위해 정부구매나 조세를 비교적 빠르게 변화시킬 수 있다고 암묵적으로 가정하였다. 현실에서 정부구매나 조세의 변화는 보통 의회의 긴 심의 과정을 거쳐야 하기 때문에, 경제상황에 따라 제때에 적절히 대응하지 못할 가능성이 있다. 예를 들어, 대통령이 제안한 예산과 조세의 변화는 일반적으로 발효되기 18개월 전에 의회에 제출되어야 한다. 재정정책의 유연성에 제한을 가하는 또 하나의 요소는 재정정책의 정책결정자들이 경기안정화정책 이외에, 적절한 국가 안보의 확보로부터 빈곤계층에 대한 소득지원 제공에 이르기까지 여러 가지 목표를 가지고 있다는 것이다. 만약 국가 방위를 강화해야 할 필요성 때문에 정부구매의 증가를 요구하지만, 또한 동시에 총지출을 억제하기 위해 정부구매의 감소를 요구한다면 어떻게 되겠는가? 그러한 상충적인 상황은 정치적 과정을 통하여 해결되기 어려울 수 있다.

이러한 유연성의 부족은 재정정책이 기본 케인즈 모형이 의미하는 것보다 총지출을 안정화시키는 데 덜 유용하다는 것을 의미한다. 그럼에도 불구하고 대부분의 경제

자동안정화장치
실질총생산이 감소할 때 정부지출을 자동적으로 증가시키거나 또는 세금을 자동적으로 감소시키는 법적 조항

학자들은 두 가지 이유로 재정정책을 중요한 안정화정책이라고 생각한다. 첫 번째는 실질총생산이 감소할 때 정부구매의 자동적인 증가와 조세의 자동적인 감소를 가져오는 법적인 조항들을 의미하는 **자동안정화장치**(automatic stabilizers)가 존재한다는 것이다. 예를 들어, 몇몇 정부구매는 "침체 보조금"으로서 지정되어 있다. 예를 들어, 실업률이 일정 수준에 도달하면 자동적으로 정부의 지출이 사회로 흘러가게 되어 있다. 조세와 이전지출도 역시 총생산 갭에 자동적으로 반응한다. GDP가 감소할 때 소득세 징수는 감소하는 반면(가계의 과세소득이 감소하기 때문이다), 실업보험 지급과 복지 지출은 증가한다—이 모든 것은 의회의 명시적인 행동없이 이루어진다. 정부의 지출과 조세징수의 이러한 자동적인 변화는 의회의 심의과정 때문에 발생하는 지체현상을 수반하지 않기 때문에 경기침체기에는 계획된 총지출을 증가시키고 경기확장기에는 계획된 총지출을 감소시키는 데 도움을 준다.

재정정책이 중요한 안정화정책이 될 수 있는 두 번째 이유는 재정정책이 빨리 변화하기는 어렵다 하더라도 장기적인 경기침체를 다루는 데에는 여전히 유용할 수 있다는 것이다. 1930년대의 대공황과 1990년대의 일본의 경기둔화, 2007~2009년 글로벌 경기침체는 세 가지 적절한 사례이다. 그러나 재정정책은 유연성이 상대적으로 부족하기 때문에 현대경제에서 총지출의 안정은 먼저 통화정책을 통하여 이루어지는 것이 일반적이다. 통화정책은 다음 장의 주제이다.

요약 경기안정화 수단으로서 재정정책: 세 가지 유보사항

- 조세와 이전지출 프로그램의 변화는 가계와 기업의 유인구조와 경제적 행동에 영향을 미칠 수 있다.
- 정부는 대규모의 만성적인 재정적자를 유의하면서 재정정책의 단기 효과에 중점을 두어야 한다.
- 정부의 지출과 조세의 변화는 시행되기까지 시간이 걸리기 때문에 재정정책은 상대적으로 느리고 유연성이 부족하다.

요 약 Summary

- 기본 케인즈 모형은 계획된 총지출의 변동이 어떻게 실제 총생산을 잠재 총생산과 달라지게 할 수 있는지 보여준다. 너무 적은 지출은 침체 갭으로 이어지고, 너무 많은 지출은 확장 갭을 창출한다. 이 모형은 기업들이 수요의 변화를 매번 가격의 변화로 대응하지 않는다는 핵심 가정에 기초하고 있다. 대신에 기업들은 보통 일정 기간 동안 가격을 정해 놓고 그 가격수준에서 수요를 충족시킨다. 가격을 변화시키는 것은 메뉴비용이라는 비용을 수반하기 때문에 기업은 가격을 시시각각으로 변화시키지 않는다.

- 계획된 총지출은 최종 재화와 서비스에 대한 계획된 지출의 총합이다. 총지출의 네 가지 구성요소는 소비, 투자, 정부구매, 순수출이다. 일반적으로 소비, 정부구매, 순수출은 계획된 양과 실제 양이 동일하다고 가정된다. 기업들은 예상했던 것보다 더 많이 또는 더 적게 생산량을 판매할 수 있기 때문에 실제 투자는 계획된 투자와 다를 수 있다. 예를 들어, 기업들이 예상했던 것보다 더 적게 판매된다면 그들은 예상했던 것보다 더 많은 재화를 재고에 추가하게 될 것이다. 재고에 대한 추가는 투자의 일부로서 계산되기 때문에 이 경우(재고투자를 포함하는) 실제 투자는 계획된 투자보다 더 크게 될 것이다.

- 소비는 소비함수라고 불리는 관계를 통하여 처분가능소득에 영향을 받는다. 처분가능소득이 $1 증가할 때 소비가 증가하는 양을 한계소비성향(*mpc*)이라고 부른다. 한계소비성향은 0보다 크지만 1보다 작다($0 < mpc < 1$).

- 더 높은 총생산(더 높은 소득)은 가계가 더 많이 소비하도록 하기 때문에 실질 총생산의 증가는 계획된 총지출을 증가시킨다. 계획된 총지출은 두 가지 구성요소로 나뉠 수 있다: 독립지출과 유발지출. 독립지출은 계획된 총지출 중 총생산과 독립적으로 이루어지는 부분이며, 유발지출은 총생산에 의존하는 지출부분이다.

- 가격들이 고정되어 있는 단기에서 균형총생산은 계획된 총지출과 정확히 일치되는 총생산 수준이다. 총생산의 여러 가지 값과 각각의 총생산에서 대응되는 계획된 총지출을 비교하는 표를 만들어 수치를 대입하여 단기 균형을 구할 수 있다. 또한 계획된 총지출을 세로축에, 총생산을 가로축에 그린 케인즈 교차 그래프를 가지고 그래프 상으로 단기 균형총생산을 결정할 수 있다.

- 독립지출의 변화는 단기 균형총생산의 변화로 이어진다. 경제가 처음에 완전고용 상태에 있다면, 독립지출의 감소는 침체 갭을 만들어내고 독립지출의 증가는 확장 갭을 만들어 낸다. 독립지출의 한 단위 증가가 단기 균형총생산을 증가시키는 양을 승수라고 부른다. 독립지출의 증가는 지출을 직접 증가시킬 뿐만 아니라 생산자의 소득을 증가시키며 이는 다시 생산자의 지출을 증가시키는데 이러한 과정은 계속된다. 따라서 승수는 1보다 크다. 즉, 독립지출의 $1 증가는 단기 균형총생산을 $1보다 더 많이 증가시키는 경향이 있다.

- 총생산 갭을 제거하고 완전고용을 회복하기 위하여 정부는 안정화정책을 수행한다. 안정화정책의 두 가지 주요 형태는 통화정책과 재정정책이다. 안정화정책은 계획된 총지출을 변화시킴으로써 단기 균형총생산을 변화시키는 방법이다. 예를 들어, 정부구매의 증가는 직접 독립지출을 증가시켜 침체 갭을 감소시키거나 제거하는 데 사용될 수 있다. 마찬가지로, 조세의 감면 또는 이전지출의 증가는 일반 사람들의 처분가능소득을 증가시켜, 각 총생산 수준에서 조세감면액 또는 이전지출 증가액에 한계소비성향을 곱한 양만큼 소비지출을 증가시킨다. 더 높은 소비지출은 단기 균형총생산을 증가시킨다.

- 안정화정책의 수단으로서 재정정책에 대하여 세 가지 유보사항이 존재한다. 첫째, 재정정책은 총지출뿐만 아니라 잠재총생산에 영향을 줄 수 있다. 둘째, 대규모의 그리고 지속적인 정부의 재정적자는 국민저축과 성장을 감소시킨다. 재정적자를 통제 가능한 수준으로 유지하려는 필요 때문에 확장적 재정정책의 사용이 제한을 받을 수 있다. 셋째, 재정쟁책의 변화는 의회의 긴 심의과정을 통과하여야 하기 때문에 재정쟁책은 유연성이 떨어져 단기 안정화정책으로서 유용한 정책수단이라고 하기는 어렵다. 그러나 자동안정화장치는—총생산이 감소할 때 정부의 지출이 자동적으로 증가하고 조세가 자동적으로 감소하는 법적인 조항—의회 심의과정이 지체되는 문제를 어느 정도 해결하고 경제안정화에 기여할 수 있다.

핵심용어 Key Terms

계획된 총지출(*PAE*)(739)
단기 균형총생산(748)
독립소비(743)
독립지출(747)
메뉴비용(738)
부의 효과(wealth effect)(743)
소득-지출 승수(756)
소비함수(743)
수축정책(757)
안정화정책(757)
유발지출(747)
자동안정화장치(766)
재정정책(757)
지출선(747)
처분가능소득(743)
한계소비성향(*mpc*)(744)
확장정책(757)

복습문제 Review Questions

1. 기본 케인즈 모형의 핵심 가정은 무엇인가? 총지출이 단기 경기변동의 원인이라는 것을 받아들인다면 왜 이 가정이 필요한지 설명하라.

2. 가격변화가 매우 잦은 재화 또는 서비스와 가격변화가 비교적 자주 일어나지 않는 재화 또는 서비스의 예를 들어라. 무엇 때문에 이러한 차이가 발생하는가?

3. 계획된 총지출을 정의하고 그 구성요소들을 열거하라. 왜 총생산이 변할 때 계획된 총지출이 변하는가?

4. 어떻게 계획된 총지출과 실제 총지출이 다를 수 있는지 설명하라. 예를 들어 설명하라.

5. 소비함수의 그래프를 그리고 그래프의 각 축의 이름을 붙여라. (a) 소비함수 그래프를 따라 왼쪽에서 오른쪽으로 이동, (b) 소비함수의 상방 평행이동의 경제적 의미를 각각 논하라. 소비함수의 상방 평행이동이 일어나게 하는 요인의 예를 들어라.

6. 케인즈 교차 그림을 그려라. 그래프에 그려진 두 직선의 경제적 의미를 말로 설명하라. 이러한 그림이 주어졌을 때 독립지출, 유발지출, 한계소비성향, 단기 균형총생산을 어떻게 찾을 수 있겠는가?

7. 승수를 정의하라. 경제적인 관점에서 왜 승수는 1보다 큰가?

8. 정부는 두 가지의 정책을 고려하고 있다. 하나는 50단위의 정부구매의 증가이고, 다른 하나는 50단위의 조세감면이다. 어느 정책이 계획된 총지출을 더 많이 증가시키는가? 왜 그러한가?

9. 경제를 안정화시키기 위해 실제로 재정정책을 사용하는 것은 기본 케인즈 모형에서 분석한 것보다 더 복잡하다. 세 가지 이유에 대하여 논하라.

연습문제 Problems

1. 애크미 회사(Acme Manufacturing)는 올해 $4,000,000의 재화를 생산하고 있고 생산량 전부가 판매될 것으로 기대하고 있다. 그 회사는 또한 올해 $1,500,000의 신규 장비를 구입하려고 계획하고 있다. 올해 초에 그 회사는 창고에 $500,000의 재고를 가지고 있다. 다음 각 경우에 실제 투자와 계획된 투자를 구하여라.

a. 애크미는 실제로 $3,850,000의 재화를 판매한다.
b. 애크미는 실제로 $4,000,000의 재화를 판매한다.
c. 애크미는 실제로 $4,200,000의 재화를 판매한다.

애크미 회사의 상황이 다른 기업들의 상황과 동일하다고 가정하면 위의 세 경우 중 총생산이 단기 균형총생산과 일치하는 경우는 어느 것인가?

2. 심슨 가계(Simpson family)의 세금 납부 전 소득(세전소득), 납부세금, 소비지출에 대한 몇 년 동안의 데이터가 다음과 같이 주어져 있다.

세전소득($)	세금납부액($)	소비지출($)
25,000	3,000	20,000
27,000	3,500	21,350
28,000	3,700	22,070
30,000	4,000	23,600

a. 심슨 가계의 소비함수를 그래프로 그리고 한계소비성향을 구하라.

b. 소득이 $32,000이고 $5,000의 세금을 납부하였다면, 심슨 가계의 소비는 얼마일 것으로 예상하는가?

c. 심슨이 로또에 당첨되었다. 그 결과 심슨 가계는 각 세후소득(여기에서 "소득"은 로또 당첨금을 포함하지 않는다)에 대하여 소비를 $1,000 증가시켰다. 이 변화는 소비함수 그래프에 어떤 영향을 주겠는가? 한계소비성향에는 어떤 영향을 주겠는가?

3. 한 경제가 다음의 식들로 주어져 있다.

$$C = 1{,}800 + 0.6(Y - T)$$
$$I^P = 900$$
$$G = 1{,}500$$
$$NX = 100$$
$$T = 1{,}500$$
$$Y^* = 9{,}000$$

a. 계획된 총지출과 총생산을 관련시키는 수식을 구하여라.

b. 독립지출과 유발지출을 구하여라.

4. 위의 문제 3번에서 서술된 경제에 대하여 다음 질문에 답하라.

a. 단기균형 총생산을 구하기 위하여 **표 24.1**과 같은 표를 만들어라. 단기 균형총생산의 가능한 값의 범위를 8,200에서 9,000 사이로 잡아라.

b. 케인즈 교차 그림을 이용하여 이 경제에 대한 단기 균형총생산의 결정을 설명하라.

c. 이 경제의 총생산 갭은 얼마인가? 자연실업률이 4%라면 이 경제의 실제 실업률은 얼마겠는가?(오쿤의 법칙을 이용하라)

5. 3번 문제에 서술된 경제에 대하여 승수가 2.5로 주어졌을 때, 다음 각 경우 단기 균형총생산에 미치는 효과를 구하여라.

a. 정부구매가 1,500에서 1,600으로 증가하였다.

b. 조세수입이 1,500에서 1,400으로 감소하였다(정부구매는 원래의 값과 동일하다).

c. 계획된 투자지출이 900에서 800으로 감소하였다.

6. 한 경제가 최초에 완전고용 수준에 있었으나 계획된 투자지출의 감소(독립지출의 구성요소)로 인해 경제가 침체에 빠지게 되었다. 이 경제의 *mpc*는 0.75이고 승수는 4라고 가정하자.

a. 계획된 투자의 감소 후에 침체 갭은 얼마나 되는가?

b. 경제를 완전고용수준으로 회복시키기 위하여 정부는 얼마나 많은 정부구매를 변화시켜야 하는가?

c. 정부구매를 변화시키는 대신에 정부는 조세를 얼마나 많이 변화시켜야 하는가?

d. 정부의 예산이 원래 정부구매와 조세수입이 일치하는 균형상태였다고 가정하자. 균형재정법은 정부가 적자를 일으키는 것을 금지한다. 균형재정법을 지킨다고 가정할 때, 이 경제가 완전고용을 회복하기 위하여 재정정책 정책결정자들이 할 수 있는 것이 있는가?

7. 한 경제가 다음의 식들로 주어졌다.

$$C = 40 + 0.8(Y - T)$$
$$I^P = 70$$
$$G = 120$$
$$NX = 10$$
$$T = 150$$
$$Y^* = 580$$

이 경제의 승수는 5이다.

a. 계획된 총지출과 총생산을 관련시키는 수식을 구하라.

b. 단기 균형총생산의 값을 구하는 표를 만들어라(힌트: 경제는 완전고용 상태에 매우 가깝다).

c. 총생산 갭을 제거하기 위하여 정부구매는 얼마나 변화해야 하는가? 조세는 얼마나 변화해야 하는가? 이러한 재정정책 변화의 효과를 케인즈 교차 그림에서 보여라.

d. $Y^*=630$을 가정하고 문항 c를 반복하라.

e. 케인즈 교차 그림을 그려서 문항 b~d의 결과를 확인하라.

8. 한 경제가 다음 식들에 의해 주어졌다고 하자.

$$C=3{,}000+0.5(Y-T)$$
$$I^P=1{,}500$$
$$G=2{,}500$$
$$NX=200$$
$$T=2{,}000$$
$$Y^*=12{,}000$$

a. 이 경제에 대하여 독립지출, 승수, 단기 균형총생산, 총생산 갭을 구하라.

b. 케인즈 교차 그래프를 그려서 단기 균형총생산을 표시하라.

c. 총생산 갭을 제거하기 위해 독립지출을 얼마나 변화시켜야 하는지 계산해보자.

d. 정부가 조세를 감면하여 총생산 갭을 제거하기로 결정했다고 가정하자. 이를 위해 조세를 얼마나 감면하여야 하는가?

9. 한 경제가 0의 순수출을 가지고 있으며 나머지는 7번 문제에 주어진 경제와 동일하다.

a. 단기 균형총생산을 구하라.

b. 해외의 경기회복이 이 나라의 수출에 대한 수요를 증가시켰다. 그 결과로 NX가 100으로 증가하였다. 단기 균형총생산은 어떻게 되는가?

c. 해외 경제가 둔화되고 있어 이 나라의 수출에 대한 수요가 감소되어 $NX=-100$이 되었다고 가정하고 문항 b를 반복하라. (순수출의 음수 값은 수출이 수입보다 적다는 것을 의미한다.)

d. 위의 결과는 경기침체와 경기확장이 국가간에 전파되는 경향을 설명하는 데 어떻게 도움이 되는가?

본문 개념체크 해답 — Answers to Concept Checks

24.1 먼저 계획된 총지출 PAE를 총생산 Y와 관련시키는 식을 구하는 것이 필요하다. 계획된 총지출의 정의로부터 출발하여 문제에 주어진 값들을 대입하면 다음과 같다.

$$\begin{aligned} PAE &= C+I^p+G+NX \\ &= [C+mpc(Y-T)]+I^p+G+NX \\ &= [820+0.7(Y-600)]+600+600+200 \\ &= 1{,}800+0.7Y \end{aligned}$$

이 관계를 이용하여 다음 표와 같이 **표 24.1**과 유사한 표를 만들 수 있다. 총생산의 값(제 1열)에 대한 적당한 범위를 찾기 위해 시행착오가 필요하다.

단기 균형총생산은 $Y=PAE$의 조건을 만족시키는 유일한 총생산 수준인 6,000이다. 계획된 총지출 식을 이용하면 균형에서 $Y=1{,}800+0.7Y$이다. Y에 대하여 풀면 표에서 발견한 것과 같이 $Y=6{,}000$을 얻는다.

단기 균형총생산의 결정

(1) 총생산 Y	(2) 계획된 총지출 $PAE=1{,}800+0.7Y$	(3) $Y-PAE$	(4) $Y=PAE$?
5,000	5,300	2300	×
5,200	5,440	2240	×
5,400	5,580	2180	×
5,600	5,720	2120	×
5,800	5,860	260	×
6,000	6,000	0	○
6,200	6,140	60	×
6,400	6,280	120	×
6,600	6,420	180	×

24.2 다음 그래프는 단기 균형총생산이 $Y=6{,}000$으로 결정되는 것을 보여준다. 지출선의 세로축 절편은 1,800이고 기울기는 0.7이다. 세로축 절편은 독립지출과 같고, 기울기는 한계소비성향과 같음을 주목하기 바란다.

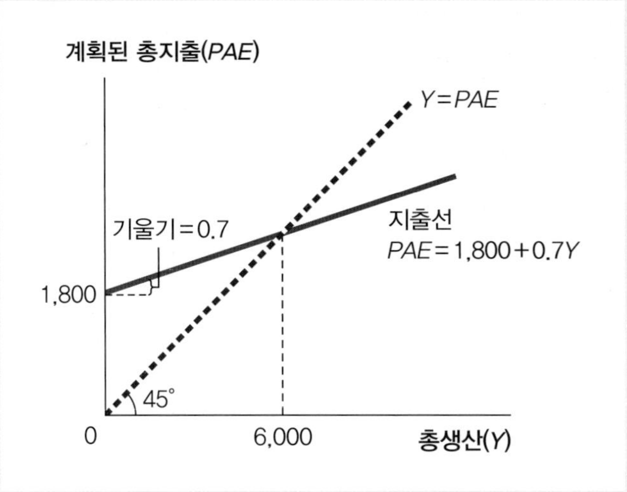

24.3 이 문제는 제 23장 "단기 경기변동"에서 소개된 오쿤의 법칙을 적용한 것이다. 이 예에서 침체 갭은 −50/4,800, 즉, 잠재총생산의 약 −1.04%이다. 오쿤의 법칙에 의하여 경기적 실업은 총생산 갭의 크기의 반인 0.52%(−1을 곱하여)이다. 자연실업률이 5%이기 때문에 침체 갭이 나타난 후에 실업률은 대략 5.52%가 될 것이다.

24.4 이 개념체크는 본문의 분석과 반대의 경우이다. $\bar{C}$의 10단위 증가는 독립지출을 증가시키고 따라서 지출선의 세로축 절편을 10단위 증가시킨다. 지출선이 10단위만큼 상향 평행이동하여 총생산이 증가하고 확장 갭이 발생한다. 본문에서 총생산이 50단위 감소했던 것처럼 이 경우에는 50단위 증가하여 4,850이 된다. 단기 균형총생산이 4,850이 되는 것을 보이기 위해, 독립지출의 10단위 증가로 *PAE*가 $960+0.8Y$에서 $970+0.8Y$로 증가하는 것을 확인할 수 있다. $Y=4{,}850$일 때 $PAE=970+0.8\times(4{,}850)=4{,}850$이 되어 $Y=PAE$을 얻는다.

24.5 **개념체크 24.4**에서 $\bar{C}$의 10단위 증가는 독립지출을 증가시키고, 지출선의 세로축 절편을 10단위 증가시킨다. 지출선은 10단위만큼 상향 평행이동하고 확장 갭이 발생한다. 이 갭을 제거하기 위하여 정부는 지출을 10단위 감소시켜 독립지출을 원래의 수준으로 돌아가게 해야 한다. 지출선은 원래의 위치로 하향 이동하고, 총생산은 최초의 완전고용 수준으로 회복한다. 그래프는 **그림 24.7**의 반대로서 소비의 증가에 따라 지출선이 상향 평행이동했다가, 정부구매의 감소에 의해 상쇄되어 하향 평행이동하게 된다.

24.6 계획된 투자가 20단위 증가하면 독립지출이 20단위 증가하는 것이다. 단기 균형총생산은 훨씬 더 크게 증가한다. 재정정책으로 독립지출의 20단위 증가를 상쇄하기 위하여 정부는 정부구매를 20단위 감소시켜야 한다. 다른 방법으로는 소비지출을 감소시키기 위해 조세를 올릴 수 있다(또는 이전지출 감소). $mpc=0.5$이기 때문에 총생산의 각 수준에서 소비지출을 20단위 감소시키기 위하여 정부는 조세를 40단위 증가시킬(또는 이전지출 감소) 필요가 있다. 각 총생산 수준에서 40단위 조세 증가는 처분가능소득을 40단위 감소시키고 소비자들이 지출을 $0.5\times40=20$단위(확장 갭을 제거하기 위해 필요한) 감소시키게 된다.

기본 케인즈 모형의 수학적 해법

제24장 부록A

본 장은 케인즈 교차 그림을 이용하여 기본 케인즈 모형을 수치를 가지고, 그리고 그래프를 이용하여 어떻게 푸는지를 보여주었다. 이 부록에서는 기본 케인즈 모형에서 단기 균형총생산에 대한 일반적인 수학적 해를 구하는 방법을 제시한다. 수학적 해는 단기 균형총생산, 승수, 독립지출 사이의 연결 관계를 분명히 보여준다는 이점이 있다. 이러한 해법은 또한 다음 장들에서 다루어질 확장된 케인즈 모형에도 적용될 수 있다.

부록에서 다루는 모형은 본 장의 주요부분에서 제시된 것과 동일하다. 계획된 총지출의 정의인 (24.1)식으로부터 시작하자:

$$PAE = C + I^p + G + NX \qquad (24.1)$$

(24.1)식은 계획된 총지출이 네 가지 종류의 계획된 지출의 합이라는 것을 말하고 있다: 가계에 의한 소비지출 C, 기업에 의한 계획된 투자지출 I^p; 정부지출 G; 외국인에 의해 구입된 순수출 NX.

계획된 총지출의 첫 번째 요소인 소비지출은 소비함수 (24.2)식에 의하여 결정된다. 본문에서는 한계소비성향을 mpc로 표시하였지만 부록에서는 간단히 c로 표기하기로 한다.

$$C = \overline{C} + c(Y - T) \qquad (24.2)$$

소비함수는 처분가능소득(세후소득) $Y-T$가 증가할 때 소비지출이 증가한다는 것을 말하고 있다. 처분가능소득의 \$1 증가는 소비지출을 한계소비성향이라고 알려진 c만큼 증가시키는데, c는 0과 1 사이의 상수이다. 소비지출에 영향을 주는 다른 요소들은 항목 $\overline{C}$에 담겨져 있다. 예를 들어, 소비자들이 처분가능소득의 각 수준에서 소비를 증가시키는(부의 효과) 주식시장 호황은 $\overline{C}$의 증가로 나타낼 수 있다.

본문에서와 같이 계획된 투자, 정부지출, 순수출, 순조세는 단순히 주어져 있다고 가정한다. 값이 고정되어 있고 모형 밖에서 주어진 변수를 외생변수(exogenous variable)라고 부른다; 따라서 다시 말하면, 계획된 투자, 정부지출, 순수출, 순조세는 외생변수이다. 외생변수의 주어진 값을 표시하는데 바(bar)를 사용하면, 이 가정은 다음과 같이 쓸 수 있다.

$$I^p = \overline{I} \qquad \text{계획된 투자}$$

$G = \overline{G}$ 정부지출

$NX = \overline{NX}$ 순수출

$T = \overline{T}$ 순조세(조세에서 이전지출을 뺀 것)

예를 들어, $\overline{I}$는 모형 밖에서 결정된 계획된 투자지출의 주어진 값이다. 이러한 예들에서 $\overline{I}$ 및 다른 외생변수들은 어떤 특정한 값으로 고정시켜 놓는다.

부록의 목표는 가격들이 미리 결정되어 있는 기간 동안에 생산되는 수준인 단기 균형총생산을 수학적으로 푸는 것이다. 첫 번째 단계는 계획된 총지출 PAE를 총생산 Y와 관련시키는 것이다. 계획된 총지출의 정의식인 (24.1)식의 소비지출 C에 소비함수(24.2)식을 대입하고, I^p, G, NX, T에 외생적으로 주어진 값들을 대입하면 계획된 총지출은 다음과 같이 표현된다:

$$PAE = [\overline{C} + c(Y - \overline{T})] + \overline{I} + \overline{G} + \overline{NX}$$

이 식을 총생산에 의존하는 부분과 의존하지 않는 부분으로 나누어 재배열하면 다음을 얻는다.

$$PAE = [\overline{C} - c\overline{T} + \overline{I} + \overline{G} + \overline{NX}] + cY \qquad (24A.1)$$

(24A.1)식은 계획된 총지출 PAE와 총생산 Y 사이의 관계를 보여주기 때문에 중요한 식이다. 오른쪽의 [ ] 안에 있는 항은 계획된 총지출 중 총생산에 의존하지 않는 부분인 독립지출을 나타낸다. cY 항은 계획된 총지출 중 총생산에 의존하는 부분인 유발지출을 나타낸다. (24A.1)식은 또한 케인즈 교차 그림에서 지출선을 표시하는 식이다; 지출선의 수직 절편은 독립지출과 같고, 지출선의 기울기는 한계소비성향과 같다.

본문에 있는 **예 24.2**를 이용하여 (24A.1)식이 수리적으로 어떻게 작용하는지를 예시할 수 있다. 본문의 예에서는 다음의 값들을 가정하였다: $\overline{C} = 620$, $\overline{I} = 220$, $\overline{G} = 300$, $\overline{NX} = 20$, $\overline{T} = 250$, $c = 0.8$. 이러한 값들을 (24A.1)식에 대입하고 정리하면 다음을 얻는다:

$$PAE = 960 + 0.8Y$$

이것은 **예 24.2**에서 구한 것과 동일하다. 이 예에서 독립지출은 960이고 유발지출은 $0.8Y$이다.

단기 균형총생산을 구하는 두 번째 단계는 단기 균형총생산의 정의인, (24.3)식에서 시작한다:

$$Y = PAE$$

단기 균형총생산은 총생산이 계획된 총지출과 같아지는 값이라는 것을 기억하기 바란다. (24A.1)식을 단기균형 정의의 PAE에 대입하면 다음을 얻는다:

$$Y = [\overline{C} - c\overline{T} + \overline{I} + \overline{G} + \overline{NX}] + cY$$

이 식을 만족하는 Y값이 단기 균형총생산 값이다. Y에 대하여 풀기 위하여, Y를 포함하고 있는 모든 항을 식의 왼쪽에 모으면 다음과 같다:

$$Y - cY = [\overline{C} - c\overline{T} + \overline{I} + \overline{G} + \overline{NX}]$$

$$Y(1-c) = [\overline{C} - c\overline{T} + \overline{I} + \overline{G} + \overline{NX}]$$

식의 양변을 $(1-c)$로 나누면 다음과 같은 식을 얻는다:

$$Y = \left(\frac{1}{1-c}\right)[\overline{C} - c\,\overline{T} + \overline{I} + \overline{G} + \overline{NX}] \qquad (24A.2)$$

(24A.2)식은 주어진 모형 경제의 단기균형 총생산을 외생변수들 $\overline{C}, \overline{I}, \overline{G}, \overline{NX}, \overline{T}$와 한계소비성향 C로 표시하고 있다. 이 공식을 이용하여 특정한 수치 예들에서 단기 균형총생산을 구할 수 있다. 예를 들어, **예 24.2**에서 가정된 값들을 대입하자: $\overline{C}=620$, $\overline{I}=220$, $\overline{G}=300$, $\overline{NX}=20$, $\overline{T}=250$, $c=0.8$.

$$Y = \left(\frac{1}{1-0.8}\right)[620 - 0.8(250) + 220 + 300 + 20] = \frac{1}{0.2}(960) = 5(960) = 4{,}800$$

을 얻을 수 있으며, **표 24.1**을 사용하여 힘들게 찾아낸 답과 동일하다.

✔ 개념체크 24A.1

(24A.2)식을 이용하여 본문의 **개념체크 24.1**의 경제에 대한 단기 균형총생산을 구하라. 절편은 얼마이고 지출선의 기울기는?

(24A.2)식은 독립지출과 단기 균형총생산 사이의 관계를 분명하게 보여준다. 독립지출은 (24A.1)식의 오른쪽의 첫째항으로 $\overline{C}-c\overline{T}+\overline{I}+\overline{G}+\overline{NX}$와 같다. 이 식은 독립지출의 한 단위 증가가 단기 균형총생산을 $1/(1-c)$단위만큼 증가시킨다는 것을 보여주고 있다. 다시 말하면, (24A.2)식으로부터 이 모형의 승수는 $1/(1-c)$와 같다는 것을 알 수 있다. 승수에 대한 추가 논의는 두 번째 부록 B에서 다루어진다.

부록 개념체크 해답 — Answers to Concept Checks

24A.1 단기균형 총생산을 서술하는 식은 다음과 같다:

$$Y = \left(\frac{1}{1-c}\right)[\overline{C} - c\overline{T} + \overline{I} + \overline{G} + \overline{NX}] \qquad (24A.2)$$

연습문제 24.1의 데이터를 이용하여 $\overline{C}=820$, $\overline{C}=0.7$, $\overline{I}=600$, $\overline{G}=600$, $\overline{NX}=200$, $\overline{T}=600$으로 놓는다. 이러한 값들을 (24A.2)식에 대입하면 다음을 얻는다:

$$Y = \left(\frac{1}{1-0.7}\right)[820 - 0.7(600) + 600 + 600 + 200] = 3.33 \times 1{,}800 = 6{,}000$$

이것은 **연습문제 24.1**에서 얻은 결과와 동일하다.

기본 케인즈 모형의 승수

제24장 부록B

이 부록에서는 본장에서 사용된 예를 기초로 기본 케인즈 모형의 소득−지출 승수(income−expenditure multiplier)에 대해서 보다 자세히 설명하고자 한다. **예 24.5**에서 독립지출의 10단위 감소는 단기균형 총생산을 50단위 감소시킨다는 것, 즉 지출의 초기 변화의 5배를 변화시킨다는 것을 알아보았다. 따라서 승수는 5이다.

이러한 승수효과가 왜 발생하는지 알아보기 위하여 소비지출의 10단위의 감소는(더 정확히 말하면, 소비함수의 상수항 $\overline{C}$의 감소) 두 가지 효과를 갖는다는 것을 생각해보자. 첫째, 소비지출의 감소는 계획된 총지출을 직접적으로 10단위 감소시킨다. 둘째, 지출의 감소는 또한 소비재 생산자들(근로자와 기업주)의 소득을 10단위 감소시킨다. 한계소비성향이 0.8이라는 **예 24.3**의 가정 하에서 소비재 생산자들은 그들의 소비지출을 8단위, 즉 10단위 소득 감소분의 0.8배를 감소시킬 것이다. 이러한 감소는 다른 생산자들의 소득을 8단위 감소시켜 그들의 지출을 6.4단위, 즉 8단위 소득 감소분의 0.8배를 감소시키게 되며, 이러한 과정은 계속된다. 여러 번의 지출과 소득 감소 과정 후에는 효과들이 매우 작아지겠지만, 이러한 과정은 무한히 계속된다.

각 단계에서 발생하는 소득과 지출의 감소분을 모두 더하면 소비지출의 초기 10단위 감소가 계획된 총지출에 미치는 총효과는 아래와 같을 것이다.

$$10+8+6.4+5.12+\cdots$$

끝에 점으로 표시된 부분은 감소 과정이 무한히 계속된다는 것을 나타낸다. 최초의 소비 감소가 계획된 총지출에 미치는 효과는 또한 다음과 같이 표현될 수 있다.

$$10\times[1+0.8+(0.8)^2+(0.8)^3+\cdots]$$

이 표현은 각 단계에서 발생하는 지출이 전 단계에서 발생하는 지출의 0.8배라는 사실을 강조하고 있는데, 이것은 0.8이 지출의 전 단계에서 창출된 소득의 한계소비성향이기 때문이다.

0보다 크고 1보다 작은 어떤 수 x에 대하여 다음과 같은 유용한 수학적 관계가 성립한다.

$$1+x+x^2+x^3+\cdots=\frac{1}{1-x}$$

$x=0.8$로 놓으면, 이 공식은 계획된 총지출과 총생산에 대한 소비지출 감소의 효과가 다음과 같음을 의미한다.

$$10\times\left(\frac{1}{1-0.8}\right)=10\times\left(\frac{1}{0.2}\right)=10\times 5=50$$

이 답은 단기균형 총생산이 50단위 감소하여 4,800에서 4,750으로 되었던 앞에서의 계산과 일치한다.

마찬가지 방법으로, 기본 케인즈 모형에서의 승수에 대한 일반적인 수학적 표현을 구할 수 있다. 처분가능소득에 대한 한계소비성향을 c로 표시하면, 독립지출의 한 단위 증가는 지출과 소득을 첫 번째 단계에서 한 단위 증가; 두 번째 단계에서 $c\times 1$단위 증가; 세 번째 단계에서 $c\times c=c^2$단위 증가 등으로 계속된다. 따라서 독립지출의 한 단위 증가의 단기 균형총생산에 대한 효과는 다음과 같다.

$$1+c+c^2+c^3+\cdots$$

위에 주어진 수식을 적용하고 $0<c<1$임을 상기하면, 이 표현은 $1/(1-c)$로 다시 쓸 수 있다. 따라서 한계소비성향이 c인 기본 케인즈 모형에서 승수는 $1/(1-c)$로서 이 장의 부록 A에서 구한 것과 동일한 결과를 얻는다. $c=0.8$이라면 $1/(1-c)=1/(1-0.8)=5$이고 이것은 위에서 수치적으로 구한 승수의 값과 동일하다.

제25장

경기안정화정책: 중앙은행의 역할

중앙은행은 단기에서 총지출과 총생산에 어떻게 영향을 미치는가?

금융시장 참가자들은 연방준비제도의 행동을 예측하기 위하여 상당한 노력을 기울인다. 2015년말 투자자들은 거의 10년만에 처음으로 이자율을 올릴 것인가를 알아내기 위해 연방준비제도 이사회 의장 자넷 옐렌(Janet Yellen)이 말한 단어 하나하나에 신경을 곤두세우고 듣고 있었다. 한동안 CNBC 금융뉴스 프로그램 'Squawk Box'는 이른바 그린스팬 서류가방 지표를 정기적으로 보도하였다. 아이디어는, 당시 Fed 의장인 앨런 그린스팬(Alan Greenspan)이 미국의 통화정책을 결정하는 연방공개시장위원회(Federal Open Market Committee, FOMC)의 회의에 갈 때 그의 가방을 주시하는 것이었다. 그린스팬의 서류가방이 거시 데이터와 분석들로 꽉 차 있다면 아마도 Fed가 이자율을 변동시킬 계획이라고 추측하고 얇은 서류가방은 이자율에 변화가 없을 것이라고 예측하는 것이었다.

프로그램 앵커인 마크 헤인즈(Mark Haines)는 다음과 같이 말하였다. "첫 20번 중에서 17번 맞았다. 하지만 그린스팬은 자신의 서류가방을 직접 챙기기 때문에, 서류가방의 두께로 예측하는 것은 근본적인 문제점을 가지고 있다. 그는 이 예측을 맞게 할 수도 있고 틀리게 할 수도 있다. 그는 이 지표에 대해서 공개적으로 언급하지 않았지만, 아마도 알고 있을 것이다. 지난 두 번의 경우에 서류가방의 두께에 따른 예측이 맞지 않았다. 그가 이러한 추측을 중단하길 원한다는 것으로 받아들여야 하며, 그것은 당혹스러운 일이다."[1]

서류가방 지표는 Fed 의장 및 다른 통화정책 결정자들에 대한 일반 사람들의 면밀한 조사의 한 사례일 뿐이다. 통화정책의 향후 방향에 대한 단서를 찾기 위하여 연방준비제도 이사회 구성원들의 모든 연설, 의회에서의 증언, 인터뷰들이 면밀히 분석되고 있다. 통화정책에 — 특히 이자율 수준 — 대한 Fed의 결정에 대하여 대중들이 큰 관심을 보이는 이유는 그 결정이 금융시장과 경제 일반에 중요한 의미를 갖기 때문이다.

본장에서는 경기안정화정책의 두 가지 중요한 종류 중 하나인 통화정책에 대하여 살펴 본다(또 다른 종류인 재정정책에 대하여는 앞 장에서 논의되었다). 경기안정화정책은 총생산 갭을 제거하기 위한 목표를 가지고 계획된 총지출에 영향을 주려는 정부의 정책들이다. 두 종류의 안정화정책, 즉 통화정책과 재정정책 모두 중요하며 여러 경우에 유용하다. 그러나 Fed의 연방공개시장위원회(한국의 경우 금융통화위원회)의 결정에 의해 빠르게 변화될 수 있는 통화정책이, 의회의 입법 활동에 의해서만이 변화될 수 있는 재정정책보다 더 유연하고 신속히 대응할 수 있다. 따라서 보통의 상황에서는 경제를 안정화시키기 위해 통화정책이 재정정책보다 더 자주 사용된다.

본장은 중앙은행이 이자율에 영향을 미치기 위해 통화량을 어떻게 조절하는지 알아본다. 다음으로 이자율 변화의 경제적 효과에 대하여 살펴볼 것이다. 앞 장의 기본 케인즈 모형의 분석에 기초하여 단기에서 실질이자율의 변화가 계획된 총지출과 단기 균형총생산을 어떻게 변화시키는지 보일 것이다. 그리고 중앙은행의 행동을 서술하는 통화정책 준칙을 제시하고 통화공급의 변화와 명목이자율의 변화 사이의 관계를 고찰하여 통화정책을 상세하게 살펴볼 것이다. 인플레이션에 대한 중앙은행의 정책과 효과에 대하여는 다음 장에서 논의한다.

25.1 중앙은행과 이자율: 기본 모형

제 21장 "화폐, 물가, 중앙은행"에서 처음 중앙은행을 소개하였을 때, 통화공급, 즉 민간이 보유한 현금통화와 요구불예금의 합을 조절하는 중앙은행의 수단에 초점을 두었다. 국가의 통화량을 결정하는 것은 통화정책결정자의 주요 업무이다. 그러나 언론에 보도되는 뉴스를 보면 항상 중앙은행의 이자율 결정에 대하여 초점을 두고 있기 때문에 중앙은행의 주요업무가 통화량을 조절하는 것인가에 대하여 의아해할 수도 있다. 한국은행의 금융통화위원회가 정기적인 회의 이후에 발표하는 통화정책 결정문에는 항상 단기 이자율인 기준금리(base rate)에 대한 의사결정을 포함하고 있다. 미국의 연방공개시장위원회(FOMC)는 항상 연방기금금리(federal funds rate)의 목표수준을

1 Robert H. Frank, "Safety in Numbers," *The New York Times Magazine*, November 28, 1999, p. 35.

발표한다.

실제로 통화정책을 바라보는 두 가지 방법인 통화량 조절과 명목이자율 결정 사이에는 아무런 모순이 없다. 왜냐하면 통화량 조절과 명목이자율 조절은 동전의 양면과 같은 것으로 중앙은행이 목표로 하는 통화량의 크기는 특정한 수준의 명목이자율을 의미하며, 반대로 명목이자율의 결정은 특정한 통화량의 크기를 의미한다. 이렇게 긴밀하게 관련된 이유는 명목이자율이 실제로 화폐보유의 "가격"(또는 더 정확히 말하면 기회비용)이기 때문이다. 따라서 경제에 공급되는 통화량을 조절함으로써 중앙은행은 또한 화폐보유의 "가격"(명목이자율)을 조절하게 된다.

본절에서는 화폐시장에 대한 기본 모형에 초점을 둔다. 논의를 단순화하기 위해 두 가지 단순화 가정을 하려고 한다. 첫째, 제 21장 "화폐, 물가수준, 중앙은행"에서 이미 가정했던 것처럼 중앙은행은 은행의 지급준비금을 조절하여 통화량을 통제할 수 있다고 가정한다. 둘째, 이자율에 대하여 논의할 때 모든 이자율이 같이 움직인다고 가정한다. 중앙은행이 이자율을 어떻게 결정하는지 이해하기 위하여 화폐시장의 수요측면에서부터 시작하여 화폐시장을 살펴본다. 민간 사람들의 화폐에 대한 수요가 주어지면 중앙은행은 통화공급을 변화시켜 이자율을 조절할 수 있다. 먼저 기초적인 내용을 공부한 후에—즉, 두 가지 가정하에서 화폐시장의 작동원리—2008년 이후에 나타났던 변화에 초점을 두어 화폐시장의 여러 측면에 대하여 논의하고 마지막으로는 중앙은행이 지출과 경기에 영향을 주기 위해 이자율을 어떻게 조절하는지 알아볼 것이다.

25.1.1 화폐수요

화폐는 거래에 사용할 수 있는 현금, 가계예금과 같은 자산들을 지칭한다는 것을 기억하기 바란다. 화폐는 또한 주식, 채권, 부동산과 같은 가치의 저장수단이다—다시 말하면, 일종의 금융자산이다. 금융자산으로서 화폐는 부를 보유하는 한 가지 방법이다.

부를 가지고 있는 사람은 그 부를 어떤 형태로 보유할지를 결정해야 한다. 예를 들어, 래리가 $10,000의 부를 가지고 있을 경우, 원한다면 $10,000를 모두 현금으로 가질 수 있다. 또는 $5,000는 현금으로 보유하고 $5,000는 정부채권으로 보유할 수 있다. 또는 $1,000는 현금으로, $2,000는 요구불예금으로, $2,000는 정부채권으로, $5,000는 희귀한 우표의 형태로 가질 수 있다. 실제로 수천 가지의 실물자산과 금융자산을 선택할 수 있고, 또한 자산의 보유 액수와 조합이 매우 많기 때문에 래리가 선택할 수 있는 가짓수는 거의 무한대이다. 한 사람의 부를 보유하는 형태에 대한 결정을 **자산구성 결정**(portfolio allocation decision)이라고 부른다.

자산구성 결정
한 사람의 부를 어떤 형태로 보유할 것인가에 대한 결정

자산 소유자가 선택하는 자산구성에 영향을 주는 결정요인들에는 무엇이 있는가? 다른 모든 조건이 동일하다면, 사람들은 일반적으로 기대 수익이 높고 위험이 너무 크지 않은 자산을 보유하는 것을 선호한다. 사람들은 또한 분산투자(diversification)—즉, 여러 자산을 다양하게 소유—를 통하여 당면한 전체 위험을 감소시키려고 노력할 것이

다.[2] 많은 사람들은 자동차, 주택과 같은 실물자산을 소유하고 있는데, 이들 실물자산들은 서비스(운송 또는 주거공간 제공)와 때로는 수익(부동산 시장의 호황으로 주택가격이 상승할 때)을 제공한다.

여기에서 전체 자산구성 결정을 분석할 필요는 없지만, 그 중에서 부를 얼마만큼 화폐(현금과 요구불예금)의 형태로 보유할 것인가에 대한 결정에 대하여 분석한다. 개인들이 화폐의 형태로 보유하기로 선택한 부의 양이 그 개인의 **화폐수요**(demand for money)이며, 때때로 유동성 선호(liquidity preference)라고 부른다. 따라서 래리가 $10,000 전체를 현금으로 보유하기로 결정하였다면 화폐수요는 $10,000이다. 그러나 $1,000를 현금으로, $2,000를 요구불예금으로, $2,000를 정부채권으로, $5,000를 희귀 우표로 가진다면 화폐수요는 겨우 $3,000가—즉, 현금 $1,000와 요구불예금 $2,000의 합—된다.

화폐수요
개인이나 기업의 부(wealth) 중에서 화폐의 형태로 보유하고자 하는 금액

예 25.1 콘쉘로의 화폐수요

콘쉘로의 화폐수요는 얼마이고 그녀는 통화보유량을 어떻게 증가시키거나 감소시킬 수 있는가?

콘쉘로의 재무상태표는 **표** 25.1과 같다. 콘쉘로의 화폐수요는 얼마인가? 그녀가 통화보유량을 $100 증가시키려고 한다면 무엇을 해야 하는가? 그녀의 화폐보유량을 $100 감소시킬 경우에는?

표 25.1을 보면 콘쉘로는 다섯 가지의 자산을 가지고 있다: 현금, 요구불예금, 주식, 자동차, 가구. 이 자산 중에서 첫 번째 두 가지(현금과 요구불예금)가 화폐이다. 콘쉘로의 화폐보유량은 $80의 현금과 $1,200의 요구불예금 계좌 잔액이다. 따라서 콘쉘로의 화폐수요는 $1,280이다.

표 25.1 콘쉘로의 재무상태표

자산		부채	
현금	$80	학자금 대출	$3,000
요구불예금	1,200	신용카드 잔액	250
주식	1,000		
자동차(시장가치)	3,500		
가구(시장가치)	500		
총계	**$6,280**		**$3,250**
		순자산	**$3,030**

2 제 22장 "금융시장과 국제적 자본이동"에서 위험, 수익률, 분산투자에 대하여 이미 다루었다.

콘쉘로가 화폐보유량을 $100 증가시키는 방법에는 여러 가지가 있다. 주식을 $100 팔아서 은행에 예금할 수 있다. 그러한 행동은 총 자산과 부의 가치를 변동시키지 않지만(주식보유의 감소는 요구불예금의 증가로 상쇄된다.) 화폐보유량을 $100 증가시킨다. 다른 방법은 신용카드로부터 현금서비스 $100를 받는 것이다. 이러한 행동은 자산으로서 화폐보유량을 $100 증가시키며 또한 부채도 $100 증가시킨다.(신용카드 사용 잔액) 화폐보유량이 증가하지만 총 부는 변하지 않는다.

화폐보유량을 감소시키기 위해 콘쉘로는 현금 또는 요구불예금 잔액을 사용하여 현금이 아닌 자산을 매입하거나 부채를 갚기만 하면 된다. 예를 들어, 은행잔고를 사용하여 추가적인 주식 $100를 산다면 화폐보유량은 감소한다. 마찬가지로, $100 신용카드 사용 잔액을 갚으면 화폐보유량이 $100 감소한다. 화폐보유량이 감소하더라도 두 경우 모두 콘쉘로의 총 부는 변하지 않는다는 것을 확인할 수 있다.

비용-편익

개인(또는 가계)은 얼마나 많은 화폐를 보유하여야 하는가? 비용-편익의 원리를 적용하면, 개인의 화폐보유의 추가적인 편익이 추가적인 비용을 초과할 때만 화폐보유를 증가시켜야 한다는 것이다. 제 21장 "화폐, 물가, 중앙은행"에서 살펴본 것과 같이 화폐보유의 주요 편익은 화폐가 거래를 수행하는 데 유용하다는 것이다. 콘쉘로의 주식, 자동차, 가구는 가치있는 자산이지만 편의점에서 물건을 사거나 월세를 지급할 때 사용할 수는 없다. 그녀는 현금이나 계좌이체를 사용하여 일상적인 지급결제를 할 수 있다. 화폐가 일상의 거래에서 제공하는 편리함 때문에 분명히 자기 재산의 일부를 화폐의 형태로 보유하기를 원할 것이다. 더욱이 그녀가 고소득자라면 저소득자보다 더 많이 지출하고 더 많은 거래를 하기 때문에 저소득자보다 더 많은 화폐를 보유할 것이다.

콘쉘로의 화폐보유의 편익은 또한 그녀가 살고 있는 사회가 가진 금융거래의 기술 수준과 관련되어 있다. 예를 들어, 미국에서 신용카드, 직불카드, 자동인출기(ATM) 등의 발전은 일반적으로 사람들이 일상적인 거래를 수행하기 위하여 보유할 필요가 있는 화폐의 양을 감소시켜 주어진 소득수준에서 일반 사람들의 화폐수요를 감소시켰다. 예를 들어, 1960년 미국에서 현금과 요구불예금 형태의 화폐보유량(M1, 통화)은 GDP의 약 26%였다. 그 비율은 2007년에 GDP의 10% 아래로 떨어졌다.

화폐가 매우 유용한 자산이기는 하지만, 화폐의 대부분은 이자를 아주 적게 지급하거나 또는 전혀 지급하지 않는다는 사실로부터 화폐보유의 비용—더 정확히 말하면, 기회비용—또한 존재한다. 현금은 이자율이 0이며 대부분의 요구불예금 계좌는 이자를 지급하지 않거나 아주 낮은 이자율을 지급한다. 편의상 화폐에 대한 명목이자율이 0이라는 단순화 가정을 하자. 이에 반해 채권, 주식과 같은 대부분의 다른 자산들은 양의 명목수익을 지급한다. 예를 들어, 채권은 보유자에게 매 기간 정해진 이자를 지급하며, 주식은 배당을 지급하고 또한 가치가 상승할 수도 있다(자본이득).

화폐보유의 비용이 발생하는 이유는 추가적인 $1의 부를 화폐의 형태로 보유하려면 채권, 주식과 같이 더 높은 수익을 창출하는 자산 형태로 가지고 있던 부를 $1 감소시켜야 하기 때문이다. 화폐보유의 기회비용은 화폐 대신에 이자를 지급하는 자산으로 보유하였다면 벌어들일 수 있는 이자율로 측정된다. 다른 모든 조건이 동일하다면, 명목이자율이 높을수록 화폐보유의 기회비용은 커지고 사람들은 더 적은 양의 화폐를 보유하게 될 것이다. 실제로 2007~2008년 명목이자율이 크게 하락하여 역사적으로 기록적인 최저수준에 머무르고 있을 때 M1은 2007년 GDP의 10%보다 낮은 수준에서 2016년 GDP의 17%로 꾸준히 상승하였다.

이제까지 개인의 화폐수요에 대하여 논의하여 왔지만, 기업들도 또한 고객들과 거래를 하고 근로자들에게 임금을 지급하고 물자를 공급해주는 사람들에게 대금을 지급하기 위하여 화폐를 보유한다. 개인의 화폐수요를 결정하는 일반적 요인들이 기업들의 화폐수요에도 동일하게 영향을 준다. 즉, 얼마나 많은 화폐를 보유할 것인지를 선택할 때, 기업은 개인과 마찬가지로 거래를 위한 화폐보유의 편익과 이자를 지급하지 않는 자산을 보유하는 기회비용을 비교하게 된다. 화폐수요를 논의할 때 개인들이 보유한 화폐와 기업들이 보유한 화폐를 구분하지 않지만, 미국 경제에서 기업들은 총 화폐량의 반 이상에 해당하는 많은 부분을 보유하고 있다는 것을 알아야 한다. **예 25.2**는 기업에 의한 화폐수요의 결정에 대하여 예시한다.

예 25.2 기업의 화폐수요

킴이 운영하는 레스토랑은 화폐를 얼마나 보유해야 할까?

킴은 레스토랑을 소유하고 있다. 그녀의 회계사가 말하기를 평소에 레스토랑은 가게 안에 총 $50,000의 현금을 보유하고 있는데 현금보유액을 감소시켜 마련된 현금으로 이자를 지급하는 정부채권을 살 수 있다고 말한다.

회계사는 레스토랑이 보유한 현금의 양을 감소시키는 두 가지 방법을 제안한다. 첫째, 무장 자동차 서비스에 의한 현금 수송의 빈도를 증가시킨다. 추가적인 서비스의 비용은 매년 $500지만 레스토랑의 평균적인 화폐보유를 $40,000로 감소시킬 수 있게 해 준다. 둘째, 추가적인 현금 수송에 더하여 컴퓨터화된 현금관리 서비스를 받으면 레스토랑의 현금유입과 유출에 대해서 더 자세히 살펴보는 데 도움을 줄 수 있다. 그 서비스는 매년 $700지만 현금수송을 좀 더 자주하는 동시에 더 효율적인 현금관리 서비스를 이용하면, 레스토랑은 $30,000까지 평균 현금보유를 감소시킬 수 있다.

정부채권에 대한 이자율은 6%이다. 킴의 레스토랑은 화폐를 얼마나 보유해야 하는가? 정부채권에 대한 이자율이 8%라면 어떠한가?

킴이 운영하는 레스토랑은 일상적인 영업을 위하여 현금을 보유할 필요가 있지만, 이자율이 0인 현금 대신에 정부채권의 형태로 보유한다면 이자를 벌어들일 수 있기 때문에, 현금을 보유할 경우 포기한 이자의 형태로 기회비용이 발생한다. 정부채권에 대한 이자율이 6%이기 때문에 레스토랑의 화폐보유를 감소시킬 수 있는 $10,000는 매년 $600($10,000의 6%)의 편익을 창출한다.

킴이 무장자동차 서비스에 의한 현금수송의 빈도를 증가시킨다면, 레스토랑의 평균 화폐보유를 $50,000에서 $40,000로 감소시켜 편익은 추가적으로 벌어들일 이자소득 $600가 될 것이다. 무장자동차 서비스에 의해 부과되는 비용은 $500이다. 편익이 비용을 초과하기 때문에 킴은 추가적인 서비스를 구입해야 하며 레스토랑의 평균 화폐보유를 4만 달러로 감소시켜야 한다.

한 걸음 더 나아가 현금관리 서비스를 추가적으로 이용해야 하는가? 이 서비스를 이용하면 레스토랑의 평균 화폐보유를 $40,000에서 $30,000로 감소시킬 것이며, 매년 추가적인 이자소득 $600의 편익을 줄 것이다. 그러나 현금관리 서비스의 비용이 매년 $700이므로 편익이 비용보다 적다. 따라서 현금관리 서비스를 이용하지 않고 평균 화폐보유를 $40,000로 유지해야 한다.

만약 정부채권의 이자율이 8%로 상승한다면 평균 화폐보유가 $10,000 감소할 때, 편익은 추가적인 이자소득의 형태로 매년 $800($10,000의 8%)가 된다. 이 경우에 현금관리 서비스 이용의 편익 $800는 그 비용 $700를 초과한다. 따라서 킴은 그 서비스를 구매하여 사업의 평균 화폐보유를 $30,000로 감소시켜야 한다. 이 예는 다른 자산의 명목이자율이 높아지면 화폐수요량을 감소시키게 된다는 것을 보여준다.

✔ 개념체크 25.1

국채에 대한 이자율이 6%에서 4%로 하락하였다. 킴이 운영하는 레스토랑은 현금을 얼마 보유해야 하는가?

25.1.2 화폐수요에 영향을 주는 거시경제 요인

가계나 기업의 화폐수요는 다양한 개별적인 상황에 의존할 것이다. 예를 들어, 매일 수천 명의 고객들에게 물건을 공급하는 대규모의 소매업은 아마도 의뢰인에게 청구서를 보내고 고용자들에게 매달 월급을 지급하는 법률회사보다 더 많은 화폐를 보유할 것이다. 개인이나 기업들이 선택하는 화폐보유의 양은 매우 다양하지만, 크게 세 가지의 거시경제 요인들이 화폐수요에 영향을 준다: 명목이자율, 실질총생산, 물가수준. 명목이자율은 경제 전체에 대하여 화폐보유의 기회비용에 영향을 주고 실질총생산과 물가수준은 화폐의 편익에 영향을 준다.

- **명목이자율**(i). 정부채권과 같이 화폐의 대안이 되는 자산에 지급되는 이자율은 화폐보유의 기회비용이다. 통용되는 명목이자율이 높을수록 화폐보유의 기회비용은 커지며 따라서 개인이나 기업들은 화폐를 덜 수요하게 될 것이다.

명목이자율이란 무엇을 의미하는가? 세상에는 수천 가지의 자산이 존재하며, 각각은 자신의 이자율(수익률)을 가지고 있다. 따라서 실제로 하나의 명목이자율에 대하여 이야기하는 것이 가능한가? 이에 대한 대답은, 각기 다른 이자율을 가진 많은 자산들이 있지만 그런 자산들에 대한 이자율은 같이 상승하거나 같이 하락하는 경향이 있다는 것이다. 만약 몇몇 자산들에 대한 이자율이 급격히 상승하고 다른 자산에 대한 이자율은 하락한다면, 금융 투자자들은 높은 이자율을 지급하는 자산으로 몰려들고 낮은 이자율을 지급하는 자산을 사지 않을 것이기 때문에 이자율들이 같이 움직이는 현상을 예상할 수 있는 것이다. 따라서 실제로 많은 이자율이 존재하지만, 이자율의 일반적인 수준에 대하여 말하는 것도 의미가 있다. 본 서에서는 명목이자율을 이자율들의 어떤 평균적인 지표를 지칭하는 말로 사용한다. 이러한 단순화는 제 15장 "거시경제학: 경제의 조감도"에서 소개된 거시경제학에서의 집계의 개념의 예이다.

명목이자율은 화폐보유의 비용에 영향을 주는 거시경제 요인이다. 화폐보유의 편익에 영향을 주는 거시경제 요인에는 다음과 같은 것이 있다.

- **실질소득 또는 실질총생산**(*Y*). 실질소득 또는 실질총생산이—예를 들어, 실질 GDP로 측정된—증가하면 사람들과 기업들이 사고 파는 재화와 서비스의 양이 증가한다. 예를 들어, 경제가 호황으로 진입할 때 사람들은 구매를 더 많이 하게 되고 더 많은 고객들이 상점을 찾는다. 거래의 증가를 뒷받침하기 위하여 개인과 기업들은 더 많은 화폐를 보유할 필요가 있다. 따라서 실질총생산이 증가하면 화폐수요가 증가한다.

화폐보유의 편익에 영향을 주는 두 번째 거시경제 요인은 다음과 같다.

- **물가수준**(*P*). 재화와 서비스의 가격들이 높을수록 주어진 거래를 수행하기 위하여 더 많은 화폐가 필요하다. 따라서 더 높은 물가수준은 더 높은 화폐수요로 이어진다.

오늘날 한 쌍의 청춘남녀가 토요일에 영화를 보고 스낵을 먹으려면, 그들의 부모가 25년 전에 필요했던 액수에 비하여 아마도 5배나 많은 현금을 필요로 할 것이다. 극장표와 팝콘의 가격이 25년 전보다 크게 올랐기 때문에, 과거에 비하여 토요일 밤을 위해 지불하기 위하여 더 많은 화폐가 필요하다. 그런데 현재의 물가가 과거에 비해 더 높다는 사실이 사람들이 못 살게 되었다는 것을 의미하지 않는데, 그 이유는 명목임금도 또한 증가하였기 때문이다. 그러나 일반적으로 높은 물가는 사람들이 더 많은 화폐를 현금이나 요구불예금으로 보유할 필요가 있다는 것을 의미한다.

25.1.3 화폐수요곡선

통화정책 결정을 위해서 경제학자들은 집계적인, 또는 경제 전체의 화폐수요에 가장 큰 관심을 가지고 있다. 일반 사람들에 의해 결정된 총 화폐수요와 중앙은행에 의해 정해지는 화폐공급의 상호작용을 통하여 경제의 균형 명목이자율이 결정된다.

경제 전체의 화폐수요를 그래프로 표현한 것이 화폐수요곡선(**그림 25.1** 참조)이

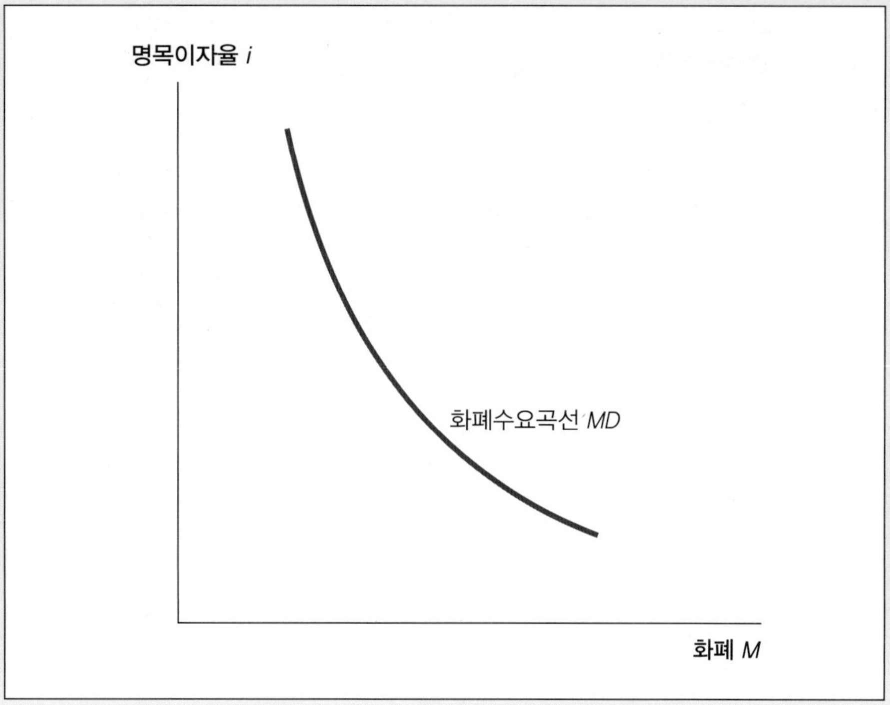

그림 25.1

화폐수요곡선

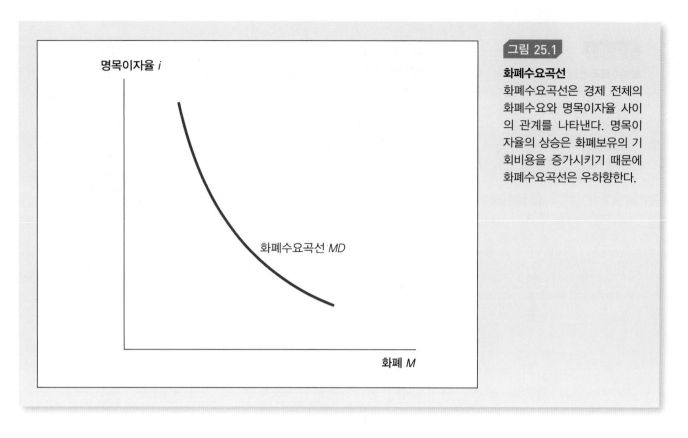

화폐수요곡선은 경제 전체의 화폐수요와 명목이자율 사이의 관계를 나타낸다. 명목이자율의 상승은 화폐보유의 기회비용을 증가시키기 때문에 화폐수요곡선은 우하향한다.

다. **화폐수요곡선**(money demand curve)은 화폐의 수요량 M과 명목이자율 i 사이의 관계이다. 화폐의 수요량 M은 달러, 원화, 유로 등 나라에 따라 자국 통화로 측정된 명목 수량이다. 명목이자율의 상승은 화폐보유의 기회비용을 증가시켜 화폐의 수요량을 감소시키기 때문에 화폐수요곡선은 우하향한다.

화폐수요곡선
화폐수요량 M과 명목이자율 i 사이의 관계를 보여주는 곡선. 명목이자율의 상승은 화폐보유의 기회비용을 증가시켜 화폐의 수요량을 감소시키기 때문에 화폐수요곡선은 우하향한다.

명목이자율을 화폐의 "가격"(더 정확히 말하면, 기회비용)으로 생각하고 사람들이 보유하기를 원하는 화폐의 양을 "수량"으로 생각한다면, 화폐수요곡선은 한 재화 또는 서비스에 대한 수요곡선과 유사하다. 일반적인 수요곡선과 같이, 화폐의 가격이 높아지면 화폐에 대한 수요가 감소한다는 사실은 우하향하는 수요곡선에 반영되어 있다. 더욱이 일반적인 수요곡선과 마찬가지로 화폐의 가격(명목이자율) 이외의 다른 요인의 변화는 화폐수요곡선을 이동시키는 요인이 될 수 있다.

주어진 명목이자율에서 사람들이 더 많은 화폐를 보유하도록 만드는 모든 변화는 화폐수요곡선을 오른쪽으로 이동시킬 것이고, 사람들이 더 적은 화폐를 보유하도록 만드는 모든 변화는 화폐수요곡선을 왼쪽으로 이동시킬 것이다. 앞에서 이미 이자율 이외에 경제 전체의 화폐수요에 영향을 주는 두 가지 거시경제 요인, 실질총생산과 물가수준을 확인하였다. 이러한 변수 중 하나의 증가는 화폐수요를 증가시키기 때문에 **그림 25.2**에서와 같이 화폐수요곡선을 오른쪽으로 이동시킨다. 실질총생산의 감소나 물가수준의 하락은 화폐수요를 감소시켜 화폐수요곡선을 왼쪽으로 이동시킨다.

화폐수요곡선은 앞에서 언급한 기술의 발전 또는 금융기법의 발달과 같이 화폐보유의 비용이나 편익에 영향을 주는 다른 요인의 변화에 반응하여 이동할 수 있다. 예를

그림 25.2

화폐수요곡선의 이동

주어진 명목이자율에서 사람들이 더 많은 화폐를 보유하도록 만드는 변화는—물가수준의 상승이나 실질GDP의 증가와 같은—화폐수요곡선을 오른쪽으로 이동시킨다.

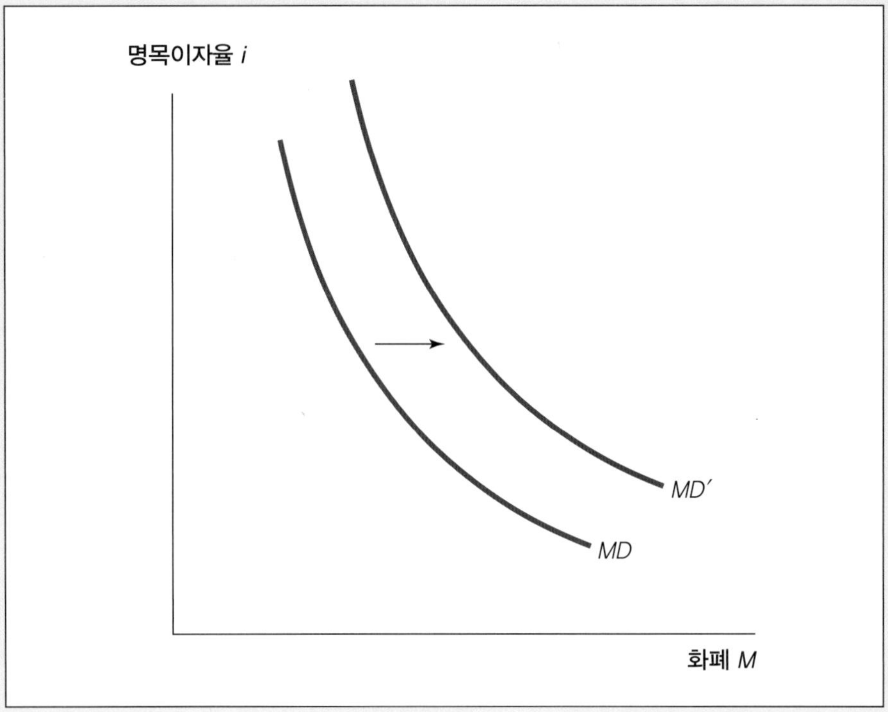

들어, 자동인출기의 도입은 사람들이 보유하려는 화폐의 양을 감소시키고 경제전체의 화폐수요곡선을 왼쪽으로 이동시켰다. **경제적 사유 25.1**은 화폐수요곡선을 이동시키는 또 하나의 잠재적 요인인 외국인에 의한 미국 달러에 대한 수요에 대하여 서술하고 있다.

경제적 사유 25.1

왜 아르헨티나 국민은 미국 국민보다 평균적으로 더 많은 달러를 보유하는가?

아르헨티나에서 유통되고 있는 미국 달러의 총액은 일인당 $1,000를 초과하여 미국의 일인당 달러보유액보다 높다고 추정되고 있다. 구소련에 속했던 나라들을 포함하여 많은 다른 나라들도 또한 많은 양의 달러를 보유하고 있다. 모두 합하여 미국 통화 5,000억 달러가—총 발행액의 절반보다 많은 액수—미국 국경 밖에서 유통되고 있다. 왜 아르헨티나 사람들과 미국 거주민이 아닌 사람들이 그렇게 많은 달러를 보유하고 있는가?

미국 거주자와 기업들은 가치저장이 아닌 주로 거래 목적으로 달러를 보유한다. 미국인들에게는 이자를 주는 채권이나 배당을 지급하는 주식이 이자를 지급하지 않는 화폐보다 가치의 저장수단으로서 더 나은 선택이다. 그러나 다른 나라, 특히 경제적으로 또는 정치적으로 불안정한 국가의 국민들에게는 반드시 그렇지는 않다. 예를 들어, 아르헨티나는 1970년대와 1980년대에 여러 해 동안 높고 변동이 심한 인플레이션을 경험했기 때문에 아르헨티나 페소화로 표시된 금융투자의 가치가 크게 하락하였다. 더 좋은 대안이 없는 상황에서 많은 아르헨티나 사람들은 페소화로 표시된 자산보다 더 안정적이라고 믿었던 미국 통화의 형태로 저축하기 시작하였다.

아르헨티나의 달러 사용은 1990년에 공식적으로 인정되었다. 그 해에 아르헨티나는 미국 달러화와 아르헨티나의 페소화가 법적으로 자유롭게 일대일로 거래되는 새로운 통화제도인 커런시보드(currency board, 통화위원회제도)를 만들었다. 커런시보드 시스템 하에서 아르헨티나 국민들은 거래 목적을 위해 지갑에 페소화와 함께 달러화를 소지하는 것에 익숙해졌다. 그러나 2001년 아르헨티나 통화문제가 악화되어 커런시보드 시스템이 붕괴되고 달러에 대한 페소의 가치는 폭락하였으며 인플레이션이 다시 나타났다. 지난 몇 년 동안 아르헨티나의 인플레이션율은 25~40%였다고 추정되었다.(아르헨티나 정부의 공식적인 인플레이션율 숫자는 신뢰성이 떨어졌다.) 결과적으로 아르헨티나의 달러수요는 그 후 수년 동안 증가하였다.

아프리카의 짐바브웨에서 발생한 수년 간의 초인플레이션과 물가투기현상 후에 짐바브웨 달러는 2009년 4월 12일 공식적인 통화로서는 폐지되었다. 이것은 전년대비 통화증가율이 1월에 81,143%에서 12월 6,580억%로 높아져 계란 1개를 사는데 500억 짐바브웨 달러가 필요하게 되었던 상황에서 1년 후의 일이었다. 2014년 1월 29일 짐바브웨 중앙은행은 미국 달러를 포함한 몇 개 외국 통화를 법적인 통화로서 통용하겠다고 발표했다.

소련 붕괴 후에 만들어진 많은 국가들을 포함하여 몇몇 국가들은 높은 인플레이션뿐만 아니라 정치적 불안정과 불확실성을 경험하였다. 정치적으로 격변하는 상황에서 국민들은 은행예금을 비롯한 저축이 정부에 의해 몰수되거나 높은 세금이 부과될 위험에 직면한다. 그들은 미국 달러를 비밀리에 가지고 있는 것이 부를 소유하는 가장 안전한 방법이라고 결론 내린다. 실제로 $100 지폐로 담으면 여행가방에 $1,000,000를 넣을 수 있다. 비교적 작은 가방에 그러한 액수의 재산을 담을 수 있다는 것이 국제적 범죄자들, 특히 마약 딜러들이 $100 지폐를 매우 많이 보유하고 있는 하나의 이유라고 알려져 있다. 유럽 통화인 유로는 $1보다 더 가치가 높은데, 500유로 지폐가 존재하기 때문에, 마약 딜러 및 현금보유자들이 작은 여행 가방에 $100 지폐 대신에 500유로 지폐를 담는 방향으로 전환할 것이라고 알려지고 있다. 이러한 우려로 2016년 유럽중앙은행은 500유로 지폐를 2018년말까지 단계적으로 없애버릴 것이라고 발표하였다. 그렇게 되면 달러에 대한 수요가 증가할 수 있다.

실제로 미국 달러에 대한 해외 수요의 변화는 미국 화폐수요함수의 중요한 변동요인이다. 전쟁, 금융위기, 정치적 불안정의 시기에 달러에 대한 해외 수요는 증가하는 경향이 있다. 그러한 달러 수요 증가는 미국 화폐수요곡선을 **그림 25.2**처럼 오른쪽으로 크게 이동시킨다. Fed의 정책결정자들은 세계 전체에 유통되는 미국 달러보다는 미국 내의 달러 통화량에 우선적으로 관심을 가지고 있기 때문에 이러한 국제적 달러지폐의 흐름을 면밀하게 예의주시하고 있다.

25.1.4 화폐공급과 화폐시장의 균형

수요가 존재할 때 공급이 이에 훨씬 못 미칠 수 있는가? 앞에서 살펴본 것처럼 화폐공급은 중앙은행이 조절한다. 앞에서 이미 언급한 것처럼, 통화량은 지급준비금에 의해 결정되고 중앙은행에 의해 완전히 조절된다고 당분간 가정하자. 역사적으로 중앙은행이 화폐공급을 조절하는 첫 번째 수단은 공개시장운영(open-market operations)이다. 예를 들어, 화폐공급을 증가시키려면 중앙은행은 일반 사람들로부터 정부채권을 매입하며(공개시장매입) 이로 인해 새로운 화폐가 유통된다.

그림 25.3은 화폐수요와 화폐공급을 한 그래프 위에 보여주고 있다. 명목이자율이 세로축에 표시되었고 명목 화폐량이 가로축에 표시되어 있다. 앞에서 살펴보았던 것처럼 높은 명목이자율은 화폐보유의 기회비용을 증가시키기 때문에 화폐수요곡선은 우

그림 25.3

화폐시장의 균형

화폐시장의 균형은 민간의 화폐수요량과 중앙은행에 의해 공급되는 화폐공급량이 일치하는 *E*점에서 발생한다. 균형 명목이자율은 화폐수요와 화폐공급을 일치시키는 *i*이다.

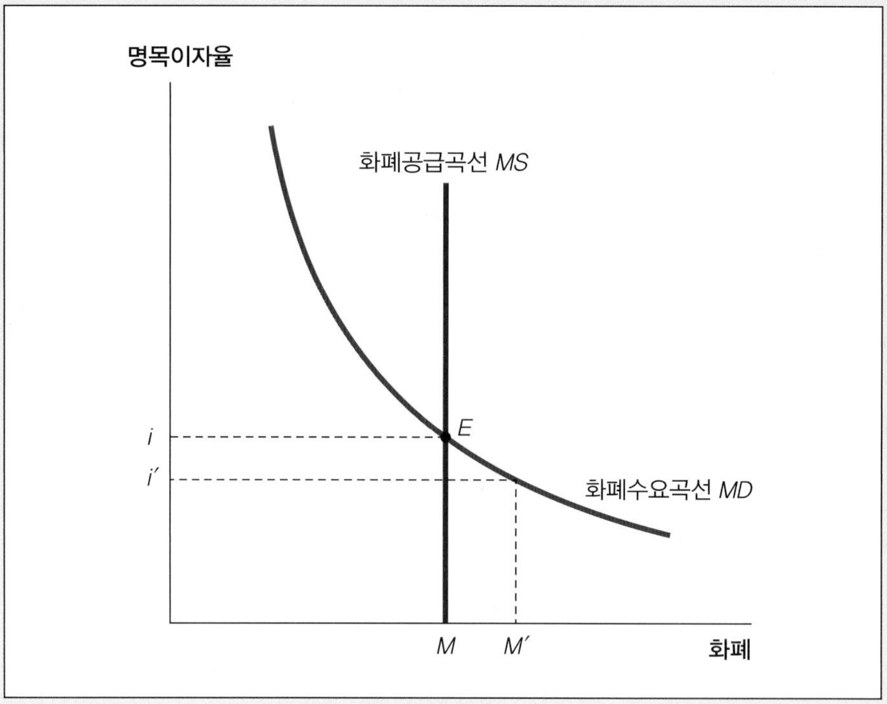

하향한다. 그리고 중앙은행은 화폐공급을 정하기 때문에 화폐공급곡선(money supply curve)은 중앙은행이 선택한 화폐량 *M*에서 수평절편을 갖는 수직선으로 나타난다.

일반적인 수요–공급 분석에서와 같이, 화폐시장의 균형은 **그림 25.6**의 *E*점과 같은 수요곡선과 공급곡선의 교차점에서 발생한다. 유통되는 균형 화폐량 *M*은 중앙은행이 공급하기로 선택한 화폐량과 같다. 균형 명목이자율 *i*는 일반 사람들의 화폐수요량과 중앙은행에 의해 고정된 화폐공급량이 일치하는 이자율이다.

화폐시장이 어떻게 균형에 도달하는지 이해하기 위하여 제 22장 "금융시장과 국제적 자본이동"에서 소개된 이자율과 채권의 시장가격 간의 관계를 상기하는 것이 도움이 된다. 이미 발행되어 유통되고 있는 채권의 가격은 현재 이자율과 역의 관계에 있다. 높은 이자율은 낮은 채권가격을 의미하며, 낮은 이자율은 높은 채권가격을 의미한다. 이자율과 채권가격 간의 이러한 관계를 기억하고 초기에 명목이자율이 화폐시장의 균형수준보다 낮다면—예를 들어, **그림 25.3**의 *i*′—어떤 일이 일어날지 생각해보자. 그 이자율에서 사람들의 화폐수요는 *M*′이고, 이것은 유통되는 실제 화폐량 *M*보다 많다. 사람들이—가계와 기업들—보유하고 있는 화폐량이 보유하길 원하는 양보다 적다면 어떻게 반응할 것인가? 화폐보유를 증가시키기 위하여 사람들은 채권과 같이 이자를 지급하는 자산의 일부를 판매하려고 노력할 것이다. 그러나 모든 사람들이 채권을 팔려고 하고 아무도 사려고 하지 않는다면, 채권보유를 감소시키려는 시도들은 채권가격을 하락시킨다. 이것은 사과의 초과공급이 사과가격을 하락시키는 것과 동일하다.

그러나 채권가격의 하락은 이자율의 상승과 동일하다. 따라서 채권 및 이자를 지급하는 자산을 매각하여 화폐보유를 증가시키려는 일반 사람들의 집단적인 시도는 채권가격을 하락시키는 효과를 가지고 있으며 이것은 더 높은 이자율을 의미한다. 이자율이 상승하면 일반 사람들의 화폐수요량은 감소할 것이며(화폐수요곡선을 따라서 오른쪽에서 왼쪽으로 이동하는 것으로 표현됨), 채권을 판매하려는 의향도 감소하게 된다. 이자율이 균형수준인 **그림 25.3**의 i에 도달할 때만이 사람들이 보유하고자 원하는 양이 경제 내에 실제로 존재하는 통화량 및 다른 자산들의 양과 일치한다.

✔ 개념체크 25.2

명목이자율이 균형수준보다 높은 경우 화폐시장의 조정과정을 설명하라. 화폐시장이 균형으로 조정되어 감에 따라 채권가격에 어떤 일이 발생하는가?

요약 화폐수요와 화폐공급

- 경제 전체에 대한 화폐수요는 개인, 가계, 기업들이 화폐의 형태로 보유하려고 선택하는 부의 양이다. 화폐보유의 기회비용은 화폐 대신에 보유할 수 있는 채권과 같은 자산에서 벌어들일 수 있는 수익인 명목이자율 i로 측정된다. 화폐보유의 편익은 거래에서의 편리함이다.
- 실질GDP(Y) 또는 물가수준(P)의 증가는 거래의 명목액수를 증가시켜 경제 전체의 화폐수요를 증가시킨다. 화폐수요는 또한 현금자동인출기의 도입과 같이 화폐보유의 편익과 비용에 영향을 주는 기술적, 금융상의 혁신에 의해 영향을 받는다.
- 화폐수요곡선은 경제 전체의 화폐수요와 명목이자율 사이의 관계이다. 명목이자율의 상승은 화폐보유의 기회비용을 증가시키기 때문에 화폐수요곡선은 우하향한다.
- 화폐수요에 영향을 주는 이자율 이외의 다른 요인들의 변화는 화폐수요곡선을 이동시킬 수 있다. 예를 들어, 실질GDP나 물가수준의 상승은 화폐수요를 증가시켜 화폐수요곡선을 오른쪽으로 이동시키는 반면, 실질GDP나 물가수준의 하락은 화폐수요곡선을 왼쪽으로 이동시킨다.
- 화폐시장에서 이자율이 높으면 화폐보유의 기회비용이 높아져 사람들이 보유하려는 화폐의 양이 감소하기 때문에 화폐수요곡선은 우하향한다. 화폐공급은 중앙은행이 공급하려는 양에서 수직으로 표현된다. 균형실질이자율 i는 민간 경제주체들이 수요하는 화폐의 양과 중앙은행이 공급한 고정된 화폐공급량이 일치하는 점에서의 이자율이다.

25.1.5 중앙은행이 명목이자율을 조절하는 방법

앞에서 일반 대중과 언론매체가 중앙은행의 정책에 대하여 이야기할 때 일반적으로 화폐공급량보다는 명목이자율의 결정에 주목한다고 언급한 바 있다. 실제로 중앙은행의 정책결정자들은 특정한 이자율 수준(또는 이자율의 범위)을 정하여 통화정책의 방향을 발표한다. 우리는 이제 중앙은행이 화폐공급을 변화시켜 어떻게 명목이자율을 조절할 수 있는지 이해하기 위해 필요한 배경지식을 갖게 되었다.

그림 25.3은 명목이자율이 화폐시장의 균형에 의해 결정된다는 것을 보여준다. 이제 중앙은행이 이자율을 낮추기로 결정하였다고 가정하자. 이자율을 낮추기 위해서 중앙은행은 통화량을 증가시켜야 하며 이것은 중앙은행이 민간으로부터 국채를 매입하는 과정을 통해 이루어진다(공개시장매입).

그림 25.4는 중앙은행에 의한 화폐공급 증가의 효과를 보여주고 있다. 원래의 화폐공급을 M이라고 하면 화폐시장의 균형은 E점에서 달성되며, 균형 명목이자율은 i이다. 이제 중앙은행이 채권의 공개시장매입으로 화폐 공급을 M'으로 증가시킨다고 가정하자. 화폐공급의 증가는 수직의 화폐공급곡선을 우측으로 이동시키고, 화폐시장의 균형을 E점에서 F점으로 이동시킨다. F점에서 균형 명목이자율은 i에서 i'으로 하락한다. 경제 내에 공급된 추가적인 화폐를 일반 사람들이 자발적으로 보유하려면 명목이자율이 하락해야 한다.

중앙은행이 화폐공급을 확대할 때 금융시장에 어떤 일이 일어나는지 이해하기 위하여 이자율과 채권가격 사이의 역의 관계를 다시 한 번 기억하기 바란다. 화폐공급을 증가시키기 위하여 일반적으로 중앙은행은 민간이 소유한 정부채권을 매입한다. 그러나 가계와 기업들이 초기에 그들의 자산구성에 만족하고 있다면, 그들은 원래 가격보다 더 높은 가격에만 채권을 팔 용의가 있을 것이다. 즉, 중앙은행의 공개시장매입은 채권가격을 상승시킨다. 그런데 채권가격의 상승은 이자율의 하락을 의미한다. 따라서 중앙은행의 채권 매입은 통용되는 명목이자율을 낮추게 되는 것이다.

중앙은행이 이자율을 올리려고 한다면 반대방향의 시나리오가 전개된다. 이자율을 올리기 위하여 중앙은행은 화폐공급을 감소시켜야 한다. 화폐공급의 감소는 공개시장매각에—민간에 정부 채권을 판매하고 화폐를 환수—의해 달성될 수 있다[3](중앙은행은 공개시장조작에서 사용하기 위하여 과거 공개시장매입을 통해서 취득한 큰 규모의 정부채권을 보유하고 있다. 한국은행은 주로 통안증권 매각을 통하여 통화량을 감소시킨다). 공개시장에서 채권을 판매하기 위한 중앙은행의 시도는 채권가격을 하락시킬 것이다. 채권가격과 이자율 사이의 역의 관계로부터 채권가격의 하락은 이자율의 상승과 동일하다. 화폐수요와 화폐공급의 측면에서 보면 민간이 더 적은 화폐를 보유하도록 하기 위하여 더 높은 이자율이 필요하다.

그림 25.3과 **그림 25.4**가 예시하고 있듯이 이자율의 조절은 화폐공급의 조절과 분리된 것이 아니다. 명목이자율을 특정한 수준으로 설정하려면 중앙은행은 화폐공급을 목표이자율과 일치하는 수준에 맞추어야 한다. 화폐수요곡선이 주어졌을 때, 특정한 이자율은 특정한 규모의 화폐공급을 의미하고, 특정한 규모의 화폐공급은 특정한 이자율 수준을 의미하기 때문에 중앙은행은 이자율과 화폐공급의 목표를 동시에 독립적으

3 이미 발행되어 있던 정부채권을 중앙은행이 공개시장에서 매각하는 것과 기획재정부에서 정부의 재정적자를 메꾸기 위해 신규로 발행하는 정부채권 판매를 혼동하지 말아야 한다. 공개시장매각은 화폐량을 감소시키지만 재무성의 신규 채권의 판매는 화폐공급에 영향을 주지 않는다. 중앙은행은 공개시장매각으로부터 받은 화폐를 다시 유통시키지 않기 때문에 민간이 더 적은 화폐를 보유하게 된다. 이와 반대로 기획재정부는 신규 발행된 채권의 판매로부터 받은 화폐를 재화와 서비스를 구매할 때 다시 유통시킨다.

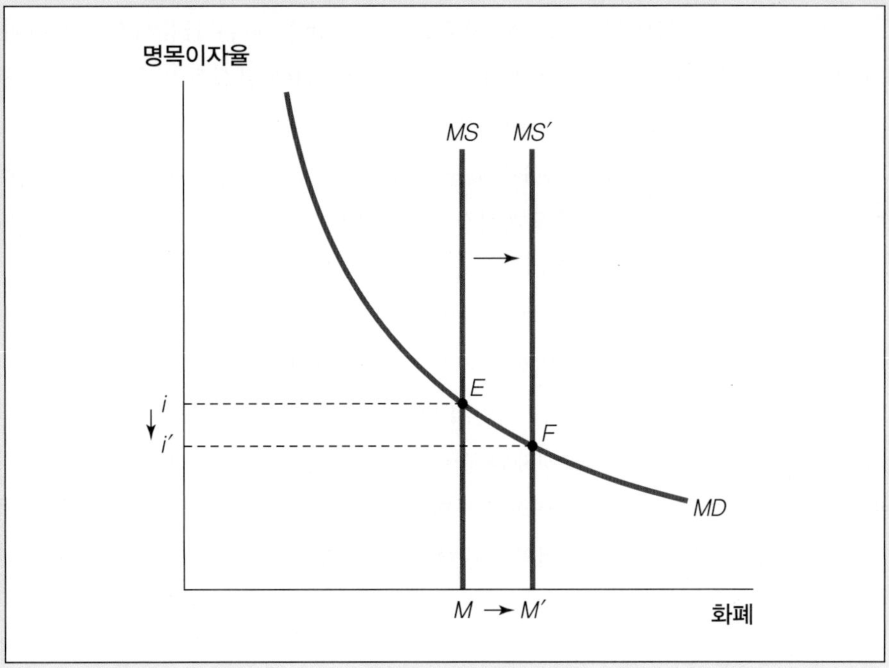

그림 25.4

중앙은행이 이자율을 낮추는 방법

중앙은행은 화폐공급을 증가시켜 균형 명목이자율을 낮출 수 있다. 주어진 화폐수요곡선에 대하여 화폐공급이 *M*에서 *M*′으로 증가하면 화폐시장의 균형점은 *E*점에서 *F*점으로 이동하며 균형 명목이자율은 *i*에서 *i*′으로 낮아진다.

로 설정하여 달성할 수 없다.

통화정책의 방향은 이자율 수준이나 또는 화폐공급량으로 표현될 수 있는데 왜 중앙은행은 민간에 정책결정을 발표할 때 화폐공급보다는 명목이자율을 이용하는가? 한 가지 이유는 경제와 금융시장에 대한 통화정책의 주요 효과는 이자율을 통하여 발생한다는 것이다. 결과적으로 이자율은 중앙은행 통화정책의 영향을 가장 잘 반영한다. 이자율에 초점을 두는 또 하나의 이유는 화폐공급보다 이자율이 일반 사람들에게 더 친숙하다는 점이다. 끝으로, 이자율은 연속적으로 금융시장에서 체크될 수 있기 때문에 이자율에 대한 중앙은행 통화정책의 효과를 관찰하기가 용이하다. 반면에 경제의 통화량을 측정하려면 은행 예금에 대한 데이터를 수집하는 것이 필요하고, 그 결과, 중앙은행의 정책이 화폐공급에 어떤 영향을 미쳤는지 정책결정자와 민간 사람들이 정확히 알기까지 몇 주가 걸릴 수도 있다.

25.1.6 통화정책에서 기준금리의 역할

금융시장에서 얻을 수 있는 수천 개의 이자율 및 여러 가지 금융 데이터 중에서 일반인, 정치가, 언론매체, 금융시장 참가자들이 가장 면밀히 주시하고 있는 것은 아마도 한국은행이 결정하는 **기준금리**일 것이다.

콜금리(미국의 연방기금금리에 해당)는 상업은행들이 서로 간의 초단기(보통 하룻밤) 대출에 대하여 부과하는 금리이다. 예를 들어, 지급준비금이 법정 지급준비금을 맞추기에 부족한 은행은 충분한 지급준비금을 가진 은행으로부터 며칠 동안 지급준비금을

콜금리(미국의 연방기금금리) 시중은행들이 서로 간에 지급준비금 과부족에 따라 이루어지는 초단기(보통 익일 상환) 대출에 대하여 부과하는 금리. 한국은행이 콜금리를 주시하며 기준금리를 결정하기 때문에 이 이자율은 금융시장에서 주목의 대상이 된다.

빌릴 수 있다. 콜금리는 공식적인 정부의 이자율이 아니며 정부와 아무런 관계가 없다.

상업은행들 사이의 대출시장은 정부의 국채시장 등 다른 금융시장에 비하여 작기 때문에, 상업은행의 경영진 이외에는 아무도 콜금리에 관심이 없을 것이라고 생각할 수도 있다. 그러나 한국은행은 이자율을 목표로 삼는 통화정책을 1999년 시작한 이후 약 10여 년 동안 콜금리의 목표수준을 발표했으며 2008년 이후에는 기준금리라는 이름으로 금리수준을 발표하여 공개시장운용과 관련된 거래의 기준으로 삼고 있다. 한국은행은 현재의 초단기 지급준비금을 위한 대출시장을 반영하고 있는 콜금리를 주목하면서 기준금리에 대한 결정을 내리고 있기 때문에 콜금리에 대한 관심도 여전하다고 할 수 있다. 실제로 금융통화위원회에서 본회의가 끝나면 기준금리를 올릴 것인지, 내릴 것인지, 또는 변화를 주지 않을 것인지 발표한다. 한국은행은 또한 기준금리의 향후 가능한 변화 방향이 되는 향후 경제와 관련된 예상을 언급하기도 한다. 따라서 다른 어떤 금융변수보다도 기준금리의 변화가 통화정책에 대한 한국은행의 계획을 보여준다.[4]

왜 한국은행은 다른 모든 이자율 중에서 이 특정한 명목이자율(콜금리 또는 기준금리)에 초점을 두기로 했을까? 제 21장 "화폐, 물가, 중앙은행"에서 살펴 본 것처럼 실제로 한국은행은 은행의 지급준비금의 조절을 통하여 화폐공급에 영향을 준다. 공개시장운영은 은행의 지급준비금에 직접 영향을 주기 때문에, 한국은행은 콜금리를 잘 통제할 수 있다. 예를 들어, 중앙은행이 콜금리를 하락시키려 한다면, 콜금리가 새로운 원하는 수준으로 하락할 때까지 공개시장매입을 수행하여 지급준비금을 증가시킨다. 그러나 한국은행이 그렇게 하기로 결정했다면 아마도 단기 정부채권 이자율과 같은 단기 명목이자율에 대하여도 정책의도 신호를 효과적으로 발송할 수 있을 것이다.

그림 25.5는 1991년부터 2019년까지 **콜금리**와 한국은행의 정책금리인 기준금리의 추이를 보여주고 있다. 그림에서 볼 수 있듯이 콜금리와 한국은행의 정책금리는 거의 비슷한 수준을 유지하고 있다. 앞에서와 마찬가지로 음영처리된 부분은 경기침체기간이다. 일반적으로 중앙은행은 경제상황에 대응하여 정책금리를 변동시킨다. 한국의 경우, 2003~2004년의 경기침체 기간과 2011~2013년 경기침체 기간에 정책금리가 다소 인하되는 모습을 확인할 수 있으나, 2007~2009년의 글로벌 금융위기 기간에는 정책금리 인하가 다소 늦게 이루어진 측면이 있다. 미국의 경우 2007~2009년 글로벌 금융위기 기간 경기침체 및 금융시장 불안정에 대응하여 정책금리인 연방기금금리 목표수준을 5%에서 제로금리 수준으로 급격하게 인하하였다.

25.1.7 중앙은행은 실질이자율을 조절할 수 있는가?

중앙은행은 화폐공급의 조절을 통하여 경제의 명목이자율을 조절할 수 있다. 그러나 저축과 투자의 결정과 같은 경제적 의사결정은 명목이자율이 아니라 실질이자율에 의존한다. 그러한 의사결정들에 영향을 주기 위하여 중앙은행은 실질이자율을 조절

4 한국은행 금융통화위원회의 통화정책 결정문은 www.bok.or.kr에서 찾아볼 수 있다.

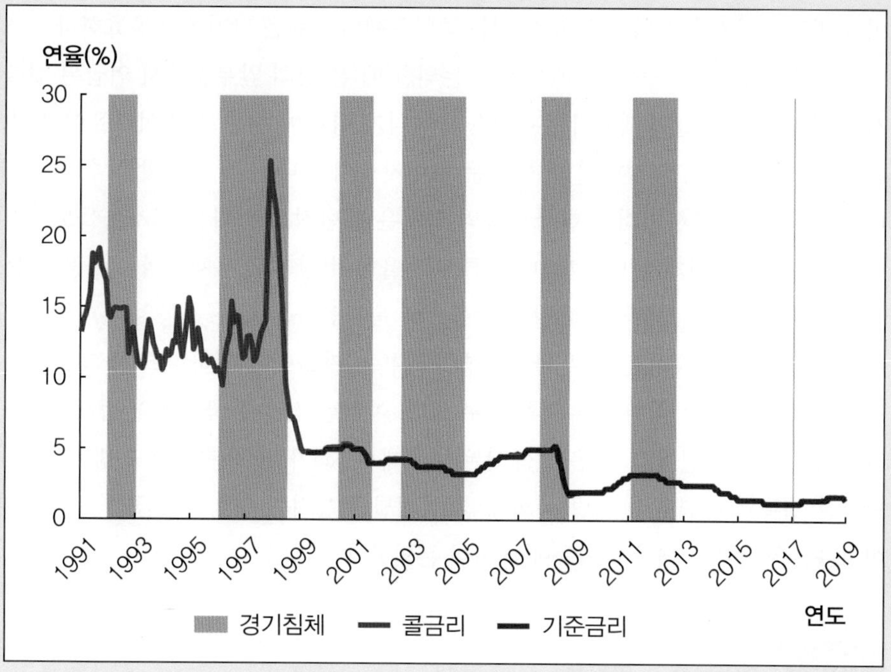

주: 기준금리는 2008년 2월까지는 콜금리의 목표수준이며, 음영으로 표시된 기간은 경기침체 기간을 가리킨다.
출처: 한국은행 경제통계시스템(http://ecos.bok.or.kr/).

그림 25.5

한국의 콜금리와 기준금리 1991~2019

외환위기 이후인 1999년 이후 한국의 통화정책은 목표금리 수준을 발표하기 시작하였다. 물가운용목표제와 함께 금리 타겟팅이 시작된 후 경제적 여건의 변화에 따라 목표금리 수준을 변동시켜 왔다.

할 수 있어야 한다.

대부분의 경제학자들은 중앙은행이 적어도 단기에서는 실질이자율을 조절할 수 있다고 믿는다. 그 이유를 보기 위하여 제 17장 "물가수준과 인플레이션의 측정"에서 살펴본 실질이자율의 정의를 기억해보자.

$$r = i - \pi$$

실질이자율 r은 명목이자율 i에서 인플레이션율 π를 뺀 것과 같다. 중앙은행은 화폐공급을 조절할 수 있기 때문에 그것을 통하여 명목이자율을 비교적 정확히 조절할 수 있다. 더욱이 인플레이션은 정책의 변화나 경제적 조건의 변화에 반응하여 비교적 천천히 변화한다. 그 이유는 다음 장에서 논의될 것이다. 인플레이션이 천천히 조정되는 경향이 있기 때문에, 명목이자율을 변화시키려는 중앙은행의 행동은 비슷한 크기만큼 실질이자율을 변화시키게 된다.

중앙은행이 실질이자율을 조절할 수 있다는 생각은 제 20장 "저축과 자본 형성"에서의 분석과 모순되는 것처럼 보인다. 우리는 실질이자율이 국민저축과 신규 자본재에 대한 투자가 일치되도록 결정된다고 결론을 내린 바 있다. 이러한 두 가지 다른 사고는 기간이 단기인가 또는 장기인가의 차이에서 비롯된다. 인플레이션은 빨리 조정되지 않기 때문에 중앙은행은 단기에서 실질이자율을 조절할 수 있다. 그러나 장기에서는—몇 년 이상의 긴 기간에서는—인플레이션율 및 다른 경제 변수들이 조정될 것이고 저축과 투자의 균형이 실질이자율을 결정할 것이다. 따라서 실질이자율의 조절을 통하여 소비와 투자지출에 영향을 줄 수 있는 중앙은행의 능력은 단기에서 유효하다.

중앙은행의 이자율 조절에 대하여 논의할 때 본 장의 앞부분에서 언급된 점을 다시 생각해보자. 현실 경제에서는 이자율이 하나가 아니며 수천 개의 이자율이 있다. 이자율은 같이 움직이는 경향이 있기 때문에(이자율이 하나인 것처럼 말할 수 있게 해준다) 콜금리를 변화시키려는 한국은행의 정책은 일반적으로 다른 이자율들도 동일한 방향으로 변화시키게 된다. 그러나 다른 이자율들이(장기 정부채권의 이자율 또는 회사채 이자율과 같은) 콜금리와 같은 방향으로 움직인다는 것은 경향일 뿐이며 정확한 관계는 아니다. 따라서 실제로 한국은행이 다른 이자율을 조절하려고 할 경우에는 콜금리에 대한 조절보다 다소 부정확할 수 있다. 이러한 점은 한국은행의 정책결정을 복잡하게 만드는 요인이다. 다음 절에서는 미국에서 Fed가 2008년 이후 연방기금금리를 낮추는 전통적 통화정책 채널 이외에 다른 채널을 통하여 연방기금금리 이외의 다른 이자율들을 낮추려 했던 방법들에 대하여 논의한다.

요약 중앙은행과 이자율

- 중앙은행은 화폐공급을 변화시켜 명목이자율을 조절한다. 정부채권에 대한 공개시장매입은 화폐공급을 증가시키고 균형 명목이자율을 낮춘다. 반대로 채권의 공개시장매각은 화폐공급을 감소시키고 명목이자율을 상승시킨다. 중앙은행은 화폐공급량을 적절히 조정하여 화폐수요의 변화가 명목이자율에 영향을 주는 것을 방지한다. 한국은행은 일반적으로 기준금리라는 정책금리(미국은 연방기금금리)를 발표하여 통화정책의 방향을 알려준다.
- 인플레이션은 천천히 조정되기 때문에 단기에서 중앙은행은 실질이자율(명목이자율에서 인플레이션율을 뺀 값)과 명목이자율을 조절할 수 있다. 그러나 장기에서 실질이자율은 저축과 투자의 균형에 의해 결정된다.

25.2 중앙은행과 이자율: 추가 분석

이제까지 화폐시장 기본 분석 과정에서 중앙은행은 통화량을 조절하여 명목이자율을 (화폐의 명목가격) 조절하고, 단기에서는 실질이자율도 조절한다는 것을 알게 되었다. 논의를 단순화하기 위해 중앙은행은 통화공급을 완전히 통제할 수 있다고 가정하였고 여러 가지 이자율이 같이 움직이기 때문에 하나의 이자율로 가정하여 분석하였다. 본 절에서는 화폐시장에 대하여 좀더 자세히 들여다보고 이러한 가정이 잘 성립하지 않는 경우에 어떻게 화폐시장이 작동하는지 살펴볼 것이다. 중요한 사례로서 2008년 금융위기의 발생 이후 Fed의 통화정책을 논의한다.

25.2.1 중앙은행은 통화량을 완전히 통제할 수 있는가?

일반적으로 중앙은행은 통화량 자체를 직접 통제하지 않는다는 것을 앞에서 언급한 바 있다. 그러나 중앙은행은 상업은행들이 보유하고 있는 지급준비금 공급에 영향을 주어 간접적으로 통화량을 조절할 수 있다고 가정하였다. 이제 이 가정을 좀더 자세히 들여다보자. 제 21장 "화폐, 물가, 중앙은행"에서 소개된 (21.2)식을 다시 쓰면:

$$\text{통화량} = \text{민간이 보유한 현금(현금통화)} + \frac{\text{은행 지급준비금}}{\text{희망 지급준비율}} \qquad (25.1)$$

이 식은 민간부문이 보유하려는 현금통화의 양이 주어지고 은행들이 유지하려는 지급준비율이 주어졌을 때 중앙은행은 은행의 지급준비금을 조절함으로써 통화량을 조절할 수 있다는 것을 보여준다. 당분간 민간부문이 보유하려는 현금통화의 양이 주어지고 은행들이 유지하려는 지급준비율이 주어졌다고 가정해보자. 통화량을 증가시키기 위해서 중앙은행은 은행의 지급준비금을 증가시켜야 하고 통화량을 감소시키기 위해서 중앙은행은 은행의 지급준비금을 감소시켜야 한다. 더욱이 이 식은 지급준비금의 변화와 통화량의 변화 사이의 간단한 관계를 의미한다. 지급준비금의 $1 변화(증가 또는 감소)는 통화량을 ($1/희망 지급준비율)만큼 변화시킬 것이다. 예를 들어, 희망 지급준비율이 5%라면 지급준비금 $1의 증가는 통화량을 $1/0.05=$20 증가시킬 것이다.

중앙은행은 아래에서 설명될 여러 가지 방법으로 지급준비금을 증가시키거나 감소시킬 수 있다. 또한 중앙은행은 희망 지급준비율에 직접 영향을 미칠 수 있다.

공개시장운영을 통한 은행 지급준비금 변화

중앙은행은 지급준비금을 어떻게 증가시키거나 감소시킬 수 있는가? 이제까지는 주요 수단인 공개시장운영을 강조하였다. 공개시장매입에서 중앙은행이 증권을 매입하면 실효적으로는 지급준비금을 증가시키는 것이고, 공개시장매각에서는 중앙은행이 증권을 팔면 실효적으로는 지급준비금을 환수하는 것이다. 중앙은행은 공개시장운영을 통하여 은행시스템의 지급준비금의 양을 변화시킬 수 있다.

재할인대출을 통한 은행 지급준비금 변화

중앙은행이 지급준비금을 변화시킬 수 있는 또 다른 수단은 재할인대출이라고 불리는 것이다. 제 21장 "화폐, 물가, 중앙은행"에서 언급했듯이 상업은행이 예금자의 인출요구에 맞추기 위해 보유하고 있는 현금이나 자산을 지급준비금이라고 부른다. 상업은행들이 희망하는 지급준비금의 양은 자신이 보유하고 있는 예금에 희망 지급준비율을 곱한 값이다.(제 21장 "화폐, 물가, 중앙은행"의 (21.1)식 참고) 개별 상업은행은 지급준비금이 부족할 때 중앙은행으로부터 지급준비금을 차입할 수 있다. 상업은행이 중앙은행으로부터 지급준비금을 직접 대출받은 것을 **재할인대출**이라고 부른다. 중앙은

재할인대출
상업은행에 대한 중앙은행의 지급준비금 대출

재할인율
중앙은행이 지급준비금을 빌려가는 상업은행에게 부과하는 이자율

행이 지급준비금을 차입하는 상업은행에 부과하는 이자율을 **재할인율**이라고 부른다. Fed는 세 가지 종류의 재할인대출 프로그램을(1차 신용, 2차 신용, 계절적 신용) 운영하고 있으며 각각의 대출에 대한 이자율을 설정한다. 중앙은행이 상업은행에 지급준비금을 대출하면 은행시스템의 지급준비금의 양이 직접적으로 증가하게 된다.[5]

법정지급준비율의 설정과 변화

경제의 통화량은 세 가지 요인들에 의존한다: 민간이 보유하는 현금통화, 은행 지급준비금의 공급, 상업은행들이 유지하려는 지급준비율. 지급준비율은 은행의 총 지급준비금을 은행의 총 예금으로 나눈 값이다. 은행들이 자신의 예금을 모두 지급준비금으로 보유한다면 지급준비율은 100%(1.00)이며 은행은 대출을 전혀 하지 않게 된다. 은행들이 예금의 더 많은 부분을 대출할수록 지급준비율은 낮아진다.

민간이 보유하려는 현금통화와 은행이 보유한 지급준비금이 주어졌을 때 지급준비율의 상승은 통화공급을 감소시킨다. 높은 지급준비율은 은행들이 예금과 대출이 연쇄적으로 이루어지는 신용창출 과정에서 예금 중에서 더 적은 부분이 대출되기 때문에 창출되는 전체 예금 및 대출의 총량을 적게 만든다는 것을 의미한다.

일정한 범위 안에서 상업은행들은 지급준비율을 원하는 수준으로 자유롭게 설정할 수 있다. 그러나 의회는 중앙은행에게 상업은행들의 지급준비율의 최저수준을 설정할 수 있는 권한을 부여하였다. 중앙은행에 의해 설정된 지급준비율의 법적인 요구수준을 **법정지급준비율**(reserve requirements)이라고 부른다.

법정지급준비율
중앙은행에 의해 설정된 지급준비율의 법적인 최저 요구수준

비록 중앙은행이 이러한 방법을 잘 사용하지 않지만 법정 지급준비율의 변화는 화폐공급을 변화시키는데 이용될 수 있다. 예를 들어, 상업은행들이 법정 지급준비율인 3%를 유지하고 있다고 가정하자. 중앙은행이 화폐공급의 확대를 원한다면 법정 지급준비율을 예를 들어, 예금의 2%로 내릴 수 있다. 이것은 은행들이 예금의 더 많은 부분을 대출하고, 예금의 더 적은 부분을 법정 지급준비금으로 보유할 수 있게 해 준다. 은행들의 신규 대출은 추가적인 예금을 창출하게 된다. 따라서 경제전체의 지급준비율의 감소는 화폐공급을 증가시키게 된다.

반대로 중앙은행이 화폐공급의 감소를 원한다고 가정하자. 중앙은행이 법정 지급준비율을 예를 들어, 예금의 5%로 올린다면, 상업은행들은 자신의 지급준비율을 적어도 5%로 올려야 할 필요가 있다. (25.1)식으로부터 지급준비율의 상승은 예금과 통화량을 감소시킨다는 것을 확인할 수 있다. 마찬가지로 법정지급준비율의 하락은 은행들이 지급준비율을 낮출 수 있게 하고 경제 전체의 지급준비율을 낮추어 통화량을 증가시키게 된다.

5 재할인율과 연방기금금리를 혼동하지 않도록 주의해야 한다. 재할인율은 상업은행들이 중앙은행에게 지불하는 이자율이며, 연방기금금리(한국의 콜금리)는 상업은행들이 서로간의 단기 대출에 대하여 부과하는 이자율이다.

초과지급준비금: 2008년 이후의 정책

중앙은행은 공개시장운영과 재할인대출의 정책수단을 사용하여 은행 지급준비금을 효과적으로 조절할 수 있다는 것을 알아보았다. 또한 중앙은행은 법정지급준비율을 설정할 수 있다. 그러나 중앙은행은 희망 지급준비율의 결정에 부분적으로만 영향을 줄 수 있을 뿐이며 많은 부분은 상업은행이 결정할 것이다. 특히 법정지급준비율은 상업은행들에게 지급준비율의 최저 수준을 부과하여 그 아래로 낮아지는 것을 방지하지만 은행들이 지급준비율을 최저 수준보다 훨씬 높게 유지하는 것을 막지는 못한다. 중앙은행이 지급준비금을 증가시킬 때 은행들이 자신의 지급준비율을 높여서 은행의 예금을 증가시키지 않고 지급준비금의 증가를 "흡수"한다면 화폐공급증가를 위한 중앙은행의 정책은 작동하기 어렵게 된다.[6]

이제까지 은행들은 중앙은행이 증가시킨 지급준비금을 항상 예금으로 변화시킨다고 (희망 지급준비율을 상승시키지 않고) 가정하였다. 일반적으로 은행들은 이렇게 행동하기 때문에 합리적인 가정이다. 그러나 은행들이 지급준비금의 증가에 반응하여 지급준비율의 상승을 선호하는 경우가 존재한다. 예를 들어, 경제의 불확실성 또는 금융 불확실성의 시기에 지급준비금이 증가하더라도 은행들은 뱅크런(bank run; 대량예금인출사태)을 막기 위해 지급준비율을 법적인 최저 수준보다 훨씬 높게 유지하는 것을 선호할 수 있다. 은행들이 지급준비금의 증가에 대응하여 예금을 증가시키기 보다는 지급준비율을 증가시키는 또 다른 이유는 불확실성의 시기에 충분히 안전한 대출 기회가 한정되어 있기 때문이기도 하다.

은행들이 법정지급준비금을 초과하여 보유한 지급준비금을 **초과지급준비금**이라고 부른다. 따라서 초과지급준비금은 중앙은행이 상업은행들에게 제공한 지급준비금 중에서 은행들이 추가적인 대출에 사용하지 않아 통화량 증가에 기여하지 못하는 지급준비금이다. 초과지급준비금은 통화량을 증가시키지 않기 때문에 중앙은행이 지급준비금의 공급을 증가시키거나 감소시켜도 통화량이 변하지 않을 가능성이 있다.

2008년 8월 이전의 20년 동안 평균적으로 미국 은행시스템의 초과지급준비금은 대부분의 기간에 20억 달러 미만이었다. 이는 전체 미국 은행시스템의 규모를 생각해 보면 미미한 양이다. 유일하게 주목할 만한 예외는 9/11 사건 직후의 2001년의 짧은 기간인데 이 때는 뉴욕시에 대한 테러 공격으로 금융산업이 휘청거리면서 초과지급준비금이 일시적으로 증가한 기간이었다. 그러나, 2008년 8월 이후 상황은 극적으로 변화되었다. Fed가 이자율을 낮추기 위해 유래가 없는 엄청난 양의 지급준비금을 경제에 공급하였을 때 초과지급준비금은 그해 말까지 8,000억 달러로 증가하였으며 그 다음 해

6 (25.1)식의 두 번째 항을 보면 알 수 있다. 두 번째 항은 통화량의 비현금통화 부분이다. 중앙은행이 분자(은행 지급준비금)를 증가시키더라도 분모 중에서 중앙은행은 지급준비율의 최고 수준이 아니라 최저 수준만을 정할 수 있기 때문에 희망 지급준비율을 부분적으로만 조절할 수 있을 뿐이다. 중앙은행이 분자인 은행 지급준비금을 증가시켜도 은행들이 분모를 증가시키면 지급준비금의 증가가 통화량 증가로 이어지는 관계는 성립하지 않게 된다. 은행들이 (25.1)식의 두 번째 항의 분자의 변화율과 동일하게 분모를 증가시킨다면 두 번째 항은 변화가 없을 것이며 중앙은행이 지급준비금을 증가시켜도 통화량에는 아무 영향을 미치지 못할 수도 있는 것이다.

에도 지속적으로 증가하여 2014년에는 정점인 2조 5,000억 달러, 또는 GDP의 15%(비교를 위해 2014년 M1은 GDP의 약 16%)에 이르렀다.

Fed는 화폐의 가격을 낮추고 공급을 증가시키는 데 성공하여 또 하나의 대공황을 막는 데에는 도움을 주었다. (**경제적 사유 21.2**에서는 대공황 기간 통화량 감소에 대하여 논의하였다.) (25.1)식에서 Fed가 증가시킨 지급준비금의 결과로서 통화량이 증가하려면 지급준비율이 지급준비금의 증가보다는 천천히 증가해야 한다는 것을 알 수 있다. 실제로 2008년 이후 은행들은 Fed가 증가시킨 지급준비금의 많은 부분을 흡수하였으며 일부만이 통화량 증가로 이어졌다.

중앙은행이 항상 통화량을 완전히 통제할 수 있는 것은 아니다. 그러나 불확실성의 시기에서도 중앙은행은 지급준비금의 조절을 통하여 여전히 통화량에 강력한 영향을 미칠 수 있다. 기본적인 화폐시장 모형의 가정은—중앙은행은 통화량을 조절한다—항상 정확히 성립하는 것은 아니지만 유용한 가정으로 보아야 한다.

기본 화폐시장 모형에서 다루었던 또 하나의 단순화 가정을 자세히 살펴보자: 여러 이자율은 같이 움직인다.

요약 **중앙은행은 통화량을 완전히 통제할 수 있는가?**

- 중앙은행은 공개시장운영과 재할인대출과 같은 수단을 통하여 은행 지급준비금의 양을 효과적으로 조절할 수 있다. 또한 중앙은행은 법정지급준비율(법으로 정한 은행들의 지급준비율의 최저 수준)을 설정할 수 있다. 그러나 이것들은 중앙은행에게 통화량에 대한 부분적인 조절 능력을 줄 뿐이다. 특히, 중앙은행이 지급준비금을 증가시킬 때 은행들이 지급준비율을 상승시켜 지급준비금의 증가를 흡수한다면 통화량 증가로 이어지지 않을 것이다.
- 드문 경우이지만 경제적 불확실성 또는 금융 불확실성이 높아진 비정상적인 시기에 은행들은 중앙은행이 정한 법정지급준비율보다 훨씬 높게 지급준비율을 상승시킬 수 있다. 실제로 2008년 이후 은행들은 유래가 없는 엄청난 양의 초과지급준비금을 축적하였다. 이것은 지급준비금의 증가가 통화량의 증가로 이어지는 단순한 연결고리를 깨뜨렸지만 Fed는 여전히 통화량을 증가시키는 데 성공적이었다.
- 기본 화폐시장 모형의 가정은 — 중앙은행은 통화량을 조절한다 — 모든 시기에서 정확히 성립하는 것은 아니지만 유용한 가정으로 보아야 한다.

25.2.2 이자율이 항상 같이 움직이는가?

이제까지 우리는 경제의 여러 가지 이자율들이 같이 움직인다고 가정하여 하나의 이자율에 대하여 논의를 진행하였다. 은행들이 엄청난 양의 초과지급준비금을 보유하지 않는다는 가정과 비슷하게 이자율들이 같이 움직인다는 가정도 항상은 아니지만 대부분의 경우에 화폐시장에 적용되는 비교적 정확한 가정이다. 그러나 2008년 이후에는 잘 성립되지는 않았다.

제로금리하한(Zero Lower Bound)과 "비전통적" 통화정책의 필요성

Fed가 정책금리로서 목표수준을 설정하는 미국의 연방기금금리는 2008년 12월부터 2015년 12월까지 사상 초유의 낮은 수준인 0~0.25% 수준에 머물렀다. 2008년 12월까지 Fed의 주요 통화정책 수단은 공개시장운영으로서 Fed가 설정한 목표수준에 따라서 연방기금금리가 오르내리는 모습을 보여 왔다. 경제의 다른 이자율들은 만기가 더 길고 위험이 존재하기 때문에 연방기금금리보다는 높은 수준에서 대략 같이 오르고 내리는 모습을 보일 것으로 예상되었다. 그러나 2008년 12월 Fed는 연방기금금리의 목표수준을 0~0.25%로 낮추어 실효적으로 **제로금리하한**(zero lower bound)이라 불리는 수준에 도달하였다. (음의 명목이자율은 차입한 금융기관이 대출해 준 금융기관에게 차입한 금액보다 적은 금액을 상환하는 것을 의미하며, 이러한 일은 정상적인 경우 일어나지 않는다.)

제로금리하한(zero lower bound)
Fed가 단기이자율을 더 이상 낮출 수 없는 제로에 매우 가까운 금리 수준

연방기금금리는 2008년 12월 이후 수년간 제로금리 수준에 머물렀다. 그러나 경제의 다른 이자율들은 그 기간 동안 제로 수준보다 훨씬 높은 수준에서 유지되었다. 예를 들어, 10년만기 미국 국채 이자율은 2009년에서 2015년 사이에 1.5%에서 4%의 범위에 있었다. 2008년 12월 이후 Fed는 연방기금금리를 낮추어 (이미 제로금리 수준에 있었기 때문에) 제로금리 수준보다 여전히 높았던 경제의 다른 여러 가지 이자율을 더 이상 효과적으로 낮출 수 없었다. 화폐의 가격을 더 내려서 경제를 부양하기 위해 Fed는 비전통적인 방법을 사용해야만 했다: 낮아지지 않는 다른 이자율을 직접 목표로 삼는 방법. Fed가 사용한 방법들에 대하여 논의해보자.

양적완화(quantitative easing)

우리는 이미 공개시장운영과 같이 화폐의 가격을 낮추는 방법을 알고 있다. 금융위기가 발생하면서 Fed는 대규모 자산매입 프로그램(large-scale asset purchase programs; LSAPs)이라고 알려진 특별한 정책을 시행하였다. 이 프로그램은 연방기금금리가 이미 제로 (또는 거의 제로) 하한에 도달한 상황에서 장기 이자율을 낮추려는 목표를 가지고 고안된 것으로서 이미 잘 알려진 양적완화의 예이다. **양적완화**(quantitative easing)란 중앙은행이 상업은행과 기타 민간 금융기관으로부터 일정액의 금융자산을 구입함으로써 그 자산들의 수익률을 하락시키는 한편 통화공급을 증가시키는 것을 일컫는다. 양적 완화는 기본적으로 정상적인 공개시장매입과 동일한 과정을 거치지만 정책목표도 다르고 구입하는 금융자산의 종류와 만기에서도 차이가 있다. 전통적인 확장정책은 이자율을 정해진 목표수준에 도달하게 하기 위하여 보통 단기 국채를 매입하는 데 반해 양적완화는 중앙은행이 더 장기의 만기를 가진 자산을 매입하여

양적완화(QE)
중앙은행이 상업은행과 기타 민간 금융기관으로부터 일정액의 금융자산을 구입함으로써 그 자산들의 수익률을 하락시키는 한편 통화공급을 증가시키는 것

장기 이자율을 낮춤으로써 경기를 부양하려고 사용된다.

2008년 금융위기가 정점에 달한 이후 연방준비제도는 몇 차례의 양적완화를 통하여 재무상태표를 크게 확장하여 수조 달러에 해당하는 장기 재무성 증권, 상업채권, 주택저당증권(MBS)을 매입하였다. Fed가 상업채권과 민간채권까지 매입하여 신용시장의 경색국면을 타개하기 위한 신용완화를 제공해야 한다는 주장이 제기되었다.

요약하면 Fed는 장기 자산들(채권 및 다른 자산)을 매입하여 장기 이자율에 (채권가격과 이자율은 역의 관계가 있다는 것을 상기하라) 대한 하락 압력을 주는 한편 은행 지급준비금을 증가시켰다. 특정한 종류의 자산, 예를 들면 주택저당채권과 관련된 채권을 매입함으로써 금융위기 기간에 가장 강하게 충격을 받은 주택저당채권시장과 주택시장과 같은 특정한 시장의 이자율을 하락시키는 데 도움을 줄 수 있었다.

미래 통화정책에 대한 안내(forward guidance)

미래 통화정책에 대한 안내(forward guidance)
중앙은행이 예상하는 미래 통화정책 경로에 대한 정보를 금융시장에 제공하는 것

양적완화는 공개시장매입을 통하여 경제의 장기 이자율을 낮추는 데 도움을 준다. 장기 이자율을 낮추는 또 하나의 수단은 **미래 통화정책에 대한 안내**(forward guidance)이다. 아이디어는 간단한데, 장기 이자율은 미래에 중앙은행이 어떻게 행동할 것인가에 대한 시장 참가자들의 믿음에 의해 영향을 받기 때문에, 시장에 중앙은행의 미래 정책 방향에 대한 의도를 알려줌으로써 중앙은행은 장기 이자율에 영향을 줄 수 있다는 것이다. 예를 들면, 금융시장 참가자들이 현재 단기 이자율이 제로 금리에 가깝게 있고 향후 수년간 그 수준을 유지할 것이라고 믿는다고 생각해보자. 그러면 예를 들어 3년 만기 채권의 시장가격은 채권의 수익률이 0에 가까운 수준이 되도록 결정될 것이다. 그러나 금융시장 참가자들이 현재의 단기 이자율은 0에 가깝지만 향후 수개월 내에 크게 올라 몇 년간 오른 수준을 유지할 것이라고 믿는다면 3년 만기 채권의 이자율은 이러한 예상을 반영하여 훨씬 더 높아질 것이다.

2015년 9월 회의에서 연방공개시장위원회(FOMC)는 연방기금금리를 0~0.25%, 즉 실효적으로 제로금리하한에 도달하도록 유지할 것을 결정하였다. 회의 후 FOMC의 발표문에서는 다음과 같은 문장을 포함하고 있었다: "당분간 경제상황은 목표 연방기금금리를 장기 정상수준보다 낮게 유지하도록 할 것으로 위원회는 예상하고 있다." Fed의 웹사이트에는 미래 통화정책에 대한 그런 안내가 경기회복에 도움을 줄 것으로 예상된다고 다음과 같이 추가적으로 설명하고 있다:[7]

"미래 통화정책에 대한 안내"를 통하여 연방공개시장위원회는 가계, 기업, 투자자들에게 미래에 취해질 통화정책의 방향에 대한 정보를 제공한다. 미래 통화정책에 대한 안내는 위원회가 연방기금금리 목표를 얼마나 오랜 기간 동안 극단적으로 낮은 수준에 머물게 할 것으로 예상하고 있는지에 대한 정보를 제공함으로써 장기 이자율에

7 "How Does Forward Guidance about the Federal Reserve's Target for the Federal Funds Rate Support the Economic Recovery?" 2015년 9월 17일, www.federalreserve.gov/monetarypolicy/fomeminutes2015917.htm.

대한 하향 압력을 줄 수 있으며 가계와 기업들의 차입 비용을 낮추고 전반적인 금융 상황을 개선하는 데 도움을 줄 수 있을 것이다.

지급준비금에 대한 이자지급과 통화정책 정상화

경제를 경기침체로부터 회복시키기 위해 Fed는 2008년부터 수 년 동안 역사적으로 유래가 없는 여러 정책들을 시행하였다. 제로 연방기금금리, 몇 차례의 양적완화(대규모 자산매입), 엄청난 액수의 초과 지급준비금, 미래 통화정책에 대한 안내 등의 여러 정책들은 비정상적인 조합이었으며 위급하고 비정상적인 상황에 대응하여 고안된 것들이었다. Fed와 민간은 모두 미래 어느 시점에서는 통화정책이 정상화될 것이라고 예상하고 있었다: 결국 연방기금금리는 오르게 되고 Fed의 재무상태표와 은행의 초과 지급준비금은 감소될 것이고, 현실의 화폐시장은 단순화 가정들이 성립하는 전통적인 화폐시장에 가까워질 것이다.

통화정책 정상화 과정은 어떤 모습일까? 이론적으로는 통화정책을 수축적으로 하기 위하여 Fed는 공개시장운영을 사용하여 양적완화를 반전시키기 시작한다. 즉, Fed는 양적완화 프로그램의 일환으로 매입했던 자산들을 점차 매각하기 시작한다. (또는 매입한 자산이 만기가 되면 다시 새로운 자산에 재투자하는 것을 중단한다.) 이러한 자산에 대하여 Fed가 받는 금액은 은행 시스템으로부터 지급준비금을 빨아들인다. 자산의 가격은 하락할 것이며 이러한 자산의 이자율은 상승하게 된다. 풍부했던 은행 초과지급준비금은 은행시스템에서 빠져 나가게 되고 연방기금금리(지급준비금의 가격)는 다시 높아지게 된다.

그러나 2015년말 Fed가 통화정책의 수축을 시작할 시점이 도래했다고 결론내렸을 때 과거의 양적완화 매입을 바로 반전시켜 장기 이자율이 상승하도록 하지는 않았다. 대신에 수축의 첫 번째 단계에서는 전통적인 수단인 연방기금금리를 올리기 시작하였다. 장기 이자율을 올리지 않고 연방기금금리에 대한 Fed의 목표 수준을 인상하여 수축정책을 시작한 것은 몇 가지 이점을 가지고 있다. 한 가지 이점은 Fed가 통화정책 수단으로서 연방기금금리에 익숙하다는 점이다. Fed는 연방기금금리를 조절해 왔던 많은 경험이 있고 필요한 만큼 변화시킬 수 있다. 또 하나의 이점은 가계나 투자자들과 같은 시장 참가자들 또한 통화정책 수단으로서 연방기금금리에 익숙하다. 예를 들어, 가계와 투자자들은 Fed가 민간부문과 소통할 때 연방기금금리 목표에 초점을 두는 것에 익숙해져 있다.

처음에 대규모 자산 매각을 하지 않고 연방기금금리를 인상하기 위한 Fed의 주된 방법은 상업은행들이 Fed에 예치하고 있는 지급준비금에 지급하는 이자율을 높이는 것이었다. 이러한 이자지급은 법정지급준비율을 맞추기 위해 Fed에 예치하고 있는 의무 지급준비금과 은행의 초과 지급준비금에 모두 적용된다. Fed는 2008년과 2015년 사이에 법정지급준비금과 초과지급준비금에 0.25%의 이자율을 지급하였다. 2015년 12월 Fed가 이 이자율을 높이기 시작했기 때문에 연방기금금리도 같이 오르기 시작했다.

왜냐하면 지급준비금에 대하여 Fed로부터 받는 이자율보다 낮은 이자율에 초과지급준비금을 다른 은행에 빌려줄 유인이 없기 때문이다.[8]

통화정책의 정상화 과정의 첫 단계는 연방기금금리의 점진적인 인상이었다. 그 결과로 모든 이자율이 오를 것으로 기대되기 때문에 이제는 하나의 이자율에 초점을 두고 논의를 진행할 수 있다. 다음 단계에서 Fed는 양적완화 프로그램 기간 동안 매입했던 자산 보유를 감소시키기 시작했다. 미국 경제가 성장을 지속하면서 현금통화에 대한 수요가 증가하고 이에 따라 Fed가 보유해야 하는 자산의 양도 증가할 것이기 때문에 자산 축소는 결국에는 완만해질 것이다. Fed가 보유했던 자산을 축소하면 장기 이자율이 상승하게 될 가능성이 높다. Fed가 자산축소를 종료하면 경제의 여러 이자율들은 기본 화폐시장 모형에서 가정한 것과 같이 다시 함께 움직일 것으로 예상된다.

앞 절에서 논의한 것처럼 명목이자율의 변동은 단기에서 실질이자율의 변동으로 이어진다. 이제 실질이자율의 변화가 경제에 어떻게 영향을 주는지 논의해보자.

요약 이자율들은 항상 같이 움직이는가?

- 제로금리하한은 Fed가 단기 이자율을 더 이상 내릴 수 없는 제로에 가까운 수준이다. 2008년 12월 이후 연방기금금리가 제로금리 하한에 도달했기 때문에 Fed는 전통적인 방법으로는 제로보다 여전히 높은 수준이었던 여러 다른 이자율들을 더 낮출 수 없었다.
- 경제를 부양하기 위해 Fed는 2008년 12월 이후 높은 이자율들을 직접적으로 낮추기 위한 비전통적인 방법을 사용하였다. 이러한 정책들은 양적완화(대규모 자산매입 프로그램)와 미래 통화정책에 대한 안내 등을 포함한다.
- 연방기금금리는 2008년부터 2015년까지 실효적으로 제로 수준에 유지되었다. 2015년말 Fed가 통화정책을 수축적으로 전환할 시점이 왔다고 결론 내렸을 때(통화정책의 정상화 과정), Fed는 Fed에 예치된 지급준비금에 지급하는 이자율을 높이기 시작하였다. 이러한 이자 지급은 법정지급준비금과 초과지급준비금에 모두 적용되었다. 2015년말 이후 Fed의 주요 정책 수단은 단기 이자율인 연방기금금리로 다시 돌아오게 되었다.

25.3 통화정책의 경제적 효과

이제까지 중앙은행이 이자율(명목이자율 및 실질이자율)에 어떻게 영향을 주는지 살펴보았으므로 이제는 총생산 갭을 제거하고 경제를 안정화시키기 위하여 통화정

8 비은행 금융기관들은 자신이 Fed에 예치한 잔액에 이자를 받을 수 있는 자격이 없으며 따라서 Fed의 지급준비금에 대한 이자율보다 낮은 이자율에 지급준비금을 빌려줄 유인이 있기 때문에 연방기금금리는 Fed가 지급준비금에 지급하는 이자율보다 다소 낮을 수 있다. 그러나 은행들이 그러한 금융기관으로부터 차입한 지급준비금에 Fed로부터 이자를 받아 이윤을 남길 수 있기 때문에 연방기금금리는 지급준비금에 대하여 Fed가 지급하는 이자율 수준으로 오르게 된다. 또한 Fed는 그런 금융기관으로부터 직접 빌림으로써(리버스 RP) 지급준비금을 Fed의 지급준비금에 대한 이자율보다 낮은 이자율에 빌려줄 유인을 감소시킬 수 있다.

책이 어떻게 사용될 수 있는지 살펴보자. 기본 아이디어는 간단하다. 계획된 총지출은 경제에서 통용되는 실질이자율 수준에 영향을 받는다. 실질이자율이 낮아지면 가계와 기업들의 지출이 증가하고 실질이자율이 상승하면 지출이 감소한다. 따라서 실질이자율을 조절함으로써 중앙은행은 계획된 총지출을 원하는 방향으로 변화시킬 수 있다. 기업들이 자신의 생산물에 대한 수요를 맞추도록 생산한다는 기본 케인즈 모형의 가정 아래에서, 계획된 총지출을 변화시키는 중앙은행의 안정화정책은 총생산과 고용의 안정화로 이어진다. 먼저 계획된 총지출이 실질이자율과 어떻게 관련되어 있는지 설명하고 중앙은행이 경기침체 또는 인플레이션에 대응하여 실질이자율을 어떻게 변화시키는지 살펴본다.

25.3.1 계획된 총지출과 실질이자율

앞 장에서 계획된 총지출이 실질 총생산 Y의 변화에 의해 어떻게 영향을 받는지 살펴보았다. 총생산의 변화는 민간부문의 처분가능소득($Y-T$)에 영향을 주고, 이것은 다시 소비지출에 영향을 준다(소비함수에 표현되어 있는 것처럼). 총지출에 중요한 영향을 미치는 두 번째 변수는 실질이자율 r이다. 제 22장 “금융시장과 국제적 자본이동”에서 실질이자율이 가계와 기업 모두의 행동에 영향을 준다는 것을 알아보았다.

높은 실질이자율은 저축에 대한 보상을 증가시키기 때문에 가계들이 저축을 더 많이 하도록 한다.[9] 주어진 소득수준에서 가계는 소비를 감소시킬 경우에만 저축을 증가시킬 수 있다. 따라서 높은 실질이자율이 저축을 증가시킨다는 말은 높은 실질이자율이 소비를 감소시킨다는 것과 동일하다. 높은 실질이자율이 가계의 소비를 감소시킨다는 생각은 직관적으로도 이해될 수 있다. 예를 들어, 자동차나 가구와 같은 내구소비재를 구입하려는 사람들의 의향에 대하여 생각해보자. 소비지출의 일부분인 내구소비재의 구입은 종종 은행, 신용조합, 금융회사로부터의 대출에 의해 조달된다. 실질이자율이 오를 때 자동차나 피아노의 구입과 관련된 금융비용이 높아져, 구입하려는 경향이 감소하거나 또는 구입할 수 있는 능력이 감소한다. 따라서 처분가능소득과 소비에 영향을 주는 다른 요소들이 고정되어 있을 때 실질이자율이 높아지면 사람들이 소비재에 지출하려는 의향이 감소한다.

높은 실질이자율은 소비지출을 감소시킬 뿐만 아니라 자본재에 대한 기업들의 투자를 감소시킨다. 자동차나 피아노를 구입하려는 소비자의 경우와 마찬가지로, 실질이자율의 상승은 금융비용을 증가시켜 기업들이 투자계획을 재검토하게 만든다. 예를 들어, 컴퓨터 시스템의 성능을 업그레이드시키는 것은 3%의 실질이자율로 비용을 조달할 수 있을 때 기업에게 이득이 된다고 하자. 그러나 실질이자율이 6%로 오르면, 그 기업에게 자금의 금융비용이 두 배가 되어 동일한 컴퓨터 성능 업그레이드가 이득이 되

9 높은 실질이자율은 또한 주어진 목표 저축액에 도달하기 위해 저축해야 하는 액수를 줄여주기 때문에 실질이자율 상승이 저축에 미치는 효과는 이론적으로 불확실하다. 그러나 실증 분석들은 높은 실질이자율이 저축에 다소 양의 영향을 준다고 말한다.

지 않아 기업이 투자하지 않게 될 수 있다. 또한 주거용 투자도—주택과 아파트 건물의 건설—투자지출의 일부라는 것을 기억해야 한다. 주택저당채권 이자율이 상승하면 분명히 이러한 종류의 투자지출은 감소하게 될 것이다.

결론적으로, 주어진 총생산 수준에서 소비지출과 계획된 투자지출은 실질이자율이 상승할 경우에 모두 감소한다. 반대로 실질이자율의 하락은 금융비용을 감소시켜 소비지출과 투자지출을 자극하는 경향이 있다.

예 25.3 계획된 총지출과 실질이자율

이자율이 계획된 총지출에 어떻게 영향을 주는가?

어떤 경제에서 계획된 총지출의 구성요소가 다음과 같이 주어졌다고 하자.

$$C = 640 + 0.8(Y - T) - 400r$$
$$I^P = 250 - 600r$$
$$G = 300$$
$$NX = 20$$
$$T = 250$$

계획된 총지출과 실질이자율 r, 총생산 Y의 관계식을 도출하여라. 독립지출과 유발지출을 분리해보자.

이 예는 실질이자율 r이 소비와 계획된 투자에 영향을 주는 것을 제외하면 **예 24.2**와 비슷하다. 예를 들어, 소비를 나타내는 식의 마지막 항 $-400r$으로부터 실질이자율이 4%에서 5%로 1% 포인트(0.01) 상승하면 — 즉, 0.04에서 0.05로 상승 — 소비지출이 $400 \times (0.01) = 4$단위 감소한다는 것을 알 수 있다. 마찬가지로 계획된 투자에 대한 식에서 마지막 항은 실질이자율의 1% 포인트 상승이 계획된 투자를 $600 \times (0.01) = 6$단위 감소시킨다는 것을 말해준다. 따라서 실질이자율의 1% 포인트 상승의 총효과는 소비와 투자에 대한 효과를 합하여 계획된 총지출을 10단위 감소시킨다. 앞의 예에서 처분가능소득$(Y - T)$은 한계소비성향 0.8을 통하여 소비지출에 영향을 주는 것으로 가정되었고(첫 번째 식 참조) 정부구매 G, 순수출 NX, 조세 T는 고정된 숫자로 가정되었다.

총생산 Y에 대한 계획된 총지출(PAE) 사이의 관계식을 구하기 위하여 앞 장에서 살펴본 계획된 총지출의 일반적 정의로부터 시작한다.

$$PAE = C + I^P + G + NX$$

지출의 네 가지 구성요소에 대하여 각 종류의 지출을 설명하는 위의 식들을 대입하면 다음을 얻는다.

$$PAE = [640 + 0.8(Y - 250) - 400r] + [250 - 600r] + 300 + 20$$

이 식 우변의 첫 번째 대괄호 [ ]는 조세가 $T = 250$이라는 사실을 이용하여 소비를 표현한 식이다. 둘째 항은 계획된 투자이며 마지막 두 항은 정부구매와 순수출에 대하여 가정된 값이다. 이 식을 정리하여 총생산 Y에 의존하지 않는 항들과 의존하는 항들로 나누면 다음과 같다.

$$PAE=[(640-0.8\times250-400r)+(250-600r)+300+20]+0.8Y$$

더 간단히 정리하면 다음과 같다.

$$PAE=[1{,}010-1{,}000r]+0.8Y \tag{25.2}$$

(25.2)식에서 대괄호로 묶은 항은 독립지출이며 계획된 총지출 중에서 총생산에 의존하지 않는 부분이다. 이 예에서 독립지출은 실질이자율 r에 의존함을 주목하기 바란다. 유발지출은 계획된 총지출 중에서 총생산에 의존하는 부분으로서 $0.8Y$와 같다.

실질이자율과 단기 균형총생산

예 25.4

이자율은 단기 균형총생산에 어떻게 영향을 주는가?

예 25.3에 서술된 경제에서 실질이자율 r은 중앙은행에 의해 0.05(5%)로 설정되었다. 단기 균형총생산을 구하여라.

(25.2)식에서 $r=0.05$로 놓으면 다음을 얻는다.

$$PAE=[1{,}010-1{,}000\times(0.05)]+0.8Y$$

간단히 정리하면 다음과 같은 식이 도출된다.

$$PAE=960+0.8Y$$

따라서 실질이자율이 5%일 때 독립지출은 960이고 유발지출은 $0.8Y$이다. 단기 균형총생산은 계획된 총지출과 같아지는 총생산 수준이다. 단기 균형총생산을 구하기 위하여 앞 장에서 사용되었던 방법을 적용하여, 여러 가지 총생산 수준에서 계획된 총지출과 비교하여 균형을 찾아나가는 방법을 이용할 수 있다. 단기 균형총생산은 총생산을 총지출과 일치시키는 총생산 수준으로 결정된다.

$$Y=PAE$$

그러나 편의상 이 예를 앞 장의 **예 24.2**와 비교해보면, 계획된 총지출에 대한 식이 $PAE=960+0.8Y$로 동일하므로 단기 균형총생산도 동일하게 $Y=4{,}800$을 얻는다.

단기 균형총생산은 또한 앞 장에서의 케인즈 교차 그래프를 이용하여 그래프에서 찾아질 수 있다. 계획된 총지출에 대한 식은 **예 24.2**와 동일하기 때문에 **그림 24.3**도 여기에서 동일하게 적용된다.

✔ 개념체크 25.3

예 25.4에 서술된 경제에 대하여 중앙은행이 실질이자율을 5%가 아닌 3%로 설정하였다고 가정하자. 단기 균형총생산을 구하여라.

25.3.2 중앙은행은 경기침체와 싸운다

중앙은행은 실질이자율을 조절할 수 있고 실질이자율은 계획된 총지출에 영향을 미쳐 균형총생산에 영향을 미친다는 것을 알게 되었다.

$r\downarrow$ ⇒ 계획된 소비(C)와 계획된 투자(I) ↑ ⇒ $PAE\uparrow$ ⇒ (승수효과를 통하여) $Y\uparrow$

실질이자율의 하락은 계획된 소비와 계획된 투자를 증가시키고 이것은 계획된 총지출의 증가를 의미한다. 계획된 총지출의 증가는 승수효과를 통하여 단기 균형총생산을 증가시키게 된다. 마찬가지로 실질이자율의 상승은 다음과 같이 표현할 수 있다.

$r\uparrow$ ⇒ 계획된 소비(C)와 계획된 투자(I) ↓ ⇒ $PAE\downarrow$ ⇒ (승수효과를 통하여) $Y\downarrow$

즉, 실질이자율의 상승은 계획된 소비와 계획된 투자를 감소시키고 이것은 계획된 총지출의 감소를 의미한다. 계획된 총지출의 감소는 승수효과를 통하여 단기 균형총생산을 감소시키게 된다.

이러한 두 가지 관계는 통화정책이 단기에서 경제활동에 어떻게 영향을 미치는지 이해하는 데 중요한 열쇠이다. 먼저 경기침체를 타개하기 위해 통화정책이 어떻게 사용될 수 있는지 분석해보고 그 다음에 중앙은행이 인플레이션과 어떻게 싸우는지 알아보도록 하자.

경제가 침체 갭을—실제 총생산이 잠재총생산보다 낮은 수준이며 계획된 총지출이 "너무 낮은" 상황—가지고 있다고 가정하자. 침체 갭과 싸우기 위하여 중앙은행은 실질이자율을 낮추어 소비와 투자지출을 자극해야 한다. 총지출의 증가는 총생산을 증가시키게 되고 경제를 완전고용 수준으로 복귀시킨다. **예 25.5**는 **예 25.4**를 확장하여 이 점을 예시하고 있다.

예 25.5 중앙은행은 경기침체와 싸운다

통화정책은 어떻게 침체갭을 제거할 수 있는가?

예 25.4에 서술된 경제에서 잠재총생산 Y^*는 5,000이라고 가정하자. 전과 같이 중앙은행은 실질이자율을 5%로 설정하였다. 이 실질이자율 수준에서 총생산 갭은 얼마인가? 총생산 갭을 제거하고 완전고용으로 복귀하기 위해 중앙은행은 무엇을 해야 하는가? 이 경제의 승수는 5이다.

예 25.4에서 실질이자율이 5%일 때 이 경제의 단기 균형총생산은 4,800이라는 것을 알아보았다. 잠재총생산은 5,000이므로 총생산 갭($Y-Y^*$)은 4,800−5,000=−200이다. 실제 총생산이 잠재총생산보다 낮으므로 이 경제는 침체 갭을 가지고 있다.

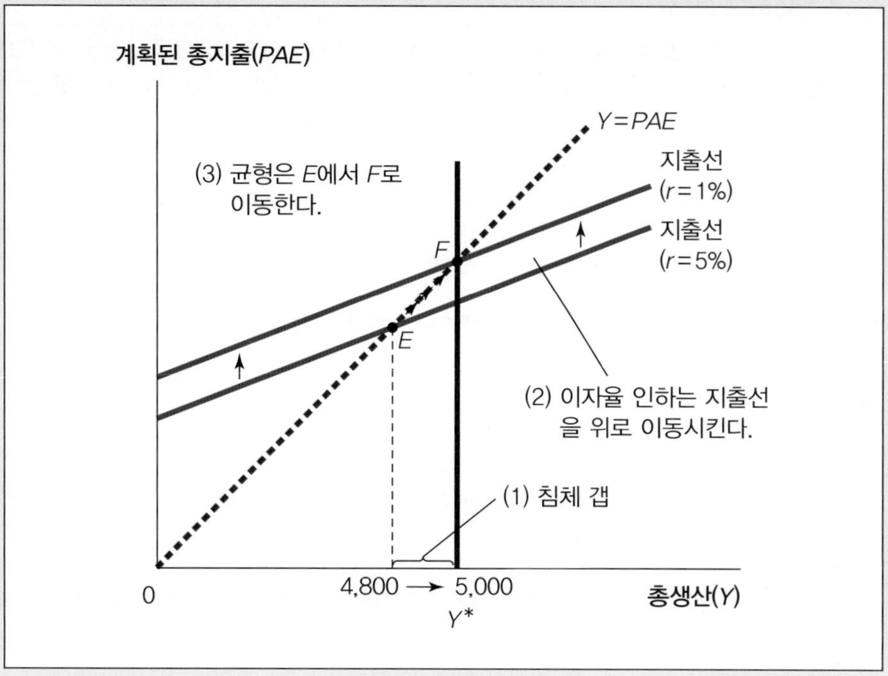

그림 25.6

중앙은행은 경기침체와 싸운다
(1) 경제는 최초에 E점에서 200의 침체 갭을 가지고 있다. (2) 중앙은행이 실질이자율을 5%에서 1%로 낮추면 지출선이 위로 이동한다. (3) 새로운 균형은 F점으로 이동하고 총생산과 잠재총생산이 일치하여 총생산 갭이 제거된다.

경기침체와 싸우기 위하여 중앙은행은 실질이자율을 낮추어 총생산이 완전고용 수준인 5,000에 도달할 때까지 총지출을 증가시켜야 한다. 즉, 중앙은행의 목표는 총생산을 200 증가시키는 것이다. 승수가 5이므로 총생산을 200 증가시키기 위하여 중앙은행은 독립지출을 200/5=40만큼 증가시켜야 한다. 독립지출을 40만큼 증가시키기 위하여 실질이자율을 얼마나 낮추어야 하는가? 이 경제에서 독립지출은 (25.1)식에서 볼 수 있듯이 [1,010−1,000r]이므로 r에서의 1% 포인트 하락은 독립지출을 1,000×0.01=10단위 증가시킨다. 독립지출을 40단위 증가시키기 위해 중앙은행은 실질이자율을 5%에서 1%로 4% 포인트 낮추어야 한다.

요약하면, 200의 침체 갭을 제거하기 위하여 중앙은행은 실질이자율을 5%에서 1%로 낮추어야 한다. 경제 이론이 시사하듯이, 중앙은행에 의한 실질이자율 하락은 단기 균형총생산을 증가시킨다.

중앙은행이 경기 침체에 대응하는 정책은 **그림 25.6**에 그래프로 나타나 있다. 실질이자율의 하락은 총생산의 각 수준에서 계획된 지출을 증가시켜 지출선을 위로 이동시킨다. 실질이자율이 1%일 때 지출선은 Y=5,000 수준에서 Y=PAE선과 교차하여 총생산과 잠재총생산이 같아진다. 이렇게 중앙은행이 침체갭을 제거하려고 이자율을 내리는 정책을 확장적 통화정책이라고 한다.

✔ 개념체크 25.4

위의 예에서 잠재 총생산이 5,000이 아니고 4,850이라고 가정하자. 중앙은행은 완전고용을 회복하기 위하여 실질이자율을 얼마로 하락시켜야 하는가? 승수는 5로 주어졌다고 가정하라.

경제적 사유 25.2

2001년 경기침체와 테러공격에 연방준비제도는 어떻게 대처하였는가?

2000년 가을, 첨단기술 장비에 대한 투자가 급격히 감소하면서 미국 경제는 둔화되기 시작하였다. NBER에 따르면 경기침체는 2001년 3월에 시작되었다. 설상가상으로 2001년 9월 11일 뉴욕시와 워싱턴에 대한 테러공격은 온 나라를 충격에 빠지게 하였으며, 여러 산업 중 특히 여행산업과 금융산업에 심각한 문제를 야기하였다. 연방준비제도는 이러한 상황에 어떻게 대처하였는가?

Fed는 2000년 말에 경제둔화의 증거가 많아지면서 조치를 취하기 시작하였다. 그 시점에 연방기금금리는 약 6.5% 수준이었다. Fed의 가장 극적인 조치는 연방공개시장위원회의 정기회의 예정일 이전인 2001년 1월 갑자기 연방기금금리를 0.5% 포인트 인하한 것이었다. 연방기금금리는 추가적으로 인하되었고 7월까지 연방기금금리는 4% 아래로 떨어졌다. 그러나 여름이 끝날 때까지 경기둔화의 심각성에 대하여 여전히 커다란 불확실성이 존재하였다.

세계무역센터와 미국 국방성에 대한 테러공격으로 거의 3,000명이 사망한 2001년 9월 11일, 갑자기 상황이 급변하였다. 테러공격은 사람의 생명뿐만 아니라 커다란 경제적 비용을 부과하였다. 남부 맨해튼 지역의 물질적 피해는 수십억 달러에 달하였으며 그 지역에 있는 많은 사무실과 기업들은 문을 닫아야만 했다. Fed는 금융시스템의 감독자로서 뉴욕시의 금융가가 정상적으로 회복하도록 도와주기 위해 노력하였다.(실제로 공개시장조작을 수행하는 뉴욕연방은행(The Federal Reserve Bank of New York)은 세계무역센터에서 겨우 한 블록 떨어져 있다) Fed는 또한 테러공격 다음 주에 연방기금금리를 1.25%까지 일시적으로 낮추어 금융 불안을 완화하려고 노력하였다.

9월 11일 이후의 몇 주와 몇 달간 Fed의 관심은 테러공격의 직접적인 충격에서 경제에 미치는 간접적 효과로 바뀌었다. Fed는 미래에 대해 불안해진 소비자들이 소비를 급격히 감소시킬 것을 우려하였다. 소비지출의 감소는 투자의 약화와 함께 경기침체를 급격히 악화시킬 수 있었다. 소비를 자극하기 위하여 Fed는 연방기금금리를 계속 인하하였다. 2002년 1월 연방기금금리는 1년 전에 비해 거의 5% 포인트가 하락한 1.75%이었다. Fed는 이렇게 낮은 금리 수준을 한동안 유지하다가 2002년 11월 0.5% 포인트를 추가로 인하하여 1.25%로 낮추었다. 경기침체가 2001년말 공식적으로 끝났지만 회복세는 매우 약했다. 실업률은 지속적으로 상승하여 2003년 6월 정점인 6.3%까지 올랐다. 그 달에 Fed는 연방기금금리를 한 번 더 인하하여 1%로 낮추었고 2004년 6월까지 기록적인 최저 수준을 유지하였다.

확장적 재정정책(**경제적 사유 24.5**)을 포함하여 여러 가지 요인들이 2001년의 경기침체로부터 회복하는 것을 도왔다. 대부분의 경제학자들은 Fed의 신속한 행동이 경기침체의 충격과 9월 11일 테러공격의 충격을 완화하는 데 기여하였다고 생각한다.

25.3.3 중앙은행은 인플레이션과 싸운다

이제까지는 인플레이션을 고려하지 않고 총생산을 안정화하는 문제에 초점을 두었다. 다음 장에서는 인플레이션이 어떻게 우리의 분석에 포함될 수 있는지 살펴볼 것이다. 여기에서는 단순히 확장 갭이—계획된 총지출과 실제 총생산이 잠재총생산을 초과하는 상황— 인플레이션의 중요한 한 원인이 된다는 것에 주목한다. 확장 갭이 존재할 때 기업들은 생산물에 대한 수요가 정상적인 생산량을 초과하는 것을 인식하게 된다. 기업들은 얼마 동안 미리 정해진 가격에 초과수요를 충족시키는 데 만족하겠지만, 높은 수요가 지속된다면 궁극적으로 가격들을 인상하여 인플레이션이 발생된다.

확장 갭은 인플레이션으로 이어지는 경향이 있기 때문에 중앙은행은 침체 갭뿐만 아니라 확장 갭도 제거하려고 행동한다. 확장 갭을—총생산이 잠재총생산에 비하여 "너무 높은" 상황—제거하려는 과정은 총생산이 "너무 낮은" 상황인 침체 갭과 싸우는 과정의 반대이다. 앞에서 보았던 것처럼 침체 갭에 대한 처방은 실질이자율을 인하하여 계획된 총지출을 자극하고 총생산을 증가시키는 행동을 취하는 것이다. 확장 갭에 대한 처방은 실질이자율을 인상하여 차입비용을 증가시켜 소비와 계획된 투자를 감소시키는 것이다. 계획된 총지출의 감소는 다시 총생산의 감소와 인플레이션 압력의 감소로 이어진다.

중앙은행은 인플레이션과 싸운다 — 예 25.6

통화정책은 어떻게 확장 갭을 제거할 수 있는가?

예 25.4와 **예 25.5**에서 분석한 경제에서 잠재총생산이 5,000이 아닌 4,600이라고 가정하자. 최초의 실질이자율 5%에서 단기 균형총생산은 4,800이어서 이 경제는 200의 확장 갭을 가지고 있다. 확장갭을 제거하기 위해 중앙은행은 실질이자율을 얼마나 변화시켜야 하는가?

예 25.5에서 이 경제의 승수는 5이다. 따라서 총생산을 200 감소시키기 위하여 중앙은행은 독립지출을 200/5=40단위 감소시킬 필요가 있다. (25.1)식으로부터 이 경제의 독립지출은 [1,010−1,000r]로 실질이자율의 1% 포인트(0.01) 상승은 독립지출을 10단위(1,000×0.01) 감소시킨다는 것을 알 수 있다. 확장 갭을 제거하기 위하여 중앙은행은 실질이자율을 4% 포인트, 즉, 5%에서 9%로 올려야 한다고 결론내릴 수 있다. 높은 실질이자율은 계획된 총지출과 총생산을 잠재총생산 수준인 4,600으로 감소시켜 인플레이션 압력을 제거하게 된다.

중앙은행의 인플레이션 억제정책의 효과는 **그림 25.7**에 나타나 있다. 5%의 실질이자율에서 지출선은 E점에서 $Y=PAE$선과 교차하고 총생산은 4,800이다. 계획된 총지출과 총생산을 감소시키기 위하여 중앙은행이 실질이자율을 9%로 올렸다고 하자. 높은 실질이자율은 소비지출과 투자지출을 감소시켜 지출선을 아래로 이동시킨다. 새로운 균형점 G점에서 실제 총생산은 4,600으로 잠재총생산과 동일하게 된다. 중앙은행의 실질이자율 인상은 — 수축정책 — 확장 갭

그림 25.7

중앙은행은 인플레이션과 싸운다

(1) 경제는 최초에 *E*점에서 200의 확장 갭을 가지고 있다. (2) 중앙은행이 실질이자율을 5%에서 9%로 높이면 지출선이 아래로 이동한다. (3) 새로운 균형은 *G*점으로 이동하고 총생산과 잠재총생산이 일치하여 총생산 갭이 제거된다.

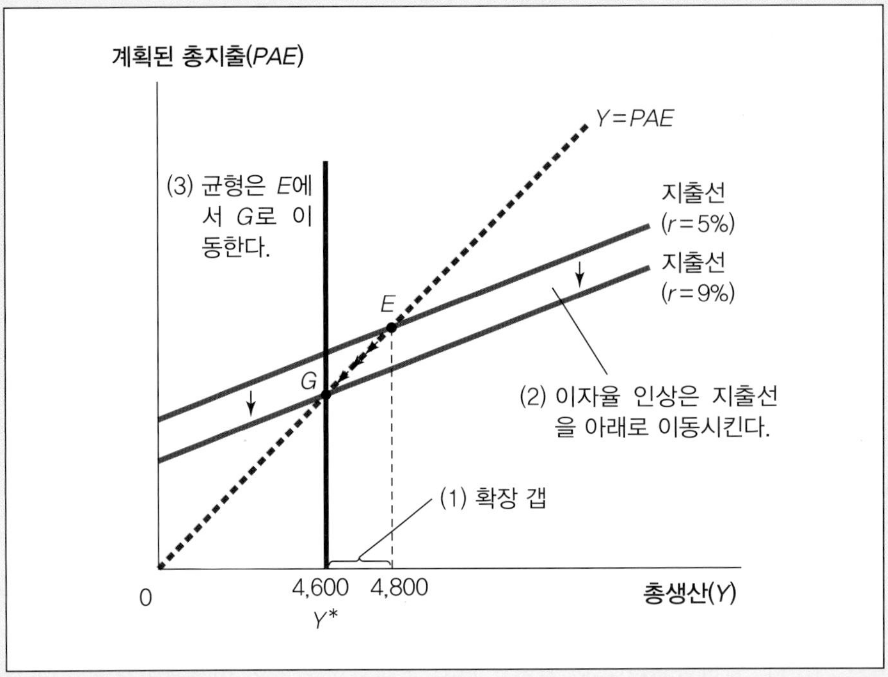

을 제거하였으며 인플레이션의 위협도 제거하였다.

경제적 사유 25.3

왜 연방준비제도는 2004년과 2006년 사이에 이자율을 17회 인상하였는가?

Fed는 2004년 6월에 긴축적인 통화정책을 시행하기 시작하여 연방기금금리를 1%에서 1.25%로 올렸다. 이후 매번 연방공개시장위원회 회의에서 연방기금금리를 0.25%씩 올려서 긴축적인 정책을 지속하였다. 2006년 8월까지 2년 이상의 긴축정책으로 연방기금금리는 5.25%가 되었다. 왜 Fed는 2004년에 연방기금금리를 인상하기 시작했는가?

2001년 11월에 시작된 경기회복은 정상보다 늦어졌고 고용증가가 약하게 나타났기 때문에 Fed는 연방기금금리를 지속적으로 인하하여 2003년 6월 1.0%까지 낮추었다. 그러나 일단 경기회복이 가시화되었을 때 이러한 낮은 금리는 더 이상 필요하지 않았다. 경기회복 기간 동안 이전의 경기회복에서와 같이 고용의 증가가 바로 나타나지는 않았지만, 실질GDP는 2003년 하반기에 거의 6% 증가하였고 2004년에는 거의 4% 증가하였다. 더욱이 2004년 6월까지 실업률은 자연실업률 추정치보다 그리 높지 않은 5.6%로 하락하였다. 2004년 인플레이션이 상승하기 시작하였지만 상승의 대부분은 유가 급등에 의한 것이었고 에너지를 제외한 인플레이션율은 낮게 유지되고 있었다. 그럼에도 불구하고 Fed는 높은 인플레이션을 유발할 수 있는 확장 갭의 출현을 막기 위하여 연방기금금리를 인상하기 시작하였다. 따라서 Fed의 금리인상은 미래의 인플레이션에 대한 선제적인 공격으로 볼 수 있었다. Fed가 확장 갭이 나타날 때까지 기다렸다면 Fed는 연방기금금리를 실제로 올린 것보다 훨씬 더 많이 올려야 했을 것이다.

중앙은행의 이자율 정책은 경제 전체에 영향을 주지만 특히 금융시장에 중요한 효과를 미친다. 본 장의 도입부에서 금융시장 참가자들은 중앙은행의 정책 변화를 예상하기 위하여 무엇이든 한다는 것을 언급한 바 있다. **경제적 사유 25.4**는 금융 투자자들이 찾고 있는 정보의 종류와 왜 이러한 것들이 그들에게 중요한지 보여준다.

경제적 사유 25.4

왜 인플레이션이 발생하고 있다는 뉴스는 주식시장에 해가 되는가?

금융시장 참가자들은 인플레이션에 대한 데이터를 극도로 면밀히 관찰하고 있다. 인플레이션이 상승하고 있거나 예상했던 것보다 높을 것이라는 보도는 주식가격을 급격히 하락시키는 원인이 된다. 왜 인플레이션에 대한 나쁜 뉴스는 주식시장에 해가 되는가?

금융시장의 투자자들은 인플레이션이 중앙은행의 정책에 미치는 효과 때문에 인플레이션에 대하여 우려한다. 금융 투자자들은 중앙은행이 확장 갭의 징후를 감지하면 계획된 총지출을 감소시키고 경제를 "냉각시키기" 위하여 이자율을 인상할 것이라고 이해하고 있다. 이러한 종류의 수축적 정책 행동은 두 가지 방식으로 주식시장에 해가 된다. 첫째, 긴축정책은 경제활동을 둔화시켜 주식시장에서 주식이 거래되는 회사들의 예상 매출과 이윤을 감소시킨다. 낮은 이윤은 다시 주주에게 지급되는 배당을 감소시키게 된다.

둘째, 높은 이자율은 주식을 보유하는 데 요구되는 수익을 상승시켜 주식의 가치를 감소시킨다. 제 22장 "금융시장과 국제적 자본이동"에서 금융 투자자들이 주식을 보유하기 위해 요구하는 수익률의 상승은 현재의 주식가격을 하락시킨다는 것을 알아보았다. 직관적으로, 이자율이 상승하면 주식보다는 신규발행 정부채권과 같이 이자를 지급하는 금융상품들이 투자자들에게 더 매력적이 되어 주식에 대한 수요를 감소시켜 가격을 하락시키게 된다.

경제적 사유 25.5

중앙은행은 자산가격의 변동에 대응해야 하는가?

많은 사람들은 1990년대, 특히 1990년대 하반기에 효과적인 통화정책으로 지속적인 경제성장으로 이끄는 한편 자산가격 상승을 가져온 것은 Fed와 당시의 Fed 의장인 앨런 그린스팬의 공이라고 생각한다. 1995년 1월과 2000년 3월 사이에 S&P 500 주식시장 지수는 459에서 1,527로 약 5년 만에 경이적인 233%의 상승률을 기록하였다. 실제로 주식시장의 강하고 지속적인 상승은 다시 추가적인 소비지출을 자극하여 경기확장을 더욱 촉진하였다.

그러나 주식가격이 2000년 3월 정점을 기록한 이후 2년간 급격히 하락함에 따라 어떤 사람들은 Fed가 투자자들의 "비이성적인 과열(irrational exuberance)"을[10] 억제하기 위해 선제적으로 이자율을 올렸어야 하지 않았는가 하고 의문을 표시했다. 투자자의 과도하게 낙관적인 전망은 주식가격의 투기적인 급상승으로 이어졌고, 상승한 주식가격에 맞출 정도의 기업 수익

10 Fed 의장인 앨런 그린스팬은 1996년 12월 5일의 강연에서 투자자의 행동을 이끌고 있는 "비이성적인 과열"의 가능성을 언급한 바 있다. 연설문은 온라인 www.federalreserve.gov/boarddocs/speeches/1996/19961205.htm에서 볼 수 있다.

이 뒤따라오지 못한다는 것을 투자자들이 깨닫게 되면서 결국 2000년 주식가격이 폭락하였다. Fed의 더 빠른 개입이 있었다면 주식가격의 극적인 상승을 둔화시켰을 것이며 따라서 주식시장의 "폭락"과 소비자 부의 손실을 막을 수 있었을 것이라고 비평가들은 주장한다.

2007~2008년 주택가격 버블이 붕괴되고 뒤이어 발생한 금융위기 이후 Fed에 대하여 비슷한 비판이 제기되었다. 주식가격과 비슷하게 주택가격도 1990년대 말에 크게 올랐으며 주식가격이 하락한 2000년 초에도 계속 올랐다. 주택가격은 2004~2005년에 더욱 상승하여 1년에 15%가 높아졌다. 그러나 2006년에 주택가격은 둔화되었고 그 다음에는 급격히 하락하였다. 심각한 금융위기와 뒤이어 발생한 깊은 경기침체로 사람들은 2000년대 초반 Fed의 수용적인 통화정책(**경제적 사유 25.2** 참고)이 주택가격 버블에 기여한 것이 아닌지 다시 의문을 제기하였다.

본 장에서 명확히 밝혔듯이 중앙은행의 첫 번째 관심은 총생산 갭을 감소시키고 인플레이션을 낮게 유지하는 것이다. 중앙은행이 통화정책에 대한 의사결정을 할 때 자산가격의 변화에 대응해야 하는가?

2002년 8월의 심포지엄에서 앨런 그린스팬은 1990년대 후반 Fed의 통화정책의 성과를 설명하면서 "사실로 드러나기까지—즉, 거품의 폭발이 일어나 거품이 있었다는 것을 확인해줄 때까지"—자산거품(asset bubbles)을—지속가능하지 않은 자산가격의 급등—구별해내는 것은 매우 어렵다고 지적하였다.[11] 그러한 투기적 거품이 확인될 수 있다 하더라도 Fed는 투자자들의 투기가 주식가격을 올리지 못하도록 막기 위하여 할 수 있는 일이 거의 없었을 것이다—경제활동을 강하게 수축시키지 않고는—라고 그린스팬은 말하였다. 실제로 그린스팬은 "적절한 시점의 점진적인 수축정책이 1990년대 후반의 버블을 막을 수도 있었다는 생각은 거의 확실히 환상이다"라고 주장하였다. 대신에 Fed는 1999년에 "경기하강이 발생할 때 경기하강을 완화하고 다음 확장국면으로 부드럽게 이행시키려는" 정책들에 초점을 두고 있었다.[12]

7년 후 2010년 1월 전미경제학회 정기 학술대회에서 Fed 의장인 벤 버냉키는 2000년대 초반 Fed 통화정책을 옹호하는 연설을 하였다.[13] 그의 연설문에서 검토한 실증분석에 따르면 Fed의 통화정책과 거의 같은 시기에 발생한 주택가격 상승 사이의 관련은 존재한다고 하더라도 매우 약하다고 주장하였다. 실증적으로 분석해보면 주택가격 버블의 원인은 통화정책보다는 낮은 계약금으로 대출해주는 "이상한" 형태의 주택저당채권의 확대인—차입자와 대부자 모두 미래 차입금 상환이 가능하려면 주택가격 상승이 지속되어야 한다는 것을 알고 있었다—것 같다고 지적하였다. 이러한 주장은 주택가격 버블에 대한 최선의 대응은 수축적 통화정책이 아니라 위험한 주택저당대출에 대한 더 나은 규제가 필요했다는 것을 의미했다.

자산가격 버블은 심각한 피해를 초래한다. 버블의 발생 위험을 줄이기 위해 금융제도와 정책결정 구조를 어떻게 개선할 것인가의 문제는 거시경제학의 중요한 연구 주제로 남아있다. 그 해답의 일부분으로서 통화정책이 배제될 수는 없겠지만 버블의 원인에 대하여 초점을 둔 규제정책이 좀더 효과적인 출발점이 될 것 같다.

---

11 그린스팬의 연설 전문은 온라인, www.federalreserve.gov/boarddocs/speeches/2002/20020830/default.htm 에서 볼 수 있다.

12 *The Federal Reserve's Semiannual Report on Monetary Policy*, 1999년 7월 22일 미국 하원의 은행 및 금융 서비스 위원회에서의 연방준비제도 의장 앨런 그린스팬의 증언. 온라인에서도 이용가능하다. www.federalreserve.gov/boarddocs/hh/1999/July/Testimony.htm.

13 연설문 전문은 온라인에서 볼 수 있다. www.federalreserve.gov/newsevents/speech/bernanke20100103a.htm.

25.3.4 중앙은행의 정책반응함수

중앙은행은 실질이자율을 조절하여 경제를 안정화시키려고 한다. 경제가 침체갭을 가지고 있을 때 중앙은행은 총지출을 늘리기 위해 실질이자율을 낮춘다. 확장갭이 존재할 때, 즉 인플레이션이 발생할 위험이 있을 때에는 중앙은행은 실질이자율을 높여서 총지출을 억제한다. 경제학자들은 이러한 중앙은행의 행동을 정책반응함수로 표현하는 것이 유용하다고 생각한다. **정책반응함수**(policy reaction function)란 정책결정자가 취하는 행동이 경제의 상태에 어떻게 의존하는지 보여주는 함수이다. 여기에서 정책결정자의 행동이란 중앙은행의 실질이자율에 대한 결정이며 경제의 상태는 총생산 갭이나 인플레이션율과 같은 요인들에 의해 주어진다. **경제적 사유 25.6**은 중앙은행의 정책반응함수를 수식화하려는 하나의 시도를 보여준다.

정책반응함수(policy reaction function)
정책결정자가 취하는 행동이 경제의 상태에 어떻게 의존하는지 보여주는 함수

경제적 사유 25.6

테일러 준칙은 무엇인가?

1993년 경제학자 존 테일러는 Fed의 정책 결정을 테일러 준칙으로 잘 알려진 한 준칙으로 표현하였다.[14] 테일러 준칙이란 무엇인가? Fed는 그 준칙을 항상 따르고 있는가?

테일러가 제안한 준칙은 어떠한 법적인 의미의 준칙이 아니라 Fed의 행동을 정책반응함수라는 수식으로 표현하려고 한 것이다. 테일러 "준칙"은 다음과 같다.

$$r = 0.01 + 0.5\left(\frac{Y - Y^*}{Y^*}\right) + 0.5(\pi - \pi^*)$$

r은 Fed가 설정한 실질이자율(소수로 표시, 예를 들면 5%=0.05), $Y-Y^*$는 실제 총생산과 잠재총생산 사이의 차이를 의미하는 총생산 갭, $(Y-Y^*)/Y^*$는 잠재총생산에 상대적으로 표시된 총생산 갭, π는 소수로 표시된 실제 인플레이션율(예를 들어, 인플레이션율이 2%이면 0.02로 표시), π^*는 Fed의 목표 인플레이션율이다. 테일러 준칙에 따르면 Fed는 총생산 갭과 인플레이션율에 모두 반응한다. 예를 들어, 침체 갭이 잠재총생산의 0.01만큼 발생하였다면 Fed는 실질이자율을 0.5% 포인트 하락시킨다. 또한 실제 인플레이션율이 목표 인플레이션율을 넘어서 1% 포인트 상승할 경우 테일러 준칙에 따르면 Fed는 실질이자율을 0.5% 포인트 인상한다. 1993년 논문에서 테일러는 자신의 준칙이 앨런 그린스팬이 의장으로 있던 1987~1992년 시기의 Fed의 행동을 비교적 잘 설명함을 보였다. 따라서 테일러 준칙은 현실 세계에서의 정책반응함수의 예이다.

테일러 준칙이 1993년 논문이 출판되기 이전 5년간의 Fed의 행동을 잘 표현하였지만 그 이후의 기간에 대하여는 Fed의 행동과 잘 들어맞지는 않았다. 테일러 준칙은 Fed가 총생산 갭에 대하여 원래 논문에서 제안했던 것보다 더 강하게 반응하거나 또는 Fed가 현재의 인플레이션보다는 인플레이션 예상치에 대하여 반응하는 것으로 변형된 형태로 발전되었면 그러한 함수형태가 과거 20년간의 Fed의 행동을 더 잘 서술하고 있는 것으로 보인다. 여러 경제학자들이 테일러 준칙의 여러 가지 버전을 만들어냈지만 다시 한번 강조하면, 그것은 어떤 법적인 의

14 John Taylor, "Discretion versus Policy Rules in Practice," *Carnegie-Rochester Conference Series on Public Policy*, 1993, pp. 195~227.

미의 준칙이 아니다. Fed는 그 준칙에서 언제든 벗어날 수 있으며 상황에 따라서 그렇게 해 왔다. 그러나 여전히 테일러 준칙의 변형된 형태가 Fed의 행동을 평가하고 예측하는 데 유용한 참고지표를 제공하고 있다.

✔ 개념체크 25.5

테일러 준칙을 실제로 적용해 보자. 인플레이션율이 4%, 목표 인플레이션율은 2%이고 총생산 갭이 0이라고 가정하자. 테일러 준칙에 따르면 Fed가 설정하는 실질이자율은 얼마가 되어야 하는가? 명목이자율은? Fed가 1%의 침체갭이 존재한다는 정보를 받았다고 가정하자(인플레이션율은 여전히 4%이다). 테일러 준칙에 따르면 Fed는 실질이자율을 어떻게 변동시켜야 하는가?

테일러 준칙에 따르면 중앙은행은 두 변수—총생산 갭과 인플레이션 압력—에 반응한다. 원론적으로는 주식가격에서 환율에 이르기까지 어떤 변수도 중앙은행의 행동에 영향을 미칠 수 있고 또한 정책반응함수에 포함될 수 있다. 단순화를 위해 다음 장에서 정책반응함수를 적용할 때에는 중앙은행의 실질이자율 결정이 하나의 변수—인플레이션 압력, $\pi-\pi^*$—에만 의존한다고 가정한다. 이 단순화로 인해 주요 결과가 크게 바뀌는 것은 없다. 더욱이 중앙은행이 인플레이션 압력에만 반응한다는 것은 중앙은행 행동의 가장 중요한 측면, 즉 경제가 "과열"(확장갭을 경험하고 있어서)되었을 경우에는 실질이자율을 높이고 경제가 "둔화"되었을 때(침체갭을 경험하고 있어서)에는 실질이자율을 낮추는 경향을 잘 표현하고 있다.

표 25.2는 중앙은행이 인플레이션율에만 반응하는 정책반응함수의 예를 보여주고 있다. (**경제적 사유 25.6**에서 $r=0.04+(\pi-\pi^*)$, $\pi^*=0.02$로 가정한 경우이다) 표에 주어진 정책반응함수에 따르면 인플레이션율이 높을수록 중앙은행이 설정하는 실질이자율이 높아진다. 이러한 관계는 중앙은행이 총생산 갭에 대하여(인플레이션 상승으로 이어질 위험) 실질이자율 인상으로 반응한다는 것을 의미한다. **그림 25.8**은 정책반응함수를 그래프로 보여주고 있다. 그래프의 세로축은 중앙은행이 설정하는 실질이자율이며 가로축은 인플레이션율이다. 정책반응함수의 우상향하는 기울기는 중앙은행이 인플레이션율 상승에 실질이자율 인상으로 대응한다는 것을 표현한다.

표 25.2 중앙은행의 정책반응함수, $r=0.04+(\pi-\pi^*)$, $\pi^*=0.02$

인플레이션율, π	중앙은행이 설정한 실질이자율, r
0.00 (=0%)	0.02 (=2%)
0.01	0.03
0.02	0.04
0.03	0.05
0.04	0.06

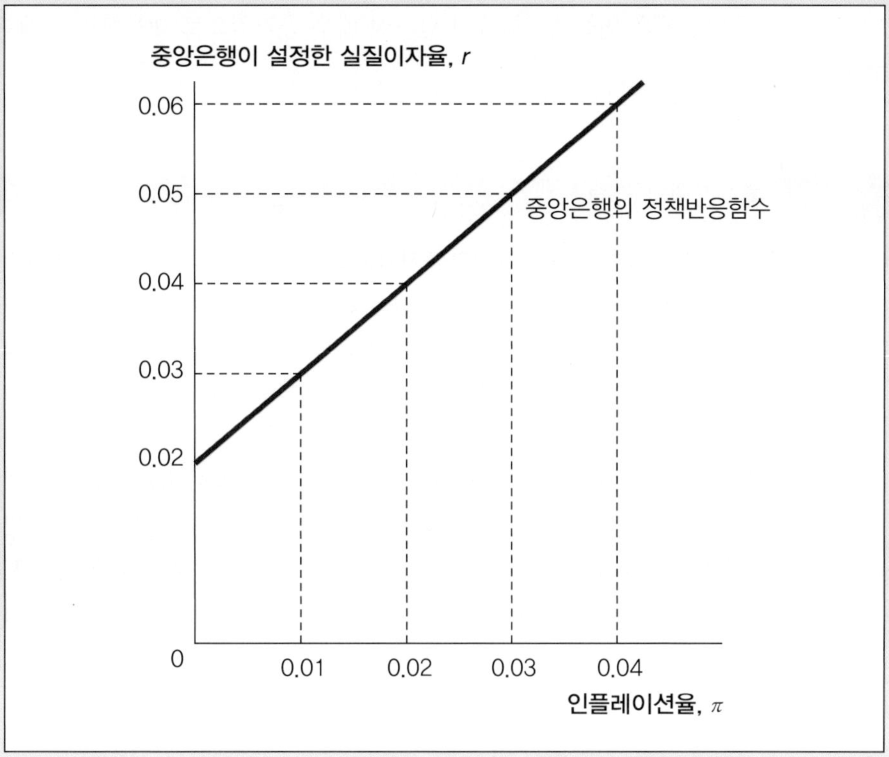

그림 25.8

중앙은행의 정책반응함수의 예 이 가상적인 중앙은행의 정책반응함수의 예는 인플레이션율에 대하여 중앙은행이 설정하는 실질이자율을 보여준다. 우상향 기울기는 인플레이션율이 오르면 중앙은행이 실질이자율을 높인다는 생각을 표현한다. **표 25.2**의 예를 그래프로 표현한 것이다.

중앙은행은 정책반응함수를 어떻게 결정하는가? 실제로 그 과정은 경제에 대한 통계적 분석과 재량적인 판단이 복합된 매우 복잡한 과정이다. 그러나 **표 25.2**와 **그림 25.8**에 보여준 단순한 정책반응함수로부터 정책결정 과정의 두 가지 유용한 사고를 도출할 수 있다. 첫째, 앞에서 이미 언급한 것처럼, 단기에서는 중앙은행이 실질이자율을 조절할 수 있지만 장기에서는 저축과 투자가 균형을 이루는 점에서 실질이자율이 결정된다. 이 사실이 중앙은행의 정책반응함수의 결정에 대하여 가지는 의미를 파악하기 위해 중앙은행이 실질이자율의 장기값을 (저축에 대한 수요와 공급에 의해 결정) 4% 또는 0.04로 추정하였다고 가정하자. **표 25.2**를 보면 중앙은행의 정책반응함수는 장기 인플레이션율이 2%일 때만이 실질이자율이 4%가 됨을 의미한다. 따라서 이러한 중앙은행의 정책반응함수는 중앙은행의 장기 목표 인플레이션율을 2%로 할 때만이 맞아떨어진다. 결론적으로 중앙은행의 정책반응함수의 한 가지 중요한 결정요인은 정책결정자의 인플레이션 목표이다.

둘째, 중앙은행의 정책반응함수는 중앙은행의 장기 목표 인플레이션율에 대한 정보를 담고 있을 뿐만 아니라 중앙은행이 얼마나 공격적으로 목표를 추구하는가에 대한 정보도 포함하고 있다. 중앙은행의 정책반응함수가 매우 평평하여 인플레이션율의 상승 또는 하락에 반응하여 중앙은행이 실질이자율을 적게 변화시킨다고 가정하자. 이 경우 중앙은행은 인플레이션율이 목표 수준에서 벗어날 때 이를 상쇄하려는 시도를 공격적으로 하지 않는다는 것을 의미한다. 반대로 정책반응함수가 급격한 기울기를 가질 때에는 인플레이션율에서의 변화에 대하여 중앙은행은 큰 폭의 실질이자율 조정이 있게 된다. 즉, 중앙은행은 인플레이션율의 변화에 매우 공격적으로 대응하려고 계획하고 있는 것이다.

요약 **통화정책과 경제**

- 실질이자율의 상승은 소비지출과 계획된 투자지출을 감소시킨다. 따라서 실질이자율의 조절을 통하여 Fed는 계획된 총지출과 단기 균형총생산에 영향을 줄 수 있다. 경기침체(침체 갭)와 싸우기 위해 Fed는 실질이자율을 하락시켜 계획된 총지출과 총생산을 자극해야 한다. 반대로 인플레이션 압력(확장 갭)과 싸우기 위해 Fed는 실질이자율을 상승시켜 계획된 총지출과 총생산을 감소시켜야 한다.
- 중앙은행의 통화정책 반응함수는 정책행동(특히 실질이자율의 설정)과 경제의 상태와의 관계를 보여준다. 단순화를 위해 중앙은행이 설정하는 실질이자율이 인플레이션율에만 의존하는 정책반응함수를 고려하자. 인플레이션율이 오르면 중앙은행은 총지출을 억제하기 위해 실질이자율을 인상하기 때문에 중앙은행의 정책반응함수는 우상향한다. 중앙은행의 통화정책 반응함수는 중앙은행의 장기 인플레이션 목표와 인플레이션 목표를 추구하는 공격적인 정도에 대한 정보를 담고 있다.

25.4 통화정책 결정: 예술인가 과학인가?

본장에서 실제 현실의 통화정책의 기초를 이루는 기본 경제학에 대하여 분석하였다. 분석의 예로서 경제가 완전고용 수준에서 벗어나 있을 때 완전고용으로 회복시키기 위해 필요한 실질이자율을 계산해 보았다. 그러한 예들은 제 24장 "단기에서의 총지출과 총생산"에서 재정정책에 대하여 분석한 것처럼 통화정책이 어떻게 작동하는지 이해하는 데 유용하지만 통화정책의 정확성을 과대평가하고 있다. 현실 경제는 매우 복잡해서 경제의 작동에 대한 우리의 지식은 불완전하다. 예를 들어, 중앙은행이 잠재총생산의 정확한 값을 알고 있다고 가정하고 분석했지만 현실에서 잠재총생산은 근사적으로 추정될 수 있을 뿐이다. 그 결과 각 시점에서 중앙은행은 총생산 갭의 크기에 대한 대략적인 생각을 가지고 있다. 또한 중앙은행 정책결정자들은 실질이자율의 변화가 계획된 총지출에 얼마나 영향을 줄 것인지, 효과를 미치기까지 얼마나 걸릴 것인지에 대한 근사적인 추정치만을 가지고 있다. 이러한 상황 때문에 중앙은행은 조심스럽게 접근하는 경향이 있다. 중앙은행 정책결정자들은 이자율의 큰 폭의 변화를 피하여 정책금리를 0.5% 포인트(예를 들면, 5.5%에서 5%로 변화시키는 경우)보다 큰 폭을 변화시키는 경우는 매우 드물다. 이자율의 변화폭은 보통 0.25% 포인트이다.

그러면 통화정책 결정은 예술인가 과학인가? 실제에서는 아마 둘 다인 것 같다. 경제에 대한 자세한 통계적 모형에 기초한 과학적 분석은 통화정책 결정에 유용하다는 것이 입증되었다. 그러나 오랜 경험에 바탕을 둔 사람의 판단—이른바 통화정책의 "예술"적 측면—또한 성공적인 정책결정에 매우 중요한 역할을 하며 앞으로도 그럴 것이다.

요 약 Summary

- 통화정책은 두 가지 종류의 경기안정화 정책 중 하나이며 다른 하나는 재정정책이다. 화폐시장의 기본 모형에서 중앙은행은 통화공급을 조절하지만 언론의 관심은 거의 항상 통화공급이 아니라 중앙은행이 결정하는 이자율에 초점을 두고 있다. 통화정책을 보는 이러한 두 가지 방법 사이에는 모순이 없다. 왜냐하면 통화공급을 조절하는 중앙은행의 능력은 이자율을 조절하는 능력과 동일하기 때문이다.

- 명목이자율은 수요측면과 공급측면을 가지고 있는 화폐시장에서 결정된다. 경제 전체의 화폐수요는 가계와 기업들이 자신의 부를 화폐 형태(현금이나 요구불예금)로 보유하려는 양이다. 화폐수요는 비용과 편익을 비교하여 결정된다. 화폐에 대한 이자율은 0이거나 매우 낮기 때문에 화폐를 보유하는 기회비용은 화폐 대신에 이자를 지급하는 자산을 보유할 때 벌어들일 수 있는 이자율이다. 명목이자율은 화폐를 보유하는 기회비용을 화폐 단위로 표시한 것이며 명목이자율의 상승은 화폐수요량을 감소시킨다. 화폐의 편익은 거래를 수행하는 데 유용하다는 점이다. 다른 조건이 일정할 때 거래량의 증가는 화폐수요를 증가시킨다. 거시적 관점에서 물가수준의 상승 또는 실질GDP의 증가는 거래금액을 증가시켜 화폐에 대한 수요를 증가시킨다.

- 화폐수요곡선은 화폐수요량과 명목이자율 간의 관계를 보여준다. 명목이자율의 상승은 화폐보유의 기회비용을 증가시키기 때문에 화폐수요량을 감소시켜 화폐수요곡선은 우하향하게 된다. 명목이자율 이외에 화폐수요에 영향을 주는 요인들은 화폐수요곡선을 왼쪽 또는 오른쪽으로 이동시킨다. 예를 들어, 물가수준의 상승 또는 실질GDP의 증가는 화폐수요를 증가시켜 화폐수요곡선을 오른쪽으로 이동시킨다.

- 화폐시장 기본 모형에서 중앙은행은 공개시장운영을 통해 화폐 공급을 결정한다. 화폐공급곡선은 중앙은행이 공급하는 화폐공급량에서 수직으로 표시된다. 화폐시장의 균형은 화폐수요와 화폐공급이 일치하는 명목이자율에서 이루어진다. 중앙은행은 화폐공급을 증가시켜(화폐공급곡선을 오른쪽으로 이동시켜) 명목이자율을 하락시킬 수 있고, 화폐공급을 감소시켜(화폐공급곡선을 왼쪽으로 이동시켜) 명목이자율을 상승시킬 수 있다. 중앙은행이 목표로 삼고 있는 명목이자율은 미국은 연방기금금리(상업은행들 사이의 초단기 대출거래에서의 이자율; 한국의 콜금리), 한국에서는 기준금리로 발표되고 있다.

- 단기에서 중앙은행은 명목이자율뿐만 아니라 실질이자율도 조절할 수 있다. 실질이자율은 명목이자율에서 인플레이션율을 뺀 것이고 인플레이션율은 비교적 천천히 조정되기 때문에 중앙은행이 명목이자율을 변화시키면 실질이자율도 변화되는 것이다. 장기에서 실질이자율은 저축과 투자의 균형에 의해 결정된다.

- 중앙은행은 공개시장운영 및 재할인 대출과 같은 수단을 통하여 은행 지급준비금의 양을 효과적으로 조절할 수 있다. 또한 중앙은행은 법정지급준비율(은행의 예금대비 지급준비금의 법적인 최저 수준)을 설정할 수 있다. 그러나 이러한 수단으로 중앙은행이 통화공급을 완벽히 통제하지는 못한다(화폐시장 기본 모형에서는 고려되지 않았다). 특히, 중앙은행이 증가시킨 은행 지급준비금에 대하여 은행들이 지급준비율을 높인다면 통화량 공급 증가로 이어지지 않을 수 있다.

- 2008년 12월 연방기금금리는 실효적으로 제로금리하한에 도달하였다. 그 이후 수년 동안 Fed는 경제를 부양하기 위해 비전통적인 방법을 사용하였다. 양적완화, 미래 통화정책에 대한 안내 등의 방법은, 이자율들이 같이 움직이며 중앙은행이 통화공급을 완전히 통제할 수 있다는 두 가지 가정에 기초한 화폐시장의 기본 모형에서 벗어나는 것이다. Fed가 사용한 비전통적 방법은 연방기금금리보다 높았던 이자율들을 직접 낮추려는 것을 목표로 삼았다. 2008년 12월 이후 위의 두 가지 기본 가정이 잘 성립하지는 않았지만(Fed가 경기를 부양하기 위해 비전통적 방법을 사용해야만 했던 이유) 2008년 이후의 비정상적인 시기에서도 근사적으로 적용할 수 있는 유용한 가정이다. 따라서 중앙은행이 이자율을 조절한다고 할 때 바탕을 두고 있는 위의 두 가지 가정은 그렇게 비현실적인 것은 아니다. 2015년 12월 이후 Fed는 제로금리하한으로부터 벗어나 점차 연방기금금리를 인상하였으며 통화정책 정상화 과정을 시작하였다.

- 실질이자율의 변화가 계획된 총지출에 영향을 주기 때문에 중앙은행의 행동은 경제에 영향을 준다. 예를 들어, 실질이자율의 상승은 차입비용을 증가시켜 소비와 계획된 투자를 감소시킨다. 따라서 실질이자율을 상승시킴으로써 중앙은행은 계획된 총지출과 단기 균형총생산을 감소시킬 수 있다. 반대로 중앙은행은 실질이자율을 낮추어 계획된 총지출을 자극하고 단기 균형총생산을 증가시킬 수 있다. 중앙은행의 궁극적 목표는 총생산 갭을 제거하는 것이다. 침체 갭을 제거하기 위해 중앙은행은 실질이자율을 낮추고 확장 갭을 제거하기 위하여 중앙은행은 실질이자율을 높인다.
- 정책반응함수는 정책결정자가 취하는 행동이 경제의 상태에 어떻게 의존하는지 보여준다. 예를 들어, 중앙은행의 정책반응함수는 각 인플레이션율의 값에 대하여 중앙은행이 설정하는 실질이자율을 관련시킬 수 있다.
- 실제로 잠재총생산 수준, 정책의 효과가 나타나는데 걸리는 시간과 효과의 크기에 대하여 중앙은행이 가지고 있는 정보는 불완전하다. 따라서 통화정책결정은 과학이기도 하면서 예술의 영역이다.

핵심용어 Key Terms

기준금리(793)
미래 통화정책에 대한 안내(802)
법정지급준비율(798)
양적완화(QE)(801)
연방기금금리(793)
자산구성 결정(781)
재할인대출(797)
재할인율(797)
정책반응함수(815)
제로금리하한(801)
초과지급준비금(799)
콜금리(793)
화폐수요(782)
화폐수요곡선(787)

복습문제 Review Questions

1. 화폐수요는 무엇인가? 화폐수요는 명목이자율에 어떻게 의존하는가? 물가수준에는? 소득에는? 화폐보유의 비용과 편익의 항목에서 설명하라.
2. 중앙은행이 명목이자율을 어떻게 조절하는지 그래프로 보여라. 중앙은행은 실질이자율을 조절할 수 있는가?
3. 중앙은행의 공개시장매입은 명목이자율에 어떤 영향을 주는가? (a) 공개시장매입이 채권가격에 미치는 효과와 (b) 공개시장매입이 화폐공급에 미치는 효과의 측면에서 설명하라.
4. 공개시장운영 이외에 중앙은행이 단기 이자율에 영향을 줄 수 있는 수단에는 어떤 것들이 있는가? 이러한 방법들이 단기 이자율을 낮추는 데에만 이용될 수 있는지 단기 이자율을 높이는 데에만 이용될 수 있는지 아니면 단기 이자율을 낮추고 높이는 데 모두 사용될 수 있는지 논의하라.
5. 단기 이자율이 제로금리하한에 도달한 상황에서, 중앙은행은 여전히 높은 상태인 장기 금리를 내릴 수 있는가? 중앙은행이 할 수 있는 행동과 그 작동과정을 설명하라.
6. 왜 실질이자율은 계획된 총지출에 영향을 주는가? 예를 들어 설명하라.
7. 중앙은행이 침체 갭에 당면하고 있다. 중앙은행은 어떻게 반응할 것으로 예상되는가? 그 정책 변화가 경제에 어떻게 영향을 미칠 것인지 단계별로 설명하라.
8. 중앙은행이 수축 정책을 취하기로 결정하였다. 명목이자율, 실질이자율, 화폐공급에 어떤 일이 발생할 것으로 예상되는가? 어떤 상황에서 이러한 종류의 정책이 가장 적절할 것인가?
9. 본장의 분석은 왜 총생산 갭을 제거하는 데 사용될 수 있는 통화정책의 정확성을 과대평가하고 있다고 생각하는가?

연습문제 Problems

1. 크리스마스 쇼핑 시즌에 소매상점, 온라인 판매기업, 기타 소매상들의 매출이 크게 증가하였다.

a. 크리스마스 시즌 동안 화폐수요곡선에 어떤 일이 발생할 것으로 예상하는가? 그래프로 보여라.

b. 중앙은행이 아무런 행동을 취하지 않는다면 크리스마스 시즌 동안에 명목이자율에 어떤 일이 발생하겠는가?

c. 실제로 중앙은행의 신중한 정책으로 인해 명목이자율은 4/4분기에 크게 변화하지 않는다. 중앙은행은 어떻게 크리스마스 시즌 동안에 명목이자율을 안정적으로 유지할 수 있는지 설명하고, 그래프로 보여라.

2. 다음 표는 마이클이 각각의 화폐량을 보유할 경우의 연간 추정 편익을 보여준다.

평균 화폐보유량($)	총편익($)
500	35
600	47
700	57
800	65
900	71
1,000	75
1,100	77
1,200	77

a. 명목이자율이 9%라면 마이클은 평균적으로 얼마의 화폐를 보유하겠는가? 5%라면 어떠한가? 3%라면 어떠한가? 그는 화폐를 $100 단위로 보유하기를 원한다고 가정한다(힌트: 추가적인 $100 화폐보유로 인한 추가적인 편익과 추가적인 화폐보유로 인하여 포기하여야 하는 이자인 기회비용을 비교하는 표를 만들어라).

b. 이자율이 1%에서 12%까지의 구간에 대하여 마이클의 화폐수요곡선을 그래프로 그려라.

3. 다음 각각이 경제 전체의 화폐수요에 어떤 영향을 줄 것으로 예상하는가? 설명하라.

a. 중개인들(brokers) 사이의 경쟁으로 채권과 주식의 판매 수수료가 감소하였다.

b. 소형 편의점 및 잡화상점들이 신용카드 결제를 받아들이기 시작하였다.

c. 금융투자자들이 주식의 위험 증가에 우려하기 시작하였다.

4. 경제 전체의 화폐수요가 $P(0.2Y-2{,}000i)$로 주어져 있다고 하자. 물가수준 P는 3.0, 실질 총생산 Y는 10,000이다. 다음 각각의 경우에 중앙은행이 공급하는 화폐공급량은 얼마인가?

a. 중앙은행이 명목이자율을 4%에 설정하려고 한다.

b. 중앙은행이 명목이자율을 6%에 설정하려고 한다.

5. 화폐시장의 수요곡선과 공급곡선을 사용하여 중앙은행이 다음과 같은 정책을 취할 경우, 명목이자율에 대한 효과를 설명하라.

a. 중앙은행이 재할인율을 내리고 재할인대출을 증가시킨다.

b. 중앙은행이 상업은행에 대한 법정지급준비율을 높인다.

c. 중앙은행이 공개시장매각으로 민간에 채권을 매각한다.

d. 중앙은행이 상업은행에 대한 법정지급준비율을 내린다.

6. 중앙은행이 상업은행에 대한 법정지급준비율을 낮추기로 결정했다고 가정하자. 법정지급준비금, 초과지급준비금, 상업은행이 창출한 대출의 양, 경제 전체의 통화공급, 이자율 등에 대하여 어떤 변화가 있을 것으로 예상하는가?

7. 2015년 8월 중국 중앙은행은 중국의 법정지급준비율을 18.5%에서 18%로 낮추기로 결정하였다. 중국 민간이 보유한 현금통화에는 변화가 없으며 상업은행은 초과지급준비금을 모두 대출하고 은행의 지급준비금은 정책변화 전후에 동일하게 4조 3,290억 위안이라고 가정할 때 법정지급준비율의 변화의 결과로 발생하는 중국 은행 예금의 최대 변화량을 계산하라.

8. 연방기금금리가 이미 제로금리 수준에 아주 가깝게 도달하여 있을 때, 다음 중 Fed가 이용할 수 있는 "비전통적" 통화정책 수단의 예가 아닌 것은?

미래 통화정책에 대한 안내, 양적완화, 재할인대출

9. 은행이 중앙은행에 예치한 법정지급준비금과 초과지급준

비금에 대하여 중앙은행으로부터 받는 이자율이 인상된다면 왜 상업은행들이 차입자들에게 부과하는 이자율도 상승하게 되는가?

10. 한 경제가 다음 식들로 표현되어 있다:

$$C = 2{,}600 + 0.8(Y - T) - 10{,}000r$$
$$I^P = 2{,}000 - 10{,}000r$$
$$G = 1{,}800$$
$$NX = 0$$
$$T = 3{,}000$$

소수로 표현된 실질이자율은 0.1(즉, 10%)이다.

a. 계획된 총지출과 총생산의 관계를 표시하는 식을 구하라.

b. 표나 본 장의 부록에 소개되어 있는 대수적 방법을 이용하여 단기 균형총생산을 구하라.

c. 케인즈 교차 모형을 이용하여 그 결과를 그래프로 보여라.

11. 10번 문제에서 서술된 경제에서 잠재총생산 Y^*가 12,000이라고 가정하자.

a. 경제를 완전고용 수준에 도달하게 하려면 중앙은행은 실질이자율을 얼마로 설정해야 하는가? 이 경제의 승수는 5로 주어졌다고 생각하라.

b. 잠재총생산이 $Y^* = 9{,}000$일 경우에 대하여 문항 a를 다시 풀어라.

c. 문항 a에서 구한 실질이자율 수준은 경제가 잠재총생산에 있을 때의 국민저축, $Y^* - C - G$와 계획된 투자 I^P를 일치시킨다는 것을 보여라. 즉, 경제가 완전고용 수준에 있을 때, 이 이자율 수준에서 저축 시장은 균형을 달성한다. (힌트: 제 20장 "저축과 자본형성"의 국민저축 부분을 복습하라).

12. 다음은 또 하나의 경제를 서술하는 식들이다.

$$C = 14{,}400 + 0.5(Y - T) - 40{,}000r$$
$$I^P = 8{,}000 - 20{,}000r$$
$$G = 7{,}800$$
$$NX = 1{,}800$$
$$T = 8{,}000$$
$$Y^* = 40{,}000$$

a. 계획된 총지출과 총생산 및 실질이자율과의 관계를 표시하는 식을 구하여라.

b. 총생산 갭을 제거하기 위하여 중앙은행은 실질이자율을 얼마로 설정해야 하는가? (힌트: 문항 a에서 구한 식에서 총생산 Y를 주어진 잠재총생산의 값과 같게 놓고, 계획된 총지출을 잠재총생산과 같게 만드는 실질이자율을 구하여라.)

13. 중앙은행 정책결정자들이 당면하는 불확실성에는 어떤 것들이 있는가? 이러한 불확실성은 통화정책 결정에 어떤 영향을 미치는가?

본문 개념체크 해답 — Answers to Concept Checks

25.1 4%의 이자율에서 현금보유를 \$10,000 감소시킬 경우의 편익은 매년 \$400 (4%×\$10,000)이다. 이 경우 무장 자동차 서비스의 비용 \$500는 현금보유량을 \$10,000 줄이는 편익을 초과한다. 따라서 킴이 운영하는 레스토랑은 현금을 \$50,000 보유하여야 한다. 이 결과를 **예 25.2**와 비교하면 명목이자율이 높아질수록 킴의 레스토랑의 화폐수요는 감소한다는 것을 알 수 있다.

25.2 명목이자율이 균형수준보다 높다면 사람들은 원하는 수준보다 더 많은 화폐를 보유하고 있는 것이다. 화폐보유를 감소시키기 위해 그들은 화폐의 일부를 이용하여 채권과 같이 이자를 지급하는 자산을 구입할 것이다. 그러나 모든 사람이 채권을 사려고 하면 채권가격은 상승할 것이다. 채권가격의 상승은 시장 이자율의 하락과 동일하다. 이자율이 하락하면서 사람들은 더 많은 화폐를 보유하려고 한다. 결국 이자율은 사람들이 중앙은행이 공급한 화폐량을 보유하는 데 만족할 정도로 충분히 하락할 것이며 화폐시장은 균형에 이르게 된다.

25.3 $r = 0.03$이면 소비는 $C = 640 + 0.8 \times (Y - 250) - 400 \times (0.03) = 428 + 0.8Y$이고 계획된 투자는 $I^P = 250 - 600 \times (0.03) = 232$이다. 계획된 총지출은 다음과 같다.

$$PAE = C + I^P + G + NX$$
$$= (428 + 0.8Y) + 232 + 300 + 20$$
$$= 980 + 0.8Y$$

단기 균형총생산을 구하기 위해 **표 21.1**과 유사한 표를 만든다. 적당한 범위의 총생산 값에 대하여 계획된 총지출을 계산하여 비교한다.

단기균형 총생산의 결정

(1) 총생산 Y	(2) 계획된 총지출 $PAE=980+0.8Y$	(3) $Y-PAE$	(4) $Y=PAE$?
4,500	4,580	−80	×
4,600	4,660	−60	×
4,700	4,740	−40	×
4,800	4,820	−20	×
4,900	4,900	0	○
5,000	4,980	20	×
5,100	5,060	40	×
5,200	5,140	60	×
5,300	5,220	80	×
5,400	5,300	100	×
5,500	5,380	120	×

단기 균형총생산은 4,900이고 이것은 $Y=PAE$ 조건을 만족하는 유일한 총생산 수준이다.

$Y=PAE$로 놓고 단기 균형총생산 Y에 대하여 풀면 더 빨리 답을 얻을 수 있다. $PAE=980+0.8Y$임을 상기하고 PAE에 대하여 대입하면 다음을 얻는다.

$$Y = 980 + 0.8Y$$
$$Y(1-0.8) = 980$$
$$Y = 980/0.2 = 4{,}900$$

따라서 실질이자율을 5%에서 3%로 낮추면 단기 균형총생산은 4,800(**예 25.4**)에서 4,900으로 증가한다.

제 24장 “단기에서의 총지출과 총생산” 부록 B를 읽었다면 정답을 찾는 다른 방법이 있다. 부록을 이용하여 승수를 계산해보면 $1/(1-c) = 1/(1-0.8) = 5$이다. 실질이자율이 1% 포인트 하락할 때마다 소비는 4단위, 계획된 투자는 6단위, 따라서 계획된 총지출은 10단위 증가한다. 실질이자율을 5%에서 3%로 2% 포인트 인하하면 독립지출은 20단위 증가한다. 승수가 5이기 때문에 독립지출 20단위의 증가는 단기 균형총생산을 $20 \times 5 = 100$단위 증가시켜 **예 25.4**의 4,800에서 4,900으로 증가시킨다.

25.4 실질이자율이 5%일 때 총생산은 4,800이다. 실질이자율의 1% 포인트 하락은 독립지출을 10단위 증가시킨다. 이 모형의 승수는 5이므로 총생산을 50단위 증가시키기 위해 실질이자율은 5%에서 4%로 1% 포인트 감소시켜야 한다. 총생산을 4,850으로 50단위 증가시키면 총생산 갭이 제거된다.

25.5 $\pi = 0.04$, $\pi^* = 0.02$이고 총생산 갭이 0이라면 이 값들을 테일러 준칙에 대입하여 실질이자율을 얻을 수 있다.

$$r = 0.01 + 0.5(0) + 0.5(0.04-0.02) = 0.02 = 2\%$$

따라서 인플레이션율이 4%이고 총생산 갭이 0일 때, 테일러 준칙이 의미하는 실질이자율은 2%이다. 명목이자율은 실질이자율에 인플레이션율을 더한 것이므로 $2\% + 4\% = 6\%$이다.

1%의 침체갭이 존재한다면 테일러 준칙은 다음과 같다.

$$r = 0.01 - 0.5(0.01) + 0.5(0.04-0.02) = 0.015 = 1.5\%$$

이 경우 테일러 준칙이 의미하는 실질이자율은 1.5%이고 인플레이션율 4%를 더하여 명목이자율은 5.5%가 된다. 따라서 테일러 준칙은 경제가 침체로 진입하면 중앙은행이 이자율을 낮춘다는 것이며 이러한 준칙은 합리적이고 현실적이다.

기본 케인즈 모형에서의 통화정책

제25장 부록

제24장 "단기에서의 총지출과 총생산"의 부록 A에 제시되었던 기본 케인즈 모형의 수리적 분석을 확장하여 통화정책의 역할을 포함시켜 보자. 그 부록과의 주요 차이점은, 여기에서는 실질이자율이 계획된 총지출에 영향을 미치도록 허용한 점이다. 화폐수요와 화폐공급을 수학적으로 서술하지 않고, 단순히 중앙은행이 선택하는 수준에서 실질이자율이 설정될 수 있다고 가정한다.

실질이자율은 소비와 계획된 투자에 영향을 준다. 이러한 효과들을 반영하기 위하여 지출의 두 항목에 대한 식을 다음과 같이 변형한다:

$$C = \overline{C} + c(Y - T) - ar$$
$$I^P = \overline{I} - br$$

첫 번째 식은 $-ar$이 추가된 소비함수이다(한계소비성향을 c로 표시하였음을 기억하라). a는 0보다 큰 상수로, 소비에 대한 이자율 효과의 강도를 측정한다. 따라서 $-ar$ 항은 실질이자율 r이 상승할 때 소비가 이자율 상승분의 a배만큼 감소한다는 생각을 반영하고 있다. 마찬가지로 두 번째 식은 $-br$ 항을 계획된 투자지출에 대한 식에 더하여 주고 있다. b는 고정된 양수로서 실질이자율의 변화가 얼마나 강하게 계획된 투자에 영향을 주는지 측정한다; 예를 들어, 실질이자율 r이 상승한다면 계획된 투자는 실질이자율 상승분의 b배만큼 감소한다고 가정한다. 정부지출, 조세, 순수출은 외생변수라고 계속 가정하여 $G = \overline{G}$, $T = \overline{T}$, $NX = \overline{NX}$이다.

단기 균형총생산을 구하기 위하여 총생산과 계획된 총지출의 관계식을 구하는 것으로부터 시작하자. 계획된 총지출의 정의는 다음과 같다:

$$PAE = C + I^P + G + NX$$

소비와 투자에 대한 변형된 식과 외생 값들인 정부지출, 순수출, 조세를 대입하면 다음을 얻는다:

$$PAE = [\overline{C} + c(Y - \overline{T}) - ar] + [\overline{I} - br] + \overline{G} + \overline{NX}$$

오른쪽 변 첫 번째 대괄호는 소비의 행태를 서술하며, 두 번째 대괄호는 계획된 투자의 행태를 서술한다. 이자율에 의존하는 항들과 총생산에 의존하는 항들을 묶어 이

식을 정리하면 다음을 얻는다:

$$PAE = [\overline{C} - c\,\overline{T} + \overline{I} + \overline{G} + \overline{NX}] - (a+b)r + cY$$

이 식은 오른쪽의 추가적인 항, $-(a+b)r$을 제외하면 앞 장의 부록 A에 있는 (24A.1)식과 비슷하다. 이 추가적인 항은 실질이자율의 상승이 소비와 계획된 투자를 감소시켜 계획된 지출을 낮춘다는 생각을 담고 있다. $-(a+b)r$ 항은 총생산에 의존하지 않기 때문에 독립지출의 일부분임을 주목하라. 독립지출은 케인즈 교차 모형의 지출선의 절편을 결정하기 때문에 실질이자율의 변화는 지출선을 상향(실질이자율이 하락한다면) 또는 하향(실질이자율이 상승한다면) 이동시킬 것이다.

단기 균형총생산을 구하기 위하여 단기 균형총생산의 정의를 사용하여 $Y = PAE$로 놓고 Y에 대하여 풀면 다음과 같다:

$$\begin{aligned} Y &= PAE \\ &= [\overline{C} - c\,\overline{T} + \overline{I} + \overline{G} + \overline{NX}] - (a+b)r + cY \\ Y(1-c) &= [\overline{C} - c\,\overline{T} + \overline{I} + \overline{G} + \overline{NX}] - (a+b)r \\ Y &= \left(\frac{1}{1-c}\right)[(\overline{C} - c\,\overline{T} + \overline{I} + \overline{G} + \overline{NX}) - (a+b)r] \end{aligned} \tag{25A.1}$$

(25A.1)식은 단기 균형총생산이 승수, $1/(1-c)$에 독립지출, $\overline{C} - c\,\overline{T} + \overline{G} + \overline{NX} - (a+b)r$을 곱한 것과 같음을 보여준다. 독립지출은 다시 실질이자율 r에 의존한다. (25A.1)식은 또한 단기 균형총생산에 미치는 실질이자율 변화의 효과가 두 가지 요인에 의존한다는 것을 보여준다: (1) 소비와 계획된 투자에 대한 실질이자율 변화의 효과로서 이 효과는 $(a+b)$의 크기에 의존한다. (2) 승수의 크기, $1/(1-c)$에 의존하는데 이것은 독립지출의 변화를 단기 균형총생산의 변화로 연관시키는 개념이다. 계획된 총지출에 대한 실질이자율의 효과가 클수록, 승수가 클수록, 실질이자율의 주어진 변화가 단기 균형총생산에 미치는 효과는 더 강력해진다.

(25A.1)식을 확인하기 위하여 **예 25.4**를 푸는데 이 식을 사용할 수 있다. 그 예에서 $\overline{C} = 640$, $\overline{I} = 250$, $\overline{G} = 300$, $\overline{NX} = 20$, $\overline{T} = 250$, $c = 0.8$, $a = 400$, $b = 600$으로 주어졌다. 중앙은행에 의해 설정된 실질이자율은 5% 또는 0.05이다. 이러한 값들을 (25A.1)식에 대입하고 풀면 다음을 얻는다.

$$\begin{aligned} Y &= \left(\frac{1}{1-0.8}\right)[640 - 0.8 \times 250 + 250 + 300 + 20 - (400+600) \times 0.05 \\ &= 5 \times 960 = 4{,}800 \end{aligned}$$

이것은 **예 25.4**에서 구한 것과 동일하다.

총수요, 총공급, 인플레이션

제26장

인플레이션은 경제에 어떤 영향을 주는가?

1979년 10월 6일 연방준비제도의 정책결정 위원회인 연방공개시장위원회(FOMC)는 매우 이례적으로 비밀리에 토요일 회합을 가졌다. Fed 의장 폴 볼커(Paul Volker)는 논의내용이 언론에 알려지더라도 토요일에는 금융시장이 열리지 않아서 반응할 수 없을 것이라는 점을 알고 있었기 때문에 토요일에 소집했을 수도 있다. 또는 언론의 관심이 교황 요한 바오르 2세의 워싱턴 방문에 쏠린 틈을 타서 Fed의 정책결정을 하려고 했을 수도 있다. 그러나 예고되지 않은 이 회의를 회고해보면 전후 미국 경제사의 전환점이 된 시점이었던 것 같다.

볼커가 10월 6일 회합을 소집했을 때, 그는 Fed 의장이 된 지 겨우 6개월 밖에 되지 않았다. 키가 6피트 8인치(역자주: 약 202cm)이고 울리는 저음의 목소리를 가졌으며 값싼 시가를 연이어 피우는 볼커는 금융 보수주의와 개인적인 카리스마로 명성을 떨쳤다. 이런 요인으로 카터(Carter) 대통령은 1979년 8월 볼커를 Fed의 의장으로 임명하였다. 카터는 경제와 정부의 경제정책 모두에 대한 자신감을 회복시켜 줄 수 있는 강한 Fed 의장이 필요했다. 미국 경제는 많은 문제들에 당면해 있었는데, 이란 국왕의 폐위 이후에 유가가 두 배로 올랐고 생산성 증가율이 우려스러울 정도로 둔화되고 있었다. 그러나 일반 대중의 마음 속에 가장 큰 경제적 우려는 통제할 수 없는 것처럼 보이는 인플레이션이었다. 1979년 하반기에 소비자물가상승률은 13%에 달하였고 1980년 봄에는 거의 16%로 상승하였다. 볼커의 과제는 인플레이션을 통제하고 미국 경제를 안정화시키는 것이었다. 볼커는 인플레이션을 제거하는 것이 쉽지 않을 것이라는 것을 알고 있었고, 동료들에게 “충격요법(shock treatment)”이 필요할 것이라고 말하였다. 그의 계획은 전문적인 용어로 상세히 표현되었지만 본질적으로는 통화공급 증가율을 급격히 낮추는 것이었다. 회의장의 모든 사람들은 통화공급 증가율을 낮추는 것이 실질 이자율을 상승시키고 총지출을 감소시킬 것이라는 것을 알고 있었다. 인플레이션은 낮아질 것이지만 경기침체, 총생산 감소, 일자리 감소와 같은 부분에서 얼마나 비용이 나타날 것인가? 그리고 이미 혼란스러운 금융시장은 새로운 접근방법에 어떻게 반응할 것인가?

볼커가 정책 변화의 필요성에 대하여 말했을 때 회의장에 있는 위원회 위원들은 긴장하여 몸을 떨었다. 결국 투표에 부쳐졌고 모든 사람의 손이 올라갔다. 그 다음에 무슨 일이 발생했을까? 본 장 후반부에서 볼커의 Fed 정책들과 그 효과들에 대하여 논의하기로 한다. 먼저 인플레이션과 인플레이션을 조절하는 정책들을 이해하기 위한 기본 모형을 소개할 필요가 있다. 앞의 두 장에서는 기업들이 미리 정해진 가격에 자신의 생산물에 대한 수요에 맞추어 생산한다는 가정을 하였다. 기업들이 단지 수요되는 양만을 생산할 때 계획된 총지출 수준이 국가의 실질GDP를 결정한다. 단기 균형총생산 수준이 잠재총생산보다 낮다면 침체갭이 발생하고 총생산 수준이 잠재총생산보다 높으면 확장갭이 발생한다. 정책결정자들은 정부구매나 조세(재정정책)를 변화시키거나 실질이자율을 변화시키는 중앙은행의 통화공급의 조절(통화정책)과 같이 독립지출에 영향을 주는 정책을 시행하여 총생산 갭을 제거하려고 할 수 있다.

기본 케인즈 모형은 단기에서 총생산의 결정 요인으로서 총지출의 역할을 이해하는 데 유용하지만 너무 단순화되어 있어 현실 경제에 대한 완전한 모습을 제공하지 못한다. 기본 케인즈 모형의 주요 단점은 인플레이션의 행태를 설명할 수 없다는 점이다. 기본 케인즈 모형에서 가정된 것과 같이 기업들은 당분간 미리 정해진 가격에 수요를 맞추어 생산하지만 가격들이 무한정 고정되어 머물러 있는 것은 아니다. 때때로 가격들은 매우 빠르게 오르기도 하여—고인플레이션 현상—그 과정에서 경제에 커다란 비용을 발생시키기도 한다. 본 장에서는 기본 케인즈 모형을 확장하여 계속 진행되고 있는 인플레이션을 포함하려고 한다. 확장 모형은 총수요–총공급 모형으로 잘 알려진 새로운 모형으로 표현될 것이다. 이러한 확장된 분석을 사용하여 거시경제정책이 총생산과 인플레이션에 어떻게 영향을 미치는지 살펴볼 것이며 그 과정에서 정책결정자가 당면하는 곤란한 상충관계를 예시한다. 본 장의 본문에서는 총생산과 인플레이션의 분석에 수치 모형과 그래프 모형을 이용하고 본 장에 첨부된 부록에서는 대수적인 모형을 제시할 것이다.

26.1 인플레이션, 총지출, 총생산: 총수요곡선

인플레이션을 모형에 통합하기 위한 첫 번째 단계로서, 총수요곡선이라고 부르는 **그림 26.1**에 그려진 새로운 관계를 소개한다. **총수요(*AD*)곡선**(aggregate demand curve)은 단기 균형총생산 Y와 인플레이션율 π 사이의 관계를 보여준다. 이 곡선의 이름은 앞에서 보았던 것처럼 단기 균형총생산이 경제의 계획된 총지출, 또는 총수요에 의해 결정된다는 사실을 반영하고 있다. 정의상 단기 균형총생산은 계획된 총지출과 동일하므로 *AD*곡선은 인플레이션과 총지출 사이의 관계를 보여준다고 말할 수 있다.[1]

총수요(*AD*)곡선
단기 균형총생산 Y와 인플레이션율 π 사이의 관계를 보여주는 곡선으로 다른 모든 요인들을 고정시켰을 때 각 인플레이션율에서 가계, 기업, 정부, 해외 구매자들이 구입하기를 원하는 총생산량을 보여주는 곡선

다른 모든 조건이 일정하다면, 인플레이션율의 상승은 단기 균형총생산을 감소시키는 경향이 있음을 곧 살펴볼 것이다. 따라서 인플레이션 π를 세로축에, 총생산 Y를 가로축에 나타낸 그림에서(**그림 26.1**) 총수요곡선은 우하향한다.[2] **그림 26.1**에는 직선으로 그려져 있지만 *AD*"곡선"이라고 부른다는 것을 주의하기 바란다. *AD*곡선은 직선일 수도 있고 곡선일 수도 있다.

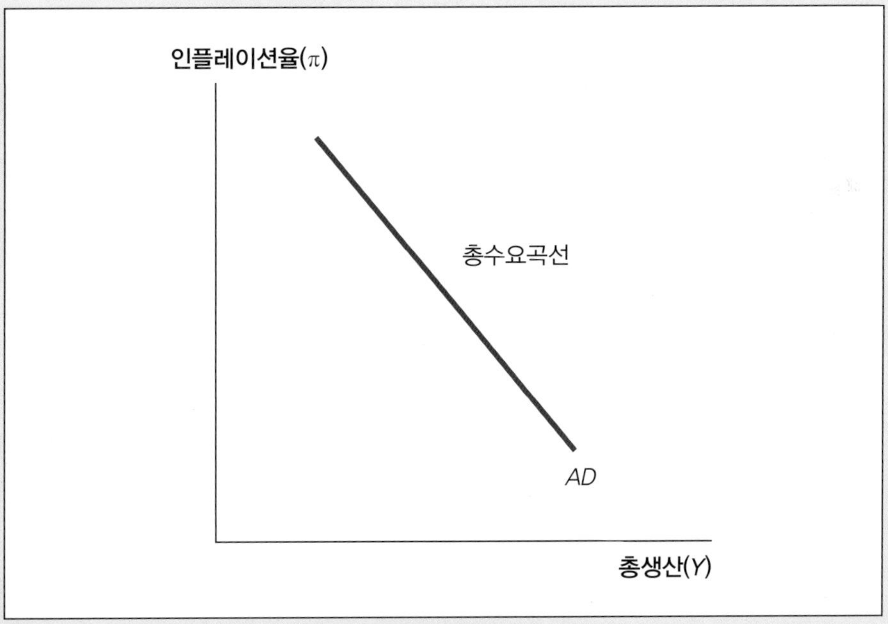

그림 26.1

총수요(*AD*)곡선

총수요곡선은 단기 균형총생산 Y와 인플레이션율 π 사이의 관계를 보여준다. 단기 균형총생산은 계획된 총지출과 같기 때문에 곡선은 또한 인플레이션과 계획된 총지출 사이의 관계를 보여준다. 곡선이 우하향하는 것은 인플레이션의 상승이 단기 균형총생산을 감소시킨다는 것을 의미한다.

1 *AD*곡선과 제 24장 "단기에서의 총지출과 총생산"에서 케인즈 교차 그림의 일부로 도입되었던 지출선을 구별하는 것이 중요하다. 우상향하는 지출선은 계획된 총지출과 총생산 사이의 관계를 보여주며, 반면 *AD*곡선은 단기 균형총생산(계획된 총지출과 같은)과 인플레이션 사이의 관계를 보여준다.

2 경제학자들은 때때로 *AD*곡선을 총수요와 인플레이션(물가수준의 변화율)이 아닌 총수요와 물가수준 사이의 관계로서 정의한다. 여기에서 사용된 정의는 분석을 단순화할 뿐만 아니라 현실 세계의 데이터와도 더 일치되는 결과를 산출한다. 두 접근방법의 비교를 위해 데이빗 로머(David Romer), "Keynesian Macroeconomics without the LM Curve," *Journal of Economic Perspectives*, Spring 2000, pp. 149~170을 참고하라. 이 장에 사용된 그래프 분석은 로머가 추천한 방법을 충실하게 따르고 있다.

왜 높은 인플레이션은 낮은 수준의 계획된 총지출과 단기 균형총생산으로 이어지는가? 곧 살펴보겠지만 한 가지 중요한 이유는 인플레이션율 상승에 대한 중앙은행의 반응 때문이다.

26.1.1 인플레이션, 중앙은행, 총수요곡선이 우하향하는 이유

Fed를 비롯한 대부분의 중앙은행의 주요 책임 중 하나는 낮고 안정적인 인플레이션율을 유지하는 것이다. 예를 들어, 최근 수년 동안에 Fed는 장기적으로 미국의 인플레이션율을 2%에 유지시키려고 노력하였으며 한국은행은 인플레이션율을 2~3% 범위에서 유지하려고 노력하였다. 중앙은행은 인플레이션을 낮게 유지함으로써 높은 인플레이션이 경제에 발생시키는 비용을 피하려고 노력하는 것이다.

인플레이션을 낮고 안정적으로 유지하기 위해 중앙은행은 무엇을 할 수 있는가? 이미 언급된 것처럼 인플레이션의 상승으로 이어질 수 있는 한 가지 상황은 단기 균형총생산이 잠재총생산을 초과하는 확장 갭이다. 총생산이 잠재총생산보다 높을 때 기업들은 그들의 고객들의 수요를 충족시키기 위해 정상적인 생산능력보다 높은 수준에서 생산해야만 한다. 제 23장 "단기 경기변동"에서 서술된 앨버트의 아이스크림 상점에서와 같이 기업들은 당분간 이렇게 생산할 용의가 있을 수 있다. 그러나 결국에는 높은 수준의 수요에 대하여 가격을 인상함으로써 조정할 것이다. 계획된 총지출과 총생산이 잠재총생산을 초과할 우려가 있을 때 인플레이션을 조절하기 위하여 계획된 총지출과 총생산을 진정시켜야 할 필요가 있다.

중앙은행은 어떻게 계획된 총지출과 총생산이 잠재총생산을 초과하는, 경제가 "과열"되는 상황을 피할 수 있는가? 앞 장에서 본 것처럼 중앙은행은 실질이자율을 인상하여 독립지출을 감소시키고 이에 따라 단기 균형총생산을 감소시킬 수 있다. 중앙은행의 이러한 행동은 *AD*곡선에서 인플레이션과 총생산 사이를 연결시켜 주는 핵심적인 요인이다. 인플레이션율이 높을 때 중앙은행은 이자율을 인상함으로써 대응한다. 그러한 대응은 제 25장 "경기안정화정책: 중앙은행의 역할"에서 소개된 중앙은행의 정책반응함수를 의미한다(중앙은행이 경제 상태의 변화에 대응하여 취하는 행동을 표현한 반응함수는 통화정책 준칙이라고도 불린다). 실질이자율의 상승은 소비와 투자지출(독립지출)을 감소시켜 단기 균형총생산을 감소시킨다. 높은 인플레이션은 Fed의 행동을 통하여 총생산의 감소로 이어지기 때문에, 곡선은 **그림 26.1**과 같이 우하향한다. 이러한 논리적인 연쇄 과정을 다음과 같이 요약할 수 있다:

$$\pi\uparrow \Rightarrow r\uparrow \Rightarrow \text{독립지출}\downarrow \Rightarrow Y\downarrow \qquad (AD\text{곡선})$$

π는 인플레이션율, r은 실질이자율, Y는 총생산이다.

26.1.2 총수요곡선이 우하향하는 다른 이유

*AD*곡선이 우하향하는 이유로 중앙은행의 행동에 초점을 두었지만 높은 인플레이션이 계획된 총지출, 따라서 단기균형 총생산을 감소시키는 경로는 더 다양하다. 따라서 *AD*곡선이 우하향하는 것은 방금 서술한 것과 같은 특별한 형태의 중앙은행의 행동에 의존하는 것은 아니다.

*AD*곡선이 우하향하는 한 가지 추가적인 이유는 가계와 기업들이 보유하고 있는 화폐의 실질가치에 대한 인플레이션의 효과이다. 높은 수준의 인플레이션에서 민간이 보유한 화폐의 구매력은 빠르게 감소한다. 이러한 민간의 실질 부의 감소는 가계들의 소비지출을 억제하고 단기 균형총생산을 감소시킨다.

인플레이션이 계획된 총지출에 영향을 주는 두 번째 경로는 **분배효과**를 통한 것이다. 몇몇 연구들은 가난한 사람들이 부유한 사람들보다 인플레이션에 의해 더 많이 고통받는다는 것을 발견하였다. 예를 들어, 고정된 소득에 의존하는 은퇴자와 최저임금(달러로 표시된)을 받는 근로자들은 물가가 빠르게 상승하고 있을 때 구매력을 잃는다. 부유하지 못한 사람들은 또한 금융투자에 해박한 지식을 갖지 못할 가능성이 있고 따라서 부유한 사람들에 비하여 자신의 저축을 인플레이션으로부터 보호하는 능력이 떨어진다.

분배효과
경제의 소득분배나 부의 분배에 대한 효과

소득분포의 낮은 부분에 위치한 사람들은 부유한 사람들보다 그들의 처분가능소득의 더 높은 비율을 지출하는 경향이 있다. 따라서 인플레이션의 발생이 상대적으로 지출 비율이 높고 덜 부유한 가계로부터 상대적으로 저축이 많고 더 부유한 가계로 자원을 재분배한다면 총지출은 감소할 것이다.

인플레이션과 총수요 사이의 세 번째 연결고리는 높은 인플레이션율이 가계와 기업에게 불확실성을 만들어내기 때문이다. 인플레이션이 높을 때 사람들은 미래에 비용이 얼마가 될 것인지에 대한 확신을 갖지 못하게 되고 불확실성은 미래에 대한 계획수립을 더 어렵게 만든다. 불확실한 경제 환경에서 가계와 기업들은 더 조심하게 되고 그 결과 지출을 감소시킨다.

인플레이션과 총지출 사이의 마지막 연결고리는 해외에서 판매되는 국내 재화와 서비스의 가격을 통하여 작동한다. 다음 장에서 살펴보겠지만 국내 재화의 해외 판매가격은 부분적으로 국내 통화가 미국 달러와 같은 외국 통화와 교환되는 비율에 의존한다. 그러나 통화 간의 환율이 일정할 경우 국내 인플레이션의 상승은 국내 재화의 해외 판매가격을 더 빨리 상승시키는 요인이 된다. 국내 재화가 외국의 잠재적 구매자에게 더 비싸지면 수출이 감소한다. 순수출은 총지출의 일부이며 다시 한 번 인플레이션이 지출을 감소시킬 수 있음을 알 수 있다. 중앙은행의 행동과 함께 이러한 모든 요인들은 *AD*곡선이 우하향하는 이유가 된다.

26.1.3 총수요곡선을 이동시키는 요인

그림 26.1에 그려진 곡선이 우하향하는 것은 모든 다른 요소가 일정할 때 높은 인

플레이션율은 낮은 계획된 총지출과 낮은 단기 균형총생산으로 이어진다는 사실을 반영하고 있다. 다시 설명하면, 높은 인플레이션율이 계획된 총지출과 총생산을 감소시키는 주요 이유는 중앙은행이 인플레이션율의 상승에 대하여 실질이자율을 인상하는 방향으로 반응하는 경향이 있기 때문이며, 이것은 다시 계획된 총지출의 두 가지 중요한 구성요소인 소비와 계획된 투자를 감소시킨다.

그러나 인플레이션율이 고정되어 있다 하더라도 여러 가지 다양한 요인들이 계획된 총지출과 단기 균형총생산에 영향을 줄 수 있다. 본 절에서 그래프를 통해 살펴보겠지만, 이러한 요인들은 **총수요를 변화**시켜 곡선을 이동시키는 원인이 된다. 특히 주어진 인플레이션 수준에서 단기 균형총생산을 증가시키는 경제의 변화가 있다면 곡선은 오른쪽으로 이동할 것이다.(**그림 26.2**에서 예시하고 있다) 반대로 경제의 변화가 각 인플레이션 수준에서 단기 균형총생산을 감소시킨다면 곡선은 왼쪽으로 이동하게 된다.(**그림 26.3(b)**에서 예시하고 있다) 여기에서는 곡선을 이동시키는 두 가지 종류의 경제의 변화에 초점을 둘 것이다: (1) 총생산이나 이자율 이외의 요인들에 의해 발생하는 총지출의 변화를 의미하는 총지출의 외생적 변화, (2) 중앙은행의 통화정책 반응함수의 이동으로 표시되는 중앙은행의 통화정책의 변화.

총수요의 변화
*AD*곡선의 이동

총지출의 변화

계획된 총지출은 총생산과(소비함수를 통하여) 실질이자율에(소비와 계획된 투자에 영향을 주어) 의존한다는 것을 살펴보았다. 그러나 총생산과 이자율 이외에 많은 요인들이 계획된 총지출에 영향을 줄 수 있다. 예를 들어, 주어진 총생산과 실질이자율 수준에서 재정정책은 정부구매의 수준에 영향을 주고, 소비자의 자신감의 변화는 소비지출에 영향을 줄 수 있다. 마찬가지로 새로운 기술발전으로 인한 기회는 기업들의 계획된 투자를 증가시키며, 외국인이 국내 재화를 구입하려는 의향의 증가는 순수출을 증가시킬 것이다. 총생산과 실질이자율의 변화 이외의 요인에 의해 유발된 계획된 총지출의 변화를 총지출의 외생적 변화(exogeneous changes)라고 부른다.

인플레이션율이 주어졌을 때(따라서 중앙은행이 설정한 실질이자율이 주어졌을 때) 총지출의 외생적인 증가는 지난 두 장에서 논의한 이유들 때문에 단기 균형총생산을 증가시킨다. 각 수준의 인플레이션에 대하여 총생산이 증가하기 때문에 총지출의 외생적 증가는 총수요곡선을 오른쪽으로 이동시킨다. 이 결과는 **그림 26.2**에 그래프로 예시되어 있다. 예를 들어, 주식시장의 상승으로 소비자들이 지출을 증가시키려 한다고(부의 효과) 생각해보자. 그러면 각 인플레이션 수준에서 총지출과 단기 균형총생산은 높아질 것이며 이 변화는 총수요곡선을 *AD*에서 *AD'*으로 오른쪽으로 이동시킨다.

마찬가지로 주어진 인플레이션율에서 총지출의 외생적인 감소는—예를 들어, 수축적인 재정정책의 결과로 나타난 정부구매의 감소—단기 균형총생산을 하락시키는 원인이 된다. 총지출의 외생적인 감소는 총수요곡선을 왼쪽으로 이동시킨다고 결론내릴 수 있다.

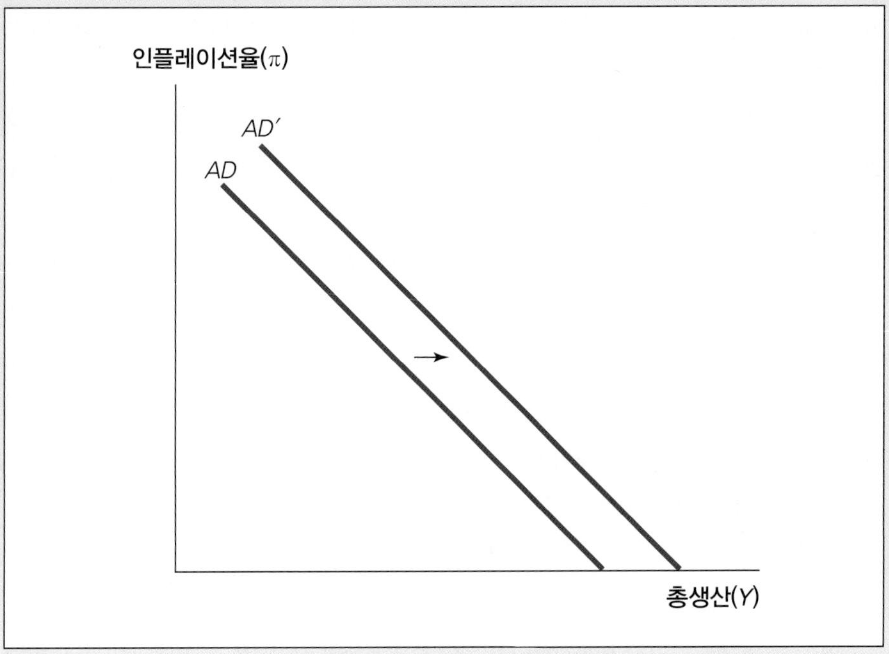

그림 26.2

총지출의 외생적 증가의 효과
외생적 지출 증가—예를 들어, 주식시장의 상승으로 나타난 소비지출의 증가—이전(*AD*)과 이후(*AD′*)의 총수요곡선이 그려져 있다. 인플레이션율과 중앙은행에 의해 정해진 실질이자율이 변하지 않는다면, 총지출의 외생적인 증가는 단기 균형총생산을 증가시킨다. 결과적으로 총수요곡선은 *AD*에서 *AD′*으로 오른쪽으로 이동하게 된다.

✔ 개념체크 26.1

다음과 같은 사건이 *AD*곡선에 어떤 영향을 줄 것인지 설명하라.

a. 경기가 향후 악화될 것이라는 우려가 널리 퍼져 기업들이 새로운 자본재에 대한 지출을 감소시킨다.

b. 정부가 소득세를 낮추었다.

중앙은행 정책반응함수의 변화

중앙은행의 통화정책 반응함수는 중앙은행이 각 인플레이션 수준에서 실질이자율을 어떻게 설정하는지를 보여준다는 것을 기억하기 바란다. 이 관계는 *AD*곡선에 내재되어 있어 곡선이 우하향하는 기울기를 갖는 것을 부분적으로 설명한다. 중앙은행이 일정한 정책반응함수에 따라 실질이자율을 설정하는 한 실질이자율의 조정은 *AD*곡선을 이동시키지 않는다. 정상적인 상황에서 중앙은행은 안정적인 정책반응함수를 따른다.

그러나 중앙은행이 주어진 인플레이션율에 대하여 정상보다 크게 "수축적이거나" 또는 "완화적인" 정책을 추구할 수 있다. 예를 들어, 인플레이션율이 높고 내려올 기미가 없다면 중앙은행은 더 수축적인 통화정책을 선택하여 각 주어진 인플레이션율에서 이전보다 더 높은 실질이자율을 설정하도록 정책반응함수를 바꿀 수 있다. (예를 들면, 목표 인플레이션율 π^*의 하락) 이러한 정책의 변화는 세로축의 실질이자율이 가로축 인플레이션율의 함수로서 표시된 **그림 26.3(a)**에 그려진 중앙은행의 정책반응함수가 상향 이동한 것으로 해석될 수 있다. 중앙은행이 인플레이션에 대하여 더 "매파적(hawkish)"으로 변화—즉, 각 주어진 인플레이션율에 대하여 더 높은 실질이자율을 설정—하는 결정은 각 인플레이션율에서 계획된 총지출을 감소시키고 이에 따라 단기 균형총생산을 감소시킨다. 따라서 중앙은행의 정책반응함수의 상방 이동은 *AD*곡선을 왼쪽으로 이동시킨다(**그림 26.3(b)**). 1979년 볼커 의장의 반인플레이션 정책은 그러한 정책 변경으로 해석될 수 있다.

마찬가지로 비정상적으로 심각하고 긴 경기침체를 겪고 있다면 중앙은행은 정책 변화를 선택하여 각 인플레이션율에서 정상보다 낮은 실질이자율을 설정할 수 있다. 이러한 정책변화는 중앙은행의 정책반응함수의 하방 이동으로 해석될 수 있다. 주어진 인플레이션율에서 정상보다 낮은 수준으로 실질이자율을 설정하면 지출수준이 높아지고 단기 균형총생산도 높아진다. 따라서, 중앙은행의 정책반응함수의 하방 이동은 *AD*곡선을 오른쪽으로 이동시키게 된다.

✔ 개념체크 26.2

왜 **그림 26.3**에 그려진 통화정책의 이동이 중앙은행의 장기 "목표" 인플레이션의 하락으로 해석될 수 있는지 설명하라. (힌트: 장기에 중앙은행이 설정한 실질이자율은 저축과 투자의 균형에 의해 결정되는 실질이자율과 일치해야 한다.)

그림 26.3

중앙은행 정책반응함수의 이동

인플레이션율이 장기간 너무 높은 수준을 유지하고 있다면 중앙은행은 각 주어진 인플레이션율에 대하여 실질이자율을 보통보다 더 높은 수준에 설정함으로써 "수축적인" 통화정책을 선택할 수 있다. 그래프에서 이러한 변화는 중앙은행 정책반응함수의 상향(왼쪽) 이동에 해당한다(a). 더 수축적인 통화정책으로의 변화는 *AD*곡선을 왼쪽으로 이동시킨다(b). 경기침체가 지속되어 중앙은행이 각 인플레이션율 수준에서 더 낮은 실질이자율을 설정한다면 중앙은행의 정책반응함수는 하향(오른쪽) 이동하여 *AD*곡선이 오른쪽으로 이동할 것이다.

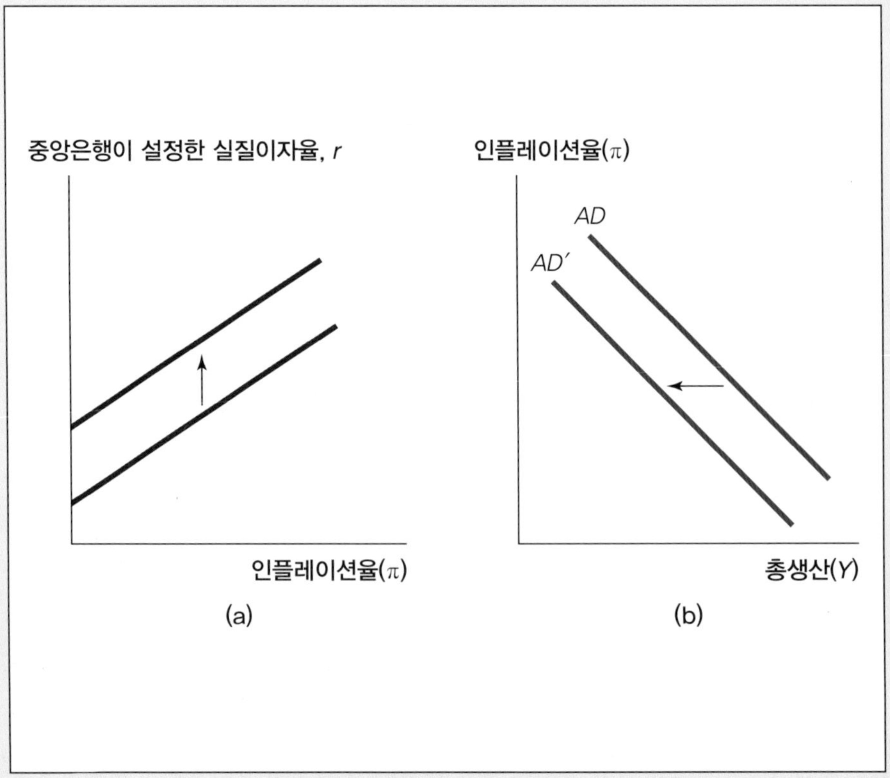

26.1.4 총수요곡선의 이동 vs. 총수요곡선 상의 이동

*AD*곡선 상의 이동과 *AD*곡선 자체의 이동 사이의 차이를 설명하는 것으로 본 절을 맺으려 한다.

*AD*곡선이 우하향하는 것은 인플레이션과 단기 균형총생산 사이의 역의 관계를 나타내고 있다. 앞에서 살펴본 것처럼 인플레이션율이 상승하면 중앙은행은 정책반응함수에 따라 실질이자율을 인상시킨다. 인상된 실질이자율은 계획된 총지출을 압박하여 단기 균형총생산을 낮춘다. 인플레이션과 총지출, 총생산 사이의 이러한 관계는 *AD*곡선이 우하향하는 모습에 담겨져 있다. 따라서 인플레이션율의 변화에 대하여 결과적으로 실질이자율이 변화하고 이는 다시 단기 균형총생산을 변화시키는 관계는 *AD*곡선 상의 이동으로 나타난다. 특히 중앙은행이 고정된 정책반응함수에 따라 실질이자율을 결정하는 한, 실질이자율의 변화는 *AD*곡선을 이동시키지 않는다.

그러나 주어진 인플레이션 수준에서 총생산의 단기 균형수준을 변화시키는 모든 요인은 *AD*곡선을 이동시킨다—단기 균형총생산이 증가하면 오른쪽으로 이동시키고 단기 균형총생산이 감소하면 왼쪽으로 이동시킨다. 앞에서 *AD*곡선을 이동시킬 수 있는 두 가지 요인들을 설명하였다: 총지출의 외생적 변화(즉, 총생산의 변화에 의해 유발된 변화가 아닌 총지출 변화)와 중앙은행의 정책반응함수의 변화. 총지출의 외생적 증가나 또는 중앙은행의 정책반응함수의 하방 이동은 인플레이션의 각 수준에서 단기 균형총생산을 증가시키며, 따라서 *AD*곡선을 오른쪽으로 이동시킨다. 총지출의 외생적 감소 또는 중앙은행의 정책반응함수의 상방 이동은 인플레이션의 각 수준에서 단기 균형총생산을 감소시키며 따라서 *AD*곡선을 왼쪽으로 이동시킨다.

✔ 개념체크 26.3

다음 두 경우에 차이점이 있다면 무엇인가?

a. 중앙은행의 정책반응함수의 상향 이동.

b. 주어진 정책반응함수에서 인플레이션율 상승에 대한 중앙은행의 반응.

각 시나리오는 *AD*곡선에 어떤 영향을 미치는가?

요약 총수요(*AD*)곡선

- *AD*곡선은 단기균형 총생산과 인플레이션 사이의 관계를 보여준다. 높은 인플레이션은 중앙은행이 실질이자율을 높여 독립지출을 감소시키고 결국 단기 균형총생산을 감소시킨다. 따라서 *AD*곡선은 우하향한다.
- *AD*곡선은 또한 다음 이유들 때문에 우하향한다. (1) 높은 인플레이션은 민간이 보유하고 있는 화폐의 실질가치를 하락시켜 부와 지출을 감소시킨다; (2) 인플레이션은 처분가능소득 중 지출 비율이 높은 저소득자에게서 처분가능소득 중 지출 비율이 낮은 고소득자에게로 자원을 재분배한다; (3) 높은 인플레이션은 가계와 기업의 계획에 더 큰 불확실성을 발생시켜 지출을 감소시키게 한다; (4) 원화와 다른 통화 사이의 환율이 일정할 경우,

인플레이션은 국내 재화와 서비스의 국제 가격을 상승시켜 해외 판매를 감소시키고 순수출(총지출의 구성요소)을 감소시킨다.
- 총지출의 외생적 증가는 각 인플레이션 수준에서 단기균형 총생산을 증가시켜 *AD*곡선을 오른쪽으로 이동시킨다. 반대로 총지출의 외생적 감소는 *AD*곡선을 왼쪽으로 이동시킨다.
- 중앙은행의 통화정책 반응함수의 하향(오른쪽) 이동과 같이 확장적 통화정책으로의 변화는 *AD*곡선을 오른쪽으로 이동시킨다. 중앙은행의 통화정책 반응함수의 상향(왼쪽) 이동과 같이 수축적이고 반인플레이션적인 통화정책으로의 변화는 *AD*곡선을 왼쪽으로 이동시킨다.
- 중앙은행의 반응함수에 변화가 없다면 인플레이션율의 변화는 *AD*곡선 상을 따라서 움직이게 되고 곡선을 이동시키지 않는다.

26.2 인플레이션과 총공급

본 장에서 이제까지 인플레이션율의 변화가 어떻게 총지출과 단기 균형총생산에 영향을 미치는지 알기 위해서 *AD*곡선에 담겨진 관계에 초점을 두었다. 그러나 인플레이션 자체가 어떻게 결정되는지에 대하여는 아직 논의하지 않았다. 본 장의 나머지 부분에서는 정책결정자들이 인플레이션을 조절하는 데 사용하는 수단뿐만 아니라 현대의 산업화된 경제에서 인플레이션율을 결정하는 주요 요인들에 대하여 살펴볼 것이다. 이 과정에서 총생산과 인플레이션의 행태를 분석하는데 유용한 모형인 총수요–총공급 모형을 소개한다.

물리학자들은 물체는 외부의 힘에 의해 영향 받지 않는다면 일정한 속도와 방향으로 움직이는 것을 계속 유지하려는 경향이—관성(inertia)의 법칙—있다는 것을 발견했다. 이러한 개념을 경제학에 적용하여, 경제가 완전고용수준에 있고 물가수준에 외부의 충격이 없는 한 인플레이션이 대략 일정하게 유지되는 경향이 있다는 의미에서 인플레이션에 관성이 있다고 한다. 본 절의 초반부에서는 왜 인플레이션이 이렇게 행동하는지 논의한다.

그러나 외부의 힘이 작용한다면 물체가 속도를 변화하는 것과 마찬가지로 많은 경제적 힘이 인플레이션율을 변화시킬 수 있다. 본 장의 후반부에서 인플레이션율을 변하게 하는 원인이 될 수 있는 세 가지 요인들에 대하여 논의한다. 첫 번째 요인은 총생산 갭의 존재이다: 확장 갭이 존재할 때 인플레이션율은 상승하는 경향이 있고, 침체 갭이 존재할 때 인플레이션율은 하락하는 경향이 있다. 인플레이션에 영향을 줄 수 있는 두 번째 요인은 인플레이션 충격이라고 부르는, 가격들에 직접 영향을 주는 외생적 충격이다. 예를 들어, 수입 원유가격의 상승은 원유로부터 직접 만들어지는 재화나 원유를 사용하는 서비스뿐만 아니라 휘발유, 난방유, 다른 연료들의 가격을 상승시킨다. 끝으로 인플레이션율에 직접 영향을 주는 세 번째 요인은 잠재총생산에 대한 충격 또는 잠재총생산 수준의 급격한 변화이다—한 국가의 공장들과 기업들의 상당한 부분을 파괴하는 자연재해는 극단적인 한 가지 예이다. 인플레이션 충격과 잠재총생산에 대한 충격을 총공급 충격이라고 부른다.

26.2.1 인플레이션 관성

오늘날 미국과 같이 인플레이션이 낮은 산업화된 경제에서 인플레이션은 해마다 천천히 변화하는 경향이 있는데, 이를 인플레이션 관성(inflation inertia)이라고 부른다. 한 해의 인플레이션율이 2%라면 다음 해에는 3% 또는 4%일 수 있다. 그 나라가 매우 비정상적인 경제 상황을 경험하지 않는 한, 인플레이션율이 다음 해에 6% 또는 8%까지 오르거나 또는 −2%까지 하락할 가능성은 낮다. 이렇게 비교적 천천히 변하는 행태는 매일매일 급격한 변동을 보이는 주식이나 상품 가격과 같은 경제변수들의 행태와는 극명하게 대조가 된다. 예를 들어, 유가는 한 해 동안 20%가 올랐다가 다음 해에는 20%가 하락할 수 있다. 그러나 과거 25년 동안 미국의 인플레이션율은 일반적으로 매년 2~3% 범위에서 유지되어 왔다. 한국의 경우에도 과거 20년 동안 4% 내외에서 천천히 하락하는 추세를 보여 왔다.

왜 인플레이션은 현대의 산업화된 경제에서 비교적 천천히 조정되는 경향이 있는 것일까? 이 질문에 답하기 위하여 인플레이션율을 결정하는데 중요한 역할을 하는, 긴밀하게 관련되어 있는 두 가지 요인들을 생각해보아야 한다: 민간이 인플레이션에 대하여 가지는 기대의 행태와 장기적인 임금계약 및 가격계약의 존재.

인플레이션 기대

첫째, 인플레이션에 대한 민간의 기대에 대하여 생각해 보자. 미래의 임금과 가격들을 협상하는데 구매자들과 판매자들은 향후 2~3년간 나타날 것으로 기대되는 인플레이션율을 고려한다. 결과적으로 미래의 인플레이션에 대한 오늘의 기대는 미래의 인플레이션에 영향을 미칠 수 있다. 예를 들어, 사무실 직원인 프레드와 그의 사장 콜린은 올해 프레드의 성과가 좋아서 내년에 그의 실질임금을 2% 인상시키는 것에 동의하였다고 가정하자. 그들은 얼마의 명목임금 또는 화폐임금 인상에 동의해야 하는가? 프레드가 다음 해에 인플레이션이 3%일 것으로 믿고 있다면 그는 다음 해에 실질임금에서 2%의 증가를 얻기 위해 5%의 명목임금 인상을 요구할 것이다. 콜린도 인플레이션이 3%일 것이라고 동의한다면, 5%의 명목임금 인상에 동의하여야 하며, 이것이 프레드의 실질임금을 단지 2% 인상하는 것을 의미한다고 알고 있을 것이다. 따라서 프레드와 콜린이 예상한 가격들의 상승률은 적어도 프레드의 명목임금 상승률에 영향을 준다.

이러한 인플레이션 기대는 노동 이외의 생산요소에 대한 계약에도 영향을 준다. 예를 들어, 콜린이 사무용품 공급회사와 협상하고 있다면, 다음 해에 배달될 사무용품에 대하여 지불하기로 동의할 가격들은 그녀가 예상하는 인플레이션율에 의존할 것이다. 다른 재화나 서비스의 가격에 대한 사무용품의 상대적인 가격이 변하지 않을 것이고 일반적인 인플레이션율이 3%일 것이라고 예상하고 있다면, 사무용품 가격의 3% 인상에 동의할 것이다. 만약 인플레이션율이 6%일 것으로 예상한다면, 다른 재화와 서비스에 대한 사무용품의 상대가격에 변화가 없는 명목가격 상승은 6%이기 때문에 내년에 사무용품에 6%를 더 지불하는 데 동의할 것이다.

경제 전체에 예상되는 인플레이션율이 높아질수록 명목임금과 다른 생산요소의 비용이 증가하는 경향이 있을 것이다. 그러나 임금 및 생산비가 예상된 인플레이션에 반응하여 빠르게 증가한다면 기업들은 비용을 충당하기 위하여 가격들을 빠르게 상승시켜야 할 것이다. 따라서 높은 기대 인플레이션율은 실제 인플레이션율을 높이는 경향이 있다. 마찬가지로 기대 인플레이션이 낮다면 임금과 다른 비용들이 비교적 천천히 증가하게 되어 실제 인플레이션 또한 낮게 될 것이다.

✔ 개념체크 26.4

고용주와 근로자들은 내년 실질임금을 2% 올리는 데에 동의했다고 가정하자.

a. 인플레이션율이 내년에 2%로 예상된다면 내년의 명목임금은 어떻게 되겠는가?
b. 인플레이션율이 내년에 2%가 아닌 4%로 예상된다면 내년의 명목임금은 어떻게 되겠는가?
c. 위의 문항 a, b에 대한 대답을 사용하여 왜 기대 인플레이션의 상승이 다음 해의 실제 인플레이션율에 영향을 주는 경향이 있는지를 설명하라.

실제 인플레이션이 부분적으로 기대 인플레이션에 의해 결정된다면 과연 인플레이션에 대한 기대를 결정하는 것은 무엇인가라는 문제가 제기된다. 사람들의 기대의 많은 부분은 최근 경험에 의해 영향을 받는다. 인플레이션이 어느 정도의 기간 동안 낮고 안정적이었다면 사람들은 계속 낮을 것이라고 기대할 가능성이 크다. 그러나 인플레이션이 최근 높았다면 사람들은 계속 높을 것이라고 예상할 것이다. 인플레이션이 낮은 수준과 높은 수준 사이에서 등락을 보여 예측하기 어렵다면, 일반 사람들의 기대도 마찬가지로 변동성이 커져서 경제상황이나 경제정책에 대한 뉴스와 소문들에 따라 높아지거나 낮아지게 된다.

그림 26.4는 어떻게 낮고 안정적인 인플레이션이 자기지속적인 경향을 보이는지를 도표로 보여주고 있다. 그림이 보여주듯이, 인플레이션이 얼마 동안 낮았다면 사람들은 낮은 인플레이션이 계속될 것으로 예상한다. 따라서 명목임금을 비롯한 생산비용의 증가도 작아지는 경향이 있다. 기업들이 비용을 충당하기에 충분한 정도로만 가격을 인상한다면 실제 인플레이션은 예상대로 낮을 것이다. 이러한 실제 인플레이션의 낮은 상승률은 다시 낮은 기대 인플레이션을 갖게 하는 "선순환(virtuous cycle)"이 계속된다.

높은 인플레이션을 가진 경제에서는 동일한 논리가 반대 방향으로 적용된다. 인

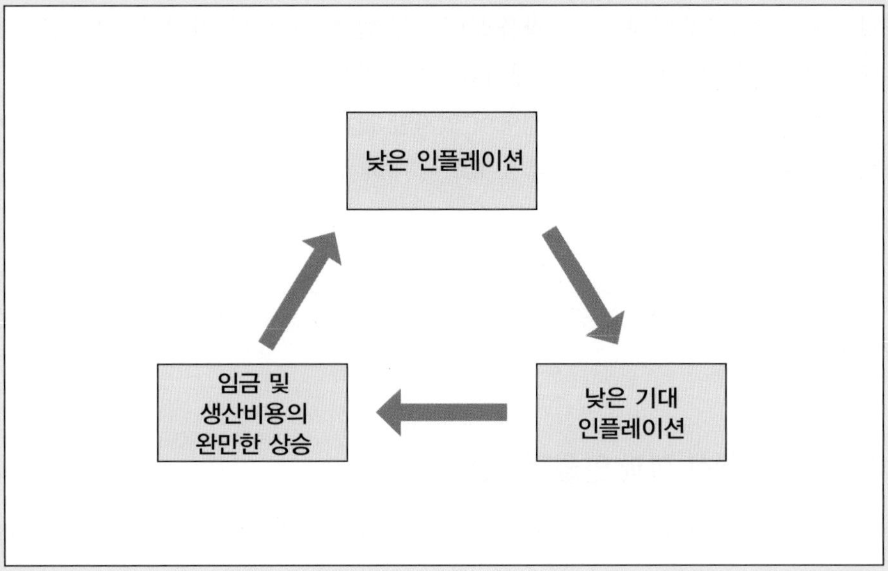

그림 26.4

낮은 인플레이션과 낮은 기대 인플레이션의 선순환
낮은 인플레이션은 사람들이 미래에도 낮은 인플레이션을 예상하도록 만든다. 결과적으로 그들은 임금과 재화와 서비스의 가격을 낮게 인상하는 데 동의하며, 이것은 인플레이션을—또한 기대 인플레이션—낮게 유지시킨다. 마찬가지로 높은 인플레이션은 사람들이 높은 인플레이션을 예상하도록 만들어, 이것은 다시 실제로 높은 인플레이션으로 이어지는 경향이 있다.

플레이션율이 지속적으로 높으면 사람들은 높은 인플레이션을 예상하게 되고 명목임금을 비롯한 생산비용의 증가율이 높게 된다. 이것은 다시 실제 인플레이션을 상승시키고 이러한 연결고리를 통해 악순환이 계속된다. 임금과 가격 인상률을 결정할 때 이렇게 인플레이션에 대한 기대가 영향을 주기 때문에 왜 인플레이션이 천천히 조정되는지 이해할 수 있다.

장기 임금계약과 가격계약

인플레이션 조정과정이 천천히 진행되는 이유로 제시된 인플레이션에 대한 기대의 역할은 장기 임금계약 및 가격예약이 존재할 때 더욱 강화된다. 예를 들어, 노동조합 임금계약은 종종 향후 3년 동안 적용된다. 또한 회사들이 부품과 원자재에 대하여 가격을 정하는 계약들도 종종 수년 동안 적용된다. 장기계약은 임금인상과 가격 인상 결정에서 기대 인플레이션을 "내장시키게" 된다. 예를 들어, 인플레이션이 높은 환경에서 협상하는 노동조합은 가격들이 안정적인 경제에 있는 노동조합보다 계약기간 동안 명목임금의 높은 인상을 요구할 가능성이 훨씬 크다.

요약하면, 외부의 충격이 없는 경우에 인플레이션은 비교적 안정적으로 유지되는—적어도 미국 경제와 같이 인플레이션이 낮은 산업화된 경제에서는—경향이 있다. 다시 말하면, 인플레이션에는 관성이 있다(일부 사람들은 "경직적"이라고 한다). 인플레이션은 두 가지 주요 이유 때문에 관성이 있는 경향을 보인다. 첫 번째는 인플레이션에 대한 사람들의 기대의 행태이다. 인플레이션이 낮으면 미래에도 인플레이션이 낮을 것으로 기대되어 임금과 가격 인상의 압력을 완화한다. 반대로 인플레이션이 높으면 미래에도 인플레이션이 높을 것으로 기대되어 임금과 가격들을 더 빨리 상승시킨다. 둘째, 인플레이션 기대의 효과는 장기 임금계약 및 가격계약에 의해 강화되며, 이것이 인플레이션이 안정적인 경향을 보이는 두 번째 이유이다. 장기계약은 인플레이션에 대한 사람들의 기대의 효과를 내재화시키는 경향이 있다.

인플레이션율이 관성적인 경향이 있지만 물론 시간이 지남에 따라 변한다. 아래에서 인플레이션을 변화시키는 주요 요인에 대하여 논의할 것이다.

✔ 개념체크 26.5

그림 26.4에 기초하여 왜 중앙은행이 낮은 인플레이션을 유지할 강한 유인을 갖는지 설명하라.

26.2.2 총생산 갭과 인플레이션

인플레이션율에 영향을 주는 중요한 요소는 총생산 갭, 즉 잠재총생산과 실제 총생산 사이의 차이 $(Y-Y^*)$이다. 단기에서 기업들은 미리 결정된 가격에 생산물에 대한 수요를 충족시킨다는 것을 살펴보았다. 예를 들어, 앨버트의 아이스크림 상점은 상점으로 들어오는 모든 고객에게 카운터 아래에 붙여놓은 가격으로 아이스크림을 제공할 것이다. 미리 결정된 가격에서 수요에 의해 결정되는 총생산의 수준을 단기 균형총생산이라고 부른 바 있다.

특정한 시점에 단기 균형총생산의 수준은 경제의 장기 생산능력, 또는 잠재총생산과 같아질 수 있다. 그러나 꼭 그런 것은 아니다. 총생산은 잠재총생산을 초과하여 확장 갭을 발생시킬 수 있고 또는 잠재총생산에 못 미쳐서 침체 갭을 만들어내기도 한다. 이들 세 가지 각 경우에서—총생산 갭이 없는 경우, 확장 갭, 침체 갭—인플레이션에 어떤 일이 일어나는지 생각해보자. 그 결과는 **표 26.1**에 요약되어 있다.

표 26.1 총생산 갭과 인플레이션

이 표는 세 가지 가능한 상황을 보여준다. 총생산 갭이 없다면 인플레이션율은 동일하게 유지되는 경향이 있다. 확장 갭이 존재하면 인플레이션율이 상승하는 경향이 있고 침체 갭이 존재하면 인플레이션율이 하락하는 경향이 있을 것이다.

잠재총생산과 실제 총생산의 관계		인플레이션의 행태
1. 총생산 갭이 없을 때	→	인플레이션 불변
$Y=Y^*$		
2. 확장 갭	→	인플레이션 상승
$Y>Y^*$		$\pi\uparrow$
3. 침체 갭	→	인플레이션 하락
$Y<Y^*$		$\pi\downarrow$

총생산 갭이 없는 경우: $Y=Y^*$

실제 총생산이 잠재총생산과 같다면 정의상 총생산 갭이 없다. 총생산 갭이 0일 때 기업들의 판매는 지속가능한 최대 생산 수준과 일치한다는 의미에서 기업들은 만족하게 된다. 결과적으로 기업들은 다른 재화나 서비스와 비교하여 상대적으로 가격을 낮추거나 상승시킬 유인이 없다. 그러나 기업들이 매출에 만족한다는 사실이 인플레이션(물가수준의 변화율)이 0이라는 것을 의미하지는 않는다.

왜 그런지 알아보기 위하여 인플레이션 관성의 아이디어로 돌아가 보자. 최근 인플레이션율이 매년 3%로 일정하여 사람들이 매년 3%의 인플레이션을 기대하게 되었다고 가정하자. 사람들의 인플레이션에 대한 기대가 장기계약 속의 임금 및 가격의 상승에 반영된다면 기업들은 노동비용과 원료비용이 매년 3% 증가한다는 것을 인식한다. 비용을 충당하기 위하여 기업들은 매년 가격을 3% 인상할 필요가 있을 것이다. 모든 기업들이 가격을 매년 3% 인상한다면 경제의 여러 가지 재화와 서비스의 상대가격은—말하자면, 택시요금에 대한 아이스크림의 상대가격—변하지 않을 것이다. 그럼에도 불구하고 경제 전체의 인플레이션율은 3%와 같을 것이며 전년도와 동일하게 된다. 총생산 갭이 0이라면 인플레이션율은 동일하게 유지되는 경향이 있을 것이라고 결론내릴 수 있다.

확장 갭: $Y>Y^*$

이제 확장 갭이 존재하여 대부분 기업들의 매출이 지속가능한 최대 생산수준을 초과한다고 가정하자. 수요량이 기업들이 공급하기를 원하는 양을 초과하는 상황에서 예상할 수 있는 것처럼 기업들은 궁극적으로 상대가격을 인상하는 것으로 반응할 것이다. 그렇게 하기 위하여 비용 상승보다 더 많이 가격을 인상하게 될 것이다. 모든 기업들이 이렇게 행동한다면 일반적인 물가수준은 전보다 더 빨리 상승하기 시작할 것이다. 따라서 확장 갭이 존재할 때 인플레이션율은 상승하는 경향이 있다.

침체 갭: $Y<Y^*$

마지막으로 침체 갭이 존재한다면 기업들은 생산능력보다 적은 양을 판매하고 있는 것이며, 더 많이 팔기 위하여 상대가격을 하락시킬 유인을 가질 것이다. 이런 경우 기업들은 기존 인플레이션율에 의한 비용의 증가를 완전히 반영하는 수준보다 더 작은 폭으로 가격을 인상할 것이다. 결과적으로 침체 갭이 존재할 때 인플레이션율은 하락하는 경향이 있다.

예 26.1

총지출의 변화와 인플레이션

소비자 자신감의 하락은 인플레이션율에 어떤 영향을 줄 것인가?

앞의 두 장에서 총지출의 변화는 확장 갭이나 침체 갭을 만들어낼 수 있다는 것을 보았다. 따라서 앞의 논의에 기초할 때 총지출의 변화는 또한 인플레이션의 변화로 이어진다고 결론 내릴 수 있다. 경제가 현재 잠재총생산 수준에서 작동하고 있을 때, 소비자들의 자신감이 감소하여 처분가능소득의 각 수준에서 총지출을 줄이면 인플레이션율에는 어떤 효과가 발생하는가?

주어진 인플레이션, 총생산, 실질이자율 수준에서 소비지출 *C*의 외생적 감소는 총지출과 단기 균형총생산을 감소시킨다. 경제가 원래 잠재총생산 수준에서 작동하고 있다면, 소비가 감소할 때 실제 총생산 *Y*가 이제는 잠재총생산 Y^*보다 적어지기 때문에 침체 갭이 나타날 것이다. 앞에서 지적한 것처럼 $Y<Y^*$일 때 인플레이션율은 하락하는 경향이 있는데 그 이유는 기업들의 매출이 정상적인 생산수준에 못 미쳐 가격 상승률이 둔화되기 때문이다.

✔ 개념체크 26.6

기업들이 미래에 대하여 낙관적이 되어 새로운 자본재에 대한 투자를 증가시켰다고 가정하자. 경제가 현재 잠재총생산에서 생산하고 있다고 가정하면 이것이 인플레이션율에 갖는 효과는 무엇인가?

26.2.3 총수요-총공급 모형

장기 총공급곡선(*LRAS*) 경제의 잠재총생산 Y^*을 나타내는 수직선

단기 총공급곡선(*SRAS*) 과거의 기대 및 가격결정에 의해 결정된 현재의 인플레이션율을 나타내는 수평선

총생산 갭에 반응한 인플레이션의 조정과정은 그림으로 보일 수 있다. 세로축에 인플레이션 π와 가로축에 실질 총생산 *Y*를 그린 **그림 26.5**는 총수요-총공급 모형의 한 예이며 간단히 *AD*-*AS*모형이라고 한다. 그림은 세 가지 곡선을 포함하고 있는데 그 중 하나는 앞에서 소개한 우하향하는 *AD*곡선이다. *AD*곡선은 계획된 총지출과 단기 균형총생산이 인플레이션율에 어떻게 의존하는지 보여주는 그래프라는 것을 기억하기 바란다. 두 번째 곡선은 경제의 잠재총생산 Y^*를 나타내는 수직선이다. 잠재총생산은 경제의 장기 생산능력을 나타내기 때문에 이 수직선을 **장기 총공급곡선** 또는 *LRAS*(long-run aggregate supply) 곡선이라고 부른다. **그림 26.5**의 세 번째 곡선은 새롭게 도입된 **단기 총공급곡선**으로, 그림에서 *SRAS*(short-run aggregate supply) 곡선이라고 이름이 붙여져 있다. *SRAS*곡선은 그림에서 π로 표시된 경제의 현재 인플레이션율을 나타내는 수평선이다. 현재의 인플레이션율은 인플레이션에 대한 과거의 기대 및 가격결정에 의해 결정된 것으로 생각할 수 있다. 단기에서는 생산자들이 미리 결정된 가격에서 수요되는 생산량을 공급하기 때문에 *SRAS*곡선은 수평선이다.

AD-*AS*모형은 특정한 시점에서의 총생산 수준을 결정하는 데 이용될 수 있다. 앞에서 살펴본 것처럼, 특정 시점의 인플레이션율은 *SRAS*곡선의 위치에—예를 들어,

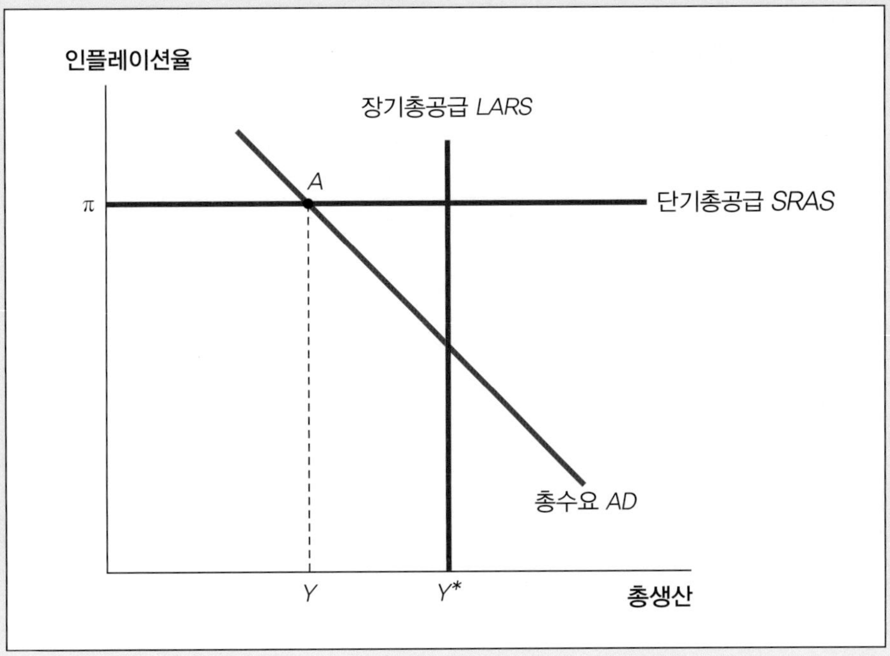

그림 26.5

총수요-총공급(AD-AS) 모형
이 그림은 세 가지 곡선을 가지고 있다: *AD*곡선은 단기 균형총생산이 인플레이션율에 어떻게 의존하는지 보여준다; 장기 총공급곡선(*LRAS*)은 경제의 잠재총생산 *Y**를 나타낸다; 단기 총공급곡선(*SRAS*)은 현재 인플레이션율 π를 나타낸다. 여기에서 단기 균형총생산은 *AD*곡선과 *SRAS*곡선의 교차점(A점)에서 *Y*로 결정된다. 실제 총생산 *Y*는 잠재총생산 *Y**보다 작기 때문에 경제는 침체 갭을 가지고 있다.

그림 26.5에서 현재 인플레이션율은 π로 주어져 있다—의해 직접 주어진다. 현재 총생산 수준을 구하려면 주어진 인플레이션율에서 *AD*곡선이 단기 균형총생산 수준을 나타낸다는 것을 기억하기 바란다. 이 경제의 인플레이션율이 π이기 때문에 **그림 26.5**에서 단기 균형총생산은 *AD*곡선과 *SRAS*곡선의 교차점(그림에서 *A*점)의 총생산 *Y*와 같아야 한다. **그림 26.5**에서 단기 균형총생산은 잠재총생산 *Y**보다 작기 때문에 이 경제는 침체 갭을 가지고 있다.

*AD*곡선과 *SRAS*곡선의 교차점(**그림 26.5**의 *A*점)은 이 경제의 단기균형점이라고 부른다. 경제가 **단기균형**(short-run equilibrium)에 있을 때 인플레이션은 과거의 기대 및 가격결정에 의해 결정된 값과 같으며, 총생산은 그 인플레이션율과 일치하는 단기 균형총생산의 수준과 같다.

단기균형
인플레이션이 과거의 기대 및 가격결정에 의해 결정된 값과 같고, 총생산이 그 인플레이션율과 일치하는 단기 균형총생산의 수준과 같을 때의 상황; 그래프에서 단기균형은 *AD*곡선과 *SRAS*곡선의 교차점에서 달성된다.

경제가 **그림 26.5**의 *A*점에서 단기균형에 있다 하더라도 거기에 머물러 있지는 않을 것이다. 그 이유는 *A*점에서 경제가 침체 갭을 가지고 있기 때문이다(총생산이 *LRAS*에 의해 표시된 잠재총생산보다 적다). 방금 본 것처럼 침체 갭이 존재할 때 기업들은 그들이 원하는 만큼 판매하지 못하고 있으며 따라서 생산물 가격을 인상하는 속도를 늦추게 된다. 결국 침체 갭으로 총수요가 낮기 때문에 인플레이션율이 하락하게 된다.

침체 갭에 반응하여 인플레이션이 조정되는 과정은 **그림 26.6**에 나타나 있다. 인플레이션이 하락하면 *SRAS*곡선은 아래로 *SRAS*에서 *SRAS'*로 이동한다. 인플레이션 관성(인플레이션에 대한 일반 사람들의 느린 조정과 장기 계약의 존재로 인하여 발생하는)때문에 인플레이션은 천천히 하향 조정된다. 그렇지만 침체 갭이 존재하는 한, 인플레이션율은 지속적으로 하락할 것이고 *SRAS*곡선은 그림의 *B*점에서 *AD*곡선과 교

그림 26.6

침체 갭이 존재할 때 인플레이션의 조정

최초 단기균형점 *A*에서 침체 갭이 존재한다. 인플레이션이 점차 하락하면서 *SRAS*곡선은 *SRAS'*에 이를 때까지 하방 이동하고 *B*점에서 실제 총생산은 잠재총생산과 일치한다. 침체 갭이 제거되면 인플레이션은 π'에서 안정되고 경제는 *B*점에서 장기균형을 달성한다.

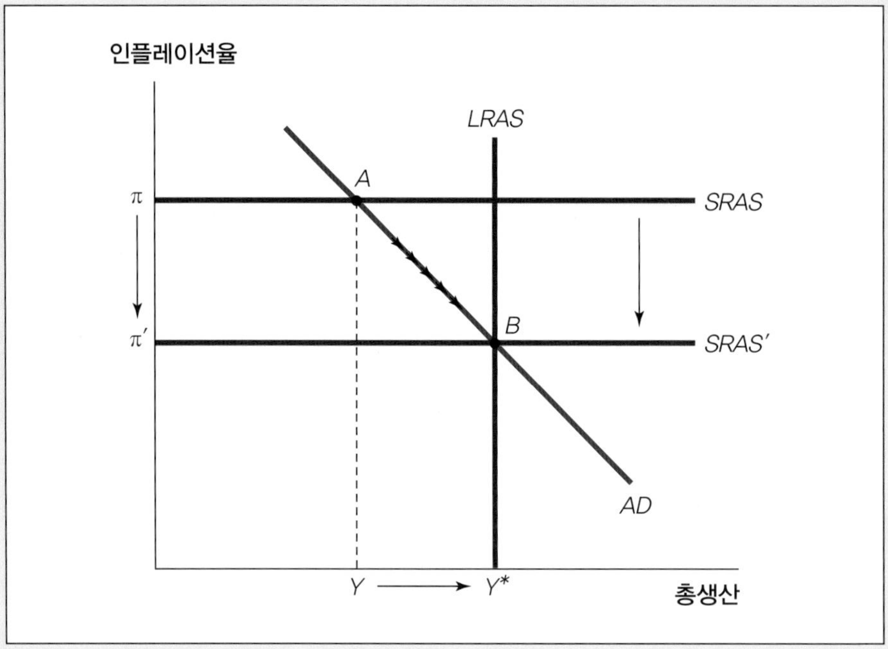

차할 때까지 계속 아래로 이동할 것이다. 그 점에서 실제 총생산은 잠재총생산과 같아지고 침체 갭은 제거된다. *B*점에서는 인플레이션에 대한 더 이상의 압력이 없기 때문에 인플레이션율은 낮아진 수준에서 안정화된다. **그림 26.6**의 *B*점으로 표시된 상황에서 인플레이션율은 안정적이고 실제 총생산이 잠재총생산과 일치하여 경제의 **장기균형**(long-run equilibrium)이라고 부른다. 장기균형은 *AD*곡선, *SRAS*곡선, *LRAS*곡선이 모두 한 점에서 교차할 때 달성된다.

장기균형
실제 총생산과 잠재총생산이 일치하고 인플레이션율이 안정된 상황을 말하며 그래프에서 장기균형은 *AD*곡선, *SRAS*곡선, *LRAS*곡선이 모두 한 점에서 교차할 때 달성된다.

그림 26.6은 침체 갭이 존재할 때 인플레이션율이 하락하는 경향이 있다는 중요한 성질을 예시하고 있다. 그림은 또한 인플레이션이 하락함에 따라 단기균형점이 *AD*곡선을 따라 아래로 이동하여, 단기 균형총생산이 *Y*에서 *Y**로 점차 증가하게 됨을 보여주고 있다. 총생산이 이렇게 증가하는 이유는 인플레이션이 하락함에 따라 실질이자율을 하락시키는 중앙은행의 정책반응함수 때문이다. 인플레이션이 하락하면 불확실성을 감소시키거나 또는 다른 경로를 통하여 총지출과 총생산을 자극한다.[3] 총생산이 증가하면서 오쿤의 법칙에 따라 총생산 갭에 비례적인 경기적 실업이 감소한다. 인플레이션과 실질이자율이 하락하고 총생산이 증가하며 실업률이 하락하는 이러한 과정은 경제의 장기균형점인 **그림 26.6**의 *B*점에서 경제가 완전고용에 도달할 때까지 계속된다.

침체 갭 대신에 잠재총생산보다 총생산이 더 높은 확장 갭이 존재한다면 어떤 일이 발생하겠는가? 확장 갭의 경우에는 기업들이 높은 수요에 대응하여 비용이 상승하는 것보다 더 빨리 가격을 인상하기 때문에 인플레이션율이 상승하게 된다. 그래프로

3 본 장의 앞부분에서 *AD*곡선이 우하향하는 이유로서 이러한 여러 요소들을 포함하여 설명하고 있다.

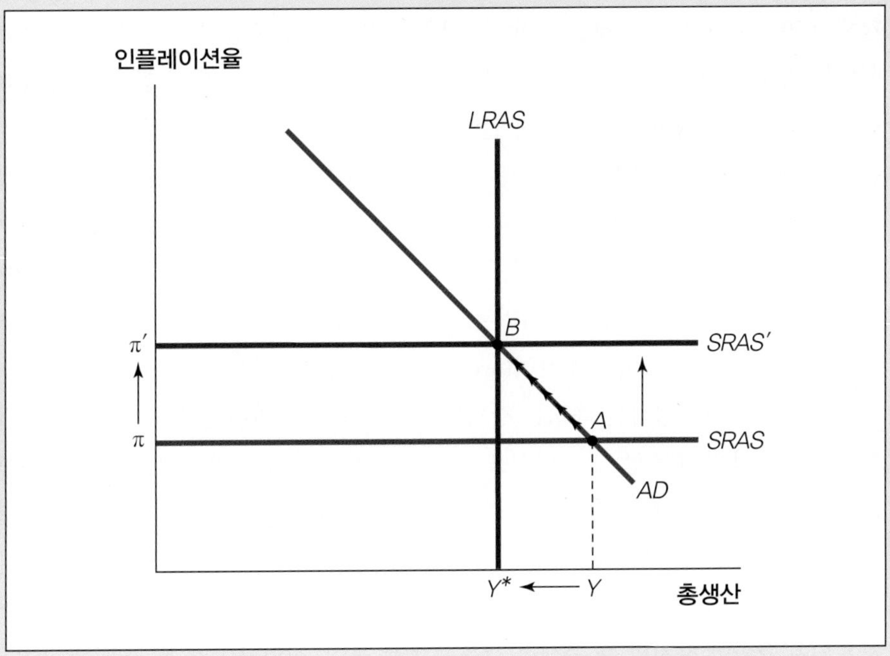

그림 26.7

확장 갭이 존재할 때 인플레이션의 조정

최초의 단기균형인 *A*점에서 확장 갭이 존재한다. 인플레이션은 점차 상승하게 되고 (*SRAS*곡선의 상향 이동) 총생산은 감소한다. 이 과정은 경제가 장기균형 *B*점에 도달하여 인플레이션이 안정화되고 총생산 갭이 제거될 때까지 계속된다.

설명하면, 확장 갭으로 인해 *SRAS*곡선이 시간이 지남에 따라 위로 이동한다. 인플레이션율과 *SRAS*곡선은 경제가 실제 총생산과 잠재총생산이 같아지는 장기균형에 도달할 때까지 계속 상승할 것이다. 이러한 과정은 **그림 26.7**에 그려져 있다. 초기에 경제는 $Y > Y^*$(확장 갭)인 *A*점에서 단기균형에 있다. 확장 갭으로 인해 인플레이션율이 시간이 지남에 따라 상승한다; 그래프로 보면 단기 총공급곡선은 *SRAS*에서 *SRAS′*로 상향 이동한다. *SRAS*곡선이 상승함에 따라 단기 균형총생산은 감소한다—인플레이션이 상승할 때 중앙은행이 실질이자율을 인상하기 때문에 나타나는 결과이다. 결국 *SRAS*곡선은 *AD*곡선 및 *LRAS*곡선과 *B*점에서 교차하는데, 이 점은 총생산 갭이 없고 인플레이션이 안정적인 장기균형점이다.

26.2.4 경제의 자기조정

그림 26.6과 **그림 26.7**의 분석은 한 가지 중요한 논점을 제시하고 있다: 경제는 장기에서 자기조정(self-correcting)의 경향이 있다. 다시 말하면, 충분한 시간이 주어지면 총생산 갭은 통화정책이나 재정정책의 변화(중앙은행의 정책반응함수에 따른 실질이자율의 변화 이외의 다른 정책) 없이 사라지는 경향이 있다. 확장 갭은 인플레이션의 상승에 의해 제거되며 침체 갭은 인플레이션의 하락에 의해 제거된다. 이러한 결과는 자동조정 메커니즘을 포함하고 있지 않은 기본 케인즈 모형과 뚜렷이 대조된다. 기본 케인즈 모형은 가격이 조정되지 않는 단기에 초점을 두고 있고 장기간에 걸쳐 발생하는 가격과 인플레이션의 변화를 고려하고 있지 않다.

경제의 자기조정 경향은 총생산을 안정화시키기 위해 공격적인 통화정책과 재정정책이 필요하지 않다는 것을 의미하는가? 이 질문에 대한 답변은 자기조정과정이 진행되는 속도에 의존한다. 실제 총생산과 잠재총생산 사이의 차이가 긴 기간 동안 지속될 정도로 자기조정이 매우 천천히 일어난다면 통화정책과 재정정책의 적극적인 사용은 총생산을 안정화시키는 데 도움을 준다. 그러나 자기조정이 빠르다면 실제 정책 결정과정에서 발생하는 시차와 불확실성을 고려해볼 때 적극적인 안정화 정책은 아마도 대부분의 경우에 정당화되기 어려울 것이다. 실제로 경제가 완전고용에 빨리 복귀한다면 총지출과 총생산을 안정화시키려는 정책결정자들의 시도들은, 실제 총생산이 잠재총생산을 "과도하게 넘어서게 하여(overshooting)" 이득보다는 해가 될 수도 있다.

경제가 자기조정하는 속도는 장기계약이 얼마나 광범위한가의 정도와 생산물시장과 노동시장의 효율성 및 유연성을 포함하는 여러 가지 요인에 의존한다.(사례연구로 제 19장 "노동시장: 고용, 임금, 실업"에서 미국과 유럽의 노동시장 비교를 참고하라.) 그러나 합리적인 결론은 최초의 총생산 갭이 클수록 경제의 자기조정과정은 더 길어지게 된다. 이러한 관찰은 안정화정책이 비교적 작은 총생산 갭을 제거하는 데에는 사용되지 않아야 하지만 큰 총생산 갭을—예를 들어, 실업률이 매우 높을 때—치유하는 데에는 매우 유용할 수 있다는 것을 시사한다.

요약 인플레이션, *AD*–*AS*모형과 경제의 자기조정

- 인플레이션이 과거의 기대 및 가격결정에 의해 결정된 값과 같고 총생산이 그 인플레이션율과 일치하는 단기 균형총생산 수준과 같을 때 그 경제는 단기균형에 있게 된다. 그래프로 말하면 단기균형은 *AD*곡선과 *SRAS*곡선의 교차점에서 발생한다. 인플레이션이 과거의 인플레이션에 의해 결정되는 경우를 (과거의 기대와 가격결정에 영향을 주어) 인플레이션 관성이라고 부른다.
- 실제 총생산과 잠재총생산이 같고(총생산 갭이 없고) 인플레이션율이 안정적일 때 경제는 장기균형에 있다. 그래프로 말하면 장기균형은 *AD*곡선, *SRAS*곡선, *LRAS*곡선이 한 점에서 교차할 때 발생한다.
- 인플레이션은 점진적으로 조정되어 경제를 장기균형(경제의 자기조정이라고 부르는 현상)에 이르게 한다. 경제를 장기균형에 이르게 하기 위하여 *SRAS*곡선이 상향 또는 하향 이동한다.
- 자기조정과정이 빠를수록 총생산 갭을 제거하기 위한 적극적인 안정화정책의 필요성은 적어진다. 실제로 총생산 갭을 제거하려는 정책결정자들의 시도는 총생산 갭이 작을 때보다는 클 때 도움이 될 가능성이 높다.

26.3 인플레이션의 원인

앞에서 인플레이션은 총생산 갭에 반응하여 상승할 수도 있고 하락할 수도 있다는 것을 알게 되었다. 그러나 인플레이션에 변화를 일으키는 총생산 갭을 만들어내는 것은 무엇인가? 인플레이션율에 영향을 줄 수 있는 요인들에는 총생산 갭 이외의 것들이 있는가? 본 절에서는 *AD*–*AS*모형을 이용하여 인플레이션의 궁극적인 원인을 찾아보고자 한다. 먼저 총지출의 과도한 증가가 어떻게 인플레이션을 발생시키는지 알아보고 그 다음에는 경제의 공급측면을 통하여 작용하는 요인들에 대하여 살펴본다.

26.3.1 과도한 총지출

실제로 인플레이션의 한 가지 중요한 원인은 과도한 총지출이다–또는 좀 더 일상적인 표현으로 말하면 “너무 적은 재화를 뒤쫓는 너무 많은 지출”(too much spending chasing too few goods)이다. **예 26.2**는 이 점을 예시한다.

군비증강과 인플레이션 — 예 26.2

전쟁과 군비증강은 때때로 인플레이션의 상승과 관련되어 있다. *AD*–*AS*모형을 이용하여 그 이유를 설명하라. 군비증강에 의해 발생된 인플레이션의 상승을 막기 위하여 중앙은행은 어떤 일을 할 수 있는가?

군사장비에 대한 지출 증가는 경제의 생산 능력에 비해 총수요를 증가시키기 때문에 전쟁과 군비증강은 잠재적으로 인플레이션의 원인이 된다. 매출 증가에 대해서 기업들은 가격을 더 빨리 상승시켜 인플레이션율을 높인다.

그림 26.8의 두 그림은 이 과정을 예시하고 있다. 먼저 **그림 26.8(a)**를 보면 경제가 초기에 *AD*곡선, *SRAS*곡선, *LRAS*곡선 모두가 교차하는 *A*점에서 장기균형에 있다고 가정하자. *A*점은 총생산이 잠재총생산과 같고 인플레이션이 안정적인 장기균형점이다. 이제 정부가 군사장비에 더 많은 지출을 하기로 했다고 가정하자. 군비지출의 증가는 정부구매 *G*의 증가이며 지출의 외생적 증가이다. 주어진 인플레이션 수준에서 지출의 외생적 증가는 *AD*곡선을 오른쪽으로 이동시켜 단기 균형총생산을 증가시킨다는 것을 앞에서 알아보았다. **그림 26.8(a)**는 군비지출 증가의 결과로서 총수요곡선이 *AD*에서 *AD′*으로 이동하는 것을 보여준다. 경제는 *AD′*이 *SRAS*와 교차하는 새로운 단기균형인 *B*점으로 이동한다. *B*점에서는 실제 총생산이 잠재적인 수준보다 높아져 $Y > Y^*$이 되기 때문에 확장 갭이 나타남을 주목하기 바란다. 인플레이션은 관성이 있고 단기에는 변화하지 않기 때문에, 정부구매 증가의 즉각적인 효과는 총생산을 증가시킬 뿐이며, 이것은 제 24장 “단기에서의 총지출과 총생산”의 케인즈 교차 분석에서 알아본 것과 같다.

그러나 인플레이션은 동일한 수준에 무한정 고정되어 있지 않기 때문에 경제가 *B*점에서 계속 머무르지는 않는다. *B*점에서는 확장 갭이 존재하여 인플레이션이 점차 상승하기 시작할 것이다. **그림 26.8(b)**에서 인플레이션의 이러한 상승으로 *SRAS*곡선은 최초의 위치에서 점차 상향 이

그림 26.8

인플레이션의 원인으로서 전쟁과 군비 증강

(a) 군비지출의 증가는 총수요곡선을 *AD*에서 *AD'*으로 오른쪽으로 이동시킨다. 새로운 단기균형인 B점에서 실제 총생산은 잠재총생산 *Y**보다 높게 증가하여 확장 갭을 창출한다. (b) 이러한 갭은 인플레이션의 증가로 이어지고 이것은 *SRAS*에서 결국 *SRAS'*까지 이동하는 *SRAS*곡선의 상향 이동으로 나타나 있다. 새로운 장기균형인 *C*점에서 실제 총생산은 잠재총생산 수준으로 다시 낮아졌으나 인플레이션은 π'으로 원래보다 높아졌다.

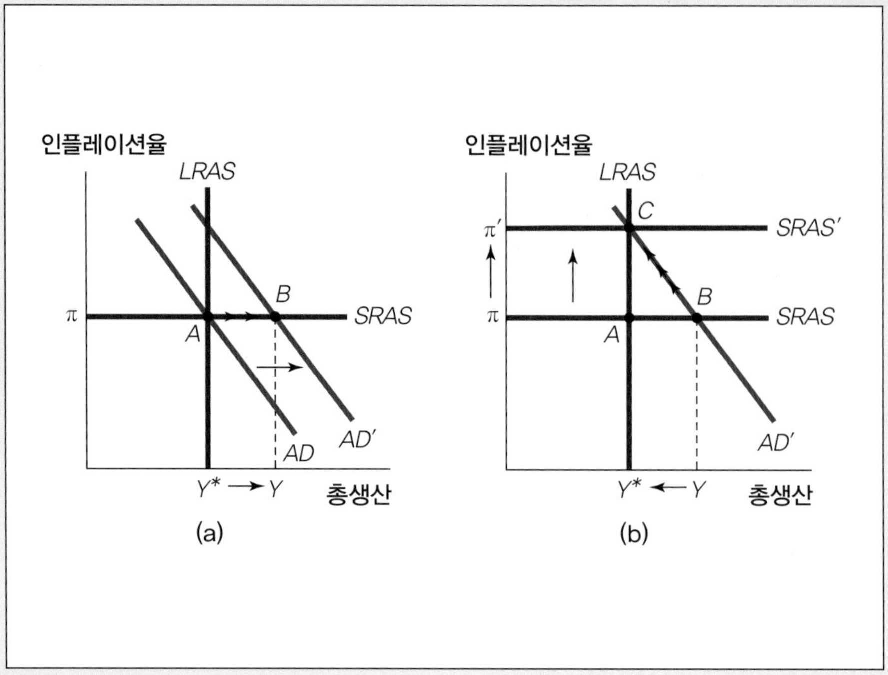

동하여 결국에는 *SRAS'*에 이르게 됨을 보여주고 있다. 인플레이션이 총생산 갭을 제거하기에 충분한 수준인 π'으로 올랐을 때(*C*점) 경제는 장기균형으로 돌아오게 된다. 따라서 군비증강에 의해 창출된 총생산의 증가는 단지 일시적임을 알 수 있다. 장기에서 실제 총생산은 잠재총생산 수준으로 돌아왔지만 인플레이션율은 상승하였다.

중앙은행은 군비지출의 증가에 의해 유발된 인플레이션의 상승을 막을 힘을 가지고 있는가? 대답은 “그렇다”이다. 앞에서 중앙은행이 주어진 각 인플레이션율 수준에서 더 높은 실질이자율을 설정하는 통화정책의 변화는—통화정책 반응함수의 상향이동— *AD*곡선을 왼쪽으로 이동시킨다는 것을 알아보았다. 따라서 중앙은행이 군비증강이 진행되면서 공격적으로 수축적인 통화정책을 시행한다면(반응함수를 이동시키면), 정부구매의 증가에 의해 발생한 *AD*곡선의 우측 이동을 되돌릴 수 있다. *AD*곡선의 우측 이동을 상쇄함으로써 인플레이션을 상승시키는 확장 갭의 발생을 피할 수 있다. 각 인플레이션 수준에서 중앙은행이 설정하는 더 높은 실질이자율은 소비지출과 투자지출을 감소시키기 때문에 중앙은행의 정책이 효과를 발휘한다. 민간 지출의 감소는 정부의 수요증가를 상쇄하여 군비지출의 인플레이션 효과를 제거하거나 또는 적어도 완화한다.

그런데 군비증강의 결과로 나타나는 인플레이션을 회피한다는 것이 군비증강의 사회적 비용이 없는 것으로 결론 내려서는 안 된다. 이미 지적했듯이 더 높은 실질이자율에 의해 소비와 투자가 감소될 경우만이 인플레이션을 피할 수 있다. 총생산의 더 많은 부분이 군비 목적으로 투입될 수 있도록 민간부문은 자원을 양보해야만 한다. 이러한 자원의 감소는 현재의 생활수준을 하락시키고(소비를 감소시켜), 미래의 생활수준도(투자를 감소시켜) 하락시킨다.

경제적 사유 26.1

1960년대 미국의 인플레이션은 어떻게 시작되었는가?

1959년에서 1963년까지 미국에서 인플레이션은 매년 1% 내외를 기록하고 있었다. 그러나 1964년을 기점으로 인플레이션은 상승하기 시작하여 1970년에는 거의 6%에 도달하였다. 인플레이션은 왜 1960년대 미국에서 문제로 부상하였는가?

인플레이션을 억제하려는 Fed의 실패와 함께 정부구매의 증가가 1960년대의 인플레이션 상승의 대부분을 설명하는 것처럼 보인다. 재정의 측면에서 군비지출은 베트남 전쟁이 확대되면서 1960년대 후반에 급격히 증가하였다. 연간 방위지출은 1962년에서 1965년까지 700억 달러 내외를 기록하였고 1968년에는 1,000억 달러 이상으로 증가하여 몇 년간 높은 수준을 유지하였다. 경제규모 대비 이러한 군비증강의 규모를 평가해보면 1965년과 1968년 사이에 군비지출의 증가액은 GDP의 약 2%였다—1965년 GDP의 9.5%에서 1968년 GDP의 10.8%로 높아졌다. 최근과 비교해보면 2016년 미국의 총 국방예산은 GDP의 3.9%이어서 1960년대와 동일한 증가를 이루려면 3년간 국방예산 비중이 매년 33%씩 증가해야 함을 의미한다. 더욱이 전시의 군비증강과 거의 동시에 사회복지 프로그램에 대한 정부구매—린든 존슨(Lyndon Johnson) 대통령의 "위대한 사회와 빈곤과의 전쟁 발의안"(Great Society and War on Poverty initiatives)—역시 크게 증가하였다.

정부가 유발한 이러한 총지출의 증가는 경제 호황을 가져왔다. 실제로 1961–1969년 사이의 경기 확장은 당시 역사적으로 가장 긴 것이었으며, 이보다 더 길었던 경기확장은 30년 후인 최근 1990년대에서야 나타났다. 그런데 **예 26.2**의 분석에서 예측된 것과 같이 확장 갭이 발생하였고 결국 인플레이션이 상승하기 시작하였다.

1960년대의 군비증강의 효과와, 인플레이션 상승으로 이어지지 않았던 1980년대 레이건 대통령 재임시의 군비증강의 효과를 비교해보면 흥미롭다. 두 기간 사이에 한 가지 중요한 차이점은 Fed의 행동이었다. **예 26.2**에서 보았던 것처럼 Fed는 더 적극적으로 인플레이션에 대항하여 싸움으로써(통화정책 반응함수를 위로 이동시켜) 정부구매 증가의 인플레이션 유발 충격을 상쇄시킬 수 있다. 1966년의 짧은 시도를 제외하면 Fed는 1960년대의 인플레이션 압력을 상쇄시키려는 시도를 적극적으로 하지 않았다. 그러한 실패는 단지 오판이었을지도 모르고 또는 큰 정치적 혼란기에 경제를 둔화시키는, 정치적으로 인기 없는 정책을 수행하기 싫어해서 그랬을 수도 있다. 그러나 1980년대 초기에 폴 볼커(Paul Volker) 의장하에서 Fed는 적극적으로 인플레이션을 억제하려고 하였다. 결과적으로 1980년대에는 군비증강에도 불구하고 인플레이션이 실제로 하락하였다.

✔ 개념체크 26.7

예 26.1에서 소비지출의 감소가 인플레이션율을 하락시키는 경향이 있음을 발견하였다. *AD–AS*모형을 이용하여 소비지출 감소가 인플레이션에 미치는 단기 및 장기효과를 예시하라. 총지출의 감소는 단기와 장기에서 어떻게 총생산에 영향을 미치는가?

총생산 갭은 인플레이션의 점진적인 변화를 유발하지만, 때때로 경제적 충격이 비교적 빠른 인플레이션의 상승이나 하락을 유발할 수 있다. 가격들에 대한 그러한 충격을 인플레이션 충격이라고 부르며, 이것이 다음 절의 주제이다.

26.3.2 인플레이션 충격

1973년 말 이스라엘과 아랍 동맹국가들 사이의 욤키퍼 전쟁(Yom Kippur War, 역자 주: 제 4차 중동전쟁)의 시기에 석유수출국기구(Organization of Petroleum Exporting Countries, OPEC)는 선진국들에 대한 원유공급을 크게 감소시켜 세계 원유가격이 네 배로 상승하였다. 원유의 급격한 상승은 휘발유, 난방유, 항공여행과 같이 원유에 많이 의존하는 재화와 서비스의 가격 상승으로 빠르게 이전되었다. 유가상승은 식료품 가격을 상승시킨 농산물 부족과 함께 1974년 미국 인플레이션을 크게 상승시킨 원인이었다.[4]

인플레이션 충격
경제의 총생산 갭과 관련없이 인플레이션의 정상적인 행태에 발생하는 갑작스런 변화

1974년 인플레이션의 상승은 인플레이션 충격의 한 예이다. **인플레이션 충격**(inflation shock)이란 그 나라의 총생산 갭과 관련이 없이 인플레이션의 정상적인 행동에 발생하는 갑작스러운 변화이다. 1973년의 급격한 유가 상승과 같이 인플레이션의 상승을 유발하는 인플레이션 충격은 부의(adverse) 인플레이션 충격이라고 부른다. 인플레이션을 하락시키는 인플레이션 충격은 양의(favorable) 인플레이션 충격이라고 부른다. **경제적 사유 26.2**는 인플레이션 충격의 경제적 효과에 대하여 더 자세히 논의하고 있으며 최근의 유가충격의 효과가 작아진 이유에 대하여 설명하고 있다.

경제적 사유 26.2

왜 유가상승은 1970년대 미국의 인플레이션을 높였지만 2000년대에는 그러지 않았는가?

1960년대 후반에 상승했던 인플레이션은 1970년대에도 계속 상승하였다. 1973년에 이미 6.2%였던 인플레이션율은 1974년에 11.0%로 높아졌다. 1974년에서 1978년까지 진정되었던 인플레이션은 다시 1979년에 11.4%로 상승하기 시작하였고 1980년에는 13.5%에 도달하였다. 왜 인플레이션은 1970년대에 그렇게 많이 상승하였는가?

1973년 말 유가가 네 배가 되었고 동시에 농산물 가격이 급격히 올라 이 두 가지가 부의 인플레이션 충격으로 작용하였다. 두 번째 인플레이션 충격은 1979년 이란 혁명의 격동이 중동 지역의 원유 흐름을 제한하여 또 한 번 유가가 두 배로 뛰었을 때 발생하였다.

그림 26.9는 가상적 경제에 대하여 부의 인플레이션 충격의 효과를 보여주고 있다. 인플레이션 충격이 발생하기 전에 경제는 *AD*곡선, *LRAS*곡선, *SRAS*곡선이 교차하는 *A*점에서 장기균형을 달성하고 있었다. *A*점에서는 실제 총생산과 잠재총생산 Y^*가 일치하며, 인플레이션은 π에서 안정적이다. 그러나 부의 인플레이션 충격은 직접 인플레이션을 상승시켜 *SRAS*곡선을 빠르게 *SRAS'*까지 상향 이동시킨다. 새로운 단기균형은 *SRAS'*과 *AD*가 만나는 *B*점에서 달성된다. 인플레이션 충격의 결과로 인플레이션은 π'으로 상승하고 총생산은 Y^*에서 Y로 감소한다. 따라서 인플레이션 충격은 최악의 가능한 시나리오를 만들어낸다: 높은 인플레이션과 침체 갭. 인플레이션과 침체 갭의 결합은 스태그플레이션(stagflation)—즉, 스태그네이션(stagnation)+

4 제 17장 "물가수준과 인플레이션의 측정"에서 상대가격의 변화(개별 재화들의 가격의 변화)와 인플레이션(전반적인 물가수준의 변화)을 구분하였다. 1973~1974년 사례에서 에너지와 음식과 같은 개별적 항목의 재화들의 가격 변화는 충분히 컸고 광범위하게 영향을 주어 전반적인 물가수준에 크게 영향을 미쳤다. 따라서 이러한 상대가격의 변화는 또한 인플레이션율을 상승시켰다.

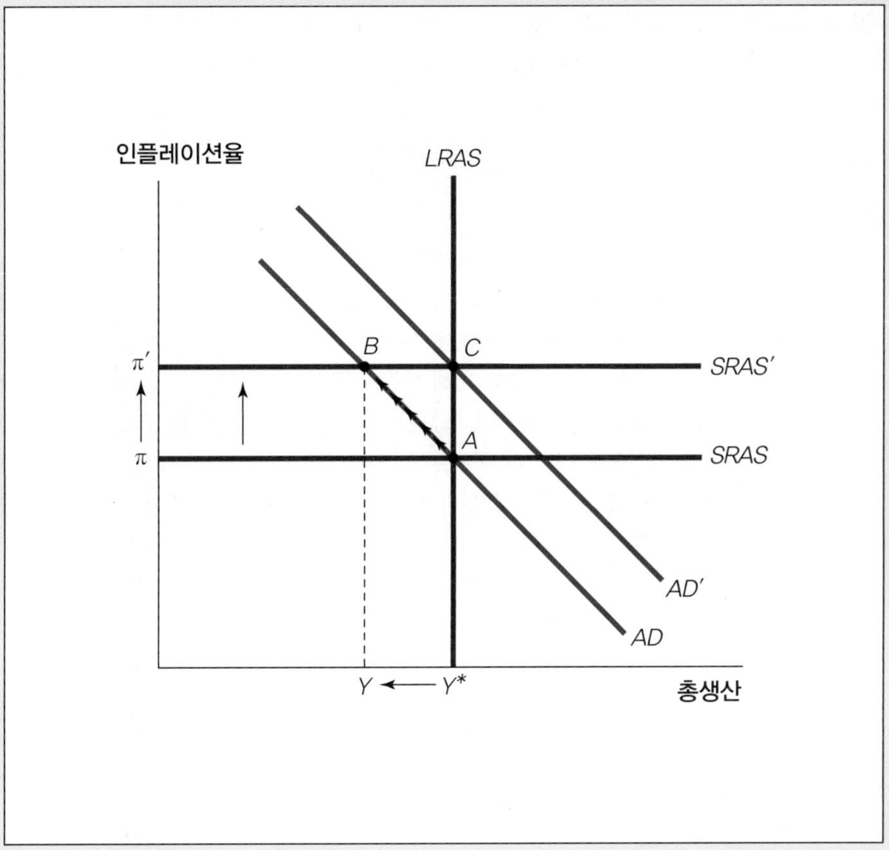

그림 26.9

부의 인플레이션 충격의 효과 장기균형인 *A*점에서 출발하여 부의 인플레이션 충격은 현재의 인플레이션을 직접 상승시켜 *SRAS*곡선을 빠르게 *SRAS′*까지 상향 이동시킨다. 새로운 단기균형인 *B*점에서 인플레이션은 π'으로 상승하고 총생산은 *Y′*으로 감소하여 침체 갭을 만들어낸다. 중앙은행이 아무 정책변화를 하지 않는다면 결국 경제는 *A*점으로 돌아와 원래의 인플레이션율을 회복하지만 그 과정에서 장기 침체를 경험한다. 중앙은행은 통화정책 반응함수를 하향 이동시켜 통화정책을 완화하여 총수요곡선을 *AD′*까지 이동시키고 완전고용인 *C*점으로 더 빨리 복귀시킬 수 있다. 이러한 전략의 비용은 인플레이션이 더 높은 수준에 머무르게 된다는 것이다.

인플레이션—이라고 부른다. 미국 경제는 1차 유가충격 후인 1973~1975년과 2차 유가충격 후인 1980년에 다시 스태그플레이션을 경험하였다.

부의 인플레이션 충격은 정책결정자들에게 딜레마를 만들어낸다. 왜 그런지 보기 위해, 인플레이션 충격 후에 통화정책과 재정정책이 변화가 없었다고 가정하자. 인플레이션 충격 이후 곧 경제는 높은 인플레이션이 발생하는 **그림 26.9**의 단기균형인 *B*점에 도달할 것이다. *B*점에 존재하는 침체 갭 때문에 결국 인플레이션은 침체 갭이 제거될 때까지 하락하기 시작한다. 그래프에서 이러한 하락은 *SRAS*곡선의 하향 이동, 즉 *SRAS′*에서 *SRAS*으로의 복귀로 나타난다. 인플레이션이 원래 수준인 π로 돌아가고 총생산이 잠재총생산과 같아지는 *A*점에서 장기균형이 회복될 때만 인플레이션은 하락을 멈추게 될 것이다.

"아무 것도 하지 않는" 정책은 궁극적으로 총생산 갭과 인플레이션의 상승을 제거하겠지만, 그로 인해 경제는 장기 침체에 놓이게 된다. 따라서 정책결정자들은 좀 더 확장적인 재정정책을 수행하거나 또는 완화된 통화정책을(더 정확히 말하면, 통화정책 반응함수를 아래쪽으로 이동시켜) 선택함으로써 침체 갭을 더 빨리 제거하려는 선택을 할 수 있다. 예를 들어, 중앙은행은 총수요곡선을 *AD*에서 *AD′*으로 오른쪽으로 이동시켜 경제를 새로운 장기균형인 **그림 26.9**의 *C*점에 이르게 한다. 이러한 확장정책은 총생산이 완전고용 수준으로 더 빠르게 복귀하는데 도움을 주지만, **그림 26.9**가 보여주고 있듯이, 인플레이션이 새로운 높은 수준에서 안정화되는 것을 허용하는 것이다.

요약하면 인플레이션 충격은 정책결정자들에게 딜레마를 준다. 그들이 정책을 변화시키지 않으면 인플레이션이 결국에는 진정될 것이지만 경제는 길고 심각한 경기침체를 겪을 수 있다.

대신에 총수요를 적극적으로 확대시키는 정책을 쓰면 경기침체가 더 빨리 끝날 수 있지만 인플레이션은 더 높은 수준에서 안정화된다. 1970년대 미국의 정책결정자들은 총생산의 안정과 인플레이션 억제 사이에 균형을 취하려고 노력하였지만 경기침체와 인플레이션 상승이 경제를 어렵게 하였다.

그러나 유가가 급격히 상승한 경우는 1970년대가 마지막이 아니었다. 1990년대 후반 이래로 유가는 1970년대보다 훨씬 더 크게 변동하였지만 인플레이션은 비교적 안정을 유지하였다. 왜 2000년대의 유가상승은 **그림 26.9**와 같은 효과를 나타내지 않았을까?

경제학자들은 이러한 중요한 질문에 여러 가지 답변을 제시하였는데, 아마도 여러 가지 요인들이 복합적으로 작용한 것 같다. 예를 들어, 올리버 블랑샤드(Olivier Blanchard)와 조디 갈리(Jordi Gali)는 다음 세 가지 설명에 초점을 두고 세 가지 모두가 중요한 역할을 한 것으로 보인다고 결론내렸다.[5] 첫째, 1970년대에 비해 노동시장이 더 유연해지고 임금이 덜 경직적이 되었다는 것이다. 임금과 가격이 더 빠르게 조정된다면 **그림 26.9**의 경제는 Fed가 아무런 정책대응을 하지 않더라도 *A*점으로 더 빨리 회귀할 수 있을 것이다. 둘째, 경제에서 원유가 차지하는 비중이 1970년대 이후 감소하였다. 생산과 소비에 있어 원유가 덜 중요해졌기 때문에 유가상승의 경제에 대한 효과는 더 작아질 것으로 예상되었다.

셋째, 본 장에서의 논의와 가장 관련이 있는 것으로서 유가상승에 대하여 중앙은행의 대응에 대한 민간의 기대가 1970년대에 비교해서 2000년대에는 크게 달라졌다. 특히, 1970년대에 사람들은 중앙은행이 유가상승 이후에 낮은 인플레이션으로 복귀할 것으로 믿지 않았다. 그 결과, 기업들은 가격을 더 빠르게 상승시켰고 근로자들은 생활비 상승을 반영하여 임금상승을 요구하였다. 그러나 Fed의 폴 볼커와 앨런 그린스팬 의장은 인플레이션을 낮추었으며 Fed가 인플레이션을 낮게 유지하는 것을 보여준 이후 2000년대에는 인플레이션 기대가 훨씬 더 안정적이 되었으며 그 결과 유가충격은 임금 및 다른 가격들의 지속적인 상승으로 이어지지 않았다.

경제적 사유 26.2는 중앙은행에 대한 신뢰와 낮은 인플레이션을 유지한다는 인식이 낮은 인플레이션 목표를 달성하는 데 도움을 줄 수 있다는 아이디어로 귀결된다. 이러한 사고는 본 장의 앞부분에서 이미 몇 차례 언급했었다—예를 들어, 볼커의 보수적이고 강한 성격의 평판을 이야기할 때와 낮은 기대 인플레이션율과 낮은 인플레이션의 선순환을 예시할 때이다(**그림 26.4**). 이 사고는 나중에 중앙은행이 명시적인 인플레이션 목표에 대한 약속을 말할 때 다시 논의될 것이다.

제 21장 "화폐, 물가, 중앙은행"에서 인플레이션과 통화증가율 사이의 장기적 관계에 대하여 논의하였다. 인플레이션 충격의 예는 인플레이션이 항상 과도한 통화증가에 의해서 유발되는 것은 아니라는 것을 보여준다; 인플레이션은 다양한 요인들에 의해 발생할 수 있다. 그러나 본 서의 분석에 의하면 완화적 통화정책 없이 인플레이션 충격에 의해 발생한 인플레이션은 결국 사라지게 된다는 것이다. 반면에 지속적인 인플레이션은 통화정책의 완화, 즉 정책결정자들이 화폐공급을 빠르게 증가하도록 허용할 때만이 발생한다. 이러한 관점에서 본 장의 분석은 지속적인 인플레이션은 통화정

5 Olivier J. Blanchard and Jordi Gali, "The Macroeconomic Effects of Oil Price Shocks: Why Are the 2000s So Different from the 1970s?" in *International Dimensions of Monetary Policy* (Chicago: University of Chicago Press, 2010).

책이 충분히 확장적인 경우에만 가능하다고 결론내린 앞에서의 장기 분석과 일치한다.

✔ 개념체크 26.8

유가가 하락한 1990년대 후반의 경우와 같은 인플레이션 충격은 경제에 유익할 수 있다. 유가하락은 총생산과 인플레이션에 어떤 효과를 갖겠는가?

26.3.3 잠재총생산에 대한 충격

1970년대 유가 상승이 경제에 미치는 효과를 분석함에 있어 유가 충격에도 불구하고 잠재총생산에는 변화가 없다고 가정하였다. 그러나 그 기간 동안 유가의 급격한 상승은 아마도 경제의 잠재총생산을 변화시켰을 것이다. 예를 들어, 유가가 상승하면서 많은 회사들은 에너지 효율이 떨어지는 장비들을 제거하고 "연료를 많이 소비하는" 오래된 자동차들을 폐기하였다. 더 적어진 자본재는 더 적은 잠재총생산을 의미한다.

유가 상승이 잠재총생산을 감소시켰다면 인플레이션에 대한 영향은 복합적이 된다. **그림 26.10**은 잠재총생산의 갑작스런 감소가 경제에 미치는 효과를 보여주고 있다. 편의상 그림은 잠재총생산 감소의 효과만을 포함하고 있으며 인플레이션 충격의 직접적 효과는 포함하지 않고 있다(본 장의 끝에 있는 연습문제 7번은 두 가지 효과를 결합하는 경우에 대하여 질문하고 있다).

경제가 장기균형 점에 있다고 다시 한 번 가정하자. 그리고 잠재총생산이 갑자기 *Y**에서 *Y**′으로 감소하여 장기 총공급곡선이 *LRAS*에서 *LRAS*′으로 왼쪽으로 이동하

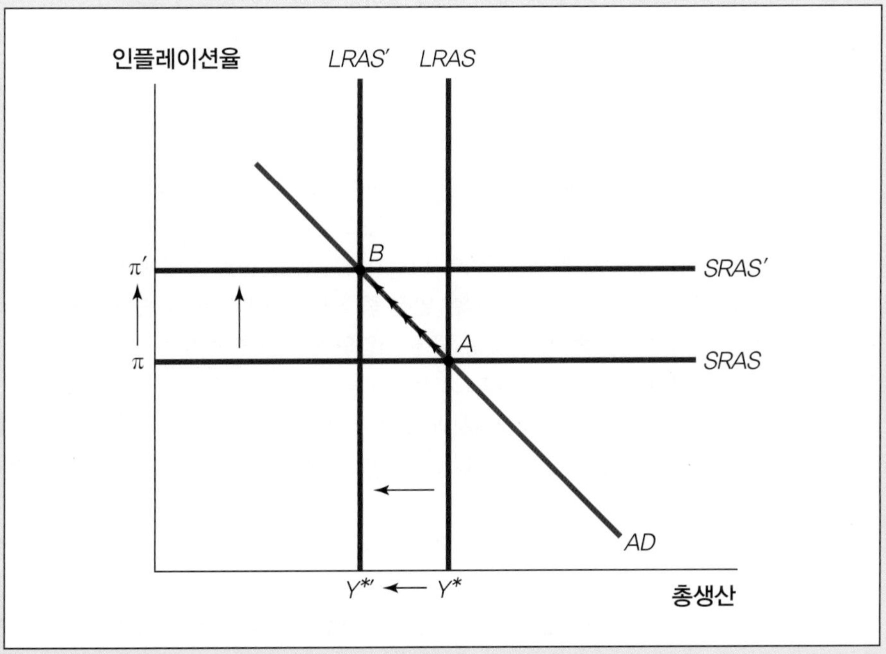

그림 26.10

잠재총생산에 대한 충격의 효과

경제가 원래 장기균형인 *A*점에 있었는데 잠재총생산이 *Y**에서 *Y**′으로 감소하여 확장 갭이 발생하였다고 하자. 인플레이션이 상승하고 단기 총공급곡선이 *SRAS*에서 *SRAS*′으로 상향 이동한다. 새로운 장기균형이 *B*점에서 달성되는데 이 점에서 실제 총생산은 낮아진 새로운 잠재총생산 수준 *Y**′과 같고 인플레이션은 π'으로 상승하였다. 이것은 잠재총생산이 감소한 결과이기 때문에 총생산의 감소는 영구적이다.

였다고 가정하자. 잠재총생산의 이와 같은 감소 후에 경제는 여전히 장기균형 *A*점에 있는가? 그렇지 않다. 왜냐하면 그 점에서 총생산은 이제 잠재총생산을 초과하기 때문이다. 다시 말하면, 확장 갭이 발생하였다. 이 갭은 계획된 총지출이 변하지 않았지만 기업들이 재화와 서비스를 공급하는 능력이 감소하였다는 사실을 반영한다.

앞에서 살펴본 것처럼 확장 갭은 인플레이션의 상승으로 이어진다. **그림 26.10**에서 인플레이션의 상승은 *SRAS*곡선의 상향 이동으로 나타나 있다. 결국 *SRAS*곡선은 *SRAS'*에 도달하고 경제는 *B*점에서 새로운 장기균형에 도달한다(왜 *B*점이 단기균형이 아니라 장기균형이 되는가?). *B*점에서 총생산은 새로운 낮은 수준의 잠재총생산 $Y^{*\prime}$으로 감소하고 인플레이션은 π'으로 상승한다.

총공급 충격
인플레이션 충격 또는 잠재총생산에 대한 충격; 부의 총공급 충격은 총생산을 감소시키고 인플레이션을 상승시킨다.

잠재총생산의 변화와 인플레이션 충격을 **총공급 충격**(aggregate supply shock)이라고 부른다. 앞에서 살펴본 것처럼 두 경우 모두 부의 총공급 충격은 낮은 총생산과 높은 인플레이션으로 이어지며, 따라서 정책결정자들에게 어려운 문제가 된다. 두 종류의 총공급 충격 사이의 차이점은 부의 인플레이션 충격과 관련된 총생산 감소는 일시적이지만(경제가 자기 조정하여 궁극적으로 잠재총생산의 최초 수준으로 회귀하기 때문에) 잠재총생산의 감소와 관련된 충격은 영구적이다(경제가 새로운 장기균형에 도달한 이후에도 총생산이 낮은 수준에 머무른다).

경제적 사유 26.3

왜 미국경제는 1990년대 후반에 빠른 성장과 낮은 인플레이션을 경험할 수 있었는가?

1990년대 후반부는 미국 경제의 호황기였다. **표 26.2**가 보여주듯이 1995~2000년 기간 동안 연평균 실질GDP 성장률은 4.3%로서 직전 10년 동안의 평균 성장률보다 훨씬 높았다. 실업률 또한 4.6%에 지나지 않아 전 10년 동안에 비해 훨씬 좋은 지표를 보여주었다. 이러한 빠른 경제 성장에도 불구하고 1995~2000년 기간 동안 인플레이션율은 연평균 2.5%로 낮게 유지되었다. 왜 미국 경제는 1990년대 후반에 빠른 성장과 낮은 인플레이션을 동시에 누릴 수 있었는가?

1990년대 후반부 동안 미국 경제는 잠재총생산에 대한 양의 충격으로 편익을 받았다. 정상보다 빠른 잠재총생산 확대의 중요한 요인은 기술진보, 특히 컴퓨터와 소프트웨어에서의 기술진보 및 자동차 산업에서 소매 재고관리에 이르기까지 많은 산업 분야에서의 이러한 기술진보의 적용으로 인한 것이었다. 가장 탁월한 발전 중 하나인 인터넷의 급속한 성장은 소비자가 온라인으로 구매하고 정보를 찾는 것은 물론 기업의 효율성을 높이는 데—예를 들어, 제조업자와 공급업자 사이의 조정을 개선함으로써—도움을 주었다. 이러한 기술진보는 생산성의 빠른 상승으로 반영되었는데 **표 26.2**에서와 같이 취업자 일인당 생산량의 연평균 증가율은 1985~1995년 기간 1.4%에서 1995~2000년 기간에는 2.4%로 높아졌다(**경제적 사유 18.2**를 참고하라).

그래프로 잠재총생산에 대한 양의 충격의 효과를 분석하면 **그림 26.10**의 반대 방향으로의 변화로 해석하면 된다. 그림에서는 잠재총생산에 대한 부의 충격을 설명하고 있는데 잠재총생산에 대한 양의 충격은 *LRAS*곡선을 아래로 이동시키고 단기에서 침체 갭(총생산이 새로운 높은 수준의 잠재총생산보다 낮다)을 발생시킨다. 이후 *SRAS*곡선은 하향 이동하게 되어 인플레

표 26.2 미국 거시경제지표, 연평균, 1985~2000

기간	실질GDP 증가율(%)	실업률(%)	인플레이션율 (%)	생산성 증가율 (%)
1985~1995	3.0	6.3	3.5	1.4
1995~2000	4.3	4.6	2.5	2.4

출처: Bureau of Economic Analysis; Bureau of Labor Statistics. 실질GDP는 2009년 달러 가격이고, 실업률은 평균 민간(군인제외) 실업률, 인플레이션율은 CPI기준, 생산성은 근로자 일인당 실질GDP로 측정되었다.

이션이 하락한다. 새로운 장기균형에서 총생산은 높아지고 인플레이션은 원래보다 낮아진다. 이러한 결과는 1990년대 후반 미국의 경험과 일치한다.

✔ 개념체크 26.9

1990년대 후반에 생산성이 증가하지 않았다면 어떤 일이 발생하는가? 경제는 2000년에 어떻게 달라졌겠는가?

요약 인플레이션의 원인

- 과도한 총지출은, 확장 갭을 창출하고 인플레이션에 상승압력을 가한다. 한 예는 정부구입을 크게 증가시키는 군비증강이다. 통화정책 또는 재정정책은 과도한 지출을 상쇄시켜 높은 인플레이션이 나타나는 것을 막는 데 사용될 수 있다.
- 인플레이션은 또한 인플레이션 충격이나 잠재총생산에 대한 충격인 총공급 충격으로부터 발생할 수 있다. 인플레이션 충격은 총생산 갭과 관련이 없이 정상적인 행태에서 벗어나는 인플레이션의 급격한 변화이다. 인플레이션 충격의 예는 전체 물가수준을 올리는 에너지와 농산물 가격의 급등이다. 중앙은행이 낮은 인플레이션을 유지하려는 약속을 지킨다는 민간의 믿음이 없다면, 인플레이션 충격은 경기침체와 높은 인플레이션의 결합인 스태그플레이션으로 이어진다.
- 스태그플레이션은 정책결정자들에게 어려운 딜레마를 준다. 그들이 행동을 취하지 않는다면 결국 인플레이션은 가라앉고 총생산이 회복될 것이지만, 그 동안에 경제는 긴 기간의 경기침체로 고통 받을 수 있다. 통화정책이나 재정정책을 사용하여 총수요를 증가시킨다면 경기침체는 단축시킬 수 있으나 높은 인플레이션에 빠지게 된다.
- 잠재총생산에 대한 충격은 잠재총생산의 급격한 변화를 의미한다. 부의 인플레이션 충격과 같이 잠재총생산에 대한 부의 충격은 인플레이션을 상승시키고 총생산을 낮춘다. 그러나 낮은 잠재총생산은 생산능력이 감소한 것을 의미하기 때문에, 인플레이션 충격 이후에 총생산이 결국 회복되는 것과는 달리 잠재총생산에 대한 충격 이후에는 총생산이 회복되지 않는다.

26.4 인플레이션 조절

높은 인플레이션율은 경제에 큰 비용을 부과한다. 과거 수십년간 경제학자들과 정책결정자들 사이에는 낮고 안정적인 인플레이션이 중요하고 아마도 지속적인 경제성장을 위해 필수적이라는 데에 합의가 이루어졌다. 그러면 인플레이션율이 너무 높을 때 정책결정자들은 무엇을 해야 하는가? **예 26.3**이 보여주듯이 총수요곡선을 왼쪽으로 이동시키는 정책들에 의해 인플레이션은 낮아질 수 있다. 그러한 정책들은 장기적으로는 생산성과 경제성장이라는 이득을 주지만 불행하게도 단기적으로는 총생산 감소와 실업 증가라는 막대한 비용을 부과할 가능성이 높다.

예 26.3 반인플레이션 통화정책: 디스인플레이션 정책

총생산, 실업, 인플레이션은 수축적인 통화정책에 어떻게 반응하는가?

경제가 완전고용에 있지만 인플레이션율이 10%로 매우 높아 경제적 효율성과 장기 경제성장에 해가 되고 있다고 가정하자. 중앙은행이 수축적인 통화정책을 통하여 인플레이션율을 3%로 낮추기로 결정하였다. 총생산, 실업, 인플레이션에 대한 단기적 효과는 무엇인가? 장기에서는 어떠한가?

수축적 통화정책의 경제적 효과는 단기와 장기에서 매우 다르다. **그림 26.11(a)**는 단기적 효과를 보여준다. 최초에 경제는 실제 총생산과 잠재총생산이 일치하는 장기균형인 *A*점에 있었다. 그러나 총공급곡선 *SRAS*이 보여주듯이 *A*점에서 인플레이션율이 10%로 높다.

인플레이션율을 3%로 낮추기 위해 정책결정자는 무엇을 해야 하는가? 인플레이션에 강력하게 대응하여 중앙은행은 각 인플레이션율 수준에서 이전보다 더 높은 실질이자율을 설정하도록 통화정책을 변화시켜야 한다. 다시 말하면, 중앙은행은 **그림 26.3(a)**처럼 통화정책 반응함수를 상향 이동시켜야 한다. 동일한 인플레이션율에 대하여 중앙은행이 설정하는 실질이자율이 높아지면 소비와 투자지출이 감소하고 각 인플레이션율에서 총수요가 감소한다. 본 장의 앞에서 본 것처럼 이러한 중앙은행의 수축적 통화정책은 **그림 26.11(a)**와 같이 총수요곡선을 *AD*에서 *AD'*로 왼쪽으로 이동시킨다.

중앙은행의 정책 변화 이후 **그림 26.11(a)**에서 *AD'*곡선과 *SRAS*곡선은 *B*점에서 교차한다. *B*점에서 실제 총생산은 잠재총생산 Y^*보다 낮은 *Y*로 감소한다. 다시 말하면, 중앙은행의 정책은 침체 갭을 발생시키며 그 결과 실업률은 자연실업률보다 높아지게 된다. 그러나 *B*점에서 인플레이션율은 변하지 않았고 10%에 머물러 있다. 단기에서 수축적 통화정책은 경제를 침체로 빠뜨리지만 인플레이션 관성 때문에 인플레이션율에는 거의 또는 전혀 영향을 미치지 못하는 것이다.

반인플레이션 정책으로 통화정책을 변화시킬 경우 단기적 효과는 — 낮은 총생산, 높은 실업률, 거의 변화가 없는 인플레이션 — 전혀 바람직하지 않으며 그러한 정책 변화가 초기 단계에서 왜 매우 인기가 없는지 설명해준다. 그러나 다행스럽게도 이것이 이야기의 끝이 아니다 — 경

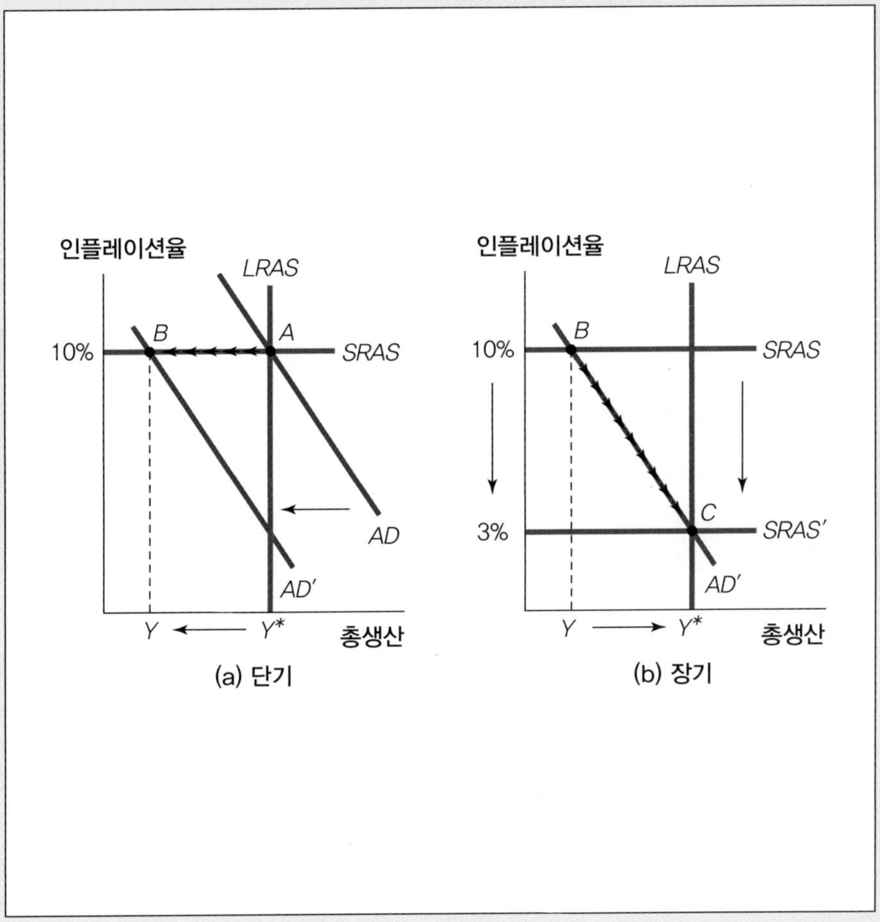

그림 26.11

반인플레이션 통화정책의 단기 효과 및 장기 효과

(a) 최초에 경제는 실제 총생산과 잠재총생산이 일치하는 *A*점에서 장기균형에 있고 인플레이션율은 10%이다. 중앙은행의 반인플레이션 정책으로의 전환이 총수요곡선을 *AD*에서 *AD′*로 왼쪽으로 이동시키면 경제는 *AD′*과 *SRAS*가 교차하는 *B*점에서 새로운 단기균형에 도달한다. 단기균형총생산은 *Y*로 감소하고 침체갭이 발생한다. 인플레이션율은 단기에서 변하지 않는다. (b) 수축적 통화정책 이후 *B*점에서 침체갭이 존재하고 결국에는 인플레이션을 하락시킨다. 단기 총공급곡선은 *SRAS*에서 *SRAS′*로 하향 이동한다. 장기균형은 *C*점에서 달성된다. 장기에서 실질총생산은 잠재총생산에 복귀하고 인플레이션율은 낮은 수준인 3%에서 안정화된다.

제는 *B*점에 무한정 머물러 있지 않을 것이기 때문이다. 그 이유는 그 점에서 침체갭이 존재하여 수요 약화에 직면한 기업들은 가격을 높이길 꺼려할 것이기 때문에 결국에는 인플레이션율이 하락하는 원인이 된다.

그래프로 설명하면 침체갭으로 인한 인플레이션율의 최종적인 하락은 **그림 26.11(b)**에서 단기 총공급곡선을 *SRAS*에서 *SRAS′*로 하향 이동시키는 것으로 표현된다. 경제가 *C*점에서 장기균형에 도달할 때까지 인플레이션은 지속적으로 하락한다. *C*점에서 실제 총생산은 잠재총생산과 동일해졌고 인플레이션율은 3%로 안정화되었다. 따라서 수축적인 통화정책은 장기적 이득(인플레이션율의 영구적인 하락)을 달성하기 위해 단기적 고통(총생산 감소, 실업 증가, 실질이자율 상승)을 겪어야 한다는 것을 알 수 있다. 통화정책 반응함수의 상향 이동이 영구적으로 낮은 인플레이션율로 이어진다는 결과는 정책변화의 가치를 다르게 평가할 수 있음을 의미한다: 중앙은행의 통화정책 반응함수의 상향 이동은 장기 인플레이션 목표의 하락과 동일하다(**개념체크 26.2** 참고). 마찬가지로, 중앙은행의 통화정책 반응함수의 하향 이동은 중앙은행의 장기 인플레이션 목표의 상승으로 해석될 수 있다.

경제적 사유 26.4는 Fed 수축정책의 현실 사례에 대하여 논의한다.

✔ 개념체크 26.10

중앙은행이 반인플레이션 통화정책을 시행할 때 총생산, 인플레이션, 실질이자율의 전형적 시간 경로를 보여라. 가로축을 시간으로 하고 각 변수에 대하여 따로따로 그래프를 그려라. 단기와 장기를 구분하라. 구체적인 숫자를 표시할 필요는 없다.

경제적 사유 26.4

1980년의 인플레이션은 어떻게 진정되었는가?

1970년대 말 두 자릿수를 기록한 미국의 인플레이션은 1980년대에 크게 하락하였다. 1980년에 최고치인 13.5%를 찍은 이후 인플레이션율은 1983년 3.2%로 하락하였고 1980년대 나머지 기간 동안 2~5% 범위에서 머물렀다. 1990년대에는 인플레이션이 더욱 낮아져 대부분의 연도에 2~3% 범위에 있었다. 1980년대에 인플레이션은 어떻게 진정되었는가?

1980년대 높은 인플레이션의 하향 안정화에 직접적으로 공헌한 사람은 Fed 의장인 폴 볼커(Paul Volcker)였다. 1979년 10월 6일에 소집되었던 토요일 비밀 회의(본 장의 서두에 소개된)에서 연방공개시장위원회는 강력한 반인플레이션 통화정책을 채택하는 것에 동의하였다. 미국 경제에 대한 이러한 정책 변화의 결과는 1978~1985년 기간에 대한 주요 거시경제 데이터를 포함하고 있는 **표 26.3**에 제시되어 있다.

표 26.3의 데이터는 반인플레이션 통화정책에 대한 분석과 매우 잘 들어맞는다. 첫째, 모형이 예측하듯이 Fed의 급격한 수축적인 통화정책은 단기에 경기침체로 이어졌다. 실제로 1979년 Fed의 정책집행 후에 두 번의 경기침체가 나타났는데 1980년에 짧게 한 번, 1981~1982년에 좀더 심각하게 나타났다. 1980년과 1982년에 실질GDP 증가율이 음수였으며 실업률이 크게 상승하여 1982년에는 9.7%에 달하였다. 통화정책 변화의 직접적 효과로서

표 26.3 미국 거시경제지표, 1978~1985

연도	GDP성장률(%)	실업률(%)	인플레이션율(%)	명목이자율(%)	실질이자율(%)
1978	5.6	6.1	7.6	8.3	0.7
1979	3.2	5.8	11.4	9.7	−1.7
1980	−0.2	7.1	13.5	11.6	−1.9
1981	2.6	7.6	10.3	14.4	4.1
1982	−1.9	9.7	6.2	12.9	6.7
1983	4.6	9.6	3.2	10.5	7.3
1984	7.3	7.5	4.3	11.9	7.6
1985	4.2	7.2	3.6	9.6	6.0

출처: Bureau of Economic Analysis; Bureau of Labor Statistics; Federal Reserve Bank of St. Louis. 실질GDP는 2009년 달러가격이다. 인플레이션은 CPI로 측정되었다. 명목이자율은 연평균 3년만기 국채이자율, 실질이자율은 명목이자율에서 인플레이션율을 뺀 값이다.

명목이자율과 실질이자율 역시 상승하였다. 그러나 인플레이션은 1979~1981년 기간 동안 크게 떨어지지 않았다. 이러한 모든 결과들은 **그림 26.11**의 단기 분석과 일치하는 것이다.

그러나 1983년에 상황은 급변하였다. 경제는 1983~1985년 견실한 실질GDP 증가율을 기록하며 회복되었으며, 경기회복에 시차를 두고 반응하는 경향이 있는 실업률은 1984년에 하락하기 시작하였다. 이자율은 통화정책 이외의 다른 요인들 때문에 비교적 높은 수준을 유지하였다. 가장 중요한 것은 인플레이션이 1982~1983년에 하락했으며 훨씬 낮아진 수준에서 안정되었다는 점이다. 그 이후로 미국의 인플레이션은 낮게 유지되어 왔다.

디스인플레이션(disinflation)
인플레이션율의 큰 감축

1980년대에 Fed가 이룩한 인플레이션율의 큰 감축은 **디스인플레이션**(disinflation; 인플레이션 완화)이라고 부른다. 그러나 디스인플레이션은 1980년대 초에 미국이 경험했던 것과 같이 대규모의 침체 갭과 높은 실업률이라는 비용을 수반한다. 이러한 비용은 감당할 만한 가치가 있는가? 인플레이션의 비용을 측정하는 것은 어렵기 때문에 이 질문에 대답하는 것은 쉽지 않다. 그러나 많은 국가들에서 1980년대와 1990년대에 인플레이션율을 2% 또는 그 이하로 낮추기 위해 노력해온 것을 보면 세계의 정책결정자들은 인플레이션을 억제할 필요성에 공감하고 있는 것으로 보인다. 캐나다와 영국도 인플레이션을 급격히 감소시키기 위해 비용을 감수한 선진국들이다.

디스인플레이션의 비용은 감소될 수 있는가? 불행하게도 아무도 고통 없이 인플레이션을 낮추는 방법을 찾지 못했다. 따라서 최근 수년 동안 세계의 중앙은행들은 디스인플레이션의 비용을 피하려고 인플레이션을 조절 가능한 수준에서 유지하려고 노력해 왔다. 앨런 그린스팬(Alan Greenspan; 폴 볼커의 후임자, 1987~2006년 Fed 의장) 의장 시기에 연방준비제도는 인플레이션율이 곧 상승하리라는 신호가 보이기 시작하면 곧바로 이자율을 인상하는 선제적 공격의 전략을 따랐다. 이러한 전략은 인플레이션을 낮게 유지하고 디스인플레이션의 비용을 피하는 데 성공적이었던 것으로 보인다. 캐나다, 영국, 스웨덴, 멕시코, 브라질, 칠레, 이스라엘 등 많은 나라들이 보통 연간 1–3% 정도의 명시적인 장기 인플레이션율 숫자 목표를 발표하였다. 최근 Fed는 2%의 인플레이션율이 "연방준비제도의 법적인 의무와 장기적으로 가장 일치하는" 것으로 보고 있다고 발표했다.[6] 발표문에서 Fed는 "이러한 인플레이션 목표를 민간과 소통하는 것은 장기 인플레이션율에 대한 기대를 강하게 고정시키는 데 도움을 준다"라고 하였다. 인플레이션 목표에 대한 철학은 인플레이션에 대한 선제적 접근방식의 배경을 이루고 있는 사고와 동일하다: 인플레이션이 낮게 유지될 수 있다면, 경제는 볼커 의장이 겪어야 했던 디스인플레이션 정책의 단기적 비용을 발생시킬 필요가 없이 장기적 편익을 누릴 수 있다.

6 "FOMC Statement of Longer–Run Goals and Policy Strategy," January 25, 2012, www.federalreserve.gov/newsevents/press/monetary/20120125c.htm.

경제적 사유 26.5

인플레이션이 너무 낮은 것은 문제가 되는가?

앞 절에서 지적한 것처럼 연방준비제도는 일반적으로 인플레이션이 상승하는 것을 억제하는 데에 초점을 맞추고 있다. 그런데 2002년말 일부 Fed 정책결정자들은 인플레이션율이 너무 낮지 않은지 우려하기 시작하였다. 왜 그런가?

2002년 9월 24일 Fed의 정책결정자들이 향후 통화정책 방향을 결정하는 연방공개시장 위원회의 회의록은 미국 경제가 지속적으로 미약하여 2003년에 "인플레이션이 매우 낮아지고 아마도 하락하는" 상황으로 이어질 것 같다고 위원들이 우려하였다고 표현하고 있다.[7] 2001년 9월에서 2002년 9월 사이에 소비재 가격이 약 1.5% 상승하여 위원들은 "추가적인 큰 폭의 디스인플레이션은 명목이자율을 0에 가깝게 할 것이기 때문에 경제에 부의 충격이 발생할 경우 전통적인 수단을 통한 통화정책 수행에 문제를 발생시킬 수 있다"고 지적하였다.

향후 통화정책 결정에서 문제가 될 수 있는 잠재적 요인은 낮은 인플레이션율, 낮은 이자율, 추가적인 경기 약화가 동시에 나타나는 경우라고 제시되었다. 2001년과 2002년 동안 연방준비제도는 경기침체로부터 천천히 벗어나고 있는 경제를 부양하기 위해 연방기금금리 목표를 40년 만에 최저 수준인 1.75%로 낮추었다. 인플레이션율이 1.5%이었고 그 결과 실질이자율이—명목이자율에서 인플레이션율을 뺀 값—2002년 9월에는 거의 0%에 가까웠다.

이러한 상황이 왜 연방준비제도에 잠재적인 문제가 되었는가? 인플레이션율이 이미 낮고 하락하고 있는 상황에서 Fed가 부의 총지출 충격에—미국과 이라크와의 전쟁 대치 우려로 실제 가능성이 있는 상황—대응하여 총지출을 추가적으로 자극해야만 된다면 Fed는 실질이자율을 0% 아래로 낮추어야 할 것이다. 제 25장, "경기안정화정책: 중앙은행의 역할"에서 지적했듯이 기업 지출과 소비 지출은 명목이자율이 아니라 실질이자율에 반응한다. 그러나 인플레이션이 하락하고 있는 기간에 연방준비제도는 실질이자율을 낮추기 위해 인플레이션의 하락보다 더 큰 폭으로 명목이자율을 낮추어야 할 필요가 있다. 연방기금금리가 이미 역사적 최저치에 있는 상황에서 Fed 당국자들은 실질이자율을 낮추기 위해 충분한 정도로 명목이자율을 낮출 수 없을지도 모른다고 우려하였다. 특히, 인플레이션율이 0%로 떨어지면 Fed는 연방기금금리를 제로금리하한으로 낮춘다 하더라도 음의 실질 연방기금금리를 만들어내지 못할 것이며 이러한 상황에서 전통적인 확장적 통화정책을 수행하여 침체갭을 제거하는 Fed의 능력은 제한적일 것이다. 실제로 추가적인 경기약화와 인플레이션 하락을 방지하기 위한 선제적인 조치로서 Fed는 2002년 11월 다음 FOMC 회의에서 연방기금금리를 1.25%로 낮추었다.

그러나 당시 Fed 당국자들, 연방기금금리가 0%까지 낮아진다고 하더라도 Fed는 미국 경제의 총지출을 자극할 수 있는 여러 다양한 정책수단을 여전히 가지고 있다고 하였다. 예를 들어, 연방준비제도는 투자 지출을 늘리려는 노력으로 장기 국채를 사들여 (일종의 양적완화) 장기 이자율을 낮출 수 있다. 앞 장에서 지적한 것처럼 Fed의 통화정책 행동은 보통 초단기 이자율인 연방기금금리에 초점을 두고 있는데 연방기금금리는 주택저당대출에 영향을 주는 장기금리와 같이 움직일 수도 있고 그렇지 않을 수도 있다. 또한 연방준비제도는 소비자 대출과 기업 대출을 장려하는 은행에 대한 재할인대출을 증가시키거나, 순수출을 증가시키기 위해 외환시장에 개입하여 국내 통화가치를 하락시키거나, 또는 연방정부 세금 감면을 조달해 주기 위해 추가적인 국채를 매입할 수 있는데 이러한 과정에서 통화량 증가가 수반된다.

이러한 모든 비전통적인 Fed의 정책수단들은 경제에 더 많은 화폐를 주입하며, 총지출을 증가시키고, 시간이 지남에 따라 인플레이션율을 상승시키는 효과를 가지고 있다. 이러한 통화

7 연방준비제도, 2002년 9월 FOMC 회의록, www.federalreserve.gov/fomc/minutes/20020924.htm.

정책수단을 사용함으로써 Fed는 연방기금금리가 0%에 있다고 하더라도 필요하다면 인플레이션율을 높게 발생시켜 음의 실질이자율을 만들어낼 수 있을 것이다. 따라서 낮은 이자율과 결합된 낮은 인플레이션율은 통화정책 결정을 더 복잡하게 만들지만 이자율이 "너무 낮아서" 경기를 부양하는 Fed의 능력을 없애버리는 경우는 없을 것이다. 앞 장에서 논의한 것처럼 이러한 2002년말 FOMC 회의 후 6년 만에 실제로 Fed는 2007~2009년 경기침체로 발생한 침체갭을 없애기 위해 대규모의 비전통적인 확장적 통화정책에 매진하였다.

너무 낮은 인플레이션은 2015년에 미국뿐만 아니라 인플레이션이 중앙은행의 목표 수준보다 지속적으로 낮았던 유럽, 일본 등의 주요 국가들에서도 문제로 대두되었다. 인플레이션을 목표 수준으로 끌어올리기 위해 유럽중앙은행(ECB)과 일본은행(BOJ)은 수년 전 Fed의 예를 따라 양적완화 프로그램을 도입하였다.

요약 인플레이션 억제

인플레이션은 "수축적"인 통화정책과 같이(통화정책 반응함수의 상향 이동) *AD*곡선을 왼쪽으로 이동시키는 정책들에 의해 억제될 수 있다. 수축적인 반인플레이션 통화정책이 시행될 경우 단기적인 효과는 디스인플레이션(인플레이션의 급격한 감소)으로 인해 커다란 침체갭이 나타날 수 있다는 것이다. 이론적으로 장기에서 총생산은 잠재총생산으로 회귀하며 인플레이션은 하락한다. 이러한 예측들은 1980년대 초기 볼커의 디스인플레이션 기간 동안에 확인되었다.

요 약 Summary

- 본 장은 인플레이션을 포함하기 위해 기본 케인즈 모형을 확장하였다. 첫째, 계획된 총지출과 단기 균형총생산이 인플레이션과 어떻게 관련되는지 살펴보았다. 둘째, 인플레이션이 어떻게 결정되는지 논의하였다. 단기에서 인플레이션은 과거의 기대와 가격결정에 의해 결정되지만 장기에서 인플레이션은 총생산 갭을 제거하기 위해 필요한 만큼 조정된다.

- 총수요(*AD*)곡선은 단기 균형총생산과 인플레이션 사이의 관계를 보여준다. 단기 균형총생산은 계획된 총지출과 같기 때문에 총수요곡선은 총지출과 인플레이션 사이의 관계를 보여준다. 인플레이션이 높아지면 계획된 총지출과 단기 균형총생산이 감소하기 때문에 총수요곡선은 우하향한다.

- 인플레이션과 단기 균형총생산 사이의 역의 관계는 대부분의 경우 중앙은행 통화정책의 결과이다. 인플레이션을 낮고 안정적으로 유지하기 위해 중앙은행은 인플레이션이 상승할 때 실질이자율을 상승시키도록 대응한다. 실질이자율의 상승은 소비와 계획된 투자를 감소시키고 이것은 계획된 총지출의 감소를 의미하며 그 결과 단기 균형총생산을 감소시킨다. 총수요곡선이 우하향하는 다른 이유들에는 인플레이션으로 인한 실질화폐가치의 감소의 효과, 분배효과 (인플레이션은 저축을 거의 하지 않는 저소득자로부터 저축을 많이 하는 고소득자로 부를 재배분한다), 인플레이션에 의해 발생하는 불확실성, 국내 재화의 해외 판매에 대한 인플레이션 효과 등을 포함한다.

- 어느 주어진 인플레이션율 수준에서 총지출의 외생적 증가(즉, 주어진 총생산과 실질이자율 수준에서 총지출의 증가)는 총수요(*AD*)곡선을 오른쪽으로 이동시켜 단기 균형총생산을 증가시킨다. 마찬가지로 총지출의 외생적 감소는 *AD*곡선을 왼쪽으로 이동시킨다. *AD*곡선은 중앙은행의 통화정책 반응함수의 변화에 의해서도 또한 이동한다. 중앙은행

이 "수축적" 통화정책을 시행하여 통화정책 반응함수를 위로 이동시켜 각 인플레이션율 수준에서 실질이자율을 높이면 *AD*곡선은 왼쪽으로 이동한다. 중앙은행이 "확장적" 통화정책을 시행하여 통화정책 반응함수를 아래로 이동시켜 각 인플레이션율 수준에서 실질이자율을 낮추면 *AD*곡선은 오른쪽으로 이동한다.

- 미국과 같이 저인플레이션이 지속되고 있는 산업화된 경제에서 인플레이션은 관성을 갖거나 경제의 변화에 천천히 조정되는 경향이 있다. 이러한 관성 행태는 인플레이션이 부분적으로 미래 인플레이션에 대한 사람들의 기대에 의존하기 때문인데 사람들의 기대는 또한 그들의 최근 인플레이션 경험에 의존한다. 장기 임금계약과 가격계약은 사람들의 기대 효과를 다년간 "내장시키는" 경향이 있다. 총수요-총공급모형에서 단기총수요(*SRAS*)곡선은 현재 인플레이션율을 보여주는 수평선이며 과거 기대와 가격결정에 의해 결정된다.

- 인플레이션은 관성이 있지만 시간이 지남에 따라 총생산 갭에 반응하여 변한다. 기업들이 생산능력을 초과하는 수요에 직면할 때 가격들을 더 빨리 올리기 때문에 확장갭은 인플레이션을 높이는 경향이 있다. 침체갭이 존재하면 기업들이 가격을 올리기 꺼려하기 때문에 인플레이션을 낮추는 경향이 있다.

- 인플레이션율이 과거 기대와 가격결정에 의해 결정된 값과 같고 총생산은 그 인플레이션율에서 일치하는 단기 균형총생산과 같을 때 경제는 단기균형을 달성한다. 그래프로 설명하면, 단기균형은 *AD*곡선과 *SRAS*곡선의 교차점에서 달성된다. 그러나 총생산 갭이 존재하면 인플레이션율은 총생산 갭을 제거하도록 조정된다. 그래프로 설명하면, 총생산이 완전고용 총생산을 회복하기 위해 필요한 만큼 *SRAS*곡선이 상향 또는 하향 이동한다. 인플레이션율이 안정적이고 실제 총생산이 잠재총생산과 같을 때 경제는 장기균형을 달성한다. 그래프로 설명하면, 장기균형은 *AD*곡선, *SRAS*곡선과 경제의 잠재총생산을 의미하는 수직선인 *LRAS*곡선이 동시에 교차하는 점에서 달성된다.

- 경제는 인플레이션율의 조정을 통하여 스스로 장기균형으로 이동하는 경향이 있기 때문에 자기조정의 경향이 있다고 한다. 자기조정 과정이 빠르다면 총생산 갭을 제거하기 위해 적극적인 경기안정화 정책의 필요성은 작아진다. 총생산 갭이 클수록 경기안정화 정책들은 필요하다.

- 인플레이션의 한 가지 원인은 확장갭을 만들어내는 과도한 총지출이다. 총공급충격은 또 다른 인플레이션의 원인이다. 총공급충격은 인플레이션 충격과—예를 들면, 원유가격 상승으로 발생한 인플레이션의 정상적 행태에서의 갑작스러운 변화—잠재총생산에 대한 충격을 포함한다. 부의 총공급충격은 둘 다 총생산을 감소시키고—중앙은행이 낮은 인플레이션을 유지하는 약속을 지킬 것이라는 민간의 신뢰가 없다면—인플레이션을 상승시켜 정책결정자들을 어려운 딜레마 상황에 처하게 한다.

- 인플레이션을 감소시키기 위해 정책결정자는 통화정책을 더 "수축적으로" 변화시켜 총수요곡선을 왼쪽으로 이동시켜야 한다. 단기에서 반인플레이션 정책의 주요 효과는 침체갭이 발생하여 총생산이 감소하고 실업률이 상승하는 것이다. 디스인플레이션의 이러한 단기 비용은 더 낮은 인플레이션율의 장기적인 편익으로 보상받아야만 한다. 시간이 지남에 따라 총생산과 고용은 정상 수준으로 회복하고 인플레이션은 낮아진다. 폴 볼커 의장 아래 Fed가 1980년대에 추진한 디스인플레이션은 이러한 패턴을 따랐다.

핵심용어 Key Terms

단기균형(843)
단기총공급(*SRAS*) 곡선(842)
디스인플레이션(859)
분배효과(831)
인플레이션 충격(850)
장기균형(844)
장기총공급(*LRAS*) 곡선(842)
총공급충격(854)
총수요(*AD*)곡선(829)
총수요의 변화(832)

복습문제 Review Questions

1. *AD*곡선은 어떤 두 변수들 사이의 관계를 보여 주는가? 어떻게 중앙은행의 행동이 *AD*곡선의 우하향하는 모습을 만들어내는지 설명하라. 총수요곡선이 그러한 기울기를 갖는 두 가지 다른 요인들을 열거하고 설명하라.

2. 다음 각각이 *AD*곡선에 어떤 영향을 주는지 말하고 그 이유를 설명하라.
   a. 정부구매의 증가
   b. 조세감면
   c. 기업들의 계획된 투자의 감소
   d. 중앙은행이 각 인플레이션율에서 실질이자율을 낮추는 통화정책 변화

3. 왜 인플레이션율은 원유나 농산물과 같은 상품가격보다 더 천천히 조정되는 경향이 있는가?

4. 총생산 갭과 인플레이션 사이의 관계를 설명하라. 이 관계가 총수요-총공급 모형에서 어떻게 반영되어 있는가?

5. 장기균형에서 벗어나 있는 경제를 총수요-총공급 모형을 이용하여 그림으로 그려라. 경제의 단기균형점을 표시하라. 시간이 지나면 경제가 어떻게 장기균형에 도달하는지 설명하라. 그 과정을 그림에서 설명하라.

6. 참 또는 거짓: 경제의 자기조정 경향은 경기안정화 정책의 적극적인 사용을 불필요하게 만든다. 설명하라.

7. 1960년대와 1970년대에 미국의 인플레이션을 상승시킨 요인들은 무엇인가?

8. 중앙은행이 낮은 인플레이션을 유지한다는 약속을 지킬 것인가에 대한 민간의 믿음이 없을 때, 왜 부의 총공급충격은 정책결정자들에게 특히 어려운 딜레마 상황을 만들어 주는가?

9. 1980년대초 폴 볼커에 의해 수행된 정책과 같은 수축적 통화정책은 단기에서 총생산, 인플레이션, 실질이자율에 어떤 영향을 미치는가? 장기에서는?

10. 대부분의 중앙은행은 낮고 안정적인 인플레이션을 유지하는 데 높은 가치를 부여하고 있다. 왜 그들은 이러한 목표가 그렇게 중요하다고 보고 있는가?

연습문제 Problems

1. 중앙은행이 실질이자율을 올리면 단기 균형총생산이 감소한다는 것을 살펴보았다. 단기 균형총생산 Y와 중앙은행이 설정하는 실질이자율 사이의 관계가 다음과 같이 주어졌다고 가정하자:

$$Y = 1{,}000 - 1{,}000r$$

또한 중앙은행의 통화정책 반응함수는 다음 표와 같다고 가정하자. 0%에서 4% 까지의 인플레이션율에 대하여 중앙은행이 설정하는 실질이자율과 그 결과로 나타나는 단기 균형총생산을 구하여라. 총수요곡선을 그래프로 그려라.

인플레이션율, π	실질이자율, r
0.00	0.02
0.01	0.03
0.02	0.04
0.03	0.05
0.04	0.06

2. 1번 문제의 경제에 대하여 잠재총생산 $Y^* = 960$이라고 가정하자. 1번 문제의 표에 있는 통화정책 반응함수로부터 장기 인플레이션율에 대한 중앙은행의 목표는 얼마라고 추정할 수 있는가?

3. 한 경제의 단기 균형총생산과 인플레이션 사이의 관계(총수요곡선)는 다음 식과 같다:

$$Y = 13{,}000 - 20{,}000\pi$$

최초에 인플레이션율은 4%, 즉 $\pi = 0.04$. 잠재총생산 Y^*는 12,000이다.

a. 단기균형에서 총생산을 구하여라.

b. 장기균형에서 인플레이션율을 구하여라.

4. 이 문제는 경제가 총생산 갭을 가지고 있을 때 인플레이션의 조정과정을 찾아보는 문제이다. 경제의 총수요곡선이 다음과 같다고 가정하자:

$$Y = 1{,}000 - 1{,}000\pi$$

Y는 단기 균형총생산, π는 소수로 표시한 인플레이션율이다. 잠재총생산 Y^*는 950이고 최초 인플레이션율은 10%($\pi = 0.10$)이다.

a. 이 경제의 단기균형에서 총생산을 구하고 장기균형에서 인플레이션율을 구하여라.

b. 매 분기, 인플레이션율은 다음 규칙에 따라 조정된다고 가정하자:

이번 분기의 인플레이션=

지난 분기의 인플레이션$-0.0004(Y^* - Y)$.

최초 10%의 인플레이션율에서 시작하여 다음 5분기까지 각 분기의 인플레이션율의 값을 구하여라. 매기 인플레이션율이 변화하면서 주어진 관계식 $Y = 1{,}000 - 1{,}000\pi$에 따라 Y도 계속 변화할 것이라는 것을 주목하라. 인플레이션이 장기 값에 가까이 가는가?

5. 다음 각각의 경우에 대하여 $AD-AS$모형을 사용하여 총생산과 인플레이션에 대한 단기 및 장기 효과를 보여라. 경제는 장기균형에서 출발한다고 가정하자.

a. 더 높은 소비지출로 이끄는 소비자의 자신감 증가

b. 세금 감면

c. 중앙은행의 완화적 통화정책 (통화정책 반응함수의 하향 이동)

d. 유가의 급격한 하락

e. 정부구매를 증가시키는 전쟁 발발

6. 정부가 침체갭에 대응하여 세금을 감면하려 했지만 입법과정에서의 지체 때문에 조세감면이 18개월 동안 시행되지 못하였다고 가정하자. 정부의 목표가 총생산과 인플레이션을 안정화하는 것이라고 가정할 때, 왜 이러한 정책 행동이 실제로 효과적이지 않은지 $AD-AS$모형을 이용하여 보여라.

7. 유가의 영구적인 상승이 인플레이션 충격을 만들어내고 잠재총생산을 감소시켰다고 가정하자. 이에 대한 정책대응이 없다고 가정하고 단기 및 장기에서 총생산과 인플레이션에 대한 유가상승의 효과를 $AD-AS$모형을 이용하여 분석하라. 유가상승에 대응하여 중앙은행이 수축적 통화정책을 수행한다면 그 결과는 어떻게 달라지는가?

8. 한 경제가 최초에 경기침체를 겪고 있다. $AD-AS$모형을 이용하여 다음 각 경우에 대하여 조정과정을 설명하라.

a. 중앙은행이 완화적 통화정책(통화정책 반응함수를 하향 이동)으로 대응하는 경우

b. 중앙은행이 새로운 정책을 하지 않는 경우

총생산 감소와 인플레이션의 항목에서 두 접근방법의 비용과 편익을 설명하라.

9.* 로터스랜드의 계획된 총지출은 다음 식과 같이 실질GDP와 실질이자율에 의존한다:

$$PAE = 3{,}000 + 0.8Y - 2{,}000r$$

로터스랜드 중앙은행은 다음과 같은 통화정책 반응함수에 따라 실질이자율을 설정할 것이라고 발표하였다:

인플레이션율, π	실질이자율, r
0.00	0.02
0.01	0.03
0.02	0.04
0.03	0.05
0.04	0.06

주어진 인플레이션율에 대하여 로터스랜드의 독립지출과 단기 균형총생산을 구하여라. AD곡선을 그려라.

10.* 한 경제가 다음의 식들로 서술된다고 가정하자:

$$C = 1{,}600 + 0.6(Y - T) - 2{,}000r$$
$$I^P = 2{,}500 - 1{,}000r$$
$$G = \overline{G} = 2{,}000$$
$$NX = \overline{NX} = 50$$
$$T = \overline{T} = 2{,}000$$

또한 중앙은행의 통화정책 반응함수는 문제 9번과 동일하다고 가정한다.

a. 계획된 총지출을 총생산 및 실질이자율의 항목으로 표현한 관계식을 구하라.

b. 0%에서 4% 사이의 인플레이션율에 대하여 단기 균형 총생산과 인플레이션율 사이의 관계를 보여주는 표를 만들어라. 이 표를 사용하여 *AD*곡선을 그래프로 그려라.

c. 정부구매가 2,100으로 증가하였다고 가정하고 문항 a, b를 다시 반복하라. 정부구매의 증가는 *AD*곡선에 어떤 영향을 주는가?

11.* 10번 문제에서 서술된 경제에 대하여 중앙은행의 통화정책 반응함수가 다음과 같다고 가정하자:

인플레이션율, π	실질이자율, r
0.00	0.04
0.01	0.045
0.02	0.05
0.03	0.055
0.04	0.06

a. 0%에서 4% 사이의 인플레이션율에 대하여 단기 균형 총생산과 인플레이션율 사이의 관계를 보여주는 표를 만들어라. 경제의 총수요곡선을 그래프로 그려라.

b. 중앙은행이 각 인플레이션율에서 실질이자율을 0.5% 포인트씩 내리기로 결정했다고 가정하자. 문항 a를 반복하라. 통화정책의 이러한 변화가 총수요곡선에는 어떤 영향을 미치는가?

본문 개념체크 해답 Answers to Concept Checks

26.1 a. 인플레이션, 총생산, 실질이자율의 현재 수준에서 새로운 자본재에 대한 기업지출의 외생적 감소는 계획된 투자를 감소시켜 계획된 총지출(*PAE*)의 감소와 단기 균형총생산의 감소를 유발한다. 주어진 인플레이션 수준에서 총생산이 감소하였으므로 기업지출의 감소는 *AD*곡선을 왼쪽으로 이동시킨다.

b. 인플레이션, 총생산, 실질이자율의 현재 수준에서 연방소득세의 감소는 소비자의 처분가능소득($Y-T$)을 증가시키고 제 24장 "단기에서의 총지출과 총생산"에서 예시된 것처럼 모든 소득수준에서 소비의 외생적 증가로 이어진다. 소비함수의 상향 이동은 계획된 총지출(*PAE*)을 증가시켜 단기 균형총생산의 증가로 이어진다. 주어진 인플레이션 수준에 대하여 총생산이 증가하였기 때문에 소득세 감면은 *AD*곡선을 오른쪽으로 이동시킨다.

26.2 장기에서 중앙은행이 설정하는 실질이자율은 저축과 투자가 만나는 대부시장에서 결정되는 실질이자율과 일치하여야 한다. 중앙은행의 장기 인플레이션 목표를 구하기 위해 저축과 투자가 만나는 대부시장에서 장기에 결정되는 실질이자율을 주어진 것으로 놓고 중앙은행의 통화정책 반응함수로부터 인플레이션율을 구해내면 된다. 아래의 그림이 보여주듯이 중앙은행의 수축적 통화정책은 (통화정책 반응함수의 상향 이동) 주어진 장기 실질이자율에서 중앙은행의 인플레이션 목표치가 낮아지는 것을 의미한다.

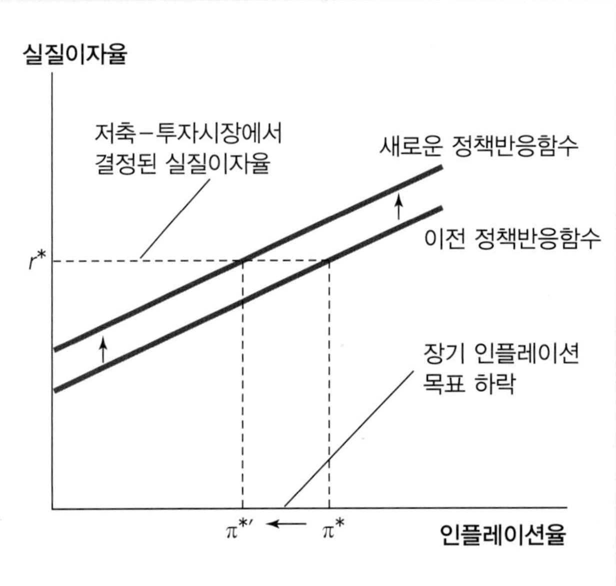

26.3 a. 중앙은행의 통화정책 반응함수의 상향 이동은 중앙

은행이 주어진 인플레이션 수준에서 실질이자율을 올린다는 것을 의미한다. 실질이자율의 상승은 소비와 계획된 투자 모두를 감소시켜 총지출과 단기 균형총생산을 감소시킨다. 따라서 중앙은행의 통화정책 반응함수의 이동은 주어진 인플레이션 수준에서 총생산 수준을 감소시키고, 결과적으로 *AD*곡선을 왼쪽으로 이동시킨다.

b. 중앙은행의 통화정책 반응함수에 따라 중앙은행은 인플레이션율의 상승에 대응하여 실질이자율을 올려(통화정책 반응함수를 따라 이동) 총지출과 단기 균형총생산의 감소를 유발한다. 그러나 이 경우에 높은 인플레이션에 대한 중앙은행의 반응은 주어진 *AD*곡선을 따라 이동하게 하는 원인이 된다.

c. 두 행동은 비슷하게 보이지만 중요한 차이가 있다는 것을 유의하기 바란다. 첫 번째 경우에서 중앙은행은 주어진 인플레이션율에 대하여 정책 준칙을 변화시키고 있는 반면, 두 번째 경우에서는 인플레이션의 변화에 반응하고 있는 것이다. 주어진 인플레이션에 대하여 총지출의 변화는 *AD*곡선을 이동시키는 반면, 인플레이션의 상승 또는 하락에 대한 중앙은행의 정책반응의 결과로 나타나는 총지출의 변화는 *AD*곡선을 따라 이동하게 된다. 다시 말하면, 첫 번째 경우에서 중앙은행은 (장기)목표 인플레이션율을 변화시켜 통화정책 반응함수와 *AD*곡선을 이동시킨다. 두 번째 경우에서 중앙은행의 (장기)목표 인플레이션율은 변하지 않는다.

26.4 a. 인플레이션이 내년에 2%로 예상되고 근로자들은 실질임금의 2% 상승을 예상하고 있다면 명목임금에서 4%의 상승을 기대하며 요구할 것이다.

b. 내년 인플레이션이 2%가 아닌 4%로 예상되고 있다면 근로자들은 명목임금의 6% 인상을 기대하며 요구할 것이다.

c. 임금이 상승하면 기업들은 증가한 비용을 충당하기 위하여 재화와 서비스의 가격을 인상할 필요가 있을 것이며, 이것은 인플레이션의 상승으로 이어진다. 예상되는 인플레이션이 4%였던 문항 b의 경우에 기업들은 예상되는 인플레이션이 2%이었던 문항 a의 경우보다 명목임금의 더 큰 상승에 직면하게 될 것이다. 따라서 기대 인플레이션이 2%일 때보다 기대 인플레이션이 4%일 때 기업들이 더 많이 가격을 상승시킬 것이라고 예상할 수 있다. 이 예로부터 인플레이션 기대의 상승은 높은 인플레이션으로 이어진다고 결론내릴 수 있다.

26.5 인플레이션이 높은 경제는 인플레이션이 향후에도 높을 것이라고 예상하게 되고 장기 임금계약 및 가격계약의 존재로 인하여 높은 인플레이션 상태에 머무르는 경향이 있는 반면, 인플레이션이 낮은 경제는 동일한 이유로 낮은 인플레이션 상태에 머무르는 경향이 있을 것이다. 그러나 제 17장 "물가수준과 인플레이션의 측정"에서 지적된 것처럼, 높은 인플레이션율은 사회에 경제적 비용을 부과하기 때문에 중앙은행은 인플레이션을 낮게 유지하여 높은 인플레이션의 비용을 피하려는 유인을 가지고 있으며, 낮은 인플레이션은 사람들이 낮은 기대 인플레이션을 유지하는 데 도움을 주고 미래에도 낮은 인플레이션으로 이어져 **그림 26.7**에서 예시된 "선순환"이 계속된다.

26.6 주어진 인플레이션, 총생산, 실질이자율 수준에서 기업들의 새로운 자본재에 대한 지출 증가는 총지출과 단기 균형총생산을 증가시킨다. 경제가 원래 잠재총생산에서 생산하고 있었기 때문에 투자지출의 증가는 확장 갭으로 이어질 것이다; 실제 총생산 Y는 이제 잠재총생산 Y^*보다 커질 것이다. $Y > Y^*$일 때 인플레이션율은 상승하는 경향이 있을 것이다.

26.7 **그림 26.9**에 예시된 경우의 반대이다. 총생산이 잠재총생산과 같고 안정적인 인플레이션(즉, *AD*곡선이 *SRAS*곡선 및 *LRAS*곡선과 모두 교차하는 곳)을 가진 장기균형에서 시작하면, 소비지출의 감소는 먼저 *AD*곡선의 좌측 이동으로 이어지고 경제는 동일한 인플레이션곡선에서 새로운 낮아진 단기균형 총생산 수준으로 이동한다. 이제 Y는 Y^*보다 작기 때문에 *AD*곡선의 이동은 침체 갭을 만들어낸다. 소비지출 감소의 즉각적인 효과는 단지 총생산을 감소시키는 것이다. 그러나 시간이 지나면서 침체 갭 때문에 인플레이션이 하락한다. 인플레이션이 하락하면서 *SRAS*곡선은 아래로 이동할 것이다. Fed는 인플레이션의 하락에 대응하여 실질이자율을 하

락시켜 총수요와 총생산의 증가로 이어지고, 이것은 새로운 *AD*곡선을 따라 아래로 이동하는 것을 의미한다. 인플레이션이 총생산 갭을 제거하기에 충분할 정도로 하락하였을 때(실질이자율을 충분히 하락시켰을 때) 경제는 총생산이 잠재총생산과 같아지는 장기균형으로 회복될 것이나 인플레이션율은 소비지출의 감소 이전보다 낮아질 것이다.

26.8 유가의 하락은 "유익한" 인플레이션 충격의 예이며 그러한 충격의 경제적 효과는 **그림 26.10**에 예시된 경우의 반대이다. 이 경우 총생산이 잠재총생산과 같은 장기균형에서 출발하면, 유익한 인플레이션 충격은 현재 인플레이션을 하락시키고 *SRAS*곡선을 아래로 이동시키게 된다. *SRAS*곡선의 하향 이동은 낮아진 인플레이션과 높은 총생산을 가진 단기균형으로 이어져 확장 갭이 만들어진다. 중앙은행이 아무것도 하지 않는다면 결국 *SRAS*곡선은 위로 이동하기 시작할 것이며, 경제는 원래의 인플레이션과 총생산 수준으로 복귀하게 될 것이다. 그러나 중앙은행이 통화정책을 수축적으로 운용하기 위해 통화정책 반응함수를 위로 이동시키고 현재의 실질이자율을 인상하면, *AD*곡선을 왼쪽으로 이동시키고 잠재GDP 수준과 낮은 새로운 인플레이션 수준에서 균형을 달성할 수 있을 것이다.

26.9 생산성 증가율이 1990년대 후반부에 상승하지 않았다면 *LRAS*곡선은 오른쪽으로 멀리 이동하지 않았을 것이다. 결과적으로 평균 인플레이션율은 **표 26.2**에서 예시된 것과 같이 많이 하락하지 않았을 수도 있으며 평균 실질GDP 증가율은 작아지지 않았을 수도 있다. 마찬가지로 생산성 증가율이 실제의 1995~2000년 증가율보다 낮았다면, 경험했던 것보다 더 높은 인플레이션과 더 낮은 GDP 증가율을 예상할 수 있다.

26.10 아래의 그림을 참고하라.

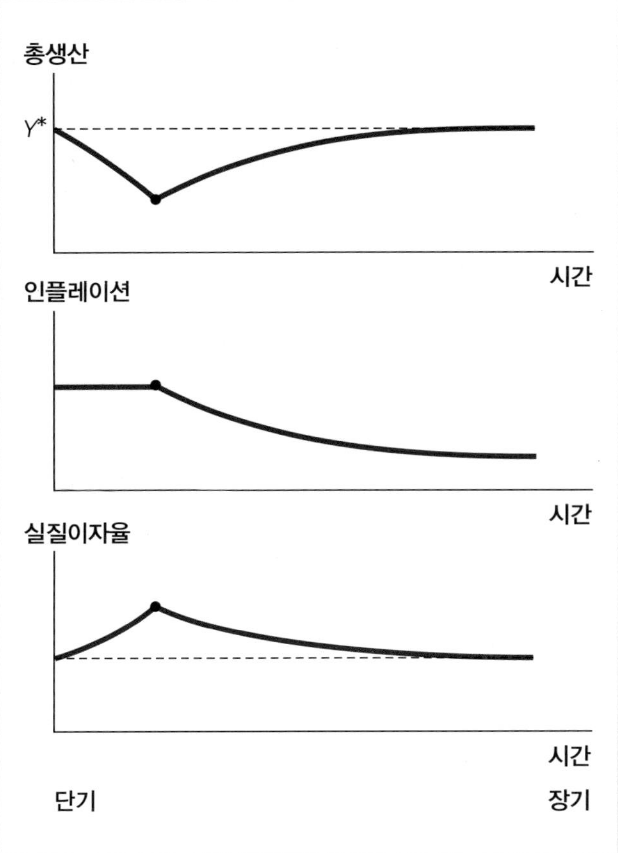

제 26 장 부록

총수요-총공급 모형의 수학적 분석

부록에서는 총수요곡선을 수학적으로 도출한다. 그리고 총수요와 총공급이 경제의 단기와 장기 균형점을 어떻게 결정하는지 보여준다.

26A.1 총수요곡선

제 25장 부록 "기본 케인즈 모형에서의 통화정책"에서 (25A.1)식은 단기 균형총생산이 지출의 외생적 부분과 실질이자율에 의존한다는 것을 보여주었다:

$$Y=\left(\frac{1}{1-c}\right)[(\overline{C}-c\overline{T}+\overline{I}+\overline{G}+\overline{NX})-(a+b)r] \qquad (25A.1)$$

$1/(1-c)$는 승수, $\overline{C}-c\overline{T}+\overline{G}+\overline{NX}$는 계획된 지출의 외생적 부분, 대괄호 [ ]안의 항들은 독립지출, a, b는 실질이자율의 변화가 소비와 계획된 투자에 미치는 효과를 측정하는 양의 상수를 각각 가리킨다.

총수요곡선은 통화정책 반응함수로 표현된 것과 같은 중앙은행의 행동을 반영하고 있다. 인플레이션이 상승할 때 중앙은행은 정책반응함수에 따라 실질이자율을 상승시킨다. 따라서 중앙은행의 통화정책 반응함수는 실질이자율 r을 인플레이션율 π의 식으로 표현할 수 있다:

$$r=\bar{r}+g\pi \qquad (26A.1)$$

$\bar{r}$, g는 중앙은행이 선택한 양의 상수이다. 이 식은 인플레이션 π가 1% 포인트 상승할 때—말하자면, 2%에서 3%로—중앙은행은 실질이자율을 g% 포인트만큼 상승시키는 것으로 대응한다. 따라서 예를 들어, $g=0.5$라면 2%에서 3%로 인플레이션이 상승할 때 중앙은행은 실질이자율을 0.5% 포인트 상승시킨다. 상수항 $\bar{r}$은 인플레이션율이 0일 때 중앙은행이 설정하는 실질이자율을 말해 준다.

(25A.1)식과 (26A.1)식을 함께 이용하면 총수요곡선을 도출할 수 있다. 총수요곡선의 도출을 두 단계로 생각해보자: 첫째, 인플레이션의 주어진 값 π에 대하여 통화정책 반응함수 (26A.1)식을 이용하여 중앙은행이 설정하는 실질이자율을 구한다. 둘째, 구한 실질이자율에 대하여 (25A.1)식을 이용하여 단기 균형총생산 Y를 구한다. 이러한

두 단계로부터 도출된 인플레이션과 단기 균형총생산 사이의 관계가 총수요곡선이다.

다른 방법으로는 (25A.1)식의 실질이자율 r에 (26A.1)식의 우변을 대입하여 단기 균형 총생산에 대한 식과 통화정책 반응함수에 대한 식을 결합할 수 있다:

$$Y=\left(\frac{1}{1-c}\right)[(\bar{C}-c\bar{T}+\bar{G}+\overline{NX})-(a+b)(\bar{r}+g\pi)] \tag{26A.2}$$

이 식은 AD곡선에 대한 일반화된 대수적 표현으로 **그림 26.1**에 그래프로 그려진 인플레이션과 단기 균형총생산 사이의 관계를 요약하고 있다. (26A.2)식은 인플레이션 π의 상승이 단기 균형총생산 Y를 감소시켜 AD곡선이 우하향한다는 것을 의미한다는 것을 주목하라.

수치적 예를 위해 파라미터 값들을 **예 25.3**의 값으로 사용하자. **예 25.3**에서 다룬 경제에서 $\bar{C}=640$, $\bar{T}=250$, $\bar{I}=250$, $\bar{G}=300$, $\overline{NX}=20$, $c=0.8$, $a=400$, $b=600$으로 가정하였다. 총수요곡선을 도출하기 위하여 중앙은행의 통화정책 반응함수를 위한 값들도 필요하다. 예시를 위해 **표 25.2**에 제시된 정책반응함수(편의를 위해 **표 26A.1**에 다시 제시)를 사용한다.

표 26A.1 중앙은행의 통화정책 반응함수

인플레이션율, π	실질이자율, r
0.00 (=0%)	0.02 (=2%)
0.01	0.03
0.02	0.04
0.03	0.05
0.04	0.06

표 26A.1은 인플레이션율에 대하여 중앙은행이 설정하는 실질이자율을 표시하고 있다. 총수요곡선을 도출하기 위해 통화정책 반응함수를 (26A.1)식과 같은 형태로 표현하는 것이 유용하다. 인플레이션율이 0일 때 실질이자율은 2%이므로 중앙은행의 통화정책 반응함수의 상수항 $\bar{r}$은 2%이다. 또한 **표 26A.1**은 인플레이션율이 1% 포인트 상승할 때 실질이자율이 1% 포인트 상승하기 때문에 통화정책 반응함수의 기울기 g는 1.0이다. 따라서 중앙은행의 통화정책 반응함수는 다음과 같이 표현된다.

$$r=0.02+\pi$$

(26A.1)식에 $\bar{r}=0.02$와 $g=1$을 대입한 것이다.

이 식을 (26A.2)식에 대입하고 간단히 정리하면 다음과 같은 AD곡선을 얻는다:

$$Y=5[640-0.8(250)+250+300+20-(400+600)(0.02+\pi)] \tag{26A.3}$$

$$Y = 4{,}950 - 5{,}000\pi \qquad (26A.4)$$

이 식에서 인플레이션율이 높아지면 단기 균형총생산은 낮아지므로 *AD*곡선이 우하향하는 것을 의미한다. 이 식을 확인하기 위하여 인플레이션이 3%일 때 중앙은행이 실질이자율을 5%로(**표 26A.1** 참조) 설정한다고 가정하자. (26A.4)식에서 $\pi = 0.03$으로 놓으면 $Y = 4{,}800$이 도출된다. 이것은 **예 25.4**에서 구한 답과 일치하는데 **예 25.4**는 동일한 경제에 대하여 $r = 0.05$일 때($\pi = 0.03$일 때 중앙은행이 정한 실질이자율의 값) 단기 균형총생산이 $Y = 4{,}800$이 되는 것을 보여주었다.

26A.2 총수요곡선의 이동

총지출의 외생적 변화 또는 중앙은행의 통화정책 반응함수의 외생적 변화는 *AD*곡선을 이동시킨다는 것을 상기하라. 이러한 결과는 (26A.2)식에서 나온다. 첫째, 이 식은 주어진 인플레이션율 π에 대하여 외생적 지출 $\overline{C} - c\overline{T} + \overline{G} + \overline{NX}$의 증가는 단기 균형총생산 Y를 증가시킨다. 따라서 외생적 지출의 증가는 *AD*곡선을 오른쪽으로 이동시킨다; 반대로 외생적 지출의 감소는 *AD*곡선을 왼쪽으로 이동시킨다.

중앙은행의 통화정책 반응함수의 이동은 (26A.1)식에서 상수항 $\overline{r}$의 변화로 반영될 수 있다. 예를 들어, 중앙은행이 각 인플레이션 수준에서 실질이자율을 전보다 1% 포인트 높게 설정하여 수축적인 통화정책을 시행한다고 가정하자. 그러한 변화는 통화정책 반응함수에서 상수항 $\overline{r}$을 0.01 높이는 것과 동일하다. (26A.2)식을 보면 인플레이션 수준을 고정시킬 때 $\overline{r}$의 상승은 단기 균형총생산을 감소시킨다. 따라서 수축적인 통화정책은 (통화정책 반응함수의 상향 이동) *AD*곡선을 왼쪽으로 이동시킨다. 반대로 통화정책의 완화는 ($\overline{r}$의 하락이나 통화정책 반응함수의 하향 이동으로 표현되는) *AD*곡선을 오른쪽으로 이동시킨다.

✔ 개념체크 26A.1

a. 위에서 서술된 경제에 대하여 총지출의(예를 들면, 계획된 투자의) 10단위 외생적 증가 후에 *AD*곡선에 대한 수식을 구하여라.
b. 위에서 서술된 경제에 대하여 각 인플레이션 수준에서 실질이자율을 1% 포인트 높게 설정하는 통화정책의 수축 후에 *AD*곡선에 대한 수식을 구하여라.

26A.3 단기균형

단기균형에서 인플레이션은 미리 결정된 값과 같으며 *SRAS*곡선은 그 값에서 수평이라는 것을 상기하라. 그 인플레이션 수준에서 단기 균형총생산의 수준은 총수요곡선에 의해 주어진다. 예를 들어, 위에서 서술된 경제에 대한 총수요곡선 (26A.4)식에서 현재 인플레이션이 5%라고 가정하자. 단기 균형총생산의 값은 다음과 같이 구해진다.

$$Y = 4{,}950 - 5{,}000\pi = 4{,}950 - 5{,}000(0.05)$$
$$= 4{,}700$$

26A.4 장기균형

장기균형에서 실제 총생산 Y는 잠재총생산 Y^*와 같다. 따라서 장기균형에서 인플레이션율은 AD곡선의 Y에 Y^*를 대입함으로써 얻을 수 있다. 예시를 위해 위의 경제에서 AD곡선의 식인 (26A.4)식을 써 보면 다음과 같다:

$$Y = 4{,}950 - 5{,}000\pi$$

이에 더하여 잠재총생산 $Y^* = 4{,}900$이라고 가정하자. 이 값을 총수요곡선 식의 Y에 대입하면 다음을 얻는다:

$$4{,}900 = 4{,}950 - 5{,}000\pi$$

인플레이션율 π에 대하여 풀면 다음과 같다.

$$\pi = 0.01 = 1\%$$

이 경제가 장기균형에 있을 때 인플레이션율은 1%가 될 것이다. 단기에서 인플레이션율이 5%라고 시작하면 장기균형에 도달할 수 있기 위해서 인플레이션이 2%에 도달할 때까지 단기 총공급곡선이 아래로 이동해야 한다는 것을 알 수 있다.

부록 개념체크 해답 — Answers to Concept Checks

26A.1 숫자들을 식에 대입하여 얻을 수 있는 각 경우의 곡선에 대한 대수적 해는 아래와 같다.

a. $Y = 5{,}000 - 5{,}000\pi$

b. $Y = 4{,}900 - 5{,}000\pi$

환율과 개방경제

제27장

단기와 장기에서 환율을 결정하는 요인은 무엇인가?

런던을 방문하고 있는 미국인 두 명이 영국의 화폐가 너무 복잡하여 서로 딱하게 여기고 공감을 표하고 있었다. "파운드, 실링, 투펜스(2펜스), 트루펜스(3펜스), 밥(5펜스에 해당), 쿼드(1파운드 금화), 미칠 지경이예요. 오늘 아침 택시 운전사에게 얼마를 지불해야 할지 알아내는 데 20분이 걸렸어요."라고 첫 번째 미국인이 말하였다.

두 번째 미국인이 웃으면서 말했다. "실제로, 저는 새로운 방법을 채택한 이후로 전혀 문제가 없었어요."

첫 번째 미국인은 호기심에 바라보았다. "새로운 방법이 뭔데요?"

"그건 말이죠, 택시를 탈 때마다 나는 내가 가진 모든 영국 돈을 운전사에게 주면 운전사가 운임을 제하고 거슬러 주죠. 그리고 매번 정확히 운임을 지불했다면 믿겨지세요?"

익숙하지 않은 통화를 취급하는 것은 — 외국 돈의 가치를 달러로 환산하는 것 — 외국을 여행하는 모든 사람들이 당면하는 문제이다. 여행자들의 문제는 환율이 — 한 나라의 화폐가 다른 나라의 화폐와 교환되는 비율 — 예측할 수 없게 시시각각 변하기 때문에 복잡해진다. 따라서 미국 달러로 살 수 있는 영국 파운드, 러시아 루블, 일본 엔, 호주 달러의 양은 시간에 따라 달라질 수 있고 때때로 크게 달라진다.

그러나 환율의 변동이 경제에 미치는 효과는 여행과 관광에 대한 효과보다 훨씬 더 광범위하다. 예를 들어, 한국 수출품의 경쟁력은 외국 통화(예를 들어, 미국 달러)로 표시한 한국 재화의 가격에 부분적으로 의존하며, 이것은 다시 한국 원화와 외국 통화 사이의 환율에 의존한다. 마찬가지로 한국인들이 수입품에 지불하는 가격은 외국 재화를 생산한 나라의 통화에 대한 원화의 상대적인 가치에 부분적으로 의존한다. 또한 환율은 국경을 넘어가는 금융투자의 가치에 영향을 준다. 무역과 국제적 자본 이동에 크게 의존하고 있는 나라들에게—세계 대부분의 국가—환율의 변동은 경제에 커다란 충격을 줄 수 있다.

더욱이 그러한 충격은 시간이 지나면서 증가해왔다. 최근 수십 년 경제 트렌드 중의 하나는 국가 경제의 글로벌화(globalization)이다. 1980년대 중반 이후 국제무역량은 전 세계 GDP의 거의 두 배로 증가하였으며 국제적 금융거래는 무역량 증가율보다 몇 배 더 높은 증가율로 확대되었다. 장기적인 관점에서 보면, 국가 경제들이 빠른 속도로 통합되어 가고 있는 것은 전례가 없던 것이었다: 제 1차 세계대전 이전에 영국은 광범위한 국제무역과 자본거래를 가진, 여러 측면에서 현재의 세계와 비슷한 "글로벌화된" 국제적인 경제시스템의 중심이었다. 그렇지만 가장 선견지명이 있었던 19세기 무역상이나 은행원도 통신과 수송에서의 최근의 혁명적 발전으로 인해 국제적인 거래에서 즉시 전달되는 시스템을 보면 크게 놀랄 것이다. 예를 들어, 화상회의와 같은 즉시적인 통신을 가능하게 해 주는 다양한 형태의 웹기반 앱이 지구 반대편의 사람들과 "얼굴을 맞대고" 협상이나 거래를 할 수 있게 해 주고 있다.

본장은 환율의 개념과 개방경제에서의 환율의 역할에 대하여 논의한다. 먼저 명목환율(한 나라의 통화가 다른 나라의 통화와 교환되는 비율)과 실질환율(한 나라의 재화가 다른 나라의 재화와 교환되는 비율)을 구분하는 것으로 시작한다. 환율이 수출가격과 수입가격에 어떻게 영향을 주고 교역조건에 어떤 영향을 주는지 살펴볼 것이다.

다음으로 환율이 어떻게 결정되는지에 대한 질문을 던진다. 환율 제도는 대체로 변동환율제와 고정환율제의 두 가지 범주로 나누어진다. 변동환율의 값은 외환시장이라고 알려진 시장에서 자유롭게 결정된다. 변동환율은 통화들에 대한 수요와 공급의 변화에 따라 계속적으로 변한다. 이와 달리 고정환율의 값은 정부에 의해 결정된 일정한 수준으로 유지된다. 한국을 포함하여 대부분의 선진국들은 변동환율제를 운용하고 있기 때문에 그 경우를 먼저 분석한다. 본 장을 통해 한 나라의 통화정책이 환율을 결정하는데 특히 중요한 역할을 한다는 것을 알게 될 것이다. 더욱이 폐쇄경제에서 실질이자율이 통화정책의 수단이 되었던 것처럼, 변동환율제를 가진 개방경제에서 환율은 통화정책의 수단이 된다.

대부분의 산업화된 국가들이 변동환율제를 채택하고 있지만, 많은 소규모 개발도상국들은 고정환율제를 채택하고 있기 때문에 고정환율제도의 경우도 살펴볼 것이다. 먼저 공식적으로 결정된 수준에서 고정된 환율을 유지하는 것이 어떻게 작동하는지 설명한다. 환율을 고정시키는 것은 일반적으로 한 나라의 통화가치가 매일 변동하는 것을 없애주기는 하지만 고정환율은 때때로 매우 불안정해질 수 있으며 잠재적으로 심각한 경제적 결과를 초래할 수 있다. 고정환율과 변동환율의 상대적인 장점들을 논의하면서 본 장을 마무리한다.

본 장에서는 두 가지 양극의 환율제도인 고정환율제와 변동환율제에 초점을 두고 있지만 현실 세계에서는 대부분의 나라들이 두 양극단의 사이에서 환율제도를 운용하고 있다. 즉, 많은 나라들은 좀 더 변동성이 있는 환율제도와 좀 더 고정적인 환율제도 사이에서 끊임없이 왔다 갔다 하고 있다. 예를 들어, 수년간 중국은 자신의 통화인 렌민비(renminbi, 회계단위는 yuan)의 가치를 달러에 고정시켰었다. 그러나 2005년 이후 여러 환율제도 사이에서 전환을 해 왔다. 최근의 환율제도는 중국의 인민은행(중앙은행)이 렌민비를 고정된 구간 내에서 변동하게 하고, 그 구간은 시간에 따라 점진적으로 이동하거나 또는 중앙은행에 의해 설정된다.

27.1 환율

국가간 재화, 서비스, 자산의 교역을 통해 발생하는 경제적 편익은 국가 내에서의 교역의 편익과 비슷하다. 두 경우 모두 재화와 서비스의 교역은 생산의 특화와 효율성을 가능하게 하는 한편, 자산의 교역은 금융투자자들이 더 높은 또는 변동성이 작은 수익을 벌어들일 수 있게 하고 가치 있는 투자 프로젝트에 자금을 공급할 수 있게 한다. 그러나 두 경우 사이에 차이가 존재한다. 한 나라 내에서의 재화, 서비스, 자산의 교역은 보통 하나의 통화와—원, 달러, 유로, 엔, 페소 등 그 나라의 공식 화폐—관련되어 있으나, 나라 간의 교역은 보통 여러 가지 통화를 통해 이루어진다. 예를 들어, 한국 거주자가 독일에서 생산된 자동차를 구입하기를 원한다면 그는(아마도 자동차 판매상) 먼저 한국 원화를 독일 통화인 유로로 바꾸어야 한다. 마찬가지로 한국 기업의 주식을(한국 금융자산) 구입하기를 원하는 미국 사람은 먼저 미국 달러를 원화로 바꾼 다음 주식 매입에 원화를 사용한다.

27.1.1 명목환율

국제거래를 위해서는 일반적으로 한 통화를 다른 통화로 교환해야 되기 때문에 여러 통화들의 상대적 가치는 국제 거래에서 중요한 요소이다. 두 개의 통화가 서로 교환될 수 있는 비율을 **명목환율**(nominal exchange rate), 또는 더 간단히 두 통화 사이의 환율이라고 부른다. 예를 들어, 미국의 $1가 한국의 ₩1,200과 교환될 수 있다면 미국 달러와 한국 원화 사이의 명목환율은 1,200₩/$이다. 각 나라는 자국의 통화와 교환되

명목환율
두 개의 통화가 서로 교환되는 비율

표 27.1 한국 원화에 대한 명목환율(2019년 8월 20일)

국가	원화/외국통화	외국통화/원화
미국(달러, $)	1,210.60	0.0008260
유럽연합(유로, €)	1,342.25	0.0007450
중국(위안, ¥)	171.12	0.005844
일본(엔, ¥)	11.3581	0.08804
영국(파운드, £)	1,468.64	0.0006809
캐나다(캐나다달러, C$)	909.10	0.001100
호주(호주달러, $)	820.61	0.001219

는 다른 나라의 통화에 대해서 각각의 명목환율을 가지고 있다. 따라서 원화의 가치는 유로(Euro), 중국의 위안(yuan), 일본의 엔(yen), 영국 파운드(pound), 또는 여러 다른 통화로 표시될 수 있다.

표 27.1은 2019년 8월 20일 한국 외환시장에서 거래되는 원화와 주요 7개국 통화 사이의 환율을 보여주고 있다. **표 27.1**과 같이, 환율은 외국 통화 1단위를 구입하는 데 필요한 원화의 액수로 표시될 수도 있고(왼쪽 열), 한국 ₩1을 구입하는 데 필요한 외국 통화의 액수로 표시될 수도 있다(오른쪽 열). 환율을 표시하는 이러한 두 가지 방법은 서로가 다른 값의 역수가 되기 때문에 동일한 것의 다른 표현일 뿐이다.

예 27.1 명목환율

미국 달러와 유로 사이의 환율은?

표 27.1로부터 임의의 두 나라 사이의 환율을 구할 수 있다. 예를 들어, 미국 달러와 유로 사이의 환율을 구할 필요가 있다고 하자. 표로부터 $0.0008260 미국 달러로 한국 ₩1을 구입할 수 있으며 €0.0007450로 한국 ₩1을 구입할 수 있다. 이 관계는 다음을 의미한다.

$$0.0008260\$/₩ = 0.0007450€/₩$$

따라서 미국 달러와 유로 사이의 환율은 두 가지 방법으로 구할 수 있다. 첫째, 양변을 0.0008260으로 나누면 미국 $1가 얼마의 유로와 교환되는지 알 수 있다.

$$\$1 = \frac{0.0007450€/₩}{0.0008260\$/₩} = €0.9019$$

두 번째 방법은 위 식의 양변을 0.0007450으로 나누는 것이다.

$$€1 = \frac{0.0008260\$/₩}{0.0007450€/₩} = \$1.1087$$

다시 말하면, 미국 달러-유로 환율($/€)은 €1당 $1.1087, 또는 $1당 €0.9019로 표현될 수 있다.

✔ 개념체크 27.1

신문의 경제 섹션이나 온라인 자료로부터(한국은행 경제통계시스템, ecos.bok.or.kr를 이용하라) 미국 달러, 중국 위안, 일본 엔에 대한 한국 원화의 가치의 최근 시세를 구하여라. 이 데이터에 기초하여 (a) 미국 달러와 중국 위안 사이의 환율, (b) 미국 달러와 일본 엔 사이의 환율을 구하여라. 도출한 환율을 두 가지 방법으로(예를 들어, 미국 달러당 위안화와 중국 위안화당 미국 달러) 표현하라.

그림 27.1은 1970년부터 2019년까지 미국 달러에 대한 원화의 명목환율을 보여주고 있다. 명목환율은 일반적으로 미디어에서 통용되는 $1당 원화의 교환비율(₩/$)로 표시되었다. 따라서 이렇게 표시된 대미달러 원화환율이 상승하면 원화의 가치가 상대적으로 하락하고 미국 달러화 가치는 상승하는 것이다. 반대로 대미달러 원화환율이 하락하면 원화의 가치가 상대적으로 상승하고 미국 달러화 가치는 하락하는 것이다.

그림 27.1로부터 미국 달러화에 대하여 원화의 가치는 시간에 따라 변동하였으며 때때로 하락하였고(1964~1985년, 1996~1998년, 2007~2009년 기간) 때때로 상승하였다(1985~1989년, 1998~2000년, 2002~2007년, 2009~2014년 기간). 다른 통화에 대한

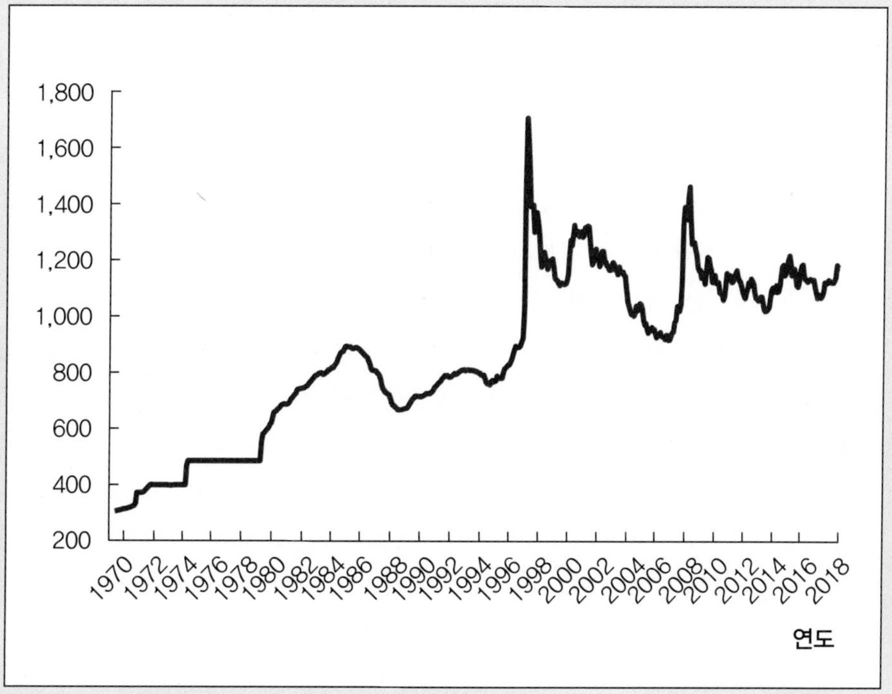

출처: 한국은행 경제통계시스템(http://ecos.bok.or.kr/).

그림 27.1

원화의 미 달러화에 대한 명목환율(₩/$), 1970~2019

고정환율제 또는 관리변동환율제로 운영되던 환율제도는 1990년 시장평균환율제라는 이름으로 시장의 균형에 맡겨졌으며 일일 변동폭도 점차 확대되었다. 1997년 말 외환위기 기간 동안 원화 가치는 사상 최저치로 떨어지고 대미달러 원화환율(₩/$)은 최고치에 도달한 바 있다.

가치상승(평가절상)
한 통화가 다른 통화에 비해 상대적인 가치가 상승하는 것

가치하락(평가절하)
한 통화가 다른 통화에 비해 상대적인 가치가 하락하는 것

상대적인 통화가치의 상승을 **가치상승**(appreciation, 평가절상)이라고 부르며 다른 통화에 대한 상대적인 통화가치의 하락은 **가치하락**(depreciation, 평가절하)이라고 부른다.[1] 따라서 한국 원화는 1964~1985년, 1996~1998년, 2007~2009년 사이에는 가치가 하락하였고, 1985~1987년과 2002~2011년에는 가치가 상승하였다고 말할 수 있다.

본 장에서는 기호 e로 명목환율을 표시한다. **표 27.1**에서 본 것처럼 환율은 국내통화 단위당 외국 통화로 또는 외국 통화 단위당 국내통화의 두 가지 형태로 표현될 수 있는데 미디어에서 흔히 사용하는 미국 달러 한 단위당 한국 원화 교환비율로 정의하기로 하자. 예를 들어, 한국을 "본국" 또는 "국내"로 취급하고 미국을 "외국"으로 취급한다면, e는 미국 $1를 구매하기 위해 필요한 한국 원화의 양으로 정의될 것이다. 이렇게 명목환율을 정의하면 e의 상승은 외국 통화 각 단위를 구매하기 위해 더 많은 단위의 국내통화가 필요한 것이기 때문에, 본국통화의 가치하락 또는 약세를 의미한다. 마찬가지로 e의 하락은 본국통화의 가치상승, 또는 강세라는 것을 의미한다.

27.1.2 변동환율제 vs. 고정환율제

그림 27.1에서와 같이 한국 원화와 미국 달러 사이의 환율은 고정되어 있지 않고 계속 변한다. 실제로 원화가치는 매일, 매시간, 매분 변동한다. 한국에서는 1990년에 시장에서 외환에 대한 수요와 공급에 의해 자유롭게 환율이 결정되는 (시장)변동환율제도(flexible or floating exchange rate)를 채택하였는데 변동환율제에서 통화가치의 그러한 변동은 정상적인 것이다. **변동환율**(flexible exchange rate)의 값은 공식적으로 고정되어 있지 않고 **외환시장**(foreign exchange market)에서 — 여러 나라의 통화가 서로 거래되는 시장 — 그 통화에 대한 수요와 공급에 따라 변한다. 통화에 대한 수요와 공급을 결정하는 요인들에 대하여 잠시 후에 논의할 것이다.

변동환율
환율의 크기가 공식적으로 고정되어 있지 않고 외환시장에서 그 통화에 대한 수요와 공급에 의해 결정되는 환율

외환시장
여러 나라의 통화들이 서로 거래되는 시장

고정환율
환율의 크기가 공식적인 정부의 정책에 의해 결정되는 환율

일부 국가들은 그들의 통화가치가 시장조건에 따라 변동하는 것을 허용하지 않고 고정시키는 고정환율을 유지하고 있다. **고정환율**(fixed exchange rate)의 크기는 보통 공식적인 정부의 정책에 의해 결정된다(고정환율을 채택하고 있는 정부는 환율을 독립적으로 결정하지만, 때때로 정부들 사이의 합의에 따라 환율이 결정되기도 한다). 몇몇 나라들은 환율을 미국 달러에 대해 고정시키고 있지만(예를 들어, 홍콩), 다른 가능성도 존재한다. 일부 프랑스어를 사용하는 아프리카 나라들은 통화가치를 프랑스 프랑에 고정시켰다가 유럽경제연합(European Economic Union)의 통화인 유로(euro)가 도입된 1999년 1월 1일 이후에는 유로에 대해서 고정시키고 있다. 대공황 기간까지 많은 나라들이 사용했던 금본위제(gold standard)에서 통화가치는 금의 온스 단위로 고정되었다. 다음에는 변동환율제에 초점을 두고 논의를 진행할 것이며 나중에 고정환율제에 대하

1 일반적으로 변동환율제 하에서 통화의 가치가 상승할 경우 "가치상승(appreciation)", 가치가 하락할 경우 "가치하락(depreciation)"이라고 부르며 고정환율제 하에서 정부가 고시하는 환율이 통화의 가치를 상승시키는 방향으로 변동하였을 경우 "평가절상(revaluation)" 가치가 하락하는 방향으로 고시환율이 변경되었을 경우 "평가절하(devaluation)"라고 부른다. 그러나 미디어에서는 혼용하여 쓰기도 한다.

여 살펴보면서 각 환율제도의 비용과 편익에 대하여 논의할 것이다.

27.1.3 실질환율

명목환율은 국내 통화와 외국 통화 사이의 교환비율, 즉 국내 통화의 단위로 평가된 외국 통화의 가격이다. 실질환율은 평균적인 외국 재화 및 서비스와 평균적인 국내 재화 및 서비스 사이의 교환비율, 즉 평균적인 외국 재화 및 서비스의 단위로 표시한 평균적인 국내 재화 및 서비스의 가격을 의미한다. 한 국가의 실질환율은 수출품을 해외에 판매할 때의 가격경쟁력과 관련하여 중요한 의미를 가지고 있다.

실질환율에 대하여 논의할 배경지식을 제공하기 위해 여러분이 대량의 컴퓨터를 구입하려고 계획하고 있는 한국 회사에서 구매담당을 맡고 있다고 상상해보자. 그 회사의 컴퓨터 전문가는 필요한 조건에 맞는 두 가지 모델, 미국산 제품과 한국산 제품을 찾아냈다. 두 모델은 본질적으로 동일하기 때문에 그 회사는 가격이 낮은 제품을 구입할 것이다. 그러나 컴퓨터는 제조 국가의 통화단위로 가격이 매겨져 있기 때문에 가격 비교는 그렇게 단순하지 않다. 여러분의 임무는 두 모델 중 더 싼 것이 무엇인지 알아내는 것이다. 이 일을 하기 위해서 두 가지의 정보, 즉 원화와 달러 사이의 명목환율과 제조 국가의 통화단위로 표시된 두 모델의 가격이 필요하다. **예 27.2**는 어느 모델이 더 싼지 결정하기 위해 정보를 어떻게 사용할 수 있는지 보여준다.

국내 재화와 수입재 사이의 구매 선택 **예 27.2**

수입 컴퓨터와 국내산 컴퓨터 중 어느 것이 더 좋은 선택인가?

미국산 컴퓨터는 $2,400이고 동일한 제품의 한국산 컴퓨터는 ₩2,420,000이라고 가정하자. 명목환율이 $1당 ₩1,100이라면 어느 컴퓨터가 더 좋은 조건인가?

가격 비교를 하기 위하여 두 컴퓨터의 가격을 동일한 통화로 환산하여야 한다. 원화로 비교하기 위하여 먼저 미국 컴퓨터의 가격을 원화로 전환한다. 미국 달러 가격은 $2,400이고 $1=₩1,100으로 주어졌다. 앞에서 한 것처럼 어떤 재화나 서비스에 대하여,

원화가격=달러가격×원화로 표시된 달러가치

의 관계가 성립하므로 이를 이용하여 미국 컴퓨터의 원화가격을 구한다. 원화로 표시된 $1의 가치는 원-달러 환율과 같은 것임을 유의하라. 대입하고 풀면 다음을 얻는다.

달러표시가격×원/달러 환율=$2,400×₩1,000/$1=₩2,640,000

달러를 표시하는 기호가 분수의 분자와 분모에 모두 있기 때문에 상쇄된다. 결론적으로 미국 컴퓨터는 ₩2,640,000으로 한국 컴퓨터의 가격 ₩2,420,000보다 ₩220,000 높아서 더 비싸다. 한국 컴퓨터가 더 나은 조건이다.

✔ 개념체크 27.2

예 27.2에 있는 동일한 정보를 이용하여 미국 컴퓨터의 가격과 한국 컴퓨터의 가격을 달러화로 표시하여 비교하라.

예 27.2에서 한국 컴퓨터가 더 저렴하다는 사실은 여러분의 회사가 미국산 컴퓨터보다 한국산 컴퓨터를 선택할 것임을 의미한다. 일반적으로 국제시장에서 한 나라의 경쟁력은 가격들이 동일한 통화로 표시되었을 때 국내 재화 및 서비스의 가격과 비교하여 외국 재화 및 서비스의 상대적인 가격에 부분적으로 의존한다. 미국과 한국 컴퓨터의 가상적인 예에서 국내(한국) 재화의 가격과 비교하여 외국(미국) 재화의 상대적인 가격은 ₩2,640,000/₩2,420,000 또는 1.09이다. 따라서 미국 컴퓨터가 한국 컴퓨터보다 9% 더 비싸기 때문에 한국 제품은 경쟁력 우위에 있다.

더 일반적으로 경제학자들은 평균적으로 한 특정한 나라에서 생산된 재화 및 서비스가 다른 나라에서 생산된 재화 및 서비스에 비해 상대적으로 비싼지를 묻는다. 이 질문은 그 나라의 실질환율을 이용하여 대답할 수 있다. 한 나라의 **실질환율**(real exchange rate)은, 가격들이 동일한 통화로 표시되었을 때, 평균적인 국내 재화 및 서비스의 가격과 비교하여 평균적인 외국 재화 및 서비스의 상대적인 가격이다.

실질환율
가격들이 공통된 통화로 표시될 때, 평균적인 국내 재화와 서비스의 가격과 비교하여 평균적인 외국 재화와 서비스의 상대적인 가격

실질환율에 대한 공식을 얻기 위하여 e는 명목환율(외국통화당 원화의 단위 수)이고, P는 소비자 물가지수로 측정된 국내 물가수준이라고 하자. P를 "평균적인" 국내 재화 및 서비스 가격의 측정치로 사용할 것이다. 마찬가지로 P^f는 외국 물가수준을 가리키며 "평균적인" 외국 재화 및 서비스 가격의 측정치로 사용된다.

실질환율은 평균적인 국내 재화 및 서비스의 가격과 비교하여 평균적인 외국 재화 및 서비스의 상대적인 가격이다. 그러나 두 물가수준은 다른 통화로 표시되기 때문에 실질환율을 P^f/P 비율로 정의하는 것은 맞지 않다. 한국 컴퓨터와 미국 컴퓨터의 예에서 살펴본 것처럼, 외국가격을 원화로 전환하기 위하여 외국가격에 환율을 곱하여야 한다. 이 규칙에 따라 평균적인 외국 재화와 서비스의 원화가격은 eP^f와 같다. 이제 실질환율을 다음과 같이 쓸 수 있다.

$$\text{실질환율} = \frac{\text{원화로 표시된 외국 재화의 가격}}{\text{국내 재화의 가격}} = \frac{eP^f}{P} \qquad (27.1)$$

위 식이 실질환율을 표시하는 공식이다.

이 공식을 확인하기 위하여 컴퓨터를 구매하는 경우에 적용하여 보자.(여기에서 컴퓨터는 한국과 미국이 생산하는 유일한 재화라고 가정하고, 따라서 실질환율은 한국 컴퓨터와 비교하여 미국 컴퓨터의 상대적인 가격이 된다.) 그 예에서 명목환율 e는 ₩1,100/\$1이었고, 국내(컴퓨터의) 가격 P는 ₩2,420,000, 외국 가격 P^f는 \$2,400이었다. (27.1)식을 적용하면 다음을 얻는다:

$$실질환율(컴퓨터) = \frac{(₩1,100/\$1) \times \$2,400}{₩2,420,000} = \frac{₩2,640,000}{₩2,420,000} = 1.09$$

이것은 앞에서 구한 것과 동일하다.

실질환율은 국내 재화와 비교하여 외국 재화의 상대적인 비용에 대한 전반적인 지표로서 중요한 경제 변수이다. **예 27.2**에서 알아보았듯이, 실질환율이 높을 때 외국 재화는 평균적으로 국내 재화보다(동일한 통화로 가격이 매겨졌을 때) 더 비싸다. 높은 실질환율은 국내 생산자들이 다른 나라에 수출하는데 이점이 있음을 의미하며(국내 재화에 싼 값이 매겨질 것이다), 반면에 외국 재화는 국내에서 잘 팔리기 어려울 것이다(수입재가 국내에서 생산된 재화에 비해 비싸기 때문에). 높은 실질환율은 수출을 증가시키고 수입을 감소시키는 경향이 있기 때문에, 실질환율이 높을 때 순수출은 증가하는 경향이 있을 것이라고 결론내릴 수 있다. 반대로 실질환율이 낮다면 본국은 수출하기가 더 어려워질 것이며(외국 경쟁자들의 재화의 가격이 본국 재화의 가격보다 낮기 때문에), 반면에 국내 거주자들은 수입재를 많이 구매할 것이다(국내 재화가 수입재에 비해 비싸기 때문에). 따라서 실질환율이 낮을 때 순수출은 감소하는 경향이 있을 것이다.

(27.1)식은 또한 실질환율과 명목환율이 같은 방향으로 움직이는 경향이 있다는 것을 보여준다(e는 실질환율 공식의 분자에 표시되기 때문에). 즉, P^f/P비율이 동일하다면 명목환율 e의 상승은 실질환율을 상승시킨다는 것을 의미한다. 실질환율과 명목환율이 같은 방향으로 움직인다면, 높은 명목환율은 수출에 도움이 되고 낮은 명목환율은 수출에 해가 된다고 결론내릴 수 있다.

경제적 사유 27.1

통화강세는 강한 경제를 의미하는가?

정치가들과 일반 사람들은 때때로 자국의 통화가 "강세"라는 사실, 즉 자국 통화의 가치가 다른 통화에 비해 높고 상승하고 있다는 것에 자부심을 느낀다. 마찬가지로 정책결정자들은 때때로 가치가 하락하는("약세") 통화를 경제적 실패의 신호로서 간주한다. 통화강세는 필연적으로 강한 경제를 의미하는가?

사람들이 갖고 있는 생각과는 대조적으로 한 나라의 통화 강세와 그 나라의 경제력 사이에 연관이 있는 것은 아니다. 예를 들어, **그림 27.1**은 미국 달러화와 비교하여 상대적으로 한국 원화의 가치가 1960년대 이후 1985년까지 지속적으로 하락하였지만, 한국 경제는 동일한 기간 동안 고도성장을 기록하였다.

통화의 강세가 필연적으로 강한 경제를 의미하지는 않는다는 한 가지 이유는 통화가치의 상승(e의 하락)이 실질환율($=eP^f/P$)을 하락시켜 그 나라의 순수출에 해를 끼치는 경향이 있다는 점이다. 예를 들어, 원화가 달러화에 대하여 강세를 보인다면(즉, $1를 구매하는 데 더 적은 원화가 필요하다면) 미국 재화는 원화로 표시할 경우 더 싸질 것이다. 그 결과 한국인들이 국내에서 생산된 재화보다 미국 재화를 선호하게 될 것이다. 마찬가지로 원화의 강세는 각 달러로 더 적은 원화를 구입할 수 있다는 것을 의미하기 때문에 한국의 수출 재화는 미국 소비자들에게 더 비싸진다. 한국 재화가 달러로 표시될 경우 더 비싸지기 때문에 미국 소비자들이 한국 수출품을 사려는 의향이 감소한다. 따라서 원화 강세는 한국 국내시장에서 외국 기업과 경쟁하는 한국 국내산업(자동차 산업과 같은)뿐만 아니라 한국 수출산업에 있어 매출과 이윤의 감소를 의미한다.

요약 명목환율

- 두 통화 사이의 명목환율은 통화가 서로 교환되는 비율이다. 더 정확히 말하면 어느 주어진 나라에 대한 명목환율 e는 외국통화 한 단위로 구입할 수 있는 국내통화의 양이다.
- 가치상승은 한 통화가 다른 통화에 비하여 상대적으로 가치가 상승하는 것이다(e의 하락은 국내통화 가치상승). 가치하락은 한 통화의 상대적인 가치의 하락이다(e의 상승은 국내통화 가치하락).
- 환율은 변동하거나—외환시장에서 통화에 대한 수요와 공급에 따라 자유롭게 변동한다는 것을 의미—또는 고정될 수 있는데, 고정된다는 것은 그 값이 공식적인 정부정책에 의해 결정되는 것을 의미한다. (본서의 초점은 아니지만 두 환율제도를 복합적으로 운용할 수도 있다.)
- 실질환율은 가격들이 공통의 통화로 표시되었을 때 평균적인 국내 재화나 서비스의 가격과 비교하여 평균적인 외국 재화나 서비스의 상대적인 가격이다. 실질환율을 표시하는 유용한 공식은 eP^f/P이다. e는 명목환율, P는 국내 물가수준, P^f는 외국의 물가수준을 가리킨다.
- 실질환율의 상승은 외국재화가 국내재화에 비해 더 비싸지고 있다는 것을 의미하며 수출을 증가시키고 수입을 감소시키는 경향이 있다. 반대로 실질환율의 하락은 순수출을 감소시키는 경향이 있다.

27.2 장기에서의 환율 결정

변동환율제를 가진 국가들에서는 통화의 상대적인 가치가 계속 변화한다. 명목환율을 결정하는 요인은 무엇인가? 본 절에서는 이러한 기초적인 질문에 답하려고 한다. 다시 말하면, 당분간 논의의 초점은 변동환율제에 대한 것이며 변동환율의 값은 외환시장에서 결정된다. 본 장의 후반부에 고정환율에 대하여 다시 논의할 것이다.

27.2.1 단순한 환율이론: 구매력평가설(PPP)

명목환율이 장기에서 어떻게 결정되는지에 대한 가장 기본적인 이론은 구매력평가설(purchasing power parity, PPP)이라고 부른다. 이 이론을 이해하기 위하여 먼저 **일물일가의 법칙**(law of one price)이라고 부르는 시장균형과 관련된 개념에 대하여 알아보자. 일물일가의 법칙은 운송비용이 비교적 작다면 국제적으로 거래되는 재화의 가격은 모든 지역에서 동일해야 한다는 것이다. 예를 들어, 운송비용이 크지 않다면 밀

일물일가의 법칙
운송비용이 비교적 작다면 국제적으로 거래되는 재화의 가격은 모든 지역에서 동일해야 한다.

1부쉘의 가격은 인도의 뭄바이와 호주 시드니에서 동일해야 한다. 만약 그렇지 않다고— 시드니의 밀 가격은 뭄바이에서의 가격의 겨우 절반이라고—가정하자. 그런 경우에 곡물 상인은 시드니에 있는 밀을 구입하여 뭄바이로 보내 구입가의 두 배의 가격에 판매하려는 강한 유인을 가지게 될 것이다. 밀이 시드니를 떠나면 시드니 지역의 공급을 감소시키므로 시드니의 밀 가격은 상승할 것이고, 반면 뭄바이로의 밀의 유입은 뭄바이의 밀 가격을 하락시킬 것이다. **균형의 원리**에 따르면 밀의 국제시장은 이용되지 않은 이윤의 기회가 제거되었을 때만이—특히 시드니와 뭄바이의 밀의 가격이 같아지거나 거의 같아졌을(밀을 호주에서 인도로 수송하는 비용보다 적은 차이를 가진) 때만이—균형으로 돌아오게 된다. 모든 재화와 서비스에 대하여 일물일가의 법칙이 성립한다면 (현실적인 가정이 아니다) 명목환율은 **예 27.3**이 보여주는 것과 같이 결정될 것이다.

균형

일물일가의 법칙

예 27.3

1 호주달러는 인도 루피 얼마와 같은가?

1부쉘의 곡물이 시드니에서 5호주달러이고 뭄바이에서는 150루피라고 가정하자. 곡물에 대하여 일물일가의 법칙이 성립한다면 호주와 인도 사이의 명목환율은 얼마이겠는가?

1부쉘의 밀의 시장가치는 두 지역에서 동일해야 하기 때문에 호주의 밀 가격은 인도의 밀 가격과 동일해야 한다:

5호주달러=150루피

5로 나누면 다음을 얻는다:

1호주달러=30루피

따라서 호주와 인도 사이의 명목환율은 호주달러당 30루피이어야 한다.

✔ 개념체크 27.3

금 가격이 뉴욕에서 온스당 $300이고, 스웨덴 스톡홀름에서 온스당 2,500크로나(Kronor)이다. 금에 대하여 일물일가 법칙이 성립한다면 미국 달러와 스웨덴 크로나 사이의 명목환율은 얼마이겠는가?

예 27.3과 **개념체크 27.3**은 구매력평가설이 어떻게 적용되는지를 예시하고 있다. **구매력평가설**(Purchasing Power Parity; PPP)에 따르면 명목환율은 일물일가의 법칙이 성립하도록 결정된다. PPP이론이 예측하는 한 가지 유용한 결론은 장기에서 높은 인플레이션을 경험하는 나라의 통화가치는 하락하는 경향이 있다는 것이다. 왜 그런지 보기 위해 **예 27.3**의 분석을 확장해보자.

구매력평가설(PPP)
명목환율은 일물일가의 법칙이 성립하도록 결정된다는 이론

예 27.4 **구매력평가설**

인플레이션은 명목환율에 어떻게 영향을 미치는가?

인도가 높은 인플레이션을 경험하고 있어 뭄바이에서 1부쉘 곡물 가격이 150루피에서 300루피로 상승하였다고 가정하자. 반면 호주는 인플레이션이 없으며 시드니의 곡물 가격은 5호주달러로 변화 없이 유지되고 있다. 곡물에 대하여 일물일가의 법칙이 성립한다면 호주와 인도 사이의 명목환율은 어떻게 되겠는가?

예 27.3에서와 같이, 1부쉘의 곡물의 시장가치는 두 지역에서 동일해야 한다.

5호주달러＝300루피

이것은 다음과 같다.

1호주달러＝60루피

명목환율이 이제 호주달러당 60루피이다. 인도에서 인플레이션 발생 전 명목환율은 호주달러당 30루피였다(**예 27.3**). 따라서 이 예에서 인플레이션 때문에 루피가 호주달러에 대하여 가치가 하락하였다. 반면에 인플레이션이 없는 호주의 통화는 루피에 대하여 가치가 상승하게 되었다. 인플레이션과 가치하락 사이의 관계는 경제적으로 합리적인 것이다. 인플레이션이란 한 나라의 통화가 국내 시장에서 구매력을 잃고 있는 것을 의미한다. 동일한 논리로 환율에서의 통화가치 하락은 그 나라의 통화가 국제 시장에서 구매력을 잃게 되는 것을 의미한다.

그림 27.2는 1995년부터 2004년까지의 10대 남미 국가들의 연평균 인플레이션율과 명목환율의 가치하락을 보여준다.[2] 인플레이션은 각국의 소비자물가지수의 연평균 변화율로 측정되었으며 가치하락은 미국 달러에 대한 환율의 변화로 측정되었다. 그림에서 볼 수 있는 것처럼 그 기간 동안 인플레이션은 남미국가들 사이에 나라마다 큰 차이가 있었다. 예를 들어, 칠레(Chile)의 인플레이션율은 미국 인플레이션율에서 ±2%포인트 범위 내에 있었으나, 베네수엘라(Venezuela)의 인플레이션은 연평균 33%였다.

그림 27.2는 구매력평가설이 의미하는 것처럼, 1995~2004년 기간 동안 높은 인플레이션을 가진 나라들의 통화 가치가 더 빨리 하락하는 경향이 있었다는 것을 보여준다.

27.2.2 구매력평가설의 한계점

실증적 연구들은 구매력평가설이 비교적 장기의 명목환율 변화를 예측하는데 유용하다는 것을 발견하였다. 특히 이 이론은 **그림 27.2**에서와 같이 높은 인플레이션을

2 10번째 국가인 에콰도르(Ecuador)는 2000년에 미국 달러를 자국 통화로 채택하였기 때문에 에콰도르에 대한 데이터는 1995~2000년 기간에 대한 것이다.

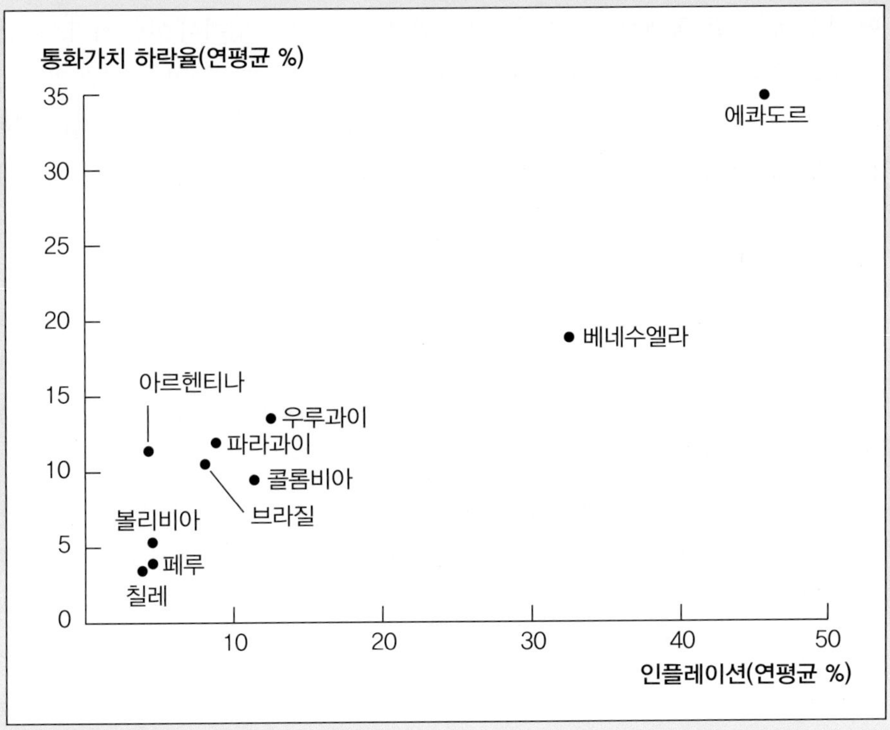

출처: IMF, *International Financial Statistics.*

그림 27.2

남미의 인플레이션과 통화가치 하락, 1995~2004

1995년부터 2004년까지 10대 남미 국가들의 연평균 인플레이션율과 명목환율 가치 하락은(미국달러 대비) 나라마다 매우 달랐다. 높은 인플레이션은 명목환율의 빠른 가치하락과 연관되어 있다(에콰도르의 데이터는 1995~2000년 기간에 대한 것이다).

가진 나라들이 환율의 가치하락을 경험하는 경향을 설명하는 데 도움을 준다. 그러나 그 이론은 단기의 환율변동 예측에는 그리 성공적이지 않다.

구매력평가설이 거의 완전히 실패한 사례가 1980년대 초 미국에서 발생하였다. 1980년과 1985년 사이에 미국 달러의 가치는 미국의 교역상대국들의 통화에 비하여 거의 50% 상승하였다. 이런 강한 가치상승 이후 1986년과 1987년 동안에는 달러화의 가치하락이 훨씬 더 빠른 속도로 진행되었다. 이렇게 오르락내리락하는 행태를 구매력평가설로 설명할 수 있으려면 미국의 인플레이션이 미국의 무역 상대국보다 1980년에서 1985년까지는 훨씬 낮아야 하고 1986년에서 1987년까지는 훨씬 높아야만 한다. 실제로 두 기간 모두 미국과 무역 상대국에서의 인플레이션은 비슷했다.

왜 PPP이론은 장기보다 단기에서 잘 맞지 않는가? 이 이론은 국제적으로 거래되는 재화의 가격이 모든 지역에서 동일해야 한다는 일물일가의 법칙에 기초하고 있다는 것을 기억하기 바란다. 일물일가의 법칙은 곡물 또는 금과 같이 널리 거래되는 표준화된 상품에 대하여 잘 작동한다. 그러나 모든 재화와 서비스가 국제적으로 거래되는 것은 아니며, 모든 재화가 표준화된 상품인 것은 아니다.

일물일가의 법칙의 기초를 이루는 가정이—수송비용이 비교적 작다는 가정—성립하지 않기 때문에 많은 재화와 서비스가 국제적으로 거래되지 않는다. 예를 들어, 인도 사람들이 호주로 이발 서비스를 수출하기 위해서는 시드니 거주자가 머리 깎는 것을 원할 때마다 인도 이발사를 호주로 수송해야 할 필요가 있을 것이다. 수송비용 때문에 이발 서비스는 국제적으로 거래되기 어렵고 일물일가의 법칙이 이발 서비스에는 적용되지 않는다. 따라서 호주에서 이발 서비스의 가격이 인도의 이발 서비스 가격의 두 배라고 하더라도 시장의 힘은 단기에서 반드시 가격들을 일치시키지 않는다(장기에서는 일부 인도 이발사가 호주로 이민갈 수 있다). 비교역(nontraded)재화와 서비스의 다른 예에는 농지, 건물, 무거운 건설 자재(수송비용에 비하여 가치가 낮은 것), 쉽게 상하는 음식 등이 있다. 이에 더하여 몇몇 생산물들은 비교역재화와 서비스를 투입요소로 사용한다: 모스크바에서 제공되는 맥도날드 햄버거는 교역 부분(냉동된 햄버거 고기)과 비교역 부분(계산대를 담당하는 근로자의 노동) 모두를 포함하고 있다. 일반적으로 한 나라의 총생산에서 비교역재화와 서비스의 비중이 높을수록 구매력평가설이 그 나라의 환율 결정에 덜 적용될 것이다.[3]

일물일가의 법칙과 구매력평가설이 때때로 적용되지 못하는 두 번째 이유는 국제적으로 거래되는 모든 재화나 서비스가 곡물이나 금과 같이 완벽하게 표준화된 상품이 아니라는 것이다. 예를 들어, 미국산 자동차와 독일산 자동차는 동일하지 않다: 두 종류의 자동차들은 스타일, 마력, 신뢰성 및 다른 특징들에 있어서 차이가 있다. 따라서 어떤 사람들은 한 나라의 자동차를 다른 나라의 자동차보다 강하게 선호한다. 따라서 독일차가 미국차보다 10% 더 비싸다고 해서 미국 자동차 수출이 독일 시장으로 반드시 밀려들어가지 않을 것이다. 왜냐하면 많은 독일인들은 10% 프리미엄을 주고서라도 독일산 자동차를 여전히 선호할 것이기 때문이다. 물론 얼마나 가격이 벌어져야 사람들이 더 저렴한 생산물로 전환할 것인지에 대한 한계는 존재한다. 그러나 일물일가의 법칙과 구매력평가설은 표준화되지 않은 재화에 대해서는 정확히 적용되지 않을 것이다.

요약하면, PPP이론은 장기에서 환율결정 이론으로서 어느 정도 잘 작동하지만 단기에서는 그렇지 않다. 수송비용은 많은 재화와 서비스의 국제 교역을 제한시키는 요인이기 때문에, 또한 교역재가 모두 표준화된 상품이 아니기 때문에 일물일가의 법칙(PPP이론의 기초)은 단기에서 불완전하게 작동할 뿐이다. 환율의 단기적인 변동을 이해하기 위해 추가적인 요인들을 고려할 필요가 있다. 다음 절에서 수요–공급 모형에 기초하여 환율 결정을 공부한다.

요약 **장기의 환율 결정**

- 장기에서의 명목환율 결정에 대한 가장 기본적인 이론인 구매력평가설(PPP)은 일물일가의 법칙에 기초하고 있다. 일물일가의 법칙은 운송비용이 비교적 작다면 국제적으로 거래되는 재화의 가격은 모든 지역에서 동일해야 한다는 것이다. 구매력평가설에 따르면 두 통화 사이의 명목환율은 거래되는 재화에 대하여 두 가지 각각의 통화로 표시된 가격

3 관세, 쿼터(물량규제)와 같은 무역장벽 또한 한 나라에서 다른 나라로 재화를 배송시키는 것과 관련된 비용을 증가시킨다. 따라서 무역장벽의 존재는 물리적인 수송비용과 비슷하게 일물일가의 법칙의 적용가능성을 감소시킨다.

을 같게 놓음으로써 구할 수 있다.

- 구매력평가설의 한 가지 유용한 예측은 높은 인플레이션을 경험하는 나라들의 통화가치가 장기에서 하락하는 경향이 있다는 것이다. 그러나 구매력평가설은 단기에서는 잘 작동하지 않는다. 교역되지 않는 재화와 서비스가 많이 있으며 모든 거래되는 재화들이 표준화되어 있는 것은 아니라는 사실은 일물일가의 법칙과 구매력평가설의 적용가능성을 약화시킨다.

27.3 단기에서의 환율 결정

구매력평가설이 환율의 장기적 움직임을 설명하는 데 도움을 주지만 단기에서 환율의 행태를 분석하는 데에는 수요–공급 모형이 더 유용하다. 외환의 수요와 공급을 통해 환율이 결정되는 시장이 외환시장이다. 한국의 외환시장을 설명할 때 대표적인 외환인 달러를 중심으로 달러에 대한 수요와 공급을 설명하여 단기적 환율 결정을 알아볼 것이다. 외환시장에서 달러(외국 통화)는 미국(외국) 재화와 자산을 구매하려는 사람들에 의해 수요되며 한국의 재화와 자산을 구매하려는 사람들에 의해 공급된다. 균형환율은 외환시장에서 달러에 대한 수요와 공급이 일치시키도록 결정된다.

27.3.1 수요–공급 분석

본 절에서는 외환시장을 분석하고 대표적인 외국통화인 달러에 대한 수요와 공급, 즉 대미 달러 원화의 환율에 영향을 주는 요인에 대하여 살펴볼 것이다. 논의를 진행하기 전에 다음과 같은 점에 유의하기 바란다. 제 25장 “경기안정화정책: 중앙은행의 역할”에서 중앙은행의 화폐공급과 경제주체들의 화폐수요가 어떻게 명목이자율을 결정하는지 분석한 바 있다. 그러나 거기에서 설명된 국내 경제에서의 화폐에 대한 수요와 공급은 외환시장에서의 원화에 대한 수요와 공급과 동일하지 않다. 외환시장은 여러 나라들의 통화가 서로 거래되는 시장이다. 외환시장에서 원화의 공급은 한국은행에 의해 결정되는 화폐공급과 같지 않다. 마찬가지로 외환시장에서 원화에 대한 수요는 화폐시장에서의 화폐에 대한 수요와 동일하지 않다. 외환시장에서 원화에 대한 수요는 외국인들이 구입하려는 원화의 양이다. 이러한 구분을 이해하려면, 중앙은행은 한국 경제에서 원화의 총공급을 결정하는 반면, 가계나 기업과 같은 원화 보유자가 달러와 교환하려고 할 때까지는 원화가 외환시장에 공급된 것으로 “간주되지” 않는다는 것을 기억하기 바란다. 한국에서 대표적인 외환인 달러를 중심으로 설명하면 외환시장에서 달러는 외국의 재화, 서비스, 자산을 구입하기 위해 달러를 필요로 하는 한국인들에 의해 수요되고 한국의 재화, 서비스, 자산을 구매하려고 하는 외국인들에 의해 공급된다. 시장균형환율은 외환시장에서 수요되는 달러의 양과 공급되는 달러의 양을 일치시키는 달러의 값이다.

달러(외국통화)에 대한 수요

국제적인 거래를 하는 은행에서부터 불법적인 자금을 달러로 환전하려는 사람들에 이르기까지 달러를 보유하려고 하는 사람들은 누구나 외환시장에서 달러의 잠재적인 수요자이다. 그러나 실제로 한국의 외환시장에서 달러의 주요 수요자들은 한국의 가계와 기업들이다.

왜 한국 가계와 기업은 원화를 가지고 달러와 교환하기를 원하는가? 두 가지 이유가 있다. 첫째, 한국 가계나 기업은 외국 재화와 서비스를 구입하기 위해 달러가 필요할 수 있다. 예를 들어, 한국의 자동차 수입업자는 미국 자동차를 구입하기 위해 달러가 필요할 수 있으며, 한국의 여행자는 미국에서 물건을 구매하기 위해 달러가 필요할 것이다. 둘째, 한국 가계나 기업은 외국의 자산을 구입하기 위해 외국 통화가 필요할 수 있다. 예를 들어, 한국의 뮤추얼펀드는 미국 회사가 발행한 주식을 구입하기를 원할 수 있으며, 한국의 개인 저축자는 미국 정부의 채권을 구입하기를 원할 수 있다. 미국의 자산은 달러로 가격이 매겨져 있기 때문에 한국 가계나 기업은 이러한 자산을 구입하기 위하여 원화를 달러로 교환해야 할 필요가 있을 것이다.

외환시장에서 달러에 대한 수요는 **그림 27.3**에서와 같이 우하향하는 곡선으로 그려져 있다. 원화와 미국 달러 사이에 거래되는 시장에 초점을 둘 것이지만 외환시장에서 거래되는 한 쌍의 통화에 대하여 동일한 분석이 적용될 수 있다. 그림의 세로축은 $1로 교환되는 원화의 양으로 측정되는 대미달러 원화환율을 보여준다. 가로축은 원-달러 시장에서 거래되는 달러의 양을 보여준다.

달러에 대한 수요곡선이 우하향하는 것은 $1를 구입하기 위한 원화의 양이 적어

그림 27.3

원-달러 시장에서 달러에 대한 수요와 공급

$1와 교환되는 원화의 양이 증가할수록 미국 구매자에게 한국의 재화, 서비스, 자산은 더 매력적이 되기 때문에 외환시장에서 달러의 공급곡선은 우상향한다. 마찬가지로 달러가 원화에 대하여 더 비싸질수록 한국의 구매자들에게 미국의 재화, 서비스, 자산은 비싸지므로 달러를 덜 수요하려고(원화를 덜 공급) 하기 때문에 달러에 대한 수요곡선은 우하향한다. 시장균형환율 e^*는 달러 수요량과 공급량을 일치시킨다.

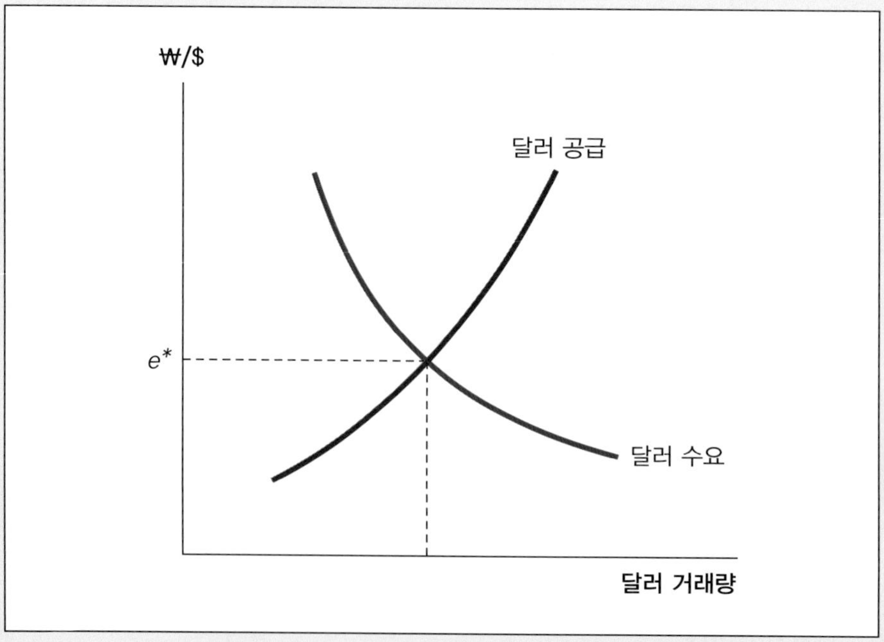

질수록 사람들은 외환시장에 더 많은 달러를 수요하려 한다는 것을 의미한다. 왜 그런가? 미국의 재화, 서비스, 자산의 가격이 주어졌을 때 $1를 구입하기 위해 필요한 원화의 양이 적어질수록 미국의 재화, 서비스, 자산은 원화로 환산하면 더 저렴해진다. 예를 들어, 신형 아이폰 가격이 미국에서 $1,000이고 $1가 ₩1,200에 교환된다고 하면 아이폰의 원화가격은 ₩1,200,000이다. 그런데 $1가 ₩1,000으로 교환된다면 동일한 아이폰의 원화가격은 ₩1,000,000으로 낮아진다. 원화가격이 낮아질 때 한국인들이 미국 재화, 서비스, 자산에 대한 지출을 증가시킨다고 가정하면, 낮은 원-달러 환율은 외환시장에서 달러에 대한 수요를 증가시키게 된다. 따라서 달러에 대한 수요곡선은 우하향한다.

달러의 공급

원-달러 외환시장에서 달러의 공급자들은 달러를 판매하고 원화를 취득하려는 사람들이다. 원-달러 시장에서 달러를 보유하고 있는 사람 누구나 자유롭게 원화를 위해 거래할 수 있지만 대부분의 달러 공급자들은 미국 가계와 기업들이다. 왜 달러를 공급하는가? 원화를 취득하려는 이유는 달러를 취득하려는 이유와 유사하다. 첫째, 달러를 보유한 가계와 기업은 한국 재화와 서비스를 구매하기 위해 달러를 공급한다. 예를 들어, 한국산 소프트웨어의 라이선스를 원하는 미국 기업은 요금을 지불하기 위해 원화가 필요하며, 한국에 여행을 오는 미국인 학생은 원화로 비용을 충당해야 한다. 그 기업과 학생은 달러를 제공해야만 필요한 원화를 얻을 수 있다. 둘째, 미국의 가계와 기업은 한국 자산을 구입하기 위하여 달러를 공급한다. 미국 회사가 제주도에 있는 부동산을 구입하거나 미국 연금이 삼성전자의 주식을 취득하는 것이 이러한 예이다.

달러의 공급곡선은 **그림 27.3**에서 우상향하는 곡선으로 표시되어 있다. 달러로 교환되는 원화의 양이 많을수록 미국인들은 한국 재화, 서비스, 자산을 더 구매하려 할 것이고 달러의 공급량이 증가한다. 달러가 싸지면, 즉 달러로 교환되는 원화의 양이 적어지면 한국 재화, 서비스, 자산이 비싸지므로 덜 매력적이 되어 달러 공급이 감소할 것이다.

달러에 대한 원화의 시장균형환율

앞에서 언급한 것처럼 한국은 변동환율제를 가지고 있으므로, 달러가치는 외환시장에서의 수요와 공급의 힘에 의해 결정된다. **그림 27.2**에서 균형환율은 e^*이며 이것은 달러의 수요량과 공급량이 같아지는 원-달러 환율이다. 일반적으로 **시장균형환율**(market equilibrium value of the exchange rate)은 외환시장에서 달러에 대한 수요와 공급이 변화함에 따라 변동한다.

시장균형환율
외환시장에서 달러 수요량과 달러 공급량을 일치시키는 환율

27.3.2 달러수요의 변화

사람들은 미국 재화, 서비스, 자산을 구입하기 위하여 원–달러 외환시장에서 달러를 수요한다는 것을 기억하기 바란다. 한국의 가계와 기업들이 미국의 재화, 서비스, 자산을 구매하려는 계획에 영향을 주는 요인들은 외환시장의 달러수요에 영향을 줄 것이다. 달러수요를 증가시켜 달러수요곡선을 오른쪽으로 이동시키는 몇 가지 요인들은 다음과 같다.

- 미국 재화에 대한 선호 증가. 예를 들어, 미국 기업들이 인기 있는 새로운 IT제품을 생산한다고 가정하자. 이러한 재화를 구매하기 위해 필요한 달러를 획득하기 위하여 한국 수입업자들은 외환시장에 달러수요를 증가시킬 것이다.
- 한국 실질GDP의 증가. 한국 실질GDP의 증가는 한국인들의 소득을 증가시킬 것이며, 그들이 더 많은 재화와 서비스를 소비하는 것을 가능하게 한다(제 24장 "단기에서의 총지출과 총생산"에서 소개된 소비함수를 기억하라). 이러한 소비 증가에는 미국으로부터 수입된 재화에 대한 지출 증가를 포함할 것이다. 한국인들은 더 많은 미국 재화를 구매하기 위하여 필요한 달러를 얻기 위해 더 많은 달러를 수요할 것이다.
- 미국 자산의 실질이자율 상승 또는 한국 자산의 실질이자율 하락. 한국 가계와 기업들은 미국 재화와 서비스뿐만 아니라 미국 자산을 구입하기 위해 달러를 획득한다. 위험 등 다른 요인들의 변화가 없다면 미국 자산에 지급되는 실질이자율이 상승할수록(또는 한국 자산에 지급되는 실질이자율의 하락) 한국인들은 더 많은 미국 자산을 보유하려고 할 것이다. 한국 가계와 기업들은 미국 자산을 추가적으로 구매하기 위하여 외환시장에서 더 많은 달러를 수요할 것이다.

반대로, 미국 재화에 대한 수요 감소, 한국 GDP 감소, 미국 자산의 실질이자율 하락, 한국 자산의 실질이자율 상승은 한국인들이 필요한 달러의 양을 감소시키며, 이것은 다시 외환시장에서 달러의 수요를 감소시켜 달러에 대한 수요곡선을 왼쪽으로 이동시킨다. **예 27.5**에서와 같이 달러에 대한 수요곡선의 이동은 균형환율에 영향을 준다.

예 27.5 자율주행차와 환율

미국의 자율주행차에 대한 수요 증가가 원-달러 환율에 어떤 영향을 미치는가?

미국 자동차회사(예를 들면, 테슬라)가 한국에서 생산된 자율주행차보다 안전하고, 디자인이 날렵하고, 더 기능이 풍부하여 소비자의 기호를 반영한 자동차를 만들어 자율주행차 시장을 장악했다고 가정하자. 다른 모든 요인이 동일하다면 이 변화는 달러와 원화의 상대적 가치에 어떤 영향을 줄 것인가?

미국 자율주행차의 질적인 향상은 한국에서 그 자동차에 대한 수요를 증가시킨다. 더 많은

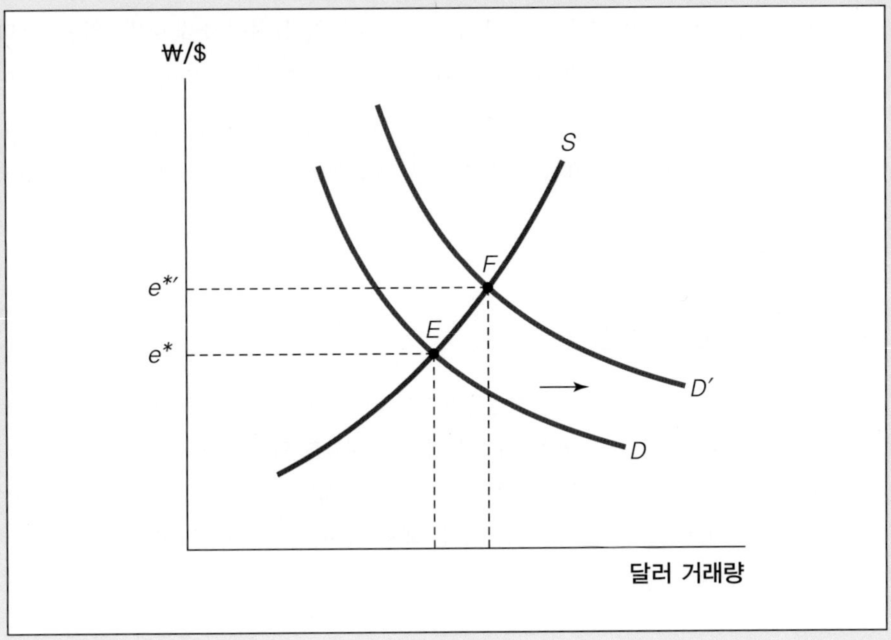

그림 27.4

달러 수요의 증가는 원화의 가치를 하락시킨다

미국 제품에 대한 한국 수요의 증가는 한국인들이 그 제품을 구매하기 위해 필요한 달러를 획득하려고 외환시장에 더 많은 달러를 수요하게 한다. 달러 수요곡선은 *D*에서 *D*′으로 이동하여, 시장균형환율은 *e**에서 *e**′으로 상승한다. 원화의 가치는 하락한다.

미국 자율주행차를 구매하기 위해 필요한 달러를 획득하기 위하여 한국 수입업자는 외환시장에서 더 많은 달러를 수요할 것이다. **그림 27.4**가 보여주듯이 달러수요 증가는 원화가치를 하락시키고 달러가치를 상승시킬 것이다. 다시 말하면, $1를 구입하는 데 필요한 원화의 양이 전보다 증가하게 된다. 즉, 주어진 양의 달러로 전보다 더 많은 원화를 살 수 있다.

✔ 개념체크 27.4

한국이 경기침체에 진입하여 실질GDP가 감소하였다. 모든 다른 요인이 동일하다면 이러한 경기 약화가 원화가치에 어떤 영향을 주겠는가?

27.3.3 달러공급의 변화

외환시장에서 달러공급에 변화를 유발하여 달러공급곡선을 이동시키는 요인들은 달러수요에 영향을 주는 요인들과 유사하다. 달러공급을 증가시키는 요인들은 다음과 같다.

- 한국 재화에 대한 선호 증가. 예를 들어, 미국 렌터카 회사가 한국산 승용차의 품질이 다른 나라의 승용차보다 우수하다고 판단하여 렌터카로 한국산 승용차의 구매를 확대하기로 결정하였다. 한국 승용차를 구매하기 위하여 미국 렌터카 회사는 외환시장에서 더 많은 달러를 공급할 것이다.
- 외국 실질GDP의 증가. 외국 실질GDP의 증가는 해외의 소득 증가를 의미하며

따라서 한국으로부터의 수입품에 대한 수요를 증가시킨다.

- 한국 자산의 실질이자율 상승 또는 미국 자산의 실질이자율 하락. 위험 등 다른 요인들의 변화가 없다면 한국 자산에 지급되는 실질이자율이 상승할수록(또는 미국 자산에 지급되는 실질이자율의 하락) 외국의 저축자는 한국 자산을 더 많이 보유하려고 할 것이다. 한국 자산을 구입하기 위하여 미국 저축자들은 더 많은 달러를 공급한다.

요약 **단기에서의 환율 결정**

- 수요-공급 분석은 단기의 환율 결정을 공부하는 데 유용한 도구이다. 한국의 가계와 기업들은 외국의 재화, 서비스, 자산을 구입하기 위해 필요한 외국 통화를 얻기 위하여 외환시장에서 달러를 수요한다. 외국인들은 한국의 재화, 서비스, 자산을 구입하기 위해 외환시장에서 달러를 공급한다. 시장균형환율은 외환시장에서 달러의 공급량과 달러의 수요량을 일치시키는 수준이다.
- 외국 재화에 대한 선호의 증가, 한국의 실질GDP 증가, 해외 자산의 실질이자율 상승, 한국 자산의 실질이자율 하락은 외환시장에서 달러의 수요를 증가시켜 원화의 가치를 하락시킬 것이다. 반대로, 한국 재화에 대한 선호의 증가, 외국의 실질GDP 증가, 해외 자산의 실질이자율 하락, 한국 자산의 실질이자율 상승은 외환시장에서 달러의 공급을 증가시켜 원화의 가치를 상승시킬 것이다.

27.4 통화정책과 환율

한 나라의 환율에 영향을 주는 많은 요인들 중에서 가장 중요한 것은 중앙은행의 통화정책이다. 통화정책은 주로 실질이자율의 변화를 통하여 환율에 영향을 준다.

중앙은행이 인플레이션을 우려하여 수축적인 통화정책을 시행한다고 가정하자. 이 정책 변화가 원화가치에 미치는 효과는 **그림 27.5**에 그려져 있다. 정책 변화 이전에 균형환율 값은 수요곡선 D와 공급곡선 S가 교차하는(그림에서 E점) e^*이다. 수축적인 통화정책은 한국 국내 실질이자율 r을 상승시키므로, 한국 자산이 외국의 투자자들에게 더 매력적이 된다. 해외 투자자들이 한국 자산을 구매하려는 의향이 증가하여 달러 공급이 증가하고, 공급곡선이 S에서 S'으로 이동하여 균형을 E점에서 F점으로 이동시킨다. 달러공급 증가의 결과로 달러에 대한 원화의 시장균형환율은 e^*에서 $e^{*\prime}$으로 하락한다.

요약하면, 중앙은행에 의한 수축적인 통화정책은 달러공급을 증가시켜 달러의 가치를 하락시키고 원화가치를 상승시키는 원인이 된다. 반대로 실질이자율을 낮추는 확장적 통화정책은 달러 공급을 감소시켜 달러의 가치를 상승시키고 원화의 가치를 하락시킨다.

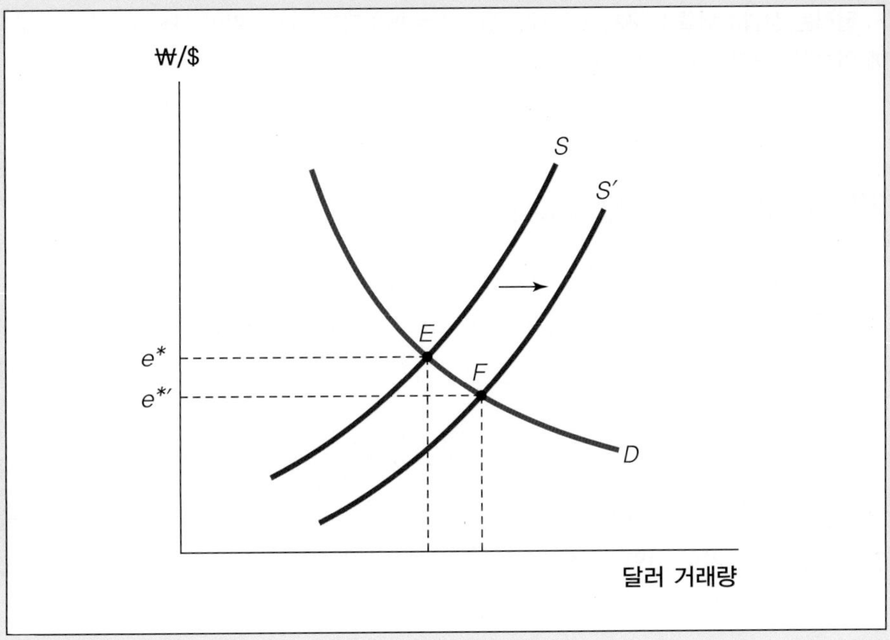

그림 27.5

수축적 통화정책은 원화 강세를 가져온다

한국의 수축적인 통화정책은 국내 실질이자율을 상승시켜 해외 저축자들의 한국 자산에 대한 수요를 증가시킨다. 외국인들의 한국 자산에 대한 수요의 증가는 달러 공급을 증가시켜 공급곡선을 *S*에서 *S′*으로 이동시킨다. 환율은 e^*에서 $e^{*\prime}$으로 하락한다.

경제적 사유 27.2

왜 미국 달러의 가치는 1980년대 전반에 거의 50% 상승하였고 1990년대 후반에 거의 40% 상승하였는가?

미국 달러는 1980~1985년 기간 동안 가치가 크게 상승하였고 1986~1987년에는 급격한 가치하락을 경험하였다. 또한 1995~2001년 기간에 가치가 크게 상승하였고 2002~2004년에는 가치하락으로 이어졌다. 구매력평가설은 이러한 롤러코스터 변동을 설명할 수 없다. 어떤 요인으로 설명할 수 있는가?

실질이자율을 높이는 수축적 통화정책은 1980~1985년 기간 동안 달러가치를 급격히 상승시킨 중요한 원인이었다. 미국의 인플레이션율은 1980년 13.5%로 최고점을 기록했다. 폴 볼커 의장의 지도력 아래 Fed는 인플레이션율의 상승에 대응하여 총수요와 인플레이션 압력을 감소시키려고 실질이자율을 올렸다. 그 결과 미국의 실질이자율은 1979년과 1980년 음수에서 1983년과 1984년에 7% 이상으로 상승하였다. 이러한 높은 실질수익률에 이끌려 외국의 저축자들은 미국 자산을 구매하려고 몰려들어 달러가치를 크게 높이게 되었다.

인플레이션율을 낮추려는 Fed의 시도는 성공적이었다. 1980년대 중반에 Fed는 미국 통화정책을 완화할 수 있었다. 그 결과로 낮아진 실질이자율은 미국 자산에 대한 수요를 감소시켰으며 따라서 달러에 대한 수요도 감소되어 달러가치는 거의 1980년 수준으로 다시 떨어졌다.

1990년대 후반 달러가치 상승의 한 가지 이유는 미국 주식시장 호황과 강한 성장세였다. 이것은 미국 자산에 대한 기대수익률을 높여 외국인들이 미국 자산을 구입하게 하였으며, 그 결과 달러에 대한 수요가 증가하여 달러가치가 상승하게 되었다. 이 시기 상대적으로 수축적인 통화정책도 또한 역할을 한 것으로 평가된다.

주식시장은 2000년 초에 정점에 도달했으며 그 이후 방향을 바꾸었고 미국 경제는 2001

년 경기침체에 빠지게 되었으며 확장적 통화정책이 2001년 초부터 시작되었다. 2002년 초까지 달러는 상향추세를 바꾸지 않았지만 결국에는 떨어졌고 가치하락이 시작되었다. 2004년 초에 연방기금금리는 역사상 최저치를 기록했으며 달러가치는 1995년 수준으로 떨어졌다.

27.4.1 통화정책 수단으로서의 환율

폐쇄경제에서 통화정책은 실질이자율을 통해서만 총수요에 영향을 준다. 예를 들어, 수축적인 통화정책은 실질이자율을 상승시켜 소비와 투자지출을 감소시킨다. 변동환율제를 갖고 있는 개방경제에서는 실질이자율을 변화시키려는 통화정책의 효과가 환율 변화를 통하여 강화된다.

예를 들어 정책결정자가 인플레이션을 우려하여 총수요를 억제하기로 결정하였다고 가정하자. 이를 위하여 정책결정자는 실질이자율을 상승시켜 소비와 투자지출을 감소시킨다. 그러나 **그림 27.5**가 보여주듯이, 실질이자율의 상승은 또한 달러공급을 증가시켜 원화가치를 상승시킨다. 원화의 강세는 다시 총수요를 더욱 감소시킨다. 왜 그런가? 환율에 대하여 논의할 때 살펴보았던 것처럼 원화의 가치상승은 수입재의 국내 가격을 하락시켜 수입을 증가시킨다. 또한 외국 구매자에게 한국 수출품을 더 비싸게 만들어 수출을 감소시키는 경향이 있다. 순수출은—수출에서 수입을 뺀 것—총수요의 네 가지 구성요소 중의 하나라는 것을 기억하자. 따라서 원화 강세(더 정확히 말하면, 원-달러 환율의 하락)는 수출을 감소시키고 수입을 증가시켜 총수요를 감소시킨다.[4]

요약하면, 변동환율제에서 수축적인 통화정책은 소비와 투자지출(실질이자율의 상승을 통하여)뿐만 아니라 순수출을(원화 강세를 통하여) 감소시킨다. 역으로 확장적 통화정책은 원화 가치를 하락시키고 순수출을 증가시켜 소비와 투자지출에 대한 실질이자율 하락의 효과를 강화시킨다. 따라서 앞에서 공부한 폐쇄경제의 경우에 비하여 변동환율제를 가진 개방경제에서 통화정책은 더 효과적이 된다.

1980년대 초반 미국에서 볼커가 Fed 의장이었을 때 실시한 수축적인 통화정책은 통화정책이 순수출(무역수지)에 영향을 미쳤음을 보여준다. **경제적 사유 27.2**에서 살펴보았듯이, 볼커의 수축적인 통화정책은 1980~1985년 동안 달러가치를 50% 상승시킨 주요 원인이었다. 1980년과 1981년에 미국은 수입이 수출을 약간 초과하여 무역적자는 GDP의 0.5%를 넘지 않았다. 그러나 1981년 이후 달러 강세로 인하여 미국의 무역적자는 크게 증가하였다. 1985년 말에 미국 무역적자는 GDP의 약 3%까지 이르렀는데 5년 사이에 나타난 급격한 변화였다.

4 한국 재화의 원화가격과 외국 재화의 외국통화가격이 변하지 않는다고 가정하고 있다.

요약 통화정책과 환율

- 수축적인 통화정책은 실질이자율을 높이는 한편 한국 외환시장에 달러공급을 증가시켜 원화 강세를 가져온다. 원화 강세는 총수요의 구성요소인 순수출을 감소시켜 총지출에 대한 수축적인 통화정책의 효과를 강화시킨다. 반대로, 확장적 통화정책은 실질이자율을 하락시키고 원화 약세를 가져온다.

27.5 고정환율

이제까지는 대부분의 선진국에 적용될 수 있는 변동환율제에 대하여 초점을 두고 분석하였다. 그러나 또 하나의 환율제도인 고정환율제는 역사적으로 매우 중요했으며, 아직도 많은 나라에서 특히 작은 나라 또는 개발도상국에서 사용되고 있다. 더욱이 중국도—제 2의 경제규모를 가진 국가—시간에 따라 점진적으로 조정되거나 중앙은행에 의해 설정된 고정된 범위 안에서 통화가치가 변동하도록 하고 있다(중국은 1990년대와 2000년대 동안 대부분 자신의 통화를 달러에 고정시키는 환율제도를 갖고 있었으나 최근에는 환율을 좀 더 변동할 수 있도록 하고 있다). 본 절에서는 명목환율이 변동되지 않고 고정되어 있을 경우 앞의 결론들이 어떻게 변하는지 알아본다. 중요한 한 가지 차이는 한 나라가 고정환율제를 유지한다면, 안정화정책으로서 통화정책을 사용할 수 있는 능력이 크게 감소된다는 것이다.

27.5.1 환율을 고정시키는 방법

환율이 외환시장의 수요와 공급에 의해서만 결정되는 변동환율제와는 대조적으로 고정환율의 크기가 정부에 의해 결정된다(실제로 보통 중앙은행과의 협의 하에 재무성이 결정함). 오늘날 고정환율의 크기는 주요국 통화에 고정시키거나(예를 들어, 홍콩은 자신의 통화를 미국 달러에 고정시키고 있다. 공식환율은 $1에 HK$7.8) 또는 주요 교역상대국 통화들의 "바구니(basket)"에 상대적으로 설정된다. 역사적으로 통화가치는 때때로 금이나 귀금속을 기준으로 고정되었지만, 최근에 그러한 방법은 거의 사용되지 않고 있다.

일단 환율이 고정되면 정부는 보통 일정 기간 동안 환율이 변화되지 않게 유지하려고 시도한다.[5] 그러나 때때로 경제 상황 때문에 정부가 고정되었던 환율을 변화시켜야만 하는 경우가 발생한다. 통화의 공식적인 가치의 감소는 **평가절하**(devaluation)라고 부른다; 공식적인 가치의 상승은 **평가절상**(revaluation)이라고 부른다. 고정환율제

평가절하
(고정환율제에서) 한 통화의 공식적인 가치의 하락

평가절상
(고정환율제에서) 한 통화의 공식적인 가치의 상승

5 이 경우에 대한 예외가 있다. 일부 국가들은 환율이 시간에 따라 미리 발표된 방법으로 변화하는 크기에 고정되는 크롤링 펙 시스템(crawling peg system) (역자 주: 점진적인 환율 변경방식)을 채택하고 있다. 예를 들어, 정부는 고정환율의 크기가 매년 2%씩 하락한다고 발표할 수 있다. 어떤 나라들은 환율이 고정된 크기에서 작은 이탈을 허용하는 타겟존 시스템(target zone system)을 사용한다. 주요 이슈들에 초점을 두기 위해 환율이 일정 기간 동안 하나의 크기로 고정된다고 가정할 것이다.

의 평가절하는 변동환율제의 가치하락(depreciation)과 유사하며 둘 다 통화가치의 감소와 관련되어 있다. 반대로 평가절상은 가치상승(appreciation)과 유사하다.

변동환율을 공부하는 데 사용한 수요-공급 모형은 고정환율제를 분석하는 데에도 적용될 수 있다. 페소라는 통화를 가진 라티니아(Latinia)라는 나라를 생각해보자. **그림 27.6**은 외환시장에서 라티니아 페소에 대한 수요와 공급을 보여준다. 외국(미국이라고 가정)의 재화, 서비스, 자산을 구입하기 위해 외국 통화(달러)를 얻기를 원하는 라티니아 가계와 기업들은 외환시장에서 달러를 수요한다. 라티니아의 재화, 서비스, 자산을 구입하기 위해 페소를 필요로 하는 외국통화 보유자들은 달러를 공급한다. **그림 27.6**의 세로축의 환율은 달러(외국통화)당 페소(국내 통화)의 양이다. **그림 27.6**은 외환시장에서 달러의 수요량과 공급량은 $1가 10페소(1페소에 $0.1)일 때 일치한다. 따라서 $1당 10페소는 페소의 시장균형환율이다. 라티니아가 변동환율제를 가지고 있다면 $1당 10페소에 거래될 것이다.

그러나 라티니아가 고정환율제를 가지고 있고, 정부는 라티니아 페소의 가치를 달러당 8페소 또는 페소당 $0.125로 결정하였다고 하자. 이러한 공식적인 페소의 가치는 $1당 8페소로 **그림 27.6**에서 실선으로 된 수평선으로 표시되어 있다. 그것은 수요곡선과 공급곡선이 교차하는 점에 해당하는 시장균형환율보다 낮다는 것에 주목하기 바란다. 공식적인 고정환율(달러당 페소로 표시된)이 시장균형환율보다 낮을 때 페소(국내통화)는 **고평가된**(overvalued) 것이다. 공식적인 환율은 또한 시장균형환율보다 높을 수 있는데 이 경우에는 페소가 **저평가된**(undervalued) 것이다.

고평가된 환율
공식적으로 고정된 환율(달러당 국내통화로 표시된)이 시장균형환율보다 낮은 경우의 환율

저평가된 환율
공식적으로 고정된 환율(달러당 국내통화로 표시된)이 시장균형환율보다 높은 경우의 환율

이 예에서 라티니아가 달러에 대한 페소의 환율을 8로 유지한다는 약속은 외환시

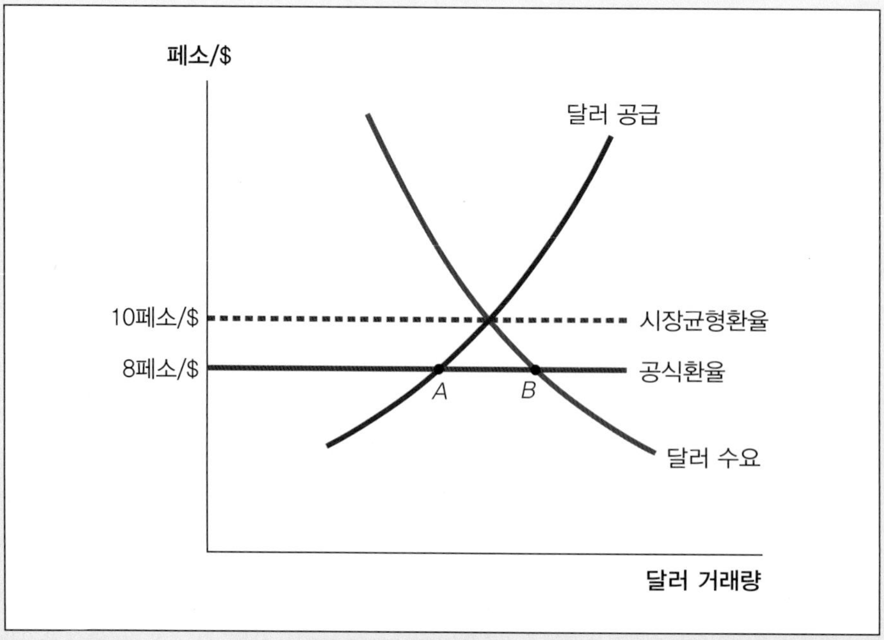

그림 27.6

고평가된 환율

페소의 공식환율(달러당 8페소)은 외환시장의 수요와 공급에 의해 결정되는 시장균형환율(달러당 10페소)보다 낮은 것으로 그려져 있다. 따라서 페소는 고평가되어 있다. 고정된 값을 유지하기 위하여 정부는 매 기간 *AB*에 해당하는 양의 달러를 매각하여야 한다.

장에서 수요와 공급에 의해 결정된 시장균형환율인 달러당 10페소와 일치하지 않는다(라티니아 페소는 고평가되고 있다). 라티니아 정부는 이러한 불일치를 어떻게 해결할 수 있는가? 몇 가지 가능한 방법이 있다. 첫째, 라티니아는 자국의 통화를 달러당 8페소에서 달러당 10페소로 페소를 평가절하할 수 있다. 이것은 페소의 공식적 가치를 시장균형환율과 일치시킬 것이다. 앞으로 볼 것처럼 평가절하는 종종 한 통화가 고평가될 경우 발생하는 최종적인 결과이다. 그러나 고정환율제를 가진 나라는 시장균형환율이 변할 때마다 환율의 공식적인 수준을 변화시키는 것을 싫어할 것이다. 한 나라가 시장 환경에 따라 환율을 지속적으로 조정한다면 변동환율제로 전환하는 편이 나을 것이다.

두 번째 대안으로 라티니아는 국제 거래를 제한함으로써 고평가된 환율을 유지할 수 있다. 수입에 물량제한을 부과하고 국내 가계와 기업들이 해외 자산을 취득하는 것을 금지하는 것은 외환시장에 달러수요를 효과적으로 감소시켜 통화의 시장균형환율을 하락시킬 것이다. 훨씬 더 극단적인 행동은 라티니아 사람들이 페소를 다른 나라 통화로 바꾸는 것을 금지하는 것으로서, 정부가 외환시장에서 달러수요를 직접 결정할 수 있는 정책이다. 그러한 수단들은 페소의 공식적인 가치를 유지하는데 도움을 줄 것이다. 그러나 무역과 자본이동에 대한 제한은 특화로 인한 이득을 감소시키고 국내 가계와 기업들이 해외 자본시장에 접근하는 것을 금지하기 때문에 경제에 큰 비용을 발생시킨다. 따라서 고정환율을 유지하기 위해 국제적 거래를 제한하는 정책은 득보다는 실이 더 많다.

고평가된 환율을 유지하는데 가장 널리 사용되는 방법인 세 번째 방법은 정부가 외환시장에서 달러의 공급자가 되는 것이다. **그림 27.6**은 달러당 8페소의 공식적인 환율에서 민간부문의 달러수요(*B*점)는 민간부문의 달러공급(*A*점)을 초과한다. 외환시장에서 외환인 달러의 환율이 공식적인 가치 위로 올라가는 것을 막기 위해서 매 기간 라티니아 정부는 외환시장에서 **그림 27.6**의 선분 *AB*의 길이에 해당하는 양의 달러를 매각하여야 한다. 정부가 이러한 전략을 따른다면 달러당 8페소의 공식환율에서 달러에 대한 총공급은(*A*점에서의 민간공급+정부공급 *AB*) 민간의 달러수요와(*B*점) 같을 것이다. 이런 상황은 곡물이나 우유와 같은 상품의 가격을 시장균형수준 이하로 유지하려는 정부의 시도와 유사하다. 상품 가격을 시장균형가격보다 낮게 유지하기 위하여 정부는 공식가격에서 나타나는 곡물의 초과수요를 맞춰주려고 공급하기 위해 대기하고 있어야 한다. 마찬가지로 외환의 "가격"을 시장균형수준보다 낮게 유지하기 위하여 정부는 공식가격에서 나타나는 달러의 초과수요를 해소해 주어야 한다.

달러를 매각하여 고평가된 환율을 유지할 수 있기 위해서 정부는(보통 중앙은행) **외환보유고**(international reserves), 또는 준비금(reserves)이라고 불리는 외화자산을 보유하고 있어야 한다. 예를 들어, 라티니아 중앙은행은 외환시장에서 페소로 교환할 수 있는 미국 은행의 달러 예금이나 또는 미국 정부채권을 보유하고 있을 것이다. **그림 27.6**에 그려진 상황에서는, 달러당 페소를 공식적인 환율로 유지하기 위해 매 기간 라티니아 중앙은행은 선분 *AB*의 길이에 해당하는 양의 외환보유고를 소진하게 된다.

외환보유고(국제준비금)
외환시장에서 국내 통화를 구입할 목적으로 정부가 보유하고 있는 외화자산

국제수지 적자
일 년 동안 한 나라가 보유한 외환보유고 잔고의 순감소

국제수지 흑자
일 년 동안 한 나라가 보유한 외환보유고 잔고의 순증가

고평가된 환율을 가진 나라는 통화의 가치를 지지하기 위하여 매 기간 외환보유고의 일부를 사용해야 하기 때문에 시간이 지남에 따라 이용 가능한 외환보유고는 감소할 것이다. 일 년 동안 발생한 한 나라의 외환보유고 잔고의 순감소를 **국제수지 적자**(balance-of-payments deficit)라고 부른다. 반대로 한 나라가 한 해 동안 외환보유고의 순증가를 경험한다면 그 증가분을 **국제수지 흑자**(balance-of-payments surplus)라고 부른다.

예 27.6 라티니아의 국제수지 적자

통화를 고평가시키기 위한 국제수지 비용은 얼마인가?

라티니아 외환시장에서 달러에 대한 수요곡선과 공급곡선은 다음과 같다:

$$D = 25{,}000 - 500e$$
$$S = 17{,}600 + 240e$$

라티니아 환율 e는 달러당 페소로 표시되었다. 공식환율에서 페소의 가치는 달러당 8페소이다. 페소의 시장균형환율과 라티니아의 국제수지 적자를 각각 페소와 달러로 모두 구하라.

$$25{,}000 - 500e = 17{,}600 + 240e$$

이를 e에 대하여 풀면 다음을 얻는다:

$$740e = 7{,}400$$
$$e = 10$$

따라서 시장균형환율은 **그림 27.6**에서와 같이 달러당 10페소이다.

공식적인 환율인 달러당 8페소에서 달러 공급은 17,600+240×8=19,520이고 달러 수요는 25,000−500×8=21,000이다. 따라서 외환시장에서 달러 수요량은 달러 공급량을 21,000−19,520=1,480만큼 초과한다. 고정환율을 유지하기 위하여 라티니아 정부는 매 기간 $1,480를 매각해야 하며 이것이 라티니아의 국제수지 적자이다. 달러는 달러당 8페소의 공식환율로 매각되기 때문에 페소로 계산된 국제수지 적자는 $1,480×(8페소/$)=11,840페소이다.

✔ 개념체크 27.5

페소의 고정환율이 달러당 7페소라는 가정아래 **예 27.6**을 반복하라. 통화의 고평가 정도와 그 결과로 나타나는 국제수지 적자 사이의 관계에 관하여 어떤 결론을 내릴 수 있는가?

정부가 공식적인 가격에 외환시장에 달러를 매각함으로써 당분간 고평가된 환율을 유지할 수 있지만 정부의 외환보유고 잔고가 무한한 것은 아니기 때문에 이러한 전

략에는 한계가 있다. 결국 정부의 외환보유고는 바닥날 것이고 고정환율은 무너질 것이다. 다음에 살펴볼 것처럼 고정환율의 붕괴는 매우 갑작스럽고 극적일 수 있다.

✔ **개념체크 27.6**

고정환율이 국내 통화가치의 고평가가 아닌 저평가된 경우의 그림을 그려라. 고정환율을 유지하기 위하여 중앙은행은 외환시장에서 외화를 구입하기 위해 국내 통화를 사용해야 함을 보여라. 저평가된 환율에서 그 나라의 중앙은행은 외환보유고가 바닥날 위험에 처해 있는가?(힌트: 중앙은행은 자국 통화를 얼마든지 항상 발행할 수 있다.)

27.5.2 투기적 공격

국내 통화의 가치가 고평가된 환율을 유지하려는 정부의 시도는 투기적 공격에 의해 예상치 못하게 빨리 끝날 수 있다. **투기적 공격**(speculative attack)은 국내 및 해외 금융투자자 모두에 의한 달러 자산의 대량 매입(또는 국내통화 자산 대량 매각)을 수반한다. 예를 들어, 라티니아 페소에 대한 투기적 공격에서 금융투자자들은 페소로 표시된 금융자산을–주식, 채권, 은행 예금–매각하고 달러 표시 자산을 매입하려고 시도할 것이다. 투기적 공격은 금융투자자들이 고평가된 국내통화가 곧 평가절하될 것이라고 우려하고 있을 때 가장 발생하기 쉬운데, 그 이유는 평가절하될 때 국내 통화로 표시된 금융자산은 다른 나라의 통화로 표시된 가치가 갑자기 크게 감소하기 때문이다. 역설적이게도 보통 평가절하의 두려움 때문에 촉발되는 투기적 공격은 평가절하의 원인이 될 수 있다. 따라서 투기적 공격은 실제로 자기실현적인 예언(self–fulfilling prophecy)이 될 수 있다.

투기적 공격
금융투자자들이 국내 통화 표시 자산을 대량 매각하는 것

라티니아 외환시장에서 페소에 대한 투기적 공격의 효과는 **그림 27.7**에 그려져 있다. 최초의 상황은 **그림 27.6**과 동일하다: 라티니아 외환시장의 달러에 대한 공급곡선과 수요곡선은 각각 S와 D로 표시되어 있고, 달러당 페소의 시장균형환율은 달러당 10페소이다. 전과 동일하게 공식적인 페소의 가치는 달러당 8페소—페소의 가치가 시장균형 가치보다 높은—따라서 페소는 고평가되어 있다. 페소의 고정된 가치를 유지하기 위하여 라티니아 중앙은행은 매 기간 외환보유고를 사용하여 선분 AB에 해당하는 양의 달러를 매각해야 한다.

중앙은행의 외환보유고가 감소하고 있기 때문에 라티니아 정부가 곧 통화를 평가절하할 것이라고 금융투자자들이 예상하고 있다고 가정하자. 공식환율인 달러당 8페소에서 시장균형환율인 달러당 10페소로 페소가 평가절하된다면, 고정환율에서 12만 5,000달러의 가치가 있던 100만 페소 투자는 갑자기 10만 달러의 가치가 된다. 이러한 손실을 피하기 위하여 금융투자자들은 페소 표시 자산을 매각할 것이고 외환시장에서 달러를 매입하려 할 것이다. 이 결과로 나타나는 외환시장에서의 달러 수요의 증가는 달러의 수요곡선을 **그림 27.7**에서 D에서 D'으로 이동시킬 것이다.

그림 27.7

페소에 대한 투기적 공격

최초에 페소는 달러당 8페소로 고평가되어 있다. 공식환율을 유지하기 위하여 중앙은행은 매 기간 *AB*에 해당하는 달러를 팔아야 한다. 평가절하의 가능성을 두려워한 금융투자자들은 투기적 공격을 시작하여 페소 표시 자산을 매각하고 외환시장에 페소를 공급하고 달러를 수요한다. 결과적으로 달러에 대한 수요는 *D*에서 *D'*으로 이동하여 시장균형환율을 훨씬 더 높이게 되고, 중앙은행은 공식환율을 유지하기 위해 *AC*에 해당하는 달러를 매각해야 한다. 이렇게 준비금이 더 빨리 감소하게 되면 중앙은행은 결국 페소를 평가절하할 수밖에 없고 금융투자자의 우려가 현실로 나타나게 된다.

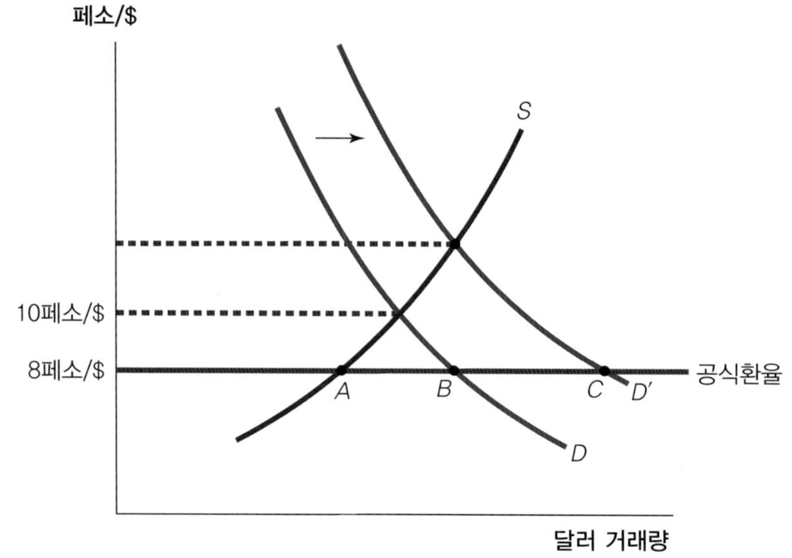

이러한 투기적 공격은 라티니아 중앙은행에 심각한 문제를 발생시킨다. 투기적 공격 전에 페소의 가치를 유지하기 위해 중앙은행은 매 기간 선분 *AB*만큼에 해당하는 외환보유고를 지출해야 했다. 이제 갑자기 고정환율을 유지하기 위하여 중앙은행은 외환보유고의 더 많은 양, 즉 **그림 27.7**에서 선분 *AC*에 해당하는 달러를 지출해야 한다. 이렇게 금융투자자들이 페소를 매각하고 달러를 매입하려는 초과수요에 대응하기 위해 추가적인 외환보유고가 필요하다. 실제로 그러한 투기적 공격은 더 이상 고정환율의 방어가 불가능한 점까지 도달하면, 즉 중앙은행의 외환보유고가 고갈되면 실제로 평가절하를 단행할 수밖에 없게 된다. 따라서 평가절하의 우려에 의해 촉발된 투기적 공격은 실제로 우려되었던 평가절하가 실현되는 것으로 끝날 수 있다.

27.5.3 통화정책과 고정환율제

앞에서 장기간 동안 시장균형환율보다 낮게 고정환율을 유지하는 만족스런 방법은 실제로 존재하지 않는다는 것을 보았다. 중앙은행은 외환보유고를 사용하여 외환시장에서 달러에 대한 초과수요를 해소하기 위해 달러를 매각하여 당분간 고평가된 환율을 유지할 수 있다. 그러나 한 나라의 외환보유고는 제한되어 있고 환율을 인위적으로 낮게 유지하려는 시도 때문에 결국 소진될 것이다. 더욱이 투기적 공격은 종종 고평가된 공식환율의 붕괴를 앞당긴다.

고평가된 환율을 유지하려는 정책에 대한 대안은 시장균형환율을 하락시키는 정책을 취하는 것이다. 시장균형환율이 공식적인 환율과 일치되도록 충분히 하락시킬 수 있다면 고평가 문제는 해결될 수 있을 것이다. 시장균형환율을 변화시키는 가장 효과적인 방법은 통화정책을 이용하는 것이다. 본 장의 앞에서 살펴본 것처럼 실질이자율을 상승시키는 수축적인 통화정책은 국내 자산이 해외 금융투자자들에게 더 매력적이 되어 외국 통화의 공급을 증가시킬 것이다. 외국 통화의 공급증가는 국내통화가치를 상승시키는 방향으로 시장균형환율을 변화시킬 것이다.

고정환율을 지지하기 위해 통화정책을 사용하는 경우가 **그림 27.8**에 그려져 있다. 처음에 라티니아 외환시장에서 달러에 대한 수요곡선과 공급곡선은 *D*와 *S*로 주어져 있어서 달러의 시장균형환율은 달러당 10페소이다—공식적인 환율인, 달러당 8페소보다 높다. 전과 같이 페소는 고평가되어 있고, 달러는 저평가되어 있다. 그러나 이번에는 라티니아 중앙은행이 페소의 고평가 문제를 제거하기 위해 통화정책을 사용한다. 즉, 중앙은행은 국내 실질이자율을 상승시켜 라티니아 자산을 해외 및 국내 금융투자자들에게 더 매력적으로 만들어 달러 공급을 *S*에서 *S'*으로 증가시키게 된다. 달러 공급의 변화 후에 달러의 시장균형환율은 **그림 27.8**과 같이 공식적으로 고정된 환율과 같게 된다. 페소는 더 이상 고평가되어 있지 않기 때문에 외환보유고의 감소 없이 또는 투기적 공격의 두려움 없이 고정된 환율을 유지할 수 있다. 반대로 확장적 통화정책은

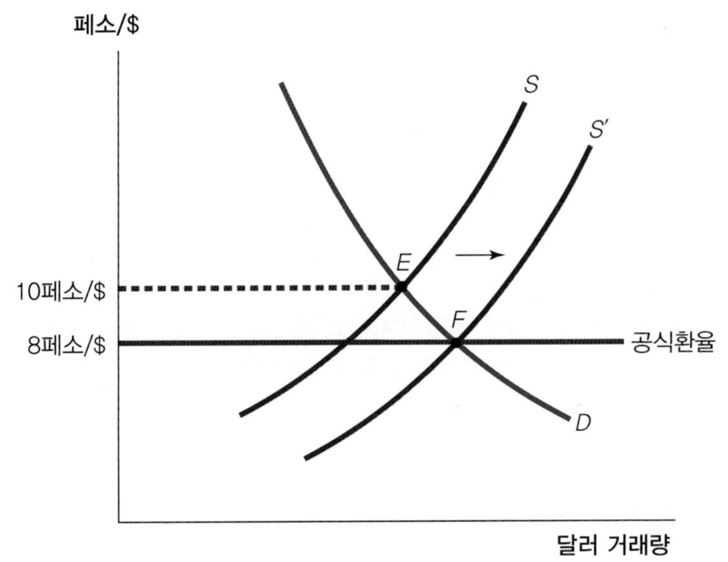

그림 27.8

수축적 통화정책은 고평가를 제거한다

외환인 달러에 대한 수요는 *D*로, 공급은 *S*로 주어졌을 때 균형은 *E*점에서 달성되어 달러의 시장균형환율은 달러당 10페소이다—공식환율인 달러당 8페소보다 낮다. 수축적인 통화정책은 국내 실질이자율을 상승시켜 해외와 국내 금융투자자들에게 국내자산을 더 매력적이게 만들어 페소의 고평가를 제거할 수 있다. 달러 공급은 *S*에서 *S'*으로 증가하여 달러의 시장균형환율을 공식환율인 달러당 8페소로 하락시킨다. 페소는 이제 더 이상 고평가되어 있지 않다.

(실질이자율의 하락) 공식적인 환율이 시장균형환율보다 높은 경우인 페소의 저평가 문제를 해결하는 데 사용될 수 있다.

통화정책이 시장균형환율을 공식적인 환율과 같게 유지하는데 이용될 수 있지만, 이러한 목적으로 통화정책을 사용하는 것은 몇 가지 단점을 가지고 있다. 특히, 통화정책이 시장균형환율을 공식적인 환율과 같도록 설정하는 데 사용된다면 국내 경제를 안정화시키기 위한 목적으로는 더 이상 사용 가능하지 않다. 예를 들어, 라티니아 경제가 부족한 총수요 때문에 경기침체를 겪고 있으며 동시에 환율이 고평가되어 있다고 가정하자. 라티니아 중앙은행은 지출과 총생산을 증가시키기 위해 실질이자율을 낮추거나 또는 환율의 고평가를 제거하기 위해 실질이자율을 올릴 수 있으나, 둘 다 할 수는 없다. 그러므로 라티니아 관리가 고정환율을 유지하려고 결정한다면, 통화정책을 사용하여 경기침체와 싸우는 것을 포기해야 한다. 고정환율을 유지하는 정책이 총수요를 안정화시키는 목적의 통화정책의 사용을 제한하거나 또는 제거한다는 사실은 고정환율 제도의 가장 중요한 특징 중의 하나이다.

통화정책 결정자가 환율의 안정화와 국내 경기의 안정화 사이에서 당면하는 상충관계는 환율이 투기적 공격을 받고 있을 때 가장 심각하다. 투기적 공격은 외환시장에서 달러에 대한 수요를 증가시켜 시장균형환율을 훨씬 더 높인다(**그림 27.7** 참조). 투기적 공격을 중단시키기 위해 중앙은행은 시장균형환율을 크게 낮추어야 하며 이것은 실질이자율의 큰 상승을 요구한다(1992년의 유명한 사례에서는, 스웨덴 중앙은행이 자국 통화에 대한 공격에 대한 대응으로 단기 이자율을 500%로 상승시켰다!). 그러나 투기적 공격을 중단시키는데 필요한 실질이자율의 상승은 총수요를 감소시키기 때문에 그러한 정책은 심각한 경제 둔화를 유발할 수 있다. **경제적 사유 27.3**은 이러한 현상이 실제로 현실 경제에서 나타난 예를 서술하고 있다.

경제적 사유 27.3

1997~1998년 동아시아 통화위기의 원인과 결과는 무엇인가?

20세기의 마지막 30년 동안 동아시아 국가들은 인상적인 경제성장과 안정을 이룩하였다. 그러나 "동아시아 기적"은 1997년에 투기적 공격의 파도가 그 지역의 통화들을 덮쳤을 때 끝이 난 것 같았다. 10년 이상 동안 미국 달러에 대해 고정환율을 유지했던 태국이 공격을 받은 첫 국가였으나 위기는 한국, 인도네시아, 말레이시아를 포함하는 다른 나라들로 퍼져나갔다. 이 나라들 각각은 궁극적으로 통화가 평가절하되었다. 무엇이 이러한 위기를 유발했으며 그 결과는 무엇이었는가?

동아시아 국가들의 인상적인 경제적 성과 때문에 이들 국가의 통화에 대한 투기적 공격은 대부분의 정책결정자, 경제학자, 금융투자자들이 예상치 못한 것이었다. 그러나 나중에 돌이켜 보니 동아시아 경제에는 이러한 위기를 발생시킨 문제점들이 존재하고 있었다. 아마도 가장 심각한 문제들은 은행 시스템과 관련이 있었다. 위기 전 10년 동안에 동아시아의 은행들은 동아시아 기적에서 이윤을 얻으려는 해외 금융투자자들로부터 대규모의 자본이 유입되었다. 그러한 유입은 잘 투자되었더라면 이득이 되었을 것이지만 불행하게도 많은 은행들은 그 자금을 가족 구성원, 친구, 또는 정치적으로 유력한 사람들에게—족벌 자본주의(crony capitalism)라고 알려진 현상—대출해 주는 데 사용하였다. 그 결과 투자에 대한 수익률이 악화되었으며 많은 차입자들은 채무불이행(default)이 되었다. 궁극적으로 해외 투자자들은 동아시아의 투자 수익이 예상보다 훨씬 낮을 것이라는 것을 깨달았다. 그들이 자산을 매각하기 시작했을 때 그 과정은 동아시아 통화들에 대한 전면적인 투기적 공격으로 눈덩이처럼 확대되었다.

국제통화기금(IMF, **경제적 사유 27.4** 참조)과 같은 국제기관의 구제금융 등의 도움에도 불구하고 동아시아 경제에 대한 투기적 공격의 효과는 심각하였다. 주식, 토지와 같은 자산 가격은 폭락하였으며 몇 나라에서는 금융공황이 발생하였다.(금융공황에 대한 논의를 위해서 제 21장 "화폐, 물가, 중앙은행"을 참조하라.) 자국 통화를 고평가시키는 방향으로 시장균형환율을 변화시키고 국내통화의 추가적인 평가절하를 막으려는 시도에서 몇몇 국가들은 실질이자율을 급격하게 상승시켰다. 그러나 실질이자율의 상승은 총수요를 감소시켜 총생산의 급격한 감소와 실업률의 상승을 초래하였다.

다행스럽게도 1999년까지 대부분의 동아시아 경제들은 회복되기 시작하였다. 여전히 그 위기는 개발도상국들의 정책결정자들의 마음속에 고정환율의 잠재적 위험을 매우 강하게 각인시켰다. 그 위기로부터 얻은 또 하나의 교훈은 족벌 자본주의보다는 경제적으로 건전한 대출을 촉진하도록 은행 규제가 재정비될 필요가 있다는 것이다.

경제적 사유 27.4

국제통화기금(International Monetary Fund)은 무엇이며 그 임무는 수 년 동안 어떻게 변화되어 왔는가?

국제통화기금(IMF)은 2차 세계대전 후에 설립되었다. 국제기구인 IMF는 24명의 집행부에 의해 운영된다. 8인의 집행부 임원은 개별국가들(중국, 프랑스, 독일, 일본, 러시아, 사우디아라비아, 영국, 미국)을 대표하며; 다른 16명의 임원은 각각 한 그룹의 국가들을 대표한다. 운영이사는 IMF 운영과 대략 2,700명의 피고용자들을 감독한다.

IMF의 원래의 목적은 브레튼우즈 시스템(Bretton Woods system)이라고 부르는 고정환율제 시스템이 2차 세계대전 후에 자리를 잡도록 돕기 위한 것이었다. 브레튼우즈 시스템 아래에서 IMF의 주요 역할은 회원국들의 환율이 공식적인 환율에 유지될 수 있도록 하는데 필요한 외환을 회원국들에게 대출해주는 것이었다. 그러나 1973년까지 미국, 영국, 독일 등 대부분의 선진국들이 고정환율제를 폐지하고 변동환율제를 채택하게 되어 IMF는 새로운 역할을 찾아야 했다. 1973년 이후로 IMF는 개발도상국들에게 대출해 주는 일을 하고 있다. 예를 들어, 1990년대 통화위기 동안 IMF는 멕시코, 러시아, 브라질, 동아시아 국가들에게 구제금융을 대출해 주었다. 2008년 금융위기에는 통화압력을 받았던 국가들에게 다시 대출을 해주었다. 더 최근에는 유럽 국가들과 그리스(선진국)에게 대출을 해 주었는데 그리스 정부의 채무를 갚기 위해 그리스가 필요한 금액의 2/3를 유럽 국가들이, 나머지 1/3을 IMF가 대출해 주었다.

경제적 사유 27.5

정책상의 실수가 대공황에 어떻게 기여했는가?

정책의 실수가 대공황을 유발하는데 주요 역할을 했다는 주장과 함께 거시경제학 연구 분야를 소개하였다. 이제 거시경제학 공부를 거의 끝낼 단계에 왔으므로 그 주장에 대하여 더 자세히 생각해보자. 정책상의 실수가 어떻게 대공황에 기여했는가?

많은 정책상의 실수가(또한 커다란 불운과 함께) 대공황을 더욱 악화시켰다. 예를 들어, 미국 정책결정자는 국내 산업을 보호하려는 시도에서 1930년에 불명예스러운 홀리–스무트(Hawley–Smoot) 관세를 부과하였다. 다른 나라들도 빠르게 보복관세로 대응하여 국제무역의 실질적인 붕괴로 이어졌다.

그러나 가장 심각한 실수는 통화정책의 영역에서 행해졌다.[6] 제 21장 "화폐, 물가, 중앙은행"에서 살펴본 것처럼 미국의 통화량은 1929년과 1933년 사이에 1/3이 감소하였다. 이러한 통화량의 전례 없는 감소는 총생산의 감소, 물가 하락, 실업의 급등과 관련되어 있다.

적어도 세 가지의 정책적인 오류가 1929년과 1933년 사이의 미국 통화량의 급감에 책임이 있다. 첫째, Fed는 1928년과 1929년에 인플레이션이 없었음에도 불구하고 통화정책을 상당히 수축적으로 운용하였다. Fed 당국자들은 주식시장이 너무 빨리 오르고 있다고 우려하여 주식시장 호황을 "억제하려는(rein in)" 시도로서 이러한 정책을 취하였다. 그러나 주식시장 투기를 잠재우는 데 그들의 "성공"은 예상했던 것보다 훨씬 과도하여, 이자율의 상승과 경제의 둔화가 1929년 10월부터 주식가격을 폭락시켰다.

두 번째 중요한 정책 오류는 1930년과 1933년 사이의 금융공황 동안에 수천 개의 미국 은행들이 파산하는 것을 용인한 것이었다. 분명히 당국자들은 은행들의 파산으로 가장 약한 은행들이 제거되어 은행 시스템 전반을 강화시킬 것이라고 믿었다. 그러나 금융공황은 은행 예금을 급격히 감소시켰고, **경제적 사유 21.2**에서 논의된 이유들 때문에 전체 통화량도 급격히 감소시켰다.

세 번째 정책 오류는 본 장의 주제에 관련된 것으로 미국 정부의 환율정책으로부터 발생하였다. 대공황이 시작되었을 때 미국은 대부분의 다른 주요 국가들과 같이 달러의 가치를 공식적으로 금으로 표시한 금본위제를 가지고 있었다.[7] 달러의 가치를 금에 고정시킴으로써 달러와 다른 통화들 사이에 실질적으로 고정환율을 만들어냈다. 대공황이 악화되면서 Fed 당국자들은 총생산과 물가의 하락을 중단시키기 위해 의회로부터 확장적 통화정책을 요구받았다. 그러나 앞에서 살펴본 것처럼 고정환율제에서 통화정책은 국내 경기를 안정화시키는 데 사용될 수 없다. 특히 1930년대 초의 정책결정자들은 통화정책을 확장적으로 운용한다면 해외의 금융투자자들이 달러가 고평가되어 있다고 인식하고 투기적 공격을 시작하여 달러의 평가절하 또는 금본위제를 포기해야 할 수도 있다고 두려워하였다. 따라서 Fed는 통화량의 급감을 막을 진지한 시도를 하지 않았다.

지나고 보니 경제를 부양하는 것보다 금본위제를 유지하는데 더 높은 우선순위를 둔 Fed의 결정이 커다란 오류였다는 것을 알 수 있다. 실제로 금본위제를 포기하고 변동환율제로 옮긴 영국과 스웨덴 같은 나라들, 또는 금본위제를 사용한 적이 없는 나라들은(스페인과 중국) 통화량을 증가시킬 수 있었고 미국보다 훨씬 더 빠르게 대공황에서 회복될 수 있었다. 잘못된 것

6 밀턴 프리드만(Milton Friedman)과 안나 스와츠(Anna Schwartz)의 1963년 저서인 *A Monetary History of the United States: 1867-1960* (Princeton University Press)는 잘못된 통화정책이 대공황을 유발하는데 기여하였다는 견해에 대한 지지를 밝힌 첫 번째 저작이었다.

7 1929년 달러 가치는 1온스의 금의 가격이 $20.67로 고정되도록 설정되었다.

으로 판명되었지만, Fed는 환율의 안정성이 경제의 안정성으로 이어질 수 있다고 믿고 있었다.

1933년 3월 취임한 프랭클린 루즈벨트(Franklin D. Roosevelt) 대통령은 이러한 정책적 오류들 가운데 몇 가지를 바꿔 놓았다. 그는 은행시스템의 건전성을 회복하는 적극적인 조치들을 취하였고 금본위제를 중단하였다. 통화량은 감소를 멈추고 빠르게 증가하기 시작하였다. 비록 실업률은 높은 수준에 머물러 있었지만 총생산, 물가, 주식가격은 1933년에서 1937년까지 빠르게 회복되었다. 대공황으로부터의 최종적인 회복은 1937~1938년에 발생한 또 한 번의 침체 때문에 중단되기도 하였다.

요약 고정환율제

- 고정환율의 수준은 정부에 의해 정해진다. 고정환율의 공식적인 수준은 외환시장에서의 수요와 공급에 의해 결정되는 시장균형환율과 다를 수 있다. 공식적으로 고정된 환율(달러당 국내통화로 표시된)이 시장균형환율보다 낮을 경우 국내통화가 고평가된 환율이다. 공식적으로 고정된 환율이 시장균형환율보다 높을 경우 국내통화는 달러에 비해 저평가된 것이다.
- 고평가된 환율의 경우 공식적인 환율 수준에서 외환시장의 외환 수요량이 공급량을 초과한다. 정부는 외환보유고(외화 자산)를 사용하여 외환의 초과수요량을 매각함으로써 당분간은 고평가된 환율을 유지할 수 있다. 한 해 동안 한 나라의 외환보유고 잔고의 순감소를 국제수지 적자라고 한다.
- 한 나라의 외환보유고는 제한되어 있기 때문에 고평가된 환율을 무한히 유지할 수 없다. 더욱이 금융투자자들이 환율의 평가절하가 임박하였다고 우려하면 그들은 투기적 공격을 시작하여 국내통화 표시 자산을 매각하고 외환시장에 그 나라 통화를 대량 공급하고 달러를 수요한다–이 행동은 그 나라의 외환보유고를 더욱 빠르게 소진시킨다. 외환보유고의 빠른 감소에 따라 평가절하를 피할 수 없기 때문에 금융투자자들의 평가절하 우려는 자기실현적인 예언으로 나타날 수 있다.
- 실질이자율을 상승시키는 수축적 통화정책은 외환시장에서 외국통화 공급을 증가시켜 시장균형환율을 하락시킨다. 수축적인 통화정책은 외환인 달러의 시장균형환율을 공식적인 환율까지 하락시킴으로써 고평가의 문제를 해소하고 환율을 안정화시킬 수 있다. 그러나 통화정책이 시장균형환율을 설정하는 데 사용된다면 국내 경기의 안정화를 위해 더 이상 이용 가능하지 않게 된다.

27.6 환율은 고정시켜야 하는가 변동시켜야 하는가?

고정환율제를 채택하여야 하는가 아니면 변동환율제를 채택하여야 하는가? 두 가지 제도를 간단히 비교함에 있어 두 가지 주요 이슈에 초점을 두기로 한다: (1) 통화정책에 미치는 환율제도의 효과, (2) 무역과 경제통합에 미치는 환율제도의 효과.

통화정책과 관련하여 한 나라의 환율제도의 형태는 경기안정화를 위해 통화정책을 사용할 수 있는 중앙은행의 능력에 큰 영향을 미친다. 변동환율제는 실제로 총수요에 대한 통화정책의 효과를 강화시킨다. 그러나 고정환율제에서는 통화정책이 시장균형환율을 공식환율에 유지하는 데(아니면 투기적 공격의 위험에 처한다) 사용되어야 하기 때문에 경기안정화를 위해 통화정책을 사용하지 못하게 된다.

미국과 같이 규모가 큰 경제에서 통화정책을 통하여 국내경기를 안정화시킬 수 있는 능력을 포기하는 것은 합리적이지 못하다. 따라서 규모가 큰 경제들은 거의 항상 변동환율제를 채택하여야 한다. 그러나 규모가 작은 경제에서는 이런 능력을 포기하는 것이 이득이 될 수 있다. 흥미로운 경우가 아르헨티나인데 1991~2001년 기간 동안 아르헨티나 페소와 미국 달러 사이에 일대일 환율을 유지하였다. 1991년 이전에 아르헨티나는 초인플레이션을 겪었지만, 페소가 달러에 고정되어 있는 동안 아르헨티나의 인플레이션은 본질적으로 미국의 인플레이션과 같았다. 통화를 달러에 고정시키고 통화정책을 시행하는 자유를 포기함으로써 아르헨티나는 과거의 인플레이션 정책에서 벗어나 자신을 Fed의 "우산" 아래에 들어가게 하였다. 불행하게도 2002년 초 아르헨티나가 대외 채무를 갚지 못할 것이라는 투자자들의 두려움은 아르헨티나 페소에 대한 투기적 공격으로 이어졌다. 고정환율은 붕괴되었으며 페소의 가치는 하락하였고 아르헨티나는 경제위기를 겪었다. 이로부터의 교훈은 다른 정책들이 건전하지 않을 경우 고정환율제만으로 소국경제의 인플레이션을 중단시킬 수 없다는 것이다. 외국으로부터의 차입으로 조달된 대규모의 재정적자는 궁극적으로 아르헨티나를 위기로 밀어 넣었다.

두 번째 중요한 이슈는 무역과 경제통합에 미치는 환율제도의 효과이다. 고정환율제 지지자들은 고정환율이 미래의 환율에 대한 불확실성을 감소시켜 국제무역과 국경을 넘은 경제적 협력을 촉진한다고 주장한다. 예를 들어, 수출사업을 늘리려고 생각하고 있는 한 기업은 잠재적 이윤이 수출하는 나라의 통화에 대한 자국 통화의 상대적인 가치인 환율에 의존한다는 것을 알고 있다. 변동환율제도에서는 국내통화의 가치가 수요와 공급의 변화에 따라 변동하기 때문에 미리 예측하기가 어렵다. 그러한 불확실성으로 인해 그 기업이 수출사업을 확장하기를 꺼릴 수 있다. 고정환율제의 지지자들은 환율이 공식적으로 고정되어 있다면 미래의 환율에 대한 불확실성은 감소되거나 제거될 것이라고 주장한다.

이 주장의 한 가지 문제점은 동아시아 위기와 아르헨티나 위기와 같은 사례에서 강조되었던 것처럼 고정환율제는 영원히 고정되어 머물러 있는 것이 보장되지 않는다는 것이다. 고정환율은 변동환율제에서처럼 매일매일 변동하지는 않지만, 고정환율에 대한 투기적 공격이 발생하면 갑작스럽고 예측하지 못한 방법으로 대규모의 평가절하로 이어질 수 있다. 따라서 미래 10년 동안의 환율을 예측하려고 하는 기업은 변동환율제에서와 같이 고정환율제에서도 마찬가지로 많은 불확실성에 직면하게 될 것이다.

투기적 공격에 의해 유발되는 고정환율제의 잠재적 불안정성 때문에 일부 나라들이 환율의 불확실성의 문제에 대한 극단적 해결을 시도하였다: 단일통화의 채택. **경제적 사유 27.6**은 이러한 전략의 중요한 예를 서술하고 있다.

경제적 사유 27.6

왜 유럽 19개국은 단일통화제를 채택하였는가?

프랑스, 독일, 이탈리아를 포함한 11개 서유럽국가들은 1999년 1월 1일에 발효된 유로(euro)라고 부르는 단일통화를 채택하였다. 여러 단계에 걸쳐 유로는 프랑스 프랑, 독일 마르크, 이탈리아 리라와 다른 여러 나라의 통화들을 대체하였다. 과거의 통화들이 완전히 제거되고 유로로 대체되는 과정은 2002년 초에 완료되었다. 그 이후로 동유럽국가들을 포함하는 더 많은 국가들이 단일통화권에 참여하였다. 2019년 현재, 마지막으로 2015년 1월 1일에 단일통화제에 참여한 리투아니아는 유로지역(유로존)의 19번째 국가가 되었다. 왜 이런 나라들은 단일통화제를 채택하였는가?

제 2차 세계대전 종료 이후 서유럽 국가들은 그들 사이의 경제협력과 무역을 증가시키기 위해 노력하였다. 유럽의 지도자들은 단일화되고 통합된 유럽경제가, 분리되어 있는 경우보다 더 생산성이 높고 아마도 미국 경제와 비교하여 더 경쟁력을 확보할 수 있을 것으로 생각하였다. 이러한 노력의 일환으로 유럽통화체제(European Monetary System; EMS)의 후원아래 고정환율제를 확립하였다. 불행하게도 EMS는 안정적이지 않은 것으로 판명되었다. 여러 통화들의 수많은 평가절하가 발생하였으며, 1992년에는 심각한 투기적 공격이 발생하여 영국을 포함한 몇 나라들은 고정환율제를 포기하게 되었다.

1991년 12월 네덜란드의 마스트리히트(Maastricht)에서 유럽공동체(European Community; EC) 회원국들은 마스트리히트 조약(Maastricht Treaty)이라고 널리 알려진 조약을 체결하였다. 1993년 11월 발효된 조약의 주요 조항들 중 하나는 회원국들이 단일 통화를 채택하기로 노력한다는 것이다. 유로로 알려진 단일 통화는 1999년 1월 1일 공식적으로 채택되었다. 유로의 출현은 유럽인들이 다른 유럽 국가들과 무역할 때 더 이상 통화를 교환할 필요가 없는 것을 의미하는 것으로서, 이것은 여러 다른 주의 미국인들이 "뉴욕 달러"가 "캘리포니아 달러"와 비교하여 상대적으로 가치가 변할 것이라고 우려하지 않고 서로 거래를 할 수 있는 것과 같다. 유로는 개별 국가들의 통화에 대한 투기적 공격의 문제를 제거하는 한편, 유럽의 무역과 협력을 증진하는 데 도움을 줄 것이다.

19개 회원국들은 이제 단일통화를 가지고 있기 때문에 공통의 단일한 통화정책이 시행되어야 한다. 유럽공동체 회원국들은 유럽의 통화정책을 독일의 프랑크푸르트에 위치한 다국적 기관인 새로운 유럽중앙은행(European Central Bank; ECB)의 통제 아래 놓는 데 동의하였다. ECB는 사실상 "유럽의 Fed"가 되었다. 많은 국가들이 하나의 통화정책을 갖게 되는 데 한 가지 잠재적인 문제는 여러 나라들이 각기 다른 경제적 상황에 당면할 경우 하나의 통화정책으로 개별 국가의 상황에 모두 대응할 수 없을 것이라는 점이다. 예를 들어, 최근에 스페인과 이탈리아와 같은 남유럽 국가들은 경기침체에 빠져 있는 반면, 독일은 완전고용에 가까웠다. 경기상황이 국가마다 매우 다를 때 단일 통화정책은 유럽공동체 회원국들 사이에 이해관계의 충돌을 발생시킬 수 있다.

요 약

Summary

- 두 통화 사이의 명목환율은 통화들이 서로 교환되는 비율이다. 한 통화가 다른 통화에 비해 가치가 오르는 것을 가치상승이라고 부르고, 한 통화의 가치가 내리는 것을 가치하락이라고 부른다.

- 환율은 변동할 수도 있고 고정되어 있을 수도 있다. 변동환율의 크기는 외환시장에서 그 통화에 대한 수요와 공급에 의해 결정된다. 외환시장은 여러 나라의 통화들이 서로 거래되는 시장이다. 고정환율의 공식수준은 정부가 결정한다.

- 실질환율은 가격들이 공통된 통화로 표시되었을 때 평균적인 외국 재화 및 서비스와 비교하여 평균적인 국내 재화 및 서비스의 상대적인 가격이다. 실질환율은 나라들 사이의 명목환율과 상대적인 물가수준을 포함한다. 실질환율의 상승은 외국 재화 및 서비스가 국내 재화 및 서비스에 비하여 더 비싸진다는 것을 의미하여 수출을 증가시키고 수입을 감소시키는 경향이 있다. 반대로 실질환율의 하락은 순수출을 감소시키는 경향이 있다.

- 명목환율 결정에 대한 기본적인 이론인 구매력평가설(PPP)은 일물일가의 법칙에 기초하고 있다. 일물일가의 법칙은 운송비용이 비교적 작다면 국제적으로 거래되는 재화의 가격은 모든 지역에서 동일해야 한다는 것이다. 구매력평가설에 따르면 두 통화 사이의 명목환율은 거래되는 재화에 대하여 두 가지 각각의 통화로 표시된 가격을 같게 놓음으로써 구할 수 있다. 구매력평가설은 높은 인플레이션을 경험하는 나라들의 통화 가치가 장기에서 하락하는 경향이 있다는 것을 정확하게 예측한다. 그러나 많은 재화와 서비스가 교역되지 않고 있으며 모든 거래되는 재화들이 표준화되어 있는 것은 아니라는 사실은 단기의 환율변화에 구매력평가설이 성립하지 않는 이유가 된다.

- 수요–공급 분석은 단기의 환율 결정을 공부하는 데 유용한 도구이다. 균형환율 또는 시장균형환율은 외환시장에서 외환(또는 국내통화)의 공급량과 수요량을 일치시키는 수준이다. 외국 통화는 외국의 재화, 서비스, 자산을 구입하기 위해 외국 통화를 취득하려는 국내 거주자들에 의해 수요된다. 외국 재화에 대한 선호의 증가, 국내 GDP의 증가, 외국 자산의 실질이자율 상승, 국내 자산의 실질이자율 하락은 외환시장에서 외국 통화에 대한 수요를 증가시켜 외국 통화 가치를 상승시킨다. 외국 통화는 국내의 재화, 서비스, 자산을 구입하려는 외국인들에 의해 공급된다. 외국인들의 국내 재화에 대한 선호 증가, 외국 GDP의 증가, 국내 실질이자율 상승, 해외 실질이자율 하락은 외환시장에서 외국 통화의 공급을 증가시키고 외국 통화가치를 하락시킨다.

- 변동환율제에서 수축적인 통화정책은(실질이자율을 상승시킴으로써) 국내 통화에 대한 수요를 증가시키고, 공급을 감소시켜 국내통화의 가치를 상승시키고 외국통화의 가치를 하락시킨다. 통화의 강세는 순수출을 감소시켜 총수요에 대한 수축적 통화정책의 효과를 강화시킨다. 반대로 확장적 통화정책은 실질이자율을 낮추고 국내통화를 약화시켜 순수출을 증가시킨다.

- 고정환율제에서 고정되는 공식환율은 정부에 의해 설정된다. 공식환율(달러당 국내통화로 표시된)이 외환시장의 시장균형환율보다 낮은 경우 국내통화가 고평가되었다고 말한다. 공식환율이 외환시장의 시장균형환율보다 높은 환율의 경우 저평가되었다고 한다. 고정환율에서 국내통화의 공식적 가치의 하락을 평가절하, 공식적인 가치의 상승을 평가절상이라고 부른다.

- 고평가된 환율의 경우 공식환율에서 달러(외화)에 대한 수요량은 달러 공급량을 초과한다. 공식환율을 유지하기 위하여 중앙은행은 외환시장에서 달러(외화)에 대한 초과수요를 맞추기 위해 외환보유고(외국 통화 표시 자산)를 사용하여 달러를 매각해야 한다. 한 나라의 외환보유고는 제한되어 있으므로 고평가된 환율을 무한히 유지할 수 없다. 더욱이 금융투자자들이 국내통화의 가치를 하락시키는 평가절하가 임박하였다고 우려하면, 투기적 공격을 시작하여 국내통화 표시 자산을 매각하고 달러 표시 자산을 매입하여 외환시장에 대규모의 국내통화를 공급하고 달러를 수요할 수 있다. 투기적 공격은 한 나라의 중앙은행이 외환보유고를 더욱 빠르게 소진시키는 원인이 되기 때문에 종종 어쩔 수 없이 평가절하를 하게 된다.

- 고정환율제는 통화정책이 국내의 경기안정화를 위해 더 이상 사용될 수 없음을 의미하기 때문에, 대부분의 큰 나라들

은 변동환율제를 채택하고 있다. 고정환율제는 중앙은행이 환율을 고정시킨 상대방 나라의 통화정책을 따라야 하므로 소국 경제의 경우 이득을 볼 수 있다. 고정환율제의 찬성자들은 고정환율제가 환율을 더 예측가능하게 만들어 국제무역과 경제적 통합을 증진한다고 주장한다. 그러나 투기적 공격의 위협은 고정환율의 장기적 예측가능성을 크게 감소시킨다.

핵심용어 Key Terms

가치상승(878)
가치하락(878)
고정환율(878)
고평가된 환율(896)
구매력평가설(PPP)(883)
국제수지 적자(898)
국제수지 흑자(898)
명목환율(875)
변동환율(878)
시장균형환율(889)
실질환율(880)
외환보유고(897)
외환시장(878)
일물일가의 법칙(882)
저평가된 환율(896)
투기적 공격(899)
평가절상(895)
평가절하(895)

복습문제 Review Questions

1. 일본 엔화가 달러당 110엔에 거래되고 있으며 멕시코 페소는 달러당 10페소에 거래되고 있다. 엔화와 페소 사이의 명목환율은 얼마인가? 두 가지 방법으로 표현하라.

2. 명목환율과 실질환율을 정의하라. 두 개념이 어떻게 관련되어 있는가? 두 개념 중 어느 것이 재화와 서비스의 수출에 직접적으로 영향을 미치는가?

3. 일물일가의 법칙이 원유에 적용될 수 있다고 생각하는가? 신선한 우유는? 택시 승차는? 한 지역의 가수가 녹음하여 여러 나라에서 생산한 CD는? 각 경우에 대한 답에 대하여 설명하라.

4. 왜 한국 가계와 기업은 외환시장에서 달러를 수요하는가? 왜 외국인들은 외환시장에 달러를 공급하는가?

5. 변동환율제에서 확장적 통화정책(실질이자율의 하락)은 환율에 어떤 영향을 미치는가? 이러한 환율의 변화가 총생산과 고용에 미치는 확장적 통화정책의 효과를 약화시키는가 또는 강화시키는가? 설명하라.

6. 고평가된 환율에 대하여 정의하라. 고평가에 대하여 정부가 대응할 수 있는 네 가지 방법에 대하여 논의하라. 각 방법의 단점은 무엇인가?

7. 수요-공급모형을 이용하여 고평가된 환율에 투기적 공격의 효과를 예시하여라. 왜 투기적 공격은 자주 평가절하로 귀결되는가?

8. 고정환율제와 변동환율제를 (a) 국내 총생산을 안정화시키는 통화정책의 능력과, (b) 미래의 환율에 대한 예측가능성의 측면에서 비교하라.

연습문제 Problems

1. **표 27.1**의 데이터를 사용하여 미국 달러와 일본 엔화 사이의 명목환율을 구하여라. 두 가지 방법으로 표현하라. 미국 달러가 원화에 대하여 가치가 10% 상승하고 엔화는 원화에 대하여 변화가 없다면 답은 어떻게 달라지는가?

2. 영국산 자동차의 가격이 £20,000이다. 동종의 한국산 차가 ₩26,000,000이다. £1가 외환시장에서 ₩1,500에 거래되고 있다. 한국의 관점에서 또한 영국의 관점에서 자동차에 대한 실질환율을 구하라. 어느 나라의 자동차가 더 가격 경쟁력이 있는가?

3. 작년과 올해 사이에 블루랜드의 CPI는 100에서 110으로 상승하였고 레드랜드의 CPI는 100에서 105로 상승하였다. 블루랜드의 통화단위인 블루의 가치는 작년에 ₩1,000이었고 올해에 ₩900이었다. 레드랜드의 통화단위인 레드의 가치는 작년에 ₩500이었고 올해에는 ₩450이었다.

작년에서 올해까지 레드랜드에 대한 블루랜드의 명목환율의 변화율과 블루랜드에 대한 레드랜드의 명목환율의 변화율을 구하여라.(블루랜드를 본국으로 취급하라.) 레드랜드에 비해 블루랜드의 수출은 환율의 이러한 변화에 의해 도움을 받겠는가 아니면 해를 입겠는가?

4. 미국에서 한국산 자동차에 대한 수요는 다음과 같다.

$$D_{\text{Korea}} = 20{,}000 - 0.1 \times (\text{한국차의 달러 가격})$$

마찬가지로 미국산 자동차의 한국에서의 수요는 다음과 같다:

$$D_{\text{US}} = 20{,}000 - 0.0002 \times (\text{미국차의 원화 가격})$$

한국산 자동차의 국내가격은 ₩20,000,000이고 미국산 자동차의 국내가격은 $25,000이다. 다음의 경우에 대하여 한국의 관점에서 자동차 경우의 실질환율과 미국에 대한 자동차의 순수출을 구하여라.

a. 명목환율이 달러당 ₩1,000일 때

b. 명목환율이 달러당 ₩1,250일 때

달러의 가치상승은 한국의 자동차 순수출에(미국시장만을 고려하면) 어떻게 영향을 미치는가?

5. a. 금이 미국에서 온스당 $350이고 멕시코에서는 온스당 2,800페소이다. 미국 달러와 멕시코 페소 사이에 구매력평가설이 의미하는 명목환율은 얼마인가?

b. 멕시코가 인플레이션을 겪고 있어 금의 가격이 온스당 4,200페소로 상승하였다. 미국에서는 온스당 $350에 머물러 있다. 구매력평가설에 따르면 환율은 어떻게 되는가? 이 예가 예시하는 일반 원리는 무엇인가?

c. 금이 미국에서 온스당 $350이고 멕시코에서는 온스당 4,200페소이다. 원유(세금과 수송비용을 제외한)는 미국에서 배럴당 $30이다. 구매력평가설에 의하면 배럴당 원유 가격은 멕시코에서 얼마가 되어야 하는가?

d. 금이 미국에서 온스당 $350이다. 미국과 캐나다 사이의 환율은 캐나다 달러당 US $0.70이다. 캐나다에서 온스당 금의 가격은 얼마인가?

6. 다른 모든 조건이 동일할 때 다음 각각은 원화가치에 어떤 영향을 미치겠는가? 설명하라.

a. 한국 주식들에 대한 금융투자가 더 위험해졌다고 평가되고 있다.

b. 유럽 컴퓨터 기업들이 한국산 소프트웨어로부터 인도, 이스라엘 등 다른 나라의 소프트웨어로 구매처를 전환한다.

c. 동아시아 경제들이 회복되면서 국제 금융투자자들은 그 지역에 많은 새로운 고수익 투자기회가 있다고 인식하기 시작한다.

7. 프랑스 샴페인 한 병이 €20(유로)라고 가정하자.

a. 유로-달러 환율이 0.8€/$로서 $1로 €0.8를 살 수 있다면 미국에서 샴페인의 가격은 얼마인가?

b. 유로-달러 환율이 달러당 €1로 상승한다면 미국에서 샴페인의 가격은 얼마인가?

c. 유로-달러 환율의 상승이 프랑스 샴페인에 대한 미국인들의 달러 지출을 증가시킨다면 유로-달러 환율이 상승함에 따라 외환시장에 공급되는 달러의 양은 어떻게 되겠는가?

8. $240인 애플(Apple)사의 아이팟(iPod) 모델을 생각해 보자.

a. 유로-달러 환율이 1€/$로 유럽인들이 $1를 사는데 €1의 비용이 든다면 프랑스에서 아이팟의 가격은 얼마인가?

b. 유로-달러 환율이 달러당 €0.8로 하락한다면 프랑스에서 아이팟의 가격은 얼마인가?

c. 결과적으로 유로-달러 환율이 하락함에 따라 프랑스에서 아이팟의 가격과 외환시장에서 달러수요는 어떻게 변하는가?

9. 변동환율제 하에서 정부가 확장적 통화정책을 시행한다면 그 결과로 다음 중 옳은 것은?

a. 실질이자율은 하락하고 순수출은 증가한다.

b. 실질이자율은 상승하고 순수출은 감소한다.

c. 통화가치가 상승하여 수출을 촉진한다.

d. 통화수요가 증가하고 통화공급은 감소한다.

10. 쉐켈을 공식 통화로 사용하고 있는 어느 나라의 외환시장에서 외국통화인 미국 달러에 대한 수요곡선과 공급곡선은 다음과 같다.

$$D = 30{,}000 - 8{,}000e$$
$$S = 25{,}000 + 12{,}000e$$

명목환율은 미국 달러당 쉐켈로 표시되었다.

a. 시장균형환율은 얼마인가?

b. 환율이 미국 달러당 0.20쉐켈로 고정되어 있다. 쉐켈이 고평가되었는가, 저평가되었는가 아니면 둘 다 아닌가? 국제수지 적자 또는 흑자를 쉐켈과 달러로 각각 구하여라. 시간이 지남에 따라 이 나라의 외환보유고는 어떻게 되겠는가?

c. 달러당 0.30쉐켈에 환율이 고정된 경우에 대하여 문항 b의 질문을 반복하라.

11. 쉐켈을 공식화폐로 사용하는 나라의 외환시장에서 달러에 대한 연간 수요곡선과 공급곡선이 10번 문제와 같이 주어져 있다. 환율은 달러당 0.20쉐켈에 고정되어 있다. 이 나라의 외환보유고는 $1,500이다. 외국의 금융투자자들은 이 나라에 5,000쉐켈의 요구불예금을 가지고 있다.

a. 외국의 금융투자자들이 쉐켈의 평가절하를 두려워하지 않아서 쉐켈 요구불예금을 달러로 전환하지 않는다고 가정하자. 쉐켈은 다음 해에 달러당 0.20쉐켈에 고정되어 유지될 수 있는가?

b. 외국의 금융투자자들이 달러당 0.25쉐켈로 쉐켈의 평가절하 가능성을 예상하게 되었다고 가정하자. 왜 이 가능성이 그들을 우려하게 하는가?

c. 평가절하에 대한 우려의 반응으로 외국 투자자들이 모든 자금을 요구불예금에서 인출하여 쉐켈을 달러로 전환하려고 시도한다. 어떤 일이 발생하겠는가?

d. 왜 외국 투자자들의 평가절하 예측이 "자기실현적인 예언"으로 간주될 수 있는지 논의하라.

본문 개념체크 해답 — Answers to Concept Checks

27.1 답은 데이터가 얻어지는 시점에 따라 달라질 것이다.

27.2 한국산 컴퓨터의 원화 가격은 ₩2,420,000이고 ₩1은 $1/1,100 = $0.00091과 같다. 따라서 한국산 컴퓨터의 달러화 가격은 (1/1,100$/₩) × (₩2,420,000), 즉 $2,200. 미국산 컴퓨터의 가격은 $2,400이다. 따라서 미국산 컴퓨터의 가격이 더 비싸다는 결론은 어느 통화를 기준으로 하는가에 의존하지 않는다.

27.3 금에 대하여 일물일가의 법칙이 성립하기 때문에 온스당 가격은 뉴욕과 스톡홀름에서 같아야 한다:

$$\$300 = 2{,}500\text{크로나}$$

양변을 300으로 나누면 다음을 얻는다.

$$\$1 = 8.33\text{크로나}$$

따라서 환율은 달러당 8.33크로나이다.

27.4 한국 GDP의 감소는 소비자의 소득의 감소를 의미하고 따라서 수입을 감소시킨다. 한국인들이 수입재를 적게 구매함에 따라 외환시장에서 더 적은 달러를 수요하고, 따라서 달러의 수요곡선은 왼쪽으로 이동한다. 수요의 감소는 달러의 시장균형가치를 하락시키고 상대적으로 원화가치를 상승시킨다.

27.5 공식적인 환율인 달러당 7페소에서 달러 공급은 17,600 + 240 × 7 = 19,280이고 달러 수요는 25,000 − 500 × 7 = 21,500이다. 따라서 외환시장에서 달러 수요량은 달러 공급량을 21,500 − 19,280 = 2,220만큼 초과한다. 고정환율을 유지하기 위하여 라티니아 정부는 매 기간 $2,220를 매각해야 하며 라티니아의 국제수지 적자는 $2,220 또는 $2,220 × 7페소/$ = 15,540페소이다. 이 국

제수지 적자는 **예 27.6**의 경우보다 더 크다. 따라서 페소의 고평가 정도가 클수록 그 나라의 국제수지 적자는 확대된다고 할 수 있다.

27.6 그림은 달러당 국내통화로 표시된 공식환율이 외환시장에서 달러에 대한 수요와 공급에 의해 결정되는 시장 균형환율보다 높게 설정되어 있는 상황, 즉 국내통화가 저평가된 상황이 될 것이다. 공식환율에서 달러에 대한 수요량은 달러 공급량보다 적다. 따라서 공식환율을 유지하기 위해서 중앙은행은 외환시장의 초과공급량에 해당하는 달러에 대하여 부족한 수요를 메꾸어주어야 한다. 고평가된 경우와는 대조적으로 중앙은행은 국내통화를 공급하고 달러를 매입하여야 한다.

중앙은행은 국내통화를 발행할 수 있으므로 저평가된 고정환율에서는 외환보유고가 고갈되는 위험은 없다. 그러나 중앙은행의 외환보유고는 매기 증가할 것이며 국내통화는 매기 외환시장에 공급되어야 한다.

찾아보기

GDP • 483
GDP 측정의 생산 측면 • 494
GDP 측정의 지출 측면 • 492
GDP디플레이터(deflator) • 499, 533
GDP의 소득 측면 • 495
M1 • 659
M2 • 659

[ㄱ]
가격보조(price subsidy) • 216
가격상한(price ceiling) • 71, 213
가격설정자(price setter) • 231
가격수용자(price taker) • 163
가격의 배분기능(allocative function of price) • 192
가격의 할당기능(rationing function of price) • 192
(명목수량의) 가격조정(deflating) • 526
가격차별(price discrimination) • 250
  불완전가격차별(imperfect price discrimination) • 254
  완전 가격차별 독점기업(perfectly discriminating monopolist) • 253
  장애물을 이용한 가격차별(hurdle method of price discrimination) • 254
가계저축(household saving) • 626, 636
가변비용(variable cost, VC) • 166
가변요소(variable factor) • 166
가용성 휴리스틱(availability heuristic) • 303
가처분소득(disposable income): 처분가능소득을 보라
가치상승(appreciation) • 878
가치의 저장수단(store of value) • 657
가치하락(depreciation) • 878
감가상각충당금(capital depreciation allowance) • 537
개인 퇴직금 계좌(Individual Retirement Account, IRA) • 576
거시경제정책(macroeconomic policy) • 461, 471
거시경제학(macroeconomics) • 17
건설투자(construction) • 493
게임 트리(game tree) • 285
게임의 기본 3요소 • 272
게임이론(theory of games) • 272
경기수축(contraction) • 713
경기순환(business cycles) • 713, 717
경기자들(the players) • 272
경기적 실업(cyclical unemployment) • 611
경기침체(recession) • 465, 713
경기확장(expansion) • 466, 715
경제성장 • 461
경제성장의 비용 • 574
경제의 자기조정(self-correcting economy) • 845
경제적 복지(economic welfare) • 502
경제적 불평등(economic inequality) • 504
경제적 사유인(economic naturalist) • 18
경제적 손실(economic loss) • 191
경제적 순손실(deadweight loss) • 222
경제적 이윤(economic profit) • 189
경제적 잉여(economic surplus) • 5
경제적 지대(economic rent) • 201
경제적 효율성(economic efficiency) • 86
경제학(economics) • 2
경제활동인구(labor force) • 509
경제활동참가율(participation rate) • 485, 509
경험법칙(어림셈)(rule of thumb) • 303
계획경제 • 57
계획된 총지출(planned aggregate expenditure, PAE) • 739
고용주에 의한 차별(employer discrimination) • 418
고정비용(fixed cost) • 166
고정요소(fixed factor) • 166
고정환율(fixed exchange rate) • 878, 895
고평가된 환율(overvalued exchange rate) • 896
공개시장매각(open-market sales) • 668
공개시장매입(open-market purchases) • 668
공개시장운영(open-market operations) • 668, 797
공공재(public good) • 432

공공저축(public saving, 또는 정부저축) • 637
공급곡선(supply curve) • 62
  수직적 해석(vertical interpretation) • 62
  수평적 해석(horizontal interpretation) • 61
  시장 공급곡선 • 160
공급량의 변화(change in quantity supplied) • 73
공급의 법칙 • 174
공급의 가격탄력성(price elasticity of supply) • 113
  완전 비탄력적(perfectly inelastic) • 115
  완전 탄력적(perfectly elastic) • 116
공급의 변화(change in supply) • 73
공급중시 경제학자(supply-siders) • 764
공유의 비극(tragedy of the commons) • 351, 354
공짜 점심은 없다는 원리(No-Free-Lunch Principle): 희소성의 원리를 보라
공평(fair)한 위험 • 384
과시효과(demonstration effects) • 632
과점시장(oligopoly) • 233
교환의 매개수단(medium of exchange) • 656
구두창 비용(shoe-leather costs) • 538
구매력평가설(Purchasing Power Parity, PPP) • 882−884
구매자 잉여(buyer's surplus) • 85
구매자의 유보가격(buyer's reservation price) • 61
구조적 실업(structural unemployment) • 611
구조정책(structural policy) • 471
구축효과(밀어내기 효과, crowding-out effect) • 452, 648
국내총생산(gross domestic product, GDP) • 483
국민저축(national saving) • 634, 636
국부론(The Wealth of Nations) • 59, 188
국제금융시장(international financial markets) • 695
국제수지 적자(balance-of-payments deficit) • 898
국제수지 흑자(balance-of-payments surplus) • 898
국제적 자본이동(international capital flows) • 695, 696
국제통화기금(International Monetary Fund, IMF) • 903
군비지출(military spending) • 759
궁극적 수확체감의 법칙 • 166
규모의 경제(economies of scale) • 237
규모에 대한 보수 불변(constant returns to scale) • 237
규모에 대한 보수 체증(increasing returns to scale) • 237
규범경제학(normative economics) • 16
규범경제학적 원리(normative economic principle) • 16
규범적 분석(normative analysis) • 472
균형(equilibrium) • 64
균형가격(equilibrium price) • 64
균형거래량(equilibrium quantity) • 64
균형의 원리(Equilibrium Principle) • 87
그린스팬(Alan Greenspan) • 779
근로자 이동성(worker mobility) • 605
근로자 일인당 총생산 • 560
근원인플레이션율(core rate of inflation) • 523
글로벌화(globalization) • 603
금융공황(bank panic) • 669
금융중개기관(financial intermediaries) • 683
금융통화위원회 • 667, 780
기득권 편향(status quo bias) • 314
기본 케인즈 모형(basic Keynesian model) • 737
기술변화(technological change) • 606
기업가(entrepreneurs) • 570
기업가 정신(entrepreneurship) • 570
기업고정투자(business fixed investment) • 493
기업저축(business saving) • 636
기준금리(base rate) • 780
기회비용(opportunity cost) • 6
기회비용 체증의 원리(Principle of Increasing Opportunity Cost) • 42

[ㄴ]

낮게 달린 과일의 원리(Low-Hanging-Fruit Principle): 기회비용 체증의 원리를 보라
내구소비재(consumer durables) • 493
내구재(durable goods) • 718
내쉬(John Nash) • 274
내쉬균형(Nash equilibrium) • 274
내연기관의 오일(crankcase-oil) 문제 • 318
네트워크 외부성(network externality) • 237
노동소득(labor income) • 495
노동시장(labor market) • 587
노동의 수확체감(diminishing returns to labor) • 591
노동의 한계생산(marginal product, MP) • 409
노동의 한계생산가치(value of marginal product, VMP) • 409
노동조합(labor union) • 415
누진세(progressive tax) • 537

[ㄷ]

단기(short-run) • 165
단기균형(short-run equilibrium) • 843

단기 균형총생산(short-run equilibrium output) • 748
단기 총공급곡선(short-run aggregate supply curve, SRAS) • 842
단일통화제(common currency) • 907
달성 가능한 점(attainable point) • 36
달성 불가능한 점(unattainable point) • 36
닷컴 버블 붕괴(dot-com collapse) • 570
대공황(Great Depression) • 459, 670, 904
대차대조표(balance sheet): 재무상태표를 보라
대체재(substitutes) • 74
대체편의(substitution bias) • 532
대체효과(substitution effect) • 60, 141
대표성 휴리스틱(representativeness heuristic) • 304
도덕적 해이(moral hazard) • 401
도제 시스템(apprentice system) • 564
독립소비(autonomous consumption) • 743
독립지출(autonomous expenditure) • 747
독점적 경쟁시장(monopolistic competition) • 232
동행지표(coincident indicators) • 716
디스인플레이션(disinflation) • 856, 859
디지털화폐(digital currency) • 658
디플레이션(deflation) • 525

[ㄹ]
라우리(Glen Loury) • 398
러다이트(Luddite) • 606
레몬 모형(lemons model) • 388
레이크 워비건 효과(Lake Wobegon effect) • 390
로그롤링(logrolling) • 447
롤즈(John Rawls) • 422
루쓰(Babe Ruth) • 527

[ㅁ]
마샬(Alfred Marshall) • 60
마샬플랜(Marshall Plan) • 564
마찰적 실업(frictional unemployment) • 610
만기일(maturation date) • 685
맞대응 전략(tit-for-tat strategy): 전략을 보라
매몰비용(sunk cost) • 11
맹약의 문제(commitment problem) • 290
맹약의 수단(commitment device) • 290
메뉴비용(menu costs) • 738
명목(nominal)GDP • 498, 499
명목가격(nominal price) • 145
명목수량(nominal quantity) • 525
명목이자율(nominal interest rate) • 543
명목환율(nominal exchange rate) • 875
명시적 비용(explicit costs) • 189
모방하기 힘들게 하는 원리(costly-to-fake principle) • 391
목표 인플레이션율(target inflation rate) • 815, 833
무역수지(또는 순수출)(trade balance, net exports) • 494, 696
무역적자(trade deficit) • 696
무역흑자(trade surplus) • 696
무임승차 문제(free rider problem) • 381, 382, 435
무지의 베일(veil of ignorance) • 422
물가수준(price level) • 534
물가지수(price index) • 523
물물교환(barter) • 656
물적자본(physical capital) • 565
뮤추얼펀드(mutual fund) • 693
미래 통화정책에 대한 안내(forward guidance) • 802
미시경제학(microeconomics) • 17
민간저축(private saving) • 637
민간화폐(private money) • 657

[ㅂ]
배당(dividend) • 688
뱅크런(bank run) • 799
버냉키(Ben Bernanke) • 814
법정지급준비율(reserve requirements) • 798
베버-페흐너 법칙(Weber-Fechner law) • 308
벤담(Jeremy Bentham) • 131
변동환율(flexible or floating exchange rate) • 878
보상적 임금격차(compensating wage differential) • 418
보수(payoff) • 272
보완재(complements) • 73
보이지 않는 손(invisible hand) 이론 • 192
복리(compound interest) • 558
볼커(Paul Volker) • 827
부(wealth) • 622
부가가치(value added) • 488
부분 지급준비제도(fractional-reserve banking system) • 662
부의 효과(wealth effect) • 743
부채(liabilities) • 623
분배효과(distributional effects) • 831, 832
분산투자(diversification) • 692
불완전경쟁기업(imperfectly competitive firm) • 164, 231

불완전경쟁시장 • 232
불황(depressions) • 465, 713
뷔리당의 당나귀(Buridan's ass) • 308
비경제활동인구(out of the labor force) • 508, 609
비경합성(non-rivalry) • 432
비교우위(comparative advantage) • 29
비교우위의 원리(Principle of Comparative Advantage) • 31
비내구소비재(consumer nondurables) • 493
비내구재(nondurable goods) • 718
비례세(proportional income tax) • 437
비배제성(non-excludability) • 432
비용가산규제(cost-plus regulation) • 261
비용-편익의 원리(Cost-Benefit Principle) • 3
비이성적인 과열(irrational exuberance) • 813
비자발적 시간제 근로자(involuntary part-time workers) • 513
비전통적 통화정책(unconventional monetary policy) • 801
비트코인(bitcoin) • 658
비효율적인 점(inefficient point) • 36
빈곤 • 504

[ㅅ]
사이몬(Herbert Simon) • 301
사중(死重) 손실: 경제적 순손실을 보라
사회안전망(social safety net) • 629
사회적 최적 산출량(socially optimal quantity) • 86
상대가격(relative price) • 534
상호의존성(interdependency) • 272
생산 중단 조건 • 169
생산가능곡선(Production Possibility Curve) • 34
생산성(productivity) • 464
생산요소(factor of production) • 165
생산자 잉여(producer surplus) • 180
생산자물가지수(producer price index, PPI) • 533
생애주기저축(life-cycle saving) • 628
서비스(services) • 493
설비투자(machinery and equipment) • 493
성장의 한계(*The Limits to Growth*) • 579
세금환급 • 763
세율등급 상승(bracket creep) • 537
세일러(Richard Thaler) • 302
셔만법(Sherman Act) • 263
소득-지출 승수(income-expenditure multiplier) • 756
소득효과(income effect) • 60, 141
소비(consumption) • 493
소비자 잉여(consumer surplus) • 148
소비자물가지수(consumer price index, CPI) • 521
소비자에 의한 차별(customer discrimination) • 419
소비지출(consumption expenditure) • 493
소비함수(consumption function) • 743
손실 기피(loss aversion) • 314
수량방정식(quantity equation) • 674
수요곡선(demand curve) • 60
  선형수요곡선(linear demand curve) • 105
  수직적 해석(vertical interpretation) • 62
  수평적 해석(horizontal interpretation) • 61
  수평 합(horizontal addition) • 147
  시장 수요곡선(market demand curve) • 147
수요량의 변화(change in quantity demanded) • 72
수요의 가격탄력성(price elasticity of demand) • 97
  완전 비탄력적(perfectly inelastic) • 106
  완전 탄력적(perfectly elastic) • 106
수요의 교차탄력성(cross-price elasticity of demand) • 112
수요의 법칙 • 128
수요의 변화(change in demand) • 72
수요의 소득탄력성(income elasticity of demand) • 112
수입(imports) • 494
수출(exports) • 494
수확체감의 법칙(law of diminishing returns) • 165
수확체증의 법칙(law of increasing returns) • 166
숙련편향적 기술변화(skill-biased technological change) • 607
순수 공공재(pure public goods) • 433
순수 공유재(pure commons good) • 433
순수 독점시장(pure monopoly) • 232
순수 사유재(pure private good) • 433
순수출(net exports) • 494
순자본유입(net capital inflows) • 696
순자산(net worth) • 623
순환모형도(circular flow diagram) • 496
스미스(Adam Smith) • 45. 46, 188, 206
스태그플레이션(stagflation) • 850
승수(multiplier) • 756, 777
승자 독식의 시장(winner-take-all market) • 421
시장(market) • 59
시장가치(market value) • 483
(순수) 시장경제체제(pure free market economies) • 58
시장균형(market equilibrium) • 64

시장균형환율(market equilibrium value of the exchange rate) • 889
시장지배력(market power) • 236
신빙성 있는 약속(credible promise) • 286
신빙성 있는 위협(credible threat) • 286
실망실업자(discouraged workers) • 512
실업 • 466, 508, 609
실업기간(unemployment spell) • 512
실업률(unemployment rate) • 466, 508, 509
실업의 비용 • 511
실업의 지속기간(duration of unemployment) • 511, 512
실업자 • 609
실증경제학(positive economics) • 16
실증경제학적 원리(positive economic principle) • 16
실증적 분석(positive analysis) • 472
실질(real)GDP • 498, 499
실질가격(real price) • 145
실질수량(real quantity) • 526
실질이자율(real interest rate) • 542, 629
실질임금(real wage) • 527
실질환율(real exchange rate) • 879, 880
심적 회계(mental accounting) • 302

[ㅇ]

(경기)안정화정책(stabilization policies) • 757
암묵적 비용(implicit costs) • 10, 189
액셀로드(Robert Axelrod) • 281
앵커(anchor) • 306
양적완화(quantitative easing, QE) • 801
역선택(adverse selection) • 401
역진세(regressive tax) • 436
연구개발 지원 정책 • 577
연동화(indexing) • 529
연방공개시장위원회(Federal Open Market Committee, FOMC) • 779
연방기금금리(federal funds rate) • 780, 793
연쇄가중(chain weighting)법 • 501
열등재(하급재)(inferior goods) • 76
예금보험(deposit insurance) • 672
예비적 저축(precautionary saving) • 628
옐렌(Janet Yellen) • 779
오메르타(Omerta) • 290
오염 배출권 경매 • 366
오쿤의 법칙(Okun's law) • 726
완전 가격차별 독점기업(perfectly discriminating monopoly): 가격차별을 보라
완전 대체 가능성(fungibility) • 302
완전경쟁시장(perfectly competitive market) • 162
완전고용 총생산(full-employment output) • 720
완전한 장애물(perfect hurdle) • 254
외환보유고(준비금, international reserves) • 897
외환시장(foreign exchange market) • 878
원금(principal amount) • 685
위치적 군비경쟁(positional arms races) • 324, 360
위치적 군비통제 협약(positional arms control agreements) • 360
위치적 외부효과(positional externality) • 358, 360
위험 기피적(risk-averse) • 384
위험 중립적(risk-neutral) • 384
위험 프리미엄(risk premium) • 690
위험의 기대값(expected value of a gamble) • 384
유가상승 • 850
유량(flows) • 624
유럽경제연합(European Economic Union) • 878
유럽중앙은행(European Central Bank, ECB) • 907
유로(euro) • 907
유리한(better than fair) 위험 • 384
유발지출(induced expenditure) • 747
유보가격(reservation price) • 597
유산저축(bequest saving) • 628
유인의 원리(Incentive Principle) • 16
유통속도(velocity) • 673
은행 지급준비금(bank reserves) • 661
의사결정 트리: 게임 트리를 보라
이윤(profit) • 162
이윤 극대화 기업(profit-maximizing firm) • 162
이윤창출기업(profitable firm) • 169
이전지출(transfer payments) • 636
이타카 시간(Ithaca Hours) • 657
이표이자율(coupon rate) • 686
이표이자지급액(coupon payment) • 686
인두세(head tax) • 436
인적자본(human capital) • 414, 563, 564
인적자본 이론(human capital theory) • 414
인적자본 증대 정책 • 575
인플레이션(inflation) • 468
인플레이션 관성(inflation inertia) • 837
인플레이션 기대(inflation expectations) • 837

인플레이션 보호 채권(inflation-protected bonds) • 545
인플레이션 충격(inflation shocks) • 850
인플레이션율(rate of inflation) • 524
인플레이션의 비용 • 534
인플레이션의 원인 • 847–855
일물일가의 법칙(law of one price) • 882
일반이론(*The General Theory of Employment, Interest, and Money*) • 736
일인당 실질GDP • 560
일인당 총생산 • 463
일정성과 추구자(satisficer) • 302
임금불평등(wage inequality) • 603

[ㅈ]

자기실현적인 예언(self-fulfilling prophecy) • 899
자기조정(self-correcting) • 729
자기통제(self-control) • 632
자동안정화장치(automatic stabilizers) • 766
자본소득(capital income) • 495
자본손실(capital losses) • 626
자본유입(capital inflows) • 696
자본유출(capital outflows) • 696
자본의 수확체감(diminishing returns to capital) • 567
자본이득(capital gains) • 626
자본재(capital good) • 488
자산(assets) • 623
자산가격 버블(asset bubbles) • 814
자산구성 결정(portfolio allocation decision) • 781
자연독점(natural monopoly) • 237
자연실업률(natural rate of unemployment) • 724
자중(自重) 손실: 경제적 순손실을 보라
잠재총생산(potential output) • 720
장기(long-run) • 165
장기 가격계약(long-term price contracts) • 839
장기 임금계약(long-term wage contracts) • 839
장기 총공급(long-run aggregate supply, LRAS)곡선 • 842
장기균형(long-run equilibrium) • 844
재고투자(inventory investment) • 493
재무상태표(대차대조표, balance sheet) • 623
재정적자(government budget deficit) • 765
재정정책(fiscal policy) • 471
재할인대출(discount window lending) • 797
재할인율(discount rate) • 797
저량(stocks) • 624
저점(trough) • 714
저축 • 622
저축률 • 622
저평가된 환율(undervalued exchange rate) • 896
적응적 합리성(adaptive rationality) 모형 • 319
전략(strategy) • 272
맞대응 전략(tit-for-tat strategy) • 281
열등전략(dominated strategy) • 274
우월전략(dominant strategy) • 274
전액 지급준비제도(100% reserve banking) • 661
절대우위(absolute advantage) • 29
점 탄력성(point elasticity) • 126
정보의 비대칭성(asymmetric information) • 387
정보통신기술(ICT) • 569
정부 재정적자(government budget deficits) • 638
정부구입(정부구매, 정부지출, government purchases) • 494
정부의 재정흑자(government budget surplus) • 638
정상이윤(normal profit) • 189
정상재(normal goods) • 76
정점(peak) • 714
정책반응함수(policy reaction function) • 815, 833
정치적 담론의 퇴조(disappearing political discourse) • 398
제로금리하한(zero lower bound, ZLB) • 801
제본스(Stanley Jevons) • 60
죄수의 딜레마 게임(prisoners' dilemma game) • 277
다자간 죄수의 딜레마 게임(multiplayer prisoners' game) • 278
반복적인 죄수의 딜레마 게임(repeated prisoners' dilemma game) • 281
주거투자(residential investment) • 493
주식(또는 지분)(stocks 또는 equity) • 688
주택버블(housing bubble) • 756
준비금(reserves): 외환보유고를 보라
중간 재화와 서비스(intermediate goods or services) • 486
중개수수료 • 490
중앙은행(central bank) • 667
지급준비금(bank reserves): 은행 지급준비금을 보라
지급준비율(reserve-deposit ratio) • 661
지대추구행위(rent seeking) • 448
지분(equity): 주식을 보라
지식재산생산물투자(intellectual property products) • 493
지역 이기주의(pork barrel) 지출 • 447

지출선(expenditure line) • 747
지하경제(underground economy) • 503
진입장벽(entry barrier) • 200
질적 조정 편의(quality adjustment bias) • 531
집계(aggregation) • 473, 474
집단재(collective goods) • 433

[ㅊ]
채권(bonds) • 685
처분가능소득(가처분소득, disposable income) • 743
천연자원 • 568
초과공급(excess supply) • 64
초과수요(excess demand) • 65
초과이윤(excess profit): 경제적 이윤을 보라
초기투자비용(start-up cost) • 238
초인플레이션(hyperinflation) • 540
총공급 충격(aggregate supply shock) • 854
총비용(total cost, TC) • 166
총생산 갭(output gap) • 722, 840
총수요(aggregate demand, AD)곡선 • 829
총수요의 변화(change in aggregate demand) • 832
총수요−총공급(AD−AS) 모형 • 842
총수입(total revenue) • 108
총잉여(total surplus) • 85
총지출(total expenditure) • 108
총지출의 변화 • 832
최저임금제(minimum wage) • 424
최종 재화와 서비스(final goods or services) • 486
최후통첩 협상모형(Ultimatum bargaining game) • 322
충동 억제(impulse control)의 문제 • 310
취업자 • 609
침체 갭(recessionary gap) • 722

[ㅋ]
카르텔(cartel) • 278
캐너만(Daniel Kahneman) • 302
커런시보드(currency board) • 789
커쇼(Clayton Kershaw) • 527
케인즈(John Maynard Keynes) • 476, 736
케인즈 경제학(Keynesian economics) • 737
케인즈 교차(Keynesian cross) • 737
코즈(Ronald Coase) • 341
코즈의 정리(Coase Theorem) • 342
콜금리(call rate) • 793
클레이튼법(Clayton Act) • 263

[ㅌ]
테이블 위에 현금은 없다는 원리(No-Cash-on-the-Table Principle): 균형의 원리를 보라
테이블 위의 현금(cash on the table) • 85
테일러 준칙(Taylor rule) • 815
통계적 차별(statistical discrimination) • 396
통화량(money supply) • 665
통화승수(money multiplier) • 665
통화정책(monetary policy) • 471
통화창출(money creation) • 660
퇴출장벽(exit barrier) • 200
투기적 공격(speculative attack) • 899
투자(investment) • 493
트벌스키(Amos Tversky) • 302

[ㅍ]
파레토(Vilfredo Pareto) • 208
파레토 효율성(Pareto efficiency) • 208
판단 및 의사결정의 휴리스틱(judgemental heuristic) • 303
판매자 잉여(seller's surplus) • 85
판매자의 유보가격(seller's reservation price) • 63
평가절상(revaluation) • 878, 895
평가절하(devaluation) • 878, 895
평균 가변비용(average variable cost, AVC) • 169
평균 노동생산성(average labor productivity) • 464, 560
평균 총비용(average total cost, ATC) • 169
평균비용(average cost) • 13
평균으로의 회귀(regression to the mean) • 305
평균편익(average benefit) • 13, 565
프리드만(Milton Friedman) • 451, 672
피구(A. C. Pigou) • 349
피셔효과(Fisher effect) • 545−546

[ㅎ]
하르츠 개혁(Hartz reforms) • 614
한계비용(marginal cost, MC) • 12, 166
  사적 한계비용(private marginal cost) • 87
  사적 한계비용곡선(Private Marginal Cost, PMC) • 338
  사회적 한계비용(social marginal cost) • 87

사회적 한계비용곡선(Social Marginal Cost, SMC) • 338
한계생산(marginal product, MP) • 409
한계생산가치(value of marginal product, VMP) • 409, 592
한계생산성 체감의 법칙(law of diminishing marginal productivity) • 165
한계소비성향(marginal propensity to consume, mpc) • 744
한계수입(marginal revenue) • 242
한계편익(marginal benefit) • 12
사적 한계편익곡선(Private Marginal Benefit, PMB) • 339
사회적 한계편익곡선(Social Marginal Benefit, SMB) • 339
한계효용(marginal utility) • 134
한계효용 체감의 법칙(law of diminishing marginal utility) • 134
합리적 지출 원리(rational spending rule) • 140
헤드 스타트(Head Start) • 575
호모 이코노미쿠스(homo economicus) • 301
호황(booms) • 466, 715
혼합 경제체제(mixed economies) • 58
화폐(money) • 656
화폐수요(demand for money) • 781, 782
화폐수요곡선(money demand curve) • 787
확장 갭(expansionary gap) • 722
확장정책(expansionary policies) • 757
현재-목표(present-aim)모형 • 318
회계의 단위(unit of account) • 657
회계적 이윤(accounting profit) • 189
효용(utility) • 131
효용 극대화(utility maximization) • 131
효율성의 원리(Efficiency Principle) • 86
후회 없는 합리적 선택으로부터의 이탈(departure from rational choice without regret) • 321
후회가 동반되는 합리적 선택으로부터의 이탈(departure from rational choice with regret) • 310, 329
희소성의 원리(Scarcity Principle) • 3